ORIENTALIA LOVANIENSIA
ANALECTA
——— 53 ———

ETRUSKISCHES SPRACHGUT IM LATEINISCHEN UNTER AUSSCHLUSS DES SPEZIFISCH ONOMASTISCHEN BEREICHES

GERTRAUD BREYER

UITGEVERIJ PEETERS en DEPARTEMENT ORIËNTALISTIEK
LEUVEN
1993

© Peeters Press/Dept. Orient.
Bondgenotenlaan 153, B-3000 Leuven (Belgium)

All rights reserved, including the right to translate or to reproduce this book or parts thereof in any form.

ISBN 90-6831-335-5
D. 1993/0602/31

Printed in Belgium by Orientaliste, Leuven

PARENTIBUS

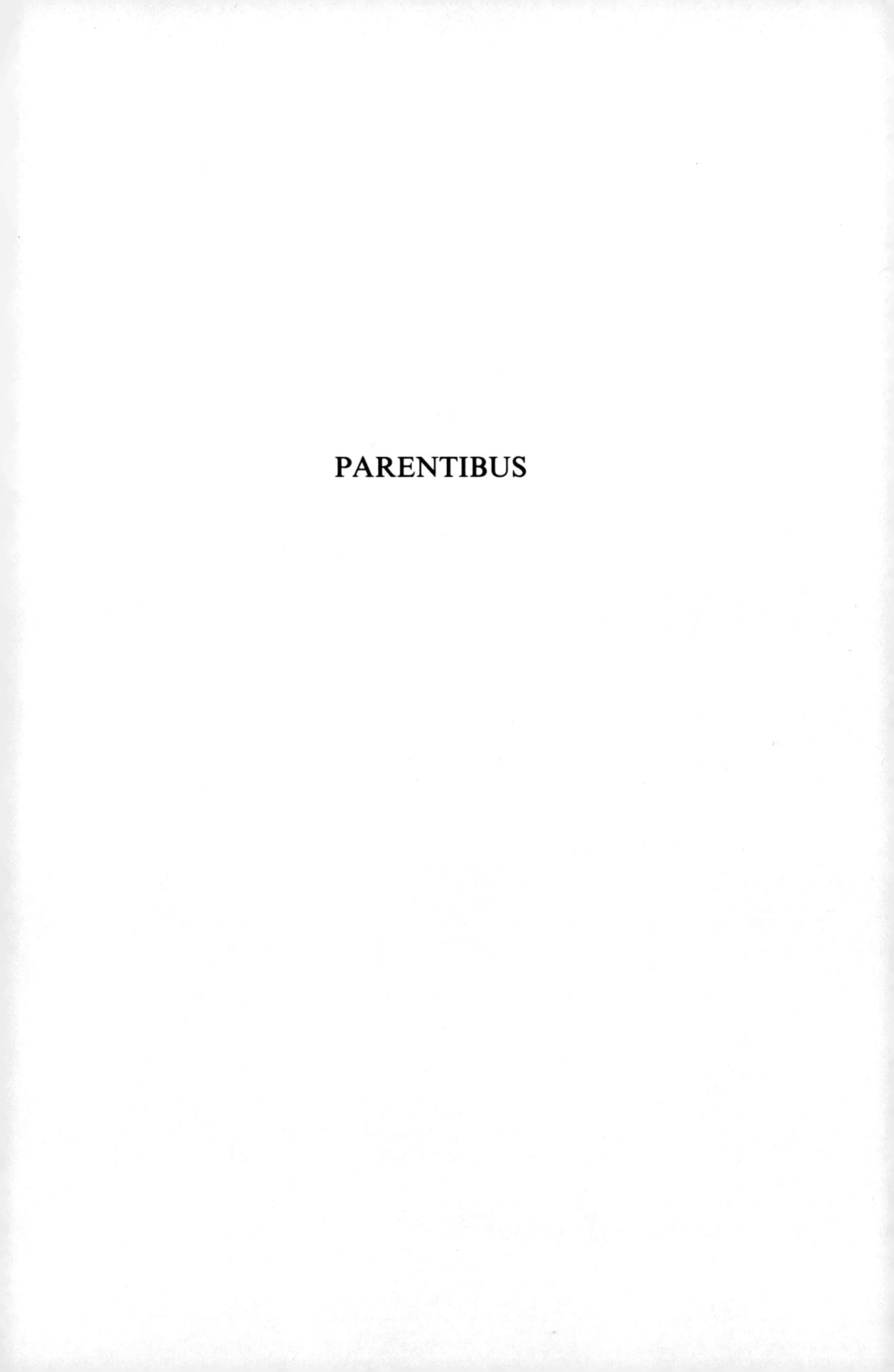

PART TWO

INHALTSVERZEICHNIS

Abkürzungen, Symbole, Hinweise XI
A. *Einführung* 3
   1. Problemstellung 3
   2. Zum historischen und kulturgeschichtlichen Hintergrund . . . 8
B. *Erstellung eines Kriterienkataloges zur Identifizierung eines aus dem Etruskischen entlehnten oder durch das Etruskische geprägten Wortes im lateinischen Lexikon* 11
   1. Wortimmanente Kriterien 12
   1.1. Phonetische Merkmale 12
   1.1.1. Vokalschwankungen 14
   1.1.1.1. *o/u* (ausgenommen vor mehrfacher Konsonanz) [+] . . . 14
   1.1.1.2. *e/i* (ausgenommen bei Fällen mit Lautentwicklung *e > i* in offenen Binnensilben vor den meisten einfachen Konsonanten) [+] 15
   1.1.1.3. *i/u* (ausgenommen vor antevokalisch *p, b, f, m*) [?] . . . 16
   1.1.1.4. *ae/e* [?] 17
   1.1.2. Konsonantenschwankungen 19
   1.1.2.1. Media/Tenuis [+] 19
   1.1.2.2. Tenuis / Tenuis aspirata (nicht auf eine griechische Aspirata zurückgehend) dental und guttural, labial bei Fehlen eines Wechsels mit der zugehörigen Spirans [?]; Tenuis / Tenuis aspirata / Spirans labial in der Nähe von Liquiden oder Nasalen [+] 20
   1.1.2.3. Nasalisation / Fehlen der Nasalisation vor *t* (*c, z; d, g*) [+] 22
   1.1.3. Auftreten bestimmter Laute 23
   1.1.3.1. Der Vokal *a* [?] 23
   1.1.3.2. Anlautend *f-* [??] 25
   1.1.3.3. Anlautend *r-* [??] 28
   1.1.4. Vokalharmonische Erscheinungen [+] 28
   1.1.5. Von der Interversion abweichende unterschiedliche Erscheinungsbilder der vokalischen Umgebung von Liquiden [+] . 29
   1.2. Morphologische Merkmale 30
   1.2.1. Suffixe 32
   1.2.1.1. Vokal als Kennlaut 35
   1.2.1.1.1. *-ea, -eo-* [??] 35
   1.2.1.1.2. *-ua (-va)* [+] 42

1.2.1.2. Konsonant als Kennlaut	43
1.2.1.2.1. Gutturalsuffixe	43
1.2.1.2.1.1. -īca [??]	43
1.2.1.2.1.2. -isca, -iscus [??]	46
1.2.1.2.2. -lis in Monatsbezeichnungen [??]	47
1.2.1.2.3. Nasalsuffixe	49
1.2.1.2.3.1. -ma [??]	49
1.2.1.2.3.2. Suffixe auf -na (-no-)	50
1.2.1.2.3.2.1. -na (-no-) ohne Themavokal an den nicht suffixal erweiterten Wortstamm antretend [+]	52
1.2.1.2.3.2.2. -ĕna (-eno-)/-īha (-īho-) (mit Einschränkungen); -enna (-ennus)/-inna [+]	53
1.2.1.2.3.2.3. -rna (-rno-) [+]	58
1.2.1.2.3.2.4. -mna, -mno- [?]	63
1.2.1.2.3.3. -mōnium, -mōnia [??]	68
1.2.1.2.3.4. -ūnia, -ōnia (-ŏnium [??])	72
1.2.1.2.4. r-Suffixe	74
1.2.1.2.4.1. -(b-)ris in Monatsbezeichnungen [?]	74
1.2.1.2.4.2. -er(r)-a, -ur(r)-a [+]	79
1.2.1.2.4.3. -str- [??]	81
1.2.1.2.4.4. -tur [??]	86
1.2.1.2.4.5. -ur- an Zahlwortstämmen [?]	89
1.2.1.2.4.6. -urius (-uriō) [??]	91
1.2.1.2.5. Suffixe auf -sa (-issa, -īsa, -us(s)a, -sa; -ssa [?])	94
1.2.1.2.6. Dentalsuffixe	100
1.2.1.2.6.1. -ista/-esta (einschließlich des Wechsels -st-/-str-) [??]	100
1.2.1.2.6.2. -it- in Nomina auf -es, Gen. -itis [??]	102
1.2.1.2.6.3. -itta, -ita (-īta?) in Frauennamen und weibliche Personen bezeichnenden Appellativen [?]; -ta in weibliche Personen bezeichnenden Appellativen [??]; -itta (-ita) in nicht Personen bezeichnenden Appellativen [??]	106
1.2.2. Nebeneinander von Substantivableitungen auf -ius und -iō [??]	110
1.2.3. Die Femininbildungen cōpa, lēna, lea [+]	112
1.2.4. Maskuline Personalsubstantiva auf -a (ausgenommen Typus poēta und Typus agricola) [+]	115
1.2.5. Ausgang -e bei Wörtern nicht lateinischen Ursprungs [?]	120
1.2.6. Parisyllaba auf -is [??]	122
1.2.7. Indeklinabler Charakter eines Wortes [??]	125

1.2.8. Verwendung eines nicht oder nicht eindeutig als Adjektiv qualifizierbaren, nicht Personen bezeichnenden Nomens als Substantiv und Adjektiv [+] 126
2. Nicht wortimmanente Kriterien 127
2.1. Anknüpfungsmöglichkeit an etruskisches Wortmaterial . . . 127
2.2. Spezifische Aussagen antiker Autoren 128
2.3. Heranziehung romanischer Formen 134
C. *Untersuchung der einzelnen Elemente etruskischen Sprachgutes im Lateinischen* 136
1. Wortschatz 136
1.1. Lehnwörter (Fremdwörter) im eigentlichen Wortsinn unter Einschluß vereinzelter Fälle von Rückentlehnung 149
1.1.1. Aus dem Etruskischen übernommene Wörter griechischer Herkunft 150
1.1.1.1. Anknüpfung an etruskisches Wortmaterial möglich oder sicher 152
1.1.1.1.1. Vorhandensein morphologischer Kriterien 152
1.1.1.1.2. Fehlen morphologischer Kriterien 155
1.1.1.2. Anknüpfung an etruskisches Wortmaterial nicht möglich . 161
1.1.1.2.1. Vorhandensein morphologischer Kriterien 161
1.1.1.2.2. Fehlen morphologischer Kriterien 167
1.1.1.2.2.1. Vorhandensein spezifischer Aussagen antiker Autoren . 167
1.1.1.2.2.2. Fehlen spezifischer Aussagen antiker Autoren 172
1.1.2. Aus dem Etruskischen übernommene Wörter nicht griechischer Herkunft 237
1.1.2.1. Anknüpfung an etruskisches Wortmaterial möglich oder sicher 237
1.1.2.1.1. Vorhandensein morphologischer Kriterien 237
1.1.2.1.1.1. Vorhandensein spezifischer Aussagen antiker Autoren . 237
1.1.2.1.1.2. Fehlen spezifischer Aussagen antiker Autoren 241
1.1.2.1.1.2.1. Vorhandensein phonetischer Kriterien 241
1.1.2.1.1.2.2. Fehlen phonetischer Kriterien 246
1.1.2.1.2. Fehlen morphologischer Kriterien 281
1.1.2.1.2.1. Vorhandensein spezifischer Aussagen antiker Autoren . 281
1.1.2.1.2.1.1. Vorhandensein phonetischer Kriterien 281
1.1.2.1.2.1.2. Fehlen phonetischer Kriterien 284
1.1.2.1.2.2. Fehlen spezifischer Aussagen antiker Autoren 302
1.1.2.1.2.2.1. Vorhandensein phonetischer Kriterien 302
1.1.2.1.2.2.2. Fehlen phonetischer Kriterien 324
1.1.2.2. Anknüpfung an etruskisches Wortmaterial nicht möglich . 402

1.1.2.2.1. Vorhandensein morphologischer Kriterien	402
1.1.2.2.1.1. Vorhandensein spezifischer Aussagen antiker Autoren	402
1.1.2.2.1.2. Fehlen spezifischer Aussagen antiker Autoren	403
1.1.2.2.1.2.1. Vorhandensein phonetischer Kriterien	404
1.1.2.2.1.2.2. Fehlen phonetischer Kriterien	409
1.1.2.2.2. Fehlen morphologischer Kriterien	428
1.1.2.2.2.1. Vorhandensein spezifischer Aussagen antiker Autoren	428
1.1.2.2.2.2. Fehlen spezifischer Aussagen antiker Autoren	438
1.1.2.2.2.2.1. Vorhandensein phonetischer Kriterien	438
1.2. Lateinisch-etruskische Hybridenbildungen	458
1.2.1. Wortkern indoeuropäisch-lateinisch (auch anderer, doch nicht etruskischer Herkunft), Suffix etruskisch	458
1.2.2. Erster Wortbestandteil indoeuropäisch-lateinisch, zweiter Wortbestandteil etruskisch	464
1.3. Übersetzungslehnwörter (-phrasen) und Bedeutungsentlehnungen	467
1.3.1. Einzelwörter	467
1.3.2. Phrasen	471
2. Phonetik	475
2.1. Vokalismus	475
2.1.1. Das Schwanken *e/i* in Wörtern nicht etruskischer Herkunft [?]	475
2.1.2. Die besondere Häufigkeit von *a* und *a*-Diphthongen im Lateinischen [?]	476
2.1.3. Vokalharmonische Erscheinungen in Wörtern nicht etruskischer Herkunft [?]	476
2.1.4. Vokalschwächung und Synkope in Mittelsilben, Vokalveränderung, Synkope und Apokope in Endsilben [??]	477
2.1.5. Schwund von *n* vor inlautend *-s-* und *-f-* unter Nasalisation bzw. Ersatzdehnung des vorangehenden Vokals [??]	478
2.2. Konsonantismus	479
2.2.1. Aspirierte Tenues [+]	479
2.2.2. Die (ursprünglich bilabiale?) Spirans *f* [??]	482
2.2.3. Der Wechsel *f-/h-* im Anlaut [?]	482
2.2.4. ⁺Nasal > Liquid in anlautend ⁺*gn-* > *gl-* [??]	485
2.2.5. Fehlen von auslautend -s in altlateinischen Inschriften [+]	487
3. Die Erstsilbenbetonung des vorhistorischen Latein [??]	490
4. Morphologie	494
4.1. Suffixe	494
4.1.1. *-āx, -ēx, -īx, -ōx* [?]	494

4.1.2. Deminutivsuffixe auf -l- und homonyme l-Suffixe [?] . . . 496
4.1.3. Adj. -ālis (-āris), subst. -al (-ăr[e]) [+] 499
4.1.4. -ānus 3 [?]. 506
4.1.5. -ōna (-ōnus/-ūnus) [+]. 507
4.1.6. -ŏ, Gen. -ōnis [+] 509
4.1.7. -iō, Gen. -iōnis [+] 513
4.1.8. -ārius 3 [??] 516
4.1.9. -nt- [?]. 517
4.2. Flexionselemente [??]. 520
4.3. Geringe Zahl an Nominalkomposita [??] 521
5. Syntax 522
5.1. Gebrauch der Casus [+] 522
5.2. Wortstellung und Satzbau [+] 523
D. *Zusammenfassende Darstellung und Interpretation der als positiv zu wertenden Ergebnisse* 526
 1. Etruskisches Sprachgut im Lateinischen im Überblick 526
 1.1. Wortschatz. 526
  1.1.1. Aus dem Etruskischen übernommene Wörter griechischer Herkunft. 526
  1.1.2. Aus dem Etruskischen übernommene Wörter nicht griechischer Herkunft 526
  1.1.3. Lateinisch-etruskische Hybridenbildungen 527
  1.1.4. Übersetzungslehnwörter (-phrasen) und Bedeutungsentlehnungen 528
  1.1.5. Gesamtschau 528
 1.2. Phonetik 530
  1.2.1. Vokalismus 530
  1.2.2. Konsonantismus 530
 1.3. Morphologie 530
 1.4. Syntax 531
  1.4.1. Gebrauch der Casus 531
  1.4.2. Wortstellung und Satzbau 531
 2. Sprach- und kulturhistorische Auswertung 531
 2.1. Erstbelege etruskischer und etruskisch geprägter Wörter im Lateinischen 531
 2.2. Semantische Kategorien etruskischer und etruskisch geprägter Wörter im Lateinischen 537
 2.3. Etruskisches Sprachgut im Lateinischen im Bewußtsein der antiken Autoren 543

2.4. Zum Ausmaß etruskischen Sprachgutes im Lateinischen . . . 548
Literaturverzeichnis 551
Indices 573
I. Wortindices 575
I.1. Allgemeiner Teil (ausgenommen Etruskisch, Griechisch, Lateinisch) 575
I.2. Etruskisch 582
I.3. Griechisch 597
I.4. Lateinisch 603
II. Index der zitierten antiken Autoren bzw. literarischen Belege . 626
III. Index der zitierten Inschriftenbelege 633

ABKÜRZUNGEN, SYMBOLE, HINWEISE

LITERATURANGABEN BETREFFENDE ABKÜRZUNGEN [1]

Prinzipiell ist in der vorliegenden Untersuchung bei Literaturangaben, die sich auf von der Verfasserin eingesehene Literatur beziehen, der Autor und der Titel, dieser zumeist in Kurzform auf die ersten Wörter beschränkt, sowie die maßgebliche Seitenzahl angegeben. Das genaue Zitat ist jeweils dem Literaturverzeichnis zu entnehmen. Die im folgenden angeführten Abkürzungen weichen von diesem Schema ab:

AM:	Agramer Mumienbinden, *CIE Suppl.* 1 (*TLE* 1).
Beazley:	Beazley J.D.: Etruscan Vase-Painting. Oxford 1947.
Boisacq:	Boisacq É.: Dictionnaire étymologique de la langue grecque. Paris 1916.
CAP:	Tontafel von Capua, *TLE* 2.
CIE:	Corpus Inscriptionum Etruscarum accademiae litterarum regiae Borussicae et societatis litterarum regiae Saxonicae munificentia adiutus in societatem operis adsumpto Olavo Augusto Danielsson edidit Carolus Pauli. Bd. 1 Leipzig 1893-1902.
CII:	Fabretti A.: Corpus Inscriptionum Italicarum. Turin 1867.
CII app.:	Gamurrini G.F.: Appendice al Corpus Inscriptionum Italicarum. Florenz 1880.
CII, 1 (2, 3) s.:	Fabretti A.: Primo (Secondo, Terzo) supplemento alla raccolta delle antichissime iscrizioni italiche. Turin 1872-1878.
CIL:	Corpus Inscriptionum Latinarum consilio et auctoritate accademiae litterarum regiae Borussicae editum. Bd. 1 Berlin 1918².
CP:	Cippus Perusinus, *CIE* 4538 (*TLE* 570).
CVA:	Corpus Vasorum Antiquorum. Union académique internationale.
DEC:	Rix H.: Das etruskische Cognomen. Wiesbaden 1963.

[1] Die von der Verfasserin verwendeten Abkürzungen von Zeitschriftentiteln, Sammelwerken etc. entsprechen den in "L'année philologique. Bibliographie critique et analytique de l'antiquité gréco-latine.", Paris, üblichen. In wörtlichen Zitaten aufscheinende Abkürzungen sind von dieser Regelung selbstverständlich ausgenommen.

DES:	Pfiffig A.J.: Die etruskische Sprache. Graz 1969.
Dessau:	Dessau H.: Inscriptiones Latinae selectae. Bd. 1-3, Berlin 1892-1916.
DGE 1:	De Simone C.: Die griechischen Entlehnungen im Etruskischen I. Wiesbaden 1968.
DGE 2:	De Simone C.: Die griechischen Entlehnungen im Etruskischen II. Wiesbaden 1970.
Diehl:	Diehl E.: Altlateinische Inschriften. Kleine Texte für Vorlesungen und Übungen, 38/40. Berlin 1964[5].
EE:	Ernout A.: Les éléments étrusques du vocabulaire latin. BSL 30, 1929, p. 82-124. (Ders., Philologica I, Paris 1946, p. 21-52.)
EM:	Ernout A., Meillet A.: Dictionnaire étymologique de la langue latine. Paris 1979[4].
Frisk:	Frisk H.: Griechisches etymologisches Wörterbuch. Heidelberg 1973[2].
Gerhard-Körte:	Gerhard E., Klügmann A., Körte G.: Etruskische Spiegel. Band 1-5, Berlin 1840-1897.
Gl.:	Corpus Glossariorum Latinorum a Gustavo Loewe incohatum auspiciis societatis litterarum regiae Saxonicae composuit recensuit, edidit Georgius Goetz. Band 1-7, Leipzig 1888-1923.
GLK:	Grammatici Latini ex recensione Henricii Keilii. Band 1-7, Leipzig 1857-1880.
IG Rom.:	Cagnat R.: Inscriptiones Graecae ad res Romanas pertinentes. Bd. 1-4, Paris 1911-1927.
KP:	Der Kleine Pauly. Lexikon der Antike. Auf der Grundlage von Pauly's Realencyclopädie der classischen Altertumswissenschaft unter Mitwirkung zahlreicher Fachgelehrter bearbeitet und herausgegeben von K. Ziegler und W. Sontheimer. Deutscher Taschenbuch-Verlag Nr. 5963, München 1979.
Lattes, Corr.:	Lattes E.: Correzioni, giunte postille al Corpus Inscriptionum Etruscarum I. Florenz 1904.
LB:	Literaturbericht.
LB It. Spr. u. lat. Gr.:	Literaturbericht Italische Sprachen und lateinische Grammatik.
LB Lat. Gr.:	Literaturbericht Lateinische Grammatik.
LB Lat. Spr.:	Literaturbericht Lateinische Sprache.
LE:	Alessio G.: Lexicon etymologicum. Supplemento ai dizionari etimologici latini e romanzi. Neapel 1976.

ABKÜRZUNGEN, SYMBOLE, HINWEISE

LG: Leumann M., Hofmann J.B., Szantyr A.: Lateinische Grammatik. 1. Band: Lateinische Laut- und Formenlehre. München 1977 (Neuausgabe der 1926-1928 in 5. Auflage erschienenen "Lateinischen Laut- und Formenlehre"). In: Handbuch der Altertumswissenschaft, begründet von Iwan Müller, erweitert von Walter Otto, fortgeführt von Hermann Bengtson. 2. Abt., 2. Teil, 1. Bd.

LG Syntax: Leumann M., Hofmann J.B., Szantyr A.: Lateinische Grammatik. 2. Band: Lateinische Syntax und Stilistik, München 1965. In: Handbuch der Altertumswissenschaft, begründet von Iwan Müller, erweitert von Walter Otto, fortgeführt von Hermann Bengtson. 2. Abt., 2. Teil, 2. Bd.

LP: Goldbleche von S. Severa/Pyrgi, *TLE* 874f.

NRIE: Buffa, M.: Nuova raccolta di iscrizioni etrusche. Florenz 1954.

RE: Pauyl A.F., Wissowa G.: Pauly's Real-Encyclopädie der classischen Altertumswissenschaft. Neue Bearbeitung. Unter Mitwirkung zahlreicher Fachgenossen herausgegeben von Georg Wissowa. 1. Band Stuttgart 1894.

REE: Rivista di epigrafia etrusca.

RET: Pfiffig A.J.: Religio Etrusca. Graz 1975.

RI: Fuchs J., Blöchl R., Schaefer C.: Rückläufiger Index der etruskischen Wortformen auf der Basis des Thesaurus Linguae Etruscae I (Indice lessicale) von M. Pallottino, M. Pandolfini Angeletti u.a. (Rom 1978). Regensburg 1981.

TGL: Thesaurus Graecae Linguae ab Henrico Stephano constructus. Post editionem anglicam, novis addidamentis auctum ordineque alphabetico digestum tertio ediderunt Carolus Benedictus Hase, G.R. Lud. de Sinner et Theobaldus Fix. 1. Band Paris 1831.

ThLE: Pallottino M., Pandolfini Angeletti M., u.a.: Thesaurus Linguae Etruscae. I. Indice lessicale. Rom 1978.

ThLE Suppl. Pallottino M., Pandolfini Angeletti M.: Thesaurus Linguae Etruscae. I. Indice lessicale. Primo Supplemento. Rom 1984.

TIG: Tabulae Iguvinae.

TLE: Pallottino M.: Testimonia Linguae Etruscae. In: Bibliotheca di studi superiori, vol. 24, Storia antica ed epigrafia. Florenz 1968[2].

TLL: Thesaurus Linguae Latinae editus auctoritate et consilio academiarum quinque Germanicarum Berolinensis, Gottingensis, Lipsiensis, Monacensis, Vindobonensis. 1. Band Leipzig 1900.

Vetter, Handbuch:	Vetter E.: Handbuch der italischen Dialekte. 1. Bd. Heidelberg 1953.
WH:	Walde A., Hofmann J.B.: Lateinisches etymologisches Wörterbuch. 1. Band (A-L) Heidelberg 1965[4], 2. Band (M-Z) Heidelberg 1972[5].
ZGLE:	Schulze W.: Zur Geschichte lateinischer Eigennamen. Abhandlungen der Kgl. Gesellschaft der Wissenschaften zu Göttingen, philolog.-hist. Klasse, n.F. Bd. 5, Nr. 5, Berlin 1904.

Abkürzungen von Sprachenbezeichnungen:

abrit.	altbritisch
äg.	ägäisch
ags.	angelsächsisch
ahd.	althochdeutsch
ai.	altindisch
air.	altirisch
ais.	altisländisch
akk.	akkadisch
aksl.	altkirchenslavisch
alb.	albanisch
alteurop.	alteuropäisch
altitalien.	altitalienisch
altlat.	altlateinisch
altlit.	altlitauisch
altpr.	altpreußisch
alttosk.	alttoskanisch
an.	altnordisch
aprov.	altprovençalisch
arab.	arabisch
aram.	aramäisch
arm.	armenisch
aslav.	altslavisch
assyr.	assyrisch
av.	avestisch
babyl.	babylonisch
bask.	baskisch
berb.	berberisch

calabr.	calabrisch
čech.	čechisch
dän.	dänisch
dt.	deutsch
engl.	englisch
epid.	epidaurisch
etr.	etruskisch
fal.	faliskisch
finn.	finnisch
finn.-ugr.	finno-ugrisch
franz.	französisch
gall.	gallisch
gemeinsem.	gemeinsemitisch
georg.	georgisch
germ.	germanisch
got.	gotisch
gr.	griechisch
hebr.	hebräisch
heth.	hethitisch
iber.	iberisch
ie.	indoeuropäisch
illyr.	illyrisch
ir.	irisch
ital.	italisch
italien.	italienisch
kampan.	kampanisch
keilschriftl.	keilschriftlich
kelt.	keltisch
kleinasiat.	kleinasiatisch
kors.	korsisch
lat.	lateinisch
lett.	lettisch

lig.	ligurisch
lit.	litauisch
luw.	luwisch
lyd.	lydisch
lyk.	lykisch
march.	marchegiano
mars.	marsisch
med.	mediterran
mengl.	mittelenglisch
messap.	messapisch
mhd.	mittelhochdeutsch
mir.	mittelirisch
mnl.	mittelniederländisch
myk.	mykenisch
ndd.	niederdeutsch
ndl.	niederländisch
neupun.	neupunisch
nhd.	neuhochdeutsch
nkymr.	neukymrisch
norw.	norwegisch
osk.	oskisch
päl.	pälignisch
pelasg.	pelasgisch
phön.	phönikisch
phryg.	phrygisch
prähell.	prähellenisch
präie.	präindoeuropäisch
prälat.	prälateinisch
prän.	pränestinisch
proto-ie.	proto-indoeuropäisch
proto-lat.	proto-lateinisch
prov.	provençalisch
pun.	punisch
rät.	rätisch
regg.	reggiano (Reggio nell'Emilia)

reichsaram.	reichsaramäisch
rom.	romanisch
russ.	russisch
sabin.	sabinisch
sanskr.	sanskrit
sard.	sardisch
schweiz.	schweizerisch
sem.	semitisch
serb.-kroat.	serbo-kroatisch
sizil.	sizilianisch
spätlat.	spätlateinisch
spätmhd.	spätmittelhochdeutsch
span.	spanisch
Substr.	Substrat
sum.	sumerisch
syr.	syrisch
tosk.	toskanisch
türk.	türkisch
tunes.	tunesisch
umbr.	umbrisch
unbek. Spr.	unbekannte Sprache
ungar.	ungarisch
veron.	veronese
vlt.	vulgärlateinisch
vorarm.	vorarmenisch
vorgerm.	vorgermanisch
vorgr.	vorgriechisch
vorie.	vorindo-europäisch
vorital.	voritalisch
vorkelt.	vorkeltisch
vorlat.	vorlateinisch
vorsab.	vorsabinisch
vorslav.	vorslavisch
vulg.-arm.	vulgär-armenisch

Sonstige Abkürzungen

Abl.:	Ablativ
ad l.:	ad locum
add.:	addidamentum
Adj. (adj.):	Adjektiv (adjektivisch)
Akk.:	Akkusativ
anl.:	anlautend
Anm. d. Verf.:	Anmerkung der Verfasserin
Ant. Aut.:	Antike Autoren (Aussagen antiker Autoren bezüglich Herkunft eines Wortes bzw. einer Sache aus Etrurien)
Aor.:	Aorist(i)
arch.:	archaisch
ausl.:	auslautend
Bed.:	Bedeutung(en)
bes.:	besonders
Bespr.:	Besprechung
b.W.:	betreffendes Wort (Es ist unter dem betreffenden Stichwort nachzuschlagen; der genaue Ort ist den Indices zu entnehmen.)
c.:	colonna
CN.:	Cognomen (-mina)
c/Cod(d).:	Codex (Codices)
Dat.:	Dativ
Dem.:	Deminutivum (-va)
dergl.:	dergleichen
ders.:	derselbe
ds.:	dasselbe
EN.:	Eigenname(n)
Etr. Par.:	Etruskische Parallelen (Zusamenfassende Aufführung der dem betreffenden lateinischen Wort phonetisch entsprechenden oder tatsächlich vergleichbaren Formen aus dem etruskischen Wortmaterial.)
ev.:	eventuell
f. (F.):	feminin (Femininum)
fasc.:	fascicolo
Fn(n).:	Fußnote(n)
Gen.:	Genetiv
GN.:	Gentilnomen (-mina)
Gramm.:	Grammatiker
Hss.:	Handschriften

id.:	idem
Imp.:	Imperativ
Ind.:	Indikativ
indekl.:	indeklinabel
Inf.:	Infinitiv
inl.:	inlautend
insbes.:	insbesondere
Inschr.:	Inschrift(en)
inschr.:	inschriftlich
Inv.-Nr.:	Inventar-Nummer
Iuss.:	Iussivus
Kap.:	Kapitel (Sg. und Pl.)
l(l). c(c).:	loco (-is) citato (-is)
Lit.:	Literatur (In Kapitel C.1. Literaturangaben im Überblick, chronologisch geordnet.)
Lw.:	Lehnwort
m. (M.):	maskulin (Maskulinum)
Morph.:	Morphologie (Zusammenfassende Aufführung der auf das Etruskische weisenden morphologischen Kriterien.)
n.(N.):	neutral (Neutrum) oder numero
Nbf.:	Nebenform
Nr.:	Nummer
o.ä.:	oder ähnlich(es)
o(o). c(c).:	opus (-era) citatum (-a)
p.:	Eine mit "p." ("pagina") gekennzeichnete Seitenangabe bezieht sich auf jede beliebige Arbeit mit Ausnahme der vorliegenden Untersuchung.
P.:	Person
Part.:	Participium, Partizipialform
Part. conj.:	Participium coniunctum
Perf.:	Perfekt
Phon.:	Phonetik (Zusammenfassende Aufführung der auf das Etruskische weisenden phonetischen Kriterien.)
Pl.:	Plural
PN.:	Praenomen (-mina)
p.p.p.:	Participium perfecti passivi
Präs.:	Praesens
Prät.:	Praeteritum
Pron.:	Pronomen
Pron. dem.:	Pronomen demonstrativum

S.:	Eine mit "S." ("Seite") gekennzeichnete Seitenangabe in nicht wörtlich zitiertem Text bezieht sich ausschließlich auf eine Seite der vorliegenden Untersuchung.
s.:	siehe
script. cont.:	scriptura continua
Sg.:	Singular
s. o.:	siehe oben
Sp.:	Spalte
s. u.:	siehe unten
Subst.:	Substantiv
subst.:	substantivisch
s.v.:	Ein mit "s.v." ("sub voce") gekennzeichneter Wortverweis bezieht sich auf jedes beliebige Lexikon bzw. jede beliebige Arbeit mit Ausnahme der vorliegenden Untersuchung, bei Wortbesprechungen immer auf die an erster Stelle angeführte Form.
t.:	tavola
Tab.:	Tabula(e)
Taf.:	Tafel
Term. techn.:	Terminus (-i) technicus (-i)
u.:	und
u. a.:	unter anderem, und ander(e)s (andere)
u. ä.:	und ähnlich(es)
u. b. W.:	unter dem betreffenden Wort
u. ö.:	und öfter
urspr.:	ursprünglich
u. W.:	Eine mit "u. W." ("unter dem Wort"; es folgt ein Stichwort) gekennzeichneter Wortverweis bezieht sich ausschließlich auf ein in der vorliegenden Untersuchung behandeltes Wort. Der genaue Ort der Besprechung des betreffenden Wortes ist den Indices zu entnehmen.
Verf.:	Verfasserin
Vok.:	Vokativ
Wz.:	Wurzel
Z.:	Zeile
Zus.:	Zusammenfassende Aufführung aller auf das Etruskische weisenden Kriterien.
Zus. Lit.:	Zusätzliche Literaturangaben im Überblick, chronologisch geordnet.

Symbole

[+] Im Index des Kriterienkataloges Kap. B.: Die betreffende phonetische oder morphologische Erscheinung ist wahrscheinlich oder sicher als Hinweis auf etr. Herkunft eines Wortes (gegebenenfalls nur seiner morphologischen Struktur) zu werten.
Sonst: Etr. Herkunft bzw. wie auch immer geartete etr. Beeinflussung der betreffenden phonetischen oder morphologischen Erscheinung, des betreffenden Wortes etc. sehr wahrscheinlich oder sicher.

[?] Im Index des Kriterienkataloges Kap. B.: Möglicherweise als Hinweis auf etr. Herkunft eines Wortes (seiner morphologischen Struktur) zu werten.
Sonst: Etr. Herkunft bzw. Beeinflussung möglich, jedenfalls nicht auszuschließen.

[??] Im Index des Kriterienkataloges Kap. B.: Wahrscheinlich oder sicher nicht als Hinweis auf etr. Herkunft eines Wortes (seiner morphologischen Struktur) zu werten.
Sonst: Etr. Herkunft bzw. Beeinflussung nicht wahrscheinlich oder sicher auszuschließen.

• Ein Punkt vor einem innerhalb einer Wortliste aufgeführten Stichwort zeigt an, daß unter dem betreffenden Wort zumindest eine weitere vom gleichen Wortkern (-stamm) herzuleitende bzw. hergeleitete, zumeist morphologisch, gelegentlich phonetisch, jedenfalls aber semantisch differierende Form (auf sexueller Motion beruhende feminine Formen auf *-a* zu Maskulina auf *-us* wie etwa *camilla* zu *camillus* sind nicht berücksichtigt) mit besprochen ist.

Hinweise

Zu beachten sind die unterschiedlichen Bedeutungen der beiden für "Seite" (s.o. unter "p." und "S.") und der beiden für Stichwortverweise (s.o. unter "s.v." und "u.W.") verwendeten Abkürzungen. Seitenangaben ohne Voranstellung von "p." oder "S." sind den mit "p." gekennzeichneten gleichzustellen.

VORWORT

Die vorliegende Untersuchung basiert in ihrem Kern auf A. Ernouts im Jahre 1929 erschienenem Aufsatz „*Les éléments étrusques du vocabulaire latin*", welcher als die grundlegende Studie zum Problemkreis der Übernahme etruskischen nicht onomastischen Sprachgutes ins Lateinische anzusprechen ist.

Seither haben allerdings mehr als 50 Jahre Forschung eine Reihe neuer Untersuchungen und Erkenntnisse, haben neues epigraphisches Material erbracht, kurz, wie M. Pallottino, *La lingua degli Etruschi*, 468, Fn. 62, formulierte, „il tema è ormai maturo per un più ampio e fecondo aggiornamento".

Nicht nur der Anstoß, dieses „aggiornamento" zu versuchen, ging von meinem Lehrer, Herrn Professor Ambros Josef Pfiffig, aus. Er was es auch, der immer wieder während der Jahre des Entstehens dieser Untersuchung durch seine Erfahrung und seinen Rat, durch eine Vielzahl von Hinweisen und Anregungen in mündlicher und schriftlicher Form den gedeihlichen Fortgang der Arbeit förderte, bisweilen sogar erst ermöglichte. Für all die Mühe und den Zeitaufwand und für das stets freundliche und hilfreiche Entgegenkommen sei Herrn Professor Pfiffig auch an dieser Stelle nochmals aufs herzlichste gedankt.

Besonderen Dank möchte ich auch Frau Maria Braun aussprechen, die in gewissenhafter, umsichtiger und geduldiger Arbeit die Reinschrift des Manuskriptes besorgte und darüberhinaus beim Erarbeiten der Indices sowie beim Fahnenlesen eine große Stütze war.

Anzumerken bleibt, daß in der vorliegenden Arbeit bis Ende 1985 erschienene Literatur berücksichtigt wurde.

Wien, im Februar 1987   Gertraud Breyer

A. EINFÜHRUNG

A.1. Problemstellung

Entsprechend dem Umstand, daß die vorliegende Arbeit, wie schon im Vorwort erwähnt, aus der kritischen Sichtung und Überarbeitung von Ernouts 1929 veröffentlichter Studie „*Les éléments étrusques du vocabulaire latin*"[1] hervorgegangen ist, sollte zunächst versucht werden, Ernouts mit unterschiedlicher Bestimmtheit getroffene Aussagen hinsichtlich der etruskischen Herkunft nicht weniger Elemente des lateinischen Wortschatzes sowie der lateinischen Morphologie und Phonetik dem heutigen Stand der Forschung gemäß zu überprüfen und erforderlichenfalls zu korrigieren; darüber hinaus war es sehr bald nötig, die Liste jener Wörter, deren etruskische Herkunft als erwiesen galt oder die einer solchen mit guten Gründen verdächtig waren, um nicht wenige zu vermehren[2], Ernouts Beobachtungen zur Frage der etruskisch beeinflußten Züge des lateinischen Laut- und Formensystems neue Aspekte hinzuzufügen und über einige weitere, von Ernout nicht berücksichtigte Bereiche möglichen etruskischen Einflusses auf die lateinische Sprache (Lehnübersetzungen, Akzent und Betonung, Syntax) zu berichten.

---

[1] *BSL* 30,82-124; wieder abgedruckt in: Ernout, *Philologica I*, Paris 1946, 21-52. Bereits ein Jahr zuvor hatte Ernout vor dem 1. internationalen Etruskologen-Kongreß in Florenz zu demselben Thema gesprochen (Kurzfassung in: *Atti del primo congresso internazionale etrusco*, Florenz-Bologna 1928, 227-229). Zur Bedeutung von Ernouts Arbeit vgl. etwa Pallottino, *Spigolature*, 229 („contributi basilari"); ders., *La lingua*, 468, Fn. 62 („nel suo classico studio"); de Simone, *DGE 2*, 274, Fn. 186 („bahnbrechendes Werk").

[2] Vollständigkeit im Sinne der Erfassung aller in der Zwischenzeit etruskischer Herkunft neu verdächtigter Wörter muß, das soll ausdrücklich festgehalten sein, auf Grund des über eine Unzahl von Zeitschriftenartikeln und Literaturberichten, über zahlreiche Fachbücher und Lexika verstreuten Materials als ideale, de facto aber nicht zu realisierende Zielsetzung betrachtet werden. Das gleiche gilt, mutatis mutandis, für den Bereich der Phonetik und der Morphologie. Wenn bisweilen, insbesondere auf etymologischem Gebiet, auch höchst absonderliche, ja abwegige Deutungsversuche angeführt sind, so eben deshalb, ihre Unzulänglichkeit bzw. ihre Absurdität aufzuzeigen und sie damit aus jeder weiteren ernsthaften wissenschaftlichen Diskussion ein für allemal auszuschließen. Im übrigen sei in diesem Zusammenhang klargestellt, daß Verf. in der Verfolgung des Zieles, etruskisches Sprachgut im Lateinischen aufzuspüren bzw. die Unhaltbarkeit mancher „etruskisierender" Theorien aufzuzeigen, es grundsätzlich nicht als ihre Aufgabe erachtet, im Falle, daß die Hypothese von etruskischem Ursprung oder etruskischer Prägung einer bestimmten sprachlichen Erscheinung, im besonderen eines bestimmten Wortes, nicht zu halten sein sollte, weiter auf die zumeist unklare oder umstrittene tatsächliche Herkunft oder Einflußnahme einzugehen oder eigene diesbezügliche Vorschläge zu unterbreiten.

Infolge der beachtlichen Materialfülle war es nur in wenigen Fällen möglich, bei einzelnen Problemen länger zu verweilen, sie mit der zur endgültigen Klärung notwendigen, in die Tiefe gehenden Detailarbeit zu behandeln; vieles konnte nur angedeutet, in Frage gestellt bzw. einer eingehenderen Untersuchung empfohlen werden. Doch stellt eben dieser Versuch der Gewinnung eines gewissen Überblicks über Problematik und Forschungsstand bezüglich etruskischen nicht spezifisch onomastischen Sprachgutes im Lateinischen neben Überprüfung, Korrektur und Ergänzung der Aussagen Ernouts und selbstverständlich — teils als Voraussetzung dazu, teils als Resultat daraus — in engstem Konnex mit diesen Anliegen stehend, eines der wesentlichen Ziele der vorliegenden Arbeit dar.

Zum Titel selbst dieser Untersuchung, „Etruskisches Sprachgut im Lateinischen unter Ausschluß des spezifisch onomastischen Bereiches", bzw. zu den Begriffen „etruskisch", „Sprachgut", „im Lateinischen" sowie zur Formulierung „unter Ausschluß des spezifisch onomastischen Bereiches" seien im folgenden kurz einige Worte gesagt.

Zunächst bedarf das scheinbar unproblematische Adjektiv „etruskisch" einer Erläuterung: Wer sich mit den Einflüssen der etruskischen Sprache auf die lateinische auseinandersetzt, wird die Erfahrung machen, daß des öfteren in der Literatur, besonders wenn Suffixe und phonetische Erscheinungen behandelt werden, etruskische Einflüsse und „mediterrane" Einflüsse, bzw. Etruskisches und „Mediterranes" keineswegs deutlich voneinander geschieden werden[3].

Nun wird zwar das Etruskische von einigen Autoren als Teil oder besondere Ausprägung des „mediterranen Substrats" betrachtet und hat zweifellos engere Beziehungen zu ihm[4]; und insofern kann ein Merkmal der „mediterranen" Sprache(n) auch ein Merkmal der etruskischen Sprache sein und umgekehrt; doch abgesehen davon, daß der Fragenkomplex, den das „mediterrane Substrat" aufwirft, noch intensiver Forschung, vor allem umfangreicher Sammeltätigkeit bedarf und daß trotz bemerkenswerter Fortschritte vieles bis

---

[3] Vgl. dazu auch Devoto, *Bespr. Ernout, EE*, 413.
[4] Vgl. z.B. Alessio, *Suggerimenti*, 110; Devoto, *Storia*, 43-50, bes. 45-48; Pallottino, *Die Etrusker*, 189, auch 57 und 60 f. An dieser Stelle sei betont, daß Verf. die auf gesichertem wissenschaftlichem Befund basierende und heute trotz immer wieder versuchter gegenteiliger Interpretation nicht mehr ernstlich anzuzweifelnde Auffassung vom Etruskischen als nichtindoeuropäische Sprache durchaus teilt. Daß das Etruskische nicht zu den ie. Sprachen gehören kann, zeigen als wichtigste Indizien im Lexikon die Numeralia und die Pronomina, in der Morphologie, daß es nur eine Reihe von Casussuffixen für Singular und Plural gibt, auch daß für die 3.P.Sg. und Pl. nur eine Form existiert. Ferner ließe sich anführen, daß das Verhältnis der Labiale zu den Dentalen etwa 1:4 beträgt, bei den ie. Sprachen Europas hingegen 1:2 (vgl. Pfiffig, *Einfache Lautfrequenzkurven*).

EINFÜHRUNG 5

jetzt eher in den Bereich von Vermutungen und Wahrscheinlichkeiten als von beweisbaren Ergebnissen gehört[5], das Thema der Arbeit verlangt eo ipso eine Beschränkung auf **etruskisches Sprachgut**, d.h. auf epigraphisch bzw. schriftlich überliefertes, jedenfalls **belegbares etruskisches Sprachgut**.

Es wird daher das Bestreben der Verfasserin sein, Sprachelemente, die, weil sie als „mediterran" gelten, auch dem Etruskischen eigentümlich gewesen sein müßten, bis jetzt aber im Etruskischen nicht konkret nachweisbar sind, unbeachtet zu lassen.

Daß bei dem Bemühen, etruskisches Sprachgut im Lateinischen nachzuweisen, in manchem Fall statt der unmittelbar und eigentlich etruskischen Herkunft auch oder letztlich Herkunft aus dem mediterranen Substrat[6] denkbar wäre — sei es, daß das Etruskische die Vermittlerrolle gespielt habe, sei es, daß das Etruskische und das Lateinische unabhängig voneinander aus der gleichen Quelle geschöpft hätten —, diese Unsicherheit besteht immerhin.

Trotzdem dürfte es nicht nutzvoll sein, einer bloß denkbaren Parallele aus einem für uns de facto nicht mehr existenten, nicht rekonstruierbaren Idiom den Vorzug geben zu wollen vor einer solchen aus einer deutlich faßbaren, in wesentlichen Zügen rekonstruierbaren Sprache; im speziellen dann nicht, wenn in historischer Zeit zu den Trägern eben dieser Sprache engste politische und kulturelle Beziehungen ohne jeden Zweifel bestanden haben und daraus resultierende umfangreiche sprachliche Lehnbeziehungen eindeutig nachweisbar sind[7].

Der Begriff „**Sprachgut**", den es als nächstes zu klären gilt, umfaßt alles, was als sprachliche Äußerung oder Erscheinungsform anzusehen ist bzw. zu ihrer Konstituierung beiträgt: das Lexikon und die Semantik; die Lautlehre; die Formenlehre; Akzentfragen; die Syntax.

An erster Stelle wird — nach Abklärung der grundsätzlichen Frage, was als Kriterium zur Identifizierung eines aus dem Etruskischen entlehnten bzw. zum Erkennen eines durch das Etruskische geprägten Wortes[8] zu gelten habe,

---

[5] So z.B. die Hypothesen bezüglich der Ausdehnung des mediterranen Substrats; bezüglich der anhand von Suffixen und lautlichen Erscheinungen vorgenommenen Abgrenzung mediterraner Dialektzonen untereinander sowie gegenüber dem binnenkontinentalen Substrat; bezüglich der Bedeutung bzw. Funktion vieler Suffixe etc.

[6] Vorwiegend aus dem „Tyrrhenischen", vgl. Devoto, *Storia*, 45-48, bes. 46.

[7] S. Kap. A.2.; B.2.2.; B.2.3.; B.2.4.

[8] Diese hier erstmals ausgesprochene und im weiteren Verlauf der Arbeit beibehaltene Differenzierung zwischen „Entlehnung (Herkunft, Übernahme) aus dem Etruskischen" einerseits und „Prägung (Beeinflussung) durch das Etruskische" andererseits bedarf einer Erläuterung: Unter „Entlehnung (Herkunft, Übernahme) aus dem Etruskischen" ist prinzipiell nicht nur die Übernahme eines nach unserem Wissensstand genuin etruskischen Wortes ins Lateinische, sondern auch die Übernahme eines aus einer beliebigen anderen Sprache (an erster Stelle ist hier

ein umfängliches Unternehmen, dem ein eigener Abschnitt der Arbeit gewidmet ist — die Behandlung jener Elemente des lateinischen Wortschatzes stehen, für die Entlehnung aus dem Etruskischen oder ganz allgemein wie auch immer beschaffener etruskischer Einfluß (zu Recht oder zu Unrecht) angenommen wurde bzw. angenommen werden darf; an erster Stelle deshalb, weil der Wortschatz den am besten erforschten und erforschbaren Teil des entlehnten Sprachgutes darstellt, weshalb auch hier die eindrucksvollsten Ergebnisse zu erwarten sind. Neben den eigentlichen Lehnwörtern, deren Kern aus dem Etruskischen stammt oder die etruskische Züge tragen, wobei den aus dem Griechischen über das Etruskische ins Latein gelangten Wörtern ihrer Vielzahl und besonderen kulturhistorischen Bedeutung wegen sowie in Rücksicht auf den ausnehmend guten Forschungsstand ein eigenes Kapitel gewidmet ist, werden auch einzelne Wörter und Phrasen, die als Lehnübersetzungen bzw. Bedeutungsentlehnungen aufzufassen sind, besprochen. Mögliche lautliche Beeinflussungen und Akzentfragen stellen zwei weitere Kapitel dar. Es folgt die Behandlung der Entlehnung morphologischer Elemente, im besonderen die Behandlung bestimmter im Lateinischen durchaus produktiver Suffixe[9], bei welchen sich — prinzipiell oder nur unter bestimmten Voraussetzungen — der Herleitung aus dem Indoeuropäischen auch eine solche aus dem Etruskischen zur Seite stellen läßt, mit anderen Worten, deren Homo-

---

aus mehreren Gründen das Griechische zu nennen, s. oben im Text) ins Etruskische gedrungenen und dort gemäß den sprachlichen Gegebenheiten modifizierten Wortes, also Vermittlung eines nicht etruskischen Wortes über etruskisches Medium, zu verstehen; denn welcher der beiden Fälle auch vorliegt, das Lateinische jedenfalls bezieht das betreffende Wort aus dem Etruskischen, hat es aus dem Etruskischen entlehnt.

Von „Prägung (Beeinflussung) durch das Etruskische" wird vor allem dann gesprochen werden, wenn an einem lateinischen Wort mit zumeist indoeuropäischem, allem Anschein nach jedoch nicht etruskischem Wortkern etruskischer Einfluß hinsichtlich der Morphologie erkennbar ist; daneben auch, wenn Lehnübersetzung oder Bedeutungsentlehnung aus dem Etruskischen vorliegt oder aber wenn es sich um ein aus einem lateinischen und einem etruskischen Wortkern zusammengesetztes Wort handelt. Da die vorliegende Untersuchung sich am lateinischen Wortmaterial orientiert, kann in einem solchen Fall, weil ja nur ein Teil, genauer der 2. Teil, eines derartigen hybriden Wortes aus dem Etruskischen übernommen wurde, im strengen Sinn nicht von Entlehnung eines lateinischen Wortes aus dem Etruskischen gesprochen werden, wohl aber hat sich, will man der Übersichtlichkeit halber auf eine eigene Kategorie verzichten, die Zuordnung zu „Prägung (Beeinflussung) durch das Etruskische" bewährt.

[9] Wenn nicht ausdrücklich anders angegeben, sind im gesamten Verlauf der Arbeit, insoweit vom Lateinischen die Rede ist, prinzipiell unter „Suffixen" nicht bzw. nicht nur Deklinationsschema und Casus bestimmende morphologische Elemente zu verstehen. Es stellen also im Rahmen dieser Terminologie etwa die Stammvokale der A- und O-Stämme und die verschiedenen Casussuffixe nicht Suffixe im engeren Sinn dar.

genität nur eine scheinbare sein dürfte. Endlich soll noch das beinahe gar nicht erforschte Gebiet der Syntax nicht völlig übergangen werden.

Zur Formulierung „im Lateinischen" sei folgende Bemerkung gemacht: Bei sämtlichen im Laufe der Arbeit untersuchten lateinischen[10] Wörtern handelt es sich ausschließlich um literarisch oder/und epigraphisch belegte Ausdrücke; d.h. jene Wörter, die für das Lateinische nur durch die romanischen Sprachen oder/und aus Eigennamen oder durch griechische Ausdrücke erschließbar sind, wurden nicht berücksichtigt.

Schließlich bedarf die Einschränkung „unter Ausschluß des spezifisch onomastischen Bereiches" einer Erklärung: Prinzipiell nicht aufgenommen in die Untersuchung wurden Eigennamen jeglicher Art (Personennamen, Götternamen, Toponyme, etc.)[11]. Verfasserin ist sich der Problematik eines solchen Verzichts sehr wohl bewußt; doch kann als guter Grund für diese schwerwiegende Entscheidung angeführt werden, daß die Behandlung des onomastischen Materials einen eigenen, ganz spezifische Methoden erfordernden und äußerst umfänglichen Problemkreis darstellt.

Nun entspräche es nicht den Tatsachen, des Umstandes halber, daß Eigennamen in der vorliegenden Untersuchung nicht behandelt werden, anzunehmen, daß in dieser Arbeit in keiner Weise irgendein Teilbereich des onomastischen Sprachkomplexes berührt werde. Vielmehr besitzen die Ergebnisse mancher Kapitel in ihrer Gesamtheit oder in Teilbereichen — es seien der Kriterienkatalog (Kap. B.) sowie die Fragen der Phonetik, des Akzents und der Morphologie gewidmeten Kapitel (Kap. C. 2., C. 3., C. 4.) hervorgehoben — nicht nur für nicht onomastisches, sondern ebenso für rein onomastisches Sprachmaterial Gültigkeit. Der spezifisch onomastische Bereich jedoch, d.h. im wesentlichen der die etymologische Forschung zum etruskisch-lateinischen Namenmaterial in ihren Ansätzen und Erkenntnissen sowie das Aufzeigen der diesem Namenmaterial eigentümlichen morphologischen Struktur umfassende Bereich, wurde aus den oben erwähnten Gründen in dieser Untersuchung nicht berücksichtigt.

[10] In einem Zusammenhang wie dem hier gegebenen und ohne einen Zusatz wie „echt", „genuin" oder „ie." bedeutet „lateinisch" — diese Terminologie ist zum Verständnis der betreffenden Stellen im weiteren Verlauf der Arbeit zu beachten — „im lateinischen Lexikon vorhanden" und besagt nichts über die Etymologie des jeweiligen Wortes. Auch die Bezeichnungen „etruskisch" und „griechisch", das sei hier angeschlossen, sind in entsprechender Weise zu verstehen.

[11] Eine Ausnahme stellen aus bestimmten Gründen das von einem Götternamen abgeleitete Appellativ *Bacchānal* (s.u.W. *Bacchanālia*), das aus gr. †Γαδυμήδης entstandene, als eine Art Appellativ verwendete *catamītus* (s.b.W.) und die von dem Heroennamen gebildete Beteuerungspartikel *hercle* (s.b.W.) dar. Daß darüber hinaus gelegentlich im Rahmen der unterschiedlichsten Themenstellungen auf den einen oder anderen Eigennamen näher einzugehen war, versteht sich von selbst.

A.2. Zum historischen und kulturgeschichtlichen Hintergrund

Auf die etruskische oder die römische Geschichte näher einzugehen, ist hier nicht der Ort. Nur folgende Tatsachen mögen in Erinnerung gebracht werden:

Vom 7. Jh. v. Chr. an — zweifellos in Zusammenhang mit der Entdeckung der Erzvorkommen in Etrurien und dem daraus resultierenden Reichtum — expandierte das etruskische Macht- und Einflußgebiet immer stärker, bis sich etwa ab der Wende vom 6. zum 5. Jh. v. Chr. das von den Etruskern kontrollierte Gebiet von den Ausläufern der Alpen bis nach Kampanien, von Korsika bis zur Adria erstreckte.

In Rom war eine etruskische Monarchie eingerichtet worden, welche, wie die Annalen berichten und die moderne archäologische Forschung bestätigt, etwa ein Jahrhundert Bestand hatte. Intensive Kontakte zwischen Etruskern und den Bewohnern Roms waren jedenfalls die unvermeidliche Folge dieser historischen Entwicklung.

Mehrere römische Toponyme legen davon ein beredtes Zeugnis ab: „*Rōma*" selbst, die Hügel *Velius* und *Caelius*, der Stadtteil *Subūr(r)a*, um nur Bekanntestes zu nennen, sind aller Wahrscheinlichkeit nach etruskischen Ursprungs; wie es in Rom ja auch ein eigenes Etruskerviertel um eine der ältesten Straßen Roms, den *vīcus Tuscus*, gab.

„La réligion, la divination romaines, le rituel sont pleins de souvenirs étrusques ... Il est des plus vraisemblables que c'est par leur intermédiaire que les Latins ont connu l'alphabet et l'écriture ... Manieurs de glaise, fondeurs, céramistes, potiers ..., bâtisseurs de villes, architectes, arpenteurs, courtiers, commerçants, histrions, gladiateurs, baladins, ils ont appris aux populations rurales du Latium la civilisation urbaine, comme ils leur avaient appris les rites qui président à la fondation des villes ... Les institutions publiques, civiles ou militaires, le régime administratif, la vie sociale leur doivent beaucoup ..."[1]

Als weiterer, und zwar ausnehmend wichtiger Aspekt des etruskischen Einflusses auf Rom ist den eben aufgefürten der der Etrusker als Übermittler der griechischen Kultur hinzuzufügen.[2]

---

[1] *EE*, 83 f.; vgl. Heurgon, *Die Etrusker*, 15: „... denn die Kultur, die sich zwischen dem 7. und 2. Jh. in Etrurien herausgebildet hat, war schließlich die erste große Kultur Italiens." Vgl. auch Pallottino, *Die Etrusker*, 86: „... beweisen die archäologischen Zeugnisse, daß die absolute Priorität in der Entwicklung der antiken Kultur Italiens Etrurien gebührt."

[2] Vgl. etwa Ernout, *Latin „Graecus, Graius, Graecio"*; s. dazu besonders *DGE 2*, 269-298 „Griechische Wörter im Latein, die durch etruskische Vermittlung zu erklären sind".

EINFÜHRUNG

Hervorzuheben ist schließlich als äußerst aufschlußreiches Kapitel gegenseitigen Kulturaustausches der Bereich der Personennamengebung.[3] Obwohl die Archäologie schon längst die Bestätigung etruskischer Bautätigkeit und Kunstausübung im frühen Rom erbracht hatte[4], erregte doch

[3] Vgl. Altheim, Geschichte, 237 („Der stärkste gegenseitige Austausch geschah auf dem Gebiet der Namengebung."), Palmer, The Latin Language, 47 („... the intimate fusion of the Etruscan and Roman aristocracies is revealed in the nomenclature."), besonders Rix, DEC, 382 („Die Gemeinsamkeit in der Personennamengebung, die Rom mit Etrurien verbindet, erstreckt sich ... nicht nur auf Praenomen und Gentile, sondern auch auf das Cognomen."), Pallottino, Die Etrusker, 86 ("Bei den Etruskern, Latinern und Umbro-Sabellern herrschte der charakteristische Brauch, die Person mit einem Doppelnamen zu benennen, dem Vornamen und dem Familiennamen, ein Brauch, der den anderen antiken Völkern fremd und wahrscheinlich von Etrurien ausgegangen ist."), auch 123 ff. und — noch deutlicher — 196 („Was die Eigennamen betrifft ..., beginnt die Ähnlichkeit bei der Formel des zwei- oder dreiteiligen Namens (Vorname, Familienname, bisweilen auch Zuname, z.B. etruskisch Aule Seiante Sinu (Belegt ist nach Ausweis von ThLE 292 aule seianti śinu CIE 797; Anm. d. Verf.): lateinisch Marcus Tullius Cicerō). Aber auch die Formen selbst, also die Wurzeln und Ableitungen der verschiedenen Vornamen und sehr vieler Familiennamen sind im Etruskischen und Lateinischen gleich, ausgenommen die Phonetik und die grammatischen Endungen."); de Simone, Gli Etruschi a Roma, 101 („L'importanza politica e sociale dell'onomastica etrusca a Roma può essere evidenziata da una semplice costatazione: de 18 prenomi classici latini (cioè ufficiali), correntemente usati ed abbreviati in formule onomastiche latine, ben due, Poplios (> Pūblius) (Vgl. u.W. populus; Anm. d. Verf.) e Spurius (Vgl. u.W. spurius; Anm. d. Verf.), sono chiaramente di origine etrusca."). Das bis heute in Gebrauch stehende Standardwerk zur etruskisch-römischen Namengebung stellt Schulzes 1904 erschienene umfangreiche Untersuchung „Zur Geschichte lateinischer Eigennamen" dar. Allerdings darf bei der Benützung von Schulzes Werk nicht übersehen werden, daß trotz der allgemein anerkannten Leistung des Verfassers doch manche Korrektur nötig ist; so etwa bezüglich Schulzes Auffassung der etruskischen Individualnamen tiφile CIE 2933 u.ö. (p. 374; s. Vetter, Die etruskischen Personennamen Sp. 68 f.) und apluni CIE 1745 u.ö. (p. 320, Fn. 4 u.ö.; s. Pfiffig, Die Namen, 257, Fn. 5) oder des zum Namen gewordenen Appellativs leϑe CIE 2404 u.ö. (p. 177 f.; s. Vetter, o.c., Sp. 67 f.); bezüglich Schulzes Theorie zum Entstehen der „dritten Namen" (s. Rix, DEC, 6 f.) sowie zum Einfluß des etruskischen auf das römische CN (s. DEC, 7 f. und 381 f.) etc. Zu den Irrtümern Schulzes generell s. ausführlich Vetter, Etruskische und italische Familiennamen, der p. 771 von einer „ungeheuren Überschätzung des etruskischen Sprachgutes im Bereich der lateinischen und besonders der italischen Personennamen bei W. Schulze" spricht. Vgl. auch Pallottino, Die Etrusker, 196: Schulze habe die Eigennamen „meisterhaft behandelt", ist aber etwas veraltet und sieht viele italische Namen irrtümlich als etruskisch an".

[4] Man denke nur an den nach der Überlieferung 509 v.Chr. dedizierten Tempel des Iuppiter Capitolinus; nach Varro ap. Plin. N.h. 35, 157 und nach Plutarch Public. 13 waren Vulca und andere Künstler aus Veji an der Ausgestaltung dieses Tempels beteiligt.
S. etwa auch Pallottino, Die Etrusker, 87: „... es genügt, an den Typus und an die Formen des Tempels, an seine Dekoration mit bemalten Terrakotten zu denken, wie dies alles in Falerii, Rom, Veletri, Satricum und Capua zu finden ist. Gräber mit Gemälden, den etruskischen entsprechend, sind in Rom, Capua, Paestum und sogar in Apulien gefunden worden." Und o.c., 82 heißt es: „Rom selber nimmt in dieser Periode den Charakter einer wirklichen, geschlossenen Stadt an, mit einem Verteidigungswall und mit Monumentalgebäuden."

ein im Jahre 1941 zutage geförderter Fundgegenstand ganz besonderes Aufsehen nicht zuletzt unter Philologen: Am Fuße des Kapitols war ein Buccherogefäß mit etruskischer Inschrift vom Typ der „redenden Inschriften" gefunden worden, noch ins 6. Jh. datierbar, d.h. älter als der Forumscippus und die Duenos-Inschrift [5].

„Essa [6] conferma ... la presenza di gente parlante etrusco a Roma nel VI. secolo, e include la città nella zona di bilinguismo etrusco — italico alla quale già apparteneva il territorio falisco." [7]

Es folgten die Funde von drei weiteren etruskischen Inschriften aus Rom: eine auf einem Buccherofragment, gefunden auf dem Palatin [8]; eine auf dem Fragment eines Impastogefäßes, gefunden im Bereich von S. Omobono auf dem Forum Boarium [9], von Pallottino in das 7.-6. Jh. datiert [10] und somit als das früheste Zeugnis etruskischer Präsenz in Rom anzusehen; eine auf der Rückseite eines ebenfalls im Gebiet von S. Omobono gefundenen Elfenbeinlöwens [11].

Stellt man die sehr spärlichen altlateinischen Inschriften Roms daneben, so bestätigen die vier seit 1941 aufgefundenen etruskischen Inschriften „die Bedeutung des etruskischen Elements unter der Bevölkerung der Stadt" [12].

Es kann daher — bedenkt man alles eben Angeführte — nicht verwundern, wenn bei Dionysios von Halikarnassos Ant. 1,29 zu lesen steht: „Τὴν τε Ῥώμην αὐτὴν πολλοὶ τῶν συγγραφέων Τυρρηνίδα πόλιν εἶναι ὑπέλαβον."

---

[5] Pallottino, *La iscrizione arcaica*. Die Inschrift lautet: *niaraziialaraniia*, mit Sicherheit zu trennen in *ni araziia laraniia*; s. auch *TLE* 24 und *ThLE*, 24.
[6] Scil. diese Inschrift.
[7] Pallottino, *Etruscologia*, 110; vgl. ders., *Die Etrusker*, 82.
[8] Pallottino, *REE SE 22*, 309 f. Die Inschrift von einwandfrei archaischem Schrifttypus lautet: (..) *xianiϑx* (...), nach Pallottino *l.c.* eventuell zu lesen *mi ani ϑx* ...
[9] Pallottino, *REE SE 33*, 505-507. Die Inschrift lautet: (..) *uqnuś* (..).
[10] Pallottino *l.c.*; vgl. ders., *Servius Tullius*, 431; ders., *REE SE 47*, 324.
[11] Pallottino, *REE SE 47*, 319-325. Die Inschrift, von Pallottino, *o.c.*, 320 und 325 in die 1. Hälfte des 6. Jh. datiert, lautet: *arazsilqetenasspurianas*, mit Sicherheit zu trennen in *araz silqetenas spurianas*. Zu den auf römischem Boden gefundenen etr. Inschriften, insbesondere zur letztgenannten, s. auch de Simone, *Gli Etruschi a Roma*, 95 ff.
[12] Pallottino, *Die Etrusker*, 82.

B. ERSTELLUNG EINES KRITERIENKATALOGES ZUR IDENTIFIZIERUNG EINES AUS DEM ETRUSKISCHEN ENTLEHNTEN ODER DURCH DAS ETRUSKISCHE GEPRÄGTEN WORTES IM LATEINISCHEN LEXIKON

Vorauszuschicken ist, daß im Verlauf des Kapitels C. 1., wie nicht anders zu erwarten, nahezu ausschließlich von Nomina — Substantiva und einige Adjektiva — als der Hauptmasse des zu untersuchenden Materials die Rede sein wird. Diesem Umstand wurde sowohl bei der Erarbeitung dieses Kriterienkatalogs als auch im Kapitel C. 1. selbst durch die Wahl der entsprechenden Untersuchungsmethode Rechnung getragen.

Hinweise für Entlehnung bzw. Herkunft eines im Lateinischen auftretenden Wortes aus dem Etruskischen bzw. für wie auch immer geartete Prägung durch das Etruskische liefern einerseits wortimmanente Kriterien, d.h. phonetische und morphologische Details, andererseits nicht wortimmanente Kriterien wie vergleichbare Formen in etruskischen Texten, die Angaben antiker Autoren, bestimmte in den romanischen Sprachen überlieferte Formen. Es gilt der Grundsatz, daß meist — von einigen eklatanten Fällen besonders der Morphologie, von schlagenden, da auch semantisch stimmigen Parallelen im Etruskischen und von einigen phonetischen Erscheinungen abgesehen — ein einziges auf das Etruskische weisendes Kriterium zu schwach sein wird, die These von etruskischer Herkunft bzw. Prägung eines Wortes erfolgreich zu behaupten; erst das Zusammentreten mehrerer Faktoren bringt die erforderliche Beweiskraft mit sich.

Hervorgehoben sei auch, daß nicht jedes der in den folgenden Kapiteln aufgezählten an sich positiven Kriterien vorbehaltlos als Hinweis auf Herkunft eines Wortes aus dem Etruskischen bzw. Prägung durch das Etruskische gewertet werden darf; sehr spät und singulär, womöglich in unzuverlässigen Quellen Überliefertes, auch offenkundig durch Einfluß von Volksetymologie Entstelltes wird wenig oder keine Aussagekraft besitzen und ist daher mit größter Vorsicht aufzunehmen oder hat überhaupt unberücksichtigt zu bleiben.

Es ist darauf hinzuweisen, daß die im folgenden vorgeführten Kriterien natürlich auch für den Spezialfall der über das Etruskische ins Lateinische gelangten griechischen Wörter Gültigkeit besitzen; doch muß bei der Untersuchung der über das Etruskische vermittelten griechischen Entlehnungen auf eine Reihe weiterer, ganz spezifischer Kriterien, deren Ermittlung wir den umfassenden Studien de Simones (*DGE 1* und *2*) verdanken, Bedacht genommen werden; s. *DGE 2*, 269-283, bzw. Kap. C.1.1.1.

B.1. Wortimmanente Kriterien[1]

B.1.1. Phonetische Merkmale

Zunächst sei dargelegt, worin sich dieses Kapitel und das Kapitel C.2. „Phonetik" unterscheiden.

[1] Als wortimmanente Kriterien allgemeiner, d.h. nicht spezifisch etruskischer Natur, die — besonders bei gehäuftem Auftreten — auf Entlehnung deuten könnten, lassen sich etwa anführen: das Auftreten von aus dem Indoeuropäischen nicht erklärbaren Wortkernen und Suffixen; Reduplikation vom Typ *cicāda* (s.b.W.; vertreten außer im Lateinischen auch im Griechischen; gebildet vorwiegend mit dem Vokal *i*; ausschließlich bei Substantiven anzutreffen; als Hinweis auf mediterran-ägäische Herkunft des betreffenden Wortes zu werten; s.z.B. Alessio, *Una voce*, 256; ders., *Raddoppiamento* passim; Ernout, *Aspects*, 53; anders *LG* § 3 2 I.; *„Una voce"*, 256, glaubt Alessio diese Art der Reduplikation auch im Etruskischen wiederzufinden: „Questo tipo di raddoppiamento non è sconosciuto all'onomastica etrusca e appare certamente nel nome di divinità *Fu-fluns* (*TLE* 719ᵇ u.ö.; Anm. d. Verf.) e in quello della città *Pu-pluna* (*TLE* 378 u.ö.; Anm. d. Verf.) ‚Populonia' ..."; doch steht weder die etr. Herkunft beider erwähnter Namen noch ihr Zusammenhang einwandfrei fest; s.u.W. *populus* bzw. *RET*, 288 ff.; jedenfalls sind aus dem Etr. eindeutige Beispiele von Reduplikation bisher nicht nachgewiesen); Parallelbildungen vom Typ *bārō/barcala* (s.u.W. *bardus*; Nebeneinander von im morphologischen Erscheinungsbild unterschiedlichen, jedoch in der Bedeutung völlig oder nahezu gleichen Substantivformen, deren morphologisches Verhältnis zueinander und oft auch deren Bildungsweise in Einzelbetrachtung mit Hilfe indoeuropäischer Wortbildungsgesetze nicht oder nicht einwandfrei geklärt werden kann); in eingeschränktem Maß Genus- und Paradigmaschwankungen; Schwankungen in der Lautgestalt eines Wortes (vgl. dazu auch Kap. C.1.1.; die Schwierigkeiten, phonetische Varianten, die mit Hilfe lateinischer Lautgesetze oder durch dialektale Einflüsse erklärbar sind, und solche, bei denen dies dem Stand unserer Kenntnisse nach nicht möglich ist, zu unterscheiden, sind nicht unbeträchtlich, bzw. ist eine solche Unterscheidung oder vielmehr eine klare Trennung in vielen Fällen nicht möglich; so lassen sich Schwankungen in der Lautgestalt bedingende phonetische Phänomene wie der Rhotazismus, Assimilationserscheinungen, der Wechsel *au/ō*, der Übergang von *o* zu *u* vor mehrfacher Konsonanz, der Wechsel *b/v*, der Wechsel *v/u*, der „sabinische" Wechsel *d/l*, Verlust des *h* am Wortanfang, Verlust des *n* vor *s*, die Synkope ohne Schwierigkeiten auf Gesetzmäßigkeiten innerhalb der lateinischen Lautentwicklung oder auf Dialekteinflüsse aus dem Italischen zurückführen, doch bedeutet dies nicht, daß sie ausschließlich in der lateinischen und/oder der italischen Phonetik heimisch gewesen wären; so gibt es etwa in jüngeren etruskischen Inschriften häufig die Erscheinung, daß *u* zu *v* wird, seltener wird ein *v* durch ein *u* vertreten, s. *DES* § 12bis bzw. § 19a; so ist ferner auch im Etruskischen ein Schwund des *n* vor *s* festzustellen,s. *DES* § 24 bzw. Kap. B.1.1.2.3. und Kap. C.2.1.5.; und schließlich stellt die Synkope, zweifellos auch dem Lateinischen nicht fremd, eines der auffälligsten Merkmale des etruskischen Vokalismus dar; zur Problematik dieser Erscheinung im Etruskischen s. *DES* § 26-31 bzw. Kap. C.2.1.4. und Kap. C.3.; zu noch größerer Vorsicht, obwohl teilweise auch aus lateinischen phonetischen Verhältnissen deutbar, mahnen Erscheinungen wie die Wechsel *a/e* — im Lateinischen besteht die Möglichkeit eines Überganges *a > e* vor zweifacher Konsonanz; es wird jedoch dieser Wechsel häufig als Kennzeichen des mediterranen Substrats aufgefaßt, vgl. Bertoldi, *Relitti*, 288, Fn. 1; ders. *Plurale*, 169; Alessio, *Fitonimi*, 222, Gerola, *Substrato mediterraneo*, 362, Alessio, *Vestigia*, 144; Devoto, *Le fasi*, 223; im Etruskischen läßt sich der

Entsprechend der Überschrift zum Abschnitt B. ist es Ziel des vorliegenden Kapitels, phonetische Erscheinungen aufzuzeigen, die — mit größerer oder geringerer Beweiskraft — als Hinweis auf Herkunft eines Wortes aus dem Etruskischen gewertet werden dürfen.

Zweck des Kapitels C. 2. hingegen ist es zu untersuchen, inwieweit gewisse nicht aus der lateinischen Lautlehre deutbare phonetische Erscheinungen in offenbar nicht aus dem Etruskischen stammenden lateinischen Wörtern mit indoeuropäischer oder auch unklarer Etymologie unter Heranziehung phonetischer Eigenheiten des Etruskischen eine Erklärung finden könnten[2].

Wechsel *a/e* bzw. der Wandel *a* > *e* zumeist auf Umlaut zurückführen, in einigen Fällen bleibt er unklar, s. *DES* § 12 bzw. vgl. u.WW. *lemurēs, agō, crepus* —, *e/i* — s. Kap. B.1.1.1.1.2. —, *i/u* s. Kap. B.1.1.1.3. —, *o/u* vor einfacher Konsonanz — s. Kap. B.1.1.1.1. —, einfacher Konsonant/ Doppelkonsonant — zweifellos kennt das Lateinische Doppelkonsonanz, morphologisch in Binnenfuge oder als expressive Dehnung, hier oft in Eigennamen und in onomatopoetischer Verwendung; dieser Wechsel von einfacher und Doppelkonsonanz wird jedoch von manchen Autoren als Zeichen des mediterranen Substrats gewertet; etwa von Alessio, *Fitonimi*, 210 und 223, vgl. Bertoldi, *Plurale*, 169 —, Media/Tenuis — s. Kap. B.1.1.2.1. —, Tenuis/Aspirata — s. Kap. B.1.1.2.2. —, Aspirata/Spirant labial — s. Kap. B.1.1.2.2. —, nasalierte Form/nicht nasalierte Form — s. Kap. B.1.1.2.3. — etc., insbesondere wenn weitere auf Entlehnung weisende Kriterien hinzutreten); Vorliegen eines atypischen phonetischen Gepräges (so bleibt etwa intervokalisch *-s-* nach dem Sichtbarwerden des Rhotazismus in der Schrift etwa in der Mitte des 4.Jh.v.Chr., abgesehen von einigen Ausnahmen — *-ss-* hinter langem Vokal und Diphthong > *-s-* ab etwa 100 v.Chr.; *-s-* vor kurzem Vokal + *r* bleibt erhalten bzw. wird restituiert; *-s-* nach Kürze oder *-s-* aus *-ss-* nach Länge in jüngeren Lehnwörtern; durchsichtige Komposita —, ohne Erklärung aus dem Lateinischen; auch inlautend *-f-* im Lateinischen bedarf, sofern es sich nicht um *-f-* hinter morphologischer Wortfuge handelt, einer anderen als der Erklärung aus dem Lateinischen, wobei allerdings sehr häufig, besonders bei durchsichtiger Etymologie, Entlehnung aus einem der italischen *f*-Dialekte vorliegen wird; die aspirierten Tenues *ch, ph, th* finden sich im Lateinischen — sieht man davon ab, daß *ch, ph, th* gelegentlich auch in echt lateinischen Wörtern, und zwar meist neben bzw. statt nicht aspirierten Tenues, auftreten, s. dazu Kap. C.2.2.1. — vor allem in Lehn- und Fremdwörtern, wobei neben der Hauptmasse der Entlehnungen aus dem Griechischen diejenigen aus dem Etruskischen bereits hier hervorgehoben sein sollen, s. Kap. B.1.1.2.2.; mit *y* und *z* sind noch eindeutigere Hinweise auf Entlehnung gegeben); schließlich die Zugehörigkeit zu bestimmten semantischen Kategorien, die sich besonders offen für Entlehnungen zeigen (Benennungen von Pflanzen, und zwar Bezeichnungen für die ganze Pflanze, für deren Teile oder Produkte, auch für gehäuftes Vorkommen einer Sorte, und von Tieren; Bezeichnungen für Geländebeschaffenheit und für Gesteine, Mineralien, Metalle; und ganz besonders die sogenannten Kulturwörter, Wörter des Weinbaues, der Ölbaumkultur, des Handwerkes, des Städtebaues, bestimmter Rituale etc., von denen sich als eigene Kategorie die ausgesprochenen Termini technici der verschiedenen Fach- und Sondersprachen herausheben lassen; vgl. Alessio, *L'etrusco e due problemi*, 550, Gerola, *Substrato mediterraneo*, 364).

[2] Auf die Problematik, die die Beschäftigung gerade auf phonetischem Gebiet mit einer nur schriftlich überlieferten Sprache ohne Nachfahren mit sich bringt, d.h. im besonderen auf die Diskrepanz zwischen Schreibung und Aussprache, zwischen den Graphemen, die — mit Ausnahme von 8 — von Vertretern andersartiger Sprachen entwickelt wurden, und den Phonemen

Trotz der Verschiedenheit der Aspekte sind naturgemäß gewisse Überschneidungen unvermeidlich.

Zur Gewinnung eines Überblicks über sämtliche sicher, wahrscheinlich oder möglicherweise auf bestimmte Gegebenheiten der etruskischen Phonetik zurückführbare phonetische Erscheinungen in aus dem Etruskischen entlehnten wie auch in genuin lateinisch-indoeuropäischen, jedenfalls im Kern nicht aus dem Etruskischen herzuleitenden Wörtern sind selbstverständlich beide Kapitel zu Rate zu ziehen.

B.1.1.1. *Vokalschwankungen*

B.1.1.1.1. *o/u (ausgenommen vor mehrfacher Konsonanz)* [3] [+]

Das in lateinischen Wörtern auftretende Nebeneinander von Vokalisation mit *o* und solcher mit *u* läßt sich, da Weiterleben bzw. Weiterverwenden der alten Formen auf *o* neben den neueren auf *u* zumindest in der Literatur bei Dichtern und Schriftstellern archaisierenden Stils nachweisbar ist, in nicht wenigen Fällen mit Hilfe lateinischer Lautgesetze erklären (s. *LG* § 87, vgl. § 45): *o* > *u* vor mehrfacher Konsonanz; z.B. *molta/multa*; s.b.W. Andererseits spricht Alessio, *Suggerimenti*, 156, unter Bezugnahme auf das Schwanken *u/o* im Vokalismus der ersten Silbe in mit toskanisch *tútolo* (auf etruskisch-lateinisch *tutulus* zurückzuführen; s.b.W.) „torsolo della pannocchia del granturco" verwandten Ausdrücken zentral- und süditalienischer Dialekte zu Recht von einer „... alternanza *u/o* che è caratteristica degli imprestiti latini dall'etrusco che rende con *u* entrambe le vocali". [4]

Zu *o* im Etruskischen s. *DES* § 11: Zwar werde — von ganz wenigen Ausnahmen abgesehen (Belege s.*l.c.*) — der Vokal *o* in etruskischen Texten nicht bezeichnet; doch könne — wegen der erwähnten Ausnahmen, wegen *o* für *u* in etruskischen Bilinguen und wegen *o* in etruskischen, aber in lateinischem Alphabet geschriebenen Namen (Belege s.*l.c.*) — nicht mit Sicherheit behauptet werden, das Etruskische habe keinen Vokal *o* besessen.

---

des Etruskischen, die selbst mit Sicherheit im Laufe der Jahrhunderte nicht dieselben blieben und auch synchron gesehen innerhalb des etruskischen Sprachbereiches sicher nicht überall ganz dieselben waren, wenn auch das erhaltene Sprachmaterial nur vereinzelt Dialektunterschiede erkennen läßt (s. dazu *DES*, 6f.), soll und kann hier nicht eingegangen werden (vgl. dazu etwa Pfiffig, *Bespr. de Simone, DGE*, 661ff.; ders., *Zur Forderung*, 163ff.). Es soll nur darauf hingewiesen werden, daß bei dieser ungünstigen Tradierungssituation des Etruskischen Aussagen gerade auf dem Gebiet der Phonetik mit größter Vorsicht zu tätigen als auch aufzunehmen sind und nur in den glücklichsten Fällen Anspruch auf unbezweifelbare Gültigkeit erheben dürfen.

[3] Vgl. auch S. 12 Fn. 1.

[4] Vgl. auch Alessio, *L'etrusco e due problemi*, 551, Fn. 2; ferner Pasquali, *Acheruns*, 294.

Es bietet daher, steht *o* nicht vor mehrfacher Konsonanz und nicht vor *r* in geschlossener Silbe und ist daher der Übergang zu *u* bzw. der Wechsel *o/u* wie z.B. bei *ōpiliō/ūpiliō* (s.u.W. *ōpiliō*) nicht aus dem Lateinischen deutbar, das Etruskische mit jenem etruskisch in der Regel als *u* geschriebenen, in der lat. Aussprache aber (regional differierend oder etwa je nach lautlicher Umgebung schwankend[5]?) offenbar zwischen *u* und *o* stehenden bzw. fluktuierenden Vokal[6] eine Erklärungsmöglichkeit für diese Vokalschwankung.

B.1.1.1.2. *e/i (ausgenommen bei Fällen mit Lautentwicklung e > i in offenen Binnensilben vor den meisten einfachen Konsonanten)*[7] [+]

Ein Schwanken *e/i* in lateinischen Wörtern, etwa in *crumēna/crumīna* (s.b.W.), könnte unter der Voraussetzung, daß in den Formen mit *-e-* ältere Aussprachegepflogenheit (aus der Zeit des 3. Jh. v. Chr. oder früher; im Verlauf des 3. Jh. v. Chr. dürfte der Wechsel *e > i*, der sich in offenen Binnensilben vor einfachem Konsonant, ausgenommen vor *r*, velarem *l* und mit Einschränkungen vor den Labialen *p, b, m, v* vollzog, vollendet gewesen sein; s. *LG* §90.a. bzw. §88; vgl. §87) überlebt hätte, eine Erklärung aus innerlateinischen phonetischen Vorgängen finden. Zwar läßt sich diesem Deutungsversuch in Anbetracht bestimmter aus dem Etruskischen bekannter phonetischer Eigenheiten (s. weiter unten) zumeist mit dem gleichen Grad an Wahrscheinlichkeit die Hypothese eines etruskischen Ursprungs des Schwankens *e/i* zur Seite stellen, doch erscheint es nicht angezeigt, ein derartiges unsicheres Kriterium als Argument zugunsten etruskischer Herkunft eines Wortes ins Treffen zu führen.

Ist hingegen wie etwa in *vespillō/vispillō* (s.u.W. *vespillō*) eine Interpretation des Wechsels *e/i* durch lateinische phonetische Gegebenheiten bzw. unter Heranziehung der oben vorgeführten Hypothese in keiner Weise möglich, erscheint es gerechtfertigt, eine aus der Berücksichtigung etruskischer Lautverhältnisse erwachsende Deutung des Wechsels *e/i* in Erwägung zu ziehen; mit anderen Worten, es kann ein solches Schwanken *e/i*, wenn auch mit Vorsicht und mit jeweils unterschiedlicher Beweiskraft[8], als Hinweis auf etruskische Herkunft des betreffenden Wortes aufgefaßt werden.

---

[5] Unter den *DES* §11 angeführten Beispielen für *o* in latinisierten etruskischen Namen, für *o* in etruskischen, aber lateinisch geschriebenen Wörtern und — ganz selten — für *o* in etruskischer Schrift überwiegen bei weitem solche, in denen *o* in unmittelbarer Umgebung von Nasalen und Liquiden steht.

[6] Vgl. dazu auch S. 16 Fn. 12.

[7] Vgl. auch S. 12 Fn. 1.

[8] In ganz besonderem Maße sind bei der Interpretation des Wechsels *e/i* die S. 11 genannten Einschränkungen zu beachten.

So stellte bereits Bertoldi, *Prerogative*, 89, zum spezifischen Fall des Schwankens *e/i* in *-esta/-ista* fest: „Nelle alternanze vocaliche in *genesta — genista*[9], *lepesta — lepista*[10], ecc., si ha piena ragione di riconoscere ... non tanto un puro e semplice scambio di suffissi, ma un vero e proprio fenomeno di sostrato tipico in vocaboli giunti al latino per il tramite etrusco[11] ..."[12]

Heute können wir mit Sicherheit behaupten, daß das Etruskische einen Wandel *i > e* in Anfangs-, Binnen- und Endsilben gekannt hat, s. *DES* §12.

Ein Schwanken *i/e* in einem lateinischen Wort präsumptiv etruskischer Herkunft wird wohl, sieht man von im Vokalismus differierender Mehrfachentlehnung und Beibehaltung dieses regional und/oder zeitlich bedingten lautlichen Unterschiedes ab, darauf zurückzuführen sein, daß der etruskische, im lateinischen Schriftbild teils als *i*, teils als *e* wiedergegebene Laut für lateinische Ohren weder exakt lateinisch *i* noch *e* entsprach, somit sowohl mit *i* als auch mit *e* realisiert werden konnte.

B.1.1.1.3. *i/u (ausgenommen vor antevokalisch p, b, f, m)* [?]

Zur Erklärung des Wechsels *i/u* läßt sich folgendes lateinische Lautgesetz anführen: „Vor den antevokalischen Labialen *p b f* und *m* erscheinen in Mittelsilben alle alten kurzen Vokale in der schriftlichen Aufzeichnung als *u* und als *i* ..., doch so, daß unabhängig von der Ursprungslautung teils *u* teils *i* bevorzugt ist; am bekanntesten ist der Wechsel *-umus/-imus* der Superlative

---

[9] S.b.W.
[10] S.b.W.
[11] Sperrung von der Verf.
[12] Bertoldi, *l.c.*, fährt fort: „... la stessa vicenda vocalica *e:i* contraddistingue alle volte una forma tirrenica dalla corrispondente forma egea d'uno stesso elemento lessicale mediterraneo." Dies sei zum Beispiel bei *menta — μίνθη* der Fall. Rund zwanzig Jahre später präzisiert Devoto, *Le fasi* II, 181, unter Bezugnahme auf das gleiche Beispiel: „Non si tratta della preferenza per la *i* o per la *e*, ma della reazione a un mondo mediterraneo che, se ignorava la distinzione *o/u*, ne conservava una assai instabile *e/i*." Vgl. auch Alessio, *Fitonimi*, 199; Gerola, *Substrato mediterraneo*, 352, etc. Vgl. auch S. 19 Fn. 22.: Die gleiche Erklärung bietet Devoto *l.c.* für den Wechsel Media/Tenuis. In den letzten Jahrzehnten lieferte die Linear B-Forschung einen weiteren Beweis, daß in bestimmten Wörtern offenbar nicht ie. Herkunft ein nicht eindeutig identifizierbarer Vokal im Lautwert zwischen gr. *e* und *i* vorlag, der je nach lautlicher Umgebung und/oder je nach gr. Dialekt und/oder je nach der Entlehnzeit im Griechischen als *e* oder aber als *i* wiedergegeben wurde; man stelle etwa einander gegenüber *qe-to/q^{u}ethoi*/PY Ta 641 und πίθοι, *di-pa/dipas/l.c.* und δέπας.

Zu dem in der vorliegenden Arbeit allgegenwärtigen Problem der Wiedergabe fremdsprachiger Laute s. etwa auch S. 98 Fn. 329.

..." Soweit *LG* § 92.; s. dazu auch § 92.C. „Sonderfälle": „Ein Wechsel *u/i* in erster Wortsilbe vor Labial findet sich fast allein hinter *l*: *lubet libet* (sicher idg. *u* ...; neben *clipeus* auch *clupeus* (*Verg., Mon. Ancyr.*) ..." Für *clipeus/ clupeus* ist hiermit eine Erklärung geboten, aber gerade dieses Wort gilt aus verschiedenen Gründen als ziemlich sicher aus dem Etruskischen entlehnt.[13]

So führt Bertoldi, *Storia*, 70, der den Vokalwechsel *i/u* als „comune a ... nomi di presunta origine prelatina passati per il tramite del latino d'Etruria" bezeichnet[14], an Beispielen neben anderen *Libitīna/Lubitīna*[15], *clupeus/clipeus*[16], *Clupeārius/Clipeārius* an und rechnet auch *fūnis*[17]*/fīnis*[18] dazu.

Im Etruskischen selbst ist dieser Wechsel jedoch nicht nachgewiesen.

B.1.1.1.4. *ae/e* [?]

Das Lateinische weist bekanntlich die Entwicklung *ai* > *ae* > *e* auf; *ae*, nach gängiger Auffassung gesprochen wie *ei* in deutsch „Stein", ist ab 187 v. Chr. inschriftlich bezeugt (Diehl, *Altlat. Inschriften*, 343 u. 262); während, so *LG* § 76f., im Lateinischen außerhalb Roms die Schreibung *e* für *ae* seit etwa 200 v. Chr. auftritt (im Umbrischen wird ererbtes *ai* seit den ältesten inschriftlichen Zeugnissen, also seit etwa 200 v. Chr., mit *e* wiedergegeben), tritt in Rom die Schreibung *e* erst seit dem 2. Jh. n. Chr. gehäuft auf (daneben bis ins 3., 4. Jh. n. Chr. die Schreibung *ae* mit der Aussprache *ei*).

Bisweilen erscheint statt zu erwartendem *ae* ein *ē*, z.B. in dem nach *LG* § 78 „lautlich stark entstellten Erbwort" *lēvir*, bisweilen kommt es zu einem Schwanken *ae/e*, so z.B. bei *faenum/fēnum* mit unsicherer, bei *faenus/fenus* mit indoeuropäischer Etymologie; s. *LG* § 78 bzw. *WH* s.vv.

Nicht so klar steht es um *ae* für zu erwartendes *ē*, s. *LG* § 78: „... vielleicht als hyperurbane Aussprache; fast nur umstrittene Beispiele", unter anderen angegeben: *obscaenus, scaena, scaeptrum*[19]. Zu *scaena* und *scaeptrum* führt *LG* l.c. zwei Erklärungsversuche an: *ae* sei Hyperurbanismus; *ae* sei behelfsmäßige lateinische Lautsubstitution für offenes griechisches η. Das *ai* der Form *scaina* wird durch etruskische Vermittlung der griechischen Form mit *ā* erklärt.

Die Annahme, daß *ae* die lateinische Lautsubstitution für offenes griechi-

[13] Genaueres s.b.W.
[14] Als typisch ägäisch interpretiert diesen Lautwechsel Alessio, *Fitonimi*, 186; vgl. ders., *Vestigia*, 130.
[15] S. aber zur ungeklärten Herkunft des Namens der *Libitina* KP s.v. *Libitina* mit Lit.; s. auch Pfiffig, *Bespr. Radke, Die Götter*, 53.
[16] S.b.W.
[17] S.b.W.
[18] S.u.W. *fūnis*.
[19] S.b.b.W.W.

sches η sei, ist nach Bonfante, *La diphtongue ae,* nur Teil eines größeren Komplexes, lateinische Entlehnmodalitäten betreffend: Er sieht in *ae* der Wörter *scaena, scaeptrum, raeda, glaesum* etc. den Ausdruck für das dem Latein fehlende offene *ē* derjenigen Sprache, aus der das jeweilige Wort entlehnt ist.

Es ist zu beachten, daß auch das Etruskische eine chronologisch zu verstehende Monophthongierung *ai > ei > e* gekannt hat, z.B. arch. *paiθunas TLE* 256 > *peiθna CIE* 2521 u.ö. > *peθnei CIE* 1177 u.ö. (< ⁺*paiθunai*); s. *DES* § 13a. Vgl. Devoto, *Tendenze,* 262: Auf Entwicklung *-ai > -ei* lasse etwa die Form *phersipnai CIE* 5091 im Vergleich zu *phersipnei CIE* 5365 schließen[20]. Vgl. Giacomelli, *Iscrizioni tardo-etrusche,* 90: Sie spricht „... di un diverso svolgimento storico del tradizionale dittongo [*ai*], che in latino vede la prevalenza della prima vocale a cui la seconda si adegua ([*ai*] > [*ae*] > [*e*]), in etrusco, come in umbro e in falisco, la prevalenza della seconda ([*ai*] > [*ei*] > [*e*])". Vgl. de Simone, *DGE* 2,21 ff. zu *ai > ē* in 1. Silbe: im allgemeinen gehörten die diphthongischen Formen dem 6. und 5. Jh., die monophthongischen der jungetruskischen Periode an; 45 f. zu *ai > ē* in Binnensilbe: diese Monophthongierung sei für die 2. Hälfte des 5. Jh. gesichert; 114 f. zu auslautend *-ai > -ei*: bei *-ai* (-*a* + movierendem *-i*; daraus rekrutiert sich die überwiegende Mehrzahl der auf *-ai* endigenden etr. Formen; s. *RI* 21 f.) > *-ei* keine Weiterentwicklung zu *-ē*, um die spezifische Funktion des Ausganges auf *-i* zu erhalten (vgl. Fn. 20).

Es wäre also — sofern wie bei *naenia/nēnia*[21] noch andere Indizien hinzukommen — denkbar,

a) daß ein etruskisches Wort zweimal, d.h. zu zwei verschiedenen Zeitpunkten und dementsprechend mit unterschiedlicher Aussprache des zur Diskussion stehenden Diphthonges bzw. Monophthonges entlehnt wurde;

b) daß es einerseits in Rom selbst bzw. in der unmittelbaren Umgebung von Rom, andererseits im ländlichen Bereich entlehnt wurde und somit der etruskische Laut entweder von vornherein in Rom und „in der Provinz" anders wiedergegeben wurde oder sich anders entwickelte;

c) daß es in seiner Klanggestalt im Lateinischen nicht exakt wiedergegeben werden konnte, so daß Aussprache und Schreibung zwischen *ae* und *e* schwankten.

---

[20] Besonders gut ist diese Entwicklung an den weiblichen GN auf *-nai* abzulesen: *-nai > -nei* (s. *DES* § 13a, 70, 185); das Fehlen einer Weiterentwicklung zu *-ne* „mag mit dem Streben zusammenhängen, die funktionell begründete Identität der Endung *-ai(-ei)* zu bewahren, die durch die Weiterentwicklung *-ei > -ē* verwischt zu werden drohte ..." (*DGE* 2, 114; vgl. im Text weiter unten).

[21] S.b.W.

Die unter b) und c) angeführten Möglichkeiten scheinen Verf. die wahrscheinlicheren.

B.1.1.2. Konsonantenschwankungen

B.1.1.2.1. Media/Tenuis [+]

Das Lateinische selbst vermag für derartige Doppelformen keine Erklärung zu bieten.

„Das Schwanken zwischen Media und Tenuis ist bei etruskischen Wörtern etwas ganz Geläufiges", schreibt Nehring, *Parerga*, 117.

Nicht nur als Charakteristikum des Etruskischen, sondern überhaupt des Mediterranen sieht Bertoldi, *Nomina Tusca*, 318, Fn. 3, diesen Wechsel: „Caratteristica dell'etrusco e del mediterraneo orientale, 'questa oscillazione o meglio indeterminatezza dell'esplosiva sorda e sonora' è confermata da buoni esempi dalla Liguria, dalla Sardegna e dall'Iberia."[22]

Zur Frage der Existenz von Mediae im Etruskischen s. *DES* §15: Die lateinische Transkription etruskischer EN und die lateinische und griechische Transkription etruskischer Appellative (z.B. *CIE* 2965 = *TLE* 541, Bilingue: lat. *TREBI* gegenüber etr. *trepi*; *TLE* 831 = *Paul. Fest.* 78,23 f.L, s.S. 130: a falado, quod apud Etruscos significat coelum; *TLE* 827 = *Hes.*: δάμνος·ἵππος lasse auf das Vorhandensein von Mediae bzw. diesen ähnlichen Lauten im Etruskischen schließen; dazu stimme allerdings nicht die Beobachtung, daß bei der etruskischen Übernahme einiger griechischer EN die griechischen Mediae mit den entsprechenden etruskischen Aspiraten wiedergegeben wurden (z.B. Ἀριάδνε > *ariaθa NRIE* 1049 > Körte G. in: Strena Helbigiana, Lipsiae 1900, 164): es stelle sich somit die Frage, ob das Etruskische Mediae bzw. diesen ähnliche Laute ursprünglich gekannt habe oder ob sie nicht eine

---

[22] Vgl. auch Bertoldi, *Plurale*, 169. Zu diesem Wechsel als mediterrane Erscheinung vgl. auch Alessio, *Suggerimenti*, 147f. Zu Vorkommen, Wesen und Bedeutung dieses Wechsels s. Gerola, *Substrato mediterraneo*, 362 f. Ausführlich äußert sich zum Schwanken Media/Tenuis Devoto, *Storia*, 40 f.: Man bemerke „nelle trascrizioni di parole ‚mediterranee' una notevole incertezza, sia fra consonanti sorde e sonore, sia fra sorde e aspirate." (Vgl. S. 21 Fn. 26) „Risulta da questo che le parole mediterranee ... avevano una serie di consonanti occlusive forse più semplice di quelle del greco e del latino, ma non esattamente traducibile nei singoli suoni del latino: anche se poi non sappiamo dire se le consonanti sorde ‚mediterranee' fossero qualche cosa di intermedio fra sorde e sonore indoeuropee o non piuttosto più forti ancora delle sorde indoeuropee." Vgl. noch deutlicher ders., *Le fasi* II, 181: Mit Media oder Tenuis hätten die indoeuropäischen Sprachen die einzige Art von mediterranem Verschlußlaut übersetzt; es handle sich also nicht um eine Bevorzugung von Media oder Tenuis schon im Mediterranen, sondern um eine Reaktion nicht mediterraner Sprachen auf die mediterranen Laute. Vgl. dazu S. 16 Fn. 12.: Die gleiche Erklärung bietet Devoto für den Wechsel *e/i*.

auf fremdsprachige Einflüsse zurückzuführende Neuerung im etruskischen Konsonantensystem darstellten: „Wenn hier (scil. wie bei > ariaθa etc.; Anm. d. Verf.) die Konsonanten aspiriert werden konnten ..., so müssen sie vorher im Etr. Tenues gewesen sein ... Dies würde ergeben, daß dem Etr. doch einst die Mediae gefehlt haben und daß sie erst später — auf unbekannte Weise und in unbekannter Verteilung (wohl aber unter ‚italischem' Einfluß) — im Etr. neu entstanden sind. Es wäre — rein hypothetisch — noch das denkbar, daß die oben angeführten griech. Namen ins Etruskische durch eine Vermittlersprache gekommen sind, der ihrerseits die Mediae gefehlt hätten." (DES l.c.)[23] Jedenfalls ist ein Schwanken Media/Tenuis in einem lateinischen Wort als ziemlich zuverlässiges Kriterium für Entlehnung dieses Wortes aus dem Etruskischen anzusehen; als Beispiel sei *amurca/ amurga* (s.b.W.) angeführt.

B.1.1.2.2. *Tenuis / Tenuis aspirata (nicht auf eine griechische Aspirata zurückgehend) dental und guttural; labial bei Fehlen eines Wechsels mit der zugehörigen Spirans* [?]
Tenuis / Tenuis aspirata / Spirans labial in der Nähe von Liquiden oder Nasalen [+]

Die Tenues aspiratae (*ch ph th*) im Lateinischen sind ausführlich besprochen *LG* § 165f.[24] Sie seien vor allem in Entlehnungen aus dem Griechischen

[23] Es ist selbstverständlich nicht angängig, das Fehlen einer Media bzw. das Vorhandensein einer Tenuis in einem lateinischen Wort als Hinweis auf etruskische Herkunft des Wortes zu werten, wie dies bei:
focus, -ī m. („‚Feuerstätte, Herd' ... und (seit 4. Jh., röm. unter Verdrängung von *ignis* ...) ‚Feuer'" *WH* s.v.; seit *Plt.*) versucht wurde. Muller, *De Romanorum et Graecorum foco* (ein Aufsatz mit einer Vielzahl korrekturbedürftiger Aussagen), hält *focus*, das mit seinem kurzen *-o-* an kein lateinisches Wort vergleichbarer Bedeutung (etwa *fōmes, fōmentum* etc.) Anschluß finde und dessen Zusammenhang mit arm. *boç* problematisch sei, für ein Wort möglicherweise etruskischer Herkunft: „... censeo rem *foci* nomine perantiquam scilicet fuisse, nomen illud ipsum aliunde in linguam latinam irrepsisse. Neque enim auxilio linguae latinae, neque ceterarum linguarum indo-germanicarum explanari potest." (P. 323.) „Unde gentium hoc nomen? — Vereor ne ex lingua etrusca illud quoque (wie p. 331 von Muller erwähntes *ātrium*; Anm.d.Verf.) ortum sit. Forma eius, quae consonantes solas tenues continet, cum natura linguae etruscae optime congruit." (P. 337.) „Forsitan et foci nomen fuerit etruscum. Plura affirmare hodie non ausim; rem si non itegram at incertam in medio relinquo." (P. 337.) Ablehnung etruskischer Herkunft bei *WH* s.v. („Vl. zu arm. *boç* ‚Flamme' (+*bhok-so*-?), *bosor* ‚rot' (von +*bos* aus +*bhoko*-?)."); keine Erwähnung etr. Herkunft bei *EM* s.v. („Une racine de forme +*bhok-* n'est pas normale en indoeuropéen. Il n'y a donc pas lieu de rapprocher le mot arménien, également isolé, *boç* ‚flamme', dont la forme ne répond du reste pas exactement à celle de *focus*.") [??]

[24] Zitat s. Kap. C.2.2.1. S. dort eingehender zum Problem der Aspiraten im Lateinischen. Als detailreiche Ergänzung aus *LG* § 165f. bietet sich Mingazzinis Aufsatz „*Sul fenomeno dell'aspirazione in alcune parole latine ed etrusche*" an.

anzutreffen: Seit etwa 150 v. Chr. habe man begonnen, was ab etwa 100 v. Chr. zur Regel wurde, die griechischen Aspiraten θ χ φ (in vorchristlicher Zeit bekanntlich *th kh ph* gesprochen), die zuvor als Tenues *t c p* ausgedrückt worden waren, mit *th ch ph* wiederzugeben; in Inschriften der späten Republik und in der Kaiserzeit sei die Setzung von *h* oft unterlassen worden, wohingegen häufig ungerechtfertigte Aspiration, d.h. Setzung von *ch ph th* für gr. κ π τ (zu erklären mit mißglückter Schreibung, hyperurbaner Aussprache oder Volksetymologie), festzustellen sei. Doch sei Aspiration im Lateinischen nicht auf griechische Lehnwörter beschränkt: In etruskischen EN wie *Cethēgus*[25] sei Tenuis aspirata üblich gewesen; und seit 100 v. Chr. lasse sich in lateinischen Wörtern mit indoeuropäischer Etymologie und in bereits fest eingebürgerten Lehnwörtern eine spontane Aspiration reiner Tenues feststellen, deren Bedingungen (in wenigen Fällen vielleicht volksetymologische oder assoziative Beeinflussung durch griechische Wörter) und Dauer nicht zu fassen seien.

Zum Wechsel Tenuis/Aspirata labial sei ein Zitat aus Bertoldi, *Nomina Tusca*, 315, Fn. 2, beigebracht, in dem der Autor „... dalla vicenda π-: φ- caratteristica del sostrato egeo — anatolico[26] comune all'etrusco ..." spricht; zum Wechsel Tenuis (Tenuis aspirata) / Spirans labial eines aus Fiesel — Groth, *Etr. Tupi*, 271: „Das Etruskische bietet eine beträchtliche Zahl von Fällen, wo *-p-* (*-ph-*) und *-f-* miteinander wechseln." Beispiele sind l.c. Fn. 2 angeführt, wo es weiter heißt: „Es scheint, daß das *-f-* gegenüber *-p-* sekundär ist und einer jüngeren Sprachschicht angehört, wie die wertvollen Untersuchungen von Terracini (*SE* III, 1930,230 ff.)[27] zeigen."

Nach neuerem Forschungsstand ist im Etruskischen der Wechsel Tenuis/Aspirata (für die etr. Aspiraten θ φ χ ist, dies sei festgehalten, wie für die entsprechenden gr. Aspiraten die Aussprache *th ph kh* anzusetzen; s. *DES* § 16) bei Dentalen und Gutturalen häufig, bei Labialen selten, s. *DES* § 16; zu den einzelnen Erscheinungsformen dieses Wechsels s. ebendort. Der Wechsel Tenuis/Spirans oder Aspirata/Spirans kann hingegen nicht als regulär betrachtet werden. „Eine Ausnahme bilden nur einige Fälle von *p* in der Nähe von Liquiden (oder Nasalen) > *f* ..." „Man darf diese Erscheinung vielleicht auf einen tatsächlichen, allerdings späteren und regionalen Lautwandel von *p* > *ph* > *f* zurückführen." (*DES* § 17.)

---

[25] S.b.W.
[26] Vgl. Devoto, *Storia*, 40: Man bemerke „nelle trascrizioni di parole ‚mediterranee' una notevole incertezza, sia fra consonanti sorde e sonore, sia fra sorde e aspirate". Vgl. S. 19 Fn. 22.
[27] Vgl. Bertoldi, *Relitti*, 281.

Anhand des eben Angeführten lassen sich folgende Richtlinien erstellen: Zu beachten ist, daß in einem aus dem Griechischen übernommenen, bereits im Griechischen mit einer Aspirata versehenen Wort eine Aspiration in der lateinischen Form oder der Wechsel Tenuis/Aspirata keinen Hinweis auf etruskische Vermittlung darstellt[28]. Dies trifft z.B. (bei bestimmter Interpretation des Wortes) auf *cantherius* zu; s. u. W. *canterius*.

Etwas besser bestellt hinsichtlich der Beweiskraft ist es um eine im griechischen Grundwort noch nicht vorhandene, erst im Lateinischen auftretende Aspiration bzw. ein Schwanken Tenuis/Tenuis aspirata, insbesondere bei Gutturalen in Stellung nach *l, m, n, r* (s. *DES* § 16. a. 1.; z.B. *ancora/anchora*, s.b.W.), oder um eine bei einem lateinischen, offenbar nicht aus dem Griechischen herzuleitenden Wort auftretende Aspiration bzw. ein Schwanken Tenuis/Tenuis aspirata (z.B. *pulcer/pulcher*, s.b.W.), doch ist auch hier die Möglichkeit einer Aspiration, die auf einer gräzisierenden Mode beruht, nicht auszuschließen. Erst weitere Kriterien, die nach Etrurien weisen, können hier einige Sicherheit bringen.

Eine eindeutigere Sprache spricht hingegen der (meist nicht in allen drei Variationen belegte) Wechsel *p/ph/f* in der Nähe von Liquiden oder Nasalen; hier darf etruskischer Einfluß mit einiger Sicherheit angenommen werden. Dies gilt etwa für *sulphur/sulfur*; s.u.W. *sulpur*.

B.1.1.2.3. *Nasalisation / Fehlen der Nasalisation vor t (c, z; d, g*[29]*)* [+]

Der Wechsel von Formen mit und ohne Nasal sei, so Pasquali, *Acheruns*, 295, Fn. 1, aus dem Etruskischen gut bekannt. Pasquali verweist dazu auf Devoto, *Tendenze*, 281, wo griechische Eigennamen angeführt sind, die in etruskisierter Form mit und ohne *n* auftreten können, z.B. Κασσάνδρα — *Caśntra CIE* 5249 — *Caśtra CII* 2536 bis u.ö.

Bei der Besprechung der verschiedenen griechischen Formen für „Pistacia Therebinthus L", nämlich τέρμινθος, τερέβινθος, τρέμιθος, bemerkt Bertoldi, *Prerogative*, 93, zur letztgenannten Form: „La variante τρέμιθος, che sulla fede del nome di luogo Τρεμιθοῦς di Cipro è attribuibile al dialetto cipriota, porta un esempio di più di quella alternanza di forme con e senza nasale quale αἴγινθος — αἴγιθος ‚specie d'uccello mitico', Κόρυνθος — Κόρυθος epiteto di Apollo, ecc.; alternanze che hanno suggerito ad

---

[28] Vgl. auch Versnel, *Triumphus*, 49.

[29] *c, z, d, g* sind hier in Klammer gesetzt, da Schwund des *n* vor *c, z, d* (< etr. *t*), *g* (< etr. *c*) wohl auch als Kriterium für etruskische Herkunft des betreffenden Wortes zu werten wäre, ein solcher Fall jedoch unter den in der vorliegenden Untersuchung behandelten Wörtern nicht aufscheint.

A. Nehring, *Thraker* 532, l'ingegnose ipotesi d'una ‚vocale nasale comune all'etrusco ed all'anatolico' in quanto ‚l'alternarsi di forme con e senza *n* si riscontra pure nelle trascrizioni greche e latine di vocaboli anatolici od etruschi'."[30]

Verlust des *n* vor bestimmten Konsonanten ist sowohl im Lateinischen wie auch im Etruskischen festzustellen. Doch gibt es, sieht man von einer Ausnahme (Verlust des *n* vor *s* ist aus beiden Sprachen bekannt; zum Lateinischen s. *LG* § 152 und 215; zum Etruskischen s. *DES* § 24, vgl. S. 12 Fn. 1[31]) ab, Unterschiede hinsichtlich der Art des Konsonanten, vor welchem ein solcher Schwund stattfinden kann: So ist Schwund des *n* vor *f* nur im Lateinischen belegt (s. *LG* § 152), während andererseits Schwund des *n* vor *t* (*d*), *c* (*g*), *z*, dem Lateinischen prinzipiell fremd[32], für das Etruskische jedoch (die in Klammer gesetzten Mediae *d* und *g* haben hierbei natürlich außer Betracht zu bleiben; vgl. Kap. B.1.1.2.1., vgl. auch S. 12 Fn. 1) nachweisbar ist; s. *DES* § 24. Damit findet etwa der Wechsel *lanterna/laterna* seine Erklärung aus dem Etruskischen; s.b.W.

B.1.1.3. *Auftreten bestimmter Laute*

B.1.1.3.1. *Der Vokal a*[33] [?]

Es sei zunächst Ernout, *Aspects*, 7, wiedergegeben: „En latin, un grand nombre de ces formes familières sont caractérisées par la présence de la

---

[30] Gerola, *Substrato mediterraneo*, 363, sieht die Erscheinung im großen mediterranen Zusammenhang: Der Wechsel vom Typ -*nt*-/-*t*- („cioè la possibilità di un suffisso nasale nelle radici a consonante occlusiva") gehöre zu den Tatsachen, „che s'impongono ormai decisamente nello studio dei fenomeni mediterranei e che trovano riflesso anche negli elementi assimilati al latino". Vgl. auch Alessio, *Fitonimi*, 211 und 219.

[31] Herbig, *Etruskisches Latein*, 174, nimmt offenbar, und zwar in Widerspruch zu dem *LG* § 215. a.ß. angeführten Lautgesetz, daß *ns* vor Tenuis erhalten bleibe, z.B. in *mōnstrum* (s.b.W.) auch Schwund von *n* vor *str* im Lateinischen bzw. Etruskischen an; im Rahmen einer ausführlichen Besprechung der zu *fenestra* (s.b.W.) gehörigen Wortsippe heißt es zur Form *fēstra*: Sie verhalte sich „zu dem oben aus ⁺*fēnn(e)stra* erschlossenen ⁺*fenstra* wie *semēstris* zu *semenstris* und vielen anderen Fällen ...; daß dieses Schwanken zwischen ersatzgedehnten Nasalvokalen und Kurzvokalen + *n* vor *s* und *f* etruskisierende (Verlust von *n* vor *f* im Etruskischen nicht nachweisbar, s. oben im Text; Anm.d.Verf.) und schrift- oder etymologisch-lateinische Aussprache-Gepflogenheiten widerspiegeln kann, habe ich schon gelegentlich angedeutet." Vgl. auch Kap. C.2.1.5.

[32] Wegfall eines Nasals vor Verschlußlauten tritt in vulgär- und spätlateinischen Inschriften auf; diese „Nichtschreibung ... ist ... eher ein Zeichen der Nachlässigkeit ... als ein indirektes Zeugnis des Aufgehens der *m* und *n* in einer Nasalierung des vorangehenden Vokals (wie bei *ns*) ..." (*LG* § 220 b.).

[33] Vgl. Kap. C.2.1.2.

voyelle *a*, ou de diphtongues dans lesquelles elle figure *ai(ae)*[34], et plus rarement *au*[35]. F. de Saussure et A. Meillet ont à juste titre insisté sur cette caractéristique. Il semble qu'on puisse donner de cette valeur de *a* diverses explications: phonétiquement c'est la voyelle neutre par excellence; morphologiquement, elle est exclue du système normal d'alternances $\breve{e}/\breve{o}$, zéro ... Cette voyelle se trouve en abondance dans le thème des adjectifs désignant des qualités physiques, surtout des défauts, difformités, ridicules, anoma-

---

[34] *EE*, 99, sieht Ernout in *ae* einen Hinweis auf etruskische Herkunft eines Wortes, da *ae* im Etruskischen ganz besonders häufig sei. Dies entspricht aber keineswegs den Tatsachen.

[35] Vgl. dazu Devoto, *Storia*, 51 f., wo lateinische Wörter mit inlautend *-au-* (*laus, fraus, causa* ...), die keine indoeuropäische Etymologie aufweisen, mediterran gedeutet werden. Vgl. zu *-au-* als Kennzeichen nicht indoeuropäischer Wörter Alessio, *L'etrusco e due problemi*, 554, der allerdings in Zusammenhang mit *fraus* (s. unten) und *causa* (s. unten) die Häufigkeit von *-au-* im Etruskischen hervorhebt, welche Behauptung jedoch bei Durchsicht des Materials nicht aufrecht zu halten ist. Bei *causa* spreche auch noch die Zugehörigkeit des Begriffs zur Rechtssphäre für Herkunft aus dem Etruskischen. Es sei eine kurze Besprechung der beiden von Alessio etruskischer Herkunft verdächtigten Wörter *fraus* und *causa* angeschlossen:

fraus, fraudis f.: „‚Übervorteilung', teils obj. als ‚Schaden, Nachteil', sk. ‚Strafe' ..., teils subj. ‚Betrug, Täuschung; Selbsttäuschung; Verbrechen, Frevel'"(*WH* s.v.); seit *XII tab*. Keine Erwähnung etruskischer Herkunft bei *WH* s.v. („... nach Persson *Wzerw.* 25.60³ als ⁺*dhr-əu-d-* ... mit verschiedener Erw. neben ⁺*dhr-eu-gh-* ‚trügen' ..." „... ⁺*dhrau-* in *fraus* wird ... als Red. -Stufe eines ⁺*dhrēud-* zu verstehen sein ...") und *EM* s.v. („Etymologie inconnue ... Le vocalisme *a* de *fraus* indique une forme ‚populaire' ...") [??]

caussa (*kaussa*)/*causa* (*cūsa* vlt. codd. und *CIL* VI 34728), *-ae* f.: „‚Rechtssache, gerichtliche Streitsache, Parteisache, Ursache, Ursprung, Grund ..., Veranlassung, Vorwand, Schuld' (verengert aus *causa nocēns* usw.), seit 4.Jh. und rom. allgemein ‚Sache, Angelegenheit, Gegenstand'; spätl. wie αἰτία auch ‚Schaden, Krankheit' ..." (*WH* s.v.); seit *XII tab*. Zu *caussa*/*causa* vgl. *LG* § 182 a.: „Hinter langem Vokal und Diphthong wurde *-ss-* etwa um 100 v.Chr. in der Aussprache zu einfachem *s* verkürzt ... Die neue Schreibung *-s-* für *-ss-* folgte der Aussprache nur langsam, die *ss*-Zeugnisse sind zahlreich." Keine Erwähnung etruskischer Herkunft bei *WH* s.v. („Vl. urspr. ... t.t.iur. ‚Schlag' als ‚Ursache' aus ⁺*caud-tā* zu *cūdō* ...; doch läßt sich der Ausgangspunkt nicht mehr feststellen ...") und *EM* s.v. *causa* („Peut-être mot emprunté, comme *līs*, ou prélatin?"). Der Bedeutung von lat. *caussa* wegen scheint Zusammenhang mit den EN-Formen *cauśine CIE* 1973, *cauślinei CIE* 1972 u. 1974, *cauśtine CIE* 1973 etc. nicht glaubhaft. Auch wird der Ausgang *-(s)sa* von *caussa*/*causa* nicht auf etruskisches *s*-Suffix (s. Kap. B.1.2.1.2.5.) zurückzuführen sein. Weder Herleitung von etruskisch deminuierendem *-za* (Bedeutung!) noch vom etruskischen eklitischen Possessivum *-śa* (wollte man einen Stamm ⁺*cauś* ansetzen, wäre das Problem des Antretens eines *s*-Genetivs an einen Stamm auf *-s* in gleicher Weise problematisch wie bei *assisa* (s.S. 96); von einem Wortkern ⁺*cau-* auszugehen, empfiehlt sich deshalb nicht, da ⁺*cau-*, d.h. Konsonant + Diphthong bzw. Konsonant + Vokal, eine innerhalb des Etruskischen für den Wortkern eines Appellativs ungewöhnliche bzw. nach unseren Kenntnissen auf Pronomina und Numeralia beschränkte Lautkombination darstellt) erscheint angeraten. [??]

lies³⁶, du type *cascus, mancus* ..., et avec diphtongue: *laevus,* ... *plautus*³⁷ ... Elle se rencontre aussi dans des verbes exprimant des états de déficience physique ou morale, *maereō, paenitet* ... ou des activités de caractère vulgaire ou servile *agō* ..., *caedō* ... Sans doute ne faut-il pas étendre cette explication à tous les mots dont le thème contient un *a* ...; et inversement, il y a des mots de type familier, notamment à suffixe *-co-* ou *-uo-* où elle ne se trouve pas ... Mais il y a là une tendance générale, dont les autres langues de la famille ont des exemples, et que le latin présente à un dégré particulier de fréquence."

Zu den maskulinen Personalsubstantiva auf *-a* mit sehr häufig pejorativem Sinn s. Kap. B.1.2.4.

Zieht man Lautfrequenzkurven des Etruskischen³⁸ und des Lateinischen³⁹ zu Rate, dazu noch die Vokalfrequenzkurve des in der vorliegenden Untersuchung behandelten Wortmaterials, so ergibt sich folgendes interessante Bild: Im Etruskischen steht *a* an erster Stelle der Vokale, ist überhaupt in dieser Sprache der häufigste Laut, im Lateinischen folgt *a* hinter *e/u* und *i* erst an dritter Stelle; in dem in dieser Arbeit untersuchten Wortmaterial steht *a* mit über 30% an erster Stelle, gefolgt von *u* (über 21%) und *i/e* (beide über 18%).

Es ist also festzuhalten, daß bei Wörtern ohne indoeuropäische Etymologie, die im Stamm (stammauslautendes *-a* sowie *a* in einem diesen Vokal enthaltenden indoeuropäischen Suffix hat im allgemeinen⁴⁰ unberücksichtigt zu bleiben) oder im (nicht oder nicht eindeutig indoeuropäischen) Suffix den Vokal *a* zeigen, prinzipiell die Möglichkeit der Entlehnung aus dem Etruskischen, also aus einer den Vokal *a* sehr stark bevorzugenden Sprache, bzw. der Prägung durch das Etruskische im Auge zu behalten ist.

B.1.1.3.2. *Anlautend f-* [??]

Terracini, *Su alcune congruenze*, 230f., stellt folgendes fest: „L'etrusco è ricco di *f-* all'iniziale: sia in nomi di persona sia in appellativi: per es. tra le poche voci etrusche che sicuramente penetrano in latino o che hanno in latino

---

³⁶ Vgl. Havers, *Zur Entstehung*, der diese Verwendung von *a* aus sprachpsychologischer Sicht deutet: Der Vokal *a* gehöre zu den im Lateinischen seltenen Lauten, „so daß ... durch diesen Laut eine auffällige oder ungewöhnliche Erscheinung zum Ausdruck gebracht werden kann". (P. 147.)

³⁷ S.b.W.

³⁸ Grundlegend zur etruskischen Lautfrequenzbestimmung s. Pfiffig, *Einfache Lautfrequenzkurven*.

³⁹ Pfiffig, *o.c.*, 10-12.

⁴⁰ S. aber Kap. B.1.2.4.; C.4.1.1.; C.4.1.3.; C.4.1.4.; C.4.1.8.

un chiaro riferimento hanno *f*: *fenestra*[41], *favissa*[42], *frontac*[43] e forse *februarius*[44]."[45]

Bevor zu dieser Äußerung Terracinis Stellung genommen werden soll, möge noch Gerola, *Substrato mediterraneo*, 357 f., zu Worte kommen, der einen besonderen Aspekt bezüglich anlautend *f-* im Etruskischen bzw. im Westen des mediterranen Sprachgebietes hervorhebt: „L'esame della toponomastica e dell'antroponomastica preistorica del Mediterraneo ha permesso di osservare che, mentre il materiale etrusco-tirrenico è particolarmente ricco di nomi che cominciano con *f-* e con *r-*, nessun nome preistorico dell'Iberia, della Sardegna e della Sicilia comincia con uno di questi due suoni[46] ... Per la storia del lessico latino d'origine mediterranea questo riconoscimento ha una grande importanza, perchè ci permette di escludere l'origine iberica per tutti i nomi che cominciano con *f-* e con *r-* e, contemporaneamente, di pensare all'ambiente etrusco-tirrenico (-egeo) come alla fonte più probabile di quegli accatti[47]. Il risultato non è indifferente, sopra tutto se pensiamo che nel latino i termini che cominciano per *f-* e che non hanno corrispondenze arioeuropee superano la trentina[48]." Als Beispiele zählt Gerola unter anderen auf: *frōns* „Laub", *frōns* „Stirn", *ferrum, fenestra*[49], *fiscus*[50].

[41] S.b.W.
[42] S.u.W. *favisae*.
[43] Dieser nur in der Bilingue von Pesaro (*CII* 69 = *TLE* 697) belegte und nicht von allen Autoren dem Etruskischen zugewiesene Ausdruck (s.u.W. *haruspex*) fällt als nicht in das lateinische Lexikon integriert aus den ihn umgebenden Beispielen *fenestra, favissa, februārius* heraus und dürfte somit das Beispiel für ein etruskisches Wort mit anlautend *f-*, das „in latino un chiaro riferimento" habe, darstellen; mit diesem „chiaro riferimento" ist wohl (Terracini äußert sich nicht näher) lateinisch *frontēsia* gemeint, s.b.W. Zu den Deutungsversuchen von *frontac* s.u.W. *haruspex*.
[44] S.b.W.
[45] Zum Lautwert von etruskisch *f* führt Terracini, *o.c.*, 231 f., aus: „Si tratta insomma di un suono etimologicamente ben distinto dalla aspirata *φ* (o da *p*), se pure in un periodo più recente si abbiano tracce innegabili di oscillazioni fra *φ* e *f* che lasciano supporre, in condizioni non ben chiarite, un parziale passaggio di *φ* a *f*." Vgl. dazu *DES* § 16 f. bzw. Kap. B.1.1.2.2.
[46] Da auch im ältesten Griechisch *f-* und *r-* im Anlaut fehlen, formuliert Devoto, *Le fasi*, 224, schärfer: „Qui non si può parlare di frontiere statiche mediterranee, ma ... di un cuneo estraneo, che ha introdotto, fra la Sardegna e la Grecia, delle *f-* e delle *r-* nuove."
[47] Vgl. Alessio, *Fitonimi*, 202; ders., *Vestigia*, 133, Fn. 95.
[48] Vgl. Alessio, *L'etrusco e due problemi*, 549 f., der ein Jahr vor Gerola schrieb: „Chi sfoglio un dizionario etimologico della lingua latina ... alla lettera *f*, rimmarrà sorpreso dalla constatazione che circa una sessantina di voci latine comincianti per questa consonante, sono di origine oscura, e quasi tutte appartenenti a quelle categorie concettuali 'a cui di preferenza aderiscono i relitti delle lingue dei sostrati alloglotti' (Ribezzo, *RIGI* 17,210)." Vgl. auch Devoto, *La F iniziale*, 171: „Nella mia *Storia della Lingua di Roma* p. 52 ho monstrato quanto ricca sia la messe di parole latine comincianti per *F* che non hanno etimologia indoeuropea ..."
[49] S.bb.WW.
[50] S.u.W. *ferula*.

Folgendes ist den Ausführungen Terracinis und Gerolas entgegenzuhalten: *f-* zählt im Etruskischen zu den für den Anlaut mäßig bis schwach belegten Konsonanten. Ein kurzer Vergleich möge dies illustrieren: In *ThLE* zählt man 9 Seiten mit anlautend *f-*, 21 mit anlautend *s-*, 36 mit anlautend *c-*. Sicher gibt es Konsonanten, die im Anlaut noch weniger häufig belegt sind, etwa *k, q, φ, χ*; doch kann bestimmt nicht mit Terracini *l.c.* davon gesprochen werden, daß das Etruskische „ricco di *f-* all'iniziale" sei. Als negatives Argument im Sinne eines Ausschlusses iberischer, sardischer oder sizilischer Herkunft eines Wortes mag anlautend *f-* Geltung haben, doch nicht als positives Argument im Sinne eines Hinweises auf Herkunft des Wortes aus dem Etruskischen[51]. Es müßte sonst jeder im Etruskischen halbwegs häufig ein Wort beginnende Laut als derartiges Argument aufgefaßt werden.

---

[51] Es seien hier jene zwei Wörter kurz besprochen, die, sieht man von weiteren vom jeweiligen Autor angeführten nicht stichhaltigen Argumenten ab, insbesondere des anlautenden *f-* wegen dem Etruskischen zugeschrieben wurden:

februārius (februārius), -a, -um: „(sc. mēnsis) ,Reinigungsmonat' (*PF.* 85 *dictus quod tum ... populus februāretur, Varro* 1.1.6,34; seit *Numa* (?), vlt. und rom. *februar-, ...*)" (*WH* s.v. *februum*). Zu Terracinis Auffassung von *februārius* („*Su alcune congruenze*", 230 f.) s. oben. *O.c.*, 231, Fn. 1, spricht Terracini nochmals vom wahrscheinlich etruskischen Ursprung des Wortes und verweist dazu auf Oštir, *Vorindogermanische Zahlwörter auf dem Balkan*, I, Archiv za arbansku starinu jezik etnologiju, 2, p. 291. Ablehnung etruskischer Herkunft bei *WH* s.v. *februum*: „*februum* nach Persson *Wzerw.* 82 als ,Räucherung' ... von +*dhu̯oes-ro-* ,räuchernd'." Unter den abzulehnenden Deutungen ist auch die von Oštir aufgebrachte und von Terracini verfochtene einer etruskischen Herkunft angeführt: „Oštir *Archiv* 2,291, Terracini *SE.* 3,231 etr., so schon *Lyd.* mens. 4,20; dagegen Whatmough (*Harv.St.*42,170)." Die zitierte *Lydus*-Stelle, dies sei hier kurz angemerkt, lautet: Λαβεὼν ἀπὸ τοῦ πένθους λέγει κληθῆναι τὸν φεβρουάριον. Φέβερ γὰρ παρὰ Ῥωμαίοις τὸ πένθος προσαγορεύεται. Verf. kann darin keinen Hinweis auf Herkunft von *februārius* aus dem Etruskischen erkennen. Keine Erwähnung etruskischer Herkunft bei *EM* s.v. *februus* („Sans étymologie indoeuropéenne ... Sans doute mot indigène (sabin?), comme beaucoup de termes religieux ...". [??]

furfur, -uris m. (*f.* seit *Cels.*, nach *paela, farīna* usw.): „,,Balg, Hülse des Getreides und der Hülsenfrüchte; Kleie'; t.t.med. (nach πίτυρον, πιτυρίασις) ,Kopfausschlag, Kleiengrind'" (*WH* s.v.); seit *Plt*. Alessio, *L'etrusco e due problemi*, 551, vergleicht zur Bildung angeblich etr.-lat. *farfarum* (s.u.W. *farferum*) und etr. *Fufluns* (*TLE* 719ᵇ u.ö.); als weiterer Hinweis auf etr. Herkunft könne anl. *f-* gewertet werden. Doch ist einerseits Herkunft von *farfarum* aus dem Etruskischen als nicht sicher anzusehen (s.b.W.), andererseits wird, sollte es sich tatsächlich um ein etr. Lehnwort handeln, reduplizierende Bildungsweise nicht anzunehmen sein (s.S. 12 Fn. 1); ob in *Fufluns* eine reduplizierende Form vorliegt, ist ungeklärt (s.S. 12 Fn. 1). Keine Erwähnung etruskischer Herkunft bei *WH* l.c. („Vl. nach *Vaniček* 94, Froehde *BB.* 21,326 aus +*for-for* (Bildung wie *mur-mur*) zu Wz. +*gher-* ,reiben' .... — Nicht besser Ernout-Meillet 388 (:arm. *bor* ,Schorf', *borot* ,aussätzig' (Bed.!) ...).") und *EM* s.v. („Ancien; surtout technique... Mot expressif à redoublement. Cf. le groupe de arm. *borot* ,lépreux'?"). [??]

B.1.1.3.3. *Anlautend r-* [??]

Im vorhergehenden Kapitel (B.1.1.3.2.) wurde ein Zitat aus Gerola, *Substrato mediterraneo*, 357 f., beigebracht, worin der Autor die Ansicht vertritt, wie *f-* so könne möglicherweise auch *r-* in Wörtern ohne indoeuropäische Etymologie als Hinweis auf Herkunft der betreffenden Wörter aus dem Etruskischen augefaßt werden.

Die Zahl der in der vorliegenden Untersuchung behandelten mit *r-* beginnenden Wörter macht, das sei hier kurz erwähnt, nur etwa ein Viertel der mit *f-* beginnenden aus.

Im *ThLE* nehmen Formen mit anlautend *r-* knapp mehr als 10 Seiten ein.

Bezüglich einer auf anlautend *r-* basierenden Argumentation zugunsten der Herleitung eines Wortes aus dem Etruskischen sind die gleichen Einwände vorzubringen, wie sie im vorigen Kapitel bezüglich anlautend *f-* geäußert wurden.

B.1.1.4. *Vokalharmonische Erscheinungen* [+]

Nehring, *Parerga*, 121, sieht in dem den lateinischen Schwächungsgesetzen nicht entsprechenden Vokalismus von *barcala* ein — neben anderen Kriterien auftretendes — Argument für Herleitung des Wortes aus dem Etruskischen: „... so ist eine den Lautgesetzen widersprechende Behandlung immerhin verdächtig. Das ist ... der Fall bei *barcala* mit seinem kurzen *a* vor dem *l*[52], für das wir ein *u* erwarten müßten. So sieht *barcala* recht verdächtig aus und stellt sich damit neben einen von Schulze (S. 176 f.) beleuchteten Parallelfall, den EN *Hortalus*, den Schulze aus dem gleichen Grunde für etruskisch erklärt, natürlich noch auf andere Gründe gestützt." Schulze (*ZGLE*, 177, Fn.1) habe eine Reihe von Beispielen für *a* vor *l* in Binnensilben im Etruskischen zusammengestellt: *celtalual*[53], *trepalual, ucalui, velcialu* (s. dazu weiter unten) etc.; Nehring zieht bei *barcala* aber auch die Möglichkeit einer Beeinflussung durch etruskische Vokalharmonie in Betracht.

Die von Schulze *l.c.* gesammelten und von Nehring wiedergegebenen Beispiele für *a* vor *l* in Binnensilben im Etruskischen, nämlich *celtaḷual CIE* 1727, *trepalual CIE* 1892, *ucalui CIE* 3006, *velcialu CIE* 2092 u.ö., alle charakteristischerweise aus Chiusi, sind in diesem Zusammenhang wertlos: *-alu* (Gen. etr. *-alual*) ist aus dem Venetischen übernommen. Vgl. Pfiffig, *Osservazioni*: Aus Spina sind *tulaluś TLE* 712 > *Spina e l'Etruria padana*,

---

[52] *L.c..*, Fn. 1, bemerkt Nehring, daß die Kürze zwar nicht einwandfrei feststehe, daß sie aber nach Analogie von *Hortalus* und in Anbetracht von *cacus:cacula* (s.b.W.) etc. angenommen werden dürfe.

[53] Bei Nehring irrtümlich *celtualual*.

Firenze 1959, t. 31[54] und *sekstaluś TLE* 713 > *DEC* 182, aus Felsina ist *titlaluś CII*, 2 s., 3 (*TLE* 700)[55] bezeugt, alles Genetivformen venetischer Gentilizia oder Patronymika auf -*alu*[56]; zu diesem Suffix s. besonders Pfiffig, *o.c.*, 328.

Die von Nehring bezüglich *barcala* in Betracht gezogene Beeinflussung durch etruskische Vokalharmonie[57] hingegen — wie sie von Devoto, *alacer*, 518-522, auch für *anas* und *alacer* angenommen wurde; s. dazu Kap. C.2.1.3. — könnte zur Erklärung des von der lateinischen Norm abweichenden Vokalismus von *barcala* und *alaternus* (s.u.WW. *bardus* bzw. *alaternus*) herangezogen werden.

B.1.1.5. *Von der Interversion abweichende unterschiedliche Erscheinungsbilder der vokalischen Umgebung von Liquiden* [+]

„Als Interversion bezeichnet man den gegenseitigen Platzwechsel von Vokal und Liquida zwischen Konsonanten, Typus *trap* > *tarp* oder umgekehrt. Im Latein ist sie kaum zu beobachten. Bei Plautus ist sie an wenigen Stellen für ein paar Lehnwörter durch das Metrum gesichert." (*LG* § 112.)

Keine Erklärung durch Interversion finden der Wechsel *laburnum/alburnum*[58] und der Wechsel *palacurna/palacrana* (s.u.WW. *laburnum* bzw. *palacurna*). Ohne Schwierigkeiten hingegen lassen sich diese Schwankungen unter Zuhilfenahme etruskischer phonetischer Verhältnisse erklären: *la-/al-* könnte als unterschiedliche Wiedergabe eines zugrunde liegenden etruskischen silbischen *l̥*, -*ur-/-ra-* als verschiedene Vokalisierung eines zugrunde liegenden silbischen *r̥* verstanden werden.

Zu den silbischen Liquiden im Etruskischen s. *DES* § 28 f. Im Etruskischen selbst ist zwar die Stellung der „Murmelvokale" *u* und *a* vor den Liquiden *l̥* und *r̥* üblich; doch schließt dies im Falle einer Entlehnung nicht unbedingt die

---

[54] S. auch u.W. *tullius*.
[55] S. auch u.W. *titulus*.
[56] S. dazu auch u.W. *ploxenum*.
[57] Besser: durch gewisse vokalharmonische Tendenzen des Etr.; s. *DES* § 33-35. Hier das Wesentliche aus der Zusammenfassung in § 35:
„Die Tendenz zu stärkerer Vokalharmonie in älteren Belegen ... und die häufigen vokalharmonischen Anaptyxen auch in jüngeren Belegen deuten zumindest auf ein starkes Gefühl für Vokalharmonie hin ... — Eine strenge Vokalharmonie liegt aber in dem Etr., das wir aus dem Material kennen, nicht vor; was nicht ausschließt, daß eine ältere Entwicklungsstufe dieser Sprache sie besaß. Jedenfalls ist aber das Gefühl für die Vokalharmonie auch im archaischen Etruskisch nicht mehr sicher ..."
[58] Nicht überzeugend Ernout, *EE*, 98 (vgl. *EM* s.v. *laburnum*): *alburnum* volkstümliche Umgestaltung von *laburnum*.

Setzung eines Gleitvokals erst hinter der Liquida aus, mußte doch, sofern die Muttersprache des Entlehnenden silbische Liquide nicht aufzuweisen hatte, die Wiedergabe derartiger Laute schwierig genug sein.

B.1.2. *Morphologische Merkmale*[1]

Wieder (vgl. Kap. B.1.1. „Phonetische Merkmale") sei als erstes dargelegt, worin sich dieses Kapitel und das entsprechende Kapitel aus Abschnitt C., C.4. „Morphologie", unterscheiden: Hier soll von jenen aus dem Indoeuropäischen zumeist nicht oder nur mangelhaft erklärbaren morphologischen Phänomenen — es handelt sich vorwiegend, aber nicht ausschließlich um Suffixe — die Rede sein, deren Präsenz in einem Wort bzw. deren Auftreten bei der Verwendung eines Wortes[2] alleine, weil ja ihre Herkunft aus dem Etruskischen als sicher oder (sehr) wahrscheinlich angesehen werden kann, bereits als Hinweis auf mögliche etruskische Herkunft oder Beeinflussung eben dieses Wortes zu werten ist bzw. von dem einen oder anderen Autor gewertet wurde. Jene lateinischen morphologischen Erscheinungen, wieder in erster Linie Suffixe, bei denen, obwohl befriedigende Deutungen, zumeist aus dem Indoeuropäischen, jedenfalls generell nicht etruskischer Art[3], vorliegen, Einfluß der etruskischen Morphologie — bei den zur Diskussion stehenden Suffixen im Sinne eines Zusammenfallens ähnlich oder gleich lautender Suffixe indoeuropäischer (bzw. nicht etruskischer) und etruskischer Herkunft[4], sei es, daß an eine Art Verschmelzungsprodukt zu denken ist, welches in der Folge nicht anders als ein ererbtes morphologisches Element verwendet wurde, sei es, daß ein bestimmtes im allgemeinen als ererbt geltendes Suffix nicht in jedem Fall seines Auftretens auch tatsächlich indoeuropäischer Herkunft sein muß, daß es insbesondere unter Bedachtnahme auf den etymologischen Befund des jeweiligen Wortes gelegentlich auch als Wortbildungselement etruskischer Herkunft zu identifizieren sein wird — nicht unbedingt auszuschließen ist, in einigen Fällen sogar recht deutlich in Erscheinung tritt, sind dem Kap. C.4. vorbehalten. Daß die Zuordnung zu dem oder jenem Kapitel

---

[1] Es handelt sich um Nomina betreffende morphologische Merkmale. Vgl. Kap. B. bzw. Kap. C.1.

[2] Zu beziehen auf Kap. B.1.2.8.

[3] Der Übersichtlichkeit halber ist im weiteren Verlauf dieses Absatzes der Herkunftsbezeichnung „etruskisch" vereinfachend bloß diejenige „indoeuropäisch" (bzw. „ererbt"), nicht auch die in manchen Fällen zweifellos zutreffende „nicht einwandfrei indoeuropäisch" oder „fremden, aber jedenfalls nicht etruskischen Ursprungs" gegenübergestellt.

[4] Vgl. Kretschmer, *Pelasger*, 278, Fn.: „... wenn man sich erinnert, daß ... das Etruskische mit dem Lateinischen in mehreren Suffixen zusammentrifft".

bei manchen Grenzfällen problematisch ist und daß es zu gewissen Überschneidungen kommt, liegt auf der Hand.

Wieder muß betont werden, was — unter anderen Vorzeichen — schon zu Kap. B.1.1. „Phonetische Merkmale" gesagt wurde: Zur Gewinnung eines Überblicks über sämtliche sicher, wahrscheinlich oder möglicherweise auf bestimmte Gegebenheiten der etruskischen Morphologie zurückführbare morphologische Erscheinungen in aus dem Etruskischen entlehnten wie auch in genuin lateinisch-indoeuropäischen, jedenfalls im Kern nicht aus dem Etruskischen herzuleitenden Wörtern sind beide Kapitel zu Rate zu ziehen.

Den weiteren Betrachtungen vorausgeschickt seien einige grundlegende Feststellungen (sie beziehen sich mehr oder weniger explizit auf Suffixe als die zahlenmäßig bei weitem stärkste Gruppe der zu behandelnden morphologischen Erscheinungen, sind aber mutatis mutandis teilweise auch auf die anderen im folgenden besprochenen morphologischen Phänomene zutreffend):

Daß Elemente der Morphologie aus einer fremden Sprache entlehnt werden können, daran kann kein Zweifel bestehen. „Le calque ne s'est pas appliqué seulement aux mots, mais aux outils grammaticaux, éléments de dérivation et de composition", schreibt Ernout, *Aspects*, 90. Pallottino, *Die Etrusker*, 195, spricht von lateinischen Wörtern, „die in ihren Endungen etruskische Ableitungen nachahmen." „Besonders jene lateinischen Wörter werden sich als etruskisch erweisen, deren Etymologie dunkel ist, die aber etruskisierende Endungen haben und sich auf technische Ausdrücke des Kults, der bürgerlichen und militärischen Einrichtungen, der Technik usf. beziehen ..." Es wird also das Etruskische auf die Morphologie des Lateinischen „einen gewissen begrenzten Einfluß ausgeübt haben".

Im allgemeinen ist wohl nicht daran zu denken, daß Suffixe ohne Zusammenhang mit vollständigen Wörtern entlehnt werden; sie sind ja in der Regel, zumindest in ihrer endgültigen Ausprägung, nur unselbständige, isoliert nicht auftretende, für eine andere Sprache Sprechende meist nicht ausnehmbare Wortbestandteile. Doch werden manche, besonders wenn sie (die aufgezählten Faktoren sind beliebig miteinander kombinierbar) in zahlreichen, in wichtigen, in oft gebrauchten Wörtern vorkommen, wenn sie von der Lautung her einprägsam sind, früher oder später als wortbildende Einheit empfunden, von den Wortkernen, mit denen sie übernommen wurden, losgelöst und vermögen in der neuen Sprache produktiv zu werden. Am deutlichsten tritt dies in Misch- oder Hybridenbildungen zutage, worunter im hier interessierenden Fall lateinische Wörter mit indoeuropäischem, jedenfalls nicht etruskischem Wortkern und etruskischem oder besser etruskisierendem Ausgang zu verstehen sind. Erleichtert wird die Aufnahme eines fremdsprachigen

Suffixes jedenfalls — dieser Grundsatz trifft selbstverständlich auch auf die Übernahme eines ganzen Wortes zu [5] —, wenn es sich bzw. wenn sich sein Ausgang ohne weitere oder mit nur geringfügiger Abänderung direkt in ein bestehendes gängiges, d.h. häufig vorkommendes Deklinationsschema der entlehnenden Sprache einfügen läßt [6].

Bezüglich des Casus, in dem die einzelnen Suffixe wie auch vollständige Wörter übernommen werden, ist festzustellen, daß dem Lateinischen Entlehnung von Appellativen in der Akkusativform nicht fremd ist [7], ist doch der Akkusativ ein ganz besonders häufig verwendeter und daher wichtiger Casus, man denke nur an das Fortleben lateinischer Substantiva in den romanischen Sprachen. Doch erübrigt sich eine Unterscheidung, ob eine Nominativform, ob eine Akkusativform übernommen wurde, bei Entlehnungen aus dem Etruskischen weitgehend von selbst, da das Etruskische Nominativ und (nicht definiten) Akkusativ (welcher viel häufiger verwendet wurde als der um *-ni, -ri, -eri* erweiterte definite Akkusativ; zu diesem s. *DES* § 46 ff.) nicht unterschied; s. *DES* § 45; vgl. auch *DGE 2*,101 ff.

B.1.2.1. *Suffixe*[8]

Ernout, *EE*, hat das Wortmaterial seines Aufsatzes nach den Wortausgängen geordnet und unterscheidet dabei sieben größere Gruppen:
1) Wörter auf *-na, -ena, -ina, -enna, -inna, -enas* (p. 90-93),
2) Wörter auf *-(a)rna, -(e)rna, -(e)rnus, -(u)rnus* (auch *-(u)rna, -(u)rnius*) (p. 93-98),
3) Bildungen auf *-mno-, -mna, -mnia, -mēna, -mīna* (p. 98-101),
4) den Typ auf *-issa, -isa, -ussa, -usa* (p. 101-103),
5) Wörter auf *-uns, -inthos (-ento-), -unthos, -inda, -unda, -ens* (p. 103-113),
6) Wörter auf *-eus (-eum), -ea* (p. 113-119),

---

[5] Vgl. Dain, *Les rapports*, 158: „... les mots qui présentent un type morphologique défini s'empruntent volontiers quand ils peuvent s'associer dans la langue qui fait les emprunts à une catégorie déjà constituée."

[6] So könnte etwa das Faktum erklärt werden, daß, was schon Devoto, *L'etrusco come intermediario*, 335, an EN klar dargelegt hat, etruskische Wörter auf *-e* im Lateinischen nicht in die Gruppe der Substantiva auf *-e*, Gen. *-is* aufgenommen werden, sondern — unter Abänderung ihres Ausganges — in die Kategorie der wesentlich häufigeren Substantiva auf *-us* (vgl. S. 34). Ein mit Hilfe der Sprachpsychologie erklärbares Moment dürfte in derartigen Fällen zum Tragen kommen: das Bestreben, ein „neues" Wort in ein möglichst geläufiges und unkompliziertes Schema zu überführen.

[7] De Simone, *DGE 2*, 273, verweist auf *decada, salpinga*; Peruzzi, *Etimologie Latine*, 265, führt als Beispiele für die Entlehnung von Nominativ und Akkusativ *cassis — cassida* (von gr. κοττίς) und *capis — capida* (von gr. σκαφίς) an (s.u.WW. *cassis* und *capis*).

[8] Zur Terminologie s.S. 6 Fn. 9.

7) Bildungen auf *-ra* (*-ur(r)a, -er(r)a*) (p. 119-124).
Daneben behandelt er noch die Wörter auf *-e* (p. 121), *-es*, Gen. *-itis* (p. 115-117), *-ica* (p. 118, Fn. 2), *-is*, Gen. *-is* (p. 104; p. 123), *-ma* (p. 117-119), *-mōnia, -mōnium* (p. 112f.), *-(i)ō*, Gen. *-(i)ōnis* (p. 105f., Fn. 3; p. 109; p. 112), *-ōnus, -ōna* (p. 108), *-ulus* (p. 106f., Fn. 2).

Unter den diese Ausgänge aufweisenden lateinischen Wörtern identifiziert Ernout in jeweils unterschiedlicher Zahl auch solche, die aus dem Etruskischen herzuleiten seien oder herzuleiten sein könnten.

Die Überprüfung dieser grundlegenden und umfassenden Aussagen Ernouts, d.h. die Ermittlung, welche dieser Wortausgänge nun als tatsächlich hinweisend auf etruskische Herkunft eines Wortes anzusehen sind bzw. bei welchen Übernahme aus der etruskischen Morphologie anzunehmen ist, welchen hingegen etruskischer Ursprung abgesprochen werden muß oder bei welchen eindeutige Zuordnung nicht möglich ist, sowie eine Ergänzung oder vielmehr Komplettierung der Feststellungen Ernouts entsprechend dem gegenwärtigen Forschungsstand sind Gegenstand des vorliegenden Kapitels; heranzuziehen sind auch die Kap. B.1.2.5., B.1.2.6., C.4.1.

Hinsichtlich Gliederung und Vorgangsweise ist folgendes klarzustellen: Die Einteilung der Suffixe innerhalb des Gesamtkapitels erfolgt grundsätzlich nach dem jeweiligen Kennlaut (z.B. *-r*-Suffixe), bei zwei Kennlauten in der Regel nach dem dem Wortende näheren (z.B. werden die *-rn*-Suffixe unter den Nasalsuffixen behandelt). Es lassen sich daher zunächst zwei große Gruppen unterscheiden: Suffixe mit vokalischen Kennlauten, Suffixe mit konsonantischen Kennlauten.

In der ersten Gruppe werden behandelt: Wortausgänge auf
-eo-/-eā
-ua (*-va*).

In der zweiten Gruppe werden behandelt: Wortausgänge auf
Guttural
-l-
Nasal
-r
-s
Dental.

Bildungen auf *-ius, -ia, -ium* werden unter dem dem *-i-* unmittelbar vorausgehenden Kennlaut besprochen.

Zu Beginn jedes einzelnen der folgenden Kapitel sind jeweils alle jene die betreffende morphologische Eigenheit sicher, sehr wahrscheinlich oder auch nur möglicherweise aufweisenden Wörter angeführt[9], denen in der von der Verfasserin eingesehenen Literatur aus welchen Gründen auch immer (Wortkern, Morphologie, phonetische Erscheinungen, Semantik) etruskische Herkunft oder etruskische Prägung zugeschrieben wurde. Die detaillierte Einzelbehandlung dieser Wörter erfolgt in der Regel unter Kapitel C.1. Eine Ausnahme stellen jene Wörter dar, bei denen außer dem von dem einen oder anderen Autor als etruskisch beurteilten, de facto jedoch nicht als etruskisch zu beurteilenden (s. Kennzeichnung mit 2 Fragezeichen bei der betreffenden Kapitelüberschrift!) Ausgang kein weiteres maßgebliches Argument zugunsten etruskischer Herkunft oder Prägung ins Treffen geführt werden kann; derartige Wörter werden bereits jeweils im Rahmen der einzelnen Suffixkapitel — in der Regel als Fußnoten zu den Wortlisten am Beginn eines jeden Kapitels — kurz besprochen.

Eine wesentliche Feststellung möge den Abschluß dieses vorbereitenden Abschnittes bilden:

Im Regelfall wird gelten: Lat. *-us* < etr. *-e* (s. *DGE* 2,95 und 291; vgl. S. 32 Fn. 6), lat. *-a* < etr. *-a* (vgl. Kap. B.1.2. und Kap. B.1.2.4.)[10].

Lat. *-um* kann in manchen Fällen auf etr. *-a* zurückzuführen sein, das als Pluralendung eines Neutrums interpretiert wurde.

Es sollte aber nicht übersehen werden, daß es einen Fall gibt, bei dem an eine etruskische Form auf Pluralsuffix *-r* einfach lat. *-ae* (Nom.Pl.) angefügt wurde: etr. *naper TLE* 203 u.ö. > lat. *napurae*[11]. Es ist nicht völlig auszuschließen, daß ähnliches auch in anderen Fällen vorliegt: etwa lat. *-us*, *-um*, *-is*, *-es*[12] angehängt an etruskische suffigierte oder auch nicht suffigierte Formen auf Konsonant, eventuell (mit Ausnahme von *-is* und *-es*) an nicht suffigierte Formen auf *-i* oder an Personen bezeichnendes *-ni*[13].

[9] Vgl. auch Indices. Dort auch Auskunft über jene in den Listen zu Beginn der einzelnen Suffixkapitel nicht aufscheinenden, erst im weiteren Verlauf dieser Kapitel erwähnten Wörter, deren Ausgang bloß dem äußeren Anschein nach mit dem betreffenden Suffix übereinstimmt.

[10] Daß lat. *-ōn-*, wenn auf einem etruskischen Ausgang basierend, im allgemeinen auf etr. *-u* zurückgeht, kann für den Augenblick vernachlässigt werden; erst Kap. C.4.1.6. bringt derartige Beispiele.

[11] S.b.W. bzw. S. 81. Deroy, *Les noms*, 11, vermutet, allerdings ohne konkreten Anhaltspunkt, Entsprechendes für *malleus*, ferner (*l.c.*, Fn. 31) für *balteus, calceus, clipeus, cuneus, pilleus, puteus*, ureus (s.bb.WW.); er spricht von „latinisation imparfaite, par superposition de finales" (lat. *-us* trete an eine etr. Form auf *-e*); vgl. Kap. B.1.2.1.1.1. passim.

[12] S. *decurēs* u.W. *decuria*.

[13] Die anderen auf *-i* endigenden Suffixe sowie das auf weibliche EN beschränkte Suffix *-i* erscheinen allesamt aus semantischen bzw. syntaktischen Gründen für Entlehnung ungeeignet (s. Kap. B.1.2.6.). Auch Kombinationen wie *-aus, -eus, -uus* können, solange kein schlagender Gegenbeweis vorliegt, unberücksichtigt bleiben, da etr. *-a* im allgemeinen zu lat. *-a*, etr. *-e* zu lat. *-us* (s.o.), etr. *-u* zu lat. *-ōn-* (s. Fn. 10) wird.

B.1.2.1.1. Vokal als Kennlaut

B.1.2.1.1.1. *-ea-, -eo-* [??]

Ālea[14], *alveus*[15], *ardea*[16], *ārea*[17], *baccea, balineum, balteus, baxea, brattea, cādūceum, calceus, cāseus, cavea, clipeus, clupea*[18], *cōleus*[19], *cotōneum*,

[14] *ālea, -ae* f.: „Würfelspiel, Glücksspiel, Wagnis" (*WH* s.v.); seit *Plt.*
Zu Ernouts auf Grund des Ausganges *-ea* etruskisierender Deutung (*EE*, 115) s. im Text weiter unten.
Die von *WH* l.c. in Betracht gezogene Entlehnung aus dem Femininum von gr. ἠλεός bzw. dor. +ἀλεός „verwirrt, betört" wird von *EM* s.v. der Bedeutung wegen abgelehnt; das Wort sei ohne Etymologie und zweifellos entlehnt; jedoch keine Erwähnung etruskischer Herkunft oder Prägung. Die Präferenz des Etr. für den Vokal *a* (s. Kap. B.1.1.3.1.) stellt natürlich alleine kein maßgebliches Argument zugunsten etr. Herkunft eines Wortes dar. [??]

[15] *alveus, -ī m./alveum, -ī* n. (spät): „bauchige Vertiefungen versch. Art wie Wanne, Mulde, Trog, Bienenkorb, Flußbett" (*WH* s.v.); seit *Cato.*
Zu Ernouts auf Grund des Ausganges *-eo-* etruskisierender Deutung (*EE*, 114) s. im Text weiter unten.
WH l.c. und *EM* s.v. bringen Erklärungen aus dem Indoeuropäischen. Die Präferenz des Etr. für den Vokal *a* (s. Kap. B.1.1.3.1.) stellt natürlich alleine kein maßgebliches Argument zugunsten etr. Herkunft eines Wortes dar. [??]

[16] *ardea, -ae* f.: „Reiher" (*WH* s.v.); seit *Verg.*
Zu Ernouts auf Grund des Ausganges *-ea-* etruskisierender Deutung (*EE*, 115) s. im Text weiter unten.
Nach *WH* l.c. von der ie. Wz. +*arōd-*, +*arəd-*; auch *EM* s.v. denkt an ie. Herkunft. Die Präferenz des Etr. für den Vokal *a* (s. Kap. B.1.1.3.1.) stellt natürlich alleine kein maßgebliches Argument zugunsten etr. Herkunft eines Wortes dar. [??]

[17] *ārea* (*āria* spät), *-ae* f.: „freier Platz, Bauplatz, Dreschtenne, Hofraum, Rennbahn, Gartenbeet, Gottesacker, Glatze" (*WH* s.v.); seit *Cato.*
Zu Ernouts auf Grund des Ausganges *-ea* etruskisierender Deutung (*EE*, 115) s. im Text weiter unten.
WH l.c. bringt eine ie. Erklärung, nach *EM* s.v. keine sichere Anknüpfung. Die Präferenz des Etr. für den Vokal *a* (s. Kap. B.1.1.3.1.) stellt natürlich alleine kein maßgebliches Argument zugunsten etr. Herkunft eines Wortes dar. Ebensowenig kann der Wechsel *e/i* angesichts der ausschließlich späten Belege für *āria* als Hinweis auf etr. Herkunft des Wortes gewertet werden. [??]

[18] *clupea/clipea, -ae* f.: „ein sehr kleiner Flußfisch" (*WH* s.v.); *Plin., Gl.*
Zu Ernouts auf Grund des Ausganges *-ea* etruskisierender Deutung (*EE*, 116) s. im Text weiter unten.
Nach *WH* l.c. unerklärt, eventuell zu *clupeus* „Schild" (s.b.W.) zu stellen; nach *EM* s.v. Herkunft unbekannt. [??]

[19] *cōleus, -ī* m.: „(nur Plur. belegt) ‚Hodensack'" (*WH* s.v.); seit *Laber.*
Nach Ernout, *EE*, 114 f., wegen *-eus* (s. im Text weiter unten) und wegen der volkstümlichen Ableitungsform auf *-ō* in *cūliō* möglicherweise etr.
Nach *WH* l.c. vielleicht „Abltg. von *cōlum* ‚Seihsieb' als ‚zum *cōlum* gehörig', falls ursprgl. = ‚Seihsack' (*sacculus*), dann von der äußeren Ähnlichkeit übertragen auf die Hoden"; *cōlum* selbst ist nach *WH* s.v. von unsicherer Etymologie.

culleus[20], *cuneus, fovea, galea*[21], *gāneum*[22], *glārea*[23], *gricenea*[24], *hirnea*[25], *irceus*[26], *lancea, malleus*[27], +*matea* (> *mateola*)[28], *mulleus* 3[29], *ocrea*[30], *ōreae*[31], *pilleus*[32], *pluteus*[33], *puteus, sculpōneae*[34], *solea*[35], *tālea, tinea, trabea*[36], *trulleus* (*trulleum*), *urceus*.

    Nach *EM* s.v. volkstümliches Wort ohne klare Etymologie; ob *culleus* (s.b.W.) zu vergleichen sei, sei fraglich. [??]
    [20] ***culleus****, -ī* m. (*-um* n. *Cato*, spätlat.): „lederner Sack, Schlauch; Maß für Flüssigkeiten" (*WH* s.v.); seit *Plt.* und *Cato*.
    Zu Ernouts auf Grund des Ausganges *-eo-* etruskisierender Deutung (*EE*, 115) s. im Text weiter unten.
    Ernout, *l.c.* mit Fn. 1, verweist auf die Ähnlichkeit mit gr. κολεός „foureau (de cuir), gaine", worauf sich jedoch *culleus* schwerlich zurückführen lasse; doch könne nach Meillet ein mediterranes Wort zugrunde liegen, übernommen einerseits als κολεός, andererseits als *culleus*.
    Diese Deutung zieht auch *WH* l.c. in Erwägung. *EM* s.v. hält wegen *-eus* wie z.B. in *clipeus* (s.b.W.) an etruskischer Herkunft fest, wobei jedoch betont wird, daß es sich zweifellos um ein mediterranes Wort handle; die Ähnlichkeit mit gr. κολεός wird erwähnt. Ein interessanter Aspekt hinsichtlich der Verwendung der *cullei* wird bei *EM* l.c. angeführt: „... on y enfermait aussi les parricides. Il faut sans doute lire *culleus* dans la glose de Festus: *cullus quoque masculine dixerunt. Est enim tormenti genus e corio*, P.F. 53,5." „... le supplice des parricides, *poena culleī*, est d'origine étrusque." Zur *poena cullei* und ihrer eventuellen Herkunft aus dem etruskischen Strafverfahren s. auch *RE* IV 2, 1901, 1744 ff. s.v. *culleus* und *RE* XVIII 4, 1949, 1472 s.v. *paricidas*; doch besagt die Herkunft einer Sache nicht zwingend etwas über die Etymologie des zu ihrer Bezeichnung verwendeten Ausdrucks. [??]
    [21] ***galea****, -ae* f.: „,Helm aus Leder, mit Erz beschlagen' (auch als ‚Gefäß' wie *galeola* f. ‚helmartig vertieftes Geschirr' seit *Varro*); übtr. ‚Haube auf dem Kopf afrikanischer Hühner'" (*WH* s.v.); seit *Enn.*
    Zu Ernouts auf Grund des Ausganges *-ea* etruskisierender Deutung (*EE*, 116; vgl. p. 114, Fn.) s. im Text weiter unten.
    O.c., 106, Fn. 2, verweist Ernout darauf, daß an *galea galērus* — ***galērus****, -ī* m./*galērum, -ī* n.: „Pelzkappe; Perücke; Lederstück als Schildersatz des Gladiators" (*WH* s.v. *galea*); seit *Varro* — erinnere, ein Bestandteil der typischen Kopfbedeckung der etruskischen Priester. (Zu Aussehen und Verwendung des *galērus* s. *RET*, 38, bes. p. 48 f., 119 f.) Nach *WH* s.v. *galea* und *EM* s.v. *galea* sei *galea* Entlehnung aus gr. γαλέη „Wiesel, Marder"; *galērus* gehe nach *WH* l.c. auf nicht belegtes +γαληρός zurück, nach *EM* l.c. sei die Ableitung von *galērus* nicht geklärt. Nach *LE* s.v. *galērus* sei für *galērus* Entlehnung aus gr. +γαληρός ausgeschlossen, doch Kern und Ableitung seien aus dem Indoeuropäischen erklärbar. Die Präferenz des Etr. für den Vokal *a* (s. Kap. B.1.1.3.1.) stellt natürlich alleine kein maßgebliches Argument zugunsten etr. Herkunft von *galea* und/oder *galērus* dar. [??]
    [22] ***gāneum****, -ī* n./*gānea, -ae* f. nach *popīna, taberna*; klass. Form): „‚Kellerkneipe, Garküche, Bordell', spätlat. auch ‚Grube, Höhle'; übtr. ‚Schlemmerei'" (*WH* s.v.); *gāneum* seit *Plt., gānea* seit *Cic.*
    Zu Ernouts auf Grund des Ausganges *-eo-* etruskisierender Deutung (*EE*, 116) s. im Text weiter unten.
    Nach *WH* l.c. vulgäres Wort unsicherer Herkunft. „Gr. Ursprung liegt nahe und wird von den Gramm. gelehrt ...; doch ergeben sich bei der Ableitung aus gr. γῆ, dor. γᾶ, hom. γαῖα ‚Erde' ... morphologische und semantische Schwierigkeiten." Vgl. *EM* s.v.: Herkunft unbekannt; Ent-

lehnung aus dem Gr. sei nicht zu beweisen. Nach *LE* s.v. liege die gr. Kollektivbildung ⁺γανεῖον „‚ambiente (cantina, stanza ecc.) dove si conservano bottiglie di vini prelibati' ‚negozio dove si vende vino in bottiglie' ‚spaccio di liquori'" zugrunde, das auf γᾶν·ἀγγεῖον σκύφῳ παραπλήσιον (*Hes.*) zurückzuführen sei. „In quanto al nome di vasi γᾶν ci sembra l'adattamento in una lingua non greca d'Italia (forse l'etrusco, cfr. etr. -lat. *scaina* ‚*scaena*', dal dor. σκανά, *crāpula*, dal gr. κραιπάλη e simili di un gr. dor. γάϊνος (sc. κάνθαρος) ‚vaso di terra'". Der Einfluß (nicht typischer, aber denkbarer) etruskischer Lautgebung auf ein griechisches und innerhalb des Griechischen sozusagen verbleibendes Wort erscheint nicht glaubhaft. Zu den *LE* l.c. erwähnten Formen *scaina* und *crāpula* s.u.WW. *scaena* bzw. *crāpula*.

Die Präferenz des Etr. für den Vokal *a* (s. Kap. B.1.1.3.1.) stellt natürlich alleine kein maßgebliches. Argument zugunsten etr. Herkunft eines Wortes dar. [??]

²³ *glārea, -ae* f.: „Kies" (*WH* s.v.); seit *Cato*.

Nach Alessio, *Vestigia*, 122f., zeige *glārea* etruskisch-mediterrane Bildung. Zusammenhang mit gr. χλαρόν·κόχλαξ *Hes.*, Synonym zu κάχληξ, sei gegeben. Vgl. ders., *Suggerimenti*, 132: Lat. *glārea* sei nicht ie., sondern wie gr. χλαρόν auf das „mediterrane Substrat" zurückzuführen. Nach *WH* s.v. wohl dissimiliert aus ⁺*grāreiā*, von ⁺*grā-ros* (⁺gₑrə-rós) „zerrieben", zur Wurzel ⁺*ĝer(ē)*- „zerreiben"; gr. χλαρόν sei fernzuhalten. Nach *EM* s.v. existierten zu diesem Wort nur unsichere Hypothesen.

Die Präferenz des Etr. für den Vokal *a* (s. Kap. B.1.1.3.1.) stellt natürlich alleine kein maßgebliches Argument zugunsten etr. Herkunft eines Wortes dar. [??]

²⁴ *gricenea:* „*fūnis crassus*" Paul. Fest. 88,8 L.

Zu Ernouts auf Grund des Ausganges *-ea* etruskisierender Deutung (*EE*, 116) s. im Text weiter unten.

WH s.v. kommentiert das Wort nur mit einem Fragezeichen; in *EM* fehlt das Lemma; *LE* s.v. möchte in *gricenea* Lehnwort aus dem Griechischen (gr. ⁺κρικηνία f. oder n. pl., zusammengesetzt aus κρίκος „ring, on the middle of a yoke, to fasten it to the peg ... at the end of the carriage — pole" und ἡνία „redine") sehen. [??]

²⁵ *hirnea/irnea, -ae* f.: „Krug (als Trinkgefäß); Asch (als Backform)" (*WH* s.v.); seit *Plt*. und *Cato*.

irnela, -ae f.: „*vasis genus in sacris*" Paul. Fest. 93,19 L.

Zu Ernouts auf Grund des Ausganges *-ea* etruskisierender Deutung (*EE*, 116) s. im Text weiter unten.

Nach *WH* s.v. *hirnea* wohl Dialektform zu echt röm. *(h)ernum/erneum, -ī n. (-us* m.?) „Art Kuchen", Cato Agr. 81 (s. *WH* s.v. *erneum*); weitere Anknüpfungen seien gänzlich unsicher; eventuell sei, falls die ursprüngliche Bedeutung „steinerner Krug" gewesen wäre, auch Ableitung von mars. -sabin. *herna* „*saxa*" zu erwägen. Nach *EM* s.v. *hirnea* alte und rasch außer Gebrauch gekommene Wörter; Entlehnung liege nahe; *hirnea* sei wahrscheinlich Dialektform zu *(h)erneum*. [??]

²⁶ *irceus:* „*ircei genus farciminis in sacrificiis*" Paul. Fest. 93,10 L; 101,9 L.

Zu Ernouts auf Grund des Ausganges *-eo-* etruskisierender Deutung (*EE*, 115) s. im Text weiter unten.

Bei *WH* s.v. *hircus* Ablehnung etruskischer Herkunft; *irceus* sei Ableitung zu *hircus* und damit indoeuropäisch (*irceus* sei identisch mit *hirciae* „Art Füllsel", „*hirquino sanguine ... inculcata* (sc. *farciminum genera*)", Arnob. 7,24); von *EM* s.v. *irceus* ist *irceus* mit ⁺ versehen; das Wort sei zweifellos mit *hirciae* in Zusammenhang zu bringen. [??]

²⁷ *malleus, -ī* m.: „Hammer, Schlegel, Klöppel" (*WH* s.v.); seit *Plt*.

Nach Ernout, *EE*, 115, Fn. 2, indoeuropäische Etymologie zwar möglich, aber wegen *-eus* Beeinflussung durch das Etruskische nicht ausgeschlossen (s. dazu im Text weiter unten). Deroy,

Les noms, 10 f., sieht in *malleus* ein etruskisches Wort: Der etruskische Stamm ⁺*martle* oder ⁺*martəle* sei vermutlich schon im Etruskischen durch Wirkung des Akzents zu ⁺*marle*, dieses zu ⁺*malle* geworden, woraus durch Anhängen von lat. *-us* (s. S. 34 Fn. 11; vgl. S. 39 Fn. 32; S. 40 Fn. 37) lat. *malleus* resultiere. Etr. ⁺*martle* setze sich aus dem Instrumentalsuffix *-tle-* und der Wurzel ⁺*mar-* „frapper, battre, écraser" zusammen. Auch sämtliche anderen lateinischen Wörter für „Hammer" (*martulus, marculus* ...) seien davon herzuleiten ebenso wie eine Reihe etr. und etr.-lat. EN; dazu noch die Appellative *membra* (⁺*mamurra* > ⁺*mamra* > ⁺*memra* > *membra*) und *membrāna* (!!). Vgl. auch ders., *Quelques survivances*, 13 f. *WH* l.c. und — mit Zurückhaltung — *EM* s.v. bringen indoeuropäische Vergleiche. Zu verwandtem *marcus* mit den Ableitungen *marculus, martellus, martulus, martiolus* s. *WH* s.v. *marcus*; vgl. auch *LG* §285.2.b., §160b.

Die Präferenz des Etr. für den Vokal *a* (s. Kap. B.1.1.3.1.) stellt natürlich alleine kein maßgebliches Argument zungunsten etr. Herkunft eines Wortes dar. [??]

²⁸ **mateola**, *-ae* f.: „Werkzeug zum Einschlagen in die Erde" (*WH* s.v.); *Cato*.

Ernout, *EE*, 116, nennt das Wort unter den Bildungen auf *-ea/-eus*, da als Grundwort ⁺*matea* anzusetzen sei, und zieht somit eine etruskisierende Deutung in Betracht; s. im Text weiter unten.

Nach *WH* l.c. indoeuropäisch, nach *EM* s.v. seien die indoeuropäischen Vergleiche zweifelhaft.

Die Präferenz des Etr. für den Vokal *a* (s. Kap. B.1.1.3.1.) stellt natürlich alleine kein maßgebliches Argument zugunsten etr. Herkunft eines Wortes dar. [??]

²⁹ **mulleus**, *-a, -um*: „mit *calceus* (*calceāmentum*) ‚Schuh von roter Farbe mit hoher Sohle als Auszeichnung der Könige, später der drei obersten Magistrate'" (*WH* s.v.); seit *Cato*.

Zu Ernouts auf Grund des Ausganges *-eo-* etruskisierender Deutung (*EE*, 115) s. im Text weiter unten.

Nach *WH* l.c. zur Wurzel ⁺*mel-* „dunkel, schmutzig" zu stellen. „Die Abltg. von *mullus* als ‚barbenfarbig' (... nach *Isid.* 19,34,10, *Gl.Ps.Pl.* ā *colōre mullōrum*) muß Volksetym. sein, da *mulleus* vorhistorisch ist, *mullus* dem Altlatein fehlt. Die Herleitung des *Paul. Fest.* 142 ā *mullandō dictōs id est suendō* ist eine Erfindung ad hoc." *EM* s.v. steht den antiken Etymologien sowie auch einer Herleitung von ie. ⁺*mel-* wegen *-eus* skeptisch gegenüber und vermutet Entlehnung. *LE* s.v. verweist auf eine Form *meglus* „nome di un pesce" aus dem 12.Jh. (Venezia) bzw. 14.Jh. (Treviso); *meglus* könnte aus ⁺*mylleus* < *mulleus* hergeleitet werden. [??]

³⁰ **ocrea**, *-ae* f.: „(gew. Plur. da erst später nur das rechte Bein diesen Schutz hatte) ‚Beinschiene'" (*WH* s.v); auch CN; seit *Varro*.

Zu Ernouts auf Grund des Ausganges *-ea* etruskisierender Deutung (*EE*, 116) s. im Text weiter unten; l.c., Fn. 1, bemerkt Ernout dazu noch: „*Plin.*, Nat. Hist., VII, 200, confirme qu'il s'agit d'un mot d'emprunt, provenant du bassin oriental de la Méditerranée: *ocreas et cristas invenere Cares*. On est étonné de voir les dictionnaires de *Walde* et *Muller* reprendre l'étymologie explicative de *Festus*, 192,1: *ocrem ... montem confragosum ... unde fortasse etiam ocreae sint dictae inaequaliter tuberatae*. Il n'y a même plus trace chez eux du *fortasse* restrictif de *Festus*."

Ablehnung etruskischer Herkunft bei *WH* l.c.; die Angabe des *Plin.* l.c., die Beinschienen seien eine Erfindung der Karer, sage nichts über den Namen aus; das Wort sei mit *Fest.* l.c. zu *ocris*, *ācer* zu stellen; es handle sich um die Substantivierung eines Adjektivs ⁺*ocreus* „scharfkantig". Nach *EM* s.v. unter Berufung auf *Plin.* l.c. vielleicht Entlehnung aus einer nicht indoeuropäischen Sprache; die Herleitung bei *Fest.* l.c. wird zusammen mit der bei *Varro* L.L. 5,116 („*quod opponebatur ob crus*") als Volksetymologie bezeichnet. [??]

³¹ **ōreae/aureae**, *-arum* f.: „Zügel" (*WH* s.v. *ōs*), „Gebiß am Zaum" (*WH* s.v. *aurīga*); seit *Naev*.

Zu Ernouts auf Grund des Ausganges *-ea* etruskisierender Deutung (*EE*, 115 f.) s. im Text weiter unten.

Die von *Festus* (*Paul. Fest.* 197,6 L „*oreae freni, quod ore inseruntur dicti*") vorgebrachte und von *WH* s.v. *ōs, LG* § 83, *EM* s.v. *ōs* akzeptierte Deutung als Ableitung zu *ōs* wird von Ernout *l.c.* als Volksetymologie verworfen. [??]

³² **pilleus**/*pīleus*, -ī m./*pilleum*, -ī n.: „Filzkappe, Filzmütze ...; häufig als Zeichen der Freilassung von Sklaven ..." (*WH* s.v.); seit *Plt.*

Zu Ernouts auf Grund des Ausganges *-eo-* etruskisierender Deutung (*EE*, 115) s. im Text weiter unten; das Wort könne wie verwandtes gr. πῖλος Entlehnung aus einer mediterranen Sprache sein.

Dies wird von *WH* l.c. als unbegründet abgelehnt; für *pilleus* wie für πῖλος wird eine Deutung aus dem Indoeuropäischen vorgeschlagen. *EM* s.v. stellt diese indoeuropäische Herleitung in Frage, zieht wegen *-eus* eher Entlehnung in Betracht, eventuell aus dem Etruskischen (s.s.v. *puteus*). Deroy, *Les noms*, 11, Fn. 31, spricht von „latinisation imparfaite" einer etruskischen Form auf *-e* durch einfaches Anhängen von lat. *-us*. S. S. 34 Fn. 11; vgl. S. 38 Fn. 27; S. 40 Fn. 37. [??]

³³ **pluteus**, -ī m./*pluteum*, -ī n.: „Schirmdach; Schirmwand, Brustwehr; Schutzbrett, Sopha, Lesepult; Zwischenwand, Brüstung" (*WH* s.v.); seit *Plt.*

Zu Ernouts auf Grund des Ausganges *-eo-* etruskisierender Deutung (*EE*, 113) s. im Text weiter unten.

Auch *EM* s.v. zieht wegen *-eus* (*-eum*) etruskische Herkunft in Betracht, schränkt aber ein, daß sich nichts Sicheres aussagen lasse. Ablehnung der Theorie etruskischer Herkunft bei *WH* l.c., das Wort weise indoeuropäische Parallelen auf.

Lautlich vergleichbares etruskisches *plutim AM 10*¹⁹ dürfte in *pluti-m* zu zerlegen sein, wobei *pluti* „jedoch" bedeutet (Prof. Pfiffig brieflich), *-m* „doch, aber; und" (*DES*, 294). [??]

³⁴ **sculpōneae**, *-ārum* f.: „hölzerne Schuhe" (*WH* s.v.); seit *Plt.*

Zu Ernouts auf Grund des Ausganges *-ea-* etruskisierender Deutung (*EE*, 116) s. im Text weiter unten.

Nach *WH* l.c. als „geschnitzte Schuhe" zu *sculpō; sculpō/scalpō* sei (so *WH* s.v. *scalpō*) auf ie. ⁺*sqele-p-* zurückzuführen. Auch *EM* s.v. leitet *sculpōneae* von *sculpō* ab, hält aber (so *EM* s.v. *scalpō*) die Etymologie wegen des Wurzelvokals *a* für nicht klar. [??]

³⁵ **solea**, *-ae* f.: „,Sandale; Hufschutz bei Zugtieren; Fußfessel'; spätl. (*Isid.* orig. 12,6,6) ‚Scholle, Plattfisch'" (*WH* s.v.); seit *Plt.*

Zu Ernouts auf Grund des Ausganges *-ea* etruskisierender Deutung (*EE*, 116) s. im Text weiter unten; die Herleitung von *solum* sei Volksetymologie. Diese Ableitung findet sich allerdings bei *WH* l.c. und *EM* s.v. *solum*. [??]

³⁶ **trabea**, *-ae* f.: „Staatskleid der Könige und Ritter mit breiten Purpurstreifen" (*WH* s.v.); „purpurne, den Göttern eigene ... oder ... mit purpurnen und weißen oder Scharlachstreifen besetzte Toga ..., urspr. angebl. Tracht der Könige, dann der Salier ..., der Consuln (bei Eröffnung des Ianustempels ...), der Auguren ..., des Flamen Dialis und Martialis ..., der Ritter bei der *transvectio equitum* am 15.Juli ... und bei feierlichen Leichenbegängnissen ..." (*KP* s.v. *trabea*); auch EN; seit *Verg.*

Zu Ernouts auf Grund des Ausganges *-ea* etruskisierender Deutung (*EE*, 116) s. im Text weiter unten.

Keine Erwähnung etruskischer Herkunft bei *WH* l.c.; es handle sich um eine Ableitung von *trabs, trabēs*, daher Grundbedeutung „gebälkt", d.h. „mit Querstreifen versehen". „*Lyd.* de mens.1,29 überliefert sabin. τραβαίαν ‚*trabeam*', wie überhaupt das Wort ein sabinischer Eindringling ist (s. Ernout *El.dial.lat.* 238)." Bei *EM* s.v. Herkunft aus dem Sabinischen als sicher, Herleitung von *trabs* als fraglich angegeben.

Die sich scheinbar anbietende Herleitung von *trabs* stützt sich in sachlicher Hinsicht auf die Deutung der *trabea* als „mit einem Balken, d.i. Purpurstreifen versehene". Nun ist aber — s.*KP*

Dea und *lea* haben, da *-e-* jedenfalls stammbildende Funktion zukommt, außer Betracht zu bleiben. *Pōpulneus* ist mit Sicherheit als Stoffadjektiv auf *-eus* 3 aufzufassen.

Ernout, *EE*, beschäftigt sich p. 113-116 mit Wörtern auf *-eus, -eum, -ea*: Ausgehend davon, daß *balteus/balteum* von *Varro ap. Char.* GLK 1,77,9 als etruskisch bezeichnet wird und daß wahrscheinlich auch *puteus/puteum* diesen Ursprung habe, stellt Ernout fest: „De ces concordances on peut déduire qu'un certain nombre de mots techniques, de forme semblable sans étymologie indo-européenne plausible, doivent représenter en latin des mots étrusques plus ou moins adaptés[37]. Le genre de la plupart d'entre eux est hésitant, ce qui confirme l'hypothèse de l'emprunt[38]." (P. 113.) Es sind aufgezählt: *pluteus (-eum), clupeus* (mit Varianten), *alveus, calceus, cāseus (-eum), cōleus, culleus, cuneus, malleus, mullus, pilleus (-eum), trulleus* (mit Varianten), *irceus, urceus*; etruskisches Medium könne *cādūceus (-eum)* zeigen; die Feminina *ālea, ardea, ārea, baxea (baxia), bractea* (mit Varianten), *clupea, fovea, galea, gānea (-eum), gricenea, hirnea* (mit Varianten), +*matea* (als Basis für *mateola*), *ocreae, ōreae, soleae, sculpōneae, tālea, tinea, trabea*; auch bei *lancea* sei eventuell etruskisches Medium zu vermuten.[39]

Alessio, *Vestigia*, 122f., schreibt den Wörtern *balteus, clupeus, pluteus, puteus, ālea, glārea* und eventuell *lancea* etruskisch-mediterrane Struktur zu.

LG bespricht § 271 *-eo-* in Adjektiven und Substantiven; neben der großen

---

s.v. *trabea* — dieses Gewand nicht durchwegs mit dem Charakteristikum des Purpurstreifens ausgestattet, es ist auch als einheitlich purpurnes Gewand bezeugt. Nur unter der Annahme, das rein purpure Gewand sei eine spätere Entwicklung, der bloße Purpurstreifen hingegen das Ursprüngliche und Namengebende, besäße daher die Auffassung der *trabea* als „Gebälkte" Berechtigung. Sieht man jedoch im durchgehend purpurnen Kleid den Prototyp dieses Gewandstückes, aus dem sich die weniger aufwendige, weniger kostspielige Form der Toga mit bloß Streifen von Purpur entwickelt habe, dann entbehrt eine Deutung als „Gebälkte" und damit in sachlicher Hinsicht eine Ableitung von *trabs* der Grundlage; es sei denn, man wolle annehmen, die Purpurtoga habe ursprünglich anders geheißen, die daraus entwickelte Form des Gewandes mit Purpurstreifen sei sekundär nach dem „Balken" benannt und diese Bezeichnung auch auf die Pupurtoga übertragen worden.

Peruzzi, *THBENNA*, 140, weist darauf hin, „che la *toga* era usata anche in Etruria, però non ne conosciamo il nome etrusco ...": Jedenfalls begünstige das *-b-* in *trabea* (wie auch in τήβεννα) die Hypothese einer Herkunft dieser Wörter aus dem Etruskischen nicht.

Die Präferenz des Etr. für den Vokal *a* (s. Kap. B.1.1.3.1.) stellt natürlich alleine kein maßgebliches Argument zugunsten etr. Herkunft eines Wortes dar. [??]

[37] Deroy, *Les noms*, 11, Fn. 31, spricht bezüglich des Ausganges *-eus* in *malleus, balteus* etc. von einer „latinisation imparfaite, par superposition de finales"; s. S. 34 Fn. 11; vgl. S. 38 Fn. 27; S. 39 Fn. 32.

[38] Vgl. S. 12 Fn. 1

[39] Vgl. ders., *Tyrrhenus*, 236; ders., *Aspects*, 52, Fn. 1.

Gruppe der Stoffadjektiva auf -*eus*, den -*eus*-Adjektiven von Personennamen (Nachbildungen zu den entsprechenden gr. Adjektiven auf -εος und -ειος) und entlehnten Substantiva wie *cādūceus, cotōneum, balneum, galea* werden unter Punkt 4. unterschieden: „Nicht einzuordnende Substantiva, meist auf -*eus* oder -*ea*: *balteus cāseus clipeus culleus cuneus malleus pilleus pluteus urceus* bzw. *ālea ārea baxeae bractea fovea hirnea ocreae ... soleae* u.a. — ...
— Ernout, *Philologica* I 43-46 vermutet etruskische Herkunft für viele -*eus*-Nomina, etwa für *balteus clupeus*, auch für *ālea*."

Es handelt sich also um eine isolierte Gruppe von Wörtern im Lateinischen, die von der Endung und teilweise auch vom Stamm her keine Anknüpfung im Indoeuropäischen finden. Auf das Etruskische weisen bei dem einen oder anderen Wort spezifische Aussagen antiker Autoren (s. Kap. B.2.2.) und manche sachlichen Gründe. Aber der Versuch, im Etruskischen eine Anknüpfung für lat. -*eus*, -*eum*, -*ea* zu finden, scheitert.

De Simone, *DGE* 2,282, stellt fest: „Als etruskisch werden von Ernout (*Philologica* I 43 ff.) zahlreiche lateinische Namen auf -*eus* wie etwa *balteus, puteus, clipeus* (*clupeus*) betrachtet, ohne daß sich jedoch eine passende etruskische Grundlage anführen ließe." Vgl. Peruzzi, *Prestiti*, 25: „... nessuna delle voci latine in -*eus* prive di etimologia ha sicura corrispondenza in etrusco (dove, d'altronde, il suffisso non è tipico, tanto che in etrusco i nomi propri greci in -εὺς sono adattati in -*e* -*es* -*ei* -*eis*)."

Denkbar wären als morphologische Muster für lat. -*eus*, -*ea* (-*eum*) die etruskischen Ausgänge -*ee* und -*ea*. Der Ausgang -*ee* ist nach Ausweis von *RI* gar nicht belegt; -*ea* ist — unter Auslassung der unsicheren Belege — in 18 verschiedenen Wörtern bezeugt, von denen aber für unsere Zwecke wahrscheinlich *vea*[40], *svea*[41], *zea*[42], *rea*[43] abzuzählen sind, da -*e*- dem Stamm zuzugehören scheint. Bei den verbleibenden 14 Formen handelt es sich bis auf *aliunea* (Beischrift zu einem Jüngling, s. *NRIE* 293; Lesung unkontrolliert) und möglicherweise *puanea* (*NRIE* 411; Lesung unkontrolliert) und *θiriea* (*TLE* 2), die beide ungedeutet sind, um Femininbildungen nach italischem Muster: Italisch -*ia* wurde im Etruskischen lokal begrenzt zu -*ea*; s. *DES* § 12.d. Hier kann also tatsächlich von einem Suffix -*ea* gesprochen werden,

---

[40] *vea CII*, 1 s., 24 tritt isoliert auf, ist daher unbestimmbar. Der Genetiv *veal* findet sich in *TLE* 905: θval veal; beide Wörter sind ungedeutet.

[41] *svea CIE* 2929 (*sveaś CIE* 1012; *sveas CIE* 2251) ist GN und Clusiner CN; s. Rix *DEC* 240, C.166.

[42] *zea CIE* 4538 (*TLE* 570)[b)11] ist ungedeutet; es handelt sich aber bestimmt nicht um einen Personennamen.

[43] *rea TLE* 893 ist ebenfalls ungedeutet; auch hier liegt aber kein Personenname vor.

doch ist es italischer Herkunft und sein Auftreten auf feminine Personennamen beschränkt.

Es erscheint demnach — trotz der Angaben der antiken Autoren bezüglich der Herkunft von *balteum* und anderer Wörter (s. oben bzw. Kap. B.2.2.) nicht gerechtfertigt, in lat. *-eus, -eum, -ea* einen Hinweis auf Entlehnung der diese Ausgänge aufweisenden Substantiva aus dem Etruskischen bzw. ein latinisiertes etruskisches Suffix zu sehen.

B.1.2.1.1.2. *-ua (-va)* [+]

Lārua (lārva).

Trua hat, da *-u-* jedenfalls stammbildende Funktion zukommt, außer Betracht zu bleiben.

De Simone, *DGE* 2,111 f., zweifelt nicht an der Existenz eines etr. Suffixes *-ua (-va, -via*[44]*)*; er stützt sich dabei auf im Etr. belegte Formen wie *cleva TLE* 2[4] u.ö., *zuθeva AM* 10[20], *murzua CIE* 4116 (*TLE* 619) u.a., vor allem aber auf die mythologischen Namen *Eθauśva CII*, 3 s., 394, und *Menerva CII*, 3 s., 394 u.ö., ferner auf die Entsprechung gr. Μήδεια > etr. *Metua NRIE* 1103 > *DGE* 1,94 (*Metvia CII* app. 63 u.ö.) und gr. +Λάδᾱ > etr. *Latva CII*, 3 s., 308. Daran ließen sich morphologisch auch lat. *lārua*[45] und Ortsnamen wie *Capua* und *Mantua* anknüpfen. Die Funktion der etr. Endung *-ua (-va, -via*[46]*)* könne nicht bestimmt werden.

Hierin kann, zumindest was *-ua/-va* (etr. *-via* soll als wohl nicht ident mit *-ua/-va* aus den weiteren Überlegungen ausgeschlossen sein; vgl. Fn. 44)

---

[44] Der Ausgang *-via* ist nach Ansicht der Verf. vom etr. Suffix *-ua/-va* fernzuhalten.

[45] Vgl., de Simone, *l.c.*, folgend, Hamp, *Etruscan φersu*, 301.

EM s.v. *Lār* beschränkt sich hinsichtlich des Ausganges von lat. *lārua* auf einen Vergleich mit lat. **Menerua/Minerua**, „qui semble bien emprunté à l'étrusque *Menrua*" (zu den Belegen für etr. *menrva* s. ThLE, 240; ThLE *Suppl.*, 37); vgl., weniger deutlich, Ernout, *EE*, 104.

Doch ist es trotz mehrheitlicher Befürwortung der etruskisierenden Deutung (s. etwa *DGE* 2, 111; *WH* s.v. *Minerva*, *RET*, 255 f., *EM* s.v. *Minerua*) nicht als völlig gesichert anzusehen, daß der lat. Göttername *Menerva/Minerva* aus etr. *menerva, menrva* (Belege s. ThLE, 240; ThLE *Suppl.* 37) herzuleiten sei. Es ist auch die Möglichkeit einer Entlehnung von etr. *menrva* aus einem italischen Dialekt in Betracht zu ziehen, s. etwa Radke, *Minerva*, mit Lit. S. zuletzt Rix, *Rapporti*, 113 ff. unter Ansatz einer Form +*menesu̯ā* statt traditionell +*menesou̯a*; denn nur +*menesu̯ā* konnte, da sich — so Rix in Erstellung eines neuen Lautgesetzes — *s* hinter Vokal und vor u̯ und g bereits vor dem Rhotazismus des 4.Jh. zu *r* gewandelt habe, noch vor der Entlehnung ins Etr. — etr. *menervas NRIE* 864 u.ö. ist bereits aus dem 6.Jh. belegt — zu +*meneru̯ā* geworden sein; der Name sei aus dem Lateinischen, Faliskischen oder Umbrischen ins Etr. gelangt.

Erwähnt sei schließlich die *WH* s.v. *lārua* (vgl. s.v. *Lār*) unter Verweis auf lat. *bēlua* und *mīluus* geäußerte Auffassung, *lārua* stelle eine lat. Bildung dar (vgl. u.W. *lārua*).

[46] S. Fn. 44

im nicht onomastischen Material anlangt, Verf. de Simone nicht beistimmen: Es sind aus dem Etruskischen Adjektiva auf *-cva*, *DES* § 72 als Adjektiva II bezeichnet, bekannt; es handelt sich in der Regel um Ableitungen von Appellativen; der Bedeutungsinhalt des Suffixes entspricht dem von lat *-ōsus*. „Das für die Aspirierung so anfällige etr. *c* und das *v*, das *u̯* ist, führen in bestimmten Verbindungen Veränderungen des Suffixes herbei, die sich in einem System erfassen lassen" (*DES* § 73): Im vorliegenden Fall ist von Belang, daß *-cva* nach auslautend *z, ś, s, e, i, u* regulär zu *-ua/-va* wird.

Eine interessante Ergänzung findet sich *o.c.* § 80.c.: „Es ist zu erwägen, ob nicht Formen vom Typus des Adj. III, die aus Adjektiv + *-(c)va* bestehen, als Superlativ oder Elativ aufzufassen sind." Es folgt eine Darlegung dieser Theorie, zu deren Abschluß Pfiffig den Gebrauch des Adj. III als Steigerungsform als „zumindest sehr wahrscheinlich" bezeichnet[47].

Lat. *lārua* (*lārva*) müßte also aus +*laru-u/va* entstanden sein; Zu den Belegen und der möglichen Bedeutung von *laru-* bzw. der Deutung von *lārua* (*lārva*) s.b.W. Die unterschiedlichen Formen — altlat. *lārua*, seit Horaz *lārva* — könnten auf einen für lateinische Ohren nicht eindeutigen etruskischen Laut *u̯*, der im Lateinischen mit *u* oder mit *v* wiedergegeben werden konnte, zurückgeführt werden, können jedoch auch, so *LG* § 141.b.α., auf eine innerlateinische Entwicklung zurückgehen, welche zweite Möglichkeit hier aus chronologischen Gründen (obwohl das Wort seit *Plt.* überliefert ist, ist es erst ab *Hor.* als zweisilbig belegt) vorzuziehen sein dürfte.

B.1.2.1.2. *Konsonant als Kennlaut*

B.1.2.1.2.1. *Gutturalsuffixe*

B.1.2.1.2.1.1. *-īca* [??]

Calautica, caudica, falārica, formīca, lōrīca[48], *tunica*.
Etruskische Herkunft oder etruskischen Einfluß vermutet Ernout, *EE*, 118,

---

[47] Zu einer weiteren, hier nicht gut anwendbaren Funktion der Adj. III (Bildung von Pluralformen, wenn die übliche Bildung mit *r*-Suffix nicht möglich ist), s. *DES* § 74.

[48] Ernout, *EE*, 118, Fn. 2, bespricht *lōrīca, -ae* f. „Kettenpanzer" (*WH* s.v.), belegt seit *Plt.*, under einem mit *formīca* und *tunica* (s.bb.WW.). Während sich aber für *formīca* und *tunica* neben *-īca* noch andere Faktoren zugunsten etruskischer Herkunft bzw. Vermittlung anführen lassen, ist dies bei *lōrīca* nicht der Fall. Zunächst sei Ernouts Auffassung (*l.c.*; er denkt an Verwandtschaft mit gr. θώραξ und zieht wegen *-īca* etruskisches Medium bei Übermittlung des med. Wortes in Betracht) auch in Hinblick auf *formīca* und *tunica* ausführlicher wiedergegeben: „L'opposition *formīca*/μύρμηξ se retrouve exactement dans le groupe *lōrīca*/θώραξ. Or *lōrīca* a toutes chances d'être emprunté; l'explication par *lōrum* n'est qu'une étymologie populaire et θώραξ lui-même est sans étymologie .... De plus, malgré la différence de quantité, moins surprenante quand il s'agit

Fn. 2, für *-īca*; seine Ausführungen sind S. 43 Fn. 48 zitiert. Als Beweis dafür, daß Bildungen auf *-ica* im Etruskischen nicht unbekannt seien, führt Ernout, *l.c.*, die Formen *sitmica* und *tuica* an. Davon ist nach Ausweis von *ThLE* nur die Form *sitmica* belegt: *Sitmica CII* 2096 ist Beiname einer *lasa*, wohl eher (s. *RET*, 278 f.) eines männlich gedachten *lasa*. „Der Beiname ist mit dem enklitischen Demonstrativpronomen *-ca* artikuliert ... und besagt ‚der *Sitmi*‘; die Bedeutung des nur hier belegten *sitmi* ist unbekannt." (*O.c.*, 279; zum Wesen der Lasen s. *o.c.*, 273 ff.) Eine Form *tuica* scheint in *ThLE* nicht auf.

Während Ernout, *l.c.* (s.S. 43 Fn. 48), *-īca* von *formīca* auf etruskische morphologische Gegebenheiten zurückführen möchte, glaubt Terracini, *Su alcune congruenze*, 214, in *-īca* von *formīca* das im ganzen mediterranen Raum verbreitete ie. *-ica* zu erkennen, im Suffix von μύρμηξ, βόρμαξ hingegen die mediterrane Neuerung.

Auch Meid, *Zur Dehnung*, 292-294, sieht in den kurzvokalischen wie in den langvokalischen, meist Exozentrika zu den kurzvokalischen Bildungen darstellenden, teils aber auch nur diese modifizierenden Formen auf *-īca* im Latein zweifelsfrei indoeuropäische Bildungen. An Beispielen führt er unter anderen *lōrīca* und *formīca* an.

LG bespricht § 303 die Nomina auf *-icus* („Den Hauptbestandteil bilden denominative Adjektive der Zugehörigkeit; neben wenigen deutlichen Gruppen viele isolierte Wörter. Öfters ist griechischer Einfluß unverkennbar."), § 304 die auf *-īcus* (unter diesen Nomina finde man „keine größeren funktionell bestimmten Gruppen"); nirgendwo kommt dabei ein prinzipieller Zweifel am ie. Ursprung dieses Suffixes zum Ausdruck, wenn auch einige Adjektive und Substantive, z.B. *calautica*, als morphologisch ungeklärt angegeben sind, s. § 303 B.1.e.

Im Etruskischen existiert, soweit wir aus dem Wortmaterial wissen, kein Suffix *-ica* oder *-ic*[49]. Die nach Ausweis des *RI* überlieferten sechs bzw.

de mots d'emprunts, de *lōrīca* on est amené à rapprocher *tunica* qui ne s'explique directement ni par gr. χιτών ni par hébreu *kətōnet*. *Lōrīca, tunica* ont dû passer par un ou plusieurs intermédiaires avant de pénétrer en latin, et l'on pense naturellement à l'étrusque où les formations en *-ica* ne sont pas inconnues .... Dès lors, on peut penser que *formīca* lui aussi a été influencé par l'étrusque ..." Vgl. ders., *Aspects*, 67. In seinem Aufsatz „*Senex*", 157, scheint Ernout allerdings eher geneigt, in *-īca* von *lorīca* ein *-k*-Suffix ie. Typs zu sehen. *WH* l.c. weist Ernouts Hypothese zurück und sieht in *lōrīca* Ableitung von *lōrum*. Nach *EM* s.v. eher Entlehnung aus einer unbekannten Sprache. Strnad, *Nochmals zum Methodenproblem*, 282, bezeichnet *lōrīca* „Harnisch aus Leder", wie *caudica* und *tunica* als Lehnwörter aus dem Etruskischen (s. aber bb.WW.); es lasse sich an diesen Wörtern ein etruskisches adj. Suffix *ic* mit der Bedeutung „gemacht aus" (vgl. S. 45 Fn. 56) isolieren; daran sei die lat. Endung *a* angetreten. [??]

[49] Zu *-c* (-χ) als Adjektiva und Ethnica bildendem Suffix s. *DES* § 66 bzw. § 168.

— unter Abzug der verstümmelten und in der Lesung unsicheren Form)evnica TLE 883 — fünf etruskischen Formen auf -ica, falica[50], sitmica[51], aθumica[52], teisnica[53], catica[54], sind allesamt als Formen auf -i-ca zu interpretieren. Das enklitische Demonstrativpronomen -ca (auch -ta) fungiert einerseits (nominal flektierend, also mit Gen. auf -s), an (substantivierte) Adjektiva[55] antretend, als bestimmter Artikel (s. DES §97.b.), z.B. śac-ni-cn (Akk.; s. DES §91), andererseits bildet es Substantiva aus Qualitätsadjektiven, z.B. aθumi-ca (s. DES §176), wozu bemerkt werden muß, daß Qualitätsadjektiva „im überlieferten Material verhältnismäßig selten" sind (s. DES §66)[56].

Wollte man also in -īca der von Ernout, EE, 118, Fn. 2., angeführten lateinischen Wörter formīca, lorīca, tunica und/oder in calautica, einem weiteren etruskischer Herkunft verdächtigten Wort auf -īca, einen Hinweis auf etruskische Herkunft bzw. — es dürften insgesamt Ausdrücke nicht genuin etruskischen Ursprungs vorliegen, s.bb.WW. — etruskische Vermittlung dieser Wörter sehen, müßte man annehmen, daß es sich um Formen auf -ī-ca handelt. Doch erscheint es in keinem einzigen Fall gerechtfertigt, in -ca das etruskische enklitische Demonstrativum -ca zu sehen, da einerseits etr. -ca, gleichgültig ob in der hier als Entlehnfall sicher zu vernachlässigenden Funktion eines bestimmten Artikels oder als substantivierendes Suffix, nur an Adjektive angefügt wird; daß aber formī-, lorī-, tuni-, calauti- Adjektivformen wären, dafür läßt sich nicht das geringste Argument ins Treffen führen, s.bb.WW. Es müßte demnach dieser der etruskischen Morphologie fremde Ausgang -īca bei der Entlehnung ins Etruskische bereits mit übernommen worden sein. Er kann jedenfalls in keiner Weise als etruskisches Charakteristikum angesprochen werden.

[50] falica TLE 922, CN, ist in fali (Qualitätsadjektiv oder — so Prof. Pfiffig brieflich — eventuell Berufsbezeichnung) + ca (enklitisches Demonstrativum, s.o.) zu zerlegen.

[51] S. im Text weiter vorne.

[52] aθumica AM 11 γ² ist in aθumi („Ehre, Gunst?" DES, 281) + ca (enklitisches Demonstrativum, s.o.) zu zerlegen und kann dementsprechend bedeuten: „der geehrte, edle?" (DES, 281).

[53] CIE 5407 (TLE 100); s. dazu DES §94 bis: „In TLE 100, Z. 2 f. flenzna teisnica finden wir in Kongruenz mit einem Adj. II eine von tei (Plural des Demonstrativpronomens -ta, s. DES §90 ff.; Anm.d.Verf.) abgeleitete Form teisnica, d.i. teis (nominal. Gen.) + -ni (Adj. II) + ca (enkl.pron.dem.) = 'der (die, das) zu diesen gehörige'."

[54] catica AM 6¹⁵ ist. „Adj. I + enkl.Pron.dem. -ca — ‚das cati" (DES, 283).

[55] Enklitisch -cn/-tn tritt nur an Adjektive bzw. substantivierte Adjektive, nicht an echte Substantive; s. DES §179 (s. Zitat auf S. 160 Fn. 22)

[56] Strnad, Nochmals zum Methodenproblem, 282, spricht in Zusammenhang mit caudica, lorīca, tunica (s.bb.WW.) von einem etruskischen adjekt. Suffix ic mit der Bedeutung „gemacht aus" (vgl. S. 43 Fn. 48). Ein derartiges Suffix ist aus dem Etruskischen nicht bekannt, s.o. im Text.

Hinzugefügt sei, daß eine eventuelle Annahme, -īca in formīca, lōrīca, tunica, calautica[57] sei auf falsche Abtrennung bei (anderen) etruskischen Formen auf -i-ca zurückzuführen, sei also ein aus falscher Interpretation eines etruskischen Wortausganges entstandenes, sozusagen neues Suffix und im Lateinischen zumindest in beschränktem Maß produktiv geworden, in Anbetracht der wenigen überlieferten etruskischen Formen auf -i-ca und der doch recht spezifizierten Bildungen auf -ca im Etruskischen der Grundlage entbehrt.

B.1.2.1.2.1.2. -isca, -iscus [??]

Faliscae, vopiscus.

Fiscus hat, da -is- jedenfalls stammbildende Funktion zukommt, außer Betracht zu bleiben.

Conrad, *Die Deminutiva, Glotta* 19,128, leitet, Brugmann folgend, lat. -iscus aus ie. ⁺-is- + -qo- her; diese Suffixkombination finde sich im Griechischen, seltener im Lateinischen[58], und sei auch im Germanischen und Balto-Slavischen nachzuweisen. Jedoch bemerkt Conrad in Fn. 1 von p. 128: „Auffällig ist es allerdings, daß -isco- im Griechischen bei Homer gänzlich fehlt und erst bei Alkman und Hipponax vorkommt. Murach ... schließt daraus, daß -isco- fremden Ursprungs ist und aus einer fremden Sprache, vielleicht der lydischkarischen, in das Griechische und aus dem Griechischen oder auch aus dem Etruskischen in das Lateinische eingedrungen ist. Ich halte diese Frage für noch ungeklärt."[59]

Bertoldi, *Relitti,* 284, sieht außer in *hamφisca* und *laivisca* (s. dazu weiter unten) auch in *Gravisca*[60], *Faliscī*[61] und *faliscae* etruskische Bildungen.

Keine Zweifel an der indoeuropäischen Abkunft des Suffixes -isko- äußert

---

[57] Daß -ica und īca beide aus demselben entlehnten morphologischen Element hervorgegangen wären, ist insofern nicht auszuschließen, als der Quantitätsunterschied durch Einfluß gleichlautender ie. Bildungen (s.o.) zustande gekommen sein konnte. Möglicherweise spielten dabei Akzentfragen eine Rolle. Vgl. Kap. B.1.2.1.2.3.2.2.

[58] Vgl. Ernout, *Senex,* 159, Fn. 4.

[59] Alessio, *Fitonimi,* 207, sieht in -isco- zur Bildung von Pflanzennamen, z.B. in lat. *(h)ibiscus* (gr. ἱβίσκος), *turbiscus, tamariscus, mariscus* ein mediterranes Suffix; vgl. ders., *Vestigia,* 144.

[60] Bertoldi hätte wohl besser die antike Form *Graviscae* gewählt.

[61] -sco- zur Bezeichnung italischer Völker (*Faliscī, Volscī, Oscī, Mariscī, Tuscī ...*) wird von Ernout, *Senex,* 159, Fn. 4., und *LG* § 303 I.C.1. nicht als Einheit aufgefaßt, sondern in -s-co zerlegt; die Bildung wird als ie. gedeutet. Vgl. Muller, *Zur Geschichte,* 271.

Doch wurde -sco- auch als Einheit und als nicht ie. angesehen, so z.B. von Alessio, *Un'oasi linguistica,* 169 ff., der in *Tuscī* (*Etruscī*), *Faliscī* und Πελασγοί Ableitungen zu med. Ausdrücken für „Stein, Fels" (τύρσις, τύρρις, *turris; fala* < ⁺*pala;* πέλλα Ablautsform zu ⁺*pala*) sieht und als Suffixe ⁺-*co* oder ⁺-*sco-,* -*isco-* und -ασγο (= -ασκο) abtrennt.

Ernout, *Senex*, 159, Fn. 4; vgl. auch Nehring, *Gr. τιταξ*, 189, und *LG* § 304.3., wo vermerkt ist, daß Zusammenhang mit gr. diminuierend -ίσκος nicht erkennbar sei.

Im etruskischen Material gibt es nach *RI* nur je zwei Belege für *-isce* und für *-isca*: *visce, prisce*; *laivisca, hamφisca*. Es kann jedoch nicht von einem Suffix *-isce* oder *-isca* gesprochen werden. *visce CIE* 274 u.ö. (mit etlichen Ableitungen) ursprünglich CN, woraus GN, ist, so Prof. Pfiffig brieflich, nach Vetter von lat. *viscus*, neben „Eingeweide" auch „alles unter der Haut liegende Fleischige" (*WH* s.v.), als CN wohl „Bauch" o.ä., herzuleiten; *prisce SE* 15,371, n. 1.b., ist CN und nach Buonamici, *REE SE* 15,371, n. 1.b., und nach Vetter möglicherweise auf lat. *Priscus* zurückzuführen[62]. *Laivisca* und *hamφisca*, beide *AM* 6[9], sind Genetivformen auf *-s* mit angehängtem enklitischem Demonstrativpronomen *-ca* (vgl. *DES*, 289 und 292; s. auch Kap. B.1.2.1.2.1.1.).

Auch in den übrigen in *RI* angeführten Bildungen auf *-sc-* (*-esca, -esce*[63], *-isc*), die eventuell noch als Grundlage für lat. *-iscus, -isca* hätten dienen können, läßt sich, soweit sie durchschaubar sind, kein Suffix oder Suffixbestandteil *-sc(-)* isolieren.

In Anbetracht der wenigen Beispiele, die nach *RI* zu etruskisch *-sc(-)* angeführt werden können, ist auch die Möglichkeit einer "falschen" Abtrennung (vor dem *-s-*) im Lateinischen und der Bildung eines „neuen" produktiv werdenden Suffixes auszuschließen.

Die Theorie einer Herleitung des Suffixes *-isco-* (*-isca*) aus dem Etruskischen ist demnach abzulehnen.

B.1.2.1.2.2. *-lis in Monatsbezeichnungen* [??]

Aprīlis, Quīnctīlis[64], *Sextīlis*[65].

Benveniste, *Trois étymologies*, 73, nimmt etruskische Bildungsweise bzw. etruskische Suffigierung an: „Si *quintīlis* et *sextīlis* étaient de formation purement latine, ils signifieraient non pas 'cinquième, sixième', mais 'qui se

---

[62] Buonamici, *l.c.*, gibt die Lesung *prisce* als unsicher (*lrisce? prisce? l(arθ)risce? l(ar)isce?*); *ThLE* findet sich darauf kein Hinweis.
[63] Zu dem im Etruskischen belegten Wandel *e > i* s. *DES* § 12. Vgl. Kap. B.1.1.1.2.
[64] *Quīnctīlis/Quīntīlis* m. (scil. *mēnsis*): „der 5. Monat" (*WH* s.v. *quīnque*); seit Cic.
Zu Benvenistes und Cortsens Auffassung des *l*-Suffixes in *Quīn(c)tīlis* s. im Text weiter unten.
Bei *WH* s.v. *quīnque* und bei *EM* s.v. *quīnque* keine Erklärungen zur Bildungsweise. [??]
[65] *Sextīlis:* „der sechste Monat (August)" (*WH* s.v.*sex*); seit *Varro* und *Cic.*
Zu Benvenistes und Cortsens Auffassung des *l*-Suffixes in *Sextīlis* s. im Text weiter unten.
Außer einem Verweis auf Leumann, *Die Adjektiva*, 14 (s. im Text weiter unten), kein Hinweis auf die Bildungsweise bei *WH* l.c. Keine Angaben zur Bildung bei *EM* s.v.*sex*. [??]

rapporte au cinquième, au sixième', ce qui n'offre aucun sens[66]. Comme pour *aprīlis*[67], il s'agit sans doute d'adaptations latines de noms étrusques, peut-être numéraux aussi, en tout cas dérivés en *-l-*. Ce qui semble favoriser cette supposition, c'est la formation différente et encore égnimatique de *september, octōber, november, december*[68] ..."

Auch Cortsen, *Der Monatsname Aprilis*, 273, deutet *-lis* von *Aprīlis, Quīntīlis, Sextīlis* als etruskisches Suffix: „*-le*[69] in *⁺ap(h)ri-le*[70] ... ist eins der bekanntesten etruskischen Suffixe, das offenbar auch den Schluß von *Quintilis* und *Sextilis* erklärt."

LG §313 sieht in *-li-* der Monatsbezeichnungen eine indoeuropäische Bildung: Denominatives *-lis* hinter Langvokal (*-ālis*[71] *-ēlis -īlis -ūlis*) diene meist zur Bezeichnung der Zugehörigkeit. „*-īlis* von *o*-Stämmen usw. ... kaum analogisch nach dem von *i*-Stämmen, vielmehr mit dem *ī* des gen.sing.[72] ...: *erīlis servīlis, virīlis* ...; hiernach analogisch von anderen Stämmen ...: *iuvensen- an-* ... Ferner die Monatsnamen *Quīnt- Sext-īlis*, auch wohl *Apr-īlis*." (§ 313.2.c.)

Auch aus dem Indoeuropäischen, doch im Detail anders, deutet Leumann, *Die lat. Adjektiva, -īlis*: Die Mehrzahl der meist denominativen Adjektiva auf *-īlis* sei von *o*-Stämmen abgeleitet. „Das Suffix *-lis* ist hier nicht an den Stamm, sondern an eine alte Wortform auf *ī* getreten, die im Indogermanischen schon für sich allein die Zugehörigkeit bezeichnete und in der einzelsprachlichen Entwicklung teils zum Ausdruck des Genetivs, teils zu dem des Femininums verwendet wurde ..." (P. 9.) „Auch in Monatsnamen ist das Suffix beliebt: *mensis Quintīlis, Sextīlis* wohl nach *Aprīlis* ... Vielleicht sind in Anlehnung an Festesnamen auf *-īlis* zunächst die Verbindungen *idus Quintiles, nonae Sextiles*, die zum (*mensis*) *quintus, sextus* gehörigen Iden (Nonen)' entstanden; freilich erscheinen nun nach dem Gesetz von der Vorherrschaft vollerer Formen auch nur *mensis quintilis, sextilis* statt *mensis quintus, sextus*. — Der Stammteil von *aprīlis*, seine Zusammengehörigkeit mit *aprīcus* vorausgesetzt, ist unanknüpfbar. Die Vereinigung mit *aper* ... mag, wenn nicht ursprünglich, so doch in der Volksdeutung bestanden haben[73]." (P. 14.)

---

[66] S.aber Leumann, *Die lat. Adjektiva*, 14 (Zitat im Text weiter unten).
[67] Zu Benvenistes Deutung von *Aprīlis* s.b.W.
[68] S.bb.WW. bzw. Kap. B.1.2.1.2.4.1.
[69] Zu etruskisch *-le* s. im Text weiter unten.
[70] Zu Cortsens Deutung von *Aprīlis* s.b.W.
[71] S. Kap. C.4.1.3.
[72] Anders Leumann, *Die lat. Adjektiva*; s. im Text weiter unten.
[73] Genauer zu den Deutungen von *Aprīlis* s.b.W.

Im Etruskischen gibt es folgende Arten von *l*-Suffixen:
1. das einfache Genetivsuffix *-l* (s. *DES* § 50);
2. das Suffix des emphatischen Genetivs *-la/-le* (s. *DES* § 63);
3. das Verbalnomina (Art Part.Aor.) bildende Suffix *-(i)l* (s. *DES* § 138);
4. das weibliche Kosenamen bildende Suffix *-la* (s. *DES* § 167);
5. das Deminutiva und männliche Kosenamen bildende Suffix *-le* (s. *DES* § 167).

Es findet sich also kein Adjektiva bildendes Suffix darunter; allerdings kommt das Genetivsuffix bisweilen (hypostasierter Genetiv, s. *DES* § 51) in der Funktion dem Adjektiva der Zugehörigkeit bildenden Suffix *-na* (s. *DES* § 67 ff.) nahe, z.B. bedeuten die Formen *śuθil* CIE 5327 (*TLE* 78) und *śuθina* CII 2094 u.ö. beide „Grabbeigabe" (von *śuθi* CIE 5438 = *TLE* 117 „Grab"; s. *DES*, 303).

Wie jedoch wollte man — abgesehen von der Veränderung etr. *-l*[74] > lat. *-lis* — bei Annahme einer lat.-etr. Hydridenbildung in *Quīntīlis* und *Sextīlis* das dem *-lis* vorangehende lange *-ī-* erklären, zu dem (s.o.) auf (nicht nur) eine Erklärung aus dem Ie. verwiesen werden kann? Bevor jedenfalls diese beiden Monatsnamen als Analogiebildungen zu *Aprīlis* aufgefaßt werden dürfen, müßte Genaueres über eben dieses *Aprīlis* ausgesagt werden können; es dürfte sich vielmehr so verhalten, daß in *Aprīlis* Analogiebildung zu *Quīntīlis* und *Sextīlis* zu sehen ist (s. auch u.W. *Aprīlis*).

B.1.2.1.2.3. *Nasalsuffixe*

B.1.2.1.2.3.1. *-ma* [??]

Forma, grōma, no/ō?rma, rūma, strūma, turma[75].

Arcirma wird, da es sich um eine verderbte Form handeln dürfte (s.u.W. *arcera*), fernzuhalten sein.

---

[74] Der emphatische Genetiv auf *-la/-le* (s. *DES* § 63) wird wohl kaum als Entlehnbasis zu betrachten sein.

[75] Der Versuch Ernouts, *EE*, 118 f., **turma**, *-ae* f. „Schwar, Schwadron; Schwarm" (*WH* s.v.), belegt seit *Cic.*, seines Ausganges wegen, daneben aus sachlichen Gründen („... l'institution semble bien être étrusque, au témoignage de *Varron* lui-même dans l'étymologie absurde qu'il en donne, L.L.V, 91 '*turma, terima (E in U abiit) quod terdeni equites ex tribus tribubus Titiensium, Ramnium, Lucerum fiebant. Itaque primi singularum decuriarum decuriones dicti qui ab eo in singulis turmis sunt etiam nunc terni'*.") und unter Heranziehung etruskischer lautlich nahekommender Formen, deren Bedeutung jedoch einen Vergleich gänzlich widerrät (*turmus* CII 2485, *turms* CII 2094 u.ö., *turmś* CII 2144 sind Bezeichnungen für den etruskischen Gott *Turms*, s. *RET*, 239; *turmna* CIE 2339, bei Ernout irrtümlich *Turmnas*, und *θurmna* CIE 1377 sind

Ernout, *EE*, 118 f., zieht für folgende Wörter auf *-ma* etruskische Herkunft in Erwägung: *grōma/grūma, forma, norma, turma, strūma*[76].

LG § 289 heißt es zu *-mo- -mā*: „Vereinzelt aus älter *-smo-* ..., vielleicht auch aus noch älterem *-mno-* ... — Meist isolierte Wörter mit etymologischen Problemen ...; auch wohl einige Lehnwörter. Soweit analysierbar, deverbativ; z.B. *animus fā-ma* adj. *almus*, doch ohne eindeutige Funktion des *-mo-*."

Aus dem Etruskischen ist kein Suffix *-ma*, ein Suffix *-m* nur in Adverbia bildender Funktion bekannt. *RI* bietet 12 sichere (darunter 2 Fälle, in denen nur das Wortende, nicht der Wortanfang erhalten ist) und 4 unsichere Belege für den Wortausgang *-ma*. Von den 10 sicheren Belegen aus vollständig erhaltenen Wörtern ist *ama AM* 10⁹ u.ö. Verbalform (3.P.Ind.Präs.), *herma TLE* 290 u.ö. ist möglicherweise, so Pallottino, *Le iscrizioni*, 84, mit gr. ἕρμα, ἑρμῆς, ἕρμαιον in Verbindung zu bringen; der Rest ist alles entlehntes[77], einer Fälschung verdächtiges[78] oder ungedeutetes[79] Material.

Entlehnung eines Suffixes *-ma* aus dem Etruskischen ist daher auszuschließen.

B.1.2.1.2.3.2. *Suffixe auf -na (-no-)*

Das etruskische Suffix *-na* kann als eines der für diese Sprache charakteristischen Suffixe angesehen werden, vgl. bereits Herbig, *Indogermanische Sprachwissenschaft*, 369[80]; vgl. auch Devoto, *Storia*, 46[81]. Es bildet Adjektiva und bezeichnet „die Zugehörigkeit zu dem im Stamm ausgedrückten

---

theophore GN, s. *RET*, l.c.), aus dem Etruskischen herzuleiten, muß als gescheitert betrachtet werden.

Nach *WH* l.c. handelt es sich um ein ie. Wort, nach *EM* s.v. um Entlehnung aus einer unbekannten Sprache. [??]

[76] Öfter werden in der von der Verf. eingesehenen Literatur die Formantia *-mā* sowie *-mo-* als mediterran angesehen; so von Gerola, *Substrato mediterraneo*, 357 und 366 (z.B. in *balma*); von Alessio, *Suggerimenti*, 104 f.; ders., *Vestigia*, 139 (z.B. *squama*).

[77] *θrama CIE* 5079 (*TLE* 221) ist weiblicher Individualname (neben dem Bild einer *ancilla*; s. *TLE* ad 221); *tama CIE* 2095 ist männlicher Individualname (Name eines *lautni*), zurückzuführen auf gr. Δᾶμᾶς (s. *DGE1*, 114); *tasma SE* 35, 546, ist messapischer Individualname (s. *DES* § 181); eventuell ist auch *eitma SE* 40, 448, n. 60, und 449, n. 61, fremder Individualname.

[78] So *mama SE* 41, 356, n. 173, und *uma CIE* 3015.

[79] So *zuma CIE* 4588 und *išuma CAP*¹¹.

[80] „Die Gentilnamen auf *-na*, die auch dem indogermanisierenden Flügel unter den Etruskologen als der ‚etruskischste' Typus erscheinen mußten ..."

[81] „Il suffisso di derivazione *na* ha il suo centro naturale nella regione tirrenica: esso si manifesta nei tre tipi originari di *ena*, nella trascrizione latina anche raddoppiato *enna*, di cui ci sono esempi anche in Sardegna e in Africa oltre che nell'Italia settentrionale; *arna erna urna* diffuso per tutta l'Italia; *una* trascritto *ona*, diffuso sopratutto verso Oriente anche nella regione transadriatica."

Namen oder Appellativ" (*DES* § 67)[82]. Besonders häufig begegnet es — außer in der ursprünglichen Form *-na* auch in den jüngeren, auf die Personenklasse beschränkten Modifikationen *-ne, -ni,* s. *DES* § 68 ff. — als GN-Suffix in dem uns ja in reichem Maße zur Verfügung stehenden onomastischen Material. Zu beobachten ist, daß etr. *-na,* obwohl es sekundär als GN-Suffix (ebenso wie *-ne, -ni*) das maskuline Geschlecht anzeigt (s. *DES* § 185), ursprünglich und in eigentlicher Adjektiva bildender Funktion genusindifferent ist.

Eine solche genusindifferente etruskische Form auf *-na* konnte, vorausgesetzt sie besaß Substantivcharakter, ohne jede Veränderung des Wortausganges ins Lateinische übernommen werden; zur Eingliederung ins lateinische Formensystem genügte die Interpretation als Femininum[83].

Dieser einfache Entlehnvorgang im Verein mit der Häufigkeit des *-na*-Suffixes im Etruskischen dürfte die Übernahme derartiger etruskischer Formen gefördert haben: In den Wortlisten der folgenden Unterkapitel finden sich in der Hauptsache Feminina auf *-na.* Da darin jedoch auch ein eindeutiges[84] lateinisches Adjektiv auf *-nus 3* und einige wenige Substantiva auf *-nus* und *-num* vertreten sind, ist auch auf diese Bildungen bzw. auf die Möglichkeit einer Rückführung auf etr. *-na* kurz einzugehen: Ein lateinisches Adjektiv auf *-nus, -na, -num* kann problemlos von einer etruskischen genusindifferenten Adjektivbildung auf *-na* hergeleitet werden. Eine solche ohne Veränderung des Ausganges übernommene etruskische Form konnte als feminine Adjektivform interpretiert werden, zu welcher ein entsprechendes Maskulinum bzw. Neutrum ohne Schwierigkeiten hinzuzubilden war.

Die nicht Personen bezeichnenden Substantiva auf *-nus* bzw. die Substantiva auf *-num* könnten entweder in der Art auf etruskische *-na*-Bildungen zurückgeführt werden, daß sie als substantivierte Adjektivformen aufgefaßt werden (s.o.); oder es wurde — aus welchen Gründen auch immer (etwa Analogiebildung) — etruskisch *-na* durch lateinisch *-nus, -num* ersetzt; für die

---

[82] Deroy, *Les noms,* 31, umschreibt die Funktion von *-na* folgendermaßen: „... Ce suffixe *-na* avait sensiblement la valeur d'un article défini, avec en plus une nuance locative, qui le différencie de *-ni.* Les mots étrusque ou d'origine étrusque dans lesquels il se trouve clairement employé sont surtout des toponymes ..., des noms de famille impliquant une localisation ..., des noms de récipients ou de contenants divers ..." Vgl. *o.c.,* 12; ders., *De l'étrusque macstrna,* 88, Fn. 3, auch 96; ders., *La racine,* 117. Zu etr. *-ni* s. *DES* § 68 ff. bzw. oben im Text.

[83] Gelegentlich wurde auch namenbildendes und somit nicht genusindifferentes, sondern auf männliche Namenträger beschränktes *-na* fälschlich als femininer Ausgang interpretiert, so etwa in der auf eine etruskische Form *-na (-ne)* in GN bildender Funktion zurückgehende etr.-lat. Gottesbezeichnung *Voltumna* (mit Liquidenaustausch und unter Einfluß des natürlichen Geschlechts lat. *Vortumnus, Vertumnus;* s.u.W. *autumnus*), was Spekulationen um einen Geschlechtswandel des Gottes, auch die Annahme eines Götterpaares u.ä. zur Folge hatte; s. *RET,* 235 f.

[84] Von *autumnus* sei hier abgesehen; s.b.W. und Kap. B.1.2.1.2.3.2.4.

Neutra gäbe es zusätzlich noch die Erklärungsmöglichkeit, daß etruskisch -*na* als Plural interpretiert und ein Singular auf -*num* hinzugebildet wurde, für die Personen bezeichnenden Substantiva auf -*nus* diejenige, daß übernommenes etruskisches -*na* wie etwa im Falle von *Voltumna/Vortumnus, Vertumnus* (vgl. S. 51 Fn. 83) unter Einfluß des natürlichen Geschlechts durch lateinisch -*nus* ersetzt wurde[85], oder eventuell auch, daß nicht etruskisch -*na*, sondern dessen für die Personenklasse spezifische Modifikation -*ne* (s.o.) zugrunde lag.

B.1.2.1.2.3.2.1. -*na* (-*no*-) ohne Themavokal an den nicht suffixal erweiterten Wortstamm[86] antretend [+]

Atena (s. aber u.W. *attanus*), *crumīna, lanterna, lucerna, obscaenus* (s. aber Fn. 87 u. b.W.), *pipinna, sculna, urna, verna*.

Zu den den Befunden nach sicher oder mit größter Wahrscheinlichkeit nicht hierher gehörigen Wörtern *farnus, furnus, sturnus* s. Kap. B.1.2.1.2.3.2.3. bzw. bb.WW.

Fernzuhalten sind auch die Formen *clarnus* (s.b.W. bzw. Kap. 1.2.1.2.3.2.3.), *culigna, laena, ulna* (s.bb.WW.), in welchen Entlehnungen aus dem Griechischen, in ihren Ausgängen zurückgehend auf gr. ⁺-νος bzw. -νη bzw. vā, gesehen wurden bzw. zu sehen sind.

LG behandelt § 290-296 -*no*-Bildungen verschiedener Art. „Einfache -*no*- -*nā* (hinter langem Vokal teilweise aus -*sno*- -*snā*): mancherlei Substantive und Adjektive; doch mit im Latein erkennbarer suffixaler Funktion nur die Verbaladjektive des Typus *plēnus*..., die Denominativa des Typus *dominus* ..., und die *no*-Adjektive von Praepositionen ..." Es befänden sich „viele etymologisch nur unsicher anknüpfbare Nomina" darunter (§ 290).

Da es sich bei sämtlichen hier zuzuordnenden Beispielen ausschließlich um nicht oder nur schwer auf das Indoeuropäische zurückführbare Wörter handelt, ist nicht-indoeupäische Suffigierung umso eher in Betracht zu ziehen. Die Detailbesprechung (s.bb.WW.) bestärkt — ausgenommen bei *obscaenus*[87] — den Verdacht etruskischer Herkunft bzw. Vermittlung.

---

[85] Vgl. Herbig, *Roma*, Sp. 1472 (Zitat s.u.W. *rūma)*.

[86] Typen (jeweils mit Beispiel in Klammer): Konsonant-Vokal-Konsonant (*verna*); Vokal-Konsonant (*urna*); Konsonant-Vokal (?) (*obscaenus*; s. aber Fn. 87 u.b.W.); Reduplikation Konsonant-Vokal (*pipinna*); bei gr. Lehnwörtern umfangreichere Wortstämme auf Vokal oder Konsonant (*lanterna*).

[87] *Obscaenus*, das einzige der in dieser Liste aufscheinende Adjektiv, könnte zwar vom Suffix her ohne weiteres aus dem Etruskischen hergeleitet werden, zeigt aber mit *(ob)sce*- einen von den üblichen etruskischen Wortstämmen völlig abweichenden Stamm (vgl. u.W. *caussa*). Genaueres s.b.W.

B.1.2.1.2.3.2.2. *-ēna (-eno-)/-ĭna (-ĭno-) (mit Einschränkungen); -enna (-ennus)/-inna* [+]

Acinus (acina), arvīna, asinus, bargina (bargena, barrigena, barginus, barginna), catēna, cortīna, culīna, dossennus, fascinum (fascinus), galena, harēna, lāmina, laniēna, levenna, piscīna, ploxenum (ploxinum), ⁺*proculena*[88], *sacēna (scēna), sagīna, sociennus, sūcinum (sūcinus), trāsenna, trutina, vagīna*[89].

Folgende Wörter haben, da in ihnen entweder Entlehnungen aus dem Griechischen gesehen wurden bzw. zu Recht zu sehen sind, ihr Ausgang somit Wiedergabe eines griechischen Wortausganges ist, und/oder da *-īn-, -ēn-* stammbildende Funktion besitzen, außer Betracht zu bleiben: *lēna, māchina, murēna (muraena), scēna (scaena), spīna (spīnus), surēna, tīna, tīnus.* Fernzuhalten sind auch *antenna*, sekundär assimiliert aus *antemna* und *lupīnum (lupīnus)*, Ableitung rein indoeuropäischer Art von *lupus.* Zu *atena, crumīna, obscēnus (obscaenus), pipinna* s. Kap. B.1.2.1.2.3.2.1.

Ernout, *EE*, 90-98, beschäftigt sich ausführlich mit den Wörtern auf *-ēna, -ĭna, -enna, -inna* und weiteren *-no-*Bildungen und schickt voraus: „L'importance de cette formation dans l'onomastique et la toponymie étrusque est bien connue." „Que la forme ait été employée dans les noms communs, c'est ce que prouve τήβεννα donné par *Photius*, Lex., p. 584,10 comme le nom d'un vêtement semblable à la toge ... porté par les étrusques[90]." (P. 90.)

Gegen die von Devoto, *Storia*, 46, vorgebrachte lokale Eingrenzung von *-ena/-enna* auf Italien, Sardinien und Afrika (s. Zitat S. 50 Fn. 81) spricht sich Gerola, *Substrato mediterraneo*, 354 f., aus: „Il suffisso *-en(a)*, per la sua distribuzione dall'Iberia all'Asia Minore, ci appare ... quale elemento decisamente panmediterraneo[91], che trova nel settore iberico, nel settore tirrenico-appenninico e nel settore egeo-anatolico tre centri d'intensificazione." Aus dem iberischen Raum sei eine Reihe von Toponymen bekannt, ferner *galena*. „Per quanto riguarda l'Italia, possiamo pensare, col Bertoldi[92], a un centro d'espansione tirrenico, costituito dall'Etruria e dal Latium (*Artena, Capena*

---

[88] Ernout, *EE*, 93, erwähnt die Form unter den etr.-lat. Bildungen auf *-ena/-enna* etc. (s. im Text weiter unten), schränkt jedoch ein: „La forme **proculena** ‚truie' admise par certains éditeurs dans *Plaute*, Mil. 1060, est peu sûre." Die Form scheint bei *WH, EM, LE* nicht auf. [??]

[89] Erwähnt sei hier mit Vorbehalt auch *tolennō*, dessen Ausgang *-ennō* möglicherweise auf Kontamination von *-ennus (-a?) + -ō*, Gen. *-ōnis* zurückzuführen ist; s.b.W.

[90] S. aber gegen die Herleitung der Bezeichnung aus dem Etruskischen Peruzzi, *THBENNA*; vgl. u.W. *trabea*.

[91] Vgl. Alessio, *Fitonimi*, 222: *-enna*, verbreitet im ganzen mediterranen Gebiet (ägäisch-anatolisch, etruskisch, alpin, sardisch, afrikanisch, iberisch), sei ein typisch mediterranes Suffix.

[92] KYPHNH. In: Mélanges Emile Boisacq I, p. 48 ff. (= Annuaire de l'Institut de philologie et d'histoire orientales et slaves 5, Brüssel 1937).

...), circondato da zone di transizione ...", und zwar Ligurien, Sardinien, das afrikanisch-libysche und das alpine Gebiet. Wenn es aus solchen Gebieten Beispiele gebe, „che ... ci attestano la vitalità del morfema anche in area decisamente anetrusca, sentiamo che il focolare tirrenico del morfema deve essere valutato solo come elemento di un complesso più vasto ..." Die Funktionen von -en(a) gibt Gerola, o.c., 357, Bertoldi folgend, mit „... indicante l'idea di abbondanza" an[93].

Diese Bedeutung stellt allerdings vor Probleme, da sie sich nicht mit der von etruskisch -na, das im Prinzip die Zugehörigkeit ausdrückt, deckt. Ob daher doch Devoto das Richtige trifft, wenn er -ήνη, das — immerhin gleichlautende – Suffix des ostmediterranen Raumes, nicht heranzieht, oder ob sich über Umwege doch ursprüngliche Bedeutungsgleichheit mit nachfolgender Bedeutungsdifferenzierung nachweisen läßt (etwa „zugehörig zu > teilhaftig > ausgestattet mit > reich an"), muß dahingestellt bleiben.

Daß Vorsicht auf jeden Fall geboten ist, zeigt auch das Beispiel von -ινος/ -inus, das nach Alessio, Fitonimi, 185, ein mediterranes Suffix darstellt, das Pflanzennamen bildet, z.B. ἐλαίτρινος, κότινος, ricinus ...; vgl. auch ders., Vestigia, 147.

Zunächst zu -ĕna (-ĕno-[94]), -ĭna (-ĭno-[94]):
Die kurzvokalischen Ausgänge erfahren bei LG mit Ausnahme der Stoffadjektiva auf -ĭnus (s. §291.b.) eine sehr knappe bzw. gar keine Behandlung:

Unter den (nicht zum ererbten Typus der Stoffadjektiva auf -ĭnus gehörigen) Bildungen auf -ĭnus finde sich „formal und funktionell Isoliertes" (§ 291.a.).

Ein Typus -ĕna, -ĕno- scheint in LG nicht auf. Es sind aus dem in dieser Arbeit behandelten Wortmaterial drei Beispiele beizubringen: *atena, bargena, ploxenum* (s.bb.WW.)

Mit den langvokalischen Bildungen beschäftigt sich LG § 294-296:
„Die Suffixe mit -no- hinter langem Vokal, also -ūnus[95] -īnus -ānus[96], auch -ēnus -ōnus[97], bilden, soweit analysierbar, nach ihrer Herkunft einfache denominative no-Adjektive zur Bezeichnung einer Zugehörigkeit zu Personen oder Sachen. Substantivierungen aller Art sind häufig. Der vorangehende lange Vokal war ursprünglich Stammauslaut des Basiswortes."

§ 296 ist -īnus gewidmet: Dieses prinzipiell indoeuropäische Suffix (l.c., III.)

---

[93] Vgl. Bertoldi, Storia, 73: Bei den offenbar von Pflanzennamen abgeleiteten anatolischen und ägäischen Toponymen auf -ήνη wie Σιδήνη handle es sich um Kollektiva „di valore fitogeografico".
[94] Zur Erklärung der maskulinen bzw. neutralen Formen s. Kap. B.1.2.1.2.3.2.
[95] S. Kap. C.4.1.5.
[96] S. Kap. C.4.1.4.
[97] S. Kap. C.4.1.5.

bilde „Adjektiva der Zugehörigkeit; viele Substantivierungen, bes. Feminina auf *-īna*", vor allem Formen auf *-īna* von Handwerkernamen etc. für Berufe, für Arbeits- oder Werkstätten. *-īna* finde sich auch „in isolierten und unableitbaren Bildungen", z.B. in *cortīna*[98].
Feminina auf *-ēna* sind § 294. 2.c. behandelt: „Ohne sichere etymologische Anknüpfung im Latein: *av- cam- cat- har-* ... *verb-*. Vielleicht *habēnae* ‚Zügel' zu *habēre* ‚halten'; *sacēna* ‚dolabra pontificalis' *Fest.*, zu *secāre*? Manche wohl etruskisch nach Ernout, *Philologica I* 27. — *cantilēna* Ter. ‚Liedchen' wohl dissimiliert aus *-ēla* (wie *loquēla*) von ⁺*cantilāre* (das Verbum bei *Apul.* ist Rückbildung). *postilēna* ‚?' *Plt.* Cas. 125; *antilēna* Gloss. ‚Brustriemen des Pferdes'."

Zu *-iēnus*, in dieser Untersuchung nur vertreten durch *laniēna*, heißt es § 294.2.b.: „*,-iēnus* von *io*-Stämmen, funktionell wie *-īnus* von *o*-Stämmen ...; *laniēna* (*taberna* Varro) von altlat. *lanius* ‚Metzger' (wie *figlina tab.* von *figulus*)."

Ganz anders interpretiert Herbig, *Etruskisches Latein*, 180, *laniēna*: „Die ursprünglich adjektivische Natur des Wortes[99] tritt noch in Wendungen wie *ex tabernis lanienis*, Varro bei *Non.* 532,20, deutlich zu Tage; auch die *mensa lanionia*, Suet. Claud. 15, wird nur eine Weiterlatinisierung der älteren *mensa laniēna* sein." Herbig wertet dies als Beweis für etruskische Herkunft von *laniēna*: „In *mensa laniena* stand neben dem lat. F. *mensa* ursprünglich ein genusindifferentes etr. *-na*-Adjektiv. Vergleichen läßt sich ohne weiteres *lucus Lubitina* CIL VI 9974.10022.33870 für 'Hain der Libitina'. W. Schulze hat *ZGLE.* 480 Anm. 9 diese Ausdrucksweise vom Standpunkt der lateinischen Syntax aus mit Recht als sonderbar empfunden: hier scheint neben dem lat. M. *lucus* ein ursprünglich ebenfalls genusindifferentes etr. *-na*-Adjektiv stehen geblieben zu sein. Der Name der lateinischen Leichengöttin *Libitīna, Lubentīna* ist unerklärt ...: sollte er zu etr. *lupu, lupuce* ... 'mortuus est' gehören?" (*O.c.*, 180, Fn. 1.) Die syntaktische Verbindung *mensa laniēna* zeige „ganz deutlich, auf welchem Wege das genusindifferente ... etr. *laniēna* im Lateinischen das Geschlecht wechselte ... Daß schon der Eintritt in die lat. *ā*-Deklination diesen Weg vorzeichnete, liegt auf der Hand; man braucht den

---

[98] In gewohnt unbekümmerter und unverbindlicher Weise bemerkt Deroy, *A propos des noms de nombre*, 51 f., zu *-īna*: „... il est permis de restituer en latin, un autre *fuscus* (neben dem Adjektiv *fuscus* „schwarz"; Anm.d.Verf.) qui ne manque peut-être que par hasard dans les textes conservés. Il s'agit de ⁺*fuscus* ‚trident' qui est à *fuscīna* ce que *fiscus* est à *fiscīna*, *bargus* à *bargīna*, *collis* à *collīna*, *pagus* à *pagīna*. Je n'insiste pas sur la finale *-īna* répandue en latin à partir de mots en *-na* d'origine étrusque. Il suffira ici de constater que cette finale *-īna* a servi, en latin, à former un certain nombre de doublets." Das *-i-* in *-ina* von *fuscina, fiscina, bargina, pagina* ist, das sei angemerkt, nur als *-ĭ-*, nicht als *-ī-* belegt.

[99] S. dazu genauer Kap. B.1.2.8.

semasiologischen Anschluß von *laniēna* 'Fleischbank' an *pistrīna* 'Bäckerwerkstatt', *moletrīna 'Mühle', lapicīdīnae* 'Steinbruch' ... für diese Wegrichtung kaum mehr zu bemühen." (*O.c.,* 180.)

Zusammenfassend sei, basierend auf den Aussagen bei *LG* 11. cc., festgehalten:

Es ist als sehr wahrscheinlich anzusehen, daß sich unter den Bildungen auf *-ina, -ino-*, welche keine Stoffadjektiva bzw. Substantivierungen von Stoffadjektiven darstellen und deren Stamm im Indoeuropäischen keine Anknüpfung findet, Wörter etruskischer Herkunft auf *-na* (eventuell auch auf *-ne*, dies jedoch auf Personalsubstantiva beschränkt; s. Kap. B.1.2.1.2.3.2.) befinden; das gleiche ist zu den bei *LG* nicht besprochenen Formen auf *-ena, -eno-* zu bemerken. Die Bildungen auf *-īna* könnten zwar als substantivierte Feminina des Adjektiva der Zugehörigkeit bildenden Suffixes *-īnus,* somit aus dem Lateinischen erklärt werden; doch gibt es gerade unter den Formen auf *-īna* isolierte und unableitbare Bildungen. Auch hier ist also die Vermutung, in der einen oder anderen Bildung sei etruskisch *-na* zu erkennen, durchaus begründet. Noch besser steht es um die Annahme etruskischer Herkunft bei Wörtern auf *-ēna*: *LG* § 294.2.c. (s.o.) räumt expressis verbis ein, daß manche dieser Bildungen wohl als etruskisch zu werten seien.

Bislang wurde bei der Erstellung der Hypothese einer (partiellen) Herkunft der genannten Suffixe aus dem Etruskischen im allgemeinen auf die Grundlagen im Etruskischen zu wenig eingegangen. Prinzipiell ist, was ja bereits durch die Zuordnung des vorliegenden Kapitels zum Kap. B.1.2.1.2.3.2., unter welchem aus etr. *-na* (s. dazu im zitierten Kapitel) latinisierte Suffixe subsumiert sind, zum Ausdruck kommt, etr. *-na* zugrunde zu legen. Doch bleibt darüber hinaus a) der innerhalb der Gruppe der hier zur Diskussion stehenden Suffixe (*-ēna, -eno-, -īha, -īho-*) hinsichtlich Qualität und Quantität differierende Vokalismus vor *-n-* sowie b) das gelegentlich innerhalb der phonetischen Varianten eines einzigen Wortes zu konstatierende Schwanken *e/i* zu klären.

Ad a):

Lat. *-i-* bzw. *-e-* ist im einfachsten Fall auf etr. *-i-* bzw. *-e-* (der Ausgang *-ina* ist im Etruskischen nach Ausweis von *RI* rund 75mal, der Ausgang *-ena* rund 15 mal belegt), des weiteren aber möglicherweise auch auf einen im Etruskischen nur undeutlich artikulierten Einschubvokal zurückzuführen. Es ist auch nicht auszuschließen, daß der Vokal *-i-* oder *-e-* erst im Leiteinischen als eine Art Binde- oder Gleitvokal zur Erleichterung der Aussprache zwischen den konsonantischen Stammauslaut und *-na* eingefügt wurde. Schließlich sollte nicht vergessen werden, daß kurzes *-ĭ-* in offener Mittelsilbe vor *-n-* im Lateinischen auch auf *-ă-, -ĕ-, -ŏ-* (< etr. *-u-*) zurückgehen kann.

In diesem Zusammenhang erhebt sich die Frage, aus welchen Gründen kurz -ĕ- in den Formen auf -ĕna, -ĕnum die Vokalschwächung des 3.Jh.v.Chr. (s. *LG* §88-90; vgl. Kap. B.1.1.1.1.2.) überdauerte; denn daß die betreffenden Formen (s. S. 53) sämtlich erst nach dem 3.Jh. entlehnt worden wären, ist als nicht wahrscheinlich anzusehen.

Zum Versuch einer Erklärung der Quantitätsunterschiede *i* und *ī, e* une *ē* s. S. 46 Fn. 57. Betont sei, daß wir im allgemeinen über die Quantität der etruskischen Vokale völlig im unklaren sind.

Ad b):

Unter Berücksichtigung des im Etruskischen nachgewiesenen Wechsels *i* > *e* (s. *DES* §12; vgl. Kap. B.1.1.1.1.1.1.2.) kann vielleicht an Entlehnung sowohl mit *-i-* als auch mit *-e-* gedacht werden. Auch mußte ein im Etruskischen undeutlich artikulierter Einschubvokal im Lateinischen nicht nur ausschließlich mit *-i-* oder mit *-e-* wiedergegeben werden (s.o.), sondern es könnten sich beide Varianten eingebürgert haben. Das gleiche könnte eventuell bei Annahme eines erst im Lateinischen eingefügten Gleitvokals (s.o.) vermutet werden. Schließlich könnte sich bei ursprünglichem Vokalismus *e* neben der reguläre Vokalschwächung aufweisenden Form auf *-i-* aus welchen Gründen auch immer die alte Form auf *-e-* gehalten haben.

Die Erklärung des in vielerlei Hinsicht unterschiedlichen Vokalismus der zur Diskussion stehenden Suffixe wirft somit essentielle, d.h. die Hypothese von der etruskischen Herkunft eben dieser Suffixe in Frage stellende Probleme nicht auf.

Nun zu *-enna(-enno-*[100]*)/-inna* (*-inna* nur vertreten in *barginna*):

LG §291 („Ausgang *-inus*") heißt es unter „Zusätze": „Etruskisierend wohl *sociennus* Plt. Aul. 659 und *homo levenna* Laber. (,levis' nach *Gell.* 16,7,11) ... Zu etr. *Spurinna* usw. s. §268.A.1.c." In genanntem §268 A.1.c. liest man: „Etruskische Namen auf *-na* als lat. Cognomina: *Caecina Perpenna (-erna) Sisenna Spurinna*, vgl. die Etruskernamen *Vibenna Porsenna*, s. Schulze, *EN.*65-109; 262ff."[101]

---

[100] Zur Erklärung der maskulinen Formen s. Kap. B.1.2.1.2.3.2.

[101] Bezeugt ist zu lat. *Cáecina* etr. *cáicnas CIE* 5001 u.ö. (Genetivform); zu lat. *Spurinna* etr. *spúrina NRIE* 221, zu lat. *Vibénna* etr. *vípenas CIE* 5558 u.ö.; zu lat. *Porsena, Porsénna*, etr. *púrθne CIE* 1227 (*TLE* 465), vgl. *purtśvana CIE* 5315 (*TLE* 324); zu erschließen sind für lat. *Perpenna* etr. +*pérpna*, zu *Sisenna* etr. +*sisena*. Die Verschiedenheit in der Betonung etr. '-(i)na ('-(e)na), lat. -*inna* (-*enna*) kommt durch Verlagerung der etruskischen Anfangsbetonung auf die Paenultima zustande. Gut sichtbar ist diese Entwicklung in den lat. Formen *Porsena/Porsénna*. Nach Herbig, *Bargina*, 172, könne „etr.-lat. -*inna*, -*innius* ... aus etr. -*īna* entstanden sein wie *līttera* aus *lītera* durch Konsonantendehnung und damit verknüpfte Vokalkürzung, es kann sich aber auch neben einem etr.-*īna* entwickelt haben durch bloße hypokoristische Konsonantendehnung". Vgl. dazu auch S. 80 Fn. 272, S. 98f. und u.W. *crēterra*.

Bezüglich einer Herleitung von -*inna* in *barginna* aus dem Etruskischen läßt sich ins Treffen führen, daß die gesamte zu *bargus* gehörige Sippe mit größter Wahrscheinlichkeit etruskisches Lehngut darstellt (s.u.W. *bardus*), mithin wohl auch das Suffix -*inna* übernommen worden sein wird.

Es ist zweifellos von etr. -*na* (bei den Personalsubstantiva eventuell auch von -*ne*; s. Kap. B.1.2.1.2.3.2.) auszugehen; hinsichtlich der dem Etruskischen fremden und somit auf innerlateinischen Veränderungen von etr. -*n(a)* beruhenden Doppelkonsonanz s. S. 57 Fn. 101; zu den Möglichkeiten einer Erklärung des *i* in -*inna* bzw. des *e* in -*enna*, -*enno*- s. oben [102].

Abschließend noch ein interessanter semantischer Aspekt: Mit Ausnahme von *trāsenna* zeigen alle übrigen hierher gehörigen Beispiele (*barginna, dossennus, levenna, sociennus*) deutlich pejorative Nuancierung. Alessio, *Suggerimenti*, 107, Fn. 99, macht darauf aufmerksam, daß heute noch in der Toskana -*enna* mit „valore dispregiativo" verwendet werde: z.B. *cempenna, segrenna* „donna magra, despettosa, incontentabile, salanustra."

B.1.2.1.2.3.2.3. -*rna* (-*rno*-) [103] [+]

Alaternus, basterna, caverna (*cavernum*), *cisterna, fūsterna, laburnum, lacerna, nassiterna* (*nasiturna*), *palacurna, pincerna, santerna, taberna, toluberna, vīburnum* (*vīburnus*).

In den Wörtern *farnus*[104], *furnus/fornus*[105], *sturnus*[106] ein Suffix -*rno*-

---

[102] Zu vernachlässigen ist im Falle von -*enna*, -*enno*- selbstverständlich die Frage nach der unterbliebenen Vokalschwächung $\breve{e} > \breve{\iota}$. Herleitung des -*ī*- von -*inna* aus -*ă*-, -*ĕ*-, -*ŏ*- (< etr. -*ŭ*-) ist natürlich nicht in Betracht zu ziehen.

[103] Zu eventuellem erweitertem bzw. verbautem -*rna* in -*rnium* (?) von *cuturnium* bzw. in -*rnīx* (??) von *cōturnīx* und *spinturnīx* s. Ernout, *EE*, 97, bzw. *LG* § 292 (s. im Text weiter unten) bzw. bb.WW.

[104] *farnus*, -*ī f.*: „ein Baum, wrsch. Esche" (*WH* s.v.); seit *Vitr.*

Ernout, *EE*, 95, nennt das Wort unter den etruskischer Herkunft verdächtigen Bildungen auf -*rno*-: „Il est d'usage de rapprocher *farnus* ‚frêne', qui existe à côté de *fraxinus*, des noms qui désignent le bouleau: skr.*bhūrjaḥ*, russe *berëza*, etc. Le rapprochement ne convient ni pour le sens ni pour la forme." Vgl. ders., *Aspects*, 22.

WH l.c. stellt *farnus* zu *frāxinus*, gibt somit eine ie.Etymologie; *EM* s.v. vermutet ebenfalls Verwandtschaft mit *frāxinus*, sieht aber in der ie.Etymologie Schwierigkeiten bezüglich Form und Wortbedeutung.

Die Präferenz des Etr. für den Vokal *a* (s. Kap. B.1.1.3.1.) stellt natürlich alleine kein maßgebliches Argument zugunsten etr. Herkunft eines Wortes dar. [??]

[105] Zu *furnus/fornus* s. *WH* s.v. *fornāx*: *fornāx/furnāx*, -*ācis f.* (seltener m.): „‚Ofen' (meist in der Industrie ...)"; *fornāx* seit *Cato, furnāx* inschr.seit 2.Jh. „*fornus* (hss. *Varro* al.), gewöhnlich ... *furnus*, -*ī m.* ‚Backofen' (seit *Plt.* ...)."

Ernout, *EE*, 97, reiht *furnus* und *fornāx* zweifelnd unter die Wörter auf -*urno*-: „*furnus, fornus* (et *fornax*) est considéré ordinairement comme apparenté à *formus* ‚chaud' qui est indo-européen. Mais on ne peut s'empêcher de comparer *fornix* ‚voûte, arche', et de penser que la voûte est

sehen zu wollen, dürfte verfehlt sein: Denn allem Anschein nach ist zumindest das *-r-* als dem jeweiligen Stamm zugehörig zu betrachten, in *fornus* — man vergleiche dazu *fornāx* und eventuell hierherzustellendes *fornix* — offenbar auch das *-n-*; auch in *farnus* und *sturnus* (man beachte die stark variierenden Formen innerhalb der einzelnen indoeuropäischen Sprachen) bleibt die Annahme eines *-no-*Suffixes ohne konkreten Anhalt. Ernout, *EE*, allerdings erwähnt unter den von ihm p. 93-98 behandelten Bildungen auf *-rn-* auch jene drei eben genannten, wie er auch *clarnus*[107], *cuturnium*[108], *cōturnīx*[109] und *spinturnīx*[110] in diesem Zusammenhang bespricht. Zu *lanterna, lucerna, urna, verna* s. Kap. B.1.2.1.2.3.2.1., zu *viverna, vivernus*, Nebenformen zu *vīverra*, Kap. B.1.2.1.2.4.2.

Insofern herrscht in der Literatur weitgehend Übereinstimmung, als Herleitung dieser Bildung aus dem Indoeuropäischen[111] von den meisten Autoren

d'origine étrusque. Le four a pu être désigné aussi bien par sa forme que par sa température. L'histoire de pareils mots est compliquée; il a pu se produire des croisements de formes." Ders., *Senex*, 152, jedoch leitet *fornix* wie *fornāx* und *furnus* von ie. $^{+}g^{w}her$- „chauffer" ab. Auch *WH* l.c. führt *furnus, fornāx* und auch *fornix* (*-icis m.*: „,,Wölbung; Gewölbe (meist unterirdisch, Bordell); Bogen, Triumphbogen ..., Schwibbogen'"; seit *Enn.*; s. *WH* s.v. *fornix*) auf das Ie. zurück; während *EM* s.v. *formus* die beiden Ausdrücke *furnus* und *fornāx* als zweifellos zur gleichen Wurzel wie *formus* gehörig und somit eindeutig ie. auffaßt, ist s.v. *fornāx* die Entscheidung offengelassen, ob *furnus/fornāx* zu *formus* zu stellen und damit ie. zu erklären seien oder ob *fornix* heranzuziehen sei, über dessen Ursprung sich nichts Sicheres aussagen lasse. [??]

[106] *sturnus, -ī m.*: „Star" (*WH* s.v.); seit *Plin*.
Ernout, *EE*, 98, nennt das Wort unter den etr.-lat. Bildungen auf *-rno-/-rna*: „Le nom de l'‚étourneau' $^{+}$*sturnus* est rapproché des formes germaniques du type vha. *stāra* et de gr. ἄστραλος·ὁ ψαρὸς ὑπὸ Θετταλῶν (*Hes*.). Mais la finale latine demeure inexpliquée."
Keine Erwähnung etruskischer Suffigierung bei *WH* l.c. und *EM* s.v., die beide ie. Herkunft annehmen; bezüglich der recht verschiedenartigen Ausformungen in den einzelnen Sprachen meint *EM* l.c. erklärend: „Formes populaires qui comportent beaucoup de variations." [??]

[107] Da wahrscheinlich Entlehnung aus gr.$^{+}$κλάρ(ι)νος zu κλάρες·αἱ ἐπὶ ἐδάφου⟨ς⟩ ἐσχάραι *Hes*. vorliegt, kann nicht von einem etr.-lat. *-rno-* Suffix gesprochen werden; s.b.W.; vgl. Kap. B.1.2.1.2.3.2.1.

[108] S.S. 58 Fn. 103 bzw. b.W.

[109] S.S. 58 Fn. 103 bzw. b.W.

[110] S.S. 58 Fn. 103 bzw. b.W.

[111] So allerdings Stolz, *Laverna*, 248, Fn. 1 (der Suffixkomplex *-ern-* könne „zur ‚Bezeichnung der Zugehörigkeit' dienen, wie dies Hirt, *Die Indogermanen*, S. 710 unter Berufung auf got. *widuwairna* (eigentlich ‚Witwensohn' ...), ahd. *diorna* von *Arverni, Basterni* behauptet wird"), bzw. p. 250 (die Hypothese etruskischer Herkunft sei mangels ausreichenden Beweismaterials zu verwerfen); Brandenstein, *Der ig.Anteil*, 312 (*-arn-, -urna* sei von ie. *-r̥no-* abzuleiten: *-orn-* > *-arn-*, *-ōrn-* > *-urn-*, *-r̥n-* > *-urn-*).
Mit der „Möglichkeit einer innerlateinischen" Umbildung bei Wörtern wie *fūsterna, lacerna, nassiterna, taberna* (s.bb.WW.) etc. rechnet, da etruskische Herkunft sich in keinem Fall mit Sicherheit erweisen lasse, de Simone, *DGE* 2,281.

als nicht möglich betrachtet wird. Divergenzen treten bei der Frage auf, ob -rno- als einziger Suffixkomplex zu betrachten sei und ob ihm bzw. seinen Teilen mediterran-tyrrhenische oder speziell etruskische Herkunft zuzuschreiben sei.

Während Nehring, *LB Lat.Gr.*, *Glotta* 16,221, sich darauf beschränkt, -erna als „sicher unlateinisch" zu bezeichnen, stellt Battisti, *Per la storia*, -rn- als typisch etruskisches Suffix in Frage; das Verbreitungsgebiet des Suffixes gehe weit über das eigentlich etruskische Gebiet hinaus. Ortsnamen auf -rn- begegneten, wenn auch mit unterschiedlicher Dichte, in ganz Italien, besonders in oskischem Gebiet sei das Suffix häufig anzutreffen, meist an italische Stämme antretend. Es handle sich also nicht um ein für die etruskische Toponomastik charakteristisches Suffix, und es sei auch nicht in jedem Fall ein Suffix -rno- anzusetzen, vielmehr sei öfter damit zu rechnen, daß an einen auf -r endigenden Stamm ein n-Suffix angetreten sei.

Auch Alessio, *Fitonimi*, 179-188, zeigt sich, Battisti, *o.c.*, folgend, skeptisch bezüglich einer spezifisch etruskischen Herkunft von -rn-; ders., *Vestigia*, 118, meint, -erna, z.B. in *pincerna, nassiterna, santerna*[112], erinnere an Wörter wahrscheinlich mediterranen Ursprungs.

Ebenso verzichtet Devoto, *Storia*, 46, indem er -arna, -erna, -urna als eine der drei Ausformungen des tyrrhenischen adjektivischen Derivationssuffixes -na betrachtet[113], auf unmittelbare Herleitung aus dem Etruskischen.

Aber auch Herkunft direkt aus dem Etruskischen wurde angenommen: Niedermann, *Zur indogermanischen Wortforschung*, 152, erinnert daran, daß -erno- im etruskisch-lateinischen Namenmaterial sehr häufig sei; zusätzlich seien *alaternus* und *santerna*[114] aus dem Ie. nicht deutbar; für *caverna, taberna, lucerna*[115] nimmt er die Möglichkeit von Hybridenbildungen an.

Auch Ettmayer, *Der Ortsname Luzern*, ist geneigt, dem Suffix etruskischen Ursprung zuzuschreiben[116].

Ernout, *EE*, 93-98, beschäftigt sich, wie schon erwähnt, mit Formen auf -(a)rna, -(e)rna, -(e)rnus, -(u)rnus und sieht darin etruskische Bildungen

---

[112] S.bb.WW.
[113] S. S. 50, Fn. 81.
[114] S.bb.WW.
[115] S. bb.WW.
[116] Ein interessantes Detail: Ettmayer, *o.c.*, 16, hält fest, daß das Suffix nie volkstümlich bzw. daß es nur wenig produktiv gewesen sei: „... kennt das Romanische nur zwei Bildungen, die im Latein selbst nicht nachweisbar sind: prov. *loberna* ‚Wolfsfell' und *giberna* ‚Jagdtasche', der beste Beweis, daß dieses angebliche lat. Suffix nie volkstümlich war."

nach dem Typ von Eigennamen wie *Macstrna*[117], *Perperna*[118], *Steprna*[119], *Θucerna*[120], *Velθurna*[121] etc.

LG behandelt § 292.b. Feminina auf *-erna*. „*-erna* ist vermutlich ein etruskisches Suffix, oder die *-erna*-Feminina sind im Latein etruskische Lehnwörter." "Verbaut *-rn-* in *guturnium*[122] 'Gefäß für Flüssigkeiten' *Paul. Fest.* und in den Vogelnamen *coct- spint-urnīx*[123]."

Ein Suffix *-rna* ist im Etruskischen nicht bekannt; Zerlegung in *-r-* + *-na* wäre erforderlich, wobei *-r-* Pluralsuffix sein könnte (s. *DES* § 42; z.B. *husrnana CII* 2094 u.ö., Beiname eines der *maris*-Knaben, etwa „ἐφηβικός", abgeleitet von *huśur TLE* 887 u.ö., *husiur CIE* 3754 = *TLE* 566 „Knaben, Söhne")[124] oder letzter Buchstabe des Suffixes *-θur/tur* (s. *DES* § 166; z.B.

[117] *macstrna CIE* 5267 ist *-na*-Ableitung zu *macstre* < lat. *magister*. Vgl.u.W. *magister*.
[118] Eine Form *perperna* scheint in *ThLE* nicht auf.
[119] *CIE* 381
[120] *CIE* 2235 u.ö.
[121] *Velθurna CIE* 4135 u.ö. ist *-na*-Ableitung zu *velθur* (m.PN *vel* + *-θur*; etwa „Vel-Sohn, Vel-Sprößling"; s.*DES* § 166.1. und S. 88f., Belege s.*ThLE*, 140f.); vgl. Kap. B.1.2.1.2.4.4.
[122] S.u.W. *cuturnium*.
[123] Der Ausgang *-rnīx* dieser viel diskutierten Vogelnamen scheint viel eher als auf verbautes etr. *-rna* (s.*LG* l.c.; vgl.*EE*, 97, s.unten) trotz *WH* s.v. *cōturnīx* (s.unten) auf Einfluß der Bildung von *cornīx* „Krähe" („Schallst. ⁺*qer-*, ⁺*qor*, ⁺*qr̥* ... ‚krächzen'" *WH* s.v. *cornīx*) bzw. auf Abtrennung eines fälschlich als Suffix aufgefaßten *-rnīx* zurückzuführen sein. Es sei hier kurz ein Überblick über die verschiedenartigen Interpretationsversuche von *cōturnīx* gegeben. (Zu *spinturnīx*, für das Vermittlung aus gr. σπινθαρίς über etruskisches Medium angenommen wurde, s.b.W.)

cōturnīx (*Plaut.*)/*cŏturnīx* (seit *Ov.*)/*cocturnīx* (*Lucr.* 4, 641 in Quadr.), *-icis* f.: „Wachtel" (*WH* s.v.); seit *Plt.*

Ernout, *EE*, 97, nennt *cō(c)turnīx* unter den etruskischer Herkunft verdächtigen Bildungen auf *-rn-*: „Restent *cocturnix*, *coturnix* et *spinturnix*, deux noms d'oiseau. Le premier est expliqué par les anciens *a sono vocis*, P.F., 93,8 (d'un verbe ⁺*cocturiō*?), le second a été rapproché par *Santra* de grec σπινθαρίς. La formation s'expliquerait naturellement par un intermédiaire étrusque, les deux oiseaux ayant dû jouer un rôle dans la science augurale." Daß diese Vögel in der Vogelschau oder in der *disciplina Etrusca* eine Rolle gespielt hätten, ist nicht nachzuweisen.

Nach *WH* l.c. sei *cocturnīx* „zweifellos ... die ältere (auch bei *Plt.* zu schreibende) Form, daraus *cŏt-* durch Diss. und vl. Anlehnung an *cŏt(h)urnus*, nicht umgekehrt *coct-* für älteres *cot-* durch Anlehnung an *coctus*, *coquō* .... Es handelt sich um ein den Wachtelruf nachahmendes Element ⁺*quok-* ... — *-urnīx* wie in *spinturnīx* .... Entstehung unklar (kaum gr.-dor. ὄρνῑξ ... oder Kontamination mit *cornīx*; Abltg. von ⁺*cocturiō* und etr. Herkunft erwägt kaum begründet *Ernout*." Auch nach *EM* s.v. sei *cocturnīx* auf eine schallnachahmende Wurzel zurüchzuführen; bezüglich des Suffixes seien *cornīx* und *spinturnīx* zu vergleichen. Wie *cocturnīx* und *cōturnīx* sich zueinander verhielten, sei nicht klar. *LE* s.v. lehnt onomatopoetischen Ursprung ab, auch weil in *Plaut. cott-*, erst später *coct-* zu lesen sei, setzt vielmehr einen med. Stamm ⁺*cott-* mit oronymischer Bedeutung an, wozu deutsch „Steinhuhn" eine Parallele darstelle. Bezüglich des Ausganges seien *cornīx*, *spinturnīx*, *perdīx* zu vergleichen. [??]

[124] Eventuell ist auch *cuprna CIE* 2047 hier zu erwähnen, vgl. das GN *cup-na CIE* 571 und das PN *cupe CII* 2777 (*TLE* 20) u.ö. sowie *cupe-s-ta CIE* 406 (*TLE* 8).

velθurna CIE 4135 u.ö., vgl. dazu S. 61 Fn. 121) oder Stammausgang (z.B. *carna CIE* 828 u.ö., Ableitung zum GN *care CII* 91 = *TLE* 690) und *-na* das bekannte Zugehörigkeit ausdrückende Adjektivsuffix (s. Kap. B.1.2.1.2.3.2.). *RI* bringt 20 Beispiele für die Kombination *-rna*; sie kann daher als einigermaßen häufig bezeichnet werden.

Der Befund spricht somit insgesamt nicht gegen die Möglichkeit einer Herleitung des lateinischen Suffixes *-rna* (*-rno-*[125]) aus dem Etruskischen[126].

Bezüglich der Semantik der lateinischen Wörter auf *-erna* ist — dies sei als Nachtrag hinzugefügt — folgendes festzustellen:

Stolz, *Laverna*, 246, macht darauf aufmerksam, daß in *cisterna, caverna, taberna* „örtliche Bedeutung" vorliege. Ausführlich bezieht Heine, *Cavum*, 276, Fn. 40, Stellung: „Als Ausgangspunkt dieser Bildungen nimmt man gewöhnlich *lanterna*[127] aus griech. λαμπτήρ mit etrusk. Suffix *-na* an, wonach *lucerna*[128] vom Stamm *luc-* mit abgeleitetem Suffix *-erna* gebildet sein könnte. Während hier über Größenverhältnisse der abgeleiteten Bildung zum Grundwort nichts ausgesagt werden kann[129], ist in den folgenden Fällen die Ableitung jeweils ein größerer Gegenstand als das Grundwort: *nassiterna*[130] (seit *Plaut.*) zu *nasus, taberna*[131] (seit *Plaut.*) zu *trabs, cisterna*[132] (seit *Varro*) zu *cista, fusterna*[133] (seit *Vitr.*) zu *fustis, basterna*[134] (seit *Lamprid.*) zu *bastum*. Lediglich *lacerna*[135] (seit *Cic.*) paßt nicht in diese Reihe, doch 'da Trennung von *lacer* nicht auszuschließen' (*Walde-Hofmann*), ist es unsicher, ob es überhaupt in diese Reihe gehört. Bemerkenswert scheint mir weiterhin

---

[125] Zur Erklärung der maskulinen bzw. neutralen Form s. Kap. B.1.2.1.2.3.2.

[126] Sollten an einem lat. Wort auf *-rna* (*-rno-*) weitere auf das Etruskische weisende Kriterien auftreten, wird man vorteilhafterweise unter Bevorzugung des konkret Faßbaren und Hintanstellung des hypothetisch Umstrittenen und ohne Rücksicht darauf, wo sein tatsächlicher Ursprung zu suchen ist, auch das Suffix als etruskisch, nicht als tyrrhenisch-mediterran bezeichnen (vgl. Kap. A.1.).

[127] S.b.W.

[128] S.b.W.

[129] Konträr hierzu und zum folgenden äußert sich Altheim, *Geschichte*, 332: Das von einem Masculinum mittels des Suffixes *-na* gebildete Femininum bedeute das Kleinere: λαμπτήρ (Kandelaber, großes Feuerbecken) — *lanterna* (kleinere Lampe, Laterne); *lacus* (Trog, See ...) — *lacūna* (Teich, Lücke ...); φersu *CIE* 5328 (*TLE* 80), *CIE* 5335 (*TLE* 80) (Maske) — *persōna* (kleine Maske). S. aber u.WW. *lanterna* und *persōna*.

[130] S.b.W.

[131] S.b.W.

[132] S.b.W.

[133] S.b.W.

[134] S.b.W.

[135] S.b.W.

im Hinblick auf *caverna*[136], daß *nassiterna, taberna, cisterna* und *basterna* sämtlich Gefäße, Behälter, Räumlichkeiten und dgl. bezeichnen[137], nur *fusterna*, das obere, mit Ästen versehene Stück der Tanne, nicht."

B.1.2.1.2.3.2.4. *-mna, -mno-* [?]

Aerumna, antemna, autumnus (autumnum), columna[138], *vellimna*[139]. Bei *damnum*[140] und *tamnus (tamnum)* kann wohl nicht von einem Suffix

---

[136] S.b.W.

[137] Vor Heine hatte auch Deroy, *Les noms*, 31, Behälternamen auf *-na*, darunter auch einige auf *-rna*, zusammengestellt: *urna, crumīna, lagūna, cortīna, lanterna, vagīna, cisterna, piscīna, caverna, membrāna* („ce qui contient l'ensemble du corps"!!). Vgl. S. 51 Fn. 82.

[138] **columna**, *-ae f.* („une forme *columa* est attestée par *Quint*.1,7,29 et signalée comme barbarisme par *Pompeius*, GLK V 283,11; elle est sans doute refaite sur *columella*" *EM* s.v.; „Säule als runder Pfeiler zur Stütze oder Verzierung, auch freistehend" (*WH* s.v.); seit *Enn.* und Plt.

Von Ernout, *EE*, 99, wegen *-mna* und als Term.techn. der Architektur für möglicherweise etruskisch angesehen; die Herleitung von der Wurzel +*kel*- überzeuge nicht; die Ähnlichkeit mit *columen* und *culmen* sei wahrscheinlich zufällig. Nach *WH* l.c. sei etruskische Herkunft ohne Anhalt; es liege wohl +*qelom(e)nā* „die ragende, sich erhebende" zur Wz. +*qel*- „ragen" (vgl. *celsus, columen*) zugrunde. Auch nach *EM* sei Zusammenhang mit *columen* und *cellō* möglich. [??]

[139] *vellimna, -ae f.* oder *n.pl.*: „toison" (*EM* s.v.); nur bei *Varro* R.r.2.11,9.

Zur Diskussion um die Lesung dieser *Varro*-Stelle s. Perrot, *Les dérivés*, 57 f.: „*Vellīmen* ... est possible chez *Varron*, RR.2, 11,9: *quam demptam ac conglobatam alii vellera alii* +*vellimina*+ *appellant* .... Or, le cod. Marcianus, auquel semblent bien remonter directement ou indirectement tous les manuscrits connus, portait *vellimna*, selon le témoignage d'Ange Politien, qui a noté cette leçon en marge de l'édition princeps; et c'est *vellimna* que donne le cod. Laurentianus, 51,4, manuscrit de valeur. Mais la tradition manuscrite donne ailleurs *velamina* (M = Laurentianus, 30,10) ou *vellam mina* (A = Parisinus, 6824ᵃ). On peut voir là deux séries de leçons fautives issues de *vellimina*. Il fraudrait alors admettre plutôt *vellīmen* avec *ī* ..., malgré la rareté de ce type morphologique, un *vellīmen* avec *ī* ne s'expliquant pas en face de *vellō, -ere* et en l'absence de toute contamination morphologique saisissable. Si on admet au contraire *vellimna* la finale rappelle celle de certains mots d'origine étrusque."

Nach Ernout, *EE*, 100 und 123, Fn. 1, könnte es sich bei *vellimna* („le travail de la laine a été chez eux (scil.bei den Etruskern; Anm.d.Verf.) particulièrement en honneur") um eine lat.-etr. Hybridenbildung (Wortkern lat., Suffix *-mna* etr.) handeln.

So auch *EM* s.v. *vellō* und Perrot, *o.c.*, 29. *Vellus* sei mit *lāna* (ie., s. *EM* s.v. *lāna*) verwandt, könne allerdings nicht unmittelbar darauf zurückgeführt werden. Ablehnung etruskischer Suffigierung bei *WH* s.v. *vellus* (zur Herleitung des Stammes aus dem Ie.s.s.v. *lāna*), der die Form *vellimna* mit Fragezeichen versieht und statt dessen *vellimina* setzen möchte. [??]

[140] **damnum**, *-ī* n.: „„Verlust, Schaden, Nachteil"; spez. ‚Geldbuße'; konkr. ‚verlustbringende Person oder Gegenstand'" (*WH* s.v.); seit XII *tab*.

Nach Ernout, *EE*, 99, wegen *-mno-* und wegen der Bedeutung („terme de la langue du commerce") als möglicherweise etruskisch betrachtet; nach Strnad, *Nochmals zum Methodenproblem*, 282, sicher etr. Herkunft und herzuleiten aus arab. (s.u.W. *abdōmen*) *darr* „Verlust" + lat. *-um*, was jeder Grundlage entbehrt; nach *WH* l.c. sicher, nach *EM* s.v. wahrscheinlich ie.

-*mno*- gesprochen werden, da zumindest -*m*- als dem Wortstamm zugehörig aufzufassen sein wird.

Lāmna ist synkopiertes *lāmina* (s. *WH* s.v. *lāmina*) und daher fernzuhalten.

Ernout, *EE*, beschäftigt sich p. 98-101 mit einer ganzen Gruppe einander ähnlicher Suffixe, mit -*mno*-, -*mnā*, -*mnia*, -*mēna*, -*mīna*: „Il s'agit là d'un type de formes représenté depuis l'Asie Mineure jusque dans la Méditerranée centrale ... Du type étrusque il suffit de citer les formes *Velimna*[141], -*mnei*[142], -*nia*[143] (= lat. *Volumnius*)[144], et les étrusco-latins *Vortumnus*[145] ..., *Lars Tolumnius*; *Thormena* (étr. *Turmnas*[146]; *Θurmana*[147], *Θurmna*[148]); *Herminius* (étr. *Hermenas*[149], fém. *Hirminaia*[150]), *Clitumnus, Vitumnus; Crustumīna tribus*[151] ..." (P. 98.)

Benveniste hat in seinem Aufsatz „Le suffixe -*umn*-" ein Suffix -*umn*-, für das sich eine Reihe von Vergleichen aus dem ostmediterranen Raum beibringen ließe[152] und das ursprünglich zur Angabe der Herkunft gedient habe (die Verwendung in Gentilizia, Ethnika, von Heroen abgeleiteten Toponymen etc.

Die Präferenz des Etr. für den Vokal *a* (s. Kap. B.1.1.3.1.) stellt natürlich alleine kein maßgebliches Argument zugunsten etr. Herkunft eines Wortes dar. [??]

[141] *CIE* 3763 (*TLE* 605) u.ö.; GN m.

[142] *CIE* 3714 u.ö.; GN f.

[143] Eine Form *velimnia* scheint in *ThLE* nicht auf. Nach *RI*, 3, sind aus dem Etr. überhaupt nur drei Formen auf -*mnia* belegt: *hamṇia CIE* 4365, *cumnia CIE* 2042 u.ö., *tamnia CIE* 4011; *hamṇia* und *cumnia* sind f. GN mit italisch beeinflußtem Ausgang auf -*ia*; dies trifft auch auf ⁺*tamnia* zu, welches aus der wohl zu ⁺*tamnias* (Metronym) zu ergänzenden Form *tamnia CIE* 4011 (die Inschrift lautet: *ar·casni·tamnia*) erschlossen werden kann.

Von einem „etruskischen" Suffix -*mnia* ist also abzusehen.

Für -*mēna*, -*mīna* weiß Ernout selbst kein Beispiel aus dem Etr. anzuführen; es kann auch mit Sicherheit im Etr. nicht von einem Suffix -*mēna* oder -*mīna* gesprochen werden; denkbar wäre einzig die Verbindung von (stammauslautend) -*m* + etr.-lat. -*ēna*, -*īna*; s. Kap. B.1.2.1.2.3.2.2.

[144] Zu etr. *velimna* > lat. *Volumnius* s. S. 66 Fn. 171.

[145] S.u.W. *autumnus*.

[146] S. S. 49 Fn. 75.

[147] *CIE* 1378; GN m.

[148] S. S. 49 Fn. 75.

[149] *CII* 49 (*TLE* 709) u.ö.; GN m.

[150] *CIE* 4985; GN f. im archaischen Gen. auf -*aia* (s. *DES* § 52).

[151] Ob es sich bei allen angeführten lateinischen Formen wirklich um etruskisch-lateinische Bildungen handelt, wäre erst zu erweisen.

[152] -*umn*- sei, so Benveniste, *o.c.*, 255 f., in prähellenischen Personennamen und Toponymen (Αἴσυμνος, Κάλυμνα etc.), aber auch in Appellativen nachweisbar. Vgl. Alessio, *Fitonimi*, 182, der -*mno*- in ägäischen Pflanzennamen (z.B. σφένδαμνος) und Toponymen (z.B. Σέδαμνος) identifiziert. Van Windekens sieht in -*(u)mn*- ein pelasgisches, d.h. prähellenisches, präitalisches, vielleicht prätruskisches, jedenfalls ie. (!!) Suffix; s. ders. *Pelasgisch autumnus*, 140; vgl. ders., *Le Pélasgique*, 50 ff.

stelle Spezialisierungen dar), im Etruskischen angenommen. Es finde sich häufig in etruskischen und etruskisch-lateinischen Gentilizien. Es könne im Etruskischen verändert sein durch Ausfall des -u-, Wechsel des -u- mit -i- oder durch Anaptyxe zwischen -m- und -n-. Als Beispiele hierzu sind angeführt *sehtmnal, velimna, setmanal*.

Hierzu möchte Verf. noch vor der Wiedergabe von Benvenistes weiteren (zutreffenden) Ausführungen Stellung nehmen: Es existiert nach unserem Wissen im Etruskischen kein Suffix *-umn-*, nur eine in Gentilizien relativ häufig anzutreffende Kombination *-m-*, teils zweifelhaften Ursprungs, + Zugehörigkeit anzeigendes Suffix *-na* (-ne, -ni; s. Kap. B.1.2.1.2.3.2..), s. ausführlicher weiter unten; noch kann bei *sehtmnal CIE* 4098 und *setmanal CIE* 2777 von der Veränderung eines Suffixes durch Ausfall von -u- bzw. Anaptyxe von -a- gesprochen werden: Beide Formen sind sicher aus der umbrischen Form des Ordnungszahlwortes zu *septem* (*setume CIE* 1245 u.ö.; im Umbr. wird -pt- > -ht- > -t-) abgeleitet, s. Vetter, *Zu den Namen*, 216, Fn. 1 (vgl. weiter unten). Auch bei *velimna CIE* 3763 u.ö. kann bezüglich des -i- nicht von einem Wechsel u > i gesprochen werden; s. S. 66 Fn. 171.

Die folgenden Ausführungen Benvenistes haben sich jedoch — mutatis mutandis — als richtig erwiesen[153]: „Entre ce suffixe étrusque[154] et le suffixe indo-européen +-mno- qui a formé le participe dit 'moyen' ..., on voit qu'il y a simple coincidence et similitude fortuite. Les deux formations se sont jusqu'à un certain point intriquées en latin, de sorte que rien ne distingue au premier abord *autumnus*[155] de *alumnus*." (P. 254f.) Eine Verwandtschaft sei ausgeschlossen, da etr. -umn- auf -um-na zurückgehe[156], ie. +-mno- auf +-men- und da die Funktion eine völlig verschiedene sei (p. 255).

Vetter, *Zu den Namen*, 214-217, wirft anläßlich der Deutung der Götternamen *Pīlumnus* und *Pīcumnus* die Frage auf, ob die weitverbreitete Meinung, -umno- sei aus dem Etruskischen entlehnt, wirklich vertretbar sei. „In der Tat ist -umne im Etruskischen sicher gebräuchlich gewesen; dies zeigt am deutlichsten die Beobachtung, daß der Name des *Priamos* dreimal ... im Etruskischen als *priumne* erscheint[157]. Hier hat der Vasenmaler ein ihm offenbar geläufiges Suffix an Stelle des griechischen -αμος gesetzt; durch irgendwelche spontan eintretende Lautveränderung — u für a und Einschub eines n — ist

---

[153] Vgl. Vetter, *Zu den Namen*, 216f.; s. im Text weiter unten.
[154] S. aber im Text weiter vorne.
[155] Von Benveniste, *o.c.*, 254, als ?„sûrement étrusque" angesehen. S. aber b.W.
[156] S. aber im Text weiter vorne.
[157] *priumne* ist belegbar *CII* 2514 ter; *NRIE* 713; *CII* 2514 bis (*TLE* 783); *priumneś CII* 305. S. de Simone, *DGE 1*, 102f.

die Form *priumnę* nicht zu erklären[158]. Die wenigen etruskischen Familiennamen auf *-umna*, samt der zugehörigen weiblichen Form auf *-umnei, -umnal* wie *restumnei*[159], *setumnei*[160], *tecumnal*[161] lassen sich mit Sicherheit als Adjektive auf *-na* analysieren, sind also in *-um-na* zu zerlegen. Dabei zeigt sich, daß in den beiden Familiennamen *setumnei* und *tecumnal*[162] aus dem Italischen entlehnte Vornamen — *Septimus* und *Decumus* — die Grundlage bilden und in einem anderen etruskischen FN *felzumnati*[163] (mit den orthographischen Nebenformen *helzumnatial*[164] und *heizumnatial*[165] ist an das etruskische Adjektiv-Suffix *-na* das bekannte italische Suffix *-ati-* angetreten[166], wodurch der FN als Ethnikon erwiesen wird. Für etr. *-umna* in Appellativen diene als Beispiel *lauχumneti* der *Mumienbinden* IX 2, das sich gut analysieren und auch übersetzen läßt: ‚*in regia*'[167] ..., also auch zum Substantiv gewordenes Adjektiv auf *-na* (im Lokativ) mit dem etruskischen Wort als Grundlage, das in der Form *lucumo* ins Lateinische übergegangen ist[168]." (P. 216f.) Demnach sei es nicht wahrscheinlich, daß lat. Wörter wie *autumnus*[169], *antemna*[170], *Volumnius*[171] mit einem etruskischen Suffix gebildet

[158] Vgl. *DGE 2*, 97f. „Wiedergabe von griech. -μος durch etr. -mne kommt in dem Namen Πρίαμος vor: *Priumne*: 4 Belege (Volterra, Vulci), 4.-1.Jh. Es dürfte heute als sicher gelten, daß Πρίαμος nichtgriechischer Herkunft ist. Selbst wenn ein Element -mn- in zahlreichen Namen aus Kleinasien, aus der Ägäis und aus der Balkanhalbinsel enthalten ist, so ist das von E. Fiesel (*Namen* 64) als Grundlage für die etruskische Form angesetzte ⁺Πρίαμνος nicht zu erweisen. Eine Endung *-mne* ist jetzt im Etruskischen in dem Gentilnamen *Tulumneś* (Veio, 6.Jh.; *TLE*. 36, 38) belegt. Aus jungetruskischer Zeit stammen die Gentilnamen *Armne* ... und *Ultimne* ... Beachte auch *Velimna* ... Es ist daher sicher, daß die Entsprechung etr. *Priumne*: griech. Πρίαμος einer inneretruskischen Umgestaltung zu verdanken ist."

[159] *CIE* 1925; GN f.
[160] *CIE* 1459 u.ö.; GN f.
[161] *CIE* 1923; GN f. im Gen.
[162] Der Nominativ müßte ⁺*tecumnei*, ev. ⁺*tecumnai* lauten.
[163] *CIE* 1709; GN f.
[164] *CIE* 2775; GN f. im Gen.
[165] *CIE* 1708; GN f. im Gen.
[166] *-ati-* stellt die feminine Form zum etruskischen Suffix *-ate* dar, welches Ethnika bildet, die sehr häufig zu GN werden: Z.B. *sentinate CIE* 1255 u.ö. zu *Sentinum*, *frentinate CIE* 4515 (*TLE* 609) u.ö. zu *Ferentinum*, *urinate CIE* 110 u.ö. zu *(A)urina* (älterer Name von *Saturnia*); s. *DES* § 168, vgl. § 201.
[167] S. aber *DES* § 58: „*lauχumneti* ‚in regia' (Vetter) oder ‚im (Monat) *Lauchumna*' (Olzscha)".
[168] S. ausführlicher u.W. *lucumō*.
[169] S. aber b.W.
[170] S. aber b.W.
[171] Nach Vetter, *o.c.*, 217, zurückzuführen auf ein PN ⁺*Volumnus* aus ⁺*volup-nos*, wie auch etwa das *-m-* von *somnus* auf *-p-* zurückgehe (vgl. *WH* s.v. *somnus*). Bei *Volumnius* handelt es sich vielmehr um das unter Anpassung an lat. Sprachgesetzlichkeiten übernommene etruskische GN *velimna*; vgl. S. 76 Fn. 254; S. 92 Fn. 313; S. 199 Fn. 106.

seien; vielmehr scheine es, daß das Lateinische und das Etruskische voneinander unabhängig mit *-n-* anlautende Adjektiv-Suffixe an auf *-m-* auslautende Stämme angesetzt habe[172].

LG bespricht *-mno-* § 293: „*-meno- -mno-* bildete in der Grundsprache mediale Partizipia ... Hierzu im Latein *fē-mina* ... und *alumnus* ..." „Alles übrige ist morphologisch ganz unsicher": *columna*[173], *terminus, lāmina*[174], *calumn-iae,* ... „Vielleicht etruskisch *autumnus*[175], *aerumna*[176]*, Vertumnus, Pīcumnus.*"

Anknüpfungsmöglichkeiten im Etruskischen bieten die Wortausgänge *-mna* und, beschränkt auf *-mno-* in *autumnus, -mne*[177]. *-mna* ist nach Ausweis des *RI* in neun verschiedenen Formen belegt, *-mne* in sechs. Soweit diese Wörter durchschaubar sind und soweit es sich nicht um Entlehnung handelt wie bei *priumne* aus Πρίαμος[178], ist in allen Fällen eine Zerlegung in *-m-na* bzw. *-m-ne* nötig, wobei *-na* das schon oft zitierte adjektivische Zugehörigkeitssuffix darstellt, *-ne* eine der „Modifikationen von *-na* für die Personenklasse" (*DES* § 68); s. Kap. B.1.2.1.2.3.2.

Wenn es auch nicht ausgeschlossen erscheint, im *-m-* der einen oder anderen Form auf *-m-na* (wohl nicht auf *-m-ne,* da *-ne* auf die Personenklasse beschränkt ist, s. oben) das Adverbia wie *matam AM* 7[22] u.ö., *tecum AM* 12[5], *ceχam AM* 12[7] bildende Suffix *-m* (s. *DES* § 81) zu erkennen, so liegt doch in den meisten Fällen die Annahme näher, das *-m-* sei dem Stamm zuzuweisen. Berücksichtigt man allerdings die nicht geringe Zahl von Gentilizien auf *-mna, -mne,* auch *-mni* (*-ni* stellt ebenfalls eine Modifikation von *-na* für die Personenklasse dar, s. *DES* § 68 bzw. Kap. B.1.2.1.2.3.2.), so drängt sich der Verdacht auf, ob nicht gelegentlich das *-m-* als Sproß- oder Gleitkonsonant zur Erleichterung der Aussprache aufzufassen wäre[179].

[172] Vgl. Benveniste, *Le suffixe -umn-,* 254 f.; s. im Text weiter oben. Perrot, *Les dérivés,* 29 f., äußert sich, Vetters Ausführungen ignorierend, ähnlich wie rund dreißig Jahre vor ihm Benveniste, *o.c.*: „La formation en ⁺*-mno-* (et ⁺*-mnā-*) n'a pas été productif en latin, mais elle y a laissé des traces. Les faits sont troublés par la rencontre de ce suffixe indo-européen avec un suffixe étrusque qui paraît être de forme *-umn-* et qui est ou peut être présent dans les mots attestés en latin avec une finale *-umnus* ou *-umna.*" Dem Etruskischen zuzuschreiben seien *autumnus, Pīlumnus, Pīcumnus*; eventuell auch *antemnae, vellimna* und *aerumna* (s. — unter Ausschluß der EN — bb.WW.).

[173] S.b.W.
[174] S.b.W.
[175] S.b.W.
[176] S.b.W.
[177] Zu lat. *-nus* < etr. *-ne* sowie zu lat. *-nus* statt etr. *-na* s. Kap. B.1.2.1.2.3.2.
[178] Zu Πρίαμος > *priumne* s. im Text weiter vorne.
[179] Vgl. auch das rätselhafte *-m-* in den Formen *Voltumnus* bzw. *Vortumnus/Vertumnus* (s.u.W. *autumnus*).

Zusammenfassend läßt sich also feststellen, daß Ausgänge auf -*mna*, -*mne* im Etruskischen in einigermaßen repräsentativer Zahl nachweisbar sind; in der Mehrzahl der Fälle sind diese Ausgänge insofern durchschaubar, als an ihnen morphologisch und funktionell eindeutiges -*na* bzw. -*ne* isoliert werden kann. Die Funktion des -*m*- hingegen läßt sich nur in wenigen Formen mit Sicherheit bestimmen.

Aus diesem Befund ergibt sich, daß es zwar nicht auszuschließen ist, lat. -*mna* in nicht als indoeuropäischen Partizipialableitungen analysierbaren Wörtern bzw. diese Wörter selbst sowie auch -*mno*- in *autumnus* bzw. *autumnus* selbst seien aus dem Etruskischen herzuleiten, daß aber in Rücksicht darauf, daß lautlich vergleichbares etr. -*mna*, -*mne* nicht als Suffix anzusprechen ist bzw. daß bezüglich der Interpretation des dem Suffix -*na* (-*ne*) vorausgehenden -*m*- Unsicherheit besteht, Vorsicht geboten ist.

B.1.2.1.2.3.3. -*mōnium*, -*mōnia* [??]

-*mōnia*: **ācrimōnia**[180,181], **aegrimōnia**[182,183], **alacrimōnia**[184], **alimōnia**[185,186] (*alimōnium*[187]), **caerimōnia** (*caerimōnium*), **castimōnia**[188,189] (*castimōnium*[190]), **falsimōnia**?[191,192] (*falsimōnium*?[193,194]), **parsimōnia**[195], **querimōnia**[196,197], **sanctimōnia**[198,199] (*sanctimōnium*[200]), **tristimōnia**[201] (*tristimōnium*[202,203]).

[180] Alle hier mit Verweis auf Fn. 180 versehenen Wörter werden von Ernout, *EE*, 112 f., wegen -*mōnia*/-*mōnium* als von etruskischer Morphologie beeinflußt aufgefaßt (s. im Text weiter unten). Keinerlei Erwähnung etruskischer Suffigierung dieser Wörter bei *WH* s.vv. und *EM* s.vv.

[181] Alle hier mit Verweis auf Fn. 181 versehenen Wörter werden von Roloff, *Caerimonia*, 128 f. bzw. 133 f., wegen -*mōnia*, -*mōnium* als möglicherweise von etruskischer Morphologie beeinflußt aufgefaßt (s. im Text weiter unten). Keinerlei Erwähnung etruskischer Suffigierung dieser Wörter bei *WH* s.vv. und *EM* s.vv.

[182] S. Fn. 180.
[183] S. Fn. 181.
[184] S. Fn. 181.
[185] S. Fn. 180.
[186] S. Fn. 181.
[187] S. Fn. 180.
[188] S. Fn. 180.
[189] S. Fn. 181.
[190] S. Fn. 180.
[191] S. Fn. 181.
[192] Zu überliefertem *falsimōniīs* (Dat., Plt. Bacch. 541) wird von Ernout, *o.c.*, 113, der Nom.Sg. *falsimōnium* (nach *testimōnium*), von Roloff, *o.c.*, 128, der Nom.Sg. *falsimōnia* (mit Verweis auf mögliches *falsimōnium*) gebildet. *WH* s.v. *fallō* läßt beide Möglichkeiten offen, *EM* s.v. *fallō* gibt nur *falsimōnium* (nach *testimōnium*) an.
[193] S. Fn. 180.
[194] S. Fn. 192.
[195] S. Fn. 181.

-mōnium: ⁺*dicimōnium*[204,205], *flāmōnium*[206,207], *gaudimōnium*[208,209], *matrimōnium*[210,211], *mendicimōnium*[212,213], *mercimōnium*[214,215], *miserimōnium*[216,217], *moechimōnium*[218,219], *patrimōnium*[220,221], *sessimōnium*[222], *testimōnium*[223,224], *vadimōnium*[225,226].

Ernout, *EE*, 112 f., äußert sich über *-mōnia/-mōnium* folgendermaßen: „Le *caerimōnia* latin, si étrange avec sa diphtongue *ae*, et que ni les Latins ni les modernes n'ont pu expliquer convenablement, pourrait bien être dérivé d'un ⁺*caerimō* étrusque[227] (cf. *lucumōnius* de *lucumō*[228], ...). Et il faut peut-être y voir le prototype de ces formations en *-mōnia*, *-mōnium* qui auraient d'abord pénétré dans la langue religieuse (*castimōnia, -nium, sanctimōnia, -nium, matrimōnium, flamōnium*) ou technique (*testimōnium, vadimōnium, merci-*

[196] S. Fn. 180.
[197] S. Fn. 181.
[198] S. Fn. 180.
[199] S. Fn. 181.
[200] S. Fn. 180.
[201] S. Fn. 181.
[202] S. Fn. 180.
[203] S. Fn. 181.
[204] S. Fn. 181.
[205] Beruht auf Konjektur zu *Varro* L.L. 6,61.
[206] S. Fn. 180.
[207] S. Fn. 181.
[208] S. Fn. 180.
[209] S. Fn. 181.
[210] S. Fn. 180.
[211] S. Fn. 181.
[212] S. Fn. 180.
[213] S. Fn. 181.
[214] S. Fn. 180.
[215] S. Fn. 181.
[216] S. Fn. 180.
[217] S. Fn. 181.
[218] S. Fn. 180.
[219] S. Fn. 181.
[220] S. Fn. 180.
[221] S. Fn. 181.
[222] S. Fn. 180.
[223] S. Fn. 180.
[224] S. Fn. 181.
[225] S. Fn. 180.
[226] S. Fn. 181.
[227] S.u.W. *caerimōnia*.
[228] S.b.W.

mōnium, patrimōnium) pour gagner ensuite la langue commune (*alimōnia, -ium*; *querimōnia*; *acrimōnia, aegrimōnia, falsimōnium* sans doute refait d'après *testimōnium, miserimōnium, mendicinium*[229], *gaudimōnium* et *tristimōnium, moechimōnium, sessimōnium*), mais dont le caractère populaire a toujours été senti, et que les bons écrivains ont évités, sauf pour les mots techniques ou religieux que leur sens avait anoblis."

Roloff, *Caerimonia*, nimmt in dieser Monographie über *caerimōnia* auch zu den Suffixen *-mōnia* und *-mōnium* Stellung: *-mōnia* sei ein altes Suffix (p. 102); mit *-mōnia* seien, abgesehen von griechischen Lehnwörtern und späten Neubildungen, zehn Substantiva, von Adjektiven oder Verben abgeleitet, gebildet, die Zustände vor allem des Gemüts bezeichneten; sie seien meist in nicht gehobener Sprache anzutreffen (p. 128 f.); *-mōnium* finde sich außer in Lehnwörtern und späten Parallelbildungen zu *-mōnia* in zwölf Substantiven, teils aus der rechtlich-religiösen Sphäre, teils Gemütszustände bezeichnend, teils in einzelstehenden sonstigen Wörtern (p. 129).

Eine gemeinsame Erklärung beider Suffixe sei von Stolz, *Hist. Gramm. I*, 497, ausgegangen und von Zimmermann, *KZ* 39, 262 ff., und von Pokrowskij, *ALL* 15, 371 ff.[230], näher ausgeführt worden: *-mōnia/-mōnium* seien zusammengesetzt aus *-mōn-*, das Nomina agentis bezeichne, und *-ia/-ium* (vgl. ἡγεμών, ἡγεμονία), daher bezeichneten sie vor allem Nomina actionis; durch Suffixübertragung sei die Anwendung erweitert worden. Da für das Lateinische ein Nomen agentis auf *-mōn-* (vergleichbar gr. ἡγεμών) nicht existiere, habe man zu *Alemōna* die männliche Form ⁺*Alemō* (vgl. *Sēmō*) konstruiert.

Abgesehen von allen anderen Schwierigkeiten, die diese Hypothese mit sich bringe, seien aber Wörter auf *-mōnia/-mōnium* keineswegs typische Nomina actionis. „Das *-mōnia*-Suffix läßt sich also nicht anders denn als Einheit ansehen und entspräche ungefähr dem deutschen *-heit* (bzw. *-keit*)." (P. 130.) Hinsichtlich einer Gleichsetzung mit gr. -μονία sei Vorsicht geboten[231]. *-mōnium* „muß zunächst in hohem Ansehen gestanden haben und diente zur Bildung von alten und geheiligten Termini" (p. 130). Man gewinne „an der *patrimōnium*-Gruppe den Eindruck, daß das Suffix auch hier als Einheit empfunden worden ist; das wird vor allem durch die nach unseren Kategorien

---

[229] „*mendicinium*" sicher Verschreibung für „*mendicimōnium*"; vgl. Ernout, *o.c.*, 113, Fn. 1.

[230] Skutsch, *LB Ital.Spr.u.lat.Gr.*, *Glotta* 1, 399, teilt diese Ansicht Pokrowskijs.

[231] Zu diesem Erklärungsversuch für *-mōnia, -mōnium* vgl. *LG* § 276B: „,*-mōnium* und *-mōnia* sind im historischen Latein einheitliche denominative Suffixe; nach rein formaler Analyse sind sie Abstrakta auf einfaches *-ium* und *-ia* von Nominalstämmen auf *-mōn-*." „Das vorausgesetzte Suffix *-mōn-* eines Zwischengliedes ist deverbativ (vgl. gr. πλή-μων ...), so im Latein mit fem. *-mōn-ia* nur *queri-mōn-ia* ‚Klage' *Plt.* von *queror* und *ali-mōn-ia* (von *alere*), dies von *alimōn-* ,ernährend' (plur. *alimones Gloss.Plac.*), dazu Göttin *Alemōn-a* ... — Die Vermittlung zwischen deverbativem *alimōn-(-ia, -ium)* und den denominativen *-mōnia -mōnium* ist nicht deutlich."

unkorrekte Bildung von *flamōnium* bewiesen ..." (p. 130). Mit der Zeit sei das Suffix in seinem Wert gesunken; im Spätlatein seien *-mōnia* und *-mōnium* ohne Unterschied verwendet worden.

Da die ie. Anknüpfungsversuche fehlschlügen, zieht Roloff das Etruskische zu Rate: Er gibt p. 133 Ernouts Meinung (*EE*, 112f., s. das Zitat auf S. 69f.) zu *caerimōnia* bzw. den Bildungen auf *-mōnia/-mōnium* wieder (*caerimōnia* stamme aus dem Etruskischen und sei der Prototyp der Bildungen auf *-mōnia/-mōnium*) und schließt sich ihm an: „Es wäre sogar einleuchtend, wenn dieses sprachlich und sachlich auffällige Wort tatsächlich seinen Ursprung im Etruskischen hätte. Auch bezüglich des Suffixes ist das nicht unwahrscheinlich. Die Elemente der lateinischen Wortbildung sind ja für uns auch sonst schwer durchschaubar. Immerhin brauchte das Suffix *-mōnia* nicht rein etruskisch zu sein, es wären auch umgangssprachliche Vermengungen auf Grund äußerer Anklänge zwischen einer etruskischen Endung und dem im Idg. nachweisbaren -μονία denkbar, oder *-mōnia* enthält Bestandteile aus beiden Sprachkreisen."[232]

Hält man im Etruskischen Ausschau nach vergleichbaren Wortausgängen, die die Grundlage für lateinisch *-mōnia*, *-mōnium* gebildet haben könnten und berücksichtigt man dabei das lange, den Hauptakzent des gesamten lateinischen Wortes tragende -ō- der beiden lateinischen Suffixe — dieser bzw. ein diesem lautlich entsprechender Vokal muß wohl bereits in der gebenden Sprache als Vollvokal vorhanden gewesen sein, weshalb etruskische Formen auf *-mnia* und (unter der Voraussetzung, an den etruskischen Ausgang *-i* sei lat. *-a* bzw. *-um* angehängt worden, s. S. 34) *-mni*, bei denen mit Sproßvokal oder bestenfalls mit Murmelvokal operiert werden müßte, als Vorformen zu lat. *-mōnia*, *-mōnium* nicht in Frage kommen dürften; zudem rekrutieren sich die Beispiele auf *-mnia* und *-mni*, soweit durchschaubar, zum größten Teil aus Personennamen, im speziellen die auf *-mni* aus Gentilizia auf *-ni* (s. Kap. B.1.2.1.2.3.2.) —, so wären nur etr. *-munia*, vertreten in *cemunia*, *armunia*, und *-muni*, vertreten in *amuni*, anzuführen.

Bei den drei genannten Formen handelt es sich um EN: *cemunia CIE* 850, 1989 und *armunia*[233] *CIE* 1747 u. 4236 zeigen den typischen Ausgang der weiblichen CN in Chiusi (s. *DES* § 188; vgl. Kap. B.1.2.1.2.3.4.); *amuni CIE* 4746 ist männliches GN und dürfte jungetruskische Weiterbildung mittels des

---

[232] Vgl. Perrot, *Les dérivés*, 28, der Herleitung von *-mōnium*, *-mōnia* aus dem Ie. für unzweifelhaft hält, doch seine Darlegungen unter Berufung auf Ernout überraschend mit der Feststellung beschließt, daß etruskischer Einfluß nicht ausgeschlossen sei.

[233] De Simone, *DGE I*, 25, verwirft die von Deecke, *Beiträge zur Kunde der indogermanischen Sprachen* 2, 1878, 174, Nr. 159, und von Schulze, *ZGLE*, 127, 132, 174, vermutete Herleitung aus gr. †Ἁρμονία.

ab dem 3.Jh. gebräuchlichen Personennamensuffixes -ni, (s. Kap. B.1.2.1.2.3.2.) zu *amu* sein[234]. Da diese drei Namen beim besten Willen nicht als Grundlage für die Übernahme eines etruskischen Wortausganges ins Lateinische betrachtet werden können, ist die Hypothese, lat. -*mōnia*, -*mōnium* seien etruskischen Ursprungs oder wesentlich vom Etruskischen beeinflußt, abzulehnen.

B.1.2.1.2.3.4. -ūnia, -ōnia (-ŏnium [??])

Cicōnia, fabulōnia, neptūnia; *tascō/ŏ?nium*[235].

Zunächst zu -*ūnia*:
Bertoldi, *Nomina Tusca*, 302, äußert die Ansicht, lat. *neptūnia* „Mentha pulegium L." sei von *nepeta*, einer anderen Minzenart, mittels des aus der etruskischen und etruskisch-lateinischen Morphologie bekannten Suffixes -*unia* (vgl. *cicunia*[236], *hununia*[237], *senχunia*[238], *taφunia*[239] etc.) abgeleitet.

Zu den von Bertoldi, *l.c.*, angeführten etruskischen Formen ist folgendes zu sagen:
In Chiusi — und die Mehrzahl der Belege der oben angeführten Namen stammt aus Chiusi, s. *ThLE* s.vv. — stellt -*unia* einen der drei für weibliche Cognomina[240] typischen Ausgänge[241] dar; s. *DES* § 188, vgl. ausführlich *DEC*, 165 ff.: „Terminus ante quem für das Aufkommen von -*unia* in Clusium ist die Mitte des 3.Jh.v.Chr., in der die jungetruskische Überlieferung einsetzt. Auf archaischen etruskischen Inschriften ist -*unia* nicht belegt. Zwar liefert speziell Clusium für diese Zeit weder gesicherte Cognomina noch Femininformen zu Namen auf -*u*; doch ist bei dem einheitlichen Charakter der archaischen Sprache eine solche lokale Sonderentwicklung nicht zu erwarten." (*O.c.*, 179.) Es werde „für Clusium die Form -*unia* wohl auf ‚italische' Vorbilder zurückzuführen" sein; es wiesen „der Nominativausgang -*(i)a* ... und noch mehr das -*ś* des Genetivs -*uniaś* deutlich auf ‚italischen' Ursprung. Wegen des Fehlens von -*uni* wird man freilich weniger an eine Kombination von -*ni* und

---

[234] S. dazu de Simone, *REE SE* 40, 423 f., Nr. 30.b., mit weiterer Literatur.
[235] *tascō/ŏ?nium*, -ī n.: „weiße, tonähnliche Masse, aus der Schmelztiegel für Gold gebrannt werden" (*WH* s.v.); *Plin.* N.h.33, 69. Ernout meint *EE*, 113, Fn. 1, zu diesem Wort: „... *tascōnium* ... par sa forme et par son sens rentre bien dans la catégorie des mots qui peuvent être de provenance étrusque." Nach *WH* l.c. iberischen Ursprungs, nach *EM* s.v. iberischer Ursprung möglich, aber nicht sicher. [??]
[236] *CIE* 1328 u.ö., CN f.
[237] Eine Form *hununia* scheint in *ThLE* nicht auf.
[238] *CIE* 2794, GN f.
[239] Belegt ist *taφuniaś CIE* 836, Gen. zu *taφunia*, CN f.
[240] Zur Verwendung der Formen auf -*unia* auch als GN s.Rix, *DEC*, 167.
[241] Die anderen beiden sind -*ania* und -*enia*.

-(i)a denken ..., als vielmehr an eine Nachahmung der gesamten Femininform lat. *Petronia* umbr. *petrunia* etc." (*O.c.*, 178 f.) Es handelt sich also bei etr. -*unia* um einen möglicherweise aus dem Italischen übernommenen, relativ jungen, örtlich begrenzten und auf feminine Cognomina und Gentilizien beschränkten Ausgang. Daß -*ūnia* von *neptūnia* damit etwas zu tun habe, ist nicht auszuschließen, wenn auch schwer vorstellbar; doch sei auf lat. *fabulōnia* — etr. *faplniś* (s. weiter unten) verwiesen.

Nun zu -*ōnia*:
Bertoldi, *o.c.*, 297 f., äußert sich zu *fabulōnia* folgendermaßen: „... in φαβουλώνια ... (*Diosc.* IV, 68) è riconoscibile il latino *faba* ... Tuttavia la singolare esuberanza di suffissi potrebbe far dubitare della schietta latinità del nome *fabulōnia*, tanto più che l'uscita ricorda gli adattamenti latini *Populōnia* e *Vetulōnia* dei toponimi etruschi *pupluna*[242] e *vatlun*[243]. Per accreditare l'attribuzione del tipo *fabulōnia* ai Θοῦσκοι, si potrebbe tutt'al più pensare che qui il processo d'adattamento avesse coinvolto anche l'elemento radicale."[244]

Auch Alessio, *Vestigia*, 146, sieht in -*ōnia* wegen *fabulōnia* ein etruskisches Suffix.

Wieder kann — sucht man nach einer Entsprechung zu lat. -*ōnia* im Etruskischen — wie oben bei lat. -*ūnia* nur an weibliche CN bzw. GN bildendes etr -*unia* gedacht werden[245]. Bei *cicōnia* könnte Identität mit dem femininen Clusiner CN *cicunia* CIE 1328 u.ö. bestehen. *fabulōnia* erinnert einerseits an lat. *faba, fabula*, andererseits sind die Anklänge an das Clusiner GN *faplniś* CIE 2112[246] höchst verdächtig.

Abschließend zu -*ōnium*:
Tascō/ŏ?nium dürfte ein iberisches Wort sein, s. S. 72 Fn. 235. Die ohnedies nur bedingt heranziehbare Hypothese, -*ōnium* könnte auf etr. -*unia* mit Interpretation als Pl.n. zurückgeführt werden (vgl. Kap. B.1.2.1.2.3.2.), sollte daher nicht strapaziert werden.

Zusammenfassend ist festzuhalten: Der etruskische, in der Hauptsache auf Clusium beschränkte, feminine Namenformen (CN und GN) bildende Ausgang -*unia* könnte — in der lateinischen Form -*ūnia* bzw. -*ōnia* — in den etruskischer Abstammung verdächtigen lateinischen Appellativen *neptūnia*,

---

[242] Mehrfach als Münzaufschrift belegt, z.B. *TLE* 357. S. zu *pupluna* u.W. *populus*.
[243] Belegt sind nach Ausweis von *ThLE* neben *vetalu CII* 293 u.ö. die Formen *vatl CII* 298 u.ö. und *vatlui TLE* 795. Prof. Pfiffig sieht (so brieflich zur Verf.) in -*ui* verprägtes oder verlesenes -*un* und bestätigt somit Bertoldis Aussage.
[244] S. auch u.W. *fabulōnia*.
[245] Zur Möglichkeit etr. *u* > lat. *o* s. Kap. B.1.1.1.1.
[246] Zu *faplniś* bzw. zur Verwendung als GN s.Rix, *DEC*, 31 und 284 ff.

cicōnia und eventuell in *fabulōnia* wiederzufinden sein. *-ūnia, -ōnia* stellen jedenfalls im Lateinischen keine produktiven Appellativsuffixe dar.

B.1.2.1.2.4. *r-Suffixe*

B.1.2.1.2.4.1. *-(b-)ris* in Monatsbezeichnungen [?]

September[247], October[248], November[249], December[250].
Zu den Erklärungsversuchen von in den eben genannten Monatsbezeichnungen auftretendem *-bris* aus dem Ie. s. Fn. 250.

---

[247] **September**, *-bris, -bre* (*Septembrius* vulgärlat.): „September"; seit *Varro* u.*Cic.*
Kein Kommentar zur Bildungsweise bei *WH* s.v. *septem* und *EM* s.v. *septem*. Als lat.-etr. Hybridenbildung (s. Kap. C.1.2.1.) und als Übersetzungslehnwort (s. Kap. C.1.3.1.) ist das Wort jeweils mit [?] zu versehen; s. dazu auch im Text weiter unten.

[248] **Octōber**, *-bris* (*Octōbrius* vulgärlat.): „Oktober"; seit *Cato.*
„S. *december* ... auch zu anderen Deutungen (zu unsicher überliefertem etr. χosfer *TLE* 858 s. Whatmough *Harv.St.*42, 158)." (*WH* s.v. *octo.*) Keine weitere Information bei *EM* s.v. *octo*. Als lat.-etr. Hybridenbildung (s. Kap. C.1.2.1.) und als Übersetzungslehnwort (s. Kap. C.1.3.1.) ist das Wort jeweils mit [?] zu versehen; s. dazu auch im Text weiter unten.

[249] **November**, *-bris* (*Novembrius* spätlat.): „November"; seit *Cato.*
Abgesehen von Verweisen auf *Octōber* und *December* kein Kommentar bei *WH* s.v. *novem*, auch nicht bei *EM* s.v. *novem*. Als lat.-etr. Hybridenbildung (s. Kap. C.1.2.1.) und als Übersetzungslehnwort (s. Kap. C.1.3.1.) ist das Wort jeweils mit [?] zu versehen; s. dazu im Text weiter unten.

[250] **December**, *-bris* m. und adjektivisch (*Decembrius* spätlat.): „Dezember", seit *Varro* L.L. 6, 34 und CIL I² p. 43 frg. II (Acta triumph. ad a.183 a.u.c.).
Zur Bildungsweise s. ausführlich *WH* s.v. *decem*: „Zu *decem* ... Bildung unklar. Vl. nach Thurneysen *KZ*.30, 490, Windisch *IF*.4, 298 ..., Brugmann *IF*.18, 438. II²1, 343.381 aus ⁺*decemo-membris* (aus ⁺*-mēns-ri-*, zu *mēns-* ‚Monat' neben *-tri-* in *sē-mēns-tris*), zunächst in *Kalendae* ⁺*decemo-membrēs* usw., haplologisch ⁺*decemembris, decembris* (entsprechend *september*, danach analogisch *november, octōber*); wegen *Quīnt-, Sext-īlis* wäre wohl eine suffixale Ableitung näherliegend (nicht ⁺*decem-mēns-ris* Leumann-Stolz⁵236; wäre ‚zehnmonatlich' wie die spätere Bild. *decemmēnstris Cens.*; verfehlt Zimmermann *IF*.19, 210 ff.: *mēnsor*). — Nicht überzeugender (auch weil Ordinale, nicht Kardinale zu erwarten) Stolz *HGr.*I 566 (⁺*septem-dhri-s* usw.; *-dhri-* italisch selten und unsicher in *celeber, alebris, anclābris*; ⁺*septem-sri-s*, Walde *LEW*² s.v., ist eine unbelegte Suffixkombination); Skutsch *ALL*.12, 208 (= *Kl.Schr.* 206) (⁺*septem-ris* > ⁺*septebris*, danach *octōbris* für ⁺*octō-ris*, wonach erst wieder *septem-bris*; künstlich und auch durch die Modifikation Waldes *a.O.* kaum zu retten, wonach ⁺*septemris* zu *septembris* mit jüngerem Wandel von *-mr-* zu *-mbr-*, da dieser Wandel von *Leumann-Stolz*⁵166 wohl mit Recht geleugnet wird. Verkehrt Zimmermann *Et.Wb.* 54 f. (*december* = , (*quī*)*decem* (*mēnsēs*) *fert*' als ‚der das Jahr schließende Monat'; Inlautsbehandlung von *bh* ist durch *Mulciber* nicht zu stützen, ebensowenig alte *o* Flexion durch EN-Formen *Decembrō* usw.; auch sachlich schief, da das alte Kalenderneujahr nicht mit dem Dezember, sondern mit dem Februar schließt; ähnlich schon Corssen *Krit. Beitr.* 160 ff: *septem-ber* ‚der die Zahl sieben an sich trägt')." (*WH* s.v. *december.*)
Die oben angesprochene Stelle Leumann-Stolz⁵236 lautet *LG* §207: „*Septembri-* (*Kal.Sept.*) usw. wohl verkürzt aus ⁺*septem — me(n)s-ri-* ‚zum sieben-Monat- *mēns-is*, gehörig'." Vgl. §314.2.:

Im folgenden seien die Deutungsversuche aus dem Etruskischen zusammengefaßt:

Benveniste, *Trois étymologies*, 73, verwirft die Deutung von Thurneysen (*December* < (*Kalendae*) +*decemo-membrēs*; s. *WH* s.v. *december* bzw. S. 74 Fn. 250. „Mais la finale *-ber* ne peut manquer de rappeler celle du nom étrusque d'Octobre, qui était d'après les glossateurs, χosfer[251]."

Fiesel, *Bemerkungen*, 324 f., geht näher auf das Glossenwort χosfer ein: In den Glossen fänden sich als etruskische Bezeichnungen für Oktober χosfer, χoffer, χofer, wohl herzuleiten von +*cespre*, +χespre (+*cesfre*, +χesfre), lat.-etr. +*Cesper*/+*Cesfer*, +*Chesper*/+*Chesfer*, alles zurückzuführen auf etruskisch *cezp*, wahrscheinlich „acht". Daß den etruskischen Bildungen auf *-re* lat. *-er* entspreche, habe schon Schulze, *ZGLE*, 296 f., gezeigt[252]. „Gleichzeitig gewinnt die Vermutung Benvenistes, daß die etruskische Endung auf die Bildung von *September, October* usw. eingewirkt habe, stark an Wahrscheinlichkeit." (P. 325.) Fiesel sieht also wohl — sie äußert sich in diesem Punkt nicht klar — in *-ber* der lat. Monatsnamen ein aus +*cezp-re* durch falsche Abtrennung entstandenes „etruskisches Suffix" +*-pre* (zu *-p-* in +*cezpre*, aber *-f-* in χosfer s. Fn. 251).

Bedenken gegen Fiesels Kombinationen ergeben sich aus dem Umstand, daß ein etruskisches Suffix +*-re* mit der hier erforderlichen Funktion, d.h. ein

---

„Auch *septembris* usw. enthalten wohl *mēns-*, Grdf. +*sept(e-m)ens-ri*?, *br* aus *sr* nach § 207." Der Kuriosität halber sei ein weiterer Deutungsversuch angeführt: Voigt, *September*, Sp. 590 ff., sucht eine „Erklärung für das Affix *-ber* oder *-bris* ... in einer der verwandten Sprachen", womit er die finno-ugrischen Sprachen meint (!). „Etr. Herkunft (Benveniste *BSL*.32, 73; vgl. *Octōber*, etr. χosfer) läßt sich nicht erweisen." (*WH* l.c.). Nach *EM* s.v. *decem* allerdings liege etr. Herkunft im Bereich des Möglichen: „La formation de *december* et des autres noms de mois en *-ber* est obscure. M. Benveniste, *BSL*.32, 73, lui suppose une origine étrusque." Als lat.-etr. Hybridenbildung (s. Kap. C.1.2.1.) und als Übersetzungslehnwort (s. Kap. C.1.3.1.) ist das Wort jeweils mit [?] zu versehen; s. dazu im Text weiter unten.

[251] Terracini führte *-fer* in χosfer in seiner zwei Jahre vor Benvenistes Aufsatz erschienenen Arbeit „*Su alcune congruenze*", 232, nicht auf das Etruskische, sondern auf oskisch-umbrischen Einfluß zurück. Terracinis Auffassung läßt sich dahingehend modifizieren bzw. mag insofern Gültigkeit besitzen, als *-f-* in χosfer aus etr. *-p-* (s. im Text weiter unten) unter oskisch-umbrischem Einfluß entstanden sein könnte.

Zu Oštirs äußerst abenteuerlicher Erklärung zu χosfer s. „*Drei vorslavisch etr. Vogelnamen*", 54 (vgl. auch 46, 103): χosfer < +*söm-zfir* „6 + 2", wobei +*zfir-* etruskisch sei und „alter, zwei" (sic!) bedeute.

[252] Etr. *-re* müßte regulär lat. *-rus* ergeben; s. S. 34. Es könnte allenfalls noch an die unterschiedliche Vokalisierung einer silbischen Liquida +*-r̥-* (> *-re* oder *-er*) gedacht werden. Pfiffig, *DES* § 29 bis, spricht sich allerdings gegen Vokalisation mit *e* aus und läßt nur solche mit *u* und *a* gelten.

Monatsnamen bildendes, also wohl adjektivisches Suffix, eventuell ein Ordinalia bildendes Suffix[253], nicht nachweisbar ist (s. weiter unten).

Hoenigswald, *On etruscan and latin month-names*, billigt Fiesels Theorie insofern, als auch er Zusammenhang zwischen lat. *-ber* in Monatsnamen und etr. *χosfer* bzw. einem etruskischen Wortausgang $^+$-*pre* (wieder entstanden aus falscher Abtrennung) annimmt, verwirft aber aus lautlichen Gründen, da lat. *-o-* ausschließlich etr. *-u-* wiedergebe[254], Fiesels Etymologie von *χosf-* < *cezp* „acht" und setzt vielmehr eine Form $^+$*c/χusp/fre* an, womit sich EN wie *cuspi*[255], *Cuspedius, Cuspidius, Cusperiena*[256] vergleichen ließen. „In consideration of the other months and their relation to proper names, there can be no doubt that *cuspre* must be listed here. It ... is formally identical with other gentile names in *-r(i)e*, latinized *-er*.[257] As to its function and meaning, we may see in *cuspre*, too, the gentile deity of the *cuspi*[258] family, and in *cuspr(i)e χosfer* the month sacred to that deity." (P. 206.)

Zunächst läßt sich — die Bedenken hinsichtlich eines Suffixes $^+$-*re* in Fiesels Theorie (s. oben) sind nur sehr eingeschränkt zu vergleichen — der Einwand vorbringen, daß ein Suffix *-re* oder *-rie* mit stimmiger Funktion, d.h. zur Bezeichnung eines Monats nach einer Gentilgottheit bzw. einer Gens gleichen Namens im Etruskischen nicht belegt ist. Ferner erscheint die Annahme, von einer auf dem Namen einer Gentilgottheit basierenden Monatsbezeichnung sei der (morphologisch unrichtig abgetrennte) Wortausgang auf mehrere auf einer Zahl basierende Monatsbezeichnungen übertragen worden, wenig glaubhaft, fehlt doch die (im Falle von Fiesels Theorie gegebene) Möglichkeit, hinsichtlich der vier lateinischen Monatsnamen auf *-bris* von Lehnübersetzungen unter Beibehaltung des für eines der wahrscheinlich zahlreicheren etruskischen Vorbilder charakteristischen Ausganges, eventuell tatsächlich des charakteristischen Suffixes (s. weiter unten), zu

---

[253] Bekannt als Ordinalia bildendes Suffix ist *-na*, angefügt an den Genetiv des Grundzahlwortes, s. *DES* § 108.

[254] Die Formulierung ist unpräzise; denn in der Verbindung mit nachfolgendem *-l* gibt etr. *-e-* > lat. *-o-* (*-el-* > *-ol-*): vgl. z.B. *TLE* 605 Pe., Volumniergrab: a) *pup.velimna au cahatial* b) ¹P. *Volumnius . A .f . Violens* ²*Cafatia . natus*. Das *-l-* in etr. *velimna* muß somit für lat. Sprechende velare Tönung gehabt haben; dies wiederum läßt Rückschlüsse auf die Aussprache von etr. *velimna* zu: Das *-e-* der ersten Silbe mußte tontragend gewesen, *-i-* sehr schwach gesprochen worden sein, so daß das *-l-* durch das nachfolgende *-m-* zu einer Art velarem *-l-* wurde.

[255] Scheint in *ThLE* nicht auf.

[256] *CIE* 3360, GN m.

[257] Zu (höchst unsicherem) etr. *-re* > lat. *-er* s. S. 75 Fn. 252. Eine Entwicklung etr. *-rie* > lat. *-er* widerspricht allen Erfahrungswerten.

[258] Scheint in *ThLE* nicht auf.

sprechen. Und schließlich ist dem an sich bereits höchst bedenklichen Begriff der „Gentilgottheit" selbst[259], zumal in Zusammenhang mit einer Monatsbezeichnung, mit größter Vorsicht zu begegnen.

Folgende Überlegungen seien an die Ausführungen von Benveniste, Fiesel und Hoenigswald angeschlossen:

Die Verwendung der Monatsadjektiva legt es nahe, nicht vom Nom.Sg. *-(b-)er* der wahrscheinlich erst nachträglich in Analogie zu dreiendigen Adjektiva wie *ācer, ācris, ācre* gebildet wurde, sondern von der Form der Casus obliqui, also von *(-b-)ri-, (-b-)re-* oder auch *-(b-)r-*[260] auszugehen.

Sowohl etr. ⁺-*ri* als auch ⁺-*re* als auch ⁺-*r* konnte im Lateinischen — unter der sicher gegebenen Voraussetzung der Interpretation der betreffenden Monatsnamen als Adjektiva (vgl. die anderen acht lateinischen Monatsbezeichnungen) — zu adjektivisch -*ris* werden: Bei etr. ⁺-*ri* dürften kaum Zweifel bestehen. Eine Veränderung etr. ⁺-*re* > lat. -*ris* ist trotz der Regel etr. -*e* > lat. -*us* im Falle einer Adjektivbildung in Analogie zu lat. -*ris* bzw. zu -*lis*, dem Suffix der beiden den vier Monatsbezeichnungen auf -(b-)ris vorausgehenden Monatsnamen *Quīn(c)tīlis* und *Sextīlis*, denkbar; für die Latinisierung von etr. ⁺-*r* standen mehrere Möglichkeiten offen, de facto jedoch lag im Hinblick auf *Quīn(c)tīlis* und *Sextīlis* die Umformung zu adjektivisch -*ris* am nächsten.

Da jedoch das Glossenwort χosfer, von dem mit Benveniste die Hypothesen um lat. -(b-)ris ihren Ausgang nahmen, nicht unberücksichtigt bleiben darf, scheint zunächst etr. ⁺-*ri* auszuschließen zu sein. Denn selbst wenn χosfer, was wegen -*f*- wahrscheinlich ist, Spuren eines oskisch-umbrischen Mediums zeigt[261], würde etr. ⁺-*ri* doch wohl anderes als (osk.-umbr.) -*er* ergeben haben. Auch etr. ⁺-*re*, aus dem -*er* von χosfer nur unter der Annahme der unterschiedlichen Vokalisation einer silbischen Liquida ŗ entstehen konnte, welche Theorie abzulehnen sein dürfte (s. S. 75 Fn. 252), kann beiseite gelassen werden. Das Augenmerk ist also auf ein Nominalsuffix etr. ⁺-*r* zu richten: -*r* (an konsonantischen Stämmen -*ar*, -*er*, -*ur*) ist das bekannte Pluralsuffix (s. *DES* § 42 f.); es dient zudem — an das Cardinale antretend und mit vorangestelltem Zwischenvokal -*u*- versehen — der Bildung der Distributivzahlwörter[262]. Die Funktionen dieses aus dem Etruskischen bekannten

---

[259] „Man sollte überhaupt die bei einigen Autoren noch immer so beliebten Spekulationen mit Gentilgottheiten im Sinne eines platten, religionsgeschichtlich unlogischen Evolutionismus endlich einmal aufgeben." (Pfiffig, *RET*, 313; vgl. dazu p. 357 ff.)

[260] Zu von -*r*- abgetrenntem und in Klammer gesetztem *(-b-)* s. weiter unten im Text.

[261] Vgl. S. 75 Fn. 251.

[262] Vgl. S. 87 und 91.

Nominalsuffixes -r lassen sich also, so scheint es, mit der Funktion eines der Monatsbenennung dienenden Suffixes nicht vereinbaren.

Trotz dieses — zumindest nach unserem Wissensstand — negativen Befundes seien die oben begonnenen Überlegungen weitergeführt: Es wurde in der Kapitelüberschrift wie auch im darauffolgenden Text -b- in lat. -bris von -ris getrennt und zusätzlich eingeklammert, und es wurde in der Folge nur von der Übernahme eines etruskischen -r-Suffixes gesprochen, nicht von der Adaption einer Verbindung -p- + r-Suffix; als Grund ist anzuführen, daß es nicht unbedingt nötig erscheint, mit Fiesel, l.c., und Hoenigswald, l.c., den Umweg über ein falsch abgetrenntes, d.h. um einen Buchstaben vermehrtes etruskisches Suffix ins Auge zu fassen. *Septem-b-r-is, Novem-b-r-is, Decem-b-r-is* zeigen alle drei vor -b-r-is ein -m-. Angenommen, es wurde ein etruskisches, aus Grundzahlwörtern Monatsnamen bildendes r-Suffix (ohne Bindevokal) ins Lateinische übernommen und hier analogisch verwendet, so hätten sich im Lateinischen nach Angleichung des Ausganges an die lateinischen Adjektiva auf -ris bzw. an die Monatsnamen auf -lis (s. vorne) die Formen ⁺*Septem-r-is,* ⁺*Novem-r-is,* ⁺*Decem-r-is* ergeben. Da diese Lautabfolge ähnlich schwer zu sprechen ist wie die verwandte Lautfolge -ml-, schob sich möglicherweise (der bei *WH* s.v. *december* [s. S. 74 Fn. 250] geäußerte Einwand muß nicht unbedingt berechtigt sein) als Gleitkonsonant -b- ein[263] (so wie -p- zwischen -m- und -l-; s. *LG* § 216.a.). In ⁺*Octō-r-is* wäre das -b- dann aus Analogiegründen eingedrungen. Diese Annahme impliziert allerdings, daß es neben ⁺*cezpr(-)* im Etruskischen noch andere mit der Grundzahl und einem Suffix -r(-) gebildete Monatsnamen gegeben haben müßte, eine Annahme, die insofern viel Wahrscheinlichkeit an sich hat, als meist mehrere Monatsnamen hintereinander in derselben Art gebildet sind.[264]

Zusammenfassend ist festzuhalten: Es gibt für lat. -bris in Monatsnamen keine Anknüpfung an ie. Formen; die innerlateinischen Herleitungsversuche vermögen nicht zu überzeugen; ja die gesamte Bildungsart dieser Monatsnamen erweist sich als ungewöhnlich: Man erwartet nach dem Muster von *Quīn(c)tīlis, Sextīlis* als ersten Bestandteil des jeweiligen Monatsnamen eine Ordinalzahl; und man erwartet, wieder nach dem Muster der beiden genann-

---

[263] Es wäre vorstellbar, daß auch die Übernahme eines -r-Suffixes mit Bindevokal (-a-, -e-, -u-) dasselbe Ergebnis zeitigte: ⁺*Septem-a/e/ur-is* aus Gründen der Aussprecheerleichterung > *Septem-b-r-is.*

[264] Die Namen für „November" und „Dezember" im Etruskischen kennen wir nicht; der Name für „September" wird in den Glossen mit *Celius* agegeben (*AM* 8³ *celi*), was — unter Berücksichtigung der auch z.B. in Griechenland auftretenden regionalen Unterschiede in der Benennung der Monate — wahrscheinlich nur einen von mehreren Namen für „September" darstellt.

ten Monatsbezeichnungen, den Ausgang *-īlis*. Statt dessen sind die vier Monatsnamen von *September* bis *December* mit dem Cardinale und dem Ausgang *-bris* (*-b-r-is*?) gebildet. Und so scheint trotz aller vorgebrachten Bedenken etruskischer Einfluß auf Bildungsweise und Suffix der Monatsnamen von *September* bis *December* — Übersetzungslehnwörter mit beibehaltenem etruskischem *r*-Suffix[265] in nicht belegter Funktion bzw. lat.-etr. Hybridenbildungen — am einleuchtendsten.

B.1.2.1.2.4.2. *-er(r)-a, -ur(r)-a* [+]

Acerra, arcera, crēterra (*crētēra, crātēra*), *cumera, littera, napurae, saburra, satura, vacerra, vernisera, viverra*.

Bei *būra, burra*[266], *scurra, serra*[267], *terra* kann nicht von einem Suffix *-er(r)a* bzw. *-ur(r)a* gesprochen werden, da zumindest *-e-* bzw. *-u-* als dem Wortstamm zugehörig aufzufassen sind.[268]

Bildungen auf *-ur(r)a, -er(r)a*[269] bespricht Ernout, *EE*, 119-121: „L'exis-

[265] Vgl. Kap. B.1.2.1.2.4.5.; vgl. auch Kap. C.1.3.1.
[266] *burra, -ae f.*: „‚zottiges Gewand‘ bzw. ‚Wolle‘" (*WH* s.v.)
Deroy, *Les noms*, 26, glaubt in *burra* einen etruskischen Ausgang *-urra* zu erkennen; s. aber im Text weiter unten.
WH s.v. 1. *burra* bringt das Wort mit gr. βερρόν, βίρροξ, βύρσα „Fell" in Zusammenhang; *EM* s.v. denkt an Substantivierung des Adjektivs *burrus* (f., weil aus *burra lāna*); dieses selbst wird s.v. *burrus, -a, -um* als Entlehnung aus gr. πυρρός aufgefaßt (vgl. u.W. *burrus*).
Der im Etruskischen sehr häufig bezeugte Stamm *pur-* (s. *ThLE*, 285f.; es sei nur an den Amtstitel *purθ CIE* 5360 = *TLE* 87 u.ö. erinnert) wird kaum etwas mit „Wolle" zu tun gehabt haben. [??]
[267] *serra, -ae f.*: „Säge; sägeförmige Schlachtordnung" (*WH* s.v.); „scie (poisson)", „montagne (bas latin ...)" (*EM* s.v.); seit *Plt.* und *Cato*.
Deroy, *Les noms*, 26, glaubt in *serra* einen etruskischen Ausgang *-erra* zu erkennen; s. aber im Text weiter unten.
Nach *WH* l.c. und *EM* l.c. Herkunft unklar. [??]
[268] Zu den etruskischer Herkunft verdächtigen Bildungen auf *-er(r)a, -ur(r)a* stellt Deroy, *Les noms*, 26, auch *marra, -ae f.*, „Hacke oder Haue zum Ausjäten des Unkrauts" (*WH* s.v.), seit *Colum*.
Nach *WH* l.c. semit. Lw., nach *EM* s.v. Lw. ohne genauere Angabe der Herkunft, doch auch dort wie bei *WH* l.c. Hinweis auf assyr. *marru*.
[269] Alessio, *LE* s.v. *crēterra*, interpretiert *-erra* in *crēterra* als assimiliertes ⁺*-erna*, d.h. an aus dem Gr. übernommenes κρητήρ sei etruskisches *-na* angetreten (vgl. u.W. *crēterra*; zur Kritik an dieser Deutung s.ebendort), „il che farebbe sospettare che in *rr* per *rn* si debba vedere un fenomeno fonetico molto diffuso nei dialetti meridionali, fino all'Abruzzo ..., non ignoto all'albanese ..., e di cui si hanno esempi anche per la Toscana ..., fenomeno che spiegherebbe, come reazione iperurbana, le forme tarde *saburna, viverna* per *saburra, vīverra* ..." (S.u.WW. *saburra, viverra*.) Entsprechend sei auch lat. *lanterna* (ohne Assimilation) aus gr. λαμπτήρ + etr. *-na* entstanden (s.u.W. *lanterna*). Alessio scheint hiermit seine frühere Hypothese einer Herleitung

tence du type est bien établie; cf. par exemple, outre les formes citées par *Deecke-Mueller* p. 448 et suiv., les noms propres *Subūr(r)a*, le quartier étrusque par excellence dans Rome, ... *Māmurra* et *scurra*[270]." (P. 119.)

Ein Suffix *-erra* oder *-urra* ist im Etruskischen von vornherein nicht zu erwarten, da Doppelkonsonanz in etruskischen Sprachdenkmälern in der Regel nicht aufscheint; s. *DES* § 7 und § 22.

An Wörtern auf *-era* bietet *RI* — sieht man von *(..)era SE* 49, 360, n. 50, und von *(sesera--)* und *(muera)* in *eśi( )seseramueraçuśe AM* 3²⁰ ab — 7 Belege; davon dürften aber *vera*(?) *CII* 462, *cvera TLE* 900 u.ö., *mera CIE* 5179 (*TLE* 207) u.ö. abzuziehen sein, da das *-e-*, wenn nicht auch das *-r-*, zum Wortkern zu rechnen ist. Wörter auf *-ura* sind in *RI* 13 aufgezählt; doch sind davon die 4 Wörter auf *-θura* und das eine Wort auf *-tura* als zu einer eigenen Suffixgruppe gehörig (s. Kap. B.1.2.1.2.4.4.) abzuzählen, ferner diejenigen Wörter, bei denen das *-u-* und möglicherweise das *-r-* zum Stamm gehören, nämlich *mura CIE* 5286 u.ö. und *tura AM* 2⁹ u.ö.; wahrscheinlich auch *θaura CIE* 198 (*TLE* 419) u.ö. und *pleura CIE* 3799 u.ö.

Es gibt demnach im Etruskischen wohl Wörter, die auf *-era* oder *-ura* ausgehen; doch ist ein Suffix *-era* oder *-ura* aus dieser Sprache nicht bekannt. Allerdings bestünde die Möglichkeit, lat. *-er(r)a, -ur(r)a* als *-e-r(r)-a, -u-r(r)-a* zu interpretieren und *-r-* bzw. *-e-r-, -u-r-* als das an Substantiva (und Numeralia[271]) antretende etruskische Pluralsuffix *-r* (an konsonantischen Stämmen *-ar, -er, -ur*; s. *DES* § 42) zu deuten[272]. Das *-a* hingegen bleibt ohne Erklärung aus dem Etruskischen: Weder das der Substantivierung der Partizi-

---

von *-erna* in *lanterna* aufgegeben zu haben: „*Fitonimi*", 182, Fn. 39 (vgl. u.W. *lanterna*), war die Möglichkeit zur Diskussion gestellt worden, daß *lanterna* eventuell aus ⁺*lanterra* < gr. λαμπτῆρα (Akk.) wie *crēterra* aus ion. κρητῆρα entstanden sein könnte; die Veränderung ῆρα- > *erra*, *-erna* sei auf das Etruskische zurückzuführen. Die etymologisch dunklen Wörter *acerra* (s.b.W.) und *vacerra* (s.b.W) könnten zum Vergleich herangezogen werden. Als Stütze könne ferner dienen, daß, wie oben schon gesagt, von den romanischen Dialekten ⁺*saburna* (statt *saburra*; s.b.W.) vorausgesetzt werde und daß die Glossen neben *viverra* (s.b.W.) auch *vivernus* zeigten (*Gl.*3, 431, 38 und 2, 210, 26). Ders., *Raddoppiamento*, 234f., weist darauf hin, daß *-rr-* wie in *vīverra, acerra, vacerra, saburra* (s.bb.WW.) in Iberien, Sardinien, Süditalien nachweisbar sei. Vgl. Devoto, *Storia*, 43f.; Palmer, *The Latin Language*, 57f. Den mediterranen Aspekt von *-erra* hebt auch Gerola, *Substrato mediterraneo*, 365, hervor; auch *-uro (-ura)*, häufig in mediterranen Pflanzennamen (φιλῦρα, πάπυρος), sei, so Alessio, *Vestigia*, 148, ders., *Stratificazione*, 236, dem Substrat zuzuweisen. Von einem Typ auf *-ur(ra)* im Baskischen spricht Bertoldi, *Nomina Tusca*, 314.

[270] S. aber im Text weiter vorne.
[271] Dazu s. Kap. B.1.2.1.2.4.5.
[272] Das Auftreten von Doppelkonsonanz (*-erra, -urra*) neben einfacher Konsonanz (*-era, -ura*) im Lateinischen wird auf unterschiedliche Betonungsverhältnisse zurückzuführen sein; vgl. S. 57 Fn. 101, S. 98f. und u.W. *crēterra*.

pia auf -aś (s. *DES* § 127) dienende Suffix -a (z.B. *araśa CIE* 48 = *TLE* 507 „der gemacht Habende"; s. *DES* § 128) noch gar -a zur Bildung des expliziten Indikativs der 3.P.Sg. (z.B. *ara AM* 3¹⁷ u.ö. „er macht"; s. *DES* § 119) ist in Betracht zu ziehen.

Daraus folgt, daß ein Zusammenhang mit etruskischer Morphologie bei lat. *-er(r)a, -ur(r)a* nur dann anzunehmen wäre, wenn man an das etruskische Pluralsuffix dächte, an das lateinisches *-a* angefügt wurde. Und dies ist tatsächlich der Fall bei dem Wort *napurae*, das ohne jeden Zweifel auf die etruskische Pluralform *naper TLE* 203 u.ö. zurückzuführen ist; s.b.W.

B.1.2.1.2.4.3. -str- [??]²⁷³

*Aplustra (aplustria), canistrum (canistrus, canister), fenestra, genestra, histriō (hister), lanistra, lepistra, lūstrum*²⁷⁴, *mollestrās, mōnstrum*²⁷⁵, *plaustrum (plaustra, plauster)*²⁷⁶, *prōcestria*²⁷⁷, *segestre (segestrum, segestria, segestra), trānstrum*²⁷⁸.

²⁷³ Zum Wechsel *-st-/-str-* sowie zu *-st-* genauer s. Kap. B.1.2.1.2.6.1.
²⁷⁴ **lūstrum** (*-ū-* bezeugt von *Paul. Fest.* 107, 2L, *-ú- Mon.Anc.*), -ī n.: „das alle fünf Jahre abgehaltene Sühneopfer; Zeitraum von fünf Jahren" (*WH* s.v. 1. *lūstrum*); seit Cato.
Nach Deroy, *La racine*, 110f., wegen ⁺*-stre* etruskischer Herkunft verdächtig (s. im Text weiter unten).
Nach *WH* l.c. aus ⁺*leuqs-trom,* ⁺*louqs-trom* „Beleuchtung", nach *EM* s.v. Herleitung fraglich, doch vorzugsweise wohl innerhalb des Ie. zu suchen.; vgl. Peruzzi, *Prestiti*, 51f., Fn. 16, der Übernahme aus myk. ⁺/lewə-stron/ oder ⁺/lowə-stron/ erwägt. [??]
²⁷⁵ **mōnstrum**, -ī n.: „,,Mahnzeichen, Weisung der Götter durch widernatürliches Ereignis' ...; ‚Ungeheuer; Scheusal; Ungeheuerlichkeit; dicht. Schandtat'" (*WH* s.v.; zu Wortbedeutung und -verwendung s. auch *RET*, 139; 143f.); seit Enn.
Nach Deroy, *La racine*, 110f., wegen ⁺*-stre* etruskischer Herkunft verdächtig (s. im Text weiter unten).
Nach *WH* l.c. und *EM* s.v. ie., doch fügt *EM* l.c. hinzu: „Mais la formation est surprenante. Un autre terme religieux, *lustrum*, a aussi *-strum*." Zu *lūstrum* s. Fn.274. [??]
²⁷⁶ **plaustrum**, vulgärlat. *plōstrum*, -ī n. (*plaustra* f. Sidon.; *plauster Gl*.): „,,zwei-, später vierrädriger Wagen, Frachtwagen' ...; ‚Wagen als Gestirn, großer Bär'" (*WH* s.v.); seit Plt.
Deroy, *De l'étrusque macstrna*, 97, leitet das Wort von etr. ⁺*plau-stre* oder ⁺*plau-stra* ab; etr. *-stre* sei, neben anderen Funktionen, Instrumentalsuffix (vgl. im Text weiter unten). In „*La racine*", 110ff., kommt Deroy nochmals auf *plaustrum* zu sprechen: Die auch im Etruskischen nachweisbare Wurzel ⁺*plau-* diene „pour exprimer la notion de ‚rotation' ou de ‚mobilité'" (p. 111), „à exprimer ‚la mobilité', le ‚mouvement répété ou continu' des jambes et particulièrement des pieds dans la marche ou la course" (p. 115). Von dieser rätisch-etruskischen („Il me paraît préférable d'admettre que le rhétique est un dialecte étrusque ..." *O.c.*, 108.) Wurzel leitet Deroy in dem zitierten Aufsatz noch lat. *plaumorātī, ploxenum, plaustrum, aplustra, plautus, sēmiplōtia, poples, plaudō, pōpulus, populus, populor* (s.u.W. *plauromātum* bzw.bb.WW.), ferner den Stadtnamen *Populōnia* und den etruskischen Götternamen *Fufluns TLE* 719ᵇ⁾ u.ö. ab.
Es sei hier bei der ersten Behandlung eines der von Deroy als zu dieser Wurzel gehörig

Mit Sicherheit liegt bei *magister*[279], *-trī* und *sequester, -trī* (*-tris*) nur dem äußeren Anschein nach ein Suffix *-str-* vor, s. Fn. 279 bzw. u.W. *sequester*; vgl. auch *LG* §288.A.2.c. Deroy, *Les noms*, 26, Fn. 94, bzw. ders., *Un symbolisme juridique*, 379, stellt auch das Adjektiv *terrestris* sowie, völlig ohne angeführten Wörter anstelle einer eingehenden Kritik das Wesentlichste aus Devotos Anmerkung zu diesem in den *SE* erschienenen Aufsatz Deroys wiedergegeben: „Gli ‚*Studi Etruschi*' aperti alle collaborazione di tutti gli studiosi qualificati, anche fra i più giovani, hanno accolto con piacere questo articolo di Louis Deroy, ricco di materiali e di informazioni antiquarie nel senso migliore del termine. — Tuttavia, non come presidente dell'Istituto di Studi Etruschi ma come studioso di lingue, vorrei ancora una volta mettere in guardi l'autore e i lettori contro quel possibilismo semantico che è un retaggio pesante dell'etimologia fonetica del secolo scorso ... — Questo ci fa assistere invece ad associazioni impensate come quella fra *plautus* ‚aux oreilles pendantes' e l'imagine di ‚mobile', fra il lat. *poples* ‚garetto' e il senso di ‚mobile', fra *plaudere* e un movimento ‚ripetuto e continuo', fra *pōpulus* ‚pioppo' e il movimento non della pianta ma delle sue foglie ‚tremule', fra *populus* ‚popolo' e la folla ‚qui sans arrêt circule', fra *populari* ‚devastare' e il movimento che calpesta i campi coltivati, e finalmente fra +*pupla* ‚mare' (base di partenza per il nome di *Populonia* che vorebbe dire ‚la marina') e il movimento perchè il mare è ‚ce qui bouge sans cesse'. — Questi collegamenti senza concretezza e senza fine sono la debolezza e non la forza dell'etimologia." (*SE* 31, 120 f.)

Plaustrum nach *WH* l.c. in absurder Etymologie „aus +*plaud-trom*, als ‚Werkzeug zum Knarren' zu *plaudō* ...", nach *EM* s.v. wahrscheinlich entlehnt wie die meisten Wagennamen, vielleicht gallisch, eventuell mit *ploxenum* zu vergleichen. Die Schreibung mit *-au-* könnte als Hyperurbanismus unter dem Einfluß von *plaudō* aufgefaßt werden. [??]

[277] *prōcestria, -ōrum* n.: „Außenvorsprung, Vorwerk" (*WH* s.v.); Paul Fest. 252, 5L; *Gl.*
Ernout, *EE*, 121, Fn. 3, denkt wegen des Ausganges, welcher an *aplustria, segestria*, zwei wahrscheinlich aus dem Griechischen über etruskisches Medium entlehnte Ausdrücke (s. im Text weiter unten), erinnere, an etruskische Herkunft von *prōcestria*: „Si l'explication (*aplustria, segestria* über etruskische Vermittlung ins Lateinische; Anm.d.Verf.) est juste, on songera à *procestria* mot rare et technique dont on n'a que des étymologies populaires."
Nach *WH* l.c. hypostasiert aus *pro castris*; für Annahme einer Entlehnung fehle ein Anhalt. Nach *EM* s.v. Erklärung aus *castra* wahrscheinlich Volksetymologie; es dürfte Entlehnung vorliegen. [??]

[278] *trānstrum, -ī* n.: „Querbalken, Querbank, Ruderbank" (*WH* s.v.); seit *Cic.*
Nach Deroy, *La racine*, 110f., wegen +*-stre* etruskischer Herkunft verdächtig (s. im Text weiter unten). Nach *WH* l.c. Ableitung von *trāns*, nach *EM* s.v. sei der Ableitungsmodus von *trans* nicht klar, wie überhaupt die Bildungen auf *-strum* rätselhaft seien.
Die Präferenz des Etr. für den Vokal *a* (s. Kap. B.1.1.3.1.) stellt natürlich alleine kein maßgebliches Argument zugunsten etr. Herkunft eines Wortes dar. [??]

[279] *magister, -trī* m.: „‚Vorsteher, Leiter' (*populī, equitum, sacrōrum* usw.); ‚Lehrer; Führer, Ratgeber'" (*WH* s.v.); seit Inschr. 3.Jh.v.Chr. und *Enn.*
Gegen Deecke, Cortsen, Herbig, Leifer, Benveniste, Mazzarino, Altheim, de Simone, Heurgon, Pfiffig, *WH* l.c., um nur einige namhafte Autoren zu nennen, vertritt Deroy, *De l'étrusque macstrna* (vgl. ders., *Quelques témoignages*, 25; *La racine*, 111) die Auffassung, daß lat. *magister*, üblicherweise aus dem Ie. hergeleitet, aus dem Etruskischen, genauer aus etr. +*macstre* (*o.c.*, 96) entlehnt sei. Aus einer Reihe von altgr. und lat. Wörtern lasse sich die Existenz einer mediterranen Wurzel +*mak-*, „signifiant ‚combiner, arranger, accomoder, agencer, construire par assemblage'" (*o.c.*, 84) erkennen. „... à l'origine, cette même racine ne portait peut-être que la notion générale de ‚mou, sans consistence'." (*L.c.*) Deroy leitet von dieser Wurzel neben *magister* (aus

Anhalt, auch *arbiter*²⁸⁰ zu den Bildungen auf *-str-*; s. S. 84 Fn. 284 bzw. Fn. 280.

LG § 285 (Instrumentalsuffixe ie. *-trom, -trā, -tros*) hält fest, daß die Herkunft des in Bildungen wie *lūstrum, mōnstrum, mollestrae* vorkommenden „Konglutinates" *-stro-* nicht geklärt sei; es ist in der Folge auch Herbigs in dem Aufsatz „*Etruskisches Latein*" dargelegte Theorie einer Herkunft von älterem ⁺*magistros* von etr. ⁺*macstre* aus ⁺*makstre* „arrangeur, combinateur, accomodeur", s.o.c, 93)) eine Reihe lateinischer und griechischer Wörter unterschiedlichster Bedeutung und Herkunft und zusätzlich die germanische Wurzel ⁺*mak-* (!) ab. *macstrevc CII* 2100 (*TLE* 195) trennt Deroy in *macstre-vc* und sieht in *-vc* ⁺*vəc* aus ⁺*vic*, woraus lat. ⁺*vix, vicis*, und übersetzt daher „ayant (eu) rôle ... de *macstre*" (*o.c.*, 94); in *macstrna* erkennt auch Deroy ein Suffix *-na*, allerdings schreibt er ihm recht eigenwillige Funktionen zu, s. S. 51 Fn. 82, Während *macstre* eine Einzelperson bezeichne, „*macstrna* s'appliquait à un corps constitué, à une fonction considérée globalement." (*O.c.*, 96.) Etr. *macstrna* sei als Modell für *magistrātus* in beiden Bedeutungen „Amt" und „Amtsträger" anzusehen.

Eine detaillierte Widerlegung der Ausführungen Deroys erübrigt sich. Zu *macstrevc* und *macstrna* s. weiter unten.

EM s.v. *magis* schließt Herkunft aus dem Etruskischen nicht aus: „L'étrusque a *macstr(na)*, *macstrev(a)* (Richtig: *macstrev(c)*; Anm.d.Verf.), que *Deecke* et *Cortsen* ont rapproché de *magister* ... Si le rapprochement est exact, il peut s'agir d'un mot d'emprunt, *m.populī, m. equitum* ... Le mot, dont le sens général est ,maître, chef', appartient d'abord à la langue du droit et de la religion: *m.sacrōrum, m.Arvālium* etc., et a pris toute sorte d'acceptions suivant les catégories auxquelles il s'appliquait, armée, marine, magistratures civiles, école, vie privée, etc. ..." Die Herleitung aus dem Indoeuropäischen sei nicht unangefochten. „Et l'existence de la forme étrusque citée plus haut est troublante. Accomodation latine d'un mot d'emprunt?"

Die Formen *macstrevc CIE* 5683 (*TLE* 195) und *macstrna CIE* 5267 sind folgendermaßen zu deuten: *macstrevc* < ⁺*macstre-u-c* ist zusammengesetzt aus ⁺*macstre* < lat. *magister*, dem Suffix der Qualitätsadjektiva *-u-* (s. *DES* § 66), das etwa mit lat. *-ālis* wiedergegeben werden könnte, und der Konjunktion *-c* (s. *DES* § 151.a.), die lat. *-que* entspricht. *macstrevc* kann demnach mit „*magistrālisque*" übersetzt werden. In *macstr-na* ist ebenfalls etruskisiertes lat. *magister* zu erkennen, ferner das die Zugehörigkeit ausdrückende Suffix *-na* (s. *DES* § 67 bzw. Kap. B.1.2.1.2.3.2.); die Bildung wäre mit „der zum Magister (⁺*macstre*) Gehörige" (die prinzipiell durchaus mögliche Interpretation als „das zum Magister Gehörige" kann in Hinsicht darauf, daß *macstrna* eine Personenbeischrift darstellt, außer Betracht bleiben) zu übersetzen. Zur historisch-sagenhaften Gestalt des *macstrna*, rücklatinisiert *Mastarna* (*Macstarna, Maxtarna*), s.etwa Heurgon, *La coupe d'Aulus Vibenna*; ders., *Die Etrusker*, 70 ff.

Die Präferenz des Etr. für den Vokal *a* (s. Kap B.1.1.3.1.) stellt natürlich alleine kein maßgebliches Argument zugunsten etr. Herkunft eines Wortes dar. [??]

²⁸⁰ **arbiter,** *-trī* m.: „Augenzeuge, Schiedsrichter, Gebieter" (*WH* s.v.); seit *XII tab.*

Nach Deroy, *l.c.*, von etr. ⁺*árpstre* oder auch ⁺*árpətre*/⁺*árptre* bzw. von der prähellenischen Wurzel ⁺*ár(a)pa* „obligation, marque d'obligation gage", auf die u.a. auch gr. ἀρραβών zurückgehe (s. S. 117 Fn. 56), herzuleiten. Zum (abenteuerlichen) semantischen Zusammenhang (Einzäunung, Schnürschuh als Unterpfand, Verpflichtung) s.ebendort. Nach *WH* l.c. handelt es sich, welche Auffassung zweifellos richtig ist, um eine rein italische, nach *EM* s.v. um eine unklare Bildung.

Die Präferenz des Etr. für den Vokal *a* (s. Kap. B.1.1.3.1.) stellt natürlich alleine kein maßgebliches Argument zugunsten etr. Herkunft eines Wortes dar. [??]

-*str*- bzw. *fenestra, lanistra* aus dem Etruskischen angeführt, jedoch sofort auf J.B. Hofmanns Kritik daran („*Bibliographie*", 3f.) verwiesen. Zu beiden, zu Herbigs Hypothese sowie zu ihrer Widerlegung, s. weiter unten und Kap. B.1.2.1.2.6.1.

Deroy, *La racine*, 110f., sieht in ⁺-*stre* von *plaustrum* ein Nomina agentis bildendes und ein Instrumentalsuffix. „Ce suffixe est attesté, par ailleurs, non seulement dans les vieux noms d'agent d'origine étrusque *sequester*[281] ..., *magister*[282] ... et peut-être *arbiter*[283], mais encore dans les noms d'instrument et de moyen[284] *transtrum*[285], *mōnstrum*[286], *lūstrum*[287], qui sont, avec raison, suspects de remonter à la période étrusque."

Die kritische Stellungnahme hiezu soll sich auf einige wesentliche Punkte beschränken: Weder zeigen in der Regel Suffixe zur Bildung von Nomina agentis und Instrumentalsuffixe gleiches Aussehen; noch kann auch nur für eines der von Deroy aufgezählten Wörter etruskische Herkunft erwiesen werden (als besonders verfehlt ist die Nennung von *magister* und *arbiter* in dieser Liste zu bezeichnen; s. bb.WW.); noch ist im Etruskischen ein Suffix -*stre*- oder -*str*- nachweisbar, was auch von de Simone, *DGE 2*, 281, ausdrücklich betont wird.

[281] S. aber b.W.
[282] S. aber b.W.
[283] S. aber b.W.
[284] Allerdings stellt Deroy, *Les noms*, 26, Fn. 94, auch ohne weiteres *terrester* (sic!) zu den von ihm aufgezählten Wörtern mit angeblich etruskischem, Nomina agentis und Instrumenta bildendem Suffix ⁺-*stre*. Deroy l.c. lehnt die ie. Etymologie von *terra* (**terra,** -ae f.: „‚tera' ‚in augurum librīs' Varro ling. 5, 21 ist archaische Schreibung ... Erde"; *WH* s.v. *terra*; seit Liv.Andr., Enn., Plaut., Cato.) ab, da die ie. Vergleiche seiner Meinung nach nicht überzeugend seien. „L'hypothèse d'une origine étrusque est ... au moins aussi vraisemblable. Le dérivé de type étrusque *terrester* (avec le même suffixe -*ster* que l'emprunt *sequester*) est un solide argument dans ce sens."

Nach *WH* l.c. und *EM* s.v. *terra* ie. (aus ⁺*tersā* < ⁺*tērsā*, dies erwachsen aus dem neutr. -*es*-Stamm ⁺*tēres*; zu *torreō*, daher urspr. „die trockene"); **terrestris** aus ⁺*tēres-tris* mit -*err*- statt -*ēr*- nach *terra*.

Alessio, *Fitonimi*, 213, sieht ein med. Wort ⁺*tar(r)a* „terra" in franz. *Tarascon*, kors. *Tarasco* und Ταρούσκων (*Strab.* 2,1,3; *Ptol. Geogr.* 2, 10, 8).

Auch Gerola, *Substrato mediterraneo*, 349, führt *terra* auf präie. ⁺*tarra* zurück; allerdings müsse der Ausdruck, berücksichtige man sein Vorhandensein im Keltischen und Oskischen und den Wechsel *terra-extorris*, bereits vor der Ansiedlung der Protolatiner in Italien in ie. Sprachen übernommen worden sein. Der iberische Raum sei als eigentliches Epizentrum dieses Ausdruckes zu betrachten: Es lasse sich der Ausdruck mit der Bergbau-Terminologie in Zusammenhang bringen; zudem gebe es im Bask. das Wort *tarroka* „zolla die terra". Der Wechsel *a/e*, wie er in ⁺*tarra/terra* vorliege, sei typisch für die Übernahme med. Wörter ins Ie. (O.c., 362.) [??]

[285] S. aber b.W.
[286] S. aber b.W.
[287] S. aber b.W.

RI bietet über 30 Beispiele für die Konsonantenkombination *-śtr(-)*[288]; davon sind sicher — weil *-śtr(-)* kein Suffix darstellt — auszuscheiden: die das Namenelement *vest(r)-* enthaltenden Wörter; Entlehnungen aus dem Griechischen, Lateinischen und Punischen (*castra CII* 2514, *caśtra CII* 1448 u.ö.[289]; *macstrev(-c) CIE* 5683 = *TLE* 195, *macstrna CIE* 5267[290]; ⁺*astres* in *unialastres CIE* 6314 = *TLE* 874[291]); Wörter, in denen zumindest *-s-* zum Stamm zu zählen ist. Es bleiben als größere Gruppe die Formen *śpureśtreś, śpureśtres, śpurestres, śacnicśtreś, śacnicstreś, śvelśtreś, lustreś,* alle *AM.* Doch auch hier kann nicht von einem Suffix *-śtr-* gesprochen werden; denn in den Wörtern auf *-śtreś* läßt sich klar der Genetiv *-treś* des Suffixes *-tra* (manchmal *-Θra*) erkennen, das, an den Genetiv von Namen, Substantiva und Pronomina angefügt, Kollektiva bildet (s. *DES* § 169)[292]. Schließlich sind noch die Wörter *halistrea* und *malstria* zu erwähnen: *halistrea CIE* 1874 kann Individualcognomen oder Berufsbezeichnung sein, ist im übrigen ungeklärt; die Deutung „Spiegel" für *malstria CII* 2582 (*TLE* 752) ist unsicher (s. *DES*, 294). Jedenfalls besteht kein Anlaß, in diesen jeweils nur einmal belegten Wörtern aus offenbar verschiedenen Wortkategorien (Name oder Berufsbezeichnung/Appellativ) und mit daher wahrscheinlich verschiedener Bildungsweise ein sonst nicht nachweisbares etruskisches Suffix *-str-* zu vermuten.

Nun noch kurz zu einem Sonderfall von *-str-,* zu *-astro-.* Dieses Suffix, dessen pejorativen Charakter Müller-Graupa, *Zum altlateinischen formus,* 139 ff., deutlich hervorgehoben hat, stammt nach Kretschmer, *Die vorgriechischen Sprach- und Volksschichten,* 262 f., möglicherweise aus dem Etruskischen. Da jedoch Kretschmer von falschen Voraussetzungen ausgeht (in lat. *-aster* sei an den zu einem ie. A-Stamm gebildeten Gen. auf *-s* etr. *-ter* angetreten, welches zwar als mit *-tra* verwandt, aber als Nominativ und — zögernd — als feminin aufgefaßt wird[293], so daß Kretschmer mit der

---

[288] Sie ist daher als durchaus geläufig zu bezeichnen. Diese Tatsache allein dürfte jedoch nicht ausreichen, Alessios *LE* s.v. *cisterna* geäußerter Theorie, wonach der Wucherlaut *-r-* nach der Konsonantenkombination *-st-* in gr. Lehnwörtern des Lateinischen als Hinweis auf etruskische Vermittlung anzusehen sei (vgl. u.W. *cisterna*), eine solide Basis zu verschaffen. Alessio selbst argumentiert *l.c.* mit *-str-* in lat. *aplustra*, „che è indubbiamente un prestito, attraverso l'etrusco, dal gr. ἄφλαστα"; das *-r-* in *aplustra* findet jedoch keine sichere Erklärung aus dem Etruskischen; s.b.W.
[289] *caśtra* < Κασσάνδρα; s. *DGE 1,* 46.
[290] S.u.W. *magister.*
[291] ⁺*astres* (Gen.) in *unialastres* aus punisch *štrt* „Astarte"; s. Pfiffig, *Uni,* 26.
[292] Anders zu *-tra,* Pallottino folgend, de Simone, *DGE 2,* 282: *-tra* enklitischer Artikel.
[293] Ein Suffix in der Nominativform *-tre* ist aus dem Etruskischen nicht bekannt; *-tra* (*-Θra*), an den Gen. von Namen, Substantiven und Pronomina antretend, bildet Kollektiva; s.o. im Text.

fiktiven Form ⁺śacnicśtre „eine zur Priestersippe gehörige Frau"²⁹⁴ operiert), ist diese Theorie abzulehnen. Die Herkunft von -astro- ist allerdings nach LG § 288.C. unaufgeklärt.

Auch für -astro- bietet das Etruskische keine Parallelen. In dem in der vorliegenden Untersuchung behandelten Wortmaterial findet sich keine mit diesem Ausgang versehene Form.

B.1.2.1.2.4.4. -tur [??]

Voltur²⁹⁵.

Ausführlicher befaßt sich mit voltur Schnetz in Herbig-Schnetz, Etruskische Raubvogelnamen, 7 f.: Etruskisch velθur²⁹⁶ sei von Müller-Deecke I,455, vermutungsweise mit lateinisch voltur „Geier" identifiziert und dieses als etruskisches Lehnwort betrachtet worden, was beides von Herbig akzeptiert worden sei. Schnetz habe zwar in Herbigs Nachlaß keine ausdrückliche Widerlegung der gängigen ie. Etymologie (von vellō; s. Fn. 295) gefunden, aber Herbig „scheint an dem Ausgang -tur, -tŭris Anstoß genommen zu haben, der sich tatsächlich als rein lateinisch nicht rechtfertigen läßt". Zu der einer Grundlage entbehrenden Gleichsetzung von lat. voltur und etr. velθur s. weiter unten.

Ernout, EE,122, lehnt die Herleitung von voltur aus vellō ab und denkt wegen etr. tunur, zelur, uθur (s. dazu weiter unten) sowie wegen etr. velθur-²⁹⁷, veltur²⁹⁸ an Herkunft aus dem Etruskischen. Die Verwendung eines Wortes als EN und Vogelname zeige sich z.B. auch bei Gaius/gaius.

---

²⁹⁴ Belegt ist śacnicśtreś AM 8¹⁴ u.ö., nominal flektierender Gen. zu ⁺śacnicśtra, einem Kollektivum auf -tra (s. S. 85) mit der Bedeutung „Priesterschaft" (DES, 301).
²⁹⁵ voltur/vultur, -uris, volturus, -ī (Enn.Ann.138) m.: „Geier" (WH s.v.); seit Enn. und Plt.
Ableitung volturius, -ī m. (vgl. Kap. B.1.2.1.2.4.6.): „Geier; Geierwurf beim Würfelspiel" (WH s.v. voltur), seit Plt.
Zu den Ausführungen von Schnetz, Ernout und Heurgon, die alle voltur auf etr. velθur zurückführen, s. im Text weiter unten.
Oštir, Drei vorslavisch-etruskische Vogelnamen, 9, 50, 58, 76 f., verknüpft in seiner bekannten Art lat. voltur, gr. αἰετός, etr. velaral (CIE 3766 = TLE 585 u.ö., GN f. im Gen.) und veiaral (nach Ausweis von ThLE nicht belegt), vorslav. lunjь, etr. vel (Belege s. ThLE, 136 f., PN m.) und velθur (Belege s. ThLE, 140 f., PN m.), lat. falcō etc. Eine Diskussion erübrigt sich.
EM s.v. schließt, Heurgon folgend (s. im Text weiter unten) etruskischen Ursprung nicht aus. WH l.c. hält an der Etymologie aus vellō fest; die Hypothese eventuell etruskischer Herkunft ist in keiner Weise erwähnt. [??]
²⁹⁶ Zu den Belegen für das etr. m.PN velθur und davon abgeleiteten Formen s. ThLE 140-142.
²⁹⁷ Zu den Belegen für das etr. m. PN velθur und davon abgeleiteten Formen s. ThLE 140-142.
²⁹⁸ CIE 5893, unkorrekte Schreibung für velθur.

Dem ist folgendes entgegenzuhalten:
Die Formen *tunur* und *zelur*, beide *CIE* 4116 (*TLE* 619) sind Distributivnumeralia, entsprechen also lat. „*singulī*" bzw. „*bīnī*", s. *DES* § 110, vgl. S. 77 und 91; *uθur* alleine ist nicht belegt, nur *uθurlanueiθi CIE* 301 (*TLE* 739), wahrscheinlich, so Prof. Pfiffig brieflich, ein Nomen im Plural und Ortsangabe (-*θi* Suffix des Lokativs, s. *DES* § 58); Zusammenhang mit ⁺*ut*- „leisten" (*DES*, 309) ist möglich, aber nicht sicher.

Die Herleitung von lat. *voltur* aus etr. *velθur* ist, wie bereits gesagt, abzulehnen, s. weiter unten.

Die Erscheinung, daß ein (Vor)name mit einem Tiernamen gleichlautend ist (so z.B. bei *Gaius/gaius* „Häher", *Titus/titus* „Taube", *Lucius/lucius* „Hecht", *Aulus/aulus* „Art Kammuschel", *Valeria/valeria* „Schwarzadler"), wurde vielfach erörtert, s.z.B. Herbig-Schnetz, *o.c.*, 6f., und besonders Müller-Graupa, *Primitiae*, 137 ff. Festgehalten sei — da die Vorstellung einer nicht nur lautlichen Identität eines Menschennamen und einer Tier-, meist Vogelbezeichnung (vgl. z.B. *LG* § 259.1.c. mit Literaturverweisen, weitere Lit. s. Müller-Graupa, *o.c.*, 138, Fn. 1: Tierbezeichnungen nach den Vornamen; anders Devoto, *Rapporti Onomastici*: die EN *Titus, Lucius, Gaius* wahrscheinlich von Taube, Hecht, Elster als Totemtieren abgeleitet) immer wieder Ausgangspunkt verschiedener Kombinationen ist, daß, wie Müller-Graupa, *o.c.*, erkannt hat, ein derartiges Zusammenfallen rein lautlicher Natur, die Identität daher nur scheinbar ist.

Heurgon, *Voltur*, schreibt ebenfalls — besonders wegen des aus dem Ie. nicht erklärbaren Ausganges -*tur* — *voltur* dem Etruskischen zu. Etr. *Vel-θur* (GN *Velθurna*[299]) finde sich in dem Namen des röm. Flußgottes *Volturnus*[300], in den geographischen Namen *Volturnum* (alter Name von *Capua*), *Volturnus* (Fluß in Kampanien), *Voltur* (Vulkan bei *Venusia*) und dem Südwind *Volturnus* (Wind vom Berge *Voltur*). Dahinter sei der Gott *Vel* der Bronzeleber zu erkennen, der sich auch in den Götternamen *Voltumna* — *Vortumnus* identifizieren lasse. „... on conviendra peut-être que *Volturnus* est le nom particulier sous lequel les fondateurs de l'Étrurie latine et campanienne ont connu un des principaux dieux de leur nation ..." (*O.c.*, 114). *Velθur* = *voltur* sei der Vogel des Gottes *Vel*.

Folgendes ist gegen Heurgons Auffassung einzuwenden: Zunächst ist, wie schon mehrfach gesagt, eine Gleichsetzung lat. *voltur* — etr. *velθur* nicht

---

[299] *CIE* 4135 u.ö.; s dazu auch S. 61 Fn. 121.

[300] Zu diesem Gottesnamen, welcher von ihm ebenfalls auf das etr. GN *velθurna* zurückgeführt wird, s. ausführlich de Simone, *Il nome del Tevere*, 144 ff.; vgl. ders., *Gli Etruschi a Roma*, 102 f.

aufrecht zu halten (s. weiter unten), wie auch die Verknüpfung des PN *vel* bzw. *vel-θur* mit *Volturnus, Volturnum, Voltur* höchst fraglich erscheint, sofern nicht der Kern des PN *vel(θur)* mit dem des etruskischen Erddämons *velθa* (s. weiter unten), der wohl vorteilhafter zur Erklärung der aufgezählten Namen *Volturnus* etc. herangezogen wird, ident ist. Ferner ist ein Gott *vel* in der etruskischen Götterwelt nicht bekannt: Heurgon beruft sich *o.c.*, 114, Fn. 1, bezüglich der Lesung *vel* statt *velχ* auf Körte G., *Römische Mitteilungen* 20, 1905, 363 u. 365; es muß jedoch *velχ( )* gelesen werden, s. *RET*, 126 f.

Weiters ist der Göttername *Voltumna / Vortumnus / Vertumnus* nicht von *vel*, sondern von *velθa AM* 10⁸ u.ö., der Bezeichnung eines Erddämons, herzuleiten; s. genauer u.W. *autumnus*.

Und schließlich könnte, abgesehen von diesen Einwänden, *-θur* nach Heurgons Auffassung nur bedeuten „Abkomme des *Vel*" (s. weiter unten bzw. *DES* § 166). Dies für einen Vogel? Und ein Vogelname mit der Bedeutung „Sohn des Gottes *Vel*" sollte völlig gleichlautend mit einem PN sein, für das eine derartige Bedeutung noch einzusehen wäre? Und *Vel* alleine sollte zugleich eine Gottesname und ein PN sein? Die Deutung Heurgons dürfte abzulehnen sein.

Insgesamt geht die Spekulation, daß *velθur* und *vel* nicht nur *PN*, sondern auch Vogelnamen seien, weshalb in Bilinguen (z.B. *TLE* 455, 554, 926, 608, 661) etr. *vel* mit lat. *Gaius* (= *gaius* = „Häher") „übersetzt" worden sei, seit den ersten Gleichsetzungshypothesen von der falschen Voraussetzung aus, daß Pränomina in Bilinguen übersetzt würden, daß also lateinisch *Gaius* etruskisch *vel* übersetze. Daß dies nicht der Fall ist, sondern daß einem etruskischen gängigen Bürgerpränomen — wenn möglich unter Berücksichtigung lautlicher Anklänge[301] — ein ebensolches aus dem Kanon der lateinischen Bürgerpränomina entgegengesetzt wird, ist seit U. Colis Aufsatz „*Formula onomastica romana nelle bilingui etrusco-latine*" klar und wurde durch die genaue Untersuchung von Rix, *Die Personennamen*, 155-160, erhärtet.

Zu etr. *-θur* s. *DES* § 166: Danach bildet *-θur* von männlichen PN abgeleitete PN; Kollegialnomina aus Götternamen oder Berufsbezeichnungen; den Plural der GN auf *-na*. Es werde jedenfalls, so Prof. *Pfiffig* brieflich, „eine Zugehörigkeit persönlicher Art" bezeichnet haben (vgl. Vetter, *Etruskische Wortdeutungen*, 11, der zu etr. *-θur* lyk. *θurtt* „Bruder" vergleicht); seine

---

[301] Existiert zu einer etruskischen Namenform eine lat. Entsprechung, etwa *tite-Titus, aule-Aulus*, wird diese gewählt; andernfalls wird, wenn möglich, Akrophonie bevorzugt, z.B. *laris-Lucius*; kommt auch dies nicht in Frage, wird häufig das PN *Gaius* gewählt (vgl. *DES* § 204.2).

ursprüngliche Bedeutung wäre vielleicht mit „Sohn, Nachkomme, Angehöriger" zu präzisieren.[302]

Soweit man demnach aus den als sicher geltenden Ergebnissen der Forschung zum etruskischen Suffix *-θur*, d.h. aus den in *DES* § 166 aufgeführten drei Funktionen, und aus der Verwendung von *vel* und dem davon mit Hilfe von *-θur* abgeleiteten *velθur* (in der eigentlichen Bedeutung „Sohn des Vel") als etruskische Bürgerpränomina schließen kann, ist aus semantischen Gründen weder an ein Einwirken des etruskischen Formans *-θur* auf lateinisch *voltur/vultur* noch an eine einfache Übernahme von etruskisch *velθur* als lateinisch *voltur/vultur* — so verführerisch dies aus lautlichen Gründen auch erscheinen mag — zu denken.

B.1.2.1.2.4.5. *-ur-* an Zahlwortstämmen [?]

Centuria[303], *decurēs*[304], *decuria*[305].

Zu den Versuchen, lat. *-ur(r)a, -tur, -urius* aus dem Etruskischen herzuleiten, s. Kap. B.1.2.1.2.4.2., B.1.2.1.2.4.4., B.1.2.1.2.4.6. Speziell für die Silbe *-ur-* an Zahlwortstämmen wurde nach Wissen der Verfasserin bisher Entleh-

[302] Zu weiter zurückliegenden Deutungsversuchen zu *-θur* s. die Literaturangaben bei Herbig, *Satre-Saturnus*, 456-458.
In dem etwa zehn Jahre nach *DES* erschienenen Aufsatz „*Etr. splatur*", 207, unterscheidet Armani zwischen *-tur* und *-θur*; die Funktion von *-tur* sei noch nicht sichergestellt, auch die Funktionen von *-θur* seien — bis auf die in *DES* § 166 angeführten — noch nicht alle geklärt. Die Annahme des Entstehens einer auch morphologisch relevanten phonologischen Opposition durch bloße Aspiration bleibt jedoch trotz aller bisher vorgebrachten Argumente (vgl. etwa zu $c(k)/\chi$ de Simone, *I morfemi etruschi*) nach Ansicht der Verf. höchst suspekt.

[303] *centuria, -ae* f.: „Hundertschaft" (*WH* s.v. *centrum*); seit *Lex agr.*
Zur Hypothese Ernouts, *EE*, 105 f., Fn. 3, der wegen des zu den etruskischer Herkunft verdächtigen Wörtern *Lucērēs, celerēs* (s.b.W.), *procērēs* (s.b.W.) anscheinend analog gebildeten Komplexes *-ures(-uria)* und aus kulturhistorischen Gründen etruskische Beeinflussung in Betracht zieht, s. im Text weiter unten.
Abgelehnt wird dieser Versuch einer Herleitung des Ausganges von *centuria* und *decuria* aus dem Etruskischen von *WH* s.v. *centum* bzw. s.v. *decem*; die Bildungsweise — r-Suffix als Formans für Kollektiva — sei rein ie. *EM* s.v. *decem*, Ernout, *l.c.*, folgend, schließt, obwohl das Ie. Parallelen biete, etruskischen Einfluß auf *decurēs* und in der Folge auf *decuria* und *centuria* nicht völlig aus.
Als lat.-etr. Hybridbildung (s. Kap. C.1.2.1.) und als Übersetzungslehnwort (s. Kap. C.1.3.1.) ist das Wort jeweils mit [?] zu versehen; s. dazu im Text weiter unten.

[304] *decuria, -ae f.*: „Zehntschaft, (Zehner) abteilung" (*WH* s.v. *decem*); seit *Plt.*
decurēs: „*decuriones*" *Paul. Fest.* 63, 8L.
Zu Ernouts Auffassung (*EE*, 105 f., Fn. 3) s. im Text weiter unten; dort auch zur Darlegung in *LG*. Zu den Stellungnahmen in *WH* und *EM* s. Fn. 303.
Als lat.-etr. Hybridbildungen (s. Kap. C.1.2.1.) und als Übersetzungslehnwörter (s. Kap. C.1.3.1.) sind die Wörter jeweils mit [?] zu versehen; s. dazu im Text weiter unten.

[305] S. Fn. 304.

nung aus dem Etruskischen nicht in Betracht gezogen, wenn auch für die hierher gehörigen Wörter von Ernout, *EE*, 105, Fn. 3, etruskische Beeinflussung in Betracht gezogen wurde (s. weiter unten).

LG erklärt *centuria* und *decuria* wie folgt: „Suffix *-uria*: *cent-uria* nach *dec-uria* (auch umbr.), dies wohl nach *quīnc-uria* (vgl. umbr. *pumpeřies*), einer Nachbildung zu falsch zerlegtem ⁺*quetur-ia* ..." (§ 274.A.1.d.) „Als Stammform für ‚4' ist *quadr-* eine lat. Neuerung, abstrahiert aus *quadr-āginta* ‚40', bezogen auf *quīnqu-āgintā* — Die ererbte Stammform war ⁺*kʷetur-* ... Dazu vermutlich als ital. Ableitung ⁺*kʷetur-ia*, Musterform für *dec-uria cent-uria*; plur. *decur-ēs*, nach *Paul.Fest.* ‚*decuriones*', eher wohl ‚Glieder einer *decuria*', sei es als Rückableitung oder als direkte Nachbildung von akk. ⁺*quatur-ēs*; vgl. auch die pluralischen Festesnamen umbr. *dequriā-* osk. *púmperiā-* .." (§ 378.B.ad „4").

WH s.v. *decem* betont, daß die *r*-Ableitung zur Bildung von Kollektiva ie. sei (vgl. S. 89 Fn. 303).

Doch weder die oben wiedergegebene Erklärung aus *LG* noch die weiteren bei *WH* s.v. *centum* bzw. *decem* angeführten Herleitungsversuche von *centuria* bzw. *decuria* aus dem Ie.[306] überzeugen im Detail.

Ernout, *EE*, 105f., Fn. 3, meint in Anschluß an die Besprechung von *Lucērēs, celerēs*[307]*, procerēs*[308], in denen er Entlehnungen aus dem Etruskischen sieht: „N'est-ce pas sur ce modèle qu'aurait été formé *decurēs* encore conservé par *Festus, P.F.* 63,8, et 66,8 d'où proviennent *decuria, decuriō*, et par analogie *centuria, centuriō*, et dont la dérivation n'est rien moins que claire en latin? Car on ne peut guère suivre *M. Leumann* lorsqu'il avance que *decures* ‚ist rückläufig angelehnt an ⁺*qʷetur* (Akk.gr.hom. πίσυρας ai. *catúras*)', et que parmi les substantifs en *-ria*, pour expliquer *decuria*, il est obligé d'imaginer ‚auch wohl ⁺*quatur-ia*, das Muster für ⁺*quincuria*, umbr. *pumpeřias decuria* (auch umbr.), *centuria* ...' (Stolz-Leumann-Hofmann, *Lat. Gramm.* p. 208)[309]. Les astérisques dont sont munis ⁺*quaturia* et ⁺*quincuria* doivent nous laisser sceptiques; et l'ombrien *pumpeřias* avec son *r* qui note un *d* intervocalique, et son vocalisme en *e*, ne se laisse pas ramener à ⁺*quincuria*. Mais il est possible qu'il y ait là des traces d'une organisation étrusque, qui se serait étendue à

---

[306] Die Deutungsversuche von Corssen, *Aussprache 2*, 683 (Angabe nach Maresch, *Zur Etymologie*, 90), der eine Vorform ⁺*decu-viria* annimmt, und von Maresch, *Zur Etymologie*, der *decuria* als durch Haplologie aus ⁺*decu-curia* (*decurēs* aus ⁺*decu-cures*) entstanden erklärt, finden bei *WH* ll.cc. keine Erwähnung.

[307] S.b.W.

[308] S.b.W.

[309] Vgl. im Text weiter vorne unter „*LG*".

Rome comme à l'Ombrie (sur l'origine étrusques des centuries, voir entre autres *Tite Live*, I,13,8; IV,4,2; *Festus*, 358,21 ...). La formation en *-iō* de *decuriō, centuriō* ne contredirait pas l'hypothèse ..., et *decurēs* se range à côté de *Lemurēs*[310] dont l'origine étrusque n'est guère contestable."

Ernouts Hypothese läßt sich mit Hilfe der etruskischen Morphologie konkretisieren: Das Etruskische verwendet — oft unter Voranstellung eines Zwischenvokals *-u-*; s. *DES* § 42, vgl. S. 77 — das vorwiegend als Pluralkennzeichen begegnende Suffix *-r* auch zur Kennzeichnung der Distributivzahlwörter; auch hier wird, soweit bekannt, der Einschubvokal *-u-* vorgesetzt; s. *DES* § 110; vgl. S. 77 und 87.

Dieses im Zuge einer das typische Suffix mit übernehmenden Lehnübersetzung[311] an lateinische Grundzahlwortformen angefügte etruskische *-ur* wäre zum Zwecke der Einfügung in lateinische Deklinationsschemata um *-is* (überliefert nur Pl. *-ēs*) bzw. *-ia* vermehrt worden. *-ia* bildet nach *LG* § 274 Abstrakta, zumeist (*l.c.*, A.1.) abgeleitet von (Personal-)Adjektiven (Typ *audācia*), aber auch (*l.c.*, A.2.) „selten und sekundär von Personalsubstantiven; Typus *mīlitia*, so im Militärbereich (wohl nach *vigil-ia*): *mīlit-ia custōd-ia* ..." Zu *centuria* verweist *LG* auf die § 274.A.1.d. gegebene Erklärung (s. weiter vorne).

Es wäre also als Ausgangsform für *decuria decurēs* bzw. +*decuris* anzusetzen; die Ausgangsform für *centuria* (+*centuris*) ist nicht belegt.

Für den aus *dec-ur-ēs* erschließbaren Sg. +*dec-ur-is* könnte die (allerdings nicht beweisbare) Grundbedeutung „der von (zu, über) je zehn", für *dec-ur-ia* „was zu dem von (zu, über) je zehn gehört" angenommen werden.

Erwähnt sei schließlich noch, worauf schon Ernout, *l.c.*, hingewiesen hat (Zitat s. weiter vorne), daß für die als „*centuria*" bezeichnete militärisch-politische organisatorische Einheit durch *Liv.* 1,13,8 und 4,4,2 sowie durch *Fest.* 358,21 L (s. S. 132) etruskische Herkunft nahegelegt wird.

Es bestünde demnach einige Berechtigung, in lat. *-ur-* von *decurēs, decuria, centuria* das Suffix der etruskischen Distributiva zu vermuten.

B.1.2.1.2.4.6. *-urius (-uriō)* [??]

Longurius (longuriō)[312].

Spurius ist, da *-ur-* stammbildende Funktion zukommt, fernzuhalten (s.b.W.). Das gleiche dürfte von *Saturiō* zu sagen sein (s.b.W.).

---

[310] S. aber b.W.
[311] Vgl. Kap. B.1.2.1.2.4.1.
[312] *longurius,* ī m.: „lange Stange" (*WH* s.v.); seit *Varro* und *Caes.*
longuriō, -ōnis m.: „langer Kerl, Hopfenstange" (*WH* s.v. *longurius*); *Varro* Men. 562.

Volturius/vulturius „Geier" ist offenbar Erweiterung zu gleichbedeutendem *voltur/vultur* mittels des gut lateinischen, denominative Adjektiva der Zugehörigkeit bildenden Suffixes *-ius*[313]; dazu vgl. *LG* § 273.A.; zu *voltur* selbst s.b.W.
Nach Ernout, *Aspects*, 108 (Zitat s. Fn. 314), sei *-urius* wie in *Mercurius*[314],

> Ernout, *EE*, 112, Fn. 2, erwähnt *longuriō* unter der seiner Auffassung nach etruskisch beeinflußten Kategorie der volkstümlichen Wörter auf *-iō, -iōnis*; s. Kap. C.4.1.7.
> Nach *WH* l.c. handelt es sich bei *longurius* und *longuriō* um Ableitungen von *longus* mit etr.-lat. Suffixen (s. im Text weiter unten). Keine Erwähnung etruskischen Einflusses bei *EM* s.v. *longurius; longuriō* könnte nach dem Typ der Desiderativa auf *-uriō* gebildet sein. Nach *LG* § 323.A.1. sei als Grundwort für *longuriō* wohl *longulus*, sc. *homō*, anzusetzen.[??]

[313] Das gleiche Suffix *-ius* — diesmal in spezifischer Funktion als Gentilizia bildendes Suffix — begegnet in dem zu *volturius* „Geier" homonymen EN *Volturius*: Es handelt sich um latinisiertes etruskisches *vel-θur-na* (*CIE* 4135 u.ö., GN m; vgl. S. 61 Fn. 121; vgl. auch Kap. B.1.2.1.2.4.4.), wobei lateinisch *-ius* hier (wie überhaupt prinzipiell als denominatives, Adjektiva der Zugehörigkeit bildendes Suffix) in Bedeutung und Verwendung etr. *-na* entspricht; s. *LG* § 271.A.1., bes. c., und *DES* § 67 ff.; vgl. auch S. 66 Fn. 171 und S. 199 Fn. 106.

[314] Für die Götterbezeichnung **Mercurius** wird in der Literatur öfter, vor allem ihres Ausganges wegen, etruskische Herkunft angenommen. Da *merx* von einigen Autoren mit *Mercurius* in Zusammenhang gebracht wird, seien beide Ausdrücke, der Göttername und das Appellativ, hier kurz behandelt:

merx (*mers* Plt.; *merces* Sall.ap.Char. *GLK* 1, 27, 22), *-cis* f.: „Ware" (*WH* s.v.); seit Plt.
Ernout, *Aspects*, 108, bemerkt zu *merx*: „Mot ancien, dont dérive le nom de dieu *Mercurius* (*Mirqurios* à Préneste), qui a une finale d'aspects étrusque: cf. *Titurius, Mamurius*, etc. — Terme de civilisation suspect d'être emprunté."
Vgl. *EM* s.v. *merx*. „Le suffixe de *Mercurius* est le même que celui de *Titurius, Mamurius, Veturius* (étrusque?) ... *Merx* est sans étymologie connue. Il est possible que *Mercurius* soit d'origine étrusque et que son culte n'ait été introduit que tardivement à Rome (495 av.J.-C.); mais ceci ne suffit pas à le détacher de *merx*, qui peut avoir la même origine et avoir été emprunté, comme maint terme de civilisation."
Zusammenhang zwischen *merx* und *Mercurius* — beides sei etruskischer Herkunft — vermutet auch Carnoy, *Etrusco-latina*, 105 f., der dazu folgende abenteuerliche Hypothese entwirft: Etr. „*mercu*" (Carnoy scheint Kennzeichnung durch Sternchen für überflüssig zu halten) bedeute „messager", herzuleiten von der Wurzel „*mer, mir*" „apporter", welche zu ie. „*mer-k*" „saisir" zu stellen sei. Eine Widerlegung der Behauptungen Carnoys erübrigt sich. Betont sei, daß keine der von ihm angeführten „etruskischen" Formen belegt ist. *ThLE*, 240 f., hat folgende Formen mit *mer-* aufzuweisen: *mera CIE* 5179 (*TLE* 207) u.ö.; *merva* Gerhard-Körte 5, 59; *merpaṣṇiia SE* 41, 289, n. 38; *merta(CIE* 6309 (*TLE* 75); *merua SE* 41, 324, n. 115. *mera, merva, merua* sind, so Prof. Pfiffig brieflich, Allegro-Formen zu *menerua/menerva* (vgl. Pallottino zu *TLE* 207; *RET*, 53); *merpaśniia*, ein Hapax mit unsicherer Lesung, ist ungedeutet, ebenso das verstümmelte *merta(*.
WH l.c. gibt einer (im Detail unsicheren) Erklärung aus dem Ie. den Vorzug: „ = o. *amiricatud* ,⁺*immercātō* (ohne Entgelt)', *amiricum* ,⁺*immercāri*'. Weitere Anknüpfung unsicher. Vl. ... zu Wz. ⁺*merk-* ‚fassen, ergreifen' ... Die Bed.-Entw. von *merx*, die schon vorhistorisch sein muß, ist dabei nicht klar ..." — *Mercurius* habe fernzubleiben. Angeschlossen sei die von *WH* s.v. 1. *Mercurius* zu *Mercurius* (prän. *Mircurios, Mirqurios*) gegebene Deutung: „Etrusk., aus etr.

Titurius, Veturius, Mamurius wahrscheinlich etruskisch. *WH* s.v. *longurius* sieht in *longurius* und *longuriō* Ableitungen von *longus* mittels etr.-lat. Suffixe. Vergeblich wird man im Etruskischen ein Vorbild für lat. *-urius -uriō* suchen:

Beim Ausgang *-ie*, der vom Namenmaterial her wohl bekannt ist, handelt es sich sehr häufig um die etruskisierende Wiedergabe der italischen Endung *-ios*; vgl. *DES* § 202, *DGE 2*, 95 u. 291; in einigen Fällen ist etr. *-ie* auch auf gr. -ιος zurückzuführen, s. *DGE 2*, 103 ff. Das Zusammentreffen von *-r-* und *-ie* ist nach Ausweis von *RI* vierzehnmal belegt, das Zusammentreffen von *-ur-* und *-ie* dreimal, wobei aber — sieht man von den gar nicht analysierbaren Formen θrie *CIE* 6309 (*TLE* 75) und *eieirie* (?) *CII* 2081, ferner von singulär belegtem *safrie TLE* 883 aus einer nur sehr verstümmelt erhaltenen Grabinschrift und von ebenfalls nur einmal belegtem *lautneterie NRIE* 337, welches zweifellos zu *lautneteri* „Klient der Familie" (*DES*, 292) zu stellen ist, ab — *-r-* bzw. *-ur-* jeweils als zum Stamm oder zu einem diesen erweiternden Suffix gehörig von *-ie* mit Sicherheit zu trennen ist.

Das Suffix *-iu* bildet männliche Kosenamen, s. *DES* § 165; es ist bei einigen der beinahe 60 in *RI* aufgeführten Formen auf *-iu* zu isolieren. Ein Ausgang

⁺*mercura*, also urspr.Gentilgottheit, deren Kult aus Falerii um die Wende des 6. und 5.Jhs. in Rom eingeführt wurde (Herbig *Religion und Kultus der Etr.*, 7, 12, Altheim, *Gr. Götter* 43 ff., *SteMat.* 8,147, Ribezzo *RIGI*.15, 99) ... Mit dieser Herkunft deckt sich das Verbreitungsgebiet des Kultes Merkurs im alten Italien (nicht auf osk.-umbr. Gebiet außer in etr. Gründungen und Einflußzentren) und seine Funktionen namentlich als Totengeleiter (etr. *turms aitas* [Belegt ist *turmś aitaś CII* 2144; Anm. d. Verf.]), als Bote der Götter (*Mercurius Camillus*), als Gott der Kampf- und Wettspiele (Ἑρμῆς Ἐναγώνιος) u.a., die *A.a.O.* sämtlich aus etr. Brauch herleitet." Zusammenhang mit *mercārī, merx* sei abzulehnen. Ableitung aus dem Ie. sei nicht angängig.

Der Artikel „*Mercurius*" in *KP* von G. Radke gibt zur Etymologie von *Mercurius* folgende Auskunft: „Antike Namensdeutungen aus *mirari* (*Varro* b. Keil *GrL*.7, 77, 3 [Richtig: 7,77,13. Anm. d. Verf.]), *mediuscurrens* (*Aug.* civ.7, 14. *Arnob.*3, 32. *Isid.* orig.8, 11, 45f.), *merx* (*Paul. Fest*.111, 10L. *Serv.* Aen.4, 638. *Aug.*civ. 4, 11. *Isid.* orig.8, 11, 3.46); als Handelsgott verspricht und bringt *M. lucrum* (*Plaut.* Amph. prol.1 f., *Ov.*fast.5, 689. *CIL*.V 6594. 6596 *lucrorum potenti*. VI 520 *lucri repertor*. XIII 2031 *lucrum promittit*), weshalb die falisk. Namensform *mercu-* ... auf Weihinschr. aus der *stips votiva* des Hermes-Tempels ‚ai sassi caduti' ... aus ⁺*merk-u̯o-* ‚Warenbringer' entstanden sein kann (vgl. kampan. *mirikui* ...); suffixale Namenserweiterung in Rom wie bei *longurius* u.a. nach Vorbild von Gentilnamen wie *Titurius, Pacurius* u.a., jedoch kein etr. Gentilkult ..."

Festzuhalten ist, daß etr. Herkunft des Gottesnamens trotz aller eben vorgeführten Spekulationen (insbesondere der Begriff der Gentilgottheiten ist — nicht nur im vorliegenden Fall, s. Radke, *l.c.* — abzulehnen, s. S. 77 Fn. 259) nicht erweislich ist; damit fällt — will man *merx* und *Mercurius* in Verbindung bringen — auch für *merx* selbst jeder Beweis für etruskische Herkunft. Im Anderen Falle — kein Zusammenhang zwischen *merx* und *Mercurius* — lassen sich ohnedies keine stichhaltigen Argumente für *merx* als etr. Lehnwort erbringen. Die Theorie einer Herkunft von *merx* aus dem Etruskischen ist daher mangels Beweisen abzulehnen. [??]

-i-u ist auch bei GN und CN anzutreffen, s. Rix, *DEC*, 153 ff. Eine Verbindung von *-r-* und *-i(-)u* ist nach Ausweis von *RI* achtmal[315] belegt, jene von *-ur-* und *-i(-)u* viermal[316]. Bei allen Formen ist aber — sieht man von unklarem *pevφatelouriu SE* 14,438 bzw. *perφaṭelouriu̯ SE* 36,264 ab — *-r-* bzw. *-ur-* als zum Wortstamm oder zu einem diesen erweiternden Suffix zugehörig zu betrachten und jedenfalls von *-i(-)u* zu trennen.

Es ist also nicht gerechtfertigt, in lat. *-urius, -uriō* latinisierte etruskische Suffixe zu sehen.

B.1.2.1.2.5. *Suffixe auf -sa (-issa*[317]*, -ı̆sa, -us(s)a, -sa; -ssa* [?]*)*

Assisa, carisa (carissa), cērussa (cērusa), ci/ı̆?mussa (cimisa), favissae (favisae), gemursa, madulsa, mantı̄sa (mantissa), pānsa.

Bei *massa* und *obrussa* kann, handelt es sich doch um Entlehnungen aus gr. μᾶζα bzw. ὄβρυζα, wohl nicht von einem Suffix *-ssa* gesprochen werden. Etruskische Vermittlung und somit Rückführung des Ausganges *-ssa* zwar nicht auf ein etruskisches Suffix, wohl aber auf eine diesem homophone Lautverbindung[318] ist zwar nicht gänzlich auszuschließen, dürfte aber in Anbetracht der Tatsache, daß einer direkten Übernahme aus dem Griechischen ins Lateinische keinerlei Schwierigkeiten entgegenstehen[319], zu weit hergeholt sein; s.bb.WW.

Bei *brı̄sa* aus thrak.-gr. βρύτια ist entgegen Ernout, *EE*, 102, vom Ansatz eines Suffixes *-(ı̄)sa* wohl besser abzusehen[320].

---

[315] Neun Formen sind angeführt, doch stellen *ν̇heṭuriu̯/heturiu SE* 26, 129, n. 24, bzw. *Latomus* 25, 17, differierende Lesungen einer einzigen Inschrift dar.

[316] Fünf Formen sind angeführt; doch s. zu *ν̇heṭuriu̯/heturiu* Fn. 315.

[317] Dieses Suffix hat nichts zu tun mit dem homonymen lateinischen Motionssuffix *-issa* aus gr. -ίσσα, z.B. in *diaconissa* (vgl. *LG* § 269.B.4.b.).

[318] Gr. -ζα hätte im Etruskischen mit *-za* (im Namenmaterial allerdings nur Belege für Wiedergabe von gr. ζ- im Anlaut als etr. z-; s. *DGE 2*, 165) oder -š́a (ein konkretes Beispiel gr. inlautend -ζ- > etr. -š́- ist Verf. zwar nicht bekannt; doch läßt sich im Etruskischen in einigen Fällen ein Wechsel z > š́ feststellen; s. *DES* § 21; *DGE 2*, 165) wiedergegeben werden können, d.h. mit eben jenen Lautkombinationen, die als etruskisches Deminutivsuffix bzw. als etruskisches enklitisches Possessivum im Lateinischen zu *-(s)sa* werden konnten, wie im Text weiter unten ausgeführt ist.

[319] Nach *LG* § 9. Zus.b. (vgl. § 181.b.β.) vor Einführung von *z* zur Zeit *Ciceros* gr. inlautend -ζ- > lat. *-ss-*.

[320] **brisa**, *-ae f.*: „Weintrester" (*WH* s.v.); *Colum., Gl.*
Zusammenhang mit thrak.-gr. βρύτεα, βρύτια n. Pl. „Trester, Überbleibsel ausgepreßter Trauben oder Oliven" gilt als gesichert (s. Ernout, *EE*, 102, *WH* l.c., *EM* s.v. *brı̄sa*); während aber *WH* l.c. Entlehnung aus dem Thrakischen durch illyrische, venetische oder messapische Vermittlung annimmt, s.v. *dēfrŭtum* illyrisch *brı̄sa* als Vorform zu lat. *brı̄sa* erwähnt (vgl. Frisk s.v. βρῦτος, der dazu alb. *bërsi* vergleicht), zieht Ernout *l.c.* wegen angeblicher Zugehörigkeit zu

Zu *caussa/causa*, das nicht mit *s*-Suffix gebildet sein dürfte, s.b.W.
Zunächst seien einige Stellungnahmen zu *-īsa, -issa* wiedergegeben:
Nur Brandenstein, Der *ig. Anteil*, 313, unternimmt den Versuch einer Herleitung von *-īsa/-issa* aus dem Indoeuropäischen: *-īsa -issa* in Eigennamen sei, wie *mantīsa* zeige, „echt deminutiv: vielleicht zu idg. *iqos + ion* (vgl. gr. -ίκιον), also *-iqion > issa*? Vgl. noch die zahlreichen illyrischen Flußnamen auf *-i(s)sos*".

Die überwiegende Mehrzahl der Autoren jedoch sieht in *-issa, -īsa* ein mediterran-etruskisches[321] bzw. ein etruskisches Suffix; so Ernout, *EE*, 101 f.[322]; Alessio, *L'etrusco e due problemi*, 557, der, wie vor ihm bereits Bertoldi, *BSL* 32, 167 ff., kollektiven Sinn in Betracht zieht; ders., *Vestigia*, 134; Gerola, *Substrato mediterraneo*, 352, der dem Suffix o.c., 357, lokativische und kollektive Funktion zuschreibt.

Durante, *Una sopravvivenza*, 195, gibt der Theorie der Herkunft von lat. *-īsa/issa* aus dem Etruskischen, die sich bislang mehr auf die antike Überlieferung — *mantīsa* wird von *Festus* p. 119,9 ff. L (s. S. 131) als etruskisches Wort bezeichnet — als auf morphologische Fakten stützte, ein in der etruskischen Morphologie basierendes Fundament: Er sieht in *-īsa* von *mantīsa* das etruskische Deminutivsuffix *-iza* und übersetzt: „l'aggiunta nel peso, o meglio la piccola aggiunta". Als nicht an das Wesentliche von Durantes Vorschlag rührende Korrektur sei vermerkt, daß nach Ausweis von *DES* § 165 (s. auch weiter unter) das betreffende Suffix nicht *-iza*, sondern bloß *-za* lautet.

Zu *-ussa/-usa* äußert sich in der von der Verf. eingesehenen Literatur nur Ernout, *EE*, 102 f.: „L'étrusque connaît aussi des formes en *-usa, -usi*:

---

den etr.-lat. Bildungen auf *-īsa/-issa* etr. Medium in Betracht. Etr. Vermittlung aus gr. βρύτεα/-ια ist jedoch in Ermangelung eines Parallelfalles gr. -τεα (-τια) > etr.-lat. *-sa* (gleichgültig, ob an ein Suffix *-sa* oder an einen homophonen, durch Entstellung aus gr. -τια/-τεα entstandenen Wortausgang gedacht ist) nicht erweislich. [??]

[321] Zu *-isso-/-esso-*, das allgemein als mediterran gewertet wird, s. etwa Terracini, *Ancora su alcune congruenze*, 324; Alessio, *Suggerimenti*, 103 f.; Devoto, *Storia*, 43 ff.; Gerola, *Substrato mediterraneo*, 352, der es als nächst verwandt mit *-issa* betrachtet.

[322] „... formation répandue depuis l'Asie Mineure jusqu'en Italie ... Â l'étrusque le latin a pris: *mantisa* ... Mais il faut sans doute attribuer une même origine à: *favisa(e)* ..." (s.bb.WW.); gleichen Ursprung könnten auch *carissa/carisa* (s.b.W.), eventuell auch *assisa* (s.b.W.) und *brīsa/barisa* (s. aber b.W.) haben.

LG § 305, wo das zur Diskussion stehende Suffix unter den *-so*-Bildungen behandelt ist, verweist für *-issa* („... etrusk. (?) *-issa* in *mantissa favissa* ...") auf die eben zitierte Stelle aus Ernout, *EE*.

canθusa[323], *hanusa*[324] ...; *enicusi*[325], *faltusia*[326], *restusia*[327], etc. Il est tentant d'y attacher les deux termes techniques: 1. *cerussa* (*cerusa*) ...; 2. *cimussa* (*cimisa* var.) ... avec ses dérivés *cimussō, cimussātio* ...; *cimussātor* ... Pour *obrussa* ... un intermédiaire étrusque est possible entre la forme latine et le gr. ὄβρυζον ..." Zu *obrussa* s. aber weiter vorne bzw. b.W.

Beide Gruppen, *-īsa/-issa* wie *-us(s)a* werden im folgenden unter einem behandelt, liegt doch in jedem Fall ein Ausgang auf *-(s)sa* vor. Die Verschiedenheit des dem *-(s)sa* vorausgehenden Vokals (*-ī-* bzw. *-u-*) findet darin ihre Erklärung, daß es sich um einen jeweils unterschiedlichen Stamm-, Binde- oder anaptyktischen Vokal handelt.

Als vergleichbares Suffix im Etruskischen bietet sich zunächst — wie schon von Durante, *l.c.*, ins Treffen geführt — das Suffix *-za* an, das Deminutiva von Substantiven sowie männliche und weibliche Kosenamen bildet (s. *DES* § 165).

Zieht man zunächst die Semantik zu Rate (zum Aspekt einer Lautentwicklung etr. *-z-* > lat. *-ss-* bzw. *-s-* s. weiter unten), so ist festzustellen, daß folgende der eingangs angeführten Wörter als Deminutiva im weitesten Wortsinn, d.h. mit all den Nuancierungen, die mit indoeuropäischen Deminutivsuffixen ausgestattete lateinische Wörter aufzuweisen haben[328], betrachtet werden könnten: *carisa/carissa* „*vafer*"; *favissae/favisae* „*locum sic appellabant in quo erat aqua inclusa circa templa. sunt autem qui putant favisas esse in Capitolio cellis cisternisque similes, ubi reponi erant solita ea quae in templo vetustate erant facta inutilia*" (*Paul.Fest.* 78,10 L); *gemursa* „eine kleine Geschwulst zwischen den Zehen"; *madulsa* „Zustand des Bezechtseins"; *mantīsa/mantissa* „Zugabe"; *pānsa* „Plattfuß". Deminutive Bedeutung wird wohl nicht vorliegen in den Ausdrücken *assisa* „Flut", *cērussa/cērusa* „Bleiweiß", *ci/ī?mussa* „σειρά".

Doch könnte noch an einen anderen etruskischen Wortausgang — von „Suffix" kann nicht eigentlich die Rede sein — gedacht werden: an das enklitische Possessivpronomen *-śa* (s. *DES* § 101; vgl. § 213 bis). Dieses an

---

[323] *canθusa* (GN in *CIE* 902, CN in *CIE* 1257) = *canθu* (GN; belegt ist der Gen. *canθus*, *TLE* 881) + *-sa* (*-śa* ist enklitisches Possessivpronomen, s. *DES* § 101; vgl. im Text weiter unten).

[324] *hanusa* (GN *CIE* 1296 u.ö., CN *SE* 39, 345, n. 15) = *hanu* (GN *CIE* 2239) + *sa* (s. dazu Fn. 323).

[325] Richtig *enicuśi CIE* 444 (*TLE* 656) bzw. in anderer Lesung (es handelt sich um eine Inschrift aus Cortona!) *enkuśi*; vgl. Rix, *DEC*, 141; zur Deutung s. ebendort.

[326] Eine Form *faltusia* scheint in *ThLE* nicht auf.

[327] Eine Form *restusia* scheint in *ThLE* nicht auf.

[328] S. *LG* § 282. F. 2; ausführlicher etwa Conrad, *Die Deminutiva* I und II.

Genetivformen antretende Pronomen ist aus Personennamenbildungen bekannt, z.B. *velusa* CIE 1180 u.ö. bzw. CIE 1666 „der (die) des *Vel*" (wörtlich „des *Vel* der (die) Seine (Seinige)"). Allerdings scheint, wie Verf. von Prof. Pfiffig aufmerksam gemacht wird, der Gebrauch nicht auf den onomastischen Bereich beschränkt zu sein. Dann wäre etwa *mantīsa/mantissa* „des (der) *mant(i)* der (die, das) Seinige", d.h. „das, was zum (zur) *mant(i)* gehört", das „*addidamentum*" (Paul.Fest. 119 L).

Von der Semantik her ließe sich hier die Mehrzahl der zu Beginn des Kapitels aufgezählten Wörter recht gut unterbringen; nicht besonders oder gar nicht paßt die possessive Bedeutung des etruskischen -*ša* zu folgenden Ausdrücken: *carisa/carissa* „*vafer*", *pānsa* „Plattfuß".

Da an ein Produktivwerden von etr. -*ša* im Lateinischen der spezifizierten Bedeutung und der ebenfalls sehr spezifizierten Verwendung wegen (enklitisch an Genetivformen antretend) nicht zu denken ist, müßte ein ganzes Wort, d.h. eine Genetivform + -*ša*, übernommen worden sein.

Etruskische Genetivformen auf -*ša* ließen sich aus nahezu allen eingangs aufgeführten Wörtern erschließen:

gemursa müßte als Pluralform gewertet werden; Bindevokal -*u*- statt üblichem -*e*- ist möglich (s. DES § 42).

assisa und *mantīsa* entsprechen insofern nicht der Norm, als an Appellativstämmen auf -*s* und Dental als Genetivsuffix -*l* zu erwarten wäre (s. DES § 50.b.); doch ist für einen Dentalstamm wie *cilθ* AM 7[7] u.ö. auch ein *ś*-Genetiv *cilθś* AM 2[3] u.ö. (neben regulärem *l*-Genetiv *cilθl* AM 5[6] u.ö.) bezeugt (s. DES § 57).

madulsa stellt ein Problem für sich dar: -*l* könnte zwar als Genetivsuffix betrachtet werden; auch das Fehlen des -*i*-, d.h. des zwischen -*l*- und -*ś*- regelmäßig auftretenden Bindevokals (s. DES § 101.2.a.), könnte zur Not durch Synkope erklärt werden, obwohl — nach anderen Beispielen zu schließen — bei der Entlehnung ins Lateinische Erhaltung des -*i*-, -*ss*- und Vorziehen der Betonung auf die Paenultima, also auf eben jenes -*i*-, zu erwarten wäre (s. S. 98); es ist jedoch -*a*- der reguläre Einschubvokal vor Genetiv -*l* (s. DES § 34); gelegentliches -*u*- wie in *fuflunsul* CII 2250 ist aus Vokalharmonie zu erklären, wozu aber bei *madulsa* die Voraussetzung fehlt.

Schließlich bleibt als ganz wesentlicher Punkt die Lautwiedergabe etr. -*za* > lat. -*sa/-ssa* bzw. etr. -*ša* > lat. -*ssa/-sa* zu klären: Etr. *z*, das im allgemeinen den Lautwert *ts* gehabt haben dürfte, aber auch, wie die Schreibungen *s* statt *z* und *z* statt *s* und der Vergleich von Formen wie *zal* AM 10[20] u.ö. und, mit *e*-Prothese, *esal*, belegt im Gen. *esalś* CIE 5315 (TLE 324), beide „zwei" bedeutend, beweisen, eng mit *s* verwandt war (s. DES § 21 e-k), wurde im Lateinischen mit *s* transkribiert; einige etruskisch-lateinische Bilinguen liefern hierfür den Beweis (s. DES § 21.k.).

Wiedergabe durch *ss* — vgl. die ursprüngliche Schreibung lat. *ss* für gr. intervokalisch ζ (s. *LG* § 181.b.β.) — ist jedoch durchaus nicht auszuschließen; die Transkription lat. *s* für etr. *z* auf den erwähnten Bilinguen spricht insofern nicht gegen eine solche Möglichkeit, als die in diesen Bilinguen aufscheinenden etruskischen EN durchwegs die Kombination Konsonant + *z* bieten (s. *DES* § 21.k.), die im Lateinischen nicht anders als mit Konsonant + einfaches *s* wiedergegeben werden konnte. Eine wenn auch indirekte Stütze findet die Annahme einer möglichen Wiedergabe von etr. *z* mit lat. *ss* in der Wiedergabe des lat. GN *Cassius* durch etr. *cazi* in der Bilingue *CIE* 378 (*TLE* 661), d.h. in der Transkription von lat. *ss* mit etr. *z* (s. Rix, *Die Personennamen*, 161; ders. *DEC*, 348).

Es erscheint daher gerechtfertigt anzunehmen, daß die Wiedergabe von etr. *z* im Lateinischen, die in jedem Fall auf Grund der Verschiedenartigkeit des Lautbestandes der beiden Sprachen nur eine behelfsmäßige und annähernde war [329], sowohl durch *s* als auch durch *ss* erfolgen konnte.

Entsprechend der bekanntlich in Nord- und Südetrurien gegensätzlichen Verwendungsweise von *s* und *ś* wird das enklitische Possessivpronomen im Norden *-sa*, im Süden *-śa* geschrieben (s. *DES* § 101; vgl. § 213 bis).

Sowohl *-s-* als auch *-ś-* dürfte dabei, folgt man in der umstrittenen Frage der Aussprache von *s* bzw. *ś* im Etruskischen [330] der Auffassung Durantes [331], der die unterschiedliche Schreibweise des *s*-Lautes als Ausdruck der Opposition zwischen einfachem und intensivem Sibilanten interpretiert, dem Lautwert eines intensiven Sibilanten, also (etwa) *-ss-*, entsprochen haben [332]. Zu den wichtigsten Beweisen hierfür zählt die lateinische Transkription der etr. m. GN-Formen *hanusa CIE* 1296 u.ö. bzw. *papasa CIE* 2952 u.ö. mit *HANOSSA CIE* 1295 bzw. *PABASSA CIE* 832 (s. *DES* § 21.c.) [333].

Diese beiden latinisierten Namenangaben bestätigen nicht nur Durantes Theorie, sie liefern zugleich den Beweis dafür, daß etr. *-sa* im Lateinischen mit

---

[329] Vgl. Bonfante, *La diphtongue ae*, 162: „On oublie souvent ... que le son par lequel une langue rend le son d'une autre ne reproduit souvent pas exactement le son originaire, mais constitue seulement une approximation, parfois très grossière: car toute langue est réfractaire par nature à l'introduction de sons étrangers."

[330] Vgl. *DES* § 21.

[331] „*Le sibilanti dell'etrusco*". Studi linguistici in onore di V.Pisani. Mailand 1968. (Nach *DES* § 21.c.)

[332] Vgl. auch *DES* § 213 bis (p. 205).

[333] Ob die Akzentverlagerung von der ersten auf die zweite Silbe bereits im Etruskischen erfolgte, ist ungewiß (s. *DES* § 21.c.; vgl. § 22); im Lateinischen jedenfalls mußte die Paenultima vor Doppelkonsonanz die Betonung tragen. Vgl. im Text weiter unten. Vgl. auch S. 57 Fn. 101, S. 80 Fn. 272 und u.W. *crēterra*.

-*ssa* transkribiert werden konnte; daraus auf eine ausschließliche Wiedergabe von etr. -*š́a* durch lat. -*ssa* zu schließen, erscheint jedoch bedenklich. Denn mit der Deutung von nordetruskisch *s* bzw. südetruskisch *š́* als intensiver Sibilant ist über den konkreten Lautwert von etr. *s*/*š́* noch nichts Exaktes ausgesagt; die Wiedergabe mit lat. -*ss*- in den oben zitierten Bilinguen muß ihm nicht voll und ganz entsprochen haben, wird wohl eher, berücksichtigt man wieder, wie bereits bei der Wiedergabe von etr. -*za* (s. weiter vorne), den verschiedenartigen Lautbestand des Etruskischen und des Lateinischen, einen Laut etwa wie lat. -*ss*- bezeichnet haben.

Denkbare wäre jedenfalls bei solcher Sachlage auch Realisierung des im Lateinischen keine exakte Entsprechung findenden intensiven etruskischen Sibilanten mit einfachem *s*.

Sowohl im Falle von etr. -*za* wie von etr. -*š́a* sollte nicht gänzlich außer acht gelassen werden, daß auch dialektale Nuancen Unsicherheiten in der lateinischen Wiedergabe hervorrufen konnten.

Und schließlich sei auf einen weiteren Faktor hingewiesen, der zu einem Schwanken -*sa*/-*ssa* führen konnte[334]: In Wörtern mit mehr als zwei Silben konnte die prinzipiell vorauszusetzende etruskische Anfangsbetonung[335] nur dann ohne Probleme beibehalten werden, wenn etr. -*za* oder -*š́a* mit lat. -*sa* wiedergegeben wurde, auch wenn die Aussprache bzw. Schreibung -*ssa* etr. -*za* oder -*š́a* exakter entsprochen hätte. Mit anderen Worten: Im Dilemma zwischen Beibehaltung der ursprünglichen Betonung und möglichst getreuer Wiedergabe der etruskischen Laute -*z*- bzw. -*š́*- mußte letztlich entweder das eine oder das andere auf der Strecke bleiben.

Zusammenfassend bleibt festzuhalten: Lat. -*ssa*/-*sa* in den eingangs aufgeführten Wörtern kann unter Beachtung bestimmter semantischer und morphologischer Voraussetzungen auf etr. -*za* oder -*š́a* zurückgeführt werden.

---

[334] Die folgenden Ausführungen treffen auf *carisa*/*carissa*, *cērussa*/*cerusa*, *favissae*/*favisae*, nicht aber auf *mantīsa*/*mantissa* zu. Vielleicht ging bei diesem volkstümlichen Wort aus der Händlersprache jede Erinnerung an eine Anfangsbetonung verloren; das Bewußtsein eines fremdartigen, nicht ganz lat. -*ss*- entsprechenden Lautes dürfte jedoch, wie die Schreibung mit -*ss*- neben der mit -*s*- beweisen könnte, auch über die Akzentverlagerung hinaus erhalten geblieben sein.

[335] S. *DES* § 27 und 32; vgl. Kap. C.2.1.4. und C.3.; s. aber auch S. 98 Fn. 333.

B.1.2.1.2.6. Dentalsuffixe

B.1.2.1.2.6.1. -ista/-esta (einschließlich des Wechsels -st-/-str-[336]) [??]

Arista (aresta)[337], *genista* (+*genistra; genesta, genestra), lanista (lanistra), lepista (lepesta; lepistra),* +*rabulista.*
Herbig, *Etruskisches Latein*, 167 f., sieht in *-st-* bzw. in *-ista* wie in *lanista*

---
[336] Zu *-str-* im besonderen s. Kap. B.1.2.1.2.4.3.
[337] **arista**, *-ae* f. (*aresta Gl.* 5441, 7): „Granne an der Ähre, Ähre, Borsten, Fischgräte" (*WH* s.v.); seit *Varro*.

Herbig, *Etruskisches Latein*, 171, ist der Ansicht, das unerklärte *arista* (*aresta*) könne der Endung *-ista/-esta* wegen und als Pflanzenbezeichnung etruskischen Ursprungs sein. *O.c.*, 178, meint er: „Wer die Möglichkeit einer Verknüpfung des etr. EN *aristia* oder *arista* ... mit dem etr.-lat. Appellativum *arista* ... ins Auge faßt, kann kaum widerlegt werden; bei Bedeutungsübertragung und Namensgebung müssen wir auch wunderliche oder scheinbar wunderliche Entwicklungen mit in Kauf nehmen." Die von Herbig, *l.c.*, zitierte Form *aristia* stellt nach Nicosia, *REE SE* 34, 333, verlesenes *arista CIE* 4824 dar. De Simone, *DGE* 2, 215, allerdings hält an der Lesung *aristia* fest: „*Aristia* wird wohl am ehesten gr. Ἀριστίας entsprechen; es ist aber auch möglich, daß etwa +*Arista(-e)* (= Ἀρίστᾱ/-η/) wie *Selenia* ... sekundär mit dem aus den italischen Sprachen entlehnten Suffix *-ia* versehen worden ist."

Alessio, *Suggerimenti*, 104 f., betrachtet das mit dem ligurischen Suffix *-inco* ausgestattete *arinca*, eine Speltart, die Plin. N.h.18, 81 als „*Galliarum propria*" bezeichnet, als korradikal mit dem seiner Auffassung nach dunklen *arista*. „*Vestigia*", 113, korrigiert er seine Meinung insofern, als er das Suffix von *arinca* als mediterran einstuft, aber nach wie vor einen Zusammenhang zwischen *arinca* und dem ebenfalls mit einem med. Suffix ausgestatteten *arista* annimmt. „*Una voce toscana*", 257ff., hatte Alessio an Zusammenhang von lat. *ar-ista* mit lat. *gi-garus*, gr. ἴ-αρον, ἄρον gedacht und die Vermutung geäußert, alle diese Wörter könnten möglicherweise auf „un tema preindoeuropeo +*(g)aro* col valore presumibile di ,spada' o ,strumento spatiforme'" (*o.c.*, 260) zurückzuführen sein.

Battisti, *Il sostrato*, 353 f., ist ebenfalls nicht abgeneigt, *arista, arinca* und einigen anscheinend zugehörigen gr. Appellativen med. Ursprung zuzuschreiben.

WH l.c. bezeichnet die Etymologie als unsicher, zitiert aber Herbig, *l.c.*, Nach *EM* s.v. Lehn- oder altes Substratwort.

Belegt sind im Etruskischen nach Ausweis von *ThLE* die Formen *ariṣ(CIE* 731, *arisal CIE* 1362 u.ö., *arisia SE* 32, 165, n.3., *arista CIE* 4824 bzw. *SE* 34, 333, *arstniia TLE* 933 (*arstniia* nach Nicosia, *REE SE* 34, 333), dazu in lateinischem Alphabet die Form *arisnai CIE* 953.

Zugrunde liege den Namenformen *arista, arisnai, arstniia* nach Nicosia, *l.c.*, *aris*, d.h. es wäre an Ableitungen auf *-ta* bzw. *-na* zu denken. Während über die Erweiterung eines Eigennamens mit *-na* kein Wort weiter verloren zu werden braucht (s. *DES* § 67ff.), ist eine solche mit *-ta* unbekannt. In *-ta* ein enklitisches Demonstrativum (s. *DES* § 97.c.) sehen zu wollen, dürfte aus dem Grund auszuschließen sein, weil das enklitische Demonstrativum *-ta* an Genetivformen anzutreten pflegt; in +*aris-ta* läßt sich jedoch bei Annahme einer Eigennamenbasis *aris* kein Genetivsuffix (*-al*, also Gen. +*arisal* zu Nom. *aris* in Analogie etwa zu Gen. *larisal* zu Nom. *laris*, s. *DES* § 50.b., § 181) isolieren.

Die Formen *arista, arstniia* dürften demnach — als innerhalb des Etruskischen nicht ableitbar — fremden Ursprungs sein. Hier könnte, zumal *arista*, Aufschrift auf einem Ossuarium, alleine, d.h.

ein etruskisches Suffix[338]; als ganz gewöhnlich bezeichnet er auch die Erweiterung dieses -st-Formans mit dem etruskischen r-Suffix.

Auch Alessio hält zunächst („*Una voce*", 258) etruskischen Ursprung von Wortausgängen wie in *arista, genista* (s. S. 100 Fn. 337 bzw. u.W. *genista*) für wahrscheinlich, ändert aber dann seine Meinung und sieht später („*Suggerimenti*", 102; vgl. „*Vestigia*", 116) in -st- von *genista* etc. nicht mehr ein spezifisch etruskisches, sondern ein mediterranes Suffix[339].

Gegen Herbigs (und Alessios) Auffassung (*ll.cc.*) ist zunächst einzuwenden, daß, wie J.B. Hofmann, *Bibliographie*, 39, anläßlich der Besprechung von Herbigs Aufsatz „*Etruskisches Latein*" ausdrücklich festgehalten hat, der Wechsel -sta/-stra in Wörtern wie *lanista/lanistra* im Rahmen des Problems des vulgärlateinischen Wechsels von -(s)tra/-(s)ta zu sehen, mithin nicht auf das Etruskische zurückzuführen sei bzw. daß sich, wie Balboni, *Denominazioni*, 404, hervorhebt, von den mit -r- erweiterten Formen *lanistra, lepistra, genestra* keine in republikanischer Zeit nachweisen lasse. Auch de Simone, *DGE* 2,281, weist darauf hin, daß die mit -r- erweiterten Formen wie *lepistra, lanistra* erst spät durch Glossen belegt seien[340]; es gebe keine Beweise für die

---

ohne weiteren onomastischen Zusammenhang, steht, daher Individualname sein könnte, mit de Simone *DGE 2*, 215 (s. weiter vorne) an gr. Ἀρίστα, bei *arstniia* eventuell auch an Ἀρίστος gedacht werden. Zusammenhang mit lat. *arista* scheint daher mit großer Wahrscheinlichkeit ausgeschlossen werden zu können.

Die Präferenz des Etr. für den Vokal *a* (s. Kap. B.1.1.3.1.) stellt natürlich alleine kein maßgebliches Kriterium zugunsten etr. Herkunft eines Wortes dar. Ebensowenig kann der Wechsel i/e (*arista/aresta*) angesichts der singulären Bezeugung von *aresta* als Hinweis auf etr. Herkunft des Wortes gewertet werden. [??]

[338] *O.c.*, 177f., räumt er allerdings die Möglichkeit ein, daß unter den lateinischen oder latino-etruskischen Eigennamen auf -st- (d.h. -istius) einige zu finden sein könnten, die auf die griechischen Bildungen -ίστης, -ίζω oder auf -ιστος des Superlativs zurückzuführen seien.

[339] Als mediterran wird -st- auch von Balboni, *Denominazioni*, 405, angesehen; der kollektive Wert dieses Suffixes sei von Bertoldi, *Antichi filoni*, 231ff., geklärt worden; weder der Wechsel -st-/-str-, noch das Formans -str- selbst seien — so schon Bertoldi, *o.c.*, 233 — typisch etruskisch, sondern allgemein westmediterran (Iberien, Sardinien, Korsika, Alpen, Appennin).

„*Plurale*", 164f., äußert Bertoldi die Vermutung, Doppelformen auf -st- und -str- zeigten vielleicht Reste alter Pluralbildung (mit Hilfe des med. Plural- und Kollektivsuffixes -r-; z.B. bask. *masusta/masustra* „mora", alpin *magosta/mažostra* „fragola" etc.

[340] Eine Vermittlung zwischen der von Bertoldi, *Antichi filoni*, 231ff., und Balboni, *o.c.*, 405 (s. Fn. 339), vorgebrachten Meinung, -str- bzw. der Wechsel -st-/-str- sei als med. anzusehen, und dem auf J.B. Hofmann, *l.c.*, zurückgehenden, von Balboni, *l.c.*, und von de Simone, *l.c.*, aufgegriffenen Hinweis, daß die Formen auf -stra- erst sehr späte Bildungen seien, ließe sich vielleicht insofern anstellen, als der Wechsel bei Pflanzenbezeichnungen (s. Fn. 339) auf das Substrat zurückzuführen, das späte Auftreten einer um -r- erweiterten Form in anderen Wörtern, z.B. in *lepistra, lanistra* oder auch in ursprünglich nicht betroffenen Pflanzennamen wie *genestra*, als Reflex dieses altertümlichen Wechsels zu verstehen sein könnte.

Herkunft von *-stra* aus dem Etruskischen (s. dazu auch Kap. B.1.2.1.2.4.3.). Entscheidend ist sodann, daß Herbigs Theorie von der Herkunft von lat. *-ista, -esta* aus dem Etruskischen im etruskischen Wortmaterial keinerlei Unterstützung findet:

Für *-išta* und *-esta* sind nach Ausweis von *RI* je zwei Belege zu verzeichnen (*vuisiniei(šta) CIE* 763 = *TLE 517; kavišta TLE* 717 bzw. *Latomus* 25,18; *limurcesta CII,* 1 s., 517 = TLE 6; *cupesta CII,* 3 s., 406 = *TLE* 8), für *-ista* und *-ešta* je einer (zu etr. *arista* s.u.W. *arista; limurcešta CII* 2754 a = *TLE* 5).

Da im Etruskischen von vornherein die Möglichkeit ausgeschlossen erscheint, in *-išta*[341] oder *-ešta* ein einziges Suffix zu sehen, mithin Zerlegung nötig ist und da weiters ein etruskisches Suffix *-št-* (*-š̌t-*) nicht bekannt ist, bleibt die Lösung einer Aufspaltung in *-i-š-ta* bzw. *-e-š̌-ta*; dabei ist *-i-(-e-)* Stamm- oder Bindevokal, *-s-* (*-š-*, *-š̌-*) Genetivsuffix (s. *DES* § 50), *-ta* enklitisches Demonstrativpronomen (s. *DES* § 97.c).

Übernahme eines derartigen, von der Funktion her so spezifizierten Suffixkomplexes ins Lateinische erscheint nicht wahrscheinlich, ein Produktivwerden innerhalb des Lateinischen aber überhaupt ausgeschlossen.

Zu dem bei *arista/aresta, genista/genest(r)a, lepist(r)a/lepesta* auftretenden Wechsel *i/e* s.u.WW. *arista, genista, lepista*.

B.1.2.1.2.6.2.   *-it-* in Nomina auf *-es*, Gen. *-itis* [??]

ames[342], *caespes*[343], *cocles, comes*[344], *eques*[345], *fōmes*[346], *līmes*[347],

---

[341] Das Beispiel für *-ista*, nämlich *arista*, ist, da morphologisch abweichend und möglicherweise griechischer Herkunft (s.u.W. *arista*), aus der folgenden Betrachtung auszuschließen.

[342] *ames, -itis* m.: „Stellgabel zum Aufspannen der Netze beim Vogelfang, Querhölzer an der Sänfte, am Wildzaun" (*WH* s.v.); seit *Hor.*
Von Ernout, *EE*, 117, wegen *-es, -itis* (s. im Text weiter unten) und auf Grund der Semantik als möglicherweise etruskisch betrachtet.
Auch nach *EM* s.v. eventuell Lehnwort wie viele Term. techn. auf *-es, -itis*. Nach *WH* l.c. ie. Die Präferenz des Etr. für den Vokal *a* (s. Kap. B.1.1.3.1.) stellt natürlich alleine kein maßgebliches Argument zugunsten etr. Herkunft eines Wortes dar. [??]

[343] *caespes, -itis* m.: „‚Rasenstück, Rasen', auch ‚Wurzel-, Pflanzenknäuel', ‚Erdschollen', ‚Knopf (an der Rebe)', spätl. ‚Getreidefeld, Strauch, Zweig'" (*WH* s.v.); seit *Cic.* und *Caes.*
Nach Ernout, *EE*, 117, wegen *-es, -itis* (s. im Text weiter unten) möglicherweise etruskisch. Vgl. Deroy, *La racine*, 114 mit Fn. 74 (s. S. 106 Fn. 356).
Nach *WH* l.c. liegt Verbindung mit *caedō* („abgeschlagenes oder abgeschnittenes Stück") nahe, doch sei die Bildung unklar; eventuell Weiterbildung einer Form +*caid-s-po* (wovon vielleicht auch umstrittenes osk. *kaispatar*) „abgeschlagen, abgehauen", mittels des Suffixes von *palmes, termes.* Nach *EM* s.v. ohne Etymologie.
Alessio, *Vestigia*, 148, der aus tosk. *caspo* eine Nebenform +*caspes* neben *caespes* erschließt, hält das Wort der Struktur und des Wechsels *a/ai* wegen für med. [??]

mīles[348], *ocles, palmes*[349], *pedes*[350], *poples*[351], *satelles, stīpes*[352], *tarmes*[353], *termes*[354], *trāmes*[355], *vēles*.

Kulturgeschichtliche Aspekte sind für Ernout, *EE*, 116 f., maßgebend, für bestimmte lat. Wörter auf *-es, -itis* etruskischen Ursprung zu vermuten.

[344] **comes**, *-itis* m.f.: „‚Begleiter‘, spätlt. auch Rangbezeichnung" (*WH* s.v.); seit *Plt.*
Von Deroy, *La racine*, 114, Fn. 74, wegen des Ausganges auf *-t-* als eventuell etruskisch bezeichnet (s. S. 106 Fn. 356).
WH l.c. erklärt das Wort als +*com-i-t-* „Mitgeher". *EM* s.v. schließt nicht aus, daß *comes* nach dem Muster von *eques* und *pedes* gebildet wurde. [??]

[345] **eques**, *-itis* m.: „‚Reiter, Ritter' (... spätlat. auch ‚Pferd' infolge Mißverständnisses des ennianischen *quadrupēs eques* ...)" (*WH* s.v. *equus*); seit *Enn.*
Von Deroy, *La racine*, 114, Fn. 74, wegen des Ausganges auf *-t-* als eventuell etruskisch bezeichnet (s. S. 106 Fn. 356). Nach *WH* s.v. *equus* wohl aus ie. +*eku̯o-t-*; diese Etymologie findet sich *EM* s.v. *equus* mit Fragezeichen versehen. [??]

[346] **fōmes**, *-itis* m.: „‚Zündstoff, Zunder'; übtr. ... ‚Ursache, Anlaß' (eig. ‚dürres Holz zum Feuermachen' ...)" (*WH* s.v. *favilla*); seit *Sall.* und *Verg.*
Von Deroy, *La racine*, 114, Fn. 74, wegen des Ausganges auf *-t-* als ev. etruskisch bezeichnet (s. S. 106 Fn. 356).
WH l.c. und *EM* s.v. bringen Erklärungen aus dem Ie. [??]

[347] **līmes**, *-itis* m.: „‚Querweg, Rain, Grenzlinie zwischen Äckern' usw. (urspr. ‚freie, künstlich geschaffene, quer durch das Gelände verlaufende Bahn' ...); ‚Grenzmark, Grenze; Grenzwall; Weg'; (arithm.) ‚Stufenzahl, Punkt' u.dgl." (*WH* s.v.); seit *Plt.*
Von Deroy, *La racine*, 114, Fn. 74, wegen des Ausganges auf *-t-* als eventuell etruskisch bezeichnet (s. S. 106 Fn. 356).
Nach *WH* l.c. als +*līm-it-* „Quergang" von *līmus* „quer" + +*i-t* „gehend"; *EM* s.v. bezeichnet diese Herleitung von *līmus* als möglich, aber unsicher. [??]

[348] **mīles** (*mīless Plt.* Aul. 528, *meiles* Inschr., vulgärlat. *mīlex*), *-itis* m. (f. bei *Ovid*): „‚Soldat'; koll. ‚Heer' ...; spez. ‚Fußsoldat'" (*WH* s.v.); seit *Enn.*
Ernout, *EE*, 117, sieht in *mīles* ein etruskisches Wort, s. im Text weiter unten; vgl. ders., *Le vocabulaire*, 7: *mīles* vielleicht etruskisch.
Nach *WH* l.c. Etymologie unsicher: Johansson, Vaniček, Muller, letztere unter Anschluß von *mille* (so s. übrigens auch Kretschmer, *Zu den lat. Postverbalien*, 156, Fn. 6), hätten +*mīl-it-* als „die haufenweise (im Truppenverband) marschierenden" zu ai. *miláti* „kommt zusammen", *mēla-*, *mēlaka-* „Versammlung, Zusammenkommen", gr. ὅμιλος m., äol. (Gramm.) ὅμιλλος „Zusammenkunft, Versammlung, Tumult" und verwandten gr. Ausdrücken gestellt. „Andererseits vereinigen Hirt ..., Walde-P. ... *mīles* mit gr. ὅμῑ-λος, ai. *samī-kám* n. ‚Kampf, Schlacht' unter Ansatz eines *ī-*Fem. +*somī* (+*smīlo-* ‚Kampfhaufen', dazu +*smīli* ‚Haufen' in *mille* ...; idg. +*som* ‚zusammen', +*somos* in gr. ὁμός ‚gemeinsam' ...) ..., was Zweifeln Raum läßt." Weitere nicht überzeugende Deutungen seien die als +*smit-slos* „Werfer" zu *mittō* und durch Anschluß an *eques, pedes* oder durch Volksetymol. als „Meilengeher". „Ernout *BSL* 30, 117 (Ernout-Meillet²614) hält *mīles* für etr.; doch besteht dafür aus der Überl. kein Anhalt, und das Suffix ist gewiß dasselbe wie in *eques, pedes*, also idg. (*satelles*, wenn etr., kann sich im Suffix an obige Wörter angeschlossen haben)." Nach *EM* s.v. gebe es keine sichere Anknüpfung; gr. ὅμιλος sei vom Sinn her zu weit entfernt, die Deutung von Hirt sei willkürlich; vielleicht sei *mīles* wie *satelles* etruskischen Ursprungs. [??]

[349] **palmes**, *-itis* m.: „‚Rebschoß, Weinstock; Zweig" (*WH* s.v. *palma*); seit *Verg.*
Von Deroy, *La racine*, 114, Fn. 74, wegen des Ausganges auf *-t-* als eventuell etruskisch

Nachdem Ernout zuerst Ableitungen auf *-it-* von Stadtnamen wie *Caeritēs* zu *Caere* erwähnt hat, bespricht er eingehender einige Appellative auf *-es, -itis*: „L'introduction à Rome des *satellites* ou gardes du corps est due aux chefs étrusques (cf. entre autres *Tite-Live*, II,12,18), particulièrement à *Tarquin le*

bezeichnet (s. S. 106 Fn. 356).
Nach *WH* l.c. ie., nach *EM* s.v. Deutungsversuche aus dem Ie. problematisch.
Die Präferenz des Etr. für den Vokal *a* (s. Kap. B.1.1.3.1.) stellt natürlich alleine kein maßgebliches Argument zugunsten etr. Herkunft eines Wortes dar. [??]

³⁵⁰ *pedes, -itis* m.: „Fußgänger, Fußsoldat, einfacher Bürger" (*WH* s.v. *pēs*); seit *Plt.*
Von Deroy, *La racine*, 114, Fn. 74, wegen des Ausganges auf *-t-* als eventuell etruskisch bezeichnet (s. S. 106 Fn. 356).
WH s.v. *pēs* vergleicht zur Bildung *eques*, so auch *EM* s.v. *pēs*.
Nach *LG* § 327.2.c. war „offenbar ... *pedit-* ‚Fußgänger', spezialisiert ‚Fußsoldat', das Vorbild für *equit-*, dem dann die anderen folgten." (S. auch im Text weiter unten). [??]

³⁵¹ *poples, -itis* m.: „Kniebeuge, Kniekehle" (*WH* s.v.); seit *Acc., Cic., Lucr.*
Von Ernout, *EE*, 117, wegen *-es, -itis* (s. im Text weiter unten) als möglicherweise etruskisch betrachtet.
Deroy, *La racine*, 114 mit Fn. 76 und 77, sieht in *poples* ein etruskisches Wort; es handle sich um eine „forme à redoublement intensif ⁺*puplute*" zu ⁺*plaute* „bas de la jambe, patte, pied"; zu der diesen Konstruktionen zugrundeliegenden „etr." Wurzel ⁺*plau-* sowie zu weiteren „Ableitungen" davon s.u.W. *plaustrum*. Zu dem von Deroy angenommenen etr. Suffix *-te* s. S. 106 Fn. 356.
Nach *WH* l.c. Etymologie unsicher. „Gbd.vl. ‚Rad' oder ‚Drehscheibe', vgl. ahd. *knierado*, span. *rodilla* ‚Knie'. Freilich ist eine Wz. ⁺*pel-* ‚drehen' ... höchst unsicher ... Andererseits ist dialektischer Ursprung (aus o.-u. ⁺*poplo-*, idg. ⁺*qʷoqʷlo-*) ... ohne Anhalt, für einen Körperteilnamen von vornherein auch wenig wahrscheinlich." (Zur Entlehnung von Körpterteilbezeichnungen allgemein s.u.W. *ulna*.) Nach *EM* s.v. wohl reduplizierte Form wie κύκλος, doch mit dunkler Etymologie. [??]

³⁵² *stīpes/stips* (*Petron.* 43, 5), *-itis* m.: „Pfahl, Stamm, Stock, Stange" (*WH* s.v.); seit *Enn.* und *Cato.*
Von Deroy, *La racine*, 114, Fn. 74, wegen des Ausganges auf *-t-* als eventuell etruskisch bezeichnet (s. S. 106 Fn. 356).
Nach *WH* s.v. *stīpō* ie., nach *EM* s.v. *stīpō* Stamm ie., Endung eventuell nach etruskischem Muster. [??]

³⁵³ *tarmes* (*termes Serv., Isid., Gl.*), *-itis* (*termus, tarmus Gl.*) m.: „Holzwurm" (*WH* s.v.), auch „*genus vermiculi carnem exedens*" *Paul. Fest.* 495 L; seit *Plt.*
Von Deroy, *La racine*, 114, Fn. 74, wegen des Ausganges auf *-t-* als eventuell etruskisch bezeichnet (s. S. 106 Fn. 356).
Nach *WH* l.c. ie., nach *EM* s.v. wegen *-es, -itis* wahrscheinlich entlehnt.
Die Präferenz des Etr. für den Vokal *a* (s. Kap. B.1.1.3.1.) stellt natürlich alleine kein maßgebliches Argument zugunsten etr. Herkunft eines Wortes dar. [??]

³⁵⁴ *termes, -itis* m.: „‚abgeschnittener Zweig', speziell ‚Ölzweig'" (*WH* s.v.; vgl. *Paul. Fest.* 505, 10 L „*ramus desectus ex arbore, nec foliis repletus, nec nimis glaber*"); seit *Hor.*
Von Ernout, *EE*, 117, wegen *-es, -itis* (s. im Text weiter unten) als möglicherweise etruskisch betrachtet; vgl. Deroy, *La racine*, 114, Fn. 74 (s. S. 106 Fn. 356).
Nach *WH* l.c. sei die von Froehde vorgeschlagene Verknüpfung mit gr. τέρχνος, τρέχνος, -ους n. „Schößling, Zweig" lautlich möglich, allerdings nur bei Zurückführung des gr. τ- auf idg.

Superbe. Or, deux termes appartenant à l'armée, comme *satelles*, présentent également cette finale, et n'ont pas d'étymologie plausible: ce sont *mīles* et *vēles, -itis*. Une preuve indirecte en faveur de l'origine étrusque de *mīles* est fournie par le passage de *Varron*, L.L., V.89, où tout en essayant de rattacher *mīles* à *mille*, il indique que les *mīlitēs* ont été fournies à l'origine par les tribus étrusques des *Titienses, Ramnes* et *Luceres* ... L'adoption de *mīles, vēles* a pu être favorisée par l'existence de *eques, pedes*. En tout cas, il y a là des traces sûres de mots d'origine étrusque apparaissant en latin avec une flexion en *-es, -itis*."

An weiteren Appellativen nennt Ernout *ames, caespes, poples, termes* (s. aber bb.WW.); auch *cocles* als über das Etruskische vermitteltes Lehnwort aus dem Griechischen ist angeführt (s.b.W.).

Eine Erklärung des Typs auf *-es, -itis* aus dem Lateinischen selbst versucht LG § 327.2: Für die — meist nur im Plural gebrauchten — militärischen Termini *eques, arquitēs, mīles, vēles, satelles, armītēs* sei offenbar *pedit-* „Fußgänger > Fußsoldat" mit suffixalem *-t-* statt reiner Wurzel auf Vokal Vorbild gewesen, gefolgt von *eques*. Ernouts Herleitung aus dem Etruskischen wird allerdings am Schluß erwähnt.

Kritik an der Ansicht Ernouts äußerte bereits Devoto, *Bespr. Ernout, EE*, 416: „La declinazione in *-es -itis* ... appartiene al patrimonio ereditato dal latino. Si tratta di radici ampliate con un semplice *-t* in caso di composizione." Zurückgewiesen wird Ernouts Hypothese auch bei de Simone, *DGE* 2,285 (mit Fn. 233): Es könne zwar für *mīles, satelles* usw. keine überzeugende ie. Etymologie vorgeschlagen werden; es sei aber wohl „methodisch unzulässig, für im Latein isoliert stehende Wörter etruskische Vermittlung ohne besonderen Grund anzunehmen". „Daß die *satellites* von den etruskischen Königen eingeführt wurden (so Ernout ...), ist wohl kein zwingendes Argument zugunsten der etruskischen Herkunft des Wortes." „In unserem Falle läßt sich für keinen der von Ernout für möglicherweise

---

t- oder *th-*; als Basis für *termes* sei ⁺*tergh-mes* anzusetzen. „Unwrschl. Bertoldi ...: samt gr. τέρμινθος τερέβινθος ,Pistacia Tereb. L.' vorlateinisch-tyrrhenisch bzw. vorgriechisch-ägäisch." Nach *EM* s.v. möglicherweise entlehnt wie viele Wörter auf *-es, -itis*; ob τέρμινδος zu vergleichen sei, sei fraglich. [??]

[355] *trāmes, -itis* m.: „,Seitenweg'; dicht. ,Weg, Pfad'" (*WH* s.v.); seit Plt.

Von Deroy, *La racine*, 114, Fn. 74, wegen des Ausganges auf *-t-* als eventuell etruskisch bezeichnet (s. S. 106 Fn. 356).

Nach *WH* l.c. ie., *EM* s.v. äußert der Bildung wegen Bedenken an der herkömmlichen Herleitung.

Die Präferenz des Etr. für den Vokal *a* (s. Kap. B.1.1.3.1.) stellt natürlich alleine kein maßgebliches Argument zugunsten etr. Herkunft eines Wortes dar. [??]

etruskisch gehaltenen Namen eine irgendwie passende etruskische Grundlage anführen. Ebenso wüßte ich keinen etruskischen Stammtypus zu nennen, auf Grund dessen die lateinische Flexion *-es, -itis* aufgebaut werden konnte[356]."

Dieser Stellungnahme ist nach Einsichtnahme in *RI* und nach Überprüfung des etruskischen Suffixmaterials nichts hinzuzufügen.

B.1.2.1.2.6.3. *-itta, -ita (-īta?) in Frauennamen und weibliche Personen bezeichnenden Appellativen* [?];
-ta in weibliche Personen bezeichnenden Appellativen [??];
-itta (-ita) in nicht Personen bezeichnenden Appellativen [??]

Amita[357], *armi/ī?ta*[358], *clienta*[359], *curritae*[360], *hospita*[361], *līberta*[362], *sagitta/sagita*[363], *salapitta*[364], *tenitae*[365].

[356] Deroy, *La racine*, 114, spricht von einem „suffixe *-te* ... bien attesté en étrusque"; *l.c.*, Fn. 74, heißt es dazu: „La valeur en est encore indéterminée. Les formes en *-te* les plus claires dans les inscriptions sont des ethniques dérivés de noms de lieux ... Un suffixe *-t-* apparaît avec des valeurs différentes dans une série de mots latins dont plusieurs sont justement suspects d'avoir été empruntés à l'étrusque: *caespes, cocles, fōmes, palmes, stipes, tarmes, termes, trames, limes, satelles, pedes, eques, comes, mīles*."

Das von Deroy isolierte Ethnika bildende Suffix lautet jedoch richtig *-ate*; es bildet Ethnika meist italischen Ursprungs, die sehr häufig zu GN werden; s. *DES* § 168.

[357] *amita, -ae* f.: „Vaterschwester, Tante" (*WH* s.v.); seit *Cic.*

Nach Nehring bei Porzig, *Die indogermanische Sektion*, 356, weise *amita* wahrscheinlich das etr. Suffix *-(i)θa* auf.

Vgl. *WH* l.c.; jedenfalls, so *WH* l.c., handle es sich um eine „Weiterbildung von einem Lallwort ⁺*am(m)a* bzw. ... ⁺*amī̆*", welches in zahlreichen ie. Sprachen nachweisbar sei; vgl. zur Basis ⁺*amma EM* s.v. *amita*.

Es könnte also unter Umständen eine lat.-etr. Hybridenbildung (s. Kap.C.1.2.1.) vorliegen. [?]

[358] *armi/ī?ta, -ae* f.: „*virgo sacrificans cui lacinia togae in humerum erat reiecta*" Paul. Fest. 4, 1L.

Nach Nehring bei Porzig, *Die indogermanische Sektion*, 356, weise *armita* wahrscheinlich das etr. Suffix *-(i)θa* auf; möglicherweise sei das Wort wegen seiner Zugehörigkeit zur religiösen Sphäre und seiner ungeklärten Etymologie überhaupt etr. Herkunft.

Vgl. *WH* s.v. *armita*, wo allerdings auch echtlat. Herkunft (von *armus*; vgl. gr. κατωμίς, ἐπωμίδιον) nicht ausgeschlossen wird. Diese Deutung auch bei *EM* s.v. *armita*, doch sei auch Verwandtschaft mit *armillum* (s. im folgenden) und somit fremde Herkunft in Betracht zu ziehen. Zu *armillum*, „*vas vinarium in sacris dictum quod armo, i.e., umero deportetur*" Paul. Fest. 2, 12 L, heißt es bei *EM* s.v. *armillum*: „Rattaché par certains, comme *armita*, à ombr. *arsmor* ‚*rītūs*' (?), où le groupe *rs* est la notation d'un *d* spirant (ř en alphabet indigène) ... Sans doute mot d'emprunt; le rapprochement avec *armus* doit être une étymologie populaire." Nach *WH* s.v. *armillum armillum* unerklärt oder zu *armus*; nach *LE* s.v. *armillum armillum* „adattamento del gr. ἀρύβαλλος, attraverso la forma ridotta tarantina ἀρβάλη·τήγανον ὀστράκινον (*Hes.*), relitto del sostrato, con raccostamento paretimologico ad *armus, armilla*"; keinerlei Verweis auf Zusammenhang mit *armita*.

Die Präferenz des Etr. für den Vokal *a* (s. Kap. B.1.1.3.1.) stellt natürlich kein maßgebliches Argument zugunsten etr. Herkunft eines Wortes dar, sollte aber im Rahmen anderer auf das Etr. weisender Kriterien nicht unerwähnt bleiben. [?]

³⁵⁹ Zu *clienta,* F. zu *cliēns* „der sich einem Patronus schutzeshalber anschließende Klient, in Rom der halbfreie Hintersasse eines Geschlechts", belegt seit *Plt.*, s.u.W. *cliēns* und im Text weiter unten. [??]

³⁶⁰ *curritae:* „*vates deae*" *Serv.* Ecl. 4, 46 cod.R.

Nach Nehring bei Porzig, *Die indogermanische Sektion,* 356, weise *curritae* wahrscheinlich das etr. Suffix *-(i)θa* auf, möglicherweise sei das Wort wegen seiner Zugehörigkeit zur religiösen Sphäre und seiner ungeklärten Etymologie überhaupt etr. Herkunft.

WH s.v. allerdings mahnt zur Vorsicht: „Da Mißdeutung des Imper. *curritē* und Herkunft der Spekulation unbekannt, trotz Nehring ... etymologisch kaum zu verwerten." Entsprechend scheint das Lemma in *EM* nicht auf.

Curritae sollte daher nach Ansicht der Verf. im Rahmen dieser Überlegungen besser außer Betracht bleiben. [??]

³⁶¹ Zu *hospita, -ae* f. „Gastfreundin, Fremde; Wirtin", auch „Soldatenhaushälterin", belegt seit *Plt.*, s. im Text weiter unten. [??]

³⁶² Zu *līberta, -ae* f. „Freigelassene", belegt seit XII *tab.* bzw. *Plt.*, s. im Text weiter unten. [??]

³⁶³ *sagitta/sagita* (z.B. *Chiron* 7), *-ae* f.: „Pfeil; Pfeilkraut; Lanzette; junger Zweig am Weinstock; ein Gestirn" (*WH* s.v. *sagitta*); seit *Plt.* und *Naev.*

Ernout, *EE,* 107, kommt bei der Besprechung von *funda* (s.b.W.) kurz auch auf *sagitta* zu sprechen: Es handle sich wahrscheinlich um einen dem ägäischen Kulturkreis zugehörigen Terminus.

Alessio, *Suggerimenti,* 142f., der (s. im Text weiter unten) in *-itta* ein etruskisches Suffix vermutet, isoliert eine Wurzel *sag-,* die mit der Wurzel von berb. *zagāja* „giavellotto" identisch sein könne; vergleichen ließen sich ferner eventuell gr. σαγήνη „sorta di rete", „Wurfnetz", gr. σαγίς·πήρα *Hes.,* σάγουρον·γυργάθιον *Hes.* (vgl. zur Bed. ῥίψ „stuoia intrecciata" zu ῥίπτω „lanciare"), lat. *sagatio* παλμός *Gl.* 2, 177, 7 „scossa, palpitazione", regg. *nsayari* „mettere in movimento, eccitare"; *sag-* wäre also zu interpretieren mit πάλλω, „agiter, balancer, brandir", *sagitta* mit παλτόν, „trait, javelot". Von Bertoldis (*Questioni di metodo,* 206) Überlegungen, σαγήνη mit der anatolischen Stadt Σάγαρα und dem Personennamen *Sagarius* aus *Cumae* (*CIL* X 3699) zusammenzustellen, ausgehend, denkt Alessio an eine mögliche Verknüpfung von *sagitta* und *zagāja* auch mit dem als skythisch überlieferten Wort σάγαρις „bipenne, scure da guerra" als „arma che viene brandita".

Nach *WH* l.c. Wort ungeklärter Herkunft, wohl aus einer Mittelmeersprache; etruskischer Ursprung, angeblich nach Ernout, *l.c.* (s. aber oben), wird in Frage gestellt. Nach *EM* s.v. ohne Zweifel Entlehnung aus einer nicht ie. Sprache, der Ausgang *-itta* scheine etruskisch.

Die Präferenz des Etr. für den Vokal *a* (s. Kap. B.1.1.3.1.) stellt natürlich alleine kein maßgebliches Argument zugunsten etr. Herkunft eines Wortes dar. [??]

³⁶⁴ *salapitta/salapicta, -ae* f.: „Ohrfeige" (*WH* s.v. *salapitta*), „Trompeter" (González-Haba, *Petron.* 262); *salapitta* seit *Arnob., Itala* Joh. 18, 22 und *Gl., salpicta Anon.mim.*

Alessio, *Suggerimenti,* 143, sieht in *-itta* von *salapitta* wie von *sagitta* ein etruskisches Suffix (s. im Text weiter unten) und vergleicht zu *salapitta alapa* (s.b.W.). *LE* s.v. *salapitta* allerdings leitet er *salapitta* aus gr. σαλπικτής „trombettiere" über osk. Vermittlung (Anaptyxe, *-ct- > -ht-*) her. „L'evoluzione di significato da ‚ronzio nell' orecchio (prodotto dal ceffone) a ‚ceffone' è dovuto probabilmente ad un raccostamento al lat. *alapa* ‚schiaffo', *exalapāre* ‚schiaffeggiare' (*August.*) ..."

Auch *EM* s.v. *salapitta* schließt osk. Medium bei der Übernahme von gr. σαλπι(γ)κτής nicht aus, während sich bei *WH* l.c. kein Hinweis darauf findet.

Die Präferenz des Etr. für den Vokal *a* (s. Kap. B.1.1.3.1.) stellt natürlich alleine kein maßgebliches Argument zugunsten etr. Herkunft eines Wortes dar. [??]

In *corbīta*[366] liegt mit Sicherheit ein ie. Ableitungssuffix vor, s. Fn. 366. Schon Deecke, *Etruskische Foschungen III*, 379, zog Rückführung von lat. *-itta* in *Loucitta, Pollitta* auf das etruskische „Femininsuffix" *-iθa, -ita* in Erwägung.

Vgl., durchaus zustimmend, Schulze, *ZGLE*, 77.

Lattes, *Etruskische Analogien*, 496 f., schließt sich unter Heranziehung vor allem von etr. *lautniθa/lautnita* (Belege s. *ThLE*, 219) dieser Auffassung Deeckes an und vergleicht zu etr.-lat. *-itta* in Frauennamen neben *corbīta*[367] auch *sagitta*.

Vgl. Alessio, *Suggerimenti*, 143 (vgl. auch ders., *Vestigia*, 12), der für *-itta* in *sagitta, salapitta* und an weiblichen EN etruskischen Einfluß, ebenfalls unter Heranziehung von etr. *lautni-θa/lautni-ta*, in Betracht zieht.

Nach Herbig, *Etruskisches Latein*, 183, scheint das von ihm mit dem

---

[365] *tenitae:* „*credebantur esse sortium deae dictae quod tenendi haberent potestantem*" *Fest.* 505, 17 L.

Nach Muller, *De vocibus etruscis*, 121, seien die *tenitae*, wahrscheinlich als *sortium deae* mit dem Kult der *Fortuna Praenestina* in Zusammenhang stehend und somit möglicherweise etr. Herkunft, mit etr. *tenu CIE* 5441 (*TLE* 133) u.ö., *tenine CIE* 4196 (*TLE* 651), *tenθas CIE* 5423 (*TLE* 126) u.ö. (zu früheren Deutungen dieser Formen s. ebenda) zu verbinden: „Quod *tenθas* magistratus vocabulo +*marun* appositum legitur ..., fortasse deus vel dea quaedam designatur, cuius cultui maro ille praepositus erat."

Vgl. hinsichtlich der Verknüpfung von lat. *tenitae* mit etr. *ten-* zustimmend, doch des weiteren abweichend, Vetter, *LB Etruskisch Glotta* 15, 243: „Die etr. Wurzel, die ein Verbalstamm sein muß und neben Beamtentiteln vorkommt, wird ‚losen' bedeuten oder ‚durchs Los erlangen', dann wie λαγχάνειν in einem weiteren Sinne angewandt sein." S. dagegen weiter unten.

Nach Nehring bei Porzig, *Die indogermanische Sektion*, 356, weise *tenitae* wahrscheinlich das etr. Suffix *-θa* auf; möglicherweise sei das Wort wegen seiner Zugehörigkeit zur religiösen Sphäre und seiner ungeklärten Etymologie überhaupt etr. Herkunft.

Vgl. *WH* s.v. *tenitae*; *EM* s.v. *Tenitae* hält etr. Herkunft für nicht erweislich; die Erklärung bei *Fest.* l.c. basiere möglicherweise auf Volksetymologie.

Die von Muller, *l.c.*, und Vetter, *l.c.*, zum Vergleich herangezogenen etr. Formen auf *ten-* (s. oben) sind aus semantischen Gründen fernzuhalten: *ten-*, Mediopassivum von +*te-* „legen, setzen, stellen", bedeutet „eingesetzt werden"; das Verbalnomen *tenu* ist zu übersetzen mit „eingesetzt", der Modalis *tenine* mit „auf Grund der Bestimmung", das Participium coniunctum *tenθas* mit „eingesetzt worden seiend" (alles nach *DES*, 304).

Zu eventuell etr.-lat. *-ita* s. im Text weiter unten. [?]

[366] *corbīta, -ae* f.: „langsam fahrendes Transport- oder Lastschiff" (*WH* s.v.); seit Plt.

WH l.c. erklärt das Wort, die Angabe bei *Paul. Fest.* 33, 13L „*corbitae dicuntur naves onerariae, quod in malo earum summo pro signo corbes solerent suspendi*" aufgreifend, als Ellipse aus *nāvis corbīta* „mit einem Mastkorb versehenes Schiff". Auch *EM* s.v. *corbis* sieht, ebenfalls *Paul. Fest.* l.c. zitierend, in *corbīta* die Substantivierung der Femininform eines Adjektivs *corbītus*. Zum durchaus ie. Ableitungstyp von *corbīta* s. auch *LG* § 299. [??]

[367] Zur rein ie. Bildungsweise von *corbīta* s. Fn. 366.

Ausgang von etr.-lat. *(pagus) Lan-i-ta* verglichene etruskische Formans *-i-ta/ -i-θa* in *lautn-i-ta/lautn-i-θa*[368] ursprünglich eine Art Deminutivsuffix gewesen zu sein, woraus sich eine movierende Bedeutung entwickelt habe.

Nehring nach Porzig, *Die indogermanische Sektion*, 355 f., glaubt, das „etr. Motionssuffix *-(i)θa*" außer in den weiblichen Eigennamen auf *-itta* in einer ganzen Reihe von femininen Personalsubstantiven zu erkennen: So in *līberta* (Lehnbildung nach fal. *loferta*; dieses jedoch nicht Rückbildung aus *lībertās, loifertato*, sondern Femininbildung zu *loifir* mit etr. *-(i)θa*; unmittelbares Vorbild sei etr. *lautniθa* „Freigelassene" gewesen), *amita, armita, curritae, tenitae*, in den *Juno*-Beinamen *Monēta, Sospita, Praestita*, schließlich in *hospita* und *clienta* (*clienta* sei Nachbildung des bedeutungsverwandten *līberta, hospita* Oppositum zu *clienta*).

Unsere gegenwärtigen Kenntnisse des Etruskischen berechtigen zu folgenden Feststellungen:

Etr. -θa, wahrscheinlich auf ein Appellativ ⁺θa „Frau(?)" zurückzuführen (s. *DES* §165; vgl. zu -θa auch Kap. C.4.3.), bildet Feminina von substantivierten Adjektiven: *lavt-ni/laut-ni* (Belege s. *ThLE*, 203 bzw. 218 f.; eig. „der zur Familie = ⁺*lavt/laut* Gehörige", „*familiāris*", dann „*lībertus*", „*cliēns*"; *-ni* ist Modifikation des Zugehörigkeit ausdrückenden Suffixes *-na* für die Personenklasse, s. *DES* §67 ff., bes. §68) + -θa (-*ta*) > *lautniθa* (*lavtnita, lautnita, lautnta*; Belege s. *ThLE*, 219 bzw. 203) „*līberta*" (s. *DES*, 292 f.).

Daneben findet sich -θa auch im Namenmaterial, so im weiblichen PN *ramθa* (Belege s. *ThLE*, 299; *ThLE Suppl.*, 44) und im Namen des weiblichen Unterweltdämons *θuf(u)lθa* (Belege s. *ThLE* 193).

Daraus geht, da etr. -θa ausschließlich zur Bezeichnung weiblicher Personen Verwendung findet, hervor, daß *-itta* (*-ita*) in *sagitta* (*sagita*) „Pfeil" und *salapitta* „Ohrfeige" nicht auf etr. -θa zurückzuführen sein wird. Für *-ita* (*-īta?*) in den eingangs aufgeführten Wörtern *amita, armi/ī?ta, tenitae* (*curritae* ist zu schlecht belegt, um irgend etwas darüber aussagen zu können, s. S. 107 Fn. 360), welche sämtlich feminine Personalsubstantive darstellen, sowie für das Eigennamensuffix *-itta* (*-ita*) erscheint hingegen etruskische Herkunft unter der Annahme, aus dem häufig gebrauchten Appellativ *lautniθa* sei unter morphologisch falscher Abtrennung *-iθa* isoliert worden und in dieser Form produktiv geworden, nicht völlig ausgeschlossen. Allerdings läßt sich für keines der genannten Appellative etruskische Herkunft erweisen; und das Frauennamensuffix *-itta* (*-ita*) stellt ein erst spät auftretendes Suffix dar, für

---

[368] Diese Analyse Herbigs (vgl. Olzscha, *Etr. lautn*, 214 ff.) ist unhaltbar; wohl gibt es die Form *lautn* als archaischen Genetiv von *laut* (s. *DES* §49.a.), doch ist sie hier nicht anzusetzen; es muß vielmehr in *laut-ni-θa* zerlegt werden; s. genauer im Text weiter unten.

welches auch Herleitung aus dem Keltischen und dem Griechischen erwogen wurde (s. *LG* § 269.B.4.c.).

Die von Nehring vertretene Hypothese, *-ta* in lat. *līberta, hospita, clienta* sei auf etr. *-θa* zurückzuführen, ist nach Ansicht der Verf. abzulehnen: *līberta* bzw. *lībertus* ist ohne Heranziehung fremder Suffixe als Rückableitung aus *lībertās* nach dem Muster *honestus* aus *honestās* verständlich (s. *LG* § 301.b.; § 328.1.b.; vgl. *WH* s.v. *līber*, *EM* s.v. *līber*); und auch *hospita* zu *hospit-* und *clienta* zu *client-* bedürfen ebenfalls keiner Erklärung durch etr. *-θa* (s. *LG* § 269.B.3.b,; vgl. *EM* s.v. *hospes*; vgl. auch *WH* s.v. *hospes* mit Lit., wo allerdings auch etr. Suffigierung nicht ausgeschlossen wird).

B.1.2.2. *Nebeneinander von Substantivableitungen auf -ius und -iō* [??]

Lanius/laniō, lūdius/lūdiō.

Muller, *Zur Geschichte*, 260, schreibt im Verlauf seiner Besprechung von *lūdiō/lūdius* (*lȳdius*):

„Weder *lud-io* noch *lud-ius* als Ableitung von *ludus* kann ... lateinisch sein: es gibt kein einziges ganz gleichartiges morphologisches Beispiel einer Derivation mittels eines Suffixes *-iō(n)* oder *-ius* von einem Substantivum. Es kommt hinzu, daß für das Lateinische das Nebeneinander von *-io* und *-ius* unerhört wäre ... Nur ein Beispiel möchte ich vorläufig hier in die Debatte ziehen, das genau die gleiche Eigentümlichkeit aufweist: *lanio* und *lanius*, woneben *laniena* vorkommt. Die Belege sind zusammengestellt von Herbig (*IF.* 37,179 f.), der vorzüglich nachgewiesen hat, daß hier ein rein etruskisches Wort vorliegt, das im Lateinischen durch eine sehr lebenskräftige Sippe vertreten ist ..."

Nachdem Muller der Deutung von *lūdius* (*lȳdius*)/*lūdiō* als „Lydier, Ludier = Etrusker" (*o.c.*, 261) den Vorzug gegeben hat, faßt er *o.c.*, 262f., zusammen:

„Entweder ist das Nebeneinander von *lu/ydio* und *lu/ydius* eine sprachliche Tatsache: dann ist das Wort nur aus der etruskischen Morphologie zu deuten; oder aber man hat von *lu/ydius* auszugehen: dann ist *ludio* durch Assoziation zu erklären mit *histrio* und Analogiebildung nach den im Etruskischen recht häufigen Nomina auf *-io* (*-iu* ...)[369].

Gegen Mullers Ausführungen ist folgendes zu bemerken:

Zu beachten sind zunächst die Erstbelege der von Muller zitierten Formen: *lūdius* und *lanius* sind seit *Plt.* bezeugt, *lūdiō* seit *Liv.*, *laniō* seit *Petron*. Es

---

[369] Ein Wortausgang *-io* ist natürlich im etruskischen Wortmaterial nicht zu erwarten; vgl. Kap. B.1.1.1.1. Zu etr. *-iu* s. im Text weiter unten.

liegt somit der Schluß nahe, daß die wesentlich später belegten Formen auf -iō sekundär zu denen auf -ius hinzugebildet wurden: lūdiō im speziellen läßt sich als Analogiebildung zu histriō durchaus verstehen.

Es müßte demnach von den Formen auf -ius ausgegangen und für sie eine etruskische Basis gesucht werden. Lat. appellativisch -ius kann, will man auf dem Boden nachweisbarer Tatsachen bleiben, nur auf etr. ⁺-ie zurückgeführt werden, welcher Wortausgang jedoch nicht als etruskisches Suffix anzusprechen ist[370]. Selbst wenn man ⁺-ie auf ⁺-e reduzieren, d.h. das -i- dem Stamm zurechnen wollte, findet sich unter den etruskische Nominalformen bildenden Suffixen auf -e (s. Kap. B.1.2.5.) keines, das Herkunft (s. die von Muller, l.c., und anderen bevorzugte, seit der Antike existierende Bedeutung von lūdius als „der Lydier") oder Beruf (lanius; lūdius, wenn nicht als „Lydier" aufgefaßt) anzugeben imstande wäre. Der Versuch, -ius in lat. lūdius und lanius auf ein etruskisches Suffix zurückführen zu wollen, muß somit als gescheitert betrachtet werden.

Sollten, was immerhin denkbar wäre, in lūdiō und laniō alte Formen vorliegen, die erst spät literarischen Niederschlag gefunden hätten, wäre die Frage zu stellen, ob sich lat. -iō oder — unter Zuweisung des i an den Wortstamm — -ō auf ein etruskisches Suffix zurückzuführen ließe. Für lat. -iō müßte etr. -iu angesetzt werden; ein solches Suffix ist zwar aus dem Etruskischen bekannt, kann aber seiner Funktionen wegen — es dient der Bildung von Qualitätsadjektiven und männlichen Kosenamen (s. DES §66 bzw. 165; vgl. Kap. C.4.1.7.) — als Basis für -iō in lat. lūdiō und laniō wohl schwerlich herangezogen werden.

Für lat. -ō hingegen läßt sich in etr. -u eine brauchbare Grundlage finden: Das etruskische Suffix -u bildet neben Qualitätsadjektiven (s. DES §66; vgl. Kap. C.4.1.6.), die hier außer Betracht zu bleiben haben (s. oben), Verbalnomina, die, wenn sie von intransitiven Verben abgeleitet sind, in der Bedeutung Nomina agentis gleichkommen (s. DES §134 und §137; vgl. Kap. C.4.1.6.).

Es wären demnach die etruskischen Verbalstämme ⁺luti-[371] und ⁺lani- anzusetzen (Verbalstämme auf -i sind im Etruskischen nachgewiesen, z.B. heci- „stellen", (h)usi- „schöpfen", θapi- „weihen, verfluchen"; s. DES §149); sie sind allerdings im überlieferten Wortmaterial nicht belegt (luθti AM 6¹⁴ ist nach DES, 293, Lok. von luθ „Stein; met. (Stein-)Tempel?"; lani NSA 1937,393 n. 44, ist wahrscheinlich, CIE 769 sicher GN).

Doch selbst wenn lat. lūdiō und laniō trotz der späten Bezeugung auf etr.

---

[370] Von etruskisiertem italischem -ios (s. DES §185) ist hier natürlich abzusehen.
[371] Lūdiō aus ⁺luti-u hätte bei dieser Interpretation nichts mit dem Ethnikon Lȳdus zu tun.

⁺*lutiu* und ⁺*laniu*³⁷² zurückgehen sollten: Die Herkunft der Nebenformen auf *-us* kann mangels entsprechender morphologischer Grundlagen (s. weiter vorne) nicht in gleicher Weise auf das Etruskische zurückgeführt werden. (Daß — um einen etwaigen diesbezüglichen Einwand vorwegzunehmen — im Lateinischen selbst ein Hinzubilden von Formen auf *-us* zu aus dem Etruskischen übernommenen Wörtern auf *-ō* durchaus nicht üblich war, braucht nicht betont zu werden.) Dies impliziert, daß ein Nebeneinander der Formen auf *-ō* und *-us* (Bildungen auf *-iō, -ius* sind, wie eben dargelegt, erst gar nicht in Betracht zu ziehen) nicht als Hinweis auf etruskische Herkunft eines Wortes zu werten ist.

B.1.2.3. *Die Femininbildungen cōpa, lēna, lea* [+]

Diese drei Femininbildungen — *cōpa* (neben *caupōna/cōpōna*) zu *caupō/cōpō* möglicherweise etruskischer Herkunft, s.u.W. *caupō*; *lēna* zu *lēnō*, für welches ebenfalls etruskischer Ursprung nicht auszuschließen ist, s.u.W. *lēnō*; *lea* (statt älterem *leō fēmina* und neben *leaena* aus gr. λέαινα) zu eventuell über etruskisches Medium aus dem Griechischen entlehntem *leō*, s.u.W. *leō* — stehen im Lateinischen isoliert da.

Für Devoto, *L'etrusco come intermediario*, 333 ff., stellen im besonderen *cōpa* und *lēna* Hinweise auf etruskischen Ursprung dieser Formen und der zugehörigen Maskulina dar: Diese Art der Femininbildung sei aus dem Lateinischen nicht zu erklären, „perché *-a* come suffisso proprio del femminile si aggiunge, non si sostituisce a un suffisso in consonante. E non si può dire che le spiegazioni dello *SL*. siano soddisfacenti: trarre i maschili *leno, caupo* dal femminile *lena, copa* (*SL*. p. 205)³⁷³ vuol dire urtare contro la realtà dei fatti: *leno*, il mezzano, rappresenta un nome d'azione tipicamente maschile nella tradizione plautina, di fronte al quale *lena* come parola è tanto chiaramente subordinata quanto come tipo vive di reflesso. Lo stesso sarà dell'oste *caupo* che difficilmente sarà tratto dalla kellerina *copa*. Trarre il *leo* dalla *lea* sarebbe stato troppo: ma non sembra che l'analogia della coppia *leno lena* abbia potuto far creare (per rapporti totemici forse?) da un regolare *leo* un femminile irregolare *lea*." (*O.c.*, 333.) Es könne sich auch nicht um Nachahmung griechischer Bildungen handeln; denn es gebe wohl vereinzelt Feminina auf *-a* zu Maskulina auf *-o-*, aber diese Fälle träten ziemlich spät auf und beträfen nur Personennamen (*o.c.*, 333 f.). Eine Erklärung biete nur

---

³⁷² Diese Form wurde bereits von Herbig, *Etruskisches Latein*, 181, als Basis für lat. *laniō* angesetzt.

³⁷³ Vgl. *LG* § 269.B.3.b. „... sind *lēna, cōpa* vermutlich älter als mask. *lēnō caupō*." Vgl. auch C.2. desselben Paragraphen.

das Nebeneinander der bedeutungsgleichen Suffixe -*u*, -*e*, -*a* im Etruskischen: *caupō/cōpō* und *cōpa* seien direkt aus dem Etruskischen, wo sie als Parallelbildungen ohne Bedeutungsunterschied existierten, übernommen, wobei die Form auf -*u* als Maskulinum, die Form auf -*a* als Femininum gedeutet worden sei (*o.c.*, 335).

Der Ansicht Devotos, „i tre suffissi -*u* (lat. -*o*, -*onis*), -*e* (lat. -*us*), -*a* (lat. -*a*) si equivalgono" (*o.c.*, 335), muß nach unserem Wissensstand mit Entschiedenheit widersprochen werden; s. die Kritik de Simones, *DGE* 2,288: „Grundsätzlich unhaltbar ist Devotos Behauptung, wonach die etruskischen Suffixe -*u*, -*e*, -*a* als gleichwertig („si equivalgono") beliebig wechseln können. Es ist heute endgültig klar geworden, daß das etwa für Schulzes Werk ‚Zur Geschichte lateinischer Eigennamen' so charakteristische Operieren mit funktionslosen Suffixvariationen oder Kumulationen methodisch unhaltbar ist." Vgl. auch *DES* § 145 und § 161: „Ich möchte ... hinzufügen, daß die so verbreitete Annahme einer 'Oszillation' der Formen und der Suffixe gegen die Definition der Sprache überhaupt verstößt, nach der Sprache ein konventionelles Zeichensystem ist, das der Verständigung dient. Mir ist daher jede Behauptung einer solchen ‚Eigenart' des Etruskischen prinzipiell verdächtig." (§ 145.) „Wenn auch manche in Kleinigkeiten verschiedene Formen ... wohl nur dialektische oder geographische Verschiedenheiten sind, so muß doch der Ansicht, daß Suffixvariation den Sinn kaum oder gar nicht verändere, entschieden widersprochen werden." (§ 161.)

Devotos Erklärungsversuch der Femininformen *cōpa* und *lēna* hat sich in diesem Punkt als verfehlt erwiesen, scheint aber gleichwohl auf die richtige Spur zu führen.

Unter der als möglich zu beurteilenden, wenn auch nicht zwingend beweisbaren Annahme, die Wortkerne der Sippen *caupō* und *lēnō* seien auf das Etruskische zurückzuführen (s.bb.WW.), lassen sich zwei Theorien aufstellen, die zur Klärung der Femininbildungen *cōpa* und *lēna* beitragen könnten. Sie seien am Beispiel von *cōpa* dargelegt:

Nimmt man als Basis für lat. *caupō* eine etruskische Form auf -*u*, also ein Verbalnomen ⁺*caupu*, an (zu den etruskischen Verbalnomina auf -*u* s. *DES* § 134 und § 173), so handelt es sich dabei um eine an sich, d.h. von den morphologischen Gegebenheiten her, genusindifferente Form[374]. Berücksichtigt man jedoch, daß es sich um eine Personenbezeichnung handelt, was eo ipso das Bestreben, Maskulinum und Femininum voneinander unterscheiden zu können, impliziert, und zieht man weiters die Personennamenbildungen,

---

[374] Vgl. z.B. *CIE* 5554 = *TLE* 124 *larθ; velχas:θui:cesu* und *CIE* 5451 = *TLE* 122^b⁾ *ramθa:huzcṇai:θui:cesu* ...

unter denen die sehr häufig als CN oder GN fungierenden Verbalnomina auf -*u* eine sehr schöne Parallele bieten, als Orientierungshilfe heran, so wird wohl die Form ⁺*caupu* als „Schenkwirt" interpretiert worden sein, d.h. als Maskulinum fungiert haben. Zur Bezeichnung des Femininums stand, sofern Verwendung eines typischen EN-Suffixes auch bei Personen bezeichnenden Appellativen angenommen werden darf, wofür allerdings kein Beleg anzuführen ist, das Suffix -*i* (s. *DES* § 39 f.; § 181 ff.) zur Verfügung (⁺*caupu-i*), in stärker italisch beeinflußten Gebieten aber auch das ie. -*ā* (⁺*caup-a,* wenn man nicht nur die Übernahme von ie. -*ā*, sondern auch den Einfluß echter Motion in Betracht zieht, vgl. z.B. das PN f. *seθra CIE* 117 u.ö. zum PN m. *seθre CIE* 1398 u.ö.[375]; hingegen ⁺*caupu-a* ohne echte Motion[376]).[377] Das Lateinische hätte ⁺*caupu* als *caupō, -ōnis* übernommen, ⁺*caupa* unverändert.

Nimmt man eine etruskische, wieder an sich genusindifferente, doch weil Personenbezeichnung (s.oben) als Maskulinum interpretierte Form auf -*a* als ursprüngliche an, so hätte diese bei Übernahme ins Lateinische als Maskulinum bestehen bleiben können (s. Kap. B.1.2.4.), hätte nicht — was bei anderen aus dem Etruskischen entlehnten lateinischen Maskulina auf -*a* nicht oder nicht in diesem Maße der Fall war — die Notwendigkeit bestanden, auch für das Femininum eine Form zu finden. Sei es, daß etr. ⁺*caupa* falsch, nämlich als Femininum, interpretiert wurde[378], sei es, daß man die Form mehr oder weniger bewußt sofort „umfunktionierte", sei es beides zusammen — es mußte ein Maskulinum zu dieser nun als feminin geltenden Form geschaffen werden, für dessen Bildung sich das Suffix -*ōn*-, jenes im Latein stark entfaltete, volkstümlichen Charakter tragende Suffix der Nomina personalia (s. *LG* § 322)[379], anbot.

[375] Für eine exakte Parallele (-*u* in echter Motion ersetzt durch -*a*) läßt sich kein Beleg anführen.
[376] Die Parallele *pumpua* in *titi: velsia: pumpua CIE* 1312 gegenüber der m. GN-Form *pumpu CIE* 294 u.ö. ist eine bloß scheinbare: Nach Rix, *DEC*, 115, ist *pumpua* verstümmeltes *pumpual*, d.h. Metronymikon.
[377] Möglicherweise konnte auch das Zugehörigkeit anzeigende (Adjektiv-)Suffix -*na* (s. *DES* § 67 ff.) zur Bezeichnung der Schenkwirtin herangezogen werden; von seiten der Phonetik jedenfalls stellen sich einer Herleitung von lat. *caupōna* aus etr. ⁺*caupu-na* keinerlei Schwierigkeiten in den Weg. Allerdings läßt sich aus dem Etruskischen kein Beispiel dazu anführen, daß eine bloße *na*-Bildung zur Bezeichnung einer weiblichen Person verwendet wurde (die f. EN zeigen den Ausgang -*nai* > -*nei*); doch sprechen noch andere Gründe für Herleitung von *caupōna* aus dem Etr.; s. dazu ausführlicher u.W. *caupō*.
[378] Vgl. die Spekulation von einem Geschlechtswandel des etruskischen Gottes *Voltumna/Vertumnus* bei *Prop.*4, 2, 21 ff; s. S. 51 Fn. 83.
[379] Ableitungen von Nomina personalia auf -*ōn*- zu Feminina auf -*a* sind nicht selten (z.B. *bucca-Buccō, gānea-gāneō, ālea-āleō*), es ist *LG* § 322 allerdings kein Beispiel für Herleitung einer Form auf -*ōn*- von einer Personenbezeichnung auf -*a* angeführt.

Das Femininum *cōpa* könnte also entweder direkt auf eine italisch beeinflußte etruskische Femininform zurückgehen oder eine umgedeutete etruskische Maskulinform darstellen.

Prinzipiell gleiches gilt auch für *lēna*; während jedoch die etruskischen Formen *caupne* CIE 223 (= 849), *caupnal* CIE 224 nähere Schlüsse über einen Ansatz etr. ⁺*caupu* oder ⁺*caupa* nicht zulassen (allenfalls könnte mit der möglicherweise aus lat. *caupōna/cōpōna* rekonstruierbaren Form etr. ⁺*caupuna*[380] ein Hinweis auf etr. ⁺*caupu* gegeben sein), scheinen die Formen *leṇui̯* CIE 2415, *leṇuial* CIE 5742 auf etr. ⁺*lenu* hinzuweisen, was eher an die erste der oben vorgeführten Hypothesen denken ließe[381]; doch ist die Lesung beider Formen nicht sicher.

Die zu lat. *leō*, welches möglicherweise über etruskische Vermittlung aus gr. λέων entlehnt wurde (s.u.W. *leō*), wahrscheinlich (s.u.W. *leō*) erst im Lateinischen neu hinzugebildete, umständliches älteres *leō fēmina* ersetzende Femininform *lea* wird wohl trotz Devotos Einwand (*o.c.*, 333 f.; Zitat s. weiter vorne) mit *WH* s.v. *leō* als Nachbildung zu lautlich sehr ähnlichem *lēna* zu *lēnō* zu erklären sein; eventuell könnte auch an Einfluß von *cōpa* zu *cōpō* gedacht werden, s. *EM* s.v. *leō*.

Jedenfalls hat die Hypothese, *lea* sei nach dem Muster von *lēna* (und *cōpa*) gebildet, viel für sich, und will man in *lēna* und *cōpa* etruskisch beeinflußte Bildungen sehen, muß man dies, wenn auch unter der Einschränkung, es handle sich um bloß indirekte Beeinflussung, auch für *lea* annehmen.

B.1.2.4. *Maskuline Personalsubstantiva auf -a (ausgenommen Typus poēta und Typus agricola)* [+]

Agaga (agagula), barcala, barginna (bargina, bargĕna, barrigena), barinula, cacula, carisa? (das maskuline Genus steht nicht fest, s.b.W.), *congerrae, flexuntae, levenna, lixa, pānsa, pincerna, popa, rabula* (⁺*rabulista*), *sculna, scurra, toluberna, verna (vernula), vespa (vespula*; s. aber u.W. *vespillō).*

Lanista (lanistra) und *nacca (nacta)* werden fernzuhalten sein: Der Ausgang von *lanista (lanistra* dürfte eine späte sekundäre Bildung sein; s. Kap. B.1.2.1.2.6.1.) geht wahrscheinlich auf gr. -ιστης zurück, s.u.W. *lanius*; *nacca (nacta)* dürfte latinisiertes gr. ⁺νάκτης bzw. einen aus der entlehnten Akkusativform ⁺νάκτην oder ⁺νάκταν rückgebildeten Nominativ darstellen, s.u.W. *nacca*.

---

[380] S. S. 114 Fn. 377.
[381] *leṇi AM* 10²² u.ö. (nach *DES*, 293, 3.P.Ind.Präs. von ⁺*len-* mit unbekannter Bedeutung) wird aus semantischen Gründen mit lat. *lēnō/-a* nichts zu tun haben. Ob *leni NRIE* 1205 zu einer Namensformel gehört, ist nicht feststellbar.

Gegenstand dieses Kapitels ist eine der drei Gruppen der nach dem A-Paradigma deklinierenden, männliche Personen bezeichnenden und daher nach natürlichem Geschlecht maskulinen Substantiva[382]. Die zur Diskussion stehende Gruppe umfaßt — in negativer Definition — alle nicht dem Typus *poēta* (Lehnwörter aus dem Griechischen; lat. *-a* in gr. -ᾱς, -ης vorgegeben; s. *LG* § 268.B.1.; § 365.A.1.c.α.)[383] und nicht dem Typus *agricola* (Komposita mit verbalem Schlußglied auf *-a*[384]; zwar etymologisch durchsichtig, teils auch nach gr. Vorbildern; Kompositionstyp jedoch keineswegs eindeutig aus dem Ie. herzuleiten; s. *LG* § 268.B.3. und C.[385]) zugehörigen Nomina. Abgesehen von der Gemeinsamkeit der Deklination nach dem A-Paradigma finden sich unter den hierher gehörigen Wörtern Bildungen ganz unterschiedlicher Art — auf *-ena* (*bargena*), *-enna* (*levenna*), *-ra* (*scurra*) und andere —, so daß nur von einheitlichem Deklinationsschema, nicht von einheitlicher morphologischer Struktur die Rede sein kann.

Grundlegende, vor allem den semantischen Bereich betreffende Erkenntnisse zu den Maskulina auf *-a* im Lateinischen, im besonderen zum hier interessierenden Typ, vermittelt der Aufsatz „Sur quelques formations de mots latins" von Vendryes, erschienen im Jahr 1920.

---

[382] Zur Inhomogenität bzw. zum unterschiedlichen Ursprung der Maskulina auf *-a* s. im Überblick *LG* § 268; vgl. Ernout, *Aspects*, 7f.: Der Vokal *-a* „est ... une finale caractéristique de noms masculins d'origine diverse. A côté de composés de type sans doute ancien comme *advena*, *ac-* et *in-cola*, *collēga*, *convīva*, *indigena*, *auriga*, *agricola*, *parricīda*, d'un simple isolé, *scrība*, d'emprunts au grec, tels *nauta*, *pīrata*, *poēta*, le latin a de nombreux en *-a* de caractère trivial, dont certains comme l'a montré M. Vendryes sont vraisemblablement venus d'Étrurie, ou ont été ‚étruscisés'; tels sans doute *cacula*, *lixa*, *nacca*, *popa*, *scratta*, *scurra*, *verna*, *verpa*, et un grand nombre de surnoms ...".

Zwei Wörter sind aus dieser Liste etruskischer oder etruskisierter Masculina auf *-a* zu streichen:

Der Ausdruck *scratta/scrapta*, *scrattia/scratia*, *-ae* f., belegt seit *Plt.* (eine Form *sartae* findet sich bei *Paul. Fest.*449, 1L), bedeutet „Buhldirne" (s. *WH* s.v.), bezeichnet somit ein Femininum; *EM* s.v., wo erstaunlicherweise ähnlich wie bei Ernout, *l.c.*, von einem „mot de type populaire en *-a*, comme *scurra*, etc." die Rede ist, weist darauf hin, daß das Wort, dessen Form wenig sicher sei, in der Umgebung anderer dunkler und variationenreich überlieferter Wörter (*scruppedae*, *strittabillae* etc.) stehe; nach *WH* l.c. liege wahrscheinlich ie. Ursprung vor. [??]

Das Substantiv *verpa* ist feminin und dazu kein Personalsubstantiv, sondern stellt eine der Bezeichnungen für das männliche Glied dar; s.b.W.

[383] Zum Sonderfall *lanista* s. im Text weiter vorne.

[384] Zum Sonderfall des deverbalen Simplex *scriba* s. bes. Kretschmer, *Zu den lat. Postverbalien*, 152f.

[385] Zu neuerer Literatur s. Marchese, *Nota*, 108, Fn. 10.

Die Formulierung bei *LG* § 268.B.2., es handle sich um „im Lateinischen unanknüpfbare oft einstämmige Nomina für niedrige Berufe: *cacula* ..., *lixa* ..., *sculna* ..., *bargina* ..., *scurra* ..., *verna* ..." ist unvollständig bzw. ungenau; s. dazu im Text weiter unten.

Vendryes' besonderes Verdienst[386] besteht darin, aufgezeigt zu haben, daß die meisten Simplicia auf -*a* — alle der volkstümlichen Umgangssprache zugehörig[387] und fast alle unbekannten Ursprungs — zur Bezeichnung von Leuten der untersten sozialen Schichten (z.B. *verna, lixa, cacula*) oder von physischer oder moralischer Minderwertigkeit (z.B. *pānsa, scurra*) dienten und daß auch die meisten Komposita dieses Typs der Umgangssprache angehörten und nicht selten pejorativen Sinn hätten (z.B. *perfuga*). Auf onomastischem Gebiet seien Bildungen auf -*a* unter den Bei- und Spitznamen zahlreich vertreten.

Die semantische Nähe dieses Bildungstyps zum Typ der Substantiva auf -*ō, -ōnis* wird hervorgehoben[388]. Das — gemessen an anderen ie. Sprachen — besonders häufige Auftreten der Maskulina auf -*a* im Lateinischen führt Vendryes auf fremden, und zwar etruskischen Einfluß zurück: „... il est une langue où des noms propres se terminaient en -*a*; c'est l'étrusque dont le latin ... a tiré une grande partie de son onomastique." „... il est possible qu'une influence étrusque ne soit pas étrangère au développement du suffixe -*a* dans la langue populaire de Rome avec la valeur indiquée ici."[389] (*O.c.*, 103.)

Mit der Frage der Herkunft der Maskulina auf -*a* aus dem Etruskischen bzw. ihrer Beeinflussung durch das Etruskische hat sich ausführlicher Nehring, *Parerga*, 118, beschäftigt: „Vendryes ... hat die Vermutung ausgesprochen, daß der ganze Typus der lateinischen Masculina auf -*a* unter dem Einfluß der etr. und etr.-lat. Cognomina auf -*a* stehe. Die Beweisführung ist unzureichend. Aber die These selbst ist sicher richtig ... Erstens haben wir unter den Appellativen männlichen Geschlechts auf -*a* einige Fälle, bei denen sogar etr. Herkunft völlig oder doch so gut wie sicher ist. Ich nenne außer *barginna*[390] noch *lanista*[391] ..., *verna*[392] ... Aber noch mehr als diese allgemeine Tatsache ist zu beachten, daß wir unter den etr. und etr.-lat. Wörtern auf -*a* auch ein ganz deutliches *l*-Suffix erkennen können." Nehring führt aus dem Bereich der Eigennamen Beispiele wie *Scaevola, Arbula*, an Appellativen *vernula, agagula, barinula, rabula (ravula), cacula* an. Zwar sei nicht auszuschließen, daß Wörter wie *vernula, agagula* etc. lat. Deminutiva

---

[386] Vgl. Nehring, *LB Lat. Gr., Glotta* 15, 268 f.
[387] Diesen Aspekt betonen auch Meillet, *Esquisse*, 173, und Ernout, *EE*, 89 und 111.
[388] Vgl. Ernout, *Aspects*, 8: „Ce type est à rapprocher sémantiquement des formations en -*ō -ōnis; cōpō (caupō), fullō*, et des cognomina comme *Capitō, Catō, Nāsō*, ... qualifications plaisantes ou satiriques dont le rôle et la valeur sont comparables." Zu -*ō, -ōnis* s. Kap. C.4.1.6.
[389] Vgl. — unter anderen — zustimmend Devoto, *L'etrusco come intermediario*, 336.
[390] S.u.W. *bardus*.
[391] Zum Sonderfall *lanista* s. im Text weiter vorne.
[392] S.b.W.

(Deminution hier zur Verstärkung des pejorativen Sinnes) sein könnten. Die etruskischen Eigennamen zeigten aber eben doch, „daß wenigstens theoretisch mit einem *l*-Suffix etruskischer Herkunft gerechnet werden darf, dem auch offenbar gar nichts Diminutives oder gar Pejoratives anhaftete". (*O.c.*, 119.)

Daß sich unter den von Nehring genannten Appellativen mit *l*-Suffix tatsächlich solche mit *l*-Suffix etruskischer Herkunft befinden, ist durchaus denkbar, s. Kap. C.4.1.2. Nehring ist allerdings insofern zu korrigieren, als — dies ergibt eine auf Funktion bzw. Bedeutung Bedacht nehmende Sichtung der nachgewiesenen etruskischen *l*-Suffixe, s. im genannten Kapitel — sehr wohl gerade und ausschließlich ein Deminutivsuffix, nämlich Deminutiva und männliche Kosenamen bildendes *-le* (s. *DES* § 167; Abänderung von etr. *-le*, welches regulär lat. *-lus* ergeben müßte [s. Kap. B.1.2.1.], zu lat. *-la* unter Einfluß des Ausganges auf *-a* beim Grundwort bzw. in Angleichung an die Gepflogenheiten der lat. Deminuierung, bei welcher das Genus des Grundwortes beibehalten wird, müßte angenommen werden) als morphologische Basis ins Auge zu fassen ist.

Sucht man, Vendryes und Nehring folgend, nach konkreten Anknüpfungsmöglichkeiten für die zur Diskussion stehenden lateinischen maskulinen Personalsubstantiva auf *-a* im Etruskischen, so sind in erster Linie die sehr zahlreichen maskuline GN bildenden *-na*-Ableitungen (Typ *matulna*, belegt im Gen. *matulnas CIE* 5525 = *TLE* 98 und in der f. Form *matulnaị l.c.*) zu nennen; s. *DES* § 68 f. Daneben ist auf einige wenige m. GN auf *-a* (Typ *unata CIE* 3023 = *TLE* 545 u.ö.) und auf ebenfalls nicht sehr häufige m. CN auf *-a* (Typ *svea*, belegt in *sveạ CIE* 2929 und, in sicherer Lesung, im Gen. *sveaś CIE* 1012) zu verweisen[393]. Vom Namenmaterial her ist also, wie schon Vendryes und Nehring feststellten, direkte Übernahme bzw. Beeinflussung denkbar.

---

[393] Gonzáles-Haba, *Petron.38, 9*, 261, zieht auch die Möglichkeit, es könne eine etruskische Form auf *-u* die Basis einer lat. Bildung auf *-a* darstellen, in Betracht; hält er doch die Herkunft des lat. Appellativs *alapa* aus dem etr. CN *alapu CIE* 2534 bzw. Rix, *DEC*, 89, für nicht unwahrscheinlich (s. aber u.W. *alapa*): „Das Etruskische kannte ... eine ganze Reihe Appellativa auf *-u* verschiedener Art, darunter Berufsbezeichnungen, die als Personennamen geeignet sind, und dazu kann auch *alapu* gehört haben ... Solche entlehnten Formen erscheinen oft als Nomina auf *-a* im Lateinischen, die als Masculina häufig und gern als Bezeichnungen von Leuten unterer Gesellschaftsschichten gebraucht werden ..." Abgesehen von der Fragwürdigkeit der Behauptung, etr. Formen auf *-u* erschienen oft als Nomina auf *-a* im Lateinischen — Beispiele sind von Gonzáles-Haba nicht beigebracht —, ist einer einfachen, allgemein beim Entlehnvorgang zu beobachtenden Gesetzmäßigkeit wegen einer etruskischen Grundform auf *-a* der Vorzug zu geben: Je besser die morphologische bzw. auch die den unmittelbaren Wortausgang betreffende lautliche Gestalt eines entlehnten Wortes in ein vorhandenes morphologisches Schema der entlehnenden Sprache paßt, desto problemloser und gegebenenfalls dementsprechend häufiger wird Entlehnung vor sich gehen können (vgl. S. 31 f.).

Es stellt sich jedoch die Frage, ob nicht aus als Appellativformen anzusprechende etruskische Bildungen auf -*a* als Grundlage lateinischer maskuliner Nomina auf -*a* in Betracht zu ziehen wären. Zu unterscheiden wäre in diesem Fall zwischen Substantiven, die als etruskische *A*-Stämme zu klassifizieren sind und Nominalformen mit auf -*a* endigenden, Substantiva oder (im Falle einer Substantivierung) auch Adjektiva bildenden Suffixen.

Zunächst zur erstgenannten Gruppe:

A-stämmige Appellative (selbstverständlich genusindifferent, s. *DES* § 41) sind im Etruskischen zweifellos vorhanden, man denke nur an *śpura* (s. *DES* § 44.b.; belegt ist neben anderen Formen etwa der Gen. *śpural AM* 5^{23} u.ö.).

Was die Häufigkeit des Vorkommens betrifft, so lassen sich nur Vermutungen anstellen: *RI* bietet mehr als 34 Spalten Formen auf -*a*. Davon müßten etwa jene auf -*ra* (Adlativsuffix; s. *DES* § 61), auf -*na* (Suffix der Pertinenzadjektiva, besonders auch zur Bildung von GN herangezogen; s. *DES* § 67 ff., vgl. weiter vorne), auf -*cva*, -*χva*, -*ua*, -*va*, -*ia* (Adjektivsuffixe; s. *DES* § 72 f.), auf -*śa* und -*śla* (Casus rectus bzw. Genetiv des enklitischen Possessivpronomens; s. *DES* § 101), auf -*za* (Deminutivsuffix und Suffix zur Bildung männlicher und weiblicher Hypokoristika; s. *DES* § 165), auf -*Θa* (Suffix zur Bildung von Feminina von substantivierten Adjektiven; s. *DES* § 165), auf -*tra*/-*Θra* (Kollektivsuffix; s. *DES* § 169), auf -*cla* (Kollektivsuffix; s. *DES* § 170), auf -*ca*/-*ta* (an Eigennamen und Adjektiva antretendes enklitisches Demonstrativpronomen, das auch Substantiva aus Qualitätsadjektiven zu bilden vermag; s. *DES* § 97.b. bzw. § 176), ferner natürlich die Verbalformen auf -*a* (zur Bildung der 3.P.Indikativ Präs. und zur Substantivierung der Participia coniuncta auf -*as* dienend; s. *DES* § 119[394] bzw. § 128) und -*sa* (Partizipialsuffix; s. *DES* § 129) ausgesondert werden. Da aber ein derartiges Aufspüren etruskischer *A*-Stämme auf Grund unserer mangelhaften Kenntnis des etruskischen Wortmaterials eine höchst diffizile Aufgabe darstellt und einer ausführlichen und sorgfältigen Behandlung in einer eigenen Arbeit bedürfte, muß sich eine Aussage an dieser Stelle auf die sich aus den oben genannten Fakten aus *RI* in Zusammenschau mit der großen Zahl der auf -*a* endigenden Suffixe ergebende Vermutung beschränken, daß *A*-Stämme im Etruskischen wahrscheinlich in mäßiger Häufigkeit vorhanden waren.

Nun zur zweiten Gruppe:

Wie eben angeführt, finden sich unter den auf -*a* endigenden Wörtern

---

[394] Pfiffig, *DES*, l.c., spricht von der 3.P. Singular. Es dürften jedoch, wie eine Rücksprache mit Prof. *Pfiffig* bestätigt, Singular und Plural der 3. wie auch der anderen Personen sowohl im Indikativ als auch im Optativ/Jussiv morphologisch nicht unterschieden worden sein; vgl. *DES* § 120 „*ame* ‚er (sie) soll(en) sein'"; vgl. auch *DES* § 125 zum -*e* der „3.Pers.Sing. (und wahrscheinlich auch Plur.)" im Präteritum.

zahlreiche Formen, die mit Substantiva oder substantivierbare Adjektiva bildenden oder Substantiva erweiternden Suffixen versehen sind: Im besonderen sind die Bildungen auf *-na, -za* (im hier interessierenden nicht onomastischen Bereich genusindifferent) und *-ca/-ta* (stets genusindifferent) hervorzuheben.

Aus dem eben Gesagten wird ersichtlich, daß nicht nur das bereits von Vendryes und Nehring herangezogene etruskische Namenmaterial unmittelbare (Entlehnung von etruskischen EN auf *-a*) oder mittelbare (lateinische Analogiebildungen zu entlehnten etruskischen EN auf *-a*) Vorbilder für Maskulina auf *-a* im Lateinischen zu liefern imstande war, sondern daß ebenso etruskische Appellativa — sei es als *A*-stämmige Substantiva, sei es als mit auf *-a* endigenden Suffixen versehene Bildungen — zur Häufigkeit der Maskulina auf *-a* im Lateinischen ihr Teil (unmittelbar oder mittelbar, s.o.) beigetragen haben werden.

Daß den etruskischen Bildungen auf *-a*, gleichgültig ob onomastischer oder appellativischer Natur, eben dieses Ausganges wegen besonders günstige Bedingungen für Entlehnung ins Lateinische vorgegeben waren, sei hier nochmals[395] hervorgehoben.

B.1.2.5. *Ausgang -e bei Wörtern nicht lateinischen Ursprungs* [?]

Aplustre, cēpe, falere, segestre, sirpe, tapēte.

Hercle (*mehercle*) ist als vom Heroennamen Ἡρακλῆς abgeleitete, vor allem aber als völlig durchsichtige Form — es ist nicht nur das etruskische Zwischenglied in etlichen Variationen belegt (s. *DGE* 1,70 ff.), sondern wir können zudem mit Sicherheit behaupten, daß der Ausgang *-e*[396] eben dieser etruskischen Formen als durchaus reguläre Wiedergabe von gr. -ῆς anzusprechen ist (s. *DGE* 2,128) — von den eben vorgeführten Wörtern fernzuhalten.

Ernout, *EE*, legt p. 121 dar: „Aux formes grecques en -ος correspondent des transcriptions étrusques en *-e*: Γλαῦκος, Γραικός deviennent *Glauce*[397], *Creice*. Il est probable que c'est par un intermédiaire étrusque que ἄφλαστον est devenu *aplustre* (pl. *aplustria*), στέγαστρον, *segestre* (avec une forme accessoire *segestria* ... et *segestra* ...), σίλφιον „*silphium*", *sirpe*, et peut-être aussi τάπης, *tapete*."

Gr. -ος wird zweifellos im Etruskischen sehr häufig mit *-e* wiedergegeben; vgl. Devoto, *Tendenze*, 259 ff.; de Simone, *DGE* 2,94 f. Daß allerdings die griechische Neutrum-Endung -ον im Etruskischen ebenfalls zu *-e* würde, dafür gibt es keinen sicheren Beleg: De Simone, *DGE* 2,108, bezeichnet die

---

[395] Vgl. S. 118 Fn. 393.
[396] Zu gelegentlichem *-es* s. *DGE* 2, 128.
[397] *Glauce*, sic. Es kann nur *clauce CIE* 1725 u.ö. gemeint sein.

Vertretung von gr. -ριον durch etr. -re in ποτήριον > putere(s) TLE 914 als unsicher, da überhaupt die Gleichsetzung ποτήριον — putere(s) problematisch sei. Die dem neutralen -ov gleichlautende Akkusativendung -ov des Masculinus dürfte jedenfalls in drei Belegen durch etr. -un bzw. -um wiedergegeben sein, s. o.c., 101.

Es ist die Frage zu stellen, ob nicht der Ausgang -e der oben angeführten Wörter — wenn nicht generell, so doch vielleicht in dem einen oder anderen Fall — auf eines der zahlreichen etruskischen e- bzw. auf -e endigenden Suffixe zurückgehen könnte.

Bloßes -e dient im Etruskischen zur Bildung des Modalis, s. DES § 59; des Verbalnomens, s. DES § 134; des Optativs/Jussivs, s. DES § 120; der 3.P. des schwachen Präteritums, s. DES § 125.

An auf -e endigenden etruskischen Suffixen sind zu nennen: das Adlativsuffix (?) -re, s. DES § 61; -le, das Suffix des emphatischen Genetivs, s. DES § 63; -ne, eines der typischen GN-Suffixe, s. DES § 68; -ce, welches erweiterte Eigennamen bildet, s. DES § 165; -le, ein Deminutiva und männliche Kosenamen bildendes Suffix, s. DES § 167; -ate, eines der Ethnika bildenden Suffixes, s. DES § 168.

Als für Entlehnung geeignete Suffixe kommen davon in Betracht: -e in seiner Funktion als Verbalnomensuffix, -ne, -e, -le, -ate.

Das Vorhandensein der Suffixe -ne, -ce und -ate in den eingangs aufgeführten Wörtern ist von vornherein auszuschließen, da die lateinischen Formen die entsprechenden Lautkombinationen nicht aufweisen; auch von einem Suffix -le kann nicht die Rede sein: In hercle (mehercle), jedenfalls aus gr. Ἡρακλῆς entlehnt, ist -l- bereits in gr. -λ- vorgegeben; zum Ausgang -e s. weiter vorne und b.W. Zu den anderen aus dem Griechischen entlehnten Wörtern, aplustre, segestre, tapēte, wozu nach Ansicht einiger auch cēpe und sirpe zu stellen sind, ist zu sagen, daß die Wiedergabe der gr. Endung in keinem Fall nach dem sonst bei etruskischen Lehnwörtern aus dem Griechischen feststellbaren Schema erfolgt (s.bb.WW.). In falere ein etruskisches Verbalnomensuffix auf -e sehen zu wollen, scheint nicht geraten, da es sich um ein zur Gruppe um fala „hohes Gerüst ..." gehöriges Wort handelt, ein Verbalstamm also nicht zugrunde liegen dürfte (eher ist an eine etruskische Pluralbildung auf -r zu denken; s.u.W. fala).

Während sich demnach in keinem der oben angeführten Wörter ein etruskisches Suffix -e oder ein etruskisches auf -e endigendes Suffix nachweisen läßt, muß doch auf den Umstand verwiesen werden, daß nach Ausweis von RI 13-19 (20 Spalten!) etruskische Wortformen auf -e äußerst zahlreich sind. Selbst unter Vernachlässigung der Ausgänge auf -ate, -ce, (-ke), -le, -ne, -re bleiben rund 500 Formen auf -e über, untermischt, dies sei noch hervorgehoben, mit einer großen Zahl von aus dem Griechischen entlehnten Eigennamen.

Daß dieser im Etruskischen so häufige Wortausgang in ungeklärten bzw. in aus bestimmten Gründen etruskischer Herkunft oder Vermittlung verdächtigen lateinischen Wörtern seinen Niederschlag gefunden hätte, scheint nicht gänzlich ausgeschlossen werden zu dürfen.

B.1.2.6. *Parisyllaba auf -is* [??]

Amussis[398], *būris* (neben *būra*), *cassis*[399], *classis*[400], *curis*[401], *decussis*[402], *finis, fūnis, fūstis, prōris* (neben *prōra*), *restis, rūmis* (neben *rūma*)[403], *tussis*[404].

[398] *amussis, -is* f.: „Werkzeug der Zimmerleute aus Holz oder Eisen zum Glätten beim Zusammenfügen der Bausteine in Tafelform, das vom Baumeister mit roten Strichen versehen wurde" (*WH* s.v.); seit *Plt.*
Ernout, *EE*, 104 u. 123, Fn. 1, hält wegen der Zugehörigkeit zum Typ der Feminina auf -*is*, -*is* und auf Grund der Bedeutung etruskische Herkunft oder Suffigierung für nicht ausgeschlossen (s. im Text weiter unten).
Nach *WH* l.c. wahrscheinlich Entlehnung aus dem Griechischen, doch Vorbild unklar; nach *EM* s.v. Etymologie unbekannt.
Die Präferenz des Etr. für den Vokal *a* (s. Kap. B.1.1.3.1.) stellt natürlich alleine kein maßgebliches Argument zugunsten etr. Herkunft eines Wortes dar.[??]
[399] *cassis, -is* m.: „Jägergarn, Netz, Spinnengewebe" (*WH* s.v. 2. *cassis*); seit *Verg.*
Ernout, *EE*, 104 u. 123, Fn. 1, hält wegen der Zugehörigkeit zum Bildungstyp auf -*is*, -*is* und auf Grund der Bedeutung etruskische Herkunft oder Suffigierung für nicht ausgeschlossen (s. im Text weiter unten).
Nach *WH* l.c. zu *catēna* bzw. zur Wurzel +*qat*- „flechtend zusammendrehen" zu stellen; nach *EM* s.v. *cassēs* zweifellos entlehnt.
Die Präferenz des Etr. für den Vokal *a* (s. Kap. B.1.1.3.1.) stellt natürlich alleine kein maßgebliches Argument zugunsten etr. Herkunft eines Wortes dar. [??]
[400] *classis, -is* f.: „‚Aufgebot in militär. Sinn', alat. (*Paul. Fest.* 56.225) und archaisch (*Verg. Aen.*7, 716 ...) ‚Landheer', später ‚Flotte, Geschwader' ...; ‚Abteilung der Bürger, Klasse (durch *Servius Tullius*)', später (seit *Hor.*) ‚Klasse von Schülern, von der kaiserlichen Umgebung usw.'" (*WH* s.v.); seit *Lex reg.*
Ernout, *EE*, 104 u.123, Fn. 1, hält wegen der Zugehörigkeit zum Typ der Feminina auf -*is*, -*is* und auf Grund der Bedeutung etruskische Herkunft oder Suffigierung für nicht ausgeschlossen (s. im Text weiter unten).
So auch *EM* s.v. Nach *WH* l.c. ie.
Die Präferenz des Etr. für den Vokal *a* (s. Kap. B.1.1.3.1.) stellt natürlich alleine kein maßgebliches Argument zugunsten etr. Herkunft eines Wortes dar. [??]
[401] *curis* (*quiris*) -*is* f.: „Lanze" (*WH* s.v. *curis*); *curis* seit *Ov. Fast.* 2, 477; *quiris Isid. Orig.* 9, 1, 84.
Ernout, *EE*, 114 in Fn. 5 von p. 113, nennt das Wort im Zusammenhang mit den von ihm etruskischer Herkunft verdächtigten Wörtern *galea* und *cuspis*, beides, wie *curis* auch, ohne Etymologie, beides Waffenbezeichnungen (s.bb.WW.). Daß auch die Zugehörigkeit zum Typ der Feminina auf -*is*, -*is* in Ernouts Augen ein weiteres Argument zugunsten etruskischer Herkunft

oder Suffigierung darstellt (s. im Text weiter unten), ist zwar nicht expressis verbis ausgedrückt, liegt aber nahe.

Curis bei *WH* l.c. als etymologisch unsicher klassifiziert, jedoch nur Erwähnung ie. Deutungsversuche und Anmerkung, daß *Quirītēs, Quirīnus* (damit auch der Stadtname *Curēs*, s. *WH* s.v. *Quirītēs*; vgl. *EM* s.v. *quirīs*) trotz der Aussagen der Alten (s. etwa *Paul. Fest*.43,1L) fernzuhalten seien. Dies sei deshalb betont, da *Curēs* von Ernout, *EE*, 116 f., als „sans doute étrusque" bezeichnet wird: Es sei mit etr. *curanei* (*CIE* 3921), *curna* (belegt ist *curnal NRIE* 218) in Zusammenhang zu bringen. Doch findet sich weder bei *WH* s.vv. *Quirīnus* und *Quirītēs* noch bei *EM* s.v. *quirīs* der geringste Hinweis auf Herleitung von *Curēs, Quirītēs, Quirīnus* aus dem Etruskischen.

Nach *EM* s.v. *curis* ohne Etymologie; der von den Alten behauptete Zusammenhang mit *Quirītēs* und *Quirīnus* (s.o.) wird nicht abgelehnt. [??]

⁴⁰² *decussis/decusis, -is* m. (und indekl.): „Zehn Asses, Zehnzahl, Zeichen X" (*WH* s.v. *decem*); seit *Varro*.

An Hybridenbildung aus ie. Stamm und „etruskischem" Ausgang denkt wegen der Zugehörigkeit zum Bildungstyp auf *-is, -is* (s. im Text weiter unten) Ernout, *EE*, 106 in Fn. 3 von p. 105; vgl.p. 123, Fn. 1.

Weder bei *WH* s.v. *decem* („Nach *decussis, centussis*, diese nach falsch zerlegtem *trē-ssis* usw.") noch bei *EM* s.v. *decem* („‚ab decem assibus', *Varr*.L.L.5, 170, cf. *centussis*") noch bei *LG* § 378 („Singuläre Kürzungen zeigen im Münz- und Maßsystem die Vielfachen und die Bruchteile eines As ... a) In den Vielfachen ... erscheint *-ass-* nicht als *-ess-*, sondern nur mehr als *-ss-*: *trēssis* ‚3 Asse', von ‚4' ab als Ausgang *-ussis*, so *quadr-* bis *nōn-ussis*, dazu ‚10' *decussis*, ‚100' *centussis* ...") Hinweis auf eventuell etruskisch beeinflußte Bildungsweise.

Das Kompositionsglied *ās* (Nom. *assis* kaiserzeitlich), *assis* m., „das Ganze als Einheit, As als Münzeinheit, urspr. Pfund Kupfer" (*WH* s.v. *ās*), belegt seit *Cato*, wird allerdings von Ernout, *Aspects*, 106, ohne Angabe von Gründen als zweifellos etruskisch angesehen:

„L'explication par *axis* ou *assis* (So *WH* s.v. *ās*, s.u.; Anm.d.Verf.) est de pure fantaisie. Mot sans étymologie; emprunté, sans doute, à l'étrusque."

Auch *EM* s.v. *ās* hält etruskische Herkunft für möglich: „Comme *lībra, nummus, ās* doit être un mot emprunté. Étant donné qu'il fait partie d'un système duodécimal, on a pensé à une origine étrusque. Cf. Deecke-Müller, *Die Etrusker*, I, p. 296. Semble sans rapport avec *assis*, malgré la forme primitive de l'*as*."

Nach Wissen der Verf. existiert — dies ist *EM* l.c. entgegenzuhalten — kein Beweis dafür, daß in Etrurien das Duodezimalsystem in Gebrauch gewesen sei. Im Gegenteil: Die etruskischen Zehnerzahlen ab 30, die Substraktionszahlwörter *θunem* (*AM* 11¹⁷ u.ö.), *eslem* (*AM* 6¹⁴ u.ö.), *ciem* (*AM* 10² u.ö.) und die etruskischen Zahlzeichen (s. *DES* § 103 ff.) lassen auf ein Dezimalsystem schließen. Auch im Münzwesen hat das Dezimalsystem seit ältester Zeit Anwendung gefunden, s.z.B. die Werte 50, 25, 12½, 10 der etruskischen Löwenkopfmünzen, die, abgesehen von den Münzen des Fundes von Volterra, „zu den ältesten etruskischen Münzen" (Krauskopf, *Zur Datierung*, 230) gehören.

Keine Erwähnung etruskischer Herkunft bei *WH* s.v. *ās: ās* < ⁺*ass* (s. dazu *LG* § 225.I.) sei „als ‚viereckiges Metalltäfelchen' nach der alten Form der Münze benannt und identisch mit *assis, axis* (Häufige Nebenform zu *assis*, nicht *axis* „Achse"; Anm.d.Verf.) ... ‚Diele, Bohle', das in der Bed. ‚Brett' (*Vitr*.), ‚Scheibe' (*Plin*.26, 121) ... belegt ist ..." *Assis* (*axis*) sei, so *WH* s.v. *asser*, unsicherer Herkunft.

Die Präferenz des Etr. für den Vokal *a* (s. Kap. B.1.1.3.1.) stellt natürlich alleine kein maßgebliches Argument zugunsten etr. Herkunft eines Wortes dar. [??]

⁴⁰³ *rū/u?ma, -ae /rū/u?mis, -is* f. (Akk. *-im* bei *Plin*.): „säugende Brust" (*WH* s.v. *1. rūma*), seit *Varro*.

Ernout, *EE*, 104, glaubt in *-is* von *būris, rūmis, prōris* einen Hinweis auf etruskische Suffigierung, wenn nicht auf etruskische Herkunft dieser Wörter zu erkennen: „... la forme en *-is* rappelle le type de féminin étrusque". Zu diesem Typ der Feminina auf *-i* zählt Ernout, *o.c.*, 123, Fn. 1, noch *amussis, classis, tussis,* offenbar der gleichen Stammbildung und Deklinationsart wegen auch die Maskulina *decussis* und *cassis, -is,* „mots techniques dont aucune étymologie valable n'a été donnée".

Zur Quantität des *-u-* s. *EM* s.v. *ruma*: „La quantité de l'*u* n'est pas attestée directement dans ce mot; mais la voyelle devait être brève, si l'on en juge d'après le composé dénominatif *irrŭmō, -ās* ,donner à téter, faire sucer' ..., dont la scansion est sûre (cf. *Catul.*16, 1; 28, 10, etc.), qu'il est impossible de séparer de *ruma*. Mais les Latins ont tendu à rapprocher *ruma* de *rūmen,* ce qui a amené des confusions de sens et de quantité ..."

Ernout, *EE*, 104, hält wegen der neben *rūma* auftretenden, dem Typ der Feminina auf *-is, -is* zugehörigen Form *rūmis* etruskische Herkunft oder Suffigierung für nicht ausgeschlossen (s. im Text weiter unten).

Auch Herbig, *Roma*, Sp. 1479 f., hält *rūma/rūmis* für eventuell etruskisch: Der femininen und der maskulinen Götterbezeichnung *Rumina* und *Ruminus* — von Herbig, *o.c.*, Sp. 1479, als Gentilgottheiten der gens +*rumna* aufgefaßt (gegen den Begriff der „Gentilgottheiten" s. S. 77 Fn. 259) — liege möglicherweise etr. +*ruma* „Brust" — als Individualcognomen *Ruma* „die Breitbrust, der Stattliche, der Mächtige" (s. *o.c.*, Sp. 1475 ff.) — zugrunde. Das Nebeneinander von *Rumina* und *Ruminus* lasse sich mit Hilfe der etruskischen Morphologie erklären; s. Herbig, *o.c.*, Sp. 1472 f.: „Wenn im Lateinischen neben dem weiblichen *Rumīna* ein männliches *Rumīnus* steht, so ist entweder das altetruskische noch genusindifferente +*rumna* einmal lautlich genau mit *Rumĭna* wiedergegeben und dann vom lateinischen Standpunkt aus weiblich umgedeutet worden, das andere Mal wurde +*rumna* als männliches Attribut zu einem lat. *Rumīnus* ummoviert. Oder wenn die Umsetzung aus der genusunterscheidenden Periode des Etruskischen stammt, ist *Rumīna* die Latinisierung einer etr. +*rumnai,* +*rumnei,* und *Rumīnus* entspricht der etr. Maskulinform +*rumna*."

Herbigs durchaus akzeptable Hypothese (vgl. Kap. B.1.2.1.2.3.2.) ist einzig in einem Punkt zu korrigieren: Es kann nicht, und zwar, soweit für uns ersichtlich, zu keiner Zeit, von einer genusindifferenten GN-Form +*rumna* gesprochen werden: Die GN-Formen auf *-na* (s. *DES* § 67 ff.; § 185) bezeichnen seit ältester Zeit das Masculinum; die zugehörigen femininen Formen weisen, ebenfalls seit den frühesten Belegen, den Ausgang *-nai* (jünger *-nei*; s. *DES* § 185) auf.

WH l.c. führt einige nicht befriedigende ie. Etymologien an.

EM s.v. *ruma* weist darauf hin, daß das Wort zu Varros Zeit bereits ungebräuchlich war; nach Niedermann sei *rumis* die ältere Form, *ruma* sei nach *mamma* umgebildet. Bezüglich der sich auch in den romanischen Sprachen niederschlagenden Vermischung der Formen *ruma/rumis* und *rūmen/rūma* (s.o.) meint *EM* s.v. *rūmen (rūma),* es sei nicht festzustellen, ob beide Paare auf einen gemeinsamen Ursprung zurückzuführen seien; die ursprünglichen Bedeutungen seien jedenfalls sehr verschieden. Der Wechsel *rumis/ruma* scheine auf ein Dialektwort zu weisen.

Ernouts Theorie etruskischer Herkunft oder Suffigierung wird weder bei *WH* l.c. noch bei *EM* l.l.cc. erwähnt. [??]

[404] *tussis, -is* f.: „Husten" (*WH* s.v.); seit *Plt.*

Ernout, *EE*, 123, Fn. 1, hält wegen der Zugehörigkeit zum Typ der Feminina auf *-is, -is* etruskische Herkunft oder Suffigierung für nicht ausgeschlossen.

WH l.c. und *EM* s.v. bringen Deutungen aus dem Ie. [??]

Der Äußerung Ernouts, „la forme en -*is* rappelle le type de féminin étrusque", ist entgegenzuhalten, daß das Etruskische ein Femininum auf -*i* nur bei Personennamen, nicht aber bei Appellativen kennt (s. *DES* § 39-§ 41). Ein Vergleich des lateinischen Appellativausganges -*is* mit dem etruskischen Frauennamensuffix -*i* ist daher abzulehnen.

Das Etruskische kennt auch eine Reihe von auf -*i* endigenden Suffixen (die Ausgänge -*ri*/-*eri* des definiten Akkusativs, s. *DES* § 48; das Lokativsuffix -*θ(i)*/-*t(i)*, s. *DES* § 58; eines der Suffixe des emphatischen Genetivs, nämlich -*si*/-*śi*, s. *DES* § 63; das Suffix -*ni*, eine Modifikation von -*na* ausschließlich für Personenbezeichnungen, s. *DES* § 68 ff.; das Suffix des schwachen Imperativs -*θ(i)*/-*t(i)*, s. *DES* § 122; das Suffix des Nezessitativs -*(e)ri*, s. *DES* § 131), doch ganz abgesehen davon, daß nur die ersten drei der aufgeführten Suffixe an Appelativa antreten, scheinen sie allesamt — mit Ausnahme des vor allem im Namenmaterial aufscheinenden und nur selten (z.B. *lautni*; Belege s. *ThLE*, 218 f.) zur Personenbezeichnung allgemeiner Art verwendeten -*ni*, welches sich aber in den eingangs aufgeführten Wörtern nicht nachweisen läßt — aus semantischen bzw. syntaktischen Gründen für Entlehnung ungeeignet zu sein.

B.1.2.7. *Indeklinabler Charakter eines Wortes* [??]

Capys, cēpe.

Ernout, *Aspects*, 38, führt als Argument für etruskische Vermittlung der Wörter *cēpe/caepe* und *sirpe* neben dem Ausgang auf -*e* auch die mangelnde Fähigkeit zur Deklination an: „Les noms de l'oignon, *caepe*, *cēpe*, puis *caepa*, *cēpa* f. ... et du *silphium*, *sirpe* n. ... gr. σίλφιον ... semblent postuler, par leur finale en -*e*[405] et leur caractère indéclinable[406], un intermédiaire étrusque ...[407]"

In einem Punkt ist Ernouts Aussage durchaus zu bestätigen: Nicht oder nur oberflächlich etruskisierte Fremdwörter erscheinen im Etruskischen als Indeklinabilia (s. *DES* § 178.3; § 179). Doch handelt es sich bei dieser Erscheinung um eine Tendenz, die sich — wenn sie auch im Etruskischen in besonders deutlicher Weise realisiert ist — ebenso in anderen Sprachen bei der Behandlung von Fremdwörtern feststellen läßt.

Jedenfalls ist mangelnde Deklinationsfähigkeit eines Fremdwortes im Lateinischen, welche Erscheinung im übrigen eine ausgesprochene Ausnahme

---

[405] S. Kap. B.1.2.5.
[406] *sirpe, -is* n. kann nicht als indeklinabel bezeichnet werden; s.b.W.
[407] S. auch u.WW. *sirpe* und *cēpe*.

darstellt, nicht auf aus dem Etruskischen entlehnte Wörter (oder gar auf Wörter, die bereits im Etruskischen als Fremdwörter zu klassifizieren sind[408]) beschränkt und kann daher nicht als Hinweis auf Herkunft eines Wortes aus dem Etruskischen gewertet werden.

B.1.2.8. *Verwendung eines nicht oder nicht eindeutig als Adjektiv qualifizierbaren, nicht Personen bezeichnenden Nomens*[409] *als Substantiv und Adjektiv* [+]

Autumnus, laniēna.

In der Regel gilt, daß ein lat. Adjektiv, d.h. ein durch Kriterien wie Formen für alle drei Genera, Steigerung, Adverbbildung, überwiegend adjektivisch-attributive Verwendung und des öfteren durch typische Suffixe qualifiziertes Nomen, durchaus ohne jede Veränderung substantivisch verwendet werden kann; daß aber ein „echtes", d.h. nicht als substantiviertes Adjektiv anzusprechendes lateinisches Substantiv, wenn überhaupt, nicht ohne morphologischen Eingriff als Adjektiv zu fungieren vermag.

Zwei Wörter aus dem in der vorliegenden Arbeit behandelten lexikalischen Material lassen diese Gesetzmäßigkeit vermissen: Im Falle von *autumnus* steht — soweit aus der lat. Morphologie und aus der Verwendungsart geschlossen werden kann — der Adjektivcharakter des auf *-no-* endigenden Wortes keineswegs fest; trotzdem ist das Wort ohne jede morphologische Veränderung in adjektivischer und in substantivischer Funktion belegt[410]. Im Falle von *laniēna* ist das auf *-na* endigende Wort als Substantiv seit *Plt.* bezeugt, tritt aber bei *Varro ap. Non.* 532,20 als Adjektiv zu „*ex tabernis*"[411].

Eine Klärung dieses morphologisch-syntaktischen Phänomens könnte die Annahme einer Entlehnung dieser Wörter aus dem Etruskischen bringen.

Es bestünde die Möglichkeit, für diese beiden Wörter eine etruskische Form auf *-na* — das überaus häufig verwendete etruskische Suffix *-na* bildet (substantivierbare) Adjektiva von Appellativen (und Namen); s. *DES* § 67 ff.; vgl. Kap. B.1.2.1.2.3.2. — anzusetzen. Eine solche im Etruskischen (außer-

---

[408] Daß derartige Wörter, sofern sie an die lat. Sprache weitergegeben wurden, ihren indeklinablen Charakter auch im Latein beibehalten hätten, ist nicht ausgeschlossen, es läßt sich jedoch dafür kein konkreter Nachweis erbringen; andererseits konnte — und dafür liefert die Behandlung von etr. *spurta AM* 10 γ im Lateinischen einen Beweis — ein etruskisches indeklinables Fremdwort durchaus in das lateinische Formensystem eingegliedert werden; s.u.W. *sporta*.

[409] Zum durchaus aus dem Lateinischen selbst erklärbaren Nebeneinander von substantivischer und adjektivischer Verwendung bei Personen bezeichnenden Substantiven bzw. Adjektiven wie *verna* und *servus* s.u.W. *servus* S. 383 Fn. 601.

[410] S. die nicht wenigen Belege in *TLL* s.v. *autumnus*.

[411] Vgl. Herbig, *Etruskisches Latein*, 180.

halb des EN-Bereiches) genusindifferente Adjektivbildung auf -*na* konnte im Lateinischen als feminine Adjektivform aufgefaßt werden, zu der bei Bedarf — wie im Falle von *autumnus* — die maskuline und die neutrale Form hinzugebildet wurden (s. aber auch u.W. *autumnus*) bzw. die — wie im Falle von *laniēna* — trotz Substantivierung ihren ursprünglich im Etruskischen vorhandenen Adjektivcharakter nicht ganz verlor[412].

B.2. NICHT WORTIMMANENTE KRITERIEN

B.2.1. *Anknüpfungsmöglichkeiten an etruskisches Wortmaterial*[1]

Diese eindeutigsten und überzeugendsten Beweise für Herkunft eines Wortes aus dem Etruskischen sind leider sehr selten. Das hat nicht zuletzt seinen Grund darin, daß uns vom etruskischen Lexikon nahezu ausschließlich nur der funeräre Sektor mit umfangreichem Personennamen-Material, daneben der kultisch-religiöse Bereich einschließlich zahlreicher Götternamen halbwegs bekannt ist. Die wenigen Inschriften anderer Art wie der Cippus Perusinus, die Goldbleche von Pyrgi, Besitzerinschriften, Bauinschriften, Signaturen fallen zahlenmäßig dagegen kaum ins Gewicht, wenn sie auch für uns gerade wegen ihrer Andersartigkeit ausnehmend wertvoll sind.

Von eindeutigem Beweis für Herkunft eines Wortes aus dem Etruskischen kann allerdings nur dann gesprochen werden, wenn das etruskische Parallelwort nicht nur optisch dem lateinischen ähnelt (z.B. lat. *laterna* — etr. *laθerna*[2]; lat. *voltur/vultur* — etr. *velθur*[3]; lat. *lēna* — etr. *lena*[4]; lat. *membrum* — etr. *mempru*[5]), sondern wenn wir auch über die Bedeutung des etruskischen Wortes Bescheid wissen und wenn diese des weiteren mit der des lateinischen Wortes in Einklang zu bringen.

---

[412] *laniēna* wäre auch als lat. Adjektivbildung auf *-iēnus* zu erklären, s. *LG* § 294.2.b. Da jedoch die ganze zugehörige Sippe auf das Etruskische zurückzuführen ist, dürfte auch *laniēna* eher etruskische Bildung auf *-na* als einer speziellen Erklärung (s. *LG* l.c.) bedürfende lat. Bildung sein.

[1] Darunter ist grundsätzlich aus etruskischen Inschriften und Texten belegtes Wortmaterial zu verstehen. Einzig im Falle von *nepeta/neptūnia* (s.u.W. *nepeta*) wurde auf zwei von griechischen Autoren überlieferte Formen eines etruskischen Stadtnamens zurückgegriffen.

[2] *CIE* 5502 (*TLE* 119); wahrscheinlich GN; die Bedeutung der Basis ⁺*laθer* ist nicht zu ermitteln. S.u.w. *lanterna*.

[3] *TLE* 38 u.ö.; PN m.; Erweiterung des PN *vel* (Belege s. *ThLE*, 136f.) mittels des Suffixes *-θur* (etwa „Vel-Sohn"; s. *DES* § 166); die Bedeutung des PN *vel* ist nicht bekannt. S. Kap. B.1.2.1.2.2.4.4. bzw.u.W. *voltur*.

[4] *AM* 10²²; s. dazu S. 115 Fn. 381 und u.W. *lēnō*.

[5] *mempru NRIE* 424ᵇ⁾ ist etr. Umformung des gr. Namens Μέμνων; s.u.W. *membrum*.

Als Beispiel für einen derartigen Idealfall, daß ein lateinisches, etruskischer Herkunft verdächtiges Wort tatsächlich seine Entsprechung in einem inschriftlich bezeugten etruskischen Wort mit definierbarer Bedeutung findet, sei lateinisch *napurae* angeführt: Dieses Wort mit der Bedeutung „Strohseile" (*WH* s.v.) findet seine Erklärung in der etruskischen Pluralform *naper* des Cippus Perusinus (*CIE* 4538 = *TLE* 570[a) 5, 15, 16, 24]) und weiterer Inschriften (*TLE* 203; *CIE* 48 = *TLE* 381); der Singular +*nap* bezeichnet ein (Boden-) Maß[6].

B.2.2. *Spezifische Aussagen antiker Autoren*

Hinweise auf Herkunft eines lateinischen Wortes aus dem Etruskischen sind bei lateinischen wie auch, in geringerem Maße, bei griechischen Autoren der verschiedensten antiken Literaturgattungen zu finden[1]: außer — um nur die ertragreichsten Quellen zu nennen — bei *Plautus*, bei *Vergil, Horaz, Ovid* und bei *Livius*, auch bei den Verfassern von Fachliteratur wie *Cato, Columella, Plinius maior, Dioskurides, Marcellus Empiricus*, bei den Kirchenvätern, besonders bei *Augustinus* und *Isidor*, und — wie zu erwarten — am häufigsten bei den Grammatikern, Antiquaren, Lexikographen, Kompilatoren, Exzerptoren wie *Varro, Festus, Gellius, Nonius, Servius, Donat, Macrobius, Hesych, Paulus Diaconus*, im *Liber Glossarum*, bei *Papias*.

Zwei Arten von Information übermitteln uns die antiken Autoren:

In der Mehrzahl der diesbezüglichen Angaben wird ein Wort selbst, ein bestimmter Ausdruck — in welcher Formulierung auch immer — als etrus-

---

[6] Genaueres s.u.W. *napurae*.

[1] Während die Angaben der antiken Autoren zum Etruskischen im allgemeinen in Hinsicht auf ihren Informationswert für die etruskische Sprachforschung zusammengestellt (z.B. *TLE*, 101 ff.; *ThLE*, 415 ff.; Torelli, *Glosse etrusche*) und interpretiert werden, muß in der vorliegenden Arbeit ihre Verwertbarkeit zugunsten des Lateinischen im Mittelpunkt stehen, d.h. es sind vor allem Feststellungen wie „*baltea ... Tuscum vocabulum*" (*Varro* ap. *Char. GLK* 1,77,9), „ὑοσκύαμος· ... Θοῦσκοι φαβουλώνιαμ" (*Diosk.* 4,68 RV), „*subulo Tusce tibicen dicitur*" (*Fest.* 403 L) zu berücksichtigen; daneben werden auch Aussagen wie „*ludiones ex Etruria acciti*" (*Liv.* 7,2,4) oder „*Celeres sub Romulo regibusque sunt appellati* (scil. *equites*), *deinde flexuntes, postea trossuli*" (*Plin*.N.h. 33,35) eine gewisse Beachtung verdienen.

Hingegen interessiert die Wiedergabe bzw. lateinische oder griechische Transkription etruskischer (als etruskisch angesehener), nicht in den lateinischen Wortschatz gedrungener Formen — z.B. ἄριμος·πίθηκος (*Hes.*), „ἀμάρακον· ... Θοῦσκοι καύτᾶμ" (*Diosk.* 3,138 RV), „*arseuerse averte ignem significat. Tuscorum enim lingua arse averte, uerse ignem constat appellari*" (*Fest.* 18, 5 L) — hier prinzipiell nicht.

Die beiden Betrachtungsweisen überschneiden sich naturgemäß in weitem Bereich, decken sich aber nicht völlig.

kisch bezeichnet; daneben finden sich aber auch Stellen, in denen nicht ein bestimmtes Wort als aus der etruskischen Sprache stammend angegeben wird, sondern in denen — fern von sprachlicher Betrachtung — eine Einrichtung oder eine Sache in mehr oder weniger deutlicher Weise auf die Etrusker zurückgeführt wird. Die erstgenannte Art von Hinweis auf etruskische Herkunft eines Wortes soll im weiteren als „direkt", die zweite als „indirekt" bezeichnet werden.

Hinweise direkter Art liegen zu folgenden Wörtern vor:
APIĀNA (*Ps.-Apul.* Herb. p. 41, n. 24: „*herba quae a Graecis dicitur chamaemelon: ... Tusci apianam.*"); *APIUM* (*Diosk.* 2,175 RV: „σέλινον ἄγριον· ... Θοῦσκοι ἄπιουμ ῥανίνουμ.*"); *ĀTRIUM* (*Varro* L.L. 5,161,5: „*atrium appellatum ab Atriatibus Tuscis; illinc enim exemplum sumptum.*"[2]; vgl. *Paul. Fest.* 12,18ff. L: „*dictum autem atrium ... quia id genus aedificii Atriae primum in Etruria sit institutum vel quod a terra oriatur, quasi aterrium.*"; vgl. *Serv. Aen.* 1,726: „*alii dicunt Atriam Etruriae civitatem fuisse, quae domos amplis vestibulis habebat; quae cum Romani imitarentur atria appellaverunt.*"); *BALTEUS* (*Varro ap. Char.* GLK 1,77,9: „*balteus masculino genere semper dicitur ut clipeus ... sed Varro in Scauro baltea dixit et Tuscum vocabulum ait esse. item humanarum XVIII.*"); *CAERIMŌNIA* (*Val. Max.* 1,1,10: „*... L. Albanius plaustro ... virgines (*scil. *Vestales) et sacra inposita ... Caere oppidum pervexit, ubi cum summa veneratione recepta, grata memoria ad hoc usque tempus hospitalem humanitatem testatur: inde enim institutum est sacra caerimonias vocari, quia Caeretani ea infracto rei publicae statu perinde ac florente sancte coluerunt.*"; *Paul. Fest.* 38,19 L: „*caerimoniarum causam alii ab oppido Caere dictam existimant, alii a caritate dictas iudicant.*"); *CAMILLUS/CAMILLA* (*Dion. Hal. Ant.* 2,22,2: „ὅσα δὲ παρὰ Τυρρηνοῖς ... ἐτέλουν ... οἱ καλούμενοι πρὸς αὐτῶν κάδμιλοι, ταῦτα ... ὑπηρέτουν τοῖς ἱερεῦσιν οἱ λεγόμενοι νῦν ὑπὸ Ῥωμαίων Κάμιλοι.*"; vgl. *Macr. Sat.* 3,8,6: „*Statius Tullianus de vocabulis rerum libro primo ait dixisse Callimachum Tuscos Camillum appellare Mercurium, quo vocabulo significant praeministrum deorum ... Romani quoque pueros et puellas nobiles et investes camillos et camillas appellant flaminicarum et flaminum praeministros.*"; vgl. *Serv. Aen.* 11,558: „*ipse pater famulam voveo ... ,voveo' ... consecro in tuum ministerium: unde et Camilla dicta est, licet supra <542> eam a matre dixerit esse nominatam. sed illud poetice dictum est: nam ,Camilla' quasi ministra dicta est ...: ministros enim et ministras inpuberes camillos et camillas in sacris vocabant, unde et Mercurius Etrusca lingua Camillus dicitur,*

---

[2] Vgl. die Aussage *Varros* unmittelbar vorher (L.L. 5,161,4): „*Tuscanicum dictum a Tuscis, posteaquam illorum cavum aedium simulare coeperunt.*"

quasi minister deorum."; vgl. *Serv. auct.* Aen. 11,543: *„nomine Casmillae Statius Tullianus de vocabulis rerum libro primo ait dixisse Callimachum apud Tuscos Camillum appellari Mercurium, quo vocabulo significant deorum praeministrum, unde Vergilius bene ait Metabum Camillam appellasse filiam, scilicet Dianae ministram: nam et Pacuvius in Medea cum de Medea loqueretur caelitum camilla exspectata advenis, salve hospita. Romani quoque pueros et puellas nobiles et investes camillos et camillas appellabant, flaminicarum et flaminum praeministros.*"[3]; vgl. *Tzetz. Lyc.* Alex. 162: „Καδμῖλος λέγεται ὁ Ἑρμῆς παρὰ τοῖς Τυρσηνοῖς."; *CAPRA* (*Hes.*: „κάπρα · αἴξ. Τυρρηνοί."); *CAPYS* (*Serv.* Aen. 10,145: *„iste* (scil. *Vergilius) quidem dicit a Capy dictam Campaniam ... constat eam a Tuscis conditam viso falconis augurio, qui Tusca lingua capys dicitur, unde est Campania nominata*"; vgl. *Schol. Dan.* zum selben Vers: *„Tuscos a Samnitibus exactos Capuam vocasse ob hoc, quod hanc quidem ... Falco condidisset, cui pollices pedum curvi fuerunt quem ad modum falcones aves habent, quos viros Tusci capyas vocarunt."*; vgl. *Paul. Fest.* 38,10 f. L: *„Capuam ... a Capye appellatam ferunt, quem a pede introrsus curvato nominatum antiqui nostri Falconem vocant"*; vgl. *Isid. Orig.* 12,7,57: *„Capus itala lingua dicitur a capiendo. hunc nostri Falconem vocant, quod incurvis digitis sit.")*; *CASSIS/CASSIDA/CASILA* (*Isid. Orig.* 18,14,1[4]: *„cassidam autem a Tuscis nominatam. illi enim galeam cassim nominant, credo a capite.")*; *CICENDA* (*Diosk.* 3,3 RV: „γεντιανή· ... Θοῦσκοι κικένδα); *DEA* (*Hes.* „δέα · δέα[5] ὑπὸ Τυρσηνῶ[ν]"); *FABULŌNIA* (*Diosk.* 4,68 RV: „ὑοσκύαμος·... Θοῦσκοι φαβουλώνιαμ ..."; vgl. *Ps.-Apul. Herb.* 5: *„Graecis hyoskyamos ... Tusci fabulongam.")*; *FALA* (mit Ableitungen) bzw. *Ā FALADŌ* (*Paul. Fest.* 78,23 f. L: *„falae dictae ab altitudine, a falado, quod apud Etruscos significat caelum.")*; *GIGARUS* (*Ps.-Diosk.* 2,167 RV: „δρακοντία μικρά·..., Θοῦσκοι γιγάρουμ ..."); *HISTRIŌ/(H)ISTER* (*Liv.* 7,2,6: *„vernaculis artificibus, quia ister Tusco verbo ludio vocabatur, nomen histrionibus inditum."*; vgl. *Val. Max.* 2,4,4: *„quia*

---

[3] Der Einwand Radkes, *Mercurius*, Sp. 1229, daß die „Angabe, die Etrusker nannten *Mercurius Camillus* (*Serv.*Aen. 11,558; *Serv. auct.* 11,543; *Macr.* Sat. 3,8,6), durch *Varro* l.l. 7,30,34 als Mißverständnis erwiesen" sei, muß Zweifel erwecken. Die *Varro*-Stelle lautet: *„in Medo: caelitum camilla, expectata advenis, salve, hospita. camillam qui glossemata interpretati dixerunt administram; addi oportet, in his quae occultiora: itaque dicitur nuptiis camillus qui cumerum fert, in quo quid sit, in ministerio plerique extrinsecus nesciunt. hinc Casmilus nominatur Samothreces mysteris dius quidam administer diis magnis. verbum esse Graecum arbitror, quod apud Callimachum in poematibus eius inveni.*" Diese Stelle scheint keine zwingende Widerlegung der Stellen *Serv.*Aen. 11,558, *Serv auct.* 11,543, und *Macr.*Sat. 3,8,6, zu enthalten.

[4] Nach Torelli, *Glosse etrusche*, 1001, Fn. 2, vielleicht auf *Varro* zurückgehend.

[5] Die Stelle ist verderbt; sollte θεά zu lesen sein? Vgl. *TLE* 828.

ludius apud eos (scil. Tuscos) hister appellabatur, scaenico nomen histrionis inditum est."; vgl. *Plut.* Quaest. Rom. 107: „Διὰ τί τοὺς περὶ τὸν Διόνυσον τεχνίτας ‚ἰστρίωνας' Ῥωμαῖοι καλοῦσιν; Ἢ δι' ἣν αἰτίαν Κλούβιος Ῥοῦφος ἱστόρηκε; φησὶ γὰρ ἐν τοῖς πάνυ παλαιοῖς χρόνοις Γαΐου τε Σουλπικίου καὶ Λικινίου Στόλωνος ὑπατευόντων, λοιμώδη νόσον ἐν Ῥώμῃ γενομένην πάντας ὁμαλῶς διαφθεῖραι τοὺς ἐπὶ σκηνὴν προερχομένους · δεηθεῖσιν οὖν αὐτοῖς ἐκ Τυρρηνίας ἐλθεῖν πολλοὺς καὶ ἀγαθοὺς τεχνίτας, ὧν τὸν πρωτεύοντα δόξῃ καὶ χρόνον πλεῖστον ἐνευημεροῦντα τοῖς θεάτροις Ἴστρον ὀνομάζεσθαι · καὶ διὰ τοῦτο πάντας ‚ἰστρίωνας' ἀπ' ἐκείνου προσαγορεύεσθαι."; vgl. *Gl.* 5,572,20: „*ludio Tusco verbo dicitur histrio.*"); *ĪDŪS* (*Varro* L.L. 6,28 f.: „*Idus ab eo quod Tusci Itus, vel potius quod Sabini Idus dicunt.*"; vgl. *Macr.* Sat. 1,15,14-17: „*Iduum porro nomen a Tuscis, apud quos is dies Itis vocatur, sumptum est. item autem illi interpretantur Iovis fiduciam ... Iovis fiduciam Tusco nomine vocaverunt ... sunt qui aestiment Idus ab ove Iduli dictas, quam hoc nomine vocant Tusci, et omnibus Idibus Iovi immolatur a flamine. nobis illa ratio nominis vero proprior aestimatur, ut idus vocemus diem qui dividit mensem. iduare enim Etrusca lingua dividere est.*"); *LAENA* (*Paul. Fest.* 104,18 ff. L: „*laena vestimenti genus habitu duplicis. quidam appellatam existimant Tusce, quidam Graece; quam χλανίδα dicunt.*"); *LANISTA* (*Isid.* Orig. 10,159: „*lanista, gladiator, id est carnifex, Tusca lingua appellatus, a laniendo scilicet corpora.*"); *LAPPA* (*Diosk.* 3,143 RV: „ἐρυθρόδανον ... Θοῦσκοι λάππα μίνορ ..."); *LUCUMŌ* (*Serv.* Aen. 2,278: „*lucumones, qui reges sunt lingua Tuscorum,*"; vgl. *ders.* Aen. 8,475: „*nam Tuscia duodecim lucumones habuit, id est reges.*"; vgl. auch *ders.* Aen. 5,560: „*Varro ... dicit, Romulum dimicantem contra Titum Tatium a Lucumonibus, hoc est Tuscis, auxilia postulasse ... a Lucumone Luceres dicti sunt.*"); *MANTĪSA* (*Fest.* 119,9 ff. L: „*mantisa additamentum dicitur lingua Tusca, quod ponderi adicitur, sed deterius et quod sine ullo usu est.*"); *NEPOS* (*Fest.* 162 L: „*(nepos) ... Tuscis dicitur*"); *RADIA* (*Diosk.* 4,142 RV: „σμῖλαξ τραχεῖα·... Θοῦσκοι ῥαδία."); *SPĪNA* (*Diosk.* 3,19 RV: „λευκάκανθα·... Θοῦσκοι σπίνα ἄλβα."); *SŪBULŌ* (*Varro* L.L. 7,35: „*subulo dictus, quod ita dicunt tibicines Tusci: quocirca radices eius in Etr[u]ria, non Latio quaerundae.*"; vgl. *Fest.* 403 L: „*subulo Tusce tibicen dicitur.*"); *SŪCINUM*[6] (*Diosk.* 1,10 RV: „ἄσαρον·... Θοῦσκοι σούκινουμ ..."); *TROSSULĪ* (*Paul. Fest.* 505,13 L: „*equites dicti, quod oppidum Tuscorum Trossulum sine opera peditum ceperint.*"; vgl. *Plin.* N.h. 33,35: „*celeres ... flexuntes, postea trossuli, cum oppidum in Tuscis*

---

[6] Nach Bertoldi, *Nomina Tusca*, 299, sei *sūcinum* Diosk. 1,10 RV „ἄσαρον· ... προφῆται αἷμα Ἄρεως, ... Θοῦσκοι σούκινουμ ..." wegen Diosk. 3,102 RV „σούσινον·προφῆται αἷμα Ἄρεως" in *sūsinum* zu emendieren.

citra Volsinios p. VIIII sine ullo peditum adiumento cepissent eius vocabuli ..."); VĒLES (*Plin.* N.h. 7,201: „... *invenisse dicunt hastas velitares Tyrrenum, eundem pilum* ..."); *Isid.* Orig. 18,57: „*velites autem nuncupatos sive a volitatione, sive a civitate Etruscorum quae Veles vocabatur.*").

Sieht man von der bekannten, sicher richtigen, aber für unsere Zwecke zu allgemein gehaltenen Feststellung *Sallusts* „*arma atque tela militaria ab Samnitibus, insignia magistratuum ab Tuscis pleraque sumpserunt* (scil. *maiores nostri)*" (Cat. 51,38) ab, so lassen sich folgende Hinweise indirekter Art anführen:

ALATERNUS (*Tarquit. Prisc. apud Macrob.* Sat. 3,20,3: „*arbores quae inferum deorum avertentiumque in tutela sunt, eas infelices nominant: al<a>ternum, sanguinem, filicem.*"; vgl. *Plin.* N.h. 16,108: „*fructum arborum solae nullum ferunt, hoc est ne semen quidem, tamarix, scopis tantum nascens, populus, alnus, ulmus Atinia, alaternus, cui folia inter ilicem et olivam. Infelices autem existimantur damnataeque religione quae non seruntur umquam neque fructum ferunt.*"); AQUILA (*Porph.* Abst. 3,4,1: „Ἄραβες μὲν κοράκων ἀκούουσι, Τυρρηνοί δ' ἀετῶν."); CALCEUS (*Verg.* Aen. 8,458: Euander ist aufgestanden, hat sich die Tunica angezogen „*et Tyrrhena pedum circumdat vincula plantis*"; dazu *Serv.* ad l.: „*Tyrrhena vincula Tusca calciamenta. et dicit crepidas, quas primo habuere senatores, post equites Romani, nunc milites. alii calceos senatorios volunt, quia hoc genus calceamenti a Tuscis sumptum est.*"; vgl. *Isid.* Orig. 19,34,4: „*calceos reges utebantur et Caesares.*"); CĀSEUS (*Plin.* N.h. 11,241: *Appenninus mittit* „*ex ... mixto Etruriae atque Liguriae confinio Luniensem* (scil. *caseum) magnitudine conspicuum quippe et ad singula milia pondo premitur.*"; *Martial* 13,30: „*Caseus Etruscae signatus imagine Lunae/praestabit pueris prandia mille tuis.*"); CELERĒS (*Plin.* N.h. 33,35: „*equitum quidem etiam nomen ipsum saepe variatum est ... Celeres sub Romulo regibusque sunt appellati, deinde flexuntes, postea trossuli* ..."); CENTURIA (*Liv.* 1,13,8: „*eodem tempore et centuriae tres equitum conscriptae sunt. Ramnenses ab Romulo, ab T. Tatio Titienses appellati: Lucerum nominis et originis causa incerta est.*"; ders. 4,4,2: „*census in civitate et descriptio centuriarum classiumque non erat; ab Ser. Tullio est facta.*"; vgl. *Fest.* 358,21 L: „*rituales nominantur Etruscorum libri in quibus perscriptum est ... quomodo tribus, curiae, centuriae distribuantur.*"); CLIPEUS (*Diod.* 23,2,2: „Ὅτι Ῥωμαῖοι πρῶτον ἀσπίδας τετραγώνους εἶχον εἰς τὸν πόλεμον · ὕστερον ἰδόντες Τυρρηνοὺς χαλκᾶς ἀσπίδας ἔχοντας, ποιήσαντες οὕτως ἐνίκησαν αὐτούς."); CREPIDA (*Serv.* Aen. 8,458: Zitat s.o. unter „*calceus*"); LŪDIUS (*Liv.* 7,2,4: „*sine carmine ullo, sine imitandorum carminum actu ludiones ex Etruria acciti, ad tibicinis modos saltantes, haud indecoros motus more Tusco dabant.*"; *Tert.* Spect. 5,2: „... *ludorum origo sic traditur: Lydos ex Asia transvenas in Etruria consedisse Timaeus refert duce Tyrreno ... igitur* *in Etruria inter ceteros ritus superstitionum suarum spectacula quoque religionis nomine instituunt. inde Romani arcessitos artifices mutuantur itemque enuntiationem, ut ludii a Lydis vocarentur.*"); *SATELLES* (Liv. 2,12,8: „*... cum concursu ad clamorem facto comprehensum* (scil. Mucium Scaevolam) *regii satellites retraxissent* ..."; vgl. ders. 1,49,2L: Tarquinius „*... armatis corpus circumsaepsit*"); *TUBA* (Verg. Aen. 8,526: „*Tyrrhenusque tubae mugire per aethera clangor*"; Plin. N.h. 7,201: „*... invenisse dicunt ... aeneam tubam Pisaeum Tyrreni* ..."); *URBS/MŪRUS/PŌMĒRIUM/MOENE* (Varro L.L. 5,143: „*oppida condebant in Latio Etrusco ritu.*").

Solche indirekt gehaltenen Angaben besitzen natürlich — wenn überhaupt — nur sehr eingeschränkte Aussagekraft; wie auch der Wert der direkten Hinweise als sehr unterschiedlich bezeichnet werden muß. Ganz allgemein ist ja bei sämtlichen antiken Aussagen auf dem Gebiet der Etymologie größte Vorsicht geboten; und so finden sich auch hier nicht wenige Wörter, die — wie heute eindeutig feststeht — zu Unrecht dem Etruskischen zugeschrieben wurden; dies trifft mit Bestimmtheit etwa auf *capra, dea, nepos* zu, auch von den bei *Dioskurides* den Θοῦσκοι zugeschriebenen lateinischen Pflanzennamen werden zumindest *apium, cicenda, lappa, spīna, sūcinum*[7] nicht etr. sein (s. Bertoldi, *Nomina Tusca*, 297-300; Torelli, *Glosse*, 1003; vgl. auch *WH, EM* s.vv. *apium, cicindēla, lappa, nardus, spīna, sūcinum*)[8], ebensowenig wie das bei *Pseudo-Apuleius* überlieferte *apiāna* (s. Torelli, *l.c.*).

[7] Nach Bertoldi, *Nomina Tusca*, 299, *susinum*; s. S. 131 Fn. 6.

[8] Zu den Pflanzennamen bei *Dioskurides* allgemein s. besonders die aus dem Jahr 1898 datierende Untersuchung von Wellmann, *Die Pflanzennamen des Dioskurides*. Ausführliche Information zu den als etruskisch angegebenen Pflanzennamen des *Dioskurides* bietet vor allem der im Jahre 1936 erschienene Aufsatz Bertoldis „*Nomina Tusca in Dioscuride*", in dem sich der Verfasser eingehend, insbesondere auch in Hinblick auf ihre genaue Bedeutung, mit den einzelnen Ausdrücken beschäftigt und die Herkunft der Bezeichnungen (westmediterran, ägäisch-anatolisch, tyrrhenisch-appenninisch) mittels der direkten Bezeugung durch etruskische Inschriften, der indirekten Bezeugung durch griechische und lateinische Autoren und mittels des Fortlebens in heutigen italienischen Dialekten zu erhellen versucht.

Bezüglich der stark eingeschränkten Zuverlässigkeit der Angaben bei *Dioskurides* (s.o. im Text) vermutet Torelli, *Glosse etrusche*, 1003, sicher zu Recht, daß die Quellen des *Dioskurides* etruskische und lateinische Wörter nebeneinander geboten haben dürften, so daß manches Lateinische fälschlich als etruskisch bezeichnet werden konnte; ähnlich werde es sich auch bei den *Hesych*-Glossen verhalten haben. Torelli kommt zu dem Schluß, die Gruppe der *Hesych*-Glossen, der botanischen Glossen und der (hier nicht interessierenden) Glossen zu Monatsnamen „può ... ricondursi senza sforzi ai libri di *disciplina Etrusca*, nei quali confluivano trattati miscellanei di interpretazioni di presagi tratti dal cielo, dagli uccelli, dalle piante e interessanti la vita religiosa, la vita pubblica, la vita privata." (*O.c.*, 1006. Zur *Etrusca disciplina* s. ausführlich *RET*, 36-43.) Verwechslungen bezüglich der Herkunft eines Wortes seien deshalb leicht möglich gewesen, weil es vermutlich neben dem übersetzten oder kompilierten lateinischen Text kürzere oder längere Einschübe in etruskischer Sprache gegeben habe. Zur Frage der Existenz von die *Etrusca disciplina* weitervermittelnden zwischengeschalteten Quellen s. Torelli, *o.c.*, 1007 f.

B.2.3. *Heranziehung romanischer Formen*

Vorwiegend in zweierlei Hinsicht werden in der von der Verf. eingesehenen Literatur Formen aus romanischen Sprachen bzw. Dialekten als Stütze für die Herleitung eines lat. Wortes aus dem Etruskischen herangezogen:

Zum ersten wird bisweilen versucht, bestimmte mit dem jeweils zur Diskussion stehenden lateinischen Wort unmittelbar oder entfernter verwandte Formen aus romanischen Sprachen (Dialekten) über die dafür von der romanischen Philologie anerkanntermaßen erschlossenen oder auch vom betreffenden Autor eigens angesetzten Basisformen auf das Etr. zurückzuführen, s. z.B. u.WW. *tabānus, tīfāta, tamī/i?nia*. Daß aber einer auf rekonstruierten Formen beruhenden Beweisführung mit besonderer Vorsicht zu begegnen ist, muß nicht betont werden.

Zum zweiten wird gelegentlich mit dem regional beschränkten Auftreten eines bestimmten Ausdrucks im Sinne eines Hinweises auf das einst wichtigste Verbreitungsgebiet, welches nicht eo ipso, aber bisweilen, d.h. bei Hinzukommen noch anderer Faktoren, als das Entstehungsgebiet eben dieses Wortes angesehen werden darf, argumentiert; s. etwa u.WW. *ulpicum* und *farferum*.

Prinzipiell ist zu bemerken, daß die Heranziehung romanischer Formen, auch wenn sie belegt sind, in der Mehrzahl der Fälle problematisch bleibt[1] und daß sie — sofern sie nicht überhaupt aus einer ernstzunehmenden Argumentation zu streichen ist — am günstigsten ausschließlich nur als Unterstützung einer bereits auf anderen, solideren Fundamenten beruhenden Beweisführung für etruskische Herkunft eines Wortes Anwendung findet. Formen aus romanischen Sprachen bzw. Dialekten scheinen jedenfalls ebensowenig wie etwa semantische oder manche phonetischen oder morphologischen Kriterien geeignet, als einziges und maßgebliches Argument für Herkunft eines Wortes oder Wortbestandteiles aus dem Etruskischen ins Treffen geführt zu werden[2].

---

[1] Schon alleine die oft sehr späte Bezeugung gibt zu denken; ferner darf, besonders bei nicht zentralitalischen Dialekten zuzuordnenden Wörtern, Umgestaltung durch dialekt- oder fremdsprachliche Einflüsse nicht außer acht gelassen werden; weiters ist natürlich wie jede Sprachforschung auch die romanische Philologie außerstande, jedes Etymon, jedes Suffix, jede lautliche Erscheinung, jede Bedeutungsentwicklung befriedigend zu deuten. Verf. möchte es zusammenfassend so formulieren: Das Beibringen nicht problemfreier, einem anderen Sprachstand und einer anderen Disziplin zugehöriger „Beweisstücke" trägt in der Regel in eine ohnehin genug diffizile Forschungslage, wie sie das Isolieren etruskischen Sprachgutes im Lateinischen darstellt, nur weitere Probleme und weitere Unsicherheit hinein.

[2] Alleine derartige Argumente können zugunsten der etruskischen Herkunft von *floccēs* (*flōcēs*; s. *EM* s.v. *floccēs*), *-um*, „Bodensatz (Hefe) des gekelterten Weines" (*WH* s.v.; vgl. *Gell.* 11,7,6: „*floccēs prisca voce significare vini faecem e vinaceis expressam, sicut fraces oleis.*"), belegt seit *Caecil.*, angeführt werden: Alessio, *L'etrusco e due problemi*, 550 u. 554, denkt wegen *f*- (s.

aber Kap. B.1.1.3.2.) und der modernen Reflexe des Wortes speziell auf ehemals etruskischem Gebiet an Herkunft dieses Term.techn. aus dem Etruskischen.

Nach *WH* l.c. „wohl ... als ‚flockiger Schaum' zu *floccus*; Ausgang nach *fracēs, faecēs*." Zu *floccus* bringt *WH* s.v. floccus ausschließlich ie. Deutungsversuche. Nach *EM* s.v. *floccēs* wie *fracēs* und *faecēs* nicht ie. Term.techn. der Weinkultur. [??]

C. UNTERSUCHUNG DER EINZELNEN ELEMENTE ETRUSKISCHEN SPRACHGUTES IM LATEINISCHEN

C.1. Wortschatz[1]

Die Gliederung dieses umfangreichen Kapitels erfolgt nach dem Typ der Entlehnung bzw. Prägung: Übernahme des Wortkernes oder des ganzen Wortes (C.1.1.); Übernahme des Wortausganges oder zweiten Wortbestandteiles (C.1.2.); Übernahme der Wortbedeutung (C.1.3.).

---

[1] Nicht berücksichtigt, weil keines der maßgeblichen Kriterien für eine Zuordnung aufweisend, mit anderen Worten jedes auch noch so dürftigen Argumentes zugunsten etruskischer Herkunft oder Prägung entbehrend, werden in den weiteren Ausführungen Wortdeutungen, die eine ad hoc konstruierte etruskische Basis, eine „Phantasiewurzel", als einziges Argument für Herkunft eines Wortes aus dem Etruskischen aufzuweisen haben (s.z.B.u.W. *inmusulus*); die eine belegte Form bzw. einen belegten Wortkern mit unbekannter oder ungenügend gesicherter, oft auch ad hoc erfundener Bedeutung in der Regel ohne die nötige kritische Distanz und ohne Beachtung anderer Möglichkeiten als Basis für zumeist weitreichende Spekulationen verwenden (s.z.B.u.WW. *membrum*, *litō*); die ohne aufwendigere Beweisführung, ohne die nötige eingehende Prüfung eine im etruskischen Wortmaterial existente Form bzw. Wurzel (wobei die Wurzel — besser: der Wortkern — nicht immer in ihrer richtigen Gestalt angeführt wird, s.u.W. *plaudō*) mit als gesichert anzusehender Bedeutung als Basis für ein bloß ähnlich klingendes lateinisches Wort völlig anderen Sinns heranziehen (s.z.B.u.W. *laus*); die durch willkürliches Manipulieren mit dem Wortausgang einer belegten und formal und funktionell geklärten etruskischen Form in eben diesem Wortausgang eine „Wurzel" gefunden zu haben glauben, welche sofort zur „Klärung" lautlich ähnlicher lateinischer Wörter herangezogen wird (s.z.B.u.W. *vitō*), die mit anderen Worten der bloßen lautlichen Ähnlichkeit wegen allgemein anerkannte Ergebnisse der etruskischen Sprachforschung ignorieren; die in dem Bemühen um Bestätigung einer keineswegs erwiesenen Herkunftstheorie des Etruskischen lateinische Wörter nur mit dem Argument aus dem Etruskischen herzuleiten bestrebt sind, daß in den dem Etruskischen angeblich zugrunde liegenden Sprachen ein dem betreffenden lateinischen Wort lautlich annähernd (dies öfter erst nach Anwendung eigens hierfür konstruierter Lautgesetze) vergleichbarer Ausdruck nachzuweisen sei (s.z.B.u.WW. *aedīlis*, *plēbēs*); die allein auf Grund der semantischen Kategorie eines Wortes seinen Ursprung in Etrurien zu finden meinen (s.u.W. *sōrix*).

Die in der von der Verf. eingesehenen Literatur vorgefundenen Etymologien der oben bezeichneten Arten seien hier in alphabetischer Reihenfolge angeführt.

abdōmen/spätlat. (mit Suffixtausch) *abdūmen, -inis n.:* „Unterleib ... Schmerbauch, Wanst" (*WH* s.v.); seit *Plt.*

Nach Strnad, *Nochmals zum Methodenproblem*, 281, Entlehnung aus dem Etruskischen, zurückzuführen auf arab. *abṭun* „Inneres". (Zu Strnads der Grundlagen entbehrender Hypothese vom Etruskischen als einer kharthwelisch-semitischen Mischsprache s.ders., *Hat die etruskische Sprache doch noch Verwandte?*; ders., *Einige Beweise*; ders., *Die doppelte Sprachverwandtschaft*.)

Nach *WH* l.c. wohl Ableitung zu *abdere* und somit zu ie. ⁺*dhē* „setzen, stellen" gehörig, nach *EM* s.v. ohne sichere Etymologie, doch zweifellos Umbildung eines nicht ie. Wortes.

Die Präferenz des Etr. für den Vokal *a* (s. Kap. B.1.1.3.1.) stellt natürlich alleine kein maßgebliches Argument zugunsten etr. Herkunft eines Wortes dar. [??]

aedīlis, *-is m.:* Ädil; seit *CIL* I² 7 (1.Hälfte 3.Jh.v.Chr.).

Nach Strnad, *Nochmals zum Methodenproblem*, 282, sei lat. *aedīlis*, von ihm als „Gesetzeshüter" übersetzt, auf etr. ⁺*artil* zurückzuführen; dieses sei als „arab. (S.u.W. *abdōmen*; Anm.d.Verf.) *ard* ‚(Ton)erde (Tafel)' + Suffix *il* (ursprünglich Aufzeichner von Gesetzestexten auf Tontafeln)" zu deuten.

Nach *WH* s.v. *aedēs* und *EM* s.v. *aedēs* ie. [??]

caelebs, *-ibis:* „‚ehelos' (in der Regel vom Mann, sei es Junggeselle, sei es Witwer ...)" (*WH* s.v.); seit *Plt.*

Nach Deroy, *Quelques survivances*, 18 f., Ableitung zu einer etr. Wurzel ⁺*leb-* „naître" (vgl. u.WW. *līberī, lībum, lupa, lupīnum*): „... *caelebs* ... qui est, à mon sens, la survivance d'un composé étrusque ⁺*cai-leb(e)*. Le premier terme, ⁺*cai*, me paraît être un adverbe d'origine préindoeuropéenne signifiant ‚après, ensuite', d'où ‚tardivement, récemment' ... Si ... on donne au second élément du composé ⁺*cai-leb(e)*, le sens de ‚né', on est amené à penser que la signification du mot entier aurait été d'abord ‚puîné, cadet, plus jeune', vaut de devenir plus généralement ‚jeune'. De là, on serait ensuite passé au sens de ‚non marié, célibataire' ..."

Nach *WH* l.c. ie. Herkunft; nach *EM* s.v. dürfte es sich um ein nicht ie. Wort handeln. [??]

caliandrum/caliendrum/caliandrium, *-ī n.:* „‚hohe Frauenfrisur aus falschem Haar' bzw. ‚Häubchen, kleine Perücke'" (*WH* s.v.); seit *Varro* (*caliandrum Varro, Porph.; caliendrum Hor., Gl.; caliandrium Arnob.*).

Oštir, *Drei vorslav.-etr. Vogelnamen*, 98, denkt an Herleitung aus dem Etruskischen: Etr. ⁺*calau(m)/n-t-* (sic), verwandt mit vorslav. *šelmъ* und vorgerm. ⁺*χelma-*, sei als Vorform für lat. *caliand-r-(i)um* (und *calautica*; s.b.W.) anzusetzen.

Nach *WH* l.c. trotz phonetischer und semantischer Schwierigkeiten eventuell Entlehnung aus gr. κάλανδρος m., καλάνδρα f. „Lerchenart"; so auch *EM* s.v.; nach *LE* s.v. Kontaminationsform aus lat. *galea* und gr. κάλανδρος.

Die Präferenz des Etr. für den Vokal *a* (s. Kap. B.1.1.3.1.) stellt natürlich alleine kein maßgebliches Argument zugunsten etr. Herkunft eines Wortes dar. [??]

caudica, *-ae f.:* „ein aus einem Baumstamm gemachter Kahn" (*WH* s.v. *caudex*); seit *Gell.*

Nach Strnad, *Nochmals zum Methodenproblem*, 282, Entlehnung aus dem Etr.; zugrunde liege georg. (s.u.W. *abdōmen*) *ḳod* „Baumstamm", erweitert um ein angebliches etr. adjektivisches Suffix *-ic* mit der Bedeutung „gemacht aus", welches sich auch in *lōrīca* und *tunica* nachweisen lasse (s. aber Kap. B.1.2.1.2.1.1. u.bb.WW.), und lat. *-a*.

Nach *WH* l.c. bzw. s.v. *1. cūdō* ie. Herkunft (*Wz.* ⁺*qāu-*, ⁺*qəu-* „hauen, schlagen"), nach *EM* s.v. *cōdex* Etymologie unbekannt. [??]

faecinia/faecenia (*vītis*): „eine Rebenart" (*WH* s.v.); *Plin., Colum.*

Seitdem Schulze, *ZGLE*, 185 f., die EN *Faecenius/Fecinius* unter die von ihm als etr. klassifizierten EN-Bildungen auf *-nius* gereiht und dazu den sehr ähnlich lautenden Namen der zur Diskussion stehenden Rebensorte gestellt hat, scheint in der Literatur an der etr. Herkunft von *faecinia/faecenia* kein Zweifel mehr zu bestehen: S. Alessio, *L'etrusco*, 550, der als weiteres Kriterium zugunsten einer Entlehnung aus dem Etr. anlautend *f-* ins Treffen führt; *WH* l.c., *EM* s.v.

Doch ist weder die Herkunft der EN *Faecenius/Fecinius* aus dem Etruskischen erwiesen, noch kann anlautend *f-* als Beweismittel herangezogen werden; s. dazu Kap. B.1.1.3.2. [??]

inmusulus/immusulus/emusulus/immusilus/immussilus/immussulus (zu weiteren Varianten s. *TLL* s.v. *immusulus* und im folgenden), *-ī m.:* „*avis genus quam alii regulum, alii ossifragam*

dicunt" Paul. Fest. 99,23 L; vgl. ders., 101,1 L „*ales ex genere aquilarum est, sed minor virium quam aquilae*"; gilt als Auguralvogel, s. etwa Plin. N.h. 10,20; seit Plin. l.c.
   Eine etruskische Basis (im Rahmen des „Alarodischen") nimmt Oštir, *Drei vorslav.-etr. Vogelnamen*, 38, an: „Die Vokalstufe *ĭ* in ⁺*w-ĭs-er-āk-* > ἱέραξ vermute ich noch in vorgriech.- vorital. ⁺*ĭss-* des Kompositums ⁺*mn-ĭss-* in Νῖσος (aus ⁺ὁ μνῖσσος mit *-mn-* > *-n-* ...), der in einen Seeadler verwandelt wurde, neben etrusk. ⁺*i-mnəss-* mit erst etrusk. *-ĭ* > *-ə*, woraus lat. *immussilus, immussulus* — gewöhnlich volksetymologisch *inm-* geschrieben — ‚ein Vogel aus dem Geier- oder Falkengeschlechte' ..."
   Nach *WH* s.v. „augurales Dunkelwort, dessen genaue Bedeutung nicht feststeht (jedenfalls eine Geierart ...); *-s-* weist auf fremden, vl. dial. Ursprung ... — Die Herleitung aus *in* und *mussāre* (Walde *LEW*² s.v.) ist ebenso Volksetymologie ... wie die von *sē inmittere* bei Paul. Fest. 113". Nach *EM* s.v. möglicherweise entlehnt. Nach *LE* s.v. *inmūsulus* handelt es sich wahrscheinlich „del diminutivo di un originario ⁺*emmūsus* (dal gr. ἔμμουσος = μουσικός ‚musicale'), latinizzato come ⁺*in-mūsus* ..., e forse modellato su *garrulus*, con riferimento ad un uccello sconosciuto dal cui canto si traevano gli auspicii ..."
   Der Wechsel *i/u* in *immus(s)ilus/immus(s)ulus* etc. hat in Anbetracht der extremen Formenvielfalt und -instabilität in der Überlieferung dieses Wortes als (eventueller) Hinweis auf etr. Herkunft außer Betracht zu bleiben. [??]
   laus, *-dis f.:* „Lob, Ruhm, Anerkennung, Lobspruch; Wert, Verdienst; Vorzug" (*WH* s.v.), seit Liv. Andr.
   laudō, *-āvī, -ātum, -āre*: „rufe an; lobe, preise, rühme" (*WH* l.c.), seit Liv. Andr.
   Deroy, *Du tribunal*, äußert die Ansicht, etr. *lautni* (s. dazu S. 109), „une épithète communément appliquée aux défunts" (*o.c.*, 293), entspreche etwa franz. *feu*, lat. *bene merenti* und bedeute soviel wie „justifié, acquitté" o.ä. (o.c., 294). „Le thème *laut-* est probablement une réduction de ⁺*lauta* ... Or, je pense que ce thème *lauta-* est celui qui, emprunté, a donné au latin le verb *laudare* et le substantif *laus* ..." (*O.c.*, 294 f.)
   Nach *WH* l.c. Wurzel ie., nach *EM* s.v. keine klare Verwandtschaft [??]
   līberī, *um/-ōrum m.:* „‚die Kinder' (auch nur von einem Kind ...)" (*WH* s.v.); seit Enn.
   Nach Deroy, *Quelques survivances*, 8 f., Ableitung zu einer etr. Wurzel ⁺*lib-* „naître" (vgl. u.WW. *caelebs, lībum, lupa, lupīnum*): „*Līber-* se présent très simplement comme un dérivé ‚générique' en *-r* de la racine présupposée ⁺*lib-* ‚naître' et il n'est, pour justifier sa formation et sa signification, que de comparer le latin *nātus* ‚enfant' ..."
   Nach *WH* l.c. ie. Herkunft, nach *EM* s.v. wahrscheinlich ie. [??]
   lībum, *-ī n.* (*-us m.* Nigid.): „‚Kuchen, Fladen' (bes. als Opfer, Serv. Aen. 7,109 ...); sek. (Vulg.) ‚Trankopfer'" (*WH* s.v.); seit Enn.
   Deroy, *Quelques survivances*, 8, erklärt *lībum* als Abkömmling einer etr. Wurzel ⁺*lib-* „naître" (vgl. u.WW. *caelebs, līberī, lupa, lupīnum*): „,... il n'est pas interdit d'expliquer *lībum* comme la survivance d'un mot étrusque qui aurait eu à peu près le sens de *nātālis* ou de *nātālicius*, et qui serait un dérivé direct d'une racine ⁺*līb-* ‚naître'."
   Nach *WH* l.c. Rückbildung aus *lībāre* in der Bedeutung „als Weihegabe darbringen", *lībō* selbst wird s.v. *libō* aus ⁺*loibāi̯ō*, Denominativ von ⁺*loibā* = gr. λοιβή f. „Spende, Trankopfer" (Wurzel ⁺*(s)lēib-* „gießen, tröpfeln") hergeleitet.
   Auch *EM* s.v. *lībum* hält Zusammenhang mit *lībō* für möglich; *lībō* selbst sei (s. s.v. *lībō*) zweifellos mit gr. λεῖβω etc. verwandt; Entlehnung könne vorliegen. [??]
   litō, *-āvī, -ātum, -āre:* „‚unter günstigen Vorzeichen opfern' (d.i. nach günstigem Ergebnis der *īnspectiō extōrum*; opp. *sacrificō* ...); ‚einen günstigen Ausgang geben' (vom Opfer); ‚besänftigen' (*nūmen, deōs*); ‚etwas rächen'" (*WH* s.v.); seit Plt. und Cato.
   Deroy, *Lettre*, 50 ff., leitet *litāre* wie *littera* (s.b.W.) und *lituus* (s.b.W.) von etr. ⁺*lita* „signe"

her: „Le verbe *litāre* signifie ,obtenir des présages en parlant d'un sacrifiant', et, peut-être par suite d'une évolution secondaire, ,donner des présages en parlant d'une victime sacrifiée'." (*O.c.*, 50 f.) Das Wort „appartient sans conteste à la terminologie spéciale de la science augurale, que les Romains — on l'admet communément — avaient héritée des Etrusques (S. dagegen etwa *RET*, 151; Anm.d.Verf.). Le thème de *lita*- ou du moins *lit*- a du logiquement avoir le sens de ,signe'. A la suite de W. Prellwitz (*Etym. Wörterbuch der griech. Sprache*, 2ᵉéd., 1905, P. 272) les étymologistes y voient souvent un emprunt de grec λιτή ,prière' ... Mais on ne voit pas quel est le rapport des sens, sachant que λιτή ... signifie ,prière, supplication', que λίτεσθαι et λίσσεσθαι veulent dire ,demander avec insistance, prier, supplier', λιτός et λίτανος ,suppliant', etc. Avec raison, H. Frisk (*Etym. Wörterbuch der griech. Sprache*, II,1970, s.v. λίσσομα) rejette le rapport supposé entre λιτή et *litāre*. Sans doute, à défaut d'étymologie indo-européenne, on pourrait imaginer que les deux groupes procèdent d'un même substrat méditerranéen. Mais, dans ce cas, on en revient à la possibilité d'une origine étrusque de *litāre*, à l'exclusion d'un emprunt direct du latin au grec."

Hat die von Deroy, *o.c.*, 49 f, vorgeschlagene Hypothese, lat. *littera/lītera/leitera* von einem etr. Plural auf -*r* zu einem etr. Wort mit der Bedeutung „Zeichen" abzuleiten, noch manches für sich, da zwar im Etruskischen keine von Deroy ad hoc konstruierte Form ⁺*litara* belegt ist, wohl aber (neben mehrdeutigem *leiθr̥meri CIE* 6309 = *TLE* 75, s. S. 264f.) eine Form *leitr(-um) AM* 10²⁰, die eventuell als Plural aufgefaßt und mit „die Zeichen (aber)" übersetzt werden könnte (s. S. 264f.), so erscheint Verf. die Hypothese, auch *litāre* von einem etr. Wort für „Zeichen" (nach Deroy nicht belegtes ⁺*lita*; aus dem bekannten Wortmaterial eventuell ⁺*leit*) herzuleiten, aus zwei Gründen weit weniger annehmbar: Aus sprachlichen Gründen, da zu *litāre* keine Nebenformen ⁺*lītāre* oder ⁺*leitāre* wie *lītera* und *leitera* zu *littera* bezeugt sind; aus semantischen Gründen, da sich die verschiedenen Bedeutungen von *litāre* wohl kaum unter dem Begriff „Zeichen" subsumieren lassen; es dürfte vielmehr die Vorstellung des glücklichen Vollzuges oder Ausganges, des Gelingens einer Handlung aus der Sphäre des Kults dem Bedeutungsspektrum des Verbs zugrunde liegen.

Es scheint also verfehlt, für *litāre* die gleiche etymologische Basis wie für *littera* anzunehmen, mit anderen Worten, es lassen sich keinerlei sprachliche Argumente für Herkunft des Verbs *litāre* aus dem Etruskischen erbringen.

Nach *WH* l.c. seien gr. λιτή f. „Bitte", λίσσομαι (< ⁺λιτι̯ο-), sek. λίτομαι „bitten, flehen", und verwandte Ausdrücke zu vergleichen, alle herzuleiten von ⁺*lei-t*- (Erw. von ⁺*lei*- „schmieren") mit der Grundbedeutung „streicheln, sanft berühren". *litāre* sei Denominativ von ⁺*litā* = gr. λιτή, mit dem es aber nicht urverwandt, sondern woraus er entlehnt sein werde; „die abweichende Bed. ist trotz Muller *Ait.Wb.* 240 kaum ein Hindernis, da ein *litāre* ,bitten, flehen' im Zusammenhang und im Gegensatz zu neutralem *sacrificāre* die terminative ... Bed. ,ein Bittopfer günstig durchführen' erlangen konnte."

Der (kürzere) Kommentar bei *EM* s.v. stimmt in den wesentlichen Zügen mit den Ausführungen bei *WH* l.c. überein. [??]

lituus, -ī m.: „,Krummstab der Auguren' (*Liv.* 1,18,7 *baculum sine nodo aduncum, quem lituum appellant*), jünger (trotz *Gell.* 5,8,10) ,das gekrümmte Signalhorn im Kriege, die Zinke' ..." (*WH* s.v.); seit *Enn.*

Zur Sache selbst, die als Abzeichen der Würde und der Macht in Rom wie in Etrurien beheimatet war, deren typische Gestalt jedoch auf die Etrusker zurückzuführen sein wird, s. ausführlich Pfiffig, *RET*, 99; vgl. p. 152. Die Theorie etruskischer Herkunft des Wortes wird vertreten von Müller-Deecke, Ernout, Oštir und Deroy.

Nach Müller-Deecke, *Die Etrusker* 2,212, sei der Ausdruck *lituus* wie der damit bezeichnete Gegenstand bzw. die damit bezeichneten Gegenstände (vgl. *o.c.*, 2,129, Fn. 4) aus Etrurien übernommen worden; „*lituus* hieß nämlich wahrscheinlich im Tuskischen ‚gekrümmt'". Dafür lassen sich jedoch keinerlei Beweise erbringen.

Ernout, *Tyrrhenus*,234, hält ebenfalls Übernahme des Wortes zugleich mit der Sache für wahrscheinlich: „... on sait que la trompette droite passait pour être l'invention des Etrusques, de même que le *lituus*, qui désigne le bâton augural recourbé à son extrémité, et aussi la trompette de même forme. Déjà K.O. *Müller* a supposé que le mot *lituus* était d'origine étrusque, comme l'objet qu'il désigne: et si l'étymologie n'est pas rigoureusement démontrable, elle a la vraisemblance pour elle; les autres explications qu'on a proposées de *lituus*, qu'on trouvera mentionnées dans la 3ᵉ édition du *Lateinisches Etymologisches Wörterbuch* de *Walde-Hofmann*, ne conviennent ni pour le sens ni pour la forme."

Oštir, *Drei vorslav.-etr. Vogelnamen*, 20, nimmt ein nicht näher präzisiertes etr. Wort als Grundlage zu lat. *lituus* an: „Vorgr. ἀ-λύται ‚ῥαβδοφόροι': ⁺etr. > lat. *lituus* ‚Krummstab'."

Deroy, *Lettre*, 50 ff., stellt die Theorie auf, *lituus* sei wie *littera* (s.b.W.) und *litāre* (s.b.W.) von etr. ⁺*lita* „signe" herzuleiten: „... *lituus* ... désigne le bâton recourbé des augures. C'était l'instrument qui leur permettait de délimiter avec précision le champ d'observation (*templum*) des signes, particulièrement des signes célestes. Il n'y guère à douter que la notion fondamentale commune à *litāre* et *lituus* est celle de ‚signe'. S'agit-il seulement de signe augurale? On ne peut l'affirmer, car la valeur plus générale de ‚signe, signal' paraît impliquée par le fait que *lituus* signifie aussi une trompette militaire au son aigu ... et qui servait à donner le ‚signal' du combat ... On affirme souvent et il n'est évidemment pas tout à fait exclu que la trompette appelée *lituus* ait reçu ce nom parce que sa forme à extrémité recourbée évoquait le bâton augural ... En fait, on ignore si l'emploi d'un des deux instruments est antérieure à l'autre (S. aber weiter unten; Anm.d.Verf.). Rien n'empêche de croire que l'usage romain des deux procédait pareillement des Etrusques." (*O.c.*, 52 f.) „Il est possible que *lituus* provienne de l'étrusque ⁺*litaue* avec une altération de la voyelle brève en syllabe médiale ouverte sous l'effet de l'accent d'intensité initial, altération pareille à celle qui, en latin prélittéraire, a transformé ⁺*ablauō* en *abluō*." (*O.c.*, 53.)

Hat die von Deroy, *o.c.*, 49f., vorgeschlagene Hypothese, lat. *littera/lītera/leitera* von einem etr. Plural auf -*r* zu einem etr. Wort mit der Bedeutung „Zeichen" abzuleiten, noch manches für sich, da zwar im Etruskischen keine von Deroy ad hoc konstruierte Form ⁺*litara* zu belegen ist, wohl aber (neben mehrdeutigem *leiθrmeri* CIE 6309 = *TLE* 75, s. S. 264f.) eine Form *leitr(-um)* AM 10²⁰, die eventuell als Plural aufgefaßt und mit „die Zeichen (aber)" übersetzt werden könnte (s. S. 264f.), so erscheint Verf. die Hypothese, auch *lituus* von einem etr. Wort für „Zeichen" (nach Deroy nicht belegtes ⁺*lita*; aus dem bekannten Wortmaterial eventuell ⁺*leit*) herzuleiten, aus zwei Gründen weit weniger annehmbar: Aus sprachlichen Gründen, da zu *lituus* keine Nebenformen ⁺*lītuus* oder ⁺*leituus* wie *lītera* und *leitera* zu *littera* bezeugt sind; ferner ist auch der lat. Ausgang -*uus*, nimmt man eine etr. Basisform ⁺*leit* an, ohne Parallelen; aus sachlichen Gründen, da der *lituus* wohl nicht ursprünglich ein Instrument zum Zeigen war (daß das Musikinstrument zuerst den Namen *lituus* geführt hätte und daß die Bezeichnung der ähnlichen Krümmung wegen sekundär auf den Krummstab übertragen worden wäre, hält Verf. aus kulturgeschichtlichen Gründen für nicht wahrscheinlich; die Übertragung der Benennung des Krummstabes auf ein ähnlich gebogenes Musikinstrument scheint bei weitem glaubhafter zu sein), sondern „Zeichen der Autoritätsträger" (Pfiffig, *RET*, 99), Abzeichen der Würde und der Macht.

Es scheint also verfehlt, für *lituus* die gleiche etymologische Basis wie für *littera* anzunehmen, mit anderen Worten, es lassen sich keinerlei sprachliche Argumente für Herkunft von *lituus* aus dem Etruskischen erbringen.

WH l.c. deutet das Wort aus dem Ie.: *lituus* sei auf ⁺*li-tus* „Krümmung" zurückzuführen. „Über die Herkunft des *lituus* aus Etrurien s. die Lit. bei Leifer *Stud. I* 184²; deswegen braucht das Wort selbst nicht nach Müller *Etr.* II 129[4] (Richtig: *O.c.,* 212; Anm.d.Verf.) u.a. etruskisch zu sein."

EM s.v. hält, unter Berufung auf Ernout, *l.c.,* etr. Herkunft für möglich. [??]

lupa, *-ae f.:* „öffentliche Buhldirne" *(WH* s.v.); seit *Plt.*

Nach Deroy, *Quelques survivances,* 16 f., Ableitung zu einer etr. Wurzel [+]*lup-* ‚naître' (vgl. u.WW. *caelebs, līberī, lībum, lupīnum*): „... c'est sans doute encore un milieu étrusque ou proche des Etrusques qui a dû souder à la légende de la louve un trait dont *Tite-Live* (I,4) a gardé un souvenir quelque peu altéré: après leur découverte, Rémus et Romulus auraient été élevés par Larentia, la femme du berger Faustulus, mais ‚d'autres pensent que Larentia était, chez les bergers, le nom d'une fille de joie *(vulgato corpore lupam)'.* On voit intervenir ici, dans la formation du mythe, à côté de *lupa* ‚naissance' et de *lupa* ‚louve', un troisième mot *lupa* ‚prostituée' ... On peut imaginer, par exemple, que comme le grec γονή, l'étrusque [+]*lupa* ajoutait au sens de ‚naissance, enfantement', celui d'‚organe sexuel de la femme' ..., ce qui l'habilitait à servir d'appellation obscène aux prostituées ..."

Nach *WH* l.c. und *EM* s.v. *lupa* Femininform zu eindeutig ie. *lupus.*

Zu *lupa* „Dirne" als eventuellem Übersetzungslehnwort bzw. als eventueller Bedeutungsentlehnung s. S. 503 Fn. 33. [??]

lupīnum, *-ī n./lupīnus, -ī m.:* „Wolfsbohne" *(WH* s.v.), seit *Cato.*

Nach Deroy, *Quelques survivances,* 10 ff., Ableitung zu einer etr. Wurzel [+]*lup-* „naître" (vgl. u.WW. *caelebs, līberī, lībum, lupa*): „Je crois ... que *lupīnus* vient de l'étrusque." „... on croyait que le lupin communiquait avec le séjour souterrain des âmes: par la conformation de sa tige, il était, pour elles, la voie possible d'un retour parmi les vivants, le moyen d'une nouvelle ‚naissance'. Dans cet ordre d'idées, il n'est pas interdit de penser que *lupīnus* serait un emprunt à l'étrusque, où il aurait été un dérivé de la racine [+]*lup-* ‚naître'. Le lupin aurait été dénommé d'après la plus impressionnante de ses attributions: il serait une ‚plante de naissance et de renaissance'."

Nach *WH* l.c. und *EM* s.v. Ableitung von ie. *lupus.* [??]

māchina, *-ae f.:* „‚Maschine, Gerüst, Bühne; Kunstgriff, List'; vlt. und rom. auch ‚Mühlstein, Handmühle'" *(WH* s.v.); seit *Enn.*

Deroy, *De l'étrusque macstrna,* leitet eine Reihe lat. und gr. Wörter von einer med. Wurzel [+]*mak-* „combiner, arranger, accommoder, agencer, construire par assemblage" *(o.c.,* 84); s. genauer u.W. *magister)* ab, darunter auch lat. *māchina,* welches über etruskische Vermittlung ins Lateinische gelangt sei: „Le terme méditerranéen [+]*makana* a naturellement pu exister aussi en étrusque, d'où il serait passé en latin en subissant secondairement l'influence sémantique du grec μηχανή." *(O.c.,* 88 f.) Deroy, *o.c.,* 89, räumt allerdings ein, daß auch die traditionelle Meinung einer lat. Entlehnung aus einem dorischen Dialekt nicht auszuschließen sei.

Nach *WH* l.c. und *EM* s.v. Entlehnung aus dor. μᾱχανᾱ́ ohne Erwähnung etr. Einflusses.

Die Präferenz des Etr. für den Vokal *a* (s. Kap. B.1.1.3.1.) stellt natürlich alleine kein maßgebliches Argument zugunsten etr. Herkunft eines Wortes dar. [??]

membrum, *-ī n.:* „Körperglied; Glied, Teil; Satzglied" *(WH* s.v.); seit *XII tab.*

membrāna, *-ae f./membrānum, -ī n.:* „dünne, zarte Haut, Häutchen; Pergament" *(WH* l.c.); *membrāna* seit *Varro* und *Cic., membrānum* seit *Iuv.* bzw. *Itala.*

Deroy, *Les noms,* 27 ff., nimmt Herleitung beider Wörter aus dem Etruskischen an:

membra (der Sg. *membrum* sei erst später dazu konstruiert worden) sei mit epenthetischem *b* aus [+]*memra* entstanden, dieses aus [+]*mamra,* dieses aus [+]*mamarra,* zu zerlegen in [+]*mamar-ra,* wobei [+]*mamar* — intensive oder iterative Reduplikation *(o.c.,* 21) der Wurzel [+]*mar-* „frapper, battre, écraser" *(o.c.,* 11) — „marteler, fabriquer au moyen d'un marteau" *(o.c.,* 30) bedeute, *-ar* das etr. Kollektivsuffix sei (zu Deroys Auffassung von *-ar* s. *o.c.,* 27). „Je pense que *membra* a signifié d'abord ‚assemblage, chose constituée de plusieurs parties étroitement ajustées'. Avant même de passer en latin, le mot a dû être employé par les Etrusques spécialement pour désigner le corps des hommes et des animaux." (*O.c.*, 28.) Diese Bedeutung sei in der älteren lat. Dichtung beibehalten; erst später sei mit dem neu geschaffenen Sg. auch die Bedeutung „Körperteil, Körperglied" aufgetreten.

Membrāna „a signifié d'abord exactement l'enveloppe du corps des hommes et des animaux ..., c'est-à-dire la peau ... Ensuite, suivant le passage de *membra* ‚corps' à *membrum* ‚partie du corps', *membrāna* a servi à désigner la peau qui entoure une partie du corps ..." (*O.c.*, 30.) Das Suffix *-na*, das, wie von Deroy öfter behauptet wird (vgl. z.B. ders., *De l'étrusque macstrna*, 96), „sensiblement la valeur d'un article défini, avec en plus une nuance locative", habe (vgl. ausführlicher S. 51 Fn. 82), finde sich u.a. in „noms de récipients ou de contenants divers", wozu genau *membrāna* passe „au sens de ‚ce qui contient l'ensemble du corps'"(*o.c.*, 31).

Auf ausführlichere Kritik sei verzichtet und nur auf die wesentlichen Ansatzpunkte verwiesen: Reduplikation ist im Etruskischen nicht nachgewiesen. (s. S. 12 Fn. 1); zum etr. Pluralsuffix *-r* s. S. 77 bzw. *DES* §42; zu *-na*, dem Suffix der Pertinenzadjektiva, s. Kap. B.1.2.1.2.3.2. bzw. *DES* § 67 ff.; die Verwendung des Sg. *membrum* ist schon in den *XII tab.* nachweisbar (was Deroy, *o.c.*, 29, selbst erwähnt); etr. *mar-* dürfte wohl Verbalstamm sein (s. die typischen Ableitungen dazu *DES*, 294; Belege s. *ThLE*, 235 f.), wird aber — man denke an das Verbalnomen *maru CIE* 5453 (*TLE* 134) u.ö. — kaum die Bedeutung „frapper, battre, écraser" gehabt haben.

WH l.c. und *EM* s.v. erklären *membrum* bzw. davon abgeleitetes *membrāna* übereinstimmend aus dem Ie.

Angemerkt sei noch, daß die im Etruskischen bezeugten scheinbar ähnlichen Formen *mempru NRIE* 424[b)], *memru NRIE* 424[a)], *memrun CII* 2513bis nichts mit lat. *membrum* zu tun haben; sie stellen vielmehr etr. Umformungen von gr. Μέμνων dar; s. *DGE* 2,231 bzw. 133 f., u.ö.; vgl. Kap. B.2.1. [??]

mīluus *(mīluos;* zweisilb. *mīlvus* seit *Ps.-Ov. Hal.* bzw. *Iuv.;* vgl. *LG* § 141.b.α.), *-ī m.* (f. *Ov., Anth.*): „Weihe, Gabelweihe; Meerweihe (ein Raubfisch)" (*WH* s.v.); seit *Plt.*

Oštir, *Drei vorslav.-etr. Vogelnamen*, 50 f., glaubt in dem Wort etr. [+]*vel-* „Häher, Falke, Geier" (*o.c.*, 50; zur unhaltbaren Deutung von etr. *vel* als „Häher, Falke, Geier" s. Kap. B.1.2.1.2.4.4.) ausfindig machen zu können: „Mit etr. [+]*vel-* verbinde ich noch vorlat. [+]*mi-wil-no-* > *mīluos, mīlvus* ... Überdies kann *mīluos* über $w \infty m$... und $e \infty ī$ ... mit *vel* auch direkt, ohne die angenommene *mi-*Präfigierung, verbunden werden."

WH l.c. bringt ie. Deutungsversuche, bezeichnet das Wort jedoch als „unerklärt", Oštirs Theorie als „ganz abenteuerlich". Ohne gültige Etymologie ist das Wort auch nach *EM* s.v. [??]

plaudō (*plōdō), -sī, -sum, -ere(-eō, -iō spätlat.):* „klatsche, schlage, schlage klatschend zusammen; klatsche Beifall" (*WH* s.v.); seit *Enn., Plt.* und *Cato.*

Deroy, *La racine*, 115 f., leitet das Wort ab von einer etr. Wurzel [+]*plau-* „pour exprimer la notion de ‚rotation' ou de ‚mobilité'" (*o.c.*, 111), „‚la mobilité', le ‚mouvement répété ou continué' des jambes et particulièrement des pieds dans la marche ou la course" (*o.c.* 115; zu weiteren Ableitungen Deroys von dieser Wurzel und zur Kritik Devotos s.u.W. *plaustrum*); zu *plaudō* selbst, dessen *-d-* lat. Bildungsweise verrate, meint Deroy: „La notion exprimée originellement par ce verb est celle ‚d'imprimer à un membre du corps un mouvement répété ou continué'." (*O.c.*, 115.)

Nach *WH* l.c. Anknüpfung im Ie. nicht sicher, auch nach *EM* s.v. Herkunft unsicher. [??]

plauromātum, *-ī n.* (*Plin. N.h.* 18,172), *plamorātum* codd. (zu weiteren Konjekturversuchen s. *WH* s.v., *EM* s.v. [+]*plaumoratum*; Deroy, *La racine*, 104 f.): „Räderpflug" (*WH* l.c.).

Deroy, *La racine*, 99 ff., möchte die Lesung *plaumorātī* beibehalten, zerlegt den Ausdruck jedoch in *plau mōrāti*: Die umstrittene Pliniusstelle (s.o.) laute: „*quod genus vocant plau morati*

„c'est l'espèce (de charrue) qu'ils appellent *plau* en traînant'" (*o.c.*, 105); *morari* wird von Deroy also als phonetischer Terminus aufgefaßt: „... dans la grammaire et la rhétorique, il signifie ‚traîner' dans la prononciation d'un son ou dans le débit d'une phrase (notamment en marquant un léger temps d'arrêt entre les parties qui la composent)." (*O.c.*, 106.) „Que représente cette notation phonétique? Je pense que le mot qu'a entendu Pline, devait se terminer par une spirante vélaire -χ, qui allongeait réellement la diphtongue *au* précédente, et donnait à une oreille latine l'impression d'une pronociation relâchée et traînante. J'écrirais donc ⁺*plauχ*." (*O.c.*, 107.) ⁺*plauχ* sei ein rätisches Wort, doch da das Rätische ein etr. Dialekt (!; vgl. u.W. *plaustrum*) sei (*o.c.*, 107 f.), lasse es sich mit Hilfe der etr. Wurzel ⁺*plau*- (Bedeutung s.u.W. *plaudō*; zu weiteren Ableitungen Deroys von dieser Wurzel und zur Kritik Devotos s.u.W. *plaustrum*) und des etr. Suffix -*ce*/-*c*/-χ, welches zur Bildung „des participes ou adjectifs verbaux à sens actif ou plus souvent passif" (*o.c.*, 109; zu den etr. Suffixen -*ce*, -*c*(-χ), verwendet zur Bildung erweiterter EN bzw. zur Bildung von Qualitätsadjektiven, Ethnika und Appellativen bzw. zur Bildung von Nomina agentis s. S. 495 bzw. *DES* § 165, § 66, § 168, § 172.b.) diene, erklären.

Nach *WH* l.c. rätisches, ev. keltisches Wort von unsicherer Überlieferung und Herkunft; nach *EM* l.c. jedenfalls fremden Ursprungs, vielleicht wegen -*ratum* unter Heranziehung von *rota*, *petorritum* eher keltisch als rätisch. [??]

plautus/plōtus, -*a*, -*um*: „breit, platt, plattfüßig" (*WH* s.v.); s. *Paul. Fest.* 274,9 L: („*ploti appellantur qui sunt planis pedibus. unde et poeta (M)accius, quia Umber Sarsinas erat, a pedum planitie initio Plotus, postea Plautus est dictus* ..."; s. aber auch ders., 259,1 L: „*plauti appellantur canes quorum aures languidae sunt ac flaccidae et latius videntur patere*".

Deroy, *La racine*, behandelt p. 112 ff. *plautus*, „dont la forme est celle d'un adjectif verbal, mais qui, faute de verbe correspondant connu, peut être aussi considéré comme l'adaptation d'un mot étrusque, soit de ⁺*plauce*, soit de ⁺*plaute* (*O.c.*, 113, Fn. 65, heißt es dazu: „Une épitaphe de Pérouse (*CIE* 3766) nous fait connaître *Vel Plaute Veluś*, et un vase de Caeré (*TLE* 70) porte *mi Atiial Plavtanans*." Es werden aber die etr. EN-Formen *plaute* und Ableitungen — Belege s. *ThLE*, 275 f. — allgemein auf Entlehnung aus lat. *plautus/plōtus* zurückgeführt, vgl. *DES* § 190. Anm.d.Verf.), soit même des deux, car il y a eu, en latin, deux adjectifs *plautus* distincts." Der ursprüngliche Sinn des Adjektivs *plautus* der *Festus*-Stelle 259,1 L sei gewesen „mobile, ballant, flottant, oscillant". Das *plautus* der anderen *Festus*-Stelle (274,9 L), weiterlebend in den romanischen Sprachen der französischen und italienischen Alpengebiete, habe eigentlich „bas de la jambe, pied, patte" bedeutet. Zugrunde liege die Wurzel ⁺*plau*- (Bedeutung s.u.W. *plaudō*; zu weiteren Ableitungen Deroys von dieser Wurzel und zur Kritik Devotos s.u.W. *plaustrum*).

WH l.c. stellt *plautus* zögernd mit Persson zu lett. *plauksts*, *plaūksta* ‚flache Hand' (< ⁺*pləu*-).

EM s.v. *plānus* bezeichnet die Reihe der Wörter *palam*, *palma*, *plancus*, *planta*, *plautus*, *plānus* als „groupe peu clair". [??]

plēbēs, -*ei* und -*ī*/jünger (seit *Hemina* und *Sisenna*) *plēbs* (*plēps*), Gen. *plēbis f.*: „Volksmenge, die Masse des Volkes im Gegensatz zu den Adeligen" (*WH* s.v.); seit *Enn.* und Inschr.2.Jh.

Nach Strnad, *Nochmals zum Methodenproblem*, 282, stelle *plēbs* „(Leute) des Arbeiterviertels" ein aus dem Etr. entlehntes Kompositum dar: *pl*- entspreche gemeinsemitisch (s.u.W. *abdōmen*) *p'l* „tätig sein", -*bs* sei „modifizierte Form von *urb*" (in *urbs* (s.b.W.) aus arab. (s.u.W. *abdōmen*) *arbū'* „Quartiere", aramäisch *rb'* „Viertel".

Nach *WH* l.c. ie. (Wz. ⁺*plē*- „füllen, Menge"), nach *EM* s.v. *plēbs* eventuell Lehnwort. [??]

pōpulus, -*ī f.*: „Pappel" (*WH* s.v. 2. *pōpulus*); seit *Cato* u. *Enn.*

pōpulneus, -*a*, -*um*: „von der Pappel" (*WH* l.c.); seit *Cato*.

Deroy, *La racine*, 116 ff., leitet *pōpulus* von einer etr. Wurzel ⁺*plau*- (Bedeutung s.o.u.W. *plaudō*; zu weiteren Ableitungen Deroys von dieser Wurzel und zur Kritik Devotos s.u.W. *plaustrum*) bzw. vom reduplizierten Stamm ⁺*puplu*- „avoir un mouvement continu, être agité" (*o.c.*, 116) her: „Le plus clair est le latin *pōpulus* ‚peuplier' dont, à lui seul, le dérivé *pōpulneus* dénonce, par sa finale, l'origine étrusque (S. aber S. 40f.; Anm.d.Verf.). La caractéristique bien connue du peuplier est que ses feuilles frissonnent au moindre vent ... Il n'est pas surprenant que les paysans étrusques aient recouru, pour le désigner, au thème ⁺*puplu-* ..." (*O.c.*, 116.)

WH l.c. vergleicht trotz der verschiedenen Bedeutung gr. πτελέα, epid. πελέα f. „Ulme, Rüster"; die Grundform sei ⁺*ptōptol-* oder, falls gr. πτ- sekundär sei, ie. ⁺*pō-pol-*. *EM* s.v. hält die Vergleiche mit den zitierten griechischen Formen sowohl hinsichtlich der Form als auch der Bedeutung für problematisch. [??]

pretium, -ī n.: „Preis, Wert; Geld, Lohn" (*WH* s.v.); seit *Liv. Andr.*

Nach Strnad, *Nochmals zum Methodenproblem*, 282, Entlehnung aus dem Etr., zurückzuführen auf georg. (s.u.W. *abdōmen*) *pas* „Bewertung, Preis, Lohn" + lat. *-ium*.

Nach *WH* l.c. ie. Herkunft, nach *EM* s.v. ohne sichere Anknüpfung. [??]

sandapila, -ae f.: „Totenbahre für Arme und für Gladiatoren" (*WH* s.v.); seit *Mart., Iuv., Suet.*

Oštir, *Drei vorslav.-etr. Vogelnamen*, 10, vermutet Entlehnung aus dem Etruskischen; die betreffende Stelle lautet: „⁺Etr. > lat. (*san-dapila* ‚ἐξάφορον, Totenbahre' (:: etr. *śem-, śa* ‚6') :: *sepelio* ‚begrabe')".

Abgesehen davon, daß diese Herleitung mit *WH* l.c. als „phantastisch" zu apostrophieren ist, sei festgehalten, daß etr. *śa* nicht „sechs", sondern „vier" bedeutet. Grundlegend dazu s. Pfiffig-Izbicki, *Die etr. Zahlen*.

Nach *WH* l.c. wohl Fremdwort; nach *EM* s.v. zweifellos entlehnt.

Die Präferenz des Etr. für den Vokal *a* (s. Kap. B.1.1.3.1.) stellt natürlich alleine kein maßgebliches Argument zugunsten etr. Herkunft eines Wortes dar. [??]

sēgnis, -e: „langsam, schläfrig, träge" (*WH* s.v.); seit *Plt.*

Deroy, *Quelques témoignages*, 20 ff., führt neben Stammesnamen wie *Sequanī* und Ortsnamen wie *Seguntia* auch lat. *sēgnis* (und *sequester*, s.b.W.) auf prähellenisch ⁺*sekua*/⁺*sikua*, „un objet enflé, gonflé, bombé, ballonné" („Le terme s'est d'abord appliqué spécialement aux fruits de diverses cucurbitacées ... Mais, dans la langue commerciale, les Egéens ont dû appeler aussi ⁺*sekua*/⁺*sikua* une balle de marchandises, un ballot'." *O.c.*, 24.) zurück, welches sich aus der Wurzel ⁺*ku-* „enfler, s'enfler, être enflé" (*o.c.*, 23) und dem Präfix *se-/si-* mit etwa der Bedeutung von lat. *ex-* zusammensetze; für *sēgnis* „lourd, lourdaud, apathique" (*o.c.*, 26) sei direkte Herkunft aus dem dem Prähellenischen angeblich verwandten Etruskischen anzunehmen.

Nach *WH* l.c. sei *sēgnis* als ⁺*sēg-ni-s* zu gr. ἧκα „still, leise, sacht, schwach, langsam", ἥκιστος „langsamster" und verwandten Ausdrücken zu stellen. Nach *EM* s.v. keine sichere Anknüpfung. [??]

sēmiplōtia n. pl.: „*ploti appellantur qui sunt planis pedibus ... soleas quoque dimidiatas, quibus utebantur in venando, quo planius pedem ponerent, semiplotia appellantur*" Paul. Fest. 274,9 L.

Deroy, *La racine*, 113 f., leitet das Wort ebenso wie *plautus*/*plōtus* (s.b.W.) von einer etr. Wurzel ⁺*plau-* (Bedeutung s.o. u.W. *plaudō*; zu weiteren Ableitungen Deroys von dieser Wurzel und zur Kritik Devotos s.u.W. *plaustrum* bzw. von der um ein *te*-Suffix erweiterten Form etr. ⁺*plaute* „bas de jambe, patte, pied" (*o.c.*, 114) her.

Keine gesonderte Behandlung erfährt *sēmiplōtia* bei *WH* s.v. *plautus* und *EM* s.v. *plautus*; zur Interpretation von *plautus* bei *WH* l.c. und *EM* l.c. s.b.W. [??]

sequester, -trī und *-tris m.:* „Vermittler, Unterhändler" (*WH* s.v. *sequester, -tra, -trum*); seit *Cic.*

Deroy, *Quelques témoignages*, 23 ff., leitet lat. *sequester* (wie auch *sēgnis*, s.b.W.) aus dem Prähellenischen (von ⁺*sekua*/⁺*sikua*; ausführlicher s.o. u.W. *sēgnis*) bzw. aus dem Prähellenischen angeblich verwandten Etruskischen her. *Sequester* sei aus ⁺*sequa* „balle de marchandises, ballot" (*o.c.*, 25) und dem auf das Etruskische zurückzuführenden Suffix der Nomina agentis *-ster* (s. aber Kap. B.1.2.1.2.4.3.) zusammengesetzt und bedeute „le ‚ballotier', c'est-à-dire le ‚préposé aux ballots de marchandises (entreposés)'", „,le dépositaire, la personne chez qui sont entreposés des objets, des marchandises, de l'argent appartenant à autrui et dont la propriété est en contestation', d'où par extension ‚l'intermédiaire dans une affaire, le médiateur, l'entremetteur'" (*o.c.*, 25.). Vgl. ders., *De l'étrusque macstrna*, 97; ders., *La racine*, 110.

Nach *WH* l.c. „ursprgl. ‚der mitfolgende, zur Seite befindliche', Abltg. von einem *es*-St. ⁺*sequos* ‚das Folgen' oder dem PPA. ⁺*sequos* ... zu *sequor* ...", nach *EM* s.v. *sequester* Abl. zu *secus*, dieses (s.s.v. *secus*) zurückgehend auf ie. ⁺*sekʷ-*. [??]

silicernium, *-ī n.:* „,,Leichenmahl' (ursprgl. neben dem Scheiterhaufen errichtet ... (*WH* s.v.); s. aber auch. *Paul. Fest.* 377,4 L *„genus farciminis, quo fletu familia purgabatur*"; vgl. *Arnob.* 7,24; seit *Ter.*

silātum: *„antiqui pro eo quod nunc iantaculum dicimus appellabant quia ieiuni vinum sili conditum ante meridiem absorbebant."* Paul. Fest. 473,1 ff. L (vgl. 472,6 ff. L).

siliae, *-ārum f.:* „unsicherer Bed. („Ausgüsse von Wein' o.dgl. ..." (*WH* s.v. *silātum*)

silīgō, *-inis f.:* „eine Art sehr weißen Weizens" (*WH* s.v. *silīgō*); seit Cato.

Ribezzo, *I testi etruschi CIE* 5237,79, übersetzt *zelur CIE* 4116 (*TLE* 619; *zelur* bedeutet, wie heute mit Sicherheit feststeht, „je zwei", s. *DES* 310 bzw. §110) mit „*silia*", wozu er *l.c.*, Fn. 5, hinzufügt: „È il cibo indicato dal *silicernium* (etr. ⁺*zilcr-ni*?), lo pasto funebre romano. Gli antiquari ce lo tramandano nella forma *sili*, da cui è certamente derivato l'oscuro lat. *siligo*, sorta di grano tenero, e il derivato gr. σιλίγνιον: *Fest.* 520, cfr. *Paul.* 521 Th.; [*Silatum ‚antiqui*] *pro eo quod nunc jantaculum dicim* [*us appellabant*] *quia jajuni vinum sili conditum ante meridiem obsorbebant* (*in parentalibus?*)'. E evidentemente il costume di mescolar vino nella broda di farro, cfr. *Marzial.* XIII 8 G... Vi si connette il costume sacrificale o funebre di versare il vino insieme con la mola die farro, *Cic. de divin.* II 16,17 ... Foneticamente *zelur* (variante di *zelar* [Etr. *zelar*-in *zelarvenas CIE* 5683 = *TLE* 195 bedeutet jedoch möglicherweise „zwölf"; Anm.d.Verf.]) è il n. plurale di *zil* (Etr. *zil-* könnte „herrschen, regieren" bedeuten; s. *DES* 310; zu den Belegen für davon abgeleitete Formen s. *ThLE*, 164 f.; Anm.d.Verf.)... Per sperimentare questa quantità sui testi bisogna partire da quelli dove *zil* e l'aggettivo derivato in *-c zilc*, *zilci* (Etr. *zilc CIE* 5472 = *TLE* 137 u.ö. entspricht etr. *zilaθ CIE* 5360 = *TLE* 87 u.ö. bzw. etr. *zilaχ* etwa in *zilaχnce CIE* 5526 = *TLE* 99, stellt somit ein Nomen agentis dar; s. *DES*, 311, bzw. §172. Etr. *zilci CIE* 5385 = *TLE* 90 u.ö. ist als Lokativ zu *zilc* aufzufassen und bedeutet „in der Prätur", s. *DES*, 311, bzw. §58. Anm.d.Verf.), non è evidentemente nome del magistrato omonimo ..." Ribezzo versucht im folgenden zur Untermauerung seiner Hypothese, *zili CIE* 5507 (*TLE* 108) mit *far*, (*zili*) in *mi mulu larilezili mlaχ TLE* 759 mit *sili* („obtulit ... sili oblationem"), *zilci* in *erce ... zilci CIE* 5385 (*TLE* 90) mit *siliare* („fecit siliare (sacrum?)") und *z[i]lci* in *z[i]lci ... acazr CIE* 5388 (*TLE* 91) mit *siliaria* („siliaria ... dona") zu übersetzen und des weiteren eine Deutung von *zilaθ* zu geben: „Di *zil* è un derivato il *zilaθ* etrusco ... Etr. *zilaθ* si rivela come un originario *dictator annonae* o *aedilis rei frumentariae* ..., e cioè una magistratura frumentaria della città o di tutta la federazione etrusca ..."

Ribezzos oben vorgeführte Deutungen können mit Sicherheit — s. die von der Verf. in den Originaltext eingefügten Anmerkungen — als völlig verfehlt bezeichnet werden. Trotzdem wird, dies sei am Rande erwähnt, seine Erklärung von *silicernium* als Entlehnung aus etr. ⁺*zilcr-ni* (s.o.) bei *WH* s.v. *silicernium* unter die in Betracht kommenden Deutungsversuche gereiht, vgl. *WH* s.v. *silātum*; s. weiter unten.

Ernout, *EE*, 98, zieht für *silicernium* aus semantischen Gründen und wegen *-ern-* zögernd etr. Herkunft in Betracht: „.... il est possible que *silicernium*, autre cas désespéré de l'étymologie indo-européenne, où l'on s'obstine à voir un composé, dont seuls le sens et la forme des éléments restent à fixer, soit un dérivé d'un type étrusque en -*ern*. L'importance donnée au culte des morts et à la vie d'outre-tombe dans la croyance étrusque peut fournir à l'hypothèse un point d'appui."

Silicernium nach *WH* s.v. *silicernium* „wohl zu *sil*, Hinterglied unsicher; vl. zu *cēna* ... nach Buecheler." Unter anderen Interpretationsversuchen sind auch jene von Ribezzo, *l.c.*, und Ernout, *l.c.*, angeführt. Nach *EM* s.v. *silicernium* „mot rare, dont le sens n'était plus compris des Latins eux-mêmes. Les étymologies anciennes ne sont que des calembours et aucun rapprochement valable n'est connu. Semble être un composé du type *lectisternium*."

Silātum nach *WH* s.v. *silātum* „wohl Fremdw.; nach Ribezzo *RIGI*. 13,21 f. (Richtig: 79 f.; Anm.d.Verf.) aus etr. *zil, zel, zilaθ* ,*dictātor annōnae*?', wovon auch *silīgō* ..., *silicernium* ...". Bei *EM* fehlt das Lemma.

Silīgō nach *WH* s.v. *silīgō* und *EM* s.v. *silīgō* ungeklärt. [??]

sordēs, -*is f.*: „Schmutz, Unflat, Unglück, Erniedrigung" (*WH* s.v. *sordeō*); seit *Plt*.

Deroy, *Quelques témoignages*, 18, Fn. 46, möchte neben vielen anderen Wörtern auch *sordēs*, *sordeō, sordidus* von äg. ⁺*rúte* „fil, filin, corde, cordage" bzw. von der phonetischen Variante ⁺*úrte* (daher nach Deroy, *l.c.*, unter anderem auch lat. *ordō* mit Ableitungen) herleiten: *sordēs* sei ein „composé étrusque de ⁺*úrte* ,fil, alignement, ordre, belle ordonnance' et du préfixe ⁺*se* ,hors de' ".

Nach *WH* l.c. und *EM* s.v. aus dem Ie. (das Germanische biete mit got. *swart* etc. sichere Parallelen) herzuleiten, wenn auch der Vokalismus der Grundform nicht eindeutig zu klären sei. [??]

sōrix/*saurix*/*surex*, -*icis*: „*avis tributa Saturno ab auguribus*" (*Mar. Vict. GLK* 6,26,7); „eine Eulenart" (*WH* s.v.); *sōrix Mar. Vict.* l.c., *saurix, surex Gl.*

Der Bedeutung des Wortes wegen denkt Ettmayer, *Der Ortsname*, 23, an Herkunft von *saurix* aus dem Etruskischen, wenn auch der Ausgang -*x* auf ein „Alpenwort" deute (s. *o.c.* 22. f.).

Nach *WH* l.c. Schallwort wie *sōrex* „Spitzmaus"; *EM* s.v., der das Lemma mit Stern versieht, hält Identität dieses nur bei *Mar. Vict.* l.c. aufscheinenden Wortes mit *sōrex* für möglich; „ou plutôt simple erreur de *Mar. Vict.*, qui a attribué à un oiseau le cris de mauvais augure des souris, cf.*Plin.* 8,223".

Zur Erklärung einer solchen Kontamination s. ausführlich Hübner, *Saurix — ein Vogel?*, ders., *Sorex und bubo*. Der Wechsel *o*/*u* in *sōrix*/*surex* ist im vorliegenden Fall in Rücksicht darauf, daß *surex* nur in den Gl. belegt ist, nicht als Hinweis auf etr. Herkunft zu werten. [??]

tardus, -*a*, -*um*: „langsam, bedächtig, schwerfällig, säumig, träge; hemmend" (*WH* s.v.); seit *Naev.* und *Plt*.

Deroy, *Quelques témoignages*, 12, führt lat. *tardus* sowie eine Reihe gr. Wörter auf eine prähell.-etr. Wurzel zurück: „Quant au thème ⁺*tarta*, il paraît avoir signifié, dans la langue préhellénique, ,arrière, derrière, dos' et de là ,occident'. Il se retrouve dans le latin (d'origine étrusque) *tardus* ,qui se trouve en arrière, qui tarde, lent' ..."

Nach *WH* l.c. „wohl aus ⁺*taru-dos*, Erw. eines ⁺*t*ₑ*ru*- ,schlaff, matt, aufgerieben' ..., zu ai. *taruṇah* usw. ..., lat. *terō* ..."; zu weiteren Deutungsversuchen, alle aus dem Ie., s, ebendort. Nach *EM* s.v. ohne Etymologie; die Struktur erinnere an gr. βραδύς.

Die Präferenz des Etr. für den Vokal *a* (s. Kap. B.1.1.3.1.) stellt natürlich alleine kein maßgebliches Argument zugunsten etr. Herkunft eines Wortes dar. [??]

trutina, -*ae f.*: „Waage, Waagbalken" (*WH* s.v.); seit *Cato Agr*. 13,2.

Nach Deroy, *A propos du nom étrusque*, 212 (mit Fn. 3), sei lat. *trutina* nicht Entlehnung aus gr. τρῠτάνη, sondern aus etr. *trutn-* (aus ⁺*trutna* von prähell. ⁺*trutana* „la mesure, la limite", wovon auch gr. τρῠτάνη); die semantischen Unterschiede zwischen *trutina* „Waage" und *trutn-*, das Deroy als „enceinte, enclos, place circonscrite" deutet, seien unter der Annahme einer ursprünglichen Bedeutung „mesure, limite" nicht unüberwindbar.

Das von Deroy herangezogene *trutn-*, belegt in *trutnvt CII* 69 (*TLE* 697; *CIL* I² 2127) und *trutnuθ CIE* 5487 (*TLE* 118), sowie *truθ AM* 11⁶ u.ö., *trut AM* 11², *tr[u]tanaśa AM* 11³ können allesamt, als von *truθ = trut* „Libament" (s. *DES*, 305; 277 ff.) abgeleitet, aus semantischen Gründen in keinerlei Zusammenhang mit lat. *trutina* stehen.

Nach *WH* l.c. und *EM* s.v. Entlehnung aus gr. τρυτάνη.

Die Kürze des *ŭ* in lat. *trŭtina* gegenüber gr. τρῡτάνη bleibt dabei allerdings ohne Erklärung; s. Leumann, *LB. Lat. Laut-u. Formenl. Glotta* 42,95. (Wegen eben dieses Quantitätswechsels nimmt Oštir, *Drei vorslav.-etr. Vogelnamen*, 71, für das gr. wie für das lat. Wort unmittelbare Entlehnung aus dem med. Substrat an.) [??]

vibia, *-ae f.*: „ein Balken, der auf der *vāra* ruhte" (*WH* s.v.; vgl. ausführlicher *EM* s.v.: „traverse horizontale posée sur les pieds fourchus d'autres planches dites *varae*, pour former un tréteau sur lequel les ouvriers peuvent se tenir"); sprichwörtlich in „*sequitur vāram vibia*"; *Auson.* 1,18, *Gl.*

An Herkunft dieses Wortes aus dem Etruskischen denkt Deroy, *De l'étrusque macstrna*, 77 f. Er vergleicht die Brüder *avle vipinas CIE* 5273 und *caile vipinas CIE* 5266 aus der Tomba François mit den Dioskuren und sieht ihr GN *Vipina*, latinisiert *Vibenna*, als Stütze für diese Theorie an: „En effet, le thème nominal étrusque *vipi-*, prononcé normalement *vibi-* (Fn. 3: „Les Etrusques ne distinguaient pas phonologiquement les occlusives sourdes et les occlusives sonores. Ils n'avaient conscience que d'une seule catégorie, qu'ils rendaient, dans l'écriture, par une sourde. Mais, dans certains positions, notamment à l'intervocalique, une occlusive simple était prononcée sonore." Woher Deroy diese letztere Kenntnis bezieht, verrät er allerdings nicht. Anm.d.Verf.), est peut-être à l'origine du latin *vibia* qui désigne une traverse, généralement en bois, reposant sur des supports ou des tréteaux appelés *vārae*, et les reliant entre eux." (P. 77.) Dies veranlaßt Deroy, an spezifische Dioskurendarstellungen in Sparta zu denken: „... les Dioscures étaient représentés en Grèce, spécialement à Sparte, par deux piliers ... reliés entre eux par une ou plusieurs traverses ... Il est permis de penser que le nom de *Vipina* (*Vibenna*) ... exprimait cette notion de ‚couple' ou de ‚paire'." (P. 77f.) Dem etr. GN *vipina(s)* (Belege s. *ThLE*, 158) liegt jedoch vielmehr das PN *vipi* (lat. *Vibius*; Belege zu etr. *vipi* s. *ThLE*, 157) zugrunde, welches italischen Ursprungs und von unbekannter Bedeutung ist.

Nach *WH* l.c. Herkunft unklar, doch handle es sich in Anbetracht der späten Bezeugung kaum um ein altes und ererbtes Wort. Einige unsichere Deutungsversuche sind angeführt. Auch nach *EM* l.c. ohne Etymologie. [??]

vicis (Gen.) (bei *Aug.* auch ein Nom. *vices*), *vicem, vice*, Pl. *vicēs, vicibus*: „Wechsel, Abwechslung, Wechselseitigkeit; Erwiderung, Gegenleistung, Vergeltung; Seite, Platz, Rolle, Geschäft" (*WH* s.v.); seit *Plt.* Capt. 526.

Deroy, *De l'étrusque macstrna*, 93 f., sieht in *vicis* Entlehnung aus dem Etr.: Er trennt von *eisnevc eprθnevc macstrevc CII* 2100 (*TLE* 195) ein Element ⁺*vc* ab. ⁺*vc* sei als ⁺*vəc* aufzufassen. „... je pense que *vəc* est une forme affaiblie de ⁺*vic*. Cette hypothèse est appuyée par un rapprochement qui me paraît saisissant: celui du latin ⁺*vix*, génitif *vicis*, ablatif *vice* ‚fois, tour, rôle'. En effet, j'y trouve une manière rationnelle d'interpréter l'énumération étrusque précitée: il s'agirait de lire *eisne-vic eprθne-vic macstre-vic* et de traduire ‚ayant (eu) rôle d'*eisne*, rôle d'*eprθne*, rôle de *macstre*." „Le départ de l'emprunt a vraisemblablement été la forme étrusque complète ⁺*vice*, que le latin a prise comme un ablatif et d'où il a tiré ensuite les autres formes casuelles."

Die von Deroy, *l.c.*, angeführten Formen *eisnevc, eprθnevc, macstrevc* stellen Adjektivbildungen auf *-v* (< *-u*; s. *DES* § 66) dar, jeweils mit enklitischem *-c* „und" (s. *DES*, 283) versehen und ohne dieses zu übersetzen mit „*sacerdotalis (pontificius)*" (*DES*, 287) bzw. „*dictatorius*" (*DES*, 287) bzw. „*magistralis*" (*DES*, 294; vgl. u.W. *magister*).

Nach *WH* l.c. wie nach *EM* s.v. ie. Herkunft. [??]

Die Anordnung der Wörter innerhalb der einzelnen Unterkapitel erfolgt nach dem Alphabet; dabei ist bei Vorhandensein von Nebenformen phonetischer oder morphologischer Art oder von Parallelbildungen (s. S. 12 Fn. 1) in der Regel die bei *WH* zuerst angeführte Form als maßgeblich anzusehen.

villa (*vella* rustike Aussprache nach *Varro* R.r. 1,2,14), *-ae f.*: „Landhaus, Landgut" (*WH* s.v.); seit *Plt., Ter., Cato*.
Nach Strnad, *Nochmals zum Methodenproblem*, 282, Entlehnung aus dem Etr., zurückzuführen auf georg. (s.u.W. *abdōmen*) *vel-* „Feld" mit angefügtem Genetivsuffix *-la* (Strnad denkt offenbar an ein etr. Genetivsuffix *-la;* ein Genetivausgang *-la* ist im Etr. jedoch nur in pronominaler Flexion nachgewiesen, s. *DES* § 91 ff.).
Nach *WH* l.c. und *EM* s.v. zu *vīcus* zu stellen und damit (s. *WH* s.v. *vīcus*) ie. Herkunft. [??]
vītō, *-āvī, -ātum, -āre*: „meide, vermeide, weiche aus" (*WH* s.v.); seit *Plt*. mit Dat., seit *Lucil.* und *Cic.* mit Akk.
vitium, *ī n.* „Fehler, Gebrechen, Schaden an Körper und Dingen: dann auch geistig und sittlich" (*WH* s.v. *vitium*); seit *XII tab., Plt., Cato* usw.
vitiōsus, *-a, -um*: „fehlerhaft, lasterhaft" (*WH* s.v. *vitium*); seit *Plt*.
vitiō, *-āvī, -ātum, -āre*: „verderbe, verletze, verfälsche" (*WH* s.v. *vitium*); seit *Plt*.
vituperō, *-āvī, -ātum, -āre*: „verderbe (*omen*); bemängle, tadle" (*WH* s.v. *vituperō*); seit *Plt*.
Deroy, *A propos du nom étrusque*, 214, leitet alle diese Wörter ohne Unterschied von etr. +*-vit* oder +*-vitu* her. In der Bilingue von Pesaro (*CII* 69 = *TLE* 697; *CIL* I² 2127) setzt Deroy, *o.c.*, 208 u. 211 ff., *trutnvt* mit *haruspe(x)* gleich. (Zu den Theorien über die Entsprechung von *netśvis trutnvt frontac* mit lat. *haruspex fulguriator* s. S. 353 Fn. 526.) Er interpretiert weiters *trutnvt* als +*trutnəvət*. Im ersten Element des Wortes, +*trutnə*, sieht Deroy lat. *trutina*, gr. τρῠτάνη, urspr. „la mesure, la limite", später „poids, balance" und „enclos, espace délimité" (*o.c.*, 213), wie er auch in dem seiner Meinung nach entsprechenden Wort der lat. Inschrift, *haruspex*, als erstes Kompositionsglied lat. *hara* „enceinte, enclos, place circonscrite" (*o.c.*, 212) zu erkennen glaubt (s. S. 351 Fn. 524); für das zweite Element, +*-vət*, versucht er folgende Etymologie: „Il s'agit sans doute de *-vit* ou *-vitu*, thème auquel on peut rattacher un groupe de mots latins qui n'ont jamais reçu d'étymologie indo-européene satisfaisante et qui ont manifestement fait partie de la langue spéciale des augures romains avant de glisser dans l'usage commun *vitare* ...; *vitium* ...; *vitiōsus* ...; *vitiare* ...; *vituperare* ... Le rapport attesté de ces termes latins avec l'haruspicine — science que Rome, on le sait, avait héritée des Etrusques — me semble confirmer nettement la restitution proposée de *-vit* ou *-vitu* comme équivalent de *-spex*."
Selbstverständlich keinerlei Erwähnung etr. Herkunft dieser Wörter bei *WH* ll.cc. und *EM* s.vv., wenn auch die tatsächliche Herleitung der Wörter *vītō* und *vitium* (*vituperō* wird von *WH* s.v. *vituperō* in *vitium* + +*paros* zu *parāre* zerlegt; vgl. *EM* s.v. *vituperō*) nicht zweifelsfrei geklärt ist. [??]
vopīscus: „,einer von Zwillingen, der zur Welt kommt, nachdem der andere, zu früh geborene, gestorben ist'" (*WH* s.v.); auch EN; *Afran.* Komödientitel, *Plin., Solin., Gl., Isid.* Orig. 9,5,21.
Deroy, *De l'étrusque macstrna*, 78, zieht Herleitung von etr. *vipi-* in *vipinas* (*avle vipinas* und *caile vipinas CIE* 5273 bzw. 5266; s.u.W. *vibia*), welches den Begriff „couple", „pair" zum Ausdruck bringe und daher speziell zur Bezeichnung von Zwillingen verwendeten werden konnte, in Betracht. „Le vieux terme latin *vopiscus* ,l'un (le survivant) de deux jumeaux' viendrait-il de là moyennant une altération du timbre de la voyelle (étr. *vip-* > +*vup-*) ...?" Etr. *vipi* (Belege s. *ThLE*, 157) ist jedoch vielmehr etr.-ital. PN mit unbekannter Bedeutung, s.u.W. *vibia*.
Nach *WH* l.c. und *EM* s.v. Etymologie ungeklärt, nach *LE* s.v. Substratrelikt zu einer Basis +*vop-*. [??]

C.1.1. *Lehnwörter (Fremdwörter) im eigentlichen Wortsinn unter Einschluß vereinzelter Fälle von Rückentlehnung*

Lehnwörter, die bei weitem die Hauptmasse des in diesem Kapitel zu besprechenden Wortmaterials darstellen, und Fremdwörter, die in eindeutiger Form nur in verschwindend geringer Zahl vertreten sind, werden im folgenden unter einem behandelt. Denn hinsichtlich der primär zu klärenden Frage, ob das betreffende Wort aus dem Etruskischen entlehnt bzw. etruskisch beeinflußt sei, ist der Adaptionsgrad des jeweiligen Wortes ans Lateinische belanglos. Zudem ist in manchen Fällen eine Unterscheidung zwischen Lehn- und Fremdwort sehr diffizil und muß des öfteren, weil nicht zuletzt vom (lateinischen) Sprachgefühl des jeweiligen Interpreten abhängig, subjektiv bleiben.

Die in der Kapitelüberschrift vorgenommene Spezifizierung „im eigentlichen Wortsinn" bedeutet eine Abgrenzung gegenüber den Hybridenbildungen (C.1.2.) und den Übersetzungslehnwörtern und Bedeutungsentlehnungen (C.1.3.).

Gegenstand des vorliegenden Kapitels sind demnach Wörter, deren Wortkern (deren gesamter Wortkörper) aus dem Etruskischen herzuleiten ist bzw. herzuleiten sein könnte, wobei nach der in dieser Untersuchung gültigen Terminologie (s. S. 5 Fn. 8) Herkunft eines Wortkernes (Wortes) aus dem Etruskischen auch dann vorliegt, wenn der betreffende Wortkern (das betreffende Wort) nicht als genuin etruskisch anzusprechen ist, sondern aus einer beliebigen anderen Sprache über das Etruskische an das Lateinische vermittelt wurde. Dabei sind vereinzelte Fälle von Rückentlehnung (Entlehnung eines lateinischen Wortes ins Etruskische und von dort zurück ins Lateinische) nicht völlig auszuschließen; s. etwa u.W. *fendicae*.

Für die weitere Kapiteleinteilung war folgende Überlegung maßgebend: Die Gruppe der aus dem Griechischen über das Etruskische ins Latein gelangten Wörter sollte (vgl. Kap. A.1.) nicht zerrissen, sondern als eigener, geschlossener Block behandelt werden; denn erstens stellt dieses Wortmaterial dank der Untersuchungen de Simones den am besten erforschten Teil des gesamten in der vorliegenden Arbeit besprochenen lexikalischen Materials dar; zweitens kann die kulturhistorische Relevanz gerade dieser Entlehnungen nicht hoch genug eingeschätzt werden; und schließlich ist damit auch dem Umstand Rechnung getragen, daß es sich um eine zahlenmäßig sehr starke Gruppe von Wörtern (rund 100 von insgesamt ca. 530) handelt (vgl. S. 6).

Innerhalb dieses primären Ordnungsprinzips — Wörter, die aus dem Griechischen über etruskisches Medium vermittelt wurden; „etruskische" Wörter anderer Art — kann die weitere Gliederung hinsichtlich der Anknüpfungsmöglichkeiten an etruskisches Wortmaterial, der morphologischen Kriterien und der Aussagen der antiken Autoren in gleicher Weise vorgenommen werden, hinsichtlich der phonetischen Merkmale muß sie unterschiedlich erfolgen. Denn während bei den auf das Griechische zurückzuführenden Wörtern phonetische Kriterien — genauer: auf den zu untersuchenden Gegenstand spezifisch abgestimmte phonetische Kriterien (s. S. 151; gelegentliches Hinzutreten einzelner in Kap. B.1.1. vorgeführter lautlicher Merkmale zur Identifizierung eines aus dem Etruskischen entlehnten Wortes ist selbstverständlich möglich und willkommen, bildet aber in keinem Fall die Argumentationsbasis) — eine ganz wesentliche Beurteilungsgrundlage darstellen und bei jedem einzelnen Wort herangezogen werden können und auch unbedingt heranzuziehen sind, besitzen die prinzipiell anders gearteten phonetischen Kriterien, die in der Kategorie der nicht aus dem Griechischen stammenden „etruskischen" Wörter als maßgeblich gelten müssen (s. Kap. B.1.1.; zusätzlich wird in jenen nicht sehr zahlreichen Fällen, in denen der Vermittlerrolle des Etruskischen bei der Übernahme eines keltischen, italischen ..., jedenfalls nicht griechischen Wortes nachgegangen werden soll, auf die phonetischen Kriterien zurückgegriffen werden müssen, die sich bei der Besprechung der über etruskisches Medium vermittelten griechischen Entlehnungen als relevant erwiesen haben), von einigen Ausnahmen abgesehen, im allgemeinen nicht nur weit weniger Aussagekraft, sondern lassen sich auch nur bei einem Bruchteil der Wörter in Anwendung bringen.

Während sich demnach bei der Behandlung der über das Etruskische aus dem Griechischen vermittelten Wörter neben einer auf Anknüpfungsmöglichkeiten im etruskischen Wortmaterial, morphologischen Kriterien und dem Zeugnis der antiken Autoren beruhenden Gliederung ein eigenes Kapitel, das auf der Heranziehung phonetischer Kriterien basiert, erübrigt, sind phonetische Kriterien bei der Besprechung der aus dem Etruskischen übernommenen Wörter nicht griechischer Herkunft hinsichtlich der Gliederung sehr wohl zu berücksichtigen; mit anderen Worten, der in Kap. B. erarbeitete Kriterienkatalog zur Identifizierung eines aus dem Etruskischen entlehnten Wortes wird dort seine umfangreichste Anwendung finden.

C.1.1.1. *Aus dem Etruskischen übernommene Wörter griechischer Herkunft*

Wie schon erwähnt (s. Kap. A.1. und S. 149f.), handelt es sich bei den über etruskisches Medium vermittelten Wörtern griechischer Herkunft nicht nur um kulturhistorisch bedeutsames und an Zahl umfangreiches, sondern auch um im wesentlichen gut erforschtes Wortmaterial. Besonders de Simones zweibändiges Werk „*Die griechischen Entlehnungen im Etruskischen*", Bd. 1 Wiesbaden, 1968 (Einleitung und Quellen), Bd. 2 ebenda, 1970 (Untersuchung), ist hier hervorzuheben. Im Rahmen des eigentlichen Zieles der Untersuchung de Simones, der Erforschung der Lautgesetzlichkeiten, nach denen sich Entlehnungen aus dem Griechischen ins Etruskische vollziehen, bzw. der daraus möglichen Rückschlüsse auf etruskische phonetische Verhältnisse, sind zwei eigene Kapitel (*DGE 1*,132-142; *DGE 2*,269-298) den „Griechische(n) Wörter(n) im Latein, die durch etruskische Vermittlung zu erklären sind" (*DGE 2*,269) gewidmet. Besonders hingewiesen sei auf die Zusammenstellung jener phonetischen Kriterien, die die Annahme der Entlehnung eines griechischen Wortes über etruskische Vermittlung nahelegen oder postulieren (*DGE 2*,269-283); auf sie wird laufend verwiesen werden müssen.

Folgende Hinweise arbeitstechnischer Art seien angeschlossen: Hat de Simone das jeweils zur Diskussion stehende Wort behandelt, ist an erster Stelle und gelegentlich auch als einziger Kommentar (s. weiter unten) seine Beurteilung des betreffenden Wortes in Kurzfassung wiedergegeben; die hierfür gewählten drei Formulierungstypen — etruskisches Medium als sicher anzusehen; möglich; nicht vertretbar — orientieren sich an den von de Simone verwendeten diakritischen Zeichen bzw. deren Erklärung *DGE 1*,7.

In den meisten Fällen wird dieser Differenzierung die Kennzeichnung des betreffenden Wortes durch [+], [?], [??] (s. Kap. „Abkürzungen, Symbole, Hinweise") entsprechen. Hervorgehoben sei in diesem Zusammenhang, daß die Setzung dieser drei Zeichen innerhalb des vorliegenden Kapitels sich ausschließlich auf die Wahrscheinlichkeit der Herleitung des betreffenden lateinischen Wortes aus einem griechischen Wort über etruskisches Medium bezieht.

Hinzuzufügen ist, daß die von de Simone beigebrachte Literatur in der Regel nicht mehr erwähnt wird; Ernouts Aufsatz „*Les éléments étrusques du vocabulaire latin*" muß dabei in Rücksicht auf den Teilaspekt „Überprüfung, Korrektur und Ergänzung der Aussagen Ernouts" der eingangs dargelegten Zielsetzung der vorliegenden Untersuchung (Kap. A.1.) eine Ausnahme darstellen. Unter dem bei Bedarf aufscheinenden Vermerk „Zus. Lit." (= „Zusätzliche Literaturangaben") sind von de Simone nicht erwähnte, zumeist noch vor, bisweilen auch erst nach der Veröffentlichung seines Werkes erschienene Stellungnahmen zum betreffenden Wort angeführt.

C.1.1.1.1. *Anknüpfung an etruskisches Wortmaterial möglich oder sicher*

C.1.1.1.1.1. *Vorhandensein morphologischer Kriterien*

leō (lea), lucerna

leō,-ōnis m.: „Löwe" (*WH* s.v.); seit *Naev.* [?]
lea,-ae f.: „Löwin" (*WH* l.c.); seit *Varro* und *Lucr.*[2] [?][3]

Lit.: Devoto, *L'etrusco come intermediario*, 333 ff.; *WH* l.c.; *EM*, s.v.

Wegen der innerhalb des Lateinischen nicht erklärbaren Femininbildung *lea* (s. Kap. B.1.2.3.) nimmt Devoto, *l.c.*, auch für das Masculinum *leō* Einfluß etruskischer Formgebung an: Das aus gr. λέων, -οντος ὁ „Löwe" entlehnte Wort sei im Etruskischen ohne Bedeutungsunterschied mit den Suffixen *-u* und *-a* versehen worden; diese semantisch nicht unterschiedenen Parallelformen seien aus dem Etruskischen ins Lateinische übernommen worden, welches die Form auf *-u* als Masculinum, die Form auf *-a* als Femininum gedeutet habe.

Devotos Hypothese vom Fehlen eines Bedeutungsunterschiedes zwischen den Suffixen *-u* und *-a* ist zurückzuweisen, s. Kap. B.1.2.3.

Tatsache ist allerdings, daß im Etruskischen *leu CII* 2538 (*TLE* 782) als Beischrift zu einer Löwin belegt ist, welche Form von de Simone, *DGE 2*, 133f., 144, 159, 317, als aus dem Griechischen entlehntes λέων interpretiert wird[4]. Etr. *leu* wiederum konnte ohne weiteres als *leō* ins Lateinische übernommen werden.

Jedenfalls hat diese Theorie ebensoviel Wahrscheinlichkeit für sich wie jene von *WH* l.c. vertretene, daß lat. *leō* direkt aus gr. λέων entlehnt worden sei.

---

[2] Das seit *Cic.* und *Catull* belegte Femininum *leaena* stellt ohne jeden Zweifel die direkte lateinische Transkription von gr. λέαινα dar und interessiert somit in diesem Zusammenhang nicht.

[3] Innerhalb des vorliegenden Kapitels C.1.1.1. ist *lea*, da Rückführung des Wortkernes auf eine griechische Basis bzw. auf eine griechische Basis mit etruskischer Vermittlung nicht feststeht (s. im Text weiter unten), mit [?] zu versehen; die Befunde (s. im Text weiter unten und Kap. B.1.2.3.) lassen aber darauf schließen, daß eine von etruskischer Morphologie geprägte Form vorliegt; unter diesem Aspekt wäre *lea* mit /+/ zu kennzeichnen. Vgl. die Formen *cōpa* und *lēna* (s.u.WW. *caupō* bzw. *lēnō*).

[4] Nicht gänzlich auszuschließen ist allerdings die Möglichkeit, daß das Etr. *leu* nicht aus dem Griechischen entlehnt, sondern daß etr. *leu* ebenso wie gr. λέων auf den gleichen mediterranen Ausdruck für „Löwe" zurückzuführen sein könnten, ist doch für λέων, *leō* nach *WH* l.c. „jedenfalls ... keine Deutung mit idg. Mitteln ... in Erwägung zu ziehen"; vgl. auch die vorsichtige Äußerung zu lat. *leō* bei *EM* l.c.: „Emprunt ancien. Le grec a de même λέων, λέοντος."

Entsprechend der Interpretation von lat. *leō* — *leō* über etr. Vermittlung, d.h. über etr. *leu*, oder direkt auf gr. λέων zurückzuführen oder aus nicht auf gr. λέων zurückgehendem etr. *leu* entlehnt[5] — könnte das zugehörige Femininum *lea* entweder (im Falle der Entlehnung aus etr. *leu*, gleichgültig ob dies auf gr. λέων oder nicht zurückzuführen sei) als eine wie *leō* selbst aus dem Etruskischen übernommene Form oder (dies wäre in jedem Fall denkbar) als eine erst im Lateinischen nach dem Muster von etr.-lat. *lēna* und *cōpa* (*WH* l.c. zieht *lēna* zum Vergleich heran, *EM* l.c. *cōpa*, beide ohne Erwähnung, daß *lēna*, *cōpa* in ihrer Bildungsweise etruskisch beeinflußt sein könnten) neu gebildete Form aufgefaßt werden.

Zugunsten der zweiten Hypothese — Bildung von *lea* (nach dem Muster von etr. *cōpa* und *lēna*) erst im Lateinischen — könnte eventuell der Umstand sprechen, daß auf der die Inschrift *leu* aufweisenden Gemme eine (säugende) Löwin dargestellt ist, mithin, sollte sie existiert haben, die feminine Form angebracht gewesen wäre.

Zus.: Phon.: *leō*: gr. λέων > etr. *leu* *CII* 2538 (*TLE* 782) sicher nach *DGE* ll.cc.; Übernahme von etr. *leu* ins Lat. als *leō* wäre als durchaus regulär zu betrachten; zu etr. ausl. *-u* > lat. *-ō* s. S. 34 Fn. 10 bzw. Kap. C.4.1.6.

lea: Sofern im Etr. bereits eine Form ⁺*lea* (s.o. bzw. Kap. B.1.2.3.) existierte, konnte sie ohne jede Veränderung ins Lateinische übernommen werden.

Etr. Par.: *leu* *CII* 2538 (*TLE* 782); Beischrift zu einer säugenden Löwin auf einer Gemme; s. auch *DGE* ll.cc.

Morph.: *leo*: ---

lea: Zu originär etruskischem oder erst im Lateinischen nach dem Muster der morphologisch auf das Etruskische zurückzuführenden Feminiformen *cōpa* und *lēna* gebildetem *lea* s.o. bzw. Kap. B.1.2.3.

lucerna,-ae f.: „Leuchte, Lampe" (*WH* s.v.); seit *Plt.*; „poisson lumineux (? *Plin.* 9,82)" (*EM* s.v.) [?]

Lit.: Ernout, *EE*, 94; Alessio, *Suggerimenti*, 144, Fn. 222; Ernout, *Aspects*, 63; *WH* l.c.; *LE* s.v.; *EM* l.c.

Nach Ernout, *EE*, 94, sei *lucerna* im Stamm lateinisch, im Ausgang, welcher an gr.-etr. *lanterna*[6] orientiert sei, etruskisch. (Ders., *Aspects*, 63,

---

[5] S. S. 152 Fn. 4.
[6] S.b.W.

äußert sich allerdings zum Verhältnis *lucerna-lanterna* genau entgegengesetzt: Nach *lucerna* mit etruskischer Endung sei *lanterna* gebildet; vgl.u.W. *lanterna*.)

Vgl. *WH* l.c.: *lucerna* sei zu *lūceō* zu stellen, werde aber wegen der Ähnlichkeit mit etruskisch geprägtem *lanterna* und wegen des kurzen -ŭ- nicht Erbwort, eher Nachbildung zu *lanterna* sein.

Abweichend davon vermutet Alessio, *l.c.*, Herkunft von *lucerna* aus gr. λύχνος, -ου ὁ „Leuchte, Lampe, Fackel" über etruskisches Medium: „... *lucerna* che non può essere un derivato di *lux* e che per il suffisso richiama *lanterna* di origine greca ..., ma di tramite etrusco, sembra supporre un etr. +*luχre*, +*lucre* < λύχνος ,lucerna', con l'identico trattamento fonetico che appare nell'etr.-lat. *excetra*[7] < ἔχιδνα ...; etr.-lat. *grūma, grōma*[8] < etr. +*crum(r)a* (da γνώμονα acc. di γνώμον) ..., da cui un derivato in -*na*: +*luχrna* > *lucerna*.[9]" Vergl. ders., *LE* l.c.

Auch *EM* l.c. ist nicht abgeneigt, in *lucerna* Umformung von gr. λύχνος zu sehen, offenbar, da *lucerna* mit *lanterna* in Verbindung gebracht wird, unter Einfluß des Etruskischen; es wird allerdings nicht ausgeschlossen, daß *lŭc*- auf eine sonst nicht belegte Schwundstufe zu *lūc*- zurückzuführen sein könnte.

Zus.: Phon.: Gr. inl. -χν- > etr.-lat. -*cr*-: Als Parallelfall darf wohl gr. γν- > etr. +*cr*- > lat. *gr*- in γνῶμα > +*cruma* > *grōma* angesehen werden, obwohl es sich um γν- und um Stellung im Anlaut handelt (gr. -χ- konnte ins Etr. als -χ- oder -*c*- übernommen werden, beide Fälle gibt das Latein mit -*c*- wieder; zu einem vergleichbaren Wandel im Inlaut vgl. ἔχιδνα > *excetra*); dazu *DGE* 2,189 bzw. u.WW. *excetra, creper, grōma*.

Etr. Par.: Unter Umständen könnten die Namenformen *luχresa CIE* 2659 (*sa*-Bildung zu *luχre*, GN m., Gamonym) und *luχriaś CIE* 2106 (*TLE* 563; Gen. zu *luχria*, GN f., Metronym) mit erschlossenem etr. +*luχre* aus gr. λύχνος in Zusammenhang gebracht werden (vgl. den deutschen Familiennamen *Fackel*[10]).

Morph.: Nach dem oben Dargelegten kann nicht mehr von einem Suffix -*erna* gesprochen werden, wohl aber von etr. -*na* (s.

---

[7] S.b.W.
[8] S.b.W.
[9] S.aber auch S. 486 Fn. 18.
[10] Der deutsche Familienname *Lampe* ist nicht zu vergleichen, da Kurzform zu *Lamprecht* < *Lantperaht*; s. Bach, *Deutsche Namenkunde* § 91.II.1. u.ö.; vgl. Brechenmacher, *Etymologisches Wörterbuch* s.v. *Lamp*; Kaufmann, *Untersuchungen*, 11,32,80; Bahlow, *Deutsches Namenlexikon* s.v. *Lamp(e)*. Beachtenswert erscheint aber der bei Bahlow, o.c., s.v. *Lampenscherf*, angeführte Familienname *Lampenscherf* zu ndd. *scherf* „Schale, Topf, Gefäß".

Kap. B.1.2.1.2.3.2.1.); etr. ⁺luχrna wäre wörtlich wiederzugeben mit „was zur ⁺luχre gehört; das ⁺luχre-Artige; etwas vom Typ der ⁺luχre, eine ⁺luχre-Art".

C.1.1.1.1.2. Fehlen morphologischer Kriterien

catamītus, cocles, culigna, frontēsia, hercle, sporta (calathus), tīna

catamītus: „Ganymed" (*WH* s.v.) seit *Plt.*; „Buhlknabe" (*WH* l.c.) seit *Cic.* [+]

Nach de Simone, *DGE 1*, 42, 2, passim, Herkunft aus gr. ⁺Γαδυμήδης, -εος (-ους) „Ganymed" über etr. Medium als sicher anzusehen.
So schon Ernout, *EE*, 88, allerdings von gr. Γανυμήδης ausgehend.

Zus. Lit.: Schulze, *Griechische Lehnwörter*, 709 (Entlehnung aus gr. Γανυμήδης über etr. Vermittlung); Ernout, *Le vacobulaire*, 7 (lat. *catamītus* < etr. *catmite CII* 2277 bis A < gr. Γανυμήδης); Palmer, *The Latin Language*, 51 (wegen δ > t über etr. Medium aus gr. Γανυμήδης vermittelt); *LG* § 158.c. (lat. *catamītus* < etr. *catmite* < gr. Γανυμήδης, vielleicht durch Vermischung mit gr. κατα-); Thomas, *Autour d'un passage de Plaute*, 711-713, leitet zwar lat. *catamītus* von etr. *catmite*, dieses jedoch nicht expressis verbis von der — auch seiner Ansicht nach zweifelsfrei verwandten — gr. Form Γανυμήδης her[11]; Flobert, *Camille et Ganymède*, gibt im Anschluß an einen Überblick über die den unterschiedlichen Wortbeginn in gr. Γαν-υμήδης und etr. *cat-mite* betreffenden Erklärungsversuche der von Herbig und danach von Fiesel vertretenen Theorie, wonach gr. -νυμ- zu etr. -nm-, dieses (Flobert sieht von der von Herbig und Fiesel zwischengeschalteten Entwicklungsstufe -mm- ab) unter Einfluß des folgenden Dentals zu -tm- geworden sei, den Vorzug, leitet somit etr. *catmite* (wovon, über ⁺catmitl-nas, auch etr. *camitlnas CIE* 5274 [s. aber S. 287 Fn. 350], woraus lat. *camillus*; s.b.W.), aus gr. Γανυμήδης, lat. *catamītus* aus etr. *catmite* her.

Zus.: Phon.: Zu gr. inl. -δ- > etr.-lat. -t- s. *DGE* 2,278.
Zum etr. Initialakzent s. *DGE* 2,91 f.
Zu gr. inl. -η- > etr.-lat. -i- s. *DGE* 2,80.
Zur Synkope des kurzen *ŭ* in Mittelsilbe s. *DGE* 2,81.
Zur nachfolgenden Anaptyxe von -a- bereits im Etruskischen in der

---

[11] Zu Deutungen von *catamītus*, die nicht von gr. Γανυμήδης bzw. phonetischen Variationen dazu ihren Ausgang nehmen, s. auch *WH* l.c.

Nachbarschaft eines Sonanten s. *DGE* 2,72; hinzuzufügen ist, daß die Entstehung gerade des Vokals *a* nach *-a-* in 1. Silbe wohl vorwiegend auf vokalharmonische Tendenzen zurückzuführen sein wird (s. *DES* § 33; vgl. Kap. B.1.1.4.); nicht außer acht gelassen werden sollte allerdings auch die Präferenz des Etruskischen für den Vokal *a*, s. Kap. B.1.1.3.1.

Etr. Par.: *catmite CII* 2277 bis A, Beischrift auf einem Spiegel zu einer Ganymed-Gestalt.

cocles (ŏ *Enn.*, ō vielleicht *Plt.*), *-itis*: „,der (von Geburt) Einäugige' (*Plin.* 11,150), bes. der Römer *Horātius Cocles*" (*WH* s.v.) [?]

Nach de Simone, *DGE 1*,134, 2, 283 ff. u.ö., Herkunft aus gr. Κύκλωψ, -ωπος ὁ „Kyklop", eigentlich „Kreisauge, Radauge", über etruskisches Medium möglich.

So schon Ernout, *EE*, 117, der Zugehörigkeit zum Deklinationstyp auf *-es, -itis* als Stütze anführt; s. dagegen Fn. 12.

Zus. Lit.: Ernout, *Le vocabulaire*, 7 (*cocles* sei „transposition étrusque du grec Κύκλωψ"); Deroy, *La racine*, 114 mit Fn. 74 (wegen *-es, -itis* etr. Herkunft verdächtig).

Zus.[12]: Phon.: Zu gr. *-υ-* in 1. Silbe > etr.-lat. *-o-* s. *DGE 2*, 271.

Der Wortausgang bereitet Schwierigkeiten; auch die Annahme von etr. ⁺*cuclus* erklärt lat. *-es, -itis* nicht; s. *DGE 2*, 284.

Etr. Par.: *cuclu CIE* 5363, *cuclnies CIE* 5438 (*TLE* 117) u.ö., *cuclnial CIE* 5423 (*TLE* 126) u.ö.; alles herzuleiten von gr. Κύκλωψ; s. *DGE 1*,49 f.

culigna, *-ae f.*: „kleiner Kelch, Becher" (*WH* s.v. *calix*); seit Cato. [?]

Nach de Simone, *DGE 1*,135, Herleitung aus gr. κυλίχνη, -ης ἡ „kleiner Becher" über etr. Medium nicht vertretbar.

Für etruskisches Medium haben sich allerdings (alle in der Folge genannten Autoren sind *DGE 1*,135, angeführt, werden aber hier, da Verf. de Simones Auffassung nicht teilt, nochmals zitiert) Herbig, *Etruskisches Latein*, 171, auch *WH* l.c. ausgesprochen; *EM* s.v. *culigna* ändert in der 4. Auflage die Formulierung der früheren Auflagen „peut-être venu par l'étrusque" zu unklarem „mot attesté en osque *culχna* et en étrusque χuliχna".

Zus. Lit.: *LG* § 200.a. (direkte Übernahme aus dem Griechischen ins Lateinische möglich).[13]

---

[12] Zum Ausgang auf *-es, -itis* (nicht als Hinweis auf etr. Herkunft bzw. Vermittlung zu werten) s. Kap. B.1.2.1.2.6.2.

[13] Prof. *Pfiffig* (brieflich) hält de Simones Ablehnung eines etr. Mediums für nicht berechtigt.

Zus.[14]: Phon.: Es scheinen von der Phonetik her beide Möglichkeiten offenzustehen, die einer direkten Herleitung aus dem Griechischen und die einer Vermittlung über das Etruskische, und zwar aus *culiχna*, *χuliχna* oder *culcna* (s.u.).
Zu *c/χuliχna* > lat. *culigna*, d.h. zu -*χn*- > -*gn*-, vgl. die Wiedergabe der dentalen Aspirata θ mit dentaler Media etwa in der in etruskischer Sprache, aber lateinischer Schrift verfaßten Inschrift ¹DANA·TIDI ²VRINATIAL *CIE* 819 für ¹θana·titi²urinatial; zu weiteren Beispielen s. *DES* § 15.
Sollte, was weniger wahrscheinlich ist, *culcna* zugrunde liegen, wäre Anaptyxe bei Übernahme ins Lateinische anzunehmen.
Etr. Par.: *culiχna TLE* 3, *χuliχna TLE* 12, *culcna CII* 2177, *culcfnam NRIE* 1038; alles zurückzuführen auf gr. κυλίχνᾱ s. *DGE 1*,50.

frontēsia[15]: „*ostenta*" *Gl.* 5,22,22. [?]

Lit.: Bücheler, *Altes Latein*, 409 f.; Alessio, *L'etrusco e due problemi*, 550 ff.; *WH* s.v. *fremō*; *EM* s.v. ⁺*frontesia*.

Entlehnung aus gr. βροντήσιος, Epitheton des *Zeus* bzw. des *Iuppiter Tonans, Mon. Anc. Gr.* 18,21, bzw. *Mon. Anc. Lat.* 35,2, über etr. Medium nimmt Alessio, *l.c.*, an, wobei — unter Heranziehung der Bilingue von Pesaro *CIL* I²2127 (*CII* 69; *TLE* 697), auf welcher etr. *frontac* lat. *fulguriātor* entspreche[16] — anlautend *f*- das maßgebliche Argument darstellt.
So auch *WH* l.c.
Bücheler, *l.c.*, sieht in *frontēsia* ein den griechischen Ausdrücken βροντή, ἐμβροντησία etc. urverwandtes Wort, das jedoch nicht aus dem Griechischen entlehnt worden, sondern auf anderen, nicht näher bezeichneten Wegen ins Etruskische gelangt und von dort mit der Etrusca disciplina ins Lateinische gedrungen sei.
Dieser Ansicht scheint sich *EM* l.c. anzuschließen, wo Buecheler zitiert und etwas unklar geschlossen ist: „... mais peut-être étrusque: cf. étr. *frontac* = *fulguriātor* ...".

---

[14] Von einem etr. *na*-Suffix kann in Hinblick auf die wahrscheinlich als Basis anzusetzende Form gr. Κυλίχνᾱ (s. im Text weiter unten) nicht die Rede sein; vgl. Kap. B.1.2.1.2.3.2.1.
[15] Zu Zweifeln an der richtigen Lesung des singulär überlieferten Wortes s. *WH* s.v. *fremō*; vgl. die Kennzeichnung mit Stern bei *EM* s.v. ⁺*frontesia*.
[16] Zu dieser Gleichsetzung s. ausführlicher S. 353 Fn. 526. Zur nicht sicheren Lesung *frǫntac* s. im Text weiter unten unter „Etr. Par.".

Zus.: Phon.: Ein Wandel gr. anl. βρ- > etr.-lat. *fr-* findet nach Ausweis von *DGE* keine Stütze unter den gr. Entlehnungen im Etruskischen; doch läßt sich nach *DGE* 2,177, innerhalb des Etruskischen selbst der Wandel *-pr-* > *-fr-* im Inlaut nachweisen, wofür *hafure CIE* 413 (zu *hapre CIE* 1183 u.ö.) und *sefrialsc SE* 35,477, n. 9, u.ö. (zu *sepre CIE* 1310 u.ö.) angeführt werden. S. dazu ausführlicher *DES* § 17 bzw. Kap. B.1.1.2.2.

Etr. Par.: *fro̯ntac* (*frθntac*? S. dazu die von Lejeune, *Notes de linguistique*, 162 ff., gegen die traditionelle Lesung *frontac* vorgebrachten Bedenken) *CII* 69 (*TLE* 697; *CIL* I²2127). Zur Gleichsetzung mit „*fulguriātor*" s.o. und S. 353 Fn. 526.

hercle: „von Männern gebrauchte Beteuerungspartikel ‚beim Herkules'" (*WH* s.v.); seit *Plt.* [+]

Nach de Simone, *DGE 1*,137, 2,291 f. u.ö., Herkunft aus gr. Ἡρακλῆς, -έους „Herakles" über etr. Medium als sicher anzusehen[17].

Ebenso schon Ernout, *EE*, 88.

Zus. Lit.: Ernout, *Le Vocabulaire*, 7 ([*me*]*hercle* spiegle exakt die etruskisierte Form des Heroennamens wider); Versnel, *Triumphus*, 40 (*hercle* wahrscheinlich nicht Vokativ zu einem ital. *o*-Stamm *Hĕrclo-*, sondern etr. Nominativ); *LG* § 119.b. (es wird die auch bei *WH* l.c. vertretene Theorie, *hercle* sei Vokativ eines ital. [osk.] *o*-Stammes *Hĕrclo-*, angeführt; daneben wird zu einer etr. Zwischenstufe auf de Simone, *DGE 2*, § 236, verwiesen, wo allerdings von der Vertretung von gr. ᾱ durch *a* im Etr. die Rede ist).

Zus.[18]: Phon.: Zur Akzentverschiebung s. *DGE 2*,91 f.
Zur Synkope des -α- s. *DGE 2*,276,291.
Zur regulären Wiedergabe von auslaut. gr. -ης mit etr. *-e(s)* s. *DGE 2*, 128.

Etr. Par.: *hercle* (Belege s. *ThLE*, 174), *hercles CIE* 5033 u.ö., *herkle CII* 2530 u.ö., *herχle CII* 2489; alles auf gr. Ἡρακλῆς zurückzuführen; s. *DGE 1*,70-79, dort auch zu weiteren vergleichbaren Formen wie *herecele, herclenia* etc.

---

[17] Dasselbe gelte für *Herculēs*.
[18] Zum Ausgang auf *-e* bei Wörtern nicht lat. Ursprungs prinzipiell s. Kap. B.1.2.5.; doch sind bei Annahme etr. Vermittlung eines gr. Wortes die jeweils spezifischen lautlichen Gegebenheiten (s. dazu im Text) unbedingt zu berücksichtigen.

sporta, *-ae f.:* „geflochtener Korb" (*WH* s.v.); seit *Cato*. [+]
Nach de Simone, *DGE 1*,140, 2,275 f. u.ö., Herkunft aus gr. σπυρίδα, Akk.
zu σπυρίς, -ίδος ἡ „Korb", über etr. Medium als sicher anzusehen.
So schon Ernout, *EE*, 87, vgl. 121.

Zus. Lit.: Pasquali, *Acheruns*, 301 (über etr. Vermittlung aus gr. σπυρίδα entlehnt); Nehring, *LB Lat. Gr., Glotta* 16,240 (etr. Vermittlung als sicher anzusehen); Alessio, *Fitonimi*, 202 (gr. σπυρίδα > etr. +*spurta* > lat. *sporta*); Bertoldi, *Nomina Tusca*, 304 (über etr. Vermittlung aus gr. σπυρίδα entlehnt[19]); ders., *Storia*, 73 (ebenso); *LG* § 162.d. (durch das Etruskische vermitteltes Lehnwort; § 49.b. wird etr. Vermittlung allerdings wegen -*o*- in *sporta* in Frage gestellt; s. dazu aber unter „Phon."). De Simone selbst hat sich „*Per la storia*", 513 f., nochmals mit der Entlehnkette gr. σπυρίδα > etr. *spurta* > lat. *sporta* befaßt, wobei er den schon in *DGE 2*, passim, ins Treffen geführten Argumenten für Herkunft von *sporta* über etr. Medium noch dieses hinzufügt, daß es für den Akkusativ Sg. als Entlehncasus bei etr. Behälternamen zahlreiche Parallelen wie *leχtumuza TLE* 761, *naplan CII* 2579 (*TLE* 942), *pruχum CII* 2754 a (*TLE* 5) u.ö. gebe.

Zus.: Phon.: Zur Akzentverschiebung s. *DGE* 2,91 f.
Zu gr. -ŭ- in 1. Silbe > etr. +-ŭ- > lat. -ŏ- s. *DGE* 2,271 ff.
Zur Synkope des -ι- in 2. Silbe s. *DGE* 2,275; vgl. 278.
Zu gr. inl. -δ- > etr.-lat. -*t*- s. *DGE* 2,275 f.
Zum Akk.Sg. als Entlehnfall s. *DGE* 2,101 ff.; dort heißt es unter anderem: „Wir besitzen ... insgesamt neun Fälle[20], in denen ein etruskischer Nominativ formal einem griechischen Akkusativ ent-

---

[19] Unter Heranziehung von *sporta* als Bezeichnung für „Korb" denkt Bertoldi, *l.c.*, aus semantischen Gründen an etr. Medium bei der Übernahme eines weiteren gr. Wortes mit der Bed. „Korb", *calathus* (***calathus***, *-ī* m.: „1° corbeille, panier fait de joncs tressés; 2° par extension, vase, récipient, corolle." *EM* s.v.; seit *Verg.*): „È l'ambiente delle arti e mestieri in cui nell'Etruria antica si afferma l'uso di *sporta* ‚cesto di sparto' dal greco σπυρίδα pronunciato all'etrusca, *calathus* ‚cesto' da κάλαθος anatolico nel suffisso, *cisium* ‚cesto da carro' dal gallico +*cissio* ridotto in bocca etrusca (S.u.W. *cisium*; Anm.d.Verf.) e di tanti altri termini tecnici d'origine esotica destinati in gran parte ad imporsi nel latino dell'Urbe." (Vgl. auch u.W. *napurae*.)
Nach *EM* l.c. direkte Entlehnung aus gr. κάλαθος.
Für etr. Vermittlung des gr. Wortes lassen sich keinerlei stichhaltige Argumente anführen. [??].

[20] Darunter finden sich zumindest zwei an das Lateinische weitervermittelte Appellativa: ὄρυγα > *orca* (s.u.W. *orca* „Wal"), σπυρίδα > *sporta*; zusätzlich zieht de Simone, *o.c.*, 102, Fn. 49, noch Herkunft von lat. *norma* aus gr. γνώμονα über etr. Medium in Betracht (s.u.W. *norma*); bei *taeda* hält er etr. Vermittlung aus gr. δαῖδα für nicht erweisbar (s. aber u.W. *taeda*).

spricht ... Diesem Tatbestand wird am besten die Annahme gerecht, daß hier als Nominative fungierende griechische Akkusativformen vorliegen. Das Etruskische besaß keinen Objektskasus, war also gegenüber der — formal ausgedrückten — Unterscheidung Nominativ — Akkusativ ... unempfindlich[21]; ein griechischer Akkusativ konnte daher als Nominativ fungieren, und zwar insbesondere, wenn die aufzunehmende griechische Akkusativform im Etruskischen eine geeignete Unterkunft finden konnte ..." (*O.c.*, 102.) Vgl. auch de Simone, *Per la storia*, 513 f.; s. auch S. 32.

Zur zweifellos einwandfreien Entsprechung gr. ausl. -ă (Akk. Sg.) > etr. *-a* > lat. *-ă* (Nom.Sg.) s. *DGE 2*,113 und 275.

Etr. Par.: *spurta* AM Xγ[5], *spurtn* AM 11[22]; beides auf gr. σπυρίδα zurückzuführen; s. *DGE 1*,140 f.

tīna, *-ae* f.: „Weinbutte" (*WH* s.v.); seit *Varro ap. Non.* 544, 5. [+]

Lit.: Walde, *Lateinisches etymologisches Wörterbuch*[2] s.v.; Carnoy, *Etrusco-Latina*, 111; *WH* l.c.; de Simone, *I rapporti*, 51.

Bereits Walde, *l.c.*, zog Herkunft aus gr. δῖνος, -ου ὁ „großes rundes Gefäß, oben breit, unten eng" über etr. Vermittlung in Betracht. Vgl. Carnoy, *l.c.*[23]. S. dazu jetzt fundiert de Simone, *l.c.*: Lat. *tīna* gehe auf etr. *θina SE* 40,427, n. 32, u.ö., zurück, welches seinerseits aus gr. δῖνος entlehnt sei.

Ablehnend zu dieser Deutung (es wird auf Walde, *l.c.*, Bezug genommen) *WH* l.c.: Es liege vielleicht ein Alpenwort vor, das auf den gleichen Ausdruck wie prov. franz. *tona, tonne*, nhd. *Tonne* zurückzuführen sei.

[21] Nach *DES* § 45 ff. sind im Etruskischen indefiniter und definiter Akkusativ zu unterscheiden; nur der indefinite Akkusativ zeigt Formengleichheit mit dem Nominativ.

[22] Zur Form *spurtn* s. *DES* § 179: „In AM X γ 4f. ist das Fremdwort *spurta* ‚Korb' richtig geschrieben bzw. gelesen: *heci spurta sulsle napti* ‚stelle den Korb ...'; dagegen gilt XI 10 als überlieferter Text *ufli spurtn eisna hinθu. TLE* hat *spurtn* (So auch, wie man jetzt hinzufügen muß, *ThLE*; Anm.d.Verf.); Runes gibt im Apparat (S.30) an: Kr(all) *spurtn* im Text, *spurta*? in d.Anm. Es kann aber nur *spurta* heißen („... in den Korb das Brotopfer der Unterirdischen', vgl. IV 22 und IX γ 1); *spur-tn* ist morphologisch unmöglich, da enkl. -*cn*/-*tn* nur an Adjektiva tritt (Vgl. S. 45 Fn. 55; Anm.d.Verf.), *spur*- aber ein Substantiv ist, das ‚Stadt' bedeutet. Überdies wäre „... in die Stadt das Brotopfer der Unterirdischen' sinnlos.)"

Vgl. Prof. Pfiffig brieflich: „Das nur in AM X γ 5 belegte *spurta* (XI 10 *spurtn* ist höchstwahrscheinlich ebenfalls *spurta*!) ist bestimmt ‚Korb' und hat mit *spura* ‚Stadt' nichts zu tun."

De Simone, *DGE 2*,278, Fn. 197, bemerkt dagegen zu *spurta*: „Unsicher ist, ob etr. *spurta* ... mit gr. σπυρίδα identisch ist, oder ob es als *spur-ta* (zu *spur*- ‚Stadt, Gemeinde') aufzufassen ist." Vgl. ders., *Per la storia*, 514, Fn. 150.

[23] Carnoy, *l.c.*, spricht allerdings trotz Verweis auf *WH* II,682 (= s.v. *tīna*) nicht von einer Form *tīna*, sondern von einer Form *tona*.

Zus.: Phon.: Zu gr. anl. δ- > etr. θ- > lat. *t-* s. de Simone, *l.c.*, und *DGE* 2,278.
   Gr. ausl. -ος > etr. -*a* kein Einzelfall, s. *DGE* 2,99 ff.; Übernahme als lat. -*a* völlig regulär.
   Etr. Par.: *θina SE* 40, 427, n. 32, u.ö.; auf gr. δῖνος zurückzuführen, s. de Simone, *l.c.*

C.1.1.1.2. *Anknüpfung an etruskisches Wortmaterial nicht möglich*

C.1.1.1.2.1. *Vorhandensein morphologischer Kriterien*

   agaga (agagula), cisterna, crumīna, lanterna, nacca

agaga, -ae m.: „Zuhälter, Bruder Liederlich" (*WH* s.v.); *Petron.* 69 [+]
agagula: „Kuppler, Possenreißer" (*WH* l.c.); *Gl.* [+]
   Lit.: Heraeus, *Die Sprache*, 29 f.; Nehring, *Parerga*, 118 f.; *WH* l.c.; *EM* s.v. *agaga*.

Die Theorie, lat. *agaga* könnte ein über etruskische Vermittlung ins Lateinische gelangtes Wort griechischer Herkunft zugrunde liegen, wurde in der von der Verf. eingesehenen Literatur nicht geäußert.

Für gr. Herkunft, ohne etruskische Vermittlung in Erwägung zu ziehen, sprachen sich Heraeus, *l.c.* (aus gr. ⁺ἀγαγᾶς, „wofür das regelrechtere ἀγωγᾶς wäre, vgl. προαγωγός = *leno*, ἀγωγεῖον bei *Pollux* = *domus lenonia*"), und, ihm folgend, *WH* l.c. und *EM* l.c. aus, für etruskische Herkunft, ohne auf das Griechische zurückzugreifen, Nehring, *l.c.* (bei *agaga* und *agagula* handle es sich um Maskulina auf -*a* wie *barginna, lanista, verna*, „bei denen ... etr. Herkunft völlig oder doch so gut wie sicher ist"; zudem ließe sich das *l*-Suffix in *agagula* — sofern nicht ein ie. Deminutivsuffix zur Verstärkung des pejorativen Sinnes des Grundwortes vorliege — als etruskisches Suffix deuten; s. Kap. B.1.2.4. und Kap. C.4.1.2.).

Prof. *Pfiffig*, der wie Heraeus, *l.c., WH* l.c. und *EM* l.c., an Herkunft aus gr. ⁺ἀγαγᾶς (mit Präsensreduplikation zu ἄγω) denkt und das *l*-Suffix als ie. Deminutivsuffix betrachtet, schließt (brieflich) folgende Überlegung an: „Wenn die Ableitung aus dem Griech. stimmt, könnte man annehmen, daß solche Wörter zur Zeit der Tarquinier, die ja ex origine (Abstammung von Demarat!) sehr gräkophil waren, ins Lateinische gekommen sind, aber ihrem Charakter nach sich nur in der Volkssprache erhalten haben."

Ein semantisches Indiz zugunsten dieser Auffassung sei hier angeführt: Neben προαγωγός „zu etw. führend, Vermittler, Kuppler(in)" existiert im Griechischen das Simplex ἀγωγός „leitend, Führer, Wegweiser; hervorlockend, anziehend", d.h. im Sinn nicht allzuweit von προαγωγός entfernt. Für den Wandel gr. -ω- > etr. -a- gibt es 2 Belege, s. *DGE 2*,43 (man beachte auch die Präferenz des Etruskischen für den Vokal *a*, s. Kap. B.1.1.3.1.), für die (problematische, aber mögliche) Veränderung gr. -ος > etr. -*a* 5 Belege (3 Namen), s. *DGE 2*,99 ff. Es könnte also gr. ἀγωγός etr. ⁺*acaca* (> lat. *agaga*) ergeben haben; die Media -*g*- in der lat. Form stellt dieser Annahme kein Hindernis in den Weg, ist es doch denkbar, daß der entsprechende etruskische Laut nicht exakt einer lat. Tenuis entsprach, daß somit die Wiedergabe nur annähernd und behelfsmäßig erfolgen konnte; vgl. Kap. B.1.1.2.1.; vgl. auch in den Listen von Kap. D.1.1. jene sicher oder sehr wahrscheinlich aus dem Etruskischen stammenden Wörter, die eine oder zwei Mediae aufweisen.

Zus.[24]: Phon.: Zum möglichen Wandel gr. -ω- in Binnensilbe > etr. -*a*- s.o.
   Zum möglichen Wandel gr. ausl. -ος > etr. -*a* s.o.
   Morph.[25]: Zu den maskulinen Personalsubstantiva auf -*a* des vorliegenden Typs s. Kap. B.1.2.4.

cisterna, -ae f.: „unterirdischer Behälter für Ansammlung des Regenwassers, Zisterne" (*WH* s.v. *cista*); seit *Varro.* [?]

Nach de Simone, *DGE 1*,134, 2,281 Herleitung aus gr. κίστη, -ης ἡ „Kasten, Kiste"[26] über etruskisches Medium möglich.

So bereits Ernout, *EE*, 93 f., der das Wort unter den etr.-lat. Bildungen auf -*(e)rna* bespricht: „Le simple *cista* est emprunté à κίστη. On sait l'importance de la ciste dans l'art étrusque. Il est vraisemblable que c'est par les Étrusques que les Latins ont commencé à connaître cet objet mobilier; et il est naturel que ce soient les Étrusques qui aient fourni le nom servant à désigner le ‚récipient en forme de ciste', la ‚cisterne'."

Zus. Lit.: *LE* s.v. (*cisterna*, nicht zu trennen von *cista* aus gr. κίστη, sei wegen des parasitären -*r*- nach -*st*- aus gr. -στ- über etr. Medium vermittelt worden; vgl. u.W. *aplustra*; s. aber zu diesem sehr fragwürdigen Argument Kap. B.1.2.1.2.4.3.; „il punto di partenza di cisterna sarà un ⁺*cist(r)a* (cfr. sic., calabr. *gistra* ‚cesta') con la formante aggettivale -*na* ... Non si può tuttavia escludere che si tratti di un rifacimento analogico su *caverna* ...").

---

[24] Zu den Ableitungen des etr. Verbalstammes *ac-* (*ak-*) „machen, bilden, bewirken" (*DES*, 281) s. *ThLE*, 43 f. und 51. Eine Form ⁺*acac-* o.ä. ist nicht nachweisbar. Die Sippe scheint nichts mit *agaga* zu tun zu haben.

[25] Zum eventuell etruskischen *l*-Suffix in *agagula* s. Kap. C.4.1.2.

[26] Alessio, *Fitonimi*, 202, nimmt wie für viele andere Wörter mit der Bedeutung „Korb, geflochtenes Gefäß" auch für gr. κίστη med. Herkunft an, ebenso auch für die lat. Entsprechung *cista*; nach *WH* s.v. *cista* und *EM* s.v. *cista* gr. κίστη wie daraus entlehntes lat. *cista* ie. Herkunft.

Zus.²⁷: Phon.: gr. κίστ(η) > etr. ⁽⁺⁾*cist(e)*- bedarf keiner weiteren Erläuterung.

Morph.: Zu *-erna* s. Kap. B.1.2.1.2.3.2.3.²⁸

*crumīna/crumēna*²⁹, *-ae f*.: „‚Geldbeutelchen, Börse', übertr. (*Hor., Juv.*) ‚Geld'" (*WH* s.v.); seit *Plt.* [?]

Nach de Simone, *DGE 1*,135, *2*,280f. u.ö., Herleitung aus gr. γρυμε(ί)α, -ας ἡ „Trödelkram, Beutel" über etr. Medium möglich.

Ernout, *EE*, 100, nennt das Wort unter den etr.-lat. Bildungen auf *-mēna/ -mīna*, ohne in irgend einer Weise auf das gr. Wort Bezug zu nehmen.

Zus. Lit.: Battisti, *Rassegna*, 461 f. (Befürwortung von Pfisters Theorie einer Herleitung von gr. γρυμεῖα/γρυμαία über etr. Vermittlung); Deroy, *Les noms*, 31 (*crumīna* sei wegen des Ausganges auf *-na* etruskischen Ursprungs). Steriade bei Malkiel, *Crumēna*, 122, Fn. 45, schlägt eine von den eben erwähnten völlig abweichende Etymologie vor: *crumēna* sei — mit Verlust der Reduplikation und unter Vereinfachung der Doppelkonsonanz vor betontem Vokal — auf gr. κεκρυμμένα „hidden", das med.-pass. Perfektpartizip zu κρύπτω, zurückzuführen; unter Anpassung an lat. Akzentgesetze sei ursprüngliches ⁺*kruména* einerseits zu *crumēna*, andererseits zu ⁺*crúmina* (indirekt bezeugt in der Verbform *crúminō*) geworden; die Kontamination beider Formen habe *crumīna* ergeben. Bedenken gegen diesen Herleitungsversuch erheben sich zunächst aus der Tatsache, daß die von Steriade angesetzte Form ⁺*crúmina* nicht belegt ist, auch im Verb *crumīnāre* keine Stütze findet, da dessen *-ī-*, wie aus *Ven. Fort. Mart.* 2,349, hervorgeht, als lang anzusetzen ist (s. *TLL* s.v. *crumīnō*, *WH* s.v. *crumīna*); vor allem aber ist diese Hypothese in Hinblick auf die Existenz des zwar im Wortausgang differierenden, doch sonst lautlich wie auch semantisch stimmigen gr. Ausdruckes γρυμε(ί)α abzulehnen.

---

²⁷ Vgl. ev. zu gr. κίστη das etr. GN *cistña CIE* 52a (*TLE* 401), welches aber unsicherer Lesung und, wie Prof. *Pfiffig* Verf. aufmerksam macht, höchstwahrscheinlich mit *cestña CIE* 1241 u.ö. identisch ist; s. Vetter, *Die etruskische Fluchtafel*, 184: „Die von Pauli gelesene Namensform *cistña* (mit Ligatur von *n* und *a*) scheint unbelegt; so ist wohl anzunehmen, daß *cęstña* geschrieben war und Pauli von dem *e* nur mehr die senkrechte Hasta sehen konnte." *O.c.*, 184; vgl. 180. Allerdings könnte lautlich auch etr. *cestña* auf gr. κίστη zurückgehen, da gr. -ι- in 1. Silbe > etr. -*e*-nach *DGE 2*,16f., belegt ist.

²⁸ Pfister, *Crumina*, 205, Fn. 3, wirft, Nehring, *Parerga*, 118f., folgend, die Frage auf, ob nicht in den Formen *cistella* und *cistula* etr. *l*-Suffix vorliegen könnte. Vgl. dazu Kap. B.1.2.4. und Kap. C.4.1.2.

²⁹ *crumēna* nach Solmsen, *Beiträge*, 14, schlechtere Schreibung.

Zus.: Phon.: Zu gr. anl. γρ- > etr.-lat. *cr-* s. *DGE* 2,280[30].
   Gr. -ū- in 1. Silbe > etr.-lat. *-u-* problematisch; s. *DGE* 2,280.
   Zum Schwanken *ī/ē* in den lat. Formen s. Pfister, *Crumina*, 201 f.[31]; s. auch Kap. B.1.1.1.2.
   Morph.: Zu den Schwierigkeiten bezüglich des Ausganges *-īna/-ēna* s. *DGE* 2,280; am ehesten ist mit Pfister, *o.c.*, 202 ff., an etr. *-na* zu denken[32]; s. dazu Kap. B.1.2.1.2.3.2.1.
   Dem Einwand de Simones, *DGE* 2,280, die Gleichsetzung von lat. *crumīna* (*crumēna*) mit gr. γρῡμέα (γρυμεῖα/-εία) werde „auch von der Bedeutung her nicht gerade empfohlen, da das lateinische Wort ‚Geldbeutel' (*Pl.* Pers. 317) heißt, γρῡμέα dagegen im Griechischen einen Kasten für alte Kleider (*Diph.* 127) bezeichnet", läßt sich entgegenhalten, daß γρῡμέα aus der von de Simone, *l.c.*, zitierten Stelle ebensogut „Tasche, Beutel, Sack für alte Kleider" bedeuten kann und daß es zudem bisweilen im Sinn von γρύτη, -ης ἡ, auch „Toilettekofferchen, Kosmetiktäschchen", verwendet wird.
   Geht man daher von der Bedeutung „Tasche, Beutel, Sack" aus, wird ohne Umstände sowohl die etr. Suffigierung mit *-na* als auch, damit verquickt, die Bedeutungsverschiebung von „Tasche, Beutel, Sack" auf „Geldbeutel, Börse" verständlich: *crumī/ēna* ist wörtlich zu fassen als „etwas zur Tasche (zum Beutel, Sack) Gehöriges, etwas Taschen-(Beutel-, Sack-)artiges, Taschen- (Beutel-, Sack-) ähnliches".

lanterna/lancterna/laterna, -ae f.: „Laterne, Lampe" (*WH* s.v.); *lanterna* seit *Plt.*; *lancterna Itala; laterna* seit *Prisc.* Inst. 4,5 [+]
   Nach de Simone, *DGE* 1,138, 2,277, 279 f. u.ö., Herkunft aus gr. λαμπτήρ, -ῆρος ὁ „Leuchtbecken, Leuchter, Fackel" über etr. Medium als sicher anzusehen.
   So bereits Ernout, *EE*, 94.

Zus. Lit.: Nehring, *LB. Lat. Gr. Glotta* 16,234 (Entlehnung aus dem Gr., wegen des Ausganges unter etr. Einfluß); Alessio, *Fitonimi*, 182,

---

[30] Battisti, *l.c.*, bemerkt zu dem zum Nachweis etr. Vermittlung herangezogenen Argument einer Veränderung γ > lat. *c*: „Non convincente, perchè normale anche negli imprestiti popolari diretti dal greco."
[31] Vgl. zustimmend Battisti, *l.c.*
[32] Vgl. Deroy, *Les noms*, 31; Battisti, *l.c.*, mit Vorbehalt.
   Pfister, *o.c.*, 205, Fn. 3, wirft — in Anschluß an Nehring, *Parerga*, 118 f. — die Frage auf, ob nicht im Deminutivum *crumilla* etr. *l*-Suffix vorliegen könnte; vgl. dazu Kap. B.1.2.4. und Kap. C.4.1.2.

Fn. 39 (in -na von *lanterna* sei nicht das etr. Suffix -na zu sehen, sondern es sei an eine spezifisch etruskische Umgestaltung des Acc. gr. λαμπτῆρα über ⁺*lanterra* zu *lanterna* zu denken; vgl. Kap. B.1.2.1.2.4.2.); anders ders., *LE* s.v. *crēterra* („... *lanter-na* ... dal gr. λαμπτήρ, col suffisso etr. -na ..."; vgl. Kap. B.1.2.1.2.4.2. und u.W. *crēterra*); Ernout, *Aspects*, 63 (entlehnt aus dem Akk. λαμπτῆρα unter Einfluß von *lucerna* mit etr. Endung; vgl. u.W. *lucerna*); *LG* § 292.b. (*lanterna* wohl etr. Erweiterung aus λαμπτήρ).

Zus.[33]: Phon.: Nach *DGE* 2,280, ist etr. ⁺*lant(e)rna* (mit Initialakzent; s. *DGE* 2,91 f.) anzusetzen.
Zum Wechsel Nasalisation/Fehlen der Nasalisation vor *t* im Lat. s. Kap. B.1.1.2.3. Es ist jedoch zu beachten, daß die Form ohne Nasal, *laterna*, erst spät (*Priscian*!) nachweisbar ist. Vgl. auch *WH* l.c.: *laterna* sei „durch dissim. Schwund aus *lanterna* entstanden und dann volksetym. an *lateō* angeschlossen" worden.
Zu gr. inl. -πτ- > etr.-lat. -t- s. *DGE* 2,279 f., 190 f.
Morph.: Zu etr. -na in *lanterna* s. *DGE* 2, 279 f.; vgl. Kap. B.1.2.1.2.3.2.1.[34]

nacca/nacta/natta[35], *-ae m.:* „Tuchwalker"; seit *Apul.* [??]

Lit.: Ernout, *EE*, 111; ders., *Aspects*, 8; *WH* s.v. *naccae*; *LE* s.v.; *EM* s.v.

[33] Gänzlich hypothetisch (vgl. Kap. B.2.1.) bleibt eine Zusammenstellung mit etr. *laθerṇa* *CIE* 5502 (*TLE* 119; die Inschrift lautet: ¹*lucer·laθerṇa* ²*svalce avil* ³XXVI). Es handelt sich offenbar um ein GN; als Basis ist etr. ⁺*laθer* anzusetzen. Diese Form könnte vielleicht als archaisches obsoletes PN von unbekannter Bedeutung, eventuell aber auch als etruskisiertes gr. λαμπτήρ gedeutet werden: Eine vergleichbare Reduktion von gr. -μπτ- zu etr. -θ- ist zwar nach Wissen der Verf. in *DGE* nirgends angeführt, doch nimmt de Simone, *DGE* 2,190 f., die Möglichkeit einer Reduktion von gr. -μπτ- zu etr.-lat. -nt- als gesichert an; zieht man weiters in Betracht, daß im Etruskischen *n* vor *t* schwinden konnte (s. *DES* § 24; z.B. *lentis CIE* 1784[b]) — *letis CIE* 3037; *seiantial CIE* 1397 — *seatial CIE* 1398) und daß *t* zu θ werden konnte (s. *DES* § 16; z.B. *purt(ś) TLE* 324, 325 — *purθ TLE* 87, u.ö.), so scheint die Möglichkeit nicht ausgeschlossen, etr. ⁺*laθer* auf gr. λαμπτήρ zurückzuführen. Bezüglich der Semantik verweist Verf. etwa auf den in Wien nachweisbaren Familiennamen *Fackel*, s.u.W. *lucerna*. Wenig glaubhaft scheint es allerdings, daß von ⁺*lanter*/⁺*laθer* einerseits ein Appellativ ⁺*lanter-na*/ ⁺*laθer-na* „Gerät in der Art eines ⁺*lanter*/⁺*laθer*", andererseits ein GN *laθer-na* „Zugehöriger zur Familie ⁺*laθer*" gebildet wurde; es könnte allerdings unter Umständen vielleicht daran gedacht werden, -na im GN *laθerna* nicht als das typische GN-Suffix, sondern als das ein neues Appellativ mit leicht modifiziertem Sinn zu ⁺*lanter*/⁺*laθer* bildende Pertinenzsuffix zu interpretieren (s. *DES* § 68 ff. bzw. § 67; vgl. Kap. B.1.2.1.2.3.2.). Morphologisch nicht unterscheidbar, wäre -na in *laθer-na* also nur scheinbar GN-Suffix, *laθerna* nur scheinbar eine typische GN-Bildung.

[34] Zum wahrscheinlichen Bedeutungsunterschied zwischen λαμπτήρ und *la(n)ter-na* s. S. 374 Fn. 574.

[35] Zum gleichlautenden, wahrscheinlich fernzuhaltenden CN *Natta* s. *WH* s.v. *nacca*, *EM* s.v. *nacca*.

Nachdem Ernout, *EE*, 111, festgehalten hatte, daß *nacca*, zweifellos in Zusammenhang mit gr. νάκη, -ης ἡ, νάκος, -ους τό „Vlies der Ziegen, wolliges Fell" stehend, als Maskulinum auf *-a* etruskischer Herkunft verdächtig sei, stellt er „*Aspects*", 8, fest, daß der Ausdruck ohne Zweifel aus Etrurien stamme oder etruskisiert sei.

WH l.c. denkt an Herleitung aus gr. ⁺νάκτης/-ᾶς „Walker", und zwar wegen des unlat. Wandels von *-ct-* > *-cc-* durch fremde, vielleicht etruskische Vermittlung.

Nach *EM* l.c., wo, ohne Festlegung auf ein bestimmtes gr. Basiswort, an vergleichbaren gr. Formen νάκος, νάσσω, νάκτης angeführt sind, vielleicht oskisch beeinflußt oder — wegen der Zugehörigkeit zu den maskulinen Personalsubstantiven auf *-a* vom Typ *verna* etc. — über etr. Vermittlung entlehnt.

LE l.c. bezeichnet die bei *WH* l.c. vorgeschlagene Herleitung aus gr. ⁺νάκτης über etruskische Vermittlung als „ipotesi del tutto gratuita, perché dell'assimilazione di *ct* in *cc* non abbiamo esempi né nell'etrusco, né in altre lingue mediterranee. Va invece presa in considerazione la spiegazione che si legge in *Paul.-Fest*. 166: *naccae appellantur vulgo fullones ... quod omnia fere opera ex lana* νάκη *dicantur a Graecis*, che ci consiglia di vedere in *nacca* una forma ipocoristica di un gr. ⁺νακοπλύτης = ἐριοπλύτης ‚wool-cleaner, fuller (= ‚fullone')' (*Diosc.* II 163), probabilmente di tramite etrusco ..."

Zus.: a) Zu *nacca* aus gr. ⁺νάκτης:
    Phon.: Gr. inl. -πτ- > etr.-lat. *-cc-* ohne Parallele. Vgl. vielmehr *DGE* 2,191: Der sich aus den griechischen Entlehnungen im Etruskischen ergebende Befund spreche für die Annahme, daß gr. κτ im Etruskischen über χτ(ht) zu *t* geworden sei (vgl. u.W. *tunica*).
    Morph.: Zu den maskulinen Personalsubstantiva des vorliegenden Typs s. Kap. B.1.2.4. Es ist jedoch zu bedenken, daß der Entlehncasus der Akk. gewesen sein könnte (s.u.W. *sporta*), so daß sich im Lateinischen als Nominativ zu ⁺νάκτην (⁺νάκταν) *nacta* angeboten hätte.

b) Zu *nacca* aus gr. ⁺νακοπλύτης:
    Phon.: Für eine derartige Verkürzung erst im Etr. läßt sich kein Beweis erbringen. Aus einer schon im Gr. verkürzten Form ⁺νάκης könnte im Etr. ⁺*nacca* hervorgegangen sein.
    Morph.: Zu den maskulinen Personalsubstantiven des vorliegenden Typs s. Kap. B.1.2.4. S. aber auch oben.

C.1.1.1.2.2. *Fehlen morphologischer Kriterien*

C.1.1.1.2.2.1. *Vorhandensein spezifischer Aussagen antiker Autoren*

cassis (*cuspis*), *crepida, laena, lūdius*

cassis, -*idis* (-*is*; s. Sacerd. *GLK* 6, 479,15)/*cassida* (*casila* Paul. Fest. 41 L), -*ae f.:* „Helm aus Metall" (*WH* s.v. 1. *cassis*); *cassis* seit *Plt.*; *cassida* seit Verg. Aen. 11,775. [??]

Lit.: Martha, *La langue étrusque*, 466; Ernout, *EE*, 114 Fn.; Oštir, *Drei vorslav.-etr. Vogelnamen*, 86, Fn. 1; Carnoy, *Etrusco-Latin*, 102; *WH* l.c. und s.v. *casilam*; Peruzzi, *Etimologie latine*, 264 ff.; *LG* § 365.A.3.c.; *EM* s.v. *cassis*.

Entlehnung aus dem Griechischen, und zwar aus dor. κοττίς, -ίδος f. „κεφαλή", dessen ursprüngliche Bedeutung „elmo crestato" gewesen sei, vermutet wegen der unterschiedlichen Entlehnformen *cassis* (vom Nominativ) und *cassida* (vom Akkusativ) sowie wegen des für einige nach Ansicht des Autors mykenische Lehnwörter typischen Ausganges -*is, -idis* Peruzzi, *l.c.*; dabei lasse der Wandel gr. -*o-* > lat. -*a-* im Verein mit der Aussage Isidors (Orig. 18, 14, 1) eventuell auf etr. Medium schließen; doch könne der Wechsel *o/a* auch aus dem Dorischen, wo *o* bisweilen statt α stehe, erklärt werden oder eine innerlateinische Entwicklung darstellen; jedenfalls müsse die Entlehnung stattgefunden haben, bevor der Übergang lat. -*tt-* > -*ss-* vor kurzem Vokal beendigt war. Peruzzi schließt seine Darlegung wie folgt: „Le armi difensive greche sono state adottato nell'età romulea, però non sappiamo se direttamente o per quali tramiti. Elmi crestati sono in uso a Pithekoussa nella seconda metà del sec. VIII, e nel sec. VII sono documentati in Etruria." Zur Widerlegung der Hypothese etr. Vermittlung s. unter „Phon.".

Die ie. Herleitung von *cassis* — eventuell könnte wegen -*l-* in *casila* ein sabinisches Lehnwort vorliegen, s. *WH* ll.cc. — aus +*kadh-tis* zur Wurzel +*kadh-* „hüten, schützend bedecken" (s. *WH* s.v.1. *cassis;* *cassida* sei Nachbildung von gr. Mustern wie *lampada*, s. *WH* s.v. 1. *cassis*; vgl. *LG* § 365.A.3.c.) überzeugt nicht; s. *EM* s.v. *cassis*.

Die Theorie etr. Herkunft ohne Heranziehung des Griechischen vertritt Martha, *l.c.*, unter Berufung auf *Isid.* Orig. 18, 14, 1 und — dies ohne jeden Anhalt — unter Ansatz eines etr. Stammes +*cas*, welchem, wie der Vergleich mit entsprechenden Ausdrücken aus den finno-ugrischen Sprachen beweise, die Vorstellung „d'une lame tranchante ou aiguë", wie sie etr. Kammhelme aufwiesen, zugrunde liege; ferner — ausschließlich unter Hinweis auf *Isid.* l.c. — Ernout, *l.c.*[36], vgl. *EM* l.c. Bedenken dagegen bei *WH* s.v. 1. *cassis*[37]. Nach Ansicht der Verf. besitzt das Zeugnis *Isidors* ohne jedwedes weitere auf das Etr. weisende Kriterium weniger Beweiskraft als das Nebeneinander der Formen *cassis* und *cassida*, welches auf Entlehnung aus dem Griechischen (und zwar ohne etr. Vermittlung; s. unter „Phon.") schließen läßt.

Zus.: Phon.: gr. *-o-* in 1. Silbe > etr.-lat. *-a-* und gr. -ττ- (> etr. *-t-* > lat. *-tt-*) > etr.-lat. -ss- nicht belegt[38]. Für gr. ⁺καττίς > lat. *cassis* ist demnach ebenso wie für gr. ⁺καττίδα > lat. *cassida* etr. Vermittlung auszuschließen.

Eventuell ist in Hinblick auf die Form *casila* (sekundär aus ⁺*cassila*?) sabinischer Einfluß in Betracht zu ziehen.

Ant. Aut.: *Isid.* Etym. 18, 14, 1; s. S. 130 (direkt).

crepida, *-ae f.*: „der griechische Halbschuh" (*WH* s.v.); seit *Cic.* und *Catull.* [?]

Nach de Simone, *DGE 1*,135, Entlehnung aus gr. κρηπῖδα, Akk. zu κρηπίς, -ῖδος ἡ „Männerschuh" über etr. Medium nicht vertretbar.

Zus. Lit.: Lenchantin de Gubernatis, *Metanastasi*, 437 (etruskische Vermittlung wegen des auf Akzentverschiebung beruhenden Quantitätswechsels gr. ῑ > etr.-lat. *i* und wegen *Serv.* Aen. 8,458[39]); *LG* § 85. B.4.b.γ. (keinerlei Erwähnung etr. Vermittlung des gr. Wortes).

---

[36] Wegen des Umstandes, daß es sich um eine Waffenbezeichnung wie *cassis* handelt, zieht Ernout, 114 in Fn. 5 von p. 113, für *cuspis* (**cuspis,** *-idis f.*: „‚Spitze, Stachel, Wurf- und Bratspieß, mit Wurfriemen versehene Lanze' (auch ‚das untere spitze Ende des Speerschaftes', gr. σαυρωτήρ); ‚männliches Glied'" *WH* s.v.; seit *Pompon.*) etruskische Herkunft in Betracht. Nach *WH* l.c. Etymologie unsicher, nach *EM* s.v. sei *cuspis* zweifellos entlehnt. Peruzzi, *I Micenei*, 340 ff. (vgl. ders., *Prestiti*, 73; ders., *Etimologie*, 75), versucht Entlehnung aus myk. ⁺/kʷsiphides/ (ἄκρο)-ξιφίδες (> ⁺*kusiphidēs* > ⁺*kusifidēs* > ⁺*kusipidēs* > *cúspidēs*), belegt in der Dualform *qi-si-pe-e* /kʷsiphehe/ ξίφεhε PY Ta 716 nachzuweisen. [?]

[37] Für Übernahme eines etr. Wortes mit ie. Wurzel sprechen sich Carnoy, *l.c.* (ie. ⁺*kadh-ti*, wozu auch etr. *casθi* „bourg, fortin" gehöre; eine Form etr. *casθi* mit der angegebenen Bedeutung ist jedoch nicht nachweisbar: belegt ist *casθialθ* CIE 5237 = TLE 359, nach *DES*, 283, Lokativ, zu übersetzen mit „in dem des ⁺*casθ(i)*"; Bedeutung und Herkunft von ⁺*casθ(i)* sind ungeklärt), und Oštir, *l.c.* (zugrunde liege alteurop. ⁺*kaˣs* „Kopf", worauf auch gr. κόσσαβος, κότταβος „bassin, cottabe", gr. κοττίς „tête", etr. ⁺*caś-* „Kopf" > lat. *cassida* zurückzuführen seien; aus dem Etr. ist *caś-* jedoch nur in Namenformen wie *caśntra* CIE 5249 und *caśtra* CII 2536 u.ö. belegt, welche auf gr. Κασσάνδρα zurückgehen; s. *DGE 1*,40), aus.

[38] Die Präferenz des Etr. für den Vokal *a* (s. Kap. B.1.1.3.1.) stellt natürlich alleine kein maßgebliches Argument zugunsten etr. Herkunft bzw. Vermittlung eines Wortes dar.

[39] Die *Servius*-Stelle ist mit 8,454 angegeben; es kann sich jedoch nur um den Kommentar zu Vers 458 handeln.

Zus.: Phon.: Einen Hinweis auf etr. Vermittlung könnte der Initialakzent (s. *DGE* 2,91 f.) abgeben; jedenfalls ist bei *LG* § 241 „Betonung geläufiger griechischer Namen und Fachtermini im Latein" kein Beispiel für ein gr. Paroxytonon mit vorletzter Länge, das zu einem lat. Proparoxytonon würde, angeführt.

Zu gr. -η- in 1. Silbe > etr.-lat. -ĕ-: Die reguläre Entsprechung zu gr. -η- in 1. Silbe stellt etr. -e- dar (s. *DGE* 2,15 f.), doch läßt sich über die Quantität dieses etr. -e- nichts aussagen.

WH l.c., *EM* s.v., *LG* § 85.B.4.b.γ. erklären die Quantitätsänderung durch volksetymologische Annäherung an *crĕpare*.

Gr. -ī- in Binnensilbe wird im Etruskischen zu schwachtonigem *i*, s. *DGE* 2,44; nach *WH* l.c. wird — wenig glaubhaft — ī > ĭ durch volksetymologische Annäherung an *trepidāre*, nach *EM* l.c. Kürzung des ī infolge der Akzentverlagerung; s. dazu aber oben.

Das inl. -d- der lat. Form muß zu einer Vermittlung über etr. Medium nicht unbedingt im Widerspruch stehen; s. dazu u.W. *agaga*.

Zum Akk. Sg. als Entlehncasus bzw. zur Übernahme der gr. Akkusativendung -α als etr.-lat. -a s.u.W. *sporta*.

Ant. Aut.: *Serv. Aen.* 8,458; s. S. 132 (indirekt).

laena, -ae f.: „‚ein Stück langhaariges wollenes Zeug, über dem *Pallium* oder der *Toga* getragen' (urspr. Kleidungsstück der Priester, vgl. *Serv. Aen.* 4,262 ...)" (*WH* s.v.); seit *Varro L.L.* 5,133 und *Cic.* [?]

Nach de Simone, *DGE 1*,137, 2,283, u.ö., Herleitung aus gr. χλαῖνα, -ης ἡ „Oberkleid, Mantel; entsprechend der röm. Toga" über etr. Medium möglich.

Ernout, *EE*, 82, erwähnt das Wort kommentarlos unter den von *Festus* als etruskisch bezeichneten Wörtern.

Zus. Lit.: *LG* § 165.d. (*laena* aus gr. χλαῖνα wegen +χlainā > +hlainā über Vermittlung durch eine unbekannte Sprache).

Zus.[40]: Phon.: Gr. anl. χλ- > etr. χl- > lat. *l*- ohne Parallele (zu erwarten wäre lat. *cl-/gl-*); s. *DGE* 2,283 (Zitat s.u.W. *crāpula*).

Ant. Aut.: *Paul. Fest.* 104,18 ff. L; s. S. 131 (direkt).

lūdius/lȳdius, -ī m.; lūdiō, -ōnis m.: „pantomimischer Tänzer, Schauspieler" (*WH* s.v.); *lūdius* seit *Plt.*; *lūdiō* seit *Liv.* [??]

---

[40] Von einem etr. *na*-Suffix kann in Hinblick auf die wahrscheinlich als Basis anzusetzende Form gr. χλαῖνα (s. im Text weiter oben) nicht die Rede sein; vgl. Kap. B.1.2.1.2.3.2.1.

Lit.: Muller, *Zur Geschichte*, 260 ff.; *WH* l.c.; Szemerényi, *The Origins*, 312 f.; *LG* § 323.A.3., §273.A.2.; *EM* s.v. *lūdus*.

Neben der seit der Antike nachweisbaren, häufig wiederholten, doch nicht überzeugenden Deutung von *lūdius* als *Lūdius, Lȳdius*[41] und weiteren rein hypothetischen Erklärungsversuchen[42] wie etwa jenem einer Entlehnung von *lūdius* bzw. zugehörigem *lūdus, lūdō* aus dem Etruskischen[43] steht als jüngster Deutungsversuch Szemerényis Hypothese (*l.c.*) einer Herleitung aus gr. αὐλωιδός 2 „zur Flöte (abwechselnd) singend" über etr. Medium. Auf sie sei im folgenden näher eingegangen.

Nachdem Szemerényi, *o.c.*, 312, zunächst die Interpretation von *lūdius* als *lȳdius* verworfen hat („To begin with, the Etruscans themselves had for these performers a word *hister*[44], not *lūdius*; it would therefore be incomprehensible why the Romans should have named them after a general term denoting the Etruscans. But even the last statement cannot be true: the Etruscans were not called Lydians either by themselves or by the Romans, so that the latter had no reason to call Lydians certain performers whom they meant to describe as Etruscans."), legt er p. 313 dar: „In historical times, *lūdius* and *histriō* are both used in the sens of ‚actor'. But originally they must have denoted quite distinct aspects of the art. From Livy's description it would

---

[41] S. bes. Muller, *o.c.*, 261 f.: „Das Wort bedeutet einfach ‚der Lydier', ‚der lydische = etruskische Spieler'." Dies habe bereits *Varro ap. Non.* 851 L angenommen; vgl. *Tert. Spect.*5 (Zitat s. S. 132f.). *Lȳdius* konnte, so Muller, *l.c.*, durch volksetymologische Verknüpfung mit *lūdus* zu *lūdius* werden, „während umgekehrt für ein Wort ⁺*lūd-ius*, von *lūdus* abgeleitet, ein nachheriger Übergang in *lydius* ... undenkbar ist". Ein weiterer Beweis für die Deutung von *lūdius* als *lȳdius* sei die Nebenbedeutung „Gladiator", bedenke man, daß „Schauspiele sowohl als Gladiatoren aus Etrurien kamen ... und für die darin Auftretenden der Namen *lydius - lūdius* üblich war". Insbesondere weise auch, so Muller, *o.c.*, 260, das Nebeneinander der Formen auf *-iō* (*lūdiō*) und *-ius* (*lūdius*) auf etr. Herkunft (s. dagegen S. 172 Fn. 46 bzw. Kap. B.1.2.2.).

Vgl. *WH* l.c. (mit weiterer Literatur): „Wohl Umdeutung von *Lȳdius* ‚der Lydier, d.i. etruskische Spieler' auf *lūdus* ..." *Lūdiō* sei zu *lūdius* nach *histriō* hinzugebildet. Vgl. auch *LG* ll.cc.: *lūdiō* von ⁺Λυδίων; *lūdius* wohl Umdeutung von *lȳdius* nach *lūdus*.

[42] S. dazu Szemerényi, *l.c.*

[43] *EM* l.c. hebt hervor, daß der Pl. *lūdī* zur Bezeichnung von Spielen offiziellen oder religiösen Charakters diene, im besonderen von Spielen zu Ehren der Toten, die ihren Ursprung in Etrurien hätten. „Il n'y a guère de termes indo-européens connus pour cette notion; et il peut s'agir d'un terme emprunté avec l'institution, sans doute religieuse, qu'il désignait; l'origine étrusque est des plus probables. Toutefois, le vocalisme radical *o* du présent ⁺*loidō* peut indiquer un ancien présent athématique dont le grec aurait un autre dérivé: λίζει ‚παίζει', λίζουσι ‚παίζουσι' (*Hes.*); ... Racine commune au grec et à l'étrusque?"

Zu der eventuell möglichen Erklärung von *lūdiō* aus etr. ⁺*luti-u* (Verbalstamm + Suffix der Verbalnomina) s. Kap. B.1.2.2.

[44] S. aber anders Szemerényi, *o.c.*, 314 ff., bzw. u.W. *histriō*.

seem to be clear that *lūdius* was the Etruscan dancer who danced to the flute. Zucchelli ... rightly points out that dance alone cannot have been a great novelty in Rome, and I would add that what was novel was the combination of dance and fluteplaying, so often represented in Etruscan paintings. I suggest therefore that *lūdius*, so consistently reported as being of Etruscan origin, was in fact the Greek αὐλωιδός which in Etruscan appeared as ⁺*auluite* and was taken over into Latin as *(ō)loide-os, loidios*, the source of Plautine *lūdius*. For the Latin expansion of Etruscan *-e* into *-eus, -ius*, cp. *puteus* ‚well, pit' from Etr. *pute,* borrowed in my view from Greek βυθός⁴⁵. The shortening of the beginning is no doubt due to folk etymology, in that the Romans felt that ⁺*ōloidios* was somehow connected with ⁺*loidō,* ⁺*loidos* (later *lūdō, lūdus*). The Greek αὐλωιδός, attested in Thespiae in the 3rd century B.C. (and in Orchomenos as αὐλαϝυδός), is already found in the fourth century since *Plato* (Laws 700 d) has the derivative αὐλωιδία. There can be little doubt that αὐλωιδός had existed long before the 4th century, and thus the Etruscans had enough time to borrow and adapt it into a form ready to be taken over by the Romans in the middle of the fourth century."

Vier Argumente lassen sich gegen Szemerényis Herleitung von lat. *lūdius* aus gr. αὐλωιδός über etr. Medium ins Treffen führen:

Zunächst die Bedeutung von αὐλωιδός als „zur Flöte (abwechselnd) singend"; denn wie Szemerényi selbst bemerkt (s.o.): „... that what was novel was the combination of dance and fluteplaying ..." (vgl. auch ders., *o.c.,* 316: *lūdius* „... was the flutistdancer ..."). Weiters ist der Übergang von gr. -ωι- (-ῳ-) > etr. -ui- bzw. etr. -ui- > lat. -oi- nicht durch Beispiele gesichert. Ferner läßt sich eine Entwicklung etr. *-e* > lat. *-eos* > *-ius* nicht beweisen. Schließlich müßte beim Übergang von gr. αὐλωιδός zu etr. ⁺*auluite* eine Akzentverschiebung angenommen werden, etruskischen Betonungsgepflogenheiten entsprechend wohl auf die erste Silbe (s. *DES* § 26 f. bzw. Kap. C.3.); anzunehmen, daß gerade diese betonte erste Silbe im Lateinischen verloren gegangen sein sollte, erscheint wenig glaubwürdig, zumal um die Mitte des 4. Jhdts., in welche Zeit Szemerényi die Übernahme aus dem Etruskischen ins Lateinische datiert, die lateinische Dreisilbenbetonung noch keineswegs durchgreifend die vorangegangene Anfangsbetonung abgelöst hatte (s. *LG* § 243 f. bzw. Kap. C.3.).

---

[45] S. aber zu *-eus* Kap. B.1.2.1.1.1., zu *puteus* b.W.

Zus.[46]: Phon.: Gr. anl. αυ- > etr. *au-* > (lat. *ō-* >) lat. Schwund des anlautenden Vokales bzw. Diphthonges nicht belegt, auch kaum vorstellbar.

Gr. -ωι- (-ῳ-) in Mittelsilbe > etr. *-ui-* bzw. etr. *-ui-* > lat. *-oi-* nicht belegt[47].

Etr. *-e* > lat. [+]*-eos* > *-ius* nicht bewiesen; vgl. S. 34 Fn. 13.

Ant. Aut.: *Liv.* 7, 2, 4; s. S. 132 (indirekt).

Tert. Spect. 5,2; s. S. 132f. (indirekt).

C.1.1.1.2.2.2. *Fehlen spezifischer Aussagen antiker Autoren*

aerumna, amurca, ancora, antemna, aplustra, arra, balineum, baxea, bucar, burrus, buxus, cādūceum, calautica, calpar, calx, cancer, canistrum, cantērius, capis, cēpe, citrus, clarnus, cotōneum, crāpula, creper (crepuscus, crepusculum), crēterra, crocōta, cuneus, cūpa, cuppa, cupressus, cuturnium, elementum, excetra, fidēs, flūta, forma, formīdō, fūcus, funda, fungus, fūr, grōma, grunda (suggrunda), gubernō, gūtus, incitēga, lancea, latrō, lemurēs, lepista, lucūns, marmor, massa, mollestrās, muraena, no/ō?rma, obrussa, orca „Wal", *orca* „Tonne", *paelex, pessulus, prōra, pulpitum, puls, scaena, scaeptrum, segestre, sēria, sirpe, spēlunca, spintēr, spinturnīx, stroppus, surēna, taeda, tapēte, tribus, triumpus, tropaeum, tūs, ulna, ulucus*

aerumna, *-ae f.:* „Plackerei, Arbeitslast, Drangsal" (*WH* s.v.); seit *Enn.* [??] Nach de Simone, *DGE 1*,132, Herleitung aus gr. αἰρομένη, Part. Präs. med.-pass. Nom. Sg. f.[48] zu αἴρω, also etwa „*quae suscipitur, suscepta*", über etr. Medium nicht vertretbar.

Ernout, *EE*, 99, vermutet Entlehnung aus dem Etruskischen mit zweifelnder oder auch ohne Hinzuziehung von gr. αἴρειν; *-mna* sowie der Diphthong *ae-*, „particulièrement fréquente en étrusque" (s. dagegen aber S. 173 Fn. 49 bzw. unter „Phon."), sind als Argumente zugunsten etr. Herkunft angeführt.

Zus. Lit.: Palmer, *The Latin Language*, 72 (wegen *-umn-* Entlehnung aus dem Etruskischen ohne Erwähnung einer gr. Basisform); *LG* § 293

---

[46] Zur eventuell möglichen Herleitung von *lūdiō* aus etr. [+]*luti-u* s. Kap. B.1.2.2.; vgl. S. 170 Fn. 43.
Zum Nebeneinander der Formen auf *-ius* (*lūdius*) und *-iō* (*lūdiō*) (nicht als Hinweis auf etr. Herkunft zu werten) s. Kap. B.1.2.2.

[47] Belegt ist gr. -ῳ- in Mittelsilbe > etr. *-a-*; s. *DGE* 2,43.

[48] S. dazu im Text weiter unten unter „Phon."

(ebenso); Benveniste, *Le suffixe -umn-*, 254 (Herleitung aus dem Etruskischen sei zumindest zweifelhaft); Deroy, *Du latin aerumna* (*aerumna* sei von einer mit etr. *ais-* angeblich etymologisch in Zusammenhang stehenden Form ⁺*aisumnā*, etwa „unerwartete Lage, Schicksalsschlag", herzuleiten).

Zus.[49]: Phon.: Gr. anl. αἰ- > etr. *ae-* möglich, s. *DGE 2*,21 ff., ebenso Übernahme ins Lat. als *ae-*.

Ernouts Behauptung (*l.c.*), *ae-* sei im Etruskischen besonders häufig, ist zurückzuweisen: Es lassen sich nur zehn Beispiele anführen; davon sei, wie Prof. *Pfiffig* Verf. aufmerksam macht, das meiste völlig unsicher: *ae* CIE 2606 u.ö. ist meist verlesen für *av(le)*; *aẹ(* TLE 371 ist unsicher und unvollständig; *aevas* CII 2500 ist singuläre Schreibung für *aivas* CII 2515 u.ö., die etr. Wiedergabe von gr. Αἰϝᾶς, s. *DGE 1*,13; *aela* CIE 1690 ist in ThLE, 45, mit Fragezeichen versehen; *aele* NRIE 1064 ist verschrieben oder verlesen für *avle*; *aefla* CIE 5345 ist einmal belegter Hundename. Synkope von -ε- in Mittelsilbe wäre, falls das Wort tatsächlich aus dem Griechischen herzuleiten sein sollte, auch aus dem Lateinischen selbst erklärbar, s. *LG* § 101 ff.

Im übrigen ist zu betonen, daß die als Basis herangezogene Form αἱρομένη selbst fragwürdig erscheint. Es ist, wie Ernout, *Aspects*, 68, ausdrücklich feststellt, aus dem Griechischen kein weiteres Beispiel von Substantivierung des Femininums eines Partizips bekannt.

amurca/*amurga*[50], *-ae f.*: „die beim Auspressen der Oliven vorfließende ... wässerige Unreinigkeit, Ölschaum" (*WH* s.v.); seit *Cato*. [+]

Nach de Simone, *DGE 1*,132, *2*,276 f., u.ö., Herkunft aus gr. ἀμόργα, -ᾶς ἡ „wäßrige Flüssigkeit, die beim Olivenpressen austritt" u.a. über etr. Medium als sicher anzusehen.

Zus. Lit.: Ernout, *Aspects*, 24 f. (etr. Medium eventuell möglich); *LG* § 46, § 85.A.2, § 87, § 158.c, § 365.A.1.a.α. (ohne Erwähnung etr. Vermittlung; *o* > *u* vor mehrfacher Konsonanz, *c* für γ in volkssprachlichen Lehnwörtern).

---

[49] Zum Ausgang auf *-mna* (als Hinweis auf etr. Herkunft bzw. Vermittlung fraglich) s. Kap. B.1.2.1.2.3.2.4.
[50] Nach *Serv.* Georg. 1,194 (vgl. *Ter. Maur.* 989) ist die Aussprache *amurga*; *amurga* auch neben *amurca* von den romanischen Sprachen gefordert (s. Ernout, *Aspects*, 24 f., und *EM* s.v.).

Zus.: Phon.: Anzusetzen ist nach *DGE* 2,277, etr. ⁺*amrca* oder ⁺*am⁽ᵘ⁾rca* (mit Initialakzent, s. *DGE* 2,91 f.) „Es ist also in diesem Fall nicht notwendig, auf die lateinische Behandlung von *o* vor mehrfacher Konsonanz ... hinzuweisen." (*DGE* 2,277.)
Zu gr. inl. -γ- > etr.-lat. -c- s. *DGE* 2,276. Zum Wechsel -*c*-/-*g*- in den lat. Formen s. Kap. B.1.1.2.1. Die Schreibung mit -*g*- könnte allerdings als gelehrte Angleichung an die gr. Urform aufgefaßt werden; vgl. *DGE* 2,278: „Als nachträgliche Wiederanlehnung an gr. ἀμόργη ist wohl *amurga* ... zu erklären."

ancora/*anchora, -ae f.*: „Anker" (*WH* s.v.); seit *Afran*. [+]
Nach de Simone, *DGE* 1,132 f., 2, 277 f., u.ö., Herkunft aus gr. ἄγκυρα, -ας ἡ „Anker" über etr. Medium als sicher anzusehen.

Zus. Lit.: Lenchantain de Gubernatis, *Metanastasi*, 437 (sowohl die Änderung der Klangfarbe als auch der durch Akzentverschiebung bedingte Quantitätswechsel in gr. -ῡ- > lat. -ŏ- ließen auf etr. Vermittlung schließen; auch die Aspiration des -*c*- [< gr. -κ-] sei darauf zurückzuführen; Nehring, *LB Lat. Gr. Glotta* 16,299 (gr. -κ- > lat. -*ch*- stelle keine zuverlässige Stütze für die Annahme etruskischer Vermittlung dar; s. aber weiter unten unter „Phon."); de Saint-Denis, *Des vocabulaires techniques*, 56 (*anchora* zeige etr. Einfluß); *WH* l.c. bzw. I,846 (Ablehnung der Annahme etr. Mediums); *LG* § 57.b., § 85.B.4.γ. (keinerlei Erwähnung etr. Einflusses; „kurz *ŏr* für *ūr* in *ancora* seit *Acc.*, gr. ἄγκυρα, wohl nach *amphora*").

Zus.: Phon.: Gr. inl. -κ- > lat. -*c*-/-*ch*- kein eindeutiger Hinweis auf etr. Lautgebung, wenn auch das Auftreten dieses Wechsels nach -*n*- etr. Vermittlung nahelegt; s. Kap. B.1.1.2.2.
Zu gr. inl. -ῡ- > etr. -ŭ- (⁺*áncŭra*) > lat. -ŏ- s. *DGE* 2, 277 f.

antemna/*antenna, -ae f.* (meist Pl.): „Segelstange, Rahe (waagrechtes Rundholz am Maste zur Anbringung der Segel), übertr. Querholz des Kreuzes" (*WH* s.v.); *antemna* seit *Plt.*; *antenna* jung und vulgär. [?]

Lit.: Ernout, *EE*, 99; Fohalle, *Sur le vocabulaire maritime*, 296; Benveniste, *Le Suffixe -umn-*, 254; Ernout, *Aspects*, 48; Vetter, *Zu den Namen*, 217; Perrot, *Les derivés latins*, 29; *WH* l.c.; *LE* s.v.; *LG* § 216.d., § 290.e., § 293; *EM* s.v.

Ernout, *EE*, 99, sieht in *antemna* wegen -*mna* (s. aber S. 175 Fn. 51) und der Tatsache, daß es sich um einen Term. techn. der Schiffahrt handelt, ein

Wort etruskischer Herkunft (vgl. aber ders., *Aspects*, 48; s. weiter unten), jedoch nicht einen aus dem Griechischen über etruskische Vermittlung entlehnten Ausdruck. Vgl. Perrot, *l.c.*

Gegen Ernouts Herleitung aus dem Etruskischen wendet sich *WH* l.c. (*antemna* am ehesten Ableitung von ie. +*temp*- „spannen": +*an(a)-temp-nā* „die aufgespannte"). Für Benveniste, *l.c.*, ist etr. Herkunft „au moins douteuse, même si aucune étymologie indoeuropéenne ne s'impose entièrement." Vetter, *l.c.*, weist, was offenbar auf Irrtum beruht, Benvenistes Herleitung aus dem Etruskischen zurück und schlägt eine Deutung als +*ante-minae* vor. Keinesfalls sieht Vetter in -*mna* einen Hinweis auf etr. Herkunft des Wortes oder Vermittlung über das Etr. (s. dazu ausführlicher S. 65 ff.).

Keine Erwähnung etr. Einflusses bei *EM* l.c. („Mot sans doute emprunté, comme la plupart des termes nautiques du latin."), *LG* § 216.d. („umgangssprachlich *mn* > *nn*"), § 290.e. und § 293 („Ein von Präpositionen ableitendes Suffix -*mno*- wie in gr. πρύ-μνος von πρό vielleicht in lat. *antemnae,* so Forssman, *KZ.* 79,18 f.; man erwartet freilich +*anti-mnae*."), Fohalle, *l.c.* (aus gr. ἀνατεταμένη oder Erbwort), Ernout, *Aspects,* 48 („sans étymologie claire").

Eine von allen angeführten völlig abweichende Erklärung bietet *LE* l.c. „I tentativi etimologici che si leggono nel *LEW. I* p. 54 per spiegare il lat. *antēmna* ... non hanno alcun valore, perché non tengono conto né della quantità di *ē* postulata dalle lingue romanze ..., né del fatto che, trattandosi di un termine marinaro, la vice è indubbiamente un prestito e verosimilmente dal greco per il tramite dell'etrusco ... A spiegare *antēmna* ci sembra possa bastare il gr. ἀνατιθημένος *„superpositus'* (da ἀνατίθημι) che ne giustifica sia la forma (sincope delle vocali brevi sotto l'accento incondizionatamente iniziale, eventuale aplologia, e conservazione del nesso -*mn*- secondario, che sarebbe passato a -*mr*- se fosse stato primario; cfr. etr. *aχmemrun*, da Ἀγαμέμνων) sia il significato."

Zus.[51]: Phon.: Es ließen sich, *LE* l.c. folgend (s.o.), etwa folgende Stufen ansetzen: ἀνατιθημένος > nach Synkope des zweiten -α- und des -ε- unter Einwirkung des Initialakzents (s. *DGE* 2,91 f.) sowie nach Umformung von gr. -ὅς zu etr. -*a*, welche Lautveränderung nicht ohne Parallelen ist (s. *DGE* 2,99 ff.), +*ántiθemna* > +*ant(θ)emna.*

***aplustra**, -ōrum*; *aplustria, -ium n.*; *Sg. aplustre n.*: „Schiffsknauf" (*WH* s.v.); *aplustra* seit *Cic.* und *Lucr.*; *aplustria* seit *Manil.*; *aplustre* seit *Lucan.*

---

[51] Zum Ausgang auf -*mna* (als Hinweis auf etr. Herkunft bzw. Vermittlung fraglich) s. Kap. B.1.2.1.2.3.2.4.

Nach de Simone, *DGE 1*,133, 2,281 f., u.ö., Herleitung aus gr. ἄφλαστον, -ου τό „vorspringender Zierat am Schiffshinterteil, Knauf" über etr. Medium möglich.

Ebenso schon Ernout, *EE*, 121; als Argument wird der Ausgang *-e* in *aplustre* angeführt (s. aber Fn. 63).

Zus. Lit.: Fohalle, *Sur le vocabulaire maritime*, 298 (ohne weitere Ausführungen); de Saint-Denis, *Des vocabulaires techniques*, 56 *(ebenso)*; Ernout, *Le vocabulaire*, 7 (ebenso); Deroy, *La racine*, 111 f. (*aplustre*, nach seiner Auffassung ein etr. Wort, sei auf med. +*a-plaustre* — prähell. Präfix *a-* „pourvu de, caractérisé par" + +*plaustre* „tout objet pivotant au simplement mobile" zur Wurzel +*plau* „mobilité", „mouvement répété ou continu" [*o.c.*, 115]; s.u.W. *plaustrum* —, zurückzuführen; auf dieselbe med. Basis gehe auch gr. ἄφλαστον zurück); Versnel, *Triumphs*, 49 mit Fn. 2 (die Veränderung -α- > -*u*-, wie sie in θρίαμβος > *triumpus* in geschlossener Silbe, aber auch in ἄφλαστον > *aplustre* vor 2 Konsonanten auftrete, könne nur auf das Etruskische zurückgeführt, nicht mit Hilfe lat. Lautgesetze erklärt werden); *LE* s.v. *cisterna* (*aplustra* zweifellos Entlehnung aus der gr. Pluralform ἄφλαστα über etr. Medium[52]; s. auch unter „Zus." und Fn. 54); *LG* § 85.A.3.α. (ausschließlich lat. Umgestaltung des gr. Wortes).

Zus.[53]: Phon.: Das *-u-* der 2. Silbe in lat. *aplustra*, zurückzuführen auf Synkope des -α- der 2. Silbe der gr. Form und nachträgliche Anaptyxe, sowohl aus dem Etruskischen als auch aus dem Lateinischen erklärbar; s. *DGE 2*,277.

Gr. -στ- in vorletzter Silbe > etr.-lat. *-str-* ohne sichere Parallele[54]; s. *DGE 2*,281; vgl. auch Kap. B.1.2.1.2.6.1.

---

[52] Die Tatsache, daß der nach Alessios Auffassung (*l.c.*) mit Sicherheit über das Etr. vermittelte Ausdruck *aplustra* in der Lautkombination *-str-* parasitäres *-r-* gegenüber gr. -στ- aufweise, wird von Alessio, *l.c.*, zum Anlaß genommen, auch bei *cisterna*, dem gr. κίστη zugrunde liege, etr. Vermittlung zu vermuten; s. aber u.W. *cisterna* und Kap. B.1.2.1.2.4.3.

[53] Zum Ausgang auf *-e* (*aplustre*) in Wörtern nicht lateinischen Ursprungs prinzipiell s. Kap. B.1.2.5.; sind bei Annahme etr. Vermittlung eines gr. Wortes die spezifischen lautlichen Gegebenheiten (s. im Text) unbedingt zu berücksichtigen.

[54] Sollte trotz des Umstandes, daß ἄφλαστον nach *TGL* s.v. häufiger im Sg. (12 Belege) als im Pl. (8 Belege) verwendet wurde, Entlehnung des gr. Plurals ἄφλαστα ins Etr. in Betracht gezogen werden, bietet sich zunächst ein ähnliches Bild: gr. -τα > etr. *-ta* > lat. *-tra* nicht nachweisbar. Es wäre jedoch vielleicht auch denkbar, im *-r-* der lateinischen Form das etr. Pluralsuffix *-r* zu sehen. Im Lateinischen wäre dann noch eine lat. Pluralendung (mit für Lehnwörter typischem Schwan-

Gr. ausl. -α (der Pluralform ἄφλαστα) > etr.-lat. -a möglich, s. *DGE* 2,113; gr. ausl. -ov > etr.-lat. -e nicht nachweisbar, s. *DGE* 2,281.

arra *(arrha), -ae f.:* Nebenform zu *arrabō* (*arrhabō*), *-ōnis m.*: „Unterpfand, Angeld, Kaufgeld, Kaufschilling"[55] (*WH* s.v. *arrabō*), *arra* seit *Laber.*; *arrabō* seit *Plt.* [??]

Lit.: Ernout, *EE*, 111, Fn. 1; Cousin, *Les langues spéciales*, 40; *WH* l.c.; *LE* s.v. *arra, LG* § 332.II.; *EM* s.v. *arra*; Hamp, *Latin arr(h)a*.

Die Möglichkeit eines etruskischen Mediums zwischen gr. ἀρραβών, -ῶνος ὁ „Handgeld, Unterpfand"[56] (dies aus hebr. 'ērābōn „Unterpfand", s. *WH* l.c.) und lat. *arr(h)a* zieht Ernout, *l.c.*, in Betracht. *Arillātor*[57] „suppose sans doute un substantif ⁺*arilla* ,gage'. ⁺*Arilla* peut être un diminutif de *arra*, qui lui même semble une adaption étrusque de gr. ἀρραβών ..."; so auch, Ernout, *l.c.*, folgend, *WH* l.c.; ebenso *EM* l.c. und *LE* l.c. („Questa ipotesi sembra trovare sostegno nella constatazione che l'etrusco (almeno nei prestiti) può perdere l'ultima sillaba in labiale, cfr. etr. *cuclu*, dal gr. Κύκλωψ, *evru*, dal gr. Εὐρώπη, *tele*[58], dal gr. Τέλεφος ..."[59] Die letzten beiden Beispiele waren schon von Ernout, *l.c.*, angeführt worden.)

Keine Erwähnung etruskischer Vermittlung bei *LG* l.c.; Cousin, *l.c.*, Hamp, *l.c.*

Zus.: Phon.: Die Kurzform *arr(h)a* statt zu erwartendem *arr(h)abō* bleibt ohne eigentliche Parallele; zu *evru* und anderen durch den Initialakzent (s. *DGE* 2,91 f.) extrem verkürzten Namen s. *DGE* 2,138 f.; keinesfalls kann mit Ernout, *l.c.*, und *LE* l.c. von einer sozusagen regulären Möglichkeit des Verlustes einer einen Labial enthaltenden Endsilbe gesprochen werden. Ferner findet sich unter den von de Simone *DGE* 2,138 f. angeführten Beispielen keines auf Labial + -ων.

---

ken zwischen zwei Paradigmata, s. S. 12 Fn. 1) angehängt worden; der Sg. *aplustre* wäre erst sekundär dazu gebildet worden.

[55] Zum Rechtsinstitut der *arrha*, zu *arrha confirmatoria* und *arrha poenitentialis*, s. Weber, *Etr.-karth. Beziehungen*, 180, mit weiterführender Lit.

[56] Deroy, *Un symbolisme*, 374 ff., leitet gr. ἀρραβών und hebr. 'ērābōn von prähell. ⁺*árapa* > *árpa* „exprimant la notion d',entourer, enfermer, enserrer, enclore'" (*o.c.*, 377) ab, wovon neben zahlreichen gr. Wörtern auch etr. ⁺*árpətre*, ⁺*árptre*, ev. ⁺*árpstre* > lat. *arbiter* herzuleiten sei; vgl. u.W. *arbiter*.

[57] Zu *arillātor* s.b.W.

[58] Diese Form scheint in *ThLE* nicht auf.

[59] S. aber dazu unter „Phon.".

***balineum*/*balneum, -ī n.; balinea, -ae f.*:** „Bad"; *balineum, balineae* seit *Plt.*; *balneum* seit *Caecil.* [??]

Lit.: Brøndal, *Substrater*, 184; Leumann, *Schwer erkennbare gr. Wörter*, 204; Palmer, *The Latin Language*, 50; *WH* s.v.; *LG* § 72, § 85.C.5.b., § 90.d., § 101, § 107.e., § 118; *EM* s.v.

Lat. *balneum* aus gr. βαλανεῖον, -ου τό „Bad, Badeanstalt" lasse nach Brøndal, *l.c.*, Einfluß des etr. Anfangsakzentes erkennen.

WH l.c. und *EM* l.c. leiten das Wort ohne Erwähnung einer vermittelnden Sprache direkt von gr. βαλανεῖον, später βαλάνειον ab. Auch *LG* ll.cc. sucht die Veränderungen gegenüber dem griechischen Wort aus lateinischen Lautgesetzen zu erklären; so auch Leumann, *l.c.*, und Palmer, *l.c.*

Zus.: Phon.: Synkope des inl. -*i*- in der einen der beiden lat. Formen und Vokalschwächung gr. -ει- in vorletzter Silbe > -ĕ- außer durch den etr. Initialakzent (s. *DGE* 2,91 f.) auch aus lateinischen Lautgesetzlichkeiten erklärbar; s. *LG* ll.cc.; zudem ist die lat. Form mit -*i*- früher belegt als die synkopierte Form, bzw. es läßt sich die Existenz beider Formen nebeneinander nachweisen (s. zur Verwendung der beiden Formen *EM* l.c.).

***baxea*/*baxa, -ae f.*[60]:** „eine leichte Art Sandalen für Frauen" (*WH* s.v.); *baxea* seit *Plt.*; *baxa* (nach *WH* l.c. aus ⁺*baxia*) *Ter.* und *Gl.* [??]

Lit.: Ernout, *EE*, 115; *WH* l.c.; *EM* s.v.

Ernout, *l.c.*, nennt das Wort unter den seiner Auffassung nach etruskisch beeinflußten Bildungen auf -*eus*/-*ea* (s. dagegen Fn. 61) und bringt die *Hesych*-Glosse πάξ·ὑπόδημα εὐυπόδητον, also „leicht unterzubindende, leicht anzuziehende Sandale", damit in Zusammenhang.

WH l.c. nimmt direkte Entlehnung aus gr. ⁺πάξεια (zu πάξ *Hes.*, s.o.) an.

Nach *EM* l.c. sei zweifellos πάξ *Hes.* (s.o.) zu vergleichen; ebenfalls keinerlei Erwähnung etruskischer Vermittlung.

Zus.[61]: Phon.: Gegen gr. anl. ⁺π- > etr.-lat. *b*- s. *DGE* 2,269 f. (Zitat s.u.W. *burrus*).

Eine Erweiterung von gr. πάξ zu lat. *baxea* ist durch etr. Vermitt-

---

[60] Von Ernout, *EE*, 115, und *EM* s.v. *baxea* ist eine Form *baxia* angeführt; nach Ausweis von *TLL* s.v. *baxea* ist sie nicht belegt.

[61] Zum Ausgang auf -*ea* (nicht als Hinweis auf etr. Herkunft bzw. Vermittlung zu werten) s. Kap. B.1.2.1.1.1.

lung nicht zu rechtfertigen; die Form ⁺πάξεια hingegen ist nur erschlossen.

bucar: „*genus est vasis*" (*Paul. Fest.* 32, 20 L). [??]

Lit.: Ernout, *Aspects*, 66; *EM* s.v.[62].

Ernout, *l.c.*, zieht wegen -*ar* bzw. der Endungsgleichheit mit *calpar*, in dem Ernout, *l.c.*, ebenfalls ein über etr. Medium aus dem Griechischen ins Lateinische gelangtes Wort vermutet (s. aber b.W.), die Möglichkeit in Betracht, *bucar* über etr. Vermittlung aus gr. βούκερως, -ων „gehörnt wie ein Rind" herzuleiten. S. aber Fn. 63.

EM l.c. schließt Entlehnung aus gr. βούκερως nicht aus, vergleicht wie Ernout, *l.c.*, hinsichtlich des Ausganges *calpar*, erwähnt jedoch etr. Medium nicht.

Zus.[63]: Phon.: Gr. -ερως > etr. -*ar* bzw. Abfall von gr. -ως bei Übernahme eines Wortes ins Etr. nach Ausweis von *DGE* ohne Parallele.

burrus/birrus, -a, -um: „feuerrot, scharlachrot" (*WH* s.v.), *burrus* Paul. *Fest.* 28,6L; *birrus* Gl. [??]

Nach de Simone, *DGE 1*,133, bzw. *2*,269f., Entlehnung aus gr. πυρρός 3 „feuerfarbig, rot" über etr. Medium nicht vertretbar.

Zus. Lit.: Ernout, *Aspects*, 30 (entlehnt aus gr. πυρρός; die Hypothese einer eventuellen Vermittlung über etr. Medium wird nicht erwähnt); *WH* l.c. (ebenso); Peruzzi, *Prestiti*, 8ff. (wegen lat. *b* < gr. π sei Entlehnung aus dem Mykenischen anzunehmen: myk. *pu-wo* KN As 1516.10 u.ö. Πύρρος, *pu-wa* KN Ap 639.11 Πύρρα, *pu-wi-no* PY Cn 131.14 u.ö. Πυρρῖνος); *LG* § 52.A.3.c., § 147.c., § 164.b. (wie Ernout, *l.c., WH* l.c.).

Zus.: Phon.: Gegen gr. anl. π- > etr.-lat. *b*- s. *DGE* 2,269f.: „Mustert man das griechische Namenmaterial im Latein, für welches etruskische Vermittlung von verschiedenen Forschern zumindest als möglich betrachtet worden ist ..., so ist festzustellen, daß die Annahme eines Umweges über das Etruskische nicht selten einfach aus der Verlegenheit entsprungen ist, einen Ausweg für die unregelmäßige Vertretung griechischer Namen im Latein zu finden ... Für das unsichere Namenmaterial bot wohl das Etruskische als nahezu

---

[62] Bei *WH* fehlt das Wort.
[63] Von einem auf das Etr. zurückzuführenden Ausgang -*ar* (s. Kap. C.4.1.3.) kann in Anbetracht von gr. βούκερως nicht gesprochen werden.

unbekannte Größe eine bequeme Zuflucht." "So gibt es etwa keinen Grund, die Entsprechung lat. *burrus*: griech. πυρρός, lat. *buxus*: griech. πύξος, ferner lat. *gubernare*: griech. κυβερνᾶν und lat. *caupo*: griech. καπηλός durch die Annahme einer etruskischen Vermittlung zu rechtfertigen. Mag das Urteil über solche (und ähnliche) Fälle heute noch sub iudice bleiben: hier genügt wohl die Feststellung, daß die unregelmäßige Vertretung dieser Namen im Latein nicht durch das Etruskische erklärt werden kann."

Zum Schwanken u/i s. Kap. B.1.1.1.3.; die Form mit -*i*- ist allerdings nur in den Glossen belegt.

buxus, -ī (spätlat. auch -*ūs*) *f.* (*m. Vulg.*); seltener *buxum*, -ī *n.*: „‚Buchsbaum' (*Enn.*), ‚Buchsbaumholz'" (*WH* s.v.). [??]

Nach de Simone, *DGE 1*,133, *2*,269f., Entlehnung aus gr. πύξος, -ου ἡ „Buchsbaum (holz)" über etruskisches Medium nicht vertretbar.

Zus. Lit.: Peruzzi, *Prestiti*, 9 (wegen lat. *b*- < gr. π- sei Entlehnung aus dem Mykenischen anzunehmen: myk. *pu-ko-so* PY Ta 715.3 Πύξος); *LG* § 52, § 85.A.3.c., § 164.b. (entlehnt aus gr. πύξος; die Hypothese einer eventuellen Vermittlung über etr. Medium wird nicht erwähnt).

Zus.: Phon.: Gegen gr. anl. π- > etr.-lat. *b*- s. *DGE 2*, 269f. (Zitat s.u.W. *burrus*).

cādūceum, -ī *n.; cādūceus*, -ī *m.*[64]: „Merkurstab, Heroldstab" (*WH* s.v.); seit *Varro* und *Cic.* [??]

Lit.: Kretschmer, *Sprache*, 562; Ernout, *EE*, 115; Ernout, *Aspects*, 65f.; *WH* l.c.; Lallement, *De quelques mots II*, 16; *LG* § 85.B.2.a., § 85.C.5.b., § 162.b.γ.; *EM* s.v.

Ernout, *EE*, 115, nennt das Wort unter den nach seiner Auffassung etruskisch beeinflußten Bildungen auf -*eus*/-*eum* (s. dagegen S. 181 Fn. 66): Das aus gr. κηρύκειον/καρύκιον, -ου τό[65] „Heroldsstab, Friedensstab" entlehnte Wort sei möglicherweise über etr. Medium ins Latein gelangt.

Vgl. ders., *Aspects*, 65f.: Das *d* in *cādūceus* sei entweder aus Annäherung an *cadūcus* zu erklären oder durch Einfluß einer vermittelnden Sprache, vielleicht des Etruskischen,

---

[64] Maskulin eventuell nach *lituus*; s. *WH* l.c.; vgl. *EM* l.c.: „Le genre diffère suivant qu'on sous-entend à l'adjectif *sceptrum*, *bāculum* ou *scīpiō*, *bāculus*."

[65] Wohl eher — in Anbetracht der Übereinstimmung des Vokalismus der 1. Silbe καρ- > *cad*- — aus καρύκιον, vgl. *EM* l.c., Kretschmer, *l.c.*

So auch *EM* l.c.

WH l.c. gibt der Erklärung, das *d* sei auf etruskisches Medium zurückzuführen, vor der einer volksetymologischen Anlehnung an *cadere, cadūcus* den Vorzug.

Keine Erwähnung etruskischer Vermittlung bei Kretschmer, *l.c.* (das *d* in *cadūceus, cādūceus* erkläre sich wohl weniger durch eine begrifflich nicht recht verständliche Anlehnung an *cadūcus* als aus „Umkehrung des dialektischen Lautwechsels *d* > *r* (*peres* = *pedes* ‚*in usu cotidie loquentium*' ...)"), Lallement, *l.c.* („Quant au passage de -*d*- à -*r*-, il a lieu également en ombrien, et se comprend aussi par les exemples que l'on a d'un *d* latin peu différent de *r*, reconnaissable d'après certaines alternances comme *adversum*/*arvorsum* ou lat.*caduceum*/gr.κηρύκειον. Il s'agit d'un *d* rétroflexe proche d'un flap *r*, c'est-à-dire d'un *d* articulé de façon très brève passant à un *r* sans vibrations. Le fait que le *d*- de +*sed*- alterne avec *l*- dans lat. *solium*, lac. ἑλλά: 'siège', v.sl. *selo*: ‚village' montre que ce *d*- est rétroflexe."), *LG* ll.cc.

Zus.⁶⁶: Phon.: Gr. inl. -ρ- > etr.-lat. -*d*- ohne Parallele; vgl. auch *DGE* 2,159: „Die griechischen Liquiden λ, ρ sind im Etruskischen in der Regel als solche wiedergegeben und auseinandergehalten."

calautica, -ae *f.*: „Kopfbedeckung vornehmer Frauen mit auf die Wangen herabhängenden Zipfeln, ähnlich der *mitra*" (*WH* s.v.); seit *Afran.* [?]

Lit.: Oštir, *Drei vorslavisch-etruskische Vogelnamen*, 98; *WH* l.c.; *LE* s.v.; *LG* § 303.B.e.; *EM* s.v.

LE l.c. schließt zwar semitischen Ursprung nicht aus (vgl. arab. *kalūta* „Kapuze" „Barett"), verweist aber auf gr. καλαυδάκη (*Schol. AT Hom.* Il. 22, 467), καλαυδέκη (*Schol. T*) „ἀναδέσμη", also „Haarband, Haarbinde der Frauen"; dieses sei aus phonetischen Gründen schwerlich aus dem Lateinischen übernommen, während Entlehnung aus dem Griechischen ins Lateinische sehr wohl denkbar sei, im besonderen unter Heranziehung etruskischer Vermittlung (-δ- > -*t*- wie in *cotōneum* etc.).

Oštir, *l.c.*, setzt, völlig ohne Anhalt, etr. ⁺*calau(m)*/*n-t*- (sic), angeblich verwandt mit vorslav. *šelmъ und* vorgerm. ⁺χ*elma*-, als Vorform für lat. *calaut-ica* und *caliand-r-(i)um* (s.u.W. *caliandrum*) an.

Nach *WH* l.c., *EM* l.c., *LG* l.c. unerklärt, nach *WH* l.c. und *EM* l.c. jedenfalls entlehnt.

---

[66] Zum Ausgang auf -*eum*/-*eus* (nicht als Hinweis auf etr. Herkunft bzw. Vermittlung zu werten) s. Kap. B.1.2.1.1.1.

Zus.: Phon.: Die Erhaltung des -αυ- in Binnensilbe scheint der etr. Vokalschwächung als Folge des Initialakzents (s. *DGE* 2,91 f.) zu widersprechen; bei *DGE* allerdings kein Hinweis auf Behandlung von gr. -αυ- in Mittelsilben.
Zu gr. inl. -δ- > etr.-lat. -*t*- s. *DGE* 2,278 f.

calpar, *n.:* „‚Weinfaß aus Ton', met. ‚junger Wein vom Faß beim Opfern'" (*WH* s.v.); seit *Varro* [??]
Nach de Simone, *DGE 1,* 133, Entlehnung aus gr. κάλπη über etr. Medium nicht vertretbar.

Zus. Lit.: Hamp, *Etruscan φersu*, 301 Fn. (gr. κάλπη > etr. ⁺*calparna* > lat. *calpar* unter Abtrennung des -*na*).

Zus.[67]: Phon.: Gr. ausl. -η > etr.-lat. -*ar* ohne jede Parallele, auch nicht denkbar.
Auch die von Hamp, *l.c.*, vorgeschlagene Hypothese, etr. ⁺*calparna* sei im Lat. zu *calpar* reduziert worden, ist ohne Anhalt. Bezüglich des Ausganges von *calpar* Erweiterung von gr. κάλπη durch etr. -*ar* oder -*(a)r*+*na* in Erwägung zu ziehen, muß auf Grund der in keiner Weise mit der Funktion von etr. -*(a)r* bzw. -*(a)rna* (s. Kap. C.4.1.3. bzw. B.1.2.1.2.3.2.3.) in Einklang zu bringenden Bedeutung von lat. *calpar* als verfehlt bezeichnet werden.

calx[68], -*cis f.* (*m. Plt., Varro,* spätlat.): „Spielstein, Kalkstein, Kalk" (*WH* s.v.); seit *Plt.* [?]

Lit.: Alessio, *Raddoppiamento*, 232, Fn. 20; Ernout, *Aspects*, 62 und 106; *WH* l.c.; *LG* § 85.A.4.a., § 103.b., § 165.a.α.; *EM* s.v.

Zwei Möglichkeiten der Herleitung faßt Ernout, *ll.cc.*, ins Auge: Entweder handle es sich um zweifellos etruskische Vermittlung aus gr. χάλιξ, -ικος ὁ, ἡ „kleines Gestein, Kies, Kalkstein, Mörtel" (p. 62), oder lat. *calx* und gr. χάλιξ seien jedes für sich aus derselben „mediterranen" Sprache entlehnt (p. 106). Letztere Auffassung vertrat bereits Alessio, *l.c.*

Nach *EM* l.c. entweder alte Entlehnung aus gr. χάλιξ, jedoch keine

---

[67] Zum (wohl nicht etr.) Ausgang auf -*ar* s. im Text weiter unten.
[68] „L'*x* est purement graphique; on prononçait *cals*, et les grammairiens essaient de différencier ainsi *cals* ‚chaux' de *calx* ‚talon' ..." (*EM* s.v. *calx*). Vgl. *LG* § 225. II.c.α.: „Erhalten bleibt -*ks* ... als -*x* ... Doch stehen ausl. -*lks* -*rks* im Widerspruch zu inl. -*ls*- -*rs*- aus -*lks*- -*rks*- (perf. *fulsī tersī* ...); also ist in *falx arx* der Guttural nach den obliquen Kasus wiedereingeführt: bei *Plautus* mehrfach *mers* für *merx* ‚Ware' ... Die Grammatiker differenzieren (künstlich) zwischen *cals* ‚Kalk' und *calx* ‚Ferse', beide mit gen. *calc-is* ..."

Erwähnung etruskischer Vermittlung, oder — vgl. Ernout, *o.c.*, 106, Alessio, *l.c.* — χάλιξ und *calx* unabhängige Entlehnungen aus einer med. Sprache.
Nach *WH* l.c. Entlehnung aus gr. χάλιξ, wieder ohne Heranziehung etruskischer Vermittlung (so auch *LG* ll.cc.; *LG* § 85.A.4.a. und § 103.b. wird allerdings die Form der obliquen Casus χάλικ- — mit Synkope von gr. inl. -ι- im Lat. — als Basis angesetzt, was, da in erster Linie an die Akkusativform χάλικα zu denken wäre, in Hinblick auf den Ausgang bzw. auf die Eingliederung des entlehnten Wortes in das Paradigma der Konsonantenstämme problematisch erscheint), oder Erbwort zur Wurzel ⁺*(s)qel-* „spalten, schneiden".

Zus.: Phon.: Gr. anl. χ- > lat. *c-* aus direkter früher Entlehnung wie auch aus etr. Vermittlung (gr. χ- > etr. χ- > lat. *c-*) zu erklären; s. *LG* § 165.a.α. bzw. *DGE* 2,173. Auch die Veränderung des Ausgangs gr. -λιξ > lat. *-lx* bzw. *-ls* (s.S. 182 Fn. 68) läßt beide Möglichkeiten offen:
Einerseits erscheint direkte Entlehnung möglich: gr. χάλιξ > lat. ⁺*calx* (zur lat. Synkope in Endsilben s. *LG* § 106) > ⁺*cals* (Reduktion von ausl. *-lks* nach dem Muster von inl. *-lks-*; s. S. 182 Fn. 68). Andererseits ist etr. Medium nicht auszuschließen: Für gr. ausl. -ιξ ist, soweit von einem einzigen Beispiel (gr. Φοῖνιξ > etr. *Φuinis CIE* 5251) auf eine Regel geschlossen werden darf, etr. *-is* zu erwarten (s. *DGE* 2,136); doch wäre unter Wirkung des etr. Initialakzents (s. *DGE* 2,91 f.) auch Schwund des *-i-* denkbar. Es könnte somit eine Entlehnkette gr. χάλιξ > etr. ⁺χals > lat. ⁺*cals* erwogen werden.
Zu diesem — auf direkte Entlehnung oder auf etr. Vermittlung zurückzuführenden — lat. Nom. ⁺*cals* konnte einerseits problemlos in Analogie zu anderen Substantiva auf *-ls* (< ⁺*-lcs*; s. S. 182 Fn. 68) und/oder unter Einfluß der Deklination von gr. χάλιξ ein Genetiv auf *-lcis*, dazu andererseits als (graphische) Neuerung eine Nominativform auf *-lx* hinzugebildet werden.
Die ursprüngliche, ältere Aussprache hätte trotz der veränderten Schreibweise fortbestanden.
Etruskische Vermittlung des griechischen Wortes kann somit jedenfalls, zumal es sich um einen Term. techn. des Bauwesens handelt (vgl. Ernout, *o.c.*, 62), nicht mit Sicherheit ausgeschlossen werden.

cancer (vlt. *cancrus, crancus, crancrus*), *-crī* (*-ceris* Lucr. 5,617) *m.*: „Krebs, Krebsgeschwür" (*WH* s.v. 2. *cancer*); seit Plt. [??]

Lit.: *WH* l.c.; *LE* s.v.; *EM* s.v.

Etruskische Vermittlung aus gr. καρκίνος, -ου ὁ „Krebs (als Tier und als Krankheit)" vermutet *LE* l.c.: „Il lat. *cancer* è troppo simile al gr. καρκίνος ‚granchio' e dissimile da altre forme corradicali indoeuropee ... per non pensare che si tratti di un prestito, attraverso l'etrusco. Per il trattamento fonetico, cfr. lat. *grōma* e *nōrma*, da un etr. ⁺*χnumra*, dal gr. γνώμονα acc. di γνώμων -ονος[69], e lat. *excetra* (leggi *ecc-*), da un etr. ⁺*eχitna*, dal gr. ἔχιδνα ‚vipera'[70] ..., dove la tendenza etrusca di dissimilare *n* in *r* dopo *m* (cfr. etr. *memrun*, dal gr. Μέμνων, ecc.) è stata esagerata."

Nach *WH* l.c. und *EM* l.c. handelt es sich um einen im Ie. verbreiteten Stamm; keine Erwähnung einer Entlehnung aus dem Griechischen über etruskisches Medium.

Zus.: Phon.: Eine Lautentwicklung gr. κ-ρκ-ν- > etr.-lat. *c-nc(-)r(-)* ist ohne Parallele. Die Veränderung gr. -ρκ- > lat. -*nc*- würde sowohl hinsichtlich ρ > *n* als auch hinsichtlich der Stellung des begleitenden Gutturals eine Umkehrung jener anderen, wohl belegten Lautentwicklung gr. (-)μ/γ/δν > etr. bzw. etr.-lat. *(-)m/g/tr*[71] darstellen; für ihre Gültigkeit wäre der Beweis erst zu erbringen. Eventuell könnte diese Veränderung mittels eines Umweges erklärt werden: Gr. -κ-ν > etr. durch Wirkung des Initialakzentes bzw. durch Synkope (s. *DGE* 2,91 f.) ⁺-*cn*- > ⁺-*cr*- (s. oben; ein derartiger Lautwandel ist allerdings nur im Anlaut belegt); die auf diese Art erschlossene Lautfolge etr. ⁺*carcr*- müßte dann durch Dissimilation entweder noch im Etruskischen oder erst im Lateinischen zu ⁺*cancr*- verändert worden sein. Für eine etruskische Dissimilation *r-r* > *n-r* gibt es allerdings keinen Beleg (vgl. eventuell etr. *cnepni* *CIE* 1476 u.ö. > *crepni CIE* 1473[a)] u.ö.; s. *DES* § 24.c.); auch im Lateinischen läßt sich für *r-r* > *n-r* keine exakte Parallele anführen (vgl. eventuell *n-n* > *r-n* oder auch *n-r*; s. *LG* § 232.2.).

Was den Ausgang betrifft, wäre regulär eine Entwicklung gr. -ος > etr. -*e* > lat. -*us* zu erwarten. Eventuell konnte der Entlehncasus der Akk. gewesen sein (s.u.W. *sporta*), also gr. -ον > etr. -*un, um* > lat. -*um*, s. *DGE* 2,101 ff.; dazu wäre ein neuer Nom. gebildet worden.

Jedenfalls ist festzustellen, daß sich zugunsten etruskischer Vermittlung kein einziges einwandfreies und eindeutiges Argument beibringen läßt.

[69] S.u.W. *nōrma*.
[70] S.u.W. *excetra*.
[71] S. Kap. C.2.2.4.

canistrum, *-ī n. (canister, canistrus m.* spät*):* „Körbchen aus Rohr"; seit *Varro* [??]

Lit.: Alessio, *Fitonimi,* 199, Fn. 156; *LG* §95.A.3.a.α., §285; *EM* s.v.[72]

Alessio, *l.c.,* zieht wegen lat. *-i-* statt gr. *-α-* etr. Vermittlung aus gr. κάναστρον, -ου τό „aus Rohr geflochtener Korb" u.a. in Betracht.

Nach *EM* l.c. Entlehnung aus gr. κάναστρον (*Hes.*), καναῦστρον (κάνυ-) ohne Erwähnung etruskischer Vermittlung.

Nach *LG* ll.cc. entlehnt aus einer auf -ιστρον endigenden, unbezeugten[73], mit gr. κάναστρον offenbar verwandten Form; keinerlei Hinweis auf etruskisches Medium.

Zus.: Phon.: Gr. inl. -α- > etr.-lat. -i- ohne Parallele.

Für gr. -ov ist etr. Wiedergabe mit *-un* und *⁺-um* bezeugt; s. *DGE* 2,101 ff.; doch steht hier auch die Annahme einer direkten Entlehnung gr. -ov > lat. *-um* offen.

cantērius/*canthērius, -ī m.:* „'verschnittener Hengst, Gaul, Klepper'[74], meton. 'Jochgeländer, Dachsparren'" (*WH* s.v.); seit *Plt.* [??]

Lit.: Cocco, *Lat. canthērius*; *WH* l.c.; *LE* s.v. *pīlentum*; *EM* s.v.

Nach *LE* l.c. vielleicht wegen gr. -λ- > etr.-lat. -r- über etr. Medium aus gr. κανθήλιος ὁ „Lastesel" entlehnt; s. dazu unter „Phon.".

Nach *WH* l.c. kaum direkte Entlehnung aus dem Griechischen, sondern eher unabhängige Übernahme aus einer fremden Sprache. So auch *EM* l.c. Nach Cocco, *o.c.,* direkte Entlehnung aus gr. κανθήλιος (zur med. Wurzel *kanth-* „curva, rotondità" [*o.c.,* 391]; es liege die Vorstellung des „animale recurro sotto il carico" oder „della curvatura del basto" [*o.c.,* 397] zugrunde) mit Suffixwechsel.

Zus.: Phon.: Gr. inl. -θ- > lat. *-t-/-th-* kein Hinweis auf etr. Vermittlung; s. Kap. B.1.1.2.2.

Zu dem von Alessio, *LE* l.c., bei der Entlehnung eines griechischen Wortes ins Etruskische in Betracht gezogenen Liquidenwechsel gr. inl. -λ- > etr. (-lat.) -r- bzw. gr. inl. -ρ- > etr. (-lat.) -l- (s.u.WW. *sēria, surēna, pīlentum*) sei hier ausführlicher Stellung genommen:

---

[72] Bei *WH* scheint das Wort nicht auf.

[73] Die Lesung κάνιστρον *Greek papyri in the British Museum* 5.165.9. (4./5.Jh.n.Chr.) ist unsicher.

[74] Eigentlich „Lasttier"; die Bedeutung „kastriertes Pferd" sei sekundär. Zur semantischen Differenz bzw. zu ihrer Überbrückung s. auch Cocco, *o.c.* (Grundbedeutung: „zur Arbeit verwendetes Tier").

„Die griechischen Liquiden λ ρ sind im Etruskischen in der Regel als solche wiedergegeben und auseinandergehalten." „Ersatz von *r* durch *l* weist *Tuntle* < Τυνδάρεως (-εος) (2 Belege; Vulci, Porano; 4., 3.Jh.) auf." (*DGE 2*,159f.) Als Grundlage für *Tuntle* könne „sowohl episch Τυνδάρεος (λ 298) als auch ionisch-attisch Τυνδάρεως angenommen werden ... Für den Ersatz von *r* durch *l* (Τυνδάρεως [-εος] > *Tuntle*) ist wohl auf die Existenz der mythologischen Namen *Artile* ... und *Preale* ... im Etruskischen hinzuweisen; beachte auch die zahlreichen PN auf *-le* wie etwa *Arnzile* ..., *Avile* (*Aule*) ..., *Cezar(t)le Cezrtle* ..., *Venz(i)le* ..., *Larzile* ..., *Raple* ..., *Rutile* ..., *Tit(e)le* ..., *Usile, Uśele* ..." (*O.c.*, 123).

Es ist also in einem einzigen Fall ein Liquidenwechsel bei der Entlehnung eines gr. Wortes ins Etruskische nachgewiesen; zudem ist davon die zweite Worthälfte betroffen, welche bekanntlich bei der Etruskisierung eines fremdsprachigen Wortes im besonderen Maße Abänderungen ausgesetzt war; auch läßt sich gerade der gegen das Übliche verstoßende Ausgang *-le* gegenüber gr. -ρεως (-ρεος) sehr gut, wie de Simone darlegt, als Art Analogiebildung zu einem häufigen Personennamenausgang im Etruskischen erklären.

Es scheint daher nicht angebracht, von diesem Sonderfall auf eine Art regulären Liquidenwechsels, womöglich an anderer Wortstelle (s.u.WW. *sēria, surēna, pīlentum*) und ohne Stütze durch Analogie, schließen zu wollen bzw. diesen Wechsel als Kriterium zum Nachweis etruskischen Mediums bei der Entlehnung eines griechischen Wortes ins Lateinische heranzuziehen.

capis[75], *-idis f.*: „,Henkelschale, Opferschale des Pontifex', ‚Schöpf- und Trinkgefäß'" (*WH* s.v.); seit *Lucil.* [??]

Nach de Simone, *DGE 1*,133 f., Herleitung aus gr. σκαφίς, -ίδος ἡ „Gefäß" u.a. über etruskisches Medium nicht vertretbar.

Zus.:Lit.: Peruzzi, *I Micenei*, 324ff. (wegen ⁺σκ- > *c*- direkte Entlehnung aus der homerisch σκαφίς entsprechenden mykenischen Form); *LG* § 327.1.a. (direkte Entlehnung aus gr. σκαφίς).

Zus.[76]: Phon.: Gr. anl. σκ- bleibt im Etruskischen erhalten oder wird sχ-, s. *DGE 2*,38, u.ö., bzw. 174f.

---

[75] Peruzzi, *Etimologie latine*, 265, schließt, offenbar vom gr. Akk. *capidas* bei *Lucil.* ausgehend, auf einen lat. Nom. *capida*; s. S. 32, Fn. 7.

[76] Die etr. Formen *cape CIE* 4538[14] (*TLE* 570), *capi TLE* 40 u.ö., *kape CII* 2583 (*TLE*

Gr. -φ- > lat. -p- in direkter früher Entlehnung ganz regulär, s. *LG* § 165.a.α.; vgl. Kap. C.2.2.1.

cēpe (n. indecl.); *cēpa/caepa, -ae f.:* „Zwiebel" (*WH* s.v.); seit *Naev.* [??]

Lit.: Ernout, *Aspects*, 38; *WH* l.c.; *EM* s.v. *cēpa*.

Für etr. Vermittlung aus „gr. ⁺κήπια· σκόροδα, Κερωνῆται *Hes.*" (vgl. aber weiter unten) spricht sich Ernout, *l.c.*, aus; als Argumente hierfür werden der indeklinable Charakter von *cēpe* bzw. der Ausgang auf *-e* angeführt; s. aber Fn. 77.

Nach *WH* l.c. *cēpe* Lehnwort aus gr. ⁺κήπη oder ⁺κήπια (vgl. κάπια·τὰ σκόροδα. Κερυνῆται *Hes.*); „*cēpe* indecl. ist dabei formal unklar (n. nach *ālium, porrum*?). Weitere Analyse gänzlich unsicher."

Nach *EM* l.c. ohne Zweifel entlehnt, Herkunft unbekannt.

Zus.[77]: Phon.[78]: Während gr. ⁺κήπ- sowohl über etr. Vermittlung als auch bei direkter Entlehnung im Lat. mit *cēp-* wiedergegeben werden konnte (*-ae-* in *caepa* wird wohl als Hyperurbanismus, eventuell — bei direkter Entlehnung — als behelfsmäßige lateinische Lautsubstitution für gr. -η- zu erklären sein; vgl. *LG* § 78 bzw. Kap. B.1.1.1.4.), ist in Hinblick auf den Ausgang des Wortes die Annahme etr. Vermittlung abzulehnen: Gr. ausl. -η > etr. -e ist zwar belegt (s. *DGE 2*, 113), die unveränderte Übernahme von etr. ausl. -e ins Lat. bleibt jedoch ohne Parallele; auch an Ersatz von etr. -e durch lat. -a (dies wäre eventuell bei einem weiblichen

---

774) > MDAI(R) 1975,186, *kapi SE* 40,406, n. 12, u.ö. (s. auch die Pluralformen *caper AM* 5⁶, *caperi AM* 8⁹ u.ö.), zu übersetzen mit „Schale, Becher" (s. *DES*, 283,292), scheinen der Anlautsdifferenz wegen nicht aus gr. σκαφίς entlehnt worden zu sein (gr. σκ- > etr. *sc-* oder *sχ-*, s.o.); Verwandtschaft dürfte allerdings zwischen gr. σκαφίς und etr. *c/kape c/kapi* vorliegen; möglicherweise ist das etruskische Wort aus einer nicht näher bestimmbaren ie. Sprache entlehnt; zur ie. Herkunft von σκαφίς sowie zur Variationsbreite der von der gleichen Wurzel ableitbaren Formen s. Frisk s.v. σκάπτω. Andererseits wird lat. *capid-* (wie im übrigen auch umbr. *kapiřĕ* „*capidi*", *capif* „*capides*"), welches sich hinsichtlich des Stammausganges problemlos auf gr. σκαφιδ- zurückführen läßt, eben dieses gegenüber den etruskischen Formen umfangreicheren Stammes wegen nicht aus etr. *c/kape, c/kapi* entlehnt sein.

[77] Zum Ausgang auf *-e* bei Wörtern nicht lat. Ursprungs prinzipiell s. Kap. B.1.2.5; doch sind bei Annahme etr. Vermittlung eines gr. Wortes die jeweils spezifischen lautlichen Gegebenheiten (s. dazu im Text) unbedingt zu berücksichtigen.

Zu dem nicht als Kriterium etr. Herkunft bzw. Vermittlung zu wertenden indeklinablen Charakter von *cēpe* s. Kap. B.1.2.7.

[78] Zum Schwanken *-ē-/-ae-* prinzipiell s. Kap. B.1.1.1.4.; doch ist bei Annahme etr. Vermittlung eines gr. Wortes unbedingt auf den anzusetzenden gr. Basislaut, im vorliegenden Fall -η-, Bedacht zu nehmen (vgl. im Text weiter unten).

Eigennamen noch in Betracht zu ziehen) ist bei einem Appellativ nicht zu denken. Geht man andererseits von gr. ausl. -ια aus, wäre etr. -ia oder auch (unsicher!) -a zu erwarten (s. *DGE* 2,116f.), wovon ebenfalls nach unserem Wissensstand kein Weg zu lat. -e führt.

citrus, -ī *f.:* „‚Zitronatbaum (Citrus Medica Cedra L.)' und ‚afrikanischer Nadelbaum mit wohlriechendem Holz, Thuia articulata'" (*WH* s.v.); seit *Varro.* [?]

Lit.: Brøndal, *Substrater*, 173; Meillet, *Esquisse*, 86; Ernout, *Aspects*, 30f.; Battisti, *Il sostrato*, 375; *WH* l.c.; *EM* s.v.

Brøndal, *l.c.*, schließt wegen gr. -δ- > lat. -t- etruskische Vermittlung aus gr. κέδρος, -ου ἡ „urspr. eine Wacholderart, dann Zeder" nicht aus.

Ernout, *l.c.*, der — wie *WH* l.c. und *EM* l.c. — zwischen lat. *citrus* „thuya" oder „genévrier", mit gr. κέδρος zusammenhängend, und lat. *citrus* „cédratier" aus gr. κίτρον, κίτριον, κιτρέα unterscheidet, erwägt ebenfalls wegen gr. -δ- > lat. -t- etruskische Vermittlung aus gr. κέδρος, gibt aber zu bedenken, daß gr. κέδρος wie lat. *citrus* jedes für sich aus der Heimat des Baumes, die zweifellos in Kleinasien, Syrien oder dem Libanon zu suchen sei, übernommen worden sein könnte.

Vgl. *WH* l.c. und *EM* l.c.

Nach Meillet, *l.c.*, und Battisti, *l.c.* (mit Lit.), getrennte Entlehnung von gr. κέδρος und lat. *citrus* aus dem mediterranen Substrat.

Zus.: Phon.: Gr. -ε- in 1. Silbe > etr.-lat. -i- nicht unmittelbar belegt; s. *DGE* 2,13. Man beachte jedoch auch das Schwanken *e/i* als Kennzeichen etruskischer Herkunft, s. Kap. B.1.1.1.2.

Zu gr. inl. -δρ- > etr.-lat. -tr- s. *DGE* 2,170; vgl. auch *WH* l.c.

clarnus, -ī *m.:* „*clarnus potest appellari discus vel mensa quae referta sacrificiis Veneri consuevit offerri.*" Schol. Pers. p. 24 Jahn.

Lit.: Ernout, *EE*, 95; *WH* s.v.; *EM* s.v.

Ernout, *l.c.*, reiht das Wort unter die etruskisch-lateinischen Bildungen auf *-rna/-rno-* (s. dagegen S. 189 Fn. 79), ohne auf ein griechisches Wort Bezug zu nehmen.

Auch nach *EM* l.c. eventuell etruskisch.

WH l.c. hingegen lehnt Ernouts Herleitung aus dem Etruskischen ab, zieht vielmehr wegen κλάρες·αἱ ἐπὶ ἐδάφου⟨ς⟩ ἐσχάραι *Hes.* etr. Vermittlung eines gr. Wortes (⁺κλάρ(ι)νος?) in Betracht.

Zus.[79]: Phon.: Synkope des -ι- von ⁺κλάρινος durch etruskische Vermittlung (Initialakzent, s. *DGE* 2,91 f.) erklärbar. Da jedoch die gr. Form nur erschlossen ist, läßt sich keinesfalls Sicheres aussagen.

cotōneum, -ī n.: „Quitte" (*WH* s.v.); seit *Cato*. [?]
  Nach de Simone, *DGE 1*,134, 2,271 f., 277 ff., u.ö., Entlehnung aus gr. κυδώνιον (μῆλον) „Quittenapfel" (Κυδώνιος 3 Adj. zu Κυδωνία, -ας ἡ „Stadt auf Kreta") über etr. Medium möglich.
  Ebenso schon — wegen gr. -δ- > lat. -t- — Ernout, *EE*, 87.

Zus. Lit.: Brøndal, *Substrater*, 173 (lat. -t- für gr. -δ- lasse etr. Vermittlung erkennen); Ernout, *Aspects*, 29 (Entlehnung aus dem Gr. über etr. Medium möglich, doch auch unabhängige Entlehnung des gr. und des lat. Wortes aus einer kleinasiatischen Sprache denkbar); *LG* §49.b. *(-t-* aus -δ- spreche für etr. Vermittlung, doch habe das Etr. kein *o* besessen); s. aber auch § 162.d. (*cotōneum* sei altes, offenbar durch das Etr. vermitteltes gr. Lehnwort).

Zus.: Phon.: Gr. -ὔ- in 1. Silbe > etr.-lat. -ŏ- möglich; s. *DGE* 2,271; doch könnte lat. -ŏ- auch durch griechische Formen mit -ο- (κοδυμᾶλον) seine Erklärung finden; s. *DGE* 2,279.
  Zu gr. inl. -δ- > etr.-lat. -t- s. *DGE* 2,277 f.; doch könnte lat. -t- auch durch griechische Formen mit -τ- (Κυτώνιον etc.) erklärt werden; s. *DGE* 2,279.
  Gr. ausl. -ιον > lat. -*eum* findet durch das Etruskische keine einwandfreie Erklärung, s. *DGE* 2,277, 279, bzw. Kap. B.1.2.1.1.1.

crāpula, -ae f.: „‚Weinrausch mit seinen Folgen (Kopfweh und Schwindel)'", met. ‚das Rausch erzeugende Harz' (*Plin*.), sek. (*Eccl*.) ‚Völlerei'" (*WH* s.v.); seit *Plt*. [??]
  Nach de Simone, *DGE 1*,134 f., 2,24 f., 282 f., Herleitung aus gr. κραιπάλη, -ης ἡ „Rausch, Nachwehen des Rausches" über etr. Medium nicht vertretbar.
  Ernout, *EE*, 121 f., zieht wegen gr. -αι- > lat. -ā- etr. Vermittlung aus gr. κραιπάλη in Betracht; er führt aus: „Il semble y avoir eu, en étrusque, dans des conditions du reste mal connues, une hésitation surtout en syllabe initiale entre *a* et *ai* (> *ae*). L'exemple le plus clair en est *Saturnus* qui alterne avec *Saeturnus*, attesté épigraphiquement: *Saeturni pocolom* CIL I² 449 (de même le *Sateurnus* qu'on lit *Paul. Fest.*, 433,1, doit être une graphie corrompue de

---

[79] Von einer Bildung auf etr.-lat. *-rno-* kann bei *clarnus*, da zumindest *-r-* dem Stamm zuzurechnen sein wird, wohl nicht gesprochen werden; s. Kap. B.1.2.1.1.2.3.2.3.

Saeturnus). C'est donc par l'étrusque que s'expliqueraient le mieux, *paelex* en face de παλλάκη et inversement *crāpula* en face de κραιπάλη."

L.c., Fn. 2, ergänzt Ernout: „On sait qu'on a expliqué aussi par un intermédiaire étrusque les formes *scaena* (cf. aussi *scaina, CIL.I*²1794), *scaeptrum* (*Varron,* LL. VII,16) du latin, dont la diphtongue étonne en face de gr. σκηνή, σκῆπτρον; cf. notamment W. Schulze, *KZ.LI,* 242, qui rapproche étr. *calaina* qu'il considère comme une transcription de Γαλήνη. Le rapprochement a été combattu par G. Devoto, *SE.II,* 307 ff., qui par de bons exemples a montré que l'étrusque transcrit par *e* et non par *ai* les η du grec en syllabe initiale, par. ex. *Pele*: Πηλεύς. Mais l'objection de M. Devoto tombe si l'on admet, ce qui est vraisemblable pour des mots techniques, qu'on ne saurait comparer à des noms propres de la mythologie, que *scaena, scaeptrum* reposent, comme *machina, techina, dracuma,* etc., sur les formes doriennes σκᾱνᾱ́, σκᾶπτρον, et non sur les formes de l'ionien-attique σκηνή, σκῆπτρον. Sur cette question, voir Meillet, *Histoire de la langue latine,* p. 88 et suiv. L'hypothèse de Kretschmer[80] qui voit dans *scaena, scaeptrum* des ‚hyperurbanismes', c'est-à-dire des graphies issues d'une réaction de l'écriture contre la tendance à monophtongiser les diphtongues, est peu convaincante."

Bezüglich der von Ernout, *l.c.,* als „exemple le plus clair" zum angeblich etruskischen Schwanken *ai* (> *ae*)/*a* angeführten Formen *Saturnus/Saeturnus* hatte allerdings mehr als zehn Jahre zuvor bereits Herbig, *Satre,* 448 ff., bemerkt: Man habe — unter Aufgabe der alten Etymologie, die *Saeturnus, Sāturnus* mit *sător* verband — bei *Saeturnus/Sāturnus* einen etruskischen oder etruskisch-lateinischen Lautwandel *ae:ā* erkennen wollen. Doch seien die beigebrachten Beispiele nicht beweiskräftig. Das Nebeneinander *ae/ā* lasse sich weder vom Lateinischen noch vom Etruskischen her erklären.

Zu de Simones Stellungnahme (*DGE* 2,24 f., 35 ff., 282 f.) s. weiter unten unter „Phon.".

Zus. Lit.: Blumenthal, *Besprechung Friedmann,* 166 (das Wort sei direkt aus Tarent übernommen, wo durch Einfluß des Messapischen αι vulgär zu α geworden sei); *LG* § 85.A.2., § 91.a.β. (keine Erwähnung etr. Vermittlung).

Zus.: Phon.: Gr. -αι- in 1. Silbe > etr.-lat. -*ā*- nicht eindeutig nachzuweisen; s. *DGE* 2,24 f., 35 ff., 282 f. De Simones Ausführungen, *o.c.,* 24 f., seien hier, da sie nicht nur für *crāpula,* sondern auch für *laena, paelex, scaena, scaeptrum* (s.bb.WW.) Gültigkeit besitzen, in extenso wiedergegeben: „Ob neben der Monophthongierung *ai* >

---

[80] „Sprache", 155.

ei > *ē* in anlautender Silbe im Etruskischen der Lautwandel *ai* > *ā* bestand, läßt sich hier nicht sicher entscheiden. Zugunsten eines Überganges *ai* > *ā* könnte man zunächst die Gentilnamen ⁺*Craci* und ⁺*Crac(i)nei* anführen, die sich neben *Kraikaluś* (Gen...), *Creice* (fem. *-i, -ia), Creicnei* ..., sämtlich aus Γραῖκος, finden... Für ein etruskisches Schwanken *ai/ā* in anlautender Silbe hat sich A. Ernout (*Philologica* I 50; vgl. auch Devoto, *Storia* 91; Palmer, *Latin Language* 51) ausgesprochen, der auf das Vorhandensein von *Saeturnus* (*CIL.* I²449; vgl. ferner *Sateurnus*, wohl für *Saeturnus*, Paulus ex Festo 433 L.) neben sonstigem *Sāturnus* hingewiesen hat; etruskische Vermittlung möchte er ferner für lat. *paelex* (< παλλάκη) und *crāpula* (< κραιπάλη) annehmen, Für die These von Ernout spricht die Schreibung *ai* anstatt *a* bei *Calaina* (< Γαλᾶνᾶ ...); die Assimilation des zweiten Bestandteils des Diphthongs *ai* an den ersten ist gelegentlich bei *Aevas* (< Αἴϝᾱς; daneben *Eivas, Evas* ... belegt); beachte auch *Clutumita* ... Der vermutlich parallel laufende Wandel *au* > *ā* ist aber auf Perugia beschränkt; einwandfreie Beispiele für eine Monophthongierung *ai* > *ā* in anlautender Silbe sind uns nicht bekannt; ferner ist die Theorie von etruskischer Vermittlung für lat. *paelex* und *crāpula* höchst zweifelhaft ... Die Schreibung *Saeturnus* besitzt für das Etruskische ebenfalls keine Beweiskraft, um so mehr als das Etruskische als Äquivalent von *Sāturnus Satre* bietet (*TLE.* 719). Der Ansatz eines Vornamens ⁺*Crace* (= ⁺*Gracus*) wäre auch durch die lateinischen Formen *Gracius, Graccius* (Schulze, *ZGLE.* 173) naheliegend; beachte auch *Ilarus Cracus CIL.* III 2761 (Lištani bei Lubunčić)."

Vgl. *o.c.,* 282f.: „Das Schwanken *ai/ā* im Anlaut ist für das Etruskische von A. Ernout ... angenommen worden, der infolgedessen bei folgenden griechischen Wörtern im Latein etruskische Vermittlung für möglich hält:

†[81] *crāpula* < κραιπάλη ‚Weinrausch'
† *paelex* < καλλάκη ‚Konkubine'
° *scaena* < σκᾱνᾱ́ ‚Bühne'
† *scaeptrum* < σκᾶπτρον ‚Szepter'.

Wir haben dargelegt[82] ..., daß die Monophthongierung *ai* > *ā* im Anlaut im Etruskischen vorerst nicht eindeutig nachzuweisen ist (beachte aber *Aevas* < Αἴϝᾱς neben *Eivas, Evas*). Im Inlaut ist auf

---

[81] Zu den von de Simone, *o.c.,* verwendeten diakritischen Zeichen † (etr. Vermittlung nicht vertretbar) und ° (etr. Vermittlung möglich) s. *DGE 1,7*.
[82] S.*o.c.*, 24f., 35ff.

Fälle wie *Calaina* < Γαλᾶνᾶ, ferner *Umaile, Umaele* hinzuweisen ..., die sich am besten durch einen Wandel *ai* > *ā* (*ae*) erklären lassen. Für keinen der von Ernout angeführten Namen läßt sich aber ein Umweg über das Etruskische sonst durch andere Kriterien wahrscheinlich machen, da gr. παλλάκη im Etruskischen etwa ⁺*pal(a)ce* (bzw. *-a*: *-ā*) ergeben würde[83] und für σκᾶπτρον am ehesten ⁺*scatre* (: lat. ⁺*scatrum*) ... zu erwarten wäre[84]. Der einzige Hinweis auf etruskische Vermittlung für *scaena* wäre eben durch die Entsprechung griech. ᾱ: etr. *ai* (*ae*) (*scaina*: *CIL.I*² 1794 ...) gegeben[85], welche aber auch im Latein als Hyperurbanismus erklärt werden kann ... Das auf der Möglichkeit der Existenz ‚skenischer' bzw. ‚mimischer' Veranstaltungen griechischer Herkunft in Etrurien ... beruhende historische Kriterium, das durch die Entlehnung im Latein von *histrio*[86] ‚Schaupieler' und *subulo*[87] ‚Flötenspieler' gestützt werden könnte, ist wohl nicht zwingend. Rein hypothetisch ist auch die Annahme von Palmer (*Latin Language* 51), daß lat. *laena* ‚Wollenzeug' das aus dem Etruskischen rückentlehnte *lāna* darstellt. Problematisch erscheint die Gleichung *laena*: griech. χλαῖνα: nimmt man etruskische Vermittlung an, so wäre für χλαῖνα im Etruskischen eine Form ⁺χ*laina* zu erwarten, die im Latein ⁺*claena* (⁺*glaena*) ergeben würde. Für den Übergang *khl* > *(h)l-* (⁺*laina* > *laena*) bietet sich im Etruskischen vorerst keine Handhabe[88]. Unerklärt ist schließlich auch das *a* von lat. *crāpula* ‚Weinrausch' ..., das das entlehnte griech. κραιπάλη (-ᾱ) darstellt, wofür bis jetzt keine einwandfreie Etymologie gefunden ist. Daß lat. *crāpula* auf eine griechische Grundlage ⁺κρᾱπάλη zurückgeht, hat B. Friedmann (*Ion.-Att.* 96 ff.) zu erweisen versucht. Die Vertretung von griech. α durch *u* (κραιπάλη: *crāpula*) ist lateinisch, vgl. etwa *spatula* < σπατάλη."

Vgl. auch *o.c.*, 35 ff.: Die Entsprechung griech. ᾱ (η) in Binnensilbe — etr. *ai* sei an zwei Belegen nachzuweisen: *Calaina* (*CII* app. 651) < Γαλᾶνᾶ, *Zimaite* (*DGE 1,67*) < Διομήδες. „Zu beachten ist, daß neben *Zimaite* acht Belege für *Ziumiθe, Zimite* stehen ... Die richtige Einreihung dieser Fälle ist dadurch erschwert, daß das

---

[83] S.u.W. *paelex*
[84] S.u.W. *scaeptrum*.
[85] S.u.W. *scaena*.
[86] S.b.W.
[87] S.b.W.
[88] Vgl. u.W. *laena*.

Lateinische auch Belege für eine Entsprechung griech. ā — lat. *ai*
(*ae*) bietet, und zwar: *scaena* (vgl. *scaina CIL.* I² 1794) < σκᾱνά,
scaeptrum < σκᾶπτρον.
Beide Wörter wurden zunächst als Hyperurbanismen erklärt, bis
W. Schulze auf die etruskische Wiedergabe von griech. Γαλᾱ́νᾱ
durch etr. *Calaina* hinwies und damit die Entsprechung griech. ā —
etr. *ai* sicherte: lat. *scaena* wäre demnach durch etruskische Vermittlung zu erklären. Gegen diese Theorie wurde von G. Devoto
Stellung genommen, der seine Ablehnung damit begründete, daß
griech. η im Etruskischen durch *e* vertreten ist; das *i* von *Calaina*
wäre auf den Einfluß des *l* zurückzuführen (?). Sowohl lat. *scaena*
als auch *scaeptrum* werden also von Devoto wiederum als Hyperurbanismen betrachtet. A. Ernout konnte aber einwenden, daß es
sich bei *scaena* und *scaeptrum* um die Entsprechung von dor. ā und
etr.-lat. *ai* handeln könnte; da nach Ernout im Etruskischen der
Wandel *ai* > ā gesichert ist, könnte das gelegentliche Auftauchen
von *ai* für ā als umgekehrte Schreibung aufgefaßt werden."
De Simone versucht im folgenden, für die Entsprechung gr. ā in
Binnensilbe — etr. *ai* (gr. Γαλᾱ́νᾱ < etr. *Calaina*) und gr. η in
Binnensilbe — etr. *ai* (gr. Διομήδης > etr. *Zimaite*) in Binnensilbe
ohne Heranziehung von lat. *scaena* und *scaeptrum* eine Erklärung
innerhalb des Etruskischen selbst zu finden: Da gr. inl. η normalerweise im Etruskischen mit ī wiedergegeben worden sei und da sich
im Etruskischen inl. *aī* wahrscheinlich im 5. Jh. zu *ē* entwickelte,
könnte das *ai* < η in *Zimaite*, belegt 2.H.5.Jh., wohl als hyperetruskisierende Reaktion aufgefaßt werden: gr. η > etr. *ē* (erst
später Wandel zu *ī*) > etr. *ai*. Auch etr. inl. *ai* < gr. ā in *Calaina*
könne unter Berufung auf die in 1. Silbe möglicherweise anzusetzende Monophthongierung etr. *ai* > ā sowie unter Berücksichtigung der auf Monophthongierungstendenzen auch im Inlaut weisenden Form *Umaele NRIE* 293 u.ö. neben *Umaile CII* 110 eventuell als Hyperetruskismus interpretiert werden.
Abschließend kommt de Simone nochmals auf lat. *scaena* zu
sprechen: „Unentschieden bleibt ..., ob lat. *scaena* (*scaina*) möglicherweise durch etruskische Vermittlung zu erklären ist; das
formale Kriterium reicht vorerst nicht aus, um zu entscheiden, ob
scaina bei direkter Entlehnung aus dem Griechischen als hyperurbanistische Reaktion gegen die Monophthongierung *ai* > ā aufzufassen ist (σκηνή > *scaina*) oder ob das Wort aus dem Etruskischen entlehnt wurde (vgl. *Zimaite, Calaina*); für diese Möglichkeit

könnte die Existenz ‚skenischer' oder mimischer Veranstaltungen in Etrurien sprechen, die möglicherweise griechischer Herkunft waren."

Gr. -α- in offener Binnensilbe > etr. -u- in einem einzigen Beispiel (Ἄρταμις > Artumes CII app. 773 u.ö., bzw. DGE 2,31 ff.) belegt; regulär ist jedoch Synkope; s. DGE 2,33 f.; die Vertretung von gr. -α- in crāpula finde, so DGE 2,283, nach dem Muster etwa von gr. σπατάλη – lat. spatula in direkter Entlehnung ihre Erklärung.

creper *(-us*[89]*), -era, -erum:* „dämmerig, dunkel; ungewiß, zweifelhaft" (WH s.v.); seit Lucil. und Pacuv. [?]

crepuscus *3:* „Crepusci nominati Amiterno, qui eo tempore erant nati ut Luci<i> prima luce in Reatino." Varro L.L. 6, 5. [?]

crepusculum, *-ī n.:* „Dämmerung, Zwielicht" (WH l.c.); seit Plt. [?]

Lit.: Devoto, L'etrusco come intermediario, 331 f.; WH l.c.; LE s.v. cancer; LG § 192; EM s.v. creper; Peruzzi, Sabino +crepus.

Die Möglichkeit einer Entlehnung von lat. creper, crepusculum aus gr. κνέφας, -αος (-ους) τό „Dämmerung, Dunkel" über etr. Vermittlung hat zuerst Devoto, l.c., und zwar wegen der Lautveränderung gr. κν- > lat. cr-, ins Auge gefaßt; vgl. S. 486.

Mit der gleichen Begründung erklärt auch LE l.c. creper, +crepus (> crepusculum) als über das Etruskische vermittelte gr. Lehnwörter: Zu vergleichen sei die Lautentwicklung in gr. γνώμονα > etr. +χnumra > lat. grōma[90] und nōrma[91] und in gr. ἔχιδνα > etr. +eχitna > lat. excĕtra[92] (Zitat s.u.W. cancer). „Similmente, a parer nostro, si può spiegare l'aggettivo lat. creper (Lucil. e Pacuv.), tratto da un +crepus -eris n. (su tempus -eris/-oris), presupposto da crepusculum[93] (Plaut., sabino secondo Varr. L.L.VI 5) (cfr. tempus: tempusculum e simili) adattamento del gr. κνέφας n. ‚oscurità', donde una flessione crepus -a (?) -um (Symm.), che richiama quella di vetus (presupposta dall'it. vieto -a) per il classico vetus -eris (= gr. ἔτος -ους ‚anno'), usato per tutti e tre i generi."

---

[89] Zur Adjektivbildung creperus s. LG § 266.a.γ.: Es handle sich um eine Bildung auf -er-us zu einem es-Neutrum: „creperus ‚ungewiß' ... von adverbial erstarrtem abl. +crepere ‚im Halbdunkel' (zu +crepus in crepus-culum) ..." Zu +crepus s. im Text weiter unten.

[90] S.b.W.

[91] S.b.W.

[92] S.b.W.

[93] Vgl. WH l.c., EM l.c., LG § 266.a.γ. Zur Bildungsweise von crepusculum s. WH l.c., EM l.c., LG § 282.D.4.: crepusculum nach dīlūculum zu dīlūcēscō.

EM l.c. führt die Möglichkeit etruskischer Vermittlung aus gr. κνέφας an, versieht sie jedoch mit Fragezeichen.

WH l.c. nennt diese Theorie unter anderen nicht befriedigenden Deutungsversuchen (s. ergänzend *LG* l.c.); das Wort sei „unsicherer Grundform und Herkunft".

Zuletzt hat, soweit Verf. bekannt, Peruzzi, *o.c.*, zur Sippe Stellung genommen: Entweder seien lat. *creper, crepuscus, crepusculum* auf sabin. ⁺*crepos* n. „buio", urverwandt mit gr. κνέφος, -ους τό „Finsternis, Dunkelheit" (*Phot. Lex.* u.ö.) zurückzuführen, oder es liege Entlehnung aus gr. κνέφος vor; die Möglichkeit etr. Vermittlung bleibt dabei unerwähnt.

Zus.: Phon.: Verf. sieht keine Schwierigkeit, die Lautveränderung gr. anl. κν- > etr.-lat. *cr-* der als etruskisch anerkannten gr. anl. γν- > etr.-lat. *cr-* (vgl. etwa *DGE 2*,286 f.) an die Seite zu stellen. Bedenken erheben sich aber bezüglich der Vertretung des Ausganges gr. -ας oder -ος > etr.-lat. *-us* (⁺*-os*; s. *WH* l.c., *EM* l.c.), für welche Parallelen fehlen (allenfalls könnte daran gedacht werden, daß -ος in κνέφος wie -ος der *o*-Stämme behandelt wurde, s. *DGE 2*,94 ff.), und bezüglich der semantischen Kategorie des Wortes: Denn weshalb sollte ein derartig unspezifisches Wort wie „Dämmerung, Dunkel" entlehnt werden?

crēterra / *crētēra* / *crātēra*, *-ae f.*; *crātēr*, *-is m.*: „Mischkessel, Krater" (*WH* s.v.); *crēterra*, *crātēra* seit *Naev.*; *crētēra* seit *Varro ap. Non.* 544,7; *crātēr* seit *Enn.* [?]

Nach de Simone, *DGE 1*,135, Herleitung von *crēterra* aus gr. κρητῆρα, Akk. zu κρητήρ, -ῆρος ὁ „Mischkrug", über etr. Medium nicht vertretbar.

Ernout, *EE*, 119 f., spricht sich für die Möglichkeit einer etruskischen Vermittlung der Akkusativform κρητῆρα aus; trotzdem reiht er das Wort unter die etr.-lat. Bildungen auf *-erra*.

Zus. Lit.: *LG* § 85.B.2.b., § 365.A.3.a. (keine Erwähnung etr. Vermittlung); *LE* s.v. wird an Herleitung aus etr. ⁺*creter-na* gedacht: „L'ipotesi che *crēterra* sia di tramite etrusco (*LEW*. I p. 291) è accettabile, se questa forma poggia sopra un anteriore ⁺*crēter-na* (costruito come *lanter-na* ..., dal gr. λαμπτήρ, col suffisso etr. *-na* ...) ..."[94] S. dagegen S. 196 Fn. 95.

---

[94] Vgl. S. 79 Fn. 269 und u.W. *lanterna*.

Prof. *Pfiffig* (brieflich) befürwortet ebenfalls etr. Medium: Bei der aus dem gr. Akk. κρητῆρα entlehnten etr. Form mit Initialbetonung und daher Kürzung des zweiten -η- sei bei der Übernahme ins Lat. das zweite *-r-* als Zeichen der Kürze des zweiten *-e-* verdoppelt worden; als

Zus.[95]: Phon.: Gr. κρητῆρα > durch etr. Akzentverschiebung und damit verbundene Vokalkürzung (s. *DGE* 2,91 f.) etr. ⁺*crétĕra*.
Bei oder wohl eher einige Zeit nach Übernahme ins Lateinische Verschiebung der Betonung auf die Paenultima, wahrscheinlich unter Einfluß des gr. Originals κρη/ατήρ, κρη/ατῆρα oder der direkt aus dem Gr. übernommenen Form *crē/ātēra*; dadurch aber, daß die lat. Betonungsgepflogenheiten Akzent auf kurzer Paenultima nicht zulassen und Längung des -ĕ- zur Naturlänge nach dem Muster von gr. -η- (-ᾱ-) bzw. lat. -ē- (-ā-) offenbar nicht durchgeführt wurde, fand Positionslängung durch Gemination des -r- statt (zu expressiver Konsonantengemination — s. *LG* § 184.b. — scheint kein Anlaß gegeben zu sein)[96].
Zum Akk. Sg. als Entlehncasus bzw. zur Übernahme der Akkusativendung gr. -α als etr.-lat. -a s.u.W. *sporta*.

crocōta/*corcōta*, -ae f.: „Safrangewand" (*WH* s.v. *cancamum*); *crocōta* seit Naev.; *corcōta* Plt. [??]

Lit.: Alessio, *Vestigia*, 126; *WH* l.c.; *LG* § 85.A.4.c., § 112, § 299.1.d.; *EM* s.v. *crocus*.

Etr. Medium bei der Vermittlung von gr. κροκωτός 3 „safrangefärbt" ins Lat. vermutet Alessio, *l.c.:* „Una forma etrusca ⁺*cruqute* potrebbe essere interpretata come un imprestito dal gr. κροκωτός ... che ha dato al latino *crocōta* (*vestis*) ..."
Keinerlei Hinweis auf etr. Vermittlung aus gr. κροκωτός bei *WH* l.c., *EM* l.c., *LG* ll.cc.

Zus.: Phon.: Die Entlehnung gr. κροκωτή > lat. *crocōta* konnte ohne jegliche phonetische Schwierigkeit direkt vor sich gehen; zugunsten etr. Vermittlung läßt sich nicht das geringste Argument anführen.

Parallelfälle könnten etr. *vipenas CIE* 5558 u.ö., *vípina CIE* 666 u.ö. > lat. *Vibenna* und etr.-lat. *Pórsina*, *Pórsĕna* > *Porsénna* (Belege s. *KP* s.v. *Porsenna*) angeführt werden (vgl. S. 57 Fn. 101, S. 80 Fn. 272, S. 98f.).

[95] Gegen die von *LE* l.c. vorgeschlagene Herleitung aus gr. Nom. κρητήρ + etr. -na ist anzuführen, daß etliche gr. Gefäßbezeichnungen im Akkusativ ins Etr. übernommen wurden (s.u.W. *sporta*); allerdings sind auch Fälle nicht unbekannt, wo etr. -na an im Nominativ entlehnte Fremdwörter antritt: ⁺*magisterna* > *macstrna*, *lampter-na* > *lanterna*, s. *DGE* 2,279, bzw. 280, bzw. u.W. *lanterna*). Zudem ist nicht einzusehen, warum -rn- nur bei ⁺*creter-na*, nicht auch bei ⁺*lampter-na* zu -rr- assimiliert worden sein sollte.

[96] Vgl. dazu die S. 195 Fn. 94 angeführten Stellen.

***cuneus**, -ī m.:* „Keil, keilförmige Anordnung der Truppen, Theatersitze u.dgl." (*WH* s.v.); seit *Plt.* [?]
Nach de Simone, *DGE 1*,135, *2*,271,274,278,282, u.ö., Herleitung von gr. γώνιος 3 „winkelförmig, winkelig, eckig" über etr. Medium möglich.
Ebenso bereits Ernout, *EE*, 115, der das Wort unter den seiner Ansicht nach etruskisch beeinflußten Bildungen auf *-eus/-ea* (s. dagegen Fn. 98) anführt[97].

Zus.[98]: Phon.: Zu gr. anl. γ- > etr.-lat. *c*- s. *DGE 2*,278.
  Lat. *-ŭ-* für gr. -ω- in 1. Silbe als Indiz für etr. Medium fraglich, s. *DGE 2*,271,275; es könnte sich um eine relativ späte Entlehnung handeln, s. *DGE 2*,274; die Entwicklung ließe sich wie folgt ansetzen: gr. γώνιος > etr. +*cūnie* > etr. +*cŭnie* > lat. *cŭneus*; vgl. *o.c.*, 282.

***cūpa**, -ae f.:* „Griff an der Ölmühle, Kurbel" (*WH* s.v. 1. *cūpa*); *Cato.* [?]
Nach de Simone, *DGE 1*,135, *2*,271-273, u.ö., Herleitung aus gr. κώπᾱ, -ᾶς ἡ „Griff (Schwertgriff, Schüsselgriff, Rudergriff)" über etr. Medium möglich.

Zus.: Phon.: Zu gr. -ω- in 1. Silbe > etr.-lat. *-ū-* s. *DGE 2*,271 f.; allerdings gibt de Simone, *o.c.*, 273, zu bedenken: „Bei °*cūpa*[99]: κώπᾱ könnte das *p* für die Vertretung von gr. ω durch *ū* (nicht *ō*) verantwortlich gemacht werden (vgl. *fur*: φώρ?)."[100]

***cuppa**, -ae f.:* „Becher" (*WH* s.v.); *Gl.* [??]
Nach de Simone, *DGE 1*,135, Herleitung aus gr. κύπη, -ης ἡ „Schiffsart, Hütte, Höhle, Höhlung" über etr. Medium nicht vertretbar.

Zus.[101]: Phon.: Weder gr. -υ- in 1. Silbe > lat. -*u*- noch gr. inl. -π- > lat. -*pp*- Kriterien für etr. Medium, s. *DGE 2*,271 ff.[102]

---

[97] Ernout, *l.c.*, glaubt aus franz. *quignon* eine Nebenform +*cuneō* erschließen zu können; s. dagegen *WH* l.c.: *quignon* mit Suffixwechsel aus *quignol*, dieses aus *cuneolus*.

[98] Zum Ausgang auf -*eus* (nicht als Hinweis auf etr. Herkunft bzw. Vermittlung zu werten) s. Kap. B.1.2.1.1.1.

[99] Zu dem von de Simone, *o.c.*, verwendeten diakritischen Zeichen ° (etr. Vermittlung möglich) s. *DEG 1*,7.

[100] Die Tatsache, daß es sich bei *cūpa* wie etwa bei *amurca* (s.b.W.) um einen Term. techn. der Ölgewinnung handelt, könnte eventuell als Stütze für die Annahme etr. Vermittlung ins Treffen geführt werden.

[101] Etr. *cupe CII* 2777 (*TLE* 20) u.ö. ist nicht auf gr. κύπη zurückzuführen: *DES*, 286, heißt es ausdrücklich: „*cupe* — PN, nicht Appellativ (‚Becher')". Auch *DGE 1*,50, wird die Herleitung von etr. *cupe* aus gr. κύπη verworfen.

[102] Zudem müßte die Bedeutungsänderung zwischen dem gr. und dem lat. Wort als nicht unproblematisch bezeichnet werden.

cupressus[103], *-ī/-ūs,* seit *Varro f. (m. Enn.):* „Cypresse" (*WH* s.v.); seit *Enn.* und *Cato.* [?]

Lit.: Meillet, *Quelques emprunts,* 162; ders., *Esquisse,* 86; Ernout, *EE,* 102; Devoto, *Storia,* 52; Ernout, *Aspects,* 31; *WH* l.c.; *EM* s.v.

Ernout, *EE,* 102, zieht die Möglichkeit etr. Vermittlung aus gr. κυπάρισσος, -ου ἡ „Zypresse" in Betracht, erwägt allerdings auch unabhängige Entlehnung des gr. und des lat. Wortes aus der gleichen mediterranen Sprache.

Ganz ähnlich *WH* l.c., der jedoch der Theorie einer unabhängigen Entlehnung des gr. und des lat. Wortes aus einer Mittelmeer- bzw. kleinasiatischen Sprache den Vorzug einräumt. Im Nachtrag (*WH* 1,859) wird allerdings die zuvor verworfene Hypothese einer direkten Entlehnung aus dem Griechischen nochmals zur Diskussion gestellt.

Ohne Erwähnung etr. Vermittlung *EM* l.c., Meillet, *ll.cc.;* Ernout, *Aspects,* 31; Devoto, *l.c.* (allgemein Annahme einer unabhängigen Entlehnung des gr. und des lat. Wortes aus einer Sprache des Mittelmeerraumes).

Zus.: Phon.: Synkope von gr. -α- in Binnensilbe infolge der Akzentverschiebung (s. *DGE* 2,91 f.) regulär; s. *DGE* 2,33 f.

Hingegen wird gr. -ι- in Binnensilbe entweder etr. -*i*-, oder es fällt aus, s. *DGE* 2,43 f.

Gr. ausl. -ος kann mit etr. -*e* wiedergegeben werden, welches seinerseits ins Lateinische als -*us* übernommen werden kann; s. *DGE* 2,95.

cuturnium/*gutturnium (guturnium, guturnum Gl.):* cuturnium „*vas, quo in sacrificiis vinum fundebatur*" Paul. Fest. 44, 12 L; gutturnium „*vas, ex quo aqua in manus datur ab eo quod propter oris angustias guttatim fluat*" Paul. Fest. 87, 28 L. „Es handelt sich zweifellos um ein und dasselbe Wort, wobei *g-* und -*tt-* volksetymologischer Anlehnung an *gutta, guttur* entstammt." (*WH* s.v.) [??]

Nach de Simone, *DGE* 1,135, Herleitung aus gr. κωθώνιον, -ου τό, Deminutivum[103a] zu κώθων, -ωνος ὁ „Krug, Flasche", über etr. Medium nicht vertretbar.

Ernout, *EE,* 95 und 97, denkt an einen etr. Ableitungstyp auf -*rno-*, führt jedoch kein gr. Wort dazu an; älter sei sicher *cuturnium,* die Formen mit *g-*

---

[103] Die Form *cyparissus* (seit *Verg.*) ist direkte Entlehnung aus dem Griechischen, s. *EM* s.v. *cupressus* bzw. *TLL* 4,1438,33 ff.

[103a] S. *Frisk* s.v. κώθων.

und -*tt*- volksetym. Umgestaltung nach *gutta, gluttiō, guttur*; eventuell Zusammenhang mit *guttus*[104].

Zus. Lit.: *LG* § 275.E. und § 292.b. (*gutturnium*, das verbautes etr. -*rn*- erkennen lasse, sei vielleicht von etr.-lat. ⁺*gutturna* herzuleiten).

Zus.[105]: Phon.: Zum Schwanken *c-/g-* s. Kap. B.1.1.2.1.; jedoch hier durch Volksetymologie erklärbar.
    Gr. -ω- in 1. Silbe > etr.-lat. -*ū*- möglich, s. *DGE 2*,271 ff.; allerdings steht die Quantität des -*u*- der 1. Silbe nicht fest.
    Eine Veränderung gr. -ώνιον (κωθώνιον) oder -ων (κώθων) > etr. ⁺-*urn*- ist ohne jede Parallele, auch nicht gut denkbar[106].

elementum, -*ī n.* (meist Pl.): „‚die Buchstaben (Schriftzeichen; bei Späteren nach gr. Theorie die Laute) als Grundbestandteile der Rede'; Anfangsgründe (im Lesen und Schreiben, in Wissenschaften und Künsten)', übtr. ‚Anfänge überhaupt'; philos. t.t. ‚die vier Grundstoffe' (wofür *Lucil.* στοιχεῖα, *Varro quattuor partēs*; daneben noch *initia, principia, prīmordia* usw.), ‚die Atome' (nach den Epikureern des 1.Jh.) u.dgl." (*WH* s.v.); seit *Lucr.* und *Cic.* [??]

Nach de Simone, *DGE 1*,136, Herleitung von *elementa* aus gr. ἐλέφαντα, Akk. zu ἐλέφᾱς, -αντος ὁ „Elefant, Elfenbein", über etr. Medium nicht vertretbar.

Zus.: Phon.: Gr. inl. -φ- > etr.-lat. -*m*- ohne Parallele, ebenso gr. -α- in Binnensilbe > etr.-lat. -*e*-.
    Zum Akk. Sg. als Entlehncasus bzw. zur Übernahme der Akkusativendung gr. -α als etr.-lat. -*a* s.u.W. *sporta*. Die gr. Akkusativendung -α wird in der Regel bei Vermittlung über das Etr. im Lateinischen mit -*a* wiedergegeben und als -*a* des Nom.Sg.f., nicht als -*a* des Nom. (Akk.) Pl.n. interpretiert (s. etwa u.WW. *sporta, norma, orca* „Wal")[107].

---

[104] S.u.W. *gūtus*.

[105] Zu eventuell etr. -*rn*- in *cuturnium* s. Fn. 106.

[106] Nicht gänzlich unerwähnt bleiben soll die Möglichkeit, von gr. ⁺κῶθος oder κύτος (s.u.W. *gūtus*) > etr. ⁺*qute*, ⁺*cute* ausgehend, eine etr. Weiterbildung ⁺*q/cut(e)-r-na* (zu -*rna* s. Kap. B.1.2.1.2.3.2.3.) „zu den *q/cute*-Gefäßen gehörig, vom Typ der *q/cute*-Gefäße" den lateinischen Formen als Basis zugrunde zu legen, was jedoch den lat. Ausgang auf -*ium* unerklärt läßt; es sei denn, man zieht die eventuell vorhandene Möglichkeit in Betracht, in lat. -*ium* das Zugehörigkeitssuffix -*ius* (s. *LG* § 273) zu sehen, so daß die Zugehörigkeit dieser Gefäßart zum Typ eines gr. ⁺κῶθος oder κύτος, im Etr. bereits mit -*na* zum Ausdruck gebracht, im Lateinischen nochmals mit -*ium* (scil. *vās*) gekennzeichnet worden wäre; eine derartige „doppelte" Suffigierung mit etr. -*na* + lat. -*ius* findet sich bisweilen im onomastischen Material, z.B. etr. *velimna* — lat. *Volumnius* (s. *DES* § 205; vgl. S. 66 Fn. 171 mit weiteren Vertreisen).

[107] Es ist nicht nur die Hypothese der etruskischen Vermittlung von gr. ἐλέφαντα zu

excĕtra, -ae f.: „‚Schlange, u.zw.bes. die Lernäische Hydra'; sek. ... bei *Plt., Liv.* u.a. auch Schimpfwort" (*WH* s.v.); seit *Plt.* [+]

Nach de Simone, *DGE 1*,136, *2*,189,276, u.ö., Herkunft aus gr. ἔχιδνα, -ης ἡ „Viper, Natter, Otter; Name eines Fabelwesens, halb Weib, halb Schlange" über etr. Medium als sicher anzusehen.

Zus. Lit.: Oštir, *Drei vorslavisch-etruskische Vogelnamen*, 88 f. (Oštir glaubt in „vorlat." *excetra* die „alteuropäische" „Wurzelsilbe +*ešk-* ∞ +*eks-*" mit der Bed. „Wasser" zu erkennen).

Zus.: Phon.: Gr. anl. ἐχ- > etr.-lat. *exc-* ohne Parallele, wohl in Anlehnung an lat. *ex-*; s. *DGE 2*,276, Fn. 1.

Gr. -ι- in Binnensilbe > etr.-lat. -e- nicht regulär; de Simone, *DGE 2*,276, äußert sich dazu folgendermaßen: „Als Wiedergabe von griech. ἔχιδνα ist wohl im Etruskischen +*eχitra* bzw. (jungetruskisch) +*eχtra* zu erwarten, so daß sich für lat. *excetra* grundsätzlich zwei Erklärungsmöglichkeiten anbieten: 1. Das e (*excetra*) ist im Latein sekundär entstanden, also +*eχtra* > +*eχetra* (*excetra*), vgl. etwa *techina* (< τέχνη), *drachuma* (< δραχμή); 2. die Entlehnung erfolgte in einer Zeit (spätestens 5.Jh.), in welcher der Schwund von ι noch nicht eingetreten war bzw. ι durch einen Laut vertreten war (beachte *Aχile/Aχele*; *Avile/Avele* ...), der im

---

verwerfen, es sind auch die anderen „etruskisierenden" Theorien zu *elementum* — 1. Lat. *elementum* liege etr. +*elemen*, zusammengesetzt aus den ersten Buchstaben der 2. Reihe des Alphabets, zugrunde; so Sittig, *Abecedarium* (s. *DGE* l.c.), in Weiterführung bzw. „Etruskisierung" der seit langem existenten Hypothese, *elementum* sei auf die lat. Buchstabennamen *el-em-en* zurückzuführen; s. zu dieser *WH* l.c. 2. Die Bewahrung des *e-* vor *-le-*, „où l était vélaire", zeige Entlehnung an, möglicherweise aus dem Etruskischen; so *EM* s.v. (s. *DGE* l.c.). 3. Etr.-lat. *element-* „Grundwissen und Schriftzeichen" sei aus arab. (s.u.W. *abdōmen*) *ᶜalāmat* „Wissen, Zeichen" herzuleiten; so Strnad, *Nochmals zum Methodenproblem*, 282 — ohne Anhalt: Weder existiert ein Hinweis darauf, daß im etr. Alphabet die zweite Hälfte als erste fungiert hätte, wofür vor allem die Modell- und Gebrauchsalphabete eindeutiges Zeugnis ablegen; noch ist Bewahrung eines etr. *e* von *l* (die Beurteilung der Qualität des jeweiligen etr. *l* — velar oder palatal — hat mit höchster Vorsicht zu erfolgen und wird nicht selten zweifelhaft bleiben; die Heranziehung von Kriterien aus der lat. Phonetik — z.B. *l* vor *i* ist palatal; wollte man diese für die lat. Lautlehre gültige Regel bedenkenlos auf das Etruskische anwenden, wäre eine Entlehnung von etr. *velimna CIE* 3763 = *TLE* 605 u.ö. als lat. *Volumnius* l.c. unvorstellbar — ist jedenfalls zu vermeiden) bei Entlehnung ins Latein üblich (s.z.B. — außer der oben angeführten Entsprechung etr. *velimna* > lat. *Volumnius* — etr. *veltune NRIE* 759 > lat. *Voltumna*; s. dazu *RET*, 234 ff.; vgl. u.W. *autumnus*); zudem kann die Kombination von anlautend *e-* und nachfolgendem *-le-* keinesfalls als typisch etr. angesprochen werden, ist doch nach Ausweis von *ThLE* einzig auf Entlehnung basierendes *eleivana CII* 2614 (*TLE* 762; *na-*Ableitung zu +*eleiva* aus gr. ἐλαίϝα „Ölbaum, Olive", s. *DGE 1*, 58) als annähernd vergleichbar belegt; und schließlich entbehrt die Heranziehung der zitierten arabischen Form jeder Grundlage.

Latein durch e wiedergegeben werden konnte. ... Da nun die lateinische Anaptyxe an das Vorhandensein von Liquiden und Nasalen ... gebunden ist, ist wohl die zweite Alternative bei weitem vorzuziehen."
Zu gr. inl. -δν- > etr. -tn- > etr. (-lat.) -tr- s. *DGE* 2,189.

fidēs, -ium f. seit *Plt.*; jünger und selten Sg. (auf *-ēs* seit *Cic.*, auf *-is* seit *Colum.*): „,,Darmsaite'; meton. ,Saiteninstrument, Leier' (auch als Gestirn ...)" (*WH* s.v.); seit *Plt.* [??]

Lit.: *WH* l.c.; Peruzzi, *Prestiti*, 14; ders., *I Micenei*, 322 ff.; *LE* s.v. *funda*; *LG* § 165.g.γ; *EM* s.v.

Ausdrücklich wird die Anlautsverschiedenheit zwischen gr. σφίδες·χορδαί μαγειρικαί *Hes.*, also etwa „in der Küche verwendete Darmsaiten (Därme)", und dem daraus entlehnten lat. *fidēs* von *LE* l.c. auf etr. Einfluß zurückgeführt (Zitat s.u.W. *funda*).

Keine Erwähnung etr. Vermittlung bei der Übernahme von gr. σφίδες bei Peruzzi, *I Micenei*, 322 ff. (wegen ⁺σφ- > *f* direkte Entlehnung aus der gr. σφίδες entsprechenden mykenischen Form; vgl. ders., *Prestiti*, 14).

Ablehnung einer Rückführung auf das Griechische aus lautlichen Gründen, statt dessen Annahme von Urverwandtschaft zwischen dem gr. und dem lat. Wort bei *WH* l.c. (Gdf. ⁺*(s)phid-* zur Wz. *⁺sp(h)ē(i)-, ⁺spi-d-* „spannen").

EM l.c. hingegen denkt nicht an Urverwandtschaft, sondern an unabhängige Entlehnungen des Griechischen und des Lateinischen aus einer nicht ie. Sprache.

So auch *LG* § 165.g.γ.

Zus.: Phon.: Gegen gr. anl. σφ- > etr.-lat. *f-* als Argument für etr. Vermittlung s.u.W. *funda*.

flūta, -ae f.: „eine Muränenart" (*WH* s.v.); seit *Varro*. [?]

Lit.: *WH* l.c.; *LE* s.vv. *flūta, flexuntēs*; *LG* § 133.II.b.; *EM* s.v.

An Vermittlung aus gr. πλωτή zu πλωτός 3 „schwimmend", also etwa „die Schwimmerin", über etr. Medium denkt wegen gr. π- > lat. *f-* und gr. -ω- > lat. *-ū- LE* s.v. *flūta*. Vgl. auch *LE* s.v. *flexuntēs* (Zitat s.b.W.).

Nach *WH* l.c. Entlehnung aus gr. πλωτή unter lautlichem Anschluß an *fluere, flūtāre*; nach *EM* l.c. wegen -ω- > -ū- vielleicht über oskisches Medium aus gr. πλωτή entlehnt, lautlich von *fluō* beeinflußt; vgl. auch *LG* l.c. (πλωτή wohl nach *flūtāre* zu *flūta* umgestaltet). Nirgends Erwähnung etr. Vermittlung.

Zus.: Phon: Zu gr. anl. π- > etr.-lat. *f-*: Der Übergang von *p* zu *f* ist im

Etruskischen in Kontaktstellung mit *l* nachweisbar; es handelt sich jedoch in keinem Fall um anlautend *p-* > *f-*; s. *DGE* 2,177 f.; vgl. *DES* § 17.

Gr. -ω- in 1. Silbe > etr.-lat. -*ū*- möglich, s. *DGE* 2,271.

forma[108], *-ae f.*: „Form (Guß-, Modellform); Gebilde, Gepräge, Gestalt, Art; Äußeres, Figur; Idee, Vorstellung" (*WH* s.v.); seit *Naev.* [?]

Nach de Simone, *DGE* 1,136, 2,271,273, Herleitung aus gr. μορφά, -ᾶς ἡ „Gestalt" über etr. Medium möglich.[109]

An die Möglichkeit etr. Vermittlung aus gr. μορφή denkt auch Ernout, *EE*, 118, wo das Wort unter den etr.-lat. Term. techn. auf *-ma* (gegen *-ma* als Hinweis auf etr. Vermittlung s. Fn. 112) wie *groma, norma, turma* angeführt ist. Ein Vergleich mit *formīca* (aus gr. μύρμηξ mit etr. beeinflußtem *-ica*; s. genauer u.W. *formīca*) soll die Hypothese etr. Vermittlung untermauern.

Zus. Lit.: Skutsch, *LB It. Spr. u. lat. Gr., Glotta* 1,398 (*forma* habe mit μορφή nicht das mindeste zu tun); Alessio, *L'etrusco e due problemi*, 551 und 555 (die lautliche Entwicklung μορφή > +*morpa* > +*morma* > *forma*[110] sei ohne Beispiel im Lateinischen, finde aber eine Parallele in etr. *marmis CII* 2479 < Μάρπησσα[111]; zudem finde die Annahme etr. Vermittlung eine Stütze in *f-* bzw. der Dissimilation *m-m* > *f-m*); *LG* § 165.g.α. (Entlehnung aus gr. μορφή unhaltbar).

Zus.[112]: Phon.: Zu den lautlichen Veränderungen bei Annahme eines etr.

---

[108] Nach *WH* s.v. inschr. und rom. -*ō*-; vgl. Ernout, *EE*, 118: „*fŏrma* ... avec un *ŏ* dont témoignent les langues romanes, ou plutôt un *o* fermé devant le groupe de consonnes *r*+labiale comme dans *furnus*". Nach de Simone, *DGE* 2,273, bleibt diese sekundäre Dehnung ohne Erklärung. S. aber Ernout, *l.c.*, Fn. 1: „La fermeture de l'*o* dans *forma* rappelle celle de l'*e* aboutissant à *i* dans certaines formes dialectales *stircus, Mirqurios*, et en osque *amirikatud*." Vgl. auch *EM* l.c.

[109] De Simone, *DGE* 2,273, schließt allerdings eine weitere Deutungsmöglichkeit nicht aus: „Sehr ansprechend ist der Vorschlag von E. Müller-Graupa (*Gl.* 31,1951,129 ff.), lat. *fŏrma* von gr. μορφή zu trennen und mit lat. *formus* ,warm' zu verbinden (durch Ellipse aus einer Verbindung wie etwa ,*forma massa*')." S. dagegen *EM* l.c. (es handle sich um bloße Volksetymologie).

[110] Für die „etruskischen" Formen, also wohl für +*morpa* und +*morma*, wäre natürlich -*u*- statt -*o*- anzusetzen. Vgl. zu dieser von Alessio angesetzten Lautentwicklung die von Benveniste vorgeschlagene Entwicklungsreihe (s. im Text weiter unten unter „Phon.").

[111] Vgl. *DGE* 2,273 (s. im Text weiter unten unter „Phon."); zu gr. Μάρπεσσα > etr. *marmis* s. *DGE* 1,89 f.

[112] Zum Ausgang auf *-ma* (nicht als Hinweis auf etr. Herkunft bzw. Vermittlung zu werten) s. Kap. B.1.2.1.2.3.1.

Mediums s. *DGE* 2,273: „Problematisch ist ... die Entsprechung von lat. *fŏrma* mit griech. μορφᾶ. Nach E. *Benveniste* wäre im Etruskischen ⁺*murpha* (< μορφᾶ) zunächst zu ⁺*murma* assimiliert worden (vgl. ⁺*Marpisa* [< Μάρπησσα] > *Marmis(a)* ...), das dann im Lateinischen wie etwa *formica* (< μόρμεξ) sich zu *fŏrma* weiterentwickelt hätte[113]." Die sekundäre Dehnung bleibe unerklärt[114].

formīdō, *-inis f.*: „‚Gespenst, Vogelscheuche ...; Grausen, peinigende Furcht, Schrecken'" (*WH* s.v.); seit *Plt.* [?]

Lit.: Fay, *The phonetics*, 38; Alessio, *L'etrusco e due problemi*, 551 ff.; *WH* l.c.; *LG* § 195. Zus., § 325.A.1.b.; *EM* s.v.

Etruskisches Medium bei der Entlehnung von gr. μορμώ, -οῦς ἡ oder μορμών, -όνος ἡ „Popanz, Gespenst" vermutet Alessio, *l.c.*, wobei lat. anl. *f*- bzw. die Dissimilation gr. μ-μ > lat. *f-m*[115] die maßgeblichen Argumente darstellen. Die Entwicklungsreihe laute: μορμώ(ν) > etr. ⁺*murmu(n)* > lat. *form-īdō* (nach *cupīdō, libīdō*[116]). Eine vergleichbare Dissimilation *m-m* > *f-m* zeige sich bei *formīca* (s.b.W.) und *forma*, wobei die lautliche Entwicklung von gr. μορφή zu lat. *forma* (über etr. ⁺*morpa* und ⁺*morma*[117]) im Lateinischen beispiellos, im Etruskischen aber nach Ausweis von Μάρπησσα > *marmis CII* 2479 möglich sei (s.u.W. *forma*).

Nach *WH* l.c. Entlehnung aus μορμώ (mit Umbildung von ⁺*mormō*, ⁺*formō* nach *lubīdō* und dgl.) nicht ausgeschlossen, jedoch keine Erwähnung etr. Vermittlung. Vgl. *LG* § 195. Zus.

EM l.c. spricht nicht direkt von Entlehnung aus gr. μορμώ, stellt aber fest, daß die Bedeutungsgleichheit bzw. -ähnlichkeit des gr. und des lat. Wortes eine Verbindung nahelege; hinsichtlich der Dissimilation sei *formīca* zu vergleichen, hinsichtlich des Ausganges *cupīdō, libīdō*.

Zu nicht auf Heranziehung von gr. μορμώ basierenden abzulehnenden Deutungen s. *WH* l.c., Fay, *l.c.*

Zus.: Phon.: Zugunsten einer Entwicklung gr. μ-μ- > etr.-lat. *f-m-* finden sich unter den Entlehnungen des Etruskischen aus dem Griechi-

---

[113] Vgl. im Text weiter oben die von Alessio, *l.c.*, vorgeschlagene Entwicklungsreihe.
[114] Vgl. S. 202 Fn. 108. Das Problem einer ungeklärten sekundären Dehnung besteht übrigens auch bei der Herleitung aus *formus* 3 (dazu s. S. 202 Fn. 109).
[115] *LG* § 195. Zus. spricht hinsichtlich μορμ-ώ- *form-īdō* (und μύρμ-ηξ — *form-īca*) von einer „unauflösbare(n) Konsonantenentsprechung". Ebendort Literaturangaben zu diesem Problem.
[116] Vgl. *WH* l.c., *EM* l.c., *LG* § 325.A.1.b.
[117] S. aber S. 202 Fn. 110.

schen keine eindeutigen Hinweise; s. *DGE* 2,273, bzw.u.W. *forma*.

Gr. ausl. -ώ > etr.-lat. *-īdō* ohne jede Parallele; *-īdō* kann nur aus dem Lat. erklärt werden; es könnte sich eventuell, da das Wort einen Gemütszustand bezeichnet, nach dem Muster von *cupīdō, libīdō* um Anfügen von *-īdō* an einen entlehnten Ausdruck handeln (s.o. und S. 203 Fn. 116); allerdings bleibt in diesem Falle das in der von Alessio, *l.c.*, vorgeschlagenen präsumptiven etr. Zwischenform ⁺*murmu(n)* aufscheinende auslautende *-u(n)* unberücksichtigt.

fūcus, *-ī m.:* „‚rotfärbende Steinflechte (Lichen roccella L.); Purpur, Schminke'; übertr. ‚falscher Aufputz, Verstellung'" (*WH* s.v.); seit *Plt*. [??]

Lit.: Alessio, *L'etrusco e duo problemi*, 552; Ernout, *Aspects*, 50 f.; *WH* l.c.; *LG* § 165.g.α., § 365.B.2.; *EM* s.v.

Entlehnung aus gr. φῦκος, -ους τό „Tang, Seegras" u.a. über etr. Medium ziehen in Betracht Alessio, *l.c.*, (wegen φ- > *f*-) und Ernout, *l.c.*, (ebenfalls wegen der irregulären Wiedergabe von gr. φ- mit lat. *f*- statt *p*-; doch ist auch auf die Möglichkeit einer unabhängigen Entlehnung des gr. und des lat. Wortes aus einer Sprache des Mittelmeerraumes — wahrscheinlich aus dem Semitischen; jedenfalls werde gr. φῦκος im allgemeinen auf hebr. *pūk* zurückgeführt[118] — hingewiesen).[119]

Nach *WH* l.c. Entlehnung aus gr. φῦκος ohne Erwähnung etr. Vermittlung; diese Theorie findet sich auch bei *EM* l.c., zusätzlich ist die schon bei Ernout, *l.c.*, geäußerte Alternative einer unabhängigen Entlehnung des gr. und des lat. Wortes aus dem Semitischen angeführt; *LG* § 165.g.α. hält bloß die letztgenannte Theorie einer doppelten Entlehnung aus einer Mittelmeersprache für vertretbar (s. aber auch § 365.B.2., wo offenbar an Entlehnung des lat. Wortes aus dem Gr. gedacht ist).

Zus.: Phon.: Gr. anl. φ- > etr.-lat. *f*- ohne Parallele, s. *DGE* 2,172 f.
  Innerhalb des Etr. selbst wird φ selten und nur in der Nähe von Liquiden und Nasalen zu *f*, s. *DES* § 17 bzw. Kap. B.1.1.2.2.

funda, *-ae f.:* „‚Schleuderriemen, Schleuder'; übtr. ‚trichterförmiges Wurfnetz; Kasten des Rings, Leibbinde (beides nach σφενδόνη); Geldsäckchen'" (*WH* s.v.); seit *Plt*. [??]

Lit.: Meillet, *Esquisse*, 86; Ernout, *EE*, 106 f.; Alessio, *L'etrusco e due problemi*, 552; *WH* l.c.; *LE* s.v.; *LG* § 165.g.γ.; *EM* s.v.

---

[118] So auch *Frisk* s.v. φῦκος.
[119] Der Geschlechts- und Deklinationswechsel stellt kein Problem dar, s. *WH* l.c., *EM* l.c.

Etr. Vermittlung aus gr. σφενδόνη, -ης ἡ „Schleuder, Schleuderstein" vermutet Alessio, *l.c.*, (wegen *f-* aus σφ-) und, ausführlicher, ders., *LE* l.c.: „Che il lat. *funda* ... e il sinonimo gr. σφενδόνη siano relitti indipendenti del comune sostrato mediterraneo ... è escluso, né si può pensare ad un prestito diretto dal greco, perché allora avremmo avuto un lat. ⁺*spendina*, che difficilmente avrebbe potuto essere raccostato a *fundere* ... Storicamente più verosimile è l'ipotesi che la voce sia giunta a Roma dal greco della Campania per il tramite di un etr. ⁺*sṿṇθ(n)a*, da ⁺*sφ(e)nθna*, con vocalizzazione della sonante della prima sillaba, dileguo per dissimilazione della seconda nasale e riduzione del nesso fonetico *sf-* (al quale i Latini non erano abituati) a *f-*, come nei prestiti paralleli *fungus*, dal gr. σφόγγος, e *fidēs,* dal gr. σφίδες, che hanno subito la stessa trafila[120]."

Ernout, *l.c.*, der *funda* als nicht etr. Ausnahme unter den nach seiner Auffassung etr.-lat. Bildungen auf *-nd-* (s. dagegen aber Kap. C.4.1.9.) erwähnt, spricht dem Wort jeden Zusammenhang mit dem Etr. ab: Lat. *funda* wie auch der gr. Entsprechung σφενδόνη liege wohl ein mediterranes Wort zugrunde, welches in unabhängigen Entlehnvorgängen ins Lateinische bzw. ins Griechische übernommen worden sei.[121]

So schon Meillet, *l.c.*; so auch *EM* l.c., *LG l.c.*

Dagegen bezieht *WH* l.c. Stellung: σφενδόνη sei in Wurzel und Suffix sicher ig.; doch sei weder Urverwandtschaft von σφενδόνη und *funda* noch Entlehnung von *funda* aus σφενδόνη wahrscheinlich; eventuell bestehe für *funda* Zusammenhang mit *fundere.*

Zus.: Phon.: Gr. anl. σφ- > etr. *(s)f-* > etr.-lat. *f-* ohne jede Parallele; möglich wäre zwar innerhalb des Etr. selbst der Wandel φ > *f* in der Nähe von Liquiden und Nasalen, s. *DES* §17 bzw. Kap. B.1.1.2.2.; doch läßt sich für den Schwund von gr. anl. σ- im Etr., gleichgültig, welcher Laut folgt, kein einziges Beispiel beibringen (vermerkt sei allerdings, daß nach Ausweis von *ThLE* eine Anlautkombination *śφ-* [oder *śf-*] aus dem Etr. nicht belegt ist, daß

---

[120] S.u.WW. *fungus* und *fidēs.*
[121] Ernouts Bemerkung (*l.c.*) „Rien ne permet ... de supposer que la fronde ait été une arme étrusque." ist dahingehend zu modifizieren, daß die Schleuder zwar nach Ausweis der archäologischen Befunde und der literarischen Quellen bei den Etruskern anders als bei den meisten Völkern des Altertums als Kampfwaffe nicht nachweisbar, als Jagdwaffe mit aller Sicherheit bekannt war: S. die beiden Darstellungen in der Tomba della Caccia e Pesca in Tarquinii und in der Tomba dei Relievi in Caere die zwei wahrscheinlich als Schleudern zu deutenden (s. Heurgon, *Die Etrusker*, 242), von den Volutenkapitellen der beiden Mittelpfeiler herabhängenden Gegenstände. Für diesen Hinweis möchte sich Verf. bei Frau Dr. Elfriede *Paschinger* herzlich bedanken.

sie dieser Sprache somit fremd gewesen sein dürfte; ob dieser Umstand zu der Annahme berechtigt, gr. anl. σφ- sei bei Übernahme ins Etr. zu φ- reduziert worden, bleibe dahingestellt; in *DGE* ist kein einziger Fall von Entlehnung einer mit σφ- anlautenden Form ins Etr. angeführt).
Gr. -ε- in 1. Silbe > etr.-lat. -u- ebenfalls ohne Parallele.
Auch der Ausgang bereitet Schwierigkeiten: Synkope des *o* wäre (Initialakzent! S. *DGE* 2,91 f.) nichts Außergewöhnliches, doch Verlust des -v- bzw. Zusammenziehung oder Verlust von -ovη findet keine Parallele; s. *DGE* 2,138 f.

fungus, -ī m.: „Erdschwamm, Pilz; Meer-, Baumschwamm; Lichtschnuppe, schwammartiges Geschwür" (*WH* s.v.); seit *Plt.* [??]

Lit.: Alessio, *L'etrusco e due problemi*, 552; *WH* l.c.; *LE* s.v. *funda*; *LG* § 165.g.γ., § 176.II.a.γ.; *EM* s.v.

Ausdrücklich wird die Anlautsverschiedenheit zwischen gr. σφόγγος, -ου ὁ „Schwamm" und dem daraus entlehnten lat. *fungus* von Alessio, *l.c.*, und, ausführlicher, ders., *LE* l.c., auf etr. Einfluß zurückgeführt (Zitat s.u.W. *funda*).

WH l.c. spricht sich ebenfalls für Entlehnung aus gr. σπ/φόγγος aus, allerdings ohne Erwähnung etr. Mediums (die Anlautsdifferenz wird durch Anlehnung an *fungor* erklärt) und mit Interpretation von σπ/φόγγος als ie. Wort (allerdings sei die weitere Analyse von vorauszusetzendem ⁺*spong(h)o-* unsicher).

EM l.c. denkt nicht an Entlehnung aus gr. σφόγγος (σπόγγος), sondern an getrennte Entlehnung des gr. und des lat. Wortes aus einer med. Sprache; ebenso auch *LG* ll.cc.

Zus.: Phon.: Gegen gr. anl. σφ- > etr.-lat. *f-* s.u.W. *funda*.
       Gr. -*o*- in 1. Silbe > etr.-lat. -*ŭ*- nicht gänzlich auszuschließen, s. *DGE* 2,275.

fūr, -is m.: „Dieb" (*WH* s.v.); seit *Plt.* [??]
Nach de Simone, *DGE* 1,136, 2,273, Herleitung von gr. φώρ, φωρός ὁ „Dieb" über etr. Medium nicht vertretbar.
Ernout, *EE*, 93, Fn. 1, hält etr. Vermittlung für nicht unwahrscheinlich: „... le nom du voleur, *fūr*, s'explique mal par un emprunt direct au grec φώρ, et l'hypothèse d'une origine purement latine de *fūr* est difficilement soutenable ... L'*ū* de *fūr* laisse peut-être supposer un intermédiaire étrusque."

Zus. Lit.: *LG* § 32 (*fūr* nicht entlehnt, sondern urverwandt mit φώρ).

Zus.: Phon.: Gr. anl. φ- > etr.-lat. *f-* nicht belegt, s. *DGE 2*,172; nicht ganz auszuschließen ist allerdings die Möglichkeit eines Wandels φ > *f* in der Nähe von Liquiden und Nasalen innerhalb des Etr. selbst; s. *DES* § 17 bzw. Kap. B.1.1.2.2.

Gr. -ω- in 1. Silbe > etr.-lat. *-ū-* belegt, s. *DGE 2*,18; *ū* in lat. *für* kann jedoch auch innerhalb des Lateinischen (*-ōr* > *-ūr*) entstanden sein, s. *WH* l.c.

grōma/grūma/crōma, -ae f.: „..das Meßinstrument der Feldmesser" (*WH* s.v.); *Paul. Fest.*, 86, 1L; *Grom.* [+]

Nach de Simone, *DGE 1*,136 f., 2,286 ff., u.ö., Herkunft aus gr. γνῶμα, -ατος τό „Kennzeichen" über etr. Medium als sicher anzusehen.[122]

Vgl. Ernout, *EE*, 87: „La dissimilation qu'on observe dans les transcriptions étrusques *Memrun*[123], *Aχmemrun*[124], *Aχmenrun*[125], *Velparun*[126] des noms propres grecs Μέμνων, Ἀγαμέμνων, Ἐλπήνωρ a fait considérer latin *gruma* comme la forme prise en étrusque par le grec γνῶμα, doublet, il est vrai tardif dans ce sens, de γνώμων, ou comme une ‚féminisation' d'une forme étrusque tirée directement de γνώμων ... (*gn-* > *gr-* comme *mn* > *mr*)."

Zus. Lit.: Pasquali, *Acheruns*, 300 f. (aus dem Akk. γνώμονα[127] über etr. Medium entlehnt); Muller, *De vocibus*, 120 (aus γνώμων über etr. Medium entlehnt); Alessio, *Suggerimenti*, 144, Fn. 222 (lat. *grūma, grōma* < etr. +*crum(r)a* < gr. γνώμονα, Akk. zu γνώμων[128]; vgl. unten zu *LE*); ders., *Vestigia*, 135 (ebenso); de Simone, *Lat. grōma* (das Wort wird in gleicher Weise wie *DGE* ll.cc. behandelt; zum semantischen Aspekt wird ausführlich Stellung genommen); *RET*,114 f. (γνώμων > etr. +*cruma* > lat. *grōma*; s. dort auch zur Sache); *EM* s.v. (entlehnt aus γνῶμα; wegen der Dissimilation der Nasale wahrscheinlich über etr. Medium; die Änderung von Deklination und Genus unterstrichen den volkstümlichen Charakter); *LE* s.v. *cancer* (lat. *grōma* < etr. +*χnumra* < gr. Akk. γνώμονα[129]; vgl. oben Alessio, ll.cc.); *LG* § 56.2. (*grūma/grōma* wohl über etr. Vermittlung aus gr. γνώμων oder eventuell γνῶμα; s. aber auch § 192, wo gr. γν- > lat. *gr-* entweder auf etr. Vermittlung oder auf Ferndissimilation zurückgeführt wird).

[122] Vgl. ders., *Lat. grōma*. S. im Text weiter unten unter „Zus. Lit.".
[123] *CII* 2513bis; s. *DGE 1*,91.
[124] *CIE* 5369 u.ö.; s. *DGE 1*,36 f.
[125] Eine solche Form scheint in *ThLE* nicht auf.
[126] *CII* 2277bis B u.ö.; s. *DGE 1*,65.
[127] Vgl. u.W. *nōrma*.
[128] S. Fn. 127.
[129] S. Fn. 127.

Zus.: Phon.: Zu gr. anl. γν- > etr.-lat. *cr-* s. *DGE* 2,286 f.; s. aber auch S. 485 f.
Zum Wechsel *c-/g-* in den lat. Formen s. *DGE* 2,287; s. auch Kap. B.1.1.2.1.
Zu gr. -ω- in 1. Silbe > etr. *u* > lat. *ū/ō* s. *DGE* 2,286; zum Schwanken *ū/ō* in den lat. Formen s. Kap. B.1.1.1.1.
Ausführlich beschäftigt sich de Simone, *DGE* 2,287 ff., mit der Frage, ob etr. ⁺*crūma* auf gr. γνώμων oder gr. γνῶμα zurückzuführen sei (den Akk. γνώμονα zieht de Simone nicht als Ausgangsform heran, vielmehr leitet er, *o.c.*, 90, davon über etr. Medium lat. *norma* her), wobei er sich aus formalen und semantischen Gründen für γνῶμα entscheidet.

grunda, *-ae f.*: „στέγη καὶ τὸ ὑπὲρ τὸν πυλεῶνα ἐξέχον" *Gl.* 2, 36,24, „ὑπόστεγον" *Gl.* 2, 467,51. [??]
suggrunda (*subgrunda*; *sugrunda* Varro R.r.3,3,5; *subrunda Gl.* 3, 365,14), *-ae f.*; *suggrundium*, *-ī n.*: „Dachstuhl, Dachvorsprung, Vordach, Wetterdach" (*WH* s.v. *grunda*); *suggrunda* seit *CIL* I²687 u. *Varro*; *suggrundium* seit *Vitr.* [??]

Lit.: Ernout, *EE*, 106; *WH* l.c.; *LE* s.v. suggrunda; *EM* s.v. grunda.

Ernout, *l.c.*, zieht wegen *-nd-* (s. dagegen aber Kap. C.4.1.9.) und der Bedeutung (architektonischer Term. techn.) etr. Herkunft in Betracht. *L.c.*, Fn. 2, verweist er darauf, daß die Stützen, auf denen die *grundae* ruhten, *mūtulī* hießen, eventuell ebenfalls ein Wort etr. Herkunft (s.u.W. *mūtō*).
Nach *WH* l.c. ist die von Ernout, *l.c.*, vorgeschlagene Herleitung aus dem Etr. abzulehnen; *grunda* sei zurückzuführen auf ⁺*ghrondhā* „Balken(werk)", wozu Vergleiche aus dem Germanischen, Baltischen, Slawischen beigebracht werden.
Nach *EM* l.c. ohne sichere Etymologie.
Herleitung aus gr. σύγκλυδα (scil. ἀκτήν oder dergl.), Akk. Sg. zu σύγκλυς, -υδος „zusammengelaufen, eig. zusammengespült", d.h. „Küstenstreifen, wo die Wellen sich brechen", vermutet *LE* l.c.: „Il lat. *suggrunda* (*sugrunda*, Varr. r.r. III 3,5) ..., donde è stato estratto *grunda* ..., è stato riportato ad un i.-e. *ghrondhā* ‚Balken(werk)' (*LEW*. I p. 623 sg.), poco convincente anche per il significato ..., perché fra l'altro non si capisce che valore avrebbe la preposizione *sub-*, che del resto non giustifica la grafia *sugrunda* di *Varrone*. Se il *subrunda* del *C.GL.Lat.* III 365,14 rappresenta effettivamente un rifacimento paretimologico su *super* e *unda* (cfr. *REW*. 8438a) avremmo un tentativo per spiegare un composto dove la preposizione

sub- non ha senso. Trattandosi di un tecnicismo è verosimile l'ipotesi di un prestito dal greco ... o eventualmente dall'etrusco, oppure, fenomeno molto frequente, di un grecismo giunto al latino per il tramite dell'etrusco. Pensiamo infatti che alla base di *sugrunda* possa stare il gr. σύγκλυδα [sc. ἀκτήν, αἰγιαλόν] ,battigia (la parte estrema e in declivio della riva dove le onde battano infrangendosi per cadere in rivoli nel mare)' (ma cfr. anche σύγκλυδα n.pl., *Hes.*), tratto dall'aggrettivo σύγκλυς -υδος ,lavato o battuto (insieme) dalle onde' (cfr. συγκλύζω), termine marinaro che sarebbe passato dai Greci agli Etruschi della Campania e da questi ai Latini, donde il raccostamento paretimologico al lat. *unda* ed eventuelmente a *grundīre,* suggerito dal rumoreggiare delle onde che si rompono sulla battigia. Solo in un secondo tempo la voce sarebbe passata ad indicare lo spiovente del tetto, e più tardi si sarebbe avuto la sostituzione di *sub-* (cfr. anche ὑποστέγιον con cui *suggrunda* è tradotto nelle Glosse), che richiama quella che vediamo in *subgluttum* (*sug-*) delle Glosse ... per il più antico *singultus* ..."

Zus.[130]: Phon.: Gr. inl. -γκλ- > etr.-lat. -*ggr*- ohne Parallele; (gegen gr. intervokalisch -λ- > etr. [-lat.] -*r*- s.u.W. *cantērius*).
Zum Akk. Sg. als Entlehncasus bzw. zur Übernahme der Akkusativendung gr. -α als etr.-lat. -*a* s.u.W. *sporta*.

gubernō, *-āvi, -ātum, -āre:* „führe das Steuerruder, steuere" (*WH* s.v.); seit Enn. [??]
Nach de Simone, *DGE 1*,137, *2*,269, Herleitung aus gr. κυβερνᾶν „Steuermann sein, steuern, lenken" über etr. Medium nicht vertretbar.

Zus. Lit.: Nehring, *LB Lat. Gr., Glotta* 16,238 (etr. Vermittlung aus κυβερνᾶν vermutet); Devoto, *Le fasi* II,181 (unabhängige Entlehnung des gr. und des lat. Ausdrucks aus einer med. Sprache); *LG* § 52, § 158.c. (Entlehnung aus κυβερνᾶν ohne etr. Medium: „Anlautend lat. *g-* für *c-* in volkssprachlichen Lehnwörtern aus dem Griechischen."); Strnad, *Nochmals zum Methodenproblem,* 282 (lat. *gubernā-tor* liege etr. *cuprna CIE* 2047, GN m., aus — s. dazu u.W. *abdōmen* — arab. *gubūr* „zurechtrücken, Gewalt ausüben" + etr. *-na* zugrunde; phantastisch).

Zus.: Phon.: Gegen gr. anl. κ- > etr.-lat. *g-* als Argument zugunsten etr. Vermittlung s. *DGE* 2,269 (Zitat s.u.W. *burrus*).

gūtus/guttus[131]*, -ī m.:* „enghalsiger Krug" (*WH* s.v.); seit Varro. [??]

[130] Zu *-nd-* (nicht als Hinweis auf etr. Herkunft oder Vermittlung zu werten) s. Kap. C.4.1.9.
[131] *guttus* nach *WH* s.v. *gūtus* schlechtere Schreibung; vgl. *TLL* s.v. *gūtus* zu *guttus*: „Testibus bonis omnino caret."

Nach de Simone, *DGE 1*,137, Herleitung aus gr. κώθων, -ωνος ὁ „Krug, Flasche", ⁺κῶθος über etr. Medium (d.h., wenn von κώθων, über etr. *qutun, qutum*, s. *DGE 1*,109; vgl. *DES*,299) nicht vertretbar.

Ernout, *EE,* 97, dagegen denkt — unter der Annahme etr. Vermittlung — an Herleitung aus gr. κύτος, -ους τό „Höhlung, Wölbung, Gefäß".

Zus.: Phon.: Gegen gr. anl. κ- > etr.-lat. *g-* als Argument zugunsten etr. Vermittlung s. *DGE 2*,269 (Zitat s.u.W. *burrus*); zu erwarten wäre regulär etr. (-lat.) *c-*, s. *DGE 2*,170 ff.; allerdings könnte *g-* wie *-tt-* auf volksetymologische Angleichung an *gutta* zurückzuführen sein.

Zu gr. -ω- in 1. Silbe > etr.-lat. *-ū-* s. *DGE 2*,271 ff.

Gr. ausl. -ων > etr.-lat. *-us* ohne Parallele; es käme daher nur Herleitung von ⁺κῶθος, welche Form jedoch nicht belegt ist, oder von κύτος, wofür aber wiederum die Annahme eines etr. Mediums nicht nötig wäre, in Frage.

incitēga: „*machinula in qua constituebatur in convivio vini amphora, de qua subinde deferrentur vina.*" Paul. Fest. 94, 25L. [??]

Nach de Simone, *DGE 1*,137, Herleitung aus gr. ἐγγυθήκη, -ης ἡ „Behältnis, Untersatz" über etr. Medium nicht vertretbar.

Zus. Lit.: *LG* § 233.D. (Entlehnung aus ἐγγυθήκη auf direktem Weg).

Zus.: Phon.: Zu gr. inl. -γ- > etr.-lat. *-c-* s. *DGE 2*,278 f.

Gr. -υ- in Binnensilbe > etr.-lat. *-i-* nicht belegt.

Gr. inl. -θ- > lat. *-t-* regulär bei direkter früher volkstümlicher Übernahme, s. *LG* § 165.a.

Gr.inl. -κ- > lat. *-g-* über etr. Vermittlung schwer vorstellbar[132]; vgl. gegen gr. anl. κ- > etr.-lat. *g- DGE 2,* 269 (Zitat s.u.W. *burrus*).

lancea, *-ae f.*: „urspr. spanische (in der Mitte mit einem Riemen versehene, Isid. 18,7,5) Lanze, Speer" (*WH* s.v.); seit *Sisenna*. [??]

Lit.: Ernout, *EE*, 116; Hofmann, *LB Altitalische Sprachdenkmäler*, 23; Sofer, *Das keltische Wortgut*, 72 und 78; Alessio, *Vestigia*, 122 f.; Ernout, *Aspects*, 91; Palmer, *The Latin Language*, 53; *WH* l.c.; *EM* s.v.

Ernout, *EE*, 116, führt *lancea* unter den Wörtern mit seiner Meinung nach etr. beeinflußtem bzw. etruskischem Ausgang auf *-ea* (s. dagegen S. 211

---

[132] Anders läge der Fall bei gr. -γ- > lat. *-g-*, d.h. bei Vertretung der gr. Media durch eine Media auch im Lat.; s.u.W. *agaga*.

Fn. 136) an; er zieht etr. Vermittlung aus gr. λόγχη, -ης ἡ „Lanzenspitze, Speer, Lanze" in Betracht.

„*Aspects*", p. 91, spricht er sich allerdings (zweifelnd) für Entlehnung aus dem Keltischen aus. So — in Fortführung einer seit langem vertretenen Auffassung (s. Sofer, *o.c.*, 72) — auch Palmer, *l.c.*, *EM* l.c. (mit Vorbehalt). Auch *WH* l.c. zweifelt nicht an Herkunft aus dem Keltischen, sieht aber, soll gr. λόγχη nicht von *lancea* getrennt werden, nur die Möglichkeit einer Rückführung von *lancea* auf (aus dem Keltischen übernommenes) gr. λόγχη über eine vermittelnde Sprache, jedoch, da damit gr. o > lat. *a* nicht erklärt werde, nicht über das Etruskische, sondern etwa über das Illyrische.

Als illyrisches Lehnwort betrachtet lat. *lancea* J.B. Hofmann, *l.c.*

Ein von den eben genannten gänzlich abweichender Deutungsversuch findet sich bei Alessio, *l.c.*: Ausgehend von tosk. *schiancia, stiance* und veron. *lancia* (alles Bezeichnungen von Sumpfpflanzen), gelangt er zu einer Basis nicht-ie. Natur +*stlancia*/+*stlancea*, auf die auch lat. *lancea* — mit etruskisch-mediterranem Ausgang *-ea* (s. aber Fn. 136) — zurückgehen könne. „Strutturalmente uno +*stlancea* potrebbe ben essere etrusco ed aver indicato insieme una canna palustre dal fusto consistente che serviva per fare lance e poi la lancie stessa, o un'arma simile. Un bel parallelo abbiamo con *falārica*[133] ‚genus teli missile' (*PF*. 78, 20) che il Bertoldi (*SE.VII* 279 sgg.) ha interpretato come ‚*calamus sagittarius*' connettendolo con un etrusco +*falar* ‚le canne' ...[134], cfr. anche *sagitta* ‚freccia' e ‚*sagittaria* (pianta)', che dal suffisso *-itta* parrebbe etrusco[135]." Außerdem seien viele Namen von Sumpfpflanzen med. Herkunft, z.B. *harundō, iuncus, ulva*. Nicht erweislich.

Zus.[136]: Phon.: Gr. -o- in 1.Silbe > etr.-lat. -a- nicht belegt[137].

latrō, -ōnis m.: „‚Mietsoldat, Söldner'; jünger ... ‚Freibeuter, Straßenräuber, irreguläre Banden'; auch ‚Stein im Brettspiel'" (*WH* s.v. 2. *latrō*); seit *Enn*. [??]

Lit.: Ernout, *EE*, 111; *WH* l.c.; *LG* § 322.A.5.; *EM* s.v.

Ernout, *l.c.*, nennt das Wort unter den volkstümlichen Bildungen auf *-ō*, die etr. Herkunft sein bzw. etr. Vermittlung zeigen könnten (s. aber S. 212

---

[133] S.u.W. *fala*.
[134] S.u.W. *fala*.
[135] S. aber Kap. B.1.2.1.2.6.3. und u.W. *sagitta*.
[136] Zum Ausgang auf *-ea* (nicht als Hinweis auf etr. Herkunft bzw. Vermittlung zu werten) s. Kap. B.1.2.1.1.1.
[137] Die Präferenz des Etr. für den Vokal *a* (s. Kap. B.1.1.3.1.) stellt natürlich alleine kein maßgebliches Argument zugunsten etr. Herkunft bzw. Vermittlung eines Wortes dar.

Fn. 138): bezüglich des Stammes seien gr. λατρεύω „um Lohn dienen", λάτρον, -ου τό „Arbeitslohn, Sold", λάτρις -εως (-ιος) ὁ (ἡ) „Lohnarbeiter(in), Diener(in)" heranzuziehen.

Vgl. *EM* l.c.: Zu gr. λάτρον, λατρεύς, λατρεύω gebildet nach *praedō*; keine Erwähnung etr. Vermittlung.

Nach *WH* l.c. und *LG* l.c. *latrō* direkt entlehnt aus gr. ⁺λάτρων „Söldner".

Zus.¹³⁸: Phon.: Die Übernahme von gr. ⁺λάτρων als lat. *latrō* ist ohne Zwischenschaltung etr. Mediums auf direktem Weg möglich.

lemurēs (*lemorēs* Porph. Hor. Epist. 2,2,209; Char. u.ö.), *-um (lemuriī* Varro ap. Non. 135, 16) *m.:* „die herumschweifenden Geister der ἄωροι und βιαιοθάνατοι (seit Hor. für älteres *lāruae*, vgl. Non. 135), Nachtgeister, Gespenster" (*WH* s.v.); seit *Varro*. [??]

Lit.: Wright, *Quaest. Rom.*, 156; Ernout, *EE*, 106 in Fn. 3 von p. 105, 107; *WH* l.c.; Boccali, *Le fonti*, 490; *LE* s.v.; *EM* s.v.

Ernout, *o.c.*, 106 in Fn. 3 von p. 105, bezeichnet das Wort ohne Angabe von Gründen als etr.¹³⁹; p. 107 wird die semantische Kategorie des Wortes ins Treffen geführt: „Que ... *mundus* fasse partie des croyances étrusques à la vie souterraine d'outre-tombe. Comme *Lar, Lares, larua, Lemures*, rien de plus vraisemblable ...".

LE l.c. wird wegen gr. -α- > lat. -e- und wegen des Schwankens -u-/-o- etr. Vermittlung aus gr. λαμυρός 3 „gierig, gefräßig, dreist, unverschämt" in Betracht gezogen: „Il lat. *lemurēs* (-or- ...) m.pl.... sta al gr. λαμυρός ‚avido, ingordo' come *pessulus*¹⁴⁰ al gr. πάσσαλος e forse anche come *crepa ‚capra‛*, *crep(p)ī ‚Lupercī‛* ... a *capra* ..., tutti probabilmente di tramite etrusco¹⁴¹, dato che questa lingua conosce un'alternanza a/e (*clan:clenar*); cfr. anche *agōnēs/ecōnēs*¹⁴²... L'oscillanzione *lemurēs/-orēs* richiama quella di *marmor/-ur*¹⁴³ ... e cfr. anche *anc(h)ora*, da un etr. ⁺*anχura* (dal gr. ἄγκυρα)¹⁴⁴, e *sporta*, da un etr. ⁺*spurθa* (dal gr. σπυρίδα acc.)¹⁴⁵ ..." S. dagegen ausführlicher weiter unten unter „Phon.".

---

¹³⁸ Zum Ausgang auf -ō, welcher alleine kein Argument zugunsten etr. Herkunft bzw. Vermittlung eines Wortes darstellt, s. Kap. C.4.1.6.
¹³⁹ So auch Wright, *l.c.*
¹⁴⁰ S.b.W.
¹⁴¹ Vgl. S. 130; s. aber auch S. 133 und u.W. *crepus*.
¹⁴² S.u.W. *agō*.
¹⁴³ S.u.W. *marmor*.
¹⁴⁴ S.u.W. *ancora*.
¹⁴⁵ S.u.W. *sporta*.

Nach *WH* l.c. „als ‚Totenfresser (vom Höllenschlund)' zu gr. λαμυρός ‚gierig, gefräßig' ..., λαμός m. ‚Schlund, Höhle', λάμια n. ‚Erdschlund', Λαμία f. ‚Gespenst' ..."; auch im Lettischen ließe sich der Stamm nachweisen.

EM l.c. erwähnt ebenfalls die übliche Bezugnahme auf gr. λάμιαι, λαμυρός, hält den Stamm jedoch für zweifellos nicht-ie.

Vgl. Boccali, *l.c.*: Ie. Herkunft scheine trotz Anknüpfungsversuchen an das Baltische und das Keltische (s. dazu ausführlicher Boccali, *l.c.*) sehr unwahrscheinlich.

Zus.: Phon.: Gr. -α- in 1. Silbe > etr.-lat. -e- bleibt — sieht man von den Veränderungen, denen der als Sonderfall zu wertende 'Αλέξανδρος-Name ausgesetzt ist, s. *DGE* 2,10 ff., ab — ohne Parallele. Aus dem Etr. selbst ist ein Wechsel a/e bzw. ein Wandel a > e bekannt; er tritt jedoch nicht beliebig auf, sondern ist, soweit für uns erkennbar, auf Umlaut zurückzuführen; s. *DES* § 12, vgl. S. 12 Fn. 1 und u.WW. *agō* und *crepus*. Anlaß zu Umlaut dürfte aber im vorliegenden Fall nicht gegeben sein.

Zum Schwanken u/o in den lat. Formen s. Kap. B.1.1.1.1.; die Form auf -o- ist allerdings erst spät belegt.

Für gr. -ός sind bei Übernahme ins Etruskische verschiedene Ausgänge wie -e, -u, -a etc. belegt, s. *DGE 2* § 70,72,77, alles aber Ausgänge, die regulär nicht die Entstehung eines Konsonantenstammes im Lateinischen zu rechtfertigen imstande sind.

lepista/lepesta/lepistra[146], *-ae f.:* „ein größeres Trinkgefäß" (*WH* s.v.); *lepista* seit *Naev.*; *lepesta* seit *Varro*; *lepistra* Gl. [??]

Nach de Simone, *DGE 1*,138, 2,281 Herleitung aus gr. λεπαστή, -ῆς ἡ „Trinknapf, Becher" über etr. Medium nicht vertretbar.

Zus. Lit.: Alessio, *Una voce*, 268 (wegen des Ausganges -*sta* Vermittlung über das Etr.); Bertoldi, *Prerogative*, 89 (das Schwanken e/i weise auf etr. Medium); Gerola, *Substrato mediterraneo*, 352 (wie Bertoldi, *l.c.*); Boccali, *Le fonti*, 490 f. („Il termine latino (con -*a*- > -*e*- in sillaba chiusa; oscura invece la forma con -*is*-, cfr. *genista/genesta*, di origine ignota, forse etrusca[147]) può essere ... spiegato non tanto come imprestito, quanto come elemento giunto in lat. dal sostrato, particolarmente sabino o etrusco ..." Zugrunde liege ein alter „indomediterraner" Ausdruck für „Gefäß", der im Griechi-

---

[146] Die bei *EM* s.v. angeführte Form *lepasta* scheint in *TLL* s.v. *lepista* nicht auf.
[147] S.u.W. *genista*.

schen mit dem für die alten ägäischen Sprachen typischen Wechsel l/d in λέπας/δέπας und den daraus abgeleiteten Formen vertreten sei.).

Zus.: Phon.: Gr. -α- in Mittelsilbe > etr.-lat. -e- oder -i- ohne Parallele; Anlaß für Umlaut im Etr. (s. dazu u.W. lemurēs) scheint nicht vorzuliegen.
Zum Wechsel -i-/-e- in den lat. Formen s. Kap. B.1.1.1.2.; dieses Kriterium ist jedoch in Rücksicht auf das eben Gesagte hinfällig.
Der Wechsel -sta/-stra der lat. Formen ist nicht als Hinweis auf etr. Einfluß zu werten; s. DGE 2,281 und Kap. B.1.2.1.2.6.1. und B.1.2.1.2.4.3.

lucūns, -tis f.: „genus operis pistoriī" Paul. Fest. 106,27 L; seit Lucil. [??]

Lit.: Ernout, EE, 104; Hofmann, Zu den Assimilations- und Dissimilationserscheinungen, 115 f., Fn. 1; Thomas, Autour d'un passage de Plaute, 706; WH s.v.; LG § 192; EM s.v. und 821.

Ernout, l.c., erwägt wegen -uns, -untis etr. Herkunft oder etr. Einfluß (s. aber Fn. 148), jedoch ohne auf eine gr. Form Bezug zu nehmen.
Vgl. Thomas, l.c., EM s.v.
S. dagegen Hofmann, l.c., und — mit Einschränkungen — WH l.c.: Es handle sich wohl, so WH l.c., in Befürwortung einer älteren, auch von Hofmann, l.c., akzeptierten Theorie (zu weiteren, abzulehnenden Deutungen s. WH l.c.) um Entlehnung aus gr. ⁺γλυκοῦς, -οντος „süß" (sc. ἄρτος oder πλακοῦς; vgl. γλυκόεις als Beiwort von πότος); feminines Geschlecht im Lat. möglicherweise nach placenta; statt zu erwartendem Nom. ⁺lucūs stehe lucūns mit dem n der obliquen Casus (vgl. Hofmann, l.c.; LG l.c.; s. dagegen aus formalen und semantischen Gründen EM,821); wegen -uns, -untis sei etr. Medium nicht völlig auszuschließen (s. aber Fn. 148); etr. Herkunft (nicht im Sinne der Vermittlung eines gr. Wortes), wie sie von Ernout, l.c., wegen des Ausganges in Betracht gezogen wird, sei ohne Anhalt.
S. dagen EM, 821: „L'explication par un emprunt à un grec supposé ⁺γλυκοῦς ... se heurte à des difficultés de forme et de sens."

Zus.[148]: Phon.: Gr. anl. γλ- > etr.-lat. l- nicht erweislich, vgl. u.W. laena.
Gr. ausl. -οῦς > etr.-lat. -ūns ohne Parallele; auch an Entlehnung

---

[148] Zum nt-Suffix, welches nur unter bestimmten, im vorliegenden Fall nicht gegebenen Bedingungen (das betreffende Wort müßte als Nomen agentis oder eventuell Präsenspartizip zu deuten sein) als eventueller Hinweis auf etr. Herkunft bzw. Vermittlung zu werten ist, s. Kap. C.4.1.9.

des Akk. ⁺γλυκοῦντα (zum Akk. Sg. als Entlehncasus s.u.W. *sporta*) kann nicht gedacht werden, da die gr. Akkusativendung -ă im Etr. mit -*a* wiedergegeben zu werden pflegt (s.u.W. *sporta*), für das Etr. somit eine Form ⁺*(c)lucunta* anzusetzen wäre, von der kein Weg zu lat. *lucūns, -tis* führt.

marmor/*marmur*[149], *-oris n.:* „'Mamor, Marmorwerk, -bild'; dicht. ‚Stein überhaupt' (seit *Enn.*, ...); auch ‚Verhärtung an den Gelenken der Pferde' (seit *Chiron* ..., vgl. gr. μάρμαρον n. ‚Verhärtung am Fuß von Eseln' *Hippokr.*); dicht. (nach *Homer* Ξ 273 ἅλα μαρμαρέην) ‚schimmernde Meeresfläche' und ‚Meer' (seit *Enn.* bzw. *Verg.* ...)" (*WH* s.v.). [??]

Lit.: *WH* l.c.; *LE* s.v.; *EM* s.v.

LE l.c. zieht wegen des neutralen Genus im Lateinischen, vor allem aber wegen der Verdumpfung des nicht tontragenden Vokals (gr. α > lat. *o, u*) etr. Medium bei der Entlehnung aus gr. μάρμαρος, -ου ὁ „Stein, Fels" in Betracht.

Nach *WH* l.c. ohne Erwähnung etr. Vermittlung entlehnt aus gr. μάρμαρος in dessen sekundärer späterer Bedeutung „weißer Stein, Marmor"; Endung beeinflußt durch die Substantiva auf *-or*; speziell *marmor* „Meeresfläche" scheine sich im Ausgang nach *aequor* gerichtet zu haben; neutrales Geschlecht wie in *ebur, plumbum* usw.; ein Schwanken *-ur/-or* finde sich auch bei *iecur/ iecor, rōbur/rōbor*.

S. mit vergleichbarer Aussage *EM* l.c.: Direkte Entlehnung aus gr. μάρμαρος; Neutrum nach den anderen neutralen Material- und Metallbezeichnungen des Lateinischen; Ausgang auf *-or* nach *aequor*, ⁺*ebor*, ⁺*rōbor*, andererseits *marmur* nach *ebur*.

Zus.: Phon.: Gr. -α- in Mittelsilbe > (etr. -*u*- >) lat. -*o*- (-*u*-) in Endsilbe ohne Parallele; gr. -α- in Mittelsilbe > etr. -*u*- in Mittelsilbe ist allerdings in einem Fall belegt: Ἄρταμις > *Artume(s)*; s. *DGE* 2,33.

Zu gr. -ορος m. > (etr. -*ur* >) lat. -*or* (-*ur*) n.: Es gibt wohl einen Fall, in dem gr. -ορος im Etruskischen als -*ur* erscheint: Νικηφόρος — *Nicipur* (*CIE* 2489 3.-1.Jh.v.Chr.); doch handelt es sich um einen Personennamen, was allein den Wert des Vergleiches schon in Frage stellen würde; außerdem beurteilt de Simone, *DGE* 2,98 f., den Ausgang -*pur* von *Nicipur* als lat. beeinflußt: „Die

---

[149] *marmur* nach *WH* s.v. *marmor* „als Idiotismus gerügt von *Quint.* 1,6,23, verpönt von *App. Probi* 197,19".

Form *Nicepor* ist auch auf lateinischen Inschriften des ersten Jahrhunderts v.Chr. als Sklavenname oft belegt und ist wohl als Anlehnung an die lateinischen Sklavennamen wie *Naepor, Olipor, Marcipor* usw. (aus ⁺*Gnaivi-puer* usw.) zu verstehen ..." Es sei nicht zu entscheiden, „ob etr. *Nicipur* fertig aus dem Lateinischen entlehnt ist, oder erst sekundär nach dem Muster der lateinischen Sklaven-Namen auf *-por* ... umgestaltet wurde. Die Vertretung von inlautendem η als *ī* ist allerdings rein etruskisch ..." *WH* l.c. und *EM* l.c. erklären den Genuswechsel mit Analogiebildung zu den übrigen neutralen Materialnamen des Lateinischen (s.o.).

Zum Schwanken *-o-/-u-* in den Endsilben der lat. Formen s. Kap. B.1.1.1.1.; es lassen sich jedoch aus dem Lateinischen Parallelen beibringen, s. weiter vorne.

massa, *-ae f.:* „zusammengeknetete Masse, Klumpen; Landgut; Haufen, Masse" (*WH* s.v.); seit *Plt.* [??]

Lit.: Ettmayer, *Der Ortsname Luzern*, 25; *WH* l.c.; *EM* s.v.

Ettmayer, *l.c.*, zieht wegen -ζ- > -*ss*- etr. Vermittlung aus gr. μᾶζα, -ης ἡ „Teig, Brei aus Gerstenmehl, Gerstenbrot" in Erwägung.

Nach *WH* l.c. und *EM* l.c. direkte Entlehnung aus gr. μᾶζα.

Zus.[150]: Phon.: Gr. -ζ- > etr.-lat. -*ss*- nicht belegt; zu der theoretisch nicht gänzlich auszuschließenden Entwicklung gr. -ζα > etr. -*za* oder -*śa* (d.h. Homonymie mit dem etr. Deminutivsuffix bzw. enklitischen Possessivum) > lat. -*ssa* s. Kap. B.1.2.1.2.5. Nach *LG* §9. Zus. b. (vgl. §181.b.β.) jedoch -*ss*- übliche Wiedergabe von gr. -ζ- vor Einführung von lat. *z* zur Zeit *Ciceros*[151].

mollestrās: „*mollestras dicebant pelles ovillas, quibus galeas extergebant.*" Paul. Fest. 119, 15 L. [??]

Lit.: Herbig, *Etruskisches Latein*, 174f.; *WH* s.v.; *EM* s.v.

Herbig, *l.c.*, vergleicht den Ausgang von *mollestra* mit dem Ausgang des von ihm als etruskisch angesehenen *fenestra* (s. dagegen Kap. B.1.2.1.2.4.3. und u.W. *fenestra*).

Nach *WH* l.c. und *EM* l.c. Umgestaltung aus gr. μηλωτή, -ῆς ἡ „Schaffell", μαλλωτή, F. zu μαλλωτός 3 „mit langer Wolle versehen, wollig,

---

[150] Von einem etr. *s*-Suffix kann in Hinblick auf die Basis gr. μᾶζα nicht gut die Rede sein; s. im Text weiter unten. Vgl. Kap. B.1.2.1.2.5.

[151] Zu gr. -ζ- > lat. -*ss*- s. auch u.W. *obrussa*.

weich", unter Einfluß von *mollis*; wegen des Ausganges sei etr. Vermittlung des gr. Wortes anzunehmen (s. dagegen Fn. 152).

Zus.[152]: Phon.: Zugunsten etr. Vermittlung von lat. *mollestrās* aus gr. μηλωτή oder μαλλωτή läßt sich — selbst wenn die Lautentwicklung durch Einfluß von *mollis* in der 1. oder in der 1. und 2. Silbe irregulär verlaufen sein sollte — keinerlei Argument phonetischer Art beibringen:

Gr. -η- in 1. Silbe > etr.-lat. -o- nicht belegt;
gr. -α- in 1. Silbe > etr.-lat. -o- nicht belegt;
gr. -ω- in Binnensilbe > etr.-lat. -e- nicht belegt;
gr. -τη- > etr.-lat. -stra nicht belegt.

muraena/murēna[153], *-ae f.*: „ein Seefisch, Muräne"[154] (*WH* s.v.); seit Plt. [??]

Lit.: Schulze, *ZGLE*, 196; *WH* l.c.; *LE* s.v. *flūta*; *LG* § 79.a.; *EM* s.v.

An etr. Vermittlung aus gr. μύραινα, -ης ἡ „Muräne, Meeraal" denkt *LE* s.v. *flūta*, offenbar wegen gr. αι > ē in *mūrēna* und dem gleichlautenden Cognomen, dem seit Schulze, *l.c.*, im allgemeinen etr. Herkunft zugeschrieben wird[155], das aber zumeist (s. etwa *WH* l.c.) als bloß formal ident mit dem Fischnamen interpretiert wird.

Nach *WH* l.c., *EM* l.c., *LG* l.c. direkte Entlehnung aus gr. μύραινα.

Zus.[156]: Phon.[157]: Gr. -αι- in Mittelsilbe > lat. -ē- aus lat. Lautentwicklung zu erklären; allerdings wäre etr. Vermittlung möglich (vgl. u.WW. *scaena*, *taeda*): gr. -αι- > etr. -ai- > lat. -ai- > -ae- (s. *DGE* 2,283) > -ē-; oder gr. -αι- > etr. -ai- > -e- > lat. -ē-, -ae- hyperurbanistisch; oder eventuell auch gr. -αι- > etr. -ai- > lat. -ai- >

---

[152] Zu *-str-* (nicht als Hinweis auf etr. Herkunft bzw. Vermittlung zu werten) s. Kap. B.1.2.1.2.4.3.

[153] *WH* s.v. nennt zwar *muraena* an erster Stelle, bemerkt jedoch, daß *murēna* häufiger belegt sei.

[154] Zu dem mit *murēna* höchstwahrscheinlich bloß formal identen *CN Murēna* s. im Text weiter unten.

[155] Eine Namenform ⁺*murena* oder eventuell ⁺*murna* ist im Etr. nicht belegt; relativ häufig begegnet das GN *murina CIE* 657 u.ö., zu welchem jedoch lautlich von gr. μύραινα kein Weg führt; allerdings könnte etr. *murina* ohne Hindernisse phonetischer Art auf lat. *Murēna* zurückzuführen sein (zu e > i im Etr. s. *DES* § 12).

[156] Von einem etr.-lat. Suffix *-ēna* in der Fischbezeichnung kann in Hinblick auf die Basis gr. μύραινα nicht die Rede sein; vgl. Kap. B.1.2.1.2.3.2.2. Zu *-ēna* im EN s. im Text weiter unten.

[157] Zum Schwanken *ae/ē* s. im Text weiter unten.

-*ae*- und Entlehnung der Form auf -*ē*- ebenfalls aus dem Etr., allerdings später (etr. -*ai*- > -*e*- > lat. -*ē*-). S. zur angesprochenen Monophthongierung von *ai* im Lat. und im Etr. sowie zum Schwanken *ae/ē* in den lat. Formen Kap. B.1.1.1.4.

Das CN *Murēna* kann schwerlich als Stütze für die Annahme etr. Vermittlung bei der Übernahme von gr. μύραινα ins Lateinische herangezogen werden: Denn es könnte alleine dann als Beweismittel dienen, wenn es nicht nur etr. Herkunft, sondern auch ident mit der Fischbezeichnung wäre. Etr. Herkunft des CN ist zwar, obwohl ein EN ⁺*murena* (⁺*murna*) im Etr. nicht belegt ist (s. S. 217 Fn. 155; ebenda auch zu etr. *murina CIE* 657 u.ö.), in Anbetracht des Ausganges auf -*ēna* nicht auszuschließen; doch ist die Annahme einer Identität mit der Fischbezeichnung durch nichts zu erweisen.

no/ō?rma[158], -*ae f.*: „Winkelmaß; Richtschnur, Regel, Norm, Vorschrift" (*WH* s.v.); seit *Cic.* [?]

Nach de Simone, *DGE 1*,138, *2*,271, 272 f., 275 f., u.ö., Herleitung aus gr. γνώμονα, Akk. zu γνώμων, -ονος ὁ ἡ, auch „Richtschnur, Maßstab", über etr. Medium möglich; s. ausführlich *DGE 2*,272 f.

So bereits Ernout, *EE*, 118, der das Wort unter den etr.-lat. Term. techn. auf -*ma* (gegen -*ma* als Hinweis auf etr. Vermittlung s. Fn. 160) wie *grōma*, *fōrma* etc. nennt.

Zus. Lit.: *LE* s.v. *cancer* (über etr. ⁺χ*numra* aus gr. γνώμονα, Akk. zu γνώμων, -ονος[159]).

Zus.[160]: Phon.: Anzusetzen wäre eine Entwicklung gr. γνώμονα (zum Akk. Sg. als Entlehncasus bzw. zur Übernahme der Akkusativendung gr. -α als etr.-lat. -*a* s.u.W. *sporta*) > etr. ⁺*cnōmna* > etr. ⁺*cnōmra* > etr. oder bereits lat. ⁺*cnōrma* > lat. ⁺*gnōrma* > lat. *nōrma*; s. ausführlich *DGE 2*,272 f.; s. aber auch S. 485 f.

Zu gr. -ω- in 1. Silbe > etr.-lat. -*ō*- s. *DGE 2*,271; doch steht die Quantität des -*o*- in lat. *norma* nicht fest, s. Fn. 158.

Zum Schwund von gr. -o- in offener 2. Silbe s. *DGE 2*, 273 u. 275.

Zur Übernahme der Akkusativendung gr. -α als etr.-lat. -*a* s.u.W. *sporta*.

---

[158] Die Quantität des -*o*- ist nicht mit Sicherheit feststellbar, s. *DGE 2*,272; vgl. *WH* s.v. *nōrma*, *EM* s.v. *norma*.

[159] Vgl. u.W. *grōma*.

[160] Zum Ausgang auf -*ma* (nicht als Hinweis auf etr. Herkunft bzw. Vermittlung zu werten) s. Kap. B.1.2.1.2.3.1.

obrussa, -ae f.: „Feuerprobe des Goldes; Prüfstein" (*WH* s.v.); seit *Cic.* [??]
Nach de Simone, *DGE 1*,138, Herleitung aus gr. ὄβρυζον, N. zu ὄβρυζος 3 „rein (vom Gold)", über etr. Medium nicht vertretbar.

Anders Ernout, *EE*, 103, der das Wort unter den etr. beeinflußten Bildungen auf *-ussa* (s. dagegen Fn. 161) bespricht und etr. Vermittlung für möglich hält: „Pour *obrussa, -ae* f. ... un intermédiaire étrusque est possible entre la forme latine et le gr. ὄβρυζον (χρυσίον), du reste attesté à très basse époque. La correspondance *obrussa*, ὄβρυζον avec le changement de genre et le passage aux thèmes en *-a* favorise l'hypothèse." S. aber unter Zus. (mit Fn. 161).

Zus. Lit.: *LG* § 9. Zus.b., § 52, § 181.b.β. (keine Erwähnung etr. Vermittlung).

Zus.[161]: Phon.: Zu gr. -ζ- > lat. -ss- s.u.W. *massa*.

orca, -ae f.: „eine Art Walfisch"[162] (*WH* s.v. 1. *orca*); seit *Plin.* [+]
Nach de Simone, *DGE 1*,138, 2,101,113, 271-276, u.ö., Herkunft aus gr. ὄρυγα, Akk. zu ὄρυξ, -υγος ὁ „Spitzeisen zum Graben, Bohren, Einmeißeln; eine Gazellenart, eine Walfischart", als sicher anzusehen.

So schon Ernout, *EE*, 121: „C'est par un intermédiaire étrusque ... qu'on rendra compte dans *orca* 'baleine', correspondant à l'accusatif grec ὄρυγα, et de la chute de la voyelle brève intérieure, et de l'assourdissement de la sonore".

Zus. Lit.: Ernout, *Aspects*, 50 (aus gr. ὄρυγα zweifellos über etr. Vermittlung entlehnt).

Zus.: Phon.: Zu gr. anl. o- (> etr. +ŭ-) > lat. o- s. *DGE* 2,271 ff.
Zum Schwund von gr. -ŭ- in Binnensilbe s. *DGE* 2,275 f.
Zu gr. inl. -γ- > etr.-lat. -c- s. *DGE* 2,275 f., vgl. p. 278.
Zum Akk. Sg. als Entlehncasus bzw. zur Übernahme der Akkusativendung gr. -α als etr.-lat. *-a* s.u.W. *sporta*.

orca, -ae f.: „Tonne, größeres Tongefäß" (*WH* s.v. 2. *orca*); seit *Pompon.* und *Varro.* [+]

---

[161] Von einem etr. *s*-Suffix kann in Hinblick auf die Basis gr. ὄβρυζον nicht gut die Rede sein; s.u.W. *massa*; vgl. Kap. B.1.2.1.2.5. Der Genuswechsel bzw. der Übergang zur *a*-Deklination können nicht als Hinweis auf etr. Vermittlung gewertet werden, da gr. -ον im Etr. mit +*-um* oder *-un* wiedergegeben zu werden pflegt; s. *DGE* 2,101 ff. Ohne Schwierigkeit läßt sich der Genuswechsel rein lateinisch durch Übernahme der gr. Pluralform mit Deutung als femininer Singular erklären.

[162] *Paul. Fest.* 195,4 L: „*genus marinae beluae maximum, ad cuius similitudinem vasa ficaria dicuntur; sunt enim teretes atque uniformi specie.*" Zum Gefäßnamen s. aber u.W. *orca* „Tonne".

Nach de Simone, *DGE 1*,138, 2,271-275,287, Herkunft aus gr. ὔρχᾱ, -ᾱς ἡ „irdenes Gefäß" „Tonne" über etr. Medium als sicher anzusehen.

Zus. Lit.: *LE* s.v. *urna* (*orca* entlehnt aus gr. ὔρχη über etr. Medium; Zitat s.u.W. *urceus*).

Zus.: Phon.: Zu gr. anl. ῠ- > etr. ⁺ŭ- (anzusetzen ist nach *DGE 2*,275, etr. ⁺ŭrca bzw. nach p. 287 etr. ⁺urχa) > lat. ŏ- s. *DGE 2*,271 ff.

paelex/*pēlex*/*pellex*, -*icis* (*pēlica* Gl.) *f:* „‚‚Beischläferin eines Ehemannes, Kebsweib, Konkubine' (sek. auch von Männern ...)" (*WH* s.v.); seit *Lex reg.* [??]

Nach de Simone, *DGE 1*,139, 2,24f., 282f., u.ö., Herleitung aus gr. παλλάκη, -ης ἡ „Kebsweib, Nebenfrau" über etr. Medium nicht vertretbar.

Ernout, *EE*, 121 f., denkt wegen gr. α > lat. *ae* an etr. Vermittlung aus gr. παλλάκη (Zitat s.u.W. *crāpula*).

Zus. Lit.: Ernout, *Senex*, 148 (lat. *paelex, pelica* und gr. πάλλαξ, παλλακή unabhängige Entlehnungen aus einer nicht-ie. Sprache des Mittelmeerraumes); *LG* §79 (vielleicht sei lat. *paelex* mit Walde, *IF* 39,85, auf dialektisches gr. ⁺παῖλαξ zurückzuführen).

Zus.: Phon.[163]: Gr. -α- in 1. Silbe > etr.-lat. -*ae*- (oder -*e*-[164], doch wird -*ē*- wohl als innerlat. Weiterentwicklung von wahrscheinlich älterem, jedenfalls besser belegtem [s. *EM* l.c.] *ae* zu verstehen sein; vgl. Kap. B.1.1.1.4.) nicht belegt[165]; s. ausführlicher u.W. *crāpula*.

Zu erwarten wäre nach *DGE 2*,282, bei Entlehnung von gr. παλλάκη ins Etruskische etwa ⁺*pal(a)ce*, wovon — soweit das vergleichbare Material Schlüsse zuläßt — kein Weg zu lat. *paelex* führt.

pessulus, -ī *m.; pessulum*, -ī *n.:* „Riegel" (*WH* s.v.); seit *Plt.* [??]

Lit.: *WH* l.c.; *LE* s.v. *lemūres*; *LG* §85.A.3.; *EM* s.v.

LE s.v. *lemūres* zieht wegen gr. -α- > etr.-lat. -*e*- Herleitung von *pessulus* aus gr. πάσσαλος, -ου ὁ „Pflock, Nagel" über etr. Medium in Betracht (Zitat s.u.W. *lemūres*).

---

[163] Zum Schwanken -*ae*-/-*e*- prinzipiell s. Kap. B.1.1.1.4.; doch ist bei Annahme etr. Vermittlung eines gr. Wortes unbedingt auf den anzusetzenden gr. Basislaut, im vorliegenden Fall wohl -α-, Bedacht zu nehmen (vgl. im Text weiter unten).

[164] Die Form *pellex* ist wohl auf volksetym. Zusammenstellung mit *pellis, pelliciō* zurückzuführen; s. *EM* l.c.; vgl. *WH* l.c.

[165] Zum Spezialfall der etr. Wiedergabe des Ἀλέξανδρος-Namens s. *DGE 2*,10ff.

Vgl. *EM* l.c.: „Sans doute emprunt au gr. πάσσαλος déformé par l'étymologie populaire ou par un intermédiaire étrusque?"

Keine Erwähnung etr. Vermittlung aus gr. πάσσαλος bei *WH* l.c. (das *-e-* sei durch volksetymologische Anlehnung an *pessum* „Fallriegel" eingedrungen) und *LG* l.c.

Zus.: Phon.: Gr. -α- in 1. Silbe > etr.-lat. -*e*- ohne echte Parallele; s.u.W. *lemūres*.

Zu gr. -α- in offener Binnensilbe > (wohl auf direktem Weg) lat. -*u*- s.u.W. *crāpula*.

prōra, *-ae; prōris, -is f.:* „Schiffsvorderteil" (*WH* s.v.); seit *Lucil.* und *Acc.* [??]

Lit.: Ernout, *EE*, 104; *WH* l.c.; *EM* s.v.

Ernout, *l.c.*, denkt wegen -*is* in *prōris*, das an den etruskischen Feminintyp erinnere, an etr. Einfluß auf *prōra/prōris*. S. dazu aber im folgenden.

Nach *WH* l.c. entlehnt aus gr. πρῷρα, -ας ἡ „Schiffsvorderteil, Bug"; keine Erwähnung etr. Einflusses; *prōris* sei sporadische Umbildung nach *puppis*. So auch *EM* l.c.

Zus.[166]: Phon.: Gr. πρῷρα konnte ohne jede Schwierigkeit bei direkter Entlehnung im Lat. mit *prōra* wiedergegeben werden.

Gr. ausl. -α > etr.-lat. -*is* ohne jede Parallele; *prōris* vielmehr sekundäre Nebenform in Analogie zu *puppis*, s. oben.

pulpitum, -*ī n.*, (nach *EM* s.v. hauptsächlich im Pl. verwendet; *pulpitus* vlt.): „Brettergerüst als Redner-, Schauspiel- oder Zuschauertribüne" (*WH* s.v.); seit Hor. [?]

Lit.: *WH* l.c.; Szemerényi, *The Origins*, 316; *LE* s.v.; *EM* l.c.

Entlehnung aus dem Griechischen über etruskisches Medium wurde von Szemerényi und von Alessio angenommen.

Während Szemerényi, *l.c.*, sich mit der Feststellung begnügt, daß *pulpitum* griechisch klinge „(-πεδον?)" und möglicherweise wie auch andere zum Theaterwesen gehörige Ausdrücke über etr. Vermittlung aus dem Griechischen ins Lateinische gelangt sei, versucht Alessio, *LE* l.c., das Wort aus gr. πολύποδα, N.Pl. zu πολύπους, -πουν „vielfüßig", doch hier in der Bedeutung „calcato da molti piedi", herzuleiten: „Siccome la voce corrisponde al gr. βῆμα, propriamente ‚passo', attraverso i significati di ‚passaggio' ‚passarella',

---

[166] Zum Ausgang auf -*is* (nicht als Hinweis auf etr. Herkunft bzw. Vermittlung zu werten) s. Kap. B.1.2.6. und oben im Text.

riteniamo che a spiegare *pulpitum*, usato generalmente al plurale, *pulpita*, possa bastare il gr. πολύπους -οδος (n.pl. πολύποδα) non nel senso attivo ‚che ha molti piedi', ma in quello passivo ‚calcato da molti piedi' (cfr. *Orac. ap. Polyaen.* VI 53), che ci porterebbe ad un'accezione molto vicina a quella del ted. *Trittbrett* ‚pedana' (*treten* 'posare il piede', *mit Füßen* — ‚calpestare'). Se la voce si è riferita originariamente alla terminologia del teatro (per es. al ‚paloscenico', cfr. il nostro *calcare le scene*), plausibile diventa anche l'ipotesi che si tratti di un grecismo giunto a Roma per il tramite dell'etrusco della Campania, che ci renderebbe conto dell'accento (incondizionatamente iniziale) di *pulpitum*, della conseguente sincope vocalica e anche del suo vocalismo."

Nach *WH* l.c. unerklärt, nach *EM* l.c. zweifellos entlehnt.

Zus.: Phon.: Denkbar wäre Übernahme von gr. πολύποδα ins Etr. als +*púlputa*/+*púluθa*, eher (s.u.) +*púlpta*/+*púlpθa*:

Zur Akzentverlagerung s. *DES* §26f., *DGE* 2,92 f.; gr. -o- in 1. Silbe > etr. -u- belegt, s. *DGE* 2,275; zur Synkope des gr. -υ- in Binnensilbe s. *DGE* 2,44; gr. -o- > etr. -u- in Binnensilbe möglich, s. *DGE* 2,42, Synkope ebenfalls, s. *DGE* 2,41 f.; zu gr. -δα > etr. -*ta*/-*θa* s. *DGE* 2,113 bzw. 112.

Auch eine Weiterentwicklung der anzusetzenden etruskischen Formen zu lat. *pulpita* erscheint vertretbar:

Etr. -ŭ- in 1. Silbe > lat. -ŭ- nicht völlig auszuschließen, s. *DGE* 2,275; etr. -u- in Binnensilbe > lat. -i- ohne Parallele, weshalb die zweite der oben angegebenen Versionen, nämlich gr. -o- synkopiert im Etr., vorzuziehen sein wird (dazu ließe sich eventuell gr. Φερσεφόνᾱ [Περσεφόνᾱ] > etr. *φersipnai* CIE 5091, *φersinei* CIE 5365, *prosepnai* CII 296 bis > lat. *Prōserpina* [s. *DGE* 1,139, 127] als Vergleich anführen).

Was aus dem Rahmen der üblichen Entwicklung griechischer, über etr. Vermittlung ins Lateinische gelangter Lehnwörter fällt, ist die Deutung von etr. -*a* nicht als F. Sg., sondern als N.Pl. im Lateinischen; hiefür wüßte Verf. keine Parallele anzuführen[167]. Ferner mahnt die nur singulär belegte Bedeutung von πολύπους als „calcato da molti piedi" zur Vorsicht. Alessios Deutungsversuch ist also mit angemessener Skepsis zu begegnen.

---

[167] Unklar bleibt die Entwicklung des Ausganges bei gr. ἄφλαστον (oder Pl. ἄφλαστα?) > lat. *aplustre*, Pl. *aplustra*, für welches Wort aus phon. Gründen etr. Medium möglich erscheint, s.u.W. *aplustra*.

puls *(pultis Isid.; pultes), -tis f.:* „dicker Brei oder Sterz aus Speltmehl" (*WH* s.v.); seit *Lucil.* [??]

Nach de Simone, *DGE 1*,140, Herleitung aus gr. πόλτος, -ου ὁ „Brei" über etr. Medium nicht vertretbar.

Zus. Lit.: *LG* § 85.A.3. (direkt entlehnt aus gr. πόλτος), *LE* s.v. (entlehnt aus gr. πόλτος über oskische Vermittlung).

Zus.: Phon.: Gr. -o- in 1. Silbe > etr. *-ŭ-* > lat. *-u-* nicht völlig auszuschließen; regulär ist jedoch die Wiedergabe mit lat. *-ŏ-*, s. *DGE 2*,275 bzw. 271.

scaena/scēna/scaina *(CIL* I² 1794) *-ae f.:* „die Bühne des Theaters, Schauplatz, Szene, Szenerie" (*WH* s.v.); seit *Plt.* [?]

Nach de Simone, *DGE 1*,140, *2*,35 ff., 282 f., u.ö., Herleitung aus gr. σκᾱνᾱ́, -ᾶς ἡ „hölzernes Gerüst, auf dem die Schauspieler spielten", auch „Bühne", über etr. Medium möglich.

Ebenso Ernout, *EE*, 121 f. mit Fn. 2 auf p. 122: „Il y semble avoir eu, en étrusque, dans des conditions du reste mal connues, une hésitation surtout en syllabe initiale entre *a* et *ai* (> *ae*)." An Beispielen werden *Saeturnus, paelex*[168], *crāpula*[169] genannt.

Zus. Lit.: Pasquali, *Acheruns*, 301 (entlehnt aus gr. σκηνή über etr. Vermittlung; Argumente werden keine beigebracht); Altheim, *Geschichte*, 234 (entlehnt aus gr. σκᾱνᾱ́ über etr. Vermittlung; Argumente werden keine beigebracht); Szemerényi, *The Origins*, 307 f. (*scaina*, nicht erklärbar durch lat. Lautgesetze, sei über etr. Medium vermittelt, wofür *calaina CII* app. 651 als Stütze herangezogen wird); *LG* § 78.2. („*ae* für ... gr. η (oder dor. ᾱ): *scaena scaeptrum* gr. att. σκηνή σκῆπτρον (dor. σκᾱνᾱ́, σκᾶπτον bzw. σκᾶπτρον). Inschr. *scaena D*[170] 246; 642, 11; sicher Diphthong in *scaina* 143. Erklärungsversuche: *ae* Hyperurbanismus ... *ae* behelfsmäßige lat. Lautsubstitution für offenes gr. η (wie in gen. sg. *ā*-Dekl. *-aes* nach gr. -ης) ... Durch etr. Vermittlung *ai* für gr. ᾱ, angesichts von etr. *calaina* gr. Γαλήνη oder ⁺Γαλᾱνᾱ ...").

Zus.: Phon.[171]: Gr. -ᾱ- (-η-) in 1. Silbe > etr.-lat. *-ai-* ohne Parallele. Belegt ist aber gr. -ᾱ- (-η-) in Binnensilbe > etr. *-ai-*, s. gr. Γαλᾱ́νᾱ > etr.

---

[168] S.b.W.
[169] S.b.W.
[170] *D = Diehl* (s. Abkürzungsverzeichnis).
[171] Zum Schwanken *ae/ē* s. im Text weiter unten.

calaina CII app. 651 und gr. Διομήδης > etr. *zimaite DGE 1,*67; s. ausführlicher u.W. *crāpula.*
Die lat. Formen auf *-ae-* und *-e-* könnten auf innerlat. Lautentwicklung bzw. Lautgebung oder auch auf Entlehnung aus dem Etr. zu verschiedenen Zeiten zurückgeführt werden (vgl. u.WW. *muraena, taeda*): etr. *-ai-* > lat. *-ai-* > *-ae-* (s. *DGE 2,*283) > *-ē-*; oder auch etr. *-ai-* > *-ei-* > *-e-* > lat. *-ē-*, *-ae-* hyperurbanistisch; oder eventuell auch etr. *-ai-* > lat. *-ai-* > *-ae-* und Entlehnung der Form auf *-ē-* ebenfalls aus dem Etr., allerdings später (etr. *-ai-* > *-e-* > lat. *-ē-*). S. zur angesprochenen Monophthongierung von *ai* im Lat. und im Etr. sowie zum Schwanken *ae/ē* in den lat. Formen Kap. B.1.1.1.4.

scaeptrum/*sceptrum, -ī* n.: Szepter; seit *Lucr.* und *Cic.* [??]
Nach de Simone, *DGE 1,*140, *2,*36 f., 282 f., Herleitung aus gr. σκᾶπτρον, -ου τό „Stab, Stock, Szepter" über etr. Medium nicht vertretbar.
Anders Ernout, *EE*, 121 f. mit Fn. 2 von p. 122 (Zitat s.u.W. *scaena*).

Zus. Lit.: *LG* § 78.2.c. (lat. *ae* für gr. -η [dor. -ᾱ-] in σκῆπτρον [σκᾶπρον] Hyperurbanismus oder behelfsmäßige lat. Lautsubstitution für offenes gr. η oder durch etr. Vermittlung; Zitat s.u.W. *scaena*).

Zus.: Phon.[172]: Gr. -ᾱ- (-η-) in 1. Silbe > etr.-lat. -*ae-* (oder -*e-*) nicht belegt; s. ausführlicher u.W. *crāpula.*
Zu einer innerlat. Erklärung für *-ae-* in *scaeptrum* (*sceptrum* wäre als direkte simplere Wiedergabe von gr. σκῆπτρον aufzufassen) s. weiter oben.

segestre, *segestrum* n.; *segestria, segestra* f.; *tegestre, tegestrum* n.: „Decke aus Fell" (*WH* s.v.); *segestre* seit *Varro* L.L. 5,166; *segestrum Gl.*; *segestra/ tegestrum/tegestre* Edict. Diocl. (Formen mit *t-* in Anlehnung an *tegō*). [??]
Nach de Simone, *DGE 1,*140, Herleitung aus gr. στέγαστρον, -ου τό „Decke" über etr. Medium nicht vertretbar.
Anders Ernout, *EE*, 121: Er hält wegen des Ausganges *-e* etr. Vermittlung aus gr. στέγαστρον für wahrscheinlich (s. aber S. 225 Fn. 173).

Zus. Lit.: Alessio, *Fitonimi*, 199, Fn. 156 (etr. Medium wegen gr. -α- > lat. *-e-*); Ernout, *Aspects*, 45, Fn. 3 (etr. Medium wegen lat. *-e-*).

[172] Zum Schwanken *-ae-/-e-* prinzipiell s. Kap. B.1.1.1.4.; doch ist bei Annahme etr. Vermittlung eines gr. Wortes unbedingt auf den anzusetzenden gr. Basislaut, im vorliegenden Fall wohl -ᾱ-, Bedacht zu nehmen; vgl. oben im Text.

Zus.[173]: Phon.: Gr. anl. στ- > etr.-lat. s- oder t- ohne Parallele.
Gr. -α- in Binnensilbe > etr.-lat. -e- nicht belegt; zu Umlaut im Etruskischen (s.u.W. *lemurēs*) liegt kein Anlaß vor.
Gr. -ov > etr.-lat. -e ohne Parallele[174].

sēria, -ae f.: „großes irdenes Gefäß, Tonne, Faß, großer Krug" (*WH* s.v.); seit *Plt.* [??]

Lit.: *WH* l.c.; *LE* s.v. *pīlentum*; *EM* s.v.

Nach *LE* l.c. vielleicht wegen gr. λ > lat. *r* über etr. Medium aus gr. σήλια·τὰ μικρὰ πιθάρια, καὶ σκεῦος ἀρτοποιητικόν *Hes.*, also „die kleinen Fäßchen (Krüglein), nämlich ein Gefäß (Gerät) zum Backen", entlehnt (Zitat s.u.W. *cantērius*).

Nach *WH* l.c. Fremdwort aus unbekannter Quelle, eventuell mittelmeerländisch. Nach *EM* l.c. zweifellos Entlehnung aus einer mediterranen Sprache.

Zus.: Phon.: Gegen gr. inl. -λ- > etr. (-lat.) -r- s.u.W. *cantērius*.

sirpe, -is n.: „Saft der Sirpepflanze" (*WH* s.v.); seit *Plt.* Rud. 630. [??]
Nach de Simone, *DGE 1,*140, Herleitung aus gr. σίλφιον, -ου τό „Stinkasant" über etr. Medium nicht vertretbar.

Anders Ernout, *EE*, 121: Er hält wegen des Ausganges *-e* etr. Vermittlung aus gr. σίλφιον für wahrscheinlich (s. aber Fn. 176).

Zus. Lit.: Ernout, *Aspects*, 38 (etr. Vermittlung aus gr. σίλφιον wegen des Ausganges *-e* und des indeklinablen Charakters[175] nicht auszuschließen).

Zus.[176]: Phon.: Gr. inl. -λφ- > etr.-lat. *-rp-* wie auch gr. -ιον > etr.-lat. *-e* ohne Parallelen.

spēlunca, -ae f.: „Höhle, Grotte" (*WH* s.v.); seit *Varro* und *Cic.* [?]
Nach de Simone, *DGE 1,*140, *2,*277, u.ö., Herleitung aus gr. σπήλυγγα, Akk. zu σπῆλυγξ, -υγγος ἡ „Höhle, Grotte" über etr. Medium möglich.

[173] Zum Ausgang auf *-e* bei Wörtern nicht lat. Ursprungs prinzipiell s. Kap. B.1.2.5.; doch sind bei Annahme etr. Vermittlung eines gr. Wortes die jeweils spezifischen lautlichen Gegebenheiten (s. dazu im Text) unbedingt zu berücksichtigen.

[174] Das Wort ist im Lateinischen nicht wie *aplustra* (s.b.W.) in erster Linie im Plural belegt; für die Annahme einer Entlehnung von gr. στέγαστρον nicht im Singular, sondern im Plural στέγαστρα (gr. -α > etr. -a > lat. -a denkbar; s.u.W. *aplustra*) ist somit, anders als bei *aplustra*, kein Anhalt gegeben.

[175] Von „indeklinablem Charakter" kann bei diesem Wort wohl nicht die Rede sein.

[176] Zum Ausgang auf *-e* bei Wörtern nicht lat. Ursprungs prinzipiell s. Kap. B.1.2.5.; doch sind bei Annahme etr. Vermittlung eines gr. Wortes die jeweils spezifischen lautlichen Gegebenheiten (s. dazu im Text) unbedingt zu berücksichtigen.

Zus. Lit.: *LG* §5₂, §158.c., §365.A.3.a. (direkte Entlehnung aus dem Gr.).

Zus.[177]: Phon.: Zu gr. inl. -γ- > etr.-lat. -c- s. *DGE 2*,277.
Anzusetzen wäre etr. ⁺*spelnca*, s. *DGE 2*,277.
Zum Akk. Sg. als Entlehncasus bzw. zur Übernahme der Akkusativendung gr. -α als etr.-lat. -*a* s.u.W. *sporta*.

spintēr/*spinthēr*/*spinctēr*/*sphinctēr*, -*eris n.*: „Armband" (*WH* s.v. *sp(h)incter*), *spintēr, spinthēr* seit *Plt.*; *spinctēr, sphinctēr* seit *Chiron*. [??]

Lit.: Ernout, *Aspects*, 63; *WH* l.c.; *LG* § 165.a.α., § 221.b.; *EM* s.v. *spinter*.

Nach Ernout, *l.c.*, *spintēr* entlehnt aus gr. σφιγκτήρ, -ῆρος ὁ „Schnur, Band, bes. Arm- und Kopfband" u.a., wegen des Genuswechsels zweifellos über etr. Medium (s. aber Fn. 178); vgl. *EM* l.c., wo auf den volkstümlichen Charakter der Entlehnung, erkennbar am Fehlen der Aspirata, an der Reduktion der Gruppe von drei Konsonanten und am Genuswechsel, hingewiesen wird.

Nach *WH* l.c. Entlehnung volkstümlichen Charakters aus gr. σφιγκτήρ ohne Erwähnung etr. Vermittlung; vgl. *LG* ll.cc.

Zus.[178]: Phon.: Gr. anl. σφ- > etr.-lat. *sp-/sph-* nicht belegt; bei direkter, volkstümlicher Entlehnung gr. σφ- > lat. *sp-* ganz regulär, s. *LG* § 165.a.α.; die Form *sphinctēr* wird als originalgetreue Wiedergabe in der Schicht der Gebildeten (s. *LG* § 165.b.) zu verstehen sein.

---

[177] Eine aus dem Griechischen übernommene Vorform zu lat. *spēlunca* findet sich nach unserem Wissen im Etruskischen nicht.
Es ist aber auf die Formen *śpelaneθi CIE* 4538 (*TLE* 570) „in dem, was zum Grabgewölbe gehört" (*DES*, 302), *śpelθ(i) CIE* 4538 (*TLE* 570) bzw. *spelθ CIE* 4541 (*TLE* 626) „im Grabgewölbe" (*DES*, 302) hinzuweisen. Anzusetzen ist eine Basis ⁺*spel(a)* „Höhle, Grabgewölbe" (*DES*, 302).
Es scheint, als habe das Etruskische unabhängig vom Griechischen eine offenbar im mediterranen Raum weiter verbreitete Wurzel ⁺*spel-* „Höhle" o.ä. besessen. (Ob mit Strnad, *Hat die etr. Sprache*, 118, und ders., *Einige Beweise*, 238, georg. [s.u.W. *abdōmen*] *saplavi* „Grab" damit verwandt ist, bleibe dahingestellt.)
Daß diese Wurzel die semantische Spezifizierung zu „Grabgewölbe" erfahren konnte, hat nach Ansicht der Verf. zur Voraussetzung, daß noch zumindest ein anderer Ausdruck für das allgemeinere „Höhle" existierte. Es ist daher schwer einzusehen, warum das Etruskische gr. σπήλυγγα in seinen Wortschatz aufgenommen (und an das Latein weitergegeben) haben sollte. Trotz der im Text im folgenden angeführten, einer Vermittlung nicht widersprechenden lautlichen Gegebenheiten hält Verf. daher Entlehnung von lat. *spēlunca* aus gr. σπήλυγγα über etr. Medium für wenig wahrscheinlich.

[178] Keine Aussagekraft zugunsten etr. Vermittlung besitzt der Genuswechsel: er kann mit dem volkstümlichen Charakter der Entlehnung erklärt werden; s. im Text weiter vorne.

Gr. inl. -γκτ- > etr.-lat. -nct-/-nt-/-nth- nicht belegt; bei direkter Übernahme lat. -nct- möglich, dies des weiteren vereinfacht zu -nt-, s. *LG* § 221.b.

Gr. inl. -τ- > lat. -t-/-th- kein eindeutiger Hinweis auf etr. Lautgebung; s. Kap. B.1.1.2.2. Insbesondere ist zu beachten, daß die wesentlich schlechter belegte Nebenform mit -th- durch Aspiration der falschen Tenuis innerhalb eines Wortes (s. *LG* § 165.c.) erklärt werden könnte.

spinturnīx, -*īcis* f.: „ ‚ein häßlicher, Unglück bedeutender Vogel mit funkelnden Augen', vl. Uhu (*Santra frg. Fest.* p. 330), vgl. *Plin. nat.* 10,36; *spinturnīcium* n. 'Uhu' *Plaut. Mil.* 989 nach *pithēcium*)" (*WH* s.v.). [??]

Nach de Simone, *DGE 1*,140, Herleitung aus gr. σπινθαρίς, -ίδος ἡ „Funke" über etr. Medium nicht vertretbar.

Ernout, *EE*, 97, der *spinturnīx* unter den etr.-lat. Bildungen auf -*rno*- nennt (s. aber weiter unten), denkt an etr. Vermittlung aus gr. σπινθαρίς: „La formation s'expliquerait naturellement par un intermédiaire étrusque, les deux oiseaux (Neben *spinturnīx* ist auch *cocturnīx*[179] genannt; Anm.d.Verf.) ayant dû jouer un rôle dans la science augurale."

Zus. Lit.: Ettmayer, *Der Ortsname Luzern*, 23 (der semantischen Sphäre wegen könnte das Wort mit dem nicht-ie. Suffix aus dem Etr. entlehnt sein[180]); Gerola, *Substrato mediterraneo*, 364 (wegen -*ix* in Verbindung mit der semantischen Kategorie sei mediterraner Ursprung denkbar); *LG* § 292.b. (-*urnīx* sei verbautes -*rn*- bzw. -*erna*; es handle sich vermutlich um ein etruskisches Suffix bzw. seien die *erna*-Feminina etruskische Lehnwörter; zu -*rnīx* s. aber S. 61 Fn. 123).

Zus.: Phon.: Zu gr. -α- in offener Binnensilbe > (wohl auf direktem Weg) lat. -*u*- s.u.W. *crāpula*; zu beachten ist allerdings, daß die betreffende lat. Silbe nicht mehr offen, sondern geschlossen ist; Parallelen hierfür fehlen.

Gr. -θ- > etr. -θ- regulär, s. *DGE 2*,172 f., ebenso etr. -θ- > lat. -*t*-, s. *LG* § 165 ff.

Die Veränderung -ρις > -*rnīx* ist jedoch ohne jede Parallele; zum Ausgang -*rnīx* in *spinturnīx* s. vielmehr S. 61 Fn. 123.

stroppus/struppus, -*ī* m.: „gedrehter Riemen, spez. Riemen der Sänftenträger; aus Bast gedrehter dünner Kranz" (*WH* s.v.); seit *Liv. Andr.* [??]

---

[179] S.b.W.
[180] Vgl. u.W. *sōrix*.

Nach de Simone, *DGE 1,*140, Herleitung aus gr. στροφός, -ου ὁ „das Sichdrehen; Strich, Seil, Band, Gürtel u.a." über etr. Medium nicht vertretbar.

Ernout, *EE,* 106, Fn. 2, schließt, Deecke-Müller, *Die Etrusker* I,258, folgend, etr. Vermittlung nicht aus.

Zus. Lit.: Deecke-Müller l.c. (*struppus* über etr. Vermittlung aus gr. στρόφιον entlehnt); Fohalle, *Sur le vocabulaire maritime,* 287 (direkte Entlehnung aus gr. στρόφος); de Saint-Denis, *Des vocabulaires techniques,* 56 (ebenso); *LG* § 165.a.α. (ebenso; Gemination im lat. Wort unklar).

Zus.: Phon.: Gr. -o- in 1. Silbe > lat. -o- kann auf Vermittlung (etr. -*u*-; s. *DGE* 2,271 ff.) wie auch auf direkter Entlehnung beruhen.

Das Schwanken *o/u* in den lat. Formen ist, da vor mehrfacher Konsonanz auftretend, aus dem Lat. erklärbar, s. Kap. B.1.1.1.1.

Gr. inl. -φ- > etr.-lat. -*pp*- nicht belegt.

surēna, *-ae f.:* „eine uns unbekannte Art der Konchylien"[181] (*WH* s.v.); seit *Varro* L.L.5, 77. [??]

Lit.: Ernout, *EE,* 93; Alessio, *Lat. surēna; WH* l.c.; *LE* s.vv. *sōlēna, pīlentum; EM* s.v.

Ernout, *l.c.,* ist geneigt, mit *Varro* l.c. („*vernacula (scil. vocabula piscium) ad similitudinem ut surenae, pectunculi, ungues.*") an Zusammenhang mit *sūra* zu denken, zieht jedenfalls wegen -*ena*[182] etr. Einfluß, eventuell auch etr. Herkunft in Betracht. Es ist jedoch zu bedenken, daß sich zugunsten dieser einzig auf den problematischen Ausgang auf -*ena* (s. Kap. B.1.2.1.2.3.2.2.) gestützten Auffassung einer Herkunft von lat. *surēna* aus dem Etr. keinerlei weitere Stütze, auch nicht die semantische Kategorie, der das Wort zugehört (Namen von Schalentieren zählen nicht zu den typischen aus Etrurien nach Rom gelangten Ausdrücken), anführen läßt; sie ist daher mangels überzeugender Beweise abzulehnen.

Nach *WH* l.c. Herkunft ungeklärt, eventuell mit *Varro* l.c. zu *sūra* zu stellen; etr. Herkunft (Ernout, *l.c.*) sei unbegründet.

EM l.c. zitiert *Varro* l.c.; darüberhinaus kein Kommentar zur Etymologie des Wortes.

Abweichend von den eben angeführten Deutungen *LE* s.v. *pīlentum:* Viel-

---

[181] Die gleichlautende Bezeichnung des höchsten parthischen Würdenträgers hat nach Ernout, *EE,* 92, und *EM* s.v. fernzubleiben.
[182] Nach Ernout, *l.c.,* wie auch nach *EM* l.c. -*ena,* nicht wie bei *WH* l.c. -*ēna.*

leicht wegen gr. -λ- > lat. -r- über etr. Medium aus gr. σωλῆνα, Akk. zu σωλήν, -ῆνος ὁ „Röhre, Rinne, Kanal", auch „Muschelart", entlehnt (Zitat s.u.W. *pīlentum*). *O.c.*, s.v. ⁺*sōlēna*, erwähnt Alessio allerdings etr. Vermittlung aus gr. σωλῆνα mit keinem Wort. Vgl. auch ders., *Lat. sūrēna: Sūrēna* entlehnt aus gr. σωλῆνα, „con raccostamento paretimologico al lat. *sūra* ‚polpaccio', richiamato dalla duplice accezione che ha il lat. *perna* ‚gamba (coscia e polpaccio)' e ‚nome di una conchilia' ..."

> Zus.[183]: Phon.: Gegen gr. inl. -λ- > etr. (-lat.) -r- s. genauer u.W. *cantērius*.
> Zum Akk. Sg. als Entlehncasus bzw. zur Übernahme der Akkusativendung gr. -α als etr.-lat. -*a* s.u.W. *sporta*.

taeda/*tēda (daeda Gl.* 2, 496, 53), *-ae* f.: „‚‚Kiefer, Kienholz, Kien; Fackel aus Kienspan', dicht. ‚Hochzeitsfackel, Hochzeit'" (*WH* s.v.); seit *Enn*. [?]
Nach de Simone, *DGE 1,*141, *2,*102, Fn. 49, Herleitung aus gr. δαῖδα, Akk. zu δαῖς, -ίδος ἡ „Kienholz, Fackel", über etr. Medium nicht vertretbar.

> Zus. Lit.: Ettmayer, *Der Ortsname Luzern*, 25 f. (etr. Vermittlung aus gr. δᾷδα wegen gr. δ- > lat. *t*- und da angeblich etr. Handelsherren maßgeblich am Export von Kienholz aus den Alpen nach Italien beteiligt gewesen wären und somit auch der Bezeichnung für dieses wichtige Handelsgut ihren Stempel aufgedrückt hätten[184]); *LG* § 79.b.; § 365.A.3.c. (Entlehnung von *taeda* aus gr. δαῖδα [δᾷδα] sei ganz unsicher; keine Erwähnung etr. Vermittlung).
> Zus.: Phon.[185]: Zu gr. anl. δ- > etr.-lat. *t*- s. *DGE 2,*278.
> Zum Schwanken *t/d* in den lat. Formen s. Kap. B.1.1.2.1.; doch scheint *daeda* gräzisierende Form zu sein.
> Gr. -αϊ- in 1. Silbe > etr. -*ai*- belegt, s. *DGE 2,*23; das Schwanken *ae*/*ē* kann auf innerlat. Lautentwicklung bzw. Lautgebung, eventuell auch auf zweifache Entlehnung aus dem Etr. zu verschiedenen Zeiten zurückgeführt werden (vgl. u.WW. *muraena, scaena*): etr. -*ai*- > lat. -*ai*- > -*ae*- (s. *DGE 2,*283) > -*ē*-; oder auch etr. -*ai*- > -*ei*- > -*e*- > lat. -*ē*-, -*ae*- hyperurbanistisch; oder eventuell auch

---

[183] Von einem etr. Ausgang auf -*ēna* kann natürlich in Hinblick auf die von Alessio, *l.c.*, angesetzte Basis gr. σωλῆνα nicht die Rede sein; vgl. Kap. B.1.2.1.2.3.2.2. Zum semantischen Aspekt, der der Annahme etr. Vermittlung eines gr. Wortes durchaus nicht förderlich ist, s. im Text weiter vorne.

[184] Unter dem Einfluß der Theorie der „Alpenetrusker" ist Ettmayer in dem zitierten Aufsatz bekanntlich bemüht, den Nachweis etruskischer Sprachrelikte aus dem Alpenraum und aus Gebieten jenseits der Alpen zu erbringen; vgl. *o.c.*, 22,38.

etr. -*ai*- > lat. -*ai*- > -*ae*- und Entlehnung der Form auf -*ē*- ebenfalls aus dem Etr., allerdings später (etr. -*ai*- > -*e*- > lat. -*ē*-). S. zur angesprochenen Monophthongierung von *ai* im Lat. und im Etr. sowie zum Schwanken *ae/ē* in den lat. Formen Kap. B.1.1.1.4. Allerdings ist auch direkte Entlehnung aus dem Gr. nicht auszuschließen.

Zu gr. inl. -δ- > lat. -*d*-: Der als Media erscheinende zweite Konsonant muß nicht gegen etr. Vermittlung sprechen; s.u.W. *agaga*. Zu überlegen wäre auch — berücksichtigt man, daß im lat. Lexikon nur ein Stamm *taed*- (*taedet, taedium* ...), nicht auch ein Stamm *taet*- aufscheint —, ob nicht im Lateinischen sekundär die etr. Tenuis nach dem Muster von *taed*- erweicht wurde.

Zum Akk. Sg. als Entlehncasus bzw. zur Übernahme der Akkusativendung gr. -α als etr.-lat. -*a* s.u.W. *sporta*.

tapēte *(tappēte Plt.), -is n.* seit *Caecil.*; *tappētum/tapētum n.* seit *Plt.*; *tapēta? f. Enn.* frg. inc. 38; *tapēs, -etis m.* seit *Verg.*: „Teppich, Decke" (*WH* s.v.). [??]

Lit.: Ernout, *EE*, 121; Ernout, *Aspects*, 45, Fn. 3; *WH* l.c.; *LG* § 275.E.; *EM* s.v.

Ernout, *EE*, 121, spricht sich wegen des Ausganges -*e* für eventuelle Vermittlung des gr. Wortes τάπης, -ητος ἡ „Teppich, Decke" über etr. Medium aus (s. aber Fn. 186); vgl. ders., *Aspects*, 45, Fn. 3.

Nach *WH* l.c. Entlehnung aus gr. τάπης m., τάπις (δάπις) f. ohne Erwähnung etr. Vermittlung. Nach *LG* l.c. lat. *tapētia* (n. Pl.) entlehnt aus einer nicht belegten Deminutivform auf -ιον zu οἱ τάπητες; zu *tapētia* sei der Sg. *tapēte* hinzugebildet worden. Vgl. *EM* l.c.

Zus.[186]: Phon.: Gr. ausl. -α (im Akk. τάπητα) > etr.-lat. -*e* ohne Parallele; zum Ausgang -*e* s. auch Fn. 186. Wollte man statt von τάπητα, dem Akk. zu τάπης, von τάπιδα, dem Akk. zu τάπις, ausgehen, käme zu der eben genannten nicht belegten Veränderung gr. ausl. -α > etr.-lat. -*e* noch eine zweite über etr. Vermittlung nicht erklärbare hinzu, nämlich die von gr. -ι- in Binnensilbe > etr.-lat. -*ē*-. Vom Nominativ τάπης oder τάπις auszugehen, erweist sich ebenfalls als nicht zielführend, da eine Lautentwicklung gr. -ης (-ις) > etr.-lat. -*ēte* nicht belegt und auch nicht gut denkbar ist.

[185] Zum Schwanken *ae/e* s. im Text weiter unten.
[186] Zum Ausgang auf -*e* bei Wörtern nicht lat. Ursprungs prinzipiell s. Kap. B.1.2.5.; doch sind bei Annahme etr. Vermittlung eines gr. Wortes die jeweils spezifischen lautlichen Gegebenheiten (s. dazu im Text) unbedingt zu berücksichtigen.

tribus, *-ūs f.*: „ein Drittel des römischen Volkes; Gau, Bezirk für Steuererhebung und Aushebung; Zunft; Volk, Pöbel" (*WH* s.v.); seit *Enn.* und *Plt.* [??]

Lit.: *WH* l.c.; *LE* s.v.; *EM* s.v.; Volkmann, *KP* s.v. *tribus*; Strnad, *Nochmals zum Methodenproblem*, 282.

Alessio, *LE* l.c., erwägt in Anbetracht verschiedener Umstände — lat. *tribus* finde außer im Umbrischen (*trifu, trifo* Akk. Sg.) keinerlei Anknüpfung (die vergleichbaren kelt. Wörter dürften Entlehnung aus dem Lateinischen sein; vgl. *WH* l.c.); eine Einteilung des Volkes in drei Tribus sei bei den Griechen gebräuchlich gewesen; die Einrichtung von drei Tribus in Rom sei zur Zeit stärksten politischen und kulturellen Einflusses von seiten der Etrusker erfolgt — für lat. *tribus* (wie auch für die entsprechenden umbrischen Formen) Vermittlung von gr. +τριφυῖα „tripartizione" (vgl. διφυῖα „bipartizione" von διφυής „di duplice natura, di duplice razza" neben διφύιος „διπλοῦς", bzw. vgl. τριφυόν·τριπλοῦν *Hes.*) über etr. Medium (etr. +*trifu,* +*trifu-i* f.[187] für ursprüngliches +*trifui-a*); auch die Suffixe der Ableitungen *tribūlis* (< genetivisch-adjektivisch +*trifu-l*), *tribūnus* (< adjektivisch +*trifu-na*), *tribūnal* (< genetivisch-adjektivisch +*trifuna-l*) wiesen auf das Etruskische.

Alessios Theorie fordert Kritik heraus: Zum Ansatz einer etr., angeblich femininen Form +*trifu-i* wurde schon Stellung genommen (s. Fn. 187); überhaupt wird Wiedergabe von gr. +τριφυῖα durch etr. +*trifu-* von vornherein nicht anzunehmen sein, vielmehr scheint gr. φ im Etr. im allgemeinen als *ph* auf (s. *DGE* 2,172; vgl. weiter unten unter „Phon."). Und schließlich entbehrt die Rückführung von lat. *tribūlis* auf „etr. +*trifu-l* gen.-agg." ebenso der Grundlage wie die von lat. *tribūnal* auf „+*trifuna-l* gen.-agg.". Einzig gegen die Herleitung von lat. *tribūnus* aus etr. „+*trifu-na* agg." ist von seiten der etr. Formenlehre nichts einzuwenden, doch wird eher eine ie. Bildung vorliegen, s. *LG* § 290.d., 294.1.; *EM* l.c.; vgl. Kap. C.4.1.5.

Nach *WH* l.c. (mit Literatur) sei *tribus* auf „ital. +*tribhu-* vermutlich urspr. ,Drittel' (dann mit verblaßter Zahlbed., wie ,Viertel' = ,Stadtteil, Quartier'), zu +*tri* ,drei' und +*bhū,* +*bheu̯ā-* (s. *fuī, fore*)" zurückzuführen; vgl. *EM* l.c., zurückhaltend Volkmann, *l.c.*

Phantastisch Strnad, *l.c.*: *trib-* in etr.-lat. *tribus, tribūnus, tribūtum* sei auf arab. (s.u.W. *abdōmen*) ḍarība „Abgabe, Steuer" zurückzuführen.

Zus.: Phon.: Gr. +τριφυῖα > etr. +*trifuia* ohne Parallele (s.o.); denkbar wäre Übernahme als etr. +*triφuia* (zu gr. inl. -φ- > etr. inl. -φ- s. *DGE* 2,172; zu gr. -ῖα > etr. -*ia* s. *DGE* 2,116 f.), eventuell als

---

[187] Sic. Es möge genügen festzuhalten, daß das Etruskische m. und f. Genus ausschließlich bei Personenbezeichnungen unterscheidet (s. *DES* § 39).

⁺*triφua* (s. *DGE*, 117) oder auch als ⁺*tripuia,* ⁺*tripua* (s. *DES* § 16.c.; vgl. ausführlicher *DGE* 2,176; mit dem Ansatz einer Form etr. ⁺*tripuia* oder ⁺*tripua* ist aber auch der Weg zu den umbrischen Formen auf -*f*- zumindest problematisch geworden[188]). Wiedergabe von etr. *p* mit lat. *b* ist nicht auszuschließen (s.u.W. *agaga*), ist jedoch nicht als regulär zu bezeichnen.

Ohne jede Parallele bleibt hingegen der Abfall von etr. -*ia* (-*a*) bereits im Etr. oder bei der Übernahme ins Lateinische.

Zu alledem beruhen Alessios Überlegungen auf einer bloß erschlossenen gr. Form.

Seine Hypothese ist daher abzulehnen.

triumpus/*triumphus*/*triumfus, -ī m.:* „Siegeseinzug, Triumph" (*WH* s.v. *triumpe*); *triumpus* alt nach *Cic. Or.* 160, *Quint. Inst.* 1,5, *Carm. Arv.*; *triumphus* seit *Enn.* und *Plt.*; *triumfus Mart. Cap.* [+]

Nach de Simone, *DGE 1*,141 f., *2*,276, u.ö., Herkunft aus gr. θρίαμβος, -ου ὁ „Beiwort des Dionysos; Festlied und Festzug für Dionysos" u.a. über etr. Medium als sicher anzusehen.

Etr. Vermittlung aus gr. θρίαμβος zieht auch Ernout, *EE*, 87 f., in Betracht, und zwar wegen gr. -β- > etr.-lat. -*p*-/-*ph*-; zudem scheine die Institution selbst etr. Ursprungs zu sein[189].

Zus. Lit.: Van Windekens, *Gr.* θρίαμβος (lat. *triump[h]us* sei wie gr. θρίαμβος aus dem „Pelasgischen" herzuleiten[190], und zwar von pelasg. ⁺*tr*-, der Schwundstufe zu ie. ⁺*ter*- „passer par-dessus ou à travers, franchir etc." [*o.c.,* 492], so daß sich als Grundbedeutung für θρίαμβος und *triump(h)us* ergäbe „défilé en l'honneur d'un vainqueur" [*l.c.*].); Durante, *Triumpe* (auf gr. θρίαμβος oder ⁺τρίαμφος zurückzuführen; Ablehnung etr. Vermittlung); Wallisch, *Name* (ohne etr. Medium aus gr. θρίαμβος entlehnt); Ernout. *Aspects*, 62 (Entlehnung aus gr. θρίαμβος, zweifellos über etr. Vermittlung); *LG* § 164.b.β. (lat. *triumpe* wegen β > *p* wohl über etr. Vermittlung

---

[188] Es könnte unter Umständen daran gedacht werden, daß das -*f*- noch im Etr. selbst im Zuge jenes späten und regional beschränkten Lautwandels *p* > *ph* > *f* in der Nähe von Liquiden oder Nasalen (s. *DES* § 17) entstanden sei.

[189] Von der Mehrzahl der Autoren wird dem röm. Triumph zumindest eine etruskische Komponente zugeschrieben. S. dazu unter anderen Leifer, *Studien*, 82, Fn. 1, mit älterer Literatur; Kornemann, *Heilige Städte*, 109 f.; Wallisch, *Name*, 245, Fn. 1; Versnel, *Triumphus*, 56 ff.; Bonfante-Warren, *Roman triumphs*; Lemosse, *Les éléments techniques*. Anders etwa Weege, *Über die Herkunft*; Durante, *Triumpe*; Wallisch, *Name*.

[190] Gegen diese Herleitung s.z.B. Versnel, *Triumphus*, 52 f.

aus gr. θρίαμβος; nicht auf etr. Einfluß wird § 166 die nachträgliche „spontane Aspiration" sowie § 92.A. die Vokalschwächung *u* statt *e* aus α[191], die vereinzelt vor zweifacher Konsonanz (*mn, pt*) auftrete, zurückgeführt; vgl. S. 234).

Bonfante-Warren, *Roman triumphs*, die voretruskische, etruskische und hellenistische Elemente im römischen Triumph unterscheidet, schließt sich der gängigen Meinung an, *triump(h)us* sei (wegen β > *p*, eventuell auch wegen α > *u*) über etr. Vermittlung aus gr. θρίαμβος herzuleiten; für etr. Medium könnte auch die Form *triumpe Carm. Arv.* sprechen, die bereits von den Römern fälschlich als Vokativ oder Imperativ interpretiert wurde, aber eher wohl einen etr. maskulinen Nominativ darstelle[192]. „The climax of the *Carmen Arvale* and the triumphs would then originally have been not an acclamation (vocative) or an exhortation (imperative), but an exclamation in Etruscan; something like our ‚Hurray!'[193]" (*O.c.*, 112.) Θρίαμβος selbst sei ie. Herkunft und etwa als „three-step" (*o.c.*, 113) zu deuten, so daß Bonfante-Warren behaupten zu dürfen meint, „... the text of the Arval Brothers' ritual seems to contain a translation of the foreign technical word *triumpe*: it is its Latin equivalent, *tripudium*. The word is used in the verbal form *tripodare*: ‚tripodaverunt in verba haec...' ..." (*O.c.*, 115.) Die Tänzer hätten mit „*triumpe*" die zu tanzenden Schritte ausgerufen[194].

Versnel, *Triumphus*, sieht im röm. Triumph „an ancient sacral ceremony which was introduced into Rome via Etruria." (*O.c.*, 7.) Auch er hält einen Zusammenhang zwischen gr. θρίαμβος und lat. *triumphus* für sicher, zieht allerdings der üblichen Interpretation einer Herleitung von *triumphus* aus θρίαμβος über etr. Medium die Hypothese vor, gr. θρίαμβος, ein Kultname des Dionysos, zurückgehend auf θρίαμβε, „a ritual exclamation" (*o.c.*, 28), womit der Gott aufgefordert wurde zu erscheinen und womit seine Epiphanie

---

[191] Vgl. Durante, *Triumpe*, 139; Wallisch, *Name*, 245, Fn. 1. S. aber dazu de Simone, *DGE 2*, 276.

[192] Bonfante-Warren denkt offenbar an den Nominativ eines Eigennamens, wie *o.c.*, 112, Fn. 19, zeigt.

[193] Verf. muß gestehen, daß sie diesen Gedankengängen nicht zu folgen vermag: Entweder handelt es sich um einen Eigennamen oder Götternamen, oder es handelt sich um eine „exclamation ... like ‚Hurray!'". Vielleicht denkt Bonfante-Warren an eine schon im Etruskischen eingetretene Umfunktionierung eines Eigen- (Götter-?)-namens zu einem Jubelruf; doch ist eine solche Möglichkeit nirgends angedeutet.

[194] Wie diese Deutung mit der zuvor geäußerten (maskuliner Personenname, Jubelruf) zu vereinigen sei, bleibt im dunkeln.
Zu de Simones Interpretation von lat. *triumpe* s. S. 235 Fn. 196.

begrüßt werde, wie auch etr.-lat. *triump(h)us*, gebildet zu dem auf das Etruskische zurückgehenden Ausruf *triumpe*, welcher am Schluß des *Carm. Arv.* wohl eine Anrufung der Semones darstelle, im „*io triumpe*" der Triumphzüge das Erscheinen des Jupiter und *rex* begleite[195], seien unabhängig voneinander aus einer prähellenischen Sprache entlehnt worden. Damit sei eine Erklärung dafür gegeben, daß das über das Etruskische ins Latein gedrungene Wort jeden Zusammenhang mit Dionysos verloren habe.

Szemerényi, *The Origins*, 318, befürwortet die Auffassung, es handle sich bei *triumphus* um Entlehnung aus gr. θρίαμβος über etr. Medium.

So auch *LG* § 164.b.β. (wegen gr. β > lat. *p*; kein Kriterium zugunsten etr. Vermittlung stellten die Lautveränderungen gr. θρ- > lat. *tr*- sowie gr. α > lat. *u* dar; s. *LG* § 165.a. bzw. § 92.A.; vgl. S. 233).

Zus.: Phon.: Gr. anl. θρ- > lat. *tr*- sowohl bei direkter Entlehnung (s. *LG* § 165.a.) als auch bei etr. Vermittlung (s. *DGE* § 231) möglich.

Zu gr. -α- in geschlossener Binnensilbe > etr.-lat. -*u*- s. *DGE* 2,276 (ohne etr. Vermittlung wäre +*triembus* wie τάλαντον > *talentum*, Τάραντ- > *Tarent-* zu erwarten); vgl. Versnel, *o.c.*, 49 f.; anders, d.h. ohne Heranziehung etr. Vermittlung, Durante, *o.c.*, 139; Wallisch, *o.c.*, 245, Fn. 2; *LG* § 92.A.; s. S. 232 ff.

Die Möglichkeit einer innerlateinischen Veränderung gr. -αμβ- > lat. +-*umb*- (eventuell über von de Simone, *l.c.*, vorgeschlagenes +-*emb*-) kann nach Ansicht der Verf. nach dem Ausweis von *condumnāri* und *surruptus* (vgl. Durante, *l.c.*, *LG* l.c.) nicht ausgeschlossen werden; doch ist in diesem speziellen Fall angesichts der anderen auf etr. Medium deutenden Kriterien der Annahme einer Umgestaltung gr. -αμβ- > lat. -*ump*- über etr. Vermittlung der Vorzug zu geben.

Zu gr. inl. -β- > etr.-lat. -*p*- s. *DGE* 2,276; vgl. Bonfante-Warren, *o.c.*, 111 (s. S. 233); *LG* § 164.b.β. (s. S. 232f.).

Zum Wechsel -*p*-/-*ph*-/-*f*- in den lat. Formen s. Kap. B.1.1.2.2.; -*f*- allerdings erst spät (*Mart. Capell.*) bezeugt.

Gr. -ος > etr. -*e* > lat. -*us* ganz regulär, s. *DGE* 2,94 f. Anzusetzen wäre demnach eine Entwicklung gr. θρίαμβος > etr. +*tri*$^{(u)}$*mpe* (+*triumpe*) bzw. +*θri*^{u}*mpe* (+*θriumpe*) (s. *DGE* 2,276; 278) bzw. unter Berücksichtigung einer nachträglichen Behauchung des *p* im

---

[195] Vgl. de Simones Interpretation von lat. *triumpe*; s. S. 235 Fn. 196.

Etruskischen (s. *DES* § 16.c.), ⁺t/θri⁴mφe (⁺t/θriumφe) > lat. *trium-p(h)us*[196].

tropaeum/trophaeum, -ī n.: Siegeszeichen, Trophäe; *tropaeum* seit *Acc.*; *trophaeum* seit *Sil.* [??]

Lit.: Ernout, *EE*, 87f.; *LG* § 165.c.; *EM* s.v.[197]

Ernout, *l.c.*, zieht wegen p/ph etr. Vermittlung aus gr. τροπαῖον, -ου τό „Siegesdenkmal" in Betracht.

Nach *EM* l.c. und *LG* l.c. Entlehnung aus gr. τρόπαιον ohne Erwähnung etr. Mediums.

Zus.: Phon.: Gr. inl. -π- > lat. -p-/-ph- kein eindeutiger Hinweis auf etr. Lautgebung; s. Kap. B.1.1.2.2.. Die Aspiration in *trophaeum* könnte auf hyperurbane Aussprache oder Volksetymologie zurückzuführen sein (s. *LG* l.c.).
Gr. αι > lat. *ae* regulär, s. *LG* §85.C.; Umweg über etr. *ai* > lat. *ae* (s. etwa *DGE* 2,283) nicht nötig.

tūs/thus, Gen. *tūris* n.: „Weihrauch" (*WH* s.v.); seit *Plt.* [??]

Lit.: Nehring, *LB Lat. Gr.*, Glotta 16,239; *WH* l.c.; *LG* § 330.C.Zus.; *EM* s.v.

Nehring, *l.c.*, zieht ohne Angabe von Gründen etr. Vermittlung aus gr. θύος, -ους τό „Räucherwerk, Rauchopfer, Opfer" in Betracht.
Nach *WH* l.c. synkopiert aus ⁺tuu̯os, dies direkt entlehnt aus gr. θύος; nach *EM* l.c. direkte oder indirekte Entlehnung aus gr. θύος; nach *LG* l.c. über ⁺thuos > ⁺tuus ohne Vermittlung aus gr. θύος entlehnt.

Zus.: Phon.: Gr. anl. θ- > lat. *t-/th*-kein Hinweis auf etr. Vermittlung; s. Kap. B.1.1.2.2.
Gr. -υο- in 1. Silbe > etr. -u- ohne Parallele.

ulna, -ae f.: „„Ellenbogenknochen; der ganze Arm, kleines Ellenmaß als halber *cubitus*, = 1/4 *passus* oder 0,370 m', entsprechend dem gr. πυγών oder der ὠλένη" (*WH* s.v.); seit *Catull* und *Verg.* [?]

---

[196] Da eine Veränderung von etr. -e zu lat. -us als der Regelfall anzusehen ist, vertritt de Simone, *DGE* 2,95, die Ansicht, *triumpe* des *Carm. Arv.* könne nicht direkt etr. ⁺triumpe (bzw. Variationen) < gr. θρίαμβος wiedergeben, sondern sei wohl zunächst Vokativ gewesen. Vgl. dazu Versnel, *o.c.*, 34ff.; anders Bonfante-Warren, *o.c.*, 112ff. (s.o. im Text weiter vorne).
[197] Bei *WH* fehlt das Wort.

Nach de Simone, *DGE 1*,142, *2*,272, 275 f., Herleitung aus gr. ὠλένᾱ, -ᾱς ἡ „Ellbogen, Arm, Hand" über etr. Medium möglich.
Ebenso bereits Ernout, *EE*, 121.

Zus. Lit.: *LG* § 103.a., § 216.b. (*ulna* mit ὠλένη verwandt, aber nicht daraus entlehnt).

Zus.[198]: Phon.: Gr. anl. ω- > lat. *u-* sowohl über etr. Vermittlung (etr. *u-*) wie auch direkt möglich; s. *DGE 2*,271 f.

Synkope des gr. -ε- in Binnensilbe sowohl durch etr. Vermittlung (Initialakzent, s. *DGE 2*,91 f.) als auch ohne diese erklärbar; s. *DGE 2*,275 f[199].

ulucus[200] (*alucus*[201]/*uluccus*/*oluccus*), *-ī m.*: „„Kauz, Eule, Strix flammea L.'? s. Bertoldi *StIFCl.n.s.7*,256 f. (*Serv.* Verg. ecl. 8, 55, wo l.v. *alucus*, *Gl.*, rom. [*-cc-*])" (*WH* s.v.). [??]

Lit.: Ettmayer, *Der Ortsname Luzern*, 24 f.; *WH* l.c.; *LE* s.v. *ulūcus*; *EM* s.vv. *ulucus, ulula*.

Ettmayer, *l.c.*, ist geneigt, *uluccus*, ⁺*aluccus*[202] gr. ὀλολυγών, -όνος ἡ „Klage- und Freuden(ge)schrei; Käuzlein oder Laubfrosch oder ein anderes Tier mit ähnlich intensiver Stimme" zugrundezulegen, das über etr. Vermittlung ins Lateinische gelangt sei: „Nehmen wir nun an, die Etrusker (die kein *o* gekannt zu haben scheinen!) hätten das schon von Forcellini herangezogene ὀλολυγών ‚Klage- oder Liebesschrei von Tieren' (bei *Theokrit* auch ein entsprechendes Tier selbst, sei es ‚Kauz', sei es ‚Frosch') den Römern

---

[198] Von einem etr. *na*-Suffix kann in Hinblick auf die wahrscheinlich anzusetzende Basis gr. ὠλένᾱ nicht die Rede sein; vgl. Kap. B.1.2.1.2.3.2.1.

[199] Die Annahme, es handle sich um ein Erbwort, scheint der Annahme einer Entlehnung prinzipiell vorzuziehen zu sein, da das Wort einen Körperteil bezeichnet, welche Kategorie von Wörtern im allgemeinen nur wenige Entlehnungen aufzuweisen hat (s.z.B. Nehring, *Gr.* τίταξ, 177: „Entlehnungen für Bezeichnungen von Körperteilen sind ... wenig wahrscheinlich"; vgl. u.WW. *poples* und *palatum*; s. aber auch u.W. *frōns* „Stirn" bzw. im folgenden und S. 542 Fn. 22), und da es sich um einen in den ie. Sprachen in verschiendenen — und lautlich nicht immer einwandfrei erklärbaren — Ausformungen vertretenen Stamm handelt (s. *WH* l.c. und *EM* l.c.). Die an diesem Wort feststellbaren phonetischen Kritierien lassen alllerdings beide Möglichkeiten — Erbwort oder Übernahme aus dem Griechischen durch etr. Vermittlung — offen, schließen sogar eine dritte nicht aus, die der direkten Übernahme aus dem Griechischen (s. im Text weiter vorne).

[200] Nach *LE* s.v. *ulūcus* wie *ai-úlūkaḥ* „Kauz" mit langem zweitem -*ū*-.

[201] S. dazu Fn. 202.

[202] Die Form *alucus* sei, so Ettmayer, *o.c.*, 24 f., nach dem Zeugnis mehrerer italien. Dialekte in ⁺*aluccus* zu korrigieren.

übermittelt, so konnten diese ganz wohl ein lat. *(ul)uluccus* oder *(al)aluccus* daraus bilden." (*O.c.*, 25.)

Nach *WH* l.c. zu *ulula* „Kauz", *ululāre* „heulen" zu stellen; Ettmayers Deutung wird abgelehnt[203].

Auch *EM* ll.cc. stellt *ulucus* zu onomatopoetischem *ulula* und *ululāre*; die Formen mit *-cc-* seien auf expressive Gemination zurückzuführen.

So auch *LE* l.c.; die Form *alucus* wird durch volksetymologische Kontamination von *uluccus* mit *āla* erklärt; Ettmayers Interpretation sei als verfehlt zu bewerten.

Zus.: Phon.: Gr. ὀλολυ- > etr.-lat. *ulu-* oder *alu-* ohne Parallele bzw., sollte Ettmayer an Abfall des ersten ὀλ- gedacht haben, gr. anl. o- > etr.-lat. *ŭ-* (*uluccus*) oder *a-* (*alucus*) nicht belegt (gr. anl. o- > etr.-lat. *ŭ-* allerdings nicht gänzlich auszuschließen, s. *DGE* 2,275); belegt ist einzig gr. anl. o- > etr.-lat. *ŏ-* (*oluccus*); s. *DGE* 2,271 ff. Zum Schwanken *u-/o-* in den lat. Formen s. Kap. B.1.1.1.1.; man beachte jedoch auch die damit durchaus nicht in Einklang zu bringende Form *alucus*.

Zu gr. inl. -γ- > etr.-lat. *-c-* s. *DGE* 2,278 f.; *-cc-* wäre auf innerlateinische expressive Gemination (s. *EM* s.v. *ulucus* und *LE* l.c.) zurückzuführen.

Gr. -ων, im Etr. vertreten durch *-u, -un, -um, -unu* (s. *DGE* 2,133 ff.) > lat. *-us* ohne Parallele.

C.1.1.2. *Aus dem Etruskischen übernommene Wörter nicht griechischer Herkunft*

C.1.1.2.1. *Anknüpfung an etruskisches Wortmaterial möglich oder sicher*

C.1.1.2.1.1. *Vorhandensein morphologischer Kriterien*

C.1.1.2.1.1.1. *Vorhandensein spezifischer Aussagen antiker Autoren*
fabulōnia, lanius (laniēna, lanista)

fabulōnia, *-ae f.:* „ὑοσκύαμος" Diosk. 4,68 W; Ps.-Apul. Herb. 5. [?]

Lit.: Bertoldi, *Nomina Tusca*, 297 f.; *WH* s.v. *faba*; *EM* s.v. *faba*; Strnad, *Die doppelte Sprachverwandtschaft*, 480; ders., *Nochmals zum Methodenproblem*, 282.

---

[203] Abgelehnt wird auch die Deutung Bertoldis, *l.c.*, der *ulucus* als Kreuzung von *ulula* und *alucus* (zu ⁺*al-* „weiß", d.h. *alucus* „weißer Vogel") betrachtet: s. dagegen auch *LE* l.c.

Sowohl Wortstamm wie auch Ableitung werden von *WH* l.c. aus dem Indoeuropäischen erklärt: *Fabulōnia* sei aus *fabulus*, Dem. zu *faba* aus ⁺*bhabhā*, „redupliz. Lallwort, das etwas Schwellendes bezeichnet", herzuleiten.

EM l.c. führt *faba*, „mot de la langue de civilisation du nord-ouest de l'Europe", auf ⁺*bhabo*[204] zurück, ein Kommentar zur Bildungsweise von *fabulōnia* fehlt.

Bertoldi, *l.c.*, hingegen möchte dem Ausgang von *fabulōnia* (s. weiter unten unter „Morph."), wenn nicht dem ganzen Wort etruskische Herkunft zuschreiben.[205]

Zus.: Etr. Par.: Belegt sind das GN m. *fapi CIE* 1290 (*TLE* 471) und das CN (? S. Rix, *DEC*, 284ff.) m. *faplniś CIE* 2112. Letzteres könnte — wie Verf. von Herrn Prof. Pfiffig aufmerksam gemacht wird — durch zweimalige Synkope aus ⁺*fap-(u)-l-(u)-ni*, woraus lat. *fabulō-ni-*, entstanden sein. Die Bedeutung von *fapi* bzw. *faplniś* ist unbekannt.

Denkbar wäre, daß das Etruskische wie das Lateinische zur Bezeichnung der Bohne einen Stamm ⁺*fa*+Labial besaß, eventuell auf das gleiche weitverbreitete Substrat-Grundwort zurückgehend. Oder das Etruskische konnte das Wort *faba* aus dem Lateinischen entlehnt und — vielleicht zur Bezeichnung einer speziellen Bohnensorte — mit suffixaler Erweiterung wieder an das Lateinische zurückgegeben haben. Vorstellbar wäre eventuell noch eine lat.-etr. Hybridbildung, was aber nur dann möglich erscheint, wenn *-ōnia* die Latinisierung eines gebräuchlichen etruskischen Pflanzennamensuffixes darstellte, was nicht erweislich ist.

Morph.: Zu *-ōnia* s. Kap. B.1.2.1.2.3.4.

Ant. Aut.: *Diosk*. 4,68 W; *Ps. Apul*. Herb. 5; s.S. 130 (direkt; s. aber S. 133).

lanius, -ī m.; **laniō**, -ōnis m.: „Fleischer, Schlächter, Metzger; Henker" (*WH* s.v. *laniō*); *lanius* seit *Plt.*; *laniō* seit *Petron*. [?]

laniēna, -ae f.: „Fleischbank; Zerfleischung" (*WH* l.c.); seit *Plt.* [+]

---

[204] Von *WH* l.c. ausdrücklich abgelehnt.
[205] Nach Strnad, *Nochmals zum Methodenproblem*, 282 (vgl. ders., *Die doppelte Sprachverwandtschaft*, 480) sei etr. *phabulonia*, woraus lat. *fabulōnia*, auf aram. (s.u.W. *abdōmen*) pwl, arab. *fūl* „Bohne" („statt langes *ū* bzw. *w* im Etruskischen *abu*") zurückzuführen. Völlig ohne Anhalt.

lanista (*lanistra Gl.* 5,111,14; 111,15; 602,65), *-ae f.*: „Gladiatorenmeister, Abrichter der Kampfhähne, Verhetzer" (*WH* s.v. *lanista*); seit *Cic.* [+][206]

Lit.: Martha, *La langue étrusque*, 469; Herbig, *Etruskisches Latein*, 165-168, 179-183; Ernout, *EE*, 89 ff., 110; Devoto, *Storia,* 78 f.; *WH* s.vv. *lanista* und *laniō; LG* § 365.E.; *EM* s.v. *lanista*.

Grundlegend zur etruskischen Herkunft der Sippe[207], im besonderen der Ausdrücke *lanista/lanistra* und *laniēna*, äußert sich Herbig, *ll.cc.*[208] Neben der Aussage Isidors (Orig. 10,159) über Herkunft von *lanista* aus dem Etruskischen, die ihre Bestätigung darin finde, daß die römischen Gladiatorenspiele aus Etrurien übernommen worden seien, führt Herbig das „etruskische Formans *-st-*" (*o.c.*, 167), seiner Auffassung nach entstanden aus einem stammschließenden *-s* und einem suffigierten *-t-*, die „Suffixhäufung *-i-s-t-a*" (*l.c.*), und die „ganz gewöhnlich(e) ... Erweiterung des *-st-*Formans mit dem etruskischen *-r-* Suffix" (*l.c.*) — Argumente, die einer näheren Untersuchung nicht standhalten, ist doch weder ein etruskisches Suffix *-st-* bekannt, noch kann der Wechsel *-st-/-str-* als typisch etruskisch bezeichnet werden; auch die Annahme eines Suffixkomplexes unterliegt starken Einschränkungen; s. S. 240 Fn. 212 —, schließlich aber auch die als etruskische adjektivische *na*-Bildung gedeutete Form *laniēna* ins Treffen.

Dieser Beweisführung Herbigs schließt sich in den meisten Punkten *WH* ll.cc. an, verweist aber darauf, daß die Nebenform *lanistra* kaum alt und wohl nicht aufs Etruskische zurückzuführen sei; spätes *laniō* sei, was Herbig, *o.c.*, 181, nicht ausschließt, nicht unmittelbar aus dem Etruskischen übernommen, sondern zu *lanius* hinzugebildet worden[209]; ob *laniāre* direkt aus dem Etrus-

---

[206] Zu weiteren Vertretern dieser umfangreichen Wortsippe s. Herbig, *Etruskisches Latein*, 179ff.: *WH* s.vv. *lanista* und *laniō*; *EM* s.vv. *lanista* und *laniō*.
EM s.v. *laniō* hält Zusammenhang von *lanista* mit *lanius, laniō* etc. für möglich, aber nicht sicher. Eine Überprüfung der Fakten läßt jedoch eine Trennung höchst willkürlich erscheinen (s. unter „Zus.").
[207] Zu Devotos sozio-linguistischer Einordnung von *lanius* innerhalb des Komplexes der etr. Lehnwörter im Lateinischen s. ders., *l.c.*: *Lanius* wie auch *cacula, verna, histriō, sūbulō* (s.bb.WW.) u.a. gehörten zu den „elementi lessicali legati ... alle rappresentazioni teatrali, al piccolo commercio e alle professioni inferiori", „introdotti in forma anonima negli strati inferiori della popolazione ...". Vgl. S. 537f.
[208] Vgl. vor Herbig bereits Martha, *l.c.*, welcher jedoch, wie Herbig ausgehend von der Bemerkung *Isidors* (Orig. 10,159), *lanista* sei etr. Ursprungs, das Wort auf einen Stamm etr. +*lani* oder +*lan* zurückführen möchte; dieser sei — so Marthas unannehmbare Kombination — zu *lan(g)* in einigen finno-ugrischen Verben mit Bedeutungen wie „détacher, déchirer, fendre" u.ä. zu stellen.
Zu nicht überzeugenden Deutungsversuchen ohne Heranziehung des Etruskischen s. *WH* ll.cc.
[209] S. aber im Text weiter unten unter „Morph.".

kischen stamme oder lateinische Denominativbildung zu *lanius*[210] sei, bleibe ungewiß.

Neben dem schon von Herbig, *o.c.*, 165 bzw. 179 ff., ins Treffen geführten Zeugnis *Isidors* und dem Ausgang *-ēna* in *laniēna* nennt Ernout, *ll.cc.*, an weiteren Beweisgründen zugunsten der etr. Herkunft der Sippe die Bildung auf *-a* beim maskulinen Personalsubstantiv *lanista* und die Zugehörigkeit von *laniō* zur Gruppe der etr.-lat. Wörter auf *-iō, -iōnis*. Beides ist mit Vorsicht aufzunehmen: Denn einerseits gibt es keinen Anhalt dafür, daß die Bildung auf *-ista* in *lanista* auf das Etruskische zurückzuführen sei (s.o. bzw. Fn. 212); viel eher dürfte *-ista* gr. -ίστης zugrundeliegen (s. weiter unten); andererseits sind zwar unter der Menge der volkstümlichen Wörter auf *-iō, -iōnis* mit Sicherheit auch etruskische Formen zu erwarten, doch kann die Zugehörigkeit zum Typ auf *-iō, -iōnis* nicht ohne weiteres als Hinweis auf etruskischen Ursprung des betreffenden Substantivs gewertet werden (s. Kap. C.4.1.7.).

EM l.c. schließlich führt als noch nicht erwähnten Hinweis auf etruskische Herkunft von *lanista*[211] etr. *lani CIE* 769 u.ö. an. Allerdings, so bemerkt *EM* l.c. einschränkend, dränge sich ein Vergleich mit dem Typ *danista* auf.

Auch *LG* l.c. wird im Ausgang von *lanista* gr. -ίστης gesehen.

Die Annahme, ein etruskisches Wort sei hier mit einem griechischen oder eher "gräzisierenden" Suffix versehen worden, muß darum durchaus in Betracht gezogen werden, als *-ista* weder aus der lateinischen noch aus der etruskischen Morphologie eine Erklärung findet (s.o. bzw. Fn. 212).

Zus.: Etr. Par.: Belegt sind die Formen *lanaθes SE* 23,469, n. 1 (Gen. zu *lanaθe*, GN m.), *lanθeal CIE* 3840 (Gen. zu *lanθi*, GN f., aus Perugia; in Perugia öfter *-ea* statt zu erwartendem *-ia*, s. *DES* § 12.d.), *lani CIE* 769 u.ö. (GN m.). In *lanaθes* läßt sich vielleicht *-aθ*, das Suffix der Nomina agentis (s. *DES* § 172) erkennen, womit die Bedeutung "Fleisch-er" und Zusammenhang mit *lanius* etc. noch wahrscheinlicher wird. Ob *lanti AM* 11γ³ etwas mit "Fleisch" zu tun haben könnte, ist ungeklärt.

Morph.[212]: Zu (problematischem) *-ēna* in *laniēna* s. Kap. B.1.2.1.2.3.2.2.

---

[210] Konträr *EM* s.v. *laniō*: aus semantischen Gründen *lanius* Deverbativ zu *laniāre*.

[211] *EM* s.v. *lanista* zählt *lanista* nicht vorbehaltlos zur Sippe von *lanius, laniō* etc., s. S. 239 Fn. 206.

[212] Zu einer eventuell möglichen Deutung von *lanio* als etr. ⁺*lani-u* (Verbalstamm + Suffix der Verbalnomina) s. Kap. B.1.2.2. Zu *-st-* (*-ista*) bzw. zum Wechsel *-st-/-str-* (nicht als Hinweis auf etr. Herkunft zu werten), auch zu der starken Einschränkungen unterliegenden Annahme, in *-ista -istra* sei ein Suffixkomplex zu sehen, s. Kap. B.1.2.1.2.6.1. bzw. B.1.2.1.2.4.3. Daß *lanista* mit *-ista* wohl nach gr. ιστης nicht dem etr. Herkunft verdächtigen Typ der maskulinen

Zur Verwendung von *laniēna* als Substantiv und Adjektiv s. Kap. B.1.2.8.
Ant. Aut.: *Isid.* Orig. 10,159; s. S. 131 (direkt zu *lanista*).

C.1.1.2.1.1.2. *Fehlen spezifischer Aussagen antiker Autoren*

C.1.1.2.1.1.2.1. *Vorhandensein phonetischer Kriterien*
bardus (barginna, bargus, barcala, bārō), cicōnia, vespillō

bardus *(barridus Gl.* 4, 600, 17), *-a, -um*: „langsam oder schwer von Begriffen, stumpfsinnig, dumm" (*WH* s.v.); seit *Plt.* [+]
barginna/*bargina*/*barginus*/*bargĕna*/*barrigena:* „*bargena, non barginna, genus cui barbaricum sit*" Caper *GLK* 7, 103,8; „*homo vitiosae gentis*, νεκροφόρος[213]" *Gl.*; Barginna auch CN. [+]
bargus/*barcus*: „ἀφυής, *sine ingenio*" *Gl.* [+]
barcala, *-ae m.*: „Dummkopf" (*WH* s.v. *bargĕna*); Petron. 67,7[214]. [+]
bārō[215]/*vārō, -ōnis m.*[216]: „Tölpel, ungebildeter Klotz, Mensch mit einseitiger Ausbildung" (*WH* s.v. 1. *bārō*); *bārō* seit *Cic.*; *vārō* seit *Lucil.* [+]

Lit.: Schulze, *ZGLE,* 73 ff.; Herbig, *Bargina*; Ernout, *EE,* 88, 90, 110f.; Nehring, *Parerga*; Oštir, *Drei vorslav.-etr. Vogelnamen,* 94; Sittig, *Besprechung Cortsen, Die etruskischen Standes- und Beamtentitel,* 36, 123; Pisani, *Lat. bārō*; Cortsen, *LB Etr., Glotta* 23, 179; Devoto, *Storia,* 82; Carnoy, *Etymologies,* 390; *WH* s.vv. *1. bārō, 2. bardus, bargĕna*; *LE* s.v. *bardus*; *EM* s.vv. +*bargus, bārō, bardus,* +*bardia*.

Für die Zusammengehörigkeit sämtlicher der oben aufgeführten Ausdrücke hat sich Nehring, *o.c.,* bes. 24ff. (vgl. *WH* ll.cc.; vgl. — trotz völlig unter-

---

Personalsubstantiva auf *-a* (s. Kap. B.1.2.4.) zuzurechnen ist, wurde schon betont, s.o. im Text weiter vorne; vgl. Kap. B.1.2.4.

[213] Herbig, *Bargina*, 175, versucht die Bedeutung νεκροφόρος damit zu erklären, daß man vielleicht Blöde und Halbidioten zu diesem den Betreffenden unrein machenden Geschäft herangezogen habe. Wenig glaubhaft; vgl. Nehring, *Parerga*, 127.

[214] Alessio, *LE* s.v. *bargus*, stellt zu *bargus, barginna, barcala* gr. βαρκάζω· βαρβαρίζω *Etymologicon magnum* 188,43.

[215] Zu unterscheiden von *barō, -ōnis m.* „frei geborener Mann" (*WH* s.v. *2. barō*), Entlehnung aus dem Germanischen; s. *WH* s.v. *2. barō, EM* s.v. *bārō*.
An Ableitungen zu *bārō* „Tölpel" sind belegt *bārōsus Gl.* (s. *WH* s.v. *1. bārō, EM* l.c.) und *barunculus Gl.* (s. *EM* l.c.).

[216] Zur Identität von *bārō* und *vārō* s. *WH* s.v. *1. bārō*.

schiedlicher Herleitung von *bardus* etc. — Pisani, *o.c.*[217]), mit Entschiedenheit ausgesprochen.

Ernout, *o.c.*, 88 und 110, stellt die Zugehörigkeit von *barcala* und *bārō* in Frage.

Des öfteren wird *bardus* zu *bargus* etc. bzw. zum Etruskischen nicht in Beziehung gesetzt; s. die Literaturangaben bei Nehring, *o.c.*, *122f*.; *WH* s.v. 2. *bardus*; vgl. Devoto, *l.c.*; *EM* s.v. *bardus*. Dezidiert trennt *LE* s.v. *bardus* das Adjektiv, welches (so bereits Frühere, s. *WH* s.v. *bardus*, dort auch Einwände dagegen) auf gr. βραδύς, dial. βαρδύς, „lento, grave", auch „tardo d'ingenio", zurückzuführen sei[218], samt *barridus*, welches auf Kontamination mit *stolidus* zurückgehe[219], von der etr. Sippe *bargus* etc.

Während *bardus*, wie eben angeführt, unterschiedliche, jedenfalls auch nicht auf Heranziehung des Etruskischen basierende Deutungen erfahren hat, wird für *bargus* etc. seit Schulze, *l.c.*, im allgemeinen[220] etr. Herkunft angenommen: Während Schulze, *l.c.*, ohne auf Details näher einzugehen, vor allem mit der aus dem Etruskischen erklärbaren unterschiedlichen Lautung des Appellativs *bargena/bargina/barginna* sowie mit den phonetischen und morphologischen Varianten der zugehörigen EN *Barginna, Parconius, Bargonius, Bargius, Bargo* argumentiert, versucht Herbig, *o.c.*, nachzuweisen, daß die Varianten *bargĭna*, +*bargenna, barginna, bargīna*[221], sämtlich auf *bargus/barcus* zurückgehend, unterschiedliche, auf die lat. Phonetik bzw. den lat. Akzent zurückzuführende Weiterbildungen etr. Wortausgänge darstellten.

---

[217] Pisani führt die genannten Formen sämtlich auf eine Form lat. +*bārus*, „indicante ... grassezza di corpo unita a pochezza di cervello", aus +*bāsos* zur Wurzel *bās*, möglicherweise „in origine una onomatopea imitante il rumore di corpo grosso molle e pesante che cada sfasciandosi", zurück.

[218] Damit sei Verwandtschaft mit lat. *bardia* (*equa*) „ἱππὰς φοράς" *Gl*. 3,432,9 aus gr. βραδεῖα (s. *LE* s.v. *bardia*) gegeben. Anders s. *EM* s.v. +*bardia*: Eventuell zu *fordus*.

[219] Anders Nehring, *o.c.*, 125, der die unterschiedlichen Formen *bardus/barridus* (wie auch *bargena/barrigena*; s. dazu Fn. 221) auf das im Etr. typische „Widerspiel von Synkope und Anaptyxe" zurückführt, welche Auffassung jedoch in der erst spät und singulär überlieferten Form *barridus* zu wenig Stütze finden dürfte; wieder anders *WH* s.v. 2. *bardus* (mit Lit.): Wohl Verquickung von *bardus* und *barrītus*; dort auch zu weiteren Spekulationen zu *barridus*.

[220] Zu gelegentlichen anderen Herleitungsversuchen s. Nehring, *o.c.* 122f; s. auch Pisani, *o.c.* (s. Fn. 217).

[221] Die Länge des *ī* ist nicht belegt.

Die Form *bargĕna* „genus cui barbaricum sit" sei möglicherweise unter der Vorstellung einer Basis +*barbarĭgĕna* aus richtigem *barginna* oder *bargīna* konstruiert worden. Zu *bargĕna* sei *barrigena* weitere Entstellung. Vgl. *WH* s.v. *bargĕna*. Anders Nehring, *o.c.*, 125, s. Fn. 219.

Nehring, *o.c.*, schließlich setzt etr. ⁺*par-*[222] als Basis für die ganze Sippe an[223]; sowohl die phonetischen Einzelheiten (Wechsel *c/g* in *barcus/bargus*; *-al-* statt zu erwartendem *-ul-* in *barcala*) als auch das morphologische Erscheinungsbild (*barcala* maskulines Personalsubstantiv auf *-a*, eventuell liege auch etr. *l*-Suffix vor; *-in(n)a* in *bargin(n)a*; Rückführbarkeit von *bargus, barginna, barcala, bardus, bārō* auf „ganz bekannte und geläufige etr. Wortbildungstypen", nämlich *par-c-e*, ⁺*par-c-na*, ⁺*par-c(-a)-la*, ⁺*par-t/θe*, ⁺*par-u*; Wechsel von gutturalem und dentalem Formans in *bargus* etc. gegenüber *bardus*; diese letzte Feststellung ist aber als Argument zugunsten etr. Herkunft zurückzuweisen[224]) sprächen für Entlehnung aus dem Etruskischen.

Zustimmend s. Cortsen, *l.c.*; Ernout, *o.c.*, 88 und 90, wo *barginna* unter den etr.-lat. Bildungen auf *-inna/-enna*, *o.c.*, 110 f., wo *bārō*, dessen Zugehörigkeit zur Sippe allerdings nicht feststehe (s. weiter oben), unter den etr.-lat. Bildungen auf *-ō, -ōnis* (s. dazu S. 244 Fn. 225) angeführt ist; *WH* ll.cc.

EM s.v. ⁺*bargus* hält ohne Literaturangabe etr. Herkunft von *bargus, barginna, bārō* für möglich, aber fraglich.

Zus.: Etr. Par.: Während die bisher ungedeuteten Formen *par TLE* 2[28] u.ö. und *paraχ CIE* 6309 (*TLE* 75; eventuell Nomen agentis auf *-aχ*; s. *DES* § 172.b.) besser außer Betracht bleiben, könnte, sofern die Entlehnrichtung nicht umgekehrt anzusetzen ist, in ⁺*paru* von *paruni CIE* 4062 > *SE* 44,242, n. 43 (GN m.), morphologisch Verbalnomen auf *-n* (s. *DES* § 173; 134), die Basis von lat. *bārō* gesehen werden.

Ob *partiunus CIE* 5422 (GN m.) und *partunus CIE* 5423 (*TLE* 126)

---

[222] Carnoy, *l.c.*, führt etr. ⁺*par-*, angeblich „étranger", auf ie. *per-* „au delà" zurück. Ohne jeden Anhalt.

Oštir, *l.c.*, setzt nicht etr. ⁺*par-* an, sondern vergleicht etr.-lat. *barg-ena* mit vorslav. *bergъ*, woraus *bargena* als „Gebirgler > ἀφυής " zu deuten sei. Eine Kritik erübrigt sich.

[223] Sittig, *l.c.*, äußert die Vermutung, die Sippe sei vielleicht mit etr. *parχis CIE* 5816 (*TLE* 169) u.ö. zu vereinigen. Da *parχis* jedoch eine Amtsbezeichnung (im Gen.) darstellt (s. *DES*, 298), ist eine solche Zusammenstellung aus semantischen Gründen zurückzuweisen.

[224] Nehring, *o.c.*, 123, spricht von „Suffixwechsel" und von einer für das Etruskische ganz charakteristischen „Variierung und Kopulierung der Suffixe" und führt als Beispiel *zilaθ CIE* 5360 (*TLE* 87) u.ö. neben *zilaχ* etwa in *zilaχnu CIE* 5441 (*TLE* 133) u.ö. an. Grundsätzlich ist die Annahme einer Suffix-Austauschbarkeit ohne Sinnänderung, wie sie von vielen Autoren dem Etruskischen zugeschrieben wurde, strikt abzulehnen (s. Kap. B.1.2.3.). Allerdings handelt es sich bei *zilaθ/zilaχ-* tatsächlich um einen auf Aspiratenwechsel beruhenden, die Semantik nicht berührenden Wechsel (s. *DES* § 172.b.). Ob ein derartiger Aspiratenwechsel auch den Formen *bargus/bardus* bzw. den von Nehring vorgeführten EN-Paaren zugrunde liegt, bleibe dahingestellt.

u.ö. (GN m.; auch Gen. zu *partunu*, GN m., Gamonym) als zugehörig zu betrachten sind, ist ungewiß.

Die genetivische Amtsbezeichnung (s. *DES*, 298) *parχis CIE* 5816 (*TLE* 169) u.ö. wird aus semantischen Gründen fernzuhalten sein, s. S. 243 Fn. 223.

Morph.[225]: Zu *-ina* (problematisch)/*-inna*, *-ena* (problematisch) in *bargina/barginna*, *bargena* s. Kap. B.1.2.1.2.3.2.2.

Zu den maskulinen Personalsubstantiven auf *-a* des in *bargin(n)a/ bar(ri)gena*, *barcala* vorliegenden Typs s. Kap. B.1.2.4.

Phon.: Zum Schwanken *e/i* in *bargena/bargina* s. Kap. B.1.1.1.2.

Zum Schwanken *g/c* in *bargus/barcus* s. Kap. B.1.1.2.1.

Zu der lat. Lautgesetzen widersprechenden, ev. auf vokalharmonischen Erscheinungen beruhenden Lautung *barc a l-* s. Kap. B.1.1.4.

cicōnia/*cicōnea* (prän. *cōnea*[226] Plt. Truc. 691), *-ae f.:* „‚Storch', übtr. ‚Richtscheit, Wasserheber, Brunnenschwengel'" (*WH* s.v.); seit Plt. [?]

Lit.: Thurneysen, *TLL* s.v. *cicōnia*; Niedermann, *Die Namen*, 80, Fn. 1; Alessio, *Una voce*, 256; Runes, *L'inscription*, 155; ders., *Lat. cicōnia*; Alessio, *Raddoppiamento*, 234; ders.; *Vestigia*, 120; Ernout, *Aspects*, 53; *WH* l.c.; *EM* s.v.

Nach *WH* l.c. unsicherer Herkunft, eventuell Lehnwort aus einer Mittelmeersprache oder — unter Berücksichtigung von etr. *cicu CIE* 948 u.ö., *cicunia CIE* 1327 u.ö. (s. dazu unter „Etr. Par.") — aus dem Etruskischen.

Neben dem wenig überzeugenden Versuch einer Herleitung aus dem Ie. (zu *canō*, mit der Ablautsstufe von ahd. *huon* „Huhn"; s. *WH* l.c., *EM* l.c.) und neben der Theorie der Herkunft aus einer mediterranen Sprache, welche auf der in *cicōnia* vorliegenden spezifischen Reduplikation[227] basiert (s. Niedermann, *l.c.*; Alessio, *ll.cc.*; *EM* l.c. mit Reserve; Ernout, *l.c.,* wo allerdings auch auf etr. *cicu CIE* 948 u.ö., *cicunia CIE* 1327 u.ö., deren Bedeutung jedoch unbekannt sei, hingewiesen wird; vgl. *WH* l.c.), wird auch Entlehnung

---

[225] Zum eventuell etr. *l-*Suffix in *barcala* s. Kap. C.4.1.2.

Zum Ausgang auf *-ō* in *bārō/vārō*, im vorliegenden Fall als unterstützendes Argument zugunsten einer Herleitung dieser Form bzw. der Sippe aus dem Etr. heranziehbar, s. im Text weiter oben und Kap. C.4.1.6.

[226] Nach Niedermann, *Die Namen*, 80, Fn. 1, aus *cicōnia* durch haplologischen Silbenschwund hervorgegangen.

[227] S. S. 12 Fn. 1.

aus dem Etruskischen in Betracht gezogen und hierfür auf etr. *cicu* und *cicunia* verwiesen: S. Thurneysen *l.c.*; Ernout *l.c.*; *WH* l.c.[228]

Zus.: Etr. Par.: Aus dem etr. Namenmaterial sind zahlreiche Belege für etr. *cicu CIE* 948 u.ö. und Ableitungen (*cicu* GN und CN; *cicui CIE* 4883 GN f.; *cicunia CIE* 1327 u.ö. CN f.; *cicusa CIE* 949 u.ö. *sa*-Ableitung zu *cicu*, Gamonym; etc.) bekannt.
Cicu stellt morphologisch ein Verbalnomen auf *-u* dar, vgl. *DES*, 285. Der semantische Wert des Verbalkerns *cic-* entzieht sich unserer Kenntnis („klappern"??).
Zusammenhang mit lat. *cicōnia* (über die feminine Clusiner CN-Form *cicunia*) wäre nur dann denkbar, wenn nicht *cicu*, sondern *cicunia* im Etr. die gebräuchliche (vielleicht jüngere?) Bezeichnung für „Storch" gewesen oder geworden wäre.
Morph.: Zu *-ūnia* s. Kap. B.1.2.1.2.3.4.
Phon.: Zum Schwanken *e/i* s. Kap. B.1.1.1.2.

vespillō*/*vispillō (*vispelliō Dig.*)[229], *-ōnis* m. (vgl. *vespil(l)iātor*: τυμβωρύχος *Gl.* 2, 461,1); *vespa/vespula, -ae m.*[230]: „Leichenträger für Arme; Leichenräuber, Leichenschänder" (*WH* s.v.); *vespillō/vispillō* seit *Mart.* und *Suet.*; als EN schon aus der Zeit der Gracchen belegt; *vespae/vespulae Paul. Fest* 506, 16 ff. L. [?]

Lit.: Benveniste, *Latin vespillō*; Ernout, *EE*, 111; *WH* l.c.; *EM* s.v. *vespa*.

Zu den Deutungsversuchen aus dem Ie. s. *WH* l.c., wo Herleitung aus (ie.[231]) *vespa* „Wespe" „auf Grund des fleischfressenden Charakters dieses Insektes" befürwortet wird, eine, wie Verf. scheint, höchst befremdliche Interpretation — vgl. Ernout, *l.c.* „... le rattachement à *vespa* ‚guêpe' ne doit

---

[228] Runes, *Lat. cicōnia*, bringt lat. *cicōnia* mit etr. *zicu CIE* 1416 (*TLE* 472) „Schreiber", seiner Auffassung nach (s. ders., *L'inscription*, 155) gleichbedeutend mit etr. *cicu CIE* 978 u.ö., in Zusammenhang, d.h. *cicōnia* bedeute „*avis scribens*" (!).
Diese Theorie ist aus phonetischen (etr. *z-* > lat. *c-* nicht belegt, auch, da der Lautwert von etr. *z* bisweilen dem von etr. *s* nahekommt — s. *DES* § 21. f. g. h. k.; vgl. Kap. B.1.2.1.2.5. — nicht vorstellbar), morphologischen (das etr. Verbalnomen *zicu* und die ins Lateinische als *cicōnia* übernommene Ableitung hätten die gleiche Bedeutung, was mit größter Skepsis aufzunehmen ist, vgl. etwa S. 374 Fn. 574) und semantischen Gründen abzulehnen.
[229] Zu den zahlreichen orthographischen Varianten s. *Gl.* 7, 409.
[230] Zu *versperōnēs Serv. auct. Aen.* 11,143 s. *WH* s.v. *vespillō*: „... falsche Konstruktion der Abltg. von *vesper* zuliebe." Vgl. *Paul. Fest.* 506,16 ff. L.
[231] S. *WH* s.v. 1 *vespa*, *EM* s.v. *vespa*, *LG* § 202.

être autre chose qu'une étymologie populaire ..." —, insbesondere, sobald ins Detail gegangen wird[232].

Entlehnung aus dem Etruskischen vermuten Ernout, *l.c.* (wegen der Zugehörigkeit zum Typ der etr.-lat. Bildungen auf *-ō*; s. dazu Fn. 233), und *EM* l.c.

Zus.: Etr. Par.: Belegt ist an lautlich vergleichbarem Material im Etr. nur das CN *vespu SE* 14,291, n. 22, morphologisch ein Verbalsubstantiv (s. *DES* § 173; 134).
Der dafür anzusetzende Verbalstamm ⁺*vesp-* könnte unter der Voraussetzung, er bedeute „tragen", „begraben" o.ä., mit lat. *vespillō* etc. in Zusammenhang gebracht werden.

Morph.[233]: Zu den maskulinen Personalsubstantiven auf *-a* in *vespa/vespula* des vorliegenden Typs s. Kap. B.1.2.4; allerdings sind die Formen *vespa* und *vespula* nur *Paul.Fest.* 560 f. L belegt; *vespa* könnte zudem (wo wäre allerdings das Tertium comparationis zu suchen?) mit *vespa* „Wespe" ident sein.

Phon.: Zum Schwanken *e/i* s. Kap. B.1.1.1.2.

C.1.1.2.1.1.2.2. *Fehlen phonetischer Kriterien*

arvīna, cacula, catēna, caupo (caupōna, cōpa), cortīna, culīna, cumera, dossennus, favissae (fovea), harēna, lārua, lēnō (lēna), littera, napurae, nepeta (neptūnia), pānsa, ploxenum, popa, rabula, sacēna, santerna, sculna, scurra, urceus (urna), verna (vernula)

---

[232] So zieht etwa Benveniste, *l.c., Plin.* N.h. 11,21 („*vespae muscas grandiores venantur, amputatoque iis capite, reliquum corpus auferunt.*") zum Vergleich heran und bemerkt dazu: „L'explication est maintenant évidente: comme les guêpes, les *vespillōnes* ..., dans la superstition populaire, emportent les corps pour s'en repaître." (Vgl. dazu Ernout, *l.c.*, Fn. 4: „Toute l'ingéniosité que M. Benveniste déploie pour rattacher *vespillo* à *vespa* ... n'arrive pas à me convaincre.").

Detaillierte entomologische Kenntnisse bei den Schöpfern der Ausdrücke *vespillō* etc. setzt Goldmann voraus, der nach *WH* l.c. das Tertium comparationis zwischen *vespillō* und *vespa* „Wespe" darin sieht, daß die Mauerwespe ihre Larven dadurch nährt, „daß sie durch ihren Stich betäubte Insekten zu den Larven im Fluge schleppt, also gewissermaßen als Leichenträger fungiert".

[233] Zum eventuell etr. *l*-Suffix in *vespillō* (mit Varianten), *vespula* s. Kap. C.4.1.2.

Zum Ausgang auf *-ō* in *vespillō* etc. bzw. auf *-iō* in *vispelliō*, im vorliegenden Fall eventuell als unterstützendes Argument zugunsten einer Herleitung dieser Formen aus dem Etr. heranziehbar, s. Kap. C.4.1.6. bzw. 4.1.7.

arvīna (*arbīna* Nbf. in den *Gl.* und in den Hss. von *Plt.* und *Verg.*), *-ae f.*: „Schmer, Fett, Speck, bes. um die Eingeweide" (*WH* s.v.); auch CN in der *gens Cornelia*; seit *Plt.* [?]

Lit.: Ernout, *EE*, 92; *WH* l.c.; *LE* s.v. *arviga*; *EM* s.v.

Neben Versuchen einer Deutung aus dem Ie. — nach *WH* l.c. vielleicht als ⁺*arv-īno-* „Darmfett", von ⁺*arvā* „Darm" (= gr. ὀρύα) herzuleiten; *LE* l.c. verbindet lat. *arvīna*, sizil. ἀρβίννη· κρέας Σικελοί (*Hes.*)[234], „con riferimento alla carne e respettivamente al grasso di motone", mit lat. *arv-iga* „Widder, Schafbock als Opfertier": *arv-*, möglicherweise dialektalen Ursprungs, sei auf ie. ⁺*u̯eru* bzw. ⁺*e̯ru-* zurückzuführen — steht die auf dem Ausgang *-īna* basierende Annahme einer eventuellen Herleitung aus dem Etruskischen[235]: So Ernout *l.c.*; *EM* l.c.

Zus.: Etr. Par.: Die Bedeutung von etr. *arvus TLE* 2[19] ist unbekannt. Zusammenhang mit lat. *arvīna* kann angenommen, aber nicht erwiesen werden; eventuell wäre auch Verbindung zu umbr. *arvia* „*frumenta*", lat. *arvus* 3 „zum Pflügen bestimmt" denkbar.

Morph.: Zu (problematischem) *-īna* s. Kap. B.1.2.1.2.3.2.2.

cacula[236], *-ae m.* (*cacus*, *-ī m.* inschr. Anfang 3.Jh.n.Chr.[237]): „Soldaten- oder Offiziersaufwärter im Felde" (*WH* s.v.); seit *Plt.* [?]

Lit.: Ernout, *EE*, 88; Nehring, *Parerga*, 118 ff; Oštir, *Drei vorslav.-etr. Vogelnamen*, 97 f.; Bottiglioni, *Nota etimologica*; Devoto, *Storia*, 78 f.; Ernout, *Aspects*, 8 u. 91; Palmer, *The Latin Language*, 48; Carnoy, *Etrusco-Latina*, 101; *WH* l.c.; Peruzzi, *Etimologie Latine*, 261-264; *LG* § 268.B.2.; *EM* s.v.

Den maßgeblichen Deutungsversuch zu lat. *cacula/cacus* stellt die Theorie einer Herkunft aus dem Etruskischen[238] dar.

Als Argumente werden nicht näher bezeichnete etr. EN (so Ernout, *EE*, 88) bzw. etr.-lat. EN wie *Cac(i)us, Cac(c)a, Cacilius, Cacelius, Cacurius* (so *WH* l.c., der daraus auf eine Basis etr. ⁺*cace*, ⁺*cacla*[239] schließt; vgl. Palmer *l.c.*;

---

[234] Siz. ἀρβίννη nach *WH* l.c. Lehnwort aus dem Lateinischen; vgl. *EM* l.c.; gegensätzlich Ernout, *l.c.*: lat. *arvīna* vielleicht Lehnwort aus siz. ἀρβίννη.
[235] Von *WH* l.c. als „unbegründet" abgelehnt.
[236] *cācula* Argum. *Plt.* Pseud. 1,4 und 2,14 nach *WH* s.v. u. *EM* s.v. nach *cālō*.
[237] *CIL* VI 1058,7,15; 1057,4,11; s. *EM* s.v.
[238] Zu Devotos sozio-linguistischer Einordnung von *cacula* innerhalb des Komplexes der etr. Lehnwörter im Lat. s. ders., *l.c.* (Zitat s.u.W. *lanius*; vgl. S. 537f.).
[239] S. dazu unter „Etr. Par.".

Carnoy, *l.c.*, gibt sich in gewohnter Art nicht mit der Zurückführung auf etr. ⁺*cacla* zufrieden, sondern sieht in ⁺*cacla* „un dérivé très normal de l'ind. eur. *kak* ‚aider' ...".

EM l.c.) herangezogen, weiters wird auf den Ausgang -*a* an dem maskulinen Personalsubstantiv *cacula* (s. Ernout, *Aspects*, 91, auch 8; *LG* l.c.; *EM* l.c.), auf die den Regeln der lat. Diminuierung widersprechende unterschiedliche Endung von „Grundwort" (*cacus*) und „Deminutiv" (*cacula*; so Nehring, *l.c.*; abgesehen davon, daß die Basisform nicht mit Sicherheit feststeht — es könnte in Anbetracht der späten Bezeugung auch *cacus* aus *cacula* rückgebildet worden sein, wobei vielleicht die zu erwartende Form +*caca* der Assoziation mit *cacāre* wegen vermieden wurde —, ist der Behauptung Nehrings, eine derartige, den lateinischen Regeln nicht entsprechende Diminuierung sei, wollte man den Paradigmawechsel als Reflex des im Etruskischen häufigen Wechsels von Wörtern auf -*a*, -*e*, -*u* verstehen, nicht weiter auffällig, entschieden entgegenzutreten; s. Kap. B.1.2.3.; der Paradigmawechsel könnte eventuell durch Anlehnung an *vernula*, *agagula* etc. erklärt werden) und damit in Zusammenhang auf ein möglicherweise etr. *l*-Suffix (Nehring, *l.c.*) verwiesen.

Gegen eine Herleitung aus dem Etruskischen erhebt Peruzzi, *l.c.*, Einwände: Da *căcula* gegenüber dem auf Verknüpfung mit *cālō* und κᾶλον beruhenden *cācula* die ältere und korrektere Form sei, seien die üblicherweise angestellten Vergleiche mit den etr.-lat. EN *Cacus, Cacius, Cacilius* etc., die langes -*ā*- aufwiesen und deren eigentliche Bedeutung zudem unbekannt sei, nicht beweiskräftig. Lat. *cacus* sei aus gr. κακός Hom. Il. 4, 293-300 entlehnt; unter den κακοί seien „combattenti a piedi e di cattiva qualità ... e subordinati all'azione di ἱππεῖς e πεζοί" zu verstehen; *cacula* sei von *cacus* mittels eines Suffixes abgeleitet, das nicht nur diminuierende, sondern auch adjektivische Funktion aufweise[240].

Dagegen ist einzuwenden: Die Quantität des -*a*- in den von Peruzzi angesprochenen etr.-lat. EN ist nach Ausweis von Schulze, *ZGLE* 484, 350, 441, nicht einheitlich: -*ā*- in *Cācus* und *Cācius*, -*ă*- in *Cacilius* etc. Entlehnung des erst zu Beginn des 3.Jh.n.Chr. belegten *cacus* aus gr. κακός in der bei *Homer* l.c. vorliegenden Bedeutung erscheint zumindest ungewöhnlich; schließlich vermag Peruzzis Auffassung hinsichtlich des in *cacula* vorliegenden

---

Eine Basis etr. +*cat*-/gr. καδ- setzt Bottiglioni, *l.c.*, an, wovon etr. *camitlnas, catmite* (zu den Belegen s.u.W. *camillus*), gr. Κασμῖλος, lat. *casmilus, camillus, cālō* „servus militis", *cacus, cacula* abzuleiten seien: etr. +*cat*- > +*căt-sla* > +*cāla* > *cālō* einerseits, andererseits +*căt-la* > *cacula* (mit der bekannten italischen Reduktion +-*tl*- > +-*cl*- > +-*col*-). Auch aus semantischer Sicht sucht Bottiglioni seine (unglaubhafte) These zu stützen.

Oštir, *l.c.*, versucht ebenfalls, lat. *cacus* und *cālō* (daneben noch *camillus*, s.bb.WW.) auf eine gemeinsame Basis zurückzuführen, welche er allerdings als etr. +*ca[s]-c*- ansetzt.

Gegen eine Zusammenstellung von lat. *cālō* mit *cacula* s. *WH* l.c.

[240] Zu diesem *l*-Suffix s. ausführlich ders., *Origini*, 18 ff.

l-Suffixes ebensowenig wie die Annahme, es liege eine Deminutivbildung vor, den Paradigmawechsel zwischen Grundwort und Ableitung zu erklären.
Zu weiteren abzulehnenden Deutungsversuchen s. *WH* l.c.

Zus.: Etr. Par.: Aus dem etr. Namenmaterial sind die Formen *cacas SE* 40, 444, n. 55, *caci SE* 42, 248, n. 166, und *cacu SE* 41, 322, n. 109 u.ö. bekannt, erschließen läßt sich aus *kacenas CIE* 4967 > *SE* 34, 106 (Gen. zu *kacena*, GN m.) bzw. *cacenei CIE* 63 > *SE* 42, 277, n. 233 (GN f., vgl. *caceinei CIE* 3659, *caceiṇa CIE* 214) eine Form ⁺*cace* (sie könnte morphologisch die direkte Basis für lat. *cacus* darstellen; s. S. 34).[241]

Zu weiteren Ableitungen von ⁺*cace, caci* s. *ThLE*, 86 f.

Die Bedeutung von etr. ⁺*cace* etc. ist nicht bekannt, Zusammenhang mit lat. *cacus, cacula* (< etr. ⁺*cac(e)le*; etr. *-le* bildet Deminutiva und männliche Kosenamen, s. *DES* § 167; etr. *-le* > lat. *-la* allerdings nicht belegt; zu erwarten wäre lat. *-lus*) nicht auszuschließen.

Morph.[242]: Zu den maskulinen Personalsubstantiven auf *-a* des in *cacula* vorliegenden Typs s. Kap. B.1.2.4.

catēna, *-ae f.*: „Kette, Fessel, Klammerhölzer" (*WH* s.v. 2. *cassis*); seit Plt. [?]

Lit.: Ernout, *EE*, 91; *WH* l.c.; *LG* § 294.2.C.; *EM* s.v.

Neben Herleitung aus dem Ie. wie bei *WH* l.c., wo *catēna* wie *cassis* „Jägergarn, Netz, Spinnengewebe" zur Wurzel ⁺*qat-* „flechtend zusammendrehen" gestellt wird[243], und völligem Verzicht auf eine Deutung wie bei *EM* l.c. vermutet Ernout, *l.c.*, wegen *-ēna* etr. Herkunft[244].

Zus.: Etr. Par.: Aus AM sind folgende Formen bekannt: *caθin(-um)* 10¹⁸, *caθnai(-m)* 10¹³, *caθnal* 10¹⁶, *caθnis* 10⁸, *catneis* 11⁹, *catnis* 10γ⁴. Pfiffig, *DES*, 283, interpretiert *catn(e)is* als Gen. zu ⁺*catni*, möglicherweise Adj. II von *caθ TLE* 719 / *caθa TLE* 719 u.ö. „Sonne, Sonnengott" mit der Bedeutung „beim Opfer gebrauchter Gegen-

---

[241] Zu Anknüpfungsversuchen des Götternamens *Cacus* an das Etr. s. Devoto, *Rapporti onomastici*; de Simone, *DGE* 2,55, Fn. 99.
[242] Zum eventuell etr. *l*-Suffix in *cacula* s. Kap. C.4.1.2.
Zu Erklärungsversuchen betreffs des Paradigmawechsels *cacus — cacula* s. im Text weiter oben.
[243] Nach *LG* l.c. finde sich für *catēna* keine sichere Anknüpfung im Latein.
[244] Von *WH* l.c. ausdrücklich zurückgewiesen.

stand (Flüssigkeit?)". Nur unter der Annahme, dieser Gegenstand sei eine Art Kette gewesen, könnte an Zusammenhang mit lat. *catēna* gedacht werden.

Die GN *catana NSA* 1937, 392, n. 39 > Vetter, *Die etruskischen Personennamen*, Sp. 60, und *catni SE* 32, 124, B. 3. u.ö. dürften theophore GN zu *caθ, caθa* (s. oben) sein. Sollten diese GN allerdings mit *caθ, caθa* nichts zu tun haben, wäre Zusammenhang mit lat. *catēna* eventuell denkbar, vgl. den deutschen Familiennamen *Kette*.

Morph.: Zu (problematischem) *-ēna* s. Kap. B.1.2.1.2.3.2.2.

caupō/cōpō, -ōnis m.: „Schenkwirt, Herbergswirt" (*WH* s.v.); *caupō* seit *Plt.*; *cōpō* seit *Varro*. [?]

caupōna/cōpōna, -ae f.: „Schenkwirtin, Schenke" (*WH* l.c.); *caupōna* seit *Plt.*; *cōpōna* seit 1.Jh.inschr. [?]

cōpa/cūpa(?), -ae f.: „Schenkmädchen" (*WH* l.c.); *cōpa* seit *Verg.*; *cūpa* *Char. GLK* 1, 63, 11 ohne Gewähr. [?][245]

Lit.: Ernout, *Les éléments dialectaux*, 143; ders., *EE*, 11; Palmer, *The Latin Language*, 51 f.; Carnoy, *Etrusco-Latina*, 102; *WH* l.c.; de Simone, *DGE 1*, 134; ders., *DGE 2*,269; *EM* s.v.

Anzuführen sind drei Herleitungstheorien:

a) Entlehnung aus einer med. Sprache (vgl. gr. κάπηλος!) ohne Erwähnung etr. Einflusses: So Ernout, *Les éléments dialectaux*, 143; *EM* l.c.

b) Entlehnung aus einer med. Sprache (vgl. gr. κάπηλος!) mit etr. Vermittlung: So Palmer *l.c.*, der betont, die Suffixverschiedenheit schließe das Griechische (gr. κάπηλος) als gebende Sprache aus; das Griechische wie das Etruskische dürften das Wort aus dem med. Vokabular entlehnt haben; das Etruskische habe das Wort an das Lateinische weitergegeben, wofür die unterschiedliche Wiedergabe des Vokals der ersten Silbe — gr. α gegenüber etr.-lat. *au* — spreche[246]. So auch *WH* l.c. mit der gleichen Beweisführung („Alternation *au: a*" im Etruskischen).

---

[245] Innerhalb des vorliegenden Kapitels C.1.1.2.1.1.2.2. ist *cōpa*, da Entlehnung des Wortkernes aus dem Etr. nicht feststeht (s. im Text weiter unten), mit [?] zu versehen; die Befunde (s. im Text weiter unten und Kap. B.1.2.3.) lassen aber darauf schließen, daß eine von etr. Morphologie geprägte Form vorliegt; unter diesem Aspekt wäre *cōpa* mit /+/ zu kennzeichnen. Vgl. die Formen *lea* und *lēna* (s.u.WW. *leō* bzw. *lēnō*).

[246] Carnoy, *l.c.*, benützt das gleiche (nicht zutreffende, s. im Text weiter unten) Argument, um Entlehnung von lat. *caupō* aus gr. κάπελος über etr. Vermittlung zu erweisen; daß er zudem κάπηλος als „terme pélasgique issu des rac. ind. eur. *ghab* et *kap* ‚prendre et donner' (?)" deutet, sei

Die Argumentation, die Palmer, *l.c.*, und *WH* l.c. zugunsten der Vermittlung dieses angeblich aus einer mediterranen Sprache stammenden Wortes über etr. Medium ins Treffen führen, ist zurückzuweisen: Von einem Wechsel *au/a* im Etruskischen kann nur im Sinne einer Lautentwicklung *au > a* gesprochen werden; es handelt sich um einen Monophthongierungsprozeß, der besonders in aus dem Italischen übernommenen EN anzutreffen ist (z.B. ⁺*roufe > raufe CIE* 206 u.ö., *raufi CIE* 3842 u.ö. > *rafi CIE* 3472 u.ö. / *rufi CIE* 3471), findet sich aber auch bei *lautni* (Belege s. *ThLE*, 218f.) > *latni CIE* 316 (*TLE* 443) u.ö. / *lutni-θa CIE* 4790 u.ö. sowie bei einigen anderen Wörtern (s. *DES* §13.b.); jedenfalls ist Verf. kein Beispiel bekannt, wo nicht etr. *-a-* im Etruskischen mit *-a-* und *-au-* oder nur mit *-au-* oder wo etr. *-a-* (< nicht etr. *-a-*) im Lateinischen mit *-au-* wiedergegeben worden wäre — einen derartigen Parallelfall aber würde die Beweisführung bei *WH* l.c. und Palmer, *l.c.*, erfordern, wollte sie Anspruch auf Gültigkeit erheben.

c) Herkunft aus dem Etruskischen: So Ernout, *EE*, 11, der neben der Bemerkung, der Beruf des *caupō* gehöre zu den „métiers, qui rentrent bien dans le genre d'activité des Étrusques établis à Rome", den Ausgang *-ō, -ōnis* in *caupō* (s. dazu Fn. 248) und die Femininbildung *cōpa* als Argumente anführt.

Zus.[247]: Etr. Par.: Belegt sind die Namensformen *caupis CIE* 1902 u.ö. (CN), *caupnal CIE* 224 (Gen. zu *caupnei*, GN f., Metronym), *caupne CIE* 223 = 849 (GN m.) mit unbekanntem semantischem Wert; Zusammenhang mit lat. *caupō* ist denkbar.

Morph.[248]: Zur Femininbildung *cōpa* s. Kap. B.1.2.3.

Zur Bildung von *caupōna/cōpōna*: *LG* bietet zwei verschiedene Erklärungen:

a) Motion durch das „Suffix" *ā*, „in Notfällen auch zu Substantiven der 3. Dekl.", z.B. *caupōn-a* (§ 269.B.3.b.);

b) „*caupōn-a* ‚Schenke' gehört wohl zu Typus *sūtr-īna* als verkürztes ⁺*caupōn-īna.*" § 296. II. (Substantivierungen auf *-īna*).

---

nur am Rande erwähnt. Jedenfalls ist gr. -α- in 1. Silbe > etr.-lat. *-au-* ebensowenig belegt wie gr. -ηλος > etr.-lat. *-ō(n)*.

Gegen Herleitung von *caupō* aus gr. κάπηλος über etr. Medium spricht sich auch de Simone, *ll.cc.*, aus.

[247] Das Schwanken *ō/ū* in *cōpa/cūpa* sollte auf Grund der unsicheren Überlieferung der Form *cūpa* nicht als Argument zugunsten etr. Herkunft des Wortes bzw. der Sippe herangezogen werden.

[248] Zum Ausgang auf *-ō* in *caupō*, im vorliegenden Fall eventuell als unterstützendes Argument zugunsten einer Herleitung dieser Form bzw. der Sippe aus dem Etr. heranziehbar, s. im Text weiter unten und Kap. C.4.1.6.

Es scheint also an zwei verschiedene Ableitungen von *caupō* gedacht zu sein: eine zur Bildung des Femininums zu *caupō*, die andere zur Bezeichnung der zugehörigen Lokalität. Abgesehen davon, daß diese Aufspaltung wenig glaubhaft erscheint, wird die Möglichkeit einer vom Etruskischen her beeinflußten Suffixbildung nicht erwähnt. Eine solche ist jedoch nicht gänzlich auszuschließen. Im Gegenteil: Sie gewinnt an Wahrscheinlichkeit, wenn man bedenkt, daß in etr. ⁺*caupu-na* „zum Schankwirt (o.ä.) gehörig" die Grundlage für beide Bedeutungen des lat. *caupōna*, für „Schenke" und für „Schenkwirtin" zu finden wäre (s. S. 114 Fn. 377; ebendort auch zu den Bedenken bezüglich einer *na*-Bildung zur Kennzeichnung einer weiblichen Person; zu *-ōna* s. auch Kap. C.4.1.5.). Es ließen sich somit formal alle drei dieser Sippe zugehörigen Substantiva direkt aus dem Etruskischen herleiten (s. Kap. B.1.2.3.; ferner Kap. C.4.1.6. und Kap. C.4.1.5.): *caupō/cōpō* von etr. ⁺*caupu*; *cōpa* von der italisch beeinflußten Form etr. ⁺*caupa*; *caupōna/cōpōna* von etr. ⁺*caupu-na*.

cortīna (*curtīna* Dub. nom. GLK 5, 575, 7), *-ac f.*: „rundes Gefäß, Kessel", „Dreifuß des Apollo", eigentl. „das auf ihm ruhende Becken"[249] (*WH* s.v. 1. *cortīna*); seit Enn. und Plt. [?]

Lit.: *WH* l.c.; *EM* s.v. 1. *cortīna*

Nach *WH* l.c. wahrscheinlich als „Gekrümmtes" zur Wurzel ⁺*(s)qer-* „drehen, biegen" oder zur Erweiterung ⁺*qert-* zu stellen.
Nach *EM* l.c. ohne Etymologie.

Zus.: Etr. Par.: Belegt sind die Formen *curtines* NRIE 198 (Gen. von *curtine*, GN m.), *kurtinaś* CII, 2 s., 83 (*TLE* 483) > *SE* 14, 194 (Gen. von *kurtina*, GN m.), *qurtiniie SE* 13, 463, n. 10 > *SE* 39, 357, n. 39 (GN m.; der Ausgang ist aus ital. *-ios* herzuleiten).
Es dürfte sich um *na*-Ableitungen (s. *DES* § 67 ff.) zum Stadtnamen *curtun* CIE 471 (*TLE* 644) „Cortona" handeln, also ⁺*curtina* (< ⁺*curtu[n]na* unter Schwächung des Binnensilbenvokals und Ausfall des ersten *-n-*) „Cortonese, der von Cortona". Da aber etr. *-na* geschlechtsunspezifisch verwendet wird, wäre — hier folgt Verf. einer Anregung Herrn Prof. *Pfiffigs* — für ⁺*curtina* auch die Bedeutung „das von Cortona, Produkt von Cortona, Gefäß von

---

[249] Zu spätlat. *cortīna* „Vorhang" s. *WH* s.v. 2. *cortīna* und *EM* s.v. 2. *cortīna*. Ohne Zusammenhang mit *cortīna* „rundes Gefäß, Kessel".

Cortona" denkbar. Es ist bekannt, daß in Cortona eine beachtliche Bronzeindustrie beheimatet war.[250]
Wie also das Deutsche Herkunftsbezeichnungen für Gefäße, z.B. „Römer", kennt, so konnte auch das Etruskische die Bezeichnung +*curtina* für ein Gefäß nach Art einer bestimmten, besonders bekannten Gattung von Cortoneser Gefäßen verwendet haben.
Morph.: Zu (problematischem) -*īna* s. Kap. B.1.2.1.2.3.2.2.

culīna (*colīna*, *quolīna*[251]), -*ae f.*: „Küche", spät „Armenfriedhof", (*WH* s.v.); spät auch „*latrīna*" (*EM* s.v.); seit *Plt*. [?]

Lit.: Ernout, *EE*, 92; *WH* l.c.; *EM* l.c.

Das Wort wird im allgemeinen zu lat. *coquō* gestellt (s. *WH* l.c., *EM* l.c.), wobei jedoch die lautliche Entwicklung nach *WH* l.c. unklar bleibt; *EM* l.c. sucht sie wenig überzeugend durch Einfluß von *cūlus*, „les latrines étant le plus souvent attenantes à la cuisine", zu erklären.

Ernout, *l.c.*, erwähnt *culīna* unter den etr. Herkunft verdächtigen Wörtern auf -*īna*.

Zwar ist Verwandtschaft mit lat. *coquō* nicht völlig auszuschließen, doch spricht nach Ansicht der Verf. das Vorhandensein zweier einwandfrei von *coquō* abzuleitender Formen — echt lat. *coquīna* (seit *Test. porc.*), osk.-umbr. *popīna* (seit *Plt.*) — gegen eine Zusammenstellung von *coquō* und *culīna*. Zudem ist Zusammenhang mit den etr. Namenformen *cul CIE* 1034 (Abkürzung zu *culnaial*, Gen. zu *culnai*, GN f., Metronym), *culnaial NSA* 1937, 382, n. 12 > *Mon AL* 42, c. 251, n. 10 u.ö. (Gen. zu *culnai*, GN f.), *culni CIE* 2022 (GN m.), *kuleniieśi SE* 40, 398, n. 1 (emphatischer Gen. zu *kuleni(i)e*, GN m.; 7.Jh.), sollte ihnen eine Basis etr. +*cul* „Koch" o.ä. zugrunde liegen (*culīna* < etr. +*cul-na*, d.h. ursprünglich „was zum Koch gehört"; zu etr. -*na* s. *DES* § 67), nicht auszuschließen.

Zus.[252]: Etr. Par.: S.o.
Morph.: Zu (problematischem) -*īna* s. Kap. B.1.2.1.2.3.2.2.

[250] S. zuletzt Neppi Modona, *Cortona*, bes. p. 135: „Nel suolo cortenese furono rinvenuti molti bronzi etruschi, tanto che prima era opinione di alcuni eruditi che la toreutica etrusca fosse esercitata esclusivamente a Cortona; e se questo risultò poi non vero, in seguito ai molti ritrovamenti avvenuti anche nel restante territorio d'Etruria, è certo preponderante, rispetto a quello degli altri luoghi, il numero dei bronzi iscritti cortonesi, alcuni dei quali di gran pregio. Ciò fa pensare all'esistenza di una importante officina metallurgica nel periodo più fiorente, in Cortona stessa o nel suo territorio."

[251] „La variante *colīna, quolīna* de certains manuscrits est une fausse graphie étymologisante." (*EM* s.v. *culīna*; vgl. *WH* s.v. *culīna*.)

[252] Ein Schwanken *u/o* (s. Kap. B.1.1.1.1.) dürfte hier nur scheinbar vorliegen, s. Fn. 251.

cumera, *-ae f.; cumerum, -ī n. (cumerus, -ī m.* unsicher): „Behältnis zur Getreideaufbewahrung", „Kästchen mit den Utensilien der Braut"[253], eig. „geflochtener Korb" (*WH* s.v.); seit *Varro.* [?]

Lit.: Ernout, *EE,* 120; Deroy, *Les noms,* 26; *WH* l.c.; *LE* s.v.; *LG* § 106; *EM* s.v.

Neben der Herleitung aus dem Ie. (nach *WH* l.c. eventuell von der Wurzel ⁺*qem-* „ballen, pressen", doch s. dort auch weitere Deutungsversuche; vgl. auch *LG* l.c.) und der Annahme einer Entlehnung aus gr. κύμαρον·κόμαρον (= „corbezzolo") *Hes.* (so *LE* l.c.) steht die Theorie einer Herkunft aus dem Etruskischen: Ernout, *l.c.,* nennt das Wort in der Gruppe der etr.-lat. Wörter auf *-er(r)a*[254]: „... *cumera* (et *cumerum* n.), terme du rituel, désignant un panier à couvercle dans lequel le *camillus* portait les objets rituels lors de la célébration d'un mariage, et qui par extension s'est dit un coffre à grains: or on trouve en étrusque *cumere*[255], *cumerusa*[256], *cumerumia*[257], *-niasa*[258]."

Auch *EM* l.c. schließt etr. Herkunft nicht aus und verweist ebenfalls darauf, daß die *cumera* vom *camillus* getragen wurde.

Zu denken geben bei diesem Wort zwei Tatsachen: daß, worauf bereits Ernout, *l.c.,* verweist, *cumera/-um(-us?)* „Behältnis zur Getreideaufbewahrung; Kästchen mit den Utensilien der Braut" von den Alten — *Varro L.L.* 7,34 („*camillam qui glossemata interpretati dixerunt administram; addi oportet in his quae occultiora: itaque dicitur nuptiis camillus qui cumerum fert, in quo quid sit, in ministerio plerique extrinsecus nesciunt.*"); *Paul. Fest.* 55, 22 L („*cumeram vocabant antiqui vas quoddam quod opertum in nuptiis ferebant, in quo erant nubentis utensilia, quod et camillum dicebant, eo quod sacrorum ministrum* κάσμιλον *appellabant.*") — in engstem Zusammenhang mit als etr.

---

[253] *WH* s.v. übersetzt nur das F. mit „Behältnis zur Getreideaufbewahrung", das N. (und das unsichere M.) mit „Kästchen mit den Utensilien der Braut"; doch findet sich eine derartige Zusammengehörigkeit von Genus und Sinn sonst nirgends in der Literatur angedeutet. *Paul. Fest.* 43,25 L erläutert zwar: „*cumerum vas nuptiale a similitudine cumerarum, quae fiunt palmeae vel sparteae ad usum popularem, sic appellatum.*"; doch wird die Aussage, die aus dieser Stelle herausgelesen werden kann, durch eine andere Bemerkung ebendesselben Autors (*Paul. Fest.* 55,22 L) wieder entwertet: „*cumeram vocabant antiqui vas quoddam quod opertum in nuptiis ferebant, in quo erant nubentis utensilia ...*" (s. im Textweiter unten).

[254] Auch Deroy, *l.c.,* sieht in *-era* von *cumera* einen Hinweis auf etr. Herkunft.

[255] *CIE* 1425 u.ö., GN m.

[256] *CIE* 1429, nach Rix, *DEC,* 209, Fn. 29, „Analogiebildung zu *cumerunia*" (*CIE* 1421 u.ö., CN f.).

[257] Sicher Verschreibung aus *cumerunia CIE* 1421 u.ö., CN f.

[258] *CIE* 1451, *sa*-Ableitung (s. *DES* § 101) zu *cumerunia CIE* 1421 u.ö., CN f., Metronym; s. *DES,* 120.

zu wertendem *camillus/-a* gesehen wird und daß diese Behälterart bei Hochzeiten Verwendung fand, unter welchen wohl, mußten doch die *camillī* als die Helfer des *Flamen Dialis* zugegen sein, *cōnfarreātiōnēs* zu verstehen sein werden, bei denen bekanntlich die Brautleute Speltbrot (*panem farreum, Gai.* Inst. 1, 112) zu opfern pflegten.

Der Schluß liegt nahe, daß erstens das bei der *cōnfarreātiō* verwendete Gefäß etwas enthielt, was mit Getreide zu tun hatte, etwa eine oder verschiedene Getreidesorten oder ein Getreideprodukt, bzw. daß tatsächlich als Grundbedeutung „Getreidebehälter" (o.ä.; anders Ernout, *l.c.*) anzusetzen ist[259]; des weiteren, daß das vom *camillus*, dem etruskisch benannten Opferdiener, getragene Behältnis ebenfalls ein entlehnter etruskischer Ausdruck sein könnte.

Zus.: Etr. Par.: Belegt sind, jeweils mit Ableitungen, das GN *cumere* CIE 1425 u.ö. und das feminine Clusiner CN *cumerunia* CIE 1421 u.ö., beide mit unbekannter Bedeutung[260]; Zusammenhang mit lat. *cumera* wäre denkbar, vgl. den deutschen Familiennamen „Korb". Sollte tatsächlich von einem Suffix *-era* in lat. *cumera* gesprochen werden können, müßte in den oben erwähnten etr. Formen ein Pluralformen bzw. Kollektiva bildendes Suffix *-r* (s. *DES* §42) gesehen werden; in diesem Fall könnte ⁺*cum(e)* etwa das Material, aus dem der geflochtene Behälter, das Geflecht, hergestellt war, also „Binse, Rohr, Zweig, Schilf ...", bedeuten.

Morph.: Zu *-era* s. Kap. B.1.2.1.2.4.2.; s. aber auch oben.

***dossennus*, -ī m.:** „komische Figur der Atellane" (*WH* s.v. *dorsum*); seit *Pompon.* frg. 109; vgl. *Atell. inc.* 2 (*Sen.* Epist. 89,6) [?]

Lit.: Schulze, *ZGLE*, 283; Friedländer, *Persona*, 168; Lattes, *Lat. dossennus*, 269 f.; Kalinka, *Die Heimat*, Sp. 573 f.; Ernout, *EE*, 91; Devoto, *Storia*, 79; Palmer, *The Latin Language*, 49; Carnoy, *Etymologies*, 393; *WH* l.c.

Zwei Auffassungen — sieht man von nicht überzeugenden Deutungsversuchen aus dem Ie. ab; s. *WH* l.c. — begegnen in der Literatur:

---

[259] Damit wäre der von *WH* l.c. vorgebrachte hauptsächliche Einwand gegen Ernouts Herleitung aus dem Etr., nämlich daß „die Annahme der Entlehnung des Wortes als religiösen Gerätes bei erst späterer Übertragung auf den Getreidebehälter unwrsch. ist", als hinfällig zu betrachten.

[260] Ob mit Schulze, *ZGLE*, 535, der Name des *Monte Comero* mit etr. *cumere* etc. in Zusammenhang gebracht werden darf, bleibt fraglich. Jedenfalls kann die Stelle Schulze, *l.c.*, wohl nicht, wie dies bei *WH* l.c. geschieht, gegen Ernouts Zusammenstellung von etr. *cumere* etc. mit lat. *cumera* ins Treffen geführt werden,

Suffix und Stamm dieses dem etruskischen Milieu der schaupielerischen bzw. schaustellerischen Darbietungen gehörigen Wortes seien etr. Herkunft (so Kalinka, *l.c.*, unter Zusammenstellung mit etr. *tuś(-)*[261] in *tuśnu CIE* 1726 etc.; *WH* l.c. ohne konkrete Anknüpfung im Etr.; volksetymologische Anlehnung an *dorsum* sei nicht auszuschließen).

Nur das Suffix sei (sicher oder vermutungsweise) etruskisch (so Friedländer, *l.c.*; Lattes, *l.c.*, mit Verweis auf frühere Literatur; Schulze, *l.c.*; Ernout, *l.c.*; Palmer, *l.c.*; Devoto, *l.c.*); das erste Element wird dabei als *dossum*, volkstümliche Form zu *dorsum* (so Ernout, *l.c.*; vgl. zu *dossum-dorsum LG* § 214.b.β.) gedeutet.

Zus.: Etr. Par.: Belegt sind die GN (< CN) *θusinei CIE* 466 (f.), *tuśnui TLE* 446 (m.), *tusnui CIE* 5642 u.ö. (f.), *tusnus CIE* 5560 u.ö. (m.), *tusnas SE* 46, 346, n. 99 (m.), die CN *tuśnu CIE* 1726 und *tusnu SE* 36, 232, n. 1, ferner *tusna CII* 2494 bis bzw. Gerhard-Körte 4,322 als Beischrift zu einem großen Schwan neben Turan und Atunis.

Es existiert im Etr. ein Adjektiv *tuś* (z.B. in *tusurθir CIE* 3860 (*TLE* 587) „die Ehegatten", s. *DES*, 305) mit der Bedeutung „gemeinsam" (*DES*, 305). Daß die aufgezählten Personennamen bzw. die Bezeichnung des Schwanes damit etwas zu tun haben, scheint (so auch Prof. Pfiffig brieflich) wenig glaubhaft. Zusammenhang mit lat. *dossennus*, einer eine auffällige psychisch-moralische Eigenschaft und eine bestimmte körperliche Beschaffenheit karikierenden Figur (zur Deutung als „Freßsack" s. etwa *WH* l.c.), ist daher nicht auszuschließen.

Morph.: Zu *-ennus* s. Kap. B.1.2.1.2.3.2.2.

favissae/favisae[262], ***-ārum f.:*** S. *Varro ap. Gell.* 2, 10, 3 f: *Favisas Capitolinas „esse cellas quasdam et cisternas, quae in area sub terra essent, uti reponi solerent signa vetera, quae ex eo templo (scil. Capitolino) collapsa essent, et alia quaedam religiosa e donis consecratis ... Favisas esse dictas cellas quasdam et specus, quibus aeditui Capitolii uterentur ad custodiendas res veteres religiosas."* Vgl. *Gl.* 5, 69,2: *„favisae specus: fossae quaedam in Capitolio quae in modum cisternarum cavatae excipiebant dona Iovis."* Vgl. aber *Paul. Fest.* 78,10 L: *„Favisae: locum sic appellabant in quo erat aqua inclusa circa templa.*

---

[261] Carnoy, *l.c.*, vergleicht zu *dossennus* etr. „*tuś-nu-t*", das er als „amoureux" deutet, und fügt in Klammer hinzu: „*Tuśnu* est un dieu étrusque de l'amour."
Ein Gott *tuś* ist nach dem heutigen Stand der Forschung in der etruskischen Götterwelt nicht bekannt. Zu etr. *tuś* s. im Text weiter unten. Eine Form *tuśnut* scheint in *ThLE* nicht auf.

[262] Zu der *Gell.* 2,10,3 und *Non.* 112 überlieferten Form *flavis(s)ae* s. Hackens, *Favisae*, 82 ff.

sunt autem qui putant favisas esse in Capitolio cellis cisternisque similes, ubi reponi erant solita ea quae in templo vetustate erant facta inutilia."[263] [+]

fovea, *-ae f.:* „Grube; Fallgrube für das Wild; Tierhöhle" (*WH* s.v. *fovea*); seit *Plt.* [+]

Lit.: Thurneysen, *TLL* s.v. *favis(s)ae*; Skutsch, *Der lateinische Akzent,* 189, Fn. 1; Ernout, *EE,* 102; Trombetti, *La lingua etrusca,* 98; Terracini, *Su alcune congruenze,* 230; Gerola, *Substrato mediterraneo,* 352; Palmer, *The Latin Language,* 49; Hackens, *Favisae*; Hiersche, *Der Wechsel,* 110f.; *WH* s.vv. *favissae, fovea*; Pfiffig, *RET,* 85; *LG* § 47.a.; *EM* s.vv. *favissae, fovea*; Strnad, *Die doppelte Sprachverwandtschaft,* 479.

Zwei Tendenzen zeichnen sich in der von der Verf. eingesehenen Literatur ab: *favissae* als ganzes Wort (und meist zugleich als zugehörig aufgefaßtes *fovea*) als etruskisch zu betrachten; in *favissae,* dessen Stamm zu ie.-lat. *fovea* zu stellen sei[264], eine lat.-etr. Hybridenbildung sehen zu wollen.[265]

Die Vertreter der erstgenannten Ansicht stützen sich teils auf vergleichbares etruskisches Wortmaterial, teils auf das Suffix von *favissae* und andere Kriterien[266].

So schließt sich Trombetti, *l.c.,* Lattes Auffassung an, wonach etr. *favi-ti AM* 5[21] (wozu auch *favi-n AM* 11[10] zu vergleichen sei) etr.-lat. *favi-ssae* entspreche, das mit *fovea* zu verbinden sei. Nach Pfiffig, *l.c.,* ist *favissae* „aller Wahrscheinlichkeit nach etruskisch — vgl. *AM* V[21] die Lokative *θeiviti favitic* ‚im *θeivi* und im *favi*'"[267]. Ernout, *l.c.,* hingegen führt, wie vor ihm schon

---

[263] Gestützt auf *Paul. Fest.* l.c. und auf archäologische Gegebenheiten, sucht Hackens, *o.c.,* 75ff., nachzuweisen, daß die ursprüngliche Bedeutung des Wortes „réservoirs d'eau près des temples" gewesen sei; „le mot s'applique ... aussi bien aux puits qu'aux citernes et piscines que l'on retrouve près des temples de l'époque archaïque" (*o.c.,* 97); erst sekundär seien die *favis(s)ae* als Repositorien für Weihegaben u.ä. verwendet worden.

[264] Die Unterschiedlichkeit im Vokalismus der 1. Silbe zwischen *fovea* und *favissae* wird *LG* l.c. nur dahingehend erhellt, als eine Entwicklung *-ov-* > *-av-* angenommen wird; es gebe jedoch dafür keine sichere Erklärung.

[265] Singulär bleibt Hiersches *l.c.* geäußerte Ansicht, *favissae* sei durch sein Suffix als eindeutig mediterran gekennzeichnet; ie. Herkunft von *favissae* und zweifellos verwandtem *fovea* sei daher „ziemlich ausgeschlossen".

[266] Terracini, *l.c.,* reiht *favissa* (sic) ohne Angabe von Gründen unter die Wörter, die mit Sicherheit aus dem Etruskischen herzuleiten seien. Strnad, *l.c.,* führt, völlig ohne Anhalt, etr. *favis-* in etr.-lat. *favissae* auf arab. (s.u.W. *abdōmen*) *ḥaud* „Wasserbecken" zurück.

[267] *DES,* 288, erklärt Pfiffig *faviti* als Imp. II von ⁺*favi-,* dessen genaue Bedeutung unbekannt sei, das aber eine „Aktion beim Opfer" darstellen müsse. Auch diese Deutung schließt Zusammenhang mit lat. *favis(s)ae* nicht aus, da eine Bedeutung „mache eine Grube", „grabe" denkbar ist.

Es sei hier bemerkt, daß gleiche Lautung von Nominal- und Verbalstamm dem Etr. nicht fremd

zögernd Skutsch, *l.c.,* und Thurneysen, *l.c.,* als Argument zugunsten etr. Herkunft von *favissae* das Suffix an und verweist zusätzlich darauf, daß es sich um einen Ausdruck handle, der zwei von Entlehnungen stark betroffenen Bereichen zugehöre: der Architektur und zugleich dem Kult; unter den Wörtern auf *-ea,* d.h. einer nach Ernout von etr. Einfluß geprägten Wortgruppe, nennt Ernout — mit Verweis auf *favissae* — auch *fovea.* Vgl. *EM* ll.cc., wo für *fovea* Verwandtschaft mit *favissae* und somit ebenfalls etr. Herkunft erwogen wird. Auf den Ausgang von *favissae* als Kriterium für etr. Herkunft beschränkt sich Gerola, *l.c.,* vgl. Hackens, *o.c.,* 82 (dort auch in Fn. 2 Hinweise auf frühere Lit.; vgl. *o.c.,* 97), der zudem, gestützt auf archäologische Befunde, die Ansicht vertritt, die Sache selbst stamme aus Etrurien und die Erbauung der *favisae Capitolinae* sei in der Zeit der etr. Könige in Rom erfolgt (*o.c.,* 80 f.).

Die Auffassung, *favissae* sei lat.-etr. Hybridenbildung, wird vertreten von Palmer, *l.c.,* und — nicht ohne Bedenken — von *WH* s.v. *favissae: favissae* sei auf ⁺*fovissae* zu *fovea* zurückzuführen (vgl. *LG* l.c.; s. S. 257 Fn. 264); das Suffix sei zweifellos etruskisch; daß das ganze Wort aus dem Etruskischen stamme, würde Herkunft auch von *fovea* aus dem Etruskischen bedingen; dies sei aber nicht zu erweisen, wenn auch nicht gänzlich auszuschließen (s. *WH* s.v. *fovea*); die Etymologie von *fovea* sei jedenfalls unsicher, ie. Herleitung aus ⁺*ĝheu̯eiā,* ⁺*ĝhou̯eiā* zu gr. hom. χειή „Loch, Höhle, Schlupfwinkel" sei zwar lautlich einwandfrei[268], doch hinsichtlich der unterschiedlichen Bildungsweise von lat. *fovea* und gr. χειή problematisch und in der Bedeutung wenig befriedigend (s. *WH* s.v. *fovea*).

Zus.: Etr. Par.: Belegt sind *faviti̯c AM* 5[21], sicher zu trennen in *faviti-c,* und *favin AM* 11[10]; zur Deutung s.o.

Bei Annahme einer Entlehnung von *fovea* und *favissae* aus dem Etruskischen müßte von folgenden Voraussetzungen ausgegangen werden:

Etr. ⁺*favi* wurde als ⁺*favea* (der Ausgang *-ea* könnte eventuell erklärt werden durch einfaches Anhängen einer gängigen lat. Endung an einen etruskischen Auslaut, der wohl *-i* geschrieben wurde, doch vielleicht — durch Abschwächung infolge eines star-

---

ist, s.z.B. *sval-* „leben" (*DES,* 153) in *svalce CIE* 5376 (*TLE* 103) u.ö. und in anderen Verbalformen (s. *ThLE* 320) gegenüber *sval* „vivī" in *CIE* 6212. Die Existenz eines etr. Nominalstammes ⁺*favi* „Grube" o.ä. neben einem etr. Verbalstamm ⁺*favi-* „graben" o.ä. wäre daher nicht ungewöhnlich. Die Auffassung von ⁺*favi-* als Verbalstamm könnte eventuell durch die Form *favin AM* 11[10] eine Stütze erhalten, sofern darin das mit dem Suffix *-(i)n* gebildete Mediopassiv des Präsens (s. *DES* §142 f.) gesehen werden darf.

[268] So auch Hiersche, *l.c.;* anders *EM* s.v. *favissae.*

ken Initialakzentes (s. *DES* § 26 ff.; *DGE 2*, 91 f.) — lateinischen Ohren nicht eindeutig wie *i*, sondern eher wie *e* klang) ins Lat. entlehnt, wobei das offenbar früh übernommene und gebräuchliche Wort (s. *EM* s.v. *fovea*) durch nicht näher zu bestimmende Einflüsse wohl dialektaler Art, eventuell durch volksetymologische Annäherung an *fodiō*, zu *fovea* wurde[269].
Die etr. Deminutivbildung +*favi-za* (zum etr. Deminutivsuffix -*za* s. *DES* § 165) wurde als *favisa* ins Lateinische entlehnt (s. Kap. B.1.2.1.2.5.); dabei blieb ursprüngliches -*a*- — handelt es sich doch um einen mit dem Kult zusammenhängenden Term. techn., d.h. um einen von einer bestimmten, überschaubaren Personengruppe mit der im Kult ganz allgemein zu beobachtenden Sorgfalt rezipierten und tradierten Ausdruck — erhalten.
Morph.[270]: Zu -*issa*/-*isa* in *favissae*/*favisae* s. Kap. B.1.2.1.2.5.

harēna*/*arēna (arch. *hasēna*; sabin. *fasēna* nach *Varro ap Vel. GLK* 7, 98, 8 bzw. *Varro L.L.* 7,27) -*ae f.*: „Sand; Sandfläche, Gestade, Kampfplatz des Amphitheaters" (*WH* s.v.); seit *Carm. Sal.* bzw. *Cato.* [?]

Lit.: Ernout, *EE*, 92; *WH* l.c.; *EM* s.v.

Bei diesem Wort mit ungeklärter Etymologie (*WH* l.c., *EM* l.c.) deutet nach Ernout, *l.c.*, und *EM* l.c. möglicherweise der Ausgang -*ēna* auf Entlehnung aus dem Etruskischen; Ernout, *l.c.*, weist ferner darauf hin, daß es sich um einen Term. techn. der Gladiatorensprache handeln könnte, was *WH* l.c. veranlaßt, etr. Herkunft von *harēna* nicht auszuschließen.

Zus.: Etr. Par.: Zum Vergleich heranziehen lassen sich 2 Formen aus dem Namenmaterial[271]:
harenies CII 2095 ter a (Gen. zu *harenie*, GN m., wahrscheinlich im Ausgang auf +-*na-ios* mit italisch -*ios* zurückzuführen) und *harina CIE* 4643 > Lattes, *Corr.*, 282 (CN).[272]
Morph.: Zu (problematischem) -*ēna* s. Kap. B.1.2.1.2.3.2.2.

---

[269] Konträr (*o* > *a*), weil unter Ansetzung einer Grundform *fov-*, *WH* s.v. *favissae* und *LG* l.c.; s. im Text weiter vorne.

[270] Zum Ausgang auf -*ea* in *fovea* (nicht als Hinweis auf etr. Herkunft zu werten) s. Kap. B.1.2.1.1.1.

[271] Vgl. die deutschen Familiennamen *Sand, Sander, Sandner, Sandjer, Sandherr* etc. S. dazu Heintze-Coscorbis, *Die deutschen Familiennamen*, s.v. *Sand*; Brechenmacher, *Etymologisches Wörterbuch*, 2. Bd., s.vv. *Sander, Sandherr*; Bahlow, *Deutsches Namenlexion*, s.v. *Sand*; Bach, *Deutsche Namenkunde*, § 138, u.ö.

[272] Das Appellativ *faśena* in der auf einem rotfigurigen Askos des 4./3.Jhdts. aufscheinenden Inschrift *mi faśena tatas tulaluś TLE* 712 „ich bin das *faśena* der *tata* des *tulalu*" (*tata* ist

lārŭa/lārva, -ae f.: „böser Geist, Gespenst; Gerippe; Larve, Maske" (*WH* s.v.); *lārua* altlat.[273] seit *Plt.*; *lārva* seit *Hor.* [?]

Lit.: Ernout, *EE,* 104; *WH* l.c. und s.v. *Lār*; Heurgon, *Lars*; de Simone, *DGE* 2,111 f.; Hamp, *Etruscan φersu,* 301; *EM* s.v.

Herkunft von *lārua* aus dem Etruskischen vermuten Ernout, *l.c.* (die Sippe *Larēs, Larunda, Lārentia*[274], *larua* etc. stamme wahrscheinlich aus dem Etruskischen; im Suffix lasse sich *Minerua, Menerua* vergleichen[275]), *EM* l.c. (ebenso; doch sei die unterschiedliche Quantität des *-a-* problematisch), Heurgon, *o.c.* (der Stamm sei etr.; s.u.W. *lārgus*), de Simone, *l.c.* (wegen des Suffixes; s. weiter unten unter „Morph."), ihm folgend Hamp, *l.c.*

WH ll.cc. hingegen separiert *Lărēs* (wegen *-ă-* und altlat. *-s-*) und *lārua* (wegen der Bildungsweise wie in *bēlua, mīluus*) von etr.-lat. *Lārentia, Lārunda*[276] und ist somit gezwungen, in *Larēs, lāruae* Erbwörter (mit Ablaut *ā:a*) zu sehen, deren Grundbedeutung nicht faßbar sei und die sekundär an etr.-lat. *Lārunda* etc. angeschlossen worden seien; als Grundform zu *lārua* sei ⁺*lāsouā* „die Gestalt eines *Lar* habend", daher „Fratze, Maske", anzunehmen.

Wie schon Kap. B.1.2.1.1.2. dargelegt, ist etr. ⁺*laru-ua/va* anzusetzen, wobei *-ua* lat. *-ōsus* entsprechen oder Ausdruck des Superlativs (Elativs) sein

---

venetisches f. PN; *tulalu* ist venetisches m. GN) muß sich auf das Gefäß, also den Askos, beziehen, daher entweder einfach „Gefäß" bedeuten, oder auf das Material (etwa „Tongefäß, gebrannter Ton"), auf die Ausstattung (etwa „bemaltes Gefäß") oder auf die Form (etwa „askosförmiges Gefäß") Bezug nehmen. In keinem Fall scheint Zusammenhang mit „Sand" bzw. *harēna* (zum Wechsel *h/f* im Anlaut s. Kap. C.2.2.3.) gegeben, auch nicht unter der Annahme der Bedeutung „Tongefäß", „Irdenes", da Sand etwas anderes ist als Ton und zudem etr. *hil TLE* 676 „Erde, Land", auch „Gegenstand aus Erde, bes. Gefäß", mehr Anspruch auf diese Bedeutung erheben darf, s. *DES,* 271 ff. Auf eine weit einleuchtendere Verknüpfung weist Prof. *Pfiffig* (mündlich) hin:

faśe/faśei/faśi, zahlreich in *AM* vertreten (s. *ThLE,* 366), bedeutet „Brot" (*DES,* 288), eine Art von Opferbrot; nimmt man für dieses Opferbrot die gängige Brotform eines Laibes oder Laibchens an, so läßt sich *faśena (faśe-na;* zum etr. *na-*Suffix s. *DES* § 67 ff.) als „das zum *faśe* Gehörige", als „das *faśe-*Artige", „Gefäß von der Form eines *faśe*", „Gefäß in Form eines (kleinen) Brotlaibes" deuten — für einen Askos durchaus eine passende Bezeichnung.

[273] S. *LG* § 141.b.α. (Zitat s. Kap. B.1.2.1.1.2.).

[274] Bei den Formen *Larunda, Lārentia* sprächen die Suffixe *-nd-* und *-nt-* für Herkunft aus dem Etruskischen. S. aber zu *-nd-* (nicht als Hinweis auf etr. Herkunft zu werten) und *-nt-* (nur unter bestimmten Bedingungen — das Wort müßte als Nomen agentis oder eventuell als Präsenspartizip zu deuten sein — als Hinweis auf etr. Herkunft aufzufassen) Kap. C.4.1.9.

[275] Offenbar denkt Ernout, *l.c.,* an etr. Herkunft des Götternamens. S. aber Kap. B.1.2.1.1.2.

[276] Im Urteil über die Quantität des *-a-* der ersten Silbe von *Larunda* herrscht Uneinigkeit (s. auch u.W. *lārgus*): *Lărunda* etwa bei Ernout, *l.c.*; Heurgon, *o.c.*; *EM* s.v. *Lār*; *Lārunda* bei *WH* s.v. *Lār.* Vgl. *EM* s.v. *Lār* bzw. p. 821: „*Lārunda* dans *Ausone,* d'après *Lār.*"

könnte. Da die Bedeutung *-ōsus* in der Regel jedoch nur bei Ableitungen von Appellativen zu finden ist und *laru* (s. im folgenden) als Qualitätsadjektiv oder als Verbalnomen (Nomen agentis) zu interpretieren ist, was — folgt man Heurgons in dem zitierten Aufsatz niedergelegter Auffassung von *lar(-)* (s.u.W. *largus*) — Bedeutungen unsinniger Art wie „voll von mächtig, voll von *plurimum valens*" ergäbe, muß von einer derartigen Auffassung des Suffixes *-ua* abgesehen werden. Von Relevanz kann also hier nur *-ua* als Kennzeichen des Superlativs (Elativs) sein.

⁺*laru* seinerseits ist — wieder im Sinne von Heurgons Auffassung — zu zerlegen in ⁺*lar-u*. Das Suffix *-u* bildet Qualitätsadjektiva von Substantiven und anderen Wortarten (s. *DES* §66) und Verbalnomina (bei transitiven Verben mit passivem Sinn, bei intransitiven mit aktivem Sinn, d.h. Nomina agentis; s. *DES* §134). Zieht man die erste Möglichkeit (Qualitätsadjektiv) in Betracht, müßte ⁺*lar-u* von einem Substantiv *lar*, etwa „Macht", abgeleitet sein und „mächtig", ⁺*lar-u-ua* „sehr mächtig, am mächtigsten" bedeuten. Zieht man die Verbalnomina bildende Funktion des Suffixes *-u* in Betracht, so wäre zunächst neben dem von Heurgon, *o.c.*, angesetzten Nominalstamm ⁺*lar-* ein homonymer Verbalstamm ⁺*lar-* anzunehmen[277], dessen Bedeutung etwa mit „*multum valere, pollere*" wiedergegeben werden könnte. Da es sich dabei um ein intransitives Verb handelt, wäre die Bedeutung des Verbalnomens auf *-u* hier die eines Nomen agentis bzw. eines Partizips. ⁺*laru* wäre entsprechend zu übersetzen mit „*multum valens, pollens*", ⁺*lar-(u)-ua* mit „*plurimum valens, multum pollens*". Auch diese Deutung könnte möglicherweise zur Wahl stehen. Vorsicht ist deshalb geboten, weil nach *DES* §80.c. der erste Wortbestandteil einer hier einzig in Frage kommenden Superlativ- oder Elativbildung auf *-(c)va* ein Adjektiv sein müßte. Dieser Forderung ist einwandfrei entsprochen, betrachtet man *lar-u* als Qualitätsadjektiv auf *-u*, sie ist aber auch bei Annahme eines Nomen agentis auf *-u* zwar nicht streng, doch annähernd erfüllt, sind doch die Verbalnomina auf *-u* nach *DES* §66 morphologisch eng verwandt mit den Adjektiven auf *-u*.

Beide Deutungen (Ableitung von einem Qualitätsadjektiv, Ableitung von einem Verbalnomen) führen zu sehr ähnlichen Ergebnissen, zu einer Interpretation von *lārua/lārva* als „sehr mächtig, mächtigster, *plurimum valens, multum pollens*".

Dies könnte unschwer als euphemistischer Ausdruck für „Gespenst, böser Geist" aufgefaßt werden. Die Bildungsweise jedenfalls läßt sich ohne Schwierigkeiten aus der etruskischen Morphologie erklären.

---

[277] Zur möglichen Homonymie von Verbal- und Nominalstamm im Etr. s. S. 257 Fn. 267.

Zus.[278]: Etr. Par.: Belege für *lar(-)* s. *ThLE*, 205-215 (!), *ThLE* Suppl., 33-35: neben dem Gottesnamen *laran CII* 2094 u.ö. die PN *lar, larce, larθ, laris* mit zahlreichen Ableitungen.
Belege für *laru(-)* s. *ThLE*, 215; neben *laruns TLE* 2[18] (Gen. des Gottesnamens *laran*, s.o.) alles Personennamen.
Morph.: Zu -ua (-va) s.o. und Kap. B.1.2.1.1.2.

lēnō, -ōnis m.: „Kuppler" (*WH* s.v. *lēna*); seit *Plt.* [?]
lēna, -ae f.: „Kupplerin" (*WH* l.c.); seit *Plt.* [?][279]

Lit.: Ernout, *EE*, 110 f.; *WH* l.c.; *LG* § 269.B.3.b., C.2.; *EM* s.v. *lēnō*.

Die Versuche einer Herleitung aus dem Ie. (s. *WH* l.c., wo Entlehnung aus gr. ληναί·βακχαι·"Αρκαδες *Hes.* zu ⁺λᾶσ-vo- befürwortet wird; *lēnō* sei sekundär zu *lēna* nach *caupō — cōpa* gebildet; vgl. *LG* ll.cc.; s. dagegen *EM* l.c.) überzeugen nicht.

An Entlehnung aus dem Etr. denkt wegen der Zugehörigkeit zu den etr.-lat. Bildungen auf -ō, -ōnis (s. dazu S. 263 Fn. 280) und da es sich wie auch bei *caupō* um Berufe handle, „qui rentrent bien dans le genre d'activité des Étrusques établis à Rome", Ernout, *l.c.*

Zus.: Etr. Par.: Belegt sind die Formen *ḷena AM* 10²² u.ö. (3.P.Ind.Präs. von ⁺*len-* mit unbekannter Bedeutung, s. *DES*, 293), *len NRIE* 799 (durch Bruch des Steines nach *l-* in der Lesung unsicher; wegen vorausgehendem *[ra]mθa* wohl verstümmeltes GN f. unbekannter Bedeutung) und *NRIE* 657 (s. Minto, *Regione VII*, 396 f.; es handelt sich um eine alleine auf dem Fuß einer Impastoschale stehende Form; ihre Funktion ist daher nicht zu ermitteln, es sei denn, sie wäre *len* aus *NRIE* 799 gleichzusetzen; ihr semantischer Kern bleibt in jedem Fall unbekannt), *leni NRIE* 1205 (Funktion und Bedeutung nicht bekannt), ganz unsicheres *ḷenụi CIE* 2415 (GN f.; wegen -*u-*, eventuell Verbalnomensuffix [s. *DES* § 173; 134], könnte Ableitung von der Verbalwurzel ⁺*len-* [s.o.] vorliegen) und *lenụial CIE* 5742 (Gen. zu ⁺*lenui*, GN f.; obwohl Fundort Tuscana, Gen. -*uial* statt -*ual* nach Brauch von Volterra).

---

[278] Der Wechsel *u/v* ist aus dem Lateinischen wie aus dem Etruskischen erklärbar; s. *LG* § 141.b.α.; *DES* § 12 bis bzw. Kap. B.1.2.1.1.2.

[279] Innerhalb des vorliegenden Kapitels C.1.1.2.1.1.2.2. ist *lēna*, da Entlehnung des Wortkernes aus dem Etr. nicht feststeht (s. im Text weiter unten), mit [?] zu versehen; die Befunde (s. im Text weiter unten und Kap. B.1.2.3.) lassen aber darauf schließen, daß eine von etr. Morphologie geprägte Form vorliegt; unter diesem Aspekt wäre *lēna* mit /+/ zu kennzeichnen. Vgl. die Formen *lea* und *cōpa* (s.u.WW. *leō* bzw. *caupō*).

Insgesamt erweist sich also das Material als sehr unergiebig. Doch in Anbetracht der Femininbildung *lēna* (s. unter „Morph.") fällt es schwer, auf die unsicheren und unklaren Anhaltspunkte, die die Inschriften und *AM* bieten, zu verzichten.

Morph.[280]: Zur Femininbildung *lēna* s. Kap. B.1.2.3.

littera*/älter *līt̩era („geschrieben *leit-*" *WH* s.v.) (*lit̩eram CIL* I² 583,52 [Lex repetund.] u.ö., s. *TLL* s.v. *littera*; *leiteras CIL* I² 583,35 [Lex repetund.]; *litaras Tab. Albertini*[281] 28,9), *-ae f.*: „‚Buchstabe, Handschrift'; Plur. 'Schriftstück, Brief' ...; ‚literarische Bildung'" (*WH* l.c.); seit *Naev.* [?]

Lit.: Ernout, *EE*, 120; ders., *Le Vocabulaire*, 7; Pariente, *Littera*; Deroy, *Les noms*, 26; *WH* l.c.; de Simone, *DGE I*,138; Bonfante-Warren, *Roman Triumphs*, 108, Fn. 2; Deroy, *Lettre*; *EM* s.v.

Herleitung aus gr. διφθέρα, -ας ἡ „abgezogene und zubereitete Tierhaut, Fell, Leder, aus Leder verfertigte Gegenstände", auch Pergament u.a., nach *Hes.* auch γραμμάτιον, also „Schriftchen, Briefchen" (gegen diese Hypothese, und zwar ohne und mit Einbeziehung des Etr. [s. im folgenden], s. *WH* l.c., wo Herleitung aus dem Ie. — „aus ⁺*lītes-ā* oder (falls *ei* in inschr. *leitera* Diphthong) ⁺*leites-ā* von einem *tos*-St. ⁺*leitos* zu *lino*[282] ..., Gbd. ‚Angeschmiertes', dann ‚Schriftzeichen, Buchstabe'" — vertreten wird), über etr. Vermittlung erwägen Ernout, *EE*, 120, der das Wort unter den etr.-lat. Bildungen auf *-era/-erra* nennt[283] und darauf verweist, daß die Römer das Alphabet über die Etrusker kennengelernt hätten (s. noch bestimmter ders., *Le Vocabulaire*, 7), und *EM* l.c.

Diese Theorie wird von de Simone, *l.c.*, für nicht vertretbar gehalten.

Deroy[284], *Lettre*, sieht in *littera* ein Wort genuin etr. Herkunft[285]. Es sei,

---

[280] Zum Ausgang auf *-ō* in *lēnō*, im vorliegenden Fall eventuell als unterstützendes Argument zugunsten einer Herleitung dieser Form aus dem Etr. zu werten, s. im Text weiter oben und Kap. C.4.1.6.

[281] Courtois C., Leschi L., Perrat C., Saumagne C.: *Tablettes Albertini. Actes privés de l'époque vandale.* Paris 1952.

[282] Anders Pariente, *l.c.*, der *littera* auf eine als f. Sg. interpretierte n. Pluralform ⁺*litera, -um* (Sg. ⁺*lītus, -eris* „dibujo, pintura, grabado") zum p.p.p. *litus* von *linere* zurückführt; die Konsonantengemination ⁺*lītera* > *littera* sei unter dem Einfluß von gr. γράμματα erfolgt; die Schreibung *leiteras CIL* I² 583,35 sei, wie wenige Zeilen darauf *seine* für *sine*, „una grafía errónea" (*o.c.*, 164).

[283] Wegen *-era* wird *littera* von Deroy, *Les noms*, 26, als möglicherweise etr. angesehen; vgl. ders., *Lettre* (s. im Text weiter unten).

[284] Daß im allgemeinen gegenüber Deroys Thesen außerordentliche Vorsicht angebracht erscheint, wurde schon mehrfach zum Ausdruck gebracht; vgl. auch u.W. *plaustrum*.

[285] Vgl. Bonfante Warren, *l.c.* (ohne Begründung).

wie auch lat. *litō*[286], *lituus*[287] und gr. λίτρα, auf etr. +*lit(a)*- „signe" zurückzuführen; anzusetzen sei etr. +*litara*, wobei in -*ar* das etr. Pluralsuffix gesehen werden könne. „S'il est ainsi, +*litar*- aurait désigné non un seul signe, mais un ensemble de signes ... Il faut peut-être revoir dans cette perspective l'histoire du lat. *littera*: en effet, si on le trouve d'abord[288] et surtout au pluriel, ne serait-ce pas qu'il était pluriel par son origine même?" (*O.c.*, 53.) Etr. +*litara* sei über +*litera* (Reduktion des kurzen Vokals in offener Mittelsilbe) zu *littera* (expressive Konsonantengemination infolge der starken Betonung der vorausgehenden ersten Silbe) geworden. Diese Hypothese, die nach Ansicht der Verf. aus semantischen Gründen und hinsichtlich des Ansatzes eines etr. Pluralsuffixes beachtenswert erscheint, müsse, wie Deroy, *o.c.*, 53, selbst meint, Hypothese bleiben, da der Stamm im Etruskischen nicht belegt sei.

Nun ist tatsächlich +*lit*- (abgesehen von -*lit*- in script. cont. *TLE* 2) oder +*liθ*- nicht bezeugt, wohl aber *leiθr̥meri CIE* 6309 (*TLE* 75) und *leitrum AM* 10²⁰. Während *leiθr̥meri* zunächst des unsicheren -*r*- wegen außer acht gelassen werden soll, könnte die Form *leitrum* weiterhelfen.

Die betreffende Stelle aus *AM* lautet: *ara·ratum·aisna·leitrum·zuθeva·zal·esic·cie*. Pfiffig, *DES*, 248 f., übersetzt Wort für Wort: „Er bereitet/ordentlich .../das göttliche/*leitrum*,/Rauschtrank/zwei (Teile)/oder auch/drei"[289]. *Leitrum* erhält *o.c.*, 248, die genauere grammatikalische Spezifikation „Appellativ (Lehnwort?), cas.rect." und *o.c.*, 293, den Übersetzungsvorschlag „Trank?" bzw. (brieflich) „οἶνον". *Zuθeva* sei, so Pfiffig, *o.c.*, 248, „Adj. III (plur.)" bzw., so ders., *o.c.*, 311, „Adj. III < *zuθe*/voll Rauschtrank" („+*zuθe*/Lehnwort/Zythos, Rauschtrank, Gerstenbier?" *O.c.*, 311.): Es sind hiermit die zwei möglichen Funktionen des nach *e* zu -*ua*/-*va* modifizierten Suffixes -*cva* der Kollektivadjektiva (Adj. III, s. *DES* § 72) umrissen: Ableitungen von Appellativen einerseits und (unter bestimmten Bedingungen, etwa bei Lehnwörtern) Plurale zu Appellativen und Namen zu bilden (s. *DES* § 72 ff.). *Zuθeva* könnte also heißen: „voll Rauschtrank" oder „(die) berauschende(n) Getränke".

Leitrum kann, wie es auch *ThLE* s.v. geschieht, in *leitr-um* zerlegt werden; -*um* „hat leicht adversativen Sinn: 'aber, jedoch' und leitet häufig neue Sätze oder Satzabschnitte ein" (*DES* § 151.b.); das verbleibende *leitr* könnte als Pluralbildung aufgefaßt werden.

[286] S.b.W.
[287] S.b.W.
[288] S. *leiteras CIL* I²583,35.
[289] Vgl. ders., *Studien*, 62: „Er bereitet ordnungsgemäß das heilige *leitrum*, *zuθeva* 2 (Teile) oder 3 ..."

Unter der Annahme, für etr. *leit* sei nach Deroys Vorschlag eine Bedeutung „Zeichen, Kennzeichen" in Betracht zu ziehen, müßte eine Übersetzung der Stelle, basierend auf Pfiffigs Interpretation, etwa so lauten: Er bereitet/ordentlich/das Opfer[290]./Die Kennzeichen (Charakteristika, typischen Opfergaben) aber (scil. sind):/berauschende Getränke (Rauschtranksorten? Becher voll Rauschtrank?)/zwei/oder auch/ drei.

Nun zurück zur Form *leiθr̥meri* CIE 6309 (*TLE* 75). Sie läßt, soferne -r̥- tatsächlich als -r- zu lesen ist, verschiedene Interpretationen zu: *leiθr̥meri* könnte definiter Akk. (s. *DES* § 48) sein, eventuell, mit Synkope des -*u*- und Aspirierung des -*t*-, zu *leitrum*, in welchem dann natürlich nicht *leitr-um*, sondern eine einzige Form *leitrum* zu sehen wäre. In *leiθr̥meri* könnte aber auch -*(e)ri*, das Suffix des Nezessitativs (s. *DES* § 131), isoliert werden; wieder wäre Zusammenhang mit dem Nomen *leitrum* (-*um* zum Nomen gehörig) insofern denkbar, als eine (ursprünglich) homonyme Wurzel für Substantiv (*leitrum*) und Verb (*leiθrm-*) vorliegen könnte (vgl. S. 257 Fn. 267); rein hypothetisch ist auch die Möglichkeit nicht auszuschließen, in *leitrum* ebenfalls eine Verbalform (bloßer Verbstamm, „Grundform", wie sie etwa zum Ausdruck des Imperativs verwendet wird, s. *DES* § 117) zu sehen.

Es erweist sich somit die Deutung von *leitr-um* als „die Kennzeichen aber" nur dann als möglich, wenn die ungeklärte (und unsichere!) Form *leiθr̥meri*, gleichgültig, wie sie zu interpretieren ist, als nicht zu *leitrum* gehörig betrachtet wird. Das Befürworten eines Zusammenhanges zwischen den beiden Formen verbietet es eo ipso, von einem Pl. *leitr-* und angefügtem enklitischem -*um* zu sprechen.

Zus.: Etr. Par.: Zu etr. *leitrum* AM 10[20] und *leiθr̥meri* CIE 6309 (*TLE* 75) s. ausführlich o.

Morph.: Zu -*era* s. Kap. B.1.2.1.2.4.2.

napurae, -*ārum f.*: „‚Strohseile'" (*WH* s.v.); s. *Fest.* 160,7 L: „‚*pontifex minor ex stramentis napuras nectito*', *id est funiculos facito, quibus sues adnectantur.*"; ders. 168 L: „*napuras nectito, cum dixit pontifex, funiculi ex stramentis fiunt.*"; ders. 169 L: „*napurae funiculi.*". [+]

Lit.: Muller, *De vocibus*, 120 f.; Vetter, *LB Etruskisch*, *Glotta* 15,242; Ernout, *EE*, 121; Bertoldi, *Nomina Tusca*, 300 ff.; Alessio, *Fitonimi*, 223 f.; ders., *Vestigia*, 137; Pfiffig, *Untersuchungen*, 132; *WH* l.c.; *LE* s.vv. *napurae*, *nepa*; *EM* s.v.

---

[290] S. *DES*, 281: *aisna* „was zum Gott gehört; göttlich, Subst. Opfer, bes. Opferbrot …"

Herkunft von lat. *napurae* aus etr. *naper CIE* 4538 (*TLE* 570) u.ö.[291] wurde von Muller, *l.c.* (zustimmend Vetter, *l.c.*), angenommen[292]; sie wird nicht ausgeschlossen von Ernout, *l.c.*, der das Wort unter den etruskischen bzw. etruskisierenden Bildungen auf *-ura* anführt, und *EM* l.c. (als Alternative wird von Ernout, *l.c.*, wie von *EM* l.c. ie. Herleitung, d.h. Zusammenhang mit ahd. *snuaba* „vitta", aslav. *snopŭ* „δέσμη", angeführt; diese Etymologie wird von *WH* l.c. verworfen), als wohl sicher betrachtet von Pfiffig, *l.c.*, wo es zu *naper CIE* 4538 (*TLE* 570)[a)][5] heißt: „Ein (Flächen-)Maß ... Für die Bedeutung (und ihren Wandel) ist unbedingt von den Glossen auszugehen." Es werden die Stellen *Fest.* 160, 7 L, 168 L, 169 L zitiert (Text s.o.). „Das römische Sakralwesen hat wohl das etruskische Wort bewahrt. Ursprünglich ein Strohseil, wird *naper* zu ‚Seil zum Messen' und weiterhin zu ‚Maß' (vgl. dazu die Ausdrücke der Seemannssprache ‚x Faden tief' oder ‚das Schiff läuft y Knoten')[293]."[294]

Herleitung ebenfalls aus dem Etruskischen, doch von etr. +*napa* „Ginster" vermutet, Bertoldi, *Questioni di metodo*, 232, 282 f. (s. Fn. 292) folgend, *WH* l.c.: Bertoldi setze, was morphologisch und sachlich ansprechender als Rückführung auf etr. *naper* sei, „ein +*napa* ‚Ginster' an (vgl. +*nepa* in tosk. *nepa*[295] ds. und *Plin.* 19,15 zur Verwendung des Ginsters als Seile und Fischernetze);

[291] Zu den verschiedenen Deutungen von etr. *naper* s. Goldmann, *Beiträge* 2, 61, Fn. 1 und 2; Pfiffig, *l.c.*; auch *WH* l.c. Zu eventuellen romanischen Nachfahren des etr. Wortes s. Ettmayer, *Der Ortsname Luzern*, 28-30; nicht zuletzt aus semantischen Gründen scheint allerdings gegenüber dem umfangreichen von Ettmayer vorgebrachten Material große Skepsis am Platze zu sein; s. auch *WH* l.c.

[292] Sie soll auch von Bertoldi, *Questioni di metodo nella linguistica storica*, Neapel 1938,232,282 f., vertreten worden sein. Eine Einsichtnahme war Verf. leider nicht möglich.

[293] Vgl. auch — nach Muller, *l.c.* — gr. σχοῖνος, σχοινίον.

[294] Zur vermutlichen Größe der Maßeinheit eines *nap* s. ebenda.

[295] Auch *nepe*, s. Bertoldi, *Nomina Tusca*, 303; Alessio, *Fitonimi*, 223 f. Es handelt sich um „Ulex europaeus L.", eine an Flußläufen und in Küstengebieten wachsende Ginstersorte, welche sich, wie Bertoldi, *o.c.*, 304, betont, sehr zum Flechten von Fischernetzen, Tauen etc. eigne und wohl ebenso wie *sporta* (s.b.W.) durch Vermittlung etr. Handwerker ins Lateinische gelangt sei (vgl. u.W. *calathus*).

Bertoldi, *o.c.*, 300 ff., bringt mit tosk. *nepa/nepe* weitere Pflanzennamen, nämlich νέπετα Diosk. 3,35 bzw. νέπιτα·ἡ καλαμίνθη Hes. und *neptūnia*, beides Minzenarten, die feuchte Standorte lieben, ferner den Namen der etr. Stadt Νέπετα Ptol. Geogr. 3,1,50, Νεπήτα Strab. 5,226,9 (die von Bertoldi, *o.c.*, 300, zitierte Form Νέπιτα konnte von der Verf. nicht verifiziert werden und dürfte auf Irrtum beruhen), schließlich die Götternamen lat. *Neptūnus* und etr. *neθuns* in Zusammenhang (vgl. *RET*, 285); allen genannten Ausdrücken liege eine Wurzel *nep-* „umido, acqueo" (*o.c.*, 304) zugrunde.

Alessio, *Fitonimi*, 223 f., stellt zu dieser von Bertoldi bzw. vor ihm in ähnlicher Weise von Ribezzo angesetzten Substratwurzel noch *nebbi* „Sambucus racemosa L." (Dialekt der Marche; s. aber dagegen ders., *Vestigia*, 137, Fn. 116), ferner den Namen der etr. Stadt *Nepe*, heute *Nepi*,

-ur-Ableitung wie in *Anx-ur, Tib-ur* usw. Ob gr. (dor. oder äol.) νάπα·σύμφυτος τόπος Hes. als vorgr.-ägäisches Wort zugehört ... muß dahingestellt bleiben." Zu vergleichen seien auch *nepeta, Neptūnus* (s. auch S. 266 Fn. 295). Während Alessio, *Vestigia*, 137, diese Etymologie als möglich in Erwägung zieht, verwirft er sie *LE* ll.cc. aus semantischen Gründen[296] und nimmt Zusammenhang mit gr. ναφρόν·λινοῦν ῥάμ(μ)α Hes., eventuell Substratrelikt im Griechischen der Magna Graecia, an.

Zus.: Etr. Par.: Belegt sind die Formen *naper CIE* 4538 (*TLE* 570) u.ö. und *naperi CIE* 3324 (*TLE* 569), beides (*naper* Casus rectus und indefiniter Akk., *naperi* definiter Akk., s. zu diesen Formen *DES* §45 bzw. § 48) Pluralformen von *nap* „ein (Boden-)Maß" (*DES*, 297). Zum Übergang von einem Ausdruck für „Schnur" oder dgl. zur Bezeichnung für eine Maßeinheit s.o.

nepeta *-ae f.*: „,Katzenminze' (= ,καλαμίνθη ὀρεινή, *menta montana*' Ps.-Diosc. Vind. 3,35 p. 47,17, *Isid*. ...)" (*WH* s.v.); seit *Cels.* [+]

neptūnia, *-ae f.*: *Mentha pulegium* L. (Bertoldi, *Nomina Tusca*, 301); Ps.-Apul. Herb. 57. [+]

Lit.: Bertoldi, *Nomina Tusca*, 300 ff.; Alessio, *Fitonimi*, 223 f.; ders., *Vestigia*, 137; Carnoy, *Etrusco-Latina*, 106; *WH* s.vv. *Neptūnus, nepeta*; Pfiffig, *RET*, 285; *EM* s.vv. *Neptūnus, nepeta*; Rix, *Rapporti*, 123 ff.; Steinbauer, *Besprechung G. Colonna et alii*, 225 ff.; Strnad, *Die doppelte Sprachverwandtschaft*, 479; ders., *Nochmals zum Methodenproblem*, 282.

Ie. Herkunft im Sinne des Vorliegens eines ohne irgendwelche Vermittlungsvorgänge ererbten oder sprachintern zu einer ererbten Wurzel gebildeten Wortes wurde für *nepeta* in der von der Verf. eingesehenen Literatur nicht nachzuweisen versucht; wohl aber wurde an Entlehnung eines nicht überlieferten gr., auf ie. +*sne-p-* > +*sneu-p-* „schnauben, schnupfen" basierenden Ausdruckes gedacht (s. *WH* s.v. *nepeta* mit Literaturangaben); *neptūnia* hingegen wird vereinzelt (so von *WH* s.v. *nepeta*) als rein lat. Ableitung zu dem wahrscheinlich auf ie. +*neptus* „Nässe, Feuchtigkeit" bzw. als +*nebh-tus* auf die Wurzel +*(e)nebh-* zurückzuführenden Götternamen *Neptūnus*, eig.

---

und lat. (nach *Paul. Fest.* 162,32 ff. L und 163,12 ff. L ein afrikanisches Wort) *nepa* „Krebs, Wasserskorpion" (s. dazu auch im Text weiter unten). „*Vestigia*", 137, spezifiziert ders. die zur Diskussion stehende Wurzel als „radicale med. +*napa nepa* con valore idronimico"; vgl. u.W. *nepeta*.

[296] Tosk. *nepa, nepe* „ginestrone spinoso" sei mit lat. (afrikanisch) *nepa* „scorpione, granchio" zusammenzustellen; s. dazu auch S. 266 Fn. 295.

„Herr der Gewässer" (s. *WH* s.v. *Neptūnus*[297]; vgl. zurückhaltend *EM* s.v. *Neptūnus*), aufgefaßt.

Vor allem jedoch wird etr. Herkunft sowohl für *nepeta* als auch für *neptūnia* angenommen:

Bertoldi, *l.c.*, verweist auf die Übereinstimmung des Pflanzennamens *nepeta* mit dem Namen der etr. Stadt Νέπετα *Ptol*. Geogr. 3,1,50, Νεπήτα *Strab*. 5,226,9[298] (vgl. *WH* s.v. *nepeta, EM* s.v. *nepeta*): „Di siffatte equivalenze tra fitonimo e toponimo abbondano ... i modelli preellenici dal domino egeo-anatolico quali ἄψινθος ‚assenzio' = Ἄψινθος città della Tracia, θύμβρα ‚satureia' = Θύμβρα pianura della Troade, ἄσκρα·δρῦς ἄκαρπος Esichio = Ἄσκρα della Beozia, patria d'Esiodo. Ora, fra Νέπετα città etrusca e νέπετα ‚specie di menta' si potrebbe supporre lo stesso procedimento che consiste nel designare la località per mezzo d'un appellativo usato tale e quale senza ulteriori ritocchi all'uscita."[299] (*O.c.* 301.) In *neptūnia* sei eine Ableitung nach etr. bzw. etr.-lat. Muster zu sehen (s. dazu allerdings ablehnend *WH* s.v. *nepeta* mit weiterer Literatur). Zugrunde liege der Bezeichnung der zwei Feuchtigkeit liebenden Pflanzen[300] *nepeta* und *neptunia* eine Wurzel *nep-* „umido, acqueo"[301].

Diese von Bertoldi als etr. bewertete Basis bezeichnet Alessio, *Fitonimi*, 223 f., als etr.-med., ders., *Vestigia*, 137, in der Erweiterung +*napa*/+*nepa* als

[297] Dort auch zur weniger wahrscheinlichen Rückführung auf +*snep-tus* „Nässe" zu +*sn-ep-*, Erweiterung von +*snā-* „fließen".

Jedenfalls ist lat. *Neptūnus* nicht Entlehnung aus etr. *neθuns* „Neptūnus" (Lit. s. *WH* s.v. *Neptūnus*), sondern etr. *neθuns* geht vielmehr nach *WH* l.c. über +*nehθuns* auf lat. *Neptūnus*, nach Pfiffig, *l.c.*, auf eine Form auf *-pt-* (> etr. *-t-*/*-θ-* wie *Septimus* > etr. *setume* CIE 1245 / *seθume* CIE 3755 = *TLE* 567) aus einem nicht näher bezeichneten italischen Dialekt, nach Rix, *l.c.*, auf eine umbrische Form auf *-ht* (< *ft* < *pt*) und Ausgang *-ns* (s. dazu ergänzend Steinbauer, *l.c.*) zurück. Keinesfalls zu akzeptieren ist die Herleitung von *neθuns* aus sem. (s.u.W. *abdōmen*) *nabṭ* „Hervorsprudeln", wie sie Strnad, *ll.cc.*, vertritt.

[298] Die bei Bertoldi, *o.c.*, 300, zitierte Form Νέπιτα dürfte auf Irrtum beruhen; s.u.W. *napurae*.

[299] Eine andere, den Pflanzennamen nicht unmittelbar heranziehende, aber ebenfalls von einer (wenn auch ie.) Wurzel *nep(t)* (s. dazu oben im Text) ihren Ausgang nehmende Erklärung des Ortsnamens bietet Pfiffig, *l.c.*: „Als Ortsbezeichnung ist *Nepet* ein sprechender Namen. Wer die Gegend von *Nepi* mit ihren zahlreichen Quellen (auch Mineral- und Schwefelquellen) kennt, versteht diese uralte Ortsbezeichnung ebenso wie die römischen *Aquae*-Orte (und das deutsche *Baden*). Zu dieser Wurzel gehört auch ... die Angabe des *Dioscurides* (mat. med. III, 35), daß die Römer die Kalaminthe (Minze) ‚*nepeta*' nennen, weil sie an sehr feuchten Orten wachse."

[300] Vgl. auch Pfiffig, *l.c.*

[301] Zu dieser Wurzel seien *Neptūnus*, nach Bertoldi, *o.c.*, 302, Fn. 2, eine etr.-lat. Bildung (s. dazu aber Fn. 297), weiters tosk. *nepa, nepe* „Ulex europeus L.", Bezeichnung einer Feuchtigkeit liebenden Ginsterart, zu stellen. Dazu sowie zu weiteren möglichen Anknüpfungen an die Wurzel *nep-* s.u.W. *napurae*.

med.; *WH* s.v. *Neptūnus* denkt an zu ie. ⁺*nep-* homonymes etr. ⁺*nep-*/⁺*nap-* und schließt nicht aus, daß etr. ⁺*nep-* aus dem Ie. entlehnt sei[392], welche Auffassung auch Pfiffig, *l.c.*, teilt.

Jedenfalls ist die Basis ⁺*nep-*, gleichgültig, in welcher Sprache sie entstand und wie weit sie sich verbreitete, auf ehemals etruskischem Gebiet nachweisbar; dies, die völlige Übereinstimmung von *nepeta* mit den von *Ptolemaios* bzw. *Strabo* überlieferten Formen Νέπετα bzw. Νεπῆτα der sonst auch Νέπετος, Νέπα, *Nepet, Nepete, Nepe* (Stellenangaben s. *KP* s.v. *Nepet*) genannten etr. Stadt sowie der Ausgang *-ūnia* in *neptūnia* weisen mit großer Wahrscheinlichkeit auf Herkunft von *nepeta* und *neptūnia* aus dem Etruskischen.

Zus.: Etr. Par.: Zu den Namensformen Νέπετα *Ptol.* Geogr. 3,1,50, Νεπῆτα *Strab.* 5,226,9 der etr. Stadt *Nepet*, heute *Nepi*, sowie zur etr. (etr.-med.? aus dem Ie. ins Etr. übernommenen?) Basis ⁺*nep-* s.o.
Morph.: Zu *-ūnia* in *neptūnia* s. Kap. B.1.2.1.2.3.4.

pānsa, -ae m.: „breitfüßig, Plattfuß" (*WH* s.v.); auch CN; seit *Plt.* [?]

Lit.: Vendryes, *Sur quelques formations*, 103; Devoto, *L'etrusco come intermediario*, 336; *WH* l.c. und s.v. *pandō*; *EM* s.v. *pandō*.

Devoto, *l.c.*, zieht, Vendryes, *l.c.*, folgend, wegen der Zugehörigkeit zu den maskulinen Personalsubstantiven auf *-a* etr. Herkunft in Betracht.
Nach *WH* ll.cc. von *pānsus*, Nebenform zu *passus*, p.p.p. zu *pandō*, dieses zur Wurzel ⁺*pa-n-d-* neben ⁺*pat-*, wovon *pateō*. Vgl. *EM* l.c.: Wie *WH* ll.cc., doch sei die Etymologie von *pandō* nicht ganz geklärt.

Zus.: Etr. Par.: Belegt sind die Formen *panza CIE* 2913 u.ö. (CN m.), *panzai CIE* 5523 (GN f.), *panzas CIE* 2914 (Gen. von *panza*, GN m., Gamonym). Der semantische Wert dieser Namen ist unbekannt. Entlehnung aus lat. *pānsa* ist nicht auszuschließen.
Morph.: Zu den maskulinen Personalsubstantiven des vorliegenden Typs s. Kap. B.1.2.4.

ploxenum/ploxinum/ploxemum[303]*, -ī n.:* „Wagenkasten" (*WH* s.v.); *Catull.* 97,6; *Quint. Inst.* 1,5,8; *Fest.* 260,1L. [?]

Lit.: Deroy, *La racine*, 109 f.; *WH* l.c.; *EM* s.v.

---

[302] Vgl. Carnoy, *l.c.*, der, allerdings in Vertretung der Hypothese, das Etruskische sei eine ie. Sprache, etr.-lat. *nepeta* auf ie. „*(e)nebh* ,être humide, juteux'" (*nepeta*, „labiée au jus odorant", soll wohl als „die Saftreiche" interpretiert werden) zurückführt.
[303] Schlechtere Schreibung; s. *WH* s.v. *ploxenum*.

Neben Zusammenhang mit *plectō* (s. *EM* l.c.; dagegen *WH* l.c.) wurde auch — unter Rückführung auf die Wurzel +q^uel- — Übernahme aus dem Keltischen (s. *WH* l.c.; *EM* l.c.) oder Venetischen (s. *WH* l.c.) angenommen. An etr. Herkunft denkt Deroy, *l.c.*: Aus etr. +*plau-ce* „chariot ou charrette à deux roues", Äquivalent zu rät. +*plauχ* (+*plōχ*) zur Wurzel +*plau-* (s.u.W. *plaustrum*), sei über +*plōc-sen(a)* lat. *ploxenum* herzuleiten. Eine Widerlegung erübrigt sich.

Zus.: Etr. Par.: Im etr. onomastischen Material findet sich die venetische GN-Form (s. S. 28f.) *pluχśalu CII*, 2 s., 5 > *SE* 1, 319, n. 66; Zusammenhang mit lat. *ploxenum* ist nicht auszuschließen; Herkunft von lat. *ploxenum* aus dem Venetischen liegt daher im Bereich des Möglichen.

Zugunsten einer Vermittlung über das Etr. könnte unter Umständen der Ausgang -*enum*/-*inum* (s. unter „Morph.") sprechen.

Morph.: Zu (problematischem) -*enum*/-*inum*, sofern Trennung in *plox-enum*/-*inum* richtig ist, s. Kap. B.1.2.1.2.3.2.2.

***popa**, -ae m.*: „Opferdiener; fetter Wanst" (*WH* s.v.); seit *Cic.* und *Prop.* [?]

Lit.: Ernout, *EE*, 88; Devoto, *Storia*, 82; Ernout, *Aspects*, 8; Boccali, *Le fonti*, 505; *WH* l.c.; *EM* s.v.

Lat. *popa* wird teils als oskisch-umbrisches Lehnwort zu *coquere*, somit als „Koch, Opferkoch", interpretiert (so neben anderen, worunter auch *WH* l.c., Devoto, *l.c.*, Boccali, *l.c.*, *EM* l.c., wo allerdings Herleitung aus dem Etruskischen nicht ausgeschlossen wird), teils als Lehnwort etruskischer Herkunft (so Ernout, *EE*, 88; ders., *Aspects*, 8; *WH* l.c.), wozu als Argumente seine Eigenschaft als Maskulinum auf -*a* und die etruskischen Formen *pupa, pupe, pupana* (s. im folgenden) angeführt werden.

Die Heranziehung der eben genannten Formen erweist sich allerdings als Argumentation mit untauglichen Mitteln:

Eine gesicherte und zudem sicher etr. Form *pupa* ist in *ThLE* nicht zu finden. Belegt ist unvollständiges *pupa(..)ai CIE* 1607, daneben eine Form *pupae* in *title:pupae CIE* 213, die wohl eher, so Prof. *Pfiffig* mündlich, lat. Einfluß erkennen läßt ("der kleine *Tite* der *Pupa*").

Die zweitgenannte Form *pupe* scheint in *ThLE* nicht auf.

Die letzte der angeführten Formen ist isoliert nicht belegt; es findet sich die Form *pupanaśiś CIE* 2197, die allerdings, so Prof. *Pfiffig* brieflich, als *pumpuna* zu interpretieren und somit zu umbr. *pompe* „fünf" zu stellen sei; ihr Ausgang ist im übrigen ungeklärt.

Zu anderen im Lautbestand lat. *popa* vergleichbaren etr. Formen s. im folgenden unter „Etr. Par.".

Zus.: Etr. Par.: Unter Weglassung von *pupaias* SE 40, 426, n. 33 > SE 41,350, n. 154, Gen. eines arch.m.PN, für welches eine Bedeutung „Koch" oder ähnliches, d.h. eine Berufsbezeichnung, auszuschließen ist, und der davon abgeleiteten Formen *pupainei* CIE 2612 (GN f.), *pupaini* CIE 94 (GN m.) etc. (s. ThLE, 284, und ThLE Suppl., 42) sowie des GN *pupuś* CIE 3791 u.ö., welches, dem in CIE 3791 und 3792 dem GN *pupuś* beigestellten CN *snuteś* nach zu schließen, mit *pumpuś* CIE 2878 u.ö. identisch und somit Entlehnung aus umbr. *pompe* „fünf" ist, läßt sich nur das GN *pupu* CIE 1134 mit den Ableitungen *pupui* CIE 652 (f.), *pupual* CIE 4695 u.ö. (Gen. zu *pupui*), *pupunaś* CIE 621 add. (Gen. zu *pupuna*, GN m., Gamonym), *pupuni* CIE 2635 (GN m.), *pupunial* CIE 5622 (Gen. zu *pupuni*, GN f., hier Metronymikon), *pupuniaś* Bollettino della Società Storica Maremmana 4,1961,30 (CN m.) zum Vergleich heranziehen.

Freilich fragt es sich, ob nicht auch in *pupu* entlehntes *pumpu* zu sehen ist (s.z.B. Schulze, *ZGLE*, 212 f.; vgl. Stolte, *Die faliskischen Personennamen*, 297). Zudem wäre für etr. *pupu*, angenommen, es hätte so viel wie „Opferdiener" bedeutet (morphologisch wäre es — durchaus passend — zu deuten als Verbalnomen auf *-u* bzw. Nomen agentis, s. DES § 173), eher Entlehnung ins Lat. als ⁺*pupō/popō* denn als *popa* zu erwarten.

Morph.: Zu den maskulinen Personalsubstantiven auf *-a* des vorliegenden Typs s. Kap. B.1.2.4.

rabula/*ravula*, *-ae m.*: „Zungendrescher" (*WH* s.v.); seit Lucil. [?]

Lit.: Vetter, *LB Etruskisch*, *Glotta* 15,225; Ernout, *EE*, 88 f.; Nehring, *Parerga*, 118 f.; Bertoldi, *Nomina Tusca*, 318, Fn. 3; Palmer, *The Latin Language*, 48; *WH* l.c.; *EM* s.v.

Neben der Wiederaufnahme der antiken Zusammenstellung mit *rabiēs* (*Paul. Fest.* 339,8L) bzw. *ravula* (*Paul. Fest.* 355,3L) (s. dazu *WH* l.c.), die von *WH* l.c. abgelehnt, von *EM* l.c. als denkbar angeführt wird, ist die Theorie einer Herleitung aus dem Etruskischen anzuführen:

Vetter, *l.c.*, vergleicht zu *rabula* bzw. vulgärlat. ⁺*rabulista* etr. *rapli* CIE 4265 u.ö. (vgl. Bertoldi, *l.c.*, s. weiter unten; vgl. auch Palmer, *l.c.*), den EN *Rabuleius* (⁺ < *Rabula-io-s*) sowie hinsichtlich der Endung von ⁺*rabulista* die nach Herbig, *Etruskisches Latein*, etr. Form *lanista*. Die gleichen Gründe wie

Vetter, *l.c.*, führt Ernout, *l.c.*, zugunsten etr. Herkunft von lat. *rabula* ins Treffen.

Gegen Vetters bzw. Ernouts Argumentation ist einzuwenden, daß einerseits die Form +*rabulista* für das Vulgärlateinische nur erschlossen ist und daß andererseits zwar die Zugehörigkeit von *lanista* zum Typ der maskulinen Personalsubstantiva auf *-a*, nicht aber der gesamte Ausgang *-ista* als Hinweis auf etr. Herkunft des Wortes zu werten ist (s. Kap. B.1.2.4. bzw. Kap. B.1.2.1.2.6.1. und u.W. *lanius*).

Nehring, *l.c.*, denkt, da eine ie. Basis zu *rabula* fehle, ebenfalls an einen möglicherweise etr. Stamm; auch das *l*-Suffix könne etr. Herkunft sein, oder es liege ein im pejorativen Sinn gebrauchtes ie. Deminutivsuffix vor.

Bertoldi, *l.c.*, vergleicht, was schon angeführt wurde (s.o.), wie Vetter, *l.c.*, und Ernout, *l.c.*, zu lat. *rabula* etr. *rapli*; der Wechsel etr. *p* > etr.-lat. *b* sei als „indeterminatezza dell'esplosiva sorda e sonora" und somit als charakteristisch für das Etruskische anzusehen.

Die Theorie einer etr. Herkunft von *rabula* wird von *WH* l.c. befürwortet, von *EM* l.c. nicht ausgeschlossen.

Zus.: Etr. Par.: Belegt sind die Formen *rapaleś TLE* 917 (7.Jh, GN m.), *rapalial CIE* 84 (Gen. zu *rapali*, GN f., Metronymikon), *raple CIE* 370 u.ö. (GN m.), *rapleś CIE* 3371 (GN m.), *rapli CIE* 4265 u.ö. (GN f.), *raplial CIE* 4263 u.ö. (Gen. zu *rapli*, GN f., Metronymikon) sowie *ni*-Ableitungen dazu (s. *ThLE*, 300).

Der semantische Wert von *rap(a)le*[304] ist unbekannt, eine Bedeutung „Zungendrescher" o.ä. wäre denkbar.

Morph.[305]: Zu den maskulinen Personalsubstantiven auf *-a* des vorliegenden Typs s. Kap. B.1.2.4.

sacēna/scēna, *-ae f.*: „die Haue des Pontifex" (*WH* s.v.); *sacēna* seit *Fest.* 422,23 ff.L; *scēna* seit *Liv. Andr. ap. Fest.* 444,11 f.L. [+]

Lit.: Herbig, *Zur Vorgeschichte,* 215, Fn. 1; Ernout, *EE*,91; Cortsen, *LB Etr., Glotta* 23,179; *WH* l.c.; Pfiffig, *RET*, 48 und 100; *LG* § 294.2.; *EM* s.v.

Neben Herleitung aus dem Ie. (nach *WH* l.c. aus +*saces-nā* zu *secāre*; vgl. *EM* l.c.; s. dagegen Herbig, *l.c.*; vgl. Ernout, *l.c.*) wurde mehrfach Herkunft aus dem Etr. angenommen:

Herbig, *l.c.*, macht — trotz damals noch ungeklärter Bedeutung von etr.

---

[304] Eventuell liegt eine etr. Deminutivbildung auf *-le* vor; s. *DES* § 167; vgl. Kap. C.4.1.2.
[305] Zum eventuell etr. *l*-Suffix s. Fn. 304.

$\overset{\text{v}}{s}$ac- — auf die Möglichkeit eines Zusammenhanges mit eben diesem etr. Wortkern sowie auf den etr. Charakter des Ausganges -ēna aufmerksam.
Ernout, *l.c.*, nennt das Wort unter den etr.-lat. Bildungen auf -ēna; Herleitung aus dem Ie. und somit Annahme eines Zusammenhanges mit *secō* stoße auf Schwierigkeiten, außerdem handle es sich eher um ein Werkzeug zum Schlagen als zum Schneiden. Dazu ist allerdings zu bemerken, daß weder die zitierten *Festus*-Stellen noch die Darstellungen der *sacēna* (s. Pfiffig, *o.c.*, 100 f.) den sicheren Schluß zulassen, sie sei vorwiegend als Instrument zum Schlagen verwendet worden; sie wird wohl — nach Aussehen und literarischen Zeugnissen — sowohl schneidende wie schlagende Funktion gehabt haben.

Cortsen, *l.c.*, sieht, Ernout, *l.c.*, recht gebend, wie bereits Herbig, *l.c.*, eine Verbindung zwischen lat. *sacēna* und dem etr. Stamm *sac-* (s. weiter unten unter „Etr. Par.").

Auch *LG* l.c. schließt etr. Herkunft nicht aus.

Nach Pfiffig, *ll.cc.*, stamme sowohl der Gegenstand selbst, der eines der Abzeichen der etruskischen Haruspices darstelle, als auch (s. *o.c.*, 100) die Bezeichnung aus Etrurien: *sacēna* bedeute „das zur Weihung Gehörige".

Zus.: Etr. Par.: Der Wortkern $\overset{\text{v}}{s}$ac- „weihen, heiligen" (*DES*, 301 s.v. *sacri*) ist im Etr. vielfach in zahlreichen Ableitungen belegt; s. *ThLE*, 287 f., 308.

Eine Bildung ⁺$\overset{\text{v}}{s}$ac-na „was zum Weihen gehört" (Pfiffig, *RET*, 100; s.o.; zum Zugehörigkeitssuffix *-na* s. *DES* § 67 ff.) ist durchaus denkbar.

Morph.: Zu (problematischem) -ēna s. Kap. B.1.2.1.2.3.2.2.

santerna, -ae *f.*: „beim Goldlöten zubereiteter Borax, Berggrün" (*WH* s.v.); *Plin.* [+]

Lit.: Ernout, *EE*, 95; Oštir, *Drei vorslav.-etr. Vogelnamen*, 23; Battisti, *Recensioni*, 648, Fn. 3; Cortsen, *LB Etr.*, *Glotta* 23,179; Runes-Cortsen, *Der etruskische Text*, 72; Alessio, *Suggerimenti*, 144-146; Alessio, *Vestigia*, 118; *WH* l.c.; *EM* s.v.

Hinsichtlich des fremden Ursprungs von *santerna* besteht in der Literatur kein oder nur geringer Zweifel. Vor allem etruskische Herkunft wird angenommen[306].

---

[306] Alessio, *Suggerimenti*, 144-146 (vgl. ders., *Vestigia*, 118) denkt an mediterranen Ursprung: Lat. *santerna*, etr. *zamaθiman* (*CII* 806 = *TLE* 489 > *SE* 40,468, n.89, Goldfibel von Chiusi; *-man*, von *zamaθi* zu trennen, stellt den Beginn des nächsten Wortes dar; s. Heurgon, *Recherches*, 14 ff.; vgl. Maggiani, *REE SE* 40,468, Nr. 89; vgl. auch *ThLE* s.v. *zamaθi*), *zamθic AM* 8¹⁰ (s. dazu S. 274 Fn. 307 und im Text weiter unten unter „Etr. Par."), der Flußname *Santernus*/

Ernout, *l.c.*, nennt das Wort unter den etr.-lat. Bildungen auf *-erna*. Battisti, *l.c.*, vermutet Zusammenhang mit der etr. Wurzel *zamaθ-* „Gold", wovon *zamθic AM* 8[10] „golden"; vgl. Runes-Cortsen, *l.c.*, und Cortsen, *l.c.*, der — genauer hinsichtlich der etr. Basis — *zamaθi CII* 806 (*TLE* 489) > SE 40, 468, n. 89 „Gold"[307] zum Vergleich heranzieht[308]; *WH* l.c. und *EM* l.c. schließen Herkunft aus dem Etruskischen nicht aus.

Zus.: Etr. Par.: Belegt sind die Formen *zamaθi CII* 806 (*TLE* 489) > *SE* 40,468, n. 89 „Gold" (s. dazu S. 273 Fn. 306 und Fn. 307) und *zamθic AM* 8[10], *zamtic AM* 12[12] „golden" (s. Fn. 307).
Eine Bildung +*zam(a)θ-r-na* „was zu den +*zam(a)θ-r* (etwa „Goldarbeiten, Dingen aus Gold") gehört" (zum etr. Pluralsuffix *-r* s. *DES* § 42; zum adj. Zugehörigkeitssuffix *-na* s. *DES* § 67 ff.), woraus lat. *santerna*, wäre denkbar.
Morph.: Zu *-rna* s. Kap. B.1.2.1.2.3.2.3.

sculna, *-ae m.:* „Schiedsrichter" (*WH* s.v.); seit *Varro*. [?]

Lit.: Zimmermann, *Etymologisches Wörterbuch* s.v.; Vetter, *LB Etr., Glotta* 15,225; Ernout, *EE*, 89; ders., *Aspects,* 91; *WH* l.c.; Colonna, *REE SE* 45,295; *LG* § 268.B.2.; *EM* s.v.

Herleitung aus dem Etr. steht zweifellos im Vordergrund:
Schon Zimmermann, *l.c.*, glaubte im Ausgang von *sculna* etr. *-na* wie in

Samternus, gr. ψάμαθος, welches wegen des für das Ägäische typischen Suffixes -θο- wohl als med. Wort anzusehen sei, zeigten die gleiche Basis. Eine semantische Enwicklung „Sand" — „goldhaltiger Sand" — „Gold" sei gut vorstellbar. In Anbetracht von gr. ἄμαθος, für welches von einigen ie. Herkunft vermutet werde, könne an Kontamination eines ie. mit einem nicht ie. Wort gedacht werden.

[307] Die Bedeutung „Gold" für etr. *zamaθi* darf als gesichert gelten; vgl. Heurgon, *Recherches,* 23: „... le sens de *zamaθi* est maintenant bien établi. *Trombetti* a lumineusement rapproché ce mot de *caperi zamθic*, ,les coupes d'or', dans l'inscription de Zagreb: *zamaθi* équivaut sûrement à *aurum* ou *aureus*, plus probablement à *aurum*, l'adjectif étant *zam(a)θic* (A. Trombetti, *La lingua etrusca*, Florence, 1928, p. 128 sq.; cf. S.P. Cortsen, *Gl. XXIII*, p. 59; M. Pallotino, *Elementi*, p. 91; K. Olzscha, *Interpretation der Agramer Mumienbinde*, Klio, Beih. 40, 1939, p. 134; A.J. Pfiffig, *Die etr. Sprache,* Graz 1969, pp. 93 et. 310)."
Oštir, *l.c.*, führt etr. *zamaθ-* „Gold" wie lat. *santerna* auf „alteuropäisch" +*za-m*ᵃ*t(h)-* zurück, welches als vorsab. *ausom* „Gold" + +*-mt-* „Metall" zu erklären sei. Zweifellos mit *WH* l.c. abzulehnen (vgl. Fn. 308).
Brandenstein, *Der idg. Anteil*, 309, versucht Herleitung von *zamt(h)ic* aus ie. +*ksā-* „brennen", +*qsei-* „leuchten", wozu auch vorgr. ξανθός „leuchtend, golden" zu vergleichen sei; das Etr. habe den ihm unbekannten Anlaut *ks-* vereinfacht.
Zu Alessios Auffassung von etr. *zam(a)θ-* s. S. 273 Fn. 306.
[308] Diese Auffassung wird von *WH* l.c. sehr zu Unrecht in einem Zug mit Oštirs *l.c.* geäußerter Ansicht (s. Fn. 307) genannt und wie diese als „phantastisch" apostrophiert.

levenna oder in EN wie *Caecina* zu erkennen, führte allerdings ⁺*s(e)cul-* auf ⁺*secula* zu *sequi*³⁰⁹ zurück.

Vetter, *l.c.*, vergleicht zu lat. *sculna* etr. *scv-a CIE* 917 (vgl. *sceva CIE* 2252 u.ö.), etr.-lat. *Schola, Scult-enna*³¹⁰. So auch Ernout, *EE*, 89. *WH* l.c. zieht ebenfalls die EN *Schola, Scul-tenna* (sic!), als etr. Form jedoch *scvulna* (sic; diese Form scheint in *ThLE* nicht auf) heran³¹¹. Colonna, *l.c.*, vergleicht etr. *śqulina* (s. unter „Etr. Par.") aus dem 7.Jh.; inlautend *-i-* der etr. Form beruhe auf Anaptyxe (doch ist wohl eher — die Inschrift stammt aus dem 7. Jh.! — daran zu denken, daß *śqulina* die ursprüngliche, lat. *sculna* eine synkopierte Form darstellt bzw. auf eine solche zurückgeht; ob die Synkope bereits im Etruskischen oder erst im Lateinischen stattgefunden habe, läßt sich nicht entscheiden); es handle sich wie bei *scurra* (s.b.W.) um einen mit dem im 8./7.Jh.nach etr. Vorbild aufkommenden Städtewesen zusammenhängenden Ausdruck.

Die Zugehörigkeit zu den maskulinen Personalsubstantiven auf *-a* führt Ernout, *Aspects*, 91, zugunsten der Herleitung von *sculna* aus dem Etr. an; vgl. *LG* l.c.

Auch *EM* l.c. zieht etr. Herkunft, für die allerdings keinerlei Argumente angeführt werden, in Betracht.

Zus.: Etr. Par.: Belegt ist *śqulinaś SE* 42,261, n. 216 (Gen. zu *śqulina*, GN m.) aus dem 7.Jh. mit unbekannter Bedeutung.
Verbindung mit lat. *sculna* ist nicht auszuschließen.
Morph.: Zu *-na* s. Kap. B.1.2.1.2.3.2.1.
Zu den maskulinen Personalsubstantiven auf *-a* des vorliegenden Typs s. Kap. B.1.2.4.

***scurra*, -ae m.**: „Spaßmacher, Witzbold; Stutzer" (*WH* s.v.); „citadin, civil, parasite"³¹², „dans le Bas-Empire ... aussi un soldat de la garde de l'empereur" (*EM* s.v.); seit *Plt*. [?]

Lit.: Schulze, *ZGLE*, 370; Vetter, *LB Etr., Glotta* 15,225; Ernout, *EE*, 89; ders., *Aspects*, 91; *WH* l.c.; Colonna, *REE SE* 45,294; *LG* § 268.B.2.; *EM* l.c.

---

³⁰⁹ S. dagegen sowie gegen andere Deutungsversuche aus dem Ie. *WH* l.c.
³¹⁰ Vetters Verweis auf Zimmermann, *l.c.*, ist nur hinsichtlich des Ansatzes eines etruskisierenden bzw. etruskischen Ausganges berechtigt, s. im Text weiter oben.
³¹¹ Der diesbezügliche Literaturverweis „Herbig, *Gl.* 15,225" ist, da nicht *sculna*, sondern *bargena* betreffend, irreführend.
³¹² S. ausführlich *KP* s.v. *Scurra*.

Die im wesentlichen nicht angezweifelte Hypothese einer Herkunft von lat. *scurra* aus dem Etruskischen stützt sich vor allem auf vergleichbare etruskische Formen:

So verweist Vetter, *l.c.*, auf den etr. EN *Scur(n)a* (eine Form ⁺*scura* ist nicht belegt; zu *scurnas* und anderen vergleichbaren etr. Formen s. weiter unten unter „Etr. Par."; erwähnt sei, daß bereits Schulze, *l.c.*, zum lat. EN *Scurra CIE* 4375 (*CIL* XI 2054) etr. *scurnas CII*, 1 s., 434 verglichen hatte), worin ihm Ernout, *EE*, 89, folgt (*o.c.*, 119, stellt dieser allerdings, was abzulehnen ist [vgl. Kap. B.1.2.1.2.4.2.], *scurra* als Form auf -*ra* zu den etr.-lat. Bildungen auf -*er[r]a*, -*ur[r]a*). Auch Colonna, *l.c.*, zieht etr. *scurna*, daneben etr. *squrias* (s. unter „Etr. Par.") aus einer Inschrift des 7.Jh. zum Vergleich heran; zugrunde liege ⁺*scure* oder eher, nach lat. *scurra* zu schließen, ⁺*scura* (vgl. *WH* l.c., wo, allerdings ohne Kennzeichnung durch Stern, von einer etr. Form *Scur(r)a* die Rede ist[313]), "un antico appellativo, che ancora in *Plauto* designa gli *urbani adsidui cives*, in opposizione ai *cives* dimoranti nel territorio e a quelli in armi"; es handle sich also wie bei *sculna* (s.b.W.) um einen mit dem im 8./7.Jh. nach etr. Vorbild aufkommenden Städtewesen verbundenen Ausdruck.

Daneben wird auch die Zugehörigkeit zu den maskulinen Personalsubstantiven auf -*a* als Argument angeführt: So von Ernout, *Aspects*, 91 (vgl. *o.c.*, 8), *LG* l.c.

Ohne Angabe von Gründen erwägt *EM* l.c. etruskische Herkunft.

Zus.: Etr. Par.: Belegt sind die Formen *scurineś NRIE* 591 (GN m., Nom. oder Gen.), *scurnal CIE* 5556 (Gen. zu *scurnei*, GN f.), *scurnas CIE* 5453 (*TLE* 134) (GN m., Nom. oder Gen.; wenn eine Genetiv-Form vorliegt, dann ist als Nom. jedenfalls die weiter oben mehrfach zitierte Form *scurna* anzusetzen), *squrias SE* 45,294, n. 25 (Gen. zu *squria*, PN f.) aus dem 7.Jh. Die Bedeutung des Wortkernes ⁺*scur*- ist unbekannt, Zusammenhang mit lat. *scurra* erscheint möglich.

Morph.: Zu den maskulinen Personalsubstantiven auf -*a* des vorliegenden Typs s. Kap. B.1.2.4.

urceus, -*ī m.* (*urceum Cato* Agr. 13,1): „Krug, Wasserkrug" (*WH* s.v.); seit *Plt.* und *Cato*. [??]

---

[313] Der diesbezügliche Literaturverweis „Herbig, *Gl*.15,225" ist, da *bargena* betreffend, irreführend.

urna, *-ae f.*: „Wasserkrug, Topf, Lostopf, Aschenkrug" (*WH* s.v. *urna*); seit *Plt.* und *Cato*.[314] [?]

Lit.: Ernout, *EE*, 96,115; Cortsen, *LB Etr., Glotta* 23,179f.; Alessio, *Fitonimi*, 202; Bertoldi, *L'Iberia prelatina*, 8; Gerola, *Substrato mediterraneo*, 365; Altheim, *Geschichte*, 165f.; Palmer, *The Latin Language*, 51; Frisk s.v. ὕρχη; *WH* s.vv. *urceus* und *urna*; *LE* s.v. *urna*; *LG* § 222, § 290.e.; *EM* s.vv. *urceus, urna*.

Die Verwandtschaft von lat. *urceus* mit lat. *urna* sowie mit gr. ὕρχη „irdenes Gefäß zum Einsalzen der Fische etc." steht außer Zweifel (s. Ernout, *o.c.*, 96; Palmer, *l.c.*; *WH* ll.cc.; *EM* ll.cc.; *LE* l.c.; *Frisk* l.c.).

Zu nicht überzeugenden Versuchen einer ie. Herleitung von *urceus* (zu lit. *wáržas* „Reuse", lett. *warzi* „Setzkörbe") und *urna* (zu *ūrō*) s. *WH* s.v. *urceus*[315].

Im allgemeinen wird Entlehnung (s. *EM* ll.cc.) bzw. mediterraner Ursprung angenommen (s. Ernout, *o.c.*, 96; Alessio, *l.c.*; *WH* s.v. *urceus* mit Literatur; *Frisk* l.c.)[316], bzw. es wird an Übernahme aus dem Etruskischen gedacht (so Ernout, *o.c.*, 96, wegen *-rna* in *urna* und wegen *-eus* in *urceus*; vgl. *o.c.*, 115; allerdings wird kaum, da sonst als Wortkern nur *u-* verbliebe, an ein Suffix *-rna*, vielmehr an ein Suffix *-na* zu denken sein, zumal Ernout, *l.c.*, selbst *urna* auf ⁺*urk-na* zurückzuführen geneigt ist[317], vgl. Kap. B.1.2.1.2.3.2.3 bzw. B. 1.2.1.2.3.2.1; in *-eus* ist jedenfalls kein etruskisches oder etruskisierendes Suffix zu sehen, s. Kap. B.1.2.1.1.1. Zustimmend zu Ernout, *l.c.*, Cortsen, *l.c.*; vgl. auch Palmer, *l.c.*)[318].

---

[314] In faliskischen Inschriften ist eine Form *urna* seit dem 7./6.Jh. belegt: s. *CIE* 8079 und Pallottino, *REE SE* 21,397ff. bzw. ders., *REE SE* 23,403f. (weitere Literatur hierzu bei Peruzzi, *L'iscrizione di Vendia*, 89, Fn. 1).

[315] Gegen die von *Varro L.L.* 5,126, vorgenommene Zusammenstellung von *ŭrna* mit *ūrīnāri* (s. *EM* s.v. *urna*) spricht sich Ernout, *o.c.*, 96, wegen des Quantitätsunterschiedes *ŭ-:ū-* aus.

[316] Zur Hypothese einer Herkunft aus dem Phönikischen s. Ernout, *o.c.*, 96, Fn. 4; *WH* l.c.

[317] Zu *urna* aus ⁺*urcna* s. *WH* l.c.; *LG* ll.cc. mit Vorbehalt.

[318] Die Hypothese einer Entlehnung von lat. *urceus* und *urna* aus gr. ὕρχη über etr. Vermittlung (so *LE* l.c. unter Hinweis auf etr. *urχ AM* 6² u.ö. und auf die morphologische Struktur von *urceus* und *urna*; vgl. Oleson, *A possible physiological basis*, 27; zu etr. *urχ*, ev. „Bauer", s. unter „Etr. Par."; zu nicht beweiskräftigem *-eus* s. Kap. B.1.2.1.1.1.; lat. *orca* hingegen, für welches *LE* l.c. ebenfalls etr. Vermittlung aus gr. ὕρχη angenommen wird, hat mit Sicherheit diesen Weg genommen, s.u.W. *orca* „Tonne") ist abzulehnen.

Gr. ὕρχη könnte nur etr. ⁺*(h)urχe*/⁺*(h)urχia*? ergeben (zur Wiedergabe des gr. Spiritus asper im Etruskischen s. *DGE* 2,154ff.; zu gr. χ > etr. χ s. *o.c.*, 172f., zu gr. -η > etr. *-e* s. *o.c.*, 113, zu gr. -η > etr. *-ia* s. *o.c.*, 115f.). Gr. ausl. -η > etr. -lat. *-eus* wie gr. ausl. -ρχη > etr.-lat. *-rna* ohne Parallelen. Selbst unter Ansatz einer *na-* Ableitung zu etr. ⁺*urχe*, also ⁺*urχe-na* „ὕρχη-artiges

Zus.: Etr. Par.: Lautlich vergleichbar sind aus dem etr. Wortmaterial vor allem die von *+ur-*, einem Verbalkern unkannter Bedeutung, abgeleiteten Formen wie *urθanike TLE* 764 7.Jh. (schwaches Prät. von *+urθan*, dieses duratives Part. von *+urθ-*, dieses Kausativ von *+ur-*; s. *DES*, 308), *urθri CIE* 6309 (*TLE* 75; Nezessitativ zu *+urθ-*, der Kausativableitung von *+ur-*; s. zur Kausativbildung *DES* § 133, zur Nezessitativbildung § 131), *uru NRIE* 474 (arch.) u.ö. (Verbalnomen auf *-u* von *+ur-*), *urur TLE* 49 (7.Jh.; Pl. von *uru*), *urχ AM* 6² u.ö. (wahrscheinlich Nomen agentis zu *+ur-*, eventuell „Bauer"; vgl. S. 277 Fn. 318). Daneben gibt es — abgesehen von unbestimmbarem, da isoliertem *ure CII* app. 72 (arch.) und von singulärem *uri CIE* 3302 in einer lückenhaft überlieferten Inschrift — die Namenformen *urata CIE* 3031 (GN m.) und *uriθnei CIE* 3032 (GN f.)³¹⁹.

Es wäre denkbar, daß in lat. *urceus* und *urna* der gleiche Wortkern *+ur-* wie in den (oder einigen der) oben angeführten etr. Wortformen vorliegt.

Während der Ausgang von *urceus* keinerlei etr. Prägung erkennen läßt (s. Kap. B.1.2.1.1.1.), könnte das *-na* von *urna* auf etr. *-na* zurückgehen, allerdings nur unter der Voraussetzung, daß neben dem Verbalstamm *+ur-* ein homonymer Substantivstamm *+ur* existiert habe³²⁰ (*-na* tritt nur an Namen oder Appellativa, s. *DES* § 67), dessen semantischer Wert etwa „Krug, Topf, Gefäß" gewesen wäre; also etwa (immer in Rücksicht auf die Skyphos-Aufschrift aus dem 7.Jh. *mini urθanike aranθur TLE* 764 und auf die Gefäßaufschriften *uru NRIE* 474 u.ö. und *urur TLE* 49): *+ur* „Topf" (*+ur-* „töpfern"), *+ur-na* „Topfähnliches, bestimmte Art von Topf".

Es wäre jedoch — besonders in Hinblick auf gr. ὕρχη — auch denkbar, daß *+ur-* eine im Mediterranen weiter verbreitete Wurzel

---

Gefäß", wäre in Anbetracht von gr. ὕρχη > etr.-lat. *orca* nicht eine Weiterentwicklung zu etr.-lat. *urna* (< *+urcna* < *+urcena*) zu erwarten.

Gegen direkte Entlehnung von *urceus* aus ὕρχη s. *WH* s.v. *urceus*.

[319] Die Namenformen *urinate* und Ableitungen (s. *ThLE*, 358 f.) haben hier außer Betracht zu bleiben, da es sich um Ethnika auf *-ate* zu *Aurina*, dem alten Namen von *Saturnia*, handelt.

[320] Zur möglichen Homonymie von Verbal- und Nominalstamm im Etr. s. S. 257 Fn. 267. Daß an ein zum Verbalkern *+ur-* „töpfern?" (s. im Text weiter unten) gebildetes Verbalnomen auf *-u* mit passivem Sinn (s. *DES* § 134), also etwa „das Getöpferte", *-na* angetreten und das Verbalnomensuffix der Synkope zum Opfer gefallen wäre (*+uru-na* > *+urna*), dürfte außer Betracht zu bleiben haben.

möglicherweise ganz anderer Bedeutung („Wasser"?[321]) darstellt, die ins Griechische als ὔρχη (und daraus über etr. Medium ins Lateinische als *orca* s.u.W. *orca* „Tonne") und ins Lateinische in zwei Varianten, *urceus* and *urna*, Eingang fand und die daneben auch im Etruskischen vorhanden war; auch besteht die Möglichkeit, daß *urceus* aus dem gleichen mediterranen Sprachbereich wie gr. ὔρχη entlehnt, *urna* jedoch aus dem Etr. übernommen wurde. Ob allerdings tatsächlich in *urna* Entlehnung aus dem Etr. vorliegt, diese Frage muß, solange die Bedeutung von etr. ⁺*ur*- nicht mit Sicherheit feststeht, sub iudice bleiben.

Morph.[322]: Zu -*na* in *urna* s. Kap. B.1.2.1.2.3.2.1.

verna, -*ae m.* (spätlat. sekundär adjektivisch[323]): „Haussklave"[324] (*WH* s.v.); seit *Plt., Lucil.* [?]

vernula, -*ae m.*: „Sklave" (*WH* l.c.); seit *Sen.* [?]

Lit.: Corssen, *Über die Formen*, 26; Lambertz, *Zur Etymologie*, 14; Herbig, *Tyro*, 466, Fn. 1; Devoto, *L'etrusco come intermediario*, 336; Ernout, *EE*, 89; Nehring, *Parerga*, 118; Oštir, *Drei vorslav.-etr. Vogelnamen*, 88; Benveniste, *Le nom*, 437; Ribezzo, *Bespr. A. Ernout et A. Meillet*, 157; Devoto, *Storia*, 78 f.; Ernout, *Aspects*, 8 und 91; Carnoy, *Etrusco-latina*, 111; ders., *Etymologies*, 406; Günther, *Etr. serve*, 49; *WH* l.c., *LG* § 268.B.2.; *EM* s.v.

Nahezu einhellig pflegt in der Literatur lat. *verna* aus dem Etruskischen hergeleitet zu werden[325]. Die wichtigsten diesbezüglichen Argumente wurden

---

[321] Vgl. *ur*- in iberischen Hydronymen wie *Ura, Urnia, Urium*, vgl. auch den von *Plin.* N.h. 23,75 überlieferten Term. techn. *urium* „acqua corrente con fango aurifero", bask. *ura* „acqua" etc.; s. Bertoldi, *l.c.*; vgl. Gerola, *l.c.*, Altheim, *l.c.*

[322] Zum Ausgang auf -*eus* in *urceus* (nicht als Hinweis auf etr. Herkunft bzw. Vermittlung zu werten) s. Kap. B.1.2.1.1.1.

[323] Zur Entwicklung des adjektivischen Gebrauchs aus dem substantivischen bzw. zum Nebeneinander der beiden Verwendungsweisen s.u.W. *servus* S. 383 Fn. 601.

[324] Bickel, *Beiträge*, 567, weist als einziger auf eine gänzlich andere Übersetzungsmöglichkeit hin: Im *Tiburtiner Gebet* (*Serv.* Aen. 1, 17) sei *curiae vernulas* in der abschließenden Bitte *tuere meos curiae vernulas* mit „die jungen freien Insassen der Kurie" zu übersetzen. *Verna* in der Bedeutung „freier Insasse" sei nachklassisch (*Mart.* 10,76,4) belegt; diese Bedeutung dürfe eventuell für die älteste Zeit aus *Festus* erschlossen werden. Die Festlegung der Bedeutung „Haussklave" für *verna* und *vernula*, die, wenn auch schon seit *Plautus* bezeugt, offenbar eine nachträgliche sei, sei durch den Purismus des Scipionenkreises erfolgt.

[325] Zu den Versuchen einer Verknüpfung mit dem bzw. Herleitung aus dem ie. s. S. 280 Fn. 327.

von Benveniste, *l.c.*, zusammengestellt: Die meisten Sklavenbezeichnungen seien fremden Ursprungs; es fehle eine brauchbare Etymologie (vgl. *WH* l.c., *EM* l.c., Günther, *l.c.*); es liege der etruskische oder etruskisierende Typ eines Maskulinums auf *-a* vor (vgl. Devoto, *L'etrusco come intermediario*, 336[326]; Nehring, *l.c.*; Ernout, *Aspects*, 91, auch 8; *LG* l.c.); *-rn-* weise auf das Etruskische (*-rn-* wird allerdings hier nicht als Teil eines Suffixes aufzufassen sein, sondern *-r-* stellt wahrscheinlich den Stammauslaut dar; s. Kap. B.1.2.1.2.3.2.3. bzw. B.1.2.1.2.3.2.1.), ebenso *-īlis* in der Ableitung *vernīlis* (Benveniste, *Trois etymologies*, 68 ff., deutet *Aprīlis* in seiner Gesamtheit, also einschließlich des Suffixes, aus dem Etruskischen; s. dagegen u.W. *Aprīlis* bzw. Kap. B.1.2.1.2.2.); aus dem etr. onomastischen Material lasse sich *verna* (s. unter „Etr. Par.") vergleichen (vgl. Lambertz, *l.c.*, der sich auf Vetter beruft; zustimmend Herbig, *l.c.*, auch Ernout, *EE*, 89; vgl. ferner Günther, *l.c.*; *EM* l.c.)[327].

Ein weiteres, von Benveniste, *l.c.*, nicht angeführtes, allerdings problematisches Argument bringt Nehring, *l.c.*, vor: Das *l*-Suffix in *vernula* könnte eventuell, sofern nicht ein ie. Deminutivsuffix vorliege, als etr. *l*-Suffix gewertet werden; s. dazu Kap. C.4.1.2.

Zus.: Etr. Par.: Belegt sind eine GN-Form *verna CIE* 2165, neben dem f. PN *[l]arθi* stehend, weshalb — nach Rat von Prof. Pfiffig — *-ś* (Gamonym bzw. ev. Angabe des Patrons) oder *-i* (f. Form des GN) zu ergänzen sein wird, und die Form *vernaia NSA* 1937, 379, n. 3 aus dem 5.Jh., arch. Gen. zu *vernei* (*vernai*), GN f. Dieser frühe und in der Morphologie völlig etruskische Beleg scheint — und dies festzuhalten ist wichtig — Herleitung von etr. ⁺*verna* aus lat. *verna* weitgehend auszuschließen.

Morphologisch ist etr. ⁺*verna* als ⁺*ver-na* zu fassen, „zum ⁺*ver* gehörig"; vielleicht darf auf Grund der Bedeutung von lat. *verna* für etr. ⁺*ver* eine Bedeutung „Haus, Hof" oder dgl. angenommen werden.

---

[326] Zu Devotos sozio-linguistischer Einordnung von *verna* innerhalb der etr. Entlehnungen im Lateinischen s. ders. „*Storia*", 78 f. (Zitat s.u.W. *lanius*; vgl. S. 537f.).

[327] Auch etr. *verse* „ignem" *Paul. Fest.* 17,16 ff. L wird mehrfach zur Deutung von lat. *verna* herangezogen: So von Oštir, *l.c.* (etr. ⁺*vers-na* > lat. *verna* „der im Hause (am Feuerherde) geborene Sklave"; mit etr. *verse* sei „vorlat. Ve[r]sta ‚Göttin des häuslichen Herders'" verwandt; Verwandtschaft zwischen *verna* und *Vesta* unter Rückführung auf sanskr. „was = habitare" vermutete übrigens bereits Corssen, *l.c.*; zu einer fundierten Etymologie von *Vesta* s. *WH* s.v. *vesta*); Ribezzo, *l.c.* (*verna* möglicherweise aus ⁺*vers-na*); Carnoy, *ll.cc.* (*verna* aus *verse*, dieses ie.).

Zahlreicher als *na*-Bildungen sind andere Ableitungen zu ⁺*ver* belegt: vor allem *veratru CIE* 1566 u.ö. (GN und CN; vgl. *apaiatru[s] CIE* 5451 = *TLE* 122[328]) und *vercna CIE* 3392 u.ö. (GN m.). Sollte der Vergleich von *vercna* mit *larcna CIE* 1190 u.ö. aus ⁺*larce-na* zulässig sein, wäre *vercna* als ⁺*ver-ce-na* zu analysieren. Allerdings ist das Antreten von *-ce*, welches erweiterte EN (wahrscheinlich ursprünglich Deminutiva bzw. Hypokoristika) bildet (s. *DES* § 165), an ein Appellativ, als welches ⁺*ver* offenbar aufzufassen ist, nicht belegt. Eventuell könnte aber in *vercna* ursprüngliches ⁺*veru-ce-na* (⁺*veru-* wäre als EN aufzufassen, s. im folgenden) „(der) Kleinhauser(ische), (der) Kleinhofer(ische)" gesehen werden. Die Form *veru CIE* 5302 (*TLE* 319) u.ö. und die dazu belegten Ableitungen (s. *ThLE*, 151) lassen, da es sich bei *veru* um ein Verbalnomen auf *-u* zu handeln scheint (s. *DES* § 173; § 134), auf einen homonymen Verbalstamm ⁺*ver-*[329], etwa „hausen (?)", schließen. *Veru* wäre der „Hauser, Hofer".

Offen bleibt — sollte die Interpretation ⁺*ver* „Haus, Hof" zutreffend sein —, wie ein *ver-na*, ein „zum Haus Gehöriger", scil. ein zum Haus gehöriger Bediensteter, Knecht o.ä., in das etruskische Sozialgefüge einzugliedern wäre, im besonderen, in welcher Hinsicht er sich vom *lautni* unterschied (vgl. dazu u.W. *servus*).

Morph.[330]: Zu *-na* s. Kap. B.1.2.1.2.3.2.1.

Zu den maskulinen Personalsubstantiven *-a* des vorliegenden Typs s. Kap. B.1.2.4.

C.1.1.2.1.2. *Fehlen morphologischer Kriterien*

C.1.1.2.1.2.1. *Vorhandensein spezifischer Aussagen antiker Autoren*

C.1.1.2.1.2.1.1. *Vorhandensein phonetischer Kriterien*
   caerimōnia

caerimōnia/*caeremōnia, -ae f.*; *caerimōnium, -ī n.*: „religiöse Handlung, Feierlichkeit, heilige Verehrung" (*WH* s.v.); *caerimōnia* seit *Cic.*; *caerimōnium* seit *Front.* [?]

Lit.: Trombetti, *La lingua etrusca*, 47; Ernout, *EE*, 112; Runes, *De nonnullis etymologiis*, 10; Wagenvoort, *Caerimonia*, Glotta 26; Roloff, *Caerimo-*

---

[328] „Ableitung von *apa* ‚Vater'??" (Prof. *Pfiffig* brieflich.)
[329] Zur möglichen Homonymie von Verbal- und Nominalstamm im Etr. s. S. 257 Fn. 267.
[330] Zum eventuell etr. *l*-Suffix in *vernula* s. Kap. C.4.1.2.

nia; Wagenvoort, *Caerimonia, Reallexikon*; Carnoy, *Etrusco-latina*, 101 f.; Hiltbrunner, *Latina Graeca*, 107, 147 ff.; *WH* l.c.; *LE* s.v.; *EM* s.v.

Zu den (nicht überzeugenden) Herleitungsversuchen aus dem Ie.s. *WH* l.c. (vgl. auch Roloff, *o.c.*, 126f.; Hiltbrunner, *o.c.*, 107; vgl. auch u.W. *sincērus*); s. weiters auch Wagenvoort, *Caerimonia, Glotta* 26 (*caerimōnia* von *caerus* „dunkel, neblig, grau", dieses ident mit ahd. *hēr*; *caerimōnia* bedeute „Dunkelheit", *caerimōniae* „Dunkelheiten, Verborgenheiten"; „die komplizierten sakraltechnischen Vorschriften, deren Deutung ausschließlich den Pontifices anheimgestellt war, konnten von einem mehr oder weniger primitiven Volk sehr gut mit dem Namen ‚Dunkelheiten' bezeichnet werden ..." [*o.c.*, 131]); vgl. ders., *Caerimonia, Reallexikon*.

Singulär bleibt die *LE* l.c. vorgeschlagene Interpretation, lat. *caerimōnia* liege gr. καίριμος = καίριος (*Macho ap. Ath.* 13, 581 b) „che arviene in luogo o in tempo opportuno, giusto, addato, propizio" zugrunde; „*caerimonia* (in origine n. pl.?) deve aver indicato ‚le parti accidentali di un ritus dettate da opportunità' ..."

Die Deutungsversuche aus dem Etruskischen stützen sich auf unterschiedliche Argumente:

Nach wie vor herangezogen wird die bereits von den Alten (*Val. Max.* 1,1, 10; *Paul. Fest.* 38,19L; Zitate s. S. 129) vorgenommene, nach Ansicht der Verf. abzulehnende (s. S. 283 Fn. 334) Verknüpfung mit dem Namen der etruskischen Stadt *Caere*: So Trombetti, *l.c.*, der darüber hinaus *Cae-re* mit etr. ⁺*cai-sa* > *ce-sa CIE* 1157 > Lattes, *Corr.*, 85[331], herzuleiten von einer Wurzel ⁺*cai-*, ⁺*cei-*, verwandt mit ie. ⁺*kʷei-* „verērī", in Verbindung bringt, was mit Entschiedenheit abzulehnen ist[332]. So auch *WH* l.c., wo zum

---

[331] Die Form ist in *ThLE*, 104, mit Fragezeichen versehen.

[332] Eine etr. Wurzel ⁺*cai-*, ⁺*cei-*, ⁺*ce-* in der Bedeutung „verērī" oder Verwandtes anzusetzen, bleibt ohne jeden Anhalt; ganz abgesehen davon, daß entgegen Trombettis Auffassung, der ja bekanntlich im Etruskischen eine den ie. Sprachen verwandte Sprache sieht, die Verknüpfungsmöglichkeit mit einer ie. Wurzel, d.h. Entlehnung aus einer ie. Sprache, einen Ausnahmefall darstellen würde, müßte ein etr. Wortkern ⁺*cai-*, ⁺*cei-*, ⁺*ce-* als unüblich bezeichnet werden; s.u.W. *caussa*. Das von Trombetti, *l.c.*, ebenfalls von dieser fälschlich angesetzten Wurzel hergeleitete *ceχa AM* 11[13] u.ö. hat mit ie. ⁺*kʷei-* „verērī" nichts zu tun, sondern bedeutet „Recht, richten" (*DES*, 284).

Auch Carnoy, *l.c.*, versucht in gewohnter Weise, ie. mit etr. Herleitung zu verbinden: Er möchte *caerimōnia* über eine nicht näher bezeichnete etr. Form auf ie. „*kai-ro*, variante assez naturelle de *kai-lo* ‚intègre, pur, sacré'" zurückführen. Zu den bei *WH* l.c. gegen diese Herleitung — selbstverständlich ohne Umweg über das Etruskische — geäußerten Bedenken s. *WH* l.c.; s. auch u.W. *sincērus*.

Stadtnamen *Caere* das etr. GN ⁺χaire³³³ verglichen³³⁴, daneben allerdings mit Ernout, *l.c.*, auch Herkunft aus etr. ⁺*caerimō* in Betracht gezogen wird. Vgl. in modifizierter Weise auch Roloff, *o.c.*, 132 f.

Ernout, *l.c.*, setzt, wie eben erwähnt, als Basis etr. ⁺*caerimō* an; vgl. nicht ablehnend, doch andere Deutungsversuche nicht ausschließend, *WH* l.c., *EM* l.c.

Runes, *l.c.*, denkt an Herkunft aus etr. ⁺*cerinu* (> ⁺*cerinonia* > *caerimōnia*) „sacrum"; vgl. nicht ablehnend, doch ohne andere Deutungsversuche auszuschließen, *EM* l.c.

Vorsichtiger erwägt Roloff, dem die fundierteste Monographie zu *caerimōnia* (*o.c.*) zu verdanken ist, ob nicht ein etr. Wort aus dem religiösen Bereich die Grundlage sowohl für lat. *caerimōnia* wie auch für das etr. GN ⁺χaire oder ⁺χairea³³⁵ gebildet haben könnte, wovon eventuell *Caere*, das frühere *Agylla*, seinen Namen erhalten habe. S. dagegen aber Fn. 334.

Hiltbrunner, *ll.cc.*, möchte, da das von Roloff, *o.c.*, für wahrscheinlich etr.-lat. *caerimōnia* ermittelte Bedeutungsfeld völlig zu dem von *sincērus* stimme und das zu *sincērus* gegensätzliche *spurcus/spurius*³³⁶ höchstwahrscheinlich ebenfalls aus dem Etruskischen stamme, *caer-* in *caerimōnia* zu -*cēr-* in

---

³³³ Belegt ist χaireals *CIE* 5314 (*TLE* 321ᵇ)), Gen. (mit ⁺-*ial* > ⁺-*eal*, s. *DES* §12, und doppelter Bezeichnung des Gen. mit *l* + *s*, vgl. *turials-c TLE* 323) zu χairi, GN f., wohl ursprünglich — so Prof. *Pfiffig* brieflich — Ethnikon; vgl. dazu Fn. 334.

³³⁴ So bereits Schulze, *ZGLE*, 567. Es ist jedoch festzuhalten, daß der etr. Name von *Caere*, für welches als älterer Name in *Schol. Veron. Verg.* Aen. 10,183 *Cisra* belegt ist, wohl, wie aus der Form *kjšrj'* in Zeile 4 des punischen Textes der Goldbleche von Pyrgi hervorgeht, ⁺χaisr(i)e lautete (s. Pfiffig, *Uni*, 13), Solange sich für eine Assimilation -*sr-* > -*rr-* > -*r-* bzw. für Verlust von -*s*- vor -*r*- im Etr. kein Beweis erbringen läßt, muß die Annahme eines direkten Zusammenhanges zwischen dem etr. GN χairi und dem etr. Namen für *Caere* zurückgewiesen werden. Denkbar wäre einzig die Herleitung von χairi aus etruskisiertem lat. *Caere*, welches seinerseits wahrscheinlich (nach dem Muster der Komposita auf *dis-* und *ex-*; s. *LG* §207) auf etr. ⁺χaisre zurückzuführen ist: etr. ⁺χaisre > lat. ⁺*Caisre* > ⁺*Caizre* > ⁺*Caire* > *Caere*; die statt zu erwartendem ⁺*Caisre* überlieferte Form *Cisra* könnte eventuell als Dialektform (oskisch?) vielleicht auch als ungenau tradiert aufgefaßt werden.

Die eben vorgeführten Überlegungen phonetischer Art schließen selbstverständlich eine Zusammenstellung von lat. *caerimōnia* mit dem lat. Stadtnamen *Caere* nicht aus; ja es geht sogar daraus hervor, daß lat. *caerimōnia* auch direkt auf etr. ⁺χaisr(i)e zurückgeführt werden könnte (s.o.). Trotzdem dürfte, wie Verf. betonen möchte, in Rücksicht auf die Prinzipien der Bildungsweise von Abstrakta allgemein, im besonderen der lat. Abstrakta auf -*mōnium*, -*mōnia* (Ableitungen von Personalsubstantiven bzw. Personaladjektiven; s. *LG* §276.β.) Herleitung von *caerimōnia* aus einem Stadtnamen nicht vertretbar sein; jedenfalls müßte eine exakte Parallele zu einer derartigen Bildung erst beigebracht werden.

³³⁵ S. aber Fn. 333.
³³⁶ S.u.W. *spurius*.

sincērus stellen, was allerdings, da *sin-* in *sincērus* eindeutig ie. *sei*[337], die Annahme einer Hybridenbildung bedingen würde und somit problematisch sei.

Zus.: Etr. Par.: Abgesehen von der fernzuhaltenden GN-Form χaireals (s. S. 283 Fn. 334 und Fn. 333) sind an lautlich vergleichbaren Formen (etr. intervokalisch *-s-* > lat. *-r-* vorausgesetzt) im Etr. *caesa NRIE* 380 u.ö. (CN m.) und *caisies TLE* 14 (GN m.; 5. Jh.) belegt. Als zugehörig könnten die Formen *caiś* Feruglio A.E. in: *Caratteri dell'ellenismo nelle urne etrusche*, Firenze 1977, 112 u.ö. (GN m. und f.) und *caisrs SE* 46, 377, n. 137 (unklar; Verlesung? Fälschung?) aufgefaßt werden.

Der Bedeutungsgehalt der vorgeführten Formen ist nicht zu ermitteln; Zugehörigkeit zumindest der vorgeführten EN zum semantischen Bereich von „heilig, ehrwürdig" — man vgl. den deutschen Familiennamen „Heilig" —, dazu, wie schon gesagt, Entlehnung noch vor der bzw. zur Zeit der vollen Wirksamkeit des Rhotazismus wären Voraussetzungen zur Annahme einer Verbindung mit lat. *caerimōnia*.

Ant. Aut.: *Val. Max.* 1,1,10; *Paul. Fest.* 38, 19 L: s. S. 129 (direkt).

Phon.: Zum Schwanken *i/e*, vor *-m-* allerdings eventuell aus dem Lat. erklärbar, s. Kap. B.1.1.1.2.

C.1.1.2.1.2.1.2. *Fehlen phonetischer Kriterien*
 ātrium, camillus, capys, celerēs (procerēs), clipeus, fala (falārica, faliscae, falere, palātum), īdūs, radia (radius), satelles, sūbulō

ātrium, -ī n.: „das Atrium, der Mittelraum des altitalischen Hauses, urspr. ‚bedeckter Wohnraum', sehr früh mit einer viereckigen Öffnung in der Decke (*compluvium*) versehen, später Vor- und Empfangsraum" (*WH* s.v.); seit *Plt.* [+]

Lit.: Martha, *La langue étrusque*, 357; Herbig, *Etruskisches Latein*, 177; Pallottino, *Le iscrizioni*, 93; Pfiffig, *Uni*, 32; *WH* l.c.; *EM* s.v.

Im allgemeinen wird nach dem Zeugnis von *Varro L.L.* 5,161 und *Serv. Aen.* 1,726 etruskische Herkunft für möglich gehalten: So von Herbig, *l.c.*; *WH* l.c.; *EM* l.c., wo es allerdings einschränkend heißt: „Si l'*atrium* n'est pas étrusque, ce serait un souvenir de l'ancienne maison où la fumée du foyer s'échappait par une ouverture ménagée dans le toit (v. *aedēs*); il y aurait ici soit un dérivé d'un ancien nom du ‚feu', soit un dérivé de *āter*." Auch

---
[337] S.u.W. *sincērus*.

Entlehnung aus gr. αἴθριον wird von *EM* l.c. nicht ausgeschlossen, s. dagegen *WH* l.c.

Das bei Annahme etruskischer Herkunft bislang ungeklärte Problem einer Anknüpfung innerhalb des Etruskischen[338] könnte möglicherweise durch den Fund der Goldbleche von Pyrgi einer Lösung zugeführt worden sein: Palottino, *l.c.*, zieht für *atranes zilacal CIE* 6314 (*TLE* 874; *atranes* sei möglicherweise mit *aθre AM* 12[11], dieses eventuell mit lat. *ātrium* in Verbindung zu bringen[339]) die Deutung als „*ātriī rēgiī*" in Erwägung.

Vgl. dazu ausführlicher Pfiffig, *l.c.*: „*atranes* = Gen. von ⁺*atrane* < ⁺*atra, atre*[340] 'Hof', Adjektiv 'was zum Hof gehört'. — Vgl. auch *TLE atrenu*[341], *TLE* 316 *atrenc-*[342], das aber zu *hatrenc- TLE* 305[343] zu gehören scheint; es ist aber nicht ausgeschlossen, daß die Formen (mit unstabilem *h* — vgl. *Atria — Hatria*) zusammengehören. — Als Gentiliz in der typischen Form der Adjektiva auf *-na/-ne(-ni)* finden wir *atrane*[344] in Perugia bei dem Ehepaar *CIE* 3415 *tite: atrane: etri* und *CIE* 3426 *la(rθia)·pu(ia)·atraneś* und ebendort in der Form eines Chiusiner Gentilcognomen in *CIE* 4142 *atrania·velθurna* (*ś* oder *l*?), ferner auf einem Gefäßstempel eines Askos des Museo Etrusco Vaticano (II, Taf. XCIII, Inv.-Nr. 14426) *atrane* und eines in Vulci gefundenen Askos (*Stud. Etr.* 32, 1964, 164, Taf. XXXII) *atraneś* mit И, also 5./4.Jahrhundert[345]. ... ⁺*atrana zilacal* = Hof, Haus des Fürsten, ,*ātrium principis*'?"

Doch muß hinzugefügt werden, daß die Bedeutung von *atranes* nicht unumstritten ist: Sollte sich zukünftig die ebenfalls in Betracht zu ziehende Interpretation „am Festtag" als zutreffend erweisen (s. dazu u.W. *quīnquātrus*), wäre das Problem einer Anknüpfung von *ātrium* ans Etr. nicht zuletzt in Hinsicht auf die oben erwähnten EN, jedenfalls aber unter Mit-

---

[338] Martha, *l.c.*, vergleicht zu lat. *ātrium* etr. *atrśrc CIE* 5470 (*TLE* 135); der Wortkern *atr-* bedeute, wie aus den von Martha zur Klärung etr. Vokabel herangezogenen finno-ugrischen Sprachen hervorgehe, „clair, évident"; *atrśrc* demnach „et convenable d'évidence", *ātrium* sozusagen den „Lichthof", über den die umliegenden Räume Licht erhielten. Es ist jedoch die Existenz eines etr. Wortkernes *atr-* „clair, évident" durch nichts zu beweisen; *atrśr-c* ist Plural zu *atrś* „der der Eltern = Nachkomme" mit angefügtem enklitischem *-c* „und".

[339] S. aber *DES*, 250: „Modalis des Aoriststammes *aθ(i)r*." Vgl. *o.c.*, 281: „Opferterminus unbekannter Bedeutung".

[340] *NRIE* 714.

[341] *CIE* 5242 (*TLE* 314).

[342] S. *ThLE* s.v. *hatrencu*.

[343] = *CIE* 5245; zu weiteren Belegen für *hatrencu* s. *ThLE* s.v.

[344] Sofern das GN *atrane* und ⁺*atrana* „Hof, Haus" nicht bloße Homonymie verbindet und sofern ⁺*atrana* mit „Hof, Haus" zutreffend übersetzt ist, etwa „Hofer, Hauser".

[345] Zu weiteren Belegen für *atrane* und Ableitungen davon s. *ThLE*, 77, und *ThLE Suppl.*, 22. Fernzuhalten sind jedenfalls die von ⁺*ater-* „Eltern, Vorfahren" (*DES*, 282) abgeleiteten Formen wie *atrś, atrśr* (s. *DES*, 282 f.; Belege s. *ThLE*, 78).

einbeziehung der Aussagen der antiken Autoren sowie unter Berücksichtigung dessen, daß es sich um einen Architekturterminus handelt, erneut zu überdenken.

Zus.: Etr. Par.: Zu *atranes CIE* 6314 (*TLE* 874) sowie zur gleichlautenden GN-Bildung *atrane CIE* 3415 (*TLE* 596) u.ö. s.o.

Ant. Aut.: *Varro* L.L. 5,161; vgl. *Paul. Fest.*, 12,18 ff. L; vgl. *Serv. Aen.* 1,726; s. S. 129 (direkt).

camillus, -*ī m.*; *camilla*, -*ae f.*: „edelgeborener unerwachsener Knabe bzw. Mädchen, als Ministranten im Dienst des *Flamen Dialis* und der *Flaminica* verwendet" (*WH* s.v.); seit *Pacuv. ap. Serv. auct.* Aen. 11,543. [+]

Lit.: Schulze, *ZGLE*, 290, 322; Martha, *La langue étrusque*, 306 ff., 366; Meillet, *Esquisse*, 84; Kretschmer, *Weiteres zur Urgeschichte*, 83 ff.; Ernout, *EE*, 120, Fn. 1; Oštir, *Drei vorslav.-etr. Vogelnamen*, 97 f.; Bottiglioni, *Nota*; Carnoy, *Etymologies*, 391 f.; *WH* l.c.; Flobert, *Camille; LG* § 237.2.a.; *EM* s.v.

Die schon von den Alten (s. unter „Ant. Aut." bzw. S. 129f.) vertretene Auffassung, lat. *camillus* gehe auf das Etruskische zurück, findet in der modernen wissenschaftlichen Literatur Befürwortung[346]:
Schulze, *o.c.*, 290, erinnert an die EN *Camillus, Camillius, Camellus* aus etr. Gebiet, *o.c.*, 322, an „die der lateinischen Regel zuwiderlaufende Betonung" *Cámillus*, die *Quint. Inst.* 1,5,22 bezeuge[347]. Martha, *o.c.*, 366, setzt unter Berufung auf die Form Καδμῖλος *Tzetz. Lyc. Alex.* 162 eine Form etr. ⁺*caθmilus* oder ⁺*caθmls* an, angeblich, da von einem Stamm ⁺*caθ*- „main" abgeleitet, „manœuvre"; doch läßt sich ein Wortkern ⁺*caθ*- „main" trotz der von Martha, *o.c.*, 360 f., beigebrachten Parallelen aus finno-ugrischen Sprachen im Etr. durch nichts erweisen; etr. *caθ TLE* 719[a)] bedeutet vielmehr „Sonne, Sonnengott" s. *DES*, 283. Meillet, *l.c.*, verweist auf die mit *camit*- beginnenden etr. EN (belegt nur *camitlnas CIE* 5274). Ernout, *l.c.*, sich ihm anschließend, zitiert *Serv. Aen.* 11,558 (s. unter „Ant. Aut." bzw. S. 129f.) und denkt an Zusammenhang mit wahrscheinlich ebenfalls etr. *Camēnae*. Bottiglioni, *o.c.*, schlägt zwei Deutungsmöglichkeiten vor: Entweder sei von

---

[346] Zu Oštirs Anknüpfungsversuchen an das Ie. und zu seiner Zusammenstellung von *camillus* mit *cacus, cālō* etc. s. *l.c.*
Carnoy, *l.c.*, führt lat. *camillus* und etr. „Camitlas pour ⁺*Catmilnas*" auf ie. „*kadh* ‚garder, soigner'" zurück.

[347] Zu beachten ist jedoch die bei *Plut.* Numa 7,5 und — allerdings nicht einheitlich — bei *Strab.* 10,3,21 überlieferte, auf *Juba* bzw. *Akusilaos* zurückgehende Form Κάμιλλος; s. Kretschmer, *o.c.*, 84.

etr. ⁺*cat*- auszugehen (auf welches auch lat. *cālō*³⁴⁸, *cacula*³⁴⁹ zurückgingen), oder es liege *Cadmus, Cadmilus, Casmilus* etc. zugrunde, ursprünglich eine orientalische Gottheit, etwa Hermes „*minister deorum*". Flobert, *o.c.* (s. bes. 307), setzt als Basis etr. *camitl*- in *camitlnas CIE* 5274 aus ⁺*catmit-l-nas* zu etr. *catmite CII* 2227 bis A (woraus lat. *catamītus*; s.b.W.) aus gr. Γανυμήδης (s. aber u.W. *catamītus*; dort auch zu der von Flobert im Anschluß an Herbig und Fiesel angenommenen Lautentwicklung gr. Γανυμ- > etr. *catm*-)³⁵⁰ an; das *l*-Suffix in etr. *camitl* bzw. lat. *camillus*³⁵¹ bezeichne „une relation de dépendance, soit assimilation, soit diminutif ...; le *camillus* serait donc un ‚petit' Ganymède, une ‚sorte de' Ganymède" (*o.c.*, 307). *WH* l.c. verweist auf die antiken Autoren, auf Schulze, *l.c.*, etr. *camitlnas* und *Camilla* bzw. deren Mutter *Casmila*. *EM* l.c. beruft sich ebenfalls auf die antiken Zeugnisse, ferner auf *Camēnae* und den Initialakzent. Auch *LG* l.c. sieht in der Betonung auf der drittletzten Kürze im CN *Cámillus* (s.o.) einen Hinweis auf etruskische Herkunft auch des Appellativs.

Zusammenhang zwischen den aus dem Etruskischen zum Vergleich herangezogenen Formen bzw. Stämmen und — so bereits *Varro, L.L.* 7,34 — Καδμῖλος/Κασμῖλος/Κάμιλλος³⁵² „der vierte Kabir bei den samothrakischen Mysterien", in Theben „Καβίρου παῖς" genannt, wird im allgemeinen angenommen³⁵³, vgl. Meillet, *l.c.*, Bottiglioni, *o.c.*, 52 f., *WH* l.c. mit weiterführender Literatur, *EM* l.c.

Zus.³⁵⁴: Etr. Par.: Aus dem überlieferten etr. Wortmaterial lassen sich folgende Formen lautlich vergleichen: *kameθleces Mon AL* 30, c. 648 (Gen. von *kameθlece*, arch. EN), *camitlnas CIE* 5274 (GN m.,

---

³⁴⁸ S.b.W.
³⁴⁹ S.b.W.
³⁵⁰ Floberts Verknüpfung von etr. *camitlnas* und *catmite* ist abzulehnen. Abgesehen davon, daß Flobert von falschen Voraussetzungen ausgeht — als Basis für etr. *catmite* ist nicht gr. Γανυμήδες, sondern ⁺Γαδυμήδης anzusetzen (s.u.W. *catamītus*) —, was insofern bezüglich der Theorie einer Zusammenstellung von *camitlnas* und *catmite* nicht ins Gewicht fällt, da in diesem Zusammenhang nur die Form *catmite* interessiert, wäre eine Lautentwicklung etr. -*tm*- (in *catmite*) > -*m*- (in *camitlnas*) bzw. Ausfall des -*t*- vor -*m*- anzunehmen, wofür Verf. keine Parallele anzuführen wüßte.
³⁵¹ Da im Lat. -*tl*- zu -*c*-anaptyktischer Vokal-*l*- werde, sei eher an den Lautwert *d* statt *t* und somit an -*dl*- zu denken, welche Kombination im Lat. zu -*ll*- werde.
³⁵² Nach Kretschmer, *l.c.*, wahrscheinlich Ausdruck aus einer vorie. ägäisch-kleinasiatischen Sprache mit der ursprünglich appellativischen Bedeutung „Knabe"; zustimmend *WH* l.c.; Bottiglioni, *l.c.*
³⁵³ Anders Flobert, *l.c.*, der diese Verbindung ablehnt und etr. *camitl*- auf gr. Γανυμήδης zurückführt; s. im Text weiter oben; s. auch Fn. 350.
³⁵⁴ Zum eventuell etr. *l*-Suffix s. im Text weiter unten bzw. Kap. C.4.1.2.

Nom.), *camθi CIE* 551 (*TLE* 145) u.ö., nach *DES*, 283, Amtstitel. Diesen Formen scheint eine Basis ⁺*k/cameθ/t-* zugrunde zu liegen. In *kameθleces* und *camitlnas* könnte an Erweiterung mit etr. *-le* gedacht werden, das Deminutiva und männliche Kosenamen bildet (s. *DES* § 167); an ⁺*kameθle* wäre des weiteren das Suffix *-ce* angefügt worden, das erweiterte EN (wahrscheinlich ursprünglich Deminutiva bzw. Hypokoristika) bildet (s. *DES* § 165), an ⁺*camitl-* GN bildendes *-na* (s. *DES* § 67 ff.) mit fakultativem Nominativ *-s* (s. *DES* § 45.a.).

Die Annahme, ⁺*k/cameθ/t-* habe „Diener", „Kultdiener" o.ä. bedeutet, erscheint nicht unbegründet, s.o.

Lat. *camillus* könnte also auf etr. ⁺*kameθ-/*⁺*camit-* bzw. auf einer davon abgeleiteten Deminutivbildung basieren, was in Anbetracht des jugendlichen Alters der lat. *camillī* und *camillae* durchaus passend erscheint.

Der etr. Amtstitel *camθi eterau* ließe sich etwa als „ausländischer Kultdiener", vielleicht „Kultdiener (im Sinne eines Kultsachverständigen?) für fremde Riten oder Götter" interpretieren (zu *eterau* s. *DES*, 288).[355]

Ant. Aut.: *Dion. Hal.* 2,22,2; vgl. *Macr. Sat.* 3,8,6; vgl. *Serv. Aen.* 11,558; vgl. *Serv. auct. Aen.* 11,543; vgl. *Tzetz. Lyc. Alex.* 162; s. S. 129f. (direkt).

capys/capus[356]: „‚ein Raubvogel', wrsch. ‚Falke' (*Serv.*) oder ‚Habicht', auch ‚Mensch mit gekrümmten Zehen'" (*WH* s.v.); *capys* seit *Serv.*; *capus* Isid. Orig. 12,7,57 und *Gl.* 5,493,51. [+]

Lit.: Deecke-Müller, *Die Etrusker 1*,455; Martha, *La langue étrusque*, 360, 465f.; Schnetz, *Etruskische Raubvogelnamen*, 10f.; ders., *L'interpretazione dell'etrusco ‚Capys'*; Trombetti, *La lingua etrusca*, 109; Ernout, *EE*, 122, Fn. 3; Schnetz, *Etruskisch Capys*; Oštir, *Drei vorslav.-etr. Vogelnamen*, 79ff.; Brandenstein, *Der ig. Anteil*, 309; Bonfante, *I nomi*, 117ff.; Carnoy, *Etrusco-latina*, 102; *WH* l.c.; *EM* s.v.; Strnad, *Die doppelte Sprachverwandtschaft*, 482.

Neben der Herleitung aus dem Ie. (s. die Zusammenstellungen bei *WH* l.c. und Schnetz, *Etr. Capys*, 287; vgl. ferner Trombetti, *l.c.*; Brandenstein,

---

[355] Zur Hypothese Floberts (*o.c.*), daß die eben genannten etr. Formen auf gr. Γανυμήδης zurückzuführen seien, s. im Text weiter vorne und S. 287 Fn. 350.

[356] Zur Schreibung mit *-y-* und mit *-u-* s. S. 289 Fn. 357.

l.c.; Carnoy, *l.c.*; ie ⁺*kap*- liegt dem Ausdruck auch in der von Bonfante, *l.c.*, vorgebrachten Theorie illyrischer Herkunft zugrunde) und dem „Alteuropäischen" (nach Oštir, *l.c.*, beruhe etr. *capy-s* auf alteurop. ⁺*kapŭⁿ*-) wurde wiederholt etr. Herkunft angenommen:

So von Deecke-Müller, *l.c.*, unter Hinweis auf den gleichlautenden etruskischen Namen des Gründers von *Capua*[357]; vgl. Ernout, *l.c.*; von Martha, *ll.cc.*, der unter vergleichender Heranziehung finno-ugrischer Formen auf *kap*- „prendre" u.ä. auch im Etr. eine Wurzel ⁺*cap*- „saisir, arracher" identifizieren zu können glaubt; von Schnetz, *Etruskische Raubvogelnamen*, 10 f., unter Berufung auf *Serv. Aen.* 10,145; vgl. *EM* l.c.

In späteren Arbeiten („*L'interpretazione dell'etrusco ‚Capys'*" und besonders „Etr. *Capys*") stellt Schnetz die Hypothese auf, *capys* sei auf eine etr. Wurzel ⁺*cap*- „erfassen, ergreifen" zurückzuführen, welche neben lat. *cap*- bzw. ie. ⁺*qap*- existiert habe. Es handle sich um ein Wort vom Typ der gestigenen Schallwörter[358] (d.h. Wörter bzw. Wortwurzeln, die dadurch entstünden, daß die Sprechwerkzeuge einen wahrgenommenen Vorgang nicht akustischer Art unwillkürlich begleiteten), welche wie etwa Lallwörter unabhängig voneinander in verschiedenen Sprachen entstehen könnten. So sei auch *kap*- als Lautgebärde beim raschen Zugreifen, dann „greifen, fassen, nehmen" auf der ganzen Welt verbreitet[359]. *Capys* bedeute urspr. „Greifer", woraus sich ohne Schwierigkeiten die Bedeutung „Mensch mit gekrümmten Zehen" entwickeln konnte. Vgl. zustimmend *WH* l.c.

Zus.: Etr. Par.: *ThLE*, 94 ff., 198, und *ThLE Suppl.*, 32, bieten umfangreiches Personennamenmaterial, vor allem GN, auf *cap-/kap-*[360], darunter Ethnika wie *capevanes CIE* 4283, Gen. zu ⁺*capevane* „(Mann) aus *Capua*" (s. *DES* § 201.a.; für den Stadtnamen *Capua* sei etr. ⁺*cap(e)va* anzusetzen; vgl. *capue TLE* 890, s. Pfiffig, *Hannibal*, 56 f.), oder *capenati CIE* 3533, F. zu ⁺*capenate* „(Mann) aus *Capena*" (s. *DES* § 201.b.).

Belegt ist ferner im Etr. ein Appellativ *capi TLE* 40 (6.Jh.) u.ö./ *cape CIE* 4538 (*TLE* 570)[a)][14] mit den Pluralformen *caper AM* 6⁶

---

[357] Die Schreibung des EN *Capys* mit -*y*- statt mit -*u*- zeigt nach Ernout, *Farfarus*, 211, gr. Einfluß. Vgl. *EM* l.c.: „*Capys* est une hellénisation de *Capus*, éponyme de *Capua*."
Das gleiche wird auf die Schreibung des Appellativs mit -*y*- zutreffen (s. daneben die wohl ursprüngliche Form mit -*u*-).

[358] Literatur dazu s. *o.c.*, 289 f.

[359] S. genauer *o.c.*, 290.

[360] *capne CII* 2153 u.ö./*kapne* Richter G.M., *Metropolitan Museum of Arts, Catalogue of Engraved Gems*, Roma 1956, 163, XXVII ist etruskisiertes gr. Καπανεύς, s. *DGE 1*,85.

und *caperi AM* 8¹⁰ u.ö. (definiter Akk.; s. *DES* §48): *capi/cape* bedeutet „Schale, Becher" (*DES*, 283), bezeichnet also ein „Gefäß"³⁶¹.
Herleitung des Appellativs *capi/cape*, wahrscheinlich auch einiger der EN auf *cap-* von einem Wortkern etr. ⁺*cap-* „erfassen, ergreifen"³⁶² ist durchaus denkbar. Etr.-lat. *capys* hätte somit Anschluß an belegtes etr. Wortmaterial gefunden.

Ant. Aut.: *Serv. Aen.* 10,145; s. S. 130 (direkt).

celerēs: „älteste Bezeichnung der römischen Ritter in den Centurien der *Tities, Luceres, Ramnes*" (*WH* s.v.); *Plin.* N.h.33,35; *Paul. Fest.* 48,2 L. [?]

Lit.: Ernout, *EE*, 105; Palmer, *The Latin Language*, 48; *WH* l.c., *EM* s.v.

Der Ausdruck wird allgemein als wahrscheinlich etruskisch angesehen, so von Ernout, *l.c.*, wegen *Plin.* N.h. 33,35 (s. S. 132) und der Bildungsgleichheit mit dem von Ernout, *l.c.*, als etruskisch klassifizierten Ausdruck *flexuntēs* (s.b.W.)³⁶³, mit der gleichen Begründung auch von *WH* l.c. und *EM* l.c.; vgl. auch Palmer, *l.c.*

Zus.: Etr. Par.: Belegt sind die GN-Formen *celez* CIE 5189, *celes* CIE 5191 u.ö., *celesa* CIE 1981 (*sa*-Ableitung zu *celes*, GN m., Gamonym) von unbekanntem semantischem Wert. Eine Bedeutung „Ritter, Reiter" o.ä. und damit Zusammenhang mit lat. *celerēs*, der ältesten Bezeichnung der röm. Ritter, wäre denkbar.

Ant. Aut.: *Plin.* N.h.33,35; s. S. 132 (indirekt).

---

³⁶¹ Nach Strnad, *l.c.*, sei etr. *cape* als gewölbter Gegenstand wie auch das GN *capna* CIE 1949 u.ö. und der Stadtname *Capena* zu arab. (s.u.W. *abdōmen*) *qabv* „biegen, wölben", „Gewölbe" zu stellen. Völlig ohne Anhalt.

³⁶² Zur Deutung Strnads, *l.c.*, als „krumm, gewölbt" o.ä. s. Fn. 361.

³⁶³ Ernout, *l.c.*, hält aus morphologischen und semantischen Gründen auch *proceres* (***procerēs***, *-um* m. pl. „die Vornehmsten; die aus der Wand hervorragenden Balkenköpfe" [*WH* s.v.]; seit *Plt.*) für ein etr. Wort:
„Admise l'origine étrusque de *celeres*, il est tentant d'expliquer de la même manière *proceres* ‚*principes*', nom donné au patriciens dans la *discriptio classium* faite par Servius Tullius, au témoignage de *Festus*, p. 290,21, et dont aucune étymologie n'a pu être donnée. *Luceres, celeres, proceres* forment un groupe sémantique (Viel eindeutiger bilden aber *Lūcerēs, Ramnēs, Tities* einerseits, *celerēs, flexuntēs, trossulī* [s.bb.WW.] anderersaits semantisch zusammengehörige Gruppen; Anm.d.Verf.) dont l'identité de forme semble confirmer la communauté d'origine."
Auch *EM* s.v. *proceres* verweist auf die Endungsgleichheit mit etr. *Lūcerēs*.
Nach *WH* l.c. ie. Herkunft (aus der altlat. Genetivform *procum* zu erschließendes ursprüngliches *procī*, für welches ie. ⁺*prō-qo-* anzusetzen sei, sei nach *pauperēs* umgebildet worden; etr. Herkunft werde durch den Hinweis auf *Lūcerēs* nicht genügend gestützt). [??]

clipeus/clupeus (*clypeus*), *-ī m.; clipeum/clupeum* (*clypeum*) *n.*[364]: „‚runder, eherner, vom Hals bis zu den Beinen reichender Schild', auch ‚schildförmige Gegenstände wie Brustbild, Himmelsgewölbe, Sonnenscheibe'" (*WH* s.v.); seit *Enn.* und *Plt.* [?]

Lit.: Ernout, *EE*, 113 f.; Bertoldi, *Storia*, 70; Carnoy, *Etrusco-latina*, 102; Deroy, *Les noms*, 11; *WH* l.c.; Coli, *Nuovo saggio*, 35 f.; *EM* s.v.

Zu nicht überzeugenden Versuchen einer Herleitung aus dem Ie. s. *WH* l.c. Herkunft aus dem Etr.[365] wurde wegen des Ausgangs auf *-eus, -eum*[366] (s. aber S. 292 Fn. 370), wegen des Schwankens *i/u* (s. aber S. 292 Fn. 370) und aus sachbezogenen Gründen (Bezeichnungen für Waffen würden oft entlehnt) von Ernout, *l.c.*, angenommen. So auch *EM* l.c..

Auch Bertoldi, *l.c.*, führt zugunsten etr. Herkunft des Wortes den Wechsel *i/u* an, ferner die etr.-lat. EN *Clupeārius, Clipeārius*[367] und *Varro ap. Char.* GLK 1,77,9, wo *clipeus* in Zusammenhang mit von *Varro* ausdrücklich als etr. bezeichnetem *balteus* genannt ist, „ma l'argomento decisivo è dato dal fatto che nel tipo di scudo detto *clipeus* o *clupeus* era da vedere, secondo Diodoro XXIII 3[368], una moda etrusca affermatasi nell'esercito romano".

Coli, *l.c.*, deutet etr. *cluvenias* CIE 6314 (*TLE* 874) als Ableitung zum Stadtnamen *Clupea*[369], gr. Ἀσπίς, heute *Kélibia*, phönizische Stadt im Nordosten von Kap Bon. Der Stadtname werde wie die ihm zugrunde liegende Bezeichnung der Waffe bzw. die Waffe selbst phönikischen Ursprungs, von den Etruskern entlehnt und an die Römer vermittelt worden sein.

Gegen Colis Theorie einer Herleitung aus dem Phönikischen ist einzuwenden, daß, wie Prof. *Pfiffig* Verf. aufmerksam macht, ein vergleichbarer Nominalstamm aus dem Phönikischen nicht bekannt ist.

Vielleicht geht daher der überlieferte Stadtname *Clupea* (und somit auch

---

[364] „In libris formae cum *i* et *u* vel *y* scriptae passim promiscue leguntur, in titulis, ubi imaginem significat, saepius *clup-* scribitur quam *clip-* ...; neutrum saepius legitur ..." (*TLL* s.v. *clipeus*, Sp. 1351,32 ff.).

[365] Carnoy, *l.c.*, versucht in gewohnter Weise, ie. und etr. Herkunft zu vereinen: *clupeus* „bouchier rond" sei „une formation étrusque tirée de *gelebh* ‚tourner'".

[366] S. auch Deroy, *l.c.*

[367] S. aber *WH* l.c.: „Etr. Herkunft ... wäre vl. zu erwägen, wenn die Beurteilung des falisk. Gentilnamens *Clipeārius* ... sicherer stünde."

[368] Richtig: 23,2,2.

[369] Es liegt allerdings nicht, wie Coli behauptet, der Gen. Pl. einer Kollektivbildung „i Clupeni", „immigrati di *Clupea*" vor. Nach Pfiffig, *Uni*, 29, ist *cluvenias* wahrscheinlich Gen. von *cluvenia*, Epitheton der Uni/Hera/Astarte. Bildung wie bei den weiblichen CN vom Chiusiner Typ auf *-enia* zu männlichen CN auf *-e*; s. *DEC*, 209,215 ff., 242; vgl. auch *DES* § 188.

die Bezeichnung der Waffe) direkt auf die Etrusker zurück, die damit möglicherweise ein phönikisches „Schild" o.ä. übersetzten; auch der griechische Name der Stadt beruht ja auf Übersetzung. Zur Morphologie von *cluvenias* s. S. 291 Fn. 369.

Für einen Wandel *v* > *p* innerhalb des Etr. oder bei Entlehnung ins Lat. gibt es keinen Beweis. Es ist jedoch in der Nähe von Liquiden oder Nasalen im Etr. bisweilen ein Lautwandel *p* > *f* zu beobachten (s. *DES* §17); *f* wiederum kann mit *v* wechseln (s. *DES* §18.4); denkbar wäre demnach eine etr. Lautentwicklung ⁺*clup-* > ⁺*cluf-*/⁺*cluv-* bzw. eine Übernahme des Wortes ins Lat. nicht in der sekundären Form ⁺*cluf-*/⁺*cluv-*, sondern in der ursprünglichen Form ⁺*clup-*. Jedenfalls ist es nicht auszuschließen, daß zwischen etr. ⁺*cluv-* und lat. *clup-* ein Zusammenhang bestehen könnte.

Zus.[370]: Etr. Par.: Zu *cluvenias CIE* 6314 (*TLE* 874) s.o.
    Belegt ist ferner *cluviesa SE* 40,399, n. 3 (*sa*-Ableitung zu *cluvie*, GN m., Gamonym).
    Zu einem eventuellen Zusammenhang von etr. ⁺*cluv(e)-* mit lat. *clipeus* s.o.
    Ant. Aut.: *Diod.* 23,2,2; s. S. 132 (indirekt).

***fala, -ae** f.*: „hohes Gerüst, hölzerner Belagerungsturm; hölzerne Säulen an der *spina* des Zirkus" (*WH* s.v.); seit *Enn.* und *Plt.* [+]

falārica: „*genus teli missile quo utuntur ex falis, id est ex locis extructis, dimicantes.*" *Serv. Aen.* 9,702. [+]

faliscae: „Raufe an der Krippe" (*WH* l.c.); *Cato Agr.* 4. [+]

***falere, -is** n.*: „ein sich unmittelbar aus einem Teich erhebender Unterbau" (*WH* l.c.); *Varro R.r.*3,5; 14; 16. [+]

***palātum, -ī** n.* (*palātus, -ī m. Cic.*): „‚Gaumen'; übtr. *caelī palātum* ‚Himmelswölbung'" (*WH* s.v. *palātum*); seit *Enn.*[371] [?]

Lit.: Bugge, *Das Verhältnis*, 197 f.; Martha, *La langue étrusque*, 467; Nehring, *Lexikalische Beziehungen*; Bertoldi, *Relitti*; Cortsen, *LB Etr., Glotta* 23,184; Bertoldi, *Nomina Tusca*, 298; Alessio, *Una voce*, 253; Bertoldi, *Plurale*, 161; Vetter, *Etr. Wortdeutungen*, 13, Fn.; Branden-

---

[370] Zum Ausgang auf -*eus* (-*eum*) (nicht als Hinweis auf etr. Herkunft zu werten) s. Kap. B.1.2.1.1.1.
Zum Wechsel -*i*-/-*u*- (-*y*- gräzisierend), welcher allerdings in 1. Silbe hinter -*l*- vor antevokalisch -*p*- aus dem Lat. erklärbar ist, s. Kap. B.1.1.1.3.

[371] Zu den dieser Sippe zugeordneten EN s. Schulze, *ZGLE*, 356; Bertoldi, *Relitti*, 281; Battisti, *Studio toponomastico della Roma delle origini* Stud. ital. 15,163-175; Palmer, *The Latin Language*, 47 f.; Carnoy, *Etymologica*, 394; *WH* s.v. *fala*.

stein, *Der ig. Anteil*, 310; Battisti, *Rassegna*, 433; Devoto, *Pala*; Vetter, *LB Etr., Glotta* 28,223; Alessio, *Fitonimi*, 186f., 170; Battisti, *Voci*, 253 ff.; Devoto, *Storia*, 42; Alessio, *Un'oasi*, 170; ders., *Vestigia*, 142 ff.; Pariente, *Aprilis*, 154 ff.; Pfiffig, *Untersuchungen*, 138; *WH* l.c. und s.v. *palātum*; Pfiffig, *DES*, 288; *LE* s.v. *faliscae*; EM l.c. und s.v. *palātum*; Strnad, *Die doppelte Sprachverwandtschaft*, 480.

Zu den nicht überzeugenden Herleitungsversuchen aus dem Ie. s. *WH* s.v. *fala*.

Von den meisten Autoren wird jedoch Zusammenhang von *fala* bzw. dessen Weiterbildungen *falārica, faliscae, falere*, bisweilen auch — wozu auf den Ausdruck des *Ennius* (frg. inc. 16) „*caelī palātum*" und auf *Aug.* Civ. 7,8, p. 284,2 Domb. („*quod ... hiatus noster cum os operimus mundo similis videatur, unde et palatum Graeci οὐρανὸν appellant et nonnulli, inquit (Varro), poetae Latini caelum vocaverunt palatum*") sowie auf russ. *nëbo* und lit. *dangùs*, beides „Himmel" und „Gaumen", verwiesen wird — von als zugehörig erachtetem *palātum*[372] mit dem von *Paul. Fest.* 78,23 f. L als etr. angegebenen „*faladō*" bzw. Zugehörigkeit zu einer präie.-etr. Sippe[373] angenommen.

---

[372] S. etwa Nehring, *o.c.*; Devoto, *Pala*; Pariente, *l.c.*; *WH* s.v. *palātum*; *EM* s.v. *palātum*.

[373] Zugrunde liege präie. ⁺*pala*/etr. *fala* „hoch" (vgl. *Paul. Fest.* l.c.) o.ä. So Bertoldi, *Relitti*, 279; Alessio, *Una voce*, 253, Fn. 5; ders., *Fitonimi*, 186f.; vgl. abweichend Battisti, *Voci mediterranee*, 253 ff., der nach sorgfältiger Sichtung des aus dem iberischen, ligurischen, ostalpinen, sardischen und illyrischen Bereich gesammelten Materials zu dem Schluß kommt, die Nachfolgeformen von ⁺*pala* hätten zumeist mit „Felsen", „Berg", „steil", „kahl", auch „Höhle" und „goldhaltiger Gesteinsklumpen" zu tun; Nehring, *o.c.*, 222, setzt eine Bedeutung „gewölbt, sich wölben, erhaben, emporragen" an; vgl. Vetter, *Etr. Wortdeutungen*, 13, Fn., der etr. *fala* in *falzaθi* CIE 5237 (TLE 359) und *faladō Paul. Fest.* l.c., weil „der Himmel ... natürlich nicht nach der Höhe ..., sondern nach der Wölbung" benannt sei, den Begriff „Wölbung" zugrunde legt, s. weiter unten; Devoto, *Pala*, glaubt, ⁺*pal-*/⁺*fal-* eine Grundbedeutung „forma rotonda o un oggetto di forma imprecisata che ha la funzione di coprire" (*o.c.*, 313) zuschreiben zu müssen; vgl. ders., *Storia*, 42.

Martha, *l.c.*, erachtet etr. ⁺*fal*/⁺*fel*, worauf über etr. ⁺*fal(a)θ* oder ⁺*felθ* etr.-lat. *faladō* zurückgehe, als verwandt mit ungarisch *fäl, föl* „partie supérieure, ce qui est du l'air".

Strnad, *l.c.*, vergleicht unter willkürlichem Ansatz eines lateinischen *f*-Vorschlages zu etr.-lat. *faladō* sem. (s.u.W. *abdōmen*) *'alāyatu* „Höhe".

Deutungen aus dem Ie. finden sich bei Bugge, *l.c.*, der lat.-etr. *faladō* auf etr. ⁺*falanθ* oder ⁺*falnθ* aus ⁺*fal(a)znθ*, welches, so Bugges unannehmbare Hypothese, mit arm. *barjunk*, Gen. *barjanç* „Himmel" verwandt sei, zurückführt; weiters bei Vetter, *Etr. Wortdeutungen*, 13, Fn., welcher *fala* „Wölbung" (s.o.) zu gr. θόλος (für welches Deutungsversuche aus dem Ie. vorliegen; s. Frisk s.v. θόλος) stellt; vgl.ders., *LB Etr., Glotta* 28,223 (s. gegen die Verknüpfung mit θόλος Battisti, *Rassegna*, 433); ferner bei Brandenstein, *l.c.*, der *faladum* sowie φαλός·λευκός und βαλόν·οὐρανόν Hes. von ie. ⁺*thäl-* „Himmel, leuchtend" herleitet.

Als deren Vertreter sind an nicht onomastischem Material vor allem gr. φάλαι·όροι, σκοπιαί[374] *Hes.* bzw. φάλα·ή μικρά κάρα *Hes.*, βαλόν·τὸν οὐρανόν *Hes., hom.* φάλος m. „hornartiger Vorsprung an Helm", φάλαρα n. „metallener Haupt- und Helmschmuck" zu nennen, s. *WH* s.v. *fala;* ferner nach Bertoldi, *Relitti,* 291, 285, gr. φάλαρις „*calamus*"; nach Alessio, *Fitonimi,* 170, πέλλα·λίθος *Hes.* Aus dem Etruskischen werden neben dem für *faladō* aus *Paul. Fest.* l.c. anzusetzenden ⁺*falaθ-*[375] (s. Vetter, *LB Etr., Glotta* 28,223) seit Nehring, *o.c.,* 223, bisweilen auch die Formen *falaś* und *falśti,* beide *CIE* 4538 (*TLE* 570), angeführt; *falaś* dürfte jedoch nach Pfiffig, *Untersuchungen,* 138, und brieflich Partizipialform[376] zu *fal-* „haben" sein[377], *falśti* nach Pfiffig, *l.c.,* und brieflich unter Distanzierung von der *DES,* 288, als möglich erachteten Gleichsetzung mit dem Lokativ *falzaθi CIE* 5237 (*TLE* 359) „im Grabgewölbe"[378] Imperativ[379] des Intensivstammes[380] *fal-ś-* zu *fal-* „haben", also etwa „habeto, ἐχέτω". Möglicherweise sind auch die ligurisch-sardisch-iberischen Ausdrücke ⁺*pala* „Grab?", ⁺*bala* „Fels", ⁺*balma* „Felsgrotte", *balūca, palacurna* (s.u.W. *palacurna*) etc. hierherzustellen; s. Cortsen, *l.c.; WH* s.v. *fala* mit Literatur[381] angenommen.

Die Auffassung einer Zugehörigkeit von *fala, falārica* etc. zu dieser präie.- etr. Sippe wird außer von den *WH* s.v. *fala* angeführen Autoren vertreten von Nehring, *o.c.;* von Bertoldi, *Relitti,* wo p. 282 f. *falārica* auf die etr. Kollektivbildung ⁺*falar* „*calamus sagittarius*", *falere* auf ⁺*faler*[382] „*calamus*" zurückgeführt wird; vgl. ders., *Nomina Tusca,* 298; ders. *Plurale,* 161; von Alessio,

---

[374] So der Text nach der von Hammarström, *Griechisch-etr. Wortgleichungen,* 213 f., vorgenommenen Emendation.

[375] Bugge, *l.c.,* spricht von etr. ⁺*falanθ* oder ⁺*falnθ*, Martha, *l.c.,* schließt auch eine Grundform ⁺*felθ* nicht aus (s. zu beiden S. 293 Fn. 373).

[376] S. *DES* § 127.

[377] Zu weiteren, stark variierenden Deutungsversuchen für „*falaś*" s. Brandenstein, *Der ig. Anteil,* 318, Fn. 1; s. auch Pfiffig, *Untersuchungen,* 138.

[378] Lokativ (s. *DES* § 58) eines Deminutivs (s. *DES* § 165) von nominalem *fal(a);* s. Vetter, *Etr. Wortdeutungen,* 13, Fn.

[379] S. *DES* § 122.

[380] S. *DES* § 132.

[381] Zu den in modernen italienischen Dialekten nachweisbaren Ableitungen zu ⁺*pal-*/⁺*fal-* (vor allem Pflanzennamen) s. Bertoldi, *Relitti,* 280 ff.; Alessio, *Una voce,* 253, Fn. 5; ders., *Fitonimi,* 186 f.; ders., *Vestigia,* 142 ff.; Battisti, *Voci mediterranee,* 253 ff.

[382] Zu diesen unterschiedlichen Formen ⁺*falar* und ⁺*faler* gelangt Bertoldi, weil er sich einmal am Muster *tular, clenar* etc., das andere Mal am Muster von *naper* etc. orientiert. Beides sind etr. Pluralbildungen auf *-r.* Zwar besteht kein Zweifel, daß der dem etr. Pluralsuffix *-r* vorausgehende Vokal variieren kann (s. *DES* § 42.f.), doch ist Pluralbildung auf *-ar* und *-er* bei ein und demselben Wort nicht belegt.

Una voce, 253; vgl. ders., *Fitonimi*, 186 f.; ders., *Un'oasi*, 170; ders., *Vestigia*, 142 ff.; von Devoto, *Pala*; vgl. ders., *Storia*, 42; von Battisti, *Voci*, 253; von Pariente *l.c.*; von *WH* s.vv. *fala* und *palātum*; von *EM* s.vv. *fala* und *palātum*; von *LE* s.v. *faliscae*.

Zus.[383]: Etr. Par.: Abgesehen von den wahrscheinlich zur Verbalwurzel +*fal*- „haben" gehörigen Formen *falśti* und *falaś*, beide *CIE* 4538 (*TLE* 570; s.o.), und von *faluθras TLE* 887 mit unbekannter Bedeutung, sind *falzaθi CIE* 5237 (*TLE* 359; s. oben) und folgende Formen aus dem onomastischen Material, für welche Ableitung von +*fal(a)* „Höhe" oder „Wölbung" nicht auszuschließen ist (bei Personennamen etwa „der Lange" oder „der mit dem Kugelbauch"), zum Vergleich heranzuziehen: *falaθres CIE* 5076 (GN m.), *falasial CIE* 3413 (Gen. zu *falasi*, GN f., Metronym), *falica TLE* 922 (CN), *faltu CIE* 1347 u.ö. (CN), *faltui CIE* 5778 u.ö. (GN f.), *faltusla CIE* 503 (Gen. zu *faltusa*, *sa*-Ableitung zu *faltu*, GN m.; Gamonym: „Frau des Faltu-Sohnes"), *falus CII*, 3 s., 412 (5.Jh.; Gen. zu *falu*, Individualname).

Lat. *palātum* könnte, zieht man den — allerdings späten und regional begrenzten — Lautwandel *p* > *f* in der Nähe von Liquiden und Nasalen (s. *DES* §17) in Betracht, von einer älteren etr. Form auf *pal*- (vgl. EN wie *palazus CIE* 5441 = *TLE* 133 u.ö., GN m.; *pali CIE* 619 > *DEC* 114, CN m. oder Individualname f., s. *DEC*, l.c.; *palni CIE* 4335 > Lattes, *Corr.*, 182, GN m.; die Zugehörigkeit dieser EN zu etr. *fal*- in *falzaθi* ist nicht auszuschließen; im onomastischen Material, dessen Lautbestand im allgemeinen als sehr konservativ zu bezeichnen ist, hätte sich ursprüngliches *p*- länger gehalten) abgeleitet sein; zu bedenken ist allerdings, daß Bezeichnungen für Körperteile nur selten entlehnt werden, s. dazu u.W. *ulna*.

Ant. Aut.: Paul. Fest. 78,23 f. L; s. S. 130 (zu *faladō*; direkt).

īdūs/eidūs (īrūs vlt.*), -uum f.*: „die Monatsmitte, Iden" (*WH* s.v.); *eidūs* seit *Cato*, bis *Aug.*, danach gelegentlich; *īdūs* seit Beginn des 1.Jh. [+]

Lit.: Martha, *La langue étrusque*, 468; Weidner, Βάρβαρος; Sigwart, *Zur etr. Sprache*, 152; Goldmann, *Beiträge*, 55 f.; Oštir, *Drei vorslav.-etr. Vogelnamen*, 55; Vetter, *LB Etr., Glotta* 18,298,307; Olzscha, *Der Name*

---

[383] Zum Ausgang auf -*e* in *falere* (als Hinweis auf etr. Herkunft fraglich) s. Kap. B.1.2.5. Möglicherweise könnte in *falārica* und *falere* etr. Pluralsuffix -*r* vorliegen, s. im Text weiter vorne.

Italia, 264 ff.; Lewy, *IV. Lat. idus*; Carnoy, *Etrusco-latina*, 104; Pallottino, *Il culto*, 76, Fn. 78; *WH* l.c.; Pfiffig, *RET*, 92; *EM* s.v.

Zu den nicht überzeugenden Versuchen einer Herleitung aus dem Ie. s. *WH* l.c., *EM* l.c.[384]

Zumeist wird etr. Herkunft angenommen.

Als Argument dafür werden vor allem die Angaben bei *Varro* L.L.6,28 und *Macr*. Sat. 1,15,14[385] angeführt (s. *WH* l.c. mit Literaturverweisen; *EM* l.c.; Pfiffig, *l.c.*, wo darauf hingewiesen wird, daß „beide Autoren das von ihnen als etruskisch betrachtete Wort mit der Tenuis *t* schreiben, was etruskischer Orthographie entspricht").

Daneben gibt es Versuche von Anknüpfung an etr. Wortmaterial: Nach Martha, *l.c.*, liegt wahrscheinlich etr. ⁺*it-*, angeblich „exprimant l'idée d'addition" und verwandt mit finnisch *jat-ka* „ajouter, continuer, poursuivre, achever", zugrunde, sodaß *īdūs* die Zeit des zunehmenden oder des Vollmondes bezeichnet habe; unannehmbar. Goldmann, *l.c.*, zieht etr. *itna TLE* 2⁶ zum Vergleich heran und sieht darin eine andere Schreibung für *etn-am* „*Idus*-Tag"; s. dagegen Vetter, *ll.cc.*, Pallottino, *l.c.*; nach *DES*, 288 (vgl. Vetter, *ll.cc.*) ist *etnam* Konjunktion, mit „auch, ebenso, wieder, und" zu übersetzen. Oštir, *l.c.*, vergleicht etr. ⁺*evi-*, angeblich „voll", in *evi-tiu-r* (belegt ist die Genetivform *evitiuras CIE* 5273 = *TLE* 359) „Vollmond"; da mit Sicherheit eine Pluralform vorliegt, wäre „Vollmonde" zu übersetzen, welche Deutung jedoch fraglich ist, s. *DES*, 286.

Zus.: Etr. Par.: Die Aussagen von *Varro* und *Macrobius* (s. unter „Ant. Aut."), die von etr. *Itus* bzw. *Itis* sprechen, haben offenbar davon abgehalten, im etr. Wortmaterial nach einem anderen Stamm als *it(u)-*[386] Ausschau zu halten; doch sollte die Form *eidūs* (Belege s.

---

[384] Für ie.-etr. Herkunft spricht sich Carnoy, *l.c.*, aus: Zugrunde liege ie. ⁺*aidh-* „brûler, être clair" (s. dagegen *WH* l.c., *EM* l.c.); im Etr. habe der Übergang von *ai-* zu *ei-* stattgefunden.
Weidner, *l.c.*, führt *īdūs* auf sum. *itu* „Vollmond" zurück; so auch Sigwart, *l.c.*, unter Annahme etr. Vermittlung; vgl. Lewy, *l.c.*.

[385] Die Aussage des *Macrobius* erscheint allerdings in ihrem zweiten Teil („*sunt qui aestiment* ...", s. S. 131) problematisch: Zu *iduli* in „*Idus ab ove iduli dictas*" s.z.B. Olzscha, *l.c.* (*iduli* sei etr. ⁺*itul(i), ital TLE* 2¹⁰ „Rind, Stier"); zu dem nach *Macrobius* etr. Verb *iduāre* s. *WH* l.c. (mit Literaturangaben); *iduāre* sei eine durch *dīvidō* hervorgerufene Erfindung des *Macrobius* zur Erklärung des Namens der Iden, vgl. *EM* l.c.; anders Pfiffig, *l.c.*

[386] *it-, itu-* ist mehrfach belegt, s. *ThLE*, 196; doch sind diese Formen entweder, da wie *ita CIE* 6314 (*TLE* 874), *itan TLE* 39 u.ö., *itanim CIE* 6314 (*TLE* 874), *itas CII* 2504, *itna TLE* 2, *itun CII*, 3 s., 356 (*TLE* 156), *ituna TLE* 2, *itunia CIE* 1136 (*TLE* 506) Ableitungen zur emphatischen Form des Demonstrativpronomens *-ta* darstellend (s. *DES*, 291,305; §96), in semantischer Hinsicht nicht brauchbar oder wie *ital TLE* 2¹⁰ von unbekannter Bedeutung und meist unsicherer Lesung.

TLL s.v. *īdūs*, Sp. 239, Z. 10 ff.) nicht außer acht gelassen und somit auch ein Stamm *eit(u)-*, ev. *eiθ(u)-* in Erwägung gezogen werden.

Außer Betracht zu bleiben haben wahrscheinlich oder sicher die Formen etr. *eiθ* CIE 5388 (*TLE* 91; Lokativ des Demonstrativpronomens *ei*, s. *DES*, 286), *(eiθi)* CIE 301 (*TLE* 739) in script. cont., unvollständiges *eit(..)* CIE 3189 (*TLE* 531; wenn vollständig, dann identisch mit *eΘ*; s. weiter unten), *eita* CIE 5090 (etruskisierter *Hades*, s. *DES*, 287; *DGE 1,55*), *eitviscri* CIE 2627 (*TLE* 685; wohl zu trennen in *eit viscri*: *eit viscri ture* „dieses gab *Viscri*"; zum starken Prät. *ture* s. *DES* §124), unsicheres und in der Bedeutung unbekanntes *eiṭma SE* 40,448, n. 60 u.ö. und *eiṭna* Mazzolai A., *Roselle e il suo territorio*, Grosseto 1960, 140, n. 8.

Geeignet zum Vergleich mit lat. *īdūs* erscheint hingegen etr. *eitva* CIE 5807 (*TLE* 170) mit der Erweiterung *eiṭvapia* CIE 5525 (*TLE* 98).

eitva „immerwährend" (*DES*, 287) ist Adj. III von *eθ*, das außer Pron. dem. (s. *DES*, 286, vgl. o.) auch Adj. I „dauernd?" und Verbum mit unbekannter Bedeutung sein kann (s. *DES*, 286).

Übersetzt man nun *eθ* statt mit „dauernd" mit „wiederholt" oder sieht man darin ein Verb „wiederholen" und interpretiert man entsprechend *eitva* mit „immer wiederholt" oder — vielleicht besser — mit „voll von Wiederholungen" (Verbalsubstantiv *eitu-* + adj. *-va*; zu etr. *-va* s. *DES*, 72 ff.; vgl. Kap. B. 1.2.1.1.2.) oder mit „die Wiederholungen" (*-va* in pluralbildender Funktion; s. *DES* §74), so wäre damit eine plausible Erklärung in zweierlei Hinsicht gefunden: in semantischer Sicht, da es sich um einen sich jeden Monat wiederholenden, in jedem Monat auftretenden Fixpunkt der Zeitrechnung handelt, in morphologischer Hinsicht, da der lat. Plural sich direkt aus der etr. Form herleiten ließe.

Ant. Aut.: *Varro* L.L.6,28 f.; *Macr.* Sat. 1,15,14-17; s. S. 131 (direkt).

radia, -ae f.: „σμῖλαξ τραχεῖα" *Diosk.* 4,142 RV [??]

radius, -ī m.; *radia, -ae f.* (*Gl.* 2, 409,47; 477,39): „,Stab, Speiche, Weberschiffchen, Olive, Strahl der Sonne' usw." (*WH* s.v. *radius*); seit *Plt.* [??]

Lit.: Bertoldi, *Nomina Tusca*, 316 ff.; Pfiffig, *DES*, 299; *WH* l.c. und s.v. *radia*; *EM* s.vv. *⁺radia* und *radius*.

Der Pflanzenname *radia* wird im allgemeinen wegen *Dioskurides* 4,142 RV „σμῖλαξ τραχεῖα· ... Θοῦσκοι ῥαδία" als etruskisch aufgefaßt; so von Bertoldi, *l.c.*, der versucht, dem Zeugnis des *Dioskurides* durch weitere

Argumente größeres Gewicht zu verschaffen (s. weiter unten); von *WH* s.v. *radia* unter Berufung auf Bertoldi, *l.c.*; von *EM* s.v. ⁺*radia* mit Vorbehalt.
Zum Appellativ *radius/-ia* existieren Versuche einer Herleitung aus dem Ie. (s. *WH* s.v. *radius* mit Literatur), doch überzeugen sie nicht; s. *WH* s.v. *radius, EM* s.v. *radius*.
Bertoldi, *l.c.*, isoliert, ausgehend von dem von *Dioskurides l.c.* den Θοῦσκοι zugeschriebenen Pflanzennamen ῥαδία, weiterlebend in tosk. *raža, raga* „cespuglio spinoso", eine med. Wurzel *rat-/rad-/raθ-*, nachweisbar außer in etr. *raθiu TLE* 488[387] in der etr. und etr.-lat. Onomastik (*ratumṣ̄na CIE* 2665, GN m.; *raθumsnal CIE* 1354 u.ö., Gen. zu *raθumsnei*, GN f.; bzw. *Ratumenna, Ratius, Ratinius* etc.) sowie in Onomastik und Toponymie des ägäisch-anatolischen Raumes; der semantische Kern dieser Wurzel könnte „acuto, appuntito" gewesen sein. Dieser semantische Aspekt stimme bestens zur ursprünglichen Bedeutung von lat. *radius*. Beide Ausdrücke, der Pflanzenname *radia* und der Term. techn. *radius*, rezipiert von verschiedenen sozialen Schichten — Bauern und Hirten einerseits, Handwerker andererseits — und von unterschiedlichem Schicksal hinsichtlich ihres Weiterlebens und ihrer späteren Verbreitung (Fortleben des Pflanzennamens *radia* auf tosk. Gebiet beschränkt) dürften auf dem Boden Etruriens entstanden sein. Zur Stellungnahme d. Verf. s. unter „Etr. Par.".

Zus.[388]: Etr. Par.[389]: Belegt ist außer *raθiu TLE* 488 „ordentlich, gewöhnlich" (*DES*, 299; vgl. Fn. 387) und *ratum AM* 10⁴ u.ö. „ordentlich; rite" (*DES*, 300)[389] sowie außer unklarem *raθlθ NRIE* 759 und *rat CII*, 1 s., 23 ein zur Bildung von GN herangezogener Stamm *raθ/t(u)m-* (s. *ThLE*, 298 u. 301).
Ob dieser eine Erweiterung von etr. ⁺*raθ* „Ordnung" (*DES*, 299) darstellt, ist ungewiß. Wenn ja, ist Zusammenhang mit lat. *radius* auszuschließen. Wenn nein, ist der Zusammenhang trotzdem höchst fraglich, da — abgesehen davon, daß wir den semantischen Kern der GN auf *raθ/t(u)m-* nicht kennen — von *raθ/t(u)m-* nicht ohne weiteres auf das Vorhandensein eines Wortkernes ohne *-m*, wie er lat. *radius* zugrunde liegen müßte, geschlossen werden darf.

---

[387] *DES*, 299, ist *raθiu* mit „ordentlich, gewöhnlich" übersetzt (vgl. im Text weiter unten unter „Etr. Par."). *raθiu* wird somit aus dem von Bertoldi aufgebauten Argumentationskomplex zu streichen sein.
[388] Die Präferenz des Etr. für den Vokal *a* (s. Kap. B.1.1.3.1.) stellt natürlich alleine kein maßgebliches Argument zugunsten etr. Herkunft bzw. Vermittlung eines Wortes dar.
[389] Vgl. u.W. *rētae*.

Ant. Aut.: Zum Pflanzennamen *radia* s. *Diosk.* 4,142 RV, s. S. 131, vgl. o. (direkt).

Doch ist darauf hinzuweisen, daß die Zuverlässigkeit der Angaben des *Dioskurides* zu wünschen übrig läßt (s. S. 133) und insbesondere bei Fehlen weiterer auf das Etruskische weisender Kriterien in Frage zu stellen ist.

satelles, *-itis m.:* „Leibwächter, Trabant, Gefolge" (*WH* s.v.); seit *Plt.* [+]

Lit.: Bugge, *Beiträge*, 1 f.; Lindsay, *Early Latin Verse*, 77; Ernout, *EE*, 117; Brandenstein, *Der ig. Anteil*, 310; Alessio, *Suggerimenti*, 104; Devoto, *Storia*, 45; Ernout, *Aspects*, 7; Palmer, *The Latin Language*, 48; Carnoy, *Etrusco-latina*, 108; van Windekens, *L'origine*, 198 f.; Regula, *Lat. Etymologien*, 189; de Simone, *DGE 2*,285, Fn. 233; *WH* l.c.; *EM* s.v.

Die Versuche einer Herleitung aus dem Ie. (s. *WH* l.c.; Brandenstein, *l.c.*, van Windekens, *l.c.*) müssen als verfehlt bezeichnet werden; vgl. *WH* l.c. Im allgemeinen wird etr. Herkunft angenommen[390]. Dazu wird auf etr. *zat( )laθ CIE* 5106 (*TLE* 241)[391] verwiesen (s. Bugge, *l.c.*, Lindsay, *l.c.*, *WH* l.c., *EM* l.c.); ferner darauf, daß die Einführung einer Leibwache von *Liv.* 1,49,2 *Tarquinius Superbus* zugeschrieben wird (s. Ernout, *EE*, 117, Palmer, *l.c.*, Regula, *l.c.*, *WH* l.c., *EM* l.c.), ein Argument, das von de Simone, *l.c.*, zu Recht als nicht zwingend bezeichnet wird; schließlich wird gelegentlich die Zugehörigkeit zur Gruppe der angeblich etr.-lat. Bildungen auf *-es, -itis* ins Treffen geführt (s. Ernout, *ll.cc.*; Palmer, *l.c.*); s. aber Fn. 392.

Zus.[392]: Etr. Par.: Belegt sind im Etr. die Formen *zat( )laθ CIE* 5106 (*TLE* 241; Nomen agentis, „Begleiter"; s. *DES*, 310) und *zatlχne AM* 8[13] (zu +*zatlχna*, Adj. II von *zatlaθ*, „was zum Begleiter gehört, begleitend"; s. *DES*, 310); auch *satlnei NRIE* 117 > *SE* 1,305, n. 60 u.ö. (GN f.) und *śatlnal CIE* 5424 (*TLE* 128; Gen. zu *śatlnei*, GN f., Metronym) sowie unvollständig geschriebenes *satln* Feruglio A.E. in: *Caratteri dell'ellenismo*, 114, n. 2 (wohl Abkürzung aus

---

[390] An ligurische Herkunft denkt wegen *-ell(-o,-a)* in *satell(-es)* Devoto, *l.c.*; vgl. Alessio, *l.c.*

[391] Weniger zutreffend, weil nicht unmittelbar vergleichbar (s. aber im Text weiter unten unter „Etr. Par." und S. 300 Fn. 393), wird auch auf etr. *śatnal CIE* 2721 (Gen. zu *śatnei*, GN f., Metronym; ein weiterer Beleg ist aus *CIE* 5470 = *TLE* 135 ¹... *larθalś·atnalc·clan* ... rekonstruierbar; s. Pfiffig, *Verschreibung*, 204; vgl. *ThLE*, wo die Inschrift außer s.v. *atnal* auch s.v. *śatnal* angeführt ist) verwiesen, s. *WH* l.c.; vgl. Carnoy, *l.c.*, der etr. *śatnal* (sic) auf ie. +*su̯e-dhā-li-* (> *sodālis*) bzw. auf *su̯edhō* „propre" zurückzuführen sucht und weiteres Phantastisches anschließt.

[392] Zum Ausgang auf *-es, -itis* (nicht als Hinweis auf etr. Herkunft zu werten) s. Kap. B.1.2.1.2.6.2.

satlnal, Gen. zu *satlnei*, GN f.; Metronym) dürften hier anzuführen sein.

Für *zatlaθ* als Basis zu lat. *satelles* spricht zunächst seine morphologische Struktur als Nomen agentis auf -*aθ*, s. *DES* § 172.b.: „*zatlaθ* ‚Begleiter' (?) von ⁺*zatil*, Aor. von ⁺*zat*- ‚begleiten' (?)[393]". Ferner wäre — so Prof. Pfiffig brieflich — die Kombination *zat( )laθ:aiθas* CIE 5106 (*TLE* 241) möglicherweise mit „Dienstmann, Gefolgsmann des Hades" zu übersetzen.

Ant. Aut.: *Liv.* 2,12,8; 1,49,2; s. S. 133 (indirekt).

sūbulō, -ōnis[394] *m.:* „Flötenspieler" (*WH* s.v. *1. sūbulō*); seit *Enn.* [+]

Lit.: Schulze, *ZGLE*, 153, Fn. 7; Muller, *Altitalisches Wörterbuch*, 417; Ernout, *EE*, 111,109,83; Dovoto, *Storia*, 78 f.; Bertoldi, *Storia*, 70, Fn. 7; Rix, *DEC*, 190; Pfiffig, *DES* § 14 und § 134; de Simone, *DGE 2*,274 f.; *WH* l.c.; *EM* s.v.

Abgesehen von Muller, *l.c.*, der *sūbulō* als faliskisch betrachtet, und Pfiffig, *o.c.* § 14, wo die Frage nach der Entlehnrichtung — etr. *śuplu* CIE 5082 (*TLE* 224) u.ö. > lat. *sūbulō* oder auch umgekehrt — offenbleibt, wird Entlehnung aus dem Etruskischen vertreten, wozu eine Reihe von Begründungen ins Treffen geführt wird:

Sūbulō werde von den Alten (s. unter „Ant. Aut.") den Etruskern zugeschrieben (s. Ernout, *o.c.*, 83; Bertoldi, *l.c.*, *WH* l.c. mit weiterer Literatur, *EM* l.c.); zugrunde liege lat. *sūbulō* trotz auffallender Länge des ersten -*ū*- (s. Pfiffig, *o.c.* § 14; de Simone, *l.c.*) und trotz Schulze, *l.c.*, etr. *śuplu*[395] CIE 5082 (*TLE* 224) u.ö., GN m., urspr. wohl CN (s. Rix, *l.c.*) bzw. (s. Pfiffig, *ll.cc.*) Verbalnomen-Appellativ (so de Simone, *l.c.*, *WH* l.c. mit Verweisen auf Skutsch, Altheim, Herbig)[396]; das Wort gehöre zur gleichen Sphäre wie etr. *histriō* (s.b.W.; so Ernout, *o.c.*, 111; vgl. Devoto, *l.c.*[397]; Bertoldi, *l.c.*); nach seiner morphologischen Struktur sei *sūbulō* zu den etr.-lat. Bildungen auf -*ō*, -*ōnis* zu stellen (so Ernout, *o.c.*, 109; s. S. 301 Fn. 398).

---

[393] Vgl. dazu *zatna* Feruglio, *o.c.*, 112, n. 8 (GN m.), wohl auch *satna*, *o.c.*, 112, n. 2 u.ö. (GN m.), *satnas*, *o.c.*, 112, n. 1 (Gen. zu *satna*, GN m., Gamonym), *śatnal* (s. S. 299 Fn. 391).

[394] *sūbulō*, -*ōnis m.* „Hirsch mit spitzem Geweih, Spießer" (seit *Plin.*) nach *WH* s.v. *sūbula* Ableitung von *sūbula*, -*ae f.* „Pfrieme, Ahle".

[395] *EM* l.c. vergleicht etr. *supluni*, welche Form jedoch in *ThLE* und *ThLE Suppl.* nicht aufscheint.

[396] Zu Cecis Deutung von *śuplu mastr* CIE 2459 > Vetter, *Die etruskischen Personennamen*, Sp. 83, als „*magister sūbulō*" oder „*magister sūbulōnum*" s. *WH* l.c.; vgl. Schulze, *l.c.*

[397] Zitat s.u.W. *lanius*; vgl. S. 537 f.

Der von *WH* l.c. und *EM* l.c. hervorgehobene Anklang von *sūbulō* an *sībilus* „zischend, das Zischen" (*sībilus* sei, so *WH* s.v. *sībilus*, auf die Schallwurzel ⁺*su̯i-*, die in verschiedenen ie. Sprachen vertreten sei, zurückzuführen) wird von *WH* s.v. *sūbulō* dahingehend zu erklären versucht, daß *sūbulō* über etr. Medium verändertes *sībilus* darstelle. Diese Ansicht, die er mit Hinweis auf den als Zeichen für etruskischen Einfluß zu wertenden Wandel *i* > *u* (s. aber Fn. 398) zu erhärten sucht, teilt auch Bertoldi, *l.c.*

Prinzipiell stellt sich hier die Frage, ob eine lautmalende Wurzel nicht auch in miteinander nicht verwandten Sprachen in sehr ähnlicher Form entstanden sein könnte, mit anderen Worten, ob es nötig bzw. sinnvoll ist, etr. *śuplu* auf lat. *sībilus* zurückzuführen. Verf. steht einer solchen Verknüpfung, wenn sie auch nicht gänzlich auszuschließen ist, nicht zuletzt aus kulturhistorischen Gründen — die Bezeichnung für den Bläser des typisch etruskischen Diaulos (s. unter „Etr. Par.") sollte auf einem aus dem Lateinischen entlehnten Wort basieren? — höchst skeptisch gegenüber.

Zus.[398]: Etr. Par.: Belegt sind neben *śuplu CIE* 5082 (*TLE* 224) u.ö. (GN m.; s. Rix, *l.c.*) und *suplu CIE* 5097 (*TLE* 237; GN oder CN m.), morphologisch Verbalnomina auf *-u* (s. *DES* §134), die davon abgeleiteten Namenformen *śuperlnaś CII* 296 ter b (*TLE* 341; 6./5.Jh.; Gen. zu *śupelna*, GN m.), *śuplini NRIE* 386 (GN f.), *śuplnal CIE* 4614 (Gen. zu *śuplnei*, GN f., Metronym), *śupluniaś CIE* 2812 u.ö. (GN m.), *suplni CIE* 2811 (GN m.) und *suplus* (*śupl̥us TLE* 362 und *suplus SE* 44,220, n. 7, Gen. zu ⁺*suplu*, GN m.).

Während es nicht völlig auszuschließen ist, daß etr. *śup(e)l-* auf lat. *sībil-* zurückzuführen sein könnte, ist Entlehnung von lat. *sūbulō* ins Etruskische als *śuplu* abzulehnen: Aus kulturhistorischen Gründen — s.o.; man denke vor allem auch an die zahlreichen Darstellungen von Diaulos-Bläsern in der etruskischen Kunst seit ältester Zeit und an die von *Strabo* 5,220 übermittelte Nachricht, die Musik, derer sich die Römer im Staatsleben bedienten, sei aus *Tarquinii* übernommen; s. *RET*, 109f. —, zu welchen die Angaben der Alten bestätigend hinzutreten, ist einzig Übernahme von etr. *śuplu* ins Lateinische denkbar.

Ant. Aut.: *Varro L.L.*7,35; *Fest.* 403 L; s. S. 131 (direkt).

---

[398] Zum Ausgang auf *-ō*, im vorliegenden Fall als unterstützendes Argument zugunsten einer Herleitung des Wortes aus dem Etr. heranziehbar, s. im Text weiter unten und Kap. C.4.1.6.

Die von Bertoldi, *l.c.*, vermutete Lautveränderung lat. *-ī-* > etr.-lat. *-ū-* bleibt völlig hypothetisch und ist zudem nicht ohne weiters mit dem in Kap. B.1.1.1.3. besprochenen, unter bestimmten Umständen eventuell auf das Etruskische weisenden Wechsel *-i-/-u-* im Lateinischen gleichzusetzen.

C.1.1.2.1.2.2. *Fehlen spezifischer Aussagen antiker Autoren*

C.1.1.2.1.2.2.1. *Vorhandensein phonetischer Kriterien*
 amulētum, Aprīlis, attanus (atena, atalla, athanuvium, atanulum), caltha, lucumō, mūtō (mūtulus), nēnia, ōpiliō, populus (populor, pūblicus), talassiō, tālea, tōfus

amulētum[399]/*amolētum*[400] (*amolitum*[401] cod. Bob. Char. GLK 1,105,9), -ī n.: „Talisman, Amulett, Abwehrmittel gegen Unheil" (*WH* s.v.); *amulētum Varro, Plin., Gramm.*; *amolētum Hss., Gl.*, „durch volksetymologische Beziehung auf *āmōlīri* ..."[402] (*WH* l.c.) [?]

Lit.: Wünsch, *Amuletum*; *WH* l.c.; *LE* s.v.; *EM* s.v.

Wünsch, *l.c.*, erwägt die Möglichkeit einer Herleitung aus dem Etruskischen: Er vermutet mit Schulze, *ZGLE*, 121 und 345, einen Zusammenhang zwischen etr. *amuni CIE* 4746 und (auf diminuierenden Formen beruhenden) EN wie *Amelius, Amilius, Amulius, Amuleius*; auch *amulētum* könnte möglicherweise hierherzustellen sein.
Sonst sind vor allem Deutungsversuche aus dem Griechischen zu erwähnen: Nach *WH* l.c. „wohl als 'Speise (Brei?) aus Kraftmehl' von *amulum, amylum, -ī* n, ‚Stärke, Kraftmehl'" aus gr. ἄμυλον, mit *-ētum* wie in *morētum* etc. (s. dort auch zu den weiteren, abzulehnenden Erklärungen). Nach *LE* l.c. aus gr. †ἀμύνητός zu ἄμυνα f. „riparo, difesa", ἀμύνω „respingo, tengo lontano, proteggo, difendo" mit Annäherung an *āmōlīri*, was die Dissimilation μ-ν > m-l und die Form *amōlētum/-ītum*[403] erkläre.

Zus.: Etr. Par.: Die Bedeutung der Namenformen *amuni CIE* 4746 (GN m.), *amunaia SE* 34,105 (arch. Gen. zu *amunai*, GN f.) sowie der zugehörigen synkopierten Formen *amni CIE* 584 u.ö. (GN m.) und *amnal CIE* 2554 (Gen. zu *amnei*, GN f., Metronym) ist unbekannt; Zusammenhang mit dem Verbalkern *am-* „sein" ist nicht auszuschließen.
Jedenfalls dürfte den Formen *amuni, amni, amnal, amunaia* ein Verbalnomen auf *-u* (s. *DES* § 134,173) zugrunde liegen. Erweiterung dieses Verbalnomens mit dem Deminutivsuffix *-le* wäre denk-

---

[399] *amuletum TLL* s.v.
[400] *amōlētum LE* s.v. *amulētum*; *amoletum TLL* l.c.
[401] *amōlītum LE* l.c., da, so *LE* l.c., von *āmōlīri* beeinflußt.
[402] So auch *LE* l.c.; *EM* s.v. *amulētum* erwägt daneben Beeinflussung durch *molliō*.
[403] S. Fn. 400 und Fn. 401.

bar. Belegt ist allerdings im etr. Wortmaterial eine Form auf *am-(u)-l-* nicht.

Phon.: Zum Schwanken *u/o* s. Kap. B.1.1.1.1.

Aprīlis, -is m.: „April" (*WH* s.v.); seit *Varro*. [?]

Lit.: Stowasser, *Etymologica*, 146f.; Maresch, *Etymologica*, 77; Benveniste, *Trois étymologies*, 68 ff,; Fiesel, *Zu Benvenistes Deutung*; Cortsen, *Der Monatsname Aprilis*; Pariente, *Aprīlis*; Pisani, *Lat. aprīlis*; *WH* l.c.; de Simone, *DGE 1*,32 s.v. ⁺*Aφru*, 133; ders., *DGE 2*,130, 211 f., Fn. 12; *EM* s.v.

Zu den — nicht überzeugenden — Deutungsversuchen aus dem Ie. s. *WH* l.c. und *EM* l.c.; s. auch Pisani, *o.c.*, der in Fortführung einer älteren Theorie lat. *Aprīlis* wie auch etr. *cabreas Lib. Gloss.*, 173,28 (*TLE* 818) „April", beides zu deuten als Monat, „in dem die Männchen der Wildtiere in die Brunft kommen", unter Annahme eines Anlautwechsels auf ie. ⁺*apr-/kapr-* „männliches Glied", ursprünglich „männliches Tier", zurückführt.

Einen singulären Interpretationsversuch stellt jener Parientes dar, der, *o.c.*, 154 ff., *Aprīlis* über ⁺*apprilis* < ⁺*apparilis* < ⁺*adparīlis* aus *ad Parilia* „zum Fest der *Palēs*" (dem Namen dieser uralten Gottheit, mit *palātum, Palātium, Palātuālis*, etr.-lat. *fala*[404], *falārica*[405] etc. zu verbinden, liege eine vorie. Wurzel zugrunde) herleitet.

Auch das Etruskische wurde zur Deutung herangezogen.

So leitet Maresch, *l.c.*, *Aprīlis* über ⁺*aplīlis* von etr. *aplu* (Belege s. *ThLE*, 63) „*Apollō*" her.

Einzugehen ist jedoch auf die von Stowasser, *l.c.*, erstmals vorgeschlagene, von Benveniste, *l.c.*, aufgegriffene, von Fiesel, *o.c.*, und Cortsen, *o.c.*, durch Beibringung weiterer Beweisgründe unterstützte Hypothese einer Rückführung auf gr. Ἀφρώ, einer Kurzform für Ἀφροδίτη, über etr. Medium. Folgende Argumente wurden zugunsten dieser Herleitung angeführt:

Der Monat werde des öfteren in der antiken Literatur mit *Aphrodite-Venus* in Verbindung gebracht (s. Stowasser, *l.c.*, Cortsen, *o.c.*, 271). Die als Basis des Monatsnamens *Aprīlis* fungierende Gottheit Ἀφροδίτη stimme als uralte prähellenische Todesgottheit, genauer als Seelengottheit, zum Wesen der zur Benennung der umgebenden Monate herangezogenen Gottheiten *Mars* (> *Martius*), *Maia* (> *Maius*), Ἀμφιάραος (> *Amp(h)iles*; s. weiter unten), in denen Leben und Tod in sich vereinigende Vegetationsgottheiten zu sehen seien (Cortsen, *o.c.*, 272, Fn. 1; zum zweifellos vorhandenen chthonischen Aspekt der Ἀφροδίτη — s. bes. Ἀφροδίτη Ἐπιτυμβιδία, Ἀφροδίτη Μελαινίς, Ἀφροδίτη Μορφώ — s. *RE* s.v. *Aphrodite*; als Beweis für die Funktion der

---

[404] S.b.W.   [405] S.u.W. *fala*.

Göttin 'Αφροδίτη als Seelen- und Todesgottheit werden von Cortsen, *o.c.,* 273 f., etr. Formen wie *aφers CIE* 5213 = *TLE* 363 [in *hirumixaφersnaχs*], *afrs CIE* 5237 = *TLE* 359, beides nach Cortsen, *l.c.,* mit „*mānibus*" zu übersetzen, *aprinθu CIE* 4876, nach Cortsen, *l.c.,* etwa „Totenbeschwörer", u.a. angeführt; zu diesen Formen s. ausführlicher u.W. *parentēs;* die von Cortsen, *l.c.,* vorgeschlagenen Bedeutungen sind jedenfalls als höchst unsicher zu werten).

Der erste römische Kalender sei aus etruskischem Milieu hervorgegangen (Benveniste, *o.c.,* 71; die im Anschluß daran geäußerte Ansicht Benvenistes, der dem Monatsnamen *Martius* zugrunde liegende Göttername *Mars* sei etr. *mariś CIE* 480 u.ö. gleichzusetzen, muß allerdings sowohl in sachlicher als auch in sprachlicher Hinsicht entschieden zurückgewiesen werden; s. *RET,* 249; prinzipiell ist festzuhalten, daß bei Detailfragen zum römischen Kalender, im besonderen bei der oft fälschlich auf das Etruskische zurückgeführten diesbezüglichen Nomenklatur, Vorsicht geboten ist, s.z.B. *RET,* 92).

Etr. +*ampile,* +*amφile,* zu erschließen aus der im *Lib. Gloss.,* 166,13, und im *Glossar von Leiden* (s. *TLE* 805) bzw. bei *Papias* angeführten etr. Bezeichnung für den Monat Mai *ampiles* bzw. *amphiles* und als Bildung auf -*l* zur Kurzform ῎Αμφιος (etr. +*amφie*) des Heroennamens 'Αμφιάραος (ursprünglich wohl Name einer chthonischen Gottheit) zu verstehen, verhalte sich zu *ampiles* (*amphiles*) wie +*aprile* zu *Aprīlis* und stelle damit sowie durch die Tatsache, daß es sich um eine etr. *l*-Bildung zu einer griech. Namen-Kurzform handle, eine Stütze für die etruskische Herkunft von *Aprīlis* dar (Fiesel, *o.c.,* 296; Cortsen, *o.c.,* 271 f.; zu de Simones Bedenken gegen Fiesels Überlegungen s. ders., *DGE* 2,211, Fn. 12).

Das Etruskische biete an vergleichbaren Formen *apruntial CIE* 3834 (Benveniste, *o.c.,* 72; Cortsen, *o.c.,* 271; diese Form beruht jedoch auf unzulänglicher Lesung und ist in *capruntial* zu korrigieren; s. auch *ThLE,* 95), *apries CIE* 5488 u.ö., GN m. (Cortsen, *o.c.,* 271); aus der etr.-lat. Onomastik seien die EN *Aprius, Aprinus, Apronius* anzuführen (Benveniste, *o.c.,* 72). Kritisch dazu de Simone, *DGE* 2,130 (s. weiter unten).

Die Angabe bei *Varro* Sat. 1,128 „*Aprilem, ut quidam putant cum aspiratione quasi Aphrilem*" könne auf etr. Herkunft deuten (Cortsen, *o.c.,* 271[405a]; nimmt man nicht direkte Entlehnung aus einer gr. Kurzform für 'Αφροδίτη an, könnte der Wechsel *p/ph* allerdings als — wenn auch nicht eindeutiger — Hinweis auf Herkunft aus dem Etruskischen gesehen werden; s. weiter unten unter „Phon.").

Das *l*-Suffix in *Aprīlis* könne aus dem Etruskischen mit übernommen worden sein (Benveniste, *o.c.,* 72; Fiesel, *o.c.,* 296; s. aber S. 304 Fn. 406).

[405a] Dieses bei Cortsen, *l.c.,* angeführte *Varro*-Zitat ist nicht verifizierbar. Offenbar hatte Cortsen — er hätte sonst wohl kaum wörtlich zitiert — eine konkrete Stelle vor Augen, irrte aber bei der Angabe der Quelle. Verf. möchte daher die Echtheit des wörtlichen Zitates nicht unbedingt von vornherein in Frage stellen, obwohl selbstverständlich Vorsicht angebracht ist.

De Simone, *ll.cc.*, hält, wie bereits oben ersichtlich, diese Herleitung aus gr. 'Αφρώ über etr. Medium für nicht vertretbar. Hier die Begründung seiner Ablehnung (*DGE* 2,130): „Nach dem Vorgang von J. M. Stowasser ... hat E. Benveniste den Nachweis zu erbringen versucht ..., daß der lateinische Monatsname *Aprīlis* aus dem Etruskischen entlehnt ist. Es würde sich um eine Ableitung von ⁺*Aφru* (⁺*Apru*) handeln, das seinerseits eine Entlehnung von griech. 'Αφρώ (Kurzform von 'Αφροδίτη) sein soll ... Es fällt aber äußerst schwer, die weitverbreitete Namensippe von etr. *apr-* (*Aprie, Apurθe, Aprθe, Aprθna, Aprunti*; lat. *Aburius, Apronius*) ... auf griechischen Ursprung zurückzuführen. Wenn auch die Römer den *aprīlis mensis* ausdrücklich mit *Venus* in Zusammenhang bringen ..., so bleibt die Herleitung von *Aprīlis* aus etr. ⁺*Aφru* (= griech. 'Αφρώ) recht zweifelhaft. Der Versuch von E. Fiesel, die These von Benveniste durch die Deutung von *Ampiles* zu erhärten ..., steht ebenfalls auf schwachen Füßen."

Zus.[406]: Etr. Par.: Zu (*afers*), *afrs, aper, apire, apires, apirase, aperucen, apirθe, aprenśaiś, aprinθu, aprinθvale, aprie, apries* mit Belegen s.u.W. *parentēs*. Lat. *Aprīlis* (*Aprī-lis* oder eher unter falscher Abtrennung von *-īlis* in *Quīntīlis, Sextīlis Apr-īlis*[407]) im Sinne von „der zu den Ahnen gehörige" (scil. *mensis*) mit dieser Wortsippe in Zusammenhang zu bringen, erscheint nicht ausgeschlossen.

Ablehnung oder Bestätigung dieser Theorie hängen jedoch von der Klärung der oben angeführten Formen ab, wozu aber — jedenfalls vorderhand — unsere Kenntnisse des Etruskischen nicht ausreichen.

Phon.: Zum eventuellen Schwanken *p/ph* (Aussprache *ph* neben *p* nach *Varro Sat.* 1,128[407a]) s. Kap. B.1.1.2.2.

attanus/*atanus, -ī m.*: „*itaque ex re (aere* Corssen*) in Saliaribus: attanus (adtanus* codd*.) tintinnat, id est sonat*" Nigid. ap. Non. 40, 15; vgl. „ἄττανα τὰ τήγανα, καὶ [ἀττανίτης] πλακοῦς ὁ ἐπ'αὐτῶν σκευαζόμενος" Hes. [?]

atena/*attena, -ae f.*: „εἶδος ποτηρίου ὀστρακίνου (ὀστράκου cod.), ᾧ οἱ πρυτάνεις ἐν ταῖς θυσίαις χρῶνται" Gl. 2,22,25. [?]

atalla, *-ae f.*: „*ad atallam fuerunt*" Act. lud. saec. Aug. 107,132. WH s.v. *attanus* übersetzt „sakrales Gefäß", „vl. sekundäre Bezeichnung einer Örtlichkeit im Juppitertempel"; *atalla* ist als Dem. zu *attanus* (Muster *corōna — corolla*) aufgefaßt. *EM* s.v. *atalla* übersetzt „vase de terre employé dans les sacrifices" und faßt die Form als Deminutiv zu *attena, -ae* auf. [?]

---

[406] Zum *l*-Suffix in *Aprīlis* (nicht als Hinweis auf etr. Herkunft zu werten) s. Kap. B.1.2.1.2.2.
[407] S. Kap. B.1.2.1.2.2.
[407a] S. aber Fn. 405a.

***athanuvium**/ata*ɳ*uvium, -ī n.:* „*poculi fictilis genus quo in sacrificiis utebantur sacerdotes Romani*" *Paul. Fest.* 17,9 L. Nach Niedermann, *Mélanges*, 273, Ableitung zu *at(t)anus* (s.o.). [?]
***atanulum**/athanulum/atanulus/athanulus, -ī m.:* „ἅγιον ἱερέως σκεῦος, κειμήλιον; *genus vasis*" *Gl*. Nach Niedermann, *l.c.* (vgl. ders., *Ghost words*, 127), mit Früheren Verlesung aus *at(h)anuvium*; so auch *EM* l.c. [?]

Lit.: Kretschmer, *Pelasger*; Ernout, *EE*, 92; Cortsen, *LB Etr.*, *Glotta* 23,179f.; Niedermann, *Mélanges*, 272f.; ders., *Ghost words*, 127; Pfister, *Crumina*, 205, Fn. 3; *WH* l.c.; *EM* l.c.

Herkunft der Sippe[408] aus dem Etruskischen (bzw. Vermittlung eines nicht ie. Wortes über etr. Medium) wurde aus mehreren Gründen angenommen:
Zusammenhang mit mehrfach (s. Niedermann, *Mélanges*, 273f.) als „coupe" gedeutetem, doch re vera ungeklärtem etr. *aθene* (richtig *aθenei*) *TLE* 2[12f.] erwägen Niedermann, *Mélanges*, 273f., ihm folgend *EM* l.c., auch *WH* l.c., wo als weiteres Argument der Wechsel *t*/*th* angeführt ist.
Abweichend davon glaubt Ernout, *l.c.*, in *atena* etr.-lat. *-ena* zu erkennen, weshalb die ganze Sippe etruskischer Herkunft verdächtig sei (zustimmend Cortsen, *l.c.*). Von einem Suffix *-ena* oder *-na* zu sprechen, erscheint aber in Rücksicht auf *at(h)an-* in den Formen *attan-us, athan-ulus, athan-uvium* nicht angebracht; s. auch die von Niedermann, *o.c.*, 274, dagegen erhobenen Einsprüche: *atena* sei wohl als ⁺*atĭna* aus ⁺*atanā* (vgl. *patina* < ⁺*patanā* < πατάνᾱ) zu verstehen, weise demnach anders als die von Ernout, *l.c.*, neben *atena* angeführten Wörter wie z.B. *catēna* kurzes *ĕ* auf.
Pfister, l.c., schließlich zieht — Nehrings Überlegungen („*Parerga*", 118f.) zum *l*-Suffix in *vernula* etc. folgend (s. Kap. B.1.2.4. und C.4.1.2.) — die Möglichkeit in Betracht, in *atalla* könne etr. *l*-Suffix vorliegen (s. S. 307 Fn. 409); denkbar wäre allerdings auch ie.-lat. Deminutivbildung (vgl. *LG* §282.B.).

---

[408] Kretschmer, *o.c.*, sucht weiteres griechisches und kleinasiatisches Wortmaterial anzuknüpfen: so den Namen der Göttin Ἀθήνη (Ἀθάνᾱ; möglicherweise sei in der vorgriechischen *Athena* eine Töpfergöttin zu sehen, die sich von der Schützerin des gerade für Athen, aber auch für andere Stadtstaaten Griechenlands bedeutungsvollen Töpferhandwerkes zur Schutzgottheit der menschlichen Kultur allgemein und des gesamten Volkes entwickelte), den kleinasiatischen Stadtnamen Ἀθανασσός (Ἀττανασσός), den attischen Demosnamen Ἀτήνη, Ἀτηνία, das Adjektiv Ἀττικός.

Zus.⁴⁰⁹: Etr. Par.: Verbindung zu *aθenei* TLE 2¹² ᶠ· wäre denkbar, läßt sich aber nicht beweisen, da, wie bereits festgestellt (s.o.), die Bedeutung von *aθenei* unbekannt ist.

Die Namenformen *atana* SE 22, 137, n. 13 u.ö. (GN m.), *atanei* SE 11, 431 (GN f.) werden vermutlich nichts mit *attanus* etc. zu tun haben (⁺*ata* vielleicht, so Prof. Pfiffig brieflich, Lallwort).

Phon.: Zum Schwanken *t/th* (*attanus* etc./*athanuvium*) s. Kap. B.1.1.2.2.

caltha/calta, -ae f.; calthum/caltum, -ī n.: „gelbe Feldringelblume, Calendula officinalis L." (*WH* s.v.); seit *Verg.* [?]

Lit.: Alessio, *Suggerimenti*, 111 f.; ders., *Vestigia*, 114; *WH* l.c.; *EM* s.v.

Während *WH* l.c. das Wort auf nicht belegtes gr. κάλθη, welches eventuell als ⁺*ghḷdhā* zu *helvus* zu stellen sei, zurückführen möchte, *EM* l.c. an Entlehnung aus einer mediterranen Sprache denkt, befürwortet Alessio, *Suggerimenti*, 111 f. (vgl. ders., *Vestigia*, 114), Herkunft aus dem Etruskischen:

Caltha/calta sei ebenso wie die von *Dioskurides* den Etruskern zugeschriebene Form καύταμ⁴¹⁰ vom Namen des etruskischen Sonnengottes *Cauθa* (belegt ist der Gen. *cauθas* CIE 5237 = TLE 359) herzuleiten. Hinsichtlich eines angeblichen Wechsels *u/l* im Etruskischen, wozu als Beispiel *cealχus* AM 11¹² — *cealχls* CIE 5479 (TLE 141) angeführt wird, beruft sich Alessio auf Georgiev, SE 14,261 ff. (s. dazu *DES* § 104). Von einem derartigen Wechsel kann jedoch nicht eigentlich gesprochen werden: *cealχls* — *cealχus* stellt einen Sonderfall dar: „Die Zehnerzahl älterer Art *cialaθ*⁴¹¹ bildet als Dentalstamm einen Genetiv auf *-l*, ⁺*cialaθ-l*, bzw. in der Form mit Aspiratenwechsel und Synkope ⁺*cialaχ-l*, *cialχ-l*. In diesem Stadium tritt für die als Genetiv ungebräuchliche Verbindung *-χl-* der nach *-χ* normale *s*-Genetiv ein: *cialχ-s*, mit *u*-Anaptyxe (aus *-l-*?) *cialχus.*" (*DES* § 104.) Ein Wandel *cauθ-* > *calth-* müßte demnach außerhalb des Etruskischen, etwa als Dialekterscheinung, eine Erklärung finden.

Wollte man in etr. *caθ(a)* TLE 719, der Namensvariante zu *cauθa* auf *-a-*, die Basis für lat. *caltha* sehen, müßte *l*-Anaptyxe in Betracht gezogen werden; da eine solche jedoch aus dem Etruskischen nicht bekannt ist, könnte wieder nur unbekannter (dialektaler?) Einfluß in Betracht gezogen werden.

---

[409] Zum eventuell etr. *l*-Suffix in *atalla* s. Kap. C.4.1.2. Gegen Ernouts Auffassung (*l.c.*), in *atena* liege das etr.-lat. Suffix *-ēna* vor, s. im Text weiter vorne.
[410] Zu dieser Form s. Bertoldi, *Nomina Tusca*, 305 ff.
[411] CIE 5237 (TLE 359).

Zus.: Etr. Par.: Die unter Annahme der Synkope des Vokals der 2. Silbe lautlich vergleichbaren Formen *calati* CIE 52ᵃ⁾ (*TLE* 401ᵃ⁾; CN), *c̨alatual̨* CIE 2189 (Gen. zu *calati*, GN f., Metronym), *caliti* CIE 1930 (GN m.), *calaturnal* SE 1, 117, n. 31 (Gen. zu *calaturnei*, GN f., Metronym) haben, da sie wohl als Ethnika (vgl. *DES* § 201), herzuleiten von den Städtenamen *Calatia* bzw. *Cales*, zu interpretieren sind, fernzubleiben.

Die Heranziehung des Namens des etr. Sonnengottes *caθ TLE* 719, *caθa TLE* 719 (als theophores GN öfter, s. *ThLE*, 88), *cauθa*, belegt im Gen. *cauθas* CIE 5237 (*TLE* 359), läßt, wie schon ausgeführt, das *-l-* in *calt(h)a* ungeklärt.

Phon.: Zum Schwanken *th/t* s. Kap. B.1.1.2.2.

***lucumō/lucomō/lucmō, -ōnis** m.:* „‚‚etruskischer Magnat'[412] (meist Pl., im Lat. in der Regel EN[413] ..." *WH* s.v.; seit *Liv.* [+]

Lit.: Vetter, *Etr. Wortdeutungen*, Glotta 13,145f.; Trombetti, *La lingua*, 172f.; Ernout, *EE*, 109f.; Ribezzo, *Comunicazioni*, 147; ders., *Besprechung D. Olivieri, Dizionario*, 266; Goldmann, *Neue Beiträge*, 22, Fn. 1; Brandenstein, *Der ig. Anteil*, 308; Carnoy, *Etymologies*, 397; ders., *Etrusco-latina*, 105; *WH* l.c.; de Simone, *DGE* 2,200; Pfiffig, *RET*, 46; *EM* s.v.

An der Herkunft dieses Ausdruckes aus dem Etr. bestehen keine Zweifel, s. Vetter, *l.c.*; Trombetti, *l.c.*; Ernout, *l.c.*; Ribezzo, *ll.cc.*; Goldmann, *l.c.*; Brandenstein, *l.c.*; Carnoy, *ll.cc.*; de Simone, *l.c.*; Pfiffig, *l.c.*; *WH* l.c.; *EM* l.c.

Etr. Inschriften bieten umfangreiches vergleichbares Material auf *laχ-, lauχ-, luvc-, luc-*, s. *ThLE*, 219f., 226ff., *ThLE Suppl.*, 35f.

Auch die Herkunft dieses im Etr. gut belegten Wortkernes dürfte trotz *WH* l.c. (mit weiterer Literatur) und de Simone, *l.c.*, feststehen: „Der Lukumonenname selbst ist in der Wurzel italisch, wenn auch *lucumo* von etr. ⁺*lauχumna*[414] abgeleitet ist. Trotz lat. *lŭcumo* stammen beide Wörter von italischem ⁺*louk-* ‚strahlen, leuchten'[415]. Der erste Tarquinier in Rom nannte

---

[412] Zur Funktion der etruskischen Lukumonen s. bes. *RET*, 2 und 46.

[413] S. *Varro* L.L. 5,55; *Liv.* 1,34,1 ff.

[414] ⁺*lauχumna*, *na*-Ableitung (s. *DES* § 67ff.) von ⁺*lauχum-* (zu vergleichbaren Formen s. im Text weiter unten), bedeutet „was zum ⁺*lauχum-* gehört", „*lucumōniālis*". Wohl richtiger wird lat. *lucumō* mit Pfiffig, *o.c.*, 2, auf etr. *lauχme* CIE 262 (*TLE* 440) u.ö. bzw. verwandte Formen (s. im Text weiter unten) zurückgeführt.

[415] Die Auffassung, lat. *lucumō* bzw. dessen etr. Basiswort sei mit ital. ⁺*louk-* bzw. ie. ⁺*leuq-* „leuchten, licht; sehen" in Zusammenhang zu bringen, hat Tradition, war allerdings bisher vorwiegend bei den Vertretern der Theorie vom Etruskischen als einer mit dem Ie. verwandten

sich *Lucius*; *Valerius Maximus* (de praenom. 4[416]) erklärt, man nenne *Lucius* die, 'welche bei Anbruch des Lichtes geboren sind[417], oder nach den etruskischen Lukumonen'." (Pfiffig, *l.c.*)

Auch in Gesprächen und brieflich betonte Prof. *Pfiffig* wiederholt ausdrücklich, daß etr. *laχ-, lauχ-, luvc-, luc-* auf ital. +*louk-* zurückzuführen sei (zum Lautlichen — Wiedergabe des italischen Diphthongs *ou* im Etr. als *au, a, u, uv* (+*ou* > *au* > *u* oder *a*; +*ou* > *uv* > *u*) — s. *DES* § 13.b., vgl. auch Ribezzo, *ll.cc.*). Die Ableitungen *laχumes CIE* 2541 (Gen. zu *laχume*, PN m., Patronymikon), *lucumu CIE* 5617 (wahrscheinlich, so Prof. *Pfiffig* brieflich, CN), *lauχme CIE* 262 (*TLE* 440) u.ö. (PN m.), *l̦auχmes CIE* 4668 (Gen. zu *lauχme*, GN m., Gamonym) seien als *laχ-u-me-s, luc-u-mu, lauχ-me, l̦auχ-me-s* zu verstehen; *-u-* sei entweder Suffix des Verbalnomens (s. *DES* § 134; 173) oder aus Anaptyxe entstanden; *-me* (*-mu*) sei auf ie. *-m(n)o* zurückzuführen, wobei *-mu* vokalharmonisch nach vorausgehendem *-u-* stehe. Die Bedeutung dieser Formen und somit auch des daraus entlehnten lat. Wortes *lucumō* (s. S. 308 Fn. 414) sei demnach mit „der Leuchtende, der Erlauchte" wiederzugeben[418].

Zus.: Etr. Par.: S.o.

Phon.: Zum Schwanken *u/o* s. Kap. B.1.1.1.1.

mūtō *(muttō Lucil., Hor.), -ōnis* m. *(auch mūtōnium/muttōnium/mūtūnium/ mūtūnium Carm. epigr.*[419] *231,2/mūthōnium inschr., -i* n.; *mūtōnius, -i* m. *Gl.)*: „das männliche Glied"[420] (*WH* s.v.2. *mūtō*); *Muttō* auch CN; seit *Lucil.* [?]

mūtulus, -ī m.: „Kragstein, Sparrenkopf"[421] (*WH* s.v. *mūtulus*); seit *CIL* I² 698 *Lex pariet. fac. Puteol.* (105 v.Chr.) und *Varro.* [?]

Lit.: Ernout, *EE*, 106, Fn. 2; Altheim, *Griechische Götter*, 55 ff.; Bertoldi, *Nomina Tusca*, 310 ff.; ders., *L'Iberia prelatina*, 7; Alessio, *Suggerimenti*,

---

oder vom Ie. stark beeinflußten Sprache zu finden: So bei Trombetti, *l.c.*, Goldmann, *l.c.*, Brandenstein, *l.c.*, Carnoy, *ll.cc.* (mit einer aus der Luft gegriffenen Variante semantischer Art); s. aber auch Ribezzo, *ll.cc.*

[416] Richtig: § 5.

[417] Vgl. *Paul. Fest.* 106,21 f. L.

[418] Zur auch aus sachlichen Gründen plausibel erscheinenden Verknüpfung der EN *Lycomēdius Prop.* 4, 2, 49 f. und *Lygmōn Prop.* 4,1,29 mit *lucumō* s. Bonfante-Warren, *Roman Triumphs*, 117.

[419] *Carmina epigraphica* ed. Bücheler, Leipzig 1895-1926.

[420] Vgl. *Mūtūnus Tutūnus* (*Mūtīnus Titīnus*), „in origine nome di quell'arnese a foggia di ‚phallus', su cui per prescrizione religiosa dovevano cimentarsi le spose novelle alla vigilia delle nozze, *‚ut illarum pudicitiam prior deus delibasse videatur'*" (Bertoldi, *Nomina Tusca*, 310).

[421] Auch, wie aus italien. *mucchio* „cespuglio del cisto" zu erschließen ist, Pflanzenbezeichnung, Art Thymian, verwandt oder ident mit μούτουκα *Diosk.* 3,36 RV; s. Bertoldi, *Nomina Tusca*, 311; vgl. Alessio, *Suggerimenti*, 111; ders., *Vestigia*, 132.

111; ders., *Vestigia*, 132; Pfiffig, *DES*, 296; *WH* ll.cc.; *EM* s.vv. *mūtō, -ōnis, mūtulus*.

Zu den nicht überzeugenden Versuchen einer Herleitung aus dem Ie. (etwa Zusammenstellung von *Mūtūnus*[422] mit mir. *moth* „das männliche Glied" oder Heranziehung von ai. *maithunam* „Paarung") s. *WH* s.v. 2. *mūtō* mit Literaturangaben, vgl. *EM* s.v. *mūtō*.

Daneben wurde etr. Herkunft für die ganze Sippe oder für einzelne ihrer Vertreter angenommen; so von Altheim, *l.c.*, für *Mūtīnus Titīnus/Mūtūnus Tutūnus* (der Stamm *mut-* sei im Etr. nachweisbar[423], er habe „eine Beziehung auf den Phallos, ursprünglich also eine appellativische Bedeutung besessen"; sowohl die beiden Ableitungen auf *-īnus* und *-ūnus*, jede für sich genommen, als auch ihr Nebeneinander seien aus dem Etr. zu erklären; dazu ist zu bemerken, daß *-īnus* und *-ūnus* nicht notwendigerweise auf das Etruskischen zurückzuführen sind, s. Kap. B.1.2.1.2.3.2.2. bzw. Kap. C.4.1.5., vgl. *EM* s.v. *mūtō*; auch ist das Nebeneinander von *-īnus* und *-ūnus* nicht als Hinweis auf etr. Herkunft zu werten), vor allem aber von Bertoldi, *Nomina Tusca*, 310ff., für die ganze Sippe:

Die aus etr. Formen wie *mutu CIE* 2134 u.ö., *mutual CIE* 1414, *muθuna CIE* 1005 sowie aus dem Iberischen, dem Baskischen und besonders dem östlichen med. Raum[424] bekannte Basis *mut-* sei außer in etr.-lat. Personennamen wie *Mutellius, Muttenus*, außer im Götternamen *Mūtūnus* und in Ortsnamen wie *Mutena* auch in den Appellativen *mūtō, mūtūnus*[425], *mūtulus* und in der Pflanzenbezeichnung μούτουκα *Diosk.* 3,36 RV anzutreffen; als Grundbedeutung sei „sporgenza", „Vorspringendes, Hervorstehendes", anzusetzen; bezüglich der Struktur fänden sowohl *mūtulus* als auch *mūtūnus* reiche Resonanz in der etr. und etr.-lat. Morphologie (vgl. zur „etruskischen" Morphologie von *mūtulus* auch Ernout, *l.c.*; *EM* s.v. *mūtulus*; auch die Tatsache, daß es sich um einen architektonischen Terminus handle, spreche für Entlehnung aus dem Etr.).

Wiederum — wie auch bei Altheims Theorie zu *Mūtūnus/Mūtīnus* (s.o.) — erscheint gegenüber dem auf der Morphologie basierenden Argument Vor-

---

[422] S. S. 309 Fn. 420.
[423] Neben belegten etr. Formen wie *muteni CIE* 3083 (*TLE* 560) u.ö., GN f., von Altheim, *o.c.*, 57, fälschlich als „*Mūtīnus*" gedeutet, und *mutie CIE* 2482 u.ö., GN m., zitiert Altheim, *l.c.*, auch eine nicht belegte Form *mutuna* (belegt ist *muθuna CIE* 1005, GN m.; vgl. im Text weiter unten).
[424] Vgl. Bertoldi, *L'Iberia prelatina*, 7.
[425] Als Appellativ nach Ausweis des *TLL* nicht belegt.

sicht angebracht: Weder -*ulus* noch -*ūnus* sind eindeutig und unbedingt auf etr. Formen zurückzuführen; s. Kap. C.4.1.2 (vgl. Fn. 427) bzw. Kap. C.4.1.5. Doch auch die Heranziehung der mit dem Wortkern *mut*- (wozu wahrscheinlich als phonetische Variante *muθ*- zu stellen ist) gebildeten etr. Formen erweist sich aus semantischen Gründen als nicht unproblematisch. Sie seien hier zunächst zusammengestellt:

Neben den dem onomastischen Bereich zuzuordnenden Formen *mutu CIE* 2134 u.ö. (GN m.; morphologisch Verbalnomen auf -*u*, s. *DES* § 173, § 134), *mutual CIE* 1414 (Gen. zu *mutui*, GN f.), *mutui CIE* 5132 (GN f.), *mutus CIE* 5037 (6.Jh.) u.ö. (CN m., s. *DEC* 172), *mutusa CIE* 2133 u.ö. (*sa*-Ableitung zu *mutu*, GN m., Gamonym), *muteni CIE* 3083 (*TLE* 560) u.ö. (GN f.), *mutie CIE* 2482 u.ö. (GN m.), *muθuna CIE* 1005 (GN m.), *muθuras CIE* 493 (Gen. zu *muθura*, GN m., Gamonym) findet sich auch die Form *mutin AM* 3[14], Mediopassivum von *mut*- (s. *DES*, 296).[426]

Die Bedeutung des Verbalkernes *mut*- (*muθ*-?) liegt nach Pfiffig, *l.c.*, im Bereich von „bringen o.ä.". Der von Bertoldi, *l.c.*, für *mut*- angesetzte semantische Wert „sporgenza" ließe, sieht man von der immerhin in Betracht zu ziehenden Möglichkeit ab, es habe im Etr. zwei homonyme Wortkerne *mut*- mit unterschiedlicher Bedeutung gegeben, für den Verbalkern *mut*- eine Bedeutung „hochheben, emporhalten o.ä." vermuten. Der Kontext, in welchem die Verbalformen *mutin AM* 3[14] und *mutince AM* 4[5;18] aufscheinen, spricht nach Ansicht der Verf. nicht unbedingt dagegen, ist allerdings nicht bis ins letzte geklärt. Somit ist die Frage, ob der Wortkern von lat. *mūtō*, *Mūtūnus*, *mūtulus* aus dem Etr. herzuleiten sein könnte, bis auf weiteres in eindeutiger Weise nicht zu beantworten.

Zus.[427]: Etr. Par.: Zu lautlich vergleichbaren etr. Formen s.o.

    Phon.: Zum Schwanken *ō*/*ū* in *mūtōnium*/*mūtūnium* s. Kap. B.1.1.1.1.; doch ist es möglicherweise auf Kontamination mit *Mūtūnus* zurückzuführen.

    Zum Schwanken *t*/*th* in *mūtōnium*/*mūthōnium* s. Kap. B.1.1.2.2.; *mūthōnium* ist allerdings nur inschriftlich belegt.

***nēnia*/*naenia*, -ae f.**: „‚Leichenlied' (*PF* 160 ..., *Quint*. inst. 8,2,8, *Non*. 145); ‚Trauerlied; Zauberformel; Schlaf-, Wiegenlied, Geleier; Possen, dummes

---

[426] *Mutaṇa CIE* 5435 (*TLE* 115) u.ö. /*mutna CIE* 5703 (*TLE* 179) u.ö. „Sarkophag" (*DES*, 296) wird fernzuhalten sein.

[427] Zum Ausgang auf -*ō* in *mūt(t)ō*, im vorliegenden Fall eventuell als unterstützendes Argument zugunsten einer Herleitung dieser Form bzw. der Sippe aus dem Etr. heranziehbar, s. im Text weiter oben und Kap. C.4.1.6.

Zum eventuell etc. *l*-Suffix in *mūtulus* s. Kap. C.4.1.2.

Zeug; Schwanzstück, Eingeweide' (*Arnob., Not. Tir., PF* a.O. ...); personif.
Nēnia ‚Klagegöttin'" (*WH* s.v.); seit *Plt.* [+]

Lit.: Muller, *Zur Geschichte*, 264; Vetter, *Die etr. Personennamen*, Sp. 101 f.;
WH l.c.; Pfiffig, *Zum Jahr der Frau*, 15; *EM* s.v.

Neben Mullers (*l.c.*) nicht weiter ausgeführter Auffassung, die *nēniae* seien wahrscheinlich durch Vermittlung der Etrusker aus dem Osten gekommen, neben der vorsichtig-zurückhaltenden Stellungnahme bei *EM* l.c., daß vielleicht eine reduplizierte Form, jedenfalls aber ein expressives Wort vorliege und daß Entlehnung (eventuell aus gr. ⁺νηνία, s. weiter unten) nicht ausgeschlossen sei, und neben der bereits von *Cic. Leg.* 2,24,62 angegebenen, von *WH* l.c. befürworteten, von *EM* l.c. nicht ausgeschlossenen Herleitung aus zwar nicht belegtem, aber mit gr. νηνίατον „eine phrygische Melodie zur Flöte" (*WH* l.c.), νινήατος·...Φρύγ(ε)ιον μέλος *Hes.* verglichenem gr. ⁺νηνία steht die Annahme einer Entlehnung aus dem Etruskischen, wie sie Vetter, *l.c.*, (vgl. Pfiffig, *l.c.*) anläßlich der Besprechung von etr. *nene* in der Perusiner Inschrift *CIE* 4343 *lartia·vetus·nene*[428] vertreten hat: „Die Bedeutung von *nene* läßt sich mit Sicherheit erschließen und ist eine willkommene Bereicherung unseres recht dünnen etruskischen Wörterbuchs. Freilich weiß man in *Perusia* nie genau, ob nicht ein Lehnwort aus dem Umbrischen vorliegt. Jedenfalls haben wir den Stamm von *nene* in latein. *nenia*; Horazens ‚*puerorum nenia*' (epist. I 1,63) weist auf die Grundbedeutung ‚nursery-rhyme' (die Anwendung als Bezeichnung des Geleiers der Klageweiber ist übertragen) und das Wort ist abgeleitet von dem Lallwort *nene* ‚Amme'[429]."

Zus.: Etr. Par.: Belegt ist, wie eben dargelegt, *nene CIE* 4343. Da wir in der glücklichen Lage sind, die Bedeutung dieses Wortes zu kennen, wird Zusammenhang mit lat. *nēnia* als gesichert zu betrachten sein. Die urspr. Bedeutung von lat. *nēnia* müßte demnach „Schlaf-, Wiegenlied", nicht „Leichenlied" gewesen sein (s.o.).
Phon.: Zum Schwanken *e/ae* s. Kap. B.1.1.1.4.

ōpiliō/ūpiliō, -ōnis m.: „Schafhirt; ein Vogel" (*WH* s.v.); seit *Plt.* und *Cato*.
[?]

Lit.: Ernout, *EE*, 112 mit Fn. 2; *WH* l.c.; *LG* § 142.c. Zus. β., § 323.A.5.; *EM* s.v.

---

[428] „*Lartia*, des *Vetu* Amme" (Pfiffig, *l.c.*).

[429] Prof. *Pfiffig* macht Verf. darauf aufmerksam, daß ein Lallwort ähnlich etr. *nene* auch im Türkischen (*nene* „Tante") und im Ungarischen (*néni* „Tante, Muhme" bzw. familiär-vertrauliche Bezeichnung für eine weibliche Person) existieren.

Im allgemeinen wird Herleitung aus dem Ie. nicht in Frage gestellt[430], im besonderen das Vorderglied wird als ohne Zweifel zu *ovis* gehörig identifiziert (s. *WH* l.c., *EM* l.c., *LG* § 142.c. Zus. β.); *ū*- sei stadtrömisch, *ō*- dialektal (Lit. s. *WH* l.c., *LG* § 142.c. Zus. β.); der zweite Wortbestandteil wird entweder als zu ie. ⁺*pel*- „treiben" (*WH* l.c.) oder als unklar (*EM* l.c.; *LG* § 323.A.5.) betrachtet, eventuell zu gr. οἰο-πόλος „Schafe weidend" (*EM* l.c., *LG* § 142.c. Zus. β.) gestellt.

Die beiden Schwachpunkte dieser gängigen Etymologie liegen auf der Hand: das Schwanken *ō/ū* und die Herkunft des als zweiter Wortbestandteil interpretierten -*piliō*. Sich im etruskischen Wortmaterial nach eventuellen Parallelen umzusehen (s. im folgenden unter „Etr. Par."), erscheint daher gerechtfertigt.

Zus.[431]: Etr. Par.: Belegt sind die Namenformen *uple SE* 40,411, n. 16 (GN m.), *uples CIE* 5760 (*TLE* 193; Gen. zu *uple*, GN m.), *uplu SE* 33,493, n. 46 (CN m.; oder Abkürzung von *uplus,* Gen. zu *uplu,* Gamonym; oder Nom. GN m.[432]), *ufleś*[433] *CIE* 4492 (GN m.), alle mit unbekanntem semantischem Wert. An nicht onomasti-

---

[430] Ernout, *l.c.*, schließt etruskischen Einfluß auf die Kategorie der Substantiva auf -*iō* und somit auch auf *ōpiliō* nicht aus. S. dazu Fn. 431.

[431] Zum Ausgang auf -*iō*, im vorliegenden Fall eventuell als unterstützendes Argument zugunsten einer Herleitung des Wortes aus dem Etr. heranziehbar, s. Kap. C.4.1.7.; vgl. auch im Text weiter unten.

[432] Die aus Tarquinia stammende Inschrift lautet *titei·uplu*.

titei könnte GN eines aus Perugia stammenden Mannes sein (vgl. aus Perugia die m. GN-Formen *avei, anei, atei, cacei* etc., s. Rix, *DEC,* 112,262; allerdings ist, worauf Rix, *o.c.*, 262, Fn. 35, hinweist, aus Perugia selbst nur *tite* belegt; vgl. eventuell *CIE* 277, Senese: ¹*lθ:titei:le* ²*cnesa*, sofern es sich bei *lθ* um Abkürzung des männlichen PN *larθ*, nicht des weiblichen *larθi[a]* handelt).

Oder *titei* wäre GN f. (s. dazu Rix, *o.c.*, 214 u. 225 f.) und *uplu* Abkürzung von *uplus*; s. dazu Rix, *o.c.*, 112: „Da im Etruskischen bei Gentile und Cognomen im allgemeinen Maskulinum und Femininum durch verschiedene Ausgänge unterschieden werden, ist es unmöglich, daß in einem Männernamen ein ‚Cognomen' mit deutlich femininem Ausgang oder in Frauennamen ein ‚Cognomen' mit deutlich maskulinem Ausgang enthalten ist. Scheint dies dennoch einmal aus der überlieferten Gestalt einer Inschrift hervorzugehen, so ergeben sich zwei Möglichkeiten der Erklärung: Entweder sind auf der Inschrift zwei verschiedene Personen, Mann und Frau (gewöhnlich wohl ein Ehepaar) genannt, oder das scheinbare ‚Cognomen' ist vielmehr ein abgekürztes indirektes Namenglied, gewöhnlich Metronymikum oder Gattenbezeichnung."

Aus dem eben Zitierten läßt sich zu den oben angeführten noch eine dritte eventuell mögliche Funktion von *uplu* erschließen: GN m. neben dem f. GN *titei,* also *titei* und *uplu* auf zwei verschiedene Personen zu beziehen.

Jedenfalls ist *uplu* entweder CN m. oder GN m.

[433] Zu der in der Umgebung von Liquiden und Nasalen möglichen Entwicklung $p > f$ s. *DES* § 17.

schem Material ist *ufli AM* 11[10] mit ebenfalls unbekannter Bedeutung anzuführen.

Zusammenhang von *upl-, ufl-* mit lat. *ōpiliō* ist denkbar, wenn auch die etr. Formen bis auf *uplu* (zum Verbalnomensuffix *-u* s. *DES* § 173, § 134) keine für Berufsbezeichnungen bzw. Nomina agentis typischen Endungen zeigen; doch auch dt. „Hirte" fehlt, im Gegensatz etwa zu „Schäfer", der morphologische Hinweis auf eine bestimmte Substantivkategorie.

Phon.: Zum Schwanken *o/u* s. Kap. B.1.1.1.1.

***populus**, -ī m.* (*popolum CIL* I²582,14 [Lex. Bant.]; *poplo CIL* I²40; *poplus, poplom CIL* I²614; I²25 [Colum. Rostr.]; vgl. *pilumnoe poploe Carm. Sal.*): „‚Volk (staatlich); Menge'; Pl. ‚Leute'" (*WH* s.v.); seit *Carm. Sal., XII tab., Naev.* [?]

populor (altlat. auch *-ō*), *-ātus sum, -ārī*: „verheere, verwüste, plündere, beraube" (*WH* s.v. *populor*; seit *Naev.* und *Enn.* [?]

pūblicus /*pŏplicus, -a, -um* (*poublicom CIL* I²402 u. 403; *poplicod CIL* I²581, *poplice CIL* I²582,3 [Lex Bant.]; *puplicis CIL* I²583,15 [Lex repetund.]): „öffentlich" (*WH* s.v. *pŏplicus*); seit *Plt.* [?]

Lit.: Thurneysen, *Lateinisches*, 490 f.; Niedermann, *Besprechung Sommer*, 403; Zimmermann, *Über die röm. bzw. italienischen Personennamen*; Nöldeke, *Randbemerkungen II*,279; Pantzerhjelm-Skutsch, *Zu populus*; Kretschmer, *Sprache*, 113; Meillet, *Esquisse*, 173; Ribezzo, *Per la cittadinanza*, 93; Devoto, *Rapporti onomastici*, 264 ff.; Ernout, *EE*, 88, 106, Fn. 2; Terracini, *Su alcune congruenze*, 238, Fn. 1; Devoto, *Nomi di divinità*, 254; Cortsen, *LB Etr., Glotta* 23,117; Alessio, *Una voce*, 256; Devoto, *Storia*, 53,78; Cousin, *Etymologies*, 66 ff.; Benveniste, *Pubes*; Carnoy, *Etrusco-latina*, 107; Leumann, *LB Lat. Laut-u. Formenlehre, Glotta* 42, 116; de Simone, *DGE* 2,274; *WH* s.vv. *populus, populor, pŏplicus*; Pfiffig, *RET*, 289; *LG* § 130.II.B.1.; *EM* s.vv. *populus, populor, 1° pūbēs*; Prosdocimi, *Studi*, 195 f.; De Simone, *Gli Etruschi*, 99 ff.; Steinbauer, *Besprechung Colonna*, 219 ff.

Die zahlreichen Deutungen zu *populus* aus dem Ie. — s. ausführlicher *WH* s.vv. *populus* und *populor*; s. dazu noch Meillet, *l.c.* (*populus* stamme aus dem Italischen; die Art der Reduplikation stelle im Ie. eine Ausnahme dar[434] und sei zweifellos volkstümlich), Ribezzo, *l.c.* (zu *pel-* „spingere, adunare" mit „reduplicazione moltiplicativa", um den Begriff der Menge auszudrücken),

---

[434] S. dazu auch Devoto, *Rapporti onomastici*, 266; ders., *Nomi di divinità*, 254. Zu Devotos Deutung von *populus* s. im Text weiter unten.

Cousin, *l.c.* (aus *+kʷekʷl-os*, reduplizierte Form von *+kʷel-* „circuler autour, tourner", woraus u.a. lat. *colō* „habiter, cultiver"; *populus* also „un groupe de gens qui habitent un lieu déterminé, un cercle de personnes") — sind als unsicher und nicht überzeugend zu bewerten; s. *WH* s.v. *populus*; *EM* s.v. *populus*.

Daneben steht die Theorie einer Herkunft aus dem Etruskischen[435], gestützt vor allem[436] auf die Verknüpfung von lat. *populus* etc. mit etruskischem onomastischem Material:

Verglichen wurden etr. Personennamen wie *pupli CIE* 4831 u.ö., *puplina CIE* 4694 u.ö. (Devoto, *Rapporti onomastici*, 264f.; zu dem von Devoto später [„*Nomi di divinità*", 259] angestellten Versuch, diese EN der med. Wurzel *+pupl-* zuzuordnen, s. weiter unten), *puplie* aus dem 6.Jh., belegt im Gen. *puplies SE* 30,144 (de Simone, *Gli Etruschi*, 99)[437], insbesondere aber der Stadtnamen *pupluna TLE* 357 u.ö. (Kretschmer, *l.c.*, de Simone, *Gli Etruschi*, 100)[438], welcher mit dem etruskischen Götternamen *fufluns TLE* 719ᵇ⁾ u.ö.[439] in Zusammenhang gebracht wurde, so im besonderen von Devoto, *Nomi di divinità*.

In der genannten Arbeit versucht Devoto, etr. *fufluns*, etr. *pupluna* und zahlreiche weitere, vor allem kleinasiatisch-griechische und italische Toponyme, gr. βύβλινος (οἶνος)[440], lat. *populus* und *pūblicus* sowie eine Reihe

---

[435] Zu Devotos sozio-linguistischer Einordnung von *populus* innerhalb des Komplexes der etruskischen Lehnwörter im Lateinischen s. *Storia*, 78: *populus* (wie auch *pār*, *spurius*, *flexuntes*; s.bb.WW.) gehöre zu den „elementi lessicali legati in particolar modo all'organizzazione dello Stato in classi", „introdotti da una classe dominante che organizza lo Stato secondo criteri nuovi introdotti dal di fuori contro i vecchi ordinamenti"; *populus* „dovveva rappresentare un tempo la ,gente' organizzata in un embrione di ,Stato'." S. dazu auch S. 537f.

[436] Wenig beweiskräftig erscheinen die formalen Anklänge an *mūtulus* (s.u.W. *mūtō*), *titulus* (s.b.W.), *tutulus* (s.b.W.) (s. Ernout, *o.c.*, 106, Fn. 2) oder die von Liv. 4,23,5 u.ö. gewählte Formulierung „duodecim Etruriae populi" (s. Ernout, *l.c.*, der auch auf Serv. auct. Aen. 12,172 — „post XII populos in Etruria constitutos" — verweist; s. auch *EM* s.v. *populus*).

[437] Auch Ernout, *o.c.*, 88, spricht von einem Vergleich mit etr. EN, erwähnt aber, *o.c.*, 106, Fn. 2, bloß eine Form etr. *puplu CIE* 501, die nicht nur als verstümmelt, sondern überhaupt als unsicher gelten muß.

[438] Alessio, *l.c.*, betrachtet *pupluna* wie auch *fufluns* (s. im Text weiter unten) als reduplizierte Formen (vgl. S. 12 Fn. 1; vgl. Terracini, *l.c.*).

Deroy, *l.c.*, leitet neben etr. *pupluna* und lat. *populus* eine Reihe anderer Wörter von einem etr. Stamm *+puplu-* „avoir un mouvement continu, être agité" her (vgl. u.W. *plaustrum*), weshalb die Grundbedeutung von *populus* mit „la foule qui, sans arrêt, circule et s'agite en tout sens" anzusetzen sei. Unhaltbar.

[439] Möglicherweise unter Einfluß der Vokalharmonie aus *+fuflans* entstanden und somit einen für etr. Götternamen typischen Ausgang auf *-an-s* (Suffix der durativen Partizipia + substantivierendes Nominativ *-s*; s. *DES* § 123) aufweisend.

[440] S. dazu im Text weiter unten.

etruskischer und italischer EN auf *Pupl-* über eine med. Wurzel +*pupl-* „crescere"[441] (*o.c.*, 260) zu verbinden (vgl. ders., *Storia*, 53; beistimmend neben anderen [s. *WH* s.v. *populus*] auch *EM* s.v. *populus*, de Simone, *DGE* 2,274). Der ursprüngliche semantische Wert von lat. *populus* sei „quello della gente concepita non solo come organismo naturale, ma come organismo sociale e militare, come nucleo dello stato, diverso da esso più per quantità che per qualità" (*o.c.*, 256). Die zahlreichen auf *pupl-* zurückgehenden EN ließen sich hier anschließen: „*Puplie* è quello che appartiene alla ,gente' ..." (*O.c.*, 259.) *Fufluns* sei zu deuten als „creatore, eccitatore" (*o.c.*, 260). Hinsichtlich des Zusammenhanges mit *pupluna* bemerkt Devoto, es sei nicht angängig, „di legare *fufluns* con *pupluna* in un rapporto di successione ... La forma *pupluna* rappresenta invece una formazione primaria, un ampliamento che parte da *puplu-* e quindi da una forma che può essere imparentata con *Fufluns*, ma è anteriore, più semplice, insomma diversa da *Fufluns*." (*O.c.*, 248 f.)

De Simone, *Gli Etruschi*, 99 ff. (s. dagegen aber Prosdocimi, *l.c.*; Steinbauer, *l.c.*), setzt für lat. *pop(u)lus* (wie für etr. *puplie*, etr.-lat. *Poplios, Pūblius*, etr. *fufluns* und *pupluna*) ein etr. Appellativ +*puple* "*stirps*" an; im Lateinischen habe das entlehnte Wort wie auch umbr. *poplo-* mit Sicherheit ursprünglich „waffenfähige Jugend" bedeutet.

Gegen eine Zusammenstellung von *pupluna* und *fufluns* spricht sich Cortsen, *l.c.*, aus. Eine ausführliche kritische Stellungnahme findet sich bei Pfiffig, *l.c.*: „Es wird kaum bezweifelt, daß zwischen dem Namen des Gottes und dem der Stadt *pupluna/Populonia* ein Zusammenhang besteht; doch ist dazu einiges zu bemerken. Jede eindeutige Nennung des Gottes hat den Stamm *fufl-*; die Aufschrift auf den Münzen von *Populonia* hat stets den Namen mit dem Stamm *pupl-*. Nur die Dreistädteprägung mit χα *fufluna vetalu* (*TLE*[2] 379) bzw. χα *vetalu fufluna* (*TLE*[2] 794) gibt den Namen von *Populonia* mit dem Stamm *fufl-* an. Bei der Annahme, *Fufluns* sei der eponyme Stadtgott von *Populonia*, ist es merkwürdig, daß die Gepräge dieser Stadt, Silber- und Kupfermünzen, den Oktopus, das Gorgoneion, den Kopf der *Athene*, des *Sethlans-Hephaistos*, des *Herakles*, des *Hermes*, des *Zeus* (?) zeigen, nicht aber den des *Fufluns/Dionysos*. Auf dem Revers dieser Münzen finden sich verschiedene korrespondierende Attribute ..., nie aber solche, die auf *Fufluns/*

---

[441] Die von manchen Toponymen geforderte Bedeutung von +*pupl-*, „poggio, altura" (vgl. Alessio, *Fitonimi*, 216, Fn. 306), sei zu erklären aus einem Übergang „da ,crescita' ad ,altura'" (Devoto, *Nomi di divinità*, 260). Eine exakte Parallele zu der Bedeutungsentwicklung bzw. -nuancierung der med. Wurzel +*pupl-* („crescere", „popolo", „dio della crescita", „altura") meint Devoto, *o.c.*, 259 f., in derjenigen der ie. Wurzel +*leudh-* gefunden zu haben. Zu ie. Deutungen für *fufluns* s. Pfiffig, *l.c.* Vgl. auch Carnoy, *l.c.*, der *fufluns* über etr. *fuf-* „gonfler" auf ie. *phu-*, „racine mimétique", zurückzuführen sucht.

Dionysos hinwiesen. — Grotefend (*Ann. Inst.*7,275) brachte den Namen des Gottes mit dem *biblinos oinos* (*Hesiod*, Erga 589) oder *býblinos oinos* (*Athen. I*,29B) in Verbindung, was dann Schulze (*ZGLE.* 589; Nachtr. zu 216) übernommen hat. Es handelt sich um Wein von der Insel Naxos, von einem der bedeutendsten Kultorte des *Dionysos*, wo es übrigens auch ein sehr altes Heiligtum des *Hephaistos* gab. Altheim (*Gr. Götter im alten Rom*, 200 ff., *Terra mater*,29) meint, daß beide Kulte — der des *Dionysos* und jener des *Hephaistos* — um 700 v. Chr. aus Naxos übernommen worden seien; ja er rechnet mit der Möglichkeit, 'daß die Etrusker selbst jenen Kult bei der Wanderung nach dem Westen aus ihrer Heimat mitgebracht haben.' Devoto (*Nomi di divinità etrusche* I,250 ff.) hat dem Namen des Gottes und der Stadt eine eigene Untersuchung gewidmet (S. oben im Text; Anm.d.Verf.). Nach ihm gebe die weitverbreitete Wurzel ⁺*pub-*/*bub-* dem Gott die Bedeutung ‚Schöpfer, Erreger'. Bei allen diesen Etymologien bleibt ungeklärt, wieso die beiden Stämme *pupl-* und *fufl-* so gleichzeitig nebeneinander bestehen konnten. Es mag sein, daß die angenommene Identität der beiden Stämme mitsamt dem hinzugezogenen Wein von Naxos eine linguistische Fata Morgana ist, und daß die wenigen Münzen mit *fufluna* eine erste Spur der Kontamination der beiden ursprünglich von einander unabhängigen Namen sind."

Das Verb *populārī/-e* wird mit Ausnahme von *EM* s.v. *populor*, wo die Etymologie als unsicher bezeichnet wird, mit *populus* verbunden, bedarf demnach keiner eigenen Herleitung.

Die Interpretation von *populārī/-e* als „mit einer Heeresmasse überziehen" vertreten u.a. Pantzerhjelm in Pantzerhjelm-Skutsch, *o.c.*, 196ff., Devoto, *Rapporti*, 266, *WH* s.v. *populor* (mit Lit.); vgl. de Simone, *Gli Etruschi*, 100 (mit früherer Lit.), der als Grundbedeutung „agire come una armata" (> „*devastāre*") angibt.

Gegen eine solche für lat. *populus* die Bedeutung „Heer" o.ä. voraussetzende Auffassung äußert sich Skutsch in Pantzerhjelm-Skutsch, *o.c.*, 202 f., der, von einer Grundbedeutung „Volk" ausgehend, *(dē)populārī* als "entvölkern" interpretiert; vgl. Nöldeke, *l.c.*; zweifelnd *EM* s.v. *populor*. Die Bedeutung „Volk" für *populus* erlaube allerdings, wie Prof. Pfiffig Verf. aufmerksam macht, für *populārī* auch eine Auslegung „zum Volkseigentum machen".

Unterschiedlich sind die Auffassungen hinsichtlich der Interpretation des Adjektivs *pūblicus*:

Neben der Hypothese einer Kontamination von *pŏplicus* (zu *pop[u]lus*) und ⁺*pūbicus* (zu *pūbēs* mit unklarer, aber möglicherweise ie. Etymologie; s. ausführlich *WH* s.v. *pūbēs*, vgl. *EM* s.v. 2° *pūbēs*) — so, abgesehen von den *WH* s.v. *pŏplicus* erwähnten Autoren, Thurneysen, *l.c.*; Niedermann, *l.c.*; auch *LG* l.c.; Cousin, *o.c.*, 68 f.; Prosdocimi, *o.c.*, 196 (*pūbēs* als Teil des *populus* ermögliche die Vermischung der Adjektiva); Benveniste, *o.c.* (zur Erklärung der Kontamination von *poplicus* und ⁺*pūbicus* in *pūblicus* werden griechische staatsrechtliche Termini herangezogen: ἡβηδόν „en classe d'adultes", somit „responsable de la conduite des affaires publiques"[442], entspreche ⁺*pūblice* ["nous devons vraisemblablement tenir *pubes* au sens social comme un calque de ἡβή"[443]], πανδημεί „tout le peuple ensemble"[444] entspreche *pŏplice*; möglicherweise habe die Vermischung über das Adverb stattgefunden); *EM* s.v. 1° *pūbēs* mit Reserve, vgl. aber ders., s.v. *pūblicus* mit Verweis auf Benveniste, *o.c.*; gegen diese Hypothese spricht sich Zimmermann, *l.c.*, aus; Leumann, *l.c.*, stellt für *pūblicus* Erklärung aus ⁺*pūb(e)ricus* (zum Adj.-Subst.Pl.*pūber-ēs*) nach *pŏplicus* zur Diskussion — steht jene einer Herleitung aus dem Etruskischen, und zwar auf direktem Weg, parallel zu *populus* (der Unterschied im Vokalismus zwischen *pop(u)lus* und *pūblicus*, welcher im etr.-lat. Namenmaterial Parallelen finde, sei auf unterschiedliche Latinisierung bzw. auf unterschiedlichen Zeitpunkt der Entlehnung zurückzuführen; aus dem Lateinischen selbst ließe er sich nicht rechtfertigen; bloß die Länge des *ū* in *pūblicus* finde aus dem Lateinischen, nämlich durch Analogie zu *pūbēs*, eine Erklärung; die Formen auf -*o*- wie *poplicod CIL* I²581 seien durch nachträgliche Angleichung an *populus* entstanden[445]): So Devoto, *Rapporti*, 265; vgl. ders., *Nomi di divinità*, 254; zustimmend auch *WH* s.v. *pŏplicus*.

Zus.: Etr. Par.: Belegt sind außer dem Stadtnamen *pupluna TLE* 357 u.ö./ *pufluna NRIE* 570 > Cristofani M. in: *L'Italie préromaine et la Rome républicaine*; *Mélanges offerts à J. Heurgon*; Rome 1976, 210, n. 4 u.ö. zahlreiche Formen auf *pupl-* aus dem Bereich der Personennamen (s. *ThLE*, 284; vgl. weiter vorne). Sie sind allesamt zurückzuführen auf den italischen Individualnamen *pupli CIE* 2250 u.ö. Der semantische Kern von *pupli* ist unbekannt, Zusammenhang mit dem Bedeutungsfeld, dem auch *populus* etc. zuzuweisen ist, ist nicht auszuschließen.

Ob allerdings ins Etruskische — abgesehen von dem eben genannten Individualnamen *pupli* — auch anderes von der wohl als vorie.-ital. zu klassifizierenden Wurzel ⁺*pupl-* abgeleitetes Wortmaterial, im besonderen Appellative oder Adjektiva, übernommen wurde,

---

[442] Benveniste, *o.c.*, 9.
[443] Benveniste, *o.c.*, 9.
[444] Benveniste, *o.c.*, 9.
[445] Vgl. *EM* s.v. *populus*.
De Simone, *Gli Etruschi*, 99, sieht in *pūblicus* Weiterentwicklung zu älterem *poplico-*, wie auch *Pūblicus* gegenüber *Poplios* eine sekundäre jüngere Form darstelle. Auf die näheren Umstände einer derartigen lautlichen Veränderung wird allerdings nicht eingegangen.

woraus das Lateinische „*populus*" etc. hätte entlehnen können, ist ungewiß.

Phon.: Zum Schwanken *o/u* (*popul-/popol-*) s. Kap. B.1.1.1.1.

talassiō/*talasiō*/*thalassiō*/*thalasiō*, *-ōnis*; *talassius*/*talasius*/*thalassius*/*thalasius*/ *t(h)alassus*, *-ī m.*: „altrömischer Hochzeitsruf" (*WH* s.v. *t(h)alassiō*) bzw. „im röm. Hochzeitsritus Zuruf der Umstehenden an die Braut ... Später personifiziert als Hochzeitsgott" (*KP* s.v. *Talassiō*); seit *Catull*. [?]

Lit.: Ernout, *EE*, 112; Oštir, *Drei vorslav.-etr. Vogelnamen*, 34; Carnoy, *Etrusco-latina*, 109f.; *WH* l.c.; *LG* §323.A.5.; *EM* s.v. *talas(s)ius*; Strnad, *Die doppelte Sprachverwandtschaft*, 481; ders., *Etr. Geburts- und Heilgottheiten*, 143, Fn. 1.

WH l.c. bezeichnet die Herkunft des Ausdrucks als unbekannt, es werde wohl ein Fremdwort vorliegen. *EM* l.c. verweist auf *Paul. Fest.* 479,13 L: „*Talassionem in nuptiis Varro ait signum esse lanificii. Talassionem enim vocabant quasillum, qui alio modo appellatur calathus, vas utique lanificiis aptum.*"; die Schreibung mit *th*- sei hellenisierend. *LG* l.c. stellt *talassiō* zweifelnd zu gr. ταλασιουργός „Wollespinnerin".

Die Annahme einer Herkunft aus dem Etruskischen stützt sich auf zwei Argumente: auf ein unsicheres, wie es die Zugehörigkeit zum Typ der etr.-lat. Bildungen auf *-iō*, *-iōnis* darstellt (so Ernout, *l.c.*, s. dazu S. 320 Fn. 452), und auf die Heranziehung der etruskischen Formen θalna *CII*, 1 s., 395 u.ö. und *taliθa CII* 2154 (so Oštir, *l.c.*, der zu den erwähnten etruskischen Formen auch mit Vetter, *Etruskische Wortdeutungen, Glotta* 13,146f., *Thalna*, CN der *Iuventii*[446], ferner vorgr. τᾶλις „jeune fille nubile" stellt, allerdings diese Wörter alle von „alteurop.-kleinasiat. ⁺*tā*ˣ*l*- „jung" herleitet und sich in völlig haltlosen weiteren Vergleichen verliert[447]; so auch Carnoy, *l.c.*, der zu etr. θ*alna* und *taliθa* — θ*alna* wird unbekümmert mit „jeune" übersetzt — auch gr. θάλλω „être jeune, florissant" stellt, weiters noch Vergleiche aus ie. Sprachen anschließt).

Zum etr. Götternamen θ*alna* s. ausführlich Pfiffig, *RET*, 303f.: „Diese Gottheit erscheint auf den Spiegeln als jugendliche, aber nicht mädchenhafte Frau, meist vollständig und reich bekleidet... Ihr eigentliches Wesen zeigen jene Spiegel, die sie direkt ... oder indirekt ... als Helferin bei der Geburt der *Menrva*, des *Dionysos/Fufluns* und eines mit *Hercle* verbundenen Knaben darstellen... Als Göttername entspricht *Thalna* dem Namen der römischen

---

[446] Zu diesem Gentil-CN der aus Tusculum nach Rom eingewanderten Iuventier s. ausführlicher Pfiffig, *RET*, 304.

[447] Vgl. *WH* l.c., wo Oštirs Hypothesen als „phantastisch" apostrophiert werden.

Göttin *Iuventas* ..., die seit dem Lektisternium, das sie 218 v.Chr. zusammen mit *Hercules* erhielt, mit der griechischen *Hebe* gleichgesetzt wurde... Die etruskische Namensform ist morphologisch ein Adjektiv der Zugehörigkeit ... ‚die zu θal- Gehörige'. Die verbale Wurzel dürfte mit vorgriech. *thal-* ‚sprossen, blühen, gedeihen' zu verbinden sein."[448]

Die zweite zum Vergleich mit lat. *talassiō* herangezogene etr. Form, *taliθa*[449], ist auf einem Spiegel aus Vulci, der ein Mädchen und einen Jüngling beisammen zeigt, als Beischrift zu dem Mädchen belegt; s. dazu *DES* § 178.3.: „*taliθa* ‚Mädchen, Braut' (*Gerh.-K. III*, CXVI), Akk. von τᾶλις, -ιδος ‚μελλονύμφε, μέλλουσα γαμεῖν'". Eventuell, so Prof. *Pfiffig* brieflich, könnte etr. *taliθa* auch Lehnwort aus sem. *talithā* „Mädchen" (zu m. *talāh* „Jüngling") sein.

Es wäre nach dem eben Gesagten denkbar, zwischen lat. *thalassiō* usw. und etr. *θalna*, möglicherweise auch *taliθa*, eventuell auch *talce* und *talcesa* (s. Fn. 449), eine Verbindung herzustellen bzw. die genannten Wörter alle oder teilweise zu einer präie. Wurzel ⁺*thal-* zu stellen, auf welche möglicherweise auch gr. θάλλω[450], τᾶλις[451] u.a., vielleicht sogar sem. *talāh, talithā* zurückzuführen sein könnten.

Zus.[452]: Etr. Par.: Zu etr. *θalna CII*, 1 s., 395 u.ö., *taliθa CII* 2154, *talce CIE* 429 u.ö., *talcesa CIE* 3025 > *DEC*, 31 bzw. zur Verknüpfung mit lat. *thalassiō* s.o.

Phon.: Zum Schwanken *th-/t-* s. Kap. B.1.1.2.2.

tālea *(tālia Gl.), -ae f.*: „Stäbchen, Setzling; Setzreis; jedes abgeschnittene stabförmige Stück; spitzer Pfahl, Eisenbarren" (*WH* s.v.); seit *Cic.* [?]

---

[448] Nach Strnad, *Die doppelte Sprachverwandtschaft*, 481 (vgl. ders., *Etr. Geburts- und Heilgottheiten*, 143, Fn. 1) sei etr. *thal-* (über *-ch-* > *-c-* > *-th-*) mit georgisch (s.u.W. *abdōmen*) *achal* „jung" verwandt. Ohne jeden Anhalt.

[449] Die anderen *ThLE*, 329 f., angeführten Formen auf *tal-* sind teils unsicher (*talape CII* 446 = *TLE* 421; *talt Bollettino della Società Storica Maremmana* 4,1961,34), teils unvollständig (*talis- CIE* 3123), teils auf gr. Namen zurückzuführen (*talmiθe CII* 2346 bis C u.ö., verschrieben auch in der Form *talniθe* Beazley, 127, und *talmite* de Simone, *DGE 1*,113, aus Ταλαμήδης, s. *DGE 1*,113).

Einzig das m. CN *talace CIE* 429 u.ö. und seine *sa*-Erweiterung (Patronym; s. *DES* § 101) *talcesa CIE* 3025 > *DEC*, 31 könnten eventuell zu etr. *θal-* zu stellen sein. Zum Wechsel θ/*t* im Etruskischen s. *DES* § 16.b.

[450] Anders Frisk s.v. θάλλω, der alb. *dal* „hervorgehen, sprießen" aus ie. ⁺*dhal-nō* und arm. *dalar* „grün, frisch" vergleicht.

[451] Nach Frisk s.v. τᾶλις bzw. τῆλις nicht sicher erklärt; die Zusammenstellung mit ai. *tālam.* „Weinpalme", lat. *tālea* „Stäbchen, Setzling" sei nicht unangefochten, altlit. *talokas* „erwachsene Tochter, junges Mädchen" weiche in der Vokalquantität ab.

[452] Zum Ausgang auf *-iō* in *t(h)alas(s)iō*, im vorliegenden Fall eventuell als unterstützendes Argument zugunsten einer Herleitung des Wortes aus dem Etr. heranziehbar, s. Kap. C.4.1.7.

Lit.: Ernout, *Les éléments dialectaux*, 235; Kretschmer, *Die proto-indogermanische Schicht*, 310f.; Ernout, *EE*,116; Brandenstein, *Der indogermanische Anteil*, 308; *WH* l.c.; *EM* s.v.

Herleitung aus ie. *+tāl-* mit dem Vermerk, etr. *θalna* sei eventuell zuzuordnen (vgl. Kretschmer, *l.c.*, Brandenstein, *l.c.*) vertritt *WH* l.c., während *EM* l.c. das Wort als zweifellos entlehnt betrachtet.

Die nur von Ernout, *EE*,116, vertretene Hypothese einer Herkunft aus dem Etruskischen stützt sich auf unzureichende Argumentation: Ernout, *l.c.*, nennt *tālea* unter den seiner Auffassung nach etr.-lat. Bildungen auf *-ea*[453] (s. aber Fn. 454).

Zusammenstellung mit etr. *θalna* etc. (s.u.W. *talas[s]iō*) im Sinn einer Herleitung aus dem Etruskischen erfolgt in der von der Verf. eingesehenen Literatur nirgends, ist aber genausowenig wie für *talas(s)iō* (s.b.W.) auszuschließen.

Zus.[454]: Etr. Par.: S.u.W. *talas(s)iō*.
    Phon.: Zum Schwanken *e/i* s. Kap. B.1.1.1.2.; die Form auf *-i-* ist allerdings nur in den Glossen belegt.

tōfus/tūfus[455]/*tōphus, -ī m.* (*tōfum* n. *Vitr.* [?], *Gl.*; *tōfa* f. *Isid.*; (zu einem ev. Adj. *tōfus/tūfus, -a, -um* nach *Isid.* Orig. 18,4,3 u. 17,10,2 s. Groth in Fiesel-Groth, *Etr. tupi*, 267ff.): „Tuffstein" (*WH* s.v.); seit *Verg.* [?]

Lit.: Ernout, *Les éléments dialectaux*, 237; Devoto, *Besprechung Bottiglioni, Elementi prelatini*, 267; Fiesel-Groth, *Etruskisch tupi*; Ernout, *Besprechung Studi etruschi*, 230f.; Cortsen, *LB Etr., Glotta* 23,179; Alessio, *Suggerimenti*, 154f.; Devoto, *Storia*, 84; Vetter, *Tupi*; Ernout, *Aspects*, 17; *WH* l.c.

Herleitung aus dem Ie. ist schwach vertreten: S. (neben *WH* l.c.) ausführlicher Groth in Fiesel-Groth, *o.c.*, 269f.; s. auch Devoto, *Bespr. Bottiglioni, Elementi prelatini*, 267, der den Stammsilbenvokal aus dem Diphthong *-ou-* herleitet (vgl. ders., *Storia*, 84) und somit (s. *WH* l.c.) Anknüpfung an *tubus, tuba* erwägt, für welche jedoch (s.u.W. *tuba*) etruskische Herkunft nicht auszuschließen ist.

[453] In seinen „Eléments dialectaux", 235, hatte Ernout *-ea* in *tālea* als dialektale Lautgebung für in *intertāliāre* noch nachweisbares *-ia* angesehen; von etruskischer Herkunft war nicht die Rede gewesen.
[454] Zum Ausgang auf *-ea* (nicht als Hinweis auf etr. Herkunft zu werten) s. Kap. B.1.2.1.1.1.
[455] *WH* s.v. *tōfus* gibt *tufus* mit langem *-ū-*. Groth in Fiesel-Groth, *Etr. tupi*, 265f., hält jedoch fest. daß über die Quantität des *-u-* nichts Sicheres ausgesagt werden kann, da *tufus* ausschließlich in Prosastellen belegt sei.

Zumeist wird nicht ie. Herkunft angenommen, sei es aus dem Substrat ohne spezifische Vermittlung (nach Alessio, *l.c.*, stammt lat. *tōfus* mit etr. *tupi*, sard. *Tupei*, bask. *tupa, tuparri* etc. etc. aus dem mediterranen Substrat; nach Ernout, *Aspects*, 17, liegt ein süditalisches Substratwort zugrunde), sei es aus dem Substrat über oskisch-umbrische Vermittlung (Ernout, *Les éléments dialectaux*, 237; *EM* l.c.), sei es aus dem Etruskischen: So Fiesel-Groth, *o.c.*, wo *tōfus* auf etr. *tupi* in *tupi sispeś* CIE 5373 (*TLE* 89) — gedeutet nicht mit Pauli und Sittig (vgl. auch Vetter, *l.c.*; Cortsen, *l.c.*) als „*poena Sīsyphī*" oder mit Corssen als „Qual, Pein des Sisyphos", sondern als „*saxum Sīsyphī*" — zurückgeführt wird.

Einwände gegen die Deutung von *tupi sispeś* als „*saxum Sīsyphī*" und somit gegen die Zusammenstellung von etr. *tupi* and lat. *tōfus* erheben Ernout, *Besprechung Studi etruschi*, 230 f. (die Bedeutung von etr. *tupi* sei keineswegs sicher; zudem bezeichne *tōfus* nicht „Stein, Fels" im allgemeinen, sondern eine ganz spezielle Gesteinsart), und Cortsen, *l.c.* (die Malerei sei zu stark zerstört, als daß man mit Sicherheit von einem Stein sprechen könne; statt „Stein des *Sisyphus*" wäre eher eine Formulierung wie „*Sisyphus* mit dem Stein" zu erwarten).

Sollte *tōfus*, also die Form mit -*f*-, tatsächlich die ältere sein (belegt ist sie zuerst, s. Fiesel-Groth, *o.c.*, 271), käme wohl nur, da weder im Etruskischen selbst ein Wechsel *p* > *ph* > *f* ohne Vorhandensein einer Liquida oder eines Nasals (s. *DES* § 17) noch ein Übergang etr. *p* > lat. *f* oder etr. *ph* > lat. *f* zu rechtfertigen ist, Herleitung aus einer etruskischen Form mit -*f*- in Betracht; die Schreibung mit -*ph*- könnte in diesem Fall mit Fiesel-Groth, *o.c.*, 271, Fn. 1, nur damit erklärt werden, daß die Qualität der labialen Spirans Anlaß zu Unsicherheit bot und — vielleicht nach dem Muster von gr. φ — mit dem im Lateinischen ebenfalls fremden -*ph*- wiedergegeben wurde. Sollte hingegen *tōphus* mit -*ph*- die ältere Schreibung sein, wäre an eine etruskische Form auf -φ- oder auch auf -*p*- (zum — allerdings sehr seltenen — Wechsel *p/ph* im Etruskischen s. *DES* § 16.c.) zu denken; wieder müßte hinsichtlich der anderen Schreibung, d.h. diesmal der Schreibung mit -*f*-, mit der Annahme operiert werden, die Wiedergabe des fremden Labials hätte im Lateinischen Schwierigkeiten bereitet bzw. sei zwischen lat. *f* und dem dem Lateinischen an sich fremden *ph* angesiedelt gewesen.

Einen Ausweg aus diesen im Grunde nicht befriedigenden Erklärungsversuchen der jeweils späteren oder parallelen Schreibung böte die Hypothese einer doppelten Entlehnung: *tōfus*, auf eine etruskische Form auf -*p*- oder -*ph*- zurückgehend, hätte den Weg aus dem Etruskischen ins Lateinische nicht direkt, sondern über das Oskisch-Umbrische genommen; *tōphus* hingegen wäre direkt aus dem Etruskischen übernommen worden. S. dazu nochmals im folgenden unter „Etr. Par.".

Zus.: Etr. Par.: Es seien zunächst alle aus dem etruskischen Wortmaterial lautlich vergleichbaren Formen, geordnet nach der Qualität des inlautenden Labials, vorgeführt[456]:

Formen auf -f-: Abgesehen von verstümmeltem θuf(..) SE 1,112, n. 19 und von θufu TLE 883, welches wie die Lesung der ganzen Inschrift unsicher ist (s. TLE ad numerum), ist vor allem θufi CIE 5472 (TLE 137) belegt, als „Gericht, Strafe" gedeutet (s. DES, 308), doch auf Grund des Kontextes (zilc·θufi·tenθas·marunuχ·) wohl nicht als Nominativ, sondern als Casus obliquus, und zwar wegen des Ausganges auf -i möglicherweise als Lokativ (s. DES § 58) aufzufassen und entsprechend etwa mit „in der Strafe, d.h. in strafender Funktion", oder auch „im Gericht" zu übersetzen (vgl. u.W. pār); daneben stehen die zur Götterbezeichnung *Thufltha* gehörigen Formen θuflθaś CIE 446 (TLE 652), θuflθas TLE 149 u.ö., θufulθaś CIE 2340 (TLE 557), θuflθicla CII 2603 bis (TLE 740), θuflθi CIE 2341 (TLE 558) > Glotta 28,193, deren Stamm mit dem von θufi (s.o.) in Zusammenhang gebracht wurde (s. DES § 17), wogegen Verf. jedoch Einwände erheben möchte, s. weiter unten.

Formen auf -φ- sind nicht belegt.

Formen auf -p-: Neben unsicherem und daher unbrauchbarem θupitu( )la TLE 369 finden sich die zu *Thufltha* (s.o.) gehörigen Formen θuplθal TLE 447 (zu p > f in der Nähe von Liquiden und Nasalen s. DES § 17), θuplθaś CIE 445 (TLE 654) u.ö., tupltia TLE 435 (s. DES, 305, 308); anzuführen sind ferner tupunt SE 40,450, n. 62, nach der von Colonna REE SE 40,451, geäußerten Hypothese möglicherweise als Imperativ (aus ⁺θupunθ) aufzufassen und zu θuplθa (s.o.) zu stellen; weiters θupites CIE 2338 (TLE 533), GN m., mit unbekanntem semantischem Wert (s. auch DEC, 234); und schließlich die als „poena", „Qual, Pein" und als „saxum" gedeutete Form tupi CIE 5373 (TLE 89).

Aus der Tatsache, daß ein Wechsel p > f nur in der Umgebung von Liquiden oder Nasalen, und auch da nur regional begrenzt, belegt ist (s. DES § 17), ergibt sich, daß die auf *Thufltha* zu beziehenden Formen auf -p- (s.o.) die älteren bzw. ursprünglichen sein müssen; es scheint daher Zusammenhang mit θufi (θuf-i? S.o.)

---

[456] Hinsichtlich des anlautenden Dentals ist zu bemerken, daß, da ein Wechsel t/θ im Etruskischen möglich ist (s. DES § 16.b.), etruskische Formen auf t- wie auf θ- herangezogen wurden.

nicht gut möglich, da hier die lautlichen Gegebenheiten nach unserem Wissensstand die Annahme einer ursprünglichen Form ⁺θupi (⁺θup-?) nicht zulassen. Daraus folgt aber, daß auch *tupi* (s.o.) mit θufi (θuf-i?) nicht ident sein kann, daß somit für *tupi*, sofern θufi bzw. θuf- mit „Strafe" richtig übersetzt ist, die Bedeutung „*poena*" auszuscheiden hat. Die für *tupi* (und θupites?) in Frage kommenden Bedeutungen sind somit zwar eingeschränkt, doch ist damit natürlich die exakte Bedeutung nicht ermittelt. Die von Fiesel, *o.c.*, vorgeschlagene Übersetzung „*saxum*" ist jedenfalls weiterhin als möglich in Betracht zu ziehen.

Unter Befürwortung der Hypothese, lat. *tōfus* etc. sei auf etr. *tupi* oder verwandte Formen zurückzuführen, ist hinsichtlich der Wiedergabe des Labials im Lateinischen noch zu bemerken, daß die Formen auf *-ph-* als die ursprünglichen oder die direkt ins Lateinische übernommenen, die auf *-f-* als die sekundär gebildeten oder über das Oskisch-Umbrische vermittelten angesehen werden müßten; vgl. dazu weiter oben.

Phon[457]: Zum Schwanken ō/u s. Kap. B.1.1.1.1.

C.1.1.2.1.2.2.2. *Fehlen phonetischer Kriterien*

agāsō, agō (ecōnēs), alapa „Backenstreich" (*alapa* „Prahler"), *amō, anculus (ancilla, anculō), apex, arillātor, asīlus, avillus, bāca (bacar, bacarium, bacariō, bacriō, baccea; baccar; vaccīnium), buccō, būra, camurus, cella, cīlō, crepus (crepa), cupencus, fenestra (fenestrula), ferula (festūca, fiscus, fistula), fullō, fūnis (fīnis), haruspex, helluō, laetus, lārgus, laverniōnēs, maccus, mānēs, mentula, metellus, metus, multa, mundus* „schmuck" (*mundus* „Schmuck"), *murcus, nūntius, ocles, pappus, pār, persillum, pōtus, persōna, praetor, puteus, restis, rētae, rītus, sacer, servus, spurius (spurium, spurcus), strūma, tabānus, talpa, tamī/i?nia (tamnus, tēmētum), tellūs, tīfāta (tēba), tīnus, titulus, titus, tolennō, tullius, verpa*

agāsō, *-ōnis m.:* „Viehknecht, Pferdeknecht ..., Troßknecht, Eseltreiber, Diener der Postmeister" (*WH* s.v.); seit *Enn.* und *Plt.* [?]

Lit.: Ernout, *EE*,111; *WH* l.c.; *LE* s.v.; *LG* § 322.A.4.a.; *EM* s.v.

Neben Herleitung aus dem Ie. (so *WH* l.c., wo mit Vorbehalt Kretschmers Auffassung wiedergegeben ist, *agāsō* sei hybride Bildung aus ἀγ + *asinus*; *LE*

---

[457] Das Schwanken *f/ph* darf hier entgegen Fiesel-Groth, *o.c.*, 271 f., nicht als Hinweis auf etr. Herkunft des Wortes aufgefaßt werden, ist doch im Etruskischen der Wechsel *ph > f* nur in der Nähe von Liquiden und Nasalen belegt; s. im Text weiter vorne; vgl. auch Kap. B.1.1.2.2.

l.c., wo das Wort auf eine von Tarent ausgehende dorische Form zu ‛Ηγήσων, aufgefaßt als Hypokoristikon zu ‛Ηγήσιππος (dor. ’Αγᾶσι-) „chi guida i cavalli", zurückgeführt wird, welche Theorie auch bei *EM* l.c. aufgeführt ist) wird etr. Herkunft in Betracht gezogen: So von Ernout, *l.c.*, wegen der Zugehörigkeit zum Typ der volkstümlichen Bildungen auf *-ō, -ōnis* (s. dazu Fn. 458) und, Ernout, *l.c.*, folgend, von *LG* l.c.

Zus.[458]: Etr. Par.: Bekannt ist aus dem Etr. ein Verbalkern *ac-*, der allerdings nur in der Bedeutung „machen, bilden, bewirken" (*DES*, 281), nicht in der „treiben, sich mit dem Vieh oder mit Pferden beschäftigen" belegt ist. Unter den zahlreichen Ableitungen (s. *ThLE*, 42 ff., vgl. auch *ThLE Suppl.*, 19) sei besonders *acasa CIE* 6310 u.ö., substantiviertes Part.conj. „der Machende", „als Machender" (*DES*, 281), hervorgehoben.

An onomastischem Material lassen sich die Formen *aczun SE* 35,517 (GN m.), *acsi CIE* 3810 u.ö. (GN m. und f.), *acsial CIE* 3658 (Gen. zu *acsi*, GN f., Metronym), *acsiś CIE* 3811 u.ö. (GN m.; *CIE* 4044 und 4061 Gen. zu *acsi*, GN m., Gamonym), *αχesi TLE* 60 (7.Jh.; emphat. Gen. zu *αχe*, GN m.), *αχsi CIE* 3809 u.ö. (GN m.) anführen; ob sie mit dem Verbalkern *ac-* zu tun haben, ist nicht mit Sicherheit zu sagen.

agō, -ōnis m.: „der das Opfertier tötende Priester" (*WH* s.v. 2. *agō*); Schol. Stat. Theb. 4,463. [?]

ecōnēs (*egōnēs*) „sacerdotes rustici[459]" *Gl.* 3,520,13; 5,597,56, u.ö. [?]

Lit.: Oštir, *Drei vorslav.-etr. Vogelnamen*, 49; *WH* l.c. und s.v. *ecōnēs*; *LE* s.v. *lemurēs*, *EM* s.v. *agō* (Verb).

WH s.v. 2. *agō* und *EM* l.c. stellen lat. *agō, -ōnis* zum Verb *agō* in der sakralen Bedeutung „Schlagen des Opfertieres > opfern" bzw. „accomplir les rites du sacrifice, sacrifier"; die Glossenform *ecōnēs (egōnēs)* wird von *WH* s.v. *ecōnēs* mit Lindsay als verderbtes *agōnēs* (diese Ansicht teilt auch Verf.) aufgefaßt; bei *EM* scheint sie nicht auf.

Auch *LE* l.c. interpretiert *ecōnēs* als *agōnēs*, deutet den unterschiedlichen Anlaut aber nicht als Verlesung bzw. Verschreibung, sondern, da das Etruskische einen Wechsel a/e gekannt habe, als möglichen Hinweis auf etruskische Herkunft. Dagegen ist jedoch einzuwenden, daß ein Wechsel a/e bzw. ein

---

[458] Zum Ausgang auf *-ō*, im vorliegenden Fall eventuell als unterstützendes Argument zugunsten einer Herleitung des Wortes aus dem Etr. heranziehbar, s. Kap. C.4.1.6.

[459] „rustici" eventuell verderbt aus „Etrusci", s. *WH* s.v. *ecōnēs*, *LE* s.v. *lemurēs*.

Wandel *a* > *e* im Etruskischen nicht beliebig auftritt, sondern, soweit für uns erkennbar, als Umlaut aufzufassen ist (s. *DES* § 12; vgl. S. 12 Fn. 1 und u.WW. *lemurēs, crepus*). Doch ist allem Anschein nach im vorliegenden Fall Anlaß zu Umlaut nicht gegeben. Zudem ist die Glossenform *ecōnēs* als höchst unsicher zu werten.[460]

Zus.[461]: Etr. Par.: Zum etr. Verbalkern *ac*- s.u.W. *agāsō*.
 Anzusetzen wäre ⁺*acu* „der, der etwas macht, bewirkt, ausführt" (zum Verbalnomina bildenden Suffix -*u* s. *DES* § 134; 173).
 Ein Verbalkern ⁺*ec*- (hypothetische Basis für lat. *ecōnēs/egōnēs*) ist im Etruskischen nicht belegt, auch wegen des Pronomens *eca* (Belege s. *ThLE*, 121 f.) wohl nicht zu erwarten.

***alapa**, -ae f.:* „Backenstreich, Ohrfeige" (*WH* s.v.); seit *Phaedr.* [??]
alapa (subalapa?) m.?: „Prahler" (González-Haba, *Petron.*, 259); *alapa Sen.* Contr. 2,4,12; *subalapa*(?) *Petron.* 38,9[462] [?]

Lit.: Alessio, *Suggerimenti*, 143; *WH* l.c.; González-Haba, *o.c.*; *EM* s.v.

Neben der schwach vertretenen Hypothese einer Herleitung von ausschließlich, d.h. auch bei *Sen.* l.c. und *Petron.* l.c., als „Backenstreich" gedeutetem *alapa* aus dem Ie. (s. *WH* l.c. mit Literatur; vgl. auch die bei González-Haba, *o.c.*, 256, angeführte Literatur) steht der Versuch einer Anknüpfung an das Etr.:

Alessio, *l.c.*, vergleicht mit *alapa*, ebenfalls nur als „Backenstreich" gedeutet, *salapitta Gl.* 2,177,25 "Nasenstüber", dessen Suffix von Alessio, *l.c.*, als etruskisch angesehen wird (s.u.W. *salapitta* und Kap. B.1.2.1.2.6.3.).

González-Haba, *o.c.*, unterscheidet in Rücksicht auf die problematische[463] *Petronius*-Stelle bzw. auf die von ihm, *o.c.*, 259, als „Gelegenheitsbildung" interpretierte und mit „Prahler" übersetzte Form *subalapa* und unter Heran-

---

[460] Oštir, *l.c.*, führt lat. *ecōnēs* über etr. ⁺*esk*- < ⁺*aisk*- auf etr. ⁺*aisǎk*- „göttlich, heilig" zurück, was von *WH* s.v. *ecōnēs* zu Recht als „phantastisch" apostrophiert wird.

[461] Zum Ausgang auf -*ō*, im vorliegenden Fall eventuell als unterstützendes Argument zugunsten einer Herleitung des Wortes aus dem Etr. heranziehbar, s. Kap. C.4.1.6.; vgl. im Text weiter unten.

Zum angeblichen Wechsel *a/e* s. im Text weiter vorne. Da die Glossenform *ecōnēs*, wie aus dem im Text weiter vorne Gesagten hervorgeht, keineswegs verläßlich ist, kann auch das Schwanken *c/g* (s. Kap. B.1.1.2.1.) hier nicht gut als Hinweis auf etruskische Herkunft des Wortes gewertet werden.

[462] Zu dieser in Lesung und Deutung unsicheren *Petron*-Stelle s. González-Haba, *Petron.*, 253 ff.

[463] S. Fn. 462.

ziehung von *Sen.* l.c. sowie von *salapitta* (s.b.W.) „Ohrfeige" und „Trompeter" zwei Bedeutungen von *alapa*, nämlich „Ohrfeige" und „Prahler", welche beide — über das Tertium comparationis des starken akustischen Effekts — auf die wahrscheinliche Bedeutung „*tubicen*" der aus dem Etr. übernommenen Form *alapu CIE* 2534 > *DEC*, 89, CN, vermutlich urspr. eine Berufsbezeichnung (s. *o.c.*, 261), zurückzuführen seien. Zu den Bedenken gegen diese Herleitung s. weiter unten unter „Etr. Par.".

WH l.c. zieht die etr.-lat. EN *Alapa, Alaponius* und ebenfalls etr. *alapu* zum Vergleich heran.

Auch *EM* l.c. erwähnt etr. *alapu*, hält aber fest, daß es „obscur" sei und beurteilt die Etymologie von *alapa* als ungeklärt.

Zus.[464]: Etr. Par.: Sieht man von den mit *alp*- gebildeten Namenformen *alpiu CIE* 4613 u.ö. (GN m.), *alpiuś CII* 2588 > *SE* 42,303, n. 279 (Gen. zu *alpiu*, GN m.), *alpnana CIE* 995 (GN m.), *alpnani CIE* 1664 (GN f.), *alpnas CII* 2603 bis (*TLE* 740; GN m.), *alpnei CIE* 5131 (GN f.), *alpnina PBSR* 1,1982,193 (GN m.), *alpuz CIE* 52a (*TLE* 401; CN), *alpuialisa CIE* 126 (*sa*-Ableitung zu *alpui*, GN f.; in Volterra lautet der f. Gen. sehr häufig *-uial*, nicht *-ual*, s. Rix, *DEC*, 177f.) ab, bei welchen (sofern nicht in der einen oder anderen Form Synkope aus *alap*- vorliegt) Zusammenhang mit dem Wortkern +*alp*- „gerne tun (*libēre*)" (*DES*, 282; *alpan CIE* 437 = *TLE* 640 u.ö. duratives Präsens, s. *DES* §123; *alpnu TLE* 14 u.ö. Verbum essivum, s. *DES* §145.2.; etc.) zu bestehen scheint, für welche somit Verbindung mit lat. *alapa* auszuschließen sein dürfte, bleiben nur, sofern es sich nicht um anaptyktische Erweiterungen zu *alp*- handelt, zwei lautlich mit lat. *alapa* vergleichbare Formen aus dem onomastischen Bereich über: jene bereits öfter zitierte Form *alapu CIE* 2534 > *DEC*, 89 (Gentil-CN m.) und zugehöriges *alapusa CIE* 1175 (*sa*-Ableitung zu *alapu*, Gentil-CN m., Patronym.).

In *alapu* dürfte morphologisch ein Verbalnomen auf *-u* vorliegen (s. *DES* §173; 134); insofern spräche von der Morphologie her nichts gegen die von González-Haba, *o.c.*, 262, vorgeschlagene Deutung „*tubicen*". Es widerspricht jedoch allen Erfahrungswerten, Entlehnung einer solchen eine männliche Person bezeichnenden etr. Form auf *-u* ins Lateinische nicht als maskulines Personalsubstan-

---

[464] Die Präferenz des Etr. für den Vokal *a* (s. Kap. B.1.1.3.1.) stellt natürlich alleine kein maßgebliches Argument zugunsten etr. Herkunft von *alapa* „Ohrfeige" (zur Trennung von *alapa* „Ohrfeige" und *[sub]alapa* „Prahler" s. im Text weiter unten) dar.

tiv auf *-ō,* sondern als feminines Appellativ auf *-a* anzunehmen. Allerdings ist sowohl für *alapa Sen.* l.c. als auch für *subalapa* (?) *Petron.* l.c., d.h. für jene beiden Formen, welche offenbar auf eine männliche Person zu beziehen sind und nach González-Haba, *o.c.,* mit „Prahler" zu übersetzen wären, maskulines Genus nicht auszuschließen. Vielleicht sollte daher gegen González-Haba, *o.c.,* eine Trennung von *alapa* f. „Ohrfeige" und *(sub)alapa* m. (?) „Prahler" in Betracht gezogen werden. In der zweitgenannten Bedeutung könnte eventuell Entlehnung aus dem Etr. vorliegen. Zwar entspricht auch hier der dabei anzusetzende Übergang etr. *-u* > lat. *-a* nicht dem Regelfall, doch könnte, zumal es sich um ein Substantiv mit deutlich pejorativer Bedeutung handelt, statt an einfache Übernahme in die Klasse auf *-ō, -ōnis* an Eingliederung in die Kategorie der maskulinen Personalsubstantiva auf *-a* (s. Kap. B.1.2.4.) gedacht werden.

amō, *-āvī, -ātum, -āre:* „liebe" (*WH* s.v.); seit *Naev.* [??]

Lit.: Bugge, *Beiträge,* 17f.; Kannengießer, *Ist das Etruskische,* 9,22; Bugge, *Das Verhältnis,* 131f.; Osthoff, *Etymologisches,* 343; Meillet, *Latin amare*; Fiesel, *Das grammatische Geschlecht,* 36; Kretschmer, *Sprache,* Sp. 561; ders., *Lat. amo*; ders., *Das nt-Suffix,* 106; Vetter, *Etr. ikam,* 286, Fn. 1; Meillet, *Esquisse,* 176; Ribezzo, *Per la cittadinanza,* 93; Brandenstein, *Der indogermanische Anteil,* 313; Dain, *Les rapports,* 157; Carnoy, *Etrusco-latina,* 99f.; Pallottino, *Il culto,* 79; *WH* l.c.; Knobloch, *Lat. amare,* 215; Pfiffig, *Religio Etrusca,* 273; *EM* s.v.

Von der Mehrzahl der Autoren wird Herleitung aus dem Ie. befürwortet, wobei zumeist ein Lallwort +*ama* o.ä. zugrundegelegt wird[465], s. *WH* l.c. (mit Literatur), *EM* l.c. mit Zurückhaltung, ferner Ribezzo, *l.c.,* der von *(m)am-(m)ai̯ō* ausgeht; ein einwandfreier Vergleich sei in phryg. ἀδαμνεῖν (ἀδαμνεῖν·τὸ φιλεῖν·καὶ Φρύγες τὸν φίλον ἄδαμνα λέγουσιν *Hes.*) gegeben[466].

Daneben existiert die von Kretschmer vorgeschlagene (s. „*Sprache*",

---

[465] Anders etwa Osthoff, *l.c.,* der *amāre* zu ie. +*am-* „fassen" stellt; Knobloch, *l.c.,* der es als Intensivbildung +*emāi̯ō* „fasse, nehme in Besitz" zu *emō* auffaßt.

[466] Zum Fehlen zusätzlicher gesicherter Vergleiche aus anderen ie. Sprachen bemerkt Meillet, *Latin amare,* treffend: „Sans doute un rapprochement qui se borne à deux langues indoeuropéennes ne saurait passer pour certain à moins de coincidences de détail qui font défaut ici. Mais il s'agissait d'un mot du langage familier; or, comme on le sait, presque rien de cette partie de l'indoeuropéen n'est conservé; et il est déjà remarquable qu'une expression toute sentimentale, n'appartenant pas à la langue noble, se soit maintenue dans deux langues." Vgl. ders., *Esquisse,* 176.

Sp. 561; „*Lat. amo*"; „*Das -nt-Suffix*", 106) Hypothese einer Rückführung auf das Etr., wo der Wortkern in *aminθ CII*, 1 s., 374, Beischrift zur „Figur eines erosähnlichen geflügelten Knaben, der allerdings nicht Bogen und Pfeile hält, sondern eine Schale in der ausgestreckten rechten Hand, eine Schnabelkanne in der linken" (Pfiffig, *l.c.*), auf dem Spiegel *Gerhard-Körte* 5,88,2 belegt sei[467]: Auf dem betreffenden Spiegel sei offenbar eine Szene aus der Jason-Sage dargestellt, wie sie bei *Drac*. Romul. 10,156 ff. geschildert werde; allerdings bestünden zwischen der literarischen Ausformung und der Darstellung auf dem Spiegel einige Unterschiede. Trotzdem sei *aminθ* sicher *Amor*. *Aminθ* sei eine echt etr. Bildung auf *-(i)nθ* (welches auch aus vorgr. Ortsnamen und Appellativen bekannt sei) zu *am-* oder *ami-* „lieben" und bedeute „liebend" oder „der, der lieben macht"[468]; zu vergleichen sei etr. *leinθ CII* 1067, der Todesgenius, „der, der sterben macht", zu *leine CIE* 88 u.ö. „er starb".

Gegen Kretschmers Theorie, die von Vetter, *l.c.*, befürwortet wurde, von *WH* l.c. mit Reserve angeführt, von *EM* l.c. abgelehnt wird, läßt sich zunächst von der Sache her folgendes anführen:

[467] Eine Verknüpfung von etr. *aminθ* und lat. *amāre* bzw. *Amor* (s. dagegen Fiesel, *l.c.*) wurde bereits lange vor Kretschmer, *ll.cc.*, versucht: S. Bugge, *Beiträge*, 27 f., mit früherer Lit. (*aminθ* sei ie.-ererbte Partizipialform, entsprechend lat. *amans* [s. dagegen Fiesel, *l.c.*] und sei so „mitbeweisend dafür, dass das Etruskische eine indogermanische sprache ist"; anders ders., *Das Verhältnis*, 131 f.: *aminθ* sei, da das Etruskische mit dem Armenischen verwandt sei, zu vulg.-arm. *manč* „Knabe" zu stellen und bedeute somit „ein Knabe"); Kannengiesser, *l.c.* (Bugges Deutung als Part. Präs. [s.o.] sei, da das Etr. nicht mehr zu den ie. Sprachen gezählt werden dürfe, abzulehnen; es liege vielmehr eine Diminutivform auf *-nθ* vor, bedingt durch „die Kleinheit des Gottes"; jedenfalls handle es sich aber um den Namen des Gottes *Amor*).

Befürwortet wurde Kretschmers Theorie von Vetter, *l.c.*; s. dazu im Text weiter unten.

Zu einem späteren Versuch einer Zusammenstellung von etr. *am(inθ)* und lat. *amāre* im Sinne Kretschmers, d.h. im Sinne einer Herleitung von lat. *amāre* aus dem Etr., s. Carnoy, *l.c.*, der in gewohnter Weise Herleitung aus dem Etr. mit Herleitung aus dem Ie. zu verbinden sucht: Er führt den ersten Wortbestandteil von etr. *am-inθ* (*-inθ* sei ein vorgr.-„pelasgisches" Suffix mit nicht näher bezeichneter Funktion), *am-*, angeblich „être" oder „aimer", wovon lat. *amāre*, auf ie. *an-mo* „respiration", *ad-an-mo* „ad-spirare" zurück, eine von der (hier nicht näher ausgeführten) Bedeutungsentwicklung wie vom Lautlichen her phantastische Hypothese.

Der, soweit Verf. bekannt, letzte Versuch einer Verknüpfung von etr. *aminθ* und lat. *amāre* ist — sollte zwischen *aminθ* und *amāre* tatsächlich ein Zusammenhang bestehen — nach Ansicht der Verf. als der einzig vertretbare anzusehen: Pallottino, *l.c.*, faßt *aminθ* als Kontamination von lat. Verbwurzel und etr. *-nθ*, dem Suffix der Nomina agentis (s. im Text weiter unten), auf.

[468] Zu Bugges indoeuropäisierender Interpretation von *-inθ* in *aminθ* s. Fn. 467.

Vgl. Brandenstein, *l.c.*, der *-inθ* in *aminθ* als ie. *-entos*, *am-* ohne weitere Bezugnahme auf etr. oder lat. Formen als „leben" und somit *aminθ* als „Lebensträger", „Amor" übersetzt.

Zu Kannengiessers verfehlter Auffassung s. Fn. 467.

Zur Morphologie von etr. *aminθ* nach gegenwärtigem Wissensstand s. im Text weiter unten.

Die Spiegeldarstellung und die zum Vergleich herangezogene Schilderung bei *Dracontius* weisen nicht nur einige, sondern gravierende Unterschiede auf, besonders auch in Hinblick auf die beteiligten Personen bzw. Götter: Bei *Dracontius* soll *Jason* an *Dianas* Altar geopfert werden und fleht zu *Amor*; dieser erhört ihn, flößt *Medea* Liebe zu *Jason* ein, so daß sie ihn befreit; dann tritt *Dionysos* mit Gefolge auf und überredet *Medeas* Vater, die Liebenden freundlich aufzunehmen. Auf dem Spiegel umfaßt *Eiasun* die Knie des *Fufluns*, neben dem links *Araθa* und *Castur* stehen; rechts steht auf einer Basis *Aminθ*, ein kleiner, nackter, geflügelter Knabe, in der Rechten eine Schale, in der Linken ein Gußgefäß haltend. *Medea* also fehlt, statt dessen treten *Araθa* und *Castur* auf. Nach Pfiffig, *l.c.*, ist *Aminθ* wahrscheinlich ein etruskischer Genius[469].

Nicht ganz außer acht gelassen werden sollte auch die Zeitdifferenz: Der Spiegel ist ins 3.Jh.v.Chr. zu datieren, *Dracontius* lebte Ende des 5.Jh.n.Chr.

Doch auch vom Sprachlichen her ist Kretschmer zu korrigieren:

Das etr. Suffix *-nθ* (ein Suffix *-inθ* ist nicht bekannt) ist mit Sicherheit nicht das eines (hinsichtlich des semantischen Wertes dem Suffix der Nomina agentis immerhin nahestehenden) Präsenspartizips, noch weniger das eines kausativen Präsenspartizips, sondern dürfte als Spielart oder Vorstufe zu dem Nomina agentis bildenden etr. Suffix *-aθ/-aχ* zu interpretieren sein[470]; s. Kap. C.4.1.9.

Auch ist Zusammenhang mit dem vorgr. νθ-Suffix keineswegs erwiesen, s. Kap. C.4.1.9. Die von Kretschmer zum Vergleich herangezogene Form *leinθ* wurde von ihm zwar im wesentlichen richtig übersetzt ("der, der sterben macht" gegenüber *DES* § 172.b. "Name eines weiblichen Todesdämons; ‚Sterben-Macherin'"), weist aber mit Sicherheit kein *nθ*-Suffix auf, da *-n-* zum Verbalstamm gehört; s. Kap. C.4.1.9.

Endlich ist festzuhalten, daß die Bedeutung des wohlbekannten etr. Verbalkerns *am-* (Belege s. *ThLE*, 55f.) nicht „lieben", sondern „sein" ist. Das aus dieser Diskrepanz resultierende semantische Problem suchte Vetter, *l.c.*, mit der nach Ansicht der Verf. wenig überzeugenden Annahme einer Bedeutungsentwicklung von „gewohnt sein" zu einerseits „sein", andererseits „lieben" zu klären[471].

---

[469] Zum Begriff des „Genius" s. Pfiffig, *o.c.*, 272f.

[470] Vgl. Pallottinos (*l.c.*) Auffassung von *-nθ* in *aminθ*; s. S. 329 Fn. 467.

[471] „Die Vermittlung der Bedeutungen ist wohl denkbar, wenn man von ‚gewohnt sein' ausgeht, das einerseits über ‚wohnen', ‚sich befinden' zu dem ganz farblosen ‚esse' geführt haben kann, andererseits über ‚vertraut sein mit einer Frau' zu ‚lieben'. Den Latinisten ist es bekannt, daß *amare* geradezu ‚(etwas zu tun) pflegen' bedeuten kann, und nhd. ‚pflegen' vereinigt auch zwei von diesen Bedeutungen; auch lat. *colo* zeigt einen ähnlichen Bedeutungswandel (‚wohnen',

An den Schluß dieser Betrachtungen sei, auch in Hinblick auf Kretschmers Bemerkung, es wäre sehr bezeichnend, wenn die Römer dem Ausdruck für „lieben" „diesem sinnlichen Volk verdankten" („*Sprache*", Sp. 561), ein Zitat aus Dain, *l.c.*, gestellt, wo es mit Bezug auf Verbentlehnungen aus dem Griechischen heißt: „Quant aux emprunts de verbes, ils sont exceptionnel et relèvent du domaine des techniques. La langue latine trouvait dans sa structure verbale de quoi exprimer tous les rapports d'action, de sentiment ou de jugement: mais, tout ce qui désignait quelque chose de neuf, elle a dû l'emprunter ..." Die Notwendigkeit, ja Wahrscheinlichkeit der Entlehnung eines Verbs wie *amāre*, das einen für das menschliche Leben fundamentalen Gemütszustand bezeichnet, ist nicht einzusehen. Derartige Verben bedürfen keiner Entlehnung.

Zus.[472]: Etr. Par.: Neben *aminθ CII*, 1 s., 374 und den vom Verbalkern *am-* abgeleiteten Formen (s. *ThLE*, 55 f.), die aus semantischen Gründen nicht zum Vergleich mit lat. *amāre* herangezogen werden können, sind die frühen EN-Formen *amanas CIE* 4982 (6.Jh.; Gen. zu *amana*, GN m.) und *amanaś NRIE* 869 (7.-6. Jh.; ohne Kontext stehend, wahrscheinlich wie *amanas CIE* 4982 zu deuten) belegt. Ihr semantischer Kern ist unbekannt, doch wird in Hinblick auf das oben Ausgeführte lat. *amāre* davon fernzuhalten sein.

anculus, *-ī m.:* „Diener, Knecht" (*WH* s.v.); als Götterbezeichnung *Anculī* (f. *Anculae*) bei *Paul. Fest.* 18,15 L.[473]

Lit.: Corssen, *Über die formen*, 27 f.; Danielsson, *Etruskische Inschriften*, 88, Fn. 2; Benveniste, *Le nom*, 437 f.; *WH* l.c. und I,846; *EM* s.v.

Gegen die gut fundierte und nahezu einhellig akzeptierte ie. Etymologie — *anculus*, wörtlich „qui circule autour" (*EM* l.c.), aus $^+ambhi\text{-}q^wolos$ zu $^+k^wel\text{-}$, wovon u.a. auch gr. ἀμφίπολος; s. *WH* s.v. *anculus* mit Literatur, *EM* l.c. — verweist Benveniste, *l.c.*, auf die Möglichkeit ("Il ne s'agit ici que d'une possibilité, mais qui pèse autant que l'autre." *O.c.*, 438.), lat. *anculus*, für welches unter Heranziehung seines femininen Deminutivs *ancilla* (bei Herlei-

---

‚verehren'!); das damit urverwandte griechische πέλομαι zeigt die Abschwächung zum Verbum substantivum".

[472] Die Präferenz des Etr. für den Vokal *a* (s. Kap. B.1.1.3.1.) stellt natürlich alleine kein maßgebliches Argument zugunsten etr. Herkunft eines Wortes dar.

[473] Man beachte aber, daß nach *Paul. Fest.* l.c. das Verb **anculō** (die Zugehörigkeit von *anculāre* zu *anculus* ist allerdings nicht unbestritten; s. *EM* s.v. *anculus*) von den antiqui verwendet worden sei und daß das f. Deminutiv **ancilla** „Magd" (s. im Text weiter unten) seit *Liv. Andr. ap. Non.*, 153,27 belegt ist.

tung aus dem Ie. nur aus falscher Zerlegung von *anculus*, nämlich in *anc-ulus*, zu erklären; s. auch *WH* s.v. *anculus*) ein Stamm *anc-* angesetzt werden könnte, mit dem auf das Etruskische zurückzuführenden EN *Ancus*[474] zu verbinden. Gegen diese Zusammenstellung s. *WH* I,846 mit Literatur.

Zus.[475]: Etr. Par.: Belegt sind neben *ancar CIE* 1704 mit zahlreichen Ableitungen sowie Ableitungen zu +*anχar-* (s. *ThLE*, 58, *ThLE Suppl.*, 20, bzw. *ThLE*, 61), welche Formen jedoch, da wahrscheinlich lat. *Ancus* wiedergebend[476], nicht unmittelbar heranzuziehen sind (s. dazu weiter unten), und neben *anχas CII* 2474 bis, welches etruskisiertes gr. Ἀγχίσης/-ᾱς darstellt (s. *DGE 1*,17), die Form *anχes CIE* 4981 (6.Jh.; Gen. zu *anχe*, PN m.) und die zugehörigen Ableitungen *anχisnei CIE* 1563 > Lattes, *Corr.*, 92 (GN f.), *ancanas SE* 49,252, n. 21 (GN m.) und *ancnei CIE* 5709 (GN f.).

Zwei Möglichkeiten der Interpretation des eben vorgeführten etr. PN *anχe*/+*ance* stehen offen[477]:

Entweder liegt ein nicht originär etruskisches, sondern wie *cae, tite, vipe* aus dem Sprachsubstrat der Belverde-Cetona-Kultur entlehntes (vgl. *DEC*, 351), eventuell sogar über einen ie.-italischen Dialekt vermitteltes PN *anχe*/+*ance* zugrunde; die Bedeutung wäre dann wohl ebensowenig zu klären wie jene der eben genannten PN *cae, tite, vipe*, könnte aber rein hypothetisch „Diener" o.ä. gewesen sein. Oder das originär etr. PN *anχe*/+*ance* wäre auf einen etr. Substantiv- oder/und Verbalkern[478] *anχ-*/+*anc-* zurückzuführen, dessen Bedeutung ebenfalls ungewiß ist, doch als Arbeitshypothese mit „Diener" bzw. „dienen" o.ä. angesetzt werden könnte.

Zusammenhang mit lat. *anculus* wäre unter zwei Voraussetzungen denkbar:

---

[474] So auch *WH* s.v. *anculus* nach Schulze *ZGLE*, 122,165, Fn. 7. *RE* s.v. *Ancus* ist *Ancus* als altes PN sabinischen Ursprungs gewertet. Angeführt sei hier, worauf Prof. *Pfiffig* Verf. hinweist, daß im Dän. eine Form *enke* „Knecht" belegt ist. Das Wort ist auch im Deutschen nachweisbar: im Ahd. als *encho, eincho* (Sternbild des Bootes), *enko* (s. Graff, *Althochdeutscher Sprachschatz* s.v. *encho*); im Mhd. als *enke* „Knecht bei dem vieh und auf dem acker" (s. Benecke-Müller-Zarncke, *Mittelhochdeutsches Wörterbuch* 1 s.v.). Vgl. Grimm, *Deutsches Wörterbuch* s.v. *enke*: „*enke* m. *famulus rusticus* ...; zurückgehend auf *anchio*, dessen zusammenhang mit lat. *ancus, anculus* und *ancilla* einleuchtet ..."; „das wort scheint sehr verbreitet, doch zumal in Mittel- und Niederdeutschland, wo auch *Enke* ein gewöhnlicher eigenname ist."

[475] Zum eventuell etr. *l*-Suffix in *anculus* s. im Text weiter unten.

[476] *-ar* ist hier, so Prof. *Pfiffig* brieflich unter Berufung auf Danielsson ad *CIE* 5543 und Slotty, *Beiträge zur Etr.* I,177, Variante zu *-e* bei der Etruskisierung von lat. *-us*.

[477] Entlehnung aus dem Lat. wird wohl in Hinblick auf den frühen Beleg im Etr. (6.Jh.) auszuschließen sein.

[478] Zur möglichen Homonymie von Verbal- und Nominalstamm im Etr. s. S. 257 Fn. 267.

Das als Sprachrest der Belverde-Cetona-Kultur anzusprechende oder auch echt etruskische, jedenfalls nicht „Diener" bedeutende PN *anχe*/⁺*ance* mußte nach seiner Entlehnung ins Lateinische als PN einen Bedeutungswandel der Art durchmachen, daß sich aus einem häufig und in ganz bestimmten Gesellschaftsschichten auftretenden PN ein eben diese spezifische (niedere) soziale Stellung seiner Träger anzeigendes Appellativ entwickelte. Oder das (genuin oder nicht genuin) etr. PN *anχe*/⁺*ance*, welches „Diener" o.ä. bedeutete, mußte in praenominaler und zugleich appellativischer Funktion als ⁺*ancus*[479] ins Lateinische übernommen worden sein (vgl.u.W. *laetus*).

Es ist natürlich nicht auszuschließen, daß das PN *Ancus* vom Lateinischen nicht aus dem Etr., sondern aus einer anderen der umgebenden Sprachen entlehnt wurde.

Das *l*-Suffix in *anculus* könnte lateinisches bzw. ie. Deminutivsuffix (hier wohl mit pejorativem Sinn) oder auch das etr. Deminutivsuffix -*le* sein; s. Kap. C.4.1.2.

Die Entlehnung des lat. PN *Ancus* ins Etr. als *ancar*, von der oben bereits die Rede war (s. auch S. 332 Fn. 476), könnte als Rückentlehnung des originär oder nicht originär etr., jedenfalls aus dem Etruskischen ins Lateinische gelangten PN, auch als zweite, diesmal dem Lateinischen entnommenen Entlehnung des bereits früher aus einer Substratsprache ins Etruskische entlehnten PN verstanden werden. Der dem üblichen Entlehnmodus (lat. -*us* > etr. -*e*; s. *DGE 2*, 95,291) nicht entsprechende Ausgang -*ar* in *ancar* etc. fände darin seine Erklärung, daß es verständlich wäre, wollte das Etruskische das neu übernommene PN von dem archaischen PN *anχe*/⁺*ance* auseinanderhalten. Möglicherweise sollte auch, zieht man eine Deutung als „Diener" o.ä. in Betracht, dieses dem älteren PN anhaftende Odium vermieden werden.

apex, -*icis m.*: „„äußerste Spitze' (z.B. *grani, lauri, collis*), Helmspitze, Apex in der Schrift, bes. der stabartige, aus Ölbaumholz (*virgula oleagina* Paul. Fest. 10[480]), Aufsatz auf der Priestermütze (*pileus, albogalerus*), auch diese selbst, Tiara"[481] (*WH* s.v.); seit *Lucil.* [?]

---

[479] Zu vermutetem ⁺*ancus* im zweiten Wortteil von *cup-encus* (s.b.W.) s. Corssen, *l.c.*; Danielsson, *l.c.*

[480] Diese Stellenangabe muß auf Irrtum beruhen. Eine Erklärung „*virgula oleagina*" für *apex* ist bei *Paul. Fest.* nicht zu finden.

[481] Zur Sache selbst s. ausführlich *RET*, 48 f.

Lit.: Müller-Deecke, *Die Etrusker I*,258; Muller, *Zur Geschichte*, 265; Ettmayer, *Der Ortsname Luzern*, 23; Ernout, *EE*, 106, Fn. 2; ders., *Senex*, 143 f.; *WH* l.c.; *EM* s.v.

Seit Müller-Deecke, *l.c.*, darauf hinwies, daß der *apex* als Bestandteil der priesterlichen Tracht wahrscheinlich aus Etrurien stamme[482] (vgl. Muller, *l.c.*, Ernout, *EE*, 106, Fn. 2) wurde bisweilen Herkunft auch des Wortes aus dem Etr. vermutet: so von Ettmayer, *l.c.*, *EM* l.c.

Die bereits antike Verknüpfung (vgl. *Paul. Fest.* 17,6 L; *Fest.* 222,13 L) mit *apere* „comprehendere vinculo, ritu flaminum adligare" (*Paul. Fest.* l.c.), d.h. *apex* eigentlich „Befestigung, Anfügung" (zur Bildung vgl. *vertex* — *vertere*), wird von Ernout, *Senex*, 143 f. (zweifelnd; es könne auch Entlehnung vorliegen) und von *WH* l.c. vertreten.

Zus.: Etr. Par.: Belegt sind die Namenformen *apice CIE* 2886 u.ö. (GN und CN m.), *apiceś CIE* 1558 u.ö. (Gen. zu *apice*, GN m., Gamonym), *apices CIE* 2008 (Gen. zu *apice*, GN m., Gamonym), *apicesa CIE* 730 (*sa*-Ableitung zu *apice*, GN m., Gamonym), *apicnei CIE* 2891 (GN f.; 2. Gentiliz).

Die Bedeutung von *apice* ist unbekannt. Zusammenhang mit lat. *apic-* ist nicht auszuschließen; vgl. den deutschen Familiennamen „Spitz".

arillātor, *-ōris m.*: „*cocio*, μεταβόλος, *dardanarius*, Makler" (*WH* s.v.); *Paul. Fest.*; *Gell.*; *Gl.* [+]

Lit.: Skutsch, *Arillātor*; Ernout, *EE*, 111; *WH* l.c.; Durante, *Una supravvivenza*; *LE* s.v.; *EM* s.v.

Neben der alten, von Skutsch, *l.c.*, Ernout, *l.c.*, *WH* l.c. vertretenen Hypothese einer Herleitung aus +*arilla* zu *arra*, Kurzform zu *arrabō* < gr. ἀρραβών (< hebr. *'ērābōn*; vgl. *EM* l.c. mit Reserve und ohne Erwähnung von +*arilla*), für welche von den genannten Autoren mit Ausnahme von Skutsch etr. Vermittlung nicht ausgeschlossen wird (s. aber u.W. *arra*) und neben Alessios Hinweis (*LE* l.c.) auf die Form ἄριλλα *IG Rom.* 4,1349 mit unsicherer Bedeutung steht die von Durante, *l.c.*, überzeugend vorgebrachte Theorie einer Herleitung aus dem Etr.:

Lat. *arillātor* liege etr. +*aril*[483] zugrunde; +*aril* setze sich zusammen aus der

---

[482] S. dazu ausführlicher *RET*, l.c.

[483] Ob die zweimal (*CII* 2145 und *SE* 10,399, n. 3, beides 5.Jh.) belegte Form *aril*, welche zur Bezeichnung des Atlas dient, mit *ar-* „*facere*" in Zusammenhang zu bringen sei, bleibe ungewiß; s. Durante, *o.c.*, 197 f.

etr. Verbwurzel *ar-* „*facere*" und etr. *-il*, welches als Suffix der Nomina rei actae fungiere (*acil AM* 6[15] u.ö.: „*quod operatum est*", „*opus*"[484]), aber auch Nomina agentis bilden zu können scheine[485]; ⁺*aril* bedeute dementsprechend „*factor, actor*", wozu semantisch die Ausdrücke deutsch "Händler, Makler", frz. „facteur", gr. πραγματευτής unmittelbare Parallelen böten.

Zus.: Etr. Par.: Zum Verbalkern *ar-* bzw. den zugehörigen Ableitungen s. *ThLE*, 68 f.; zu anzusetzendem ⁺*aril* s.o.

asīlus, *-ī m.:* „Bremse, Viehbremse" (*WH* s.v.); seit *Nigid. ap. Serv. auct. Georg.* 3,147 und *Verg.* [??]

Lit.: Ernout, *EE*, 110, Fn. 2; ders., *Aspects*, 53; *WH* l.c.; *EM* s.v.

An der nicht ie. Herkunft von *asīlus* wird nicht gezweifelt (s. Ernout, *ll.cc.*; *WH* l.c., *EM* l.c.):

Etr. Herkunft zieht wegen der von *Serv. Aen.* 12,127 bzw. *Sil.* 14,149 als etr. angegebenen EN *Asīlās* und *Asīlus* Ernout, *EE*, 110, Fn. 2 in Betracht; so auch *WH* l.c.; vgl. auch Ernout, *Aspects*, 53, wo allerdings auch die Möglichkeit angeführt ist, es könne sich um unabhängige Entlehnung eines nicht ie. Wortes ins Etr. wie ins Lat. handeln; vgl. *EM* l.c..

Zus.[486]: Etr. Par.: An lautlich Vergleichbarem bietet das etr. Wortmaterial nur *asil CIE* 5168 (*TLE* 205) und *asu CVA*, Leiden, Rijksmuseum van Oudheden, fasc. 1, t. 25, n. 1-2, 6.Jh.
Möglicherweise handelt es sich um Ableitungen zu ⁺*aś-* „treffen, verwunden, rächen?" (*DES*, 282). Faßt man *asil* als Bildung auf *-il* auf (s. DES § 138; s. aber auch u.W. *arillātor*) und übersetzt man es nach dem Muster von *ac-il*, wörtlich „das Gemachte", so ergäbe sich „das Getroffene; das Gerächte". Allerdings scheint aktive Bedeutung von *-(i)l* und damit eine Wiedergabe mit „der Treffende, der Rächende" o.ä. nicht ausgeschlossen; s.u.W. *arillātor*. Zu Verbalnomina bildendem *-u* s.. *DES* § 173 und 134; der passiven Bedeutung — *asu* „getroffen, gerächt" — wäre auch hier die aktive — *asu* „Treffender, Rächer" — vorzuziehen.

---

[484] Vgl. *DES*, 281: „*acil* — I das gemachte; Werk. II mit Modalis: ‚ist nötig' (*opus est*)". Zu *-il* s. ausführlicher *DES* § 138.
[485] Zur nur scheinbaren Unvereinbarkeit von aktivem und passivem Sinn innerhalb der Funktionsgrenzen eines einzigen Suffixes vgl. das etr. Verbalnomen-Suffix *-n*, s. *DES* § 134; vgl. auch lat. *-to-* der Perfektpartizipien etwa von *laudō, cēnō, hortor*.
[486] Die Präferenz des Etr. für den Vokal *a* (s. Kap. B.1.1.3.1.) stellt natürlich alleine kein maßgebliches Argument zugunsten etr. Herkunft eines Wortes dar.

Eine Zusammenstellung von etr. *asil, asu* mit lat. *asīlus* dürfte aus semantischen wie auch (hier ist natürlich nur an *asil* zu denken; doch handelt es sich bei den Formen auf Suffix *-[i]l* um sehr spezifische, nicht häufig belegte und daher für Entlehnung nicht prädestinierte Bildungen; zudem müßte vorausgesetzt werden, daß im Lat. an *asil* einfach *-us* angehängt worden wäre, was nicht gänzlich auszuschließen ist [s. S. 34], aber keineswegs die Regel darstellt) aus morphologischen Gründen nicht in Betracht zu ziehen sein.

avillus, -ī *m.*: „*agnus recentis partus*" (*WH* s.v.); *Paul. Fest.* 13,14 L, *Gl.* [??]

Lit.: Deroy, *Quelques survivances*, 5; *WH* l.c.; *LE* s.v.; *EM* s.v.

Gegenüber der im allgemeinen angenommenen Herleitung aus dem Ie. (nach *WH* l.c. aus ⁺*ovillos*, Dem. zu *ovis*; nach *EM* l.c. zu *agnus* < ⁺*agwnós* zu stellen; nach *LE* l.c. aus *ovīllus*, Dem. zu *ovīnus* "della pecora") vertritt Deroy, *l.c.*, die Hypothese etr. Herkunft:

avillus, wörtlich „agneau de l'année", sei von etr. *avil CIE* 5439 u.ö. „Jahr" (über ⁺*avil-na* oder den hypostasierten Gen. *avilś*[487]) herzuleiten.

Abgesehen davon, daß im Etr. ⁺*avil-na* gar nicht, *avilś* nicht in der von Deroy vorausgesetzten Bedeutung belegt ist (s. Fn. 487), bestand sicher für eine Sprache wie die lateinische, deren Träger seit alters her mit der Viehwirtschaft vertraut waren, nicht die Notwendigkeit, einen Ausdruck wie den zur Diskussion stehenden zu entlehnen. Herleitung aus dem Ie. wird als zutreffend zu betrachten sein.

Zus.[488]: Etr. Par.: Zu den Belegen für etr. *avil* und *avilś* s. *ThLE*, 46 f.; s. dazu aber oben.

bāca/**bacca,** -ae *f.*: „Beere" (*WH* s.v.); seit *Cato.* [?]
bacar: „*vas vinarium simile bacrioni*" *Paul. Fest.* 28, 3 L. [?]
bacarium: „*vas vinarium, aquarium*" *Gl.* [?]
bacariō: „*urceoli genus*" *Gl.* [?]
bacriō: „*bacriōnem dicebant genus vasis longioris manubrii, hoc alii trullam appellabant.*" *Paul. Fest.* 28, 1 L. [?]
baccea/**bacchia:** „Weinkrug" (*WH* l.c.) *Isid. Orig.* 20,5,4. [?]

---

[487] Die Form *avilś* ist sehr oft belegt (*avilś AM* 4² u.ö.; *avils CIE* 5424 = *TLE* 128 u.ö.), ist jedoch in keinem Fall als hypostasierter Gen. zu übersetzen.

[488] Die Präferenz des Etr. für den Vokal *a* (s. Kap. B.1.1.3.1.) stellt natürlich alleine kein maßgebliches Argument zugunsten etr. Herkunft eines Wortes dar.

Lit.: Ernout, *EE*, 121, Fn. 2; Oštir, *Drei vorslav.-etr. Vogelnamen*, 83; Bertoldi, *Prerogative*, 87-89,98; Alessio, *Fitonimi*, 209 f.; Bertoldi, *L'Iberia prelatina*, 21 f.; Alessio, *Vestigia*, 147; Palmer, *The Latin Language*, 57; *WH* l.c.; de Simone, *DGE 2*, 100 f.; *EM* s.v.

Im allgemeinen wird Herkunft von *bāca* aus einer nicht ie. mediterranen Sprache angenommen: so von Bertoldi, *ll.cc.*; Alessio, *ll.cc.*; Palmer, *l.c.*; *WH* l.c.; *EM* l.c.[489]

Neben üblicherweise (s. *WH* l.c.; *EM* l.c.; s. auch Alessio, *Fitonimi*, 209, Fn. 241, mit älterer Literatur) zu lat. *bāca* gestelltem gr. (thrak.) Βάκχος[490] und iber. *bacca* „vinum in Hispania" (*Varro* L.L.7,87) zieht Bertoldi, *Prerogative*, 87-89, auch lat. *baccar*[491], etr. *paci CIE* 5920 (GN f.) und *CIE* 2503 (GN m.), *pacial* (belegt ist *paciạls CIE* 5930, „der der *paci*", „Sohn der *paci*", hypostasierter Gen. nach Art von *papals CIE* 5989 = *TLE* 52 u.ö.; s. *DES* § 51,45.b.), etr.-lat. *Baccius, Paccius*, lyd. *Bakivalis*, gr. βάκκαρις·μύρον Λύδιον *Hes.*, βάκχαρ id. *Ps.-Diosk.*, βάκχαρις·βοτάνη στεφανωματική *Diosk.* 3,44, βακαρ „*baccar*" (von *Ps.-Diosk.* 1,10 RV den Γάλλοι zugeschrieben) zum Vergleich heran[492]; es handle sich um Relikte des med. Substrats, die

[489] Zu anderen Auffassungen s. *WH* l.c.; vgl. auch Oštir, *l.c.*, der *bacar* in abenteuerlicher Weise auf „alteurop. ⁺*bā(u)k*-∞ ⁺*bōk*-... ‚Buche'" zurückzuführen sucht.

[490] S. dazu zurückhaltend de Simone, *l.c.*, mit weiterer Lit.

[491] ***baccar***, *-is n.; baccaris-is f.* (spät auch *bacchar, baccharis*): „‚Pflanze mit wohlriechender Wurzel', wahrschl. ‚Gnaphalium sanguineum L.', verwandt mit *asarum* ‚Haselwurz' (= gr. ἄσαρον ...)" (*WH* s.v. *baccar*); *baccar* n. seit *Verg.*; *baccaris* f. seit *Plin.*

Nach Bertoldi, *Plurale*, 106 f. (vgl. ders., *L'Iberia prelatina*, 21 f.), liege lyd. βάκχαρ, offenbar eine Kollektivbildung (vgl. ders., *Storia*, 71, Fn. 10) zugrunde, die wohl über das Etruskische ins Lateinische gelangt sei; für etr. Vermittlung läßt sich jedoch kein Beweis erbringen.

Battisti, der „*Il sostrato*", 357 f. (vgl. 374), die Formen und Bezeugungen von gr. βάκχαρις behandelt, weist darauf hin, daß möglicherweise mit Lewy hebr. *bakha* „nome d'una pianta simile al cespuglio del balsamo, probabilmente il ‚pistacia lentiscus'", von der sem. Wurzel *bkh* „weinen" bzw. „lasciar stillare il lattice" zu vergleichen sei; das Formans *-ar* sei jedoch sicher nicht semitisch. *WH* l.c. und *EM* s.v. *baccar* sehen in *baccar* Entlehnung aus dem Gr.: *WH* (vgl. Ernout, *Aspects*, 11) aus βάκκαρις (βάκχαρ *Ps.-Diosk.* sei Rückentlehnung aus dem Lat.), *EM* aus βάκκαρ, βάκκαρις.

Die Präferenz des Etr. für den Vokal *a* (s. Kap. B.1.1.3.1.) stellt natürlich alleine kein maßgebliches Argument zugunsten etr. Herkunft bzw. Vermittlung dar. [??]

[492] Alessio, *Fitonimi*, 210, Fn. 245, erweitert diese Liste um *baccane Gl.* 4,24,15 u.ö., *bacane, o.c.* V 442 u.ö., *baccanei Lib. Gloss.*, βάκανον *Marcell. Med.* 22,43. Er stellt, *o.c.*, 209 f., die Hypothese auf, *bāca* sei zu *ac(ina)* wie *pamp(inus)* zu ἄμπ(ελος) zu stellen; der Abfall des anlautenden Labials (vgl. dazu ders., *Stratificazione*, 238 f.) könne neben dem Wechsel von einfacher und Doppelkonsonanz bei *bāca/bacca*/βάκχαρις als Hinweis auf med. Herkunft betrachtet werden; eventuell ließen sich derselben Substratwurzel auch *vaccīnium* — ὑάκινθος zuschreiben. Vgl. Deroy, *La valeur*, 187 ff., der med. „⁺*wak(k)i* ou ⁺*wak(k)a*, prononcé parfois ⁺*bak(k)i* ou ⁺*bak(k)a*" in der Bedeutung „Beere" als Grundform für die Sippe *bāca, bacca*,

ursprünglich mit der Weinkultur zu tun gehabt hätten; in Iberien als einer konservativen Randzone habe sich die alte Bedeutung *bacca* = *vinum* (*Varro* l.c.) erhalten; vermittelt worden an das Lateinische seien *bāca* und *baccar* durch das Etruskische; vgl. ders., *L'Iberia prelatina*, 21 f. S. dazu aber unter „Etr. Par.".

Etr. Herkunft von *bacar* scheint Ernout, *l.c.*, zu vermuten, wenn er darauf hinweist, daß der Ausgang von *bacar* an den etr. Plural *-ar* erinnere; s. dazu Fn. 493.

Zus.[493]: Etr. Par.: Belegt sind folgende Ableitungen vom Götternamen ^+paχa, welcher als Etruskisierung von gr. Βάκχος gelten muß (s. *DGE* 2,100 f.): *paχaθuras CIE* 5720 (*TLE* 190; Gen. von *paχaθur*, „cultores Bacchi"; s. *DES*, 298, vgl. § 166), *paχana CIE* 5430 (*TLE* 131; Adj. II von ^+paχa, „zu Bacchus gehörig; met. Bacchustempel"; s. *DES*, 298), *paχanati CIE* 5472 (*TLE* 137; Lok. zu *paχana*, „im Bacchustempel"; s. *DES*, 298), *paχies CII* 2250 (*TLE* 336) u.ö. (Gen. zu *paχie*, Adj. ital. Prägung, „*Bacchius* (Epith. des *Fufluns*)"; s. *DES*, 298).

Daneben existieren GN wie *paci CIE* 2503 u.ö.[494], *pacinei CIE* 86, *pacnies CIE* 5192, *paχnas CIE* 6021. Sie können alle von ^+paχa abgeleitet sein (zum Wechsel χ/c s. *DES* § 16.a.; zu theophoren Gentilizien s. *DES* § 185.h.); doch scheint es auch möglich — ist doch der Göttername ausschließlich in der Schreibung mit -χ- belegt — die Formen auf -c- davon zu trennen und einem eigenen Stamm, der durchaus mit dem von etr. ^+paχa bzw. gr. Βάκχος und

---

βάκχος, βάκκαρις etc., auch ὑάκινθος/*vaccīnium* (dieses sei etr. Herkunft, was jedoch ohne Anhalt ist; **vaccīnium**, *-ī n.:* „Hyazinthe", zumeist im Pl. verwendet, belegt seit *Verg.*, ist vielmehr nach *WH* s.v. entlehnt aus gr. ὑάκινθος mit Annäherung an *vacca, vaccīnus*, oder es habe getrennte Entlehnung des gr. und des lat. Wortes aus einer südeuropäischen Quelle stattgefunden; nach *EM* s.v. sei die Herkunft von *vaccīnium* ungewiß, damit verglichenes ὑάκινθος stamme wegen des Suffixes aus einer ägäischen Sprache) und eventuell *acinus/-a* ansetzt.

Die Präferenz des Etr. für den Vokal *a* (s. Kap. B.1.1.3.1.) stellt natürlich alleine kein maßgebliches Argument zugunsten etr. Herkunft bzw. Vermittlung dar. [??]

[493] *Bacar* als etr. Plural- oder Kollektivbildung (s. Kap. C.4.1.3., S. 505) zu *bāca* aufzufassen („die Beeren, die Weinbeeren, ev. der Wein") erscheint in Rücksicht auf die Bedeutung „*vas vinarium*" nicht sinnvoll. Sollte aber an (volkstümliche) Verkürzung aus *bacarium, bacariō (bacriō)* gedacht werden dürfen, könnte *-ar(-)* Hinweis auf etr. Bildungsweise sein: *bacarium, bacariō (bacriō)* wären Hybridenbildungen, zusammengesetzt aus etr. *bacar* „Wein" + lat. *-ium/ -iō*, etwa „zum Wein Gehöriges" (scil. „Gefäß, *vas*"). Zu *-ius* 3 s. *LG* § 273; zu *-iō* zur Bildung (denominativ) von Gegenständen s. *LG* § 323.B.2.

[494] Zum hypostasierten Gen. *pacials CIE* 5930 s. im Text weiter vorne.

damit mit einem gr. Βάκχος möglicherweise[495] zugrunde liegenden med. Wort für „Weinbeere" verwandt sein kann, zuzuordnen.

buccō, -ōnis m.: „Tölpel" (*WH* s.v. *bucca*); „grande bouche, bavard, sot" (*EM* s.v. *bucca*); seit *Plt.* [?]

Lit.: Kalinka, *Die Heimat*, Sp. 574; Nehring, *LB Lat.Gr.*, *Glotta* 14,225; *WH* l.c.; *LG* § 322.A.; *EM* l.c.

Zugehörigkeit zu *bucca* nehmen *WH* l.c. (*bucca* Gutturalerweiterung mit affektischer Dehnung von ⁺*bu-* „aufblasen, schwellen"), *EM* l.c. (*bucca* wahrscheinlich keltisches Wort; ohne sichere Anknüpfung in anderen ie. Sprachen) und *LG* l.c. an.

Etr. Herkunft (aus einer Form auf *-u*), wozu (die Formen sind Schulze, *ZGLE*, 134, entnommen) etr. *puce CIE* 1639 u.ö. (GN m.), *pucna CIE* 2610 (GN m.), *pucliś CIE* 4429 (scheint in *ThLE* nicht auf; Lesung unsicher, s. *CIE* l.c.) verglichen werden, mit volksetymologischer Angleichung an *bucca* nimmt in Übereinstimmung mit seiner Theorie, die Ursprünge der Atellane seien in Etrurien zu suchen, Kalinka, *l.c.* an; vgl. zustimmend Nehring, *l.c.*

Zus.[496]: Etr. Par.: Belegt ist *puce CIE* 1639, 2609, *CII* 2540 bis > *DGE 1*, 105, mit einigen Weiterbildungen (s. *ThLE*, 279). *puce CIE* 1639 und 2609 ist GN m.; *puce CII* 2540 wird von de Simone, *DGE* 2,18, u.ö., als Entlehnung aus gr. Φῶκος betrachtet.

Das etr. GN *puce* kann, muß aber mit etr. *puce* < gr. Φῶκος nichts zu tun haben. Seine Bedeutung ist, gesetzt den Fall, es sei nicht aus gr. Φῶκος herzuleiten, unbekannt, Zusammenhang mit lat. *buccō* daher nicht auszuschließen.

Setzt man etr. *puce* als Basis für lat. *buccō* an, bedürfte etr. *-e* > lat. *-ō* einer Erklärung, da regulär lat. *-us* zu erwarten wäre, s. S. 32 Fn. 6; doch wäre, da es sich um eine spöttische Personenbezeichnung bzw. um einen Spitznamen handelt, Übertritt in die Klasse der Nomina personalia auf *-ō, -ōnis* denkbar.

Da in lat. Entlehnungen aus dem Etr. lat. *-ō* in der Regel auf etr. *-u* zurückzuführen ist (s. S. 34 Fn. 10 und bes. Kap. C.4.1.6.), wäre mit Kalinka, *l.c.*, eine etr. Form ⁺*pucu* anzusetzen. Sie wäre morphologisch durchaus vorstellbar (Verbalnomen auf *-u* [s. *DES* § 173, § 134] zu einem Verbalkern ⁺*puc-* „schwätzen"?? Vgl. jeden-

---

[495] S. aber de Simone, *l.c.*
[496] Zum Ausgang auf *-ō*, im vorliegenden Fall eventuell als unterstützendes Argument zugunsten einer Herleitung des Wortes aus dem Etr. heranziehbar, s. im Text und Kap. C.4.1.6.

falls die von *EM* l.c. gegebene Übersetzungen zu *buccō*, s.o.), ist jedoch nicht belegt.

būra, *-ae f.; būris, -is f.:* „das Krummholz, der Krümmel am Hinterteile des Pfluges" (*WH* s.v.); *būra* seit *Varro*; *būris* seit *Verg.* [??]

Lit.: Ernout, *EE, 104; WH* l.c.; *EM* s.v.

Etruskische Herkunft dieses in seiner Etymologie ungeklärten Wortes (nach *WH* l.c. wohl Dialektwort, nach *EM* l.c. wegen des Nebeneinanders von *būra* und *būris* entlehnt oder Dialektwort) zieht — wegen der an den Typ der etr. Feminina erinnernden Form auf *-is* — Ernout, *l.c.*, in Betracht; s. aber Fn. 497.

Zus.[497]: Etr. Par.: An lautlich vergleichbaren Formen bietet das Inschriftenmaterial neben *pure CIE* 2646, welches als etruskisiertes gr. Πύρρος zu deuten ist (s. *DGE 1*,108), nur *puratum TLE* 676 bzw. *(puratum CIE* 3 (*TLE* 675) mit ungeklärter Bedeutung. Die genannten Inschriften *TLE* 676 und CIE 3 (*TLE* 675) lauten *tular.śpural.hil.puratum.vipsl.vχ.tatr(..)* bzw. *tular śpural ainpuratum visl vχ tatr*. Es liegt der Verdacht nahe, daß *ainpuratum visl* Verschreibung für *hil puratum vipsl* ist. Der somit aller Wahrscheinlichkeit nach für beide Inschriften anzusetzende Beginn *tular śpural hil* (wobei *hil* nach *DES*, 272, statt der eigentlich zu erwartenden Pluralform *hilar* steht; *hil* bedeute „Erde, Land, irden, irdenes Gefäß"; s. *DES*, 271 ff.) ist übersetzbar („Grenze(n) von Ländereien im Besitz der Stadt" *DES*, 272), der Kontext, in welchem *puratum* steht, daher faßbar. In Zusammenhang mit der Festsetzung von Grenzen könnte zwar die Erwähnung eines Pfluges („Krummholz" könnte spätere Spezifizierung sein) in Betracht gezogen werden; doch wird wohl die Analyse von *puratum* als *purat* + enklitisch *-um* "aber, jedoch" (*DES* § 151.b.) richtig und somit Zusammenstellung mit lat. *būra(-is)* auszuschließen sein.

camurus (*camur* Isid. Orig. 12,1,35; *camerus* Non. 30,7; *camirus* Gl. 5,59,9[498]), *-a, -um:* „gekrümmt" (von den Hörnern des Viehs), „gewölbt" (*WH* s.v.); seit *Verg.* [?]

[497] Zum Ausgang auf *-is*, Gen. *-is* in *būris* (nicht als Hinweis auf etr. Herkunft zu werten) s. Kap. B.1.2.6.

[498] Eine Form *camiros* ist neben *camyros* (und *cameros*) auch Prud. Perist. 12,53 belegt; sie wird als itazistische Variante zu *camyrus* aufzufassen sein, welches seinerseits auf gräzisierender Interpretation von *camurus* beruhen dürfte. An einen auf das Etr. weisenden Wechsel *u/i* (s. Kap. B.1.1.1.3.) wird somit nicht zu denken sein.

Lit.: Ernout, *EE*, 123; *WH* l.c.; *EM* s.v.

Neben ie. Herkunft (nach *WH* l.c. zu gr. καμάρα f. „Gewölbe", ai. *kmárati* „ist krumm", av. *kamarā* f. „Gürtel", auch „⁺Gewölbe", u.a.) wird auch solche aus dem Etr. in Betracht gezogen, so von Ernout, *l.c.*, wegen *-ur-* (s. aber Fn. 500), von *EM* l.c. wegen der etr.-lat. EN *Camurius,* (nach *WH* l.c. aber vielleicht in *Cam-urius* zu zerlegen), *Camurēnus* etc.

Zus.⁴⁹⁹: Etr. Par.: Belegt ist *camuriś* CIE 3873 (Gen. zu *camuri*, GN m., Gamonym). Der semantische Wert ist nicht bekannt. Zusammenhang mit lat. *camurus* wäre unter Umständen denkbar⁵⁰⁰.

***cella**, -ae f.:* „Vorratskammer, enger Wohnraum, Stübchen, Zelle ..., Kirchenschiff" (*WH* s.v.); seit *Naev.* [?]

Lit.: Vetter, *Etr. Wortdeutungen*, 34; *WH* l.c.; Pfiffig, *DES*, 284; *EM* s.v. und s.v. *cēlō*.

Von *WH* l.c. wie von *EM* s.v. *cella* wird das Wort von der aus zahlreichen ie. Sprachen gut belegbaren (s. *WH* l.c., *EM* s.v. *cēlō*) Wurzel ⁺*kel-* „bergen (in der Erde), verhüllen" hergeleitet. Während *WH* l.c. eine Grundform ⁺*cēlā* ansetzt, denkt *EM* s.v. *cella* wegen des geminierten *l* an Herleitung aus dialektal ⁺*kelya* oder ⁺*kel-nā*; oder es sei expressive Gemination anzunehmen.

Doch muß auch Herkunft von lat. *cella* aus dem Etr. in Betracht gezogen werden: Vetter, *l.c.*, übersetzt etr. *celati* CIE 5447 (*TLE* 105) mit „in der *cella*", welcher Auffassung sich Pfiffig anschließt; vgl. *DES*, 284: „*cela* — Subst. — ‚Raum, *cella*'". Es könnte also, da Zusammenhang zwischen etr. *cela* und lat. *cella* gegeben scheint, entweder etr. *cela* als Lehnwort aus dem Lateinischen betrachtet werden, oder lat. *cella* wäre Lehnwort aus dem Etruskischen, wobei die Frage, ob das Etruskische selbst einen Wortkern ⁺*cel-* besessen habe oder ob Entlehnung aus einer jedenfalls zu den Kentum-Sprachen gehörigen, doch sonst nicht genauer bestimmbaren ie. Sprache in früher Zeit (vgl. weiter unten) vorliege, hier nicht von Belang ist. Für die erstgenannte Auffassung (etr. *cela* entlehnt aus lat. *cella*) spricht, allerdings nicht zwingend, da durchaus nicht nur das Lateinische als gebende ie. Sprache in Frage kommt (s.o. und weiter unten), eine mögliche Herleitung von etr. *cela* von der im Ie. reichlich belegten Wurzel ⁺*kel-*; für die zweitge-

---

⁴⁹⁹ Zum Wechsel *u/i* in *camurus/camirus* s. S. 340 Fn. 498.
⁵⁰⁰ Unter der Voraussetzung, daß Verbindung des etr. GN *camuri* zu lat. *camurus* „gekrümmt" angenommen wird, scheint es nicht sinnvoll, in *-ur-* das etr. Pluralsuffix (s. *DES* § 42) zu vermuten.

nannte (lat. *cella* entlehnt aus etr. *cela*) die Semantik [501]; dies insofern, als etr. *cela* in funerärem Zusammenhang belegt ist [502], etwa in der Bedeutung „Grabkammer", also in einem ganz spezifischen Sinn, der sich — da er dem lat. *cella* fehlt — bei Entlehnung aus dem Lat. erst innerhalb des Etruskischen entwickelt haben müßte; doch sollten die Etrusker für eine für ihre Bestattungsart so typische und bis in älteste Zeit hinaufreichende architektonische Erscheinung kein Wort aus ihrer eigenen Sprache zur Verfügung gehabt haben? Sie hätten erst einen lateinischen Ausdruck adaptieren müssen? Sie, von denen die Römer das Bauen erst lernten? Das Kulturgefälle und die Sache sprechen entschieden gegen eine Zurückführung von etr. *cela* auf lat. *cella* (nicht in gleicher Weise gegen eine Rückführung auf ie. +*kel*-, in früher Zeit über eine nicht näher definierbare ie. Sprache ins Etr. gelangt; vgl. weiter oben). Hingegen kann etr. *cela* als Bezeichnung für eine häufig unterirdische, doch auch über dem Erdniveau befindliche Grabkammer sehr wohl von den Latinern, die ein derartiges Bauwerk hier zum ersten Mal kennenlernten, übernommen worden sein; zwar hatten sie — nach ihrer Art zu bestatten — für eine solche Konstruktion als Grabraum keine Verwendung, mochten sie aber zur Aufbewahrung von Vorräten als nützlich erachten. Anzusetzen wäre demnach eine Bedeutungsentwicklung von „Grabkammer" über "enge Kammer, enger Raum" zu „Vorratskammer" (jeweils mit dem Zusatz „unter oder über der Erde").

Zus.: Etr. Par.: Neben *celati* CIE 5447 (*TLE* 105; s. dazu weiter vorne und Fn. 502) ist auch *cela* CIE 5253 (*TLE* 294) aus der Tomba François belegt. Die Inschrift lautet *cela:salθn* und ist zu übersetzen „bringt diese *cela* dar" (zu *salθn* „bringt dies dar" s. *DES*, 301); das fehlende Subjekt sowie ein Objekt steht — räumlich getrennt — in einer anderen Inschrift der Tomba François: CIE 5250 (*TLE* 293) *lar [i]ṣ[·]saties·larθial·hels·atrś* „Laris Saties, Sohn der *Larθi*, den eigenen Eltern". Die Zusammenziehung beider Inschriften ergibt den einwandfreien Text: „Laris Saties, Sohn der *Larθi*, bringt diese *cela* dar den eigenen Eltern."

Das CIE 2035 belegte CN *celaś* wird nichts mit *cela* „Grabkammer, Raum" zu tun haben.

---

[501] Die bei Herleitung aus dem Ie. letztlich ungeklärte Doppelkonsonanz -*ll*- findet auch bei Rückführung auf das Etr. keine sichere Erklärung; es könnte nur vermutet werden, daß -*l*- in etr. *cela* lateinischen Ohren eher als -*ll*- denn als -*l*- geklungen habe.

[502] CIE 5447 (*TLE* 105) ... *celati:cẹsu* „in der *cela* ist gelegen, liegt".

cīlō/cillō, -ōnis m.: „*cilo est capite angusto, cui hoc contingit in partu*" Caper GLK 7,97,17; „*cui frons est eminentior ac dextra sinistraque velut recisa videtur*" Paul. Fest. 38,4 L; auch CN; *cīlō* seit Paul. Fest. l.c.; Vel. GLK 7,69,13; Caper GLK 7,97,17; *cillō* Gl. 2,100,40; 3,253,1. [?]

Lit.: Schulze, ZGLE, 149; Ernout, EE, 111 f.; WH s.v.; EM s.v.

Die bisweilen angestellten Versuche einer Herleitung aus dem Ie. sind abzulehnen, s. WH l.c.

Etr. Herkunft wird im allgemeinen als wahrscheinlich betrachtet, so — wegen -*ō*, -*ōnis* (s. dazu Fn. 503) — von Ernout, *l.c.*; vgl. EM l.c. und WH l.c., wo auf das „jedenfalls etr." CN *Cīlō* (vgl. Schulze, *l.c.*) verwiesen wird.

Zus.[503]: Etr. Par.: *Cīlō* in seiner Erklärung bei Caper „*capite angusto, cui hoc contingit in partu*" ruft Assoziationen zum Namen der etr. Göttin *Cilen(s)*, die als Dea Genetrix aufzufassen ist (s. RET, 57,25, u.ö.), hervor. Belegt sind von diesem Götternamen die Nominativ- formen *cilen* TLE 719 und *cilens* CIE 5179 (TLE 207) und der Gen. *cilensl* TLE 719[a)].

Zweifellos liegt der Gottesbezeichnung *cilen(s)* wie auch den Appellativen *cilθ* AM 7⁷ u.ö. „Volk, Nation" (DES, 285) und *clan* (Belege s. ThLE, 109 f.) „Sohn" (DES, l.c.) und den GN-Formen *cilni* CII 462 (GN m. oder f.), *cilnia* SE 40,463, n. 79 (GN f.), *cilnia* CIE 5221 (TLE 350; wohl verkürzt aus *cilnias*, Gen. zu *cilnia*, GN f.[504]), *kilna[l]* CIE 409 (Gen. zu *kilnei*, GN f., Metronym), *kilnei* CIE 408 (TLE 674; GN f.) der Wortkern ⁺*cil-* „zeugen" (DES, l.c.) zugrunde (vgl. auch Pfiffig, Bespr. de Simone, DGE, 658).[505]

Für lat. *cīlō* wäre, wollte man es mit etr. ⁺*cil-* in Verbindung bringen, etr. ⁺*cil-u*, ein Verbalnomen auf -*u* (s. DES §173; §134) mit der Bedeutung „der Gezeugte, der Geborene" anzusetzen. Diese Herleitung erweist sich hinsichtlich der Morphologie als

---

[503] Zum Ausgang auf -*ō*, im vorliegenden Fall eventuell als unterstützendes Argument zugunsten einer Herleitung des Wortes aus dem Etr. heranziehbar, s. Kap. C.4.1.6.; vgl. im Text weiter unten.

[504] Anders Cristofani, REE SE 40,463,79, der zu ⁺*cilnial* ergänzt, was die Annahme eines Nom. *cilni* bedingt.

[505] Nach Strnad, Mondkreis, 469, sei *cilen* Ableitung von etr. -*cvil* (etwa in *tinścvil* CIE 440 = TLE 643 u.ö. „Tin-Sproß", DES, 304; -*c/χvil* bildet nach DES §167 weibliche theophore Namen), welches (vgl. ders., Hat die etruskische Sprache, 118) mit georgisch (s.u.W. *abdōmen*) *švili* „Kind" verwandt sei. Ohne Anhalt, solange im Etr. ein Wandel *cvi-* > *ci-* nicht nachgewiesen ist.

völlig problemlos, nicht jedoch hinsichtlich der Semantik: ein Bedeutungswandel von „der Geborene" zu "Mensch mit bei (seit) der Geburt deformiertem Schädel" wäre zumindest als ungewöhnlich zu bezeichnen.

crepus/creppus, -ī m.: „Beiwort der *luperci* („*caper*'?)" (*WH* s.v.); *Paul. Fest.* 49,18 L[506]. [?]

crepa, -ae f.: „*capra*" *Paul. Fest.* 42,7 L[507]; vgl. *Isid. Orig.* 12,1,15[508]. [?]

Lit.: *WH* l.c.; *LE* s.v. *crepus*; *EM* s.v. *crepus*.

Während *WH* l.c. in *crepus* eventuell ein Deckwort für *caper* (von der *pellis caprīna* im Ritual der *luperci*) zu *crepāre*[509] sieht, welche Erklärung jedoch für *crepa* kaum passend erscheine, *EM* l.c. eine Etymologie vermeidet, versucht *LE* l.c. Anknüpfung an das Etr.: *Crepus* und *crepa* zeigten im Vergleich zu *caper* und *capra* Metathese des *-r-*, welche auf volksetymologische Annäherung an *crepāre* zu erklären sei; der unterschiedliche Vokalismus e/a sei auf das Etr. zurückzuführen, welches einen Wechsel a/e gekannt habe; *capra* sei nach *Hesych* (κάπρα·αἴξ Τυρρηνοί) im etr. Lexikon vorhanden gewesen.

Dagegen ist primär einzuwenden, daß *capra* von *Hesych* mit Sicherheit zu Unrecht dem Etruskischen zugeschrieben wurde (s. S. 133), und ferner, daß ein Wechsel a/e bzw. ein Wandel a > e im Etruskischen nicht beliebig auftritt, sondern, soweit für uns erkennbar, als Umlaut aufzufassen ist (s. *DES* § 12; vgl. S. 12 Fn. 1 und u.WW. *lemurēs, agō*); Anlaß zu Umlaut scheint jedoch im vorliegenden Fall nicht gegeben.

Zus.[510]: Etr. Par.: Belegt sind die Namenformen *crepni CIE* 1473[a)] u.ö. (GN m.) und *crepus CIE* 10486 (6.Jh.; Gen. zu *crepu*, GN m.) bzw. *crepus(..) CIE* 6120 und *cr[ep]uṣ.. CIE* 6167 (GN m.). Der semantische Wert des Wortkernes *crep-* ist unbekannt, Zusammenhang mit lat. *crepus* („Bock"?) nicht ausgeschlossen.

---

[506] „*crep(p)os, id est lupercos, dicebant a crepitu pellicularum quem faciunt verberantes. mos enim erat Romanis in Lupercalibus nudos discurrere et pellibus obvias quasque feminas ferire.*"

[507] „*caprae dictae, quod omne virgultum carpant, sive a crepitu crurum; unde et crepas eas prisci dixerunt.*"

[508] Wie *Paul. Fest.* 42,7 L (s. Fn. 507), erweitert um den Zusatz „*quae sunt agrestes caprae, quas Graeci ... dorcadas appellaverunt*".

[509] Vgl. *Paul. Fest.* 49,18 L (s. Fn. 506).

[510] Zu dem von Alessio angesprochenen angeblichen Wechsel a/e im Etr. s. im Text weiter vorne.

cupencus, -ī m.: „Herkulespriester" (*WH* s.v.); *Verg. u. Stat.* [??]

Lit.: Corssen, *Über die formen*, 27 f.; Cortsen, *Etr. Standes- und Beamtentitel*, 128; Sittig, *Besprechung Cortsen, Die etr. Standes- und Beamtentitel*, 36; Danielsson, *Etr. Inschriften*, 89, Fn. 2 von p. 88; Trombetti, *La lingua*, 108 f.; Ribezzo, *Roma*, 67; Vetter, *LB Etr., Glotta* 18,307; Leifer, *Studien 1*,138, 282 f.; Vetter, *Etr. Wortdeutungen*, 61,67-69; Battisti, *Rassegna*, 422; Palmer, *The Latin Language*, 48; Carnoy, *Etrusco-latina*, 102 f.; *WH* l.c.; Pfiffig, *DES*, 284; Boccali, *Le fonti*, 504; *LE* s.v.; EM s.v.

Zu den nicht überzeugenden Versuchen einer Herleitung dieses von *Serv. Aen.* 12,538 als sabinisch bezeichneten Wortes aus dem Ie. s. *WH* l.c.[511]
Zumeist wird Zusammenstellung mit etr. *cepen*[512] (zu den zahlreichen Belegen s. *ThLE*, 103), welches u.a. als eine Art Priesteramt gedeutet wurde (s. Cortsen, *l.c.*; Leifer, *ll.cc.*), erwogen: So von Cortsen, *l.c.*[513]; Ribezzo, *l.c.* (Entlehnung von sabin. *cupencus* aus etr. *cepen*); Leifer, *o.c.*, 282 f.; Palmer, *l.c.* (wie Ribezzo, *l.c.*); *WH* l.c., wo allerdings auf die Schwierigkeiten, die „der Wechsel *u/e* und die Weiterbildung durch das italische Suffix *-ko-*" bereite, hingewiesen wird; Boccali, *l.c.*, der sich an *WH* l.c. orientiert; *LE* l.c., wo Alessio die bei *WH* l.c. vorgebrachten Einwände mit Hinweis auf das als archaische Form zu *cepen* interpretierte *cipen TLE* 2⁸ (vgl. Trombetti, *o.c.*, 109; es ist jedoch keineswegs erwiesen, daß *cipen* als [archaische] Variante zu

---

[511] S. auch Corssen, *l.c.*, der *cup-* mit dem von *Varro L.L.* 5,159 als sabinisch angegebenem *cyprus* „*bonus*" in Verbindung bringt, *-encus* als ⁺*ancus* (s.u.W. *anculus*) „*minister*" deutet und somit *cupencus* mit „guter Diener" übersetzen zu müssen glaubt.
Trombetti, *l.c.*, zerlegt das Wort in *cup-en-cus*, bringt *cup-* mit lat. *cup-iō* in Verbindung und sieht in *-en-* das gleiche Suffix wie in etr. *cep-en* (s. im Text weiter unten), gr. πευθ-ήν, ἐσσ-ήν, phryg. βαλήν etc. (etr. *cep-* führt er auf die ie. Wurzel ⁺*kap-* „*capere*" zurück; die ursprüngliche Bedeutung von *cepen* sei „*capiens*" gewesen, „colui che ha preso ... e quindi tiene", scil. einen Stab oder ein Szepter).
Zu einer weiteren letztlich ie. Deutung s. auch Carnoy, *l.c.*, s. Fn. 512.
[512] Zu Trombettis indoeuropäisierender Deutung von *cepen* s. Fn. 511.
Carnoy, *l.c.*, versucht, gemäß seinem Bemühen, verwandtschaftliche Beziehungen zwischen dem Etr. und dem Ie. nachzuweisen, etr. *cepen*, aus welchem lat. *cupencus* entlehnt sei, auf eine Wurzel ⁺*koui-* zurückzuführen, „qui n'est autre que le κοίης ‚prêtre' d'Hesychius, le lydien *kavēs* ‚prêtre' et le sans. *kavi* ‚devin, poète' ...". Die älteste Form von etr. *cepen* lasse sich aus dessen Pluralform *cep-ar* (*AM* 7¹⁹) erschließen. Diese Form wurde schon von Trombetti, *o.c.*, 109, als Kollektivum aufgefaßt. S. dazu Vetter, *Etr. Wortdeutungen*, 69: „Über die verzweifelte Annahme, daß *cepar* der Plural von *cepen* sei, braucht nicht weiter gesprochen zu werden."
[513] Allerdings habe sich Cortsen nach Vetter, *LB Etr., Glotta* 18,307, später mündlich von dieser Auffassung distanziert; s. dagegen auch Danielsson, *l.c.*; Sittig, *l.c.*

cepen zu deuten ist) und auf den aus dem med. Substrat bezeugten Wechsel *i/ u* (s. Kap. B.1.1.1.3.; ein anderer Erklärungsversuch findet sich bei Sittig, *l.c.*: der Wandel *e > u* vor *p* erinnere an Fälle wie *reciperāre — recuperāre, ancipis — ancupis*) sowie mit Hinweis auf das Suffix in *flāminica* gegenüber *flāmen* zu entkräften versucht; schließlich von *EM* l.c. mit Reserve.

Hinfällig wird selbstverständlich jeder Versuch einer Herleitung aus etr. *cepen*, sobald *cepen* nicht nach Cortsen, *l.c.*, als „Priester", sondern als Konjunktion gedeutet wird. Dieser Interpretationsvorschlag stammt von Vetter, *Etr. Wortdeutungen*, 61 und 67-69: „Zu Bindewörtern werden ... die Adverbia *cepar* und *cepen*, die Zusammensetzungen des Stammes des hinweisenden Fürworts mit Präpositionen sind; sie entsprechen nhd. Bildungen, wie ‚davor', ‚dafür' ..." (*O.c.*, 61.) Vgl. zustimmend Battisti, *l.c.*, mit weiterer Literatur. Vgl. auch *DES*, 284: „*cepen* — Appell. — Vorsteher, Priester??? (Konjunktion?)".

Gegen eine Deutung als „Priester" scheint auch folgende Beobachtung zu sprechen: Während zu *zilaθ, maru* und anderen Bezeichnungen für Amtsträger die für eine agglutinierende Sprache wie das Etr. charakteristischen Weiterbildungen wie *zilaχnu CIE* 5441 (*TLE* 133) u.ö., *zilcti CIE* 5316 (*TLE* 325), *marunuχva CIE* 5807 (*TLE* 170) u.ö. etc. nachweisbar sind, tritt das rund 15mal, also recht häufig belegte *cepen* immer nur in eben dieser einen Form auf.

Zus.: Etr. Par.: Zu den Deutungsversuchen von etr. *cepen* s.o. Selbst wenn *cepen*, obwohl diese Bedeutung endgültig aufgegeben werden sollte (s.o.), mit „Priester" zu übersetzen wäre, bliebe ein Lautwandel etr. *-e-* > lat. *-u-* vor *-p-* ohne Parallelen.

fenestra/fēstra Paul. Fest. 80,27 L; Macr. Sat. 3,12,8/*frēstra* vulg., *-ae f.*: „‚Öffnung für Luft und Licht in der Wand, Fensteröffnung (erst in der Kaiserzeit mit Marienglas verschlossen), Fenster; Schießscharte'; auch ‚kleine tür- oder fensterartige Öffnung im Heiligtum'" (*WH* s.v.); seit *Enn.* und *Plt.*, seit *Verg.* [??]

fenestrula Apul./*fenestella* seit Colum./*fenestrella* Diosk., *-ae f.*; *fenestellum* Chiron., *-i n.*: „kleine Öffnung, Fensterchen" (*WH* l.c.). [??]

Lit.: Herbig, *Etruskisches Latein*; Thurneysen, *TLL* s.v.; ders., *Fenestra*, Sp. 478; Terracini, *Osservazioni*, 220; Ernout, *EE*, 88; Oštir, *Drei vorslav.-etr. Vogelnamen*, 53; Alessio. *L'etrusco*, 545-549; ders., *Suggerimenti*, 115; ders., *Un'oasi linguistica*, 144; Carnoy, *Etrusco-latina*, 103; *WH* l.c.; Peruzzi, *Prestiti*, 40 ff.; *LG* § 237.2.a.; *EM* s.v.

Zu verschiedenen, allesamt nicht überzeugenden Versuchen einer Herleitung aus dem Ie. s. *WH* l.c.; Peruzzi, *l.c.*[514],[515]

Etruskischer Herkunft wird von namhaften Autoren der Vorzug gegeben: So insbesondere von Herbig, *l.c.*, dessen Argumentation auf den etr.-lat. EN *Fenestius, Fenestella* und *Fenestellius*, auf den etr. Formen *fnesci* CIE 5041 (GN f.) und *fnescial* CIE 3064 (Gen. zu *fnesci*, GN f., Metronym), auf dem Ausgang *-tra* und auf *-ella* des Deminutivs *fenestella* (vgl. Terracini, *l.c.*) beruht. Vgl. Thurneysen, *l.c.*; Ernout, *l.c.*; zustimmend auch *WH* l.c. Da jedoch *-tra* nicht als etr. Suffix anzusprechen ist, *-ella* ebensogut lat. Deminutivsuffix sein kann (s. S. 348 Fn. 516), im etr. GN *fnesci* wohl ein Stamm *fnesc-,* nicht *fnes-* vorliegt, bleiben aus Herbigs Beweisführung einzig die beiden genannten etr.-lat. EN übrig; diese allein aber sind zu schwach, die Hypothese einer Herleitung von *fenestra* aus dem Etruskischen aufrecht zu halten.   Oštir, *l.c.*, führt *fenestra* auf etr. ⁺*fen-* „Bernstein > Glas" zurück, wofür es nicht den geringsten Anhaltspunkt gibt.

Alessio, *L'etrusco*, 545-549, sieht in lat. *fenestra* Entlehnung aus etr. ⁺*fnestra*, welches auf gr. ⁺πνεύ-στρα oder eher noch auf ⁺*pnes-tra* „*spiraculum*" aus einer unbekannten ie. Sprache, somit letztlich auf ie. ⁺*pnē(u)-s-* „soffiare, respirare" (wovon auch etr. *fnes-* im EN *fnesci*) + ie. *-tra* zurückgehe (doch liegt, abgesehen davon, daß etr. ⁺*fnestra* bloß erschlossen ist, dem GN *fnesci* wohl nicht ein Stamm *fnes-*, sondern ein Stamm *fnesc-* zugrunde, s.o.; jedenfalls kann über die Bedeutung dieses Stammes nichts Sicheres ausgesagt werden); vgl. ders., *Suggerimenti*, 115; ders., *Un'oasi linguistica*, 144. Zweifel daran bei *EM* l.c., wo aber etr. Herkunft aus kulturgeschichtlichen Gründen nicht ausgeschlossen wird.

Nach *LG* l.c. lasse die Betonung von *fenestra* auf der drittletzten Kürze, die auf *fēstra* und *Plt*. Mil. 379 zu erschließen sei, etr. Ursprung vermuten, ein Argument, welches in Hinblick darauf, daß die Form *fēstra* möglicherweise die ältere und daher ursprüngliche ist (s. *WH* l.c.: „alt *fēstra* ...; dreisilbig sicher erst seit *Verg.*"; s. allerdings ebenda auch: „*fēstra* aus ⁺*fén(e)stra*"; Peruzzi, *l.c.*, s. Fn. 514; *EM* l.c.: *fenestra* vielleicht Umformung von *fēstra* nach φαίνω), an Gewicht verliert.

[514] Lat. *fēstra* sei in regulärer Lautentwicklung auf myk. ⁺φαϜεστῆρα (Akk.), woraus gr. φαυστήρ „Fenster", zurückzuführen (⁺*phawestéra* > ⁺*fawestéra* > ⁺*fewestéra* > ⁺*féwestéra* > ⁺*féwestéra* > ⁺*féwestra* > *fēstra*); *fenestra* sei volksetymologische Umgestaltung nach *fēnum*, „evocato dalla primitiva capanna fatta di stramenta", oder nach *fēnerō*.

[515] Carnoy, *l.c.*, sucht in gewohnter Weise ie. mit etr. Herkunft zu verbinden: Er führt „etr.-lat. *fenestra*" auf ⁺*pent-tra* aus ie. „*pent* ,passer'", wovon auch etr. *penthu* „passage", zurück. „Les fenêtres archaiques dépourvues de vitres n'étaient que des trous pouvant servir de porte ou de fenêtre." Eine Stellungnahme erübrigt sich; angemerkt sei, daß eine Form *penthu* nicht belegt ist; *penθuna* CIE 4540 (*TLE* 575) bedeutet „Stele, Cippus" (*DES*, 298).

Zus.⁵¹⁶: Etr. Par.: Zu *fnesci* CIE 5041 (GN f.), *fnescial* CIE 3064 (Gen. zu *fnesci*, GN f., Metronym) — als hierhergehörig ist auch *fniścial* CII 2603 (*TLE* 746; Gen. zu *fniści*, GN f., Metronym) anzuführen — alle wohl von einem Stamm *fnesc*-, nicht *fnes*-, von unbekannter Bedeutung abgeleitet, s.o.

ferula, *-ae f.*: „hochgewachsene Doldenpflanze mit markigem Rohr, Gertenkraut", „Stock zum Schlagen, Stab zum Stützen ..." (*WH* s.v.); seit *Varro*. [??]

festūca (*fistūca* Gl.3,407,16), *-ae f.* (*festūcum, -ī n.* vlt. seit *Itala*): „Halm, Grashalm, wilder Hafer; Stäbchen des Praetors, womit der Sklave zum Zeichen der Freilassung geschlagen wurde", „Schlägel, Ramme" (*WH* s.v. *festūca*); seit *Plt*. [??]

fiscus, *-ī m.*: „geflochtener Korb; Geldkorb, Kasse ..." (*WH* s.v. *fiscus*); seit *Lucil*. [??]

fistula, *-ae f.*: „Röhre ..., Rohr als Pflanze, Rohrstengel ..." (*WH* s.v. *fistula*); seit *Cato*. [??]

Lit.: Alessio, *Fitonimi*, 197-203; Gerola, *Substrato*, 357f.; Alessio, *Vestigia*, 117; *WH* s.vv. *ferula, festūca, fiscus, fistula*; *LE* s.v. *fidēlia*; *EM* s.vv. *ferula, festūca, fiscus, fistula*.

Es handelt sich um Wörter mit ungeklärter oder problematischer Etymologie:

Ferula, möglicherweise (s. *WH* s.v. *ferula*) aus ⁺*fesolā* und somit mit *festūca* zu verbinden, bleibt (sofern nicht nach *Isid*. Orig. 17,9,95 Ableitung zu *feriō*; s. zweifelnd *EM* s.v. *ferula*) ohne sichere Anknüpfung im Ie.; s. *WH* s.vv. *ferula* und *festūca* und *EM* s.vv. *ferula* und *festūca*. *Fiscus* ist nach *WH* s.v. *fiscus* auf ⁺*bhid-s-ko-s* und damit auf ie. ⁺*bheidh*- „binden, flechten" zurückzuführen; nach *EM* s.v. *fiscus* liegt zweifellos Entlehnung vor. Für *fistula* wurde Verbindung mit *findō* oder *fiscus* zu ⁺*bheidh*- angenommen, doch sind nach *WH* s.v. *fistula* beide Zusammenstellungen aus Gründen der Bedeutungsentwicklung höchst problematisch; vgl. *EM* s.v. *fistula*.

Alle diese vier Wörter (*ferula* < ⁺*fisola, festūca/fistūca, fiscus, fistula*) samt deren Ableitungen sucht Alessio, *Fitonimi*, 197-203, auf eine etr.-med. Wurzel ⁺*fis*- „*culmus, calamus*" zurückzuführen: *fistūca* zeige das aus med. Pflanzennamen bekannte Suffix *-uca* (vgl. Gerola, *l.c.*); ⁺*fista*, zu erschließen aus *fistula* und *fistūca*, erinnere an etr.-lat. *arista* (s. aber b.W.), *genista* (s.b.W.);

---

⁵¹⁶ Zum Ausgang auf *-tra* (nicht als Hinweis auf etr. Herkunft zu werten) s. Kap. B.1.2.1.2.4.3.
Zum (wohl nicht etr.) *l*-Suffix in *fenestrula, fenestella* etc. vgl. Kap. C.4.1.2.

auch der Wechsel e/i in festūca/fistūca (s. aber Fn. 517) weise auf das med. Substrat; das anlautende f- der Wurzel +fis- sei im Etr. häufig (vgl. Gerola, l.c.; s. aber Fn. 517). Vgl. ders., Vestigia, 117; LE l.c.

Alessios Anknüpfungsversuch an ein med. Grundwort scheint manches für sich zu haben, nicht zuletzt — lieferte das Substrat doch etliche Bezeichnungen für „Schilfrohr" und „Rohrprodukte" — aus semantischen Gründen; daß allerdings dieses med. Wort bzw. diese Wurzel über das Etr. ins Lateinische gelangt sei, dafür mangelt es an Beweisen; selbst die Heranziehung der von Alessio nicht erwähnten etr. Form fiśe CIE 5385 (TLE 90) hilft in keiner Weise weiter, ist doch nicht einmal bekannt, welcher Wortkategorie sie zugehört, geschweige denn, daß über ihre Bedeutung etwas ausgesagt werden könnte.

Zus.[517]: Etr. Par.: Zu fiśe CIE 5385 (TLE 90) s.o.

fullō, -ōnis m.: „Kleiderwalker, der die Kleider durch Stampfen im Tanzschritt (saltus fullōnius) walkt, reinigt, rauht, schwefelt und bürstet"; auch „eine Käferart" (WH s.v.); seit Plt. [?]

Lit.: Ernout, EE, 111; WH l.c.; EM s.v.

Die Hypothesen einer Herleitung aus dem Ie. (aus +bhl̥do zu +bheld- „schlagen" oder von +fullus aus +bhl̥-no- oder +bhol̥-no- zu +bhel- „glänzen"; s. WH l.c.) sind unsicher; s. WH l.c.; EM l.c.

Etr. Herkunft vermutet Ernout, l.c., wegen -ō, -ōnis (s. dazu Fn. 518), etr. fulu CIE 202 (TLE 415) u.ö. (CN bzw. GN m.), fulni CIE 353 u.ö. (GN m. und f.), hulu CIE 2086 (TLE 536) u.ö. (CN bzw. GN m.), huluni CIE 580 u.ö. (GN m. und f.) bzw. etr.-lat. Fullōnus, fal. fulonia.

Zus.[518]: Etr. Par.: Zu den nicht wenigen Belegen des etr. CN bzw. GN fulu/hulu[519] sowie zu Ableitungen dazu s. ThLE, 372 bzw. 179, ThLE Suppl., 50. Morphologisch liegt ein Verbalnomen auf -u vor (s. DES §173; §134). Die Bedeutung des Verbalkernes ful- ist unbekannt, Zusammenhang mit lat. fullō scheint sehr gut möglich.[520]

---

[517] Von einem Schwanken e/i (s. Kap. B.1.1.1.2.) sollte bei festūca/fistūca in Rücksicht darauf, daß fistūca nur einmal, nämlich Gl. 3,407,16, belegt ist, nicht gesprochen werden; s. auch LG §42.g.
  Zu anlautend f- (nicht als Hinweis auf etr. Herkunft zu werten) s. Kap. B.1.1.3.2.
[518] Zum Ausgang auf -ō, im vorliegenden Fall eventuell als unterstützendes Argument zugunsten einer Herleitung des Wortes aus dem Etr. heranziehbar, s. Kap. C.4.1.6.; vgl. im Text weiter unten.
[519] Zu f > h im Anlaut s. DES §18.2. bzw. Kap. C.2.2.3.
[520] Die Lautgebung des lat. GN Folnius, das im 1.Jh.v.Chr, aus etr. fulni entlehnt worden sein

fūnis, -*is m*. („*f*. vereinzelt seit *Lucr*. teils Gräzismus nach σειρή, teils nach *restis*" *WH* s.v.): „gedrehter Strick, Seil, Tau" (*WH* l.c.); seit *Cato*. [?]
fīnis, -*is m*. (sekundär *f*.): „,,Grenze', Pl. ,Gebiet'; ,Ende, Abschluß; das Äußerste, Höchste; Endziel, Zweck'" (*WH* s.v. *fīnis*; seit *Enn*. [?]

Lit.: Bréal, *Etymologies latines et grecques*, 137 f.; Niedermann, *Zur lateinischen und griechischen Wortgeschichte*, 7 f.; Alessio, *L'etrusco*, 554; ders., *Suggerimenti*, 108; Bertoldi, *Storia*; *WH* ll.cc.; *EM* s.vv. *fūnis* und *fīnis*.

Herleitung der beiden Wörter aus dem Ie. wurde wohl versucht (bei *fūnis* unter anderen aus †*dhū-nis* zu gr. θῶμι(γ)ξ m. „Strick, Schnur, Band, Sehne des Bogens", s. *WH* s.v. *fūnis* mit weiteren Deutungsversuchen, s. auch *EM* s.v. *fūnis*; bei *fīnis* vor allem unter Annahme einer urspr. Bedeutung „festgesteckter Grenzpfahl" oder „Marke, mit Einschnitt versehener Grenzbaum" aus †*fīg-snis* zu *fīgō* und damit zur Wurzel †*dhēig-*, s. *WH* s.v. *fīnis*), zeitigt aber — bei *fūnis* noch deutlicher als bei *fīnis* — kein sicheres Ergebnis; s. *WH* ll.cc., *EM* ll.cc.

Bertoldi, *o.c.*, betrachtet, aufbauend auf Bréal, *l.c.*, der lat. *fūnis* mit lat. *fīnis* und mit gr. σχοῖνος „le jonc", dann „cordeau, câble", im Sinne unterschiedlicher Ausformungen eines allen drei Ausdrücken zugrunde liegenden Substratwortes zu verknüpfen versucht hatte[521], und auf Niedermann, *l.c.*, wo reiches Material zum Bedeutungsübergang „Seil, Tau" > „Grenze" beigebracht ist, *fūnis/fīnis* als tyrrhenische, σχοῖνος als ägäische Ausprägung eines med. Basiswortes mit der Bedeutung „Binse". Anhand reichen Materials legt Bertoldi dar, daß Ausdrücke wie „Seil, Korb, flechten" etc. in der Regel von der Bezeichnung des dazu verwendeten pflanzlichen Materials abgeleitet seien. *fūnis/fīnis* sei wohl, worauf auch der Wechsel *u/i* hinweise (s. Kap. B.1.1.1.3.), über Vermittlung etr. Handwerker (man denke an lat. *sporta*, s.b.W.) nach Rom gelangt. Vgl. *EM* s.v. *fīnis* mit Reserve (bei *WH* ist Bertoldis Aufsatz nicht erwähnt).

Zus.: Etr. Par.: Einzig *funei* CIE 4866, GN f., ist aus dem etr. Wortmaterial lautlich lat. *fūnis* vergleichbar. Der semantische Wert dieser Form ist unbekannt. Immerhin gibt Verf. zu bedenken, daß im Deutschen Familiennamen wie „Hanf" und „Strick" existieren.

dürfte (s. Rix, *Die Personennamen*, 162), widerspricht einer Entlehnung von lat. *fullō* aus etr. *fulu* nicht, da es sich bei *fullō* um eine frühe (seit *Plt*. belegte) und wohl volkstümliche Entlehnung, bei *Folnius* um eine späte und an einen spezifischen Zweck (Latinisierung eines etr. GN) gebundene Übernahme handeln dürfte.

[521] Alessio, *L'etrusco*, 554, stellt nur *fūnis* „in origine ,corda di giunco', ,corda vegetale'", urspr. †*hūnis*, zu gr. σχοῖνος; vgl. ders., *Suggerimenti*, 108.

haruspex *(*inschr. auch *harispex/arispex/arrespex), -icis m.:* „‚‚Eingeweideschauer'; sek. ‚Wahrsager, der Blitze sühnt und deutet'" (*WH* s.v.); seit *Enn.* [?]

Lit.: Boissier, *Haruspex*, MSL 11; ders., *Haruspex*, MSL 12; Thulin, *Die etr. Disziplin 3,3*, Fn. 1; Herbig, *Additamentum ad CIE 8352*; Kretschmer, *Sprache*, 108; Cortsen, *Die lemnische Inschrift*, 109; Oštir, *Drei vorslav.-etr. Vogelnamen*, 71, Fn. 2; Battisti, *Recensioni*, 655, Fn. 1; Ribezzo, *L'epitafio*, 179, Fn. 1; Nougayrol, *Les rapports*, 519; Deroy, *A propos du nom*, 211 f.; *WH* l.c. und s.vv. *hīra, hernia, arviga, hariuga*; Peruzzi, *Haruspices*; Pfiffig, *RET*, 45; Szemerényi, *The Origins*, 318; *LE* s.vv. *hīra, arviga*; *EM* s.v. „*haru-*, *har-*".

Das Wort wird im allgemeinen als *haru-spex* analysiert[522]. Während der zweite Bestandteil, das Wurzelnomen *spex*, einer weiteren Erklärung nicht bedarf, ist die Etymologie von *haru-* umstritten.

Herleitung aus dem Ie. wurde vorgeschlagen: *Haru-* (vgl. lat. *hīra* „Leerdarm", Pl. „Eingeweide", lat. *hernia* „Leibschaden, Bruch"; s. *WH* s.vv. *hīra, hernia*; *EM* l.c.; vgl. auch Battisti, *l.c.*, der allerdings hinsichtlich der Lautgebung etr. Einfluß nicht ausschließt, s. weiter unten)[523] gehe auf +*ĝh_ero-* oder +*ĝh_erā* zu ai. *hirah* m. „Band", gr. χορδή f. „Darm", an. *gǫrn* f. „Darm" etc. zurück (s. *WH* s.v. *haruspex* mit Lit.; vgl. *EM* l.c.; ältere Lit. s. bei Thulin, *l.c.*) oder sei mit *haruga* (*hariuga, harviga, hariga, arviga*) „Widder, Schafbock als Opfertier", dessen Etymologie allerdings problematisch ist (*LE* s.v. *arviga* stellt *arviga* zu ie. +*u̯eru-* bzw. +*_eru-*; vgl. u.W. *arvīna*; nach *WH* s.v. *arviga* sei *arviga* nicht zu deuten; vgl. *EM* s.v. *aruiga*), in Verbindung zu bringen (so Pfiffig, *l.c.*; gegen eine Zusammenstellung von *haruspex* und *harūga* s. *WH* s.vv. *haruspex, hariuga, arviga*)[524]. Peruzzi, *o.c.*, schließlich sieht in *haruspex* Entlehnung aus dorisch +ἱαροσκόπος[525].

---

[522] Eine andere Deutung (*-spex* stelle eventuell die Angleichung von auslautend +*-spe* o.ä. in einem Wort fremder Herkunft an das lat. Formensystem dar) zieht Thulin, *o.c.*, 4, Fn., in Betracht; s. im Text weiter unten.

[523] Anders zu *hīra LE* s.v. *hīra*: aus +*ghī-ro* zu ie. +*ghi-* „aprire la bocca, essere beante", damit zu lat. *hiō* etc.

Oštir, *l.c.*, führt *haru-* auf etr. +*har-* „Leerdarm, Eingeweide", angeblich belegt in „etrusk. *har-ac-na* ‚*haruspex*'" (s. zu dieser Form aber im Text weiter unten), dieses auf *hira, hīrae* zurück (vgl. im Text weiter unten).

[524] Deroy, *l.c.*, deutet *haru-* in *haruspex* als *hara* „enceinte, enclos, place circonscrite" (*hara* nach *WH* s.v. *hara* aus +*ĝh_e-rā* „Einhegung" zu ie. +*ĝher-* „(um)fassen"; vgl. *EM* s.v. *hara*); *haruspex* bedeute somit „celui qui observe un espace délimité", das *templum*.

[525] Szemerényi, *l.c.*, lehnt Peruzzis Annahme einer direkten Entlehnung aus gr. +ἱαροσκόπος ab, denkt vielmehr wegen ἱα- > *(h)a-*, wozu als Parallelen lat. *Ianus* — etr. *ani TLE* 719 und lat.

Doch auch Rückführung von *haru-* auf einen anderen als den ie. Sprachbereich wurde versucht: So wurde von Boissier, *ll.cc.*, keilschriftlich *ḫar*, Ideogramm für *kabittu* „foie", ursprünglich „l'intérieur d'une chose, les organes intérieurs, c'est-à-dire les viscères", zur Deutung herangezogen; vgl. nicht ablehnend Nougayrol, *l.c.* Allerdings ist nach Kretschmer, *l.c.*, die Lesung unsicher; zudem wäre nach *WH* s.v. *haruspex* eine solche Mischform ohne Parallele (vgl. bereits Thulin, *l.c.*; allerdings schließt Thulin, *l.c.*, nicht aus, der Ausgang *-spex* könnte „volkstümliche Umbildung eines ähnlich auslautenden Fremdwortes", z.B. [+]*haruspe*, sein; s. S. 351 Fn. 522); nach *EM* s.v. *haruspex* ist sie als fraglich zu betrachten. S. aber auch unter „Etr. Par.".

Auch die Annahme etruskischer Herkunft oder Beeinflussung von lat. *haru-* wurde vertreten: Cortsen, *l.c.*, vergleicht zu *haruspex,* welches seiner variierenden Schreibung wegen und da es ausschließlich nicht römische Opferschauer bezeichne, als Fremdwort aufzufassen sei, neben keilschriftlich *ḫar* nach Boissier, *ll.cc.* (s.o.), fal. *hara-χna* (s. dazu aber weiter unten) „unzweifelhaft" etruskischer Herkunft. Ostir, *l.c.*, leitet *haru-* aus angeblichem etr. [+]*har-* „Leerdarm, Eingeweide" in „etrusk. *har-ac-na* ‚*haruspex*'" (s. dazu aber weiter unten) her (s. auch S. 351 Fn. 523). Ribezzo, *l.c.*, möchte fal. *haracna* „*haruspex*" (s. dazu aber weiter unten) und somit offenbar auch *har-* in lat. *haruspex* auf etr. [+]*haracn*, angeblich Adjektivform auf *-n*, zurückführen. Battisti, *l.c.*, stellt zwar, der gängigen Etymologie folgend, *har-* zu *hīra* (s. weiter vorne), versucht aber die Vokalveränderung *hir-* > *har-* durch Einfluß von etr.-fal. *haracna* „*haruspex*" (s. dazu aber im folgenden) zu erklären.

Die zur Stütze der Theorie etr. Herkunft bzw. Beeinflussung von *haru-* in lat. *haruspex* mehrfach herangezogene, seit langem (s. etwa Deecke, *Die Falisker*, 192; v. Planta, *Grammatik* 2,2) in der einschlägigen Literatur aufscheinende fal. Form *haracna* (*haraχna*) beruht auf Verlesung: S. Herbig, *l.c.*: „Vox *haraçṇa*, praesertim cum litterae finales *-ṇa* ipsae quoque incertissimae sint ..., e vocabulario falisco delenda est." Es sei *harasp(ex)* zu lesen.

Der des öfteren gegen Herleitung von lat. *haru-* aus dem Etruskischen vorgebrachte Einwand, das etr. Äquivalent zu *haruspex* stelle *netśvis CII* 69 (*TLE* 697) bzw. *netsviś CIE* 978 (*TLE* 524) dar — s. Thulin, *l.c.*; Peruzzi, *o.c.*,

---

Iūnō — etr. *uni TLE* 719 u.ö. angeführt werden, an etr. Vermittlung: gr. [+]ἱαροσκόπος > etr. [+]*aruskupus* > lat. *haruspex* unter Angleichung des Ausganges an die lat. Komposita auf *-spex*.

Gegen einen Ansatz etr. [+]*aruskupus* ist festzuhalten, daß etr. *-us* als Wiedergabe von gr. -ος nicht belegt, auch nicht zu erwarten ist (s. *DGE 2*,IX f.). Weiters ist eine Entwicklung nicht-etr. *ia-* > etr. *ia-* > etr. *a-* keineswegs als sicher anzusehen; s. Pfiffig, *o.c.*, 248, zu etr. *ani*, bes. aber, *o.c.*, 266, zu etr. *uni*.

Szemerényis Deutungsversuch dürfte abzulehnen sein.

7; *WH* s.v. *haruspex*; so auch Pfiffig, *l.c.*, der allerdings die Möglichkeit zu bedenken gibt, *haruspex* könnte Übersetzungslehnwort von *netśvis/netsviś* sein, welches wahrscheinlich (vgl. ders., *DES*, 279, Fn. 56) mit Hammarström zu gr. νήδυια „Eingeweide" zu stellen und eventuell als etruskisiertes ⁺*ned* + *ſid* zu deuten sei —, schließt, sofern *netśvis/netsviś* tatsächlich exakt *haruspex* bedeutet[526], nicht unbedingt aus, daß *haru-* aus dem Etruskischen stammen könnte; s. etwa Cortsen, *l.c.*[527], insbesondere aber im folgenden unter „Etr. Par.".

Zus.[528]: Etr. Par.: Aus dem etr. Wortmaterial läßt sich *hare CIE* 4538 (*TLE*

---

[526] Über die Verbindung der letzten zwei lateinischen Wörter der Bilingue von Pesaro *haruspex fulguriatōr* zu den offenbar entsprechenden letzten drei etr. Wörtern *netśvis.trutnvt. frontac* herrscht in der Literatur keineswegs Übereinstimmung.
Während von den meisten Interpreten *fulguriātor* und *frontac* (dieses sei zu gr. βροντή zu stellen; vgl.u.W. *frontēsia*; s. besonders *DES*, 279: *frontac* „... scheint mir ide. Ursprungs und mit griech. βροντή zu verbinden zu sein. H. Schuchhardt hat nachgewiesen ..., daß in den romanischen Sprachen ,donnern' mit einer ganz bestimmten Formel: Verschlußlaut + *r* + *o/u* + *n/m* (+Dental) ausgedrückt wird, vgl. span. *tronar*; die Formel hat aber über die roman. Sprachen hinaus Gültigkeit, vgl. lit. *grumėti* ,donnern', aksl. *gromŭ* ,Donner', griech. βροντή. Dieser Formel entspricht auch unser *frontac* (mit *f* < *bh*) ...") gleichgesetzt werden (anders z.B. Ferri, *Osservazioni*, 324 f: *frontac* sei Entsprechung zu „Ste." des lat. Textes und bezeichne somit die Herkunft: „aus *Ferentis*"; vgl. Waagenvoort, *Ad CIL.* XI 6363: *frontac* = „*Ferentinus sive Ferentiensis*"; Lejeune, *Notes de linguistique*, 160 ff.: *frontac* = *frθntac* = „⁺*portentalis*"), scheinen für *haruspex* — *netśvis.trutnvt* mehrere Möglichkeiten offenzustehen: *haruspex* = *netśvis trutnvt* (z.B. Devoto, *Storia*, 199, Altheim, *Geschichte*, 185 ff.); *haruspex* = *netśvis* (z.B. Ferri, *o.c.*, 323; *DES*, 280 u. 297); *haruspex* = *trutnvt* (z.B. J.B. Hoffmann, *Besprechung Muller*, 181; Deroy, *o.c.*, 211).
Pfiffig, *DES*, 279, § 12, geht auf dieses Problem bei der Begründung seiner Deutung für *trutnvt* näher ein (*o.c.* § 11 hatte er für *truθ* die Übersetzung „Libament" vorgeschlagen): „Man bemühte sich bisher immer, die Frage zu lösen, wie die drei etr. Wörter den zwei lateinischen entsprechen. — Wir haben dabei zu beachten, daß sich *netśvis* und *trutnvt* auch isoliert finden: *TLE* 524 (Chiusi) *nae·zicu²peθnal netśvis*, *TLE* 118 (Tarquinii) *apries ar(nθ)v(el)θ(urus)/ trutnuθ*. *Nae* (= ⁺*cnae*) *Zicu*, der Sohn der *Pethnei*, wird nur als *netśvis* bezeichnet, *Arnth Apries* aber, der Sohn des *Velthur*, nur als *trutnuθ*. Ich glaube, daß *netśvis* allein ... den *Haruspex* bezeichnet, *trutnuθ* aber ein anderes sakrales Amt. Das dritte Wort, *frontac*, scheint mir ide. Ursprungs und mit gr. βροντή zu berbinden zu sein. ... So glaube ich, daß *netśvis* ,*haruspex*', *frontac* ,*fulguriator*', *trutnuθ* aber — wie schon angedeutet — ein drittes Sakralamt bedeutet, das im lateinischne Text keine Entsprechung hat. Die Form *trutnuθ* (jünger *trutnvt*) fasse ich gleichfalls als Nom.agent.auf, aber mit -*uθ* statt -*aθ* aus vokalharmon. Rücksichten (vgl. *munθuχ* ,Schmückerin' ...). Der *trutnuθ* ist dann der ,*truθ*-macher'. Dies könnte jenes Amt sein, das *TIG* I b 15 *punicate*, VI b 51 *ponisiater* (Gen.) ,*minister potionis*' (*Devoto*) genannt wird." (Zu -*uθ* statt -*aθ* s. Pfiffig, *DES* § 172; bes. ders., *Etruskisches I*,142 f.)
[527] „Es ist ... gar nicht sicher, daß sich die beiden Wörter decken; *netśvis* kann z.B. eine der Funktionen des *Haruspex* bezeichnen."
[528] Zum Wechsel *u/i* (*haruspex*, inschr. *(h)arispex*) s. Kap. B.1.1.1.3.; doch erkläre sich nach

570), Jussivus 3. Ps. von *har-* „weihen, geloben?" oder Modalis des Verbalnomens ⁺*haru* (s. *DES*, 289), lautlich zu lat. *haru-*[529] vergleichen. ⁺*haru* kann mit „das Geweihte" übersetzt werden, so daß eine Interpretation von *haru-spex* als „der das (den Göttern) Geweihte (zwecks Erforschung ihres Willens) betrachtet" nicht ausgeschlossen schiene. Allerdings ist ⁺*haru* als Term. techn. für die zu inspizierenden Eingeweide des Opfertieres im Etr. nicht belegt, aber wir kennen andererseits den etr. Ausdruck für dieses so wichtige Beobachtungsobjekt nicht.

Die Kombination eines etr. und eines lat. Wortelementes könnte damit erklärt werden, daß neben *netśvis/netsviś* ein zweiter, vielleicht volkstümlicher Begriff für „Eingeweideschauer", dessen erster Bestandteil ⁺*haru-*, dessen zweiter etwa „Betrachter" gewesen sein mußte, existierte und daß zu diesem eine Lehnübersetzung angestrebt war. Während der Ausdruck für „Betrachter" bestens mit lat. *-spex* wiedergegeben werden konnte, mußte *haru-* als der spezifische Kernbegriff unübersetzt bleiben: Eine Übersetzung mit *sacr-* oder ähnlichem hätte den speziellen Bezug zu den Eingeweiden als geweihtem Objekt verloren gehen lassen. (Zu Pfiffigs Deutung von *haruspex* als — aus lat. Elementen bestehendes — Übersetzungslehnwort zu etruskisiertem *ned + Fid* s. oben im Text.)

Wahrscheinlicher dürfte aber die zweite Möglichkeit sein, daß sich im Lateinischen selbst, das — aus welchen Gründen auch immer — etr. *netśvis/netsviś* nicht übernahm, ein neues Wort bildete, zusammengesetzt aus dem Beobachtungsobjekt, d.h. dem Term. techn. ⁺*haru*, und der Angabe der Tätigkeit dessen, der mit dem ⁺*haru* zu schaffen hatte.

Freilich bleibt ein solcher Deutungsversuch aus dem Etruskischen eine von mehreren zu *haru-* bzw. *haruspex* vorgebrachten Hypothesen.

helluō/*heluō, -ōnis m.:* „Prasser, Schlemmer" (*WH* s.v.); seit *Ter.* [?]

Lit.: Hartmann, *LB Ital. Spr. u. Lat. Gramm.*, *Glotta* 5,331; Ernout, *EE*, 111; *WH* l.c.; Knobloch, *Lat. helluō*; *EM* s.v.

WH s.v. *haruspex* das Nebeneinander von *hari-/haru-* durch das Nebeneinander von *māximus/ māxumus*.

[529] Die lat. Formen ohne Aspirierung sind vernachlässigt, da sie offenbar das Ergebnis sekundärer Enthauchung darstellen (s. *WH* s.v. *haruspex*).

Zu den wenig überzeugenden (s. *WH* l.c., *EM* l.c.) Versuchen einer Herleitung aus dem Ie. s. *WH* l.c. („vielleicht ... als ‚einer, der sich durch Badeluxus zugrunde richtet' von *ēluō*"; s. dagegen Hartmann, *l.c.*), auch Knobloch, *o.c.* (*helluō* bedeute „Schmerbauch", sei mit umbr. *felsva TIG* 5 a 11 f., Akk. zu +*felsvu*, etwa „Eingeweide", aus +*ghel-suo-* verwandt; zu anderen Deutungen von *felsva* s. ebendort).

Ernout, *l.c.*, schließt, da es sich um ein volkstümliches, etymologisch ungeklärtes Wort auf *-ō, -ōnis* handle, etr. Herkunft nicht aus (s. dazu Fn. 530).

Zus.[530]: Etr. Par.: Im onomastischen Material finden sich die Formen *hele CIE* 1260 u.ö. (GN m.; ev. *CIE* 2923 CN, s. *DEC*, 203), *helesa CIE* 1261 u.ö. (*sa*-Ableitung zu *hele*, GN m., Gamonym), *helei TLE* 458 (GN f.), *heli CIE* 1229 u.ö. (GN f.), *helia NRIE* 395 u.ö. (GN f.). Belegt ist ferner ein Adjektiv *helu CIE* 4538 (*TLE* 570) „eigen, proprius" (*DES*, 290).

Sollten die Namenformen zum Adjektiv *helu* zu stellen sein (vgl. den deutschen Familiennamen *Eigner*), ist Verbindung mit lat. *helluō* auszuschließen. Andernfalls, d.h. bei ungeklärter Bedeutung der Namenformen *hele* etc., wäre Zusammenhang mit lat. *helluō* denkbar.

laetus/***litus***/***letus***, *-ī* m.: „Höriger, halbfreier Kolonist" (*WH* s.v.); seit *Paneg.* 5(8), 21, 1. [?]

Lit.: Vetter, *Die etr. Personennamen*, Sp. 72; *WH* l.c.; Pfiffig, *Hannibal*, 59; *EM* s.v.

Nach *WH* l.c. und *EM* l.c. germanisches Wort (vgl. got. *lats,* ahd. *laʒ* „träge", lat. *lassus*), dessen Schreibung jedoch schon in den altgerm. Denkmälern schwankt (s. *WH* l.c.).

Vetter, *l.c.*, leitet *laetus* aus dem im Etruskischen gut belegten Individualnamen bzw. späteren GN *leθe* (s. *ThLE*, 221 f.) her; Pfiffig, *l.c.*, faßt folgendermaßen zusammen: *Lethe* "war ursprünglich ein Individualname von Unfreien oder Halbfreien, der dann sekundär zum Gentiliz wurde ... Er ist in Nordetrurien, besonders im Gebiet von Chiusi und Perugia, häufig zu finden. Vetter hat den Namen *leθe* mit spätlat. *laetus* 'Höriger, halbfreier Kolonist' gleichgesetzt. Weil er nicht — wie die zweitstärkste Gruppe etruskischer Sklavennamen — auf das Griechische ... zurückzuführen ist und besonders in

---

[530] Zum Ausgang auf *-ō*, im vorliegenden Fall als unterstützendes Argument zugunsten einer Herleitung des Wortes aus dem Etr. heranziehbar, s. Kap. C.4.1.6.; vgl. im Text weiter unten.

Nordetrurien vorkommt, nimmt Vetter Oberitalien als Heimat und damit keltische, nicht germanische Herkunft an. Wohl ist *laetus* in dieser Bedeutung erst viel später — *Paneg.* 5(8),21,1 ist der älteste Beleg — bezeugt, was aber eine frühere Existenz nicht unbedingt ausschließt. Vetter denkt an die Möglichkeit, daß Knechte aus dem keltischen Oberitalien, die von etr. Grundbesitzern in Dienst genommen wurden, den Namen verbreitet haben. Das ist nicht unwahrscheinlich. In diesem Sinne könnte *leθe/laetus* etwa den Sinn ‚Knecht' oder gar ‚Bauer' (*georgós*) haben, und damit wäre die Wandlung vom Appellativ zum Rufnamen, Vornamen und schließlich Familiennamen verständlich ..."[531]

Zus.: Etr. Par.: Zum Individualnamen (urspr. kelt. Appellativ „Knecht", „Bauer"?) bzw. GN *leθe* (Belege zu *leθe* und Ableitungen s. *ThLE*, 221 f.; *ThLE Suppl.*, 35; zu vereinzelten Formen mit -*t*- s. *ThLE*, 224, *ThLE Suppl.*, 35) s.o.

lārgus (-*á*- *CIL* VI 32521 b 2), -*a*, -*um*: „reichlich, reichlich fließend; reichlich schenkend, freigebig" (*WH* s.v.); seit *Plt.* [+]

Lit.: Ernout, *EE*, 90, Fn. 1; *WH* l.c.; Heurgon, *Lars*; Pfiffig, *DES*, §181, Fn. 224; Olzscha, *LB Etr., Glotta* 48,287; Pfiffig, *RET*, 310; *EM* s.v.

Die verschiedenen Versuche einer Herleitung aus dem Ie. (s. *WH* l.c., vgl. *EM* l.c.) erweisen sich als unbefriedigend.

Bereits Ernout, *l.c.*, vermutete daher — allerdings mit der unzureichenden Begründung, daß *lārgus* an *bargus* (s.u.W. *bardus*) erinnere — etr. Herkunft. Den entscheidenden Nachweis, daß *lārgus* und eine Reihe anderer Wörter[532] tatsächlich auf das Etruskische zurückzuführen seien, erbrachte Heurgon, *o.c.*[533]. Aus seiner Beweisführung sind vor allem zu erwähnen die Heranziehung des etr. onomastischen Materials auf *lar*- insbesondere der als PN, GN, CN fungierenden Form *larce* (Belege s. *ThLE*, 205; vgl. *EM* l.c.)[534]; die

---

[531] Zu einem eventuellen Bedeutungswandel vergleichbarer Art s.u.W. *anculus*.

[532] *Lārua* (s.b.W.), *Lărēs, Lārunda, Acca Lārentia* etc. (*o.c.*, 655; vgl. zu *Lărēs* auch *o.c.*, 659 f.; für etr. Herkunft von *Lărēs* sprechen sich ferner aus Ernout, *o.c.*, 104 und 107 [s. Kap. B.1.2.1.1.2.]; ders., *Aspects*, 107; Pallottino, *Die Etrusker*, 196; Pfiffig, *RET*, 271 f.; *EM* s.v. *Lār*, u.a.; *WH* s.v. *Lār* sieht in *Lărēs* ein Erbwort, verwandt mit *lăruae* [s.b.W.], mit nicht faßbarer Grundbedeutung, welches sekundär an die etr.-lat. Sippe *Lārunda* [zur differierenden Interpretation der Quantität des -*a*- der 1. Silbe in *Larunda* s.u.W. *lārua*, bes. S. 260 Fn. 276] usw. angeschlossen worden sei).

[533] Vgl., im Wesentlichen zustimmend, Olzscha, *l.c.*

[534] Vgl. *DES* §181, Fn. 224: Die PN *larθ, larce, laris* (Belege s. *ThLE*, 207 f. bzw. 205 bzw. 212 f.; *ThLE Suppl.*, 34) und der Göttername *laran CII*, 1 s., 395 u.ö. (morphologisch ein

Klärung der Bedeutung des etr. Wortkernes *lar-*, „lequel devait évoquer la même idée de puissance et de richesse" (*o.c.,* 658)⁵³⁵ wie das zuvor (*o.c.,* 656 f.) hinsichtlich seiner spezifischen Bedeutung im klassischen Latein untersuchte lat. Adjektiv *lārgus*, welches „une grandeur de fait, une richesse ou une puissance dont un homme ou un dieu est revêtu" (*o.c.,* 657) ausdrücke; die seltsame, wahrscheinlich auf Bedeutungsentlehnung zurückzuführende Verwendung von „*lārgitātem*" in der lat. Übersetzung des *Ostentarium* von *Tarquitius Priscus* bei *Macrob.* Sat. 3,7,2 im Sinne von „grandeur" oder „puissance" statt üblicherweise „liberalité", „largesse".

Zu Heurgons Ausführungen möchte Verf. folgendes ergänzen: Die Existenz homonymer Nominal- und Verbalstämme im Etruskischen ist belegt, s. S. 257 Fn. 267; es wird also wohl durchaus berechtigt sein, von einem Nominalstamm ⁺*lar-* zu sprechen, doch sollte darüber die Möglichkeit nicht vergessen werden, daß ⁺*lar-* auch Verbalstamm sein könnte, zumal eine GN-Form *laru* CIE 260 u.ö. mit Ableitungen belegt ist, welche morphologisch als Verbalnomen auf *-u* (s. *DES* § 173; § 134) anzusprechen ist.

Zus.: Etr. Par.: Zu etr. *lar, laran, larce, larθ, laris, laru* und Ableitungen s. *ThLE*, 205-215, *ThLE Suppl.*, 33-35.

Zur Bedeutung des Verbal- und/oder Substantivstammes *lar-* s.o.; jedenfalls ist Zugehörigkeit zum semantischen Bereich von „Größe, Macht, Majestät" anzunehmen.

laverniōnēs: „*laverniones fures antiqui dicebant*" Faul. Fest. 104,28 ff. L. [?]

Lit.: Minto A., *I. S.Quirico d'Orcia*; Latte-Fiesel, *Laverna*; Ernout, *EE*, 93, Fn. 1, und 109; *WH* s.v. *Laverna*; *EM* s.v. *Laverna*.

Laverniō wird allgemein als Ableitung zum Götternamen *Laverna* angesehen (so von Latte-Fiesel, *o.c.*; Ernout, *o.c.*, 109, der das Wort unter den etr.-lat. Bildungen auf *-iō, -iōnis* nennt [vgl. den Ansatz einer GN-Form ⁺*laverniu* bei Latte-Fiesel, *o.c.*, Sp. 999], s. dazu S. 358 Fn. 536; *WH* l.c., wo der Ableitungstyp entgegen Ernout, *o.c.*, 109, und Latte-Fiesel, *o.c.*, Sp. 999, als lat. bezeichnet wird; *EM* l.c.), für welchen ebenso allgemein wegen etr. *lavelnaś* NRIE 219 etr. Herkunft angenommen wird, so von Ernout, *o.c.*, 93, Fn. 1, *WH* l.c. mit weiteren Literaturangaben, *EM* l.c.

---

duratives Partizip, s. *DES* § 123) seien zu dieser Wurzel zu stellen; zum Gottesnamen vgl. auch *RET*, 310.

⁵³⁵ Vgl. *RET*, 310: Die Bedeutung der Wurzel *lar-* „dürfte im Feld von ‚stark, mächtig, fest' liegen".

Zus.[536]: Etr. Par.: Belegt ist, wie schon angeführt, etr. *lavelnaś NRIE* 219[537]. Seine Funktion innerhalb der Namensformel ist nicht näher bestimmbar; eventuell könnte es sich um ein 2. GN handeln. Der semantische Kern von *lavelnaś* ist unbekannt.

Eine etr. Göttin +*lavelna* oder +*laverna* ist nicht nachweisbar. Zusammenhang von *lavelnaś* mit lat. *Laverna* und somit von lat. *lavernio* mit dem Etruskischen ist trotzdem nicht völlig auszuschließen.

maccus, -ī *m.:* „,,Person der Atellana (Kroll *RE. 14*,126), Narr, Hanswurst'" (*WH* s.v.); Figur und häufig Titel der Atellane; z.B. Pompon. „Maccus virgō", Novius „Maccus cōpō". [?]

Lit.: Lattes, *Lat. dossennus*; Kalinka, *Die Heimat*, 572f.; Ernout, *Remarques*, 117f.; Nehring, *LB Lat. Gramm., Glotta* 16,251; *WH* l.c.; *EM* s.v.

Zur Zusammenstellung von *maccus* als „homme aux grosses mâchoires" mit *māla* aus +*mak-s-lā* s. Ernout, *l.c.*; so auch *EM* l.c. S. dagegen Nehring, *l.c.*; *WH* l.c. Zu einem weiteren abzulehnenden Deutungsversuch aus dem Ie. s. *WH* l.c.

Verbreitet ist die Annahme einer Entlehnung dieses sicher aus dem Oskischen ins Latein übernommenen (s. *WH* l.c., *EM* l.c.) Ausdrucks aus gr. +μάκκος zu μακκοάω „stumpfsinnig, von Sinnen sein" mit ungeklärter Etymologie (s. Frisk s.v. μακκοάω; vgl. *WH* l.c.) bzw. μακκώ „Name einer stumpfsinnigen Frau"; s. *WH* l.c. mit weiterer Literatur, *EM* l.c. S. dagegen Kalinka, *l.c.*

Auch die Hypothese einer Herkunft aus dem Etruskischen wurde vertreten: Lattes, *o.c.*, stellt *maccus* zu etr. *maχ TLE* 887 u.ö. „eins" und interpretiert es als „*simplex*" im Sinne von "einfältig"; etr. *maχ* bedeutet jedoch „fünf", s. *DES* § 103. Kalinka, *l.c.*, leitet *maccus* von etr. +*mace* her und führt dieses mit gr. μακκοάω auf einen „vorgriechischen Stamm *makko*" zurück; s. dagegen *WH* l.c.

---

[536] Zum Ausgang auf -*iō*, im vorliegenden Fall eventuell als unterstützendes Argument zugunsten einer Herleitung des Wortes aus dem Etr. heranziehbar, s. Kap. C.4.1.7.

[537] Die betreffende Inschrift lautet nach *ThLE*, 203, s.v. *lavelnaś*: ¹*lari patru* ²*lavelnaś*. Daraus ist die Form *patru* einwandfrei als Verschreibung statt *petru* zu identifizieren: S. *ThLE*, 272, wo dieselbe Inschrift *NRIE* 219 s.v. *petru* angeführt ist; vgl. insbesondere Minto, *o.c.*, 90, wo die Inschrift richtig mit ¹*lari·petru* ²*lavelnaś* wiedergegeben ist, und zum GN *petru* speziell *o.c.*, 92: „Il gentilizio *petru*, che si ripete in quasi tutte le iscrizioni (Von den 12 Inschriften des in die 2. Hälfte des 3. Jh.v.Chr. zu datierenden etr. Grabes am „Poggio delle Lepri" bei S. Quirico d'Orcia weisen nur 3 *petru* oder eine davon abgeleitete Form nicht auf; Anm.d.Verf.) ..., ci induce a conoscere, nel sepolcreto di S. Quirico, un sepolcreto di famiglia ..."

Zus.: Etr. Par.: Belegt sind die GN-Formen *mac SE* 41,332, n. 124 (m., offenbar Abkürzung), *macani CIE* 2448 (m.), *maci̯ CIE* 4735 (f.) und *macia CIE* 309 (f.), *macni SE* 1, 108, n. 9 u.ö. (m.). Zusammenhang mit lat. *maccus* scheint nicht ausgeschlossen.

mānēs, *-ium m.* (*f.* nach *WH* s.v.): „‚die abgeschiedenen Seelen'; dicht. und nachkl. ‚die Unterwelt mit ihren Strafen; Leichnam, Asche; Grabmal; Tod'" (*WH* l.c.); seit *Carm. Sal.* (?), *Varro, Cic.* [??]

Lit.: Kretschmer, *Einleitung*, 198, Fn.; Slotty, *Manin arce*; ders., *Etrusco Manin*; Pallottino, *Epigrafia*, 49; ders., *Il culto*, 61 ff.; ders., *Un gruppo*, 127 f.; Pfiffig, *Uni*, 37; Durante, *Considerazioni*, 46 f.; Olzscha, *LB Etr.*, *Glotta* 47,320 ff.; Pfiffig, *DES*, 273 ff., §8; de Simone, *Per la storia*, 492 f.; *WH* l.c.; Pfiffig, *RET*, 321; *EM* s.v. und s.v. *mānis*; Pfiffig, *Bespr. V.J. Georgiev*.

Seit den Alten (*Paul. Fest.* 109,5 ff. L; *Fest.* 132, 4 f. L) wird *mānēs* zumeist als substantivierter Plural in der euphemistischen Bedeutung „gute Geister" zu dem im Stadtrömischen schon sehr früh von *bonus* verdrängten Adj. *mānis, -e* (auch *manus, -a, -um*) „gut" aufgefaßt[538]; s. *WH* l.c., *EM* s.v. *mānis*, beide mit Literaturangaben. Ob lat. *mānis, mānus* auf ein vorie. Lallwort ⁺*mā-* „gut" zurückzuführen[539] sei, bleibe, so *WH* l.c., unsicher.

Neben weiteren bei *WH* l.c. aufgeführten, doch abzulehnenden Herleitungsversuchen (*mānēs* als „die Zürnenden" zu gr. μῆνις, -ιος, dor. μᾶνις „Zorn, Groll"; *mānēs* als Repräsentanten der verstorbenen Ahnen zu ai. *mánu-, manus* „Mensch, Mann", got. *manna* etc.) ist zunächst Slottys in den beiden angeführten Aufsätzen dargelegte Theorie, lat. *mānēs* mit etr. *manim TLE* 891 u.ö. bzw. der Basis *man-* „infero"[540] zu verknüpfen, hervorzuheben. Zustimmend Pallottino, *ll.cc.*; Olzscha, *l.c.*; zweifelnd de Simone, *l.c.*

Gegen Slottys Deutung von *manim* bzw. *man-* hat Pfiffig, *l.c.* (vgl. ders., *Untersuchungen*, 145, Fn. 70), ausführlich Stellung bezogen: *manim TLE* 891 u.ö. (Abkürzungen *ma CIE* 5429 = *TLE* 112 u.ö.; *man CIE* 5237 = *TLE* 359 u.ö.; *mani CIE* 304 = *TLE* 730, definiter Akk. Pl.; *manimeri CIE* 5807 = *TLE* 170)[541], im Vorkommen mit Ausnahme der Tegula *CIE* 866 (*TLE* 513) auf Cippen und funeräres Steinmaterial anderer Art beschränkt, sei als sehr

---

[538] Kretschmer, *l.c.*, bringt mit lat. *mānis, mānus, mānēs* auch phryg. μανία „καλή" und altphryg. Μάνης, Μανία, eventuell auch Μήν in Zusammenhang; vgl. *EM* s.v. *mānis*.

[539] Zu den Versuchen einer Anknüpfung von etr. *Mantus*, angeblich Totengott, an vorie. ⁺*mā-* s. *WH* l.c.; vgl. dagegen Pfiffig, *RET*, 321 f.

[540] Die verschiedenartigen Deutungsversuche zu etr. *man-, manim* etc. sind zusammengefaßt *DES*, 274.

[541] S. dazu noch *maniim TLE* 887.

alte Entlehnung[542] aus gr. μνῆμα aufzufassen[543] und entsprechend mit „Erinnerung, Andenken; Erinnerungsmal, Denkmal, Grabmal" (vgl. Stoltenbergs Wiedergabe mit „Denkmal"; vgl. auch Durante, *l.c.,* der allerdings für etr. *manim* „monumento sepolcrale" Entlehnung aus lat. *monumentum/monimentum* vermutet) zu übersetzen. S. zu Pfiffigs Deutung sehr zurückhaltend de Simone, *l.c.*

Zusammenhang von lat. *mānēs* „spiriti dei morti divinizzati" mit etr. *masni* CIE 1621 (*NRIE* 553) u.ö. (GN m.), *masan* CIE 6315 (*TLE* 875) und *masn* AM 12[10], welche Formen mit luw. *maššana-,* heth. *mas(a)na-,* lyk. *mahana-* „dio" in Verbindung zu bringen seien, nimmt Durante, *l.c.,* an.

Gegen Durantes Theorie ist zunächst anzuführen, daß das GN *masni* und die Formen *masan,* synkopiert *masn,* zu trennen sind: Das GN *masni* ist als *mas-ni* zu analysieren (zur Bildung s. DES § 68ff.), d.h. es liegt ein Stamm ⁺*mas-* zugrunde; da an Verlust des *-i,* d.h. des zweiten der das Suffix *-ni* konstituierenden Laute, nicht zu denken ist, muß in *masan/masn* ein anderer Stamm vorliegen. Des weiteren ist *masan,* so Pfiffig, *Bespr. V. J. Georgiev, La lingua,* 193, „entweder der Name eines Opfers oder der eines Monats[544], keinesfalls aber identisch mit heth.-luw. *massani/a* ‚Gott, Göttin'".

Zus.[545]: Etr. Par.: Zu etr. *manim* TLE 891 und zugehörigen Formen sowie zu *masni* CIE 1621 (*NRIE* 553) u.ö., *masan* CIE 6315 (*TLE* 875), *masn* AM 12[10], alle von lat. *mānēs* fernzuhalten, s.o.

Die Personennamenformen auf *mane(-), mani(-)* (Belege s. ThLE, 232 f.; ThLE Suppl., 36) gehen nach Devoto, *Rapporti,* 274, auf Entlehnungen aus italischen, von *manos* „bonus" abgeleiteten Namen zurück und haben aus diesem Grund außer Betracht zu bleiben.

mentula (*mentla* inschr., *mencla* Gl. 2,481,40), *-ae f.:* „das männliche Glied" (*WH* s.v.); seit *Catull.* [?]

---

[542] Das Wort sei, wie die Form *manimeri* beweise, ins etr. Flexionssystem übergegangen; zudem werde *manim,* wie *manince* CIE 53 (*TLE* 398) < ⁺*manim-ce* beweise, als denominatives Verb „ein Andenken stiften, als Erinnerung geben" gebraucht; s. Pfiffig, *DES,* 275.

[543] Zu den Entlehnmodalitäten im einzelnen s. Pfiffig, *o.c.,* 274f.

[544] Pfiffig neigt der ersten Auffassung zu, s. „Uni", 37: „Da einerseits das *masn*-Opfer in den AM im Tempel der *Uni Ursmnei,* das *masan* in LP III im Tempel der *Uni-Hera-Astarte* dargebracht wird, scheint es sich um ein spezielles Opfer für *Uni* zu handeln." Vgl. brieflich an die Verf.: „Die Auffassung, daß *masan* ein Monatsname sei, hat u.a. Pallottino von Olzscha übernommen, der ursprünglich (*Interpretation der Agramer Mumienbinde* 162) *masn* als ‚eine besondere Art von Opfer' auffaßte, diese Meinung aber später (leider!) änderte."

[545] Die Präferenz des Etr. für den Vokal *a* (s. Kap. B.1.1.3.1.) stellt natürlich alleine kein maßgebliches Argument zugunsten etr. Herkunft eines Wortes dar.

Lit.: Leumann, *LB Lat. Laut-u. Formenlehre, Glotta* 36,147; ders., *LB Lat. Lat- u. Formenlehre, Glotta* 42,112; *WH* l.c. und s.v. *menta*; Peruzzi, *Etimologie Latine*, 272f.; *LG* §176.II.c.; *EM* s.v. und s.v. *menta*; Adams, *Latin Mars*, 244, Fn. 9.

Dieser Ausdruck volkstümlichen Charakters erfuhr verschiedenartige, doch zumeist auf das Ie. zurückführende Deutungen: etwa die Interpretation als Instrumentalnomen „Reiber" zu ai. *mánthati* „quirlt, erhält Feuer durch Reibung" (so *EM* s.v. *mentula*, *LG* l.c.) oder als „Stehendes" oder „Hervorspringendes" zu *mentum, mōns, ēminēre* (s. *WH* s.v. *mentula*).

Daneben wurde in *mentula* auch ein Deminutivum zu nicht ie. (s. *WH* s.v. *menta*; *EM* s.v. *menta*; anders Adams, *l.c.*, s. weiter unten) *menta* „Minze" gesehen, so nach Früheren von *WH* s.v. *mentula* wegen der der *menta* zugeschriebenen Wirkung als Aphrodisiakon (Literaturangaben s. ebendort); so auch von Adams, *l.c.*, welcher allerdings *menta* als *tā*-Ableitung zu protoie. ⁺*men-* „project" mit der Grundbedeutung „stalk", dann „spearmint stalk", interpretiert; das Deminutiv „little stalk" wäre als Bezeichnung für „membrum virile" verwendet worden.

Zu weiteren Deutungsversuchen s. *WH* s.v. *mentula*; s. auch Leumann, *ll.cc.*

Peruzzi, *l.c.*, der die gängigen etymologischen Hypothesen als unbeweisbar verwirft (einzig, daß *-ula* auf ein Instrumentalnomen deuten könne, wird eingeräumt), verweist auf *Mart.* 11,15,8-10 „... *es qua nascimur, omnium parentem, quam sanctus Numa mentulam vocabat* ...": „A parte la possibilità che si tratti di parola sabine, ciò significa che *mentula* ricorreva in un testo del (o attribuito al) pio *Numa* ..., forse a proposito della generazione, e certo non come *verbum turpe*."

Es handelt sich also, wenn *Martial* l.c. Glauben zu schenken ist, um ein hochaltertümliches Wort wohl aus einer, um es vorsichtig zu formulieren, dem Religiösen nahestehenden Sphäre.

Zus.[546]: Etr. Par.: Belegt ist *menitla CIE* 5237 (*TLE* 359), eines der Epitheta des *Maris*, von Pfiffig, *DES*, 295, als Gen. von ⁺*meni-ta*, „der Geber", zu *men-* „geben, leisten", gedeutet[547]. Zusammenhang mit lat. *mentula* scheint, insbesondere in Hinblick auf die oben zitierte Martialstelle, nicht ausgeschlossen.

Herleitung von lat. *mentula* aus etr. *menitla* wird in Anbetracht dessen, daß es sich um eine Genetiv-Form handelt, nicht in

---

[546] Zum eventuell etr. *l*-Suffix s. im Text weiter unten.
[547] Zu *Maris*, der „vielleicht problematischeste(n) Gottheit des etruskischen Pantheons", s. *RET*, 249 f.

Betracht zu ziehen sein. Doch steht die Möglichkeit offen, *mentula* auf synkopiertes ⁺*men-ta* mit diminuierendem etr. oder lat. *l*-Suffix (s. dazu Kap. C.4.1.2.) zurückzuführen.

metellus, -*ī m.:* „Söldner" (*WH* s.v.); auch CN in der *gens Caecilia*; *Acc. ap. Fest.* 132,13 L; *Fest.* l.c.; *Gl.* [?]

Lit.: Schulze, *ZGLE*, 188, 293; Ernout, *EE*, 120, Fn.; *WH* l.c.; *EM* s.v.

Neben der von den Alten übernommenen verfehlten Zusammenstellung mit *metere* (s. *WH* l.c.) steht die Annahme etr. Herkunft:

So Ernout, *l.c.*, wegen der zu *camillus* (s.b.W.) analogen Bildung (während jedoch der Ausgang von *camillus* auf ein *l*-Suffix — wahrscheinlich etr. Herkunft — zurückzuführen sein wird, steht dies für den Ausgang von *metellus* nicht fest; vgl., sofern lat. *metellus* davon herzuleiten ist, die unter „Etr. Par." aufgeführten etr. Formen, welche nicht zwingend mit *l*-Suffix gebildet sein müssen); *WH* l.c. wegen etr. *meteli CIE* 3717, etr.-lat. *Metelius, Metellus* (s. Schulze, *ll.cc.*[548]) und wegen der *metellus* in *Acc. Carm. frg.* 2 benachbarten, nach *WH* l.c. wohl ebenfalls etr. Wörter *cacula* (s.b.W.), *cālō* (s. aber b.W.); *EM* l.c. unter Verweis auf Schulze, *ll.cc.*

Zus.[549]: Etr. Par.: Aus dem onomastischen Material lassen sich neben oben angeführtem *meteli CIE* 3717 (GN f.) folgende Formen vergleichen: *metelial* CIE 3542 u.ö. (Gen. zu *meteli*, GN f., Metronym), *metelis̀ CIE* 3600 u.ö. (Gen. zu *meteli*, GN m.), *meṭli TLE* 888 (GN f.), *metlis CIE* 5887 (GN m.); ferner unter Umständen *meθlna CIE* 233 = 851 (verstümmelter oder abgekürzter Gen. zu *meθlnei*, GN f., s. *DEC*, 111), *meθlnal CIE* 231 (Gen. zu *meθlnei*, GN f.,), *meθlne CIE* 230 (offenbar ebenfalls nicht vollständig; unter Ergänzung von -*i* GN f.). Zusammenhang von etr. *met(e)l*- oder auch *meθl*- mit lat. *metellus* scheint nicht ausgeschlossen.

metus, -*ūs, f.* bei *Naev., Enn.*, „jünger m. (wenn sekundär, nach *timor*): ‚Furcht, Besorgnis'" (*WH* s.v.); seit *Naev.* und *Enn.* [??]

Lit.: Buffa, *Ad NRIE 307*; *WH* l.c.; Peruzzi, *Appunti*, 174 f.; *EM* s.v.

---

[548] Diese bei *WH* l.c. angeführten Stellen aus Schulze, *o.c.*, beziehen sich beide auf *Metellus*; zu *Metelius* s. Schulze, *o.c.*, 290.

[549] Ob dem Ausgang von *metellus* ein *l*-Suffix (eventuell etr. Ursprungs; s. Kap. C.4.1.2.) zugrunde liegt, ist fraglich; s. im Text weiter oben.

Zu den verschiedenen teils abzulehnenden, jedenfalls problematischen Versuchen einer Herleitung aus dem Ie. (erwähnt sei die auf der Voraussetzung, *metus* bedeute „ängstliche Erwartung" und berühre bedeutungsmäßig *verērī*, eig. „aufmerksam beobachten", basierende Zusammenstellung mit lit. *mataũ, matýti* „sehen", *matrùs* „vorsichtig") s. *WH* l.c.; vgl. *EM* l.c., wo darauf hingewiesen ist, daß die „fürchten" bedeutenden Verben in den einzelnen Sprachen oft differierten.

Rückführung von lat. *metus* auf die aus dem 4.Jh. als Spiegelbeischrift überlieferte etr. Form *metus NRIE* 307 bzw. *Gerhard-Körte* 5,67[550], welche als etruskisiertes gr. Μέδουσα zu verstehen ist (vgl. *DGE 1*,94; hinsichtlich der Semantik bemerkt Buffa, *l.c.*: „Nelle rappresentazioni religiose il Gorgoneio rappresentava probabilmente il terrore religioso."), ziehen Buffa, *l.c.*, und, ihm folgend, Peruzzi, *l.c.*, in Betracht.[551] Peruzzi, *l.c.*, verweist darauf, daß lat. *metus* in den ältesten Belegen als F. erscheine; später habe es nach *habitus, lūctus* etc. das maskuline Geschlecht angenommen; selbstverständlich liege nicht die jüngere Auffassung vom schönen Typ der Medusa (wie ihn der Spiegel *Gerhard-Körte*, l.c., zeigt), sondern die ältere vom häßlichen Typ zugrunde.

Abgesehen davon, daß sich mit der Vorstellung der Medusa in ihrer ursprünglichen schrecklichen Konzeption eher als *metus* Begriffe wie *horror, terror* verbinden ließen, scheint Verf. die eben vorgeführte Herleitung aus etr. *metus* „Μέδουσα", d.h. die Hypothese, ein Abstraktum ganz allgemeiner, unspezifischer Art wie „Furcht" auf einen fremdsprachigen mythologischen Namen zurückzuführen, wenig glaubhaft.[552]

Zus.: Etr. Par.: Zu etr. *metus NRIE* 307 s.o.

Die aus dem Personennamenmaterial phonetisch vergleichbaren Formen *metusaḷ CIE* 2146 (Gen. zu *metus*, GN m.) und *metusnei CIE* 1246 u.ö. (CN f.; s. *DEC*, 268, 272) sind aus semantischen Gründen fernzuhalten.

---

[550] Der Spiegel ist verschollen.

[551] Buffa, *l.c.*, erwägt auch die Möglichkeit, daß gr. Μέδουσα und etr. *metus* (woraus lat. *metus*) voneinander unabhängige Entlehnungen eines med. Wortes darstellen könnten.

[552] In der Modifikation, an die vielleicht gedacht werden könnte, daß nämlich im Etruskischen bereits der (vielleicht insofern, als dem etr. Abstraktum ein zwar fremdsprachiger, aber phonetisch bereits der eigenen Sprache angepaßter EN zugrunde läge, um ein geringes weniger befremdende) Übergang vom EN zum Begriff stattgefunden habe, müßte notwendigerweise jenes von Peruzzi, *l.c.*, vorgebrachte Argument des ursprünglich femininen Geschlechts von lat. *metus* fallen: Die als Begriff genusindifferente etr. Form *metus* (s. *DES* § 39 ff.) wäre im Lat. schwerlich als F. interpretiert worden.

multa *(älter molta CIL I² 366)* [553], *-ae f.*: „öffentliche Strafe an Eigentum (Vieh, jünger Geld) für angerichteten Schaden, Buße" (*WH* s.v.); seit *Plt.* und *Cato.* [??]

Lit.: Hellebrand, *Multa*; Devoto, *Storia*, 65; Deroy, *De l'étrusque macstrna*, 79, Fn. 2; *WH* l.c.; *EM* s.v.

Als sicher gilt, daß es sich um ein Dialektwort handelt (s. *WH* l.c.; *EM* l.c.).

Zu den zahlreichen, doch allesamt problematischen Versuchen einer Anknüpfung an das Ie. (als $^+ml̥tā$ „Vergütung, Ersatz" zu *melior, multus*; als $^+ml̥ktā$ „Schadenzufügung" > „Schadenersatz" zu *mulcāre*; als „Besänftigung, Schmerzensgeld zur Wiedergutmachung" zu *mulcēre* etc.) s. *WH* l.c.; s. auch Hellebrand, *l.c.* Devoto, *l.c.*, denkt an mediterrane Herkunft.

Deroy, *l.c.*, schlägt Entlehnung von *multa*, angeblich urspr. *mulcta* (s. aber Fn. 553), aus etr. *mulaχta* (die Form ist, was von Deroy, *l.c.*, unterlassen wurde, mit Stern zu versehen; eventuell liegt in *mlaχuta CIE* 8413 = *TLE* 27, 7.Jh., Verschreibung aus $^+mulaχta$ vor; vgl. aber auch *mlaχu SE* 48, 406, n. 114, ebenfalls 7.Jh.) bzw. *mlaχta CIE* 8413 (*TLE* 27; 7.Jh.) vor, wofür er offenbar die gleiche Übersetzung wie für die von ihm vorher angeführten Formen *mulaχ AM* 8⁵ u.ö. und *mlaχ* (zu den zahlreichen Belegen s. *ThLE*, 249), nämlich „don en échange, en contrepartie" (s. aber im folgenden), in Betracht zieht. Etr. *mlaχta* ist jedoch als *mlaχ-ta* (Appellativ *mlaχ* „Darbringung, Opfergabe" + enklitisches Pron. dem. *-ta*; s. *DES*, 295 bzw. § 97) zu analysieren, bedeutet dementsprechend „diese Opfergabe" (*DES*, 295) und ist als eine für Entlehnung denkbar ungeeignete Form zu bezeichnen.

Zus.: Etr. Par.: Zu der fälschlicherweise als Basis zu lat. *multa* angesetzte Form etr. *mlaχta CIE* 8413 (*TLE* 27) „diese Opfergabe" s.o.

mundus, -a, -um: „schmuck, sauber; geschmückt, geziert; rein, echt; nett, fein" (*WH* s.v.1. *mundus*); seit *Enn.* [+]

mundus, -ī m. *(mundum, -ī n.* [nach *penum*] in der Bed. „Toilettengerät, Putz der Frauen" bei *Lucil. ap. Non.* 214,15; *Gell.* 4,1,3): „a) ‚Toilettengerät, Putz der Frauen' (seit *Acc.* und *Lucil.* ...); ‚Gerät, Werkzeug' (*Apul.*); — b) ‚Himmelsgewölbe (*mundus caeli Enn.*), Himmelskörper' (seit *Enn.* und *Cato*); ‚Weltall, Welt' (seit *Catull* 47,2 ... und *Hor.* ...); Erdball, Erde; Menschheit'; spätl. (*Eccl.*) ‚die irdische Welt (opp. *caelestia*); die zeitlichen und vergänglichen Dinge' ... — c) ‚unterirdische Grube, in die man die

---

[553] Die Schreibung *mulcta* wird von *WH* s.v. *multa* (mit Literatur) als unecht bezeichnet; vgl. *EM* s.v. *multa*.

Erstlinge aller Früchte und sonstige Gaben hineinwarf" (seit *Cato*, vgl. *CIL* X 3926 *sacerdōs Ceriālis mundālis* ...)" (*WH* s.v.2. *mundus*).[554] [+]

Lit.: Ribezzo, *Metodi*, 89; Ernout, *EE*, 107; Cortsen, *LB Etr.*, *Glotta* 23,180; Szemerényi, *The latin gerundiv*, 169 f.; Pfiffig, *Etruskisches I*; Boccali, *Le fonti*, 485 ff.; *WH* ll.cc.; Pfiffig, *RET*, 83 f.; Puhvel, *The origins*, 161 ff., 165; *LG* § 200.b.β.; *EM* s.v. *mundus, -a, -um*, s.v. *mundus, -ī* m. „ensemble des corps célestes".

Zwei Bemerkungen seien an die Spitze gestellt:
1. Zu der *WH* s.v.2. *mundus* unter Punkt c. angeführten Bedeutung „unterirdische Grube, in die man die Erstlinge aller Früchte und sonstige Gaben hineinwarf" für das Substantiv *mundus* ist festzuhalten, daß es zwei unterirdische *mundi* gegeben hat: „Als *mundus* werden von den klassischen Autoren zwei verschiedene Anlagen bezeichnet. Die erste ist bei der *ritu Etrusco* vorgenommenen Stadtgründung die Grube am Schnittpunkt von *Cardo* und *Decumanus*; in ihr wird das Gründungsopfer dargebracht, worauf sie zugeschüttet und nicht mehr geöffnet wird (*Plutarch*, Rom. 11; *Ovid*, Fast. IV, 821). Die andere, der *Mundus* der *Ceres*, war eine brunnenförmige, eingewölbte Anlage, die am 24. August, 5. Oktober und 8. November geöffnet wurde. Die Öffnung („*mundus patet*' *Varro* bei *Macrobius*, Sat. I,16,18, und *Ateius Capito* bei *Festus* 144 f. L) galt als Tor zur Unterwelt, aus dem die Totengeister emporsteigen konnten." (Pfiffig. *RET*, 83 f.)
2. Das Adjektiv *mundus*[555] wird in der Literatur des öfteren als nicht zum Substantiv *mundus*[556] gehörig aufgefaßt; s. *WH* s.v. *1.mundus* mit Lit.; *EM* s.v. *mundus, -a, -um*. Für etymologische Zusammengehörigkeit des Adjektivs

---

[554] *EM* behandelt *mundus, -ī* „toilette, parure de la femme" getrennt von *mundus, -ī* in den beiden anderen Bedeutungen und schließt nicht aus, daß es sich um zwei, sogar, da *mundus* „Opfergrube" nicht unbedingt mit *mundus* „Welt" identisch zu sein brauche (s. *EM* s.v. *mundus* „ensemble des corps célestes"; vgl. Ribezzo, *Metodi*, 89; Ernout, *EE*, 107), um drei verschiedene Wörter handeln könnte, eine Auffassung, die aus semantischen Gründen — *mundus* gibt die Bedeutungsvielfalt von gr. κόσμος wieder, erweitert um den Begriff des *mundus* als „Opfergrube" (zu den zwei Typen dieses *mundus* s. im Text weiter unten), d.h. eines „unterirdischen" *mundus* (vgl. *Cato ap. Fest.* 144,18 ff. L zum *mundus Cereris*: „*Mundo nomen inpositum est ab eo mundo, qui supra nos est: forma enim eius est ... adsimilis illae.*") — zurückzuweisen ist.

[555] Die geläufigste ie. Deutung stellt *mundus* 3 als ⁺*mu-ndo-s* oder ⁺*mud-nos* zur Wurzel ⁺*meu*- „netzen, waschen"; s. *WH* s.v. 1. *mundus* mit Lit.; *LG* l.c.; Ribezzo, *l.c.*; Szemerényi, *l.c.*; Puhvel, *o.c.*, 161 ff. mit weiterer Literatur.

Etr. Herkunft bezeichnet Cortsen, *l.c.*, unter Heranziehung von etr. *munθ CIE* 5470 (*TLE* 135) „Schmuck" u.a. (s. im Text weiter unten) und *munθuχ CII* 2054 ter u.ö., wörtlich „Schmückerin", als „wohl sicher". Zu den beiden genannten etr. Substantiven wird allerdings primär das lat. Substantiv *mundus* zu vergleichen sein, zu welchem sich Cortsen jedoch nicht äußert.

[556] Zur Auffassung von zwei verschiedenen Substantiven *mundus* bei *EM* s. Fn. 554.

und des Substantivs hat sich im Sinne einer Priorität des Adjektivs mit den Alten (z.B. *Varro* L.L. 5,129; *ders.* Men. 420) neben den *WH* s.v.1. *mundus* angeführten Autoren etwa auch Puhvel, *o.c.*, 165, ausgesprochen; anders Ernout, *l.c.*, der *mundus 3* als sekundäre Bildung zu ursprünglichem *immundus 3* nach gr. ἄκοσμος aufzufassen geneigt ist. Verf. teilt die Ansicht von der etymologischen Einheit von Adjektiv und Substantiv — im besonderen ist die Hypothese Ernouts, *l.c.*, ins Auge zu fassen —, allerdings ohne wie die eben genannten Autoren Herkunft aus dem Ie. anzunehmen. Es wird daher im folgenden nur von einem (substantivischen) *mundus* die Rede sein.

Zu den vielfältigen, doch nicht befriedigenden ie. Deutungen des Substantivs *mundus* s. *WH* s.v. 2. *mundus*; Boccali, *l.c.*; Puhvel, *o.c.*, 162 ff.

Daneben hat *mundus* Deutungen aus dem Etruskischen erfahren:

Neben der nicht überzeugenden Theorie, nur in *mundus* „Opfergrube" sei Entlehnung aus dem Etruskischen zu sehen (so Ernout, *l.c.*, welcher mit dem nach seiner Ansicht auf das Etruskische weisenden Ausgang *-nd-* und mit der Auffindung eines etr. *mundus* bei den Grabungen in Marzabotto argumentiert; s. aber zu *-nd-* S. 367 Fn. 560; zum „*mundus*" von Marzabotto s. weiter unten; so auch Ribezzo, *l.c.*, und *EM* s.v. *mundus* „ensemble des corps célestes" unter Heranziehung von etr. *mut(a)na*[557] "Sarg, Grab"[558]), steht — unter der Annahme einer bereits im Etruskischen stattgehabten semantischen Differenzierung des betreffenden etruskischen Ausdruckes nach dem Muster von gr. κόσμος — die Herleitung von *mundus* in allen im Lateinischen nachweisbaren Bedeutungen aus dem Etruskischen. Zu ihren Gunsten wird darauf verwiesen, daß ein etr. unterirdischer *mundus*, nach *Cato ap. Fest.* 144,18 ff. L Abbild des oberirdischen *mundus* (vgl. S. 365 Fn. 554), bei Bolsena archäologisch nachweisbar sei (s. *WH* s.v. 2. *mundus* mit Lit.). Vor allem aber werden die im Etruskischen belegte Form *munθ CIE* 5470 (*TLE* 135), welche mit „Schmuck" übersetzt zu werden pflegt, und ihre Ableitungen ins Treffen geführt (s. *WH* s.v. 2. *mundus*, *EM* s.v. *mundus* „ensemble des corps célestes"; beide mit Lit.).

Die Beweisführung mittels angeblicher archäologischer Funde erweist sich als unzuverlässig: „Von zwei etruskischen Anlagen wird behauptet, daß sie *mundi* seien: der ... ‚Brunnen' im heiligen Bezirk von Bolsena/Pozzarello und der sogenannte Altar B der Akropolis von Marzabotto ... Bei ersterem ist nicht ausgeschlossen, daß es doch ein Brunnen war, der das Wasser, das durch die porösen Schichten zusammensickerte, in dem erweiterten unteren

---

[557] Belegt sind die Formen *mutana CIE* 5435 (*TLE* 115) u.ö. und *mutna CIE* 5703 (*TLE* 179) u.ö.
[558] Nach *DES*, 296 „Sarkophag".

Teil wie in einer Brunnenstube sammelte. Bei letzterem, in dem *Banti* ... eine Zisterne sieht, besteht zwar die Möglichkeit, daß über ihm ein Libationsaltar stand, wie *Colonna* ... annimmt; doch bemerkt *Gozzadini*, der den Schacht untersuchen ließ, ausdrücklich, daß in ihm Wasser aus zahlreichen Quellen gefunden wurde ..." (Pfiffig, *RET*, 83.)

Eindeutiges Material hingegen bietet die Sprache: Pfiffig, *Etruskisches* I, stellt die verschiedenen Ableitungen vom Stamm *mun-* sowie die bislang vorgeschlagenen Deutungen zusammen, analysiert sie morphologisch und übersetzt sie. Er schließt mit einer Zusammenschau von etr. *munθ*, lat. *mundus* und gr. κόσμος:

„Vergleichen wir nun:

etr. *munθ*: Ordnung, Schmuck, geordneter Platz [559]

lat. *mundus*: Weltordnung, (Frauen-)Schmuck, geordneter Platz (*mundus*: Zentralgrube der Stadtgründung)

gr. κόσμος: Weltordnung, Schmuck, geordneter Platz ...,

so finden wir überall den gleichen Gedankengang.

Das etr. *munθ* hat die gleichen Bedeutungsqualitäten wie das gr. κόσμος; das lat. *mundus* aber stellt sich tatsächlich als ein Lehnwort aus dem Etruskischen dar." (*O.c.*, 145.)

Zus.[560]: Etr. Par.: Zu etr. *munθ CIE* 5470 (*TLE* 135) „Ordnung, Schmuck, geordneter Platz", letztlich „*templum*" sowie zu seinem Verhältnis zu lat. *mundus* s.o. bzw. Fn. 559.

murcus, -a, -um[561]: „‚verstümmelt' (*Gl.*, Loewe Prodr.[562] 283; ‚von dem, der sich den Daumen abschnitt, um nicht Soldat zu werden' *Amm.* 15, 12,3 ...)" (*WH* s.v.); CN in *Cic. Phil.* 11,12,30; *Murcus* als alter Name des *Aventin* in *Liv.* 1,33,5 und *Paul. Fest.* 135,15 L.[563] [?]

---

[559] „Jeder rituell bedeutsame Ort wurde in genauester Orientierung geordnet, abgegrenzt und wurde so zum *templum*. Jede Stadt ist ein solches *templum*, ein rituell geordneter Bezirk. Dies ergibt für *munθ* schließlich: *templum* (abgegrenzter Platz), Ort, Stätte." (Pfiffig, *o.c.*, 145). Vgl. Frothingham, *Circular templum*, 314 f.: „It seems impossible to avoid discussing the mysterious *mundus* in this connection, because it approaches dangerously near to being a representation of the subterranean *templum* and the place of worship of the chthonic gods, unless we consider it merely as the circular centre of the *templum* of the *urbs*." (Zur Differenzierung der beiden *mundus*-Arten s. S. 365).

[560] Zu *-nd-* (nicht als Hinweis auf etr. Herkunft oder Vermittlung zu werten) s. Kap. C.4.1.9.

[561] Die Glossen *murcinārius* „*mutilus*" und *muscinārius* „*inutilis*, ἄχρηστος" sind nach *WH* s.v. *murcus* verderbt; *mūricīde homō Plt.* Epid. 333 nach *WH* l.c. Lehnübersetzung von τοιχώρυχε.

[562] Loewe G., *Prodromus corporis glossariorum Latinorum*. Leipzig 1876.

[563] Zusammenhang zwischen *murcus* 3 und dem EN *Murcus* nach *EM* s.v. *murcus* nicht sicher.

Lit.: Alessio, *Vestigia*, 118; *WH* l.c.; *LE* s.v.; *LG* § 297.A.2.c.; *EM* s.v.

Von den Theorien einer Herleitung aus dem Ie. (s. *WH* l.c.) sei jene hervorgehoben, welche *murcus 3*, wohl Rückbildung aus *murcidus 3* „träge" zu *+murceō* (*WH* l.c., vgl. *LG* l.c.; anders *EM* l.c.: *murcidus* Ableitung zu *murcus*; die Existenz eines Verbs *+murceō* wird nicht ausgeschlossen) und mit Sicherheit verwandt mit siz. μύρκος·ὁ καθόλου μὴ δυνάμενος λαλεῖν, Συρακούσιοι Hes. (s. *LE* l.c.; nach *WH* l.c. und *EM* l.c. μύρκος wahrscheinlich entlehnt aus lat. *murcus*)[564], zur Wurzel *+merq-* „aufreiben" stellt (s. *WH* l.c.).

Doch wird das Wort auch als ungeklärt betrachtet (so von *EM* l.c.; hervorgehoben sei daraus die Feststellung, daß der Ausgang *-cus* bei mehreren physische Mängel bezeichnenden Adjektiven wie *caecus, mancus* etc. anzutreffen sei[565]) oder als Substratrelikt bzw. etr.-med. klassifiziert (so von Alessio, *l.c.*, unter Verweis auf die morphologische Struktur[566]).

Zus.: Etr. Par.: Belegt sind neben *murce TLE* 890 (Verbalform im Präteritum; s. dazu ausführlich Pfiffig, *Eine Nennung Hannibals*, 662; ders., *Hannibal*, 57 f.)[567] die EN-Formen *murcnas CIE* 5040 u.ö. (Gen. zu *murcna*, GN m.), *murcnas SE* 9,328 (GN m.) und *murcunu CIE* 4399 (GN m.) mit unbekannter Bedeutung.

Zusammenhang mit lat. *murcus* ist nicht auszuschließen. Ob allerdings, sollte tatsächlich eine Verbindung bestehen, etr. *murc-* ins Lat. oder lat. *murcus* ins Etr. entlehnt wurde, bleibt ungeklärt.

nūntius (alt *nountios* nach *Mar. Vict. GLK* 6, 12, 18; vgl. zum Vokalismus der Sippe auch *nontiata CIL* I²586,5), *-a, -um*: „verkündend" (*WH* s.v.); seit *Cic.* [??]

Lit.: Pallottino, *Spigolature*, 300 ff.; Pfiffig, *Studien*, 22 f.; ders., *DES*, 297; *WH* l.c.; *EM* s.v.

Herkunft dieses Wortes der Augural- und Rechtssprache (s. *WH* l.c., *EM* l.c., Pallottino, *o.c.*, 302) aus dem Ie. wird im allgemeinen angenommen, läßt sich jedoch nicht mit Sicherheit präzisieren: Eine Vorform *+noventius* sei sehr wahrscheinlich (s. *WH* l.c., Pallottino, *l.c.*); auszugehen sei vielleicht von

---

[564] Zu eventuell hierherzustellendem μυρικᾶς·ἄφωνος, ἐν ἑαυτῷ ἔχων ὃ μέλλει πράττειν Hes. s. *WH* l.c. mit Lit.

[565] Vgl. zu *-cus* in *spurcus* u.W. *spurius*.

[566] Vgl. ders., *l.c.*, zu *spurcus* (s.u.W. *spurius*).

[567] Dem Verbalkern *mur-* zuzugehören scheinen die GN-Formen *muru CIE* 5846 (Verbalnomen auf *-u*; s. *DES* § 173, § 134), *murunial CIE* 4211 (Gen. zu *muruni*, GN f.).

⁺*noventiom* „Vogelschrei als augurales Omen" zu ai. *návatē* „tönt, jubelt, preist", lett. *nauju* „schreien, miauen", air. *nūall* „Schrei, Lärm" (s. *WH* l.c. mit Lit.; aus semantischen Gründen dagegen *EM* l.c.); auch an Dissimilation von ⁺*novi-ventios* zu *novus* und *veniō* wurde gedacht (s. *WH* l.c. mit Lit. und Einwänden; sehr skeptisch auch *EM* l.c.). Zu weiteren ie. Herleitungshypothesen s. *WH* l.c.

Zusammenhang mit etr. *nunθ TLE* 2⁴⁹, *nunθeri TLE* 2¹¹ u.ö., *nunθen AM* 2¹¹ u.ö., *nunθenθ AM* 2¹⁰ u.ö., *nunθene AM* 3¹⁷ u.ö., „uno dei numerosi verbi tecnici, indicanti azioni del sacrificio", mit „offrire", aber auch mit „pronunciare, recitare" übersetzt, zieht Pallottino, *l.c.,* in Betracht:

„Sia ben chiaro che l'accostamento che qui si presenta alla meditazione degli studiosi non vuole in nessun modo essere inteso nel senso di un passaggio ut sic della radicale etrusca *nunθ* al latino e di un suo adattamento aggettivale ... Altre possibilità, più sottili e vorrei dire più ‚sfumate', sussistono. Per esempio la possibilità di una ‚coloritura' pseudoetimologica o puramente fonetica dell'originario ⁺*noventius* > *nuntius*, sotto l'influsso del tipo etrusco *nunθ* ... (ma non si può trascurare, ipotesi per ipotesi, neanche l'eventualità inversa di un prestito straniero riaccostato pseudoetimologicamente a *novus*). C'è, inoltre, la possibilità di una antichissima penetrazione nel lessico etrusco di un tipo indoeuropeo (protolatino?) parallelamente sopravvissuto in latino ...: ipotesi che permetterebbe anch'essa di conciliare l'etimologia tradizionale e l'accostamento etrusco-latino." (*O.c.,* 302.)

Gegen Pallottinos geistreiche und vorsichtige Ausführungen ist einzuwenden, daß der betreffende etr. Verbalstamm wohl nicht als *nunθ-*, sondern, wie aus den belegten Ableitungen (s.u.), wohl auch aus den zugehörigen Substantivformen[568] *nuṇa(CIE* 6310= *TLE* 878 u.ö. und *nunar TLE* 13 (5.Jh.) u.ö., nach *DES,* 297, Pl. von *nuna*, zu erschließen ist, als *nun-* anzusetzen ist und daß seine Bedeutung auf „schenken, darbringen" festgelegt werden kann (s. *DES,* 297).

Unter dieser Voraussetzung wären die von Pallottino, *l.c.,* zitierten etr. Formen mit Pfiffig, *DES,* 297, folgendermaßen zu interpretieren: *Nunθ* wäre Imperativ II von *nun-* und würde bedeuten „Bringe dar!"; *nunθen* wäre Mediopassivum des Kompositums ⁺*nunθe* (< ⁺*nun-* „Geschenk" + ⁺*θe* „bestimmen, festsetzen"; s. *DES,* 307) und würde bedeuten „(Geschenk) darbringen" (vgl. Pfiffig, *Studien,* 22 f.); *nunθenθ* wäre Imperativ II zu *nunθen-* und würde bedeuten „Bringe dar!"; *nunθene* wäre Modalis von *nunθen-* (s.o.)

---

[568] Eine Verbalform *nunai* (starkes Präteritum zu *nun-*, s. *DES,* 297 bzw. § 124) könnte in *TLE* 46 ... *mi nuna ixxx(..)* aus dem 6.Jh. vorliegen. In *ThLE,* 260, scheint die Inschrift allerdings s.v. *nuna* (s.o.) auf.

und würde bedeuten "zum Dargebrachtwerden = zur Darbringung"; *nunθeri* wäre Nezessitativ von *nunθe* (s.o.) und würde bedeuten "ist darzubringen".

Zus.: Etr. Par.: Zu den Belegen und den Bedeutungen von *nunθ, nunθen, nunθenθ, nunθene, nunθeri* s.o.

ocles: "*ab oculo cocles, ut ocles, dictus, qui unum haberet oculum,*" Varro L.L. 7,71. [?]

Lit.: Herbig, *Etruskisches Latein*, 175, Fn. 1; *WH* s.v. *cocles*.

Nach *WH* l.c. handelt es sich um eine von *Varro* l.c. zu etymologischen Zwecken erfundene Form; Zusammenhang mit *cocles* (s.b.W.) bestehe nicht; dort auch zu weiteren Herleitungshypothesen.

Auch Herbig, *l.c.*, schließt Verbindung mit *cocles* und zugehörigem Namenmaterial aus, beurteilt *ocles* jedoch nicht als von *Varro* erfundenes Wort, sondern zieht Rückführung auf etr. ⁺*ucle*, faßbar in etr. *uclnial CIE* 2571 (Gen. zu *uclni*, GN f., Metronym), *uclina CIE* 4502 (GN m.), *ucalui CIE* 3006 (GN f.), etr.-lat. *Oculnius, Ogulnius* etc. (s. Schulze, *ZGLE*, 150 f.; 177; 364; 443), in Betracht.

Zus.: Etr. Par.: Neben den von Herbig, *l.c.*, angeführten Namenformen lassen sich zwei weitere etr. Formen lautlich vergleichen: *uclnas CIE* 5167 (*TLE* 204; GN m.) und möglicherweise auch *uχulni TLE* 407 (6.Jh.; GN m.).
Der semantische Wert des hier und weiter vorne angeführten Namenmaterials ist unbekannt, Beziehung zu lat. *ocles* nicht ausgeschlossen.

pappus, -ī m.: "‚Distelkopf' (*carduōrum flōrēs* Paul. Fest. p. 220; seit *Varro* und *Lucr.*); ‚Alter; Großvater' (Inschr., *Auson.*)" (*WH* s.v. *pāpās*); „nom populaire du séneçon ou érigéron" (EM s.v. 2° *pappa*) Plin. N.h.25,168. [?]

Lit.: Kalinka, *Die Heimat*, Sp. 571-573; Nehring, *LB Lat. Gramm.*, *Glotta* 14,255; *WH* l.c. *EM* l.c.

Im allgemeinen wird Entlehnung aus gr. πάππος „Großvater" angenommen; so von *WH* l.c.; *EM* l.c.

Kalinka, *l.c.*, schließt Entlehnung aus gr. πάππος nicht aus, zieht jedoch in Anbetracht der von ihm angenommenen Herkunft der Atellane aus Etrurien und der als GN belegten etr. Form *papa* (s. im folgenden unter „Etr. Par.") auch etr. Herkunft in Betracht. Zustimmend Nehring, *l.c.*

Zus.: Etr. Par.: Zu den Belegen für etr. *papa* „Großvater" (*DES*, 298) bzw. GN und für die zugehörigen Ableitungen s. *ThLE*, 264 f., *ThLE Suppl.*, 40.
Herleitung von lat. *pappus* aus dem Etr. ist zwar mit Kalinka, *l.c.*, nicht gänzlich auszuschließen, doch scheint des Ausganges wegen eher Entlehnung aus gr. πάππος vorzuliegen. Es stellt sich allerdings prinzipiell die Frage, inwieweit es als sinnvoll zu bezeichnen ist, in einem Lallwort ein Lehnwort zu sehen.

pār, Gen. *păris*: „gleichkommend, gleich" (*WH* s.v.); seit *Enn.* und *Plt.* [?]

Lit.: Devoto, *Storia*, 53 u.78.; Ernout, *Aspects*, 109; *WH* l.c.; *EM* s.v.

Neben dem Versuch einer Herleitung aus dem Ie. (als Dehnstufe +*pār*, ev. sigmatisch +*pār-s*, zur Wurzel +*per-* „verkaufen", auch „zuteilen", da wohl urspr. an Wert und Gegenwert im Handel gedacht war; s. *WH* l.c. mit Lit.; aus semantischen Gründen Zweifel bei *EM* l.c.) steht die Theorie etr. Herkunft von *pār*, geäußert von Devoto, *o.c.*, 53:

„...*par* ‚uguale' si adatterebbe al tema nominale analogo attestato in etrusco per indicare ‚quello che appartiene a un aggregato sociale di pari grado'." Das Wort gehöre, so Devoto, *o.c.*, 78, zur Gruppe der zur Zeit der Tarquinier übernommenen, die staatliche Organisation betreffenden Ausdrücke (s. dazu u.W. *populus* und S. 537f.). Zu lat. *pār* vergleichbare Formen aus dem etr. Wortmaterial sind von Devoto, *ll.cc.*, nicht beigebracht.

Devotos Auffassung wird von *WH* l.c. als unbegründet, von Ernout, *l.c.*, als nicht beweisbar zurückgewiesen.

Zus.: Etr. Par.: Lautlich lat. *pār* vergleichbar sind aus dem etr. Namenmaterial die Formen *parna CIE* 594 (GN m.), *parnies CII app.* 32 (Gen. zu *parnie*, GN m.), *paruni CIE* 4062 > *SE* 44,242, n. 43 (GN m.). Nicht dem onomastischen Bereich zugehörig sind (neben *par TLE* 2[28] u.ö. und *paraχ CIE* 6309 = *TLE* 75, zwei ungeklärten Formen) *parniχ CIE* 5430 (*TLE* 131; „Amtsbezeichnung"; *DES*, 298) und *parχis CIE* 5816 (*TLE* 169) u.ö. (Gen. zu *parχi* „Amtsbezeichnung"; *DES*, 298).

Eine genauere Feststellung des semantischen Wertes wenigstens einiger der aufgeführten Wörter ist nicht möglich. Doch scheint gerade das Auftreten eines Wortkernes *par-* in zwei Amtsbezeichnungen Devotos Theorie, es handle sich bei lat. *pār* um einen aus dem Etr. übernommenen soziologischen Terminus, zu stützen.

Unter den verschiedenen Arten der *zilaθ*-Würde sind die meisten näher definierbar: *zilaθ ... meχl rasnal CIE* 5360 (*TLE* 87) „*zilaθ rei publicae*" (s. *DES*, 295); *zilaθ eterav CIE* 5816 (*TLE* 169) „*zilaθ peregrinus*" (s. *DES*, 288); *zilχ ceχaneri CIE* 5423 (*TLE* 126) „*zilχ iure dicundo*" (s. *DES* § 130; vgl. p. 284); *zilc θufi CIE* 5472 (*TLE* 137) möglicherweise „*zilc* in strafender Funktion" oder auch „*zilc* im Gericht"[569].

Die Funktion des *zilaθ (zilc) parχis CIE* 5816 (*TLE* 169) bzw. *CIE* 5874 (*TLE* 165) läßt sich nicht genauer bestimmen, vielleicht aber könnte das in der Inschrift *CIE* 5816 (*TLE* 169) unmittelbar auf *zilaθ parχis* folgende *zilaθ eterav* einen Hinweis darauf geben, daß *zilaθ parχis* als eine Art „*zilaθ urbanus*" zu deuten sei. Da uns der etr. Ausdruck für „Stadt", nämlich *spura*, bekannt ist, müßte nach einem anderen, dem „*urbanus*" nahekommenden Begriff gesucht werden, etwa „*civicus*" bzw., da *-s* in *parχis* Genetivsuffix sein dürfte (s.o.), „*civitatis*". Mit anderen Worten, es wäre nach dieser Interpretation im *zilaθ (zilc) parχis* der für die Mitglieder der *civitas*, d.h. für Leute von gleicher Rechtsstellung, für Gleichberechtigte, Gleiche zuständige *zilaθ (zilc)* zu sehen.

persillum: „*vocant sacerdotes rudiculum picatum quo unguine flamen Portunalis arma Quirini unguit*" *Fest.*, 238,7 ff. L; „*dicebant vas quoddam picatum, in quo erat unguentum unde arma Quirini unguebantur*" *Paul. Fest.* 239,2 f. L. [+]

Lit.: Vetter, *Di Novensides*, 14, Fn. 15; *WH* s.v.; de Simone, *DGE 2*,105, Fn. 62; Cristofani, *REE SE* 43,213; Peruzzi, *Un etruschismo*; *EM* s.v.

Dieses Wort bislang ungeklärter Herkunft (s. *WH* l.c., wo einige nicht überzeugende Hypothesen angeführt sind; vgl. *EM* l.c.) wird von Peruzzi, *o.c.*, der die von *Festus* gegebene Erklärung als „*rudiculum*" trotz des mit dem Genus des Grundwortes *rudis* nicht übereinstimmenden Geschlechtes von *rudiculum (rudiculus)* für richtig hält, auf etr. *persie TLE* 622 > *SE* 43, 212, n. 16 in der Inschrift [1]*eta kavθaś:aχuiaś:persie* [2]*avle numnaś turke* zurückgeführt.

Die Inschrift befindet sich auf einem einer kleinen Schaufel ähnelnden Bronzegegenstand, gefunden in S. Feliciano del Lago (*ager Perusinus*). „L'oggetto ... è un manico a forma di bacchetta (ora incurvata per effetto di un urto) con un'estremità piegata ad uncino per appenderla e con all'altro

---

[569] „*zilc* im Gericht" wäre vielleicht als „*zilc* in einem bestimmten Gericht", „*zilc* mit Sitz (Vorsitz?) in einem bestimmten Gericht" zu interpretierten; es müßte jedenfalls an eine von der des *zilχ ceχaneri* differierende, eventuell an eine spezifiziertere Funktion gedacht werden.
Zu der von der Verf. vorgeschlagenen Deutung von *θufi* als Lokativ s.u.W. *tōfus*.

estremo i resti di un padellino (lunghezza della bacchetta fino alla sommità dell'ansa cm. 40,8, ...; larghezza del padellino cm. 9,6 ...)."[570] (*O.c.*, 147.) Peruzzi sieht also in etr. *persie* — anders als Vetter, *l.c.*, der *persie* als Entlehnung einer von umbr. *pers-* abgeleiteten Form auffaßt und entsprechend mit „heilig" übersetzt — die Bezeichnung des Objektes, das der Inschriftträger ist[571]. Beide Interpretationen müssen als ansprechend bezeichnet werden; sie lassen sich unter Umständen miteinander verbinden:

Etr. *persie* könnte (Ausgang *-ie* als Wiedergabe von ital. *-ios* Indiz dafür? Vgl. de Simone, *l.c.*) aus einer umbr., auf *pers-* basierenden Form entlehnt worden sein zur Bezeichnung eines Gegenstandes, der möglicherweise — gehört doch die *unctio* zum Ritual der umbrischen Religion — ebenfalls aus dem Umbrischen übernommen wurde.

Aus dem Etruskischen sei das Wort ins Lateinische gelangt: „I particolari del prestito non sono precisabili. La struttura delle formazioni latine in *-illum* presupporrebbe un antecedente *+persile* (> *+persilelom* > *persillum*) o sim., ma *persillum* può essere non un derivato in *-illum* bensí l'adattamento di una parola straniera (specie se pronunciata /persíe/ o /persíye/) al modulo di quei diminutivi, spesso *nomina instrumenti* (come per es. *bacillum, pocillum* ...), e ciò a tanto più forte motivo date le dimensioni dell'oggetto." (*O.c.*, 147, Fn. 2.)

Zus.[572]: Etr. Par.[573]: Zu etr. *persie TLE* 622 > *SE* 43,212, n. 16 als Basis für lat. *persillum* s.o.

persōna, *-ae f.*: „Gesichtsmaske; Toter; Schauspieler; Charakter; Rolle, Persönlichkeit, Mensch" (*WH* s.v.); seit *Plt.* [+]

---

[570] „Questo *persie* di bronzo, che certo doveva essere conservato con religiosa cura, fa intendere perché *Festo* dice che il *persillum* è *picatum*: perché una mano di ‚pece liquida' proteggeva dal verderame il metallo pulimentato." (*O.c.*, 148.)

[571] So bereits Cristofani, *l.c.*

[572] Zum eventuell etr. *l*-Suffix s. Kap. C.4.1.2.

[573] Etr. *persile SE* 46,317, n. 46, und 318, n. 47, wohl zu *perzile CIE* 497 zu stellen und damit GN, dürfte fernzuhalten sein. Denn nicht nur formale Schwierigkeiten stünden einer Deminutivbildung *persile* zu *persie* (zum Suffix *-le* mit diminuierender Funktion s. *DES* § 167) im Wege, auch semantische Gründe — ein GN „Schäufelchen, kleine Schaufel" ist wohl nicht gut vorstellbar — sprechen dagegen. Vielmehr könnte *persile* (sofern nicht in Anbetracht des Fundortes Spina an ein GN venetischen, illyrischen etc. Ursprung zu denken ist) Hypokoristikon (s. *DES*, l.c.) zum Individualnamen *+perse* (die aspirierte Form φerse ist *CIE* 2837 als *lautni*-Namen belegt; vgl. *DGE 1*,128) aus gr. Περσεύς (zu den Belegen für den Heroennamen *perse*, häufiger φerse, s. *DGE 1*,127 f.) sein.

Lit.: Altheim, *Persona*; Friedländer, *Persona*; Lattes, *Lat. dossennus*; Skutsch, *Persona*; Muller, *Zur Geschichte*, 264; Pasquali, *Accheruns*, 300 f.; Devoto, *L'etrusco come intermediario*, 309-315; Meillet, *Esquisse*, 84; Ribezzo, *Metodi*, 89-91; Ernout, *EE*, 88 u. 111, Fn. 1; Nehring, *Parerga*, 118; Oštir, *Drei vorslav.-etr. Vogelnamen*, 101, Fn. 1; Ernout, *Aspects*, 67; de Simone, *DGE 1*, 139; ders. *DGE 2*,293 ff.; *WH* l.c.; Hamp, *Etruscan φersu*, 300; Szemerényi, *The Origins*, 308-312; Heurgon, *Die Etrusker*, 304 ff.; *LG* § 130.II.B.1.; *EM* s.v.

Bei Durchsicht der Interpretationsversuche zu diesem sehr oft (s. etwa de Simone, *DGE 1*,139, mit Literaturangaben) und sehr ausführlich behandelten Wort treten zwei Tendenzen klar in den Vordergrund[574]:

a) *Persōna* sei über etr. *φersu(-na)* — etr. *φersu* ist *CIE* 5328 (*TLE* 80) und *CIE* 5335 (*TLE* 80) belegt als Beischrift eines maskierten Mannes, der offenbar bei etr. Leichenspielen und Volksfesten als Henker, Tänzer und Wettläufer auftrat[575] — auf gr. πρόσωπον, -ου τό „Angesicht, Antlitz, Miene, Blick, äußere Gestalt, Aussehen, auch Maske, Rolle; soziale, moralische Person" zurückzuführen: So unter anderen Friedländer, *l.c.*; Pasquali, *l.c.*; Devoto, *l.c.*; Ribezzo, *l.c.*; Ernout, *EE*, 88 u. 111, Fn. 1; ders., *Aspects*, 67, mit Zurückhaltung; *WH* l.c.; *EM* l.c. mit starken Zweifeln.

[574] Über einige nicht überzeugende Deutungsversuche ohne Nachfolge informieren *WH* l.c., auch Friedländer, *o.c.*, 164.
S. ferner Szemerényi, *l.c.*, der Herkunft aus gr. πρόσωπον über etr. Medium (aber nicht über etr. *φersu*!) annimmt; er schreibt: „*Persōna* can, in Latin, only represent an earlier +*persōp-na*, and this again is clear in Etruscan, and in Italy only in Etruscan, since in that language *-na* can be added without any apparent change in meaning, cp. Etr. *Macstrna* (*magstr-na*) from *magister* (De Simone II 279), Lat. (Etr.) *lanterna* from λαμπτήρ (ibid.), *crumēna* from γρυμέα (ibid. 280)." (*O.c.*, 311 f.)
Die Feststellung „in Etruscan ... *-na* can be added without any apparent change in meaning" ist wie auch die im folgenden von Szemerényi angeführte Beispielreihe als höchst problematisch zu betrachten.
Daß *macstrna CIE* 5267 „magister" bedeutet, ist nicht beweisbar, ist vielmehr wegen *macstrev CIE* 5683 (TLE 195) „magistralis" (*DES*, 294), dem die Form +*macstre* zugrunde liegt, abzulehnen; eine Deutung „der zum *magister* Gehörige, *comes magistri*" oder „der zum Typ ‚*magister*' Gehörige, eine Art *magister*" für *macstrna* ist vorzuziehen (vgl. u.W. *magister*).
Sollte die Herleitung von *laterna* aus gr. λαμπτήρ über etr. Medium richtig sein, wofür einige Argumente sprechen (s.u.W. *lanterna*), wird die Anfügung von etr. *-na* an gr. λαμπτήρ sehr wohl eine gewisse Bedeutungsveränderung bewirkt haben: *Laterna* bedeutete wahrscheinlich urspr. „zu einem λαμπτήρ, zum Typ eines λαμπτήρ gehöriges Gerät, Gerät in der Art eines λαμπτήρ".
Zur möglichen Bedeutung von *crumēna* (sollte das Wort tatsächlich aus dem Griechischen über etr. Medium herzuleiten sein) als „etwas zur Tasche Gehöriges, etwas Taschenartiges, Taschenähnliches" s.u.W. *crumīna*.
[575] S. ausführlich de Simone, *DGE 2*,293 f., vgl. Heurgon, *l.c.*

Zu den Details dieser Entlehnkette bzw. zu den Argumenten, die gegen eine derartige Herleitung sprechen, s. zuletzt in überzeugender Weise de Simone, *DGE* 2,294 ff.[576]: Was das Verhältnis von gr. πρόσωπον zu etr. *φersu* betreffe, so biete der Beginn des Wortes (gr. προ- > etr. *φer-* [προ- > pr̥- > φr̥ > φer-]) keine Schwierigkeiten, wohl jedoch der Wortausgang, da πρόσωπον etr. +*φersupe* oder +*prusupe* ergeben müßte bzw. eine eindeutige Parallele für den Abfall von -πον nicht zu finden sei[577]. Nicht unerheblich seien auch die historischen Schwierigkeiten, da für gr. πρόσωπον die Bedeutung „Maske" erst bei *Aristoteles* und *Demosthenes* bezeugt sei. Es stünde jedoch die — bislang nicht zu beweisende — Annahme offen, daß die Kultmaske im Griechischen im 7.- 6.Jh. v. Chr. πρόσωπον geheißen habe; anthropomorphe und theriomorphe Masken aus dem Umkreis des Kultes ließen sich auf der Poloponnes bis in mykenische Zeit zurückverfolgen. Der etr. *φersu* selbst aber[578] finde in der griechischen Welt kein unmittelbares Gegenstück bzw. keine direkte Vorlage. „Daß etr. *φersu* das entlehnte griech. πρόσωπον nicht darstellen kann, wird m.E. durch lat. *persōna* nahegelegt, dessen Ableitung von etr. *φersu* als sicher gelten kann. Wie E. Vetter es eindeutig dargelegt hat, ist nämlich lat. *persōna* nicht direkt mit etr. *φersu*, sondern mit dessen Ableitung +*φersuna* identisch; +*φersuna* hieß wohl ‚Ausrüstung des *φersu*‘", „‚zum *φersu* gehörig‘", „‚was zum *φersu* gehört‘." (*O.c.*, 296 f.) „Bedeutete nun +*φersuna* im Etruskischen ‚zur Ausrüstung des *φersu* gehörig‘ (als Substantiv später ʻMaskeʻ), so ist daraus zu folgern, daß *φersu* im Etruskischen weder ʻMaskeʻ noch ‚der Maskierte‘ geheißen haben kann, weil dann die adjektivische *na*-Ableitung unerklärlich wäre. Es ist wohl nicht statthaft, für das Grundwort (*φersu*) die gleiche Bedeutung anzunehmen, die für dessen Ableitung (+*φersuna* = *persōna*) feststeht[579]." (*O.c.*, 298.)

b) *Persōna* sei auf etr. *φersu(-n)* oder *φersu(-na)* zurückzuführen, welches jedoch nichts mit gr. πρόσωπον zu tun habe: So Lattes, *l.c.* (*persōna* aus etr. *φersu(n)*; dies ist abzulehnen, s.z.B. Devoto, *o.c.*, 314); Skutsch, *l.c.* (etr.

[576] Vgl. zustimmend *LG* l.c.

[577] Hamp, *l.c.* wendet dagegen ein, daß πρόσωπον in dem von den Etruskern gehörten Griechisch wohl vorwiegend im Plural vorgekommen sei, wie überhaupt die Ausdrücke für „Gesicht" seit ie. Zeit häufig als Pluraliatantum verwendet worden seien; von gr. πρόσωπα aber lasse sich etr. +*prsup* > +*prsu* > *φersu* ohne weiteres herleiten, da auslautend -*a* nach dem Muster von gr. Εὐρώπη/-ᾱ > etr. *evru CII*, 2 s., 131 (s. dazu de Simone, *DGE 2*,294f.) nach vorausgehendem langem Vokal weggefallen und im Anschluß daran auch auslautend -*p* ganz regulär geschwunden sei.

[578] Zu den vier bekannten *φersu*-Darstellungen s. ausführlich de Simone, *DGE 2*, 293 f.; vgl. auch Heurgon, *l.c.*

[579] Vgl. S. 374 Fn. 574.

φersu > lat. ⁺persō, -ōnis > denominatives Verb ⁺persōnāre „maskieren" > durch retrograde Ableitung persōna; dagegen s.z.B. WH l.c., LG l.c.); Muller, l.c. (wahrscheinlich liege etr. φers-una [sic] zugrunde); Meillet, l.c. (persōna wegen etr. φersu wohl aus dem Etruskischen herzuleiten); Altheim, l.c. (persōna < etr. ⁺φersu-na, wörtlich „der kleine φersu", bezogen auf die Gesichtsmaske als charakteristisches Kennzeichen des φersu; der in φersu vorliegende Wortstamm stehe mit gr. Περσεφόνη, etr. φersipnai CIE 5091 und gr. Περσεύς, etr. perse CII 296 ter a u.ö., φerse CII, 3 s., 393 u.ö. in Zusammenhang; mit φersu sei daher ursprünglich eine Unterweltsgottheit bezeichnet worden; vgl. Heurgon, o.c., 306; dagegen ist vor allem einzuwenden, daß das etr. Suffix -na der Bezeichnung der Zugehörigkeit, nicht der Deminution dient, s. DES § 67 ff.; eine Verbindung mit dem in gr. Περσεφόνη, Περσεύς vorliegenden Stamm scheint hingegen erwägenswert); Oštir, l.c. (persōna aus etr. φer-su [sic] in der völlig haltlosen Deutung als „⁺Person zweite > ⁺histrio"); Heurgon, o.c., 306 (der Name des φersu sei mit der φersipnei CIE 5365 verwandt; s. dazu weiter oben); de Simone, DGE 2, 293 ff. (persōna < etr. ⁺φersu-na „was zum φersu gehört", „Maske"; die ursprüngliche appellativische Funktion von etr. φersu liege im dunkeln, doch werde es sich um ein Nomen agentis auf -u handeln; ⁺φersuna werde ins Lateinische bereits als Term. techn. der Bühne [„Theater- bzw. Schauspielermaske"], wahrscheinlich über Vermittlung der Atellane, übernommen worden sein).

Zus.[580]: Etr. Par.: Zu φersu CIE 5328 (TLE 80) und CIE 5335 (TLE 80) s.o. Sucht man — unter Ablehnung einer Herleitung aus gr. πρόσωπον — im etr. Wortmaterial nach Wortkernen, die mit etr. φersu (φer-s-u? φer- könnte Verbalkern, -s- Zeichen des Intensivums, -u Suffix des Verbalnomens sein, s. DES § 132 bzw. § 173 u. § 134; vgl. DGE 2,298) eventuell verglichen werden bzw. verwandt sein könnten, so lassen sich drei Formen anführen: persu Frel J., Antiquities in the J.P. Getty Museum; a Checklist; Malibu 1979, 19, n. ⁺V22; peraś CIE 4538 (TLE 570[a)6 f.]); feru SE 42,232, n. 98, u.ö.

---

[580] Zum Ausgang -ōna in persōna (vgl. Ernout, EE, 108) < etr. -u-na s. Kap. C.4.1.5.
Nehring, l.c., sieht in persōna, „das ja auch ‚Person', im Plural ‚Leute' bedeutet und dessen feminines Geschlecht nur auf einer Umdeutung im Lateinischen zu beruhen scheint", ein ursprünglich maskulines etr. Personalsubstantiv auf -a.
Diese Theorie Nehrings ist abzulehnen, dürfte doch persōna nach dem oben im Text Ausgeführten offenbar ursprünglich nicht ein eine Person bezeichnendes Substantiv gewesen sein. Nehrings Vermutung allerdings, das feminine Geschlecht von persōna im Lateinischen scheine auf Umdeutung einer etr. Form auf -a zu beruhen, könnte sich insofern als zutreffend erweisen, als allem Anschein nach die etr. an sich genusindifferente Adjektivbildung ⁺φersu-na (s. Kap. B.1.2.1.2.3.2.) im Lateinischen als Femininum interpretiert wurde.

Persu ist offenbar (die Inschrift ist unvollständig) GN m., morphologisch Verbalsubstantiv auf *-u* (s.o.; zu *p* ≷ φ s. *DES* § 16); die Bedeutung einer Verbwurzel ⁺*pers-* oder ⁺*per-* (*-s-* eventuell Zeichen des Intensivums, s.o.) ist unbekannt. *Per-aś* (zu *p* ≷ φ s. oben) dürfte Part. conj. (s. *DES* § 127) sein[581]; zu einer eventuellen Verbwurzel ⁺*per-* s.o. *Fer-u* (zu *p* > *f* in der Nähe von Liquiden oder Nasalen s. *DES* § 17) ist CN > GN (s. Rix, *DEC*, 160) und scheint Verbalnomen auf *-u* (s.o.) zu sein; die Bedeutung des anzusetzenden Verbalkernes *fer-* ist unbekannt, Identität mit ⁺*per-* nicht ausgeschlossen.

pōtus/pottus, -ī m.: „Trinkbecher" (*WH* s.v.); Ven. Fort. [?]

Lit.: Carnoy, *Etrusco-latina*, 107 f.; Pfiffig, *Studien*, 16; ders., *DES*, 299; de Simone, *DGE 2*, 108 f.; *WH* l.c.; *EM* s.v.

Mit Sicherheit liegt Entlehnung vor: S. *EM* l.c.; *WH* l.c., wo gr. ποτήριον als Basis nicht ausgeschlossen wird.

Auf gr. ποτήριον führt letztlich auch Carnoy, *l.c.*, lat. *pōtus* zurück: Lat. *pōtus* sei entlehnt aus etr. *pute AM* 3²² u.ö.; dieses sei Verkürzung aus *putere(s) TLE* 914 (7.Jh.), übernommen aus gr. ποτήριον.

Gegen Carnoys Hypothese ist zweierlei einzuwenden: Einerseits steht Herkunft von etr. *putere(s)* aus gr. ποτήριον nicht fest; s. de Simone, *l.c.*; vgl. auch *DES*, 299. Andererseits handelt es sich bei *pute* nicht um Verkürzung aus *putere*; s. de Simone, *o.c.*, 109. Die Deutung von *pute* ist umstritten: Pfiffig, *Studien*, 16, u.ö., interpretiert *pute* als Jussiv-Form auf *-e* von *puθ-* „legen" (vgl. ders., *DES*, 299), wohingegen de Simone, *o.c.*, 109 (dort auch weitere Literaturhinweise), in *pute* einen Gefäßnamen sieht; die Zugehörigkeit von *pute* zu gr. ποτη- bleibe recht zweifelhaft; eventuell sei in Anbetracht von etr. *putnas*[582] Beazley, 24, Nr. 17 (6.-5.Jh.) an einen etr. Stamm zu denken.[583] Solange jedenfalls die Bedeutung von etr. *pute* nicht eindeutig geklärt ist, muß die Frage nach dem Zusammenhang mit lat. *pōtus* offen bleiben.

Zus.: Etr. Par.: Zu in Wortart und Bedeutung nicht zuverlässig geklärtem etr. *pute AM* 3²² u.ö. s.o.

Die Möglichkeit einer Verknüpfung mit lat. *pōtus* ist bis auf weiteres im Auge zu behalten.

---

[581] Prof. Pfiffig brieflich. Vgl. ders., *Untersuchungen*, 133, wo auch die Möglichkeit einer Genetivbildung, ev. von entlehntem umbr. *peřom* „Boden" (nach Vetter, *Etr. Wortdeutungen* 1,12, Fn. 3), in Betracht gezogen wird.

[582] Diese Form scheint in *ThLE* nicht auf.

[583] Zu Sigwarts („Zur etruskischen Sprache", 139 f.) verfehlter Deutung von etr. *pute* als „Quelle, Brunnen" s.u.W. *puteus*.

praetor (*praitor CIL* I²1513 u.ö.), -ōris m.: „‚‚Kriegsoberster, Feldherr' ... ‚Prätor, Statthalter; Vorsteher, Beamter'" (*WH* s.v.); seit *XII tab.*, Naev. und *Plt.* [??]

Lit.: Maresch, *Consul*, 92 f.; Leifer, *Studien I*,83, Fn. 4; Leumann, *LB Lat. Laut- und Formenlehre, Glotta* 20, 277; *WH* l.c.; *EM* s.v.

Neben der sinnmäßig und lautlich einwandfreien Herleitung aus ⁺*prai-i-tor* „Vorangeher" (vgl. ai. *pura-etár-* „Führer"; s. *WH* l.c., vgl. *EM* l.c.) steht die von Maresch, *l.c.*, vorgeschlagene abenteuerliche Hypothese, *praetor* sei über eine etr. Form, welche in lautlicher Umgestaltung im Beamtentitel *purθ CIE* 5360 (*TLE* 87) u.ö vorliege, aus gr. ῥήτωρ < ⁺Ϝρήτωρ entlehnt. S. dagegen Leumann, *l.c.*; *WH* l.c.

In Abänderung dieser Hypothese schließt Leifer, *l.c.*, nicht aus, lat. *praetor* könnte aus etr. *purθ* herzuleiten sein. S. dazu *EM* l.c.; ablehnend *WH* l.c.

Zus.: Etr. Par.: Eine Umgestaltung etr. *purθ CIE* 5360 (*TLE* 87) u.ö. (zu Ableitungen wie *purθne* „zum *purθ* gehörig" [*DES*, 299] s. Th*LE*, 285) > lat. *praitor/praetor* wäre ohne jede Parallele, widerspräche in lautlicher Hinsicht (Verlust des Vokals der tontragenden Silbe!) den gängigen Entlehnmodellen und ist daher abzulehnen.

puteus, -ī m., *puteum*, -ī n.: „Brunnen, Grube" (*WH* s.v.); seit *Plt.* [??]

Lit.: Sigwart, *Zur etr. Sprache*, 139 f.; Meillet, *Esquisse*, 84; Ernout, *EE*, 113; Pallottino, *Saggi*, 351; *WH* l.c.; Szemerényi, *The Origins*, 313; *EM* s.v.

Neben der Herleitung aus dem Ie., d.h. neben Zusammenstellung mit *putāre* „schneiden", *pavīre* „schlagen, stampfen" (s. *WH* l.c., s. dagegen Sigwart, *o.c.*, 140, aus formalen und semantischen Gründen; ebenfalls dagegen *EM* l.c.) steht die Tendenz, das Wort auf das Etruskische zurückzuführen:

An Argumenten wird einerseits (so Ernout, *l.c.*, *EM* l.c.) der Ausgang *-eus* angeführt; andererseits glaubt man (so Sigwart, *l.c.*; mit Zweifeln Meillet, *l.c.*), in etr. *pute* AM 3²² u.ö., entsprechend als „Quelle, Brunnen" gedeutet, die Basis von lat. *puteus* gefunden zu haben.

Doch stellt weder der Ausgang *-eus* einen Hinweis auf Herkunft eines Wortes aus dem Etruskischen dar (vgl. S. 379 Fn. 584), noch bedeutet — soviel läßt sich unter Anwendung der kombinatorischen Methode erkennen — etr. *pute* „Brunnen, Quelle", sondern „lege" oder ist Bezeichnung eines Gefäßes, s.u.W. *pōtus*; s. auch Pallottino, *l.c.*

Entlehnung aus gr. βυθός über etr. Medium, wahrscheinlich über etr. *pute*, nimmt aus phonetischen Gründen und wegen *-eus* Szemerényi, *l.c.*, an. Doch allein die Bedeutung von βυθός („Meerestiefe, Tiefe, (Ab)grund") widerrät eine derartige Kombination, ganz abgesehen von der Mißdeutung des lat. Ausganges -eus (s.o.).

Zus.[584]: Etr. Par.: Zur umstrittenen Bedeutung von etr. *pute AM* 3[22] u.ö. s.u.W. *pōtus*. Keine der dort angeführten Bedeutungen berechtigt nach Ansicht der Verf. zu der Annahme, lat. *puteus* sei auf etr. *pute* zurückzuführen.

restis, *-is (*Akk. *restem,* häufiger *restim;* Abl. *reste, resti) f.:* „Seil", in *Gl.* „Binse" (*WH* s.v.); seit *Plt.* [?]

Lit.: Ernout, *EE*, 108; Bonfante, *Les accusatifs*, 85 ff.; *WH* l.c.; *EM* s.v.

Zugunsten einer Herleitung aus dem Ie. läßt sich eine Reihe von vergleichbaren Ausdrücken aus verschiedenen ie. Sprachen anführen, im besonderen lit. *rēkstis* „sac à fourrage, corveille", lit. *rēzgis* "Korb, Korbgeflecht" und ai. *rájjuḥ* „Strick, Seil"; s. *WH* l.c.; *EM* l.c.

Ernout, *l.c.*, allerdings spricht von nicht klarer Etymologie, Bonfante, *l.c.*, sieht in *restis* einen aus einer mediterranen Sprache entlehnten Schiffahrtsausdruck.

Zus.: Etr. Par.: An im Wortkern lautlich vergleichbaren Formen sind im Etruskischen belegt *resθu SE* 30, 139, n. 6 (6.Jh.), nach Rix, *DEC,* 197, Fn. 147, „wohl eher Appellativum (mit ähnlicher Bedeutung wie *śuθi?* ...) als unvollständig geschriebenes Gentile ... oder Cognomen", und *restiaś CIE* 4539 (*TLE* 572; formal wäre eine Deutung als Gen. zu *restia*, GN f., möglich; doch steht *restiaś* in nur teilweise geklärtem Kontext).

Die Bedeutung der Formen *resθu* und *restiaś* ist unbekannt, Zusammenhang mit lat. *restis* nicht völlig auszuschließen.

rētae, *-ārum f.:* „am Ufer des Flusses oder aus dem Flußbett hervorragende Bäume"[585] (*WH* s.v. *rārus*); *Gavius ap. Gell.* 11,17,4. [??]

Lit.: Vetter, *Etr. Wortdeutungen*, 47; Alessio, *Vestigia*, 115; Pfiffig, *DES*, 299; *WH* l.c.

Neben der Herleitung aus ie. +*re-* „schichten, aufstapeln" (so *WH* l.c.)

---

[584] Zum Ausgang auf -*eus* in *puteus* (nicht als Hinweis auf etr. Herkunft zu werten) s. Kap. B.1.2.1.1.1.
[585] Vgl. *rētāre flūmen* „den Fluß von am Ufer oder im Flußbett wachsenden Bäumen freihalten" *Edict. vetus ap. Gell.* 11,17,4.

wurde auch, sollte die Grundbedeutung von *rētae* „fila di alberi" gewesen sein, Zusammenhang mit etr. *rat-/raθ-*, welches möglicherweise mit „correre" zu übersetzen sei, oder *riθ-* in *riθnai TLE* 2[10] u.ö. angenommen (so Alessio, *l.c.*).

Während die ie. Etymologie des Sinnes wegen nicht akzeptiert werden kann, geht der Herleitungsversuch aus dem Etruskischen von falschen Voraussetzungen aus: *+raθ/rat* bedeutet nicht „correre", sondern „Ordnung" (Pfiffig, *l.c.*), *raθiu TLE* 488 sowie *ratum AM* 10[4] u.ö. „ordentlich, *rite*" (Pfiffig, *l.c.*)[586]; *riθnai TLE* 2[10] u.ö wurde von Vetter, *l.c.*, mit „*recte, rite*" wiedergegeben, ist aber nach Prof. *Pfiffigs* Ansicht (brieflich) bisher nicht zufriedenstellend gedeutet[587]; jedenfalls erscheint auf Grund des Kontextes (Capuatafel!) Zusammenhang mit *rētae* nicht gut denkbar.

Zus.: Etr. Par.: Zu von Alessio, *l.c.*, fälschlich herangezogenem *raθiu TLE* 488, *ratum AM* 10[4] u.ö., *riθnai TLE* 2[10] u.ö. s.o.

rītus, -ūs (-uīs Varro): „religiöser Gebrauch, Ritus, Zeremonie; Gebrauch, Sitte, Gewohnheit, Art"[588] (*WH* s.v.); seit *Plt.* [??]

Lit.: Vetter, *Etr. Wortdeutungen*, 47; Battisti, *Rassegna*, 429; Roloff, *Ritus*, 61 f.; Olzscha, *Die Etymologie*; *WH* l.c.; *EM* s.vv. *rītus, armus, artūs*.

Die überzeugendste Theorie einer Herleitung aus dem Ie. stellt lat. *rītus* zu Wörtern wie gr. ἀριθμός „Zahl", νήριτος „ungezählt", ahd. *rīm* „Reihenfolge, Reihe, Zahl" und somit zu ie. *+rei-* „zählen", Erweiterung von *+ar-* „fügen" in lat. *arma, ars*, ai. r̥tám „die von den Göttern festgesetzte Ordnung, heiliger Brauch", r̥téna „rite" u.a.; s. *WH* l.c.; *EM* ll.cc., wo weiters darauf verwiesen wird, daß es sich um eine alte Bildung auf *+-ten-* > *-tu-* handle; vgl. auch Roloff, *l.c.*.

Zu weniger überzeugenden ie. Hypothesen s. *WH* l.c., Roloff, *l.c.*

Olzscha, *o.c.*, sieht in *rītus* Entlehnung aus dem Oskisch-Umbrischen

---

[586] Vgl. u.W. *radius*.
[587] Vgl. u.W. *rītus*.
[588] Als ursprüngliche Bedeutung von *rītus* sieht Roloff, *Ritus*, 56, „die Art, wie jedes Wesen ‚von Natur aus' lebt und handelt ..., also gottgegeben.... In einer weiteren Entwicklungsstufe beginnt man, die rein profanen Dinge nach rationalen Prinzipien zu verrichten, so schränkt sich der Begriff *ritus* immer mehr auf den religiösen Bereich ein, der natürlich eng mit den politischen und soziologischen Formen verbunden ist." In der Folge sei Einwirken des Etruskischen auf die weitere Bedeutungsentwicklung von *rītus* nicht auszuschließen. „Charakteristisch für die etruskische Religion ist gerade, daß alles bis ins Einzelne nach genau festgelegtem Ritual verrichtet wird." (*O.c.*, 58.) „So wird *ritus* konkretisiert, man versteht darunter einen ganz bestimmten Ritus ..." (*O.c.*, 59.)

(umbr. *rehte* „*recte*", *TIG* 5a 24,26,29, osk. ⁺*rihte* ev. in ergänztem *r[ihtúd]* des *Cippus Abellanus*[589] Z. 16).

Zus.: Etr. Par.: An nicht onomastischem Material sind im Etruskischen die Formen *rita TLE* 2³³ u.ö. und *riθnai TLE* 2¹⁰ u.ö. belegt[590]. *riθnai* wurde — von anderen, hier nicht interessierenden Deutungen abgesehen, s. Battisti, *l.c.* — von Vetter, *l.c.*, mit „*recte, rite*" übersetzt. Prof. *Pfiffig* (brieflich) verwirft diese Interpretation: Sowohl *riθnai* als auch *rita* seien nach unserem Wissensstand nicht deutbar.[591]

An EN sind belegt *ritnas CIE* 5207 u.ö. (GN m.) und *ritnei CIE* 5896 > *SE* 41,348, n. 150 u.ö.[592] (GN f.). Ihre Bedeutung ist unbekannt. Zusammenhang mit lat. *rītus* scheint nicht völlig auszuschließen zu sein, doch ist wohl, sollte dieser Zusammenhang tatsächlich bestehen, in Rücksicht auf die zufriedenstellende ie. Etymologie von *rītus* eher Entlehnung von etr. *rit-* aus lat. *rītus* bzw. (so Olzscha, *o.c.*, 325 f.) aus jener osk.-umbr. Form, aus welcher auch lat. *rītus* herzuleiten sein könnte (s.o.), als umgekehrt in Betracht zu ziehen.

sacer (*sakros*[593] *CIL* I²1; *sacrus* vlt.), *-a, -um* (*sācrēs* Plt., Varro; *sācrem* Cato)[594] „‚heilig, geweiht' ...; ‚verwünscht, verabscheut'" (*WH* s.v.); seit *CIL* I²1 bzw. *Plt.* [??]

Lit.: Bréal, *Etymologies, MSL* 12, 242 f.; Goldmann, *Beiträge* 2,276, Fn. 2, 277; Oštir, *Drei vorslav.-etr. Vogelnamen*, 43 f.; Leifer, *Studien I*, 180, Fn. 2; Olzscha, *Der Name Italia*, 268; Devoto, *Contatti*, 149; Pallottino, *Spigolature*, 320; *WH* s.vv. *sacer, sanciō*; *LG* § 406.1.a., § 149.a.β., § 286.b., § 30; *EM* s.v.

Die Herleitung aus dem Ie. stützt sich auf vergleichbares Wortmaterial vor allem aus dem Italischen (osk. σακορο „*sacra*", *sakrím* „*hostiam*"; umbr. *sakra* „*sacrās*", *sacre* „*sacrum*"; päl. *sacaracirix* „*sacerdōs* f." etc.), daneben auf heth. *šaklāiš, šakliš* „Gesetz, Ritus"; s. *WH* s.v. *sacer*; *EM* l.c. Auch an.

---

[589] Vetter, *Handbuch*, Nr. 1.
[590] Die *ThLE*, 305, angeführte Form *ritn SE* 21,394, n. 3 > *SE* 34,362, n. 5 ist zu *ritnei* (vgl. *ritnas CIE* 5207 u.ö., *ritnei CIE* 5896 > *SE* 41, 348, n. 150 u.ö.; s. *SE* 34,362, n.5) zu ergänzen, mithin GN f.
[591] Vgl. u.W. *rētae*.
[592] S. auch Fn. 590.
[593] Zum Nom. Sg. m. auf *-ros/-er* s. *LG* § 149.a.ß.
[594] Zu *sācri-* mit Länge des Stammvokals gegenüber *sacro-* mit Kürze (gedeutet als Ablautstufei; vgl. gr. ἄκρος/lat. *ācer*) s. *LG* § 30; *WH* s.v. *sacer*; *EM* s.v. *sacer*.

sāttr „versöhnt", aisl. sótt „entente, compromis" bzw. got. *sakan*, gr. ἅζομαι „j'ai un respect religieux pour" wurden zum Vergleich herangezogen, doch bleibt diese Zusammenstellung nach *EM* l.c. aus semantischen wie aus formalen Gründen unsicher. *EM* l.c. betont jedoch, daß das religiöse Vokabular in den einzelnen ie. Sprachen stark differiere. Zu weiteren abzulehnenden Verknüpfungen s. *WH* s.v. *sacer*.[595]

Daneben wurde auch unter Heranziehung von nach unserem Wissensstand im Detail zumeist falsch interpretierten etr. Formen auf *sac-*[596] Rückführung auf das Etruskische erwogen: So von Bréal, *l.c.*, Oštir, *l.c.*, mit unzulässigen Weiterungen, Olzscha, *l.c.*

Nun besteht zweifellos ein Zusammenhang zwischen lat. *sac-* und etr. *sac-*[597]; s. Leifer, *l.c.*, mit älterer Literatur; vgl. Devoto, *l.c.*, Ob jedoch Entlehnung von lat. (ital.) *sac-* aus etr. *sac-* (s.o.) vorliegt oder ob die Entlehnrichtung umgekehrt anzusetzen ist (so *WH* s.v. *sacer*[598]; Pallottino, *l.c.*, denkt an eine „antichissima penetrazione nel lessico etrusco di un tipo indoeuropeo (protolatino?) parallelmente sopravvissuto in latino"), dürfte mit völliger Sicherheit nicht zu entscheiden sein. Doch neigt Verf. angesichts des im Italischen bestens etablierten Stammes *sacr-* einerseits und der wenigen und kaum aussagekräftigen Belege für etr. *sacr-* andererseits — *śacrn(..) TLE* 441³ ist unklar, möglicherweise ist nach Hinweis von Prof. Pfiffig die ganze Inschrift eine Fälschung; *sacri TLE* 2¹⁰, nach *DES*, 301, Nezessitativ von ⁺*sac-*, „ist zu weihen, zu heiligen", kommt seiner spezifischen Form und Bedeutung wegen für Entlehnung wohl nicht in Betracht; einzig *sacrial CIE* 4307, Gen. zu *sacri*, GN f., Metronym, könnte zum Vergleich mit lat. *sacr-* herangezogen werden — eher zu der Annahme, das Etruskische habe den Stamm *sac-* aus dem Italischen oder aus einer anderen

---

[595] Zur Zugehörigkeit von *sanciō* mit (im Lat. stark entwickeltem) Nasalinfix zu *sacer* s. *EM* l.c.; *WH* s.v. *sanciō*, *LG* § 406.1.a.

[596] So bedeutet etwa *sac-* nicht „heilig" (Oštir, *o.c.*, 43), sondern stellt einen Verbalkern „weihen, heiligen" (*DES*, 300) dar; *sacnisa AM* 8¹⁰ ist nicht „Substantiv mit der Genetivendung -sa" (Goldmann, *o.c.*, 277), sondern bedeutet „weihend, als weihender" (*DES*, 310); *sacri utus ecunzaiiti TLE* 2¹⁰ ist nicht mit Olzscha, *l.c.*, als „zum Opfern gib" und als Parallele zu lat. *sacrificāre* aufzufassen, sondern *sacri* ist Nezessitativ von ⁺*sac-* „ist zu weihen, zu heiligen" (*DES*, 301), *utus-e* (?) bleibt unklar, könnte ev. mit Pfiffig, *DES*, 309, als Modalis „gemäß der Leistung" gedeutet werden.

[597] Mit Sicherheit jedoch nicht im Sinne einer Urverwandtschaft; so allerdings Goldmann, *o.c.*, 276, Fn. 2.

[598] Die dort angeführte Berufung auf Cortsen, *Etruskische Standes- und Beamtentitel*, 15, und ders., *Etruskisches*, 177, Fn. 1, ist ohne Anhalt.

[599] Daß eine der konstituierenden Komponenten des nachmaligen etruskischen Volkes mit dem östlichen med. Raum in Verbindung gebracht werden muß, steht außer Zweifel. Könnte hier nicht an frühe Kontakte mit einer Sprache wie dem Hethitischen (vgl. heth. *šakl-*; s. im Text weiter vorne) gedacht werden?

ie. Sprache⁵⁹⁹ entlehnt, und zwar in sehr früher Zeit (vgl. Devoto, *l.c.*), da er, wie sich aus den zahlreichen und morphologisch unterschiedlichen Belegen (s. *ThLE*, 308 bzw. 287-289; alle zurückzuführen auf einen Verbalkern ⁺*sac-* „weihen, heiligen" bzw. auf ein Adj. *šacni* „geweiht, heilig"; s. *DES*, 300 f.) erkennen läßt, vollständig in das etruskische Formensystem integriert wurde.

Zus.⁶⁰⁰: Etr. Par.: Zu den Belegen für etr. *sacr-* bzw. *šac-* s.o., ebenda zur wahrscheinlichen Entlehnrichtung ie. bzw. ital. *sac-* > etr. *šac-*.

servus, -*ī m.* (*serva*, -*ae f.*; adj. *servus*, -*a*, -*um*⁶⁰¹): „Diener, Sklave" (*WH* s.v.); seit *XII tab., Naev., Enn., Plt., Cato*. [??]

Lit.: Benveniste, *Le nom*; Vendryes, *A propos de lat. seruos*; Georgiev, *Illyrisches*, 98; Ernout, *Les noms latins*, 226 f.; Palmer, *The Latin Language*, 48; Günther, *Etr. serve*; Rix, *Forschungsbericht Etruskisch*, 130; *WH* s.vv. *servus, servō*; *LG* § 264.3.; *EM* s.v. *servus, -a, -um*; Strnad, *Nochmals zum Methodenproblem*, 282.

Die maßgebliche Theorie einer Herkunft aus dem Ie. stützt sich vor allem auf den Vergleich mit av. *pasuš-haurvō* „qui garde le troupeau" und *viš-haurvō* „qui garde le village", beides vom Hund gesagt (s. *EM* l.c., *LG* l.c.)⁶⁰², daneben auf das anzusetzende hohe Alter der zu *servīre*, Denom. zu *servus*, gebildeten Ableitung *servitūs* (s. Ernout, *l.c., EM* l.c.).

Während jedoch durch die zitierten avestischen Zusammensetzungen für *servāre* eine einwandfreie Erklärung geboten ist (s. *WH* s.v. *servō*), ist dies hinsichtlich *servus* aus morphologischen und semantischen Gründen (Vor-

---

⁶⁰⁰ Die Präferenz des Etr. für den Vokal *a* (s. Kap. B.1.1.3.1.) stellt natürlich alleine kein maßgebliches Argument zugunsten etr. Herkunft eines Wortes dar.

⁶⁰¹ Ob dem substantivischen oder dem adjektivischen Gebrauch Priorität zukommt, ist ungeklärt.
Bei ursprünglich adjektivischer Verwendung wären die m. und die f. Form daraus substantiviert worden; bei ursprünglich substantivischer Verwendung konnte, wie es offenbar bei *verna* geschah (s.b.W.), zur m. und zur f. Form (die in pseudoadjektivischer Funktion zu Personenbezeichnungen sogar ohne Sinnänderungen hinzutreten konnten, s. etwa *servus homō*) ohne jede formale Schwierigkeit, nur mit entsprechender Modifikation in semantischer Hinsicht, ein N. hinzugebildet werden. Es ist jedenfalls kein Anhalt gegeben, im Nebeneinander der Verwendung von *servus* bzw. *verna* als Substantiv und als Adjektiv einen Hinweis auf Beeinflussung seitens des Etr. (s. Kap. B.1.2.8.) zu sehen.

⁶⁰² S. aber auch Vendryes, *o.c.*, der ir. *serbh* (Glossenwort, „Diebstahl") und gall. *herw* „l'état d'un individu qui vit hors de la loi", beides von vorkelt. ⁺*serwo-* „l'état d'un individu expulsé de sa tribu ou vivant hors de tout groupe organisé", mit *servus* verbindet. Es handle sich um ein Substratwort, das von den Italikern, von den Kelten und auch von den Etruskern entlehnt worden sei. S. auch *WH* s.v. *servō*.

kommen von *servus* nie in Zusammensetzungen; *servus* nicht wie av. *-haurvō* Verbalnomen; weder könne *servus* von *servāre* noch *servāre* von *servus* abgeleitet sein; eine urspr. Bedeutung „Wächter" für *servus* sei völlig fiktiv, *servus* drücke nicht eine Funktion, sondern einen Zustand aus; etc.) nicht der Fall; s. ausführlich Benveniste, *o.c.*, 430ff.; vgl. *WH* s.v. *servō*; *EM* l.c..

Herkunft von *servus* aus dem Etruskischen wurde zuerst von Benveniste, *o.c.*, angenommen. Er argumentiert vor allem mit den aus dem etruskischen Namenmaterial bekannten Formen *serve CIE* 4462 (S. aber *DEC*, 73, bzw. *ThLE* s.v. *serveị*: Es ist *serveị* zu lesen.) und *servi CIE* 4463 bzw. mit den etr.-lat. Eigennamen *Servius, Servīlius, Servēnius* etc. (vgl. Schulze, *ZGLE*, 230 f.), weiters mit dem Namen des vorletzten Königs von Rom, *Servius Tullius*, von dem berichtet wird, er sei Etrusker und von unfreier Geburt gewesen, auch habe er am 13. August, dem Tag der Sklaven, den Diana-Tempel auf dem Aventin geweiht; schließlich damit, daß auch *verna, famulus* und *anculus* (s.bb.WW.) nicht genuin lat. Herkunft wären.

Zustimmend zu Benvenistes Ausführungen s. Georgiev, *l.c.*, Palmer, *l.c.*, Günther, *o.c.* (der allerdings zur Unterstützung von Benvenistes Theorie auf Stoltenbergs keineswegs beweisbare Übersetzung von etr. *ser-* als „geben, stiften, darbringen" zurückgreifen zu müssen glaubt: *serve* sei „jemand, der zu einer Stiftung gehört", eine Art Hierodule; s. zu Recht scharf ablehnend Rix, *l.c.*), *WH* s.v. *servus*[603].

Zur Stellungnahme der Verf. zu Benvenistes Deutung s. im folgenden unter „Etr. Par.".

Zus.: Etr. Par.: Belegt sind folgende 3 lautlich mit lat. *servus* vergleichbare etr. Formen: *serv CIE* 5630 (Abkürzung), *serveị CIE* 4462 > *DEC*, 73 (GN f.), *servi CIE* 4463 (GN m.).

Herkunft von lat. *servus* aus dem Etr. wäre nur dann zu vertreten, wenn im Etr. ein lautlich und bedeutungsmäßig vergleichbares Appellativ nachgewiesen werden könnte. Nun ist es zwar nicht völlig auszuschließen, daß den oben genannten etr. EN ein derartiges Appellativ zugrunde liegt. Doch erscheint eine solche Annahme insofern bedenklich, als die Existenz eines weiteren sozial benachteiligten Standes neben der *lautni-*Klasse, korrekter: eines im sozialen Ranggefüge unterhalb der *lautni-*Klasse anzusiedelnden Standes, ist doch der etr. *lautni* im eigentlichen Wortsinn ein „*familiaris*" (*DES*, 292), nach unserem Wissen in etwa dem röm.

---

[603] Auch Strnad, *l.c.*, faßt lat. *servus* als etr. Lehnwort auf; doch abgesehen davon, daß auf keinerlei Literatur Bezug genommen wird, möchte Strnad, was völlig ohne Anhalt bleibt, *servus* aus arab. (s.u.W. *abdōmen*) *šārafa* „beaufsichtigen" + lat. *-us* herleiten.

libertus gleichzusetzen, in der etr. Gesellschaft nicht nachgewiesen ist. Daß die etr. *servi* sämtlich ohne Grabinschrift bestattet worden wären, vielleicht, weil sie von den Etruskern in noch stärkerem Maße als die röm. *servi* (lat. *servus* ist inschriftlich gut belegt, s.z.B. den Index zu *CIL* 6) von ihren Herren als „*rēs*" betrachtet wurden, ist wohl kaum anzunehmen. Viel eher hat es den Anschein, als ob die etr. EN *serv, servei̯, servi* entweder auf lat. *servus* bzw. *Servius* (s. *DEC*, 264f.) oder auf die gleiche Basis wie auch lat. *servus*, also wohl, da die ie. Herleitung von lat. *servus* nicht überzeugt, auf ein Substratwort zurückzuführen wären. Zur hierfür vorauszusetzenden Wandlung eines Appellativs in einen Personennamen s.u.W. *laetus*.

spurius, *-ī m.:* „Hurenkind, Bastard"[604] (*WH* s.v.), auch PN und GN; appellativisch seit *Gai.* Inst. 1, 64 (vgl. *Apul.* Met. 6,9); PN nach *Liv.* 2,10,6 (vgl. 2,41,1; 7,1,2) bereits in frühester Zeit; GN ausgehende Republik. [+]
spurium, *-ī n.:* „weibliche Scham" (*WH* l.c.); *Isid.* Orig. 9,5,24. [+]
spurcus, *-a, -um:* Grundbed. (vgl. *Fest.* 474,31 L) „vermischt, unrein"; dann „ekelhaft, schmutzig, unflätig, garstig" (*WH* s.v. *spurcus*)[605]; seit *Plt.* [+]

Lit.: Muller, *De vocibus*, 119f.; Vetter, *LB Etr., Glotta* 15, 243; Ribezzo, *Metodi*, 87; Devoto, *Rapporti*, 264; Kubitschek, *Spurius*; Devoto, *Nomi*, 258, 259; ders., *Storia*, 78; Alessio, *Vestigia*, 118; Carnoy, *Etrusco-latina*, 109; ders., *Etymologies*, 403; Deroy, *Les noms*, 20; ders., *La racine*, 109; Lallement, *De quelques mots*, 6; de Simone, *DGE* 2,275; *WH* s.vv. *spurius, spurcus*; *LE* s.v. *spurium*; *LG* § 273.D., *EM* s.vv. *spurius, spurcus, caecus*.

Zu den abzulehnenden ie. Herleitungsversuchen für *spurius* und *spurcus* s. *WH* ll.cc.
Zumeist wird Herkunft von *spurius*[606] aus dem Etruskischen angenommen:

---

[604] S. *Fest.*, 182,4 L; vgl. *Val. Max.* Praenomin. 6; vgl. *Isid.* Orig. 9,5,25.
Nach Kubitschek, *o.c.* (vgl. *WH* s.v. *spurius, LG* §273.D.), sei diese Deutung erst durch Mißdeutung der Abkürzung des PN *Spurius, Sp.*, entstanden: *Sp.* sei als *s.p.(f.)* „*sine patre (filius)*" aufgelöst bzw. damit durcheinandergebracht worden. Nicht beweisbar, kaum glaubhaft.
[605] Vgl. *EM* s.v. *spurcus*.
[606] Lat. *spurium* wird in der von der Verf. eingesehenen Literatur nur *LE* s.v. *spurium* von *spurius* gesondert behandelt: Lat. *spurium* wie gr. σπόριον·τὸ τῆς γυναικός αἰδοῖον sei wahrscheinlich zurückzuführen auf etr. *śpur-* „città, stato (di città)", möglicherweise aber, sollte, wie Alessio vermutet, die eigentliche Bedeutung von *spurium*/σπόριον „μήτρα, mātrīx" gewesen sein, ursprünglich „μητρόπολις, μητρίς, madrepatria".
Es empfiehlt sich nicht, auf Grund der offenbar sekundären, spezifischen Bedeutung eines

Zugunsten dieser Theorie wurde auf die Genetivform etr. *śpural* AM 5[23] u.ö. „*urbis*" > „*urbānus, pūblicus*" (so Muller, *l.c.*; Vetter, *l.c.*; Zweifel an der Bedeutung „*pūblicus*" bei Meillet, *Esquisse*, 84), auch auf *spura* (nur in *spural* TLE 732 u.ö., gleichbedeutend mit *śpural* [s.o.], und *spurana* CIE 5874 = TLE 165 u.ö. „was zur Stadt gehört, städtisch" [*DES*, 302] belegt), fälschlich gedeutet als „*alius, aliēnus*", somit lat. *spurius* „il figlio d'altro" (so Ribezzo, *l.c.*; vgl. zustimmend Devoto, *Nomi*, 258; anders hingegen ders., *Storia*, 78: „*spurius* indica ,ciò che appartiene alla città' dunque si adatta a indicare dal punto di vista romano il figlio che appartiene a tutti, che sarebbo lo stesso del figlio di nessuno"[607]), verwiesen.[608] Ferner wurde mit den etr.-lat. EN *Spurinna*[609], *Spurennius* etc. (s. Schulze, *ZGLE*, 94f.) argumentiert (so Carnoy, *Etrusco-latina*, 109; ders., *Etymologies*, 403, wo des weiteren in phantastischer Weise etr. *spur* [sic] „ville" auf die gleiche Wurzel wie lat. *paries* und ndl. *sparre* „mât" zurückgeführt wird[610]; so auch *WH* s.v. *spurius*; *EM* s.v. *spurius* mit Vorbehalt), vor allem aber auch mit dem etr. EN *spurie* CIE 4950 samt Ableitungen (Belege s. ThLE, 324; so Devoto, *Rapporti*, 264, ohne Festlegung, ob etr. *spur*- mit Ribezzo, *l.c.*, als „*aliēnus*" oder mit Muller, *l.c.*, etc. als „*pūblicus*" zu deuten sei; ders., *Nomi*, 259, mit der Deutung „*spurie* è chi, non potendo esser ammesso a far parte dei pieni diritti civili, è ascritto al sobborgo, al territorio"; s. aber letztlich ders., *Storia*, 78, s.o.; so auch de Simone, *l.c.*: „Ein *u* weist ... der Vorname (und Appellativ) *Spurius* auf, das sicher etr. *spurie* wiedergibt ..."). S. dazu ausführlicher unter „Etr. Par.".

Lat. *spurcus* wird von *WH* s.v. *spurcus* und mit Vorbehalt von *EM* s.vv. *spurius, spurcus* mit etr.-lat. *spurius* in Verbindung gebracht: Die aus Festus 474,31L für *spurcus* zu erschließende Grundbedeutung "vermischt, unrein" erlaube eine Zusammenstellung mit *spurius* „Bastard, d.h. Mischblut" (*WH* s.v. *spurcus*; vgl. *EM* s.v. *spurcus*); gebildet sei *spurcus* mit demselben Suffix

---

Lehnwortes die für dessen Basiswort sichergestellte und durchaus befriedigende Bedeutung abändern zu wollen, zumal der semantische Zusammenhang auf einfacherem und, wie es scheint, einleuchtenderem Weg hergestellt werden kann, s. unter „Etr. Par.". Zudem ist uns das etr. Wort für „Mutter", *ati* (Belege s. ThLE, 76) seit langem bekannt.

[607] Zu Devotos sozio-linguistischer Einordnung von *spurius* innerhalb des Komplexes der etr. Lehnwörter im Lateinischen s.u.W. *populus*; vgl. S. 537f.

[608] Deroy, *Les noms*, 20 (vgl. ders., *La racine*, 109) setzt eine Basis etr. +*spurce* an, woraus lat. *spurcus* und *spurius* herzuleiten seien; s. dazu S. 387 Fn. 611.

[609] Zu dem ganz sicher aus dem Etruskischen entlehnten EN *Spurinna* vgl. *Val. Max* 4, Ext.1: „*excellentis in ea regione* (sc. Etruriae) *pulchritudinis adulescens nomine Spurinna*"; zweimal ist bei *Val. Max.* auch jener Haruspex *Spurinna* erwähnt, der Cäsar vor drohender Gefahr gewarnt haben soll (*Val. Max.* 1,6,13; 8,9,2).

[610] Lallement, *l.c.*, möchte Parallelen zu etr. *śpur*- in sanskr. *pūr* und gr. πόλις sehen.

-*ko*-, welches auch in *cascus, luscus* etc. aufscheine und eine Schwäche, eine Unzulänglichkeit bezeichne[611] (s. *EM* s.vv. *spurcus* und *caecus*).

Als Substratrelikt bzw. med.-etr. wird *spurcus* auf Grund seiner morphologischen Struktur von Alessio, *l.c.*, bewertet.[612]

Zus.: Etr. Par.: Belegt sind aus dem onomastischen Material die Formen *spuri CIE* 3850 u.ö. (GN f.), *śpurie Objets* 1, 1968, p. 56[613] (7.Jh.; PN), *spurie CIE* 4950 (6.Jh.; PN), *spuries CIE* 4983 und *CIE* 5028 (beide 6.Jh.; Gen. zu *spurie*, PN), mit zahlreichen Ableitungen (s. *ThLE*, 324; *ThLE Suppl.*, 46); auffällig ist dabei der hohe Prozentsatz der Belege aus dem 7. und 6.Jh. Zugehörigkeit der vorgeführten EN zu etr. ⁺*śpura* „Stadt" scheint gesichert; Zusammenhang mit lat. *spurius*, welches demnach urspr. eine Art „Gemeindekind" bezeichnete, liegt auf der Hand.

Inwieweit die als PN verwendete (Herkunfts?)-Bezeichnung *śpurie* im Etruskischen negativ belastet war, wissen wir nicht.

Daß jedoch eine relativ große Zahl von auf die Basis *spur*- zurückzuführenden EN bereits aus frühester Zeit belegt ist, daß mit anderen Worten zahlreiche Träger dieser Namen sich zu einem sehr frühen Zeitpunkt Grabinschriften leisten konnten, läßt darauf schließen, daß ihre Stellung innerhalb der etruskischen Gesellschaft keine besonders benachteiligte gewesen sein kann (vgl. Devoto, *Rapporti*, 264). In Rom hingegen — bei nicht vergleichbarer sozialer Stellung der Frau und bei anders geartetem moralischem Empfinden — galt illegitime Geburt unbedingt als Makel, der Ausdruck *spurius* war somit zweifellos negativ besetzt, wurde mit abwertenden Begriffen wie „unrein, schimpflich, schändlich" in Verbindung gebracht. In weiterer Konsequenz konnte der Wortkern *spur*- einerseits zur Bildung eines neuen Substantivs *spurium* „*pudendum muliebre*", andererseits zur Bildung eines neuen Adjektivs *spurcus* „unrein, vermischt, schmutzig, unflätig ..." herangezogen werden.

---

[611] Dieses Suffix weise auch *murcus* auf; s. *EM* s.v. *murcus* bzw. u.W. *murcus*. Deroy, *Les noms*, 20, sieht in -*cus* von *spurcus* ein etr. Suffix -*ce*, „qui ... exprimait l'appartenance ou la relation" und das im Lat. mit -*cus* wiedergegeben oder durch -*ius* ersetzt worden sei. Vgl. ders., *La racine*, 109, wo er zudem für ⁺*spurce* die Übersetzung „mêlé, mélangé" gibt. Doch ist aus dem Etruskischen kein Suffix -*ce* mit dieser Funktion bekannt; Ersatz von etr. -*ce* durch lat. -*ius* ist nicht belegt; der Ansatz einer etr. Adjektiv-Form ⁺*spurce* sowie ihre Übersetzung sind ohne Anhalt.

[612] Vgl. ders., *l.c.*, zu *murcus* (s.b.W.).

[613] Dieses Zitat stammt aus *ThLE*. Die Auflösung der Abkürzung fehlt im Abkürzungsverzeichnis des *ThLE*.

strūma, *-ae f.:* „skrofulöse Anschwellung der Drüsen, dicker Hals, Kropf" (*WH* s.v.); seit *Cic.* [?]

Lit.: Ernout, *EE,* 119; *WH* l.c.

Zu den Versuchen einer Herleitung aus dem Ie., im besonderen zu *strūma* < ⁺*strūdmā* zu mengl. *struten, strouten* „schwellen, strotzen", mhd. *strozzen,* dän. *strutte* „strotzen", s. *WH* l.c.
Etruskische Herkunft zieht wegen der Zugehörigkeit zur Gruppe der angeblich etr.-lat. Substantiva auf *-ma* Ernout, *l.c.,* in Betracht; s. aber Fn. 614.

Zus.⁶¹⁴: Etr. Par.: Belegt sind aus dem etr. Namenmaterial *strume TLE* 436 (CN m.) und *strumesa NRIE* 255 (*sa*-Ableitung zu ⁺*strume,* GN m., Patronym).
Die Bedeutung dieser EN ist unbekannt, Zusammenhang mit lat. *strūma* nicht auszuschließen, vgl. den deutschen Familiennamen „Kropf".

tabānus, *-ī* (*tabō*⁶¹⁵, *-ōnis Poet. Carol.* 1, 388,21), *m.:* „Bremse, Viehbremse" (*WH* s.v.); seit *Varro.* [?]

Lit.: Schulze, *ZGLE,* 277; Bottiglioni, *Elementi prelatini,* 329 f.; Ernout, *EE,* 110; Terracini, *Su alcune congruenze,* 234; Oštir, *Drei vorslav.-etr. Vogelnamen,* 26; Ernout, *Aspects,* 53; Carnoy, *Etrusco-latina,* 109; Rix, *DEC,* 309; *WH* l.c.; *EM* s.v.

Direkte Herleitung aus dem Ie. wird in der von der Verf. eingesehenen Literatur nirgends versucht; s. aber Fn. 616.
Statt dessen wird zumeist (zur Theorie einer Rückführung auf das Arabische s. *WH* l.c.) etr. Herkunft erwogen⁶¹⁶, zu deren Gunsten vor allem die etr. EN-Formen *taφane CIE* 2812 und *taφuniaś CIE* 836 (s. dazu unter „Etr.

---

⁶¹⁴ Zum Ausgang auf *-ma* (nicht als Hinweis auf etr. Herkunft zu werten) s. Kap. B.1.2.1.2.3.1.

⁶¹⁵ *tabō* nach Sofer im Suffix nach *crābrō, fūrō* etc.; s. *WH* s.v. *tabānus.*

⁶¹⁶ Bottiglioni, *l.c.,* erwägt wegen des Nebeneinanders von *tabānus* und ⁺*tafānus* (s. im Text weiter unten) und unter Verweis auf die etr. Formen *taφu* und *taφunias* (s. dazu im Text weiter unten) etr. Vermittlung eines auf die gleiche ie. Basis wie gr. ταφή „tomba", τάφρος „fossa", θάπτω „interrare, seppelire", „voci queste che evidentemente muovono da un'idea più generale di ,scavare'" („... *tafanus* ... è 'l'insetto che buca' col suo aculeo secondo che rivelano anche gli antichi (*Plinio,* Nat. Hist., XI,28,30 [Richtig: 11,34,100. Anm. d. Verf.])..."), zurückzuführenden Ausdrucks (vgl. auch u.W. *taberna*); von *WH* zu Recht als unwahrscheinlich bezeichnet.

Nicht minder abzulehnen Carnoy, *l.c.,* der an etr. Umgestaltung von ie. ⁺*dau̯āno-* zu ie. ⁺*dāu* „brûler" (Brennen als Folge des Bremsenstiches) denkt.

Par.") angeführt werden (s. Ernout, *EE*, 110; ders., *Aspects*, 53, wo einschränkend bemerkt wird, es ließe sich nicht entscheiden, ob lat. *tabānus* auf das Etruskische als vermittelnde Sprache oder direkt auf ein Substratwort — denn um ein solches handle es sich zweifellos[617] — zurückgehe; s. ferner *EM* l.c.; die angeführten etr. Formen wurden aber auch als Entlehnungen aus dem Italischen interpretiert: s. Schulze, *l.c.,* Terracini, *l.c.,* Rix, *l.c.*), durch welche die vom Romanischen vorausgesetzte Form ⁺*tafānus* eine Erklärung finde (s. Ernout, *ll.cc.*; *EM* l.c.; vgl. auch *WH* l.c. mit weiterer Literatur; festgehalten sei aber, daß etr. φ im Lautwert nicht lat. *f* entspricht, sondern wie gr. vorchristlich φ als aspirierte Tenuis auszusprechen ist, s. S. 21 und 479); diese hat man allerdings auch als osk.-umbr. Dialektform zu erklären versucht (s. *WH* l.c.; dort auch zum Einwand, daß sich die *f*-Formen gerade auf altem osk. Sprachgebiet nicht fänden).

Zus.[618]: Etr. Par.: Zunächst sei festgehalten, daß nach Ansicht der Verf. *taφane* CIE 2817 (GN m.) von den bei oberflächlicher Betrachtung scheinbar zugehörigen Namenformen *taφuniaś* CIE 836 (Gen. zu *taφunia*, CN f.), *taφusa* CIE 492 (*sa*-Ableitung zu *taφu*, GN m., Gamonym), *taφusla* SE 39,351, n. 24 (Verschreibung statt *taφusa*; *sa*-Ableitung zu *taφu*, GN m., Gamonym), welche von ⁺*taφu*, morphologisch Verbalnomen auf *-u* (s. *DES* § 173; § 134) zu einem Verbalkern ⁺*taφ-*, abzuleiten sind, fernzuhalten ist, da andernfalls eine morphologische Analyse von *taφane* nicht möglich scheint: *taφane* wäre in *taφ-a-ne* zu zerlegen, wobei das zweite *-a-* nur ein Substantiva bildendes Suffix sein könnte, da *-na* (hier *-ne*; s. *DES* § 67 ff.) nur an Namen oder Appellativa antritt (s. *DES* § 67); ein derartiges, in diesen Zusammenhang passendes Suffix *-a* ist Verf. aber unbekannt; Wirkung vokalharmonischer Erscheinungen (s. *DES* § 33 ff.) anzunehmen und *-a-* auf *-u-* zurückzuführen, erscheint in Anbetracht von *taφuniaś, taφusa* (s.o.) nicht gerechtfertigt.

Es wird demnach, da *-ne* in *taφane* modifiziertes *-na* sein dürfte (s.o.; s. aber auch weiter unten), auf ein Substantiv oder einen Namen ⁺*taφa* geschlossen werden dürfen. Unter der Voraussetzung, die Bedeutung von ⁺*taφa* wäre etwa „Rind, Vieh, Weidevieh" oder dgl. gewesen und ursprüngliches ⁺*taφa-na* „was zum

---

[617] Vgl. phantastisch Oštir, *l.c.*, der vorlat. ⁺*t-af-*, woraus lat. *tabānus*, mit *apis* „Biene" in Verbindung bringt.

[618] Der Ausgang auf *-ō* in *tabō* kann in Anbetracht der späten und singulären Überlieferung dieser Form wohl nicht als unterstützendes Argument zugunsten einer Herleitung des Wortes aus dem Etr. herangezogen werden.

Vieh gehört" > „Bremse" sei als pejorative Personenbezeichnung verwendet worden, woraus mit oder ohne Umweg über cognominale Verwendung ein GN geworden sein, was Modifikation des (hier nur scheinbar in GN bildender Funktion auftretenden) *-na* zu *-ne* zur Folge hatte, könnte eventuell an Zusammenhang von etr. *taφane* und lat. *tabānus* gedacht werden.

Über diesen Hypothesen sollte nicht vergessen werden, daß die Entlehnrichtung unter Umständen umgekehrt anzusetzen ist, s. weiter vorne.

talpa, *-ae m., f.* seit *Plin.* (wonach *talpus* in *Gl.* und bei *Fredegar* hinzugebildet)[619]: „Maulwurf", spätlat. seit *Pallad.* „Maus" (*WH* s.v.); seit *Varro.* [?]

Lit.: Bertoldi, *Problèmes*, 149 ff.; Carnoy, *Etrusco-latina*, 110; *WH* l.c.; *EM* s.v.

Zu den abzulehnenden Versuchen einer Herleitung aus dem Ie. s. *WH* l.c.[620]

Nach Bertoldi, *l.c.*, zeigt *talpa*, zurückzuführen auf den von Iberien bis Kleinasien und Georgien bezeugten, etruskisch-ägäischen Substratkern +*tala* „Erde" (wozu wahrscheinlich auch *tellūs* zu stellen sei; s.b.W.), hinsichtlich der Lautgestalt im Gegensatz zu seiner aus den romanischen Sprachen zu erschließenden Dublette +*darbus* > +*darbone* etr. Prägung; vgl. *WH* l.c.; *EM* s.v.

Zus.: Etr. Par: An phonetisch Vergleichbarem läßt sich aus dem etr. Wortmaterial nur *talape CII* 446 (*TLE* 421; Ableitung zu +*tala* „Erde" [s.o.]?), CN unbekannter Bedeutung, anführen. Zusammenhang mit lat. *talpa* ist nicht auszuschließen.

tamī/i?nia: „eine an den Hecken vorkommende gemeine Pflanze mit roten Beeren, Schmerzwurz, Tamus communis L." (*WH* s.v.); seit *Cels.* [?]

tamnus, *-ī m.*[621] (*tamnum, -ī n.?*) „deren (scil. der *taminia*) Stock" (*WH* l.c.); so auch Battisti, *Il sostrato mediterraneo*, 373, und *EM* s.v. *tamnus*; anders Ernout, *EE*, 101: Wein aus *taminia*; so auch Alessio, *Vestigia*, 135. Seit *Colum.* [?]

tēmētum, *-ī n.:* „jedes berauschende Getränk, Met, Wein" (*WH* s.v. *tēmētum*); seit *Plt.* [?]

---

[619] S. dazu *EM* s.v. *talpa*.
[620] Ebenfalls abzulehnen Carnoy, *l.c.*, der an Herleitung aus ie. +*dhelbh* „creuser" über eine „pelasgische" oder etruskische Form denkt.
[621] Nach *EM* s.v. *tamnus* f.

Lit.: Ernout, *l.c.*; Alessio, *l.c.*; Carnoy, *Etrusco-latina*, 110; Battisti, *l.c.*; *WH* s.vv. *tamīnia, tēmētum*; *EM* s.vv. *tamnus, taminia, tēmētum*.

Während Alessio, *l.c., WH* ll.cc. und *EM* s.v. *taminia* bzw. *tēmētum*, offenbar auch Ernout, *l.c.*, der *tēmētum* unerwähnt läßt, zwischen *taminia* (bzw. *tamnus*; s. aber *EM* s.v. *taminia*, wo Zusammenhang von *taminia* und *tamnus* als nicht gesichert erachtet wird) und *tēmētum* keine Verbindung sehen, wird eine solche von Battisti, *l.c.*, nicht ausgeschlossen.

Im besonderen von jenen Autoren, die *taminia (tamnus)* und *tēmētum* als voneinander unabhängig bewerten, wird *taminia (tamnus)* auf das Etruskische zurückgeführt: So von Ernout, *l.c.*, unter Berufung darauf, daß *taminia* der Gruppe der etr.-lat. Bildungen auf *-mno, -mna, -mnia* etc. zuzuordnen sei (vgl. *WH* s.v. *tamīnia*; s. aber S. 392 Fn. 623); so auch von Alessio, *l.c.*, der tosk. *tamaro, tamarro* „Tamnus communis L." von $^+$*tamirus*, angeblich einer auf etruskischer Lautgebung (etr. $^+$*tamre* statt $^+$*tamne* wie etr. *memrun* < gr. Μέμνων) beruhenden dissimilatorischen Nebenform zu $^+$*taminus*, herleitet[622].

Zu den Versuchen einer Herleitung aus dem Ie. s. *WH* s.v. *tamīnia* und weiter unten.

tēmētum wird teils mit ai. *tāmyati* „wird betäubt, wird ohnmächtig, ermattet", nhd. *dämlich* etc. verknüpft und weiters im Sinne von „dunkel werden, geistig verdunkelt, umnachtet werden" zur Wurzel von *tenebrae* gestellt (so *WH* s.v. *tēmētum*; s. dagegen *EM* s.v. *tēmētum*), teils wird von einem Substantiv $^+$*tēmus* oder $^+$*tēmum* (Pflanzenbezeichnung nach Bertoldi, *o.c.*, 210ff; Alessio, *l.c.*; vgl. *EM* s.v. *tēmētum*, wo auch die Bedeutung „boisson enivrante" für $^+$*tēmus/-um* in Betracht gezogen wird; vgl. *WH* s.v. *tēmētum*), teils von einem Verb $^+$*tēmeō* ausgegangen (so *EM* s.v. *tēmētum*; vgl. *WH* s.v. *tēmētum*).

Als Vertreter jener anderen Hypothese, die *taminia (tamnus)* und *tēmētum* miteinander zu verbinden trachtet, schließt Battisti, *l.c.*, Carnoy, *l.c.*, der *tamnus* von ie. $^+$*tem-* „obscur, noirâtre" herleitet (gegen eine solche Zusammenstellung s. *WH* s.v. *tamīnia*), folgend, ie. Ursprung der Sippe nicht aus, wenn auch der tosk. Ortsname *Temerario* und tosk. *tàmaro* (s.o.) für etruskische Herkunft sprächen. Eine Entscheidung könne nur die Feststellung bringen, ob berb. *tabarkat, taberca* etc. „Tamariske" — Battisti stellt mit Carnoy auch lat. *tamarīx* zur Sippe *tamīnia* etc.; s. ganz anders *WH* s.v. *tamarīx*; *EM* s.v. *tamarīx* — aus dem Lateinischen entlehnt sei; wenn nicht, müsse wohl eine Substratwurzel vorliegen.

[622] Auch von Bertoldi V., *Questioni di metodo nella linguistica storica*, Neapel 1938,187, u.ö., soll nach Battisti, *l.c.*, etr. Herkunft von *tamīnia* angenommen worden sein; eine Einsichtnahme war Verf. leider nicht möglich.

Zus.[623]: Etr. Par.: Belegt sind neben den wohl fernzuhaltenden Namenformen *tama CIE* 2095 (Individualname eines *lautni*) und *tames NRIE* 731 (Gen. zu *tame*, Individualname m. oder f.) zwei eventuell zum Vergleich heranziehbare GN- bzw. CN-Formen: *taminai CIE* 103 (GN f.) und *tamnia CIE* 4011 (CN m.).

Sollte an Zusammenhang mit lat. *taminia, tamnum* gedacht werden, müßten lat. *-nia* bzw. *-num* auf das etr. *na*-Suffix zurückgeführt werden. D.h. es wäre ein Wortkern +*tam(i)* anzusetzen, dessen Bedeutung etwa „Beere" oder „Traube" (wahrscheinlich eine bestimmte Beeren- oder Traubenart) gewesen sein könnte. Der Wein daraus wäre +*tam(i)na* „der zur Beere Gehörige, der aus der Beere Gemachte"[624] genannt worden, woraus durch Auffassung von +*tam(i)na* als N.Pl. der lat. Sg. +*tam(i)num, tamnum* geworden wäre (diese Art der Interpretation spricht eher für den Ansatz eines Nom. Sg. *tamnum* statt *tamnus*).

Durch Suffixaustausch — statt etr. *-na* lat. *-ētum* (Lat.? *Tēmētum* „Beerengetränk" wie *morētum* „Gemüsegericht"? Vgl. *LG* § 300.) — und unter Veränderung des Stammvokals (Durch regressive Assimilation? Eventuell ist auch an eine Substratwurzel +*tam-/* +*tem-*[625] zu denken, die über etr. Medium ins Lateinische als *tamnus, taminia* mit Vokal *-a-*, über ein anderes Medium ins Lat. als *tēmētum* mit Vokal *-e-* übernommen wurde.) wäre lat. *tēmētum* entstanden.

Zu lat. +*taminum*, woraus *tamnum*, konnte ferner ohne Schwierigkeiten ein Adjektiv *taminius* gebildet werden, welches als *taminia* (scil. *ūva, bāca*) die Beerensorte angegeben hätte, aus der das *tamnum* hergestellt wurde.

tellūs, -ūris f.: „Erde" (*WH* s.v.); seit *Varro* und *Cic.* [?]

Lit.: Bréal, *Notes*, 30; Holthausen, *Lat. Etymologien*; Hartmann in Hartmann-Kroll, *LB Ital. Sprachen, Glotta* 8,302; Muller, *Altitalisches Wör-*

---

[623] Zum Ausgang auf *-mnus* in *tamnus* (als Hinweis auf etr. Herkunft fraglich) s. Kap. B.1.2.1.2.3.2.4.

Die Bildungsweise von *taminia* stellt kein Kriterium zugunsten etr. Herkunft des Wortes dar; vgl. S. 64 Fn. 143.

[624] Die oben verglichene etr. f. Namenform *taminai* wäre zu interpretieren als „die zum (Herrn) Traube Gehörige, Tochter des (Herrn) Traube"; vgl. den deutschen Familiennamen „Traube". Nicht ganz ausgeschlossen scheint auch die Möglichkeit, daß die etr. Bezeichnung für den Beerenwein, +*tamina*, als GN verwendet wurde; vgl. die deutschen Familiennamen „Beerwein" und „Wein".

[625] Zum Wechsel *a/e* im med. Substrat s. S. 12 Fn. 1.

terbuch, s.v. *tell + oụes*; Bertoldi, *Antichi filoni*, 234 ff.; Ernout, *EE*, 109, Fn. 2; Bertoldi, *Problèmes*, 151; ders., *Relitti*, 288, Fn. 2; Weinstock, *Tellus*; Alessio, *Fitonimi*, 214; *WH* l.c.; Coates, *Etruscan tular*; *LG* § 326.B.; *EM* s.v.

Die Vertreter der Hypothese ie. Herkunft gründen ihre Argumentation zumeist auf einen Vergleich mit ai. *talam* „Fläche, Ebene", gr. τηλία „Würfelbrett" und etlichen weiteren Wörtern aus verschiedenen ie. Sprachen; die Sippe sei, da „flach hinbreiten, flaches Brett" Grundbedeutung sei, mit lat. *lātus* verwandt. S. *WH* l.c. mit Literatur, dort auch zum Formalen; *EM* l.c., ebenfalls unter Bezugnahme auf die Bildungsweise; vgl. auch Muller, *l.c.*

Zu weiteren Erklärungsversuchen aus dem Ie. s. Holthausen, *o.c.* (*tellūs* < ⁺*telnos* n., Bildung wie *pignus*; s. dagegen Hartmann, *l.c.*); Weinstock, *o.c.*, 153 (*tellūs* als „Hervorbringerin, Schöpferin" zu ⁺*tel-* in *tollere, tulī, tetulī*)[626]; Coates, *l.c.* (*tellūs* direkt oder indirekt — über etr. *tular CIE* 886 = *TLE* 515 u.ö. „boundaries" [s. aber *DES*, 305: „Steine, Grenzsteine; Gebiet"]; dieses auf die o- oder Schwundstufe zu ie. ⁺*tel-* zurückgehend [!!] — auf ie. ⁺*tel-* „flat expanse" oder eher „earth" zurückzuführen); ferner Muller, *l.c.*; Weinstock, *o.c.*, 140 ff.; *WH* l.c.

Häufig wurde auch med. Ursprung des *tellūs* zugrundeliegenden Wortkernes angenommen: So sei *tellūs* nach Bertoldi, *Antichi filoni*, 234 ff. (vgl. ders., *Problèmes*, 151), auf ⁺*tal-* „terra", nachweisbar in Ortsnamen des med. Raumes, besonders Sardiniens und Spaniens, auch im iberischen Appellativum *talutium* ("*cum aurum ita inventum est in summo caespite, talutium vocant, si et aurosa tellus subest.*" Plin. N.h.33,67), zurückzuführen, welche med. Wurzel, wie sanskr. *talima-m* „pavimento", air. *talam* „terra", aslav. *tĭlo* etc. bewiesen, ins Ie. eingedrungen sei[627]. Zum Wechsel ⁺*tal-/*⁺*tel-* s. ders., *Relitti*, 288, Fn. 2; vgl. S. 12 Fn. 1. Den med. Ursprung von ⁺*tal-/*⁺*tel-* sucht Alessio, *l.c.*, mit einem Argument morphologischer Natur — Antreten eines Suffixes *-co-* an med. Stämme auf *-u, -us* sei öfter zu beobachten, so auch bei Ταρούσ-κων, mit dessen erstem Wortbestandteil, da ⁺*tar(r)a* eine Variante zu ⁺*tala* darstelle (Lit. hiezu s. Alessio, *l.c.*), *tellūs* zu vergleichen sei — zu stützen.

Etruskische Herkunft von lat. *tellūs*[628] wurde unter Heranziehung des Götternamens *Tellumō* (*Tellūmō*? S. *LG* l.c.; vgl. *EM* l.c.), dessen Bildungs-

---

[626] Vgl. S. 394 Fn. 630.

[627] Vgl. Ernout, *l.c.*, der seine Überlegungen zu *tellūs* (s. dazu im Text weiter unten) wie folgt schließt: „Enfin ne pourrait-on supposer une parenté remontant à une époque ‚pré-indoeuropéenne' entre un *tellūs* étrusque, emprunté par le latin, et les mots de langues indo-européennes qu'on lui compare?"

[628] Zu Coates' abzulehnender Verknüpfung von *tellūs* mit etr. *tular* s. im Text weiter vorne.

weise mit der von etr.-lat. *lucumō* (s.b.W.) verglichen wurde, von Bréal, *l.c.*, in Betracht gezogen; vgl. Muller, *l.c.*; vgl. bes. Ernout, *l.c.* S. auch, in Abänderung dieser Theorie, *EM* l.c., wo die Möglichkeit erwogen wird, *Tellumō* könnte auf ein italisches, über das Etruskische ins Lateinische gelangtes Wort zurückzuführen sein.

Gegen die Hypothese, *Tellumō* sei etr. Bildung, s. Weinstock, *o.c.*, 154 f.; *WH* l.c. Die morphologische Struktur von *lucumō* läßt sich, wie Verf. mit Nachdruck hinzufügen möchte, nicht aus dem Etruskischen erklären (s.u.W. *lucumō*), die damit verglichene Bildungsweise von *Tellumō* stellt somit kein Argument zugunsten etruskischer Herkunft von *Tellumō* bzw. *Tellumō/tellūs* dar. Damit ist auch der von Ernout, *l.c.*, im weiteren vorgebrachten Überlegung, die differenzierte Verehrung der Erde als *Tellūs* und *Tellumō* entspreche nicht ie. Vorstellung, sondern sei vielleicht auf etr. religiöse Vorstellungen zurückzuführen, der Boden entzogen; s. dagegen auch Weinstock, *o.c.*, 155; *WH* l.c..

Zus.: Etr. Par.: An phonetisch unmittelbar vergleichbarem Wortmaterial lassen sich aus dem Etr. folgende Namensformen beibringen: *telaθuras CIE* 4986 (*TLE* 247; Gen. zu *telaθur*, GN m.), *teleial CIE* 4333 > *SE* 42,288, n. 255 (Gen. zu *telei*, GN f., Metronym), *teli CIE* 2818 (GN m.), *telicles TLE* 761 (7.Jh.; Gen. zu *telicla*, Kollektivbildung auf *-cla* „die *teli*-Gemeinschaft, die *teli*-Söhne", s. *DES* § 170). Der semantische Wert von etr. *tel-* ist unbekannt. Zusammenhang mit med. +*tal-* „terra" (zu +*tal-*/+*tel-* s. weiter vorne; vgl. bes. zu *telaθura* den deutschen Familiennamen „Erdmann", s. Brechenmacher, *Etymologisches Wörterbuch* s.v. *Erdmann*; zu Zugehörigkeit bezeichnendem etr. *-θur* s. *DES* § 166 bzw. S. 88f.) oder auch mit etr. *θal-* (s.u.W. *talassio*; es wäre denkbar, daß das Etr. eine med. Wurzel in zweierlei Ausprägung, als +*θal-* und als +*θel-*, besessen hätte[629]; in diesem Fall wäre „sprossen, blühen, gedeihen" als Grundbedeutung anzusetzen; der Übergang zu „Erde", zur „sprießen, gedeihen Machenden, Lassenden"[630] ist vom Semantischen her nicht schwer nachzuvollziehen) könnte bestehen.[631]

---

[629] Zum Wechsel *e/a* im Mediterranen s. im Text weiter vorne.

[630] Vgl. Weinstock, *o.c.*, 153, der *Tellūs*, allerdings mit abzulehnendem etymologischem Ansatz (s. im Text weiter vorne), als „Hervorbringerin, Schöpferin" deutet.

[631] Die Existenz des etr. Substantivs *velθa AM* 10[10] u.ö. „Erde, Boden" (*DES*, 309; vgl. u.W. *autumnus*) steht dieser Annahme nicht im Wege: Man denke etwa an das Nebeneinander von „Erde, Boden", eventuell auch „Land", im Deutschen.

Verknüpfung der oben angeführten etr. Namen mit lat. *tellūs* ist jedenfalls nicht gänzlich auszuschließen.

tīfāta, *-ōrum n.:* „Berg in Kampanien nördl. von Kapua" (*WH* s.v.); „*iliceta*[632]. *Romae autem Tifata curia*[633]. *Tifata etiam locus iuxta Capuam.*" *Paul. Fest.* 503,14 f. L; seit *Liv.* [?]

tēba[634], *-ae f.:* „Hügel" (*WH* s.v. *tēba*); *Varro R.r.* 3,1,6. [?]

Lit.: Bücheler, *Altes Latein*, 421; Schulze, *ZGLE*, 531, Fn. 3; Ernout, *Les éléments dialectaux*, 237; Huelsen, *Curia tifata*; Hartmann in Hartmann-Kroll, *LB Ital. Sprachen*, *Glotta* 5,337; Ettmayer, *Der Ortsname*, 21 ff.; Weinstock, *Tifatina*, Sp. 936 f.; *WH* ll.cc.; *LE* s.v. *tēba*; *EM* s.v. und s.v. *tebae*.

Nicht ie. Herkunft sowohl von *tīfāta* als auch von *tēba* darf als sicher gelten (s. *WH* ll.cc., jeweils mit Lit.; *EM* ll.cc.; *LE* l.c.).
Im allgemeinen wird erwogen, die beiden Ausdrücke zueinander in Beziehung zu setzen (s. Ettmayer, *l.c.*; *WH* s.v. *tēba*: *EM* ll.cc.; *LE* l.c.; s. dagegen Schulze, *l.c.*; Weinstock, *l.c.*).[635] *Tīfāta*, dessen *-f-* dialektalen Ursprung beweise (so Ernout, *l.c.*; Huelsen, *o.c.*,307; *WH* s.v. *tīfāta*; *EM* s.v. *tīfāta*; *LE* l.c.), sei (adjektivische; so *EM* s.v. *tīfāta*) Ableitung zu ⁺*tīfa* („*quercus, īlex*" nach *EM* s.v. *tīfāta*) neben ⁺*tippa*, beides von den roman. Sprachen vorausgesetzt (s. *WH* s.v. *tīfāta*; *EM* s.v. *tīfāta*). *Tēba* wurde zu kleinas. τάβα, τῆβος „Fels", gr. Θῆβαι, kleinas. Τάβαι, Τάβαλα etc. gestellt (s. *WH* s.v. *tēba*; *EM* s.v. *tebae*; zu damit gebildeten Toponymen Italiens s. Ettmayer, *o.c.*, 26; *LE* l.c.).

---

[632] Bücheler, *Altes Latein*, 421, faßt *īlicēta* nicht als Interpretation von *tīfāta* auf, sondern deutet „*tīfāta īlicēta*" als „Gebüsch auf der Halde". Nicht überzeugend.

[633] Huelsen, *Curia tifata*, deutet sehr ansprechend auf Grund der Stellen *Paul. Fest.* 43,13 L, 117,1 f. L, *Auct. de vir. ill.* 33,10 *cūria* in *tīfāta cūria* nicht als „Kurie", sondern als zum GN *Curius* zugehöriges Adjektiv (vgl. bereits Bücheler, *o.c.*, 421 f.); danebenstehendes *tīfāta* sei entsprechend nicht der Name einer Kurie, sondern bedeute „*īlicēta*".

[634] „Quantité de l'*e* inconnue, sans doute longue." *EM* s.v. *tebae*.

[635] Die weitere Verknüpfung mit der nur von gr. Autoren verwendeten Bezeichnung der röm. Toga, τήβεννα (so Bücheler, *l.c.*, der *tīfāta*, *tēba*, τήβεννα, *toga* zum Stamm von *tegere* stellt), ist abzulehnen; s. WH s.v. *tēba*. Gr. τήβεννα/-ος wurde von Friedländer, *Persona*, 168, Fn. 2, vor allem wegen des Suffixes als Entlehnung aus dem Etr. (vgl. zustimmend *WH* s.v. *tēba*; vgl. auch Ernout, *EE*, 90), von Grošelj, *Etyma Graeca*, 229, ebenfalls unter Heranziehung des Suffixes, als über das Etr. an das Gr. vermitteltes Wort orientalischen Ursprungs aufgefaßt; nach Peruzzi, *THBENNA*, bes. 142 f., sei τήβεννα möglicherweise auf die mykenische Stoffbezeichnung *te-pa/ tēba/* KN Ws 8153 (Dat. plur. *te-pa-i* MY Oe 107) zurückzuführen; nach Frisk s.v. τήβεννα liegt ein „Fremdwort unbekannter Herkunft" vor.

Etr. Herkunft von *tīfāta* zieht, offenbar wegen etr. *tiφane* CIE 2932, trotz Huelsen (s. ders., *o.c.*, 307, Fn. 1: „Daß im Etruskischen einmal ein Name *tiφane* vorkommt, beweist natürlich nichts für die Herkunft (scil. von *tīfāta*).") Hartmann, *l.c.*, in Betracht; zu etr. *tiφane* s. aber weiter unten unter „Etr. Par."..

Für Rückführung beider Ausdrücke, *tēba* und *tīfāta*, auf das Etruskische hat sich Ettmayer, *l.c.*, ausgesprochen: Die Variationsbreite der auf Grund des Romanischen anzusetzenden Formen +*teppa*, +*tippa*, +*tīfa*, +*timpa* lasse sich nur aus dem Etruskischen erklären. Ettmayers Behauptungen sind jedoch mit Vorsicht aufzunehmen: So kann nach unserem Wissen der Wechsel *p(p)/f* hier nicht auf phonetische Eigenheiten des Etruskischen zurückgeführt werden; s. *DES* §17. Auch der Wechsel von nicht nasalierter und nasalierter Form hat hier als Kriterium für etruskische Herkunft außer Betracht zu bleiben; s. Kap. B.1.1.2.3. Weiters stellt der Wechsel *p/pp* keineswegs einen eindeutigen Hinweis auf etr. Lautung dar; s. *DES* §22. Besser bestellt ist es einzig um das Schwanken *e/i*; s. Kap. B.1.1.1.2.

Zus.[636]: Etr. Par.: Abgesehen von *tiφane* CIE 2932 (etruskisiertes gr. Διοφάνης; s. *DGE 1*,118) und von *tiφile* CIE 2096 (*TLE* 535) u.ö. (etruskisiertes gr. Δίφιλος; s. *DGE 1*,118), läßt sich zu lat. *tīf-*, *tēb-* zunächst etr. *θepza* CIE 52[a] (*TLE* 401[a]; CN m.) vergleichen, welches das Deminutivsuffix *-za* (+*θep(e)za-* > *θepza*; s. *DES* §165) aufzuweisen scheint (vgl. den alemannisch-deutschen Familiennamen „Hügli"!); ferner existiert eine Form *tef* in *tef.esari* CIE 5094 (*TLE* 234), die aber nach Prof. Pfiffig (brieflich) wie das folgende *esari* aus *ceχaneri* verlesen sein dürfte (vgl. die Wörter davor, die ebenfalls wohl falsch gelesen sind: *ailf ( )[·]marunuχ* für *zilχ marunuχ*). Sollte in den EN, die mit *θepr-*, *θefar-*, *θefr-*, auch mit wohl ebenfalls hierher zu stellendem *teper-* (Belege s. *ThLE*, 188f. bzw. 334; *ThLE Suppl.*, 46) beginnen, das bekannte etr. Suffix *-(a/e)r* (hier wohl eher in kollektiver als in Plural bildender Funktion; s. *DES* §42) vorliegen, könnte auch *θep-/tep-* dieser Formen zum Vergleich herangezogen werden.

Ob allerdings in den angeführten etr. EN eine Grundform mit der Bedeutung „Hügel" oder dgl. (vgl. die deutschen Familiennamen „Bergler", „Bergmann", „Hügel") gesehen werden darf, bleibt ungeklärt.

---

[636] Zur Argumentation, die auf den aus dem Romanischen erschlossenen Formen basiert, s. im Text weiter vorne.

Jedenfalls ist Herkunft von lat. *tēba* aus dem Etr. nicht völlig auszuschließen. Lat. *tīfāta* wird wegen *-f-* nicht direkt aus dem Etr. entlehnt sein (ein etr. Wechsel bzw. Übergang *p* > *f* ist im vorliegenden Fall durch nichts zu begründen; vgl. weiter vorne), wohl aber wäre etr. Ursprung des Stammes und Vermittlung über einen der *f*-Dialekte denkbar, wenn *tīf-* in *tīfāta* nicht überhaupt auf eine andere Basis zurückzuführen ist.

tīnus, -ī *m.:* „der lorbeerartige Schneeball" (*WH* s.v.); seit *Verg.* [??]

Lit.: Alessio, *Vestigia,* 136f.; *WH* l.c.

Zur wenig überzeugenden Herleitung aus dem Ie. (wegen der abführenden Wirkung der Beeren zu gr. τῖλος „dünner Stuhlgang, Abführen", aksl. *tina* „Schlamm" etc.) s. *WH* l.c.

Unter der Voraussetzung, diese Pflanze wäre *tin TLE* 719[a)] u.ö., dem etr. Juppiter, heilig gewesen, wurde von Alessio, *l.c.*, Verknüpfung mit eben dieser etr. Gottesbezeichnung vorgeschlagen.

Diese Hypothese einer Rückführung des Pflanzennamens auf etr. *tin* (zu den weiteren belegten Namenformen *tinś, tina, tinia, tiniia* s. *RET*, 231) hält Verf. deshalb für nicht gut möglich, da die Bezeichnung der Pflanze, sollte sie wirklich *tin* geweiht gewesen sein, wofür es keinen Anhaltspunkt gibt (s. *RET*, 231 ff.), doch wohl mittels eines Suffixes (z.B. *-na*; s. zu etr. *-na DES* § 67) von der Basis *tin* abgeleitet worden wäre. In lat. *tīnus* bzw. dafür regulär anzusetzendem etr. ⁺*tine* läßt sich jedoch kein derartiges Suffix erkennen.

Zus.: Etr. Par.: Zur abzulehnenden Verknüpfung mit den Formen des etr. Gottesnamens *tin TLE* 719[a)] u.ö. s.o.

titulus/spät *titullus*[637], -ī *m.; titulum* n. inschr.: „Aufschrift, Inschrift; Ehrenname, Titel; Ehre, Ruhm; Aushängeschild, Vorwand", spätlat. „Rechtstitel, Buchtitel" (*WH* s.v.); seit *Cic.* [??]

Lit.: Nehring, *Gr.* τίταξ, 153 ff.; Ettmayer, *Der Ortsname,* 27; Ernout, *EE,* 106, Fn. 2; Bertoldi, *Nomina Tusca,* 310f.; Alessio, *Suggerimenti,* 156; Carnoy, *Etrusco-latina,* 111; *WH* l.c.; *EM* s.v.

Nehring, *l.c.*, zeigt das Nebeneinander eines ie. und eines nicht-ie., vorgr.-etr. schallnachahmenden bzw. lallwortartigen reduplizierenden Elementes *titi-*[638] auf; s. dazu auch *WH* l.c. mit weiterer Literatur.

---

[637] Nach *WH* s.v. *titulus* durch Suffixaustausch.
[638] Vgl. auch u.W. *titus.*

Die Zuordnung von *titulus* erweist sich als nicht eindeutig: Während Nehring, *o.c.*, 157, dazu tendiert, *titulus* ie. *titi-* zuzuweisen (vgl. *WH* l.c. mit weiterer Lit.), ist sonst zumeist an etr. Herkunft gedacht[639]: So von Ettmayer, *l.c.*, da *titulus* Ableitung zu etr. Herkunft oder Beeinflussung verdächtigem *titus* sei (lat. *titus* dürfte jedoch nicht aus dem Etr. herzuleiten sein; s.u.W. *titus*); von Ernout, *l.c.*, wegen *-ulus* wie in etr. *mūtulus, populus, tutulus* (s. aber bb.WW. und Fn. 640) und wegen etr. *titeleś TLE* 705 (s. aber unter „Etr. Par."); von Bertoldi, *l.c.*, und Alessio, *l.c.*, ebenfalls der morphologischen Struktur wegen (s. aber Fn. 640); auch von *WH* l.c., *EM* l.c. unter Verweis auf *populus, tutulus* (s. aber o.).

Zus.[640]: Etr. Par.: An lautlich Vergleichbarem lassen sich aus dem Etr. nur EN-Formen anführen: *titlaluś, CII*, 2 s., 3 (*TLE* 700; Gen. zu *titlalu*, GN f. venetischer Prägung, s.S. 28 f.), *title CIE* 213 (PN, Deminutiv zu *tite*: +*titele* > *title*), *titleś TLE* 705 (Gen. zu *title*, Individualname), *titlia CIE* 3937 (GN f.); daneben sind auch *-na-* Erweiterungen belegt, s. *ThLE*, 342. Die Formen *title, titleś, titlia* sind Ableitungen zum etr. PN (GN) *tite* (Belege s. *ThLE*, 340; *ThLE Suppl.*, 47), d.h. zu einem auf eine voritalisch-voretruskische Sprachschicht zurückgehenden Personennamen (s.u.W. *titus*). Auf diesen könnte auch die venetisch geprägte Form *titlaluś* zurückgeführt werden[641].
Die urspr. Bedeutung des etr. PN (GN) *tite* (ident mit lat. *Titus*; s.u.W. *titus*) ist unbekannt (s.u.W. *titus*). Zusammenhang mit lat. *titulus* dürfte aber jedenfalls aus semantischen Gründen auszuschließen sein.

titus, *-ī m.*: „*titi sunt columbae agrestes.*" Schol. Pers. 1,20; „*ingentes Titos dicit Romanos senatores aut a Tito Tatio rege Sabinorum, aut certe a membri virilis magnitudine dicti titi*".[642] Schol. Pers. l.c. [??]

Lit.: Nehring, *Gr.* τίταξ, 153 ff., 172; Ettmayer, *Der Ortsname*, 27; Müller-Graupa, *Primitiae*, 138; Runes, *Lat. ciconia*, 23; Rix, *DEC*, 351; Pfiffig, *DES* § 181, Fn. 226; *WH* s.vv. *titus, titulus*; *EM* s.v. *titus*.

[639] Carnoy, *l.c.*, führt *titulus* auf eine reduplizierte etruskische Form zu ie. +*del-* „tailler, graver" zurück. Aus der Luft gegriffen.
[640] Zum (wohl nicht etr.) *l*-Suffix s. Kap. C.4.1.2.
[641] Vgl. auch venet. *tita CIE* 1125 u.ö., Individualname f. (s. *DES* § 181).
[642] Die Verwendung eines Vogelnamens als Bezeichnung für „männliches Glied" stellt durchaus nichts Außergewöhnliches dar; vgl. lat. *turtur* und diesbezügliche Ausdrücke in den modernen Sprachen. Vgl. dazu Bücheler, *Zu Plautus*.
Zu *titus* „männliches Glied" s. mit bedenklichen Weiterungen Altheim, *Griechische Götter*, 48 ff.

Die Vertreter der Hypothese einer Herleitung aus dem Ie. führen *titus* auf eine schallnachahmende Wurzel, die auch im Griechischen belegt sei[643], zurück: So Nehring, *o.c.,* 155-157, 172; Müller-Graupa, *l.c.,* mit weiterer Literatur; *WH* ll.cc.

Daneben steht der Versuch einer Herleitung aus dem Etruskischen: So Ettmayer, *l.c.,* ohne eigentliche Begründung (das Wort sei „anerkanntermaßen etruskischer Herkunft oder Beeinflussung verdächtig"; keine Literaturverweise), es sei denn, das des weiteren von Ettmayer angenommene Nebeneinander von *titus* and einer aus den romanischen Dialekten zu erschließenden Nebenform +*tūtūs* (vgl.u.WW. *titulus* und *tutulus*), mithin das Konstatieren eines Wechsels *i/u*, sollte als solche zu interpretieren sein. So auch Runes, *l.c.,* unter Berufung auf Nehring, *o.c.,* 153 ff.; Nehring, *l.c.,* spricht sich jedoch für ie. Herkunft aus, s.o. *EM* l.c. scheint etr. Ursprung nicht auszuschließen: Es wird mit Vorbehalt auf eventuell etr. *Titūnus/Tutūnus* verwiesen; s. aber u.W. *mūtō*.

Zus.: Etr. Par.: Zu den Belegen für etr. *tite* (PN und GN) und Ableitungen s. *ThLE*, 340 ff.; *ThLE Suppl.,* 47.

Für etr. *tite* (wie auch für *cae* und *vipe,* s. *ThLE,* 87, u. *ThLE Suppl.,* 23, bzw. *ThLE,* 156) ist Herkunft aus einer voritalisch-voretruskischen Sprachschicht anzunehmen; s. Rix, *l.c.,* vgl. Pfiffig, *l.c.*

Da sich zur lat. Vogelbezeichnung *titus* aus dem Etruskischen lautlich nur die Namensform *tite* vergleichen läßt, müßte, wollte man lat. *titus* auf etr. *tite* zurückführen, etr. *tite* wie auch lat. *Titus,* welches zweifelsfrei gleichen Ursprungs wie etr. *tite* ist, eine Taubenart bezeichnet haben. Es wäre also einerseits nötig, Identität von PN und Appellativ anzunehmen (so ausdrücklich *EM* l.c.), andererseits müßte, da Entlehnung von lat. *Titus* aus etr. *tite* trotz etwa Nehring, *o.c.,* 155, und Müller-Graupa, *l.c.,* weniger wahrscheinlich anzusetzen ist als getrennte Zurückführung beider auf die gleiche voretr.-vorie. Basis, der wunderliche Fall in Betracht gezogen werden, daß das Lateinische, welches ein PN *Titus* mit der Bedeutung „Taube" besaß, das etr. PN *tite* mit der Bedeutung „Taube" als Appellativ „Taube" entlehnt hätte. Doch läßt sich weder die Identität des PN *Titus* mit dem Appellativ *titus* wie überhaupt die Identität bestimmter lat. EN mit Tiernamen (s. Kap. B.1.2.1.2.4.4.) zweifelsfrei nachweisen (s. im genannten Kap.), oder, anders ausgedrückt, der Ansatz einer Bedeutung „Taube" für etr. *tite,* lat. *Titus*

---

[643] Zu dieser Wurzel s. auch u.W. *titulus.*

findet — abgesehen vom lautlichen Gleichklang mit lat. *titus* — keinerlei Bestätigung, noch dürfte an einen so absonderlichen Entlehnprozeß wie den oben beschriebenen zu denken sein. Die Theorie einer Herleitung aus dem Ie. — *titus* schallnachahmendes Wort — ist daher vorzuziehen.

tolennō *(tol[l]enō?*[644] *tollendō*[645]*), -ōnis m.:* „Brunnenschwengel" (*WH* s.v.); *Fest.* 490,3 L. [?]

Lit.: Muller, *De vocibus*, 117 f.; Ernout, *EE*, 93,112; Pallottino, *Saggi*, 351 f.; *WH* l.c.; *EM* s.v.

Zu den nicht überzeugenden Zusammenstellungen mit *tollere* s. *WH* l.c.
Im allgemeinen wird Herleitung aus dem Etruskischen angenommen, wofür die Bildungsweise auf *-ennō* (nach Muller, *l.c.*, etr. bzw. etr.-lat. Suffix; vgl. Ernout, *ll.cc.*; *WH* l.c.; *EM* l.c.) sowohl wie etr. *tul AM* 3[22] u.ö., *tule TLE* 2 u.ö., *tular CIE* 886 (*TLE* 515) (s. Muller, *l.c.*; Pallottino, *l.c.*, mit Vorbehalt; *WH* l.c.; *EM* l.c.; mit den angeführten etr. Formen wurde auch lat. *tullius* in Zusammenhang gebracht, s.b.W.) ins Treffen geführt werden. Zur morphologischen Struktur des Wortes, die unter Umständen auf etruskischen Einfluß weisen könnte — *-ennō* könnte eventuell als Kontaminationsprodukt aus *-ennus(-a?)* und *-ō*, Gen. *-ōnis* aufgefaßt werden; vgl. Ernout, *o.c.*, 93 —, s. Kap. B.1.2.1.2.3.2.2. bzw. Kap. C.4.1.6. Zum Wert der zum Vergleich herangezogenen etruskischen Formen s.u.W. *tullius*.

Zus.[646]: Etr. Par.: S.o. und u.W. *tullius*.

tullius, *-ī m.:* „‚Schwall, Guß' oder dgl. (*Enn.* scaen. 20, vgl. *Fest.* p. 352 ...)" (*WH* s.v.); seit *Enn.* [?]

Lit.: Sigwart, *Zur etr. Sprache*, 141 ff.; Muller, *De vocibus*, 118 f.; Goldmann, *Beiträge 2*, 296 ff.; *WH* l.c. *EM* s.v.

Zu den Versuchen einer Herleitung aus dem Ie. (zu gr. τύ̆λη „Wulst, Schwiele" bzw. *tumeō*; oder aus ⁺*tulā* „Röhre" zu ahd. *dola* „Rinne, Röhre, Guß", gr. σωλήν „Röhre" etc.) s. *WH* l.c. mit Literatur.
Daneben steht die Theorie einer Herkunft aus dem Etruskischen, gestützt auf lautlich vergleichbare etr. Formen wie *tul AM* 2[6] u.ö., als zugehörig aufgefaßtes *tula TLE* 2[16] u.ö., *tule TLE* 2[8] u.ö. etc.: So Sigwart, *l.c.* (mit älterer Literatur), der *tul* als „Quelle, Brunnen" deutet; vgl. Muller, *l.c.*;

---

[644] Schreibung *tol(l)enō* erst mittellateinisch? S. *WH* s.v. *tolennō*.
[645] Schreibung *tollendō* sekundär nach *tollendus*. S. *WH* l.c.
[646] Zum Ausgang auf *-ennō* s. im Text weiter vorne.

modifiziert Goldmann, *l.c.,* der *tul* mit „Opferguß" übersetzt; vgl. auch *WH* l.c., *EM* l.c.[647]

Die Deutung von etr. *tul* als „Quelle, Brunnen" o.ä. ist als ebenso verfehlt zu bezeichnen wie die Zusammenstellung von etr. *tul* und *tula* bzw. *tule*; s. ausführlicher im folgenden unter „Etr. Par."

Zus.: Etr. Par.: Aus semantischen Gründen fernzuhalten von lat. *tullius* (und *tolennō*; s.b.W.) sind etr. *tul AM* 2⁶ u.ö. „Stein" (*DES*, 305) sowie die zugehörigen Formen *tular CIE* 886 (*TLE* 515) u.ö. (Pl. zu *tul* „Stein": „Steine, Grenzsteine; Gebiet"; s. *DES*, 305), *tularu CIE* 4538 (*TLE* 570) u.ö. (definiter Akk. Plur. zu *tul* „Stein": „die (Grenz)steine, das Gebiet"; s. *DES*, 305) und *tulerase CIE* 6314 (*TLE* 874; 5.Jh.) in der Datierung *ilacve tulerase* (kasuskongruente Fügung im Modalis auf -*e* mit temporaler Bedeutung; s. *DES* § 59; *tulerase* dürfte Nomen und sicher mit *tul*, *tular* zu verbinden sein; s. Pfiffig, *Uni*, 30f.).

Doch sind daneben im etr. Wortmaterial als lautlich zu lat. *tullius* vergleichbar die Verbformen *tula TLE* 2¹⁶ u.ö. und *tule TLE* 2⁸ u.ö. (3.P.Ind.Präs. bzw. 3.P.Iuss.Präs. zu *tul*- mit unbekannter Bedeutung; s. *DES*, 305), die Form *tules TLE* 2²¹ (ebenfalls mit unbekannter Bedeutung), ferner die EN-Formen *tulaluś TLE* 712 > *Spina e l'Etruria padana*, Firenze 1959, t. 31 (Gen. zu *tulalu*, GN f. venetischer Prägung; s. S. 28f.) und *tulesa CIE* 376 (*TLE* 664; *sa*-Ableitung zu *tule*, GN m., Gamonym) belegt.

Die Bedeutung von *tul*- in den eben aufgeführten Formen ist unbekannt. Zusammenhang einer oder mehrerer der vorgenannten etr. Formen mit lat. *tullius* (und/oder mit *tolennō*; s.b.W.) ist nicht auszuschließen.

verpa, -*ae f.*: „das männliche Glied" (*WH* s.v.); seit *Catull.* [?]

Lit.: Hartmann, *LB It. Spr., Glotta* 5, 337; Ernout, *Aspects*, 8; Hamp, *Latin verpa*; *WH* l.c.

Neben den Versuchen einer Herleitung aus dem Ie. (z.B. Rückführung auf eine Grundform ⁺*u̯erp-ā* oder ⁺*u̯r̥p-ā* zu gr. ῥαπίς „Rute", ῥάβδος „Stab", an. *orf* „Sensenstiel" etc.; s. *WH* l.c. mit Literatur; zu weiteren Hypothesen s. ebendort; vgl. auch Hartmann, *l.c.*; Hamp, *o.c.*) steht die Annahme etruskischer Herkunft, vertreten von Ernout, *l.c.*, der allerdings *verpa* — offenbar

---

[647] Zu den Versuchen einer Anknüpfung der EN *Tullius, Tullianum* etc. an *tullius* s. etwa Sigwart, *o.c.*, 146f.; Muller, *o.c.*, 118; *WH* l.c.; *EM* l.c.

irrtümlich — unter die etr.-lat. maskulinen Personalsubstantiva auf *-a* wie *scurra, verna* (s.bb.WW.) etc. reiht.

Zus.: Etr. Par.: Als lautlich vergleichbar lassen sich aus dem Etruskischen zwei EN-Formen anführen: *verpeṣ SE* 39, 356, n. 38, 6./5.Jh. (allein stehend; ev. Gen. zu *verpe*, Individualname oder CN m.), und *verpru NRIE* 160 (CN).

Morphologisch könnte in *verpeṣ*, sofern eine Genetivform vorliegt, eine Verbalnomen auf *-e* (s. *DES* § 134.2.) gesehen werden; entsprechend könnte vielleicht *verpru* als Verbalnomen auf *-u* (s. *DES* § 173; § 134.) des Aoriststammes (s. *DES* § 137) gedeutet werden.

Der semantische Wert des den Formen *verpeṣ* und *verpru* zugrunde liegenden Wortkernes (Verbalkernes?) ist unbekannt. Zusammenhang mit lat. *verpa* ist, insbesondere wenn vom Ausdruck „männliches Glied" selbst abgesehen und statt dessen an eines der zahlreichen hiefür verwendeten volkstümlich-familiären Synonyme gedacht wird, nicht auszuschließen.

C.1.1.2.2. *Anknüpfung an etruskisches Wortmaterial nicht möglich*

C.1.1.2.2.1. *Vorhandensein morphologischer Kriterien*

C.1.1.2.2.1.1. *Vorhandensein spezifischer Aussagen antiker Autoren*

   mantīsa

mantīsa/*mantissa, -ae f.*: „Zugabe, Dreingabe" (*WH* s.v.); seit *Lucil.* [+]

Lit.: Rönsch, *Etymologisches*, 171 f.; Bugge, *Das Verhältnis*, 178 f.; Martha, *La langue étrusque*, 469 f.; Ernout, *EE*, 101; Oštir, *Drei vorslav.-etr. Vogelnamen*, 72; Brandenstein, *Der ig. Anteil*, 310; Gerola, *Substrato*, 352; Alessio, *Vestigia*, 134; Palmer, *The Latin Language*, 49; Carnoy, *Etrusco-latina*, 105; *WH* l.c.; Durante, *Una supravvivenza*, 195; *LG* § 305; *EM* s.v.; Strnad, *Die doppelte Sprachverwandtschaft*, 480.

Neben der vereinzelten Annahme der Vermittlung eines gallischen Wortes (vgl. air. *mēit* „Größe", nkymr. *maint* ds.) über das Etruskische (s. *WH* l.c. mit Lit.; vgl.Oštir, *l.c.*)[648] und der Interpretation als etr. Wort ie. Herkunft

---

[648] Rönsch, *l.c.*, führt *mantissa* über +*mantic-issa* auf +*mantic-issāre* „dem Quersacke oder dem Beutel einverleiben, etwas einsacken" aus *mantica* „Mantel- oder Quersack, Reisetasche" + gräzisierendem *-issāre* zurück, verzichtet somit auf das morphologische Argument zugunsten etr. Herkunft des Wortes; trotzdem könne das Wort mit *Festus* 119 L (s. unter „Ant. Aut.") aus dem Etr. hergeleitet werden. Nicht zuletzt aus semantischer Sicht unglaubhaft.

im Sinne einer Urverwandtschaft des Etruskischen mit dem Indoeuropäischen (Bugge, *l.c.*, sieht in *mantīsa* ein Kompositum: *man-* sei zu arm. *manr*, Gen. *manu*, „klein, fein" zu stellen, *-tīsa* setze sich aus dem abstrakten Substantiv etr. *θez-* „das Setzen, Legen, Aufstellen" zu ie. ⁺*dhē-* und einem *a*-Suffix zusammen; nach Brandenstein, *l.c.*, sei ⁺*montiqyom* „kleines Maß" zu ⁺*ment-* „messend, Maß" anzusetzen; vgl. Carnoy, *l.c.*) steht weitaus häufiger die auf *Fest.* l.c. und auf der Morphologie des Wortes basierende Auffassung, es handle sich um ein in seinen Ursprüngen nicht indoeuropäisches etruskisches Wort[649]: So Ernout, *l.c.*; Gerola, *l.c.*; Alessio, *l.c.*; Palmer, *l.c.*; *WH* l.c.; *EM* l.c.; mit Vorbehalt *LG* l.c.; hervorzuheben ist Durante, *l.c.*, der der gängigen Anschauung vom etruskischen Charakter der lat. Suffixe *-īsa/-issa* durch Herleitung aus einem konkreten etr. Suffix ein solides Fundament zu geben versucht, s. Kap. B.1.2.1.2.5.

Zus.[650]: Morph.: Zu *-īsa/-issa* bzw. *-sa* s.Kap. B.1.2.1.2.5.
    Ant. Aut.: *Fest.* 119 L; s. S. 131 (direkt).

---

[649] Martha, *l.c.*, argumentiert nicht nur mit der zitierten *Festus*-Stelle und dem Ausgang auf *-sa*, sondern glaubt darüber hinaus in *-t-* ein etr. kausatives Suffix zu erkennen und somit einen Verbalstamm ⁺*man* isoliert zu haben, welcher in den finno-ugrischen Sprachen, mit deren Hilfe Martha Grammatik und Wortschatz des Etr. geklärt zu haben meint (s. dazu *DES*, 11), in den Bedeutungen „fléchir, courber, fausser, déplacer" nachweisbar sei; „de là pour *mantisa* le sens de qui est de nature à faire fléchir (la balance), c'est-à-dire poids additionnel".

Strnad, *l.c.*, stellt unter Ansatz eines „Wucherlautes" *n*, der angeblich im Etruskischen „recht häufig" begegne, etr.-lat. *mantīsa* mit georgisch (s.u.W. *abdōmen*) *mat[eba]* „hinzufügen" zusammen. Ohne jeden Anhalt.

[650] Die aus dem etruskischen Wortmaterial phonetisch vergleichbaren Formen auf *manθ(-)*, *mant-* sind aus semantischen Gründen fernzuhalten:

Manθ TLE 436 ist nach Auskunft von Prof. *Pfiffig* 2.CN m. (Ethnikon), abgekürzt aus *manθvate* (*manθvate CIE* 4417 > *Handbook to the Nicholson Museum*, Sydney 1948, 394, n. 1020, wozu etliche Ableitungen belegt sind [s. auch im folgenden], ist Ethnikon, abgeleitet vom Ortsnamen *Mantua*; das die Inschrift schließende *apa*, eigentlich „Vater", ist, dies sei am Rande vermerkt, im Sinne von „*sēnior*" zu verstehen); *manθatnei CIE* 2421 ist nach *DEC*, 212, als *manθvatnei* zu verstehen; *manθeate CII* 1918 ter ist verlesen für *manθvate*.

Mantrnśl ist Gen. dedicatorius zu *mantrnś*, Defektivschreibung für ⁺*manturneś*, Name eines Gottes; s. dazu *RET*, 320 ff.

Die Präferenz des Etr. für den Vokal *a* (s. Kap. B.1.1.3.1.) stellt natürlich kein maßgebliches Argument zugunsten etr. Herkunft dar, sollte aber im Rahmen anderer auf das Etr. weisender Kriterien nicht unerwähnt bleiben.

C.1.1.2.2.1.2. *Fehlen spezifischer Aussagen antiker Autoren*

C.1.1.2.2.1.2.1. *Vorhandensein phonetischer Kriterien*

alaternus, ci/ī?mussa, laburnum, palacurna (balūx), satura (Saturiō)

alaternus/*alternus, -ī f.*: „immergrüner Wegedorn, Rhamnus alaternus L." (*WH* s.v.); seit *Tarquit. Prisc. ap. Macr. Sat.* 3,20,3 [?]

Lit.: Niedermann, *Zur indogermanischen Wortforschung*, 152; Ernout, *Les éléments dialectaux*, 98; ders., *EE*, 95; Battisti, *Recensioni*, 648; Alessio, *Fitonimi*, 179 ff.; ders., *Vestigia*, 120, 140; Ernout, *Aspects*, 42; Battisti, *Il sostrato*, 370; *WH* l.c. und s.v. *alica*.

Neben gelegentlich versuchter Herleitung aus dem Ie. (Wurzel $^{+}ēl$-; s. *WH* s.v. *alica*; vgl. dazu auch Battisti, *Recensioni*, 648) steht die weit häufiger befürwortete Theorie von der etruskischen Herkunft des Wortes, zu deren Gunsten im allgemeinen auf die morphologische Struktur des Wortes, daneben auf sein Vorkommen unter den von *Tarquitius Priscus* im „*ostentarium arborarium*" aufgezählten „*arbores infelices*" verwiesen wird: So Niedermann, *l.c.*; Ernout, *EE*, 95; vgl. vorsichtiger ders., *Aspects*, 42; Battisti, *Recensioni*, 648 (die von Battisti, *l.c.*, herangezogene Form etr. *alθia CIE* 3413 dürfte auf Irrtum beruhen, ist jedenfalls nicht belegt; die Inschrift *CIE* 3413 lautet: ^{1}*ar.titui.la.fal*^{2}*asial*; s. *ThLE*, 365 s.v. *falasial*); ders., *Il sostrato*, 370, mit weiterer Literatur.

Alessio, *Fitonimi*, 179 ff. (vgl. ders., *Vestigia*, ll.cc.) führt kret. ἐλαίτρινος „Rhamnus alaternus L." auf die gleiche med. Basis wie etr.-lat. *alaternus* zurück. *Alaternus* sei Ableitung etr. Typs von $^{+}alater$ (vgl. die wahrscheinlich zu φιλυρέα [φιλύρα, φιλύκη] *alater* zu korrigierende Glosse φιλαυρον *afrater Gl.* 3,428,49 und italien. *ilátro* etc.). *Alaternus* selbst wie einige davon abgeleitete (rezente) Formen (Pflanzennamen, Toponyme) weisen nicht die nach den lat. Lautgesetzen zu erwartende Abschwächung *a > e* auf, seien somit aus der lat. Phonetik nicht zu erklären[651] (s. dazu weiter unten unter „Phon.").

Die Bedeutung des *alaternus* zugrunde liegenden Wortstammes sei unbekannt.

Zus.: Morph.: Zu *-ernus* (sofern Trennung in *alat-ernus* richtig ist) s. Kap. B.1.2.1.2.3.2.3.

---

[651] Ernout, *Les éléments dialectaux*, 98, dachte an ein Dialektwort.

Phon.⁶⁵²: Zu der den lat. Lautgesetzen widersprechenden, ev. auf vokalharmonischen Erscheinungen beruhenden Lautung *al a t* - s. Kap. B.1.1.4.

***ci/ī?mussa*/*cimisa, -ae f.:* „σειρά" *Gl.* 2,100,43 bzw. 431,47. [?]

Lit.: Ernout, *EE,* 103; *WH* s.v. 2. *cimussa*; *EM* s.v. *cīmussa*.

Nicht lateinischer Ursprung steht außer Zweifel; s. *WH* l.c.; *EM* l.c.
An Entlehnung aus dem Griechischen ist *WH* l.c. gedacht.
Ernout, *l.c.,* zieht wegen *-ussa* etr. Herkunft in Betracht; s. dagegen wegen des späten Auftretens des Wortes *WH* l.c.

Zus.: Morph.: Zu *-ussa/-isa* oder *-sa* s. Kap. B.1.2.1.2.5.
   Phon.: Zum Schwanken *u/i* s. Kap. B.1.1.1.3.; allerdings sind beide Formen spät und singulär belegt.

***laburnum*/*alburnum, -ī n.:* „breitblättriger Bohnenbaum, Geißklee, Cytisus Laburnum L." (*WH* s.v.); seit *Plin.* [?]

Lit.: Ernout, *EE,* 98; Alessio, *Fitonimi,* 215 ff.; Battisti, *Il sostrato,* 371; *WH* s.vv. *laburnum, labrusca*; *EM* s.v.

Zu nicht überzeugenden Versuchen einer Herleitung aus dem Ie. s. Battisti, *l.c.*; *WH* ll.cc.⁶⁵³
Öfter wird in *laburnum/alburnum* ein Wort fremder⁶⁵⁴, eventuell — wegen *-rnum* — etruskischer Herkunft gesehen; s. Ernout, *l.c.*; *WH* s.v. *laburnum*; *EM* l.c.

Zus.: Morph.: Zu *-rno-*, sofern die Trennung *lab-u(-)rnum/alb-u(-)rnum* richtig ist, s. Kap. B.1.2.1.2.3.2.3.
   Phon.⁶⁵⁵: Zum Schwanken *la-/al-* s. Kap. B.1.1.5.

---

⁶⁵² Die Präferenz des Etr. für den Vokal *a* (s. Kap. B.1.1.3.1.) stellt natürlich kein maßgebliches Argument zugunsten etr. Herkunft eines Wortes dar, sollte aber im Rahmen anderer auf das Etr. weisender Kriterien nicht unerwähnt bleiben.
⁶⁵³ Zur möglichen Verwandtschaft von *laburnum* und *labrusca* mit ebenfalls unsicherer Herkunft (s. *WH* s.v. *labrusca*; nach Alessio, *l.c.,* möglicherweise wie *laburnum* zurückzuführen auf ⁺*labr-*, Erweiterung der med. Basis ⁺*lapa,* ligurisch ⁺*laba* „pietra" [die Pflanze wachse u.a. in steinigem Gebiet]; vgl. Battisti, *l.c.*) s. Battisti, *o.c.,* mit weiterer Literatur; Alessio, *l.c.*; *WH* ll.cc.; *EM* l.c.
⁶⁵⁴ S. Fn. 653.
⁶⁵⁵ Die Präferenz des Etr. für den Vokal *a* (s. Kap. B.1.1.3.1.) stellt natürlich kein maßgebliches Argument zugunsten etr. Herkunft eines Wortes dar, sollte aber im Rahmen anderer auf das Etr. weisender Kriterien nicht unerwähnt bleiben.

***palacurna*/*palacrana*/*palaga*, *-ae f.*:** Bezeichnung für größere Goldklumpen (s. *WH* s.v. *balūx*); *Plin.* N.h.33,77. [+]
***balūx*, *-ūcis f.*; *ballūca*/*baluca*, *-ae f.*:** „Goldsand, Goldkörner" (*WH* l.c.); *balūx* seit *Plin.*; *bal(l)ūca* seit *Veg.* [+]

Lit.: Ettmayer, *Bespr. Walde, Lat. etymologisches Wörterbuch*, 725; Ernout, *EE*, 97; Alessio, *Fitonimi*, 214; Battisti, *Voci*, 253, 259f.; Devoto, *Storia*, 42; Alessio, *Vestigia*, 127f.; Devoto, *Le fasi*, 218; *WH* l.c.; *EM* s.vv. *balūx*, *palacurna*, p. 816.

Zu nicht überzeugenden Versuchen einer Verknüpfung mit dem Ie. s. Ettmayer, *l.c.*; *EM*, 816.

Der Sippe, deren Heimat im iberischen Raum zu suchen ist (s. *Plin.* l.c.; vgl. Ernout, *l.c.*; *WH* l.c.; *EM* s.v. *palacurna*), dürfte die med. Basis +*pala* „sasso, picco" (Alessio, *Fitonimi*, 214; vgl. ders., *Vestigia*, 128; nach Battisti, *o.c.*, 253, „costa di montagna"; nach Devoto, *Le fasi*, 218, u.ö., eigentlich „rotondità", aber, so ders., *Storia*, 42, auch „dosso, vòlta"; s.u.W. *fala*) zugrunde liegen, zu welcher, so Battisti, *o.c.*, 259f. bzw. 253, als med. Variante (Wechsel Tenuis/Media) +*bala*, als etr. Variante +*fala* (s.u.W. *fala*) zu stellen seien.

Dazu ist zu vermerken, daß der Wechsel p/b in *palacurna* etc./*balūx* etc., ebenso übrigens wie der Wechsel c/g in *palacurna* (*palacrana*)/*palaga*, auf etr. Vermittlung der iberischen Ausdrücke zurückgeführt werden kann, zumal unter Berücksichtigung der Formen *palacurna*, *palacrana* zusätzlich (neben einem weiteren phonetischen Argument) morphologische Kriterien für eine derartige Hypothese sprechen (vgl. Ernout, *l.c.*): An med.-iber. *-āca* mit kollektivem Wert (Alessio, *Vestigia*, 127f.) wäre, um die Kollektiv- bzw. Pluralbedeutung auch im Etr. zum Ausdruck zu bringen[656], etr. *-r* (s. *DES* §42; im Lat. als eine Art silbisches *-r̥* mit *-ur* und *-ra* wiedergegeben, s. weiter unten unter „Phon."), daran weiters das Suffix der etr. Pertinenzadjektiva *-na* (s. *DES* §67) angefügt worden. Ein Übersetzungsversuch dieser Form +*palac(a)-r-na* ergibt etwa: „das, was zu den Felsen, zum Gestein, zum Gebirge gehört, was davon gewonnen wird, was dessen Gabe oder Produkt ist".

---

[656] Vgl. die doppelte Suffigierung etwa in etr.-lat. *Volumnius*, ganz hypothetisch vielleicht auch in *cuturnium*; s.u.W. *cuturnium*.

Zus.: Morph.: Zu *-rna* s.o. und Kap. B.1.2.1.2.3.2.3.
Phon.[657]: Zur Wiedergabe des Labials bzw. des Gutturals als Tenuis und als Media in *palacurna* etc. / *balūx* etc. bzw. in *palacurna* (*palacrana*) / *palaga* s.o. bzw. Kap. B.1.1.2.1.
Zu *-ur-/-ra-* in *palacurna/palacrana* s.o. und Kap. B.1.1.5.

satura/satira/satyra[658], *-ae f.:* „eine Fruchtschüssel, die man den Göttern alljährlich darbrachte; Allerlei" (*WH* s.v.), Satire; seit *Enn.* [?]

Lit.: Gerhard, *Satura*; Ullmann, *The present Status*, 381; Kroll, *Satura*, Sp. 192; Muller, *Zur Geschichte*; Nehring, *LB Lat. Sprache, Gl.* 14, 225; Ernout, *EE*, 89,110; Kerényi, *Satire*; Altheim, *Epochen,* 255 f.; Snell, *Etrusco-Latina*, 215; Altheim, *Geschichte*, 346 ff., 363 ff.; Palmer, *The Latin Language*, 48; Linde, *Etruskische Beiträge*; *WH* l.c.; *EM* s.v. *satur*; Strnad, *Mondkreis*, 469; ders., *Nochmals zum Methodenproblem*, 282.

Dieses in mehrfacher Hinsicht — in seiner Etymologie, in seiner Bedeutungsentwicklung und in seiner Anwendung auf eine (oder mehrere?) literarische Gattung(en) — problematische Wort hat entsprechend häufig eingehende Behandlung mit stark differierenden Ergebnissen erfahren. Es sei hier nur zur Etymologie, im speziellen zu den Versuchen einer Herleitung aus dem Etruskischen Stellung genommen.

Neben der alten Interpretation als substantiviertes Femininum zu *satur* „satt" (s. etwa Kroll, *l.c.*; Ullmann, *l.c.*; Kerényi, *o.c.*, 143; Altheim, *Epochen*, 255 f.; ders., *Geschichte*, 346 ff.; s. auch die bei *WH* l.c. angegebene Literatur; s. dagegen etwa Muller, *o.c.*, 240 ff.; *WH* l.c.; zweifelnd *EM* l.c.) wurde auf zwei verschiedene Arten Verknüpfung mit dem Etr. versucht:

Einerseits wurde *satura* unter Zusammenstellung mit dem Göttername *Sāturnus* und mit gr. σάτυρος[659] als feminines Kollektiv ("kräftige (Erde- oder Mutter-) Schwellung" > „Fruchtbarkeit" > „Früchte der Erde") zu

---

[657] Die Präferenz des Etr. für den Vokal *a* (s. Kap. B.1.1.3.1.) stellt natürlich kein maßgebliches Argument zugunsten etr. Herkunft bzw. Vermittlung eines Wortes dar, sollte aber im Rahmen anderer auf das Etr. weisender Kriterien nicht unerwähnt bleiben.

[658] Nach *LG* § 51.b. pseudogriechisch *y* für echtlateinisch *i* nach σατυρικός. Nach Gerhard, *o.c.*, ist *satira* itazistische Schreibweise für *satyra*, das selbst erst der auf vergleichbaren Wesenszügen (seit *Lucilius*) beruhenden Vermischung von lat. *satura* zu *satur* mit σατυρική κωμῳδία zu Σάτυροι seine Enstehung verdanke.

[659] Zur Verknüpfung von gr. σάτυρος mit lat. *satur* bzw. *satura* ohne Annahme irgendwelchen etr. Einflusses s. Kerényi, *o.c.*, 143, 145, 151: Gr. σάτυρος sei Entlehnung einer illyrischen, auf ie. ⁺*sat-* zurückzuführenden Form; lat. *satur* sei entweder ererbt oder ebenfalls wie gr. σάτυρος Entlehnung aus dem Illyrischen.

einem mittels der Basen ⁺k̑eu̯+āˣ + ⁺teu̯+āˣ, beides „schwellen, kräftig sein", gebildeten thrako-phrygischen, ins Lydische gedrungenen Kompositum aufgefaßt, welches über das Etruskische ins Lateinische gelangt wäre. So Muller, o.c., 266 ff.; vgl. zustimmend Ernout, o.c., 89[660]; *EM* l.c. S. gegen Mullers Ausführungen die gerechtfertigten Einwände bei Nehring, *l.c.*

Andererseits wurde *satura*, teils wieder unter Zusammenstellung mit *Sāturnus*, als Ableitung zu etr. *satr-*, *satir-*[661], angeblich „sprechen, reden" (zur Deutung von etr. *sat(i)r-* als „parlare", „ora(zione)" s. Meriggi, *Osservazioni*, 157, 197), mithin als „*sermo*" interpretiert: So von Snell, *l.c.*, der mit dem Appellativ *satura* „*sermo*" den Götternamen *Sāturnus* zu verknüpfen sucht; *Sāturnus* bedeute „Λόγιος"[662], der *versus Saturnius* sei der „Sprechvers" oder „Vers der Satire". So auch, ohne Erwähnung des Götternamens und des *versus Saturnius*, von Palmer, *l.c.*, und, mit Heranziehung des *versus Saturnius*, von Linde, *l.c.*[663]. Gegen die Herleitung von *satura* aus etr. *satr-*, *satir-* sowie gegen die Deutung des *Sāturnus* als „Λόγιος" und des *Saturniers* als „Sprechvers" s. Altheim, *Geschichte*, 363 ff.; höchst zurückhaltend auch *WH* l.c.

Zus.[664]: Morph.: Zu *-ura* s. Kap. B.1.2.1.2.4.2.

Phon.[665]: Zum Schwanken *u/i* s. Kap. B.1.1.1.3.

---

[660] In **Saturiō(-ōnis m.)**, fingierter EN eines Schmarotzers bei *Plt.* (Pers. 1,3,21), etwa „Sattermann" (s. Georges K.E.-Georges H., *Ausführliches lateinisch-deutsches Handwörterbuch*, 2. Bd., Hannover u. Leipzig 1918⁸, s.v.), also sehr wahrscheinlich Ableitung von *satur*, ist Ernout, *o.c.*, 110, geneigt, eine etr.-lat. Ableitung (s. aber Kap. C.4.1.7.) zu seiner Auffassung nach höchstwahrscheinlich aus dem Etr. herzuleitendem *satura* zu sehen. [??]

[661] Belegt sind nach Ausweis von *ThLE* folgende Formen: *satres TLE* 719ᵈ⁾ (Gen. des Götternamens *satre*; s. *RET*, 312f.); *satriax CIE* 2395 (ungedeutet); *satrṣ AM* 11 γ⁴ (Gen. des Götternamens *satre*); *satiria (sa--) TLE* 2² (ungedeutet); *sature CIE* 2736 (CN; < gr. Σάτυρος; s. *DGE 1*,110).

Es sei darauf hingewiesen, daß — ganz abgesehen von den vorgebrachten unhaltbaren Deutungen (s. oben im Text) — Ungenauigkeit und unkritisches Von-einander-Abschreiben hinsichtlich der zum Vergleich herangezogenen etr. Formen in den im folgenden angeführten Aufsätzen bzw. Stellen wahre Blüten treiben. Eine Überprüfung des dort vorgeführten etr. Wortmaterials ist dem Leser unbedingt zu empfehlen.

[662] Zu einer weiteren phantastischen Deutung von *Sāturnus* bzw. der dieser Götterbezeichnung nach verbreiteter Auffassung (s. *RET*, 312 f.) zugrunde liegenden etr. Form *satre* (belegt im Gen. *satres TLE* 719ᵈ⁾) s. Strnad, *ll.cc*: Etr. *satre* sei auf reichsaramäisch (s.u.W. *abdōmen*) *str*, arabisch *sattār* „Schutz, Beschützer" zurückzuführen.

[663] Der Kuriosität halber sei erwähnt, daß Linde, *l.c.*, die Ansicht vertritt, *AM* sei in *Saturniern*, d.h. in „Sprechversen", abgefaßt.

[664] Zu nur scheinbar vergleichbaren etr. Formen wie *satres*, *sature* etc. s. Fn. 661.

[665] Die Präferenz des Etr. für den Vokal *a* (s. Kap. B.1.1.3.1.) stellt natürlich kein maßgebliches Argument zugunsten etr. Herkunft eines Wortes dar, sollte aber im Rahmen anderer auf das Etr. weisender Kriterien nicht unerwähnt bleiben.

C.1.1.2.2.1.2.2. *Fehlen phonetischer Kriterien*[666]

acerra, acinus, asinus, assisa, autumnus, barinula, caperro, carisa, cērussa, fascinum, flexuntēs, galena, gemursa, lacerna, lāmina, lixa, nassiterna, obscaenus, pincerna, pipinna, sagīna, taberna, toluberna, trāsenna, vacerra, vernisera, vīburnum, vīverra

***acerra**, -ae f.*: „Altar zum Rauchopfer, Weihrauchkästchen"[667] (*WH* s.v.); auch CN; seit *XII tab.* [?]

Lit.: Schulze, *ZGLE*, 376,417 ff.; Ernout, *EE*, 119; Devoto, *Le fasi 1*,223 f.; Deroy, *Les noms*, 26; *WH* l.c.; *EM* s.v.

Die Herleitungsversuche sind vielfältig:
So wurde *acerra* als „Ahornkästchen" aus ⁺*acer-sā* zu *acer* gestellt (s. *WH* l.c.); es wurde semitischer Ursprung angenommen (s. *WH* l.c. mit Ablehnung); es wurde in *acerra* unter Vergleichung mit sikul. *cerrōnēs*[668] (*Paul. Fest.* 35 L) Vokalprothese med. Ursprungs gesehen (Devoto, *l.c.*).

Auch etr. Herkunft wurde der morphologischen Struktur wegen (Ernout, *l.c.*, Deroy, *l.c.*) und wegen des Gleichklanges mit dem EN *Acerrōnia* (*EM* l.c.) angenommen. Nach Schulze, *o.c.*, 376, liege allerdings zwischen *acerra* und dem eventuell etr. Personennamen *Acerra* (s. *o.c.*, 417 ff.) wohl „zufällige Homonymie" vor; vgl. *WH* l.c.

Zus.[669]: Morph.: Zu *-erra*, sofern Trennung in *ac-erra* richtig ist, s. Kap. B.1.2.1.2.4.2.

***acinus**, -ī m.; acina n. Pl.; acina, -ae f.*: *acinus* nach *WH* s.v. „Beere", *acina* n.Pl. „Traube"; *EM* s.v. kennt diese Unterscheidung nicht: „grain de raisin, puis de tout autre fruit ..."; *acinus, acina* n.Pl. seit *Cato*; *acina* f. spätlat. [?]

---

[666] In Hinblick darauf, daß morphologische Merkmale in diesem Kapitel die wesentlichen, wenn nicht die einzigen Argumente zugunsten der Entlehnung eines Wortes aus dem Etruskischen darstellen, ist darauf hinzuweisen, daß bei nicht wenigen der in diesem Kapitel behandelten Wörter Unklarheit über Gestalt bzw. Abgrenzung des Wortkerns besteht, mit anderen Worten, daß das Isolieren von Suffixen bei mangelhafter Kenntnis über Umfang bzw. Ende des Wortkernes Hypothese bleiben muß.

[667] *Paul. Fest*, 17,3 L: „*ara quae ante mortuum poni solebat, in qua odores incendebant. Alii dicunt arculam esse turariam, scilicet ubi tus reponebant.*"

[668] S.u.W. *gerrō*.

[669] An Zusammenhang mit dem etr. Verbalkern *ac-* „machen, bilden, bewirken" (*DES*, 281) ist aus morphologischen Gründen (Verbalsuffixe auf *-r[-]* sind *-[e]ri*, Suffix des Nezessitativs, und *-ir*, wahrscheinlich Aoristsuffix, s. *DES* § 131 bzw. *DES* § 137) wohl nicht zu denken.

Die Präferenz des Etr. für den Vokal *a* (s. Kap. B.1.1.3.1.) stellt natürlich kein maßgebliches Argument zugunsten etr. Herkunft eines Wortes dar, sollte aber im Rahmen anderer auf das Etr. weisender Kriterien nicht unerwähnt bleiben.

Lit.: Ernout, *Aspects*, 27; Battisti, *Il sostrato*, 367 f.; *WH* l.c.; *EM* l.c.

Zu abzulehnenden Herleitungsversuchen aus dem Ie. s. *WH* l.c.

Zumeist wird med. Herkunft angenommen: So von Ernout, *l.c.*; Battisti, *l.c.*, mit weiterer Lit.; *WH* l.c., *EM* l.c.

Zu einem möglichen Zusammenhang zwischen *acinus* und *bāca* s. u. W. *bāca*.

Zus.[670]: Morph.: Zu (problematischem) *-inus*, sofern Trennung in *ac-inus* richtig ist, s. Kap. B.1.2.1.2.3.2.2.

asinus, *-ī m.:* „Esel" (*WH* s.v.); seit *Plt.* [?]

Lit.: Ernout, *EE*, 110, Fn. 2; ders. *Le vocabulaire*, 10; ders., *Aspects*, 51 ff.; *WH* l.c.; *LG* § 180.e.β.; *EM* s.v.

An der fremden Herkunft des Wortes bestehen wegen intervokalisch *-s-* (s. Ernout, *Aspects*, 52; *WH* l.c.; *EM* l.c.; *LG* l.c.) und wegen der Aussichtslosigkeit, den Zusammenhang mit gr. ὄνος, arm. *ēš*, Gen. *išoy* „Esel" exakt zu präzisieren[671] (s. Ernout, *Aspects*, 52; *WH* l.c.; *EM* l.c.), keine Zweifel (s. Ernout, *ll.cc.*; *WH* l.c. mit Lit.; *EM* l.c. mit Lit.).

Während *WH* l.c. an Entlehnung aus einer kleinasiatischen Sprache im Süden des Pontus über thrakisch-illyrische Vermittlung denkt (zur Ablehnung semitischer Herkunft s. ebenda), befürworten Ernout („*Le vocabulaire*", 10; „*Aspects*", 52) und *EM* l.c. (Lit. s. ebendort) Herleitung aus sum. *anšu* „Esel", wobei Ernout, *Aspects*, 52, etr. Vermittlung nicht ausschließt.

Zus.[672]: Morph.: Zu (problematischem) *-inus*, sofern die Trennung in *as-inus* richtig ist, s. Kap. B.1.2.1.2.3.2.2.

assisa, *-ae f.* „Flut" (*WH* s.v.); *Isid.* Ord. creat. 9,5 und 9,7. [?]

Lit.: Ernout, *EE*, 102; *WH* l.c.; *EM* s.v.

Der nur bei *Isid.* ll.cc. belegte Ausdruck steht im Verdacht, aus spätlat. *accessa* „Flut" (vgl. *recessa* „Ebbe") verderbt zu sein (s. *WH* l.c., *EM* l.c.).

---

[670] An Zusammenhang mit etr. *ac-* „machen, bilden, bewirken" (*DES*, 281) ist aus semantischen Gründen wohl nicht zu denken.
Die Präferenz des Etr. für den Vokal *a* (s. Kap. B.1.1.3.1.) stellt natürlich kein maßgebliches Argument zugunsten etr. Herkunft bzw. Vermittlung eines Wortes dar, sollte aber im Rahmen anderer auf das Etr. weisender Kriterien nicht unerwähnt bleiben.

[671] Zu abzulehnenden Versuchen einer Herleitung von lat. *asinus* aus gr. ὄνος s. *WH* l.c.

[672] Die Präferenz des Etr. für den Vokal *a* (s. Kap. B.1.1.3.1.) stellt natürlich kein maßgebliches Argument zugunsten etr. Herkunft bzw. Vermittlung eines Wortes dar, sollte aber im Rahmen anderer auf das Etr. weisender Kriterien nicht unerwähnt bleiben.

Ernout, *l.c.*, führt das Wort zweifelnd unter den etr.-lat. Bildungen auf *-issa/-isa* an, gibt aber auch zu bedenken, daß in Anbetracht des Fehlens ausgeprägter Gezeiten im Mittelmeer Herkunft aus einer med. Sprache nicht sehr wahrscheinlich sei[673].

Da jedoch *assisa* nicht einwandfrei als korrupte Form zu überführen ist, andererseits, wie die wohl aus dem Gallischen (s. Fn. 673) stammenden Ausdrücke *ledō* und *malina* beweisen, Entlehnung eines dieser semantischen Sphäre zugehörigen Begriffs keineswegs auszuschließen ist, muß wohl weiterhin fremde, des Ausganges wegen etr. Herkunft in Betracht gezogen werden.

Zus.[674]: Morph.: Zu *-isa* s. Kap. B.1.2.1.2.5.

autumnus[675], *-ī* m.; *autumnum, -ī* n.; auch adjektivisch verwendet: „Herbst" (*WH* s.v.); *autumnus* seit *Enn.*; *autumnum* seit *Varro*; adjektivische Verwendung seit *Cato*. [?]

Lit.: Ribezzo, *Note etimo-fonetiche*, 256 f.; Vetter, *LB Etr., Glotta* 15, 240; Ernout, *EE*, 99 f.; Benveniste, *Le suffixe -umn-*, 254; Palmer, *The Latin Language*, 49; Carnoy, *Etrusco-latina*, 101; van Windekens, *Pelasgisch autumnus*; Vetter, *Zu den Namen*, 217; Perrot, *Les dérivés latins*, 29; *WH* l.c.; *LG* § 293; *EM* s.v. *autumnus, -a, -um*.

Zu den nicht überzeugenden Versuchen einer Herleitung aus dem Ie. s. *WH* l.c. (zu ie. +*auĝ-*, +*oug-* „kalt"; zu ie. +*audh-* in got. *auda-hafts* „beglückt" etc.; zu *au-* „fort, weg" im Sinne einer „Abwendung von des Sommers Überhitze"); ferner van Windekens, *l.c.* (als „mit Regen versehene (Zeit)" über das „Pelasgische" zu ie. +*aud-*/+*oud-* < +*au̯ed-* „benetzen, befeuchten, fließen" zu +*au̯-* „Wasser")[676].

Daneben wird häufig etr. Herkunft erwogen: So von Ribezzo, *l.c.*; Ernout, *l.c.*; Benveniste, *l.c.*; Palmer, *l.c.*; Carnoy, *l.c.*; Perrot, *l.c.*; *WH* l.c.; *LG* l.c.; *EM* l.c.

In der Beweisführung lassen sich drei Tendenzen erkennen. Sie seien hier vorgeführt und kritisch beleuchtet.

---

[673] Man beachte die von *Isid.* o.c. 9,4 ff. verwendeten Ausdrücke *ledō* „Ebbe" und *malina* „Springflut", welche gallischer Herkunft sein dürften (s. *WH* und *EM* s. vv. *ledō* und *malina*).

[674] Die Präferenz des Etr. für den Vokal *a* (s. Kap. B.1.1.3.1.) stellt natürlich kein maßgebliches Argument zugunsten etr. Herkunft eines Wortes dar, sollte aber im Rahmen anderer auf das Etr. weisender Kriterien nicht unerwähnt bleiben.

[675] Vereinzelt begegnet in schlechten Handschriften die Schreibung *auctumnus*; sie ist nach *WH* s.v. *autumnus* und *EM* s.v. *autumnus, -a, -um* auf volksetymologische Zusammenstellung mit *augēre* zurückzuführen.

[676] S. auch Carnoy, *l.c.*, welcher in gewohnter Weise ie. mit etr. Herkunft zu verbinden sucht; s. ausführlicher im Text weiter unten.

1. Die überwiegende Mehrzahl der angeführten Autoren beruft sich auf den Ausgang -mno- bzw. den Vergleich mit etr. *Vertumnus*: So Ribezzo, *l.c.*, unter Heranziehung weiterer Argumente (s.u.); Ernout, *l.c.*; Benveniste, *l.c.*; Palmer, *l.c.*; Carnoy, *l.c.*; Perrot, *l.c.*; *WH* l.c.; *LG* l.c.; *EM* l.c. S. dagegen Vetter, *Zu den Namen*, 217.

Zu nicht mit Sicherheit auf etr. Herkunft weisendem -mno- s.S. 414 Fn. 682.

Aus den ausführlichen Darlegungen zu *Vertumnus/Vortumnus/Voltumna RET*,234 ff. (vgl. 313 ff.; vgl. auch Pfiffig, *Über eine Besonderheit*, 189), sei hier nur das Wesentlichste wiedergegeben: *Vertumnus/Vortumnus*, der „*deus Etruriae princeps*" (*Varro L.L.*5,46), dürfte aus *Voltumna* entstanden sein, einer adjektivischen Ableitung auf -na (als Name sicher als Maskulinum zu verstehen) zu *velθa* (lat. *Volta, Olta*)[677], einem in Südetrurien verehrten Erddämon[678]; es handle sich bei etr. *veltune NRIE* 759, lat. *Voltumna* um ein Epitheton des *Tin* in seiner Funktion als Schützer der etruskischen Nation.

Sollte *autumnus* also auf eine etr. Götterbezeichnung zurückzuführen sein (so etwa Ernout, *l.c.*), wäre eine Form etr. +*autu/a(m)na* oder +*autu/a(m)ne* (vgl. *velθa* — *veltune*) anzusetzen. Von +*autu/a(m)ne* führt ein direkter Weg zu *Autumnus* (s. S. 34), von +*autu/a(m)na* nur der Weg über einen Endungsaustausch etr. -na > lat. -nus bei einer als männlich vorgestellten Gottheit, vgl. *Voltumna* — *Vertumnus* (s. *RET*, 235; vgl. auch S. 51 Fn. 83); doch ist — hier liegt der Fall anders als bei *Voltumna* — *Vertumnus* — keine Form lat. +*Autumna* überliefert.

Wie allerdings dieses Götterepitheton — nach Annehmen der Endung -*us* völlig in die lateinische Morphologie integriert — nachträglich in adjektivischer Funktion verwendet werden konnte, diese Frage bleibt offen, es gibt nach Wissen der Verf. keinen Parallelfall.

Gegen eine Priorität der Götterbezeichnung spricht schließlich auch die Bezeugung als Göttername erst bei *Ovid* und *Horaz*.

2. Gelegentlich wird auf etr. Wortmaterial Bezug genommen: So (unter Beachtung auch der Bildungsweise von *autumnus*; s. dazu o.) von Ribezzo, *l.c.*, der als Basis von lat. *autumnus* unter Heranziehung von etr. *avil* (Belege s. *ThLE*, 46) „Jahr" eine Form etr.-lat. +*av(i)-to-m(e)nos*, "probabilmente una modificazione del nome fondamentale dell'anno per indicare la stagione del suo ritorno", konstruiert, was von Vetter, *LB Etr., Glotta* 15,240, mit Skepsis

---

[677] Ungeklärt bleibt dabei der Einschub des -*m*-, wie allgemein das -*m*- der etr. GN auf -*mna* (-*mne*) ungeklärt ist; s. Kap. B.1.2.1.2.3.2.4.

[678] Etr. *velθa* ist ursprünglich Appellativ und bedeutet „Erde, Boden" (*DES*, 309). Zur doppelten Bedeutung *velθa* = „Erde" und „Erdgottheit" vgl. etwa gr. γῆ/Γῆ (s. *RET*, 314 f.) und lat. *tellūs/Tellūs*.

vorgeführt, von Carnoy, *l.c.*, in modifizierter, aber darum nicht weniger phantastischer Form wieder aufgenommen wird: *au-* in etr.-lat. *autumnus* wie in etr. *au-il* "Jahr" gehe auf ie. ⁺*au* "se reposer, rentrer chez soi" in ἐνι-αύ-ειν „se loger", ἐνι-αυ-τός „arrêt du soleil > solstice > année" zurück (zur Verknüpfung von etr. *avil* mit gr. ἐνιαυτός s. bereits Ribezzo, *l.c.*, mit früherer Literatur; zu den wenig überzeugenden Deutungsversuchen für gr. ἐνιαυτός s. Frisk s.v. ἐνιαυτός). Eine detaillierte Widerlegung erübrigt sich. Benveniste, *l.c.*, und Palmer, *l.c.*, vergleichen zu lat. *autumnus* etr. *autu* CIE 4250.

Dabei handelt es sich um einen venetischen (s. Vetter, *Die etruskischen Personennamen*, 89; Pfiffig, *Osservazioni*, passim; ders., *Spina*, passim; ders., *DES* § 181; vgl. Rix, *DEC*, 364) *lautni*-Namen, welcher auch im Gen. *autuś* CIE 4261 belegt ist. Auch alle anderen lautlich zu lat. *autumnus* vergleichbaren etr. Formen (Formen auf *autu-* oder auch — in Hinblick auf *velθa/velθune* — auf *auta-*) rekrutieren sich, sieht man von ungedeutetem *avθleθaįum TLE* 2¹¹ ab, aus dem onomastischen Material: *auta* CIE 369 (GN m., venetisch?); *autamene* CIE 1154 (*TLE* 507) > *SE* 45, 195 (6.Jh; unvollständig für *autamenes*, Gen. zu *autamene*, GN m., wahrscheinlich auf einen venetischen Individualnamen zurückgehend; s.o. zu *autu*); *auθnal* CIE 384 (Gen. zu *auθnei*, GN f., Metronym); *autleś* CIE 1276 (*TLE* 461; Gen. zu *autle*, GN m.); *avtleś* CIE 4205 = 4206 (Gen. zu *avtle*, GN m.). Zusammenhang der beiden letztgenannten Namen mit venetisch *autu* oder auch *auta* ist unter Annahme von Synkope zwischen *-t-* und *-l-* (*-le* könnte Deminutivsuffix sein; s. *DES* § 167) nicht auszuschließen.

Da das gesamte eben vorgeführte Namenmaterial auf nicht etruskische Individualnamen zurückzuführen sein dürfte, deren eigentliche Bedeutung zudem völlig unbekannt ist, kann wohl nicht gut davon gesprochen werden, daß der Wortkern von lat. *autumnus* im etr. Wortmaterial belegt sei.

3. Als weiteres Argument zugunsten etr. Herkunft von lat. *autumnus* wird von *WH* l.c. das Nebeneinander von substantivischer und adjektivischer Verwendung, welches an etr.-lat. *laniēna* erinnere, ins Treffen geführt.

Zu diesem nach Ansicht der Verf. gewichtigen Kriterium s. weiter unten unter „Morph.".

Doch scheint Vorsicht am Platze: Während in *laniēna* die etr. *na*-Ableitung noch einwandfrei erkennbar ist, kann sie für *autumnus* nur erschlossen werden. Eine derartige anzusetzende adjektivische, im Etruskischen genusindifferente Form auf *-na* (s. Kap. B.1.2.1.2.3.2.)[679] müßte im Lateinischen als

---

[679] Gegen den Ansatz eines etr. Götternamens auf *-na*, somit einer nicht genusindifferenten, sondern m. Form (s. Kap. B.1.2.1.2.3.2.) als Basis für lat. *autumnus* s. im Text weiter vorne.

feminine Adjektivform aufgefaßt worden sein. Voraussetzung für eine solche Interpretation der etr. Form auf -na durch das Lateinische ist zweifellos eine noch echt adjektivische, d.h. nicht substantivierte Verwendung des Wortes im Etruskischen zur Zeit der Übernahme. Im Lateinischen wären des weiteren zur „femininen" Adjektivform +autumna, zu welcher, um „herbstliche Zeit" o.ä. auszudrücken, kein passendes, d.h. f. Appellativ hinzugestellt werden konnte, eine maskuline Form autmunus und eine neutrale Form autumnum hinzugebildet worden, um mit annus o.ä. bzw. tempus o.ä. verbunden werden zu können[680]. In Analogie zu den anderen lat. Jahreszeiten-Bezeichnungen, welche aus jeweils nur einem Begriff bestehen, wären die maskuline und die neutrale Form in weiterer Folge ohne das jeweils zugehörige Appellativ, somit substantivisch verwendet worden.

Doch abgesehen davon, daß lat. +autumna nicht belegt ist, ist auch zu bedenken, daß Entlehnung einer Jahreszeit-Benennung innerhalb der ie. Sprachen zumindest als ungewöhnlich zu bezeichnen ist; vgl. Vetter, *Zu den Namen*, 217.

Es läßt sich demnach Herkunft von lat. autumnus aus dem Etruskischen nicht einwandfrei erweisen, doch ist diese Theorie, solange eine überzeugende Erklärung der substantivisch-adjektivischen Verwendung des Wortes aus dem Ie. aussteht, nach Ansicht der Verf. den ie. Deutungsversuchen vorzuziehen.

Zus.[681]: Morph.[682]: Zur Verwendung eines nicht eindeutig als Adjektiv qualifizierbaren Nomens als Substantiv und Adjektiv s. Kap. B.1.2.8.

barinula *(harinulcaes Gl.): „scrutatores vel repertores aquarum aquilices dicuntur, barinulas dixerunt."* Serv. Georg. 1,109. [?]

Lit.: Nehring, *Parerga*, 118ff.; *WH* s.v.; *LE* s.v. +varīnulae.

Der Versuch einer Herleitung aus dem Ie. findet sich *LE* l.c. (zugrunde liege lat. barinulae, eig. +varīnulae, +u̯erīna zu ie. +u̯ēr „Wasser" bzw. dessen Deminutiv, ursprgl. „*aquilega rota*", d.h. „*ruota idraulica, che serviva a tirar su l'acqua*", dann „*aquilex*"; +varīnula > barinula durch volksetymologischen Einfluß von *barūlcus* Vitr. 10,1,1 aus gr. βαρουλκός „*macchina per tirare o sollevare pesi*"; harinulcae(s) sei entweder verderbt aus +barinulcae oder h- basiere auf Hereinspielen von lat. hariolus „Wahrsager", „*dato che la rabdomanzia è considerata un'arte divinatoria*").

---

[680] Vgl. deutsch „*Früh -jahr*", franz. „*prin -temps*".
[681] Zu bloß scheinbaren Parallelen aus dem etr. Wortmaterial s. im Text weiter vorne.
[682] Zum Ausgang -mno- (als Hinweis auf etr. Herkunft fraglich) s. Kap. B.1.2.1.2.3.2.4.

Etr. Herkunft wurde wegen der Zugehörigkeit zur Gruppe der maskulinen Personalsubstantiva auf -*a* (s. unter „Morph.") und wegen des eventuell etr. *l*-Suffixes (s. Fn. 684) von Nehring, *l.c.*, in Betracht gezogen. S. dagegen der unsicheren Überlieferung wegen *WH* l.c., der nicht ausreichenden Beweisführung wegen *LE* l.c.

Zus.[683]: Morph.[684]: Zu den maskulinen Personalsubstantiven auf -*a* des vorliegenden Typs s. Kap. B.1.2.4.

caperrō *(caperō)*, *-āvī*, *-ātum*, *-āre:* „in Runzeln zusammenziehen, (sich) runzeln" (*WH* s.v.); seit *Naev.* und *Plt.* [?]

Lit.: Ernout, *EE*, 119; Deroy, *Les noms*, 26; *WH* l.c.; *EM* s.v.

Zu der seit den Alten (*Varro* L.L.7,107; *Paul. Fest.* 41,27 L; *Non.* 8) vermuteten, doch möglicherweise auf Volksetymologie (s. *EM* l.c.) beruhenden Zusammenstellung mit *capra* bzw. *caper* (*frōns* +*caprāta* > *frōns caperrāta* mit expressiver Gemination) s. *WH* l.c.; dort auch zu weiteren Deutungsversuchen aus dem Ie.

Ernout, *l.c.*, führt *caperrō* auf +*caperra* „ride" vom Typ der etr.-lat. Substantiva auf -*erra*, zurück; vgl. Deroy, *l.c.*; *EM* l.c. S. dagegen *WH* l.c.

Zus.[685]: Morph.: Ob *caperrō* auf +*caperra*, ein Substantiv vom etr.-lat. Typ auf -*erra* (s. Kap. B.1.2.1.2.4.2.), zurückzuführen ist, kann nicht entschieden werden, ist jedoch nicht gänzlich auszuschließen.

carisa/carissa m. (?) nach *Lucil. ap. Paul. Fest.* 38,18 L; *carisia* f. *Gl.* 5,15,6: „*vafer*" (*Paul. Fest.* l.c.); „*fallax ancilla*" (*Gl.* l.c.); seit *Lucil. ap. Paul. Fest.* l.c.; *Anon. mim.* frg. 18. [+]

Lit.: Ernout, *EE*, 102; Gerola, *Substrato*, 352; Alessio, *Vestigia*, 134; *WH* s.v.; *EM* s.v.

Neben wenigen Versuchen einer Herleitung aus dem Ie. (s. *WH* l.c.) steht die mit der Zugehörigkeit zum etr.-lat. Typ auf -*issa/-isa* begründete Annahme einer Herkunft des Wortes aus dem Etr.: So Ernout, *l.c.*; Gerola, *l.c.*; Alessio, *l.c.*; vgl. *WH* l.c., wo auch etr. Vermittlung eines keltischen Wortes in Betracht gezogen wird; *EM* l.c. mit Vorbehalt.

---

[683] Die Präferenz des Etr. für den Vokal *a* (s. Kap. B.1.1.3.1.) stellt natürlich kein maßgebliches Argument zugunsten etr. Herkunft eines Wortes dar, sollte aber im Rahmen anderer auf das Etr. weisender Kriterien nicht unerwähnt bleiben.

[684] Zum eventuell etr. *l*-Suffix s. Kap. C.4.1.2.

[685] Die Präferenz des Etr. für den Vokal *a* (s. Kap. B.1.1.3.1.) stellt natürlich kein maßgebliches Argument zugunsten etr. Herkunft eines Wortes dar, sollte aber im Rahmen anderer auf das Etr. weisender Kriterien nicht unerwähnt bleiben.

Zus.⁶⁸⁶: Morph.: Zu *-issa/-isa* s. Kap. B.1.2.1.2.5.
Zu den maskulinen Personalsubstantiven auf *-a* des in *carisa/ carissa* vorliegenden Typs (sofern natürlich *carisa/carissa* überhaupt als M. zu interpretieren ist; s.o.) s. Kap. B.1.2.4.

cērussa/cērusa, -ae f.: „Bleiweiß" (*WH* s.v.); seit *Plt.* [?]

Lit.: Ernout, *EE*, 102 f.; *WH* l.c.; *EM* s.v.

Weder die Herleitung aus gr. ⁺κηρόεσσα „wächsern" (s. *WH* l.c.; s. dagegen Ernout, *l.c.*; *EM* l.c.) noch (über ⁺cērissum) aus gr. ⁺κηρίζον (s. *WH* l.c.) vermag zu überzeugen.

Nach *EM* l.c. ist das Wort sicher entlehnt.

Etr. Herkunft zieht wegen *-ussa/-usa* Ernout, *l.c.*, in Betracht.

Zus.: Morph.: Zu *-ussa/-usa* s. Kap. B.1.2.1.2.5.

fascinum, -ī n.; fascinus, -ī m.: „‚Behexung' (*arcēre, dēpellere* Paul. Fest. 85,86); ‚männliches Glied (als Gottheit Plin., Wissowa *Rel.*²243⁶), zunächst als Mittel gegen Behexung'" (*WH* s.v.); seit *Verg.* und *Hor.* [?]

Lit.: Alessio, *L'etrusco*, 551 f.; ders., *Vestigia*, 120 f.; *WH* l.c. und s.v. *Fescennīnī* (*versūs*); Boccali, *Le fonti*, 490; *EM* s.vv. *fascinus*, ⁺*fescemnoe*.

An der Verwandtschaft mit gr. βάσκανος „beschreiend, behexend, verleumdend, neidisch" bzw. zugehörigen Ausdrücken wie βασκαίνω etc. ist nicht zu zweifeln; s. Alessio, *L'etrusco*, 551 f., ders., *Vestigia*, 120 f.; Boccali, *l.c.*; *WH* s.v. *fascinum* mit Lit.; *EM* s.v. *fascinus*.

Während *WH* s.v. *fascinum* gr. βάσκανος wegen β- auf eine auf einem Präsens ⁺*bhə-skō* „spreche, bespreche" zu ⁺*bhā-* „sprechen" beruhende illyrische oder thrakische Form zurückgeführt (s. Boccali, *l.c.*; *WH* s.v. *fascinum*; *EM* s.v. *fascinus*) und lat. *fascinum* als Entlehnung aus gr. βάσκανος unter nachträglicher Anlehnung an *fārī* oder an *fascis* aufgefaßt wird, *EM* s.v. *fascinus* nicht an Entlehnung von *fascinum* aus βάσκανος, sondern an gemeinsamen thrakisch-illyrischen Ursprung (eventuell unter Einfluß von *fascis, fascia*; gegen Heranziehung von *fascia* s. *WH* s.v. *fascinum*) gedacht ist, jedenfalls aber von fremder Vermittlung oder nicht ie. Ursprung nicht die Rede ist⁶⁸⁷, glaubt Alessio das Etruskische in zwei unterschiedlichen Theorien jeweils als vermittelnde Sprache heranziehen zu müssen:

---

⁶⁸⁶ Die Präferenz des Etr. für den Vokal *a* (s. Kap. B.1.1.3.1.) stellt natürlich kein maßgebliches Argument zugunsten etr. Herkunft eines Wortes dar, sollte aber im Rahmen anderer auf das Etr. weisender Kriterien nicht unerwähnt bleiben.

⁶⁸⁷ *EM* verweist am Ende des zitierten Artikels zwar auf ⁺*fescemnoe* und damit auf mögliches

„L'etrusco", 551 f., erwägt er wegen β > f etr. Medium bei der Übernahme von gr. βάσκανον. Doch findet der (seltene und regional beschränkte) Lautwandel p > (ph) > f im Etr. nur in der Umgebung von Liquiden oder Nasalen statt; s. DES § 16 f.
„Vestigia", 120 f., stellt Alessio eine völlig neue Hypothese auf: Gr. βάσκανος etc. und lat. *fascinum* (wozu auch der Stadtname *Fescennia* mitsamt den *Fescennīnī versūs* sowie der tosk. Pflanzenname *fèscera* „Bryonia alba L." zu stellen seien), urspr. „membro virile come mezzo contro il fascino o ammaliamento", seien voneinander unabhängige Substratrelikte zu einer Wurzel mit der Bedeutung „Phallus". Lat. *f-* in *fasc-/fesc-* gegenüber gr. β- lasse, man vergleiche etr. *faladō* und gr. βαλόν, auf etr. Vermittlung schließen. S. dagegen aber oben; hingewiesen sei vor allem darauf, daß in den von Alessio zum Vergleich herangezogenen Formen *faladō*/βαλόν auf das zur Diskussion stehende *f-* bzw. β- eine Liquida folgt, daß mithin die lautlichen Gegebenheiten andere sind; vgl. auch insbesondere hinsichtlich des innerhalb der zugehörigen Sippe im Griechischen singulären Anlautes β- in βαλόν (sonst vor allem φ-) u.W. *fala*; s. auch Kap. B.1.1.3.2.

Zus.[688]: Morph.: Zu (problematischem) *-inum/-inus* s. Kap. B.1.2.1.2.3.2.2.

flexuntēs/flexuntae: „alter Name der im aktiven Dienst stehenden Ritter der Königszeit" (*WH* s.v.); *flexuntēs* Plin.; *flexuntae* Varro ap. Serv. auct. Aen. 9,603. [?]

Lit.: Ernout, *EE*, 104 f.; Devoto, *Besprechung Ernout, EE,* 415; Leifer, *Studien I,* 239; Devoto, *Storia,* 79; Palmer, *The Latin Language,* 48; *WH* l.c.; *LE* s.v.; *EM* s.v.

Zu den abzulehnenden Versuchen einer Verknüpfung mit +*flexere* zu *flectere* oder mit +*flexō* aus +*dhlegh-s-* zu *indulgeō* s. *WH* l.c.; vgl. auch Ernout, *l.c.*; *EM* l.c.
Abzulehnen ist nach Ansicht der Verf. aus semantischen Gründen auch die von *LE* l.c. geäußerte Hypothese, *flexuntēs* sei wahrscheinlich als über das Etr. vermitteltes gr. πλίξαντα (πλή- codd.)·διαναβάντα καὶ ἀναστάντα καὶ διαβάντα Hes. zu πλίσσομαι „cross the legs, in trotting" zu interpretieren.

Hereinspielen etr. Namenmaterials (s. *EM* s.v. +*fescemnoe*, *WH* s.v. *Fescennīnī versūs*), greift aber diesen Gedanken s.v. +*fescemnoe* nicht auf.
Gegen eine Zusammenstellung von *fascinum* mit *Fescennīnī versūs* s. *WH* s.v. *Fescennīnī versūs*.
[688] Die Präferenz des Etr. für den Vokal *a* (s. Kap. B.1.1.3.1.) stellt natürlich kein maßgebliches Argument zugunsten etr. Herkunft bzw. Vermittlung eines Wortes dar, sollte aber im Rahmen anderer auf das Etr. weisender Kriterien nicht unerwähnt bleiben.

Etr. Herkunft ohne Rückgriff auf das Griechische erwägt wegen *-nt-* (s. Fn. 690) und der Zusammengehörigkeit mit wahrscheinlich etr. *trossulī* und *celerēs* (s.bb.WW.) Ernout, *l.c.*[689] Positiv zur Theorie etr. Herkunft von *flexuntēs/-ae* s. Devoto, *Besprechung Ernout, EE,* 415 (*flexuntae* sei die ältere Form, zu welcher in Analogie zu Partizipien oder zu EN auf *-uns, -untis flexuntēs* sekundär gebildet worden sei); ders. *Storia,* 79 (s. ebendort auch zu Devotos soziolinguistischer Einordnung von *flexuntēs* innerhalb des Komplexes der etr. Lehnwörter im Lateinischen; s. dazu u.W. *populus*; vgl. S. 537f.); Palmer, *l.c.*; *WH* l.c.; *EM* l.c.

Zus.: Morph.[690]: Zu den maskulinen Personalsubstantiven auf *-a* des in *flexuntae* vorliegenden Typs s. Kap. B.1.2.4.

galena, -ae *f.:* „Bleiglanz, Bleiglätte; Ofenbruch aus Bleiöfen" (*WH* s.v.); seit *Plin.* [?]

Lit.: Ernout, *EE,* 92; Niedermann, *Mélanges,* 274f.; Bertoldi, *Prerogative,* 96; ders., *L'Iberia prelatina,* 13; *WH* l.c.; de Simone, *DGE 1,*136; *LE* s.v. *galēna*[691]; *EM* s.v.

An der fremden Herkunft dieses Terminus aus dem Bereich Bergbau/ Metallverarbeitung besteht kein Zweifel; s. *WH* l.c., *EM* l.c., *LE* l.c.

Unterschiedliche Auffassungen sind hinsichtlich des tatsächlichen Ursprungs des Wortes festzustellen: Neben Rückführung auf das Iberische (s. etwa Niedermann, *l.c.* und die Literatur in *LE* l.c.) wurde auch etr. Herkunft angenommen[692]:

So von *LE* l.c. wegen der tosk. Toponyme *Galéna, Galléna* und dem Personennamen *Gal(l)ēnius* (s. Schulze, *ZGLE,* 171; dort auch weitere eventuell vergleichbare tosk. Toponyme); der Wortkern sei verwandt mit den Substratrelikten gr. γι-γαλ-ία·ἡ γῆ *Hes.,* zypr. γάλα·γῆ, παρὰ Εὔκλῳ *Hes.*; das Suffix sei ebenfalls mediterran (s. Kap. B.1.2.1.2.3.2.2.); ebenda auch Literaturverweise. Ernout, *l.c.,* führt das Wort unter den etr.-lat. Bildungen

---

[689] Leifer, *l.c.,* vergleicht zu lat. *flexuntēs* etr. φelucu und zieht dafür eine Bedeutung „ritterliche Jungmannschaft" in Betracht; doch ist, abgesehen von anderen gravierenden Einwänden, die gegen Leifers Deutung vorzubringen sind, in der von Leifer, *l.c.,* besprochenen Inschrift *CIE* 5755 (*TLE* 194) nicht φelucu, sondern φeχucu zu lesen.

[690] Zum eventuell etruskischen *nt-*Suffix s. Kap. C.4.1.9.

[691] Länge des *ē* nach *LE* l.c. aus gr. γαλήνη·τὸ ἐπιπολάζον ἐν τῇ μεταλλείᾳ τοῦ ἀργύρου χωνευομένου *Hes.* zu erschließen.

[692] Zur abzulehnenden, auf der Gleichsetzung des Appellativs γαλήνη (s. Fn. 691) mit dem EN Γαλήνη beruhenden Theorie einer Entlehnung von lat. *galena* aus gr. γαλήνη über etr. Medium bzw. zur Literatur hierzu s. *DGE 1,*136.

auf *-ena* an, äußert sich aber nicht dazu, ob er an echt etr. Herkunft oder an etr. Vermittlung denkt. Zweifelnd zu Ernout, *l.c.*, *WH* l.c.

Zwei Theorien sind nach Ansicht der Verf. unter Berücksichtigung des *LE* l.c. angegebenen Namenmaterials und das Ausganges *-ena* in Betracht zu ziehen: Entweder ist lat. *galena*, wie *LE* l.c. behauptet wird, auf ein originär etr. Wort[693] zurückzuführen, oder es liegt ein aus dem iberischen Raum über das Etruskische vermittelter Ausdruck vor. Vgl. zur letztgenannten Auffassung, welcher wohl der Vorzug zu geben ist, Bertoldi, *Prerogative*, 96 (vgl. ders., *L'Iberia prelatina*, 13): „Quale termine tecnico delle miniere, ... *galena* era destinato a trovare nell'ambiente dei minatori dell'Etruria antica un nuovo[694] centro d'espansione e quindi condizioni propizie alla sua ulteriore fortuna nel latino."

Zus.[695]: Morph.: Zu (problematischem) *-ena* s. Kap. B.1.2.1.2.3.2.2.

***gemursa, -ae f.*:** „‚eine kleine Geschwulst zwischen den Zehen, eine zu Plinius' Zeit verschwundene epidemische Krankheit'" (*WH* s.v.); seit *Plin.* [?]

Lit.: Ernout, *EE*, 103; Haas, *Italisch-Romanisches*, 159; *WH* l.c.; *EM* s.v.

Zu abzulehnenden Deutungen aus dem Ie. s. *WH* l.c. S. aber auch die dort nicht aufscheinende, von Haas, *l.c.*, vorgeschlagene Herleitung aus umbr. ⁺*gemoŗia*/⁺*gemoŗa* < ⁺*gemuḷiā* zu serb.-kroat. *gòmolja* „Käseklumpen", *gomolj*, *gomòljica* „*caepa herbarum, globi in aliquarum herbarum radicibus*", čech. *homole* „Kegel, Klumpen", lit. *gùmulas, gumulỹs* „Klumpen" etc.

Ernout, *l.c.*, schließt wegen *-sa* etr. Herkunft nicht aus; vgl. *WH* l.c.

EM l.c. greift diesen Vorschlag nicht auf, sondern spricht von unbekannter Herkunft.

Zus.: Morph.: Zu *-sa,* sofern eine Trennung in *gemur-sa* richtig ist, s. Kap. B.1.2.1.2.5.
Sollte in *-(u)r* das etr. Pluralsuffix (s. *DES* §42; vgl. Kap. B.1.2.1.2.4.2.) zu sehen sein?

---

[693] „Originär" zu verstehen als „zum alten Bestand der Sprache gehörend", jedenfalls als Gegensatz zu erst in jüngerer Zeit erworbenem Wortgut.
[694] „Neu" im Hinblick auf das ursprünglich iberische Verbreitungsgebiet.
[695] Zu wohl nur scheinbar vergleichbarem etr. *cale CIE* 5516 u.ö. s.u.W. *cālō*.
Die Präferenz des Etr. für den Vokal *a* (s. Kap. B.1.1.3.1.) stellt natürlich kein maßgebliches Argument zugunsten etr. Herkunft bzw. Vermittlung eines Wortes dar, sollte aber im Rahmen anderer auf das Etr. weisender Kriterien nicht unerwähnt bleiben.

lacerna, *-ae f.:* „mantelartiger Überwurf mit Kappe" (*WH* s.v.); seit *Cic.* [?]

Lit.: Ernout, *EE*, 94; Devoto, *Storia*, 79; *WH* l.c. und s.v. *lacer*; de Simone, *DGE* 2,281; Heine, *Cavum*, 276, Fn. 40; *LE* s.v.; *EM* s.v.

Neben der Zusammenstellung mit *lacer* zu ie. ⁺*lēq-* ⁺*ləq-* (s. *WH* s.vv. *lacerna* bzw. *lacer* mit Lit. [s.v. *lacerna* wird allerdings eingeräumt, das Suffix könne eventuell etr. sein[696]]; Heine, *l.c.*, mit Vorbehalt; *LE* l.c., wo *lacerna* als Übersetzungslehnwort zu gr. τρίβων aufgefaßt ist) und neben der Deutung als möglicherweise echt lateinisches Wort ohne Erwähnung einer konkreten Basis (de Simone, *l.c.*) wird für *lacerna* unter Beurteilung der Verknüpfung mit *lacer* als Volksetymologie (s. Ernout, *l.c.*; *EM* l.c.) wegen *-erna* auch etr. Herkunft in Betracht gezogen: So von Ernout, *l.c.*; Devoto, *l.c.*; *EM* l.c.

Zus.[697]: Morph.: Zu *-erna*, sofern Trennung in *lac-erna* richtig ist, s. Kap. B.1.2.1.2.3.2.3.

lāmina/lammina/lāmna[698] (*lanna* vulgärlat.), *-ae f.:* „jedes breite und dünne Stück Metall, Holz usw., Platte, Blatt, Blech, Scheibe, Brett, ungemünzte Gold- oder Silberbarre; Schnitte Fleisch; Ohrläppchen" (*WH* s.v.); seit *Plt.* und *Cato* [?]

Lit.: Ernout, *EE*, 99; *WH* l.c.; *LG* § 293; *EM* s.v. *lammina*.

Zu den wenig überzeugenden Versuchen einer Herleitung aus dem Ie. — hervorzuheben ist die Deutung als Ableitung zur Wurzel ⁺*stelā-* „ausbreiten" in *lātus* „breit" etc. (s. *WH* l.c., vgl. zweifelnd *LG* l.c.; s. dagegen Ernout, *l.c.*: „... une pure construction de l'esprit qui ne s'appuie sur rien de réel.") — s. *WH* l.c.

Während *EM* l.c. das Wort als „sans doute emprunté" bezeichnet (daß ein Fremdwort vorliege, ist nach *WH* l.c. „unerweislich und bei der weiten, nichttechnischen Gbd. ‚flacher Streifen, Platte' nicht wahrscheinlich"; gegen diese letzte Behauptung s. aber Ernout, *l.c.*, s. weiter unten), denkt Ernout, *l.c.*, wegen Zugehörigkeit von *lăm(m)ina, lāmna* zur Gruppe der angeblich etr.-lat. Bildungen auf *-mina* etc. (s. aber S. 421 Fn. 700) und wegen seiner Eigenschaft als Terminus der Metallbearbeitung an etr. Herkunft.

---

[696] Lit. gegen den etr. Charakter von *-erna* in *lacerna* ebendort.

[697] Die Präferenz des Etr. für den Vokal *a* (s. Kap. B.1.1.3.1.) stellt natürlich kein maßgebliches Argument zugunsten etr. Herkunft eines Wortes dar, sollte aber im Rahmen anderer auf das Etr. weisender Kriterien nicht unerwähnt bleiben.

[698] Zu den Formen *lammina* und *lāmna* s. die Literaturverweise bei *WH* l.c.

Zus.[699]: Morph.[700]: Zu (problematischem) -ina, sofern Trennung in lām-ina richtig ist, s. Kap. B.1.2.1.2.3.2.2.

lixa[701], -ae m.: „Marketender" (WH s.v.); seit Bell. Afr. [?]

Lit.: Vendryes, Sur quelques formations, 98; Ernout, Aspects, 8; WH l.c.; LG § 268.B.2.; EM s.v. lix.

Zu den abzulehnenden, offenbar auf Volksetymologie beruhenden Verknüpfungen mit licēre „feilbieten" und lixa „aqua" s. WH l.c.; vgl. EM l.c.

Die Theorie etr. Herkunft von lixa gründet sich auf die Zugehörigkeit zu den maskulinen Personalsubstantiva vom Typ sculna. Als ihre Vertreter sind zu nennen Vendryes, l.c.; Ernout, l.c.; WH l.c.; EM l.c.; LG l.c.

Zus.: Morph.: Zu den maskulinen Personalsubstantiva auf -a des vorliegenden Typs s. Kap. B.1.2.4.

nassiterna/nāsiterna (Gl.) /nāsiturna (Gl.), -ae f.: „Gießkanne" (WH s.v.); seit Plt. u. Cato. [+]

Lit.: Ernout, EE, 94; Devoto, Storia, 79; Ernout, Aspects, 63; Carnoy, Etrusco-Latina, 106; de Simone, DGE 2,281; Heine, Cavum, 276, Fn. 40; WH l.c.; EM s.v.

In der Auffassung des Wortkernes herrscht in der von der Verf. eingesehenen Literatur Uneinigkeit:

Neben der Zusammenstellung mit nassus (so Ernout, EE, 94; EM l.c. mit Vorbehalt; gegen die Herleitung aus +nās(s)ītus s. WH l.c.) oder nassa (EM l.c.; s. dagegen WH l.c.) sowie weiteren ie. Interpretationsversuchen (s. WH l.c.; vgl. Carnoy, l.c., mit der Hypothese ie.-etr. Herkunft) steht die Annahme fremder (EM l.c.), auch etr. Herkunft (s. Devoto, l.c.; WH l.c. unter Ansatz von etr. +nastrna o.ä.).

Für das Suffix wird im allgemeinen etr. Herkunft für sicher oder doch für möglich erachtet: So von Ernout, EE, 94; ders., Aspects, 63; Devoto, l.c.; Heine, l.c.; WH l.c.; EM l.c. Anders de Simone, l.c., der die Auffassung

---

[699] Die Präferenz des Etr. für den Vokal a (s. Kap. B.1.1.3.1.) stellt natürlich kein maßgebliches Argument zugunsten etr. Herkunft eines Wortes dar, sollte aber im Rahmen anderer auf das Etr. weisender Kriterien nicht unerwähnt bleiben.

[700] Zum Ausgang auf -mna in lāmna (als Hinweis auf etr. Herkunft fraglich; zudem im vorliegenden Fall wohl auf Synkope aus lāmina beruhend) s. Kap. B.1.2.1.2.3.2.4.

Von einem etr.-lat. Suffix -mina (s. Ernout, l.c.) kann nicht gesprochen werden; vielmehr wird ein Suffix -ina vorliegen, s. im Text im folgenden.

[701] Zur Quantität des -i- s. WH s.v.

vertritt, es sei „durchaus mit der Möglichkeit einer innerlateinischen Umbildung zu rechnen".

Zus.[702]: Morph.: Zu *-erna*, sofern Trennung in *nassit-erna* richtig ist (wobei +*nasit*, +*nasiθ* o.ä. allerdings eine zumindest sehr ungewöhnliche etr. Basisform darstellen würde), bzw. *-rna* s. Kap. B.1.2.1.2.3.2.3.

***obscaenus*/*obscēnus*, -a, -um:** „‚‚anstößig, unanständig, abscheulich, unsittlich' (... urspr. t.t. der Auguralsprache = ‚*funestus, prodigiosus*' ..., dann übernommen in die Gemeinsprache = ‚*turpis, inhonestus*' ...)" (*WH* s.v. *caenum*); seit *Enn.* und *Plt.* [?]

Lit.: Ernout, *EE*, 93; Thierfelder, *Obscaenus*; *WH* l.c. und s.v. *scaevus*; *EM* s.vv. *obscēnus* und *scaeuus*.

Zur Verknüpfung von *obscaenus* als Rückbildung aus +*obscaenāre* mit *caenum* „Schmutz, Schlamm, Kot, Unflat" zu ie. +$\hat{k}^u ei$- „Schlamm, Kot" s. *WH* s.v. *caenum*; s. dagegen *EM* s.v. *obscēnus*.

Zur Zusammenstellung mit *scaevus* ebenfalls ie. Herkunft (s. *WH* s.v. *scaevus*; *EM* s.v. *scaeuus*) s. Thierfelder, *o.c.*; *EM* ll.cc. Dabei bliebe der Übergang *v > n* völlig ungeklärt.

Etr. Herkunft wird wegen etr.-lat. *-ēnus* von Ernout, *l.c.* (s. dagegen *WH* s.v. *caenum*), wegen des Wechsels *e/ae* von *EM* s.v. *obscēnus* vermutet.

Dazu ist festzuhalten, daß von einem Suffix *-ēnus* in Anbetracht eines nach seiner Abtrennung verbleibenden „Stammes" *(ob)sc-* wohl nicht gesprochen werden kann (es könnte nur ein Suffix *-no-/-na-* angesetzt werden; s. unter „Morph.") und daß ein Wechsel *ae/e* nicht in eindeutiger Weise auf das Etruskische weist (s. Fn. 703).

Gänzlich auszuschließen ist etr. Herkunft des Wortes allerdings nicht (gut lateinisch aussehendes *ob-* könnte auf volksetymologische Umdeutung der 1. Silbe zurückgeführt werden).

Zus.[703]: Morph.: Zu *-nus 3*, wenn hier zurückzuführen auf etr. *-na*, s. Kap. B.1.2.1.2.3.3.2.1.

***pincerna*, -ae m.:** „Trankmischer, Mundschenk" (*WH* s.v.); seit 4.Jh. bei *Ambros., Hier., Vulg.* [?]

Lit.: Alessio, *Vestigia*, 118 ff.; *WH* l.c.; *LE* s.v.; *EM* s.v.

---

[702] Die Präferenz des Etr. für den Vokal *a* (s. Kap. B.1.1.3.1.) stellt natürlich kein maßgebliches Argument zugunsten etr. Herkunft eines Wortes dar, sollte aber im Rahmen anderer auf das Etr. weisender Kriterien nicht unerwähnt bleiben.

[703] Zum Schwanken *ae/e* (als Hinweis auf etr. Herkunft fraglich) s. Kap. B.1.1.1.4.

Entgegen der allgemeinen Anschauung, *pincerna* sei aus gr. πιγκέρνης (zu πίνω und κεράννυμι) o.ä. entlehnt (s. *EM* l.c.; vgl. *WH* l.c.), vertritt Alessio, *l.c.*, die Hypothese etr. Herkunft (gr. πιγκέρνης sei aus lat. *pincerna* entlehnt oder gehe ebenfalls direkt auf das Etr. zurück):

Zugrunde liege etr. ⁺*pinca* „penis"[704], weiterlebend in tosk. *pinca, pinco* „mentula", *pinco marino* „oloturia", *pinca* „cetriolo, cucumis sativus L.", *pìncio* „frutto dell'abete", *pìncheri* (*dei fossi, dei legnaioli, dei prati*) „equisetum v.sp.", *pìncheri da latte* „chondrilla juncea L." (in *pìncheri* lasse sich das med.-etr. Ableitungselement -*ar* isolieren) und anderen Ausdrücken. Den semantischen Aspekt erläutert Alessio, *l.c.*, wie folgt: „All'ufficio di ‚coppiere' erano adibiti i *puerī*, cioè dei servi giovinetti ..." „Verrebbe allora fatto di pensare che il significato originario di *pincerna* sia stato quello di ‚puer', che potrebbe allora ben derivare da *pinca* con una evoluzione di significato che ha molti paralleli." Erhärtet werde diese Annahme durch die in einigen ital. Dialekten überlebenden Nachfahren von lat. *pincerna* in der Bedeutung „bambino" (auch, in sekundärer Deutung als Femininum, „bambina").

Vgl. *LE* l.c., wo die Struktur des Wortes als etr. bezeichnet (insbesondere „*Vestigia*", 118 ff., war sie als med. bewertet worden) und auf das tosk. Toponym *Al Pincerna* verwiesen wird.

Zus.: Morph.: Zu -*erna*, sofern *pincerna* nicht aus gr. πιγκέρνης entlehnt wurde und Trennung in *pinc-erna* richtig ist, s. Kap. B.1.2.1.2.3.2.3. Zu den maskulinen Personalsubstantiven des vorliegenden Typs s. Kap. B.1.2.4.

pipinna: „parva mentula"; *Mart.* 11,72,1. [+]

Lit.: Alessio, *Vestigia*, 120; *WH* s.v.; *EM* s.v.

Zum Kern dieses als Kinderwort zu bezeichnenden Ausdrucks (s. *WH* l.c., *EM* l.c.) lassen sich, was nicht überrascht, da Kinderwörter oft weite, Sprachgrenzen ignorierende Verbreitung haben, Parallelen wohl eigenständiger Art aus anderen Sprachen beibringen: Man vergleiche italien. *far pipi*, franz. *faire pipi*, deutsch *Pipi machen*.

Unter der Voraussetzung, daß auch im Etr. der entsprechende Vorgang mit ⁺*pipi* bezeichnet wurde, wäre folgende von Prof. Pfiffig (brieflich) vorgeschlagene, einfache und einleuchtende Erklärung in Betracht zu ziehen: Lat. *pipinna* könnte aus etr. ⁺*pipi-na* „was zum Pipi gehört, Penis" entlehnt sein. Der von Alessio, *l.c.*, vermutete Zusammenhang von etr. ⁺*pinca* (s.u.W.

---

[704] Wahrscheinlich sei auch etr.-lat. *pipinna* auf etr. ⁺*pinca* zurückzuführen; s. aber b.W.

pincerna) und lat. *pipinna* dürfte ebenso wie der Alternativvorschlag, es handle sich um eine Form mit med. Reduplikation, auszuschließen sein.

Zus.: Morph.: Zu *-na* (*-nna* hypokoristisch-expressive Konsonantendehnung? Vgl. *LG* § 184.b.γ.) s. Kap. B.1.2.1.2.3.2.1.

sagīna, *-ae f.:* „Mast, Nahrung, Fett, Futter" (*WH* s.v.); seit *Plt.* [?]

Lit.: Ernout, *EE*, 92; *WH* l.c.; *EM* s.v.

Zu den nicht überzeugenden Versuchen einer Herleitung aus dem Ie. s. *WH* l.c.

Nach *EM* l.c. ohne Etymologie.

An etr. Herkunft denkt wegen Zugehörigkeit zu den etr.-lat. Bildungen auf *-īna* Ernout, *l.c.*

Zus.[705]: Morph.: Zu (problematischem) *-īna*, sofern Trennung in *sag-īna* richtig ist, s. Kap. B.1.2.1.2.3.2.2.

taberna (*zaberna, diaberna* Edict. Diocl.; *gaberna* Gl.), *-ae f.:* „Hütte; Laden, Bude; Gasthaus, Schaubude" (*WH* s.v.); seit *Plt.* [?]

Lit.: Niedermann, *Zur indogermanischen Wortforschung*, 152; Bottiglioni, *Elementi prelatini*, 329 f.; Ernout, *EE*, 94; Heine, *Cavum*, 275, Fn. 40; *WH* l.c.; *LE* s.v.; *LG* § 292.b.; *EM* s.v.

Die von *WH* l.c. (vgl. *LG* l.c.) nach Früheren vertretene Hypothese einer Dissimilierung aus ⁺*traberna* zu *trabs* vermag nicht zweifelsfrei zu überzeugen; s. besonders *EM* l.c.; vgl. Bottiglioni, *l.c.*[706]; Ernout, *l.c.*; *LE* l.c.

Etr. Herkunft wurde wegen *-erna* sowie aus sachbezogenen Gründen von

---

[705] Zu sicher nicht zugehörigem etr. ⁺*sac-* „weihen, heiligen" (*DES*, 301) s.u.W. *sacer*.
Die Präferenz des Etr. für den Vokal *a* (s. Kap. B.1.1.3.1.) stellt natürlich kein maßgebliches Argument zugunsten etr. Herkunft bzw. Vermittlung eines Wortes dar, sollte aber im Rahmen anderer auf das Etr. weisender Kriterien nicht unerwähnt bleiben.
Es sei ferner darauf aufmerksam gemacht, daß *sagīna* den landwirtschaftlichen Termini zuzuzählen ist, welche innerhalb der lat. Entlehnungen aus dem Etr. eine an Zahl wie auch hinsichtlich des kulturhistorischen Aspektes nicht unbedeutende Gruppe darstellen; s. Kap. D.2.2.

[706] Bottiglioni, *l.c.*, erwägt statt dessen wegen des Nebeneinanders von *taberna* und der aus ⁺*Tafelle*, Basis der Ortsnamen kors. *Tafelle* und tosk. *Tavelle*, zu erschließenden Form ⁺*taferna* sowie unter semantischer Annäherung von *taberna* an *caverna* (vgl. *LE* l.c., s. im Text weiter unten) etr. Vermittlung eines auf die gleiche ie. Basis wie gr. ταφή „tomba", τάφρος „fossa", θάπτω „interrare, seppellire", „voci queste che evidentemente muovono da un'idea più generale di ,scavare'", zurückzuführenden Ausdruckes (vgl. auch u.W. *tabānus*); von *WH* l.c. zu Recht als unwahrscheinlich bezeichnet.

Ernout, *l.c.*, angenommen. Vgl. Devoto, *Storia*, 79; *EM* l.c. Vgl. auch *LE* l.c., wo auf Grund der Struktur des Wortes von „origine etrusca o communque mediterranea" gesprochen wird; die von Alessio in der Folge vorgeschlagenen Vergleiche (die Toponyme Ταβαρνα in Kleinasien, *Tabae, Taburnus mons* in Italien, ferner tosk. *stanferna* „apertura fatta male, buco, squarcio")[707] wie der damit zusammenhängende Ansatz einer Grundbedeutung „abitazione in grotta" für *taberna*[708] erscheinen Verf. allerdings höchst problematisch.

Die Möglichkeit einer lat.-etr. Mischbildung erwägen Niedermann, *l.c.*, und Heine, *l.c.*

Zu weiteren abzulehnenden Deutungsversuchen s. *WH* l.c.

Zus.[709]: Morph.: Zu *-erna*, sofern Trennung in *tab-erna* richtig ist, s. Kap. B.1.2.1.2.3.2.3.

toluberna[710]: „*adsecula*", „παράσιτος εὐτράπελος" *Gl*. [?]

Lit.: Ernout, *EE*, 97; *WH* s.v.; *LE* s.v.

Ernout, *l.c.*, führt den nur in den Glossen überlieferten Ausdruck mit Zurückhaltung unter den etr.-lat. Bildungen auf *-rno-/-rna* an.

WH l.c. beurteilt das Wort als ungeklärt, bei *EM* scheint es nicht auf.

Zus.: Morph.: Zu *-erna*, sofern Trennung in *tolub-erna* richtig ist, s. Kap. B.1.2.1.2.3.2.3.

Zu den maskulinen Personalsubstantiven auf *-a* des vorliegenden Typs s. Kap. B.1.2.4.

***trāsenna*/*trānsenna*/*trassenna*, *-ae f.*:** „Netz zum Vogelfang; Fallstrick; Netz, Gitter, Gitterfenster" (*WH* s.v. *trānsenna*); seit *Plt*. [?]

Lit.: Ernout, *EE*, 91; Capponi, *La trasenna*; *WH* l.c.; *LG* § 291.a.; *EM* s.v.

Zu nicht überzeugenden Deutungsversuchen aus dem Ie. s. *WH* l.c.; vgl. auch *LG* l.c.

Etr. Herkunft zieht wegen *-enna* Ernout, *l.c.*, in Betracht (die Form

---

[707] „*Un'oasi linguistica*", 176, Fn., hatte Alessio an eine Verbindung von *taberna* mit (vor)gr. τάπης, τάπις, δάπις „tappeto, stuoia, copertura" gedacht.

[708] Vgl. Bottiglioni, *l.c.*, s. S. 424 Fn. 706.

[709] Die Präferenz des Etr. für den Vokal *a* (s. Kap. B.1.1.3.1.) stellt natürlich kein maßgebliches Argument zugunsten etr. Herkunft eines Wortes dar, sollte aber im Rahmen anderer auf das Etr. weisender Kriterien nicht unerwähnt bleiben.

[710] Nach *LE* s.v. wahrscheinlich verderbt aus *acolūthus* < gr. ἀκόλουθος „seguace, acolito", „servo che accompagna".

trānsenna sei auf volksetymologische Umgestaltung unter Einfluß von *trāns* zurückzuführen). Vgl. Devoto, *Storia*, 79; Capponi, *l.c.*; *WH* l.c.; *EM* l.c.

Zus.⁷¹¹: Morph.: Zu *-enna*, sofern Trennung in *trās-enna* richtig ist, s. Kap. B.1.2.1.2.3.2.2.

vacerra, *-ae f.:* „Pfahl, Klotz" (*WH* s.v.); seit *Liv. Andr.* [?]

Lit.: Ernout, *EE*, 120; *WH* l.c.; *EM* s.v.

Gegen eine Herleitung aus dem Ie. s. die Bedenken bei *WH* l.c.
Etr. Herkunft erwägt wegen *-erra* Ernout, *l.c.*; vgl. *EM* l.c.

Zus.⁷¹²: Morph.: Zu *-erra*, sofern Trennung in *vac-erra* richtig ist, s. Kap. B.1.2.1.2.4.2.

vernisera: „messalia (= mensalia?) auguria" Paul. Fest. 520,8 L. [?]

Lit.: Oštir, *Drei vorslav.-etr. Vogelnamen*, 47; *WH* s.v.

Zu den verschiedenen nicht befriedigenden Deutungen s. *WH* l.c.
S. auch die phantastische Herleitung des Wortes aus dem Etr. bei Oštir, *l.c.* (*vernisera* sei zusammengesetzt aus etr. ⁺*ver-n-* „mēnsalia" zu vorgr. ⁺αϝαρ- „mēnsis" und ⁺*-isera* zu ⁺*ais(s)-aˣr-* „göttlich").
Eine Aussage zu einem singulär überlieferten unanknüpfbaren Glossenwort zu treffen, bleibt ein riskantes Unterfangen. Doch sei darauf hingewiesen, daß in *vernisera* offenbar eine Pluralform vorliegt, weshalb der Gedanke naheliegt, es könnte der Ausgang als etr.-lat. *-era* zu deuten sein.

Zus.: Morph.: Zu möglicherweise vorliegendem suffixalem *-era* s.o. bzw. Kap. B.1.2.1.2.4.2.

vīburnum, *-ī n.*; *vīburnus, -ī m.:* „ein Strauch (Viburnum Lantana L.)" (*WH* s.v.); seit *Verg.* [?]

Lit.: Ernout, *EE*, 98; Carnoy, *Etrusco-latina*, 111; ders., *Etymologies*, 406; *WH* l.c.; *EM* s.vv. *vīburnum, laburnum*.

Zu der vor allem aus sachlichen Gründen nicht überzeugenden Verknüpfung mit *vibrāre* s. *WH* l.c.; vgl. auch weiter unten Carnoy, *ll.cc.*

---

[711] Die Präferenz des Etr. für den Vokal *a* (s. Kap. B.1.1.3.1.) stellt natürlich kein maßgebliches Argument zugunsten etr. Herkunft dar, sollte aber im Rahmen anderer auf das Etr. weisender Kriterien nicht unerwähnt bleiben.

[712] Die Präferenz des Etr. für den Vokal *a* (s. Kap. B.1.1.3.1.) stellt natürlich kein maßgebliches Argument zugunsten etr. Herkunft dar, sollte aber im Rahmen anderer auf das Etr. weisender Kriterien nicht unerwähnt bleiben.

Etr. Herkunft erwägt wegen *-rno-* Ernout, *l.c.*; vgl. *WH* l.c.; *EM* ll.cc.
Eine ie.-etr. Hybridenbildung (ie. ⁺*u̯eib-* wie in *vibrāre* + etr. Suffix) liegt nach Carnoy, *Etrusco-latina*, 111, vor; vgl. ders., *Etymologies*, 406.

Zus.: Morph.: Zu *-urnum/-urnus* s. Kap. B.1.2.1.2.3.2.3.

vīverra (*viverna*[713] *Gl.* 2,210,26), *-ae f.* (*vivernus Gl.* 3,431,38): Frettchen, Wiesel, Ginsterkatze[714]; seit *Plin.* [?]

Lit.: Ernout, *EE*, 120; Alessio, *Raddoppiamento*, 234 f.; Deroy, *Les noms*, 26; *WH* s.v.; Walde, *Vergleichendes Wörterbuch* s.v. 13. *u̯er-*; *EM* s.v.

An der ie. Herkunft dieser Tierbezeichnung (*vīverra* < reduplizierend ⁺*vī-ver-sa* zur Wz. ⁺*u̯er-* „biegen", von der bogenförmigen Gestalt des Schwanzes; s. *WH* l.c.; vgl. *EM* l.c.; s. aber dagegen Walde, *l.c.*) dürfte in Anbetracht von zahlreichen vergleichbaren Ausdrücken in verschiedenen ie. Sprachen (s. *WH* l.c.; *EM* l.c.) nicht zu zweifeln sein.[715]

Der nicht ie., genauer der etr. Charakter des Suffixes allerdings gibt zu denken: S. Ernout, *l.c.*, der das Wort unter die etr.-lat. Bildungen auf *-erra* reiht; vgl. — mit der in diesem Fall unzulässigen Schlußfolgerung, das ganze Wort sei wegen *-erra* aus dem Etr. herzuleiten (s. im folgenden) — Deroy, *l.c.*

Ie. Herkunft des Stammes *viver-* und etruskische bzw. etruskisierende Suffigierung *-erra* ließen sich unter Umständen miteinander in Einklang bringen. Denn es liegt in Anbetracht dessen, daß die *vīverra* in Etrurien häufig anzutreffen war (s. Fn. 714), vielleicht sogar gegen die Mäuse- und Rattenplage im Haus gehalten wurde, die Vermutung nahe, ob nicht lat. *vīverra* auf eine vom Etr. geprägte Form dieses an sich ie. Stammes zurückgehen könnte, mit anderen Worten, ob nicht das Lateinische bei Übernahme eines etr. ⁺*viver* o.ä. (< ie. ⁺*u̯iu̯er-*) den etr. (hier keinen Plural zum Ausdruck bringenden) Ausgang ⁺*-er* in Analogie zu übernomenen etr. Pluralformen in *-erra* umgewandelt haben könnte. Es würde in diesem Fall also eine ganz spezielle Form von etr.-lat. *-erra* vorliegen.

Zus.: Morph.: Zu *-erra* an sich s. Kap. B.1.2.1.2.4.2.; zu möglicherweise einen Sonderfall darstellendem *-erra* in *vīverra* s.o.

---

[713] Nach *LE* s.v. *crēterra* aus *vīverra* durch „reazione iperurbana"; s. S. 79 Fn. 269.

[714] Die Ginsterkatze erscheint, wie Frau Dr. Elfriede *Paschinger* liebenswürdigerweise Verf. aufmerksam macht, des öfteren in der etr. Kunst, z.B. gemalt in der Tomba della Scrofa nera in Tarquinia, als Relief in der Tomba dei Relievi in Caere, als Plastik häufig auf dem Schaft von Kandelabern aus Tarquinia.

[715] Anders Alessio, *l.c.*: Das Wort weise med. Reduplikation auf.

C.1.1.2.2.2. *Fehlen morphologischer Kriterien*

C.1.1.2.2.2.1. *Vorhandensein spezifischer Aussagen antiker Autoren*
aquila (aquilō), balteus, calceus, cāseus, gigarus, histriō, trossulī, tuba (tubus), urbs (mūrus, moene, pōmērium), vēles.

aquila, *-ae f.:* „Adler" (*WH* s.v.); seit *Enn.* [??]

Lit.: Runes, *Lat. ciconia*, 23; *WH* l.c. und s.v. *aquilus*; *LE* s.v. *aquilus*; *EM* s.v. und s.v. *aquilus*.

Während im allgemeinen an der ie. Herkunft von *aquila* nicht gezweifelt wird — sei es, daß *aquila* aus *aquilus* zu *aqua* hergeleitet wird (so *WH* ll.cc.; vgl. *LE* l.c.[716]), sei es, daß umgekehrt *aquilus* auf ie., aber nicht genauer zu präzisierendes *aquila* zurückgeführt wird (so *EM* ll.cc.) —, zieht Runes, *l.c.*, wegen Porph. Abst. 3,4,1 (s. S. 132) etr. Herkunft in Betracht. Dieses Zitat berechtigt jedoch nach Ansicht der Verf. ohne das Hinzutreten weiterer, maßgeblicherer Kriterien nicht zur Annahme etr. Ursprungs von lat. *aquila*.

Zus.[717]: Ant. Aut.: Porph. Abst. 3,4,1; s. S. 132 (indirekt). S. dazu aber oben.

balteus, *-ī m.; balteum, -ī n.:* „‚Gürtel, Gurt (insbes. der Krieger)', übertr. ‚Rand, Rinde, Einfassung'" (*WH* s.v.); seit *Liv. Andr.* [+]

Lit.: Ernout, *EE*, 82,113; Devoto, *Storia*, 79; Carnoy, *Etrusco-latina*, 101; Deroy, *Les noms*, 11, Fn. 31; *WH* l.c.; Lallement, *De quelques mots*, 3; Peruzzi, *Prestiti*, 25 ff.; ders., *Etimologie latine*, 265, Fn. 1; *EM* s.v.

---

[716] Dort wird des weiteren auch **aquilō**, die seit *Naev.* belegte Bezeichnung für den „Norddrittelostwind, Nordwind" (*WH* s.v. *aquilō*) aus *aquila* abgeleitet (so auch *EM* s.v. *aquilō*; anders *WH* s.v. *aquilō*: Ableitung aus *aquilus*); es handle sich um „voci che stanno nello stesso rapporto semantico dell'etr. ἄνταρ·ἀετός (= *aquila*) e ἄνδας·βορέας (= *aquilō*), in *Hes.*".

Diese von Alessio, *l.c.*, vorgenommene Zusammenstellung lat. *aquila/aquilō*: etr. ⁺*antar* (⁺*anθar*)/⁺*antas* (⁺*anθas*) stellt natürlich kein Argument zugunsten etr. Herkunft von *aquila* oder *aquilō* dar, sie läßt aber, wenn Hesych die etr. Formen richtig verstanden bzw. wiedergegeben hat, erkennen, daß im Etruskischen wie im Lateinischen die Bezeichnungen für den Adler und für eine bestimmte Windart von einem jeweils gleichen oder zumindest homonymen Stamm (etr. ⁺*ant/ θ(a?)-*, lat. ⁺*aquil-*) abgeleitet wurden.

Der Anstoß, die Bezeichnung für den Adler und die für den N-Wind vom (etymologisch oder nur lautlich) gleichen Stamm herzuleiten, könnte für das Lateinische aus dem Etruskischen gekommen sein (eventuell aber auch für das Etruskische aus einer ie. italischen Sprache).

Die Bildungsweise ⁺*antar* (⁺*anθar*) (Pluralform?): *aquila* bzw. ⁺*antas* (⁺*anθas*) : *aquilon*- ist hingegen in keiner Weise vergleichbar, es kann also nicht von Übersetzungslehnwörtern im eigentlichen Sinn gesprochen werden.

[717] Die Präferenz des Etr. für den Vokal *a* (s. Kap. B.1.1.3.1.) stellt natürlich alleine kein maßgebliches Argument zugunsten etr. Herkunft dar.

Zu den nicht überzeugenden Versuchen einer Herleitung aus dem Ie. (Zusammenstellung mit heth. *baltanaš* „Arm, Seite" oder mit got. +*balþs* „kühn") s. *WH* l.c.

Vgl. dazu Carnoy, *l.c.*, der, da er im Etr. eine ie. Sprache sieht, zwar heth. *baltanaš* vergleicht, sich gleichzeitig aber für etr. Herkunft ausspricht; vgl. mit ähnlicher Tendenz Lallement, *l.c.*, der *balteus* über eine gemeinsame Grundform auf +-*lst*- zu gr. βαστάζω, βάσταγμα etc. stellt.

Entlehnung von lat. *balt*- aus gr. παλτ-, belegt außer in gr. παλτόν missili"; bereits in myk. *pa-ta-ja* /*paltaia*/ n.Pl. KN Ws 1704.β, Ws 1705.β, Ws 8495.β.1 (vgl. PY Jn 829.3) „missili con punta metallica", nimmt Peruzzi, *Prestiti*, 25 ff., an (lat. *balteus*/-*eum* sei entweder zurückzuführen auf eine adjektivische Ableitung zu myk. +/*palto*-/ mit der Bedeutung „tracolla dei missili"; oder *balteus*/-*eum* hätte ursprünglich „Köcher, Köchergurt" bezeichnet, später „Gurt" alleine; oder *balteum* sei Rückbildung aus dem Pl. *baltea* < myk. /*paltaia*/ „missili", irrtümlich als „tracolla dei missili" interpretiert); vgl. ders., *Etimologie*, 265, Fn. 1. Im allgemeinen jedoch wird unter Berufung auf *Varro ap. Char.* GLK 1,77,9 etr. Herkunft befürwortet. So von Ernout, *EE*, 82 bzw. 113, unter Heranziehung auch des Ausganges auf -*eus*/-*eum* (s. aber Fn. 718); Devoto, *l.c.*; Deroy, *l.c.*; *WH* l.c.; *EM* l.c.

Zus.[718]: Ant. Aut.: *Varro ap. Char.* GLK 1,77,9; s. S. 129 (direkt).

calceus, -ī m.: „Schuh" (*WH* s.v. *1. calx*); seit Plt. [??]

Lit.: Ernout, *EE*, 114; ders., *Aspects*, 104; ders., *Tyrrhenus*, 235 f.; Deroy, *Les noms*, 11; *WH* l.c.; *EM* s.v. *1. calx*.

Die Vertreter der Theorie einer ie. Herkunft von *calceus* betrachten das Wort als Ableitung von *calx* „Ferse", welchem das ie. Wurzelnomen +$q_o lq$-, +$q_o l\hat{k}$- in lit. *kulnas* m., *kulnis* f. „Hacke, Ferse", lit. *kùlšė, kùlšis* f. „Hüfte", *kulkšnis* f. „Knöchel aus menschlichem Fuß" und anderen vergleichbaren Wörtern zugrunde liege; die verschiedenen Bedeutungen ließen sich unter der Grundbedeutung „biegsames Gelenk" vereinen, was auf die Wurzel +*(s)qel*- „biegen, gekrümmt" führe; s. *WH* l.c. S. gegen diese Herleitung sowohl von *calx* als auch von nicht unbedingt zugehörigem *calceus* Ernout, *Aspects*, 104; ders., *Tyrrhenus*, 236; *EM* l.c.

Daneben wurde wegen angeblich etr.-lat. -*eus* und wegen der Aussagen der

---

[718] Zum Ausgang auf -*eus*/-*eum* (nicht als Hinweis auf etr. Herkunft zu werten) s. Kap. B.1.2.1.1.1.
Die Präferenz des Etr. für den Vokal *a* (s. Kap. B.1.1.3.1.) stellt natürlich kein maßgebliches Argument zugunsten etr. Herkunft eines Wortes dar, sollte aber im Rahmen anderer auf das Etr. weisender Kriterien nicht unerwähnt bleiben.

antiken Autoren bzw. aus die Sache betreffenden Gründen (s. eingehend Ernout, *Tyrrhenus*, 235f., wo folgende Zusammenfassung gegeben ist: „D'abord chaussure royale introduite sans doute avec la royauté elle-même par les Étrusques, elle fut ensuite adoptée par la classe sacerdotale et patricienne, et finit par devenir la chaussure de tout le monde ..."; vgl. *EM* l.c.) wiederholt etr. Ursprung von *calceus* angenommen: So von Ernout, *EE*, 144; ders., *Aspects*, 104; besonders ausführlich ders., *Tyrrhenus*, 235f.; Deroy, *l.c.*; *EM* l.c.

Doch ist weder der Ausgang *-eus* als Hinweis auf etr. Herkunft zu werten (s. Fn. 719), noch sind die herangezogenen antiken Zitate beweiskräftig genug, noch darf bedenkenlos von Übernahme einer Sache auf Übernahme auch der zugehörigen Bezeichnung geschlossen werden.

Trotz ungeklärtem Ableitungsmodus (s. Ernout, *Tyrrhenus*, 236) scheint Zusammenhang von *calceus* mit (wohl ie.) *calx* "Ferse" nicht zuletzt aus semantischen Gründen nahezuliegen: *Calceus* ist im Unterschied zum (Halb-) Stiefel und der Sandale als der „die Ferse bedeckende Schuh, Halbschuh" zu verstehen.

Zus.[719]: Ant. Aut.: *Verg. Aen.* 8,458; *Serv.* ad l.; *Isid. Orig.* 19,34,4; s. S. 132 (indirekt). S. aber oben.

cāseus, *-ī m.; cāseum, -ī n.*[720]: „Käse"; seit *Plt.* [??]

Lit.: Ernout, *EE*, 114; ders., *Aspects*, 52, Fn. 1; Palmer, *The Latin Language*, 69; *WH* s.v.; *LG* § 156; *EM* s.v.

Neben der Herleitung aus ie. $^+quāt\text{-}so\text{-}$ zur Wurzel $^+quāt(h)\text{-}$ „gären, sauer werden, faulen", eigentlich „aufsieden, aufbrausen"[721] (s. *WH* l.c.; vgl. *LG* l.c.; s. dagegen Ernout, *ll.cc.*; *EM* l.c.), die jedoch den Anlaut lat. *c-* statt zu erwartendem *qu-* ungeklärt läßt (eventuell dialektisch; s. *WH* l.c. mit Lit.; *LG* l.c.)[722], steht die Annahme etr. Herkunft, gegründet auf den angeblich etr.-lat. Ausgang *-eus*, auf das Schwanken im Geschlecht bzw. im Paradigma und

---

[719] Zum Ausgang auf *-eus* (nicht als Hinweis auf etr. Herkunft zu werten) s. Kap. B.1.2.1.1.1. Die Präferenz des Etr. für den Vokal *a* (s. Kap. B.1.1.3.1.) stellt natürlich alleine kein maßgebliches Argument zugunsten etr. Herkunft eines Wortes dar.

[720] Zum Nebeneinander von *cāseus* und *cāseum* s. *WH* s.v. *cāseus* und die Kritik bei *EM* s.v. *cāseus*.

[721] Zu weiteren, abzulehnenden Anknüpfungsversuchen an das Ie. s. *WH* l.c.

[722] Auch das intervokalische *-s-* bedarf einer eigenen Erklärung, sei es, daß mit Ernout, *Aspects*, 52, Fn. 1, *EM* l.c. und *LG* l.c. eine Form auf *-ss-* anzusetzen ist, sei es, daß — so wenig überzeugend Palmer, *l.c.* — *cāseus* aus einem Dialekt ohne Rhotazismus-Erscheinungen übernommen wurde.

auf *Plin.* N.h. 11,241 und *Mart.* 13,30: So Ernout, *EE*, 114; vgl. ders. *Aspects*, 52, Fn. 1; vgl. *EM* l.c.

Da jedoch *-eus* (*-eum*) keinen Hinweis auf etr. Herkunft darstellt (s. Fn. 723), Paradigmaschwankungen zwar unter Umständen auf Entlehnung (s. S. 12 Fn. 1) aber nicht spezifisch auf Entlehnung aus dem Etruskischen schließen lassen und die Angaben bei *Plinius* und *Martial* als zu wenig beweiskräftig anzusehen sind, wird trotz der oben angegebenen lautlichen Unstimmigkeiten der ie. Etymologie von *cāseus* der Vorzug zu geben sein.

Zus.[723]: Ant. Aut.: *Plin.* N.h.11,241; *Mart.* 13,30; s. S. 132 (indirekt). S. aber o.

gigarus, -ī *m.:* „*draconteum* (Drachenwurz)" (*WH* s.v.); seit *Marcell.* Med. 10,58 [?]

Lit.: Bertoldi, *Nomina Tusca*, 298 f.; Alessio, *Una voce toscana*; Bertoldi, *Plurale*, 163, Fn. 1; Alessio, *Fitonimi*, 177 f., 187; ders., *Raddoppiamento*, 229,233; ders., *Suggerimenti*, 112; ders., *Vestigia*, 111; *WH* l.c.; *EM* s.v.

Zwei unterschiedliche Aussagen zur Herkunft des Wortes sind aus der Antike überliefert:
Während *Marcell.* l.c. den Ausdruck als gallisch bezeichnet („*herba Proserpinalis, quae Graece draconteum, Gallice gigarus appelatur*"), wird er von *Ps.-Diosk.* 2,167 RV als etr. klassifiziert (s. das Zitat S. 130).

Entsprechend zwiespältig erweisen sich die modernen Deutungsversuche:
WH l.c. (mit Lit.) und *EM* l.c. sprechen sich mit *Marcell.* l.c. für gallische Herkunft aus.

Auch Bertoldi, *Nomina Tusca*, 298 f., hält gallischen Ursprung — sei doch *Marcellus* selbst Gallier gewesen und sei doch *-aro-* auch in anderen gall. Pflanzennamen nachzuweisen (vgl. ders., *Plurale*, 163, Fn. 1) — für wahrscheinlicher. Doch zieht Bertoldi aus dem Umstand, daß der Ausdruck weniger im gallo-romanischen Raum, vielmehr vorwiegend in der Toskana und in Latium überlebt habe und daß ebenda auch heute noch wie in der Antike die Blätter des *gigarus* in der Käseherstellung Verwendung fänden, folgenden Schluß: „Quest'uso nelle cascine ... poteva portare un termine gallico del caseificio dalla regione padana verso l'Etruria ed il Lazio. — La testimonianza del gallico *Marcello* ... potrebbe così riconciliarsi con quella

---

[723] Zum Ausgang auf *-eus/-eum* (nicht als Hinweis auf etr. Herkunft zu werten), s. Kap. B.1.2.1.1.1.
Die Präferenz des Etr. für den Vokal *a* (s. Kap. B.1.1.3.1.) stellt natürlich alleine kein maßgebliches Argument zugunsten etr. Herkunft eines Wortes dar.

dello *Pseudo-Dioscoride* ... la quale, in tal caso, verrebbe ad attestare la tappe dell'Etruria nella diffusione verso sud di un vocabula nato nella Gallia."

Herkunft aus dem Etruskischen im Sinne etr. Vermittlung eines präie. Substratwortes nimmt Alessio, *Una voce toscana*, an (vgl. ders., *Fitonimi*, 177f., 187; ders., *Raddoppiamento*, 229; 233; ders., *Suggerimenti*, 112; ders., *Vestigia*, 111): *Gigarus* zeige typisch med. Reduplikation, weise somit nicht das gallische Suffix *-arus* auf. Lat. *gi-garus*, gr. ἄρον „Arum, Natterwurz, Art Schilfrohr", ἴ-αρον id., ἄρις·βοτάνη εἶδος *Hes.*, ἀρίς-αρον „specie di gigaro", ἄρις „nome di un strumento da fabbro" und „nome di un strumenta chirurgico", eventuell auch Ἄρης (ursprünglich „il dio della spada"?) und *ar-* in lat. *arista* „acumen spicae" könnten möglicherweise auf eine präie. Basis ⁺*(g)aro* „spada" oder „strumento spadiforme" zurückgeführt werden. In Italien sei das Weiterleben von *gigarus* nur in ehemals etr. Gebieten nachweisbar, was die Aussage des *Pseudo-Dioskurides* über die etr. Herkunft von lat. *gigarus* bestätige. Doch sei des *Marcellus* Aussage deshalb nicht zu verwerfen: „Le due testimonianze sull'attribuzione etnica di *gigarus* ... al gallico o all'etrusco possono essere facilmente conciliate, se riconosciamo in questo nome di pianta una voce del sostrato linguistico preindoeuropeo affiorante in area celtica e in area etrusca."

Zus.[724]: Ant. Aut.: *Ps.-Diosk.* 2,167 RV; s. S. 130 (direkt, s. aber S. 133).

histriō, *-ōnis m.; ister/hister m.:* „‚Schaupieler'; übtr. ‚Marktschreier'" (*WH* s.v.); seit *Plt.* [+]

Lit.: Schulze, *ZGLE*, 164, Fn. 1; Martha, *La langue étrusque*, 468f.; Ernout, *EE*, 82,91,109; Kerényi, *Satire*, 138,153f.; Devoto, *Storia*, 79; Palmer, *The Latin Language*, 48,51; Carnoy, *Etrusco-Latina*, 103f.; *WH* l.c. und I, 869; Szemerényi, *The Origins*, 314-316; *LG* § 303.B.2.b.

Zu nicht überzeugenden Versuchen einer Herleitung aus dem Ie. s. *WH* s.v. *histriō*.

Zumeist wird gemäß dem Zeugnis der antiken Autoren, insbesondere des *Livius* (s. unter „Ant. Aut." bzw. S. 130f.), ferner auf Grund anderer der gleichen semantischen Sphäre zugehöriger, sicher oder wahrscheinlich etr.-lat. Ausdrücke wie *persōna, dossennus* etc. und etruskisch-lateinischer EN wie *Hister, Histrius, Histriō* (s. *WH* s.v. *histriō*; vgl. Schulze, *l.c.*), bisweilen auch wegen des Ausganges auf *-iō* (s. Ernout, *o.c.*, 109; vgl. S. 434 Fn. 729) etr. Ursprung des Wortes (im Sinne eines originär etruskischen Ursprungs, jeden-

---

[724] Zu der innerhalb Italiens ausschließlich auf ehemals etruskisches Gebiet beschränkten Verbreitung der Nachfolgeformen von *gigarus* s.o.

falls nicht im Sinne der Vermittlung eines nicht etr. Wortes über das Etr.; zu derartigen Hypothesen s. weiter unten) angenommen[725]: So von Ernout, *ll.cc.*; Devoto, *l.c.* (dort auch zu Devotos sozio-linguistischer Einordnung von *histriō* innerhalb des Komplexes der etr. Lehnwörter im Lat.; Zitat s.u.W. *lanius*; vgl. S. 537f.); Palmer, *ll.cc.*; *WH* s.v. *histriō*; *EM* l.c.

Kerényi, *o.c.*, 153f. (vgl. 138), zieht unter Berufung auf *Cluvius Rufus ap. Plut. Quaest. Rom.* 107, der behauptet, die Bezeichnung *histriōnes* leite sich vom Eigennamen des erfolgreichsten der aus Anlaß der Pest 361 v. Chr. aus Etrurien nach Rom gekommenen Schauspieler, nämlich Ἴστρος, ab, und unter Zusammenstellung dieses EN Ἴστρος mit dem Namen der süditalischen illyrischen Stadt Ἴστρος Herkunft von lat. *histriō/(h)ister* aus dem Illyrischen (Bedenken dagegen bei *WH* I,869) über etr. Vermittlung in Betracht.

Entlehnung aus dem Griechischen über etr. Medium versucht Szemerényi, *l.c.*, nachzuweisen:

Abgesehen davon, daß, wie aus der Bilingue *aθ:trepi:θanasa//Ar.Trebi.histrio CIE* 2965 (*TLE* 541) zu schließen sei, der etr. Ausdruck für „Schauspieler" wohl *θanasa* lautete (wobei jedoch zugegeben werden müsse, daß das Etr. mehrere Bezeichnungen für „Schauspieler" besessen haben könne; vgl. *WH* s.v. *histriō*), lasse sich der Zusammenhang zwischen *hister* und den Ableitungen *histriō* und *histricus*[726] aus dem Etruskischen alleine nicht, ohne Schwierigkeiten hingegen aus dem Griechischen erklären:

Zugrunde lägen die Formen ἴστωρ „knower, witness", dann soviel wie „reporter", „a kind of glorified messenger", Prologsprecher, schließlich „mit einer Sprechrolle betrauter Schauspieler"[727], ἱστορίων oder ἱστορέων „the participle of ἱστορέω ,know; inquire, ask; record, state', or ... a derivative in -ίων from ἴστωρ, denoting a person connected with the basic word ... or

---

[725] Nach Martha, *l.c.*, sei eine etr. Wurzel ⁺*is* anzusetzen, welche auf Grund ähnlich lautender Stämme in finno-ugrischen Sprachen von Martha als „reden, sprechen" gedeutet wird: *Histriō* bzw. dessen etr. Grundlage ⁺*istri* sei als „celui qui parle, le diseur, le conteur" zu interpretieren, was jedoch gänzlich ohne Anhalt bleibt.

Auch Carnoy, *l.c.*, bezweifelt Übernahme aus dem Etr. nicht, sucht aber dabei in gewohnter Weise Etruskisches und Indoeuropäisches miteinander zu verknüpfen: Das Etruskische habe eine Wurzel *heš* „jouer" besessen, welche mit heth. *huišvu* „plein de vie, frais, remuant" in Zusammenhang zu bringen sei.

Ein Kommentar erübrigt sich. Festgehalten sei, daß aus dem Etr. wohl Formen (fast ausschließlich Namenformen) auf *heš*- überliefert sind (s. *ThLE*, 173; 176), daß aber der semantische Wert nach unserem Wissensstand in keinem Fall zu ermitteln ist.

[726] Auch nach *WH* s.v. *histriō* und *EM* l.c. *histriō* und *histricus* Ableitungen von *hister*.

Anders *LG* l.c.: „*Histr-icus* (statt *histriōn-*) von *Plautus Poen.* prol. 4 u. 44 künstlich verkürzt (erst daraus durch antiquarische Gelehrsamkeit retrogradiert *hister* ...)."

[727] Im Gegensatz dazu sei die Rolle des *lūdius* die eines „flutist-dancer" gewesen. S.u.W. *lūdius*.

forming a kind of hypocoristic ...", ἱστορικός „connected with, characteristic of the *histōr*".

„As to the form, medial *o* was syncopated in Latin, or already in Etruscan, hence *histriō, histricus*. Greek -τωρ is normally represented by Etruscan *-tur* ... but *Puluctre*[728] from Πολύκτωρ shows a different method of dealing with the foreign ending, and no doubt *-ter* was a further possibility, based on the oblique forms ... The retention of the Greek spiritus asper is the rule ..."

Gegen Szemerényis Herleitungsversuch lassen sich drei Einwände anführen: Die adjektivische Ableitung *histricus* muß keineswegs zusammen mit dem zugehörigen Substantiv aus dem Etruskischen übernommen worden, sondern kann im Lateinischen neu gebildet worden sein; s. *LG* l.c. bzw. S. 433 Fn. 726. Für die Umgestaltung der Endsilbe gr. -τωρ > etr.-lat. *-ter* läßt sich kein Beispiel erbringen, wenn sie auch in Anbetracht von gr. -τωρ > etr. *-tur/ -tru/-tre* (s. *DGE 2*, 135 f.) denkbar wäre. Es ist weiters nicht sehr wahrscheinlich, daß eine ganze Wortgruppe, innerhalb welcher zudem zwei Begriffe (ἵστωρ und ἱστορίων) etwa die gleiche Bedeutung haben, en bloc und ohne andere als lautliche Veränderungen aus dem Griechischen ins Etruskische übernommen worden und von dort ebenso prinzipiell unverändert ins Lateinische gelangt sein sollte.

Es wird wohl die traditionelle Theorie einer Herkunft aus dem Etruskischen ohne Rückgriff auf das Griechische Szemerényis Hypothese vorzuziehen sein.

Zus.[729]: Ant. Aut.: *Liv.* 7,2,6; *Val. Max.* 2,4,4; *Plut.* Quaest. Rom. 107; *Gl.* 5, 572,20; s. S. 130f. (direkt).

trossulī, -ōrum: „*equites dicti, quod oppidum Tuscorum Trossulum sine opera peditum ceperint*" Paul. Fest. 505,13 L; vgl. „*celeres, flexuntes, postea trossulī*" Plin. N.h. 33,35; seit *Varro*; volkstümlich bei *Sen.* „Stutzer". [+]

Lit.: Ernout, *EE*, 105; Palmer, *The Latin Language*, 48; *WH* s.v.; *EM* s.v.

An der Herkunft des Wortes aus dem Etruskischen wird im allgemeinen unter Berufung auf die Aussagen der antiken Autoren nicht gezweifelt: S. etwa Ernout, *l.c.*; Palmer, *l.c.*; *WH* l.c.; *EM* l.c.

Zu abzulehnenden andersartigen Herleitungsversuchen s. *WH* l.c..

Zus.[730]: Ant. Aut.: *Paul. Fest.* 505,13 L; vgl. *Plin.* N.h.33,35; s.o. bzw. S. 131f. (direkt).

[728] *CII* 305; vgl. *DGE 1*,107.
[729] Zum Ausgang auf *-iō* in *histriō*, im vorliegenden Fall eventuell als unterstützendes Argument zugunsten einer Herleitung des Wortes aus dem Etr. heranziehbar, s. Kap. C.4.1.7.
[730] Zum eventuell etr. *l*-Suffix s. Kap. C.4.1.2.

tuba, *-ae f.*: „‚Tuba, gerade tieftönende Trompete' ..., jünger ‚Röhre im Druckwerk'[731]" (*WH* s.v.); in der Bed. „Tuba" seit *Enn.* und *Plt.*; in der Bed. „Röhre im Druckwerk" seit *Vitr.* [?]

Lit.: Bertoldi, *Storia*, 70, Fn. 7; Ernout, *Tyrrhenus*, 233 ff.; *WH* l.c. und s.v. *tībia*; Peruzzi, *Prestiti*, 11 ff.

Neben der nicht unbedingt überzeugenden Zusammenstellung (über ⁺t*u̯ībhā*; *ī* über *ü* zu *u* vor Labial+dunklem Vokal; s. *WH* s.v. *tuba*) mit *tībia* ie. Herkunft (s. *WH* s.v. *tībia*) und anderen Hypothesen einer Herleitung aus dem Ie. (s. *WH* s.v. *tuba*) sowie neben der von Peruzzi, *l.c.*, vertretenen Auffassung, lat. *tuba*/*tubus* seien auf gr. στύπη f., στύπος m. (< ie. ⁺*steup-*) „Stammende, Baumstumpf", wohl auch (wie στύπος n.) „il fusto vuoto all'interno" und „rumore", zurückzuführen, welche Entlehnung, wie gr. στ- > lat. *t-* und gr. -π- > lat. -*b-* bewiesen, in mykenischer Zeit stattgefunden habe, steht der Versuch Ernouts, *l.c.*, für *tuba* in Wort und Sache etr. Herkunft nachzuweisen[732]: Die Bezeichnung für die gerade Trompete werde mit dem Gegenstand selbst aus Etrurien nach Rom gelangt sein.

Während Zweifel an der Übernahme der Sache aus Etrurien nicht berechtigt erscheinen, liegt für den Ausdruck *tuba* selbst die Annahme etr. Herkunft zwar nahe, läßt sich aber nicht schlüssig beweisen. Jedenfalls ist der Grundsatz, daß die Rezeption einer Sache nicht notwendigerweise die Rezeption auch des zugehörigen Ausdrucks bedingt, im Auge zu behalten.

Zus.: Ant. Aut.: *Verg. Aen.* 8,526; *Plin. N.h.*7,201; s. S. 133 (indirekt).

urbs, Gen. *urbis f.*: „‚Stadt', ‚Hauptstadt' (insbes. Rom)" (*WH* s.v.); seit *Cic., Catull., Ov.* usw. [?]

Lit.: Sigwart, *Zur etruskischen Sprache*, 152; Meillet, *Esquisse*, 82; Ernout, *EE*, 84, Fn. 3; Devoto, *Contatti*, 147; Georgiev, *Lat. urbs*; Vetter, *LB Ital. Spr.*, *Glotta* 29,215; Devoto, *Storia*, 51; Ernout, *Aspects*, 109;

---

[731] Vgl. ***tubus***, *-ī m.* „Wasserleitungsröhre, Röhre"; seit *Sen.*

[732] Bereits Bertoldi, *l.c.*, zog wegen der semantischen Zugehörigkeit zu etr.-lat. *sŭbulō* (s.b.W.) und angeblich etr.-lat. *lūdiō* (s. aber u.W. *lūdius*) und wegen des Wechsels *u/i* etr. Ursprung für *tubicen/tībīcen* in Betracht.

Doch abgesehen davon, daß es sich bei *tubicen* „Trompeter" und *tībīcen* „Flötenspieler" um zwei verschiedene Bezeichnungen, nicht um einen Begriff in verschiedener phonetischer Ausformung handelt, ein Wechsel *u/i* aber bestenfalls unter der Voraussetzung, daß *tuba* und *tībia* von einer gemeinsamen Grundform herzuleiten wären (zu einem derartigen Versuch s.o.) als Hinweis auf etr. Herkunft ins Treffen geführt werden könnte, ist ein Wechsel *u/i* vor *b* nicht als einwandfreier Hinweis auf etr. Lautgebung zu werten, s. Kap. B.1.1.1.3.; vgl. im Text weiter vorne.

Carnoy, *Etrusco-Latina*, 112; *WH* l.c.; Pfiffig, *RET*, 40; *EM* s.v.; Strnad, *Nochmals zum Methodenproblem*, 282.

Zu nicht überzeugenden Versuchen einer Herleitung aus dem Ie. s. *WH* l.c. S. dazu Meillet, *l.c.*: „L'indo-européen n'a pas laissé de nom pour ‚ville'. Là où la ‚ville' est désignée par un nom d'origine indo-européenne, de forme ancienne, le sens de ‚ville' est nouveau; ainsi le *polis* du grec signifiait originairement ‚citadelle' comme les mots correspondants du sanskrit et du baltique. Malgré l'archaïsme de la forme, *urbs* n'a pas d'étymologie." Vgl. Ernout, *EE*, 84, Fn. 3; ders., *Aspects*, 109; *EM* l.c.; vgl. auch Vetter, *l.c.*

Während jedoch Sigwart, *l.c.* (vgl. Devoto, *Contatti*, 147[733]; *WH* l.c.), zu lat. *urbs* sum. *uru* „Stadt" vergleicht[734], Devoto, *Storia*, 51 (vgl. Ernout, *Aspects*, 109), Zusammenhang mit *orbis* erwägt bzw. in *urbs* und *orbis* das gleiche nicht ie. Wort zu sehen geneigt ist[735], zieht Meillet, *l.c.*, und, ihm folgend und unter Berufung auf *Varro* L.L.5,143 (s. unter „Ant. Aut." bzw. S. 133)[736], Ernout, *EE*, 84, etr. Herkunft in Betracht[737]:

„Si l'on songe que les Étrusques ont beaucoup fait pour fonder des villes, que peut-être ils ont organisé Rome pour la première fois, on ne peut s'empêcher de se demander si *urbs* ne serait pas étrusque: question plutôt qu'hypotèse."[738]

[733] Der von Devoto, *l.c.*, gegebene Verweis auf Ribezzo, *Rivista indo-greco-italica*, 15,1931,139, muß auf Irrtum beruhen; das Zitat konnte jedenfalls von der Verf. nicht verifiziert werden.

[734] Auch lat. *urus* (= *urvus*, s. *WH* s.v. *urvus*) „*circuitus civitatis*" *Gl.* 4,196,3 könnte dazuzustellen sein.

[735] Auch Georgiev, *l.c.*, verbindet *urbs* und *orbis*, führt aber beide Wörter auf ie. +*ghordhis* oder +*ghordhos* zurück. S. dagegen *WH* s.v. *urbs*.

[736] Zur Stadtgründung *Etrusco ritu* s. *RET*, 40.

[737] Carnoy, *l.c.*, führt *urbs* auf etr. Umgestaltung von *urvus* „*circuitus civitatis*" (zu lat. *urvus* s. *WH* s.v. *urvus*; vgl. auch Fn. 734), eigentlich „Grenze" zurück. Unannehmbar.

Völlig ohne Anhalt auch die von Strnad, *l.c.*, vertretene Auffassung, etr.-lat. *urb-* sei auf arab. (s.u.W. *abdōmen*) *arbū'* „Quartiere", aramäisch *rb'* „Viertel" zurückzuführen.

[738] Ernout, *l.c.*, knüpft daran die Überlegung, ob nicht auch lat. *mūrus* bzw. — mit anderem Suffix — *moenia* „(Stadt-)Mauer", Neuerungen des Lateinischen gegenüber Ableitungen zu ie. +*dheigh-* wie gr. τεῖχος, osk. *feíhúss*, auf das Etruskische zurückzuführen seien; ferner erinnere *pōmērium* eventuell an den Namen der etr. Stadt *Crustumerium*. (In den antiken Texten ist *Crustumerium* nicht einhellig als etr. Stadt bezeichnet: Stadt der Etrusker bei *Paul. Fest.* 48,12 L; Stadt der *Prisci Latini* bei *Liv.* 1,38,4 und *Dion. Hal. Ant.* 2,36 und 3,49; s. *KP* s.v. *Crustumerium*.)

Eine kurze Besprechung der drei von Ernout etr. Herkunft verdächtigten Wörter sei hier angeschlossen:

mūrus (alt moerus, moiros), -ī m.: „Mauer; Wall" (*WH* s.v.); seit *Enn.*

Nach *WH* l.c. ist +*moirios* (germ. +*mairja-*) „(Grenz)pfahl" in mnl. *mēre* „Grenzzeichen, Pfahl", ags. *mǽre, gemǽre* „Grenze, Gebiet" (engl. *mere* „Rain, Grenzstein"), an. *landa-mǽri* „Grenze, Grenzland" zu vergleichen; s. auch u.W. *moene*.

Zus.: Ant. Aut.: *Varro*, L.L.5,143; s. S. 133 (indirekt).[739]

vēles, *-itis m.:* „Leichtbewaffneter, Plänkler; neckend" (*WH* s.v.); seit *Enn.* und *Plt.* [?]

Lit.: Ernout, *EE*, 117; Palmer, *The Latin Language*, 48; Regula, *Lat. Etymologien*, 189; *WH* l.c.; *LG* § 329.4.; *EM* s.v.

Zur Zusammenstellung mit *vēlōx* bzw. *vehō* (Grundform $^+u̯eĝ$-slo-s „dahinfahrend") s. *WH* l.c.; vgl. *LG* l.c. Ablehnend *EM* l.c.

Zu differierenden ie. Erklärungsversuchen s. *WH* l.c.; vgl. auch Regula, *l.c.* Die Bildungsweise ist jedenfalls die gleiche wie bei *eques*, *mīles*, *pedes*, *satelles*; s. *WH* l.c.; *EM* l.c.

Nach *EM* s.v. *moene* ohne sichere Etymologie, doch keine Erwähnung etr. Herkunft; so auch *LG* § 286.
  Sigwart, *Zur etruskischen Sprache*, 152, vergleicht sum. *mur* „Umschließung". [??]
  moene, *-is (Naev. ap. Fest.* 128,22 L), meist Pl. *moenia*, *-ium* (spätlat. *-iorum*, Dat. *moeniis* nach *mūrus*): „Ringmauer der Stadt (als Schutzwehr); Gebäude der Stadt, Stadt" (*WH* s.v.); seit *XII tab.* und *Enn.*
  Nach *WH* l.c. samt *mūrus* m. „Mauer" und *pōmērium* n. „der längs der Breitseite der Stadtmauer freigelassene Raum" zu der auch in *mēta* vorliegenden Wurzel ^+mei- „Pfahl, durch einen Pfahlzaun befestigen" zu stellen, zu welcher Vergleiche aus ie. Sprachen beigebracht werden; s. ebenda auch zum Formans *-ni-*, zur Bewahrung des *-oe-* (vgl. auch neben der bei *WH* l.c. angegebenen Literatur Devoto, *Storia*, 100; Palmer, *The Latin Language*, 217; *LG* § 74.a.; *EM* s.v.) und zum Sachlichen sowie gegen eine Zusammenstellung von *moenia* und *mūnia* (vgl. *EM* l.c.).
  Nach *EM* l.c. ohne sichere Etymologie. [??]
  pōmērium/*pōmoerium* (*posimirium* Antist. ap. *Fest.* 294,9 ff. L; *postmoerium* Varro, Liv.; zur Erklärung dieser Formen s. *WH* s.v. *pōmērium*; *EM* s.v. *mūrus*; Radke, *Pomerium*), *-ī n.:* „der längs der Stadtmauer beiderseits freigelassene Raum, der Maueranger" (*WH* l.c.). „Grenze (... *Varro* 1.1.5,143 *auspicia urbana finiuntur*. *Gran. Licin.* p. 9 Fl. *p. finis urbanorum auspiciorum*) zwischen *urbs* ... und *ager effatus* ..., unterscheidet sich vom *sulcus primigenius* ... dadurch, daß es 1. nicht wie dieser durch die Tore unterbrochen wird, 2. keine sichtbare, sondern eine nur an den Wendepunkten durch *cippi* mit der Aufschrift *p.* ... markierte gedachte Linie ... ist, die unter bestimmten Voraussetzungen ... vorverlegt werden kann." (Radke, *l.c.*) Seit *Varro* und *Cic.*
  Nach *WH* l.c. als $^+pos(<\,^+post)$ + *moiriom* zu *mūrus* zu stellen (vgl. Palmer, *The Latin Language*, 220; *LG* § 95; § 210.d.); s. ebenda auch zum Vokalismus *-ē-* (dazu anders *LG* § 95) und gegen den Ansatz von $^+prō$-$moirium$. Etr. Herkunft von *pōmērium* sei aus dem etr. Ritus der Städtegründung allein nicht zu begründen. So allerdings *EM* l.c. Radke, *l.c.*, lehnt Zusammenstellung mit *mūrus* ab, schlägt vielmehr Herleitung aus $^+pō$-$smēr$-$i̯ōm$ zu ^+smēr-, Dehnstufe zu ^+smer- „abteilen", also „Abgrenzung", vor. [??]

[739] Die Tatsache, daß uns ein etr. Wort für „Stadt", ^+spura (s. *DES*, 302; vgl. § 64), bekannt ist, steht der Annahme einer Herleitung von lat. *urbs* aus dem Etr. nicht unbedingt im Wege, könnten doch im Etr. mehrere Ausdrücke für „Stadt" existiert haben, die zur Bezeichnung differierender Organisationsformen, unterschiedlicher Größenverhältnisse o.ä. dienten (man vergleiche dazu etwa lat. Begriffe wie *mūnicipium*, *colōnia*).

Etr. Herkunft vermutet wegen des Ausganges auf *-es, -itis* (s. aber Fn. 740) im Verein mit der Zugehörigkeit zur gleichen semantischen Sphäre wie — nach Ansicht des Autors — etr.-lat. *mīles* (s. aber b.W.) und wegen des Zeugnisses der antiken Autoren (s. unter „Ant. Aut.") Ernout, *l.c.*; vgl. Palmer, *l.c.* S. dagegen *WH* l.c.

Zus.[740]: Ant. Aut.: *Plin.* N.h.7,201;
    Isid. Orig. 18,57; s. S. 132 (direkt).

C.1.1.2.2.2.2.2. Fehlen spezifischer Aussagen antiker Autoren

C.1.1.2.2.2.2.1. Vorhandensein phonetischer Kriterien
  brattea, carpentum, cavea, cicāda, cisium, cōciō, cōnsul, fendicae, ferrum, formīca, fratillī, frōns „Laub", *frōns* „Stirn", *frutex, genista, linteō, pīlentum, pulcher (Carthāgō), sulpur, tinea, trua (trulla, trulleus, trulliō), tunica, tūrunda, ulpicum, uterus*

brattea/*brattia*/*bractea, -ae f.*: „dünnes Metallblech, meist Goldblech oder Blattgold, dünnes Holzfurnier, Flitterstaat" (*WH* s.v.); seit *Lucr.* [??]

Lit.: Ernout, *EE*, 115f.; ders., *Rencontres*, 230; *WH* l.c.; Peruzzi, *Prestiti*, 16ff; *EM* s.v..

 Zu abzulehnenden Versuchen einer Anknüpfung an das Ie. s. *WH* l.c., wo das Wort als unerklärt bezeichnet wird; vgl. Ernout, *Rencontres*, 230.
 Nach *EM* l.c. liegt zweifellos Entlehnung vor.
 Peruzzi, *l.c.*, führt lat. *brattea* aus *bractea*, ursprünglich n.Pl., auf myk. [+]*pa-ra-ke-te-a*₂ [+]/*praktea*/ n.Pl., wovon myk. *pa-ra-ke-te-e-we* PY Jn 750.2, Nom. Pl., bzw. der Sg. *pa-ra-ke-te-e-u* PY Jn 832.11.b, „specificazione di *ka-ke-u*[741] χαλκεύς", „un bronziere che si occupa specificamente di [+]/*praktea*/", abgeleitet seien, zurück.
 Eventuell Herkunft aus dem Etr. zieht aus semantischen Gründen und wegen angeblich etr.-lat. *-ea* (s. aber S. 439 Fn. 742) Ernout, *EE*, 115f., in Betracht.

---

[740] Die etr. Formen auf *velθ-, veliθ-, velit-, velt-* (s. *ThLE*, 140ff.; *ThLE Suppl.*, 27) sind nur scheinbar zu vergleichen, da sie (mit Ausnahme der Formen auf *velts-*, die mit dem Stadtnamen [+]*velznal* „Volsinii" [*DES*, 309] in Zusammenhang gebracht werden könnten) Ableitungen von *velθ(a)* „Erde, Boden" (*DES*, 309; die Formen auf *veliθ-, velit-* zeigen anaptyktisches *-i-*) oder vom PN *vel* darstellen.
 Zum Ausgang auf *-es, -itis* (nicht als Hinweis auf etr. Herkunft zu werten) s. Kap. B.1.2.1.2.6.2.
[741] KN V 958 3a u.ö.

Zus.⁷⁴²: Phon.: Zum Schwanken *e/i* s. Kap. B.1.1.1.2.

carpentum, *-ī n.:* „‚zweiräderiger, zweispänniger (meist mit Schutzdach versehener) Stadt-, Reise- oder Gepäckwagen', auch ‚Düngerkarren', bei *Liv.* und *Flor.* wohl ungenau ... auch ‚Streitwagen der Gallier und Britannier'" (*WH* s.v.); seit *Liv. Andr.* [?]

Lit.: Alessio, *Stratificazione*, 222; *WH* l.c. und s.v. *corbis*; *LE* s.v. *pīlentum*; *EM* s.v.

An der Herkunft des Wortes aus dem Gallischen (nach Alessio, *l.c.*, sei ⁺*carbanto-* „sorta di carro" anzusetzen; zu vergleichen seien, so *WH* s.v. *carpentum*, Ortsnamen wie gall. *Carbantia, Carbantorate,* abrit. Καρβαντόριγον⁷⁴³) dürfte nicht zu zweifeln sein; s. Alessio, *l.c.*, *WH* s.v. *carpentum*, *EM* l.c.

Die Erklärung der lautlichen Veränderungen (*-b-* > *-p-*, *-an-* > *-en-*) wurde einerseits ohne Zwischenschaltung einer vermittelnden Sprache versucht; s. *WH* s.v. *carpentum*. Andererseits wurde von Alessio, *l.c.* (vgl. *LE* l.c.), etr. Medium angenommen. S. dazu die Stellungnahme im folgenden unter „Phon.".

Zus.: Phon.: Kelt. inl. *-b-* > etr.-lat. *-p-* nach dem Muster von gr. inl. -β- > etr.-lat. *-p-* (s. *DGE 2*,169) durchaus denkbar.

Eine Abschwächung des Binnensilbenvokals *-a-* zu *-e-* findet bei den etr. Entlehnungen aus dem Gr. keine Parallele. Allerdings ist mit der Möglichkeit zu rechnen, kelt. *-a-* in unbetonter Mittelsilbe sei eliminiert worden (s. *DGE 2,*33 f.) und zwischen *-p-* und *-n-* sei — möglicherweise schon im Etruskischen, s. *DES* § 29 — der Sproßvokal *-e-* entstanden.

cavea/cavia, *-ae f.:* „‚Käfig, Behältnis', auch ‚Gehege aus Dornen u.dgl., Bienenkorb, Zuschauerraum, Gefängnis'" (*WH* s.v. *caulae*); seit *Plt.* [?]

Lit.: *WH* l.c.; *LE* s.v. *caverna*; *EM* s.v.

---

⁷⁴² Zum Ausgang auf *-ea* (nicht als Hinweis auf etr. Herkunft zu werten) s. Kap. B.1.2.1.1.1. Die Präferenz des Etr. für den Vokal *a* (s. Kap. B.1.1.3.1.) stellt natürlich alleine kein maßgebliches Argument zugunsten etr. Herkunft eines Wortes dar.

⁷⁴³ Dieses Namenmaterial stellt nach Ansicht d. Verf. ein entscheidendes Argument gegen Alessios (*l.c.*) Herleitungsversuch von gall. ⁺*carbanto-* aus med. *carb-* in bask. *karbasta* „branche d'arbre" dar. Eher ist mit Pedersen Verwandtschaft von *carpentum* mit lat. *corbis* (Wurzel ⁺*(s)qerebh-* „drehen, krümmen", woraus „flechten"; s. *WH* s.v. *corbis*) anzunehmen; s. *WH* s.v. *carpentum*.

WH l.c. stellt *cavea* zu *cavus* mit ie. Etymologie (s.u.W. *caverna*).

Auch *LE* l.c. verknüpft *cavea* mit *cavus*, sieht aber in *cavus* ein möglicherweise nicht ererbtes, eventuell etr. Wort; *cavea* jedenfalls wird als etr.-lat. Bildung bezeichnet.

EM l.c. lehnt aus semantischen Gründen — die ursprüngliche Bedeutung von *cavea* sei „objet fait de branches entrelacées ou tressées", *cavea* bezeichne „tout autre chose qu'une cavité" — Herleitung von *cavus* ab; *cavea* sei wahrscheinlich Entlehnung wie *fovea* (s.u.W. *favissae*), d.h. eventuell aus dem Etr.

Der Ausgang *-ea* ist allerdings entgegen *LE* l.c. und *EM* l.c. nicht als Hinweis auf etr. Herkunft eines Wortes zu werten (s. Fn. 744); doch könnte der Wechsel *e/i* zugunsten einer Entlehnung aus dem Etruskischen sprechen.

Zus.[744]: Phon.: Zum Schwanken *e/i* s. Kap. B.1.1.1.2.

cicāda/*cicāla, -ae f. (cicādēs Isid)*: „Baumgrille, Zikade" (*WH* s.v.); *cicāda* seit *Novius*; *cicāla* Gl. und rom. [??]

Lit.: Alessio, *Raddoppiamento*, 234; *WH* l.c.; *EM* s.v.

Zur wahrscheinlich med. Herkunft des Wortes, zu welchem auch gr. ζειγαρά·ὁ τέττιξ παρὰ Σιδήταις *Hes.*, σιγαλ(φ)οί ... οἱ ἄγριοι τέττιγες *Hes.*, ζεγερίαι·μυῶν γένος *Hes.* und κίκους·ὁ νέος τέττιξ *Hes.* zu vergleichen sind, s. *WH* l.c., *EM* l.c.

Eine nicht zuletzt aus sprachgeographischen Gründen nicht überzeugende Hypothese stellt Alessio, *l.c.*, auf: *Cicāda*/*cicāla* sei ein über umbrische Vermittlung ins Lateinische gelangtes med.-etr. Wort (äg. ⁺σιγαλα > etr. *sicala* > umbr. ⁺sikařu/⁺çikařu > lat. *cicāda*/*cicāla*).

Zus.: Phon.: Äg. inl. -γ- > etr. -c- in ⁺σιγαλα > ⁺*sicala* zwar nach dem Muster von gr. inl. -γ- > etr. -c- (s. *DGE* 2,172) durchaus denkbar; doch kann ein Operieren mit einer Kette von nur erschlossenen Formen nicht als adäquate Beweisführung angesprochen werden.

cisium (*cissium* Non.; *cissum, cirsum* Gl.), *-ī n.*: „leichter, zweirädriger Reisewagen" (*WH* s.v.); seit *Cic.* [??]

---

[744] Zum Ausgang auf *-ea* (nicht als Hinweis auf etr. Herkunft zu werten) s. Kap. B.1.2.1.1.1. Die Präferenz des Etr. für den Vokal *a* (s. Kap. B.1.1.3.1.) stellt natürlich kein maßgebliches Argument zugunsten etr. Herkunft eines Wortes dar, sollte aber im Rahmen anderer auf das Etr. weisender Kriterien nicht unerwähnt bleiben.

Lit.: Vendryes, *Gallo-latin cisium*; Bertoldi, *Nomina Tusca*, 304; ders., *Storia*, 77, Fn. 31; *WH* l.c.; *LE* s.v. *pīlentum*; *LG* § 180.e.β.; *EM* s.v.

Herkunft des Wortes aus dem Gallischen darf als gesichert gelten: S. Vendryes, *l.c.* (es sei gall. ⁺*cissio-* „Wagenkorb", Erweiterung von ⁺*cisso-* anzusetzen, wozu air. *cess* „Korb", gr. κίστη id. u.a. zu vergleichen seien[745]); vgl. Bertoldi, *ll.cc.*; *WH* l.c.; *LG* l.c.; *LE* l.c.; *EM* l.c.

Dabei wird von Vendryes, *l.c.*, (vgl. *WH* l.c.; *EM* l.c.) wegen gall. ⁺*-ss-* > lat. *-s-*, von Bertoldi, *Nomina Tusca*, 304 (vgl. ders., *Storia*, 77, Fn. 31) ebenfalls deswegen und aus sachbezogenen Gründen (im Bereich der Korbflechterei, in welchen auch *cisium* „cesto da carra" zu stellen sei, seien etliche aus dem Etruskischen ins Lateinische gelangte Fachausdrücke nachweisbar, z.B. *sporta*; s.b.W.) etr. Vermittlung in Betracht gezogen.

Zus.: Phon.: Gall. inl. *-ss-* > etr.-lat. *-s-* möglich, doch nicht zwingend (s. *LG* l.c.); abgesehen davon handelt es sich bei gall. ⁺*cissio-* um eine erschlossene Form.

cōciō (*coctiō Paul. Fest.* 44,15 L, *Gl.*[746]; *cuctiō* [*cūciō*][747] nach *Paul. Fest.* 44,17 f. L Schreibung der „*antiqui*"; *cocciō Paul. Fest.* 19,1 L), *-ōnis*: „Makler"[748]; seit *Laber* [?]

Lit.: Ernout, *EE*, 111; Oštir, *Drei vorslav.-etr. Vogelnamen*, 2, Fn. 1; *WH* s.v.; Durante, *Una sopravvivenza*, 195; *EM* s.v.

Zu abzulehnenden Versuchen einer Herleitung aus dem Ie. s. *WH* l.c.

Zumeist wird etr. Herkunft erwogen: So von Ernout, *l.c.*, wegen etr.-lat. *-iō, -iōnis* (s. dazu S. 442 Fn. 750) und wegen der spezifischen semantischen Kategorie, welcher auch etr.-lat. *caupō, lēnō* und *arillator* (s.bb.WW.) zuzuzählen seien. Vgl. Durante, *l.c.*; *EM* l.c.; *WH* l.c., wo als weiteres Argument zugunsten etr. Herkunft von *cōciō* die von *Paul. Fest.* 44,17 f. L als altlateinisch ausgewiesene Schreibung mit *-u-* in 1. Silbe angeführt ist.[749]

---

[745] Abzulehnen ist die Rückführung von gall. ⁺*cissio-* auf ⁺*cistio* aus gr. κίστη in *LE* l.c.

[746] Zur Schreibung *coctiō* s. *LG* § 161.b.

[747] Die Stelle *Paul. Fest.* 44,15 ff. L lautet: „*coctiones dicti videntur a cunctatione ... itaque apud antiquos prima syllaba per U litteram scribebatur.*" *WH* s.v. *cōciō* schließt daraus, sicher zu Recht, auf eine Form *cūciō*.

[748] Aus der Verf. nicht einsichtigen Gründen lautet die Übersetzung bei *WH* s.v. *cōciō* „Pferdemakler".

[749] Oštir, *l.c.*, bringt lat. *cōciō* über etr. *pt > (h)t* — „⁺*cōp-t-* > ⁺*cōht-iō* > *coctio, cotio* (Diese Form ist nach Ausweis von *TLL* s.v. *cōciō* nicht belegt, Anm.d.Verf.), *cōcio*" — mit κάπηλος/ *caupō* in Zusammenhang. S. dagegen *WH* l.c.

Zus.⁷⁵⁰: Phon.: Zum Schwanken *o/u* s. Kap. B.1.1.1.1.

cōnsul (alt inschr. *cosol, consol,* jünger *cosul*; spät *cunsul*; s. *TLL* s.v. *cōnsul*, 562,27 sqq.), *-is m.*: Bezeichnung für den Höchstmagistrat der röm. Republik; seit *Naev.* [??]

Lit.: Staedler, *Consul*; Hartmann, *LB It. Spr. u. Lat. Gr., Glotta* 10,265 f.; Maresch, *Consul*, 90 f.; Leifer, *Studien*, 296, Fn. 2; Leumann, *LB Lat. Laut-u. Formenlehre, Glotta* 20,277; *WH* s.v. *cōnsilium*; *EM* s.v.

Zum Verhältnis *cōnsulō — cōnsul* sowie zu den verschiedenen Versuchen einer Anknüpfung an das Ie. s. *WH* l.c.; vgl. *EM* l.c., wo unter Ablehnung der Deutungen aus dem Ie. Entlehnung (eventuell mit Leifer aus dem Etr.; s. unten) in Betracht gezogen wird.

Verknüpfung mit dem Etruskischen wurde nach Wissen der Verf. dreimal versucht:

Staedler, *o.c.,* deutet *cōnsul* als Zusammensetzung der lat. Präposition *cum* mit einem verschollenen Part. Präs. zu *esse*; dieses Partizip ⁺*s(u)l* „befindlich, geworden" sei zum Stamm ⁺*s-* nach dem Muster angeblicher etr. Part. Präs. auf *-l* gebildet worden; auf die Bedeutungsentwicklung wird in keiner Weise eingegangen.

S. dagegen kurz, aber prägnant Hartmann, *l.c.*

Maresch, *l.c.,* stellt in abenteuerlicher Weise *cōnsul,* richtig *cosul* oder, wie die Abkürzung *coss.* lehre, ⁺*cossul* (!), zu *caus(s)a, accūsāre*; die Grundbedeutung sei etwa δικάζων, δικαστής gewesen; es handle sich um ein Wort fremder, vielleicht — wegen der Vokalvariation *au/o/u* (*causa, cosul, accusare*) etr. Herkunft.

S. dagegen die zu Recht scharfe Kritik bei Leumann, *l.c.* Hinzugefügt sei, daß das Etr. zwar Monophthongierungstendenzen erkennen läßt (s. *DES* §13), daß aber eine Lautvariation der von Maresch angenommenen Art im Etruskischen nicht nachgewiesen ist, auch in Hinblick auf das darin aufscheinende *o* mit Sicherheit als für das Etruskische nicht typisch zu bezeichnen ist (s. *DES* §11). Zudem wäre es doch höchst eigenartig, sollte uns gerade jener etr. Beamtentitel, auf den nach Mareschs Auffassung lat. *cōnsul* zurückzuführen wäre, nicht überliefert sein, sind wir doch sonst über den etr. *Cursus honorum* recht gut informiert.

Leifer, *l.c.* (vgl. *EM* l.c.), erwägt Rückführung des zweiten Wortbestandteiles *-sul* auf etr. *zil,* für welches seinerseits eventuell Entlehnung aus dem Griechi-

---

⁷⁵⁰ Zum Ausgang *-iō*, im vorliegenden Fall eventuell als unterstützendes Argument zugunsten einer Herleitung des Wortes aus dem Etr. heranziehbar, s. Kap. C.4.1.7.

schen bzw. Zusammenhang mit ἑλεῖν (zur Herleitung von cōnsul bzw. cōnsulere aus +sel- „nehmen, ergreifen" in gr. ἑλεῖν „nehmen, in die Gewalt bekommen" und weiteren Formen aus anderen ie. Sprachen s. WH l.c.; cōnsulere senātum hätte dann ursprgl. bedeutet „den Senat zusammennehmen = versammeln" > „ihn um Rat fragen, sich mit ihm beraten") anzunehmen sein könnte.

Auch diese Deutung ist abzulehnen: Abgesehen davon, daß nach unserem Wissensstand der Verbalkern zil- möglicherweise, wenn auch nicht mit Sicherheit „herrschen, regieren" bedeutet, steht einer Übernahme von etr. zil als lat. +con-zil > cōnsul ein gravierendes morphologisches Hindernis im Wege: Etr. zil- ist, wie schon gesagt, Verbalkern bzw. „Grundform" des Verbums (3.P.Sg.u.Pl. und Imp. 2.P.Sg.; s. DES § 117), keinesfalls jedoch kann diese Form zur Bezeichnung eines Amtsträgers verwendet werden. Etr. zil- ist daher als Basis von -sul in cōn-sul undenkbar. S. gegen Leifers Theorie auch WH l.c.

Zus.[751]: Phon.: Zur Erklärung des Wechsels o/u muß in diesem Fall nicht auf das Etruskische (s. Kap. B.1.1.1.1.) zurückgegriffen werden; s. WH l.c. mit Literaturangaben.

fendicae, -ārum f.: „eßbare Gedärme, Kaldaunen" (WH s.v.); Arnob. 7,24. [?]

Lit.: Alessio, L'etrusco, 551 f.; WH l.c.

Zu den nicht überzeugenden Versuchen einer Anknüpfung an das Ie. s. WH l.c.

Alessio, l.c., ist geneigt, in fendicae wegen p > f durch das Etr. umgestaltetes pantex zu sehen (zur ie. Etymologie dieses Wortes s. WH s.v. pantex).

Zus.: Phon.: Eine Lautentwicklung p- vor -n- > f- ist im Etruskischen zwar nicht als regulär anzusprechen, doch möglich, s. DES § 17. Auch die Veränderungen im Vokalismus des Wortes (-a- > -e-; -e- > -i-) könnten zur Not aus dem Etruskischen erklärt werden (Wechsel e/i; in der Folge Umlaut des a zu e; s. DES § 12).
Eine Veränderung -t- > -d- wäre jedoch zumindest als höchst ungewöhnlich zu bezeichnen, widerspricht jedenfalls jenen Erfahrungswerten, die aus der Untersuchung der über etr. Medium ins Lateinische gelangten griechischen Wörter gewonnen werden konnten.

---

[751] Lautlich zu cosul vergleichbares etr. cusul SE 14,296, n. 27 ist Gen. eines fem. Individualnamens semitischer Herkunft und daher fernzuhalten.

ferrum, *-ī n.:* „Eisen; eiserne Werkzeuge" (*WH* s.v.); seit *Liv. Andr.* [?]

Lit.: Krogmann, *Lat. ferrum*; Alessio, *L'etrusco*, 552; Gerola, *Substrato*, 357 f.; *WH* l.c.; *EM* s.v.

Zu den insbesondere aus kulturhistorischen Gründen abzulehnenden Versuchen einer Deutung aus dem Ie. s. *WH* l.c.; s. auch Krogmann, *l.c.*, mit weiterer Lit.

Eine häufig vertretene Herleitungstheorie befürwortet Entlehnung von lat. *ferrum* (< ⁺*fersom*) aus hebr.-phön. *barzel* (vgl. syr. *parzlâ*, assyr. *parz-illu*) „Eisen", und zwar wegen lat. *f-* und aus kulturhistorischen Gründen über etr. Vermittlung: S. Alessio, *l.c.*; Gerola, *l.c.*; *WH* l.c. mit Literaturangaben; zurückhaltend *EM* l.c.

Zus.: Phon.: Eine Lautentwicklung (anlautender) labialer Verschlußlaut vor *r* > *f* ist im Etruskischen zwar nicht als regulär anzusprechen, doch möglich; s. *DES* § 17.

formīca (*furmīca* App. Probi GLK 4,197,27), *-ae f.:* „‚Ameise; Art Warzen' (spät nach μυρμήκια)" (*WH* s.v.); seit *Plt.* [?]

Lit.: Fay, *The phonetics*, 38 ff.; Ernout, *EE*, 118, Fn. 2; Terracini, *Su alcune congruenze*, 214; Alessio, *L'etrusco*, 549 ff.; *WH* l.c.; *LG* § 195. Zus.; *EM* s.v.

Die am besten fundierte Theorie einer Herleitung aus dem Ie.[752] — Erweiterung eines ie. ī-Stammes ⁺*moru̯ī-* > lat. *mormī-, formī-*; es könnte (onomatopoetisches?) ie. ⁺*momro-*, ⁺*momri-* anzusetzen sein, woraus, was bei einem volkstümlichen Wort nicht verwundere (vgl. *WH* l.c.; *EM* l.c.), durch Umstellungen und Dissimilationen die einzelsprachlichen Formen entstanden seien; s. *WH* l.c. mit Lit.; vgl. *EM* l.c.; *LG* l.c.; zu differierenden Versuchen einer Erklärung der lautlichen Probleme s. *WH* l.c.; *LG* l.c. — erscheint nicht zuletzt durch zahlreiche vergleichbare Formen aus verschiedenen ie. Sprachen, worunter auch gr. μύρμηξ, dor. μύρμᾱξ, gr. μύρμος (*Lykophr.*), βύρμᾱξ, βόρμᾱξ *Hes.* (Weiteres s. *WH* l.c.) zu nennen sind, gut gestützt.

Ernout, *l.c.*, zieht wegen anl. *f-* gegenüber anl. μ- in gr. μύρμηξ und wegen *-ica* etr. Vermittlung eines med., mit gr. μύρμηξ verwandten Wortes in Betracht. Zu anl. *f-* in *formīca* s. unter „Phon.". Das Suffix *-ica* kann jedoch nicht als etruskisches bzw. etr.-lat. Suffix bezeichnet werden; s. S. 445 Fn. 753. Vgl. zu ie. *-ica* in *formīca* auch *WH* l.c. und Terracini, *l.c.*

Alessio, *l.c.*, denkt an Entlehnung eines auf Kontamination eines ie. mit

---

[752] Zu anderen, verfehlten Deutungen aus dem Ie. s. *WH* l.c.; s. auch Fay, *l.c.*

einem etr.-med. Wort beruhenden etr. Ausdruckes ins Lateinische: Aus sard. *boborissina* „formica" und alb. *bobereše* id., beides wahrscheinlich Relikte des med. Substrates, lasse sich die med. Basis +*borborissa* (lautmalendes +*bor-bor-* + *-issa* mit kollektivem Sinn, daher wohl ursprgl. „formicaio", sekundär „formica"; med. *borbor-* > sard. *bobor-*, alb. *bober-* durch dissimilatorischen Schwund des *-r-* der 1. Silbe) erschließen. Durch Kontamination eines mit med. +*borborissa* wurzelgleichen etr. Wortes mit proto-lat. +*mormica* sei etr. +*bormica* (zum nicht etr. Schriftbild von +*bormica* vgl. *DES* §15 u. §11; anzusetzen wäre +*purmica*!) entstanden, welches über den angeblich typisch etr. Wandel *b-* > *f* (s. aber unter „Phon.") zu *furmica* geworden und mit dem für etr. Lehnwörter auf *-u-* typischen Schwanken *o/u* (s. aber Fn. 754) als *formīca/furmīca* ins Lateinische entlehnt worden sei.

Zus.[753]: Phon.[754]: Eine Dissimilation nicht etr. +*m-rm-* > etr. +*p-rm-* muß nicht unbedingt mit Alessio, *l.c.*, auf Kontamination einer nicht etr. Form auf +*m-rm-* mit einer bedeutungsgleichen etr. Form auf +*p-rp-* zurückgeführt werden, sondern könnte in bestimmten für das Etr. zu erschließenden Dissimilationstendenzen (s.u.WW. *forma* und *formīdō*) eine Erklärung finden.

Eine Lautentwicklung anl. +*p-* vor *r* > *f-* ist im Etr. zwar nicht als regulär anzusprechen, doch möglich; s. *DES* §17.

fratillī: „*villi sordidi in tapetis*" Paul. Fest. 80,14 L; vgl. „*fratellis: sordium glomusculis*" Gl. 5,70,17. [?]

Lit.: Alessio, *L'etrusco*, 551 f.; *WH* s.v.

Zum Versuch einer Herleitung aus dem Ie. s. *WH* l.c. (aus +*dhrət-* oder +*dhrₑt-* mit Anlautsvariante +*dher-* neben +*der-* „abspalten" zu ahd. *trădo* m., *trăda* f. „Franse", spätmhd. *trödel* „Holzfaser im Werg").

Alessio, *l.c.*, zieht Herkunft aus einer von (lig.?) +*bratta* (dazu eventuell altitalienisch *bratta* „morchia") abgeleiteten Form in Betracht, und zwar wegen +*b-* > *f-* über etruskische Vermittlung.

Zus.[755]: Phon.: Zum Schwanken *i/e* (sofern die beiden Formen korrekt tradiert sind) s. Kap. B.1.1.1.2.

---

[753] Zum Ausgang auf *-īca* (nicht als Hinweis auf etr. Herkunft bzw. Vermittlung zu werten) s. Kap. B.1.2.1.2.1.1.
[754] Das Schwanken *o/u* kann im Falle von *formīca/furmīca*, d.h. vor mehrfacher Konsonanz, ohne Schwierigkeiten aus dem Lateinischen erklärt werden, s. Kap. B.1.1.1.1.; vgl. auch *WH* l.c.
[755] Zum eventuell etr. *l*-Suffix s. Kap. C.4.1.2.

Eine Lautentwicklung anl. ⁺*p*- (aus ⁺*b*-) vor *r* > *f*- ist im Etruskischen zwar nicht als regulär anzusprechen, doch möglich; s. *DES* § 17.

frōns (*fruns* Enn. Ann. 577; *frūs* Char. *GLK* 1,130,29 unter Berufung auf *frundēs* Enn. Ann. 261; *frōs* Char. *GLK* 1,130,30 u.a.; *frondis, fronds* spät und selten), Gen. *frondis* f.: „,Laub, Laubwerk' (meist koll.Sg.); ‚Laubkranz, belaubter Zweig'" (*WH* s.v.); seit *Enn.* [?]

Lit.: Alessio, *Fitonimi*, 190 ff.; Gerola, *Substrato*, 357 f.; Alessio, *Un'oasi*, 163 f.; *WH* l.c. und s.v. *frōns* „Stirn".

Zu den wenig überzeugenden Versuchen einer Herleitung aus dem Ie. (etwa neben anderen Deutungen aus ⁺*bhrom-di* zu an. *brum* „Blattknospen", schweiz. *brom* „Blütenknospe, junger Zweig" u.a.) s. *WH* s.v. *frōns* „Laub". Alessio, *Fitonimi*, 196 f. (vgl. ders., *Un'oasi*, 163 f.; Gerola, *l.c.*), stellt lat. *frōns* „Laub" sowie *frōns* „Stirn" (s.b.W.) und *frutex* (s.b.W.) mit dem bei vorlat. Pflanzennamen häufigen Ausgang -*x*[756] (zum semantischen Aspekt einer gemeinsamen Herleitung der drei genannten Ausdrücke s. Alessio, *Fitonimi*, 196 f.) zu nicht ie. Ausdrücken wie messap. βρέντιον „ἡ κεφαλὴ τοῦ ἐλάφου" Strab. 6,282[757], βρένδον „ἔλαφος" Hes., *brunda* „*caput cervi*" Isid. Orig. 15,1,49, norw. *brund* „Männchen vom Rentier"; die lat. Formen wiesen wegen anlautend *f*- aus *b*- und wegen des Schwankens *o/u* in *frōns/fruns* „Laub" und „Stirn" auf etr. Medium.

Hierzu ist folgendes zu bemerken:

Während der Wechsel *o/u* in *frōns/fruns* „Laub" wie in *frōns/fruns* „Stirn" und analogisch in den Nominativformen ohne -*n*- ohne Zuhilfenahme des Etruskischen aus lat. Lautgesetzlichkeiten erklärt werden kann (s. Kap. B.1.1.1.1.), ist ein Wandel anl. *b*- > *f*- aus dem Lateinischen nicht zu begründen; im Etruskischen hingegen ist eine Lautentwicklung ⁺*p*- (aus *b*-) vor *r* > *f*-, wenn auch nicht als regulär anzusprechen, so doch immerhin möglich; s. *DES* § 17. Auch die Wiedergabe des ursprünglichen Dentals τ bzw. δ/*d* einmal mit Media (*frondis*), einmal mit Tenuis (*frontis*) sowie der unterschiedliche Vokalismus *frōns* (-*dis*, -*tis*), *frutex* (hier im Gegensatz zum Schwanken *o/u* in *frōns/fruns* wegen des in *frutex* auf das *u* folgenden einfachen Konsonanten innerlateinisch nicht erklärbar) könnte auf ein Wort

---

[756] Anders Ernout, *Senex*, 146: Lat. Bildung. Vgl. *WH* s.v. *frutex*; *EM* s.v. *frutex*.

[757] Nach *WH* s.v. *frōns* „Stirn" möglicherweise auf ⁺*bhren-to*- „Hirsch" zu ⁺*bhren*- „hervorstehen" (Erweiterung von ⁺*bher*-), wovon auch ⁺*bhron-t*- > *frōns* „Stirn", zurückzuführen; vgl. u.W. *frōns* „Stirn".

etr. Herkunft bzw. Vermittlung deuten; s. Kap. B.1.1.2.1. bzw. Kap. B.1.1.1.1.

Allerdings erscheint Vorsicht geboten, wurde doch im Falle von *frōns* „Laub", *frōns* „Stirn", *frutex* versucht, an Einzelwörtern erarbeitete und entsprechend für Einzelwörter Gültigkeit besitzende auf das Etr. weisende Kriterien nicht an einem Wort, sondern an einem Komplex von drei Wörtern in Anwendung zu bringen.

Zus.: Phon.: S. o.

frōns (*frōs* Cels. 2,7,8 u.ö.; zu den aus obliquen Casus zu erschließenden Nominativformen *frūs* und *fruns* s. TLL s.v.2. *frōns*), Gen. *frontis* m.; f. seit Verg.: „,Stirn, Stirn-, Vorderseite, Front, Breitseite'; übtr. ... ,Gesicht, Miene als Ausdruck der Gemütsstimmung'" (WH s.v.); seit Naev. [?]

Lit.: Alessio, *Fitonimi*, 196f.; Gerola. *Substrato*, 357f.; Alessio, *Un'oasi*, 163f.; WH l.c.; EM s.v.

Zu den Deutungen aus dem Ie., im besonderen zur Herleitung von *frōns* als „hervorragender Körperteil" aus +*bhron-t-* zu +*bhren-* „hervorstehen" (Erweiterung von +*bher-*) in ir. *braine* „Schiffsvorderteil, Kante, Gefäßrand", *brainech* „proreta" u.a., eventuell auch in illyr. βρέντιον „Hirschkopf" aus in der Bedeutung spezialisiertem +*bhren-to-*„Hisch" (s. aber u.W. *frōns* „Laub"), s. WH l.c.

S. dagegen EM l.c., wo darauf hingewiesen ist, daß es keine ie. Bezeichnung für „Stirn" gebe.

Zu der von Alessios, *Fitonimi*, 196f. (vgl. ders., *Un'oasi*, 163f.; Gerola, *l.c.*) vertretenen Hypothese der Vermittlung eines nicht ie. Wortes über etr. Medium s.u.W. *frōns* „Laub".

Zus.[758]: Phon.: S.u.W. *frōns* „Laub".

frutex, -*icis* m. (*f.* spätlat.): „Strauch, Staude, Busch, Gesträuch" (WH s.v.); seit Plt. [?]

Lit.: Alessio, *Fitonimi*, 196f.; ders., *Un'oasi*, 163f.; WH l.c.

Zu den Versuchen einer Deutung aus dem Ie., im besonderen zur Herlei-

---

[758] Die Tatsache, daß *frōns* (wohl in erster Linie und ursprünglich) Benennung eines Körperteils ist, widerrät zwar prinzipiell die Deutung als Lehnwort (s.u.W. *ulna*); doch darf nicht vergessen werden, daß, wie EM l.c. betont (s.o.), ein ie. Ausdruck für „Stirn" nicht nachweisbar ist; d.h. es wird bei den Bezeichnungen für „Stirn" einerseits mit innersprachlichen Neubildungen, daneben aber auch mit Entlehnung zu rechnen sein.

tung vom p.p.p. ⁺*bhrutós* „hervorgesprossen" zu ⁺*bhreu-* „sprießen, schwellen" s. *WH* l.c.

Zu der von Alessio, *Fitonimi*, 196f. (vgl. ders., *Un'oasi*, 163f.) vertretenen Hypothese der Vermittlung eines nicht ie. Wortes über etr. Medium s.u.W. *frōns* „Laub".

Zus.: Phon.: S.u.W. *frōns* „Laub".

genista/*genesta* (*genestra*[759] in den weniger guten und späten Codd. von Colum.), *-ae f.* (*genestum Gl.* 10.Jh.)[760]: „Ginster, Spartium iunceum und Genista tinctoria L." (*WH* s.v.); seit *Verg.* [?]

Lit.: Sommer, *Lateinischer Vokalumlaut*, 336; Verndryes, *Recherches*, 155; Herbig, *Etruskisches Latein*, 171; Balboni, *Denominazioni*; Alessio, *Le origini*, 31; Battisti, *Il sostrato*, 370; *WH* l.c.

Zu den abzulehnenden Versuchen einer Anknüpfung an das Ie. s. *WH* l.c.

Daneben wird seit Herbig, *l.c.*, dessen Argumentation auf dem Schwanken *i/e*, auf dem Nebeneinander der Ausgänge *-sta* und *-stra* und auf der Tatsache, daß auch andere Pflanzennamen aus dem Etr. entlehnt sind, basiert, etr. Herkunft in Betracht gezogen: So von Battisti, *l.c.*; *WH* l.c.

Zum Kriterium des Wechsels *e/i* im allgemeinen s. Kap. B.1.1.1.2.; doch wurden im Falle von *genista*/*genesta* Erklärungen dieses Wechsels auch ohne Zuhilfenahme des Etr. versucht:

Alessio, *l.c.*, erschließt neben *genista*/*genesta* aus einigen zentral- und süditalienischen Dialekten eine Form ⁺*genosta* mit bei med. Pflanzennamen auftretendem *-ost-*; ⁺*genosta* sei die älteste Form; *genista* und *genesta* könnten daraus mit regulärer Reduktion des kurzen Vokals entstanden sein. S. dazu aber *LG* § 88.

Sommer, *l.c.* (vgl., ihm folgend, Vendryes, *l.c.*), betrachtet *genesta* als die ältere Form; das *-i-* in *genista* sei vermutlich auf Einfluß von Bildungen wie *arista* zurückzuführen. Genau umgekehrt beurteilt jedoch Balboni, *o.c.*, *genista* als älter, wenn auch das in den Glossen wesentlich häufiger anzutreffende *genesta* fast gleichzeitig belegt sei.

Zu dem nicht als Hinweis auf etr. Herkunft eines Wortes zu wertenden Nebeneinander von *-st-*/*-str-* allgemein s. Kap. B.1.2.1.2.6.1. Speziell zum vorliegenden Wort s. ausführlich Balboni, *o.c.*

---

[759] Aus dem Romanischen erschließbar ist die Form ⁺*genistra*.

[760] Eine Form ⁺*genestis* ist aus offenbar verderbtem *genescis* in Romulus App. 72 zu erschließen.

Zus.[761]: Phon.: Zum Schwanken e/i s. Kap. B.1.1.1.2.; s. aber auch o.

linteō/lintiō, -ōnis m.: „Leinweber" (WH s.v. līnum); linteō seit Plt.; lintiō inschr. und Gl. [?]

Lit.: Ernout, EE, 111; WH l.c.; Peruzzi, Prestiti, 30 ff.; EM s.v. līnum.

Nicht ie. Herkunft des Grundwortes līnum dürfte anzunehmen sein; s. WH l.c.; vgl. EM l.c.

Etr. Herkunft von linteō zieht wegen -ō,-ōnis (s. dazu Fn. 762) und wegen in der Bedeutung verwandter etr.-lat. Ausdrücke wie fullō (s.b.W.), nacca (s. aber b.W.), phrygiō (s. aber b.W.) Ernout, l.c., in Betracht. Vgl. EM l.c., wo für linteus, -a, -um wegen des an etr.-lat. balteus (s.b.W.) erinnernden Ausganges -eus (s. aber Kap. B.1.2.1.1.1.), auch wegen der etr. librī linteī etr. Herkunft nicht ausgeschlossen wird.

Ablehnend dazu sowie zu allen anderen bislang vorgeschlagenen diesbezüglichen Hypothesen Peruzzi, l.c., der lat. linteus (mit Angleichung des Ausganges an die lat. Stoffadjektiva auf -eus und Einschub eines -n- nach līnum, um Gleichklang mit lītos, p.p.p. von līnō zu vermeiden) auf myk. λῑτ- in ri-ta pa-we-a λῑτα φάρϝεα KN L 594.a u. KN L 5927.a zurückführt (auch līnum selbst sei aus myk. λίνον herzuleiten); doch kann diese einigermaßen umständliche Erklärung nicht ausreichend überzeugen.

Zus.[762]: Phon.: Zum Schwanken e/i s. Kap. B.1.1.1.2.

pīlentum, -ī n. (pīlēns, -tis Ven. Fort.): „eine Art Hängewagen, Art Kutsche (an Stangen getragen)" (WH s.v.); seit Verg. [??]

Lit.: Alessio, Stratificazione, 221 f.; WH l.c.; LE s.v.; EM s.v.

Das Wort ist nach Porph. Hor. Epist. 2,1,192 gallischer Herkunft; s. zustimmend WH l.c. (dort auch zu Anknüpfungsversuchen an das Ie., auch zu verfehlten Herleitungen aus dem Lateinischen); EM l.c.

Auch LE l.c. wird gallische Herkunft angenommen, doch habe das Gallische das Wort aus gr. πείρινς (Nom. auch πείρινθος Hes., Etymologicon magnum 668,21), -ινθος f. „wicker basket tied upon the ἄμαξα", „body of the cart" (Hom. Il. 24, 190; vgl. 267; Od. 15,131) in der Bedeutung „Wagenkorb" entlehnt und seinerseits an das Etruskische weitergegeben, aus welchem es das Lateinische übernommen habe[763]. Die Hypothese etr. Vermittlung wird mit

---

[761] Zum Wechsel -st-/-str- (nicht als Hinweis auf etr. Herkunft zu werten) s. im Text weiter vorne.

[762] Zum Ausgang auf -ō, im vorliegenden Fall eventuell als unterstützendes Argument zugunsten einer Herleitung des Wortes aus dem Etruskischen heranziehbar, s. Kap. C.4.1.6.

[763] Diese Entlehnreihe ist, wohl in Rücksicht auf die antike Überlieferung (Porph. Hor. Epist.

jenem Liquidenwechsel ($r \gtreqless l$) begründet, welcher auch in anderen wahrscheinlich über etr. Medium ins Lateinische gelangten gr. Lehnwörtern wie *cantērius, sēria, surēna* (s.bb.WW.) festzustellen sei.

Zus.: Phon.: Gegen kelt. inl. -r- (< gr. -ρ-) bzw. gr. inl. -ρ- > etr.(-lat) -l- s.u.W. *cantērius*.

pulcher/*pulcer*/*polcher*/*polcer*, -c(h)ra, -c(h)rum: „schön, hübsch; fett ...; ohne Schaden; herrlich, ruhmvoll, behaglich" (*WH* s.v.); seit *Naev.*; *polcher* alt nach *Prisc.*, vgl. *Polc(er) CIL* I²640, etwa 130 v.Chr.; aus ungeführ dieser Zeit auch Formen auf -u-, s. *Pulcrum, Pulcrai CIL* I²1211; Schreibung mit -c- jedenfalls inschriftlich früher belegt als solche mit -ch-. [?]

Lit.: Kretschmer, *Sprache*, 113; *WH* l.c.; *LG* §166; *EM* s.v., Hamp, *Latin pulc(h)er*.

Zu nicht überzeugenden Deutungen aus dem Ie. s. *WH* l.c.; s. auch Hamp, *o.c.* (⁺*pŕk-ró-s* zu ⁺*perk-* „variegated" > ⁺*porkros* > ⁺*polkros* > *polc(h)er* mit semantischer Entwicklung „variegated > beautiful > fine > endowed with positive values appropriate to the head noun"), mit weiterer Lit.

Kretschmer, *l.c.*, vermutet wegen der „dem Lateinischen fremden Aspiration"[764] etr. Herkunft; „es wäre", fährt er fort, „sehr bezeichnend, wenn die Römer die Ausdrücke für die beiden Begriffe ‚schön' und ‚lieben'[765] diesem sinnlichen Volk verdankten."

Ablehnend dazu, da die Aspirierung nicht unter etr. Einfluß erfolgt, etr. Herkunft somit nicht erweislich sei, *WH* l.c. Vgl. *EM* l.c., wo es heißt, die Einführung der Aspiration sei durch etymologisierende Verknüpfung mit gr. πολύχρους begünstigt worden (vgl. *LG* l.c.); die Herkunft des Wortes sei nicht zu ermitteln.

Auf die Aspiration in *pulcher* bzw. auf das Nebeneinander aspirierter und nicht aspirierter Formen sei im folgenden näher eingegangen:

Eine interessante, von *WH* l.c. und *EM* l.c. angeführte *Cicero*-Stelle (*Or.* 160) beschäftigt sich mit der Aussprache von *pulcher*: „*quin ego ipse cum scirem ita maiores locutos esse, ut nusquam nisi in vocali aspiratione uterentur, loquebar sic, ut ‚pulcros, Cetegos, triumpos, Cartaginem' dicerem: aliquando idque sero, convicio aurium cum extorta mihi veritas esset, usum loquendi populo concessi, scientiam mihi reservavi.*"

Cicero sagt also, er habe zunächst die aspirationslose Form gewählt, da er sich an der Aussprachegepflogenheit der *maiores* orientierte, welche nur „*in*

2,1,192), gegenüber der von Alessio, *l.c.*, vertretenen Vermittlung von gr. πείρινς über etr. Medium um die gallische Zwischenstufe erweitert.

[764] Zur Aspiration im Lateinischen s. Kap. C.2.2.1.; vgl. auch Kap. B.1.1.2.2.
[765] S. aber gegen etr. Herkunft von lat. *amō* b.W.

vocali"[766] aspiriert hätten. Später habe er sich an die Sprechweise des *populus* angepaßt, welcher, offenbar anders als die *maiores*, Aspiration nicht nur „*in vocali*", sondern auch ohne diese Voraussetzung zu sprechen pflegte.

Unter „*populus*" wird „das gemeine Volk", „die ungebildete Masse" zu verstehen sein; mit „*maiores*" hingegen bezeichnet *Cicero* wohl schwerlich irgendwelche beliebigen Menschen vergangener Jahrzehnte und Jahrhunderte, gleichgültig welchen Standes und Bildungsgrades, sondern er bezieht sich mit Gewißheit auf eine auserlesene, wohl vorwiegend aristokratische, jedenfalls gebildete Schicht.

Aus dem eben Dargelegten resultieren folgende Möglichkeiten, die vorgeführte *Cicero*-Stelle hinsichtlich der Aussprache bzw. der Ausspracheentwicklung von „*pulcher*" zu interpretieren:

1. Die *maiores* sprachen „*pulcros*", der *populus* zur Zeit der *maiores* sprach ebenfalls „*pulcros*", änderte dann (Wann? Spätestens in *Ciceros* frühen Jahren, da er, wie er selbst sagt, die von den *maiores* übernommene Aussprache lange beibehielt.) die Aussprache auf „*pulchros*".

Cicero erwähnt aber mit keinem Wort eine Ausspracheneuerung im *populus*. Die Auffassung, die im Volk verbreitete Aussprache „*pulchros*" reiche weiter in die Vergangenheit, d.h. in die Zeit der „*maiores*" zurück (s. weiter unten), kann jedenfalls aus dieser Stelle nicht widerlegt werden.

2. Die *maiores* sprachen „*pulcros*", der *populus* zur Zeit der *maiores* sprach „*pulchros*" (s. weiter vorne).

Welche Aussprache ist als die ursprüngliche, der Herkunft entsprechende anzusehen? Sollte es die aspirierte Aussprache sein, stünde jedenfalls fremde Herkunft fest (s. S. 479), etr. Herkunft wäre naheliegend. Worauf wäre jedoch die Distanzierung der Oberschicht von der volkstümlichen Aussprache zurückzuführen? Auf Ablehnung nicht lateinischer, im besonderen auf Ablehnung etruskischer oder etruskisierenderer Aussprachegewohnheiten? Auf modischen Sprachpuritanismus der Gebildeten? Oder verhielt es sich so, daß die Aussprache ursprünglich, da es sich um ein aus einer fremden (der etruskischen?) Sprache übernommenes, mit den Lautmitteln der lateinischen

---

[766] Was „*in vocali*" bedeutet, ist nicht klar, am ehesten „bei einem stimmhaften Laut", d.h. bei einem stimmhaften Konsonanten. So auch Prof. *Pfiffig* (brieflich), der an ital. sonoro-sordo „stimmhaft-stimmlos" erinnert.

Zur Illustration der Schwierigkeit, die diese Stelle bereitet, seien zwei differierende Übersetzungen vorgeführt: You A., *Cicéron, L'orateur*, übersetzt mit „dans les voyelles", d'Arbela E.V., *M. Tullii Ciceronis Orator*, mit „dinanzi alle vocali". Auch der Kommentar von *Sandys J.E.* zur Stelle („After the consonants P, C, T, R, the aspirate is found chiefly in Greek words. Inscriptions of the seventh century give it, though rarely until about 660 A.U.C. After about 700 A.U.C. they give it regularly.") hilft nicht weiter.

Sprache nicht exakt wiederzugebendes Wort handelte, zwischen der aspirierten und der nicht aspirierten Form schwankte, bis sich beim *populus* die aspirierte Form, bei den Gebildeten aus den oben angeführten Gründen die nicht aspirierte Form durchsetzte? Schließlich gewann im 1.Jh.v.Chr. die „volkstümliche" aspirierte Form an Boden, ohne jedoch die aspirationslose Form gänzlich zu verdrängen. Eine Forcierung der aspirierten Aussprache von *pulcher* durch etymologisierende Zusammenstellung mit gr. πολύχρους (s. weiter vorne) — ein Vorgang, der nur in der Schicht der Gebildeten, mit griechischer Kultur Vertrauten denkbar ist — ist nach dem eben Ausgeführten auszuschließen: Wäre diese Beeinflussung zur Zeit der *maiores* erfolgt, hätten diese „*pulchros*" gesprochen; wäre sie zu *Ciceros* Zeit anzusetzen, hätte er diesen Umstand wohl erwähnt und hätte nicht das Vordringen der aspirierten Form als ein Sichdurchsetzen der Sprechweise des *populus* erklärt.

Auffällig ist schließlich, daß Cicero solche Wörter als Beispiele bringt, von denen zwei mit Sicherheit (*triumpus*[767]; *Carthāgō*[768]), eines wahrscheinlich (*Cethēgus*[769]) nicht lateinischen Ursprungs sind; ja vielmehr dürften alle drei

[767] S.b.W.

[768] Der Stadtname *Carthāgō*, welcher „Neustadt" bedeutet, lautet im Punischen *qrt-ḥdšt*, im Griechischen Καρχᾱδών, Καρχηδών (-όνος). Auch im Etruskischen ist er belegt: *karθazie NRIE* 1042 (*TLE* 724), 6.Jh., jedenfalls vom Toponym abgeleitet, könnte mit „zu Karthago" (zum Modalis-Suffix -*e* s. *DES* § 59) übersetzt werden (zur Deutung als *Carthadius* s. Benveniste, *Notes étrusques*, 248f.; vgl. *DGE* 2,165).

Die lateinische Namensform *Carthāgō* hat verschiedene Deutungen erfahren: Es wurde Entlehnung aus gr. Καρχᾱδών (*k-kh-d* > *k-th-g*) erwogen (so *LG* § 232.C.), oder es liege progressive Dissimilation aus ⁺*Karthādōn-* (fälschlich in ⁺*Kar-thā-dōn-* zerlegt) zu *Carthada*, einer spät (*Solin*. 27,10; *Serv. Aen*. 1,366; *Isid. Orig*. 15,1,30) belegten Kurzform, vor (so Friedrich, *Καρχηδών*, 103f.; vgl. zustimmend *WH* s.v. *Carthāgō*; *EM* s.v. *Carthāgō*, wo allerdings auch auf die Deutung bei Benveniste, *l.c.*, verwiesen wird, s. im folgenden), oder lat. *Carthāgō* sei — mit Wegfall des Ausganges -*št* und Wiedergabe von *h* durch *g* — auf eine Form ⁺*kart(a)ha(d)*- zurückzuführen (so Benveniste, *l.c.*; vgl. *EM l.c.*).

Wäre es jedoch nicht in Anbetracht der während langer Zeiträume durch Interessensgemeinschaft engen Beziehungen zwischen Etruskern und Karthagern, die bereits Jahrhunderte vor dem von *Polybios* 3,23 auf 509 datierten legendären ersten Handelsvertrag Roms mit Karthago feststellbar sind, (s. jetzt ausführlich Weber, *Etruskisch-karthagische Beziehungen*, bes. p. 17ff., 136ff., 160ff.), denkbar, daß der Stadtname *qrt-ḥdšt* von den Etruskern den Römern — man beachte auch die durch die Goldbleche von Pyrgi dokumentierten Beziehungen zwischen Pyrgi, dem Hafen der mit Rom in engstem Kontakt stehenden Etruskerstadt Caere, und Karthago — übermittelt wurde? Jedenfalls steht die *NRIE* 1042 (*TLE* 724) belegte etr. Form *karθazie*, möglicherweise auf eine Form ⁺*karθatie* zurückgehend (s. Benveniste, *l.c.*; *DGE* 2,165f.), welche ihrerseits direkt auf pun. *qrt-ḥd(št?)* zurückzuführen sein dürfte (vgl. Benveniste, *l.c.*), der lat. Kurzform *Carthada* wie auch — berücksichtigt man, daß der Lautwert von -*z*- in einem etr. Namen fremder Herkunft nicht dem regulären Lautwert von etr. *z* entsprechen muß, und zieht man zudem mit Friedrich, *l.c.*, dissimilatorische Tendenzen in Betracht — der klassischen lateinischen Namensform *Carthāgin-* näher als pun. *qrt-ḥdšt* oder gar gr. Καρχᾱδών (Καρχηδών).

[769] S. S. 480.

aus dem Etruskischen bzw. über etr. Medium herzuleiten sein. Sollte *pulcher* als einziges echt lat. Wort in dieser Aufzählung stehen?

Aus dem Bereich der Semantik ist nach derzeitigem Wissensstand kein Argument zugunsten etr. Herkunft des Wortes zu gewinnen: Nach *WH* l.c. ist die Grundbedeutung nicht zu ermitteln; *EM* l.c. geht von der Bed. „fort, puissant, beau" aus und faßt die Verwendung in der religiösen Sphäre ("animal sans défaut réservé pour le sacrifice") als sekundär auf. Nur eine sorgfältige Untersuchung der Bedeutungsentwicklung könnte Aufschluß darüber geben, ob die Verwendung im kultischen Bereich als abgeleitet oder ursprünglich anzusehen ist. Sollte das letztere der Fall sein, wäre wohl Entlehnung aus dem Etr. eher in Betracht zu ziehen als bei einem unspezifischen Ausdruck wie "schön, hübsch".

Zus.: Phon.[770]: Zu problematischem Schwanken *ch/c* s. Kap. B.1.1.2.2.; s. dazu auch o.

sulpur/sulphur/sulfur, -uris n.: „Schwefel" (*WH* s.v.); seit *Enn.* und *Cato.* [?]

Lit.: *WH* l.c.; *LG* § 165.g.δ.; *EM* s.v.

Nach *WH* l.c. Wanderwort med. Herkunft (dort auch zu verfehlten Versuchen einer Anknüpfung an das Ie.[771]).

Nach *EM* l.c. süditalisches Wort mit unbekannter Etymologie.

Entlehnung aus dem Etr. (oder auch aus einer med. Sprache) erwägt wegen des Wechsels *p/ph EM* l.c. Tatsächlich könnte die unterschiedliche Wiedergabe des Labials mit *p/ph/f* — sofern nicht *ph* mit *WH* l.c. auf „falsche gräzisierende Schreibung" zurückzuführen ist und sofern *f* nicht nach *WH* l.c. als „schlechte" Schreibung zu bezeichnen ist, nicht nach *LG* l.c. wie vereinzelt im Romanischen als „Aussprache für ein hyperkorrektes geschriebenes *ph* statt *p*" steht und nicht nach *EM* l.c. als späte Schreibung das Verschwinden der Aspirierung anzeigt — als Argument zugunsten etr. Herkunft des Wortes ins Treffen geführt werden.

Zus.: Phon.: Zum Schwanken *p/ph/f* s. Kap. B.1.1.2.2.; s. aber auch o.

---

[770] Zu dem im Falle von *pulc(h)er/polc(h)er* aus lateinischen Lautgesetzen erklärbaren Schwanken *u/o* s. Kap. B.1.1.1.1.

[771] Etr. Vermittlung eines ie.-sabinischen Wortes sei wegen -*p*- für angebliches sabinisches -*b*- aus ie. -*bh*- nach *WH* l.c. von Ribezzo, *RIGI* 14,10 A, in Betracht gezogen worden.

Das Zitat konnte von der Verf. nicht verifiziert werden; die Stellenangabe muß auf Irrtum beruhen.

tinea*/*tinia, *-ae f.:* „Motte, Holzwurm, Raupe"; spätlat. „Haarausfall, Kopfgrind" (*WH* s.v.); seit *Cato* [?]

Lit.: Ernout, *EE*, 116; *WH* l.c.

Zu den wenig überzeugenden Versuchen einer Herleitung aus dem Ie., im besonderen zur Deutung als ⁺*ti-ne-i̯ā-* „zum Modern gehörig" zu ai. *sạ tinóti* „zerquetscht, zerdrückt", gr. σής „Motte, Milbe", aksl. *tъlja* „Verwesung, Motte" etc., s. *WH* l.c.

Ernout, *l.c.*, nennt den Ausdruck unter den angeblich etr.-lat. Bildungen auf *-ea*; s. aber Fn. 772.

Zus⁷⁷²: Phon.: Zum Schwanken *e*/*i* s. Kap. B.1.1.1.2.

trua (*drua* Paul. Fest. 9,2 L), *-ae f.:* „Schöpfkelle, auch zum Umrühren beim Kochen" (*WH* s.v.); seit *Pompon.* [?]
trulla (*truella* Scaev. Dig. 34,2,36), *-ae f.:* „Schöpfkelle; Pechpfanne; Napf" (*WH* l.c.); seit *Cato.* [?]
trulleus*/*truleus, *-ī m.*; ***trulleum*/*truleum*** (*trullium*/*trulium* Akk.), *-ī n.*; ***trullia*/ *trulia***, *-ae f.:* „Becken, Waschbecken" (*WH* l.c.); seit *Cato.* [?]
trulliō*/*trulleō, *-ōnis m.:* „seau (à couvercle percé ...)" (*EM* s.v. *trua*); Plin. Val. 3,38 [?]

Lit.: Ernout, *EE*, 115; *WH* l.c.; *EM* l.c.

Zu den Versuchen einer Herleitung aus dem Ie. (vielleicht mit gr. τορύνη f. „Rührkelle", an. *þvara* „Quirl", ahd. *dwiril* „Rührstab" etc. zur Wurzel ⁺*tu̯er-*, ⁺*tur-*, ⁺*tu̯r̥-*, ⁺*tru-* „drehen, quirlen"; oder unter Ansatz von ⁺*dru̯u̯ā*, ⁺*dreun(o)lā* als „hölzerner Löffel" zu ie. ⁺*dereu-* „Holz") s. *WH* l.c.

Ernout, *l.c.*, erwägt wegen der Formen *trul(l)eum*, *trulleus*, d.h. angeblich etr.-lat. Bildungen auf *-eum*, *-eus* (s. aber Fn. 773), sowie aus semantischen Gründen etr. Herkunft der ganzen Sippe. Vgl. *EM* l.c., wo allerdings für *trulla* und möglicherweise dazu sekundär gebildetem *trua* nach dem Zeugnis von Varro, L.L. 5,118 und wegen der Verbalform *trullissō* Entlehnung aus dem Gr. nicht ausgeschlossen wird.

Zus.⁷⁷³: Phon.: Zum Schwanken *t*/*d* in *trua*/*drua* s. Kap. B.1.1.2.1.; aller-

---

⁷⁷² Zum Ausgang auf *-ea* (nicht als Hinweis auf etr. Herkunft zu werten) s. Kap. B.1.2.1.1.1.
⁷⁷³ Zum eventuell etr. *l*-Suffix in *trulla* etc., *trulleus* etc., *trulliō* etc. s. Kap. C.4.1.2.
Zum Ausgang auf *-eus*/*-eum* in *trul(l)eus*, *trul(l)eum* (nicht als Hinweis auf etr. Herkunft zu werten) s. Kap. B.1.2.1.1.1.
Zum Ausgang auf *-iō* bzw. *-ō* in *trulliō* bzw. *trulleō*, im vorliegenden Fall eventuell als unterstützendes Argument zugunsten einer Herleitung dieser Formen bzw. der Sippe aus dem Etr. heranziehbar, s. Kap. C.4.1.7. bzw. C.4.1.6.

dings ist anlautend *d-* für die ganze umfangreiche Sippe nur einmal (*Paul. Fest.* 9,2 L) belegt.

Zum Schwanken *e/i* in *trul(l)eus, trul(l)eum/trul(l)ium, trul(l)ia* (die späten und singulär belegten Formen *trulliō/trulleō* haben wohl außer Betracht zu bleiben) s. Kap. B.1.1.1.2.

tunica *(tonica Isid.* Orig. 19,22,6), *-ae f.*: „auf dem Leib getragenes, mit kurzen Ärmeln versehenes Hemd der römischen Frauen und Männer, über dem der römische Bürger noch die Toga, die römische Bürgerin die Stola oder das Pallium trug; Bast; Haut, Hülle" (*WH* s.v.); seit *Plt.* [?]

Lit.: Ernout, *EE*, 118, Fn. 2; Nencioni, *Innovazioni*, 42; Ernout, *Aspects*, 67; *WH* l.c.; *LG* § 190.a.; *EM* s.v.; Strnad, *Nochmals zum Methodenproblem*, 282.

An der semitischen Herkunft des Wortes — es wird vor allem hebr. *kəthōneth* „auf dem bloßen Leibe getragenes Kleid" verglichen; s. Ernout, *EE* 118, Fn. 2; vgl. ders., *Aspects*, 67; *WH* l.c., *EM* l.c.; *LG* l.c.; anders Nencioni, *l.c.*, der an Entlehnung aus dem Punischen denkt — sowie an der Verwandtschaft mit gr. χιτών (ion. κιθών) besteht kein Zweifel.

Neben Entlehnung auf direktem Weg (so *WH* l.c. unter Annahme einer Grundform ⁺*ktun-ica* oder einer Umstellung aus ⁺*cituna*; vgl. *LG* l.c.) wird Vermittlung über das Etruskische in Betracht gezogen:

Ernout, *EE*, 118, Fn. 2, begründet diese Auffassung mit dem angeblich etr.-lat. Ausgang *-ica*[774]; *-ica* stellt jedoch kein auf das Etruskische weisendes Kriterium dar, s. Kap. B.1.2.1.2.1.1. Ders., *Aspects*, 67, äußert die Ansicht, *-u-* in lat. *tunica* gegenüber -ω- in zweifellos auf dasselbe Grundwort zurückzuführendem gr. χιτών lasse an etr. Medium bei der Entlehung des lat. Wortes denken; diese Argumentation entbehrt allerdings jeder Grundlage.

Hinsichtlich der Lautveränderung hebr. -ō-/lat. -ŭ-(-ŏ-? S. weiter unten.) ist zu bemerken, daß sie auf Grund der Vokalquantität nicht dem Regelfall einer etr. Vermittlung von gr. -ω- > etr.-lat. -ū-/-ō (s. *DGE 2*,271 ff.) entspricht. Jedoch ist einerseits hebr. -ō- nicht ohne weiteres gr. -ω- gleichzusetzen, andererseits ist Übermittlung und somit Entstellung über eine unbekannte zwischengeschaltete Sprache gerade bei einem Wort dieser Art, welches nicht zuletzt durch seefahrende Kaufleute, d.h. durch Vertreter eines sich aus Angehörigen unterschiedlichster Völker rekrutierenden und internationale Kontakte pflegenden Berufsstandes, verbreitet wurde, denkbar.

---

[774] Vgl. Strnad, *l.c.*, der in etr.-lat. *tunica* „Untergewand aus Wolle" wie auch in *caudica, lorīca* angebliches etr. „adjektivisches *ic* mit der Bedeutung ‚gemacht aus'" zu identifizieren glaubt. S. aber Kap. B.1.2.1.2.1.1. und u.WW. *caudica, lorīca*.

Nencioni, *l.c.*, zieht möglicherweise über etr. Medium aus gr. χλαῖνα vermitteltes lat. *laena* (s.b.W.) zum Vergleich heran, sieht also offenbar im Schwund des anlautenden Gutturals ein Argument zugunsten etr. Vermittlung von *tunica*. Dies läßt sich jedoch nicht erweisen, s.u.W. *laena*.

Zur Anlautskombination Guttural + Dental allerdings ist folgendes zu bemerken: Die Konsonantenverbindung Guttural+Dental ist im Etruskischen im Anlaut nach Ausweis von *ThLE* mit Sicherheit nur dreimal, d.h. sehr schwach, belegt: *cterθue CIE* 4591 > Vetter, *Die etruskischen Personennamen*, Sp. 91; *ctzvi TLE* 441[7]; *ctnś NRIE* 237. Während de Simone, *DGE* 2,190 ff., in inlautender Stellung eine Entwicklung gr. κτ > etr. χt(ht) > etr. *t* annehmen zu dürfen glaubt (vgl. u.W. *nacca*), ist eine derartige Lautentwicklung in anlautender Stellung nicht nachgewiesen. Zwar legen also das höchst spärliche Vorkommen von anlautend Guttural+Dental im Etruskischen sowie die etr. Behandlung von gr. inlautend -κτ- es nahe, die Möglichkeit einer Reduktion von anlautend Guttural+Dental zu bloßem Dental im Etruskischen nicht auszuschließen, ein eindeutiger Beweis läßt sich jedoch nicht erbringen. Es könnte die Anlautsveränderung auch erst im Lat. vorgenommen worden sein; s. *LG* l.c.

Ohne Angabe von Gründen erwägt *EM* l.c. etr. Vermittlung des Wortes.

Zus.[775]: Phon.: Zu hebr. -ō- > eventuell etr.-lat. -ŭ- und hebr. Guttural +Dental > eventuell etr.-lat. *t*- s.o.

Der Wert der bei *Isid.* l.c. überlieferten Form *tonica* mit -*o*- erscheint unter Berücksichtigung sowohl des singulären Vorkommens als auch der späten Bezeugung fragwürdig. Ein auf das Etr. zurückzuführendes Schwanken *u/o* ist jedoch nicht gänzlich auszuschließen; s. dazu Kap. B.1.1.1.1.

tŭrunda *(torunda Gl.)*, -ae f. *(turundus m. Marcell. Med.)*: „,Opferkuchen' (seit *Varro*); ‚Kuchen zur Mästung des Geflügels' (seit *Cato*), analogisch ‚Salbe, welche man in eine Wunde stopfte' ... (seit *Cato* ...)" (*WH* s.v.). [?]

Lit.: Ernout, *EE*, 106; *WH* l.c.; *LG* § 298.A.1.d.

Zu den Versuchen einer Herleitung aus dem Ie., im besonderen zur Deutung als *tŭrunda* < ⁺*terunda* „Reibung, Geriebenes, Geknetetes" zu *terō*, s. *WH* l.c.; vgl. *LG* l.c.

Ernout, *l.c.*, nennt das Wort unter den angeblich etr.-lat. Bildungen auf -*nd*-, schließt aber auch Entlehnung (eventuell nicht auf direktem Weg) aus

---

[775] Zum Ausgang auf -*ica* (nicht als Hinweis auf etr. Herkunft zu werten) s. Kap. B.1.2.1.2.1.1.

gr. τυροῦς bzw. Akk. τυροῦντα „gâteau de fromage" nicht aus. Zu *-nd* s. aber Fn. 776. Gegen *tŭrunda* < gr. τυροῦς s. *WH* l.c.

Zus.[776]: Phon.: Zum Schwanken *u/o* s. Kap. B.1.1.1.1.; allerdings ist *torunda* nur als Glossenform bezeugt.

ulpicum, *-ī n.:* „eine Art Lauch" (*WH* s.v.); seit *Plt.* Poen. 1314 und *Cato*. [??]

Lit.: Alessio, *Vestigia*, 131; *WH* l.c.; *LE* s.v.

Nach *WH* l.c. wegen *Colum.* 11,3,20 *„ulpicum, quod quidam ālium Pūnicum vocant, Graeci autem* ἀφρόσκορδον *appellant ..."* vielleicht punischen Ursprungs.

Etr. Herkunft zieht Alessio, *l.c.*, wegen tosk. *ulpicio* „allium scorodoprasum L." und alttosk. *upiglio* (< *ulpīculum*) „specie di aglio che si trova allo stato selvatico" trotz *Colum.* l.c. in Betracht.

Anders ders., *LE* l.c.: *Ulpicum* sei möglicherweise wie *Pūnicum* in *ālium Pūnicum* (*Colum.* l.c.) oder *Calabricum* in *ālium Calabricum* (*Gl.*) als Ethnikon aufzufassen, auf Grund von *ālium Pūnicum* und dem die gleiche Pflanze bezeichnenden gr. Ausdruck ἀφρόσκορδον (-σκόροδον) als nordafrikanisches Ethnikon, genauer als „corrispondente indigeno del lat. *Libycus* ... dal nome dei *Libyī*, che appare nel punico come *Lwbyn* = ebr. *Lubīm* pl. e in un'iscrizione neopunica rinvenuta in Tripolitania nella forma *Lby* m. sg. ...". Wegen der Tenuis in der lat. Form, wegen *i-u > u-i* (offenbar hat Alessio eine Gegenüberstellung *Libycus/ulpicum* vor Augen) und der Metathese anl. *lu- > ul-* sei wahrscheinlich an etr. Vermittlung zu denken.

Diese Interpretation (wie auch mangels an Beweisen die von Alessio, *Vestigia*, 131, vorgeschlagene; s.o.) ist abzulehnen: Einzig die Lautveränderung lib. *-b- >* lat. *-p-* könnte auf das Etr. zurückgeführt werden (vgl. *DGE 2*,169); eine Umstellung *i-u > u-i* läßt sich ebensowenig wie eine Anlautsveränderung *lu- > ul-* weder bei den gr. Entlehnungen noch sonst nachweisen.

Zus.: Phon.: S. o.

uterus/*uter, -ī m.; uterum, -ī n.:* „Unterleib, Bauch, bes. Mutterleib, Gebärmutter" (*WH* s.v.); seit *Plt.* [??]

Lit.: Meillet, *Etudes*, 168; Devoto, *Storia*, 14; Carnoy, *Etrusco-latina*, 111; *WH* l.c.; *EM* s.v.

---

[776] Zu *-nd-* (nicht als Hinweis auf etr. Herkunft zu werten) s. Kap. C.4.1.9.

Herleitung aus dem Ie. (vgl. ai. *udáram* „Bauch", gr. ἄδερος·γαστήρ *Hes.*, altpr. *weders* „Bauch") ist nicht anzuzweifeln; s. *WH* l.c.; *EM* l.c.

Wegen der nur unbefriedigend erklärten Tenuis *-t-* in der lat. Form (zu den Erklärungsversuchen s. *WH* l.c.; vgl. Meillet, *l.c.*) vermutet Carnoy, *l.c.*, etr. Einfluß.

Etr. Medium (an Beeinflussung anderer Art ist nicht zu denken) ist aber für dieses einen Körperteil bezeichnende Erbwort auszuschließen. Vielmehr wird mit *EM* l.c. (vgl. Devoto, *l.c.*) bei einem Wort dieser Art mit „volkstümlichen" instabilen Formen zu rechnen sein.

Zus.: Phon.: Zur Tenuis der lat. Form gegenüber Formen mit Media aus anderen ie. Sprachen s.o.

C.1.2. *Lateinisch-etruskische Hybridenbildungen*

C.1.2.1. *Wortkern indoeuropäisch-lateinisch (auch anderer, doch nicht etruskischer Herkunft*[1]*), Suffix etruskisch*[2]

arcera, basterna, caverna (cavus), fūsterna (fūstis), levenna, madulsa, piscīna, saburra, sociennus, vagīna

arcera[3], *-ae f.*: „ländlicher, allseits bedeckter und gepolsteter Wagen in Kastenform für Kranke und Greise"[4] (*WH* s.v.); seit *XII tab.* [?]

Lit.: Deroy, *Les noms*, 26; *WH* l.c. und s.vv. *arca, arceō*; *EM* s.vv. *arca, arceō*.

Arcera nach *WH* ll.cc. Ableitung von *arca* zu *arceō* von ie. ⁺*ark-* nach dem Muster von *cumera* (zum möglicherweise etr. Ursprung von *cumera* s.b.W.) u.ä.; vgl. *EM* ll.cc.

Etr. Herkuft des ganzen Wortes vermutet wegen *-era* Deroy, *l.c.* Dies ist in Anbetracht der einwandfreien Zusammenstellung mit *arceō* abzulehnen.

Zus.: Morph.: Zu *-era* s. Kap. B.1.2.1.2.4.2.

---

[1] Die Formulierung „nicht etruskischer Herkunft" ist im eigentlichen, streng etymologischen Sinn zu verstehen; Ausdrücke, die auf Lehnübersetzungen oder Bedeutungsentlehnungen aus dem Etruskischen zurückgehen, sich aber letztlich aus Elementen des indoeuropäisch-lateinischen Wortschatzes konstituieren, sind daher in die folgenden Betrachtungen miteinbezogen.

[2] S. außer den im Text im folgenden aufgeführten Wörtern auch u.WW. *September, Octōber, November, December; centuria, decuria; amita; bidental, lupānar.*

[3] Verderbt daraus nach *WH* s.v. *arcera* die Form *arcirma Paul. Fest.* 14,21 L.

[4] Vgl. *Gell.* 20,1,29.

basterna, *-ae f.:* „geschlossene, vorn und hinten mit je zwei Stangen ... versehene, von Maultieren getragene Sänfte"[5] (*WH* s.v.); seit *Lampr.* [?]

Lit.: Stolz, *Laverna*, 247; Ernout, *EE*, 94 f.; Frisk s.v. βαστάζω; *WH* l.c.; Heine, *Cavum*, 276, Fn. 40; *EM* s.v.

Nach Ernout, *l.c.*, sei lat. *basterna* vom Namen der germ. *Bastarnae, Basternae* herzuleiten. S. dagegen mit Literaturangaben *WH* l.c., wo statt dessen in *basterna* Ableitung von *bastum* „Stab, Stock" (dieses nach *WH* l.c. „wohl aus gr. ⁺βάστον bzw. ⁺βάστα ‚Trage', Rückbildung zu βαστάζω ‚trage, hebe' bzw. zu ⁺*bastāre* aus spätgr. ⁺βαστᾶν"; die Etymologie von βαστάζω ist nach Frisk l.c. ungeklärt) nach dem Muster von *fūsterna, taberna* etc. gesehen wird. Vgl. Stolz, *l.c.*; Heine, *l.c.*; *EM* l.c.

Zus.: Morph.: Zu *-erna* s. Kap. B.1.2.1.2.3.2.3.

caverna, *-ae f. (cavernum, -ī n.* spätlat.*):* „‚Höhle, Loch, Grotte', auch ‚Himmelsgewölbe'"[6] (*WH* s.v. *cavus*); *caverna* seit *Varro, Lucr., Cic.* [?][7]

Lit.: Meillet, *Études*, 167; Brugmann-Delbrück, *Grundriß*, 2²,1,281; Stolz, *Laverna*, 244; Niedermann, *Zur ig. Wortforschung*, 151 f.; Petersson, *Studien,* 10 f.; Ernout, *EE*, 95; Chantraine, *La formation*, 218; Benveniste, *Origines*, 17 f.; Deroy, *Jeux*, 27; ders., *Les noms*, 31; *WH* l.c.; Heine, *Cavum*, 276, Fn. 40; *LE* s.v.; *LG* § 292.b., § 47.a.; *EM* s.v. *cavus*.

Caverna wird im allgemeinen zur gleichen Wurzel wie lat. *cavus*[8] gestellt[9].

---

[5] Zur Beschreibung vgl. *Isid. Orig.* 20,12,5.

[6] Zur Bedeutungsentwicklung, insbesondere in Gegenüberstellung zu *cavum*, s. Heine, *Cavum*.

[7] In die Besprechung ist unbedingt miteinzubeziehen ***cavus**, -a, -um*: „‚hohl, nach innen gewölbt, konkav', auch ‚tief (von Gewässern)', ‚löcherig (mit Hohlräumen), undicht' (von Wolken ...), ‚leer' (*umbra, imāgō* ...)" (*WH* l.c.); seit *Enn.* und *Plt.*

Nach *WH* l.c. aus ⁺*coṷos* zur Wurzel ⁺*ḱeṷ(e)-,* ⁺*ḱeṷā-,* ⁺*ḱū-* „schwellen, wölben", woraus „Einbiegung, Höhlung" und „Ausbiegung, Haufe"; vgl. *EM* s.v.

Anders Deroy, *Jeux*, 27, der in *cavus* eine über das Etr. ins Lateinische vermittelte, auf eine nicht näher definierte prähellenische Basis zurückgehende Form sieht.

Nach *LE* s.v. *caverna* ist *cavus* wegen der etr.-lat. Bildungen *caverna* und *cavea* sowie wegen des Wechsels o/a in ⁺*covus/cavus, caverna, cavea* nicht ererbt. Zu *cavea*, welches möglicherweise mit *cavus* nicht verwandt ist, s.b.W.; der Ausgang *-ea* ist jedenfalls nicht als Hinweis auf etr. Herkunft eines Wortes zu werten, s. Kap. B.1.2.1.1.1.; zum problematischen, jedenfalls mit Hilfe des Etruskischen nicht zu klärenden Wechsel *o > a (a > o?)* s. *LG* § 47.a. und u.W. *favissae.* [??]

[8] S. Fn. 7.

[9] Anders etwa Ernout, *l.c.*, der wegen etr.-lat. *-erna* Entlehnung von *caverna* aus dem Etr. nicht ausschließt; allerdings könne in *caverna* auch vom Etr. nicht beeinflußte Ableitung zu *cavus* vorliegen.

Auch Deroy, *Les noms*, 31, zieht wegen *-na* etr. Herkunft des ganzen Wortes in Betracht; vgl.

S. Meillet, *l.c.*; Brugmann, *l.c.*; Niedermann, *o.c.*, 152; Petersson, *l.c.*; Ernout, *l.c.*; Benveniste, *l.c.*; *WH* l.c.; Heine, *l.c.*; *LE* l.c.; *LG* § 47.a.; *EM* l.c.

Die Bildungsweise wird verschieden beurteilt:

Sie wird teils als ererbt angesehen — so von Meillet, *l.c.*[10]; Brugmann-Delbrück, *l.c.*, mit Zweifeln[11]; Stolz, *l.c.*[12]; Petersson, *l.c.*[13]; Ernout, *l.c.*, mit Vorbehalt[14]; Benveniste, *l.c.*[15]; *EM l.c.*, wo allerdings auch Einfluß etruskisch-lateinischer Bildungen wie *lanterna* etc. nicht ausgeschlossen wird[16]) —, teils wird etr. Einfluß in Betracht gezogen[17]: So weist Niedermann, *l.c.*, nach Ablehnung der *caverna* als ie. Bildung deutenden Theorien darauf hin, daß für die Beurteilung einer Bildung wie *caverna* nicht außer acht gelassen werden dürfe, „daß das Suffix *-erno-* sehr häufig im etruskisch-lateinischen Onomastikon begegnet ..., daß auch unter den verhältnismäßig wenig zahlreichen einschlägigen Appellativa einige sind, die einer Deutung mit indogerm. Sprachmitteln widerstreben ... und daß endlich selbst in den Bildungen, in denen das vorausgehende Wortstück unzweifelhaft indogerm. Abkunft ist, wie in *caverna* ..., das Suffix unindogermanisch sein könnte."

Nach *WH* l.c. ist die Bildung „kaum ererbt und mit dem *r/n*- St. κύαρ in Vbdg. stehend, sondern etr., vgl. auch *cisterna*". Vgl. u.W. *cisterna*.

ders., *Jeux*, 27, wo (wie bei *cavus*; s. S. 459 Fn. 7) an etr. Vermittlung eines auf eine prähellenische Basis zurückgehenden Wortes gedacht ist.

[10] „*Cav-er-na* renferme, devant le suffixe secondaire +*-no-* (féminin +*-nā-*), l'élément +*-er-*, +*-ero-* qui est synonyme de +*-ter-*, +*-tero-*", welches die „opposition de deux objets" bezeichne. S. dagegen Niedermann, *l.c.*; *LE* l.c.

[11] Es könne *na*-Ableitung zu einem Stamm auf -*r* vorliegen: „,... lat. *caverna* aus +*covernā* (zu gr. κύαρ, arm. *sor* ‚Höhle, Loch' ...)?"
S. dagegen Niedermann, *l.c.*

[12] „*Caverna* ... aus +*cóvarnā* +*cóver-nā*, woraus nach dem Inslebentreten der regulierenden Tätigkeit der Antepänultima mit Übergang des nunmehr vortonigen *co-* in *ca*- *cavérna* wurde, dürfte eine Weiterbildung eines ursprünglichen *r*- Stammes +*covar*, vgl. griech. κύαρ, arm. *sor* ‚Höhle, Loch' ..., mit dem Suffix -*nā*, und ‚hohler Raum, Höhle, Höhlung' mithin die Grundbedeutung des lateinischen Wortes gewesen sein."

[13] In *caverna* sei das Stamm-*r* des Nominativs eines ursprünglich heteroklitischen Paradigmas um das Stamm-*n* der obliquen Casus erweitert worden: „,... lat. *caverna* neben griech. κύαρ ‚Loch': idg. +*ḱou̯-er*, +*ḱū-n-és*."

[14] „*Caverna* peut recevoir diverses explications. L'emprunt n'est pas exclu; mais il peut s'agir d'un dérivé de *cavus* à double suffixe +*cav-ero-na*, ou d'un dérivé d'un thème en -*r* alternant avec *n*, cf. gr. κύαρ, κύατος."

[15] Lat. *caver-na* liege ein *r*-Stamm zugrunde, welcher auch in gr. κύαρ, -αρος „chas de l'aiguille" und arm. *sor* „trou, caverne" < +*kowero*- auftrete.

[16] „*Caverna* semble renfermer un double suffixe +*-er-no*; cf. *internus*, *infernus*, etc. ... et être issu de +*cav-ero-nā*, à moins qu'il ne soit dérivé d'un thème en -*r*- alternant avec -*n*-, cf. gr. κύαρ, κύατος (et κύαρος ...). D'ailleurs, il ne faut pas oublier les mots empruntés tels que *cisterna*, *taberna*, *lanterna* qui ont fourni des modèles."

[17] Vgl. auch Ernout, *l.c.*, *EM* l.c. (s. im Text weiter oben bzw. Fußnoten).

Heine, *l.c.*, erinnert daran, daß als Ausgangspunkt der Bildungen auf *-erna* „gewöhnlich *lanterna* aus griech. λαμπτήρ mit etrusk. Suffix *-na*" angesetzt werde, „wonach *lucerna* vom Stamm *luc-* mit abgeleitetem Suffix *-erna* gebildet sein könnte". Vgl. Kap. B.1.2.1.2.3.2.3.; s. auch u.WW. *lanterna* und *lucerna*.

LE l.c. bemerkt: „... la voce, indubbiamente tratta da *cavus*, non e un elemento ereditario nel latino ... Infatti *caverna* è modellato su *taberna* ...", dessen Bildungsweise an etr. oder med. Ursprung denken lasse. S. *LE* s.v. *taberna*; vgl. u.W. *taberna*.

Auch nach *LG* § 292.b. ist *-erna* „vermutlich ein etruskisches Suffix ..."; vgl. Kap. B.1.2.1.2.3.2.3.

Zus.: Morph.[18]: Zu *-erna* s. Kap. B.1.2.1.2.3.2.3.

fūsterna, *-ae f*.: „das obere knorrige Holz der Tanne, Knüppelholz" (*WH* s.v.); seit *Vitr*. [?][19]

Lit.: Leumann, *Zur Bedeutungsgeschichte*; Ernout, *EE*, 94; *WH* l.c. und s.v. *fūstis*; de Simone, *DGE* 2,281; Heine, *Cavum*, 276, Fn. 40; *EM* s.v. *fūstis*.

Fūsterna gilt im allgemeinen als Ableitung von *fūstis*: S. Ernout, *l.c.*; Heine, *l.c.*; *WH* s.v. *fūsterna*; *EM* l.c.

Während jedoch das Suffix als etruskisch zu bezeichnen sein dürfte (s. Ernout, *l.c.*; Heine, *l.c.*; *WH* s.v. *fūsterna*; *EM* l.c.; mit Vorbehalt de Simone, *l.c.*), ist etr. Herkunft von *fūstis*, wie sie von Leumann, *o.c.*, aus sachlichen Gründen (s. dagegen *WH* s.v. *fūstis*), von Ernout, *l.c.*, unter Berufung auf Leumann, *o.c.*, und auf Grund der Bildungsweise von *fūsterna* angenommen wurde, nicht erweislich. Vielmehr erscheint Anknüpfung an das Ie., im besonderen Zusammenstellung mit gall. *+būstis* in aprov. *bust* „Baumstrunk", mhd. *būsch* m. „Knüttel, Schlag, der Beulen gibt; Wulst, Bausch" u.ä., möglich; s. *WH* s.v. *fūstis*; vgl. *EM* l.c.

Zus.: Morph.: Zu *-erna* s. Kap. B.1.2.1.2.3.2.3.

levenna: „*homo levis*"; *Laber. ap. Gell.* 16,7,11 f. [?]

Lit.: Schulze, *ZGLE* 75,283; Skutsch, *Etr. Sprache*, Sp. 774; Lattes, *Lat. dossennus*, 270; Herbig, *Bargina*, 172, Fn. 1; Ernout, *EE*, 88,90,93;

---

[18] Zu dem nicht mit Hilfe des Etr. zu erklärenden Wechsel *o/a* s. *LG* § 47.a. und u.W. *favissae*.

[19] In die Besprechung ist miteinzubeziehen *fūstis*, *-is m*.: „„Stock, Knüttel" (zum Ausklopfen und als Strafwerkzeug, zunächst im militärischen Verfahren ...); auch ‚Stütze des Weinstocks; Holzknüppel; Besenstiel; Baumstrunk'" (*WH* s.v. *fūstis*); seit *XII tab.* bzw. *Plt.*

Nehring, *Parerga*, 117; Devoto, *Storia*, 79; Palmer, *The Latin Language*, 49; *WH* s.v. *1. levis; LG* § 291.a.; *EM* s.v. *lĕvis*.

An der ie. Herkunft des Basiswortes (*levis* < ⁺*lequis,* ⁺*leχuis*, beruhend auf einem F. ⁺*legᵘhui* zum M. ⁺*legᵘhús*, s. *WH* l.c.) ist nicht zu zweifeln.
Gesichert scheint auch die Herleitung des Suffixes aus dem Etruskischen: S. Schulze, *l.c.*; Skutsch, *l.c.*; Lattes, *l.c.*; Herbig, *l.c.*; Nehring, *l.c.*; Ernout, *ll.cc.;* Devoto, *l.c.*; Palmer, *l.c.*; *WH* l.c.; *EM* l.c.; *LG* l.c.

Zus.: Morph.: Zu -*enna* s. Kap. B.1.2.1.2.3.2.2.
Zu den maskulinen Personalsubstantiven auf -*a* des vorliegenden Typs s. Kap. B.1.2.4.

madulsa, -*ae f.:* „Zustand des Bezechtseins" (*WH* s.v.); *Plt.* Pseud. 1252. [?]

Lit.: Ernout, *EE*, 103; *WH* l.c. und s.v. *madeō*; *EM* s.v.

Ernout, *l.c.*, schließt wegen des Ausganges auf -*sa* etr. Herkunft nicht aus; mit volkstümlicher Umgestaltung des Wortes, eventuell nach *repulsa*, sei zu rechnen. S. gegen Ernouts Auffassung *WH* s.v. *madulsa*, wo *madulsa* zu aus dem Ie. deutbarem *madēre* (s. *WH* s.v. *madeō*) gestellt und als eine Art Streckform in Kreuzung mit *mulsa* (scil. *pōtiō*) erklärt wird.
Auch *EM* l.c. sieht in *madulsa* Ableitung zu *madeō*; hinsichtlich der Bildungsweise allerdings wird offenbar auf Ernout, *l.c.*, zurückgegriffen: Entweder habe *repulsa* als formales Muster gedient, oder es sei in -*sa* das auch aus *gemursa* (s.b.W.) bekannte volkstümliche Suffix möglicherweise etr. Herkunft zu sehen.

Zus.: Morph.: Zu -*sa*, soferne ein solches Suffix vorliegt, s. Kap. B.1.2.1.2.5.

piscīna, -*ae f.:* „Fischteich" (*WH* s.v. *piscis*); seit *Plt.* [??]

Lit.: Deroy, *Les noms*, 31; *WH* l.c.; *LG* § 296; *EM* s.v. *piscis*.

Die ie. Herkunft des Basiswortes *piscis* steht außer Zweifel (s. *WH* l.c.; *EM* l.c.).
Während das Suffix -*īna* im allgemeinen ebenfalls eine Deutung aus dem Ie. erfährt (Adjektiva der Zugehörigkeit bildendes -*īnus* < ie. ⁺-*inos*/-*einos*; s. *LG* l.c.), glaubt Deroy, *l.c.*, im Ausgang von *piscīna* etr. -*na* zu erkennen, wofür sich jedoch keinerlei Beweise erbringen lassen.

Zus.: Morph.: Zu (problematischem) -*īna* s. Kap. B.1.2.1.2.3.2.2. Allerdings scheint kein Anlaß gegeben, an der ie. Bildungsweise von *piscīna* zu zweifeln.

***saburra**, -ae f.:* „Schiffsand, Ballast" (*WH* s.v. *sabulum*); seit *Verg.* und *Liv.*; doch ist bereits bei *Plt.* ein Verb *saburrō*, bei *Caes.* ein EN *Saburra* belegt. [?]

Lit.: Ernout, *EE*, 119; Alessio, *Fitonimi*, 182, Fn. 39; ders., *Suggerimenti*, 146; Ernout, *Aspects*, 48; Deroy, *Le valeur*, 184, Fn. 3 von p. 183; ders., *Les noms*, 26; *WH* l.c.; *LE* s.v. *creterra*; *LG* § 190.b.; *EM* s.vv. *sabulum*, *saburra*.

Da *saburra* wohl trotz Ernout, *EE*, 119 (anders ders., *Aspects*, 48, s. weiter unten), *EM* s.v. *saburra*, Alessio, *Suggerimenti*, 146, Deroy, *ll.cc.*, welche Autoren wegen etr.-lat. *-urra*[20] Herkunft des gesamten Wortes aus dem Etr. in Betracht ziehen[21], nicht von *sabulum* zu trennen ist, wird wie bei *sabulum* Herleitung von *sab-* aus dem Ie. anzunehmen sein (s. *WH* l.c.; vgl. *LG* l.c.; *EM* s.v. *sabulum*), obwohl die Klärung der Beziehung der zugehörigen Ausdrücke in den verschiedenen ie. Sprachen untereinander bzw. das Erstellen einer Basisform auf Schwierigkeiten stößt (s. *EM* s.v. *sabulum*).

Für den Ausgang *-urra* hingegen ist, auch ohne daß darum notwendigerweise das ganze Wort aus dem Etr. herzuleiten wäre (s. weiter oben), etr. Herkunft zu erwägen: S. Ernout, *Aspects*, 48; *WH* l.c. mit Vorbehalt (dort auch zu weiteren, abzulehnenden Deutungen zu *-urra* bzw. *saburra*).

Zus.: Morph.: Zu *-urra* s. Kap. B.1.2.1.2.4.2.

***sociennus**, -ī m.:* „Kamerad" (*WH* s.v. *socius*); *Plt.* Aul. 659. [+]

Lit.: Muller, *De vocibus*, 119; Ernout, *EE*, 88,90,93; Nehring, *Parerga*, 117; Devoto, *Storia*, 79; Palmer, *The Latin Language*, 49; *WH* l.c.; *LG* § 291.a. Zus.; *EM* s.v. *socius*.

An der ie. Herkunft des Basiswortes (lat. *socius* < ie. $^+soq^u ios$ „Gefolgsmann"; s. *WH* l.c.) ist nicht zu zweifeln.

Gesichert erscheint auch trotz gelegentlicher anderer Auffassung (s. *WH*

---

[20] Zu der von den romanischen Sprachen vorausgesetzten Nebenformen auf *-urna* s. Alessio, *Suggerimenti*, 146; vgl. ders., *Fitonimi*, 182, Fn. 39; ders., *LE* l.c., wo $^+saburna$ für *saburra* als „reazione iperurbana" erklärt ist (s. dazu S. 79 Fn. 269).
S. zu *-urna* in $^+saburna$ auch *WH* l.c.

[21] Alessio, *Suggerimenti*, 146, führt als weiteres Kriterium für nicht lat. Ursprung von *saburra* das anl. *z-* in einigen romanischen Nachfolgeformen (italien. *zavorra*, span. *zahorra* etc.) an. Auf welche Einflüsse auch immer dieser irreguläre Anlaut zurückzuführen sein mag: einen Hinweis auf etr. Herkunft von *saburra* stellt er nach unseren Kenntnissen nicht dar.
Deroy, *La valeur*, 184, Fn. 3 von p. 183, setzt als Basis für etr.-lat. *sabulum*, *saburra* prälat. $^+sab-$ an.

l.c.) die Herleitung des Suffixes aus dem Etr.: S. Muller, *l.c.*; Nehring, *l.c.*; Ernout, *ll.cc.*; Devoto, *l.c.*; Palmer, *l.c.*; *WH* l.c.; *LG* l.c.; *EM* l.c.

Zus.: Morph.: Zu *-ennus* s. Kap. B.1.2.1.2.3.2.2.

vagīna, -ae *f.:* „,,Schwertscheide' (*Plaut.* Pseud. 1181 in obszönem Sinn); ‚Ährenhülse' (seit *Varro* ...)" (*WH* s.v.). [??]

Lit.: Ernout, *EE*, 92; Deroy, *Les noms*, 31; *WH* l.c.; *EM* s.v.

Zu den Versuchen einer Anknüpfung an das Ie. s. *WH* l.c.

Nach *EM* l.c. handelt es sich zweifellos um Entlehnung. Ernout, *l.c.*, nennt das Wort unter den etr.-lat. Bildungen auf *-īna* (s. dazu unter „Morph.").

Deroy, *l.c.*, zieht wegen des Ausganges *-na* (sic) etr. Herkunft in Betracht. Diese auf morphologisch offenbar falscher Zergliederung beruhende und durch keinerlei weitere Kriterien gestützte Hypothese ist abzulehnen.

Zus.: Morph.: Zu (problematischem) etr.-lat. *-īna* s. Kap. B.1.2.1.2.3.2.2.
  Doch liegt möglicherweise Entlehnung aus einer unbekannten Sprache vor (s.o.), in welchem Falle *-īna* auf Umgestaltung eines nicht lateinischen Wortausganges nach dem Muster der lat. Substantiva auf *-īna* (s. *LG* § 296; an *-īna* etr. Herkunft zu denken, dürfte mangels irgendwelcher unterstützender Kriterien zu weit hergeholt sein) zurückgehen könnte.

C.1.2.2. *Erster Wortbestandteil indoeuropäisch-lateinisch, zweiter Wortbestandteil etruskisch*

quīnquātrūs, sincērus

quīnquātrūs, -uum *f.* (*quīnquātrēs* Char. u.a., *quīnquātria*, -ium oder -iōrum n. seit *Suet.*): „das am 5. Tag nach den Iden gefeierte Minervafest"[22] (*WH* s.v. *quīnque*); seit *Plt.* /+/

Lit.: Müller-Deecke, *Die Etrusker*, 47, Fn. 29a; Gruppe, *Dies ater*; Deecke, *Die Falisker*, 90; Wissowa, *Ater dies*; Warren, *On Some Ancient and Modern Etymologies*, 116f.; Kretschmer, *Sprache*, 112; Wackernagel, *Dies ater*; Pais, *Storia*, 83; Ribezzo, *Per l'etimologia*; ders., *Quinquatrus*; Ernout, *EE*, 106, Fn. 3; Leumann, *LB Lat. Gramm, Glotta* 18,272; Ernout, *Tyrrhenus*, 234f.; *WH* l.c.; Pfiffig, *RET*, 94; *LG* § 317.a.; *EM* s.v. *quīnquātrūs*.

---

[22] Genaueres s. *KP* s.v. *Quinquātrūs*.

Der erste Wortbestandteil wird im allgemeinen (s. etwa Deecke, *l.c.;* Ribezzo, *Quinquatrus;* ders., *Per l'etimologia,* mit älterer Lit.; Ernout, *EE,* 106, Fn. 3; *WH* l.c. mit Lit.; *LG* l.c.) auf lat. *quīnque* < ie. $^+penq^ue$ zurückgeführt.

Abweichend, und zwar mit Annahme etr. Herkunft für das ganze Wort, s. Ernout, *Tyrrhenus,* 234f. (die am *Quīnquātrūs*-Fest gefeierte Göttin *Minerva* sei eine etr. Gottheit; ein anderer Terminus des lat. Kalenders, *īdūs*[23], sei ebenfalls etr. Herkunft); *EM* l.c. mit der gleichen Begründung. Doch abgesehen davon, daß die Herkunft des Götternamens *Minerva* aus dem Etr. nicht gesichert ist (s. S. 42 Fn. 45), erscheint es in Rücksicht auf die vergleichbaren Bildungen *tri-, sex-, septimātrūs* aus Tusculum und *decimātrūs* aus Falerii (s. *Fest.* 304,33 L; vgl. *Varro* L. L. 6,14) verfehlt, im Vorderglied von *quīnquātrūs* nicht lat. *quīnque* sehen zu wollen.

Problematischer erweist sich die Deutung des zweiten Wortbestandteiles.

Neben den wenig überzeugenden Versuchen einer Anknüpfung an lat. oder ital. Formen (nach Warren, *l.c.,* *-ātrūs* sowie zugehöriges *āter* bzw. *ātrī* in den *diēs ātrī,* den 36 *diēs postrīduānī* des röm. Kalenders[24], zurückgehend auf eine Dialektform für *alter*[25]; nach Wackernagel, *o.c.,* *-ātrūs* zu *āter* „schwarz, dunkel" bzw. zu den *diēs ātrī* — ursprünglich nur die Nachtage der Iden, d.h. die Nachtage des Vollmondtages, somit die jeweils ersten Tage der dunklen Monatshälfte, erst später auch die Nachtage der Kalenden und der Nonen — mit dem Ausgang *-ūs* nach *īdūs;* zustimmend *LG* l.c.; s. dagegen *WH* l.c.; nach Ribezzo, *Quinquatrus,* aus $^+quatrus$ „viermal": *quīnquātrūs* < $^+quinquequatrus$ bedeute „il giorno 5 × 4 del mese" und gebe somit das Festesdatum — statt 20. März unter Miteinbeziehung der Randtage 19. März — an; vgl. ders., *Per l'etimologia;* s. dazu zweifelnd Leumann, *l.c.*) steht die Hypothese einer Rückführung auf das Etr.:

So Deecke in Müller-Deecke, *l.c.* („Vielleicht steckt in der Endung *-trus* ein etr. Wort für ‚Tag'"); anders ders., *Die Falisker,* 90 (*-ātrūs* sei auf *ater,* „die etruskische Form für lat. *alter,* mit Wegfall des *l* vor *t*" zurückzuführen[26]; *diēs ater* bedeute soviel wie *postrīdiē,* scil. *postrīdiē Īdūs, Kalendās, Nōnās;* das Cardinale *quīnque* in *quīnquātrūs* gebe nicht die Dauer des Festes an, sondern

---

[23] S.b.W.
[24] Ein Zusammenhang des zweiten Wortbestandteiles der *quīnquātrūs* etc. mit den *diēs ātrī* wurde bereits von Gruppe, *o.c.,* angenommen, wo allerdings auf die Herkunft von *(-)atr-,* welches wahrscheinlich ursprünglich „nach", „nachher" bedeutet habe, nicht eingegangen wird. Vgl. zustimmend Wissowa, *l.c.*
[25] So — allerdings mit Einschaltung des Etruskischen — bereits Deecke, *Die Falisker,* 90 (s. im Text weiter unten).
[26] Vgl. — unter Ablehnung etr. Einflusses — Warrren, *l.c.* (s. im Text weiter vorne).

am wievielten Tag nach den Iden es stattfinde)[27]; Pais, *l.c.* (*-ātrūs*, verwandt mit etr.-lat. *ātrium* „parte della casa donde veniva la luce", sei auf den etr. Ausdruck für „Tag" zurückzuführen; die *quīnquātrūs* seien nach der Dauer des Festes benannt); Ernout, *EE*, 106, Fn. 3 (ohne weitere Angaben).

Anknüpfung an das Etr. wäre unter der Voraussetzung denkbar, daß das dem Adjektiv *atranes CIE* 6314 (*TLE* 874; Gen. zu *atrane*) zugrunde liegende Substantiv +*atr-* nicht als „Hof" (s.u.W. *ātrium*), sondern als „(Fest-)Tag" zu deuten wäre. Zur letztgenannten Interpretation sowie zur Verknüpfung mit lat. *-ātrūs* in *quīnquātrūs* s. Pfiffig, *l.c.*

Zus.: Zur eventuell möglichen Rückführung des 2. Wortbestandteiles *-ātrūs* auf etr. *atr-* „(Fest-)Tag (?)" in *atranes CIE* 6314 (TLE 874) s.o.

sincērus (Rückbildung *sincer Gl.* 2,334,43), *-a, -um/sincēris, -e*[28]: „rein, unvermischt, ohne Fehler, echt"[29] (*WH* s.v.); *sincērus* seit *Enn.* und *Plt.*; *sincēris* seit *Varro ap. Isid. Nat.* 38,5 und *Lukrez* 3,717 [?]

Lit.: Corssen, *Über Aussprache*, 376; Brugmann, *Lat. prōcērus*, 406 ff.; Hiltbrunner, *Latina Graeca*, 107 f., 143 f., 153; *WH* l.c.; *EM* s.v.

Das Adjektiv wird im allgemeinen (zu einer abzulehnenden abweichenden Interpretation s. *WH* l.c.) als Zusammensetzung aus *sin* + *cērus* betrachtet.

Während über den ersten Bestandteil *sin-* weitgehend Einigkeit bezüglich der Herleitung aus ie. +*sm̥-*, wovon auch *semel, simplex* etc., herrscht (s. Hiltbrunner, *o.c.*, 107 f., mit Lit., 153; *WH* l.c. mit Lit.; *EM* l.c.; zu anderen, verfehlten Deutungen s. Hiltbrunner, *o.c.*, 107 f.; *WH* l.c.), wurde *-cērus* mehrfach unterschiedlich interpretiert (s. Hiltbrunner, *o.c.*, 107 f., 153; *WH* l.c.).

Hervorgehoben sei neben der Deutung als +*-c(r)ēros* zu *crēscere* wie in *prōcērus* (so *WH* l.c. mit Lit.; vgl. *EM* l.c.) die auf Corssen, *l.c.*, zurückgehende, von Brugmann, *o.c.*, 408 ff., befürwortete, von Hiltbrunner, *o.c.*, 153, aus semantischen Gründen wieder aufgenommene Zusammenstellung von *-cēr-* in *sincērus* „rein, lauter, aufrichtig" (Corssen, *l.c.*) mit *caer-* in *caerimōnia* „reine Handlung" (Corssen, *l.c.*).

[27] Nicht ablehnend zu Deeckes (*ll.cc.*) Deutungen, allerdings ohne Eingehen auf die unterschiedlichen Hypothesen, s. Kretschmer, *l.c.*

[28] *WH* l.c. (mit Literaturangaben) sieht in *sincēris* eine späte Analogiebildung wahrscheinlich nach *incolumis* usw.; vgl. *EM* s.v. *sincērus*.

Hiltbrunner, *o.c.*, 113, hingegen wertet *sincēris* als alte Parallelform zu *sincērus* wie etwa *sacris* zu *sacer* (s.u.W. *sacer*); diese doppelte Flexionsweise sei „Relikt eines hoch altertümlichen, noch nicht fest verregelten Sprachzustandes".

[29] Zu Grundbedeutung und Bedeutungsentwicklung s. ausführlich Hiltbrunner, *Latina Graeca*, 106 ff., bes. 136,146.

Corssen, *l.c.*, führt *caer-* in *caerimōnia* wie auch *-cēr-* in *sincērus* auf eine Wurzel *skir-*, Nebenform von *skar-* „scheiden", zurück. Nach Brugmann, *l.c.*, könnte *caer-* in *caerimōnia* auf ein Adjektiv ⁺*caerus* wie in *sincērus* aus ⁺*sem-c(r)airos* (oder ⁺*sem-crēros*; jedenfalls Wurzel ⁺*k(e)rēi-* „scheiden, sichten") zurückgehen.

Doch ist die Etymologie des für *caerimōnia* anzusetzenden Basiswortes ungeklärt, etr. Herkunft jedenfalls nicht auszuschließen (s.u.W. *caerimōnia*). Dementsprechend könnte, zumal die zu *sincērus* gegensätzlichen Begriffe *spurcus* und *spurius* (s. Hiltbrunner, *o.c.*, 143f., 153) etr. Herkunft dringend verdächtig sind (s.u.W. *spurius*), auch *-cērus* (Alt auch *-cēris*? S. S. 466 Fn. 28.) in *sincērus* (*-is*) auf das Etr. zurückgeführt werden. Allerdings läge damit eine als höchst ungewöhnlich zu bezeichnende lat.(ie.-lat.)-etr. Mischbildung vor (s. dagegen *EM* l.c.); als Parallele könnte einzig möglicherweise ebenfalls lat.(ie.-lat.)-etr. *quīnquātrūs* (s.b.W.) angeführt werden.

Zus.: Zur eventuell möglichen Gleichsetzung des 2. Wortbestandteiles *-cērus* (*-cēris?*) mit (etr.?) *caeri-* in *caerimōnia* s.o.

C.1.3. *Übersetzungslehnwörter (-phrasen) und Bedeutungsentlehnungen*

Da die Grenze zwischen Übersetzungslehnwort (-phrase; beides auch als „Lehnübersetzung" bezeichnet) und Bedeutungsentlehnung nicht immer scharf zu ziehen ist (s. etwa u.W. *parentēs*), erfolgt die Gliederung des vorliegenden Kapitels lediglich danach, ob es sich bei dem hier zuzuordnenden lexikalischen Material um einzelne Wörter oder um Phrasen handelt.

Die im folgenden vorgeführte Liste von Lehnübersetzungen und Bedeutungsentlehnungen kann selbstverständlich keineswegs Anspruch auf Vollständigkeit erheben. Die Ermittlung eines umfassenderen Bildes dieser speziellen Art von Entlehnungen, die nach Wissen d. Verf. bisher noch nicht zusammenhängend behandelt wurden, bleibt einer eingehenden Studie vorbehalten. Doch dürften wohl interessante Ergebnisse zu erwarten sein, insbesondere in den Bereichen von Kult und Religion, d.h. in jenen Bereichen, in deren Wortschatz wir im Etruskischen den besten Einblick haben.

C.1.3.1. *Einzelwörter*[1]

nātus „alt", *ostentum*, *parentēs* „göttlich verehrte Ahnen" (*parentō, parentātiō, parentālis, parentālia, parentālicius*), *portentum* (*postiliō*), *tridēns*

---

[1] S. außer den im Text im folgenden angeführten Wörtern auch u.WW. *September, Octōber, November, December; centuria, decuria; bidental, lupa* „Dirne" (s.S. 503 Fn. 33), *lupānar*.

***nātus*/*älter gnātus*, *-a*, *-um:* „,geboren'; mit Akk. und Gen. ‚alt'" (*WH* s.v. *gignō*); seit *Plt.* und *Ter.* (Bedeutungsentlehnung.) [??]

Deroy, *Quelques survivances*, 4 ff., bes. 6, sieht in *nātus*/*gnātus* „alt" in der Formulierung *annōs nātus* zur Altersangabe eine Bedeutungsentlehnung aus etr. *lupu(ce)*.
Diese Hypothese ist aus mehreren Gründen abzulehnen; s. ausführlich S. 473.

ostentum, *ī n.:* „,Vorzeichen' ... (auguralsprchl., vgl. *portentum* ...)" (*WH* s.v. *ostendō*); seit *Varro* und *Cic.* (Übersetzungslehnwort.) [+]

Nach Pfiffig, *RET*, 139, bedeutet *ostentum* wie auch *portentum* (s.b.W.) „das ‚Signal', das von höheren Mächten gegeben wird ... *Ostentum*, ‚das Gezeigte' ... ist in der lateinischen Übersetzung die eigentliche Bezeichnung, welche die Etrusker den ‚Signalen' gaben. Dies geht daraus hervor, daß die lateinischen Übersetzer der *ED*. (=*Etrusca disciplina*; Anm. d. Verf.) jene Bücher, die sich mit der Deutung der ‚Zeichen' befassen, konstant *ostentaria* nennen. Ein Synonym für *ostentum* ist (wohl schon in der etruskischen Basis) *portentum*, das ‚Vorgezeigte' ..."

parentēs, *-um m.:* „,Eltern, Vorfahren, Ahnen' ... nachklass. ‚Blutsverwandte', spätlat. ‚Verschwägerte'" (*WH* s.v. *parēns*); als „göttliche Verehrung genießende verstorbene Vorfahren" bzw. mit Bezug zum Totenkult seit *Lex reg. ap. Fest.* 260,9 ff. L. (Im Sinne von „göttlich verehrte Ahnen" bzw. als Basis für die im folgenden aufgeführten Ableitungen mit einschlägigem Sinn Bedeutungsentlehnung.) [?]

parentō, *-āvī, -ātum, -āre:* „bringe ein Totenopfer dar" (*WH* s.v. *parēns*); seit *Cornelia*. (Übersetzungslehnwort.) [?]

parentātio, *-ōnis f.:* „Totenfeier". *Tert.* Spect. 12 u.ö. (Übersetzungslehnwort.) [?]

parentālis, *-e:* „elterlich; zur Totenfeier der Eltern (u. Anverwandten) gehörig"; *Ov.* Trist. 4,10,87 u.ö.; *ders.* Fast. 2,548. (Bedeutungsentlehnung.) [?]

parentālia, *-ium n.:* „Totenfeier, Totenopfer"; *Cic.* Phil. 1,13 u.ö. (Bedeutungsentlehnung.) [?]

parentālicius, *-a, -um:* „zur Totenfeier gehörig"; *NSA* 1894, 20 ff. (*Dessau* 6468). (Übersetzungslehnwort.) [?]

Die eben vorgeführten lat. Wörter sind bei Pallottino, *Il culto*, 55, zusammengestellt. Auf sie führte ihn — unter Anwendung der bilinguistischen Methode, in deren Zeichen der ganze Aufsatz steht; vgl. bes. p. 54 f. — seine

Suche nach einer lateinischen Wortfamilie aus dem sakralen bzw. funerären Bereich, deren Verwendungsweise derjenigen der zuvor (*o.c.*, 50 ff.) von ihm behandelten und als zu einer Familie gehörig aufgefaßten etr. Wörter *apa, apas, apasi, apan, aφes, aφers, afrs, aper, apire, apires, apirase, aperucen, apirθe, apreńśaiś, aprinθu, aprinθvale, apu̯, apniś* (Belege s. weiter unten) entsprechen könnte: „La coincidenza delle ‚posizioni d'impiego‘[2] dei termini della serie latina *parentes, parento, parentalia* con quelle dei termini della serie etrusca *aφes, afrs, aper-, apir-* ecc. difficilmente potrà spiegarsi come un fatto casuale: e quindi tutto fa pensare ad una reciproca equivalenza." (*O.c.*, 58.) Nach näherem Eingehen auf einzelne Züge des etruskischen und des römischen Totenkultes und unter vergleichender Heranziehung der von Slotty, *Manin Arce*, und ders., *Etrusco Manin*, angenommenen, von Pallottino, *Epigrafia*, 49, und ders., *Il culto*, 61 ff., ohne Vorbehalt akzeptierten, die Etymologie und die Verwendung betreffenden Verwandtschaft der Wortfamilie lat. *mānēs* etc. und etr. *manim TLE* 891 u.ö. etc. (s. zu dieser Theorie sowie zu ihrer Ablehnung u.W. *mānēs*) kommt Pallottino, *Il culto*, 65, zu folgendem Schluß: „Accogliendo dall'Etruria almeno alcuni aspetti specifici delle concezioni e delle usanze del culto degli antenati i Romani, dal loro proprio termine *parentes*, avrebbero ricalcato sulla serie etrusca una analoga e parallela serie di formazioni lessicali, secondo i mezzi strutturali della lingua latina, ma con un spirito sostanzialmente estraneo a quello del latino: se si tien conto, ad esempio, della singolarità di un verbo *parento* costruito sulla forma del participio sostantivato *parentes* che ne costituisce l'obbiettivo logico ed in esso s'incorpora (equivalendo ad un *parentibus litare*)[3]." (*O.c.*, 65.)

Pallottinos umfangreicher Aufsatz schließt mit einer genauen Behandlung der eingangs aufgezählten etr. Ausdrücke, basierend auf der durch die vorangehende Untersuchung gewonnenen Erkenntnis einer analogen Verwendung von etr. *apa* etc. und lat. *parentēs* etc.

Sosehr die Hypothese Pallottinos, im Ganzen gesehen, überzeugt, hinsichtlich der Deutung der etr. Formen im einzelnen sind — Pallottinos Arbeit ist immerhin beinahe 30 Jahre alt — Korrekturen nötig.

Insbesondere ist unbedingt festzuhalten, daß in der Zwischenzeit etr. *apa*

---

[2] „... a) come nomi di persona (indicanti una qualità del defunto: parentela? titoli?); b) come nomi di esseri divini o venerabili cui si rivolgono dedicazioni od offerte (eventualmente in iscrizioni funerarie, in formule rituali, in *tabellae defixionis*); c) come parole esprimenti un'azione cultuale; d) come indicazione di date (?)." (*O.c.*, 55.)

[3] Vgl. dagegen die unwahrscheinliche Erklärung *LG* §412.A.4.b.: „‚Delokutiva', Ableitungen von einer *locūtio*: ... *parent-āre* ‚Totenopfer darbringen', vom Abschiedsruf *parens, vale!* bei der Bestattung."

CIE 8458 u.ö. anhand von *CIE* 6213 von Pfiffig, *Etr. apa*, eindeutig als „Vater" (in häufiger Verwendung als Name) identifiziert werden konnte.

Die Formen *apaś* *CIE* 3306 (*TLE* 555) u.ö. bzw. *CII* 2642 (*TLE* 68) und *apasi CIE* 5819 (*TLE* 171) sind Genetivformen (gewöhnlicher und emphatischer Genetiv; s. *DES* § 50 ff. bzw. § 63) zu *apa*.

Unter den weiteren Formen findet sich viel Ungeklärtes oder Unsicheres:

afrś CIE 5237 (*TLE* 359) stellt nach *DES*, 283, den Gen. der Pluralform ⁺*af(e)r* „Eltern?" dar;

aprinθu CIE 4876 (*TLE* 494) ist nach *DES*, 282, Appellativ unbekannter Bedeutung, nach Rix, *DEC*, 190, CN;

aprinθvale CIE 5430 (*TLE* 131), nach Rix, *DEC*, 190 (vgl. *o.c.*, 155), Appellativum, sei „nur als Ableitung von *aprinθu* zu verstehen, das wiederum nur als Cognomen ... belegt ist";

apniś AM 6[4] wurde von Vetter, *Etr. Wortdeutungen*, 61, als Konjunktion gedeutet, vgl. *DES*, 282: *apniś-apniś* „entweder-oder?";

die Formen *aφes, aper, apire, apires, apirase,* alle *TLE* 2, sowie die Formen *aperucen CIE* 4539 (*TLE* 572), *apirθe TLE* 151, *aprenśaiś CIE* 5211 (*TLE* 380), *apu CIE* 8411 (*TLE* 26) und aus dem Komplex *hirumixaφersnaχs CIE* 5213 (*TLE* 363; 7.Jh.) isoliertes *aφers* sind ungeklärt; eine Form *apan* schließlich ist nach Ausweis von *ThLE* nicht belegt (belegt ist *apanes TLE* 880 u.ö., Gen. zu *apane*, GN m.).

portentum, -ī *n.:* „Wunderzeichen; Mißgestalt, Ungeheuer" (*WH* s.v. *portendō*); seit *Acc., Pacuv., Lucil.* (Übersetzungslehnwort.) [+]

S.u.W. *ostentum*.

postiliō, -ōnis *f.:* „t.t. der Religionssprache ‚Forderung der Gottheit, ein vergessenes Opfer darzubringen'" (*WH* s.v. *poscō*); seit *Varro* und *Cic.* (Übersetzungslehnwort.) [+]

Nach Pfiffig, *RET*, 141, ist *postilio* „sicher ... die Übersetzung eines etruskischen Terminus technicus".

tridēns, -tis *f.:* „dreizinkige Mistgabel" (*WH* s.v. *trēs*); seit *Verg.* (Übersetzungslehnwort.) [??]

Deroy, *A propos des noms de nombre*, 51 f., möchte in lat. *tridēns* eine Lehnübersetzung zu etr. ⁺*ciarθi* in *ciarθialisa* der Bilingue *CIE* 428 (*TLE* 662) sehen: Das in der lat. Version der Inschrift an letzter Stelle stehende CN *Fuscus*, von Deroy nicht, wie zu erwarten wäre, mit *fuscus* „dunkelfarbig, schmutzig-schwarz, dunkelbraun" (s. *WH* s.v. *furvus*) gleichgesetzt, sondern

[4] S.z.B. Rix, *DEC*, 28 ff.

als +*fuscus* „Dreizack" zu *fuscīna* „Dreizack, Harpune" interpretiert, gebe das an letzter Stelle der etr. Version stehende *ciarθialisa* bzw. dessen Basis +*ciarθi*, angeblich ein Kompositum +*ci-arθi* aus *ci* „drei" und +*arθi* zu vorgr. ἄρδις „pointe de flêche", also „trident", wieder. Es sei zu erwägen, ob nicht lat. *tridēns* als Übersetzungslehnwort zu etr. +*ciarθi* aufzufassen sei.

Deroys gesamte Konstruktion geht von völlig falschen Voraussetzungen aus:

Der von ihm so bedenkenlos vernachlässigte Ausgang des etr. Wortes, -*alisa* („... il est permis de penser que *Fuscus*, au sens de ‚Trident', est bel et bien la traduction latine de l'étrusque *Ciarθialisa* ou plutôt du thème *Ciarθi*, puisque l'on sait, par la comparaison d'autres surnoms étrusques dans les inscriptions funéraires, que -*alisa* est une finale suffixale sans équivalent exact en latin"; *o.c.*, 52), stellt die Kombination von Genetivsuffix + enklitisches Possessivum (s. *DES* § 185 bzw. § 101) dar, angefügt an die weibliche GN-Form *ciarθi*. Die Form *ciarθialisa* bedeutet daher „Sohn der *Ciarθi*", ist also die Angabe des Metronymikons. Diese in der röm. Namensformel bekanntlich nicht übliche Angabe fehlt natürlich in der lat. Version der Inschrift. Statt dessen legt sich *Q. Folnius* ein CN *Fuscus* zu (selbstverständlich darf auch die Angabe der Tribus nicht fehlen). „*Fuscus*" stellt also keineswegs die Übersetzung von „*ciarθi (alisa)*" dar.

C.1.3.2. *Phrasen*

f. „*fīlius*" hinter dem Gen. des Patronymikons, *faciendum cūrāvit, vīxit annīs* (*vixit annōs, annōrum nātus*)

f. „*fīlius*" hinter dem Gen. des Patronymikons im Lat. nach dem Muster von *c* (*cl, cln, clan* „Sohn") hinter dem Genetiv des Patronymikons im Etr. [?]

Basierend auf der Deutung von *fīlius* als „Säugling" zu *fēlāre* (vgl. *WH* s.v. *fīlius*) und unter Hinweis darauf, daß die Setzung von *fīlius* beim Genetiv des Patronymikons im Lateinischen eine Neuerung etwa gegenüber dem Griechischen und dem Italischen darstelle, versucht Bücheler, *Altes Latein*, 410ff., den mutterrechtlichen Aspekt bei Verwendung des Ausdrucks *fīlius* in der lat. Namensformel hervorzukehren (zu *fīlius* konnte, entsprechend seiner eigentlichen Bedeutung „Säugling", ursprünglich nur der Name der Mutter hinzugestellt werden; seit wann *fīlius* entgegen seiner Etymologie mit dem Vaternamen verbunden worden sei und wie sich dieser Prozeß vollzogen habe, entziehe sich unserer Kenntnis) bzw. Zusammenhänge mit etr. gesellschaftlichen Verhältnissen aufzuzeigen.

Während diese auf zu wörtlich gefaßter Deutung von *filius* beruhende Hypothese nach Ansicht d.Verf. abzulehnen ist — ein Metronymikon, mit welchem nach Buecheler *l.c.* der Ausdruck *filius* ursprünglich verbunden gewesen sein müsse, ist im römischen Bereich in früher Zeit und bei freien Bürgern undenkbar; *filius* nahm wohl sehr früh die allgemeinere Bedeutung „Sohn" an, ist jedenfalls in der Namensformel unbedingt fixer juridischer Terminus mit der präzisen Bedeutung „Sohn (des Vaters ...)" (vgl. *EM* s.v. *filius*) —, ist dem von Bücheler zur Beweisführung herangezogenen Faktum einer im Vergleich zu griechischer und italischer Gepflogenheit als Neuerung anzusprechenden Setzung von *f.* „*filius*" hinter den Genetiv des Vaternamens in der römischen Namensformel besondere Aufmerksamkeit zu widmen. Denn es stellt sich die Frage, ob nicht das etruskische *c* (*cl, cln, clan*) „Sohn" als fakultatives Glied der (insgesamt recht variablen) etr. Namensformel[4] unmittelbares Vorbild für lat. *f.* „*filius*" gewesen sein konnte, mit anderen Worten, ob nicht jener sehr feste Bestandteil der lat. Namensformel Patronymikon (PN im Gen.) + *f.* unmittelbar auf die entsprechende, allerdings weniger feste etruskische Formulierung Patronymikon (PN im Gen.) + *c* (*cl, cln, clan*) zurückzuführen ist.

Zur Stellung von lat. *f.* „*filius*" hinter dem Patronymikon — dies wahrscheinlich nach dem Muster etr. Inschriftenformulare — s. Kap. C.5.2.

Lat. *faciendum cūrāvit* nach etr. *ceriχu teśamsa*. [??]

Pallottino, *Spigolature*, 303 ff., hält in Anwendung der bilinguistischen Methode *ceriχu teśamsa* CIE 5470 (*TLE* 135) für die der lateinischen Formulierung *faciendum cūrāvit* entsprechende etruskische Ausdrucksweise.

Eine Analyse der beiden zur Diskussion stehenden etruskischen Formen ergibt folgendes Bild:

ceriχu: -*iχ(u)*/-*ic(u)* bildet Nomina agentis (s. *DES* §172); die Basis *cer-*/*car-* bedeutet „bauen, errichten, machen" (*DES*, 283; vgl. §172); *ceriχu* ist demnach mit „Erbauer" zu übersetzen; s. *DES*, 284; vgl. §125; §172.

teśamsa: Nach *DES*, 304, ist *teśamsa* auf ⁺*tez-an-sa* zurückzuführen; ⁺*tezansa* sei Participium coniunctum (zum Partizipialsuffix -*sa* s. *DES* §129) am Participium durativum (zu -*an*/-*en*, dem Suffix der durativen Participia der Gegenwart s. *DES* §123) von *tez-* „bestimmen" (*DES*, 304); *teśamsa* bedeute „als bestimmend seiender = bestimmend, mit der Bestimmung" (*DES*, 304).

Pallottinos Interpretation von *ceriχu teśamsa* bzw. die Annahme einer

Lehnübersetzung von lat. *faciendum cūrāvit* zu etr. *ceriχu teśamsa* erweist sich somit als nicht haltbar.[5]

Lat. *vīxit annīs* nach etr. *lupu(ce) avils*. [??]

Lat. *vīxit annōs* nach etr. *svalce avil*. [?]

Lat. *annōrum nātus* nach etr. *avils ril*. [?]

vīxit annīs[6]

Deroy, *Quelques survivances*, 3 ff., äußert die Meinung, daß der Ablativ *annīs* bei *vīxit* nach dem Muster von etr. *avils*, angeblich Abl. Pl. zur Angabe der Zeitdauer, in *lupu(ce) avils*[7] gesetzt sei. Auch *vīxit* (weiters auch *nātus* in der Phrase *annōs nātus*; s. dazu auch u.W. *nātus*), so folgert Deroy weiter, müsse demnach die gleiche Bedeutung wie etr. *lupu(ce)* haben[8].

Statt einer eingehenden Kritik sei das Wesentliche richtiggestellt: *avils* in der Phrase *avils ... lupu(ce)* ist Gen. temporis zu *avil* „Jahr, Alter" (*DES*, 281), zu übersetzen mit „im Alter von" (s. *DES* § 208); *lupu* ist Verbalnomen auf *-u* (s. *DES* § 173; § 134) zu *lup-* „verscheiden, weggehen" (*DES*, 293), somit als „verschieden" zu übersetzen (*DES*, 293); *lupuce* ist Prät. 3. P. Sg. und Pl. (s. *DES* § 125 und S. 119 Fn. 394) zu *lup-*, d.h. wiederzugeben mit „er (sie [Sg. f. sowie Pl. m. und f.]) verschied(en)".

Während somit lat. *vīxit annīs* mit Bestimmtheit nicht Lehnformulierung nach etr. *lupu(ce) avils* ist, könnte es doch als spätere Umgestaltung von *vīxit annōs* (s. *LG Syntax* § 46.b.) letztlich wie dieses (s. weiter unten) auf etr. Einfluß zurückgeführt werden.

Deroys Hypothesen zu lat. *vīxit annīs* sind zwar abzulehnen, doch haben

---

[5] Auch *ThLE* s.v. *ceriχu* ist *ceriχu teśamsa* sichtlich nicht als zusammengehörige Redewendung aufgefaßt: das Zitat aus *CIE* 5470 endet mit *ceriχu*.

Wollte man eine zur lat. Gerundivkonstruktion *faciendum cūrāvit* (eigentlich *sibi faciendum cūrāvit*) in der Funktion entsprechende Phrase oder Form anführen, ließe sich eventuell *ceriχunce CIE* 6159 (*TLE* 51) u.ö. nennen, dessen Analyse *cer-iχu-n-ce* (zum Verbalkern *cer-* s. im Text weiter vorne; zu *-iχu*, hier als Verba factiva bildendes Suffix zu verstehen, s. *DES* § 145; zu *-n*, Suffix des Mediopassivums, s. *DES* § 142 ff.; zu *-c*, Suffix des schwachen Präteritums, s. *DES* § 15; zu *-e*, Kennzeichen der 3. P. Prät., s. *DES* § 125) zur Übersetzung „ließ für sich erbauen" (*DES*, 284), „ließ für sich machen" (*DES* § 117) führt.

[6] S. zu dieser Konstruktion *LG Syntax* § 46.b.

[7] Zu den Belegen für *lupu avils ...* (*avils ... lupu, avils lupu ...*) sowie zu *avils ... lupuce* s. *ThLE* 228.

[8] Deroy, welcher zu etr. *lupu(ce)* die römische Leichengöttin *Libitīna* (beide sowie zahlreiche andere Wörter angeblich auf eine präie. Wurzel *⁺lep-* „naître" zurückgehend, s.u.WW. *caelebs, līberī, lībum, lupa, lupīnum*), seiner Auffassung nach eine chthonische Gottheit, vergleicht, schließt in phantastischer Weise neben „*vīxit, nātus*" auch die Bedeutung „*dēcessit, obiit, mortuus*" für etr. *lupu(ce)* nicht aus. Zur ungeklärten Herkunft des Namens der *Libitīna* s. S. 17 Fn. 15.

eben sie Verf. veranlaßt, sich im etruskischen Inschriftenmaterial umzusehen, ob sich nicht für andere lateinische Formeln zur Altersangabe des Verstorbenen Parallelen im Etruskischen finden ließen. Die Sichtung des gesamten lateinischen Materials sowie seine statistische Erfassung nach Häufigkeit, erstem Auftreten, Zeit bevorzugter Anwendung etc. wäre Thema einer eigenen Arbeit. Es sollen hier nur Möglichkeiten aufgezeigt, Denkanstöße gegeben werden; endgültige Aussagen bleiben einer genauen Untersuchung vorbehalten.

vīxit annōs[9]

Genaue Entsprechung in etr. *svalce avil CIE* 5439 u.ö.: *svalce* ist schwaches Präteritum 3.P. (s. *DES* § 125) von *sval-* „leben" (*DES*, 302), bedeutet daher „er (sie) lebte" (s. *DES*, 302); *avil* ist Akk. der Zeitdauer (indefiniter Akk., Casus rectus; s. *DES* § 45; § 210.d.) zu *avil* „Jahr, Alter" (*DES*, 281).

Die Formel *svalce avil* ... ist 15mal bezeugt, die Formel *svalce* + Zahlenangabe ohne *avil* dreimal, die Umstellung ... *avil svalce* einmal, die Verwendung der Partizipialform *avil svalθas* ... einmal (s. alles *ThLE*, 320; weitere Formen zu *sval-* „leben" wie *svalas CIE* 5819 = *TLE* 171, fragliches *svalu CIE* 143 = *TLE* 396 > *SE* 14,306, n. 42, etc. dienen offenbar nicht der Altersangabe).

Zu späterem *vīxit annīs* s.o.

annōrum nātus[10]

Genaue etr. Entsprechung in zweimal (*TLE* 881 und *CIE* 5836 = *TLE* 176) belegtem *avils ril*: Das mit bloßer Zahlenangabe ohne *avils* sehr häufig bezeugte *ril* (Belege s. *ThLE*, 304 f.; *ThLE Suppl.*, 44) dürfte eine Adjektivform sein; es bedeutet „alt" bei Altersangaben, s. *DES* § 66 u.p. 300; *avils* ist Gen. temporis (s. *DES* § 208) zu *avil* „Jahr, Alter" (*DES*, 281); vgl. o. unter „*vīxit annīs*".

Belegt ist der Gen. *annōrum* bei *nātus* (*gnātus*) inschriftlich seit *CIL* I²13 (VI 1291) „*annorum gnatus XVI*", Grabinschrift des Cornelius Scipio Asiagenus Comatus, welcher höchstwahrscheinlich (s. *RE* IV 1, 1900, 1485 s.v. Cornelius Nr. 339; anders *CIL* I²13 bzw. VI 1291) als Sohn des gegen 160 v.Chr. im Alter von 33 Jahren verstorbenen L. Cornelius Scipio, Quästor 167 v.Chr. (s. *CIL* I²12 bzw. VI 1290), anzusehen, somit frühestens um 160 v.Chr., spätestens um 145 v.Chr. gestorben ist.

In literarischen Texten findet sich die Konstruktion *annōrum nātus* erst bei *Varro* Men. 496.

Auffallend erscheint die Tatsache, daß die Akkusativkonstruktion *annōs*

---

[9] S. zu dieser Konstruktion *LG Syntax* § 46.b.
[10] S. zu dieser Konstruktion *LG Syntax* § 46.b.δ.

nātus, literarisch bereits seit *Plautus* und *Terenz* nachweisbar, inschriftlich erst um 160 v.Chr., und zwar in der Grabinschrift eben jenes oben erwähnten L. Cornelius Scipio belegt ist[11], d.h. beinahe gleichzeitig (maximal 16 Jahre Differenz) mit dem erstmaligen Auftreten von *annōrum nātus*.

Mit anderen Worten: Es entsteht der Eindruck, daß ursprüngliches lat. *annōs nātus* bei Verwendung in Inschriften teils — vielleicht auch unter Einfluß der gr. Ausdrucksweise γεγονώς + Akk. temporis (s. *TGL* s.v. γίγνομαι; Brugmann-Schwyzer-Debrunner, *Griechische Grammatik*, 2. Band, Syntax, 70) — beibehalten, teils durch die auf Lehnübersetzung von etr. *avils ril* zurückgehende Formulierung *annōrum nātus* ersetzt wurde[12].

Es ist auch nicht auszuschließen, daß die Setzung des Gen. *annōrum* bei *nātus* in Inschriften älter ist als der erste nachweisliche Beleg zwischen ca. 160 bis 145 v.Chr. und daß die Formulierung *annos natus* inschriftlich erst sekundär nach dem Muster der Umgangssprache oder/und unter Einwirkung des Griechischen Verwendung fand.[13]

C.2. PHONETIK[1]

C.2.1. *Vokalismus*

C.2.1.1. *Das Schwanken e/i in Wörtern nicht etruskischer Herkunft* [?]

Zum Schwanken *e/i* als Hinweis auf etruskische Herkunft des betreffenden Wortes s. Kap. B.1.1.1.2. Hier steht das Schwanken *e/i* in genuin lateinisch-

---

[11] S. Ernout, *Recueil*, 20 f. Die Inschrift *CIL* I²11 (VI 1289) mit identer Formulierung („*annos gnatus XX*") dürfte, obwohl eine eindeutige Zuordnung nicht möglich ist, jünger sein.

[12] An gr. Einfluß ist nicht zu denken: Die Verwendung des Gen. bei γεγονώς ist nicht zuverlässig belegt (s. *TGL* s.v. γίγνομαι). Es liegt also keineswegs, was Voraussetzung für Lehnübersetzung wäre, eine typische, häufig gebrauchte Formulierung vor.

[13] Die spätere Formulierung *annīs nātus* ist ohne Schwierigkeit durch Ersatz des Gen. bzw. Akk. temporis bei *nātus* durch den ab der 2. Hälfte des 1.Jh.v.Chr. in derartigen Phrasen vordringenden Ablativus temporis (s. *LG Syntax* §46.b.) zu erklären; s. *LG Syntax* §46.b.δ.

[1] Zu den verschiedenartigen Anliegen des Kap. B.1.1. und des vorliegenden Kapitels s. Kap. B.1.1.

Gleichsam als eine Art Motto zum vorliegenden Kapitel „Phonetik" wie zu Kap. C.4. „Morphologie" sei Pallottino, *Etrusker*⁵, 195, angeführt:

„Auch auf die Phonetik und Morphologie des Lateinischen wird das Etruskische einen gewissen begrenzten Einfluß ausgeübt haben. Das Problem verdient als Ganzes eine neue und sorgfältigere Prüfung ..."

Eine „sorgfältigere Prüfung" im Sinne einer eingehenden Untersuchung kann zwar in diesem Rahmen nicht geboten werden, wohl aber eine Materialsammlung, ein Überblick über die bisher behandelten Fragen, gelegentlich auch ein definitives Urteil, insbesondere in der Form einer

indoeuropäischen, jedenfalls nicht etruskischen Wörtern wie *villa/vella* (s.b.W.), *filia/filea* zur Diskussion.

Nach Terracini, *Su alcune congruenze*, 216 f., ist etruskischer Einfluß nicht auszuschließen: Gewisse Gründe rieten an, „a mettere in relazione di dipendenza l'oscillare etrusco fra *e* ed *i*, particolarmente chiaro nel tipo *velia: velea*, con quello latino di sapore rustico *filea:filia* cui non manca qualche risonanza italica. Il tipo *filea* si mostra infatti particolarmente chiaro a Faleri e a Preneste."

Zu faliskisch *filea* bzw. zu *-ia* > *-ea* s. Giacomelli, *La lingua falisca*, 117 f.: „... il passaggio fonologico può essere paragonato a quelli attestati sporadicamente nell'etrusco, nell'umbro e sopratutto a Preneste ..."

Zu den lautlichen Verhältnissen im Etruskischen, d.h. zu dem aus dem Etruskischen belegten Wandel *e* > *i*, s. *DES* § 12.

Die Hypothese, eine Lautveränderung *i* > *e* im Lateinischen bzw. in anderen italischen, dem Etruskischen benachbarten Dialekten sei auf Einwirken etruskischer phonetischer Tendenzen zurückzuführen, erweist sich somit als gut fundiert und ist daher zweifellos in entsprechender Weise zu berücksichtigen.

C.2.1.2. *Die besondere Häufigkeit von a und a-Diphthongen im Lateinischen* [?]

Die Frage, ob nicht das etruskische Adstrat, d.h. eine Sprache, in der *a* den am häufigsten verwendeten Vokal darstellt (s. Kap. B.1.1.3.1.), das im Vergleich zu anderen indoeuropäischen Sprachen auffallend häufige Auftreten von *a* und *a*-Diphthongen im Lateinischen (besonders in den Kap. B.1.1.3.1. angegebenen semantischen Bereichen) begünstigt haben könnte, scheint einer eingehenderen Untersuchung wert zu sein.

C.2.1.3. *Vokalharmonische Erscheinungen in Wörter nicht etr. Herkunft* [?]

Devoto, *Alacer*, 519 f., zieht wegen des den lat. Schwächungsgesetzen nicht entsprechenden Vokalismus *-a-* der unbetonten zweiten Silbe in lat. *alacer* und *anas* Einfluß der etr. Vokalharmonie[2] auf die Lautgebung dieser beiden Wörter in Betracht.

Zustimmend zu Devotos Hypothese s. etwa Vetter, *LB Etr., Glotta* 17,296; Alessio, *Fitonimi*, 182 f. Auch *WH* s.vv. *alacer* und *anas* und *EM* s.v. *alacer* verweisen bezüglich des nicht der Norm entsprechenden Vokalismus *-a-* in den beiden angesprochenen Wörtern auf Devotos Aufsatz.

Ablehnung von nach unserem Wissensstand nicht aufrecht zu haltenden „etruskisierenden" Hypothesen.
[2] S. dazu S. 29 Fn. 57.

Abgelehnt wird Devotos Auffassung von Leumann, *LB Lat. Gr., Glotta* 18,251.

LG § 109 f. erklärt den Vokalismus von *alacer* und *anas* (wie auch den von *calamitās, alapa*[3]*, vegetus, segetem, hebetem* etc.) ohne Erwähnung etwaiger etruskischer Einflüsse durch (besonders leicht über *l* und Nasal hinwegwirkende) progressive Assimilation im Sinne einer Erhaltung der Gleichheit entgegen zu erwartender Vokalschwächung[4].

Doch scheint etruskischer Einfluß, insbesondere — berücksichtigt man die Häufigkeit gerade des Vokals *a* im Etruskischen (s. Kap. B.1.1.3.1.) — bei doppelt gesetztem *(-)a-* wie in *alacer, anas* etc., doch möglicherweise auch bei anderem Vokalismus, nicht völlig ausgeschlossen werden zu können.

Eine definitive Aussage, sofern sie überhaupt zu erzielen ist, bleibt jedenfalls einer eingehenden, auf das vorliegende Problem hin orientierten Studie zur Assimiliation im Lateinischen (und in verwandten Sprachen) vorbehalten.

C.2.1.4. *Vokalschwächung und Synkope in Mittelsilben, Vokalveränderung, Synkope und Apokope in Endsilben* [??]

Seit Skutsch, *Etruskische Sprache*, 787 f. (s. auch ders., *Die lateinische Sprache*, 531; ders., *Der lateinische Accent*, 190 ff.), wurde gelegentlich die Vermutung geäußert, die lateinischen Vokalveränderungen bzw. -verluste in nachtonigen Silben[5] könnten — immer natürlich unter Voraussetzung vergleichbarer Betonungsverhältnisse (s. dazu Kap. C.3.) — auf entsprechende etruskische Lauterscheinungen zurückzuführen sein[6]. So etwa von Kretschmer, *Sprache*, 560 f.; von Merlo, *Voci greche*, 289 f., mit Vorbehalt (es sei auch Einfluß in umgekehrter Richtung nicht auszuschließen).

Gegen einen derartigen Einfluß spricht sich de Simone, *DGE* 2,92 (vgl. dagegen bereits Muller, *Zur Wortbetonung*, 188, Fn. 1[7]), im Zusammenhang mit der Behandlung der Akzentfrage (s. Kap. C.3.) aus: „Das hier versuchte

---

[3] S.b.W.

[4] Auch Formen wie *farfarus* (s. aber u.W. *farferum*), gelegentliches *ansar, passar, cammara*, bei welchen folgendes *-r-* den Übergang *-e- > -a-* begünstigt zu haben scheine, *trīgintā, vicissim* etc. seien durch progressive Assimilation zu erklären, hier allerdings zu verstehen als Angleichung des Vokals der offenen zweiten Silbe an den Vokal der ersten Silbe.

[5] Zur lat. Vokalschwächung in Binnensilben s. *LG* § 86-95; zur Synkope in Binnen- und Endsilben s. § 101-107; zu lat. Vokalveränderung und Apokope in Endsilben s. § 96-100.

[6] Zu den mannigfaltigen an ins Etruskische entlehntem griechischem Wortgut feststellbaren Vokalveränderungen und -verlusten in Binnen- und Endsilben s. *DGE* 2,31-148.
Zur etr. Synkope im speziellen s. *DES* § 26-32; *DGE* 2,91.

[7] „Das ist ja eben Glaubenssache, daß eine Sprache erst zuletzt ihren Vokalismus und ihre Betonung nach fremdem Einfluß umändert."

allgemeine Bild von den Wirkungen des etruskischen Akzents zeigt ..., daß man es mit einer Erscheinung zu tun hat, die mit der Entwicklung der ‚italischen' Sprachen parallel verläuft. Von einer mechanischen Übertragung des etruskischen Akzents auf das Lateinische im Sinne von F. Skutsch ..., kann also keine Rede sein. Angesichts der auffallenden Unterschiede in der Behandlung der nachtonigen Silben in beiden Sprachen braucht das hier nicht ausführlich dargelegt zu werden." Es handle sich um eine „nur in den allgemeinen Entwicklungslinien bestehende Ähnlichkeit".

Dieser Feststellung, daß zwar im Etruskischen wie im Lateinischen von — in groben Zügen — vergleichbaren Akzentverhältnissen abhängende vokalische Schwächungs- bzw. Synkopierungserscheinungen in nachtonigen Silben auftreten, daß aber über das grundlegende Faktum von akzentbedingten Vokalveränderungen bzw. -verlusten in beiden Sprachen hinaus keine weiteren, die Details betreffenden Gemeinsamkeiten vorhanden sind, ist nach Ansicht der Verf. nichts hinzuzufügen.

C.2.1.5. *Schwund von n vor inlautend -s- und -f- unter Nasalisation bzw. Ersatzdehnung des vorangehenden Vokals* [??]

In diesem Schwund bzw. dem daraus resultierenden Auftreten nasalierter Vokale (s. *LG* § 152; § 125) glaubt Herbig, *Kleinasiatisch-etruskische Namengleichungen*, 34 f., Einfluß etruskischer Aussprachetendenzen zu erkennen: „Die altlateinischen, in der Schriftsprache noch einmal überwundenen und im Vulgärlatein wieder durchbrechenden Nasalvokale können ... auf eine in der Sprache der Gebildeten nur vorübergehende etruskische Aussprache-Invasion (Lingua Romana in bocca Toscana) zurückgeführt werden."

Vgl. ders., *Etruskisches Latein*, 174: Das Schwanken zwischen Nasalvokal und Vokal + *n* vor *s* und *f* könne „etruskisierende und schrift- oder etymologisch-lateinische Aussprache-Gepflogenheiten widerspiegeln".

Aus dem Etruskischen ist Schwund von *n* vor *c, z, s, t* belegt; s. *DES* § 24.a. mit Belegformen. Inwieweit dieser Schwund allerdings auf Verschreibung zurückzuführen ist und ob er, sollte er tatsächlich als phonetisches Phänomen zu beurteilen sein, Ersatzdehnung des vorausgehenden Vokals zur Folge hatte, bleibt ungewiß.

Etruskischer Einfluß ist daher nach unserem Wissensstand nicht erweislich.

Überhaupt dürfte eine Deutung der zur Diskussion stehenden lateinischen Lauterscheinung mit Hilfe fremdsprachiger phonetischer Tendenzen in Anbetracht dessen, daß etwa in ie. ausl. *-ns* das *-n-* unter Dehnung eines vorausgehenden kurzen Vokals sehr früh geschwunden ist (s. *LG* § 152.a.), fehl am Platze sein.

C.2.2. *Konsonantismus*

C.2.2.1. *Aspirierte Tenues* [+]

Aspirierte Tenues treten im Lateinischen bekanntlich vor allem in aus dem Griechischen entlehntem Wortgut auf, ferner — meist neben nicht aspirierten Tenues — in echtlateinischen Wörtern sowie in Entlehnungen aus dem Etruskischen.

Während die griechischen Aspiraten χ θ φ (in vorchristlicher Zeit gesprochen *kh th ph*[1]) im Lateinischen in alter Zeit durch die Tenues *c t p* wiedergegeben wurden, ist seit der Mitte des 2.Jh.v.Chr. die aspirierte Aussprache faßbar durch Setzung eines *h* hinter die Tenuis[2]. Seit 100 v.Chr. wird Schreibung des *h* üblich. Die Inschriften der späten Republik und der Kaiserzeit weisen häufig Fehlen oder unberechtigte Setzung von *h* auf. S. *LG* § 165.a.b.c.

In echt lateinischen Wörtern, auch in festeingebürgerten gr. Lehnwörtern mit (auf gr. Tenuis oder gr. Aspirata zurückgehender) Tenuis läßt sich seit etwa 100 v.Chr. spontane Aspiration beobachten, über deren Bedingungen und Dauer Unklarheit herrscht. S. *LG* § 166.[3]

Zur Aussprache der Aspiraten im Etruskischen — etr. χ θ φ gesprochen wie gr. vorchristlich χ θ φ als *kh th ph* — sowie zu dem daraus erklärbaren häufigen Wechsel Aspirata/Tenuis s. *DES* § 16; vgl. Kap. B.1.1.2.2.

Zu (stets im Wechsel mit den entsprechenden Tenues stehenden) Aspiraten in gesicherten oder möglichen Entlehnungen aus dem Etruskischen[4] s.u.WW. *ancora, caltha, fala, pulcher, sulpur, tōfus, triumpus*.

---

[1] Zum Aussprachewandel in hellenistischer Zeit (statt der aspirierter Tenues *kh th ph* die entsprechenden Spiranten phon. χ þ f) sowie zur Wiedergabe im Lateinischen s. *LG* § 165.d.

[2] Ob die Schreibung des *h* seit etwa 150 v.Chr. eine Änderung der Aussprache signalisiert oder ob sie — unter Annahme einer möglichst lautgetreuen Wiedergabe der gr. Aspiraten mittels lat. aspirierter Tenues seit einem nicht näher bestimmbaren Zeitpunkt, jedenfalls aber nicht erst seit Faßbarwerden der aspirierten Aussprache durch Setzung eines *h* hinter die betreffende Tenuis — das Bestreben darstellt, eine der Aussprache adäquate Schreibung einzuführen, dieser Frage wird nach Ansicht d. Verf. viel zu wenig Beachtung geschenkt. Daß die im allgemeinen vertretene erstgenannte Annahme zutrifft (s. etwa *LG* l.c. mit Literatur; s. Mingazzini, *Sul fenomeno*, der p. 347 [vgl. p. 343] von einer „ripugnanza dei Latini verso l'aspirazione" spricht; aspirierte Aussprache sei erst durch gelehrten Einfluß aufgekommen; s. dagegen auch im Text weiter unten), ist keineswegs erwiesen.

[3] Zu der in diesem Zusammenhang immer wieder, so auch in *LG* l.c., zitierten *Cicero*-Stelle Or. 160 s. ausführlich u.W. *pulcher*.

[4] Vgl. Kap. B.1.1.2.2. Zur gelegentlichen Transkription von etr. θ und φ nicht als lat. *t/th, p/ph*, sondern als *d, b* s. Giacomelli, *Iscrizioni*, 91 ff.; zu etr. *t/th > d* in lat. Transkription s. auch *DES* § 15.

LG § 166 ist davon die Rede, daß das Latein „altüberkommene aspirierte Tenues ... in einigen Personennamen etruskischen Ursprungs wie *Cethēgus Otho*" besaß [5]. Höchst wichtig erscheint die daraus resultierende Feststellung, die Kenntnis aspirierter Tenues in etr. Personennamen „mag den Römern die Wiedergabe der griech. χ θ φ durch *ch th ph* seit 150ᵃ erleichtert haben" [6].

Diese vorsichtige Formulierung kann nach Ansicht der Verf. mit Sicherheit bestimmter gefaßt werden:

Durch jahrhundertealten Kontakt mit den etruskischen Nachbarn war den Römern die Aussprache aspirierter Tenues durchaus geläufig, d.h. zunächst, sie waren gewohnt, sie aussprechen zu hören. Doch auch selber etruskisch sprechen zu können, scheint zu gewissen Zeiten zum Ton der besseren Gesellschaft gehört zu haben, war es doch, wie *Livius* 9,36,3 zum Jahr 310 v.Chr. berichtet, üblich, daß adelige junge Römer zur Vollendung ihrer Bildung „*sicut nunc Graecis, ita Etruscis literis*" unterwiesen wurden [7]; daß sie sich bei dieser Gelegenheit zumindest grundlegende Kenntnisse in dieser Sprache erwarben, muß angenommen werden.

Diese Fakten sind bei der Beschäftigung mit dem Problemkreis der Aspiration im Lateinischen unbedingt zu berücksichtigen. Sie berechtigen zu folgenden Feststellungen:

---

[5] Während die etr. Herkunft des seit 8 v.Chr. inschriftlich nachweisbaren Familiencognomens *Otho* (s. *RE* I A 2, 1920, 2034-2036, s.v. *Salvius* Nr. 20) einerseits lautlich durch die Aspirata bzw. den Wechsel Aspirata/Tenuis, andererseits durch die Herkunft der Familie aus *Ferentum* in Etrurien (s. Schulze, *ZGLE*, 202; *RE l.c.*) gut gesichert erscheint, ist sie bei dem seit 204 v.Chr. inschriftlich belegten Familiencognomen *Cethēgus* (s. *RE* IV 1, 1900, 1276f., s.v. *Cornelius* Nr. 83 ff.) nicht einwandfrei zu erweisen; immerhin lassen sich zu ihren Gunsten die Aspirata (s. Schulze, *o.c.*, 322), der Wechsel Aspiarata/Tenuis und die von *Quint.* Inst. 1,5,22 bezeugte und von der gr. Transkription Κέθηγος bestätigte Anfangsbetonung *Céthēgus* (s. Schulze, *o.c.*, 322; *LG* § 237.2.a.) anführen.

[6] Vgl. bereits Skutsch, *Der lateinische Accent*, 189: „,... ist die Neigung zur Aspiration erwähnenswert, die in manchen Fällen von den Etruskern zu den Römern herübergekommen zu sein scheint ..."

Die Ansicht, daß das Lateinische Aspiration sehr wohl bereits vor Einsetzen des griechischen Einflusses etwa um 150 v.Chr. gekannt habe, vertritt auch, allerdings ohne Heranziehung des Etruskischen (das Auftreten von aspirierten Tenues in echt lateinischen oder doch im Lateinischen eingebürgerten Wörtern sei aus nicht geklärter Veranlassung erfolgt), Schulze, *Posphorus*, 386, Fn. 1: Nur unter dieser Voraussetzung hätten die griechischen Aspiraten im Lateinischen Aufnahme finden können.

[7] Die *Livius*-Stelle lautet: „*Tum ex iis qui aderant, consulis frater (M. Fabium Caesonem alii, C. Claudium quidam matre eadem, qua consulem genitum tradunt) speculatum se iturum professus brevique omnia certa allaturum. Caere educatus apud hospites, Etruscis inde literis eruditus erat linguamque Etruscam probe noverat. Habeo auctores, vulgo tum Romanos pueros, sicut nunc Graecis, ita Etruscis literis erudiri solitos.*" Vgl. auch S. 545.

Es ist nicht auszuschließen, daß entgegen der communis opinio hinsichtlich des Aufkommens von Aspiraten im Lateinischen (s. S. 479 Fn. 2) die Wiedergabe etruskischer Aspiraten in Entlehnungen generell oder vereinzelt oder auch nur in bestimmten gesellschaftlichen Schichten (s.u.W. *pulc[h]er*) seit einem nicht näher definierbaren Zeitpunkt (Seit dem ausgehenden 4.Jh.? S.o.) lautgetreu, d.h. mit aspirierter lat. Tenuis erfolgte. Der Schluß liegt nahe, daß auch griechische Aspiraten bereits vor der Mitte des 2.Jh.v.Chr. im Lateinischen mittels aspirierter Tenues wiedergegeben wurden (s. S. 479 Fn. 2). Mit Bestimmtheit kann jedenfalls behauptet werden, daß die des Griechischen kundigen Gebildeten des 2.Jh.v.Chr. in ihrem (als Neuerung [s. S. 479 Fn. 2] zu verstehenden??) Bemühen um eine möglichst lautgetreue Wiedergabe der griechischen Aspiraten auf zumindest im Wesentlichen Wohlbekanntes und Vertrautes zurückgreifen konnten.

Auch die sich ab etwa 100 v.Chr. (s. S. 479) im Schriftbild manifestierende spontane Aspirierung in ererbten oder längst etablierten Lehnwörtern, welche als gräzisierende Mode anzusprechen sein dürfte[8], konnte wohl dank einer gewissen, in jahrhundertealten Beziehungen zum Etruskischen begründeten Vertrautheit mit aspirierten Tenues bzw. mit dem Wechsel Tenuis/Tenuis aspirata besonders leicht Fuß fassen.

Schließlich sei eigens nachdrücklich auf die allgemein bekannte Tatsache hingewiesen, daß gerade im ehemaligen etruskischen Kernland, in der Toskana, eine spezielle Art von Aspirierung, „gorgia Toscana" genannt, sich bis heute erhalten hat[9].

Es scheint wenig glaubhaft, daß derart hartnäckige phonetische Tendenzen keinerlei Spuren in den dem Etruskischen benachbarten Sprachen hinterlassen hätten.[10]

---

[8] Anders Kretschmer, *Sprache*, 561: Die spontane Aspiration in Wörtern nicht gr. Herkunft sei auf etruskisierende Aussprachetendenzen zurückzuführen.
Vgl. Bell, *Note*: Spontane Aspiration in Wörtern wie *choronae, chenturiones* etc. sei höchstwahrscheinlich „due to the corruption of these Latin words in the mouths of men of alien stock", d.i. von Leuten etr. Herkunft, „than to any alteration effected in the pronunciation of the Roman themselves by the influence of the Greek aspirated consonants", was Bell durch eine von der Norm abweichende Interpretation von *Catulls* c. 84 zu stützen sucht: Arrius werde durch die fälschlich gesetzte Aspiration in *chommoda* als Etrusker, nicht als römischer Parvenu gekennzeichnet.

[9] Vgl. Pallottino, *Die Etrusker*, 195, mit Lit.; vgl. auch Bell, *Note*, 138.

[10] Als die vorliegende Untersuchung bereits abgeschlossen war, wurde Verf. durch die „Rassegna bibliografica" der *SE* 52 von 1984 (erschienen 1986) auf einen Tagungsbericht aufmerksam, der in Hinkunft sowohl bei der Behandlung der Aspiraten im Etruskischen als auch hinsichtlich des Phänomens der gorgia Toscana nicht wird übergangen werden dürfen (eine Einsichtnahme war Verf. aus Zeitgründen nicht mehr möglich): *Fonologia etrusca, Fonetica toscana. Il problema del sostrato. Atti della giornata di Studi organizzata dal Gruppo Archeologico*

C.2.2.2 *Die (ursprünglich bilabiale?*[11]*) Spirans f* [??]

Bonfante, *Il suono „F"*, führt aus, daß die meisten in Europa und Kleinasien nachweisbaren ie. Sprachen in ihrem ältesten Zustand einen *f*-Laut nicht gekannt hätten. Eine Ausnahme stelle insbesondere das Italische dar. Aus dem Auftreten von *f* im Etruskischen bereits in den ältesten Inschriften glaubt Bonfante schließen zu dürfen, daß die Etrusker den in Italien eingedrungenen ie. Völkern den (bilabialen) *f*-Laut vermittelt hätten[12].

Diese grundlegende Erkenntnisse der italischen wie überhaupt der ie. Sprachforschung in Frage stellende Hypothese mag interessante Aspekte haben, ist aber — abgesehen davon, daß es höchst problematisch erscheint, das Entstehen eines neuen Lautes wie etwa des anlautenden *f*- aus ^+bh- im Italischen bzw. die Qualität dieses neuen Lautes zur Gänze dem Einfluß einer fremden Sprache zuzuschreiben; viel eher dürfte in Erwägung zu ziehen sein, daß ein im Entstehen begriffener oder bereits entstandener Laut durch die Art, wie der ihm (in etwa) entsprechende Laut bei fremdsprachigen Nachbarn artikuliert wurde, eine gewisse lautliche Modifikation erfahren konnte — durch nichts zu erweisen.

C.2.2.3. *Der Wechsel f-/h- im Anlaut* [?]

Zu Herkunft und Aussprache von lat. anlautend *f*- und *h*- s. *LG* § 167-178. Vgl. auch Hiersche, *Der Wechsel*, 103 f., 115 ff.

Festgehalten sei, daß anlautend *f*- (wie auch inlautend -*f*-) in älterer Zeit bilabial gesprochen worden sein dürfte und daß erst für die Kaiserzeit Beschreibungen eines labiodentalen *(-)f*- existieren (Hiersche, *o.c.* 116), „artikuliert mit Engenbildung zwischen oberen Schneidezähnen und Unterlippe"

Colligiano. Colle di Val d'Elsa, 4 aprile 1982. A cura di L. Agostiniani e L. Giannelli. Firenze 1983.

Hervorgehoben seien daraus die zwei folgenden Beiträge: L. Agostiniani: *Aspirate etrusche e gorgia toscana: valenza delle condizioni fonologiche etrusche*. *O.c.*, 25-59.

L. Gianelli, *Aspirate etrusche e gorgia toscana: valenza delle condizioni fonetiche dell'area toscana*. *O.c.*, 61-102.

[11] S. auch Kap. C.2.2.3.

[12] Auch das im Zuge der ersten Lautverschiebung aus *p* entstandene *f* des Germanischen bzw. eben jener Wandel *p > f* sei möglicherweise auf etr. Einfluß zurückzuführen, wie überhaupt im Etruskischen eine der germanischen nahekommende Lautverschiebung festzustellen sei. Damit lasse sich die Hypothese von der Herkunft des Etruskischen aus dem Norden stützen.

Die Unhaltbarkeit dieser Hypothesen — die germanische Lautverschiebung beeinflußt vom Etruskischen; eine Art Lautverschiebung auch im Etruskischen; Herkunft des Etruskischen bzw. der Etrusker aus dem Norden — darf seit längerer Zeit als erwiesen gelten und bedarf hier keiner weiteren Ausführungen.

(*LG* § 177.b.), und daß weiters anlautend *h*-, bereits in republikanischer Zeit in der ländlichen Umgebung Roms und möglicherweise in der römischen Plebs verstummt, sich nur in den sozial gehobenen Schichten bis zur Kaiserzeit hielt, dann nur im Schriftbild am Leben erhalten wurde (*LG* § 178.II.).

Zu dem aus lateinischen Quellen (Glossographen, Grammatiker, gelegentlich Inschriften) nachzuweisenden Schwanken von anlautend *f-* und *h-* im Lateinischen sowie zu der lateinischen Autoren zu entnehmenden Aussprache *f-* für *h-* im Sabinischen, zu inschriftlich und von lateinischen Autoren bezeugtem *h-* für *f-* und *f-* für *h-* im Faliskischen und zu inschriftlich belegtem *f-* für *h-* im Pränestinischen s. *LG* § 172, bes. aber Hiersche, *o.c.*, 104 ff. Hervorgehoben sei, daß *f-* und *h-* über längere Zeit hindurch beliebig, d.h. ohne daß sich eine ratio erkennen ließe, gesetzt wurden und daß sich als Kerngebiet des Lautwechsels die Region nördlich und östlich von Rom identifizieren läßt; s. Hiersche, *o.c.*, 112 f.

Zu das Etruskische nicht heranziehenden Erklärungsversuchen s. *LG* l.c.; Hiersche, *o.c.*, 113, 117 f.

Des öfteren wurde aber auch versucht, diesen Anlautwechsel *f-/h-* im Lateinischen (sowie im Faliskischen, Pränestinischen, Sabinischen) auf etr. Einfluß zurückzuführen:

So von Ribezzo, *L'iscrizione*, 246 f. (der Wechsel *f/h* stehe mit der Entwicklung des etr. Buchstabens 8 [Lautwert *f*], von Ribezzo als Umbildung von etr. ⊟ [Lautwert *h*], welches Zeichen ursprünglich in Verbindung mit ꟿ [Lautwert *v*] zur Bezeichnung von *f* diente, aufgefaßt, in Zusammenhang; die Übergangsphase, in der etr. ⊟ als *h* und *f* gedeutet wurde, habe zu Verwirrungen in Schrift und Aussprache geführt; s. dagegen Hiersche, *o.c.*, 114 f.); Stolte, *Der faliskische Dialekt*, 19 (etr. *f*, wahrscheinlich bilabial, stelle einen mit *h* nahe verwandten Laut dar; der Anlautwechsel *f:h* sei gewiß von Etrurien ausgegangen); Schrijnen, *Italische Dialektgeographie*, 234-239, mit älterer Literatur (die Vertauschung von anlautend *f* und *h* sei auf etr. Einfluß zurückzuführen; über das Faliskische habe er in die benachbarten Sprachgebiete ausgestrahlt; dieses Schwanken sei nicht als zufälliger Wechsel aufzufassen, sondern es werde sich so verhalten haben, ,,daß der Lautwert des anlautenden etruskischen *f* und *h* vom Lautwerte des anlautenden lateinischen *f* und *h* verschieden war, und zwar, daß etruskisches *h* sich mehr in der Richtung von lat. *f*, und etruskisches *f* sich mehr in der Richtung von lateinischem *h* bewegte" [*o.c.*, 239]; s. zu dieser Spekulation um den Lautwert von etr. *f* und *h* aber die berechtigte Kritik von Nehring, *LB Lat. Gr., Glotta* 14,255: ,,Die Annahme hängt aber ganz in der Luft und verträgt sich schlecht damit, daß im Etruskischen selbst beim gleichen Wort in Fällen wie ... *fercle:hercle* die beiden Laute alternierten."); Nehring, *l.c.* (die Herleitung des Anlautwechsels *f/h* aus dem Etr. könne als „so ziemlich gesichert" gelten); Terracini, *Osservazioni*, 220, und ders., *Su alcune congruenze*, 216, unter Berufung auf Schrijnen, *l.c.*; Devoto, *Benvenuto A. Terracini*, 522 (der lat. und italische Wechsel *f/h* sei nicht zu verstehen „senza acettare come interlocutore anche l'elemento etrusco"); Palmer, *The Latin Language*, 60 (da der Wechsel *f/h* auch aus dem Etr. belegt sei, könne ein Einwandern dieser Lauterscheinung über die etruskischem Kultureinfluß in besonderem Maße ausgesetzten Städte Falerii und Praeneste vermutet werden); Giacomelli, *La lingua Falisca*, 126 (der Wechsel *f/h* im Faliskischen, welcher der Einordnung in ein phonetisches System widerstrebe, jedoch an den aus dem Etr. bekannten Wechsel *f/h* erinnere, „potrebbe essere interpretato come una moda etrusca che ha agito sui dialetti circonvicini, a cui si contrappone una reazione esagerata"); Stolz-Debrunner-Schmid, *Geschichte*, 50 (der Ausgangspunkt des Schwankens *h/f* im Anlaut im Faliskischen und Pränestinischen dürfte „im Etruskischen zu suchen sein, das die Sprache und Schrift von Falerii und Praeneste in mehrfacher Beziehung beeinflußt hat"); *LG* § 172 (wegen des Wechsels *f/h* im Etr. und wegen der Belege *f/h* aus Falerii und Praeneste, beide als etr. Kulturdominien bekannt, sei etr. Einfluß in Betracht zu ziehen).

Ein Blick auf die bereits öfter angesprochenen Verhältnisse im Etruskischen ergibt folgendes Bild:

Im Etruskischen ist sowohl der Wechsel $f > h$ als auch der Wechsel $h > f$ belegt; s. *DES* § 18.2. u. 3. Aus diesem Wechsel wie auch aus der Buchstabenkombination *vh* (und *hv*), welche vor dem gegen Ende des 6.Jh. eingeführten Graphem *8* zum schriftlichen Ausdruck der labialen Spirans *f* verwendet wurde, kann eine bilabiale Aussprache von etruskischem (stimmlosem; vgl. dagegen etr. *v*) *f* erschlossen werden; s. *DES* § 18.

Diese Fakten lassen eine Beeinflussung des faliskischen, praenestinischen, sabinischen, lateinischen Schwankens *f/h* durch etruskische lautliche Gegebenheiten im Sinne von Giacomellis Interpretation (s.o.) sehr gut möglich erscheinen.

Hiersches Deutung des Wechsels als „öfter anzutreffender Austausch von Spiranten auf Grund ihrer klanglichen Ähnlichkeit" (*o.c.*, 118), von ihm selbst als Alternative zur Annahme eines seiner Auffassung nach nicht zwingend zu erweisenden etruskischen Einflusses[13] vorgeschlagen, kann als

---

[13] Hiersches Ansichten über anl. *f-* und *h-* im Etr. müssen jedoch als nicht zutreffend bezeichnet werden. So heißt es etwa *o.c.*, 114:

„Als allgemeine Tendenz läßt sich im etruskischen Konsonantismus eine Entwicklung vom Verschlußlaut zur Aspirata, weiter zur Spirans und anlautend schließlich zu *h* feststellen: also $p > \varphi \ (= p^c) > f > h$ ... Für einen gegenläufigen Wandel $h > f$ gibt es aber bisher keinerlei Hinweise in der etruskischen Lautforschung."

Abgesehen davon, daß Hiersche hier einerseits, wenn er von einer allgemeinen Entwicklungs-

zusätzliche Erklärung herangezogen werden: In Falerii und Praeneste dürfte konstant geschriebenes und somit wohl kräftiger artikuliertes *h-* der velaren Spirans χ nahegestanden haben; dieses *h-* konnte auf Grund der sehr ähnlichen Artikulation mit bilabialem *f-* relativ leicht wechseln[14]: „Ein Übergang von *f* und *h* (im Sinne eines Hauchlautes oder einer velaren Spirans) und von *h* zu *f* — und das ist das Entscheidende — begegnet uns in einer ganzen Reihe von Sprachen, die weder verwandt sind noch sich geographisch berühren. Überhaupt sind die Spiranten wegen ihrer nahen akustischen Verwandtschaft leicht miteinander zu verwechseln und werden daher oft ausgetauscht." (Hiersche, *o.c.*, 116 f.)

C.2.2.4. $^+$*Nasal* > *Liquid in anlautend* $^+$*gn-* > *gl-* [??]

Bei der Wiedergabe griechischer Wörter im Etruskischen bzw. bei etruskischer Vermittlung griechischer Wörter ins Lateinische lassen sich unter anderen auch folgende Lautveränderungen feststellen: Gr. inl. -μν- nach vorausgehendem Μ/μ-[15] > dissimiliert etr. -*mr*- (z.B. gr. Μέμνων > etr. *memrun CII* 2513 bis u.ö., *memru NRIE* 424 > *DEC*, 134[16]; gr. 'Αγαμέμνων > etr. *aχmem-*

---

tendenz, ja geradezu von einer „Lautverschiebung" (*o.c.*, 115) *p* > φ > *f* spricht, in unzulässiger Weise verallgemeinert (bloß der gelegentlich in der Nähe von Liquiden oder Nasalen festzustellende Übergang *p* > *f* könnte als Ausdruck eines späten und regionalen Lautwandels *p* > *ph* > *f* aufgefaßt werden; s. *DES* § 17), andererseits, wenn er *h* als Endprodukt einer Entwicklungsreihe *p* > φ > *f* > *h* darstellt, mit nicht Beweisbarem operiert (in keinem der *DES* § 18.2. angeführten Fälle *f* > *h* läßt sich Herkunft des *f* aus *p* erweisen), ist die Behauptung, für einen Wandel *h* > *f* im Etr. gebe es keine Hinweise, hinfällig; s. im Text weiter vorne bzw. *DES* § 18.

[14] Anders *LG* § 172.d.: Die doppelte Lautwiedergabe deute auf ein *h* mit bilabialer Behauchung.

[15] Der in der von der Verf. eingesehenen Literatur nicht berücksichtigte Umstand (zu einem ähnlich gelagerten Fall s. S. 486 Fn. 18), daß der Konsonantengruppe gr. -μν- ein Μ/μ- vorausgeht, könnte die Erklärung dafür abgeben, daß gr. -μν- im Falle von Μέμνων und 'Αγαμέμνων (vgl. auch die von de Simone, *DGE* 2, 27 f., als Zwischenstufe bei der Entlehnung von lat. *norma* aus gr. γνώμονα angesetzte Form etr. $^+$*cnōmra* [< $^+$*cnōmna* < γνώμονα; s.u.W. *norma*]; hier hätte nicht vorausgehendes -μ-, sondern vorausgehendes -ν- in der Anlautsverbindung γν-, deren nach dem Muster von gr. γνῶμα > etr.-lat. *grōma* zu erwartende Dissimilation zu $^+$*cr-* im vorliegenden Fall hinter der offenbar stärkeren Dissimilationstendenz gr. -μν- > etr. -*mr-* zurückzustehen hatte, den Anstoß zur Dissimilation gr. -μν- > etr. -*mr-* gegeben) zu etr. -*mr* dissimiliert wurde. Denn es gibt sehr wohl Belege für -*mn-* im Etruskischen sowohl aus ältester (z.B. *amnu TLE* 74, 7.Jh., PN bzw. Individualname) wie auch aus jüngerer Zeit (z.B. *priumne* < gr. Πρίαμος *NRIE* 713 u.ö.); vgl. *DGE 2*,161 f.

[16] Zu der mit „konsonantischer Epenthese italischen Typs" versehenen Form *mempru NRIE* 424 s. *DES* §24.d.; vgl. *DGE 2*,161 f.
Zu der als „engere Anlehnung an die griechische Grundlage oder Neuentlehnung" zu deutenden nicht dissimilierten Form *memnun DGE 1*,91, Nr. 2, s. *DGE 2*,161 f.

run CIE 5369 u.ö.)[17]; gr. anl. γν- vor folgendem -μ-[18] > (dissimiliert?[19]) etr.-lat. *gr-* (*cr-*; z.B. gr. γνῶμα > lat. *grōma/grūma/crōma*[20])[21]; gr. inl. -δν- > etr.-lat. *-tr-* (z.B. gr. ἔχιδνα > lat. *excĕtra*[22])[23].

Devoto, *L'etrusco come intermediario*, 331 f., verallgemeinert diesen für das Etruskische unter den eben vorgeführten Bedingungen nachweisbaren Wandel *n* > *r* (eine Lautveränderung *n* > *l* ist weder aus genuin etr. noch aus ins Etr. entlehnten Wörtern bekannt) in bedenklicher Weise zur „sostituzione delle nasali con liquide" und sieht darin eine phonetische Tendenz, von welcher die lateinische Lautgebung nicht unbeeinflußt geblieben sei: „Cosi ... da ⁺*gnoria* non discende ⁺*noria*[24] ma ⁺*groria, gloria*, da ⁺*gnaris glaris* di fronte a *ignarus*, dal greco κνέφας, attraverso una fase forse sabina ... ⁺*cnepas*, il latino *creper, crepusculum*[25] ..."

Da sich jedoch, abgesehen davon, daß ein Wandel *n* > *l* für das Etruskische nicht nachgewiesen ist (s.o.), die von Devoto herangezogenen Beispiele als verfehlt oder zumindest problematisch erweisen (lat. *glōria* könnte eventuell aus ⁺*gnō-ria* „Kunde" zu *gnōscō* herzuleiten sein; doch erweckt die Annahme, ⁺*gnōria* sei durch regressive Assimilation zu ⁺*grōria*, darauf durch Dissimilation zu *glōria* geworden, wegen der Erhaltung von *gn-* in *gnārus* etc. trotz *LG* § 192, wo der Wandel *gn-* > *gl-* auf Satzsandhi zurückgeführt wird, Bedenken;

---

[17] S. dazu *DES* § 24.d.; ausführlich *DGE* 2,161 f.; vgl. aber auch S. 485 Fn. 15.

[18] Beachtet man diesen in der von der Verf. eingesehen Literatur nicht berücksichtigten Umstand (zu einem ähnlich gelagerten Fall s. S. 485 Fn. 15), daß gr. anlautend γν- von -μ- als erstem Laut der zweiten Silbe gefolgt ist, ließe sich einerseits die Lautveränderung gr. γν- > etr.-lat. *gr-* (*cr-*) als dissimilatorischer Vorgang verstehen, andererseits bedürfte damit die ebenfalls in Entlehnungen nachweisbare Bewahrung der Gruppe Guttural + Nasal (z.B. *cnaive* < lat. ⁺*Gnāivos TLE* 14, 5.Jh.; vgl. *DGE* 2,189) keiner weiteren Erklärung.

Alessio, *Suggerimenti*, 144, Fn. 222, setzt eine unter Umständen vergleichbare Lautveränderung (gr. inl. -χν- > etr. -χr-, -cr-) an, wenn er sich für Entlehnung von lat. *lucerna* aus gr. λύχνος ausspricht. Es wäre allerdings nicht mit Alessio, *l.c.*, an eine Entwicklungsreihe gr. λύχνος > etr. ⁺*luχre*, ⁺*lucre* > etr. Ableitung auf *-na* ⁺*luχrna* > lat. *lucerna* zu denken (s.u.W. *lucerna*), sondern es müßte davon ausgegangen werden, daß gr. λύχνος als ⁺*luχne*, ⁺*lucne* ins Etr. übernommen worden wäre; erst die Erweiterung mit *-na* hätte Anlaß zu dissimilatorischer Lautveränderung gegeben: etr. ⁺*luχne-na*, ⁺*lucne-na* > ⁺*luχre-na*, ⁺*lucre-na* > ⁺*lucrna* > lat. *lucerna*.

[19] S. Fn. 18.

[20] S.u.W. *grōma*.

[21] S. dazu *DGE* 2,189; s. aber auch Fn. 18.

[22] S.b.W.

[23] S. dazu *DGE* 2,189.

[24] Der Anlaut *n-* wäre nach dem Muster von *nātus* < *gnātus* und anderen lat., auch osk.-umbr. Beispielen zu erwarten; s. Devoto, *l.c.*; vgl. *LG* § 192.

[25] S.u.W. *creper*.

jedenfalls bleibt die Etymologie von *glōria* unsicher; s. ausführlicher *WH* s.v. *glōria*; vgl. *EM* s.v. *glōria*²⁶), ist seine Theorie abzulehnen.

C.2.2.5. *Fehlen von auslautend -s in altlateinischen Inschriften* [+]

Auslautend *-s* nach kurzem Vokal ist bekanntlich in altlateinischen Inschriften bisweilen nicht geschrieben; in der altlateinischen Dichtung ist es vor vokalischem Anlaut immer als Konsonant wirksam, vor konsonantischem Anlaut ist es, offenbar bloß nach metrischem Bedürfnis, prosodisch teils wirksam, teils vernachlässigt. S. mit Belegen *LG* § 229.

Fehlen von auslautend *-s* nach kurzem Vokal ist auch aus dem Faliskischen und dem Pränestinischen belegt; dort allerdings ist vereinzelt, anders als im Lateinischen, auslautend *-s* auch nach langem Vokal nicht geschrieben. S. *LG* l.c.

Zu den verschiedenen Erklärungsversuchen, inbesondere zur Deutung der Wechselformen mit *-s* und ohne *-s* als Satzsandhi- und Pausaformen, s. *LG* § 229.b.

Hervorgehoben seien hier die auf der Annahme etr. Einflusses basierenden Interpretationsversuche:

Hammarström, *Beiträge*, 23 ff., erwägt unter Heranziehung der offenbar ohne Verständnis kompilierten, doch auf wertvollen älteren Grammatikerzitaten beruhenden Stelle *Agroec*. Orthogr. *GLK* 7,118,7 ff.²⁷, die Reduktion des auslautenden *-s* hinter kurzem Vokal im Altlateinischen, welche zuerst und hauptsächlich an dem Auslaut *-(i)os* (d.h. an einem für lat. Eigennamen, die der Beeinflussung seitens der Etrusker ganz besonders ausgesetzt gewesen seien, typischen Suffix) zu beobachten sei, deren Auftreten weiters mit der

---

²⁶ Lat. *glaris* μυθολόγος *Gl*. Philox. *Gl*. 2,34,15 ist nach *WH* s.v. *glaris* „gewiß verderbt" und nicht zu *glōria* zu stellen; anders, doch ebenfalls ohne Annahme eines Zusammenhangs mit *glōria*, *LE* s.v. *glaris*.

Lat. *creper, crepusculum* dürfte aus gr. κνέφας über etr. Vermittlung entlehnt sein, so daß für gr. -κν- bereits im Etr. ⁺*cr*- anzusetzen wäre; s.u.W. *creper*

²⁷ „*Quaeritur ab aliquantis, quare s littera inter liquidas posita sit, cum vel sola facere syllabam videatur ac per hoc dicta sit suae cuiusdam potestatis esse, aliae autem liquidae in ipso concursu litterarum et sermonum ita conglutinentur, ut paene interire videantur. haec ratio est: apud Latium, unde latinitas orta est, maior populus et magis egregiis artibus pollens Tusci fuerunt, qui quidem natura linguae suae s litteram raro exprimunt. haec res eam fecit haberi liquidam.*"

²⁸ Die Wiederbefestigung von auslautend *-s* in Inschriften beginnt um 200 v.Chr.; s. Proskauer, *Das auslautende -s*, 37. In der Dichtung gilt auslautend *-s* noch wesentlich länger als nicht vollwertiger Konsonant: Noch bei Lukrez bildet es häufig nicht Position (bei Catull hingegen findet sich nur mehr ein derartiges Beispiel in c. 116,8). Die Anpassung an die gesprochene Sprache (vgl. Proskauer, *o.c.*, 38 f.) scheint sich in diesem Bereich um einiges langsamer vollzogen zu haben; vgl. *Cic*. Or. 161; vgl. *LG* § 229.b.

„Entwicklungskurve des etruskischen Einflusses in Rom parallel" laufe[28] und welche insbesondere die Inschriften der „halb etruskischen " Stadt Präneste kennzeichne, auf etruskischen Einfluß zurückzuführen: Es sei „nicht undenkbar, daß es den Etruskern Schwierigkeit machte, den dentalen Spirant des Lateinischen im Wortauslaut hinter einem Vokal auszusprechen, so daß *s* in diesem Falle im Munde der Etrusker stark reduziert und fast unhörbar wurde. Die Namen der griechischen Mythologie verlieren in den etruskischen Inschriften in der Regel ihr Schluß-*s* hinter einem Vokal. Wo -*s* sich erhalten hat, liegt vielleicht nur Einfluß der griechischen Schreibung vor, oder die Etrusker haben einen anders beschaffenen *s*-Laut substituiert ...". Diese Erklärung ist zurückzuweisen. Denn weder ist es glaubhaft, daß lateinisches Namenmaterial einerseits durch das Etruskische nur im Ausgang, und auch hier nur durch Abfall des auslautenden -*s*, verändert worden wäre, daß andererseits die so verstümmelten Formen, ins Lateinische zurückgelangt, ohne Veränderung beibehalten, ja sogar zum Muster für weitere Bildungen ohne -*s* bzw. für Vernachlässigung des -*s* geworden wären, noch ist nach unserem Wissensstand der Beweis dafür zu erbringen, daß lat. auslautend -*s* im Etruskischen nur „stark reduziert und fast unhörbar" wiedergegeben werden konnte (zur Aussprache der etr. Sibilanten s. *DES* § 21), noch schwand im Etruskischen jedes gr. auslautende -ς (s. *DGE* 2, 163 ff.).

Trotzdem ist Hammarströms Hypothese, der Schwund von auslautend -*s* im Altlatein sei auf etr. Einfluß zurückzuführen, nicht zu verwerfen; es muß aber nach einer anderen Basis im Etruskischen gesucht werden (s. weiter unten).

V. Helle, *Problem*, 32 f., erwähnt, daß *Agroecius* l.c. „in der Aussprache der Etrusker den Beweggrund für das eigentümliche ‚Liquescieren' von *s*" in der altlat. Dichtung finde.

Hermann, *Silbenbildung*, 219 u. 228 f., zieht Hammarströms und Helles „etruskische" Deutung in Betracht.

Terracini, *Osservazioni*, 220 (vgl. Nehring, *Bericht*, 404), und ausführlicher ders., *Su alcune congruenze*, 217 ff. — ausgehend allerdings von der heute nicht mehr vertretbaren Meinung (s S. 4 Fn. 4), das Etruskische gehöre zu den ie. Sprachen —, glaubt, „dato l'influsso enorme dell'onomastica etrusca e del formulario epigrafico etrusco sull'italico, dato che centri di -*s* caduto sono centri etruscheggianti (Faleri, Preneste, Cuma)"[29], den Schluß ziehen zu dürfen, der Abfall von auslautend -*s*, besonders gut belegt im Italischen wie im Etruskischen in Nominativformen von Gentilizien[30], beruhe auf etruskischem Einfluß.

[29] „*Osservazioni*", 220; vgl. „*Su alcune congruenze*", *219 f.*
[30] Zu Terracinis verfehlter Interpretation des Schwankens von Nominativformen mit oder ohne -*s* im Etruskischen sowie zu seinen nach heutigem Wissensstand zu korrigierenden Vermu-

Unsere Kenntnisse des Etruskischen berechtigen zu folgenden, Terracinis Aussagen teilweise bestätigenden Feststellungen:

Es besteht einerseits im Etruskischen die Möglichkeit, die Nominativformen bestimmter Namen fakultativ ohne oder mit -s zu bilden[31]: „Bei Götternamen und männlichen GN. findet sich häufig auch ein um -s vermehrter Stamm neben der Grundform: *cilen — cilens, fuflun — fufluns, tin — tinś, selvan — selvans*[32]; GN. *tarna ... — tarnas*." „Das Nominativ-s findet sich bisweilen auch beim CN.: *CIE.* 4216 *vl:aulni:vl:masateś*; 4255 *la cai asateś*; 4262 *la.cai.cnareś.au.sentinatial* (s. Rix, *Cognomen* 197.204)." (*DES* §45; ebendort weitere Ausführungen und Literaturangaben.[33])

Andererseits ist festzuhalten, daß das Genetivsuffix -s (wie auch hier nicht interessierendes -l) im Rahmen einer Gruppenflexion (in einer syntaktisch zusammengehörigen Gruppe von Nomina flektiert nur ein Glied; s. *DES* §102.b.; 212 bis) weggelassen werden kann.

Allerdings ist das Fehlen eines Genetivsuffixes in jüngeren Inschriften (es findet sich vor allem in Inschriften einfacherer Leute) im allgemeinen nicht auf Gruppenflexion, sondern auf eine wohl aus der Umgangssprache stammende Nachlässigkeit zurückzuführen; s. *DES* §212 bis.

Das eben Dargelegte ergibt folgendes Bild:

Rückführung der zeitlich beschränkten, fakultativen, vielleicht als Eigenart bestimmter Schreiberschulen anzusprechenden Nicht-Schreibung von auslautend -s nach kurzem Vokal in altlateinischen Inschriften auf in etruskischen Inschriften nachweisbare morphologische Eigenheiten erscheint in Hinblick

tungen über die Austauschbarkeit von Genetivformen mit und ohne -s und zu Fällen von zu Terracinis Zeit noch nicht als solche erkannter und daher mißdeuteter Gruppenflexion (s. *DES* §102.b. u. §212bis bzw. im Text weiter unten) s. „*Su alcune congruenze*", 217 ff.

[31] Nominativbildungen auf (nicht fakultatives) -s finden sich im Etruskischen vor allem „bei redeterminierten Appellativen ..., die die Person anzeigen ...: *papals* ‚Enkel' (= der des Großvaters); *tetals* ‚Enkel' (= der der Großmutter); *truials* (= der von Troja)". (*DES* §45.b.; s. dazu auch Fn. 33; zur „rideterminazione morfologica" s. ausführlich *DES* §213 bis.)

[32] „Bei Götternamen scheint die Erweiterung mit -s als besonderer Nominativ empfunden worden zu sein, da hier der Gen. nach Art der Dental- und s-Stämme ... gebildet wird: *cilens*, Gen. *cilens-l*; ebenso *neθuns-l, fufluns-(u)l, selvans-l* ..." (*DES* §45.d.)

[33] Zur Herkunft des fakultativen Nominativ-s in GN äußert sich Prof. *Pfiffig* brieflich wie folgt: „... ist das ‚Nominativ-s' entweder eine Neuerung unter dem Einfluß italischer Sprachen (fakultativ), oder — was nicht auszuschließen ist — eine Substantivierung des Adj. II als GN., nach dem Beispiel der Substantivierung in z.B. *papals* (= *papa-l-s*) ‚Enkel' (= der des Großvaters), *truials* (= *truia-l-s*) ‚Troianer' (= der von Troja) u.ä." Vgl. dazu *DES* §45 Schluß: „Das fakultative -s des Nominativs bei Formen, die morphologisch possessive Adjektiva sind (dazu gehört auch der Gen. auf -l!), deutet auf einen Sprachcharakter hin, der ‚Belebtes' von ‚Unbelebtem' unterscheidet (*papals* = ‚ein zum Großvater gehöriges lebendiges Wesen'; *tarnas* ‚etwas Lebendiges, das zur Familie des ⁺*tar(u?)* gehört')."

auf den zweifelsfrei vorhandenen nicht geringen Einfluß, den etr. Inschriftenformulare und etr. Namengebung auf das Lateinische ausgeübt haben, recht gut möglich.[34] Doch ist wohl in Rücksicht auf die unterschiedliche Behandlung von auslautend -*s* nach kurzem Vokal in der altlateinischen Dichtung davon auszugehen, daß bestimmte phonetische Tendenzen im Lateinischen selbst — schwache oder stimmhafte Aussprache von auslautend -*s* nach kurzem Vokal, ja dessen Schwund, zurückzuführen vielleicht auf Dialekteinflüsse oder/und die Stellung im Satz[35] — erst die Voraussetzung dafür geschaffen haben, daß etruskische Inschriftenformulare mit Nominativ- und Genetivbildungen mit und ohne -*s* (welche morphologische bzw. morphologisch-syntaktische Eigenheit des Etruskischen möglicherweise von lateinisch Sprechenden als phonetische licentia mißverstanden wurde) sozusagen bis ins Detail eben dieser variablen Bildung übernommen werden konnten.

C.3. Die Erstsilbenbetonung des vorhistorischen Latein [??]

Die mit den verschiedenen Phasen lateinischer Akzentuierung und mit der Natur des jeweiligen Akzents zusammenhängenden Fragen gehören zu den meistbehandelten und meistumstrittenen der lateinischen Sprachgeschichte. Vgl. *LG* § 235.e. § 242 ff.

Von Interesse ist hier jene nach der gängigen Auffassung die ie. ererbte freie Betonung ablösende und der klassischen Dreisilbenbetonung vorausgehende Phase eines vermutlich exspiratorischen Akzents[1] auf der ersten Silbe im vorhistorischen Latein, zu erschließen aus Schwächung oder Synkope bzw. Apokope von kurzen Vokalen in nicht ersten Silben. Ihr Beginn läßt sich nicht näher festlegen, ist jedoch spätestens ins 6./5.Jh. zu setzen, ihr Ende fällt wahrscheinlich ins 4.Jh.

„Das Aufkommen der neuen Anfangsbetonung, spätestens im 6./5. Jhdt., sucht man meist durch fremden Einfluß zu motivieren als Adstrat- oder Substratwirkung von Sprachen mit erschlossener Anfangsbetonung, nämlich

---

[34] Man beachte die gegenüber römischen Gepflogenheiten rigorosere Nicht-Schreibung von auslautend -*s* (nach kurzem und langem Vokal; s. im Text weiter vorne) gerade in den etruskischen Kulturdominien Falerii und Präneste!

[35] S. *LG* § 229.b.

[1] Vgl. *LG* § 243.a.; Herbig, *Besprechung Sommer, Handbuch*, 19 ff.; Altheim, *Geschichte*, 312 ff.; Palmer, *The Latin Language*, 211 ff.

Das Vorkommen eines rein exspiratorischen oder eines rein musikalischen Akzents dürfte allerdings, dies sei nur am Rande festgehalten, auszuschließen sein; s. Herbig, *o.c.*, 20; Hartmann, *LB It. Spr. u. lat. Gr.*, *Glotta* 12,242; *LG* § 235.a.β., vgl. auch § 244.

— mit absteigender Wahrscheinlichkeit — von Etruskisch[2], Oskisch, Keltisch, Germanisch, Mittelmeersprachen." (*LG* § 243.b.)

Eingegangen werden soll hier nur auf die Hypothese eines Einflusses des Etruskischen auf die lateinische Anfangsbetonung; zur eventuellen Einflußnahme der anderen eben aufgeführten Sprachen s. *LG* § 243.b.β.-δ.; vgl. auch *DGE* 2,92.

Herkunft des lateinischen Initialakzents aus dem Etruskischen wurde mehrfach angenommen: So von Skutsch, *Die lateinische Sprache*, 531 („... wenn das Etruskische genau wie das vorhistorische Lateinisch ... seine Wörter auf der ersten Silbe betont und dadurch vielfach den Vokalismus der folgenden Silben schädigt, so zeigt der Vorgang hier und dort so viel Ähnlichkeit im einzelnen, daß der Gedanke an historischen Zusammenhang viel für sich hat."); ders., *Der lateinische Accent* (für Rückführung der lateinischen Anfangsbetonung auf das Etruskische sprächen neben geographischen Gegebenheiten vor allem kulturhistorische Fakten; Skutsch meint, eine oft bis ins einzelne gehende Entsprechung von Synkopierungs- und Schwächungserscheinungen — von Skutsch, *o.c.*, 194, gedeutet als „Synkope mit nachfolgender Vokalentfaltung resp. Färbung eines übrig gebliebenen Minimalvokals unter Einfluß der umgebenden Laute" — im Lateinischen und im Etruskischen feststellen zu können; s. bes. o.c., 191 ff.); Herbig, *Kleinasiatisch-etruskische Namengleichungen*, 35, Fn. 1, unter Bezugnahme auf Skutsch, *Der Lateinische Accent* (Skutschs Aufsatz enthalte „sicher einen richtigen Kern"); ausführlicher Herbig, *Besprechung Sommer, Handbuch*, 20 ff. (die rasch und unvermittelt vor sich gehende Entwicklung der lateinischen Anfangsbetonung lasse auf Einwirkung von außen schließen; da in den ältesten lateinischen Inschriften die schwachtonigen Vokale der Mittel- und Endsilben noch erhalten seien, somit der Initialakzent damals noch nicht gewirkt habe oder noch nicht vorhanden gewesen sei, sei Einwirkung indoeuropäischer Sprachen mit Anfangsbetonung wie des Altirischen und des Germanischen auszuschließen; statt dessen sei in Hinblick auf geographische und kulturhistorische Fakten Einfluß des Etruskischen anzunehmen); Hartmann in Herbig-Hartmann-Kroll, *LB It. Spr. u. lat. Gr.*, *Glotta* 12,241 f. (auf Grund des sehr starken etruskischen Einflusses auf Rom bestehe „nicht das mindeste Bedenken, eine Wirkung dieses Einflusses auch in der besonderen Betonungsart der lateinischen Sprache zu erkennen"); Hammarström, *Beiträge*, 25, Fn. 2 (wegen des

---

[2] Erwähnt sei am Rande, daß es auch Versuche gegeben hat, den etruskischen Initialakzent aus dem Lateinischen bzw. Italischen herzuleiten. Diese Meinung wurde etwa vertreten von Durante, *Prosa ritmica*, 91: „Se è vero che anche fatti di accento iniziale possono essere oggetto di scambi linguistici, non sarà dubbio che l'accento etrusco vada inserito nel più vasto strato di acquisizioni linguistiche e culturali di provenienza italica ..." S. dagegen *DES* § 30; vgl. auch Altheim, *Geschichte*, 312 f., mit Literaturangaben.

starken etruskischen Einflusses auf Rom); Kretschmer, *Sprache*, 560 f. (die „präliterarische Betonung der ersten Wortsilbe im Lateinischen" könnte vielleicht auf etruskischen Einfluß zurückgehen, „was sich freilich nicht streng beweisen läßt, aber doch wahrscheinlich ist und jedenfalls chronologisch möglich erscheint[3]")[4]; Merlo, *Voci greche*, 289, mit Vorbehalt (es sei auch Einfluß in umgekehrter Richtung nicht auszuschließen); Krahe, *Die Indogermanisierung*, 57 („Groß ist ... der etruskische Einfluß auf die eigentliche Struktur der Sprache bei allen italischen ... Völkern der Halbinsel. Grundlegende Bedeutung gewann die von den Etruskern ausgehende und sich bald allenthalben ausbreitende Anfangsbetonung ..."); Bonfante, *Il suono „F"*, 166 („... l'accento intensivo iniziale, che parte (sembra) dall'etrusco e invade e il latino e le lingue italiche ...").

Einer Stellungnahme hierzu hat ein Überblick über die (umstrittenen; vgl. *DES* § 26-32; anders *DGE* 2,91 f.) Akzentverhältnisse des Etruskischen vorauszugehen:

Nach der gängigen Auffassung ist es im ausgehenden 6. oder beginnenden 5. Jh. zu einem Akzentwechsel mit dem Ergebnis eines Akzents exspiratorischer Natur auf der ersten Wortsilbe gekommen; dieser Akzentwechsel bzw. das Wesen des neuen Akzentes sei aus seit eben der Wende vom 6. zum 5. Jh. in etr. Inschriften feststellbaren Synkopierungserscheinungen zu erschließen (s. *DGE* 2,91 f.; vgl. die Literaturangaben *DES* § 26).

Doch dürfte es sich dabei, insbesondere in Hinblick darauf, daß auch betonte Vokale in ersten Silben synkopiert werden, daß gleichzeitige Inschriften teils Vokalschwund, teils Vokalerhaltung zeigen und daß der Einschub euphonischer Vokale bei Suffixanfügungen Synkopierungsbestrebungen entgegengesetzte Tendenzen erkennen läßt (s. *DES* § 32), in der Mehrzahl der Fälle um ein graphisches, nicht um ein phonetisches Phänomen handeln (s. *DES* § 26 mit Literaturangaben)[5].

[3] S. dagegen aber *DES* § 26.

[4] Zu Kretschmers Annahme eines Parallelismus bezüglich Vokalreduktionen und Synkopen (Apokopen) zwischen dem Etruskischen und dem Lateinischen s. Kap. C.2.1.4. Zu der nach Kretschmers Auffassung durch den (wohl auf etr. Einfluß zurückzuführenden) Initialakzent bzw. durch die daraus resultierenden Vokalreduktionen und Synkopen bedingten Unfähigkeit der lat. Sprache zu nominalen Zusammensetzungen s. Kap. C.4.3.

[5] Zur Entstehung von derartigen graphischen „Scheinsynkopen" (silbische Liquide und Nasale bzw. Liquide und Nasale mit vorausgehendem Murmelvokal werden nur durch die betreffenden Liquide oder Nasale wiedergegeben; statt des geschriebenen Konsonanten alleine ist sein voller, mit Vokal versehener Konsonantenname, wie er im Rahmen des Alphabets zitiert zu werden pflegt, zu lesen; fehlerhafte Schreibung, besonders in Sepulkralinschriften einfacher Leute), vielleicht nach *DES* § 32 (vgl. § 30) als nach dem Wechsel von einer ursprünglichen, kürzeren Silbenschrift zur längeren Lautschrift willkommenes, seit etwa 500 angewendetes Abkürzungsverfahren zu verstehen, s. *DES* § 28 f., § 31 f.

Zu Fällen echter Synkope s. *DES* § 30.

Damit wäre die allgemeine Anschauung bezüglich der etruskischen Synkopierungen als auch des daraus erschlossenen Akzentwechsels hinfällig: Der Akzent des Etruskischen dürfte von Anfang an ein Initialakzent gewesen sein. (s. *DES* § 32, § 27; vgl. Pfiffig, *Besprechung de Simone, DGE*, 666).

Doch sind sich sowohl de Simone als Vertreter der traditionellen Hypothese eines etruskischen Akzentwechsels im 6./5.Jh. und des daraus bzw. aus dem neuen exspiratorischen Initialakzent resultierenden Auftretens echter Synkopen als auch Pfiffig als Befürworter kontinuierlicher Akzentverhältnisse und eines hohen Anteils bloß graphisch sich manifestierender Scheinsynkopen darin einig, daß der lateinische Initialakzent nicht aus dem Etruskischen herzuleiten sei.

So schreibt de Simone, *DGE 2*,92: „Das hier versuchte allgemeine Bild von den Wirkungen des etruskischen Akzents zeigt ..., daß man es mit einer Erscheinung zu tun hat, die mit der Entwicklung der ‚italischen' Sprachen parallel verläuft[6]. Von einer mechanischen Übertragung des etruskischen Akzents auf das Lateinische[7] im Sinne von F. Skutsch ..., eine Theorie, die auch vom allgemeinen Standpunkt aus bestreitbar ist[8], kann ... keine Rede sein. Angesichts der auffallenden Unterschiede in der Behandlung der nachtonigen Silben in beiden Sprachen braucht das hier nicht ausführlich dargelegt zu werden." Zudem müsse der etruskische Akzent „eine ausgesprochen intensivere Natur" gehabt haben als der Akzent des Lateinischen oder der italischen Dialekte.

Und Pfiffig, *DES* § 26 (vgl. § 30), hält fest: Da der lateinische wie auch der (wahrscheinlich nicht stattgehabte; s.o.) etruskische Akzentwechsel ins 6./5.Jh. datiert zu werden pflegten, könne der Akzentwechsel im Lateinischen wohl kaum auf das Etruskische zurückgeführt werden. Man müsse vielmehr feststellen, „daß es sich um ein grammatikalisches Phänomen handelt, das sich sowohl im Etr. als auch im Lat. bzw. in den italischen Sprachen zeigt" (*DES* § 26). In Kampanien sei Vokalschwund in oskischen Inschriften früher als in etruskischen faßbar. „Die Samniten hatten also, als sie in Kampanien eindrangen (etwa seit 474 v.Chr.), bereits durch Anfangsakzent veränderten Vokalismus ...".

Hervorgehoben sei zum Abschluß, daß — abgesehen von den oben vorge-

---

[6] Zur Erklärung dieser „in den allgemeinen Entwicklungslinien bestehenden Ähnlichkeit" zwischen dem Akzent des Etruskischen und der italischen Sprachen zieht de Simone, *DGE 2*,92, die „Annahme eines Sprachenbundes ..., der etwa als sprachliches Gegenstück zu der in archaischer Zeit (7.-5.Jh.v.Chr.) historisch nachweisbaren etruskisch-italischen Koine aufgefaßt werden könnte", in Betracht.

[7] Ebensowenig auf das Oskisch-Umbrische; s. *DGE 2*,92.

[8] Vgl. im Text weiter unten.

brachten Einwänden — die Möglichkeit einer Beeinflussung des lateinischen Akzents durch den etruskischen (oder umgekehrt) bzw. einer Akzentübernahme prinzipiell erst nach Beibringung einwandfreier Parallelen von Akzentbeeinflussung bzw. -übertragung zwischen Sprachen völlig unterschiedlicher Genese und Struktur sowie gesonderter Weiterentwicklung ernsthaft in Betracht zu ziehen wäre.

Vorher darf die Theorie der Übernahme eines für die gesprochene Sprache so wesentlichen — im Sinne von „ihr Wesen, ihre unverwechselbare Eigenart betreffenden" — Sprachmerkmals wie des Akzents aus einer in jeder Hinsicht gänzlich verschiedenen Sprache keinen Anspruch auf Glaubwürdigkeit erheben[9].

C.4. MORPHLOGIE[1]

C.4.1. *Suffixe*

C.4.1.1. *-āx, -ēx, -īx, -ōx* [?]

Die lat. *k*-Suffixe stellen zweifellos eine Gruppe von Suffixen nicht einheitlicher Herkunft (s. *LG* § 329; vgl. Nehring, *LB Lat. Gr., Glotta* 16,221; Terracini, *Su alcune congruenze,* 214 ff.) dar:

Für manche wird Herleitung aus dem Ie. zutreffend sein (s. bes. Ernout, *Senex,* 140 ff.; Terracini, *l.c.*; vgl. *LG* l.c.), für manche, wie etwa für *-āx, -ēx, -īx, -ōx* in offensichtlich nicht genuin lateinischen Pflanzen- und Tiernamen, ist Herkunft aus dem mediterranen Substrat naheliegend (s. Nehring, *Gr.* τίταζ, 172 ff.; Terracini, *l.c.*; Alessio, *Fitonimi,* 177 f., 185, 201, 208; ders., *Suggerimenti,* 103-105; ders., *Vestigia,* 117, 144, 145 f.; ders., *Stratificazione,* 248; Gerola, *Substrato mediterraneo,* 364 f.; Devoto, *Storia,* 44).

Daß auch das Etruskische seinen Teil zu den lateinischen *k*-Bildungen beigetragen haben könnte, wurde seit langem vermutet:

So von Ettmayer, *Der Ortsname Luzern,* 22 f., dessen einschränkende Bemerkung, daß etr. Wortausgänge ähnlicher Art unbekannt seien, als nicht zutreffend bezeichnet werden muß; von Nehring, *LB Lat. Gr., Glotta* 16,240, der die Ausgänge von Völkernamen wie *Volscī, Italicī, Hernicī* mit dem *k*-Suffix von etr. *rumaχ CIE* 5275 (*TLE* 300), *velznaχ CIE* 5269 (*TLE* 297) zu

---

[9] Vgl. Muller F., *Zur Wortbetonung,* 188, Fn. 1 (Zitat s. S. 477 Fn. 7).

[1] Zu den verschiedenartigen Anliegen des Kap. B.1.2. und des vorliegenden Kapitels s. Kap. B.1.2. S. auch S. 475 Fn. 1.

vergleichen geneigt ist, was allerdings Bedenken erweckt, da nicht auszuschließen ist, daß hier Suffixe offenbar verschiedenartiger Struktur und Herkunft, nämlich ital. -sco- (Nicht-ie. -sco- oder ie.-ital. -s-co-? S. S. 46 Fn. 61.), ie.-ital. -co-, etr. -χ (= kh) zusammengestellt sind; von Terracini, l.c., der mit Nehring, l.c., etr. rumaχ und velznaχ[2], ferner frontac CII 69 (TLE 697)[3], weiters die fälschlich als Suffixe aufgefaßten etr. Wortausgänge -uχ, -iχ, -ike[4] zum Vergleich heranzieht und zu dem Schluß gelangt, die Adaptierung etr. k- Suffixe müsse mangels Beweisen für rezente Übernahme (es lasse sich kein einziges sicheres Beispiel einer Entlehnung auf -x etr. Herkunft beibringen; auch im — stark etr. beeinflußten — lat. Namenmaterial seien -ax, -ix, -ex nur spärlich vertreten) in prähistorischer Zeit stattgefunden haben.

Nach derzeitigem Wissensstand lassen sich im Etruskischen folgende Nomina bildende k-Suffixe bzw. suffixähnliche Enklitika auf -k unterscheiden:

-c/-χ[5] zur Bildung von Qualitätsadjektiva (s. DES § 66);
-c/-χ[5] zur Bildung von Ethnika und Appellativen (s. DES § 168);
-ce zur Bildung erweiterter Eigennamen (s. DES § 165);
-ca (enklitisches Demonstrativpronomen) zur Bildung von Substantiven aus Adjektiven auf -i/-iu und -c/-χ (Qualitätsadjektive; s. DES § 176);
-aχ[6] (synkopiert -χ[5]), entstanden durch Aspiratenwechsel aus -aθ zur Bildung von Nomina agentis (s. DES § 172.b.).

Während -ce, Ethnika bildendes -c/-χ und wahrscheinlich -ca ohne Einfluß auf die lat. Morphologie geblieben sein dürften, lassen sich zu den Funktionen der anderen oben angeführten etr. k-Suffixe Entsprechungen unter den lat. k-Bildungen finden (man vergleiche etwa zu Qualitätsadjektiva bildendem etr. -c/-χ lat. contumāx „widerspenstig, anmaßend", catāx „lahm", solōx „struppig, rauh (von der Wolle)"; zu (denominative?) Appellativa bildendem etr. -c/-χ lat. līmāx „Schnecke", fornāx „Ofen", coxendīx „Hüfte"; zu Nomina agentis bildendem etr -χ lat. genetrīx „Mutter", meretrīx „Dirne", nūtrīx „Ernährerin, Amme"; zu weiteren Beispielen s. LG l.c.).

[2] Bei Terracini, l.c., geschrieben velznac, welche Form nach Ausweis von ThLE nicht belegt ist.

[3] Zu frontac s.u.WW. haruspex und frontēsia.

[4] Ein Suffix -uχ, -iχ oder -ike ist im Etruskischen nicht nachweisbar. Belegt sind an ähnlich lautenden Nominalsuffixen (von Suffixen des Verbum finitum ist hier natürlich abzusehen) -χ/-c s. im Text weiter unten) und -ce (s. im Text weiter unten).

[5] Es sei daran erinnert, daß der Lautwert von etr. χ mit kh anzusetzen ist; s. DES § 16; vgl. S. 21 und S. 479.

[6] Nach Brandenstein, Der ig. Anteil, 312, wäre -akh (sic für -aχ) in rumakh „Römer" etc. auf ie. ⁺-aqos zurückzuführen.

Inwieweit das Lateinische tatsächlich durch Übernahme und Adaptierung etr. *k*-Suffixe neue morphologische Impulse erhielt, wird jedoch, zumal auch andere nicht ie. Elemente zur Konstituierung des lat. *k*-Suffixes beigetragen haben dürften (s. weiter vorne), kaum zu präzisieren sein. Doch lassen neben geographischen insbesondere kulturhistorische Gründe eine Beeinflussung als naheliegend erscheinen.

C.4.1.2. *Deminutivsuffixe auf -l- und homonyme l-Suffixe* [?]

L-Suffixe sind sowohl im mediterranen Substrat als im Etruskischen als im Indoeuropäischen nachzuweisen, was in nicht wenigen Fällen eine exakte Zuweisung des betreffenden Suffixes sehr erschwert, wenn nicht unmöglich macht.

Die lateinischen Deminutivsuffixe auf *-l-* (*-ll-*)[7], also *-ulus*[8], *-ellus*, *-illus*, *-ullus*, *-llus* hinter Langvokal, *-culus*, *-cellus* stellen eine große, offenbar inhomogene Gruppe von *l*-Suffixen dar, die sich aus echten, aus dem Indoeuropäischen herleitbaren lateinischen Deminutivsuffixen und aus homonymen Suffixen anderer Herkunft rekrutiert.

Die Suffixe auf einfaches *-l-*, also *-ulus* und *-culus*, lassen sich ohne Schwierigkeiten aus dem Indoeuropäischen erklären; s. *LG* § 282.A., C., F.

Doch ist daneben, sieht man etwa von dem aus dem ägäischen, iberisch-afrikanischen und ligurischen Raum bezeugten Ethnika bildenden Suffix *-ulus*/-οῦλος (s. Gerola, *Substrato*, 353; vgl. Devoto, *Storia*, 44 f.) ab, aus dem Etruskischen eine Reihe von *l*-Suffixen bekannt; s. Kap. B.1.2.1.2.2. Insbesondere seien daraus das weibliche Kosenamen bildende Suffix *-la* (s. *DES* § 167) und das Deminutiva und männliche Kosenamen bildende Suffix *-le* (s. *DES* l.c.) hervorgehoben.

Bereits Nehring, *Parerga*, 118 f., vertrat, obwohl er von der Funktion der etruskischen Suffixe *-la* und *-le* noch nicht Kenntnis haben konnte, unter Heranziehung der von Schulze, *ZGLE*, 394 ff., als etruskisch klassifizierten EN wie *Scaevola, Arbula, Scapula* die Auffassung, etr. Herkunft des *l*-Suffixes in *vernula*[9], *agagula*[10] könne, wenn auch ie. Herkunft, somit die Deutung als echt lateinisches Deminutivsuffix durchaus denkbar sei, nicht ausgeschlossen werden[11]. „Günstiger liegen die Fälle, wo noch besondere Indizien hinzukommen. So wird die indogermanisierende Auffassung bei *barinula*[12],

---

[7] S. *LG* § 282 f. mit Literaturangaben; vgl. auch Ernout, *Aspects*, 189-191.
[8] Die maskuline Form steht jeweils stellvertretend auch für das Femininum und das Neutrum.
[9] S.u.W. *verna*.
[10] S.u.W. *agaga*.
[11] Vgl. Kap. B.1.2.4.
[12] S.b.W.

ravula[13] immerhin schon dadurch etwas in Frage gestellt, daß hier kein Grundwort überliefert ist, von dem eine Diminutivbildung hätte ausgehen können. Aber ganz bedenklich wird sie bei *cacus:cacula*[14], weil hier das Diminutiv ein anderes Genus als das Grundwort zeigt. Das widerspricht den Regeln lateinischer Diminuierung, die Übereinstimmung des Genus verlangen." (Nehring, o.c., 120.)

Außer in den von Nehring, *ll.cc.*, aufgeführten Wörtern wurde etr. *l*-Suffix von Ernout, *EE*, 106, Fn. 2, auch in *populus*[15], *mūtulus*[16], *titulus*[17], *tutulus*[18] (vgl. zu den drei letztgenannten Ausdrücken auch Alessio, *Suggerimenti*, 155 f.) vermutet.

In den lat. Deminutivsuffixen auf -*ll*- (-*ellus*, -*illus*, -*ullus*, -*llus* hinter Langvokal, -*cellus*) ist nach der gängigen Lehrmeinung -*ll*- nicht auf expressive Konsonantengemination, sondern auf „Assimilation eines stammauslautenden *l r n* in einigen Musterformen an das *l* von -*elo*- (> -*ulus*) nach Synkope von dessen *e* (mit *rl nl* > *ll*)" zurückzuführen; s. *LG* § 282.B. und F. mit Literaturangaben; vgl. auch Meillet, *Esquisse*, 174 f.; Terracini, *Su alcune congruenze*, 224, Fn. 1., mit früherer Literatur.

Bedenken gegen diese Erklärung der lat. Suffixe auf -*ll*- finden sich, nachdem bereits Herbig, *Etruskisches Latein*, 172 ff., unter Bezugnahme auf die von Schulze, *ZGLE*, 395, u.ö., als etr.-lat. aufgefaßten EN *Capella, Ocella, Ofella* etc. -*ella* in lat. *fenestella* als latinisiertes etr. +-*la* gedeutet hatte (s. aber u.W. *fenestra*), bei Terracini: Der „*Osservazioni*", 220, aufgestellten Behauptung, -*ellus* sei in einigen Fällen (z.B. *fenestrella/fenestella*; s. aber u.W. *fenestra*) „di importazione etrusca, la quale però non è se non l'incremento di un fatto di sostrato preistorico che ha importato nelle lingue italiche il tipo -*ellus*", folgt in „*Su alcune congruenze*", 224 ff., die Begründung seiner Ablehnung der Assimilationstheorie sowie — unter Heranziehung von morphologisch vergleichbarem, auf das mediterrane Substrat zurückgehendem toponomastischem Material aus dem ligurischen, sikulischen, sardischen, etruskischen, italischen Bereich[19] — die Darlegung der Hypothese, -*ellus* (-*illus*) sei „nel suo complesso un suffisso dovuto allo strato mediterraneo, che non discende soltanto per via fonetica dal suffisso -*lo*, di cui abbonda l'italico per eredità arioeuropea (entro la quale si confonde un ricco filone mediterra-

---

[13] S.u.W. *rabula*.
[14] S.u.W. *cacula*.
[15] S.b.W.
[16] S.u.W. *mūtō*.
[17] S. aber b.W.
[18] S. aber b.W.
[19] Vgl. dazu etwa Alessio, *Fitonimi*, 200; ders., *Suggerimenti*, 104; Devoto, *Storia*, 44 f.

neo), pur essendo con esso -*lo* unito da stretti legami[20]". (*O.c.*, 226 f.) „... noi siamo qui ... dinanzi ad un fatto che risale alle preistoria dell'etrusco e del latino, entro il quale si può tuttavia dimostrare che l'etrusco in epoca storica ha procurato qualche successivo incremento: abbiamo anzitutto il caso di *fenestella*, poi le consonanze onomastiche così minutamente studiate dallo Schulze ..." (*O.c.*, 227.)

Festgehalten sei abschließend, daß selbstverständlich das Vorhandensein eines *l*-Suffixes bzw. eines Ausganges auf -*l*- alleine kein maßgebliches Argument für Annahme etr. Herkunft des betreffenden Wortes darstellt[21].

[20] S. dazu auch *o.c.*, 227, Fn. 1.

[21] In erster Linie ihrer morphologischen Struktur wegen wurden jedoch in der von der Verf. eingesehenen Literatur folgende Wörter auf das Etr. zurückgeführt:

famulus (*famul* Enn.), -*ī m.:* „Diener" (*WH* s.v.); seit *Enn.*

Benveniste, *Le nom de l'esclave*, 437, nimmt, Meillet folgend, für die im Italischen gut bezeugte Sippe etr. Ursprung an und bemerkt dazu: „La formation en -*l*- constitue à cet égard un indice notable." Vgl. Devoto, *Contatti*, 150 f.

Eine Form *famel-* o.ä. ist jedoch im etr. Wortmaterial nicht nachgewiesen. Vgl., mit anderer Begründung, *WH* l.c. (die Herkunft von ital. +*famelo-* sei dunkel, gegen etr. Ursprung spreche „das gut italische Suffix -*elo-*") und — unter Aufgabe der früher vertretenen Hypothese etr. Herkunft — *EM* s.v. (die Sippe sei ohne Etymologie, -*elo-* sei ein ie. Ableitungstyp).

Die Präferenz des Etr. für den Vokal *a* (s. Kap. B.1.1.3.1.) stellt natürlich alleine kein maßgebliches Argument zugunsten etr. Herkunft eines Wortes dar. [??]

numella, -*ae f.:* „Halseisen" (*WH* s.v.); seit *Plt.*

Ernout, *EE*, 123, Fn. 1, denkt wegen -*ella* an eine etr.-lat. Bildung.

Nach *WH* l.c. und *EM* s.v. ist die Etymologie ungeklärt. [??]

tutulus, -*ī m.:* „‚die hohe, kegelförmige Haartracht vornehmer Frauen', auch der ‚*pilleus lānātus*' der *Flamines* und *Pontifices* ..." (*WH* s.v.); s. *Varro* L.L. 7,44 und *Fest.* 484,32 L; nach *Tert.* Pall. 4 der höchste Teil einer Stadt. Seit *Varro.*

Für Herkunft des Wortes aus dem Etruskischen sprechen sich aus: Ettmayer, *Der Ortsname*, 27 (*tutulus* eventuell Dem. zu aus dem Romanischen zu erschließendem +*tūtūs*, Nebenform zu dem nach Ettmayers Ansicht [s. aber u.W. *titus*] etr. Herkunft oder Beeinflussung verdächtigen *titus* „Taube", also urspr. etwa „die Wollflocke auf der Kopfbedeckung des Augurs"; aus sachlichen wie aus semantischen Gründen abzulehnen, zumal nach Ettmayer, *l.c.*, auch *titulus* [s.b.W.] von *titus* herzuleiten sei); Ernout, *EE*, 106, Fn. 2 (der *tutulus* sei Bestandteil der Kopfbedeckung der etr. Priester; die morphologische Struktur sei als etr. anzusprechen; s. aber zu Ernouts sachbezogenem Argument *RET*, 48 f., zum morphologischen im Text weiter vorne); Bertoldi, *Nomina Tusca*, 310 f. (unter Verweis auf die etr. bzw. etr.-lat. Morphologie; s. aber im Text weiter vorne); Alessio, *Suggerimenti*, 155 f. (die mittel- und süditalischen Nachfahren von *tutulus* wiesen ein für Entlehnungen aus dem Etruskischen charakteristisches Schwanken *tu-/to-* in 1. Silbe auf; doch darf nach Ansicht der Verf. nicht übersehen werden, daß es sich um mittel- und süditalische Wörter, und zwar Dialektwörter, handelt, die eigenartigerweise, und auch das sollte Bedenken wecken, sämtlich mit dem Mais, also einem erst spät importierten Gewächs, zusammenhängen; des weiteren sieht Alessio in bask. *tutur* „crête, huppe des oiseaux" ein mit lat. *tutulus* wurzelgleiches Wort, was sich jedoch nicht beweisen läßt; schließlich vergleicht Alessio morphologisch zu *tutulus* etr.-lat. *mūtulus* [s.u.W. *mūtō*] und angeblich etr.-lat. *titulus* [s. aber

C.4.1.3. Adj. -ālis (-āris), subst. -al (-ăr[e]) [+]

In lat. -ālis — ursprünglich als Stamm-a + -lis nur bei a-Stämmen wie aquā-lis, viā-lis auftretend, später verselbständigt, wie überhaupt denominatives -lis hinter Langvokal (-ēlis, -īlis[22], -ūlis) meist der Bezeichnung der Zugehörigkeit dienend — wird im allgemeinen wegen der lat. tālis, quālis, aequālis entsprechenden gr. Formen τηλί-κος, πηλί-κος, ὁμήλι-κες trotz der Beschränkung vergleichbarer Ableitungen auf das Oskische ein ererbtes Suffix gesehen; s. LG §313, bes. 3., mit Lit.

Daneben wurde auch Anknüpfung von lat. -ālis (mit Ausnahme von -ālis in tālis, quālis, aequālis) an etr. „genetivisch-adjektivisch" -al erwogen:

So nach Früheren (s. Herbig, Neue etruskische Funde, 186, Fn. 1, mit weiterer Literatur; vgl. auch LG §313.3.C.) bes. Terracini, Ancora su alcune congruenze, 336 ff., der von einer „arioeuropeizzazione di elementi mediterranei[23]" (o.c., 342) sowie von einer „congruenza antica" (o.c., 340) spricht, „che ... ha carattere in gran parte più etruscoide che etruscheggiante" (o.c., 337). Ererbtres -ālis in tālis etc. werde die Aufnahme und Assimilation von etr. -al begünstigt haben (o.c., 346).

Hinsichtlich des zitierten etr. Ausganges -al mit angeblich genetivisch-adjektivischer Funktion (s. ausführlicher Terracini, o.c., 336 f.) ist klarzustellen, daß nicht von einem Suffix -al gesprochen werden kann; vielmehr stellt -l eines der etr. Genetivsuffixe dar (s. DES §50), -a- einen der zwischen Stammauslaut und Genetivsuffix auftretenden Einschubvokale (s. DES §34), allerdings den vor -l weitaus am häufigsten verwendeten (s. RI, 31-38).

Die Funktionen des etr. Genetivs lassen sich mit Genetivus possessivus, partitivus, temporis, dedicatorius, separationis, genealogicus, Ergativus umschreiben (s. DES §208; ausführlicher Pfiffig, Stellung).

b.W.], weiters zum Nebeneinander von tutulus-Tutūnus das angeblich auf etr. Einfluß beruhende Nebeneinander von mūtulus-Mūtūnus; vgl. EM s.v. tutulus; s. aber u.W. mūtō); EM s.v. tutulus (wegen populus, titulus; s. aber bb.WW. bzw. weiter oben).

De Simone, DGE 2,275, schließt Entlehnung aus dem Etr. nicht aus.

Herleitung aus dem Ie. bei WH l.c. (tutulus ev. als reduplizierte Form zur Wurzel +tŭ-, womit auch tumeō verwandt sei).

Keine der angeführten Deutungen überzeugt. Die zugunsten etr. Herkunft bislang vorgebrachten Argumente erweisen sich jedenfalls als nicht überzeugend. [??]

volsella, vulsella (bersella Chiron): „kleine Zange" (WH s.v.); seit Plt.

Ernout, EE, 123, Fn. 1, denkt wegen -ella an eine lat.-etr. Hybridenbildung.

Keine Erwähnung etr. Suffigierung bei WH l.c. („Dem. zu +volsa ‚Werkzeug zum vellere' ..., auf Grund des Ptc. volsus gebildet") und EM s.v. vello, wo das Wort ebenfalls als Ableitung zu volsus erklärt wird. [??]

[22] Zu -īlis in Monatsbezeichnungen s. Kap. B.1.2.1.2.2.
[23] Das Etruskische wird von Terracini dem „Mediterranen" zugerechnet; s. dazu S. 4 f.

Einzig der Genetivus possessivus läßt Übergang zu adjektivischer Funktion erkennen, die im Falle der Annahme eines Einflusses auf lat. *-ālis* Voraussetzung sein müßte. Tatsächlich ist in einigen belegbaren Fällen aus derartigen „hypostasierten" Genetiven auf *-l* ein neues Appellativ entstanden; z.B. *suθil CIE* 3306 (*TLE* 555) u.ö. „das des Grabes, das zum Grab Gehörige" = Grabbeigabe; *papals CIE* 5989 (*TLE* 52) u.ö. „der des Großvaters, der zum Großvater Gehörige" = Enkel[24]; s. *DES* §51; vgl. dazu Terracini, *o.c.*, 337.

Es ließe sich also unter Umständen eine Brücke schlagen von der possessiven, Zugehörigkeit anzeigenden Funktion des genetivischen *l*-Suffixes im Etruskischen zur Funktion des meist Adjektiva der Zugehörigkeit bildenden Suffixes *-ālis* im Lateinischen, mit anderen Worten, es ist nicht auszuschließen, daß, wie Terracini nachzuweisen bestrebt war, in lat. *-ālis* morphologische Elemente ie. und etr. Herkunft eine Verschmelzung eingegangen seien.

Lat. *-āris* wird für gewöhnlich als „dissimilatorische Wechselform zu *-ālis* hinter *l*-haltigem Nominalstamm" aufgefaßt; s. *LG* §313.3. mit Literaturangaben; vgl. etwa auch Palmer, *The Latin Language*, 231.

Anders Terracini, *o.c.*, 343 ff., der, wenig überzeugend, in *-ālis* und *-āris* zwei verschiedene indoeuropäisierte Suffixe med. Ursprungs mit allerdings identischer Funktion zu erkennen glaubt. Aus phonetischen Gründen sei an *l*-haltige Stämme ausschließlich *-āris* getreten. S. dagegen Leumann, *LB Lat. Laut-und Formenlehre, Glotta* 24,153 f.

Eine eigene Gruppe bilden die Substantiva auf *-al* und *-ār(e)*. Sie werden im allgemeinen als substantivierte Neutra zu *-ālis* bzw. *-āris* (s.o.), deren Ausgang *-e* geschwunden sei, interpretiert; s. *LG* §313.3.; vgl. §98.a.

Doch dürfte sich diese einfache Erklärung nicht in jedem Fall als zutreffend erweisen. So werden *LG* §313.3.a. die Festesnamen auf *-ālia* wie *Carmentālia, Cōnsuālia, Sāturnālia* etc. unter einem mit Substantiven wie *columbar, altāre, vectīgal, collāre, pulvīnar* etc. aufgeführt. Daß jedoch die Festesnamen auf *-ālia* eine Sonderstellung einnehmen, zeigt sich allein schon daran, daß das Suffix durchgehend immer, also auch bei *l*-haltigem Stamm, *-ālia* (z.B. *Volcānālia*), nie *-āria* lautet.

Besonderes Augenmerk verdient hierbei die Bezeichnung **Bacchānālia** (*-ium* oder *-orum*; seit *CIL* X 104 Sen. cons. de Bacch.) „Kultfest des Bacchus" mitsamt dem zugehörigen Singular **Bacchānal** (*-ālis*; seit *Plt.*[25]) in der Bedeu-

---

[24] Zum Ausgang auf *-s* in *papals* und vergleichbaren Formen s. *DES* §45.b.; vgl. S. 489.
[25] Zu den orthographischen Varianten von *Bacchānālia* und *Bacchānal* s. *TLL* s.v. *Bacchānal*.

tung „Kultstätte des Bacchus"[26]. Denn es entspricht hier die Bildungsweise nicht dem üblichen Schema — statt nach dem Muster von *Neptūn-ālia, Quirīn-ālia, Sāturn-ālia* etc. zu erwartendem +*Bacch-ālia* liegt eine dem äußeren Anschein nach um -*ān*- erweiterte Form *Bacch-ān-ālia* vor[27] —, vielmehr fordert sie geradezu zu einem Vergleich mit bestimmten etruskischen Formen heraus.

Dem lat. Götternamen *Bacchus*[28] entspricht etr. +*paχa*[29]. Diese Form ist zu erschließen aus der mit dem Suffix -*na* (s. *DES* § 67) gebildeten Ableitung *paχa-na CIE* 5430 (*TLE* 131) „zu Bacchus gehörig, Bacchustempel" bzw. aus der zugehörigen Lokativbildung *paχa-na-ti CIE* 5472 (*TLE* 137) „im Bacchustempel".

Die etr. Adjektiva auf -*na* bilden einen flektierbaren Plural auf -*l*. Gut belegt ist diese Erscheinung bei Städtenamen: *tarχnalθi CIE* 5811 (*TLE* 174)

[26] Es wäre höchst verlockend, auch *Volcanālia* bzw. *Volcānal* unter einem mit *Bacchānālia, Bacchānal* zu besprechen und für beide etr. Herkunft sowohl der darin enthaltenen Götterbezeichnungen wie auch der morphologischen Struktur nachzuweisen. Doch herrscht trotz der lautlich einwandfreien Übereinstimmung mit dem im Gen. *velχ(ansl) TLE* 719[d] belegten etr. Gottesnamen *velχans* in Anbetracht der offensichtlich nicht vereinbaren Funktionen von etr. *Velχans* und lat. *Volcānus* entgegen der bei *WH* s.v. *Volcānus* vertretenen Auffassung, es liege Entlehnung aus dem Etruskischen bzw. dem Mittelmeerländisch-Ägäischen vor, keine Klarheit über die Herkunft des Namens *Volcānus*; s. *EM* s.v. *Volcānus*; *KP* s.v. *Volcanus*; *RET*, 295 ff.

[27] Dies veranlaßte v. Wölfflin, *Epigraphische Beiträge*, 185, und, ihm folgend, Niedermann, *Kleine Beiträge*, 350 (vgl. *WH* s.v. *Bacchus*; *EM* s.v. *bacchor*; *LG* § 313.3.a.), in *Volcānālia* das morphologische Muster für *Bacchānālia* zu suchen (eventuell, so v. Wölfflin, *l.c.*, sei auch von vulgär +*Bacchana* für *Baccha* auszugehen).

Bacchānal sei, so v. Wölfflin, *l.c.*, als Ortsbezeichnung nach *tribūnal* etc. gebildet, nach Niedermann, *l.c.*, ist es als ein zum Pl. *Bacchānālia* rückgebildeter Singular aufzufassen; vgl. S. 502 Fn. 30.

Schwyzer, *Etymologisches*, 149, erklärt -*n*- in *Bacchānal* (wie auch in *lupānar*; s. im Text weiter unten) als das in manchen ie. Sprachen zur „Stütze der Femininbildung" auftretende *n*-Suffix (z.B. gr. λύκος — λύκαινα; lat. *rēx-regīna*); damit sei das feminine Geschlecht des der Ableitung *Bacchānāl(ia)* zugrunde liegenden Wortes betont worden. Denn Schwyzer setzt — worin ihm Niedermann, *l.c.*, folgt — als Basiswort zu *Bacchānal* das Femininum *baccha* „Bacchantin" an, was für die Ortsbezeichnung *Bacchānal*, etwa „Stätte des Bacchantinnentreibens", noch angängig wäre, stünde sie isoliert da. Doch müßte erst der Beweis erbracht werden, daß der zugehörige Pl. *Bacchānālia* nicht als „Bacchusfest", sondern als „Bacchantinnenfest" zu interpretieren wäre.

[28] Lat. **Bacchus**, *-ī m.* ist seit *Enn.* belegt. Der Name dürfte direkt aus gr. Βάκχος, nicht aus der etr. Form +*paχa* (s.o. im Text und Fn. 29) entlehnt sein; s. *DGE* 2,101, Fn. 45.d. mit Lit.; vgl. *WH* s.v. *Bacchus*; *EM* s.v. *bacchor*.

Zu etymologischen Spekulationen bezüglich gr. Βάκχος s. *DGE* 2,101,45.d.; doch müsse die Herkunft als nicht geklärt gelten. S. auch Frisk s.v. Βάκχος.

[29] Zu den zu etr. +*paχa* aufgestellten etymologischen Hypothesen s. *DGE* 2,100 f.; doch wird mit großer Wahrscheinlichkeit etr. Umformung von gr. Βάκχος (s. Fn. 28) vorliegen (gr. -ος > etr. -*a* statt regulär -*e* nach dem Muster etr. Götternamen wie *Cauθa, Tinia* etc.).

Zum Kult des +*paχa* in Etrurien s. *RET*, 292 ff.

"zu *Tarquinii*" (man beachte die Pluralform auch im Lateinischen!), *velsnalθi SE* 34, 316 "zu *Volsinii*". Doch ist diese Pluralbildung nicht auf Städtenamen beschränkt; vgl. z.B. *TLE* 87 *meχl rasnal* ² ...*ś purθ ziiace* (wohl mit Verlesung statt *zila(χ)ce*): "Die verbündeten (etr.) Völker regierte er als Diktator." (*DES* § 78.)

Lat. *Bacchānālia* könnte nach dem eben Dargelegten ohne Schwierigkeiten auf etr. ⁺*paχa-na-l* "die zu *Bacchus* Gehörigen = die Kultstätten des *Bacchus*, die Festlichkeiten zu Ehren des *Bacchus*" zurückgeführt werden: Etr. ⁺*paχa-na-l* wäre nach dem Muster einer Reihe von latinisierten Namen etr. Städte als Plural aufgefaßt worden; allerdings wäre nicht, wie bei besagten Städtenamen, etr. -*nal* völlig latinisiert zu lat. -*nii* geworden, sondern etr. -*nal* wäre, was Assoziationen mit den lat. Neutra auf -*al* wecken mußte, belassen und weiterhin, da ja Pluralbedeutung besitzend, mit der lateinischen neutralen Pluralform -*nālia* wiedergegeben worden.

Pfiffig, *RET*, 294, der den lat. Sg. *Bacchānal* auf etr. ⁺*paca-na-l* zurückführt, sieht in der Schreibung *Bacanal* des *Senatus consultum* von 186 v.Chr. (*CIL* I² 581) einen besonderen Hinweis auf etr. Ursprung des lat. Wortes bzw. auf Zusammenhang mit etr. ⁺*paχa*.

Bei Befürwortung der Hypothese einer Herleitung der lat. Pluralform *Bacchānālia* aus etr. ⁺*paχa-na-l* muß der Sg. *Bacchānal* mit Niedermann, *Kleine Beiträge*, 350, *WH* s.v. *Bacchus*, *EM* s.v. *bacchor*, *LG* § 313.3.a. als Rückbildung aus dem Pl. aufgefaßt werden [30]. Dies wäre einerseits unter Berücksichtigung der Grundbedeutung von *Bacchānālia* < ⁺*paχa-na-l* als "die zu *Bacchus* Gehörigen", woraus "Feierlichkeiten zu Ehren des *Bacchus*", möglich: Der Sg. *Bacchānal* hätte ursprünglich bloß "das zu *Bacchus* Gehörige" bedeutet, woraus sich "Kultort des *Bacchus*" entwickelt habe. Andererseits wäre unter Umständen mit Niedermann, *l.c.*, gr. Einfluß nicht auszuschließen: Der Pl. Βακχεῖα ist *Aristoph*. *Lys*. 1 belegt in der Bedeutung "Fest des *Bacchus*", der Sg. Βακχεῖον *Aristoph*. *Ran*. 360 als "Kultstätte des *Bacchus*".

Zusammenfassend läßt sich sagen: Es wird nicht nur die Form *Bacchānālia* als direkt auf etr. ⁺*paχa-na-l* zurückzuführende Form zu verstehen sein, sondern es hat vielmehr den Anschein, daß die innerhalb der Neutra auf -*al* ganz spezifische Gruppe der Festesnamen auf -*ālia* — es sei nochmals auf das Fehlen der Dissimilationsform -*āria* nach -*l*- im Stamm hingewiesen — als über Vermittlung von *Bacchānālia* auf etruskischer Morphologie basierende Bildungen aufzufassen sind.

---

[30] Die bei v. Wölfflin, *l.c.*, geäußerte Hypothese, *Bacchānal* nicht als zum Pl. *Bacchānālia* hinzugebildeten Singular, sondern als davon unabhängige, nach dem Muster von Ortsbezeichnungen wie *tribūnal* gebildete Form aufzufassen (s. S. 501 Fn. 27), wird abzulehnen sein; s. Niedermann, *l.c.*

Seit langem wird lat. *lupānar* (< +*lupānal*)[31] als Nachbildung zu *Bacchānal* interpretiert; s. Niedermann, *o.c.*, 349 f.; *WH* s.vv. *Bacchus* und *lupa, EM* s.v. *lupa, LG* § 313.3.a.[32]. Dieser Auffassung ist nach Ansicht der Verf. zuzustimmen, allerdings unter Miteinbeziehung des Aspektes, daß, wie oben darlegt, in *Bacchānal* eine ins lat. Formensystem eingegliederte etr. Form vorliegen dürfte. *Lupānar* stellt somit aller Wahrscheinlichkeit nach eine lat.-etr. Hybridenbildung[33] dar[34].

[31] *lupānar, -āris n.* „Bordell" ist seit *Plt.* belegt. Zu weiteren, zugehörigen Formen s. *WH* s.v. *lupa*; anders in Hinsicht auf die Abhängigkeit der Formen untereinander, doch weniger überzeugend *EM* s.v. *lupa*.
Es liegt wohl eine lat.-etr. Hybridenbildung (s. Kap. C.1.2.1.) vor; s. im Text weiter unten. [+]
Zur Möglichkeit, in der Basis *lupa* eine Lehnübersetzung oder Bedeutungsentlehnung aus dem Etr. zu sehen, s. Fn. 33.

[32] Anders etwa Schwyzer, *l.c.*; s. S. 501 Fn. 27.

[33] Hält man sich vor Augen, daß für *lupa* die Bedeutung „Dirne" früher belegt ist als die Bedeutung „Wölfin" (s. *EM* s.v. *lupa*; vgl. *WH* s.v. *lupa*; zum etymologischen Aspekt von *lupa* im engeren Sinn s. S. 141), so erhebt sich die Frage, ob nicht *lupa* „Dirne" als Lehnübersetzung eines etruskischen Wortes mit den Bedeutungen „Wölfin" und „Dirne" zum Maskulinum *lupus* erst neu geschaffen wurde oder — wohl eher — ob nicht ein schon existierendes lat. *lupa* mit der Bedeutung „Wölfin" auf Grund eines etruskischen Wortes mit den Bedeutungen „Wölfin" und „Dirne" erst ebenfalls die Bedeutung „Dirne" angenommen habe.
Es ist also bei *lupa* „Dirne" jedenfalls die Möglichkeit in Betracht zu ziehen, es könne sich um eine Lehnübersetzung oder um ein Bedeutungslehnwort zu einem entsprechenden etr. Ausdruck handeln (s. Kap. C.2.4.2.; in diesem Sinne ist das Wort mit [?] zu versehen). Dies würde bedeuten, daß auch die Ableitung *lupānar* nicht nur bezüglich der Morphologie, sondern auch bezüglich des Stammwortes etruskischen Einfluß aufzuweisen hätte.

[34] Außer für lat. *lupānar* könnte *Bacchānal* aus guten Gründen auch für lat. *bidental* das morphologische Muster geliefert haben (vgl. Kap. C.1.2.1.), allerdings hier, weil *bidental* auf *-al* und nicht auf +*-ānal* ausgeht, weniger deutlich als in *lupānar*.
Die seit *Hor.* belegte Form *bidental, -ālis n.* „Blitzmal" bezeichnet ebenfalls eine Örtlichkeit. Herkunft der Sache aus etr. Kultgebrauch steht fest; indirekt geht höchstwahrscheinlich auch der Ausdruck selbst auf das Etr. zurück: Es dürfte Lehnübersetzung eines etr. Term. techn. vorliegen (vgl. Kap. C.1.3.1.).
Zu Sache und Wort schreibt Pfiffig, *RET*, 135 ff.: „Blitze, deren Einschlagsort bekannt war, mußten an Ort und Stelle gesühnt werden ... Für (Ent-) Sühnung waren die etruskischen Priester zuständig. Am Ort, der zu entsühnen ist, wird der Blitz ‚begraben'; das Blitzgrab des etruskischen Ritus hat den Namen *bidental* ..." „Der Name *bidental* ist schon von den Alten nicht mehr verstanden worden; das zeigen die Erklärungen, die sie geben. Aus dem Opfer bei der etruskischen Sühnung wurde herausgesponnen, der Name komme von Schafen *quae duos dentes habent praecisores*, also schon zwei Schneidezähne im Ober- und Unterkiefer (*Ps.-Acro*), eine Erklärung, die der *Horaz*-Scholiast ausdrücklich als irrig bezeichnet (*errant autem qui dicunt ab agna dictum bidental*). Es ist ja auch ganz ausgefallen, einen Ort nach einer spezifischen Qualität eines dort dargebrachten Opfers zu benennen. *Usener* und *Thulin* haben wohl die richtige Erklärung gefunden: *bidens* ‚Zweizahn', ‚Zweizack' dürfte die lateinische Übersetzung eines mit den Elementen ‚zwei' und ‚Zahn' gebildeten etruskischen Wortes mit der Bedeutung ‚Blitz' sein,

Auf die Frage, weshalb gerade *lupānar* mit einer etruskisierenden Endung nach dem Muster von *Bacchānal* versehen wurde, weshalb also gerade *lupānar* einen etruskischen „touch" trage oder was denn *lupānar* mit *Bacchānal* zu tun habe, kann nur mit Vermutungen geantwortet werden: Vielleicht Eröffnung der ersten *lupānāria* in Rom nach dem Vorbild etruskischer Städte, vielleicht zuerst im *Vīcus Tuscus*, vielleicht zuerst mit etruskischen *lupae*; Vermutungen, die angesichts unterschiedlicher Moralvorstellungen bei Römern und Etruskern, vielleicht auch in Rücksicht auf die wesentlich freiere Stellung der etruskischen Frau (vgl. *RET*, 208 ff.), sicher jedoch in Hinblick auf die hochentwickelte Stadtkultur der Etrusker viel auf sich haben dürften. Wenn auch die Annahme, der Ausdruck *lupānar* sei von den Römern in verständnislos und daher falsch deutender Interpretation der orgiastischen Kulthandlungen zu Ehren des *Bacchus*[35] als spöttisch-abwertende Benennung für *Bacchānal*, den Ort eben dieser Feiern, geprägt worden, zu weit gehen wird, so könnte doch in dieser Richtung ein Zusammenhang zwischen *Bacchānal* und *lupānar* von den Römern empfunden worden sein. Eine derartige Auslegung findet sich bereits bei Niedermann, *o.c.*, 350: „Bekanntlich bedeutete der sg. *Bacchanal* ‚Kultstätte des Bacchus', und nach dem Muster dieses *Bacchanal* als Bezeichnung des Ortes, wo die *Bacchae* ihr Wesen trieben, dürfte man den Ort, wo die *lupae* ihrem Gewerbe oblagen, als +*lupanal* und weiterhin mit Dissimilation als *lupanar* benannt haben ..." Allerdings führt Niedermann, *l.c.*, das Entstehen der Analogiebildung *lupānar* darauf zurück, daß „infolge der von *Livius* 39,8 f. ausführlich geschilderten scheußlichen Ausartungen des Bacchuskultes ... die *Bacchae* mit den *lupae* in eine Begriffssphäre gerückt waren". S. dazu aber Fn. 35.

Eine kurze Besprechung erfordern schließlich neben den Festesnamen auf *-ālia* und den Ortsangaben auf *-al* und (offensichtlich als Dissimilationsprodukt nach *l*-haltigem Stamm aufzufassendes) *-ar* wie in *Bacchānal, lupānar* noch die (nicht als Ortsangaben zu interpretierenden) Substantiva auf *-ār(e)*.

Dieser Ausgang ist in der Hauptsache als dissimiliertes *-āl(e)* zu verstehen, und jede andere Hypothese wird bei *l*-haltigem Stamm zwar gelegentlich nicht auszuschließen, aber schwer zu beweisen sein. Scheint hingegen *-l-* im Stamm

was nach verschiedenen etruskischen Blitzdarstellungen — der Blitz als ‚Zweizack' — verständlich ist."

Vgl. *WH* s.v. *bidēns*; *EM* s.v. *dēns*. [+]

Am Rande sei hier die Frage aufgeworfen, ob nicht eventuell sämtliche der nicht sehr zahlreichen Ortsbezeichnungen auf *-al (-ar)*, auch solche von eindeutig ie.-lat. Stämmen abgeleitete wie *fagūtal*, letztlich auf etr.-lat. *Bacchānal* zurückzuführen sein könnten — Vermutung vielmehr als beweisbare Hypothese.

[35] Der Ausdruck *lupānar*, belegt seit Plt., wird wohl weit vor der Entartung der Zeremonien, wie sie durch den Bacchanalienskandal von 186 v.Chr. ans Licht kam, geprägt worden sein.

nicht auf, muß in *-ăr(e)* wohl ein anderes Suffix als dissimiliertes *-ăl(e)* gesehen werden.

Hier ist vor allem, sofern Stimmigkeit hinsichtlich der betreffenden Suffixfunktion gegeben ist, an jenes im gesamten med. Bereich verbreitete Suffix *-(a)r(a)* zu denken, dessen Funktion als Plural- und Kollektivsuffix seit Bertoldis exemplarischem Aufsatz „Plurale mediterraneo" als gesichert gelten kann[36]. Im Etruskischen manifestiert sich dieses Suffix ganz konkret als Pluralsuffix *-r*[37], welches an konsonantische Stämme unter Einschaltung eines Zwischenvokals *a, e* oder *u* antritt; s. DES §42f.[38]

[36] Vgl. dazu etwa Gerola, *Substrato mediterraneo*, 357; Devoto, *Storia*, 43f.; Alessio, *Vestigia*, 113, 117f., 120.

[37] Alle anderen Deutungen wie etwa die von Terracini, *Ancora su alcune congruenze*, 333f., vorgebrachte, welcher etr. Bildungen auf *-ar* wie etwa *tular CIE* 886 (*TLE* 515) u. ö. „confine" (s. aber *DES*, 305: *tular* ist Pl. von *tul* „Stein" und bedeutet „Steine, Grenzsteine; Gebiet") auch eine „funzione di carattere locativo che è assai vicina a quella del colletivo" zuschreiben möchte, oder die von Deroy, *A propos du nom*, 209, Fn. 2, vertretene, die Bildungen auf *-(a)r* seien „des sortes de ‚géneriques' ou d',indéfinis' qui ne désignent ni un individu ou un objet déterminé, ni une pluralité ou une collectivité précise", sind abzulehnen.

[38] Verbautes med.-etr. Plural- bzw. Kollektivsuffix *-ar* glaubt Bertoldi, *Plurale*, 161 (vgl. ders., *Nomina Tusca*, 298), in *farfarum, farfara — farferum* n. Plt.; *farfarum, farfugium* n. Plin. N.h. 24, 135; *farfara f. Gl.*; *farfaria f. Diosk.*: „Huflattich" (*WH* s.v. *farferum*) — zu erkennen. Die Nachkommen von *farfara* seien besonders in der Toskana, der Emilia Romagna und den angrenzenden Gebieten bezeugt (zu den med. Reflexen von *farfara, farfugium* vgl. auch Alessio, *Vestigia*, 127).

Ablehnend zur Theorie etr. Herkunft, da sie nicht erweislich sei, *EM* s.v. *farfarum*, wo voritalischer, jedenfalls wegen inl. *-f-* nicht römischer Ursprung angenommen wird.

Kein Erwähnung etr. Herkunft bei *WH* l.c.; *farferum* sei vielleicht (vgl. bestimmter Ernout, *Farfarus*, 215) wegen inl. *-f-* Dialektwort; ebendort auch zu nicht überzeugenden Versuchen einer Anknüpfung an das Ie.

Zu einem eventuellen Zusammenhang zwischen dem Flußnamen *Farfarus* Ov. Met. 14,330, latinisiert *Fabaris* Verg. Aen. 7,715, s. Ernout, *l.c.*; vgl. *EM* l.c.; s. dagegen *WH* l.c.

Die Präferenz des Etr. für den Vokal *a* (s. Kap. B.1.1.3.1.) stellt natürlich kein maßgebliches Argument zugunsten etr. Herkunft eines Wortes dar, sollte aber im Rahmen anderer auf das Etr. weisender Kriterien nicht unerwähnt bleiben. [?]

Bei dem seit *Cic.* und *Caes.* belegten Ausdruck *instar* hingegen (*instar* Nom. Akk.; Gen. *instaris* nach Prob. ap. Serv. Aen. 2,15: ‚„das Einstehen, sich Einstellen des Züngleins an der Waage, so daß diese sich nach keiner Seite neigt', daher ‚Gewichtsgleichheit, Äquivalent' ...; dann ‚gleichwertig' ..., ‚gleichwie'"; s. *WH* s.v.) ist, nicht zuletzt unter Bedachtnahme auf die sich durchaus nicht in die Bedeutung von *instar* fügende Funktion von etr. *-ar*, nach Ansicht der Verf. gegen Ernout, *EE*, 121, Fn. 2, und *EM* s.v. (Ernout, *l.c.*, erwähnt den Term. techn. *instar*, welcher zweifellos mit *instō, institor*, gr. στατήρ zu verknüpfen sei, unter anderen seiner Ansicht nach vom etr. Pl. auf *-ar* beeinflußten Bildungen, denkt somit an eine lat.-etr. Hybridbildung; auch *EM* l.c. zieht ohne weiteres Eingehen etr. Einfluß in Betracht, stellt aber auch die Deutung als erstarrter Infinitiv mit Verlust des *-e* zur Diskussion) der Herleitung aus dem Ie. (nach *WH* l.c. erstarrter Infinitiv; Puhvel, *Greek* ἔχθαρ, deutet *instar* als ie. neutrales Aktionssubstantiv von der Wurzel ⁺*steH-* „stehen", also ⁺*en-stHr̥*, „closeness, accord, harmony", woraus „correspondence,

C.4.1.4. -ānus 3 [?]

Lat. *-ānus* ist innerhalb der größeren Gruppe der Zugehörigkeit bezeichnenden *no*-Suffixe hinter langem Vokal zu sehen; s. *LG* § 294-296; vgl. Kap. B.1.2.1.2.3.2.2. und Kap. C.4.1.5.

„*-ānus* bildet in beschränktem Rahmen Zugehörigkeitsadjektiva; den Kernbestand bilden Ableitungen von Ortsnamen und Ortsbezeichnungen. Seiner Herkunft nach ist es vereinheitlicht aus *no*-Ableitungen von *ā*-Stämmen." (*LG* § 295.)

Wie bei nicht wenigen anderen lat. Suffixen ist es nicht auszuschließen, daß sich in lat. *-ānus* ein Suffix ie. Herkunft mit einem Wortausgang fremden Ursprungs vermischt habe. Und wie allgemein bei den lat. Suffixen auf *-no-* (*-na*; s. Kap. B.1.2.1.2.3.2.; vgl. Kap. C.4.1.5.) wird auch im Fall von lat. *-ānus* in erster Linie Einfluß von etr. *-na*[39] in Betracht zu ziehen sein. Zu diesem die Zugehörigkeit zu dem im Stamm angegebenen Appellativ oder Namen ausdrückenden, seinem eigentlichen Wesen nach Adjektiva bildenden Suffix s. *DES* § 67 ff.; vgl. Kap. B.1.2.1.2.3.2.

Einen Zusammenhang zwischen lat. *-ānus* und etr. *-na* versuchte bereits Battisti, *La formante*, zu erweisen. Obwohl Battistis Ausführungen auf falschen Voraussetzungen basieren — Battisti spricht von einem etr. Suffix *-ana*, welches jedoch aus dem Etr. nicht bekannt ist; es ist aber festzuhalten, daß ein Ausgang *-a-na* im Etr. relativ häufig belegt ist (s. Fn. 39); daß unter Battistis angeblichem etr. *-ana* im wesentlichen[40] tatsächlich etr. *-na* in falscher Abtrennung zu verstehen ist, wird aus den von ihm angeführten Beispielen für etr. *-ana*, etwa aus *husrnana*[41] *CII* 2094 u.ö., *spurana CIE* 5874 (*TLE* 165) u.ö., *veiane*[42], belegt im Gen. *veianes CIE* 8419-8423, ersichtlich —

---

equivalence"; es handle sich um die logische Opposition und den formalen Widerpart zu ἔχθαρ < *ek-stḤr̥*) der Vorzug zu geben.

Der Herleitung aus dem Ie. ist nach Ansicht d. Verf. der Vorzug zu geben, nicht zuletzt unter Bedachtnahme auf die sich durchaus nicht in die Bedeutung von *instar* fügende Funktion von etr. *-ar*. [??]

[39] Der Vokal *-ā-* in lat. *-ānus* wäre dabei entweder so zu erklären wie *-ā-* vor ie. *-no-*, d.h. ursprünglich als Stammauslaut lateinischer, im vorliegenden Fall mit etr. *-na* suffigierter Wörter, welcher durch falsche Abtrennung zum Suffix dazugeschlagen worden wäre; oder es könnte in einem ähnlichen Prozeß etr. *-na* mitsamt dem diesem Suffix im Etr. nicht selten vorangehenden *-a-* (nach Ausweis von *RI*, 5, rund 35 mal) übernommen worden sein. Beide einander nicht ausschließenden Möglichkeiten stehen offen. Vgl. auch Kap. C.4.1.5.

[40] Auszuklammern ist hier etwa der von Battisti, *o.c.*, 304, angeführte Götternamen θesan *AM* 5[19] u.ö.: Es handelt sich um eine Bildung auf *-an*, welches Suffix durative Partizipien der Gegenwart bildet und oft in Götterbezeichnungen aufscheint; s. *DES* § 123.

[41] Bei Battisti, *o.c.*, 304, offenbar irrtümlich *hursnana*.

[42] Zu *-ne* als Modifikation von *-na* bei Personenbezeichnungen s. *DES* § 68 f.

und obwohl er ie.-lat. *-āno-* in Frage stellt (s. *o.c.*, 308 f.; 312 f.) und lat. *-ānus* über *-ānus* im Namenmaterial nahezu zur Gänze auf das besagte etr. „Suffix" *-ana* zurückführen möchte[43], verdient seine Untersuchung insofern Beachtung, als sie einen Eindruck von der weitgehenden funktionalen Übereinstimmung zwischen etr. *-ana* bzw. *-na* und lat. *-ānus* zu vermitteln vermag: Bildung von Adjektiven, von Gentilizien, von Ethnika zu Ortsbezeichnungen, alles unter dem Begriff der Zugehörigkeit zu subsumieren.

Es wird sich daher bei lat. *-ānus* wohl ebenso verhalten wie bei manchen anderen lat. Suffixen: Es kann nicht ausgeschlossen werden, daß sich etr. morphologisches Lehngut unter althergebrachten ie. Bestand gemischt habe. Eine Trennung erweist sich zumeist als höchst problematisch oder unmöglich. Einzig in jenen konkreten Fällen, in denen auch der betreffende Wortkern dem Etr. zuzuweisen ist, erhöht sich in der Regel die Wahrscheinlichkeit, auch das Suffix könnte etr. Ursprungs sein. Ein solches Wort auf *-ānus* ist Verf. allerdings nicht bekannt.

C.4.1.5. *-ōna (-ōnus/-ūnus*[44]*)* [+]

Wie bei zahlreichen anderen lat. Suffixen ist auch im Falle von *-ōna (-ōnus/ -ūnus)* ein Zusammenfallen von Suffixen ie. Herkunft mit Wortausgängen etr. Ursprungs nicht auszuschließen, kann doch mit Bestimmtheit behauptet werden, daß sich unter den Bildungen auf *-ōna* ein Wort befindet, welches mit Sicherheit nicht nur hinsichtlich des Wortkernes, sondern auch hinsichtlich der morphologischen Struktur aus dem Etr. herzuleiten ist: *persōna*[45].

Lat. *-ōna (-ōnus/-ūnus)* gehört zur Gruppe der die Zugehörigkeit bezeichnenden lat. Suffixe auf *-no-* hinter langem Vokal (s. *LG* § 294-296; vgl.

[43] „La grammatica storica indoeuropea non risolve, o risolve soltanto apparentemente le origini del latino *-ānus*, che meglio si spiega coll'azione esercitata sul latino dall'etrusco. Dato che il sistema onomastico latino non è d'origine indoeuropea, va da sè che in questo campo la formante etrusca *-āna* doveva determinare un'irradazione atta a favorire l'introduzione del suffisso negli altri settori, in cui la formante serviva nell'etrusco come elemento di derivazione ... Azione facilitata dalla presenza in latino dei vecchi suffissi indoeuropei in nasale. Fino a qual punto dipendano da queste originarie tendenze *veteranus* e *humanus* può essere incerto; ma è sicuro che nella potente sovrapposizione della nuova moda etrusca l'eventuale residuo preetnico rimase nel latino tanto sopraffatto e commisto da rendere in pratica inutile la distinzione delle due fonti." (*O.c.*, 312 f.)

[44] Lat. *-ūnus*, welches von Ernout, *EE*, 108, gemeinsam mit lat. *-ōna (-ōnus)* behandelt wurde und welches unter Berücksichtigung des für Entlehnungen aus dem Etr. kennzeichnenden Wechsels *o/u* (s. Kap. B.1.1.1.1.) tatsächlich mit lat. *-ōnus* gleichgesetzt werden könnte, ist hier ebenfalls unter einem mit lat. *-ōnus* besprochen, nimmt aber insofern in diesem Kap. eine Sonderstellung ein, als in der von der Verf. eingesehenen Lit. ausschließlich für *-ūnus* in Namen (*Mūtūnus, Tutūnus* ...) etr. Herkunft angenommen wurde.

[45] S.b.W.

Kap. B.1.2.1.2.3.2.2. und Kap. C.4.1.4.). Ein vergleichbares, zur Übernahme bzw. zur Assimilation geeignetes etr. Formans stellt das die Zugehörigkeit bezeichnende etr. Suffix *-na* dar; zu diesem Suffix *DES* § 67 fff.; vgl. Kap. B.1.2.1.2.3.2.

Lat. *-na* (*-nus*) vorangehendes *ō* (*ū*; s. S. 507 Fn. 44) kann aus dem Etr. als Verbalnomina bildendes Suffix *-u* (s. *DES* §134; 173) oder eventuell als Ausgang des Wortkernes erklärt werden[46].

Vermerkt sei noch, daß die Substantiva auf *-ōnus* sich fast ausschließlich aus Personalsubstantiven rekrutieren; hier konnte besonders leicht ursprüngliches etr. *-una* als Femininum fehlinterpretiert und durch mask. *-ōnus* ersetzt werden[47]; vgl. Kap. B.1.2.1.2.3.2.

Nach dem eben Gesagten wird lat. *-ōna* (*-ōnus*/*-ūnus*) weder mit *LG* §294.1. und 3.[48] ausschließlich aus dem Ie. herzuleiten sein, noch wird mit Ernout, *EE*, 108, der Einfluß seitens der etr. Morphologie überbewertet werden dürfen. Vielmehr wird anzunehmen sein, daß Wortausgänge ie. Herkunft mit solchen etr. Ursprungs untermischt wurden. Eine klare Trennung dürfte sich im allgemeinen als unmöglich erweisen. Allerdings kann bei *-ōna* (*-ōnus*/*-ūnus*) an aus dem Ie. deutbaren Stämmen wohl eher ebenfalls ie. Herkunft in Betracht gezogen werden.[49] Treten die genannten Suffixe hingegen an nicht oder nicht einwandfrei aus dem Ie. erklärbare, vielmehr sicher oder mögli-

---

[46] Vgl. dazu S. 506 Fn. 39. Der Ausgang *-una* ist nach Ausweis von *RI*, 7f., im Etr. etwa ebenso häufig wie *-ana*, nämlich rund 40 mal, belegt.

[47] Zu *-ūnus* s. S. 507 Fn. 44. Auch hier ist der maskuline Ausgang selbstverständlich Ausdruck des natürlichen Geschlechts.

[48] Dort auch Lit. Vgl. auch Meid, *Zur Dehnung, IF* 62 und 63.

[49] Dies ist bei den im folgenden vorgeführten Wörtern der Fall:

annōna, *-ae f.*: „Jahresertrag, Getreidepreis, Marktpreis, Getreideversorgung, Proviant" (*WH* s.v.); seit *Plt.*

Ernout, *EE*, 108, zieht etr. Herkunft des Suffixes in Betracht; s. dazu aber im Text weiter vorne.

Keinerlei Erwähnung etr. Einflusses auf die Bildungsweise von *annōna* bei Meid, *Das Suffix -no-*, 101; *WH* l.c. und p. 847; *EM* s.v. *annus*; *LG* §294.3. [??]

colōnus, *-ī m.*: „Bebauer, Kolonist" (*WH* s.v. *colō*); seit *Plt.* und *Cato*.

Ernout, *EE*, 108, zieht etr. Herkunft des Suffixes in Betracht; s. dazu aber im Text weiter vorne.

Keinerlei Erwähnung etr. Einflusses auf die Bildungsweise von *colōnus* bei *WH* l.c.; *EM* s.v. *colō*; *LG* §294.3. [??]

patrōnus, *-ī m.*: „Schutzherr, Patron, Verteidiger" (*WH* s.v. *pater*); seit *XII tab.*

Ernout, *EE*, 108, zieht etr. Herkunft des Suffixes in Betracht, s. dazu aber im Text weiter vorne.

Keinerlei Erwähnung etr. Einflusses auf die Bildungsweise von *patrōnus* bei *WH* l.c.; *EM* s.v. *pater*; *LG* §294.3. [??]

cherweise aus dem Etr. herzuleitende Stämme an, wird wohl — wie bei *persōna* — auch das Suffix etr. Ursprungs sein.[50]

C.4.1.6. *-ō, Gen. -ōnis* [+]

Unter den zahlreichen zumeist der Personenbezeichnung volkstümlichen Charakters[51] dienenden, vielfach als CN fungierenden Substantiva auf *-ō, -ōnis* (s. *LG* § 322) befinden sich mit Sicherheit neben den zahlenmäßig bei weitem überwiegenden Bildungen ie. Herkunft (zur Vorgeschichte des Suffixes s. *LG* § 322.6. mit Lit.) auch, wie Entlehnungen wie etwa *sūbulō*[52] und *bārō*[53] beweisen, solche einwandfrei etr. Ursprungs[54].

S. dazu Ernout, *EE*, 109 ff., welcher diesen Sachverhalt zum Anlaß nimmt, die Frage aufzuwerfen, „si de nombreux mots, de couleur populaire pour la plupart, et d'origine inconnue, ne rentrent pas dans la catégorie des emprunts à l'étrusque". S. zu lat. Wörtern auf *-ō* sicher oder möglicherweise etr. Herkunft auch Nehring, *Parerga*, 124; *LG* § 322.4.a. Es stellt allerdings, dies sei hier festgehalten, der Ausgang *-ō, -ōnis* an Wörtern mit nicht geklärter Etymologie ein zu wenig spezifisches und darum nicht stichhaltiges Kriterium für etr. Herkunft des betreffenden Wortes dar.

Daneben schließt Ernout, *o.c.*, 112, auch ein Produktivwerden von *-ō, -ōnis*

---

[50] Zweifel an der etr. Herkunft von Wortkern und Suffix erheben sich trotz der von Battisti, *WH*, *EM* und anderen (s. im folgenden) vertretenen Auffassung etwa bei *talpōna, -ae f.* „eine Art Weinstöcke" (*WH* s.v.), belegt bei *Plin.* N.h. 14,36.
Battisti, *Il sostrato*, 371, nennt *talpōna* unter den „nomi prelatini della vite, quali *faecenia*, ... *tamīnia*, tutti notoriamente etruschi." (Vgl. u.W. *laburnum*; zu *faecenia* und *tamīnia* s.bb.WW.)
Nach *WH* l.c. unter Berufung auf Schulze, *ZGLE*, 82, und Bertoldi, *Questioni di metodo nella linguistica storica*, 220, etruskisch; nach *EM* s.v. „mot d'aspect étrusque" und Verweis auf Bertoldi, *o.c.*, 2. Aufl., 173.
Da jedoch stichhaltige Argumente zugunsten etr. Herkunft von *talpōna* nicht angeführt werden können — die Zusammenstellung mit *faecinia*, *laburnum*, *tamīnia*, wovon nur die beiden letztgenannten möglicherweise, keineswegs sicher auf das Etr. zurückzuführen sind, beweist zu wenig; die von Schulze, *l.c.*, zum Vergleich herangezogene angeblich etr. Form *talpiuś* ist nicht belegt; eine Einsichtnahme in die beiden zitierten Werke Bertoldis war Verf. leider nicht möglich —, muß das Wort zumindest bis auf weiteres als ungeklärt gelten.
Die Präferenz des Etr. für den Vokal *a* (s. Kap. B.1.1.3.1.) stellt natürlich alleine kein maßgebliches Argument zugunsten etr. Herkunft eines Wortes dar. [??]
[51] Zum volkstümlichen, oft pejorativen Charakter der Personalsubstantiva auf *-ō, -ōnis* s. etwa Vendryes, *Sur quelques formations*, 100; Benveniste, *Latin vespillō*, 124; Meillet, *Esquisse*, 173 f.; Ernout, *Aspects*, 8.
[52] S.b.W.
[53] S.u.W. *bardus*
[54] Von vereinzelten möglicherweise auf med. -ων mit Kollektivwert zurückgehenden Bildungen (z.B. *unēdō*; s. Alessio, *Fitonimi*, 189, 204) sei hier abgesehen.

etr. Herkunft im Lateinischen, d.h. ein Anfügen dieses Suffixes an nicht aus dem Etruskischen entlehnte Stämme, nicht aus: Aus dem Etruskischen stamme eine bestimmte Anzahl von Wörtern, „qui ont servi de modèles à une catégorie sémantique de sens précis ... et qui n'ont jamais pour ainsi dire eu accès dans le langage de la bonne société".[55]

[55] Für folgende Wörter, für deren etr. Herkunft bzw. Vermittlung weitere, beweiskräftigere Argumente nicht beigebracht werden können, erwägt Ernout, *EE*, 111 f., was abzulehnen ist (s. im Text weiter vorne), ausschließlich oder vor allem ihres Ausganges auf *-ō, -ōnis* wegen Herleitung aus dem Etruskischen oder zieht, was Hypothese bleiben muß, Einfluß der etr. Morphologie auf ihren Ausgang in Betracht:

āleō m.: „Spieler" (*WH* s.v. *ālea*); seit *Naev.*

Nach Ernout, *EE*, 111, wegen *-ō, -ōnis* möglicherweise etr. Herkunft, oder Bildungsweise etr. beeinflußt. Zu Ernouts ebenfalls etruskischer Deutung des Basiswortes *ālea* s.b.W. bzw. Kap. B.1.2.1.1.1.

Keinerlei Erwähnung eventuell etr. Ursprungs von *āleō* bzw. *ālea* bei *WH* l.c., *EM* s.v. *ālea*. Vgl. u.W. *ālea*.

Die Präferenz des Etr. für den Vokal *a* (s. Kap. B.1.1.3.1.) stellt natürlich alleine kein maßgebliches Argument zugunsten etr. Herkunft eines Wortes dar. [??]

balatrō (*baratrō* Porph. *Hor. Sat.* 1,2,2 wahrscheinlich volksetymologische Umdeutung nach *barathrum* zu gr. βάραθρον „Schlund"; s. *WH* s.v. 1. *balatrō*; *EM* s.v. *balatrō*) *-ōnis m.:* „Possenreißer, Schwätzer" (*WH* l.c.); nach *EM* l.c. exakte Bedeutung unbekannt (s. ebendort die Erklärungen der Alten); auch *CN*; seit *Lucr.* und *Varro*.

Nach Ernout, *EE*, 111, wegen *-ō, -ōnis* und weil der Ausdruck nach *Hor. Sat.* 1,2,2 und *Vopisc. Car.* 21,1 wahrscheinlich ursprünglich einen Schauspieler niederen Ranges bezeichnet habe, möglicherweise etr. Herkunft.

Vgl. zustimmend *WH* l.c. (dort auch zu anderen Deutungen) bzw., Ernouts Deutung in Erwägung ziehend, *EM* l.c.

Die Präferenz des Etr. für den Vokal *a* (s. Kap. B.1.1.3.1.) stellt natürlich alleine kein maßgebliches Argument zugunsten etr. Herkunft eines Wortes dar. [??]

cālō, -ōnis m.: „Troßknecht, Trainknecht", auch „Stallknecht, Hausdiener" (*WH* s.v. 1. *cālō*; zu der bei *Isid. Orig.* 19,1,15 singulär belegten Bedeutung „Holztransportschiff" s. Sofer, *Lexikalische Untersuchungen*, 27 f.); seit *Acc.*

Nach Ernout, *EE*, 111, wegen *-ō, -ōnis* möglicherweise etr. Herkunft, oder Bildungsweise etr. beeinflußt.

Bottiglioni, *Nota etymologica*, 53-55, trennt *cālō* „servus militis" von *cālō* „Transportschiff" (und — nach Bottiglioni, *l.c.* — „Holzschuh"; s. aber *WH* s.vv. 1. *cālō* und 2. *cālō*, *EM* s.vv. *cālō* und *calō*); letzteres sei von gr. κᾶλον herzuleiten, ersteres ebenso wie *cacula*, *camillus* (s.bb.WW.) von etr. +*cat-* (+*căt-sla* > +*cāla* > *cālō*), welchen Zusammenhang Bottiglioni auch semantisch zu untermauern sucht. Unglaubhaft. Vgl. u.W. *cacula*.

Zu abzulehnenden, umfassenden Verknüpfungsversuchen Ostirs s. „Drei vorslavisch — etruskische Vogelnamen," 97 f.; s. auch u.WW. *cacula* und *camillus*.

Ablehnung etr. Herkunft bei *WH* s.v. 1. *cālō* („Vl. mit den Alten von *cāla* ‚Holz', doch ist der Benennungsgrund nicht klar."); keine Erwähnung etr. Herleitung bei *EM* s.v. *cālō* (die Verknüpfung mit *cāla* beruhe möglicherweise auf Volksetymologie).

Die aus dem Genetiv *calus TLE* 2[12] u.ö. zu erschließende, in phonetischer und morphologischer Hinsicht einwandfrei zu lat. *cālō* stimmende etr. Nominativform *calu* hat aus semantischen

Gründen außer Betracht zu bleiben: Sie stellt den Namen eines etr. Unterweltgottes dar (s. *RET*, 319 f.).

Der als GN und CN verwendete, auch in Ableitungen belegte Personenname *cale CIE* 768 u.ö. hingegen ist phonetisch und eventuell auch semantisch — sofern der von Schulze, *ZGLE*, 171, vorgeschlagenen Deutung als etruskisiertes lat. *Gallus* (ein Bedeutungswandel „der (als *lautni* bei Etruskern untergeordnete Arbeiten verrichtende) Gallier" > „der Knecht, der Diener" wäre denkbar; vgl. zu einem eventuell ähnlich gelagerten Fall u.W. *anculus*) vor der von Rix, *Ein lokal begrenzter Lautwandel*, 42, in Betracht gezogenen als etruskisiertes lat. *calvus* (nach 300 v.Chr. in Clusium *-lv-* > *-l-* nachweisbar; allerdings ist *cale* mit Ableitungen auch aus Tarquinii und Volaterrae belegt, s. *ThLE*, 91 f.) der Vorzug gegeben wird — vergleichbar, nicht jedoch morphologisch: Etr. *cale* müßte zu lat. +*calus* werden; s. *DGE* 2,95 und 291; vgl. S. 34.

Die Präferenz des Etr. für den Vokal *a* (s. Kap. B.1.1.3.1.) stellt natürlich alleine kein maßgebliches Argument zugunsten etr. Herkunft eines Wortes dar. [??]

cicarō, *-ōnis m.*: „Knabe, Junge, Liebling" (*WH* s.v.); *Petron.*

Nach Ernout, *EE*, 111, wegen *-ō, -ōnis* möglicherweise etr. Herkunft, oder Bildungsweise etr. beeinflußt. Ablehnend dazu *WH* l.c („Wort der Kindersprache unbekannter Entstehung"), zustimmend *EM* s.v.

Die Präferenz des Etr. für den Vokal *a* (s. Kap. B.1.1.3.1.) stellt natürlich alleine kein maßgebliches Argument zugunsten etr. Herkunft eines Wortes dar. [??]

gāneō, *-ōnis m.*: „Schlemmer" (*WH* s.v. *gāneum*); seit *Naev.*

Nach Ernout, *EE*, 111, wegen *-ō, -ōnis* möglicherweise etr. Herkunft, oder Bildungsweise etr. beeinflußt. Zu Ernouts ebenfalls etruskischer Deutung des Basiswortes *gāneum* s.b.W. bzw. Kap. B.1.2.1.1.1.

Keinerlei Erwähnung eventuell etr. Ursprungs von *gāneō* bzw. *gāneum* bei *WH* l.c., *EM* s.v. *gāneum*.

Vgl. u.W. *gāneum*.

Die Präferenz des Etr. für den Vokal *a* (s. Kap. B.1.1.3.1.) stellt natürlich alleine kein maßgebliches Argument zugunsten etr. Herkunft eines Wortes dar. [??]

gerrō, *-ōnis* (*cerrōnēs* Paul. Fest. 35,15 L) *m.*: „Possenreißer, Maulaffe" (*WH* s.v. 2. *gerrae*); seit *Ter.*

congerrō, *-ōnis* (*congerrae* Fest. 382,20 L) *m.*: „Spießgeselle (*compopīnō et nūgātor Gl.*)" (*WH* s.v. *congerrō*); seit *Plt.*

Nach Ernout, *EE*, 111, *gerrō* und *congerrō* wegen *-ō, -ōnis* möglicherweise etr. Herkunft, oder Bildungsweise etr. beeinflußt.

Keine Erwähnung etr. Herkunft bei *WH* s.v. 2. *gerrae* (zu *gerrae, -arum* „Possen, dummes Zeug" bzw. *gerra, -ae* „Rutengeflecht" aus gr. γέρραι „Rutengeflecht, Possen", wovon auch siz. γέρρα „τὰ ἀνδρεῖα καὶ γυναικεῖα αἰδοῖα") und *EM* s.v. *gerrae* (wahrscheinlich zu *gerrae* „sottises", „empruntée au grec de Sicilie, où γέρρα désigne les αἰδοῖα de l'homme ou de la femme"; gr. γέρρον, γέρρα „Rutengeflecht", woraus lat. *gerra* id., sei fernzuhalten; s. *EM* s.v. *gerra*).

Die Fest. 382,20 L überlieferte Form *congerrae*, also ein maskulines Personalsubstantiv auf *-a* (s. Kap. B.1.2.4.) kann auf Grund der späten und singulären Überlieferung und wegen semantisch nahem *gerrae* wohl außer acht gelassen werden. [??]

Zu *latrō* s.b.W.

murgīsō/murgissō: „*dixerunt a mora et decisione*" Paul. Fest. 131 L; „*callidus, murmurator vel fallax; irrisor, lusor*" u.ä. Gl.

Nach Ernout, *EE*, 111, wegen *-ō, -ōnis* möglicherweise etr. Herkunft, oder Bildungsweise etr. beeinflußt.

Die Behauptung, lat. *-ō, -ōnis* könne in bestimmten Fällen, insbesondere, wenn der betreffende Ausdruck als etr. Lehnwort anzusprechen ist, auf das Etruskische zurückgehen, stellt keine Hypothese dar, sondern basiert auf einem soliden Fundament:

Der lat. Ausgang *-ō*[56] findet problemlos in phonetischer[57], morphologischer und funktioneller Hinsicht seine unmittelbare Entsprechung in etr. *-u*. Dieses Suffix bildet, zahlreich belegt (s. *RI*, 56 ff.), vor allem Verbalnomina, welche in aktiver Bedeutung als Nomina agentis fungieren (z.B. *ziχu CIE* 1414 u.ö. „Schreiber"; *acilu CIE* 5617 u.ö. „Werkmann") und häufig zu sekundären GN werden (s. *DES* § 173; § 134); daneben ist ein Qualitätsadjektiva bildendes Suffix *-u* belegt (z.B. *eterau* „peregrinus"; s. *DES* § 66; § 75). Allerdings wird, mag es auch nicht auszuschließen sein, daß dem Ausgang des einen oder anderen lat. Wortes auf *-ō, -ōnis* das etr. Adjektivsuffix *-u*

Ablehnend *WH* s.v. („Unerklärt; die Endung scheint auf ein griech. Part. auf -ίζων zu weisen ..."), ohne Erwähnung der Hypothese Ernouts, *l.c.*, *EM* s.v. +*murgisōnem* („Forme et sens obscurs."). [??]

tinnisō/tinisiō: „κοπίδερμος" (emendiert aus „κοτίδερμος") = „μαστιγίας" *Gl.*; „uomo degno dello staffile, uomo tristo" (*LE* s.v. *tinnisō*).

Nach Ernout, *EE*, 112, wegen *-ō, -ōnis* (die Form *tinisiō* ist bei Ernout, *l.c.*, nicht erwähnt) möglicherweise etr. Herkunft, oder Bildungsweise etr. beeinflußt.

Zustimmend *WH* s.v. mit weiterer Literatur.

Keinerlei Erklärung bei *EM* s.v. +*tinnisō*.

Nach *LE* l.c. zurückgehend auf das Part. Praes. κτενίζων zu κτενίζω „pettino, lustro il cuoio (del cavallo), striglio"; zur semantischen Entwicklung sei italien. *mascalzone*, urspr. „mozzo di stalla, garzone", zu vergleichen. [??]

tīrō, -ōnis m.: „junger Soldat, Rekrut; Anfänger, Neuling, Lehrling", spätlat. „Knecht, Knappe, Held" (*WH* s.v.); auch CN; seit Cic.

Nach Ernout, *EE*, 111, wegen *-ō, -ōnis* möglicherweise etr. Herkunft, oder Bildungsweise etr. beeinflußt.

Nach *WH* l.c. wohl entlehnt aus gr. +τείρων (ebendort auch die berechtigte Ablehnung der Hypothese Oštirs, *Drei vorslavisch-etruskische Vogelnamen*, 35, lat. *tīrō* sei als „junger Soldat" zu etr. *-θur* [bei *WH* l.c. verschrieben als *-θar*], angeblich „jung", zu stellen; s. aber zu etr. *-θur* S. 88f.).

Nach *EM* s.v. Herkunft unbekannt. [??]

[56] Von lat. *-ōn-* auszugehen, bleibt ergebnislos, da ein Nomina bildendes Suffix *-un* oder eine Nomina bildende Suffixkombination *-u-n* aus dem Etr. nicht bekannt ist.
Gesichert ist nur die Existenz eines Verbalsuffix *-un* zur Angabe der 1. P. Sg. des schwachen Präteritums auf *-c/-χ*; z.B. *θapicun CIE* 5211 = *TLE* 380 „ich verfluchte"; s. *DES* § 125. (Ein weiteres Verbalsuffix, das Formans *-n* des Mediopassivums, tritt gelegentlich an auf *-u* verschiedener Genese endigende Verbalformen, s.z.B. *cer-iχu-n-ce CIE* 6159 = *TLE* 51 u.ö.; s. zu dieser Form ausführlicher S. 473 Fn. 5.)

[57] So bereits Devoto, *L'etrusco come intermediario*, 313; vgl. *DES* § 11; *DGE* 2,274f.

zugrunde liegt, doch in erster Linie etr.-lat. -ō̆, -ōnis auf das etr. Verbalnomensuffix -u zurückzuführen sein.

Zur anders gearteten Genese von etr.-lat. -ō̆ in *lucumō* s.b.W.

C.4.1.7. *-iō, Gen. -iōnis* [+]

Es ist in Betracht zu ziehen, daß sich wie bei den Substantiven auf -ō̆, -ōnis, (s. Kap. C.4.1.6.), aber jedenfalls in geringerem Ausmaß, auch unter den Substantiven auf *-iō, -iōnis* („Nomina personalia und Namen, wohl durchweg in hellenistischer Zeit entlehnter Gebrauch von gr. -ίων. Der Gebrauch in Appellativen ist ohne den in Namen nicht verständlich, der des Latein nicht ohne den des Griechischen." *LG* § 323.A.) etruskische Bildungen befinden, sei es, daß gelegentlich ein Wort als Ganzes einschließlich seines Ausganges aus dem Etruskischen übernommen wurde — so mit hoher Wahrscheinlichkeit *histriō* (s.b.W.) —, sei es, daß derartige latinisierte etruskische Ausgänge im Lateinischen auch an Wörter nicht etruskischer Herkunft angefügt wurden (s. zu beiden Auffassungen Muller, *Zur Geschichte*, 263; Ernout, *EE*, 109-112, der die Bildungen auf *-iō* zusammen mit denen auf *-ō* bespricht; vgl. daher auch Kap. C.4.1.6.), sei es, und auch dies ist nicht auszuschließen, daß etr.-lat. *-ō* < etr. *-u* (s. Kap. C.4.1.6.) an nicht etr. Wörter auf *-i* antrat.

Wiederum ist, was bereits zu *-ō̆, -ōnis* betont wurde (s. Kap. C.4.1.6.), festzuhalten, daß der Ausgang *-iō, -iōnis* an Wörtern mit nicht geklärter Etymologie alleine zum Nachweis etr. Herkunft des betreffenden Wortes nicht ausreicht.[58]

---

[58] Für folgende Wörter wurde, was abzulehnen ist (s. im Text weiter oben), in der von der Verf. eingesehenen Literatur ausschließlich oder vor allem ihres Ausganges auf *-iō, -iōnis* wegen Herleitung aus dem Etr. erwogen, oder es wurde, was Hypothese bleiben muß, Einfluß der etr. Morphologie auf ihren Ausgang in Betracht gezogen:

adulteriō, -ōnis m.: „adulter" Laber. ap. Gell. 16,7,1.
Nach Ernout, *EE*, 113, Fn. 1, Bildungsweise eventuell etr. beeinflußt.
Kein Kommentar zur Bildung bei *WH* s.v. *adulter* und *EM* s.v. *alter*.
Über die ie. Herkunft des Stammes bestehen keine Zweifel; s. *WH* l.c.; *EM* l.c. [??]

cūliō: „‚Hode' und ‚Entmannter'" (*WH* s.v. *cōleus*); seit Laber.
Nach Ernout, *EE*, 114, möglicherweise wegen *-iō, -iōnis* etr. Herkunft, oder Bildungsweise etr. beeinflußt; zu Ernouts ebenfalls etr. Deutung des Basiswortes *cōleus* s.b.W.
Keinerlei Erwähnung eventuell etr. Ursprungs von *cūliō* bzw. *cōleus* bei *WH* l.c.; *EM* s.v. *cōleus*. Zu *cōleus* s. auch b.W. [??]

curculiō *(gurguliō)*, -ōnis m.: „Getreidewurm" (*WH* s.v.); seit Plt.
Nach Ernout, *EE*, 111, wegen *-iō, -iōnis* möglicherweise etr. Herkunft, oder Bildungsweise etr. beeinflußt.
Keinerlei Erwähnung irgendwelchen etr. Einflusses bei *WH* l.c. („Aus +*kor-kor-iō*, redupl. Bildung von Wz. +*qer-* ‚krümmen' ... Die Schreibung *gurguliō* (hss. und rom.) beruht auf

volksetymologischer (*Varro bei Serv.* georg. 1,186) und scherzhafter (*Curculio Plt.*) Vbdg. mit *gurgulio* ‚Schlund' ...") und *EM* s.v. („Sans doute mot populaire à redoublement intensif."). [??]
gurgulio, *-onis m.:* „Gurgel, Luftröhre" (*WH* s.v. *gurges*); seit *Plt.*
Nach Ernout, *EE*, 112, Fn. 2, Bildungsweise eventuell etr. beeinflußt.
Kein Kommentar zum Ausgang *-io, -ionis* bei *WH* l.c.; *EM* s.v.
Das Basiswort *gurges* ist mit Sicherheit ie. Herkunft, s. *WH* l.c.; *EM* l.c. [??]
māscarpiō, *-ōnis m.:* „‚māsturbātor' (*Petron.* 134,5; auch EN *CIL*. XII 5876, *Greg. Tur. Vit. patr.* 16,4 ...)" (*WH* s.v.); Deutung als „action noun for striking or attacking the *membrum virile*", d.i. *mās*, bei Hallett, *Masturbator*, 294 ff.; vgl. Adams, *Latin Mas*, 243, mit anderer Etymologie von *mās*.
Nach Ernout, *EE*, 111, wegen *-io, -ionis* möglicherweise etr. Herkunft, oder Bildungsweise etr. beeinflußt.
Keinerlei Erwähnung etr. Herkunft oder Beeinflussung bei *WH* l.c. („Zu *manus* und *carpere*, u.zw. ... mit dem aus *māsturbor* (⁺*man-stuprō* ...) losgelösten ⁺*mā(n)s-*." Wenig überzeugend.), keine Äußerung zur Etymologie bei *EM* s.v.
Die Präferenz des Etr. für den Vokal *a* (s. Kap. B.1.1.3.1.) stellt natürlich alleine kein maßgebliches Argument zugunsten etr. Herkunft eines Wortes dar. [??]
matelliō, *-ōnis m.:* Ableitung zu *matella, -ae f.*, Dem. zu *matula, -ae f.* „Gefäß für Flüssigkeiten, Waschgeschirr, Nachttopf" (*WH* s.v. *matula*); *matelliō* seit *Cato*; *matella* seit *Varro*; *matula* seit *Plt.*
Nach Ernout, *EE*, 115, Fn. 3, wegen *-io, -ionis* möglicherweise etr. Herkunft, oder Bildungsweise etr. beeinflußt.
Keinerlei Erwähnung irgendwelchen etr. Einflusses bei *WH* l.c. (Etymologie unsicher, eventuell ie.) und *EM* s.v. *matula* („Sans étymologie.").
Die Präfernz des Etr. für den Vokal *a* (s. Kap. B.1.1.3.1.) stellt natürlich alleine kein maßgebliches Argument zugunsten etr. Herkunft eines Wortes dar. [??]
mīriō, *-ōnis m.:* „‚mißgestalteter Mensch' (*Acc. bei Varro* l.l. 7,64, *Gl.*), sek. (auf *mīrārī* bezogen) ‚Bewunderer' (*Tert.*)" (*WH* s.v. *mīrus*).
Nach Muller, *Zur Geschichte*, 262 f., *mīriō* Analogiebildung zu etr. *histriō* bzw. danach gebildetem *lūdiō* (s.bb.WW.).
Auch nach Ernout, *EE*, 109, wegen *-io, -ionis* und der Zugehörigkeit zur Sprache des Theaters möglicherweise etr. Herkunft, oder Bildungsweise etr. beeinflußt.
Keinerlei Erwähnung irgendwelchen etr. Einflusses bei *WH* l.c. (Ableitung von ie. *mīrus* nach *pūmiliō* etc.; vgl. u.W. *pūmiliō*); vgl. *EM* s.v. [??]
mōriō, *-ōnis m.:* „Erznarr, Hofnarr" (*WH* s.v. 2. *mōrus*); seit *Plin. Epist.*
Nach Ernout, *EE*, 109, Bildungsweise des aus gr. μωρός, att. μῶρος „Tor" entlehnten Wortes wahrscheinlich etr. beeinflußt.
Keinerlei Erwähnung irgendwelchen etr. Einflusses im Zuge der Entlehnung des Wortes aus dem Griechischen bei *WH* l.c. und *EM* s.v. *mōrus*. [??]
phrygiō/phyrgiō, *-ōnis m.:* „Goldsticker"; seit *Plt.*
Nach Ernout, *EE*, 111 f., Bildungsweise etr. beeinflußt.
Nach *EM* s.v. „formation latine ... dérivée de Φρύγιος ...".
In *WH* fehlt das Lemma. [??]
pūmiliō (prän. *poumilionom* Gen. Pl. CIL I² 560; *pōmiliō* dialektisch nach *EM* s.v.), *-ōnis m. f.:* „Zwerg"; seit *Lucr.* 4,1162.
Nach Ernout, *EE*, 112, wegen *-io, -ionis* möglicherweise etr. Herkunft, oder Bildungsweise etr. beeinflußt.
Keinerlei Erwähnung davon bei *WH* s.v. *pūmilus* (Etymologie unsicher, eventuell zu *puer*,

pūbēs, oder Lehnwort aus gr. Πυγμαλίων im Sinne von πυγμαῖος „Däumling"; vgl. zur Verknüpfung mit *pūbēs* jetzt auch Adams, *Latin Mas*, 244, Fn. 8) und *EM* s.v. (Verweis auf die auch von *WH* l.c. angeführten gr. Formen, sonst kein Kommentar zur Etymologie). [??]

rōpiō, -ōnis m.: „Penis" (*WH* s.v.); *Sacerd. GLK* 6,461 f.

Nach Ernout, *EE*, 112, Fn. 2, wegen -*iō*, -*iōnis* möglicherweise etr. Herkunft, oder Bildungsweise etr. beeinflußt.

Nach *WH* l.c. falsche Lesung für *sōpiō* (s.b.W.).

In *EM* fehlt das Lemma. [??]

sanniō, -ōnis m.: „Grimassenschneider, Hanswurst" (*WH* s.v.); seit *Cic.*

Nach Muller, *Zur Geschichte*, 262 f., *sanniō* Analogiebildung zu etr. *histriō* (s.b.W.) bzw. danach gebildetem *lūdiō* (s.u.W. *lūdius*).

Auch nach Ernout, *EE*, 109, Bildungsweise des aus gr. σάννας "Dummkopf" entlehnten Wortes wahrscheinlich etr. beeinflußt.

Keinerlei Erwähnung irgendwelchen etr. Einflusses bei *WH* l.c. (Lehnwort aus gr. σάννας, σαννίων „Dummkopf") und *EM* s.v. *sanna* (entlehnt aus gr. σαννίων). [??]

sōpiō, -ōnis m.: „Mot de sens obscur qu'on interprète par *pēnis* ..." (*EM* s.v.); Catull. 37,10; Inschr. Pompeji.

Nach Ernout, *EE*, 112, Fn. 2, wegen -*iō*, -*iōnis* möglicherweise etr. Herkunft, oder Bildungsweise etr. beeinflußt.

Keinerlei Erwähnung davon bei *WH* s.v. (zu *prōsāpia*, dieses wahrscheinlich ie. Herkunft, s.s.v. *prōsāpia*) und *EM* l.c. (Verknüpfung mit *prōsāpia* wie auch die Bedeutung unsicher, s.o.). [??]

talabarriō, -ōnis m.: Bed. unbekannt; *Laber. ap. Gell.* 16,7,6.

Nach Ernout, *EE*, 112, wegen -*iō*, -*iōnis* möglicherweise etr. Herkunft, oder Bildungsweise etr. beeinflußt.

Zustimmend *WH* s.v. *EM* s.v. äußert sich zur Etymologie nicht. *LE* s.v. ist an iberischen Ursprung gedacht.

Die Präferenz des Etr. für den Vokal *a* (s. Kap. B.1.1.3.1.) stellt natürlich alleine kein maßgebliches Argument zugunsten etr. Herkunft eines Wortes dar. [??]

toculliō, -ōnis m.: „Wucherer" (*WH* s.v.); *Cic. Att.* 2,1,12.

Nach Ernout, *EE*, 112, Fn. 2, Bildungsweise des auf gr. τόκος basierenden Wortes eventuell etr. beeinflußt.

Keinerlei Erwähnung irgendwelchen etr. Einflusses bei *WH* l.c. („Von gr. +τοκυλλίων ... Ableitg. von τόκος mit patronymischem Suff. -υλίων.") und *EM* s.v. („Mot sans doute forgé par Cicéron, qui est seul à l'employer, ... et dérivé de +τοκύλλιον, diminutif supposé de τόκος." Vgl. *LG* § 322.A.5.: „*Cicero* bildete *toculli-o* ‚Wucherer' von pl. +τοκύλλια ‚die lieben Zinsen'."). [??]

tītiō, -ōnis m.: „Feuerbrand, brennendes Scheit" (*WH* s.v.); bei *Varro, Lact., Isid.*

Nach Ernout, *EE*, 112, Fn. 2, wegen -*iō*, -*iōnis* möglicherweise etr. Herkunft, oder Bildungsweise etr. beeinflußt.

Brandenstein, *Der indogermanische Anteil*, 311, sieht, seiner indogermanisierenden Auffassung des Etruskischen entsprechend, in Nachfolge Georgievs in *tītiō* ein aus dem Etr. entlehntes Wort ie. Herkunft (von ie. +*dit*- „Glanz", wozu auch gr. τιτώ·ἠώς zu stellen sei; zur umstrittenen Etymologie von Τιτώ s. aber Frisk s.v. Τῑτᾶνες).

Vgl. mit der gleichen Tendenz, doch mit phantastischen Details Carnoy, *Etrusco-latina*, 110 (zu angeblichem etr. „*tit* ‚apparaître'" von der ie. Wurzel „*dēi* ‚briller'", wozu auch τιτώ zu stellen sei).

Keinerlei Erwähnung etr. Herkunft oder Beeinflussung bei *WH* l.c. („Zu gr. τῑτώ, -οῦς f. ‚Tag, Sonne', Τῑτᾶν, -ᾶνος m. ‚Sonnengott'") und *EM* s.v. (ohne Angaben zur Etymologie). [??]

Eine auch funktionell stimmige morphologische Basis zu lateinisiertem *-iō* (die Länge des *ō* kann durch Analogie zu dem zahlenmäßig dominierenden, nach griechisch *-ίων* gebildeten *-iō* bedingt sein) findet sich im Etr. vor allem im Wortausgang *-i-u*, d.h. Wortkern auf *-i* endigend + Suffix des Verbalnomens (s. *DES* § 173; § 134; vgl. Kap. C.4.1.6.); eventuell könnte vereinzelt als Basis für etr.-lat. *-iō* auch das Qualtitätsadjektiva bildende Suffix *-iu* (s. *DES* § 66) in Betracht gezogen werden. Von dem männliche Kosenamen bildenden, in der Hauptsache an Pränomina antretenden Suffix *-iu* (s. *DES* § 165) wird in Hinblick auf seine spezifische Verwendungsart abzusehen sein.

C.4.1.8. *-ārius 3* [??]

Lat. *-ārius*, nach der gängigen Meinung aus ital. *-āsios* (zu den Belegen im Oskischen und Umbrischen s. *LG* § 277.3.) entstanden, findet keine überzeugende Anknüpfung im Ie.; s. *LG* l.c. mit Literatur.

Anders wird lat. *-ārius* von Terracini, *Ancora su alcune congruenze*, 317 ff. interpretiert:

Aus dem Vergleich vor allem mit etr. Wortausgängen auf *-ar(-)* und *-as(-)*, welcher jedoch nach heutigem Wissensstand als zumindest problematisch angesprochen werden muß, da Terracini, abgesehen von anderen Kritik herausfordernden Umständen[59], etruskische Suffixe dadurch entstellt, daß er den dem jeweiligen Suffix vorangehenden Einschubvokal *-a-* zu diesem dazuschlägt[60], glaubt Terracini zweierlei schließen zu dürfen: Bei der Entsprechung zwischen etr. *-as(-)* und ital. *-āsios* sowie zwischen etr. *-ar(-)* und lat. *-ārius* handle es sich um eine „congruenza di tipo etruscoide o mediterraneo, la quale a particolari rapporti etrusco-italici è legata solo indirettamente" (*o.c.*, 322; 327), mit anderen Worten um das Problem „della arioeuropeizzazione di elementi mediterranei" (*o.c.*, 342); *-ārius* und *-āsios* seien zwei verschiedene Suffixe, „certo strettamente interdipendenti, ma indipendenti in origine" (*o.c.*, 318).

S. gegen Terracinis Hypothese *LG* l.c.

Abschließend sei betont, daß sich selbst unter der Annahme, *-ā-* in lat. *-ārius* und *-āsios* sei ursprünglich Stammauslaut der lat. Basiswörter gewesen (vgl. die lat. Bildungen auf *-no-* hinter langem Vokal; s. dazu *LG* § 294 ff. bzw.

---

[59] Insbesondere differenziert Terracini nicht zwischen Wortausgängen verschiedener Genese: So ist etwa (s. *o.c.*, 326) *-are* in *amφare CIE* 5281 u.ö., welches auf -άρηος, -άρεως oder -άραος in gr. Ἀμφιάρηος etc. zurückgeht (s. *DGE 1*,15 f.), durchaus nicht gleichzusetzen mit *-are* in *ancare CII* 2265 > *SE* 44, 248, n. 60 nicht gr. Herkunft (s. dazu u.W. *anculus*).

[60] So etwa bei *-asi* (Einschubvokal *a* vor *-si*, Suffix des emphatischen Genetivs; s. *DES* § 63) und *-ar* (Einschubvokal *a* vor Pluralsuffix *-r*; s. *DES* § 42). Terracini spricht *o.c.*, 319, Fn. 1, geradezu von „suffissi in *-a-*".

Kap. B.1.2.1.2.3.2.2.; C.4.1.4.; C.4.1.5.), es sei somit im Etr. nach Suffixen wie +-ri, +-rie bzw. +-si, +-sie zu suchen, aus dem Etr. kein Suffix weder zu lat. -ārius noch zu ital. -āsios in überzeugender Weise, d.h. formal und funktionell stimmig, vergleichen läßt.

C.4.1.9. -nt-[61] [?]

Zum ie. -nt-Suffix s. *LG* § 327.3. mit Literatur. Neben deverbativem -nt- der aktiven Präsenspartizipien steht seit Kretschmer, *Das -nt-Suffix*, auch denominatives -nt- zur Diskussion: Dieses Nominalsuffix diene im wesentlichen der Bezeichnung der Zugehörigkeit, so auch bei Ortsnamen zur Angabe der geographischen Zugehörigkeit; sekundär zeige es deminutiv-hypokoristische und eine individualisierend-namenbildende Funktion. Zusätzlich konnte mittels des Hethitischen für ie. -nt- Kollektivwert nachgewiesen werden (s. *LG* l.c., dort allerdings auch Zweifel an der Zusammengehörigkeit bzw. am gemeinsamen Ursprung dieser unterschiedlichen Funktionen).

Eben jenes denominative ie. -nt-Suffix vergleicht Kretschmer, *o.c.*, außer mit vorgriechisch -νθ-, worauf hier nicht weiter einzugehen ist[62], auch mit etr. -nt- bzw. -nθ, welches eventuell, sofern es sich nicht um ie. Bildungen handle, in Ortsnamen wie *Ferentum, Visentum, Surrentum*, ferner in den auf etruskisches Gebiet beschränkten Einwohnernamen auf *-entēs* wie *Veientēs, Vulcentēs* vorliegen könne; in etr. Personennamen werde, so z.B. in *velnθe, larnθ*, suffixales -nθ- wie in slavischen und griechischen Personennamen (s. *o.c.*, 85;

---

[61] Ernout, *EE*, 106f., bespricht unter einem mit Wörtern auf -nt- auch einige auf -nd-. Nun bestünde zwar die Möglichkeit, daß etr. -nθ (-nt; s. dazu im Text weiter unten) im Lateinischen nicht nur mit -nt, sondern auch mit -nd wiedergegeben wurde (s. *DES* § 15.d.; vgl. Kap. B.1.1.2.1.); doch enden die von Ernout, *l.c.*, aufgeführten Wörter (*tŭrunda, grunda, mundus*; s.bb.WW.) zwar auf -nd-, weisen aber offenbar, mit Ausnahme von *tŭrunda*, kein Suffix -nd- auf, sind daher aus den im vorliegenden Kapitel angestellten Überlegungen auszuschließen; bei *turunda* hingegen mag zwar ein -nd-Suffix vorliegen, doch kann es wohl aus semantischen Gründen nicht auf etruskisches Nomina agentis bildendes -nθ (-nt) zurückgeführt werden; s.u.W. *turunda* und im Text weiter unten.

[62] Zu vorgr. -νθ- (oft -ι-νθ-), welches an Verbal- und Nominalstämme antrete, im wesentlichen die Zugehörigkeit bezeichne und besonders an Ortsnamen, aber auch an Appellative antrete, s. Kretschmer, *Das -nt-Suffix*, 102; ders., *Lat. amo*, 115.

Zu weiteren Beispielen für dieses oft in Pflanzennamen aufscheinende Suffix s. auch Alessio, *Fitonimi*, 219; ders., *Suggerimenti*, 103f.; Bertoldi, *Storia*, 72; Ernout, *Aspects*, 36.

Eine völlig andere Funktion als Kretschmer, *l.c.*, schreibt Deroy, *La valeur*, 194, dem Suffix zu: Es bilde Kollektiva und zusätzlich Pluralformen.

Inwieweit lat. -nt- und vorgr.-med. -νθ- zueinander in Beziehung zu setzen sind (Kretschmer, *o.c.*, 106, zieht, unter Einschluß auch von etr. -nt/θ-, Sprachverwandtschaft in Betracht), möge dahingestellt bleiben; vgl. dazu auch Terracini, *Su alcune congruenze*, 227.

100) hypokoristisch verwendet[63]; Ableitung von einem Verbalstamm zeigten der etruskische Name des Gottes *Amor, aminθ*, welche Form Kretschmer, *o.c.*, 106, wie schon „Sprache", Sp. 561, und „Lateinisch *amo*", 114f., mit Bugge, *Beiträge*, 27f.[64], als Präsenspartizip „liebend" oder kausativ „lieben machend" interpretieren möchte[65], sowie *leinθ*, der Name eines weiblichen Todesdämons, wörtlich „die sterben Machende" (vgl. Kretschmer, *Lat. amo*, 114f.).

Kretschmers Ausführungen bezüglich etr. *-nt-* oder *-nθ-* sind als überholt zu betrachten:

Aus dem Etr. ist weder ein Ortsnamen noch ein Einwohnernamen bzw. Ethnika bildendes Suffix *-nt/θ-* bekannt.

Auch in den angeführten etr. Personennamen *velnθẹ* NRIE 239 und *larnθ* CIE 3692 (*TLE* 606) liegt kein Suffix *-nθ-* vor (wie überhaupt aus dem Etr. ein Hypokoristika bildendes Suffix *-nθ-* nicht belegt ist): *velnθẹ*, auch in *velnθeś* CIE 316 (*TLE* 443), *velnθesla* NRIE 246, *velnθi* CIE 1239 u.ö., *velnθial* CIE 2850 u.ö. nachweisbar, ist als ⁺*vel-na-θẹ* zu analysieren; *larnθ* CIE 3692 (*TLE* 606) in einer *lautni*-Inschrift dürfte ebenso wie *larnθal* CIE 4759 Verschreibung oder Dialektform für *larθ* bzw. *larθal* sein.

Schließlich sind, abgesehen davon, daß eine Verknüpfung von etr. *aminθ* CII, 1.s., 374 (Gerhard-Körte 5,88,2) mit lat. *amāre* abzulehnen ist (s.u.W. *amō*), aus dem Etr. weder Präsenspartizipia noch Kausativa auf *-nθ* bekannt (s. aber auch weiter unten). Die als Stütze herangezogene Form *leinθ* CII 1067 weist, da *-n-* zum Verbalstamm (*lein-* „sterben") gehört, nicht ein Suffix *-nθ*, sondern das Nomina agentis bildende Suffix *-(a)θ* auf; s. DES § 172.b.

Für das denominative lat. *nt*-Suffix ist demnach im Etruskischen keine Entsprechung nachzuweisen.

Deverbatives lat. *-nt-* zur Bildung der Präsenspartizipia ist zwar als ererbt anzusprechen (s. *LG* § 327.3.a.), doch läßt sich gerade hierzu ein funktional in gewissem Bereich vergleichbares etr. Suffix anführen: Etr. *-nθ* (gelegentlich

---

[63] Kretschmer verweist dazu auf Schulze, *ZGLE*, 100 und 340 (Eine Einsichtnahme empfiehlt sich: Nach *o.c.*, 100, liegt den Formen etr. *velnθẹ* NRIE 239 und *velnθi* CIE 1239 die Basis ⁺*velnθ*, eine Erweiterung des PN *vel* zugrunde; nach *o.c.*, 340, wird der Ansatz einer Form ⁺*velnθ* durch die analoge Form *larnθ* gestützt; s. aber zu *velnθẹ*, *velnθi* und *larnθ* im Text weiter unten.), und Kannengießer, *Ist das Etruskische eine hettitische Sprache?*, 22f. (etr. *-nθ* sei ein Deminutivsuffix), dessen Beweisführung er jedoch als „nicht durchschlagend" bezeichnet.

[64] Bugge, *l.c.*, deutete allerdings etr. *-nθ* in *aminθ* als ie.-ererbtes Partizipialsuffix. Auch die zwischen *aminθ* und *Amor* angeblich festzustellende Übereinstimmung im Wortkern führte er nicht auf Entlehnung, sondern auf Urverwandtschaft zurück; s.u.W. *amō*.

[65] Carnoy, *Etrusco-Latina*, 99, analysiert etr. *aminθ*, auch von ihm als „dieu de l'amour" aufgefaßt, nicht mit Bugge, *l.c.*, und Kretschmer, *l.c.*, als *ami-nθ*, sondern als *am-inθ* und sieht in *-inθ* ein vorgr.-„pelasgisches" Suffix, dessen Funktion er nicht näher umreißt; vgl. u.W. *amō*.

-nt geschrieben⁶⁶), woraus -aθ, des weiteren durch Aspiratenwechsel -aχ, bildet Nomina agentis; s. Pallottino, *Il culto*, 79; Pfiffig, *Etruskisches I*, 142 f.; ders., *DES* § 172.b.

Damit soll nun nicht die Hypothese aufgestellt sein, das Suffix der lat. Participia praesentia und das Suffix der etr. Nomina agentis wären von gleicher Herkunft oder hätten aufeinander Einfluß ausgeübt, doch erlaubt dieser Umstand den Schluß, es könnte sich gelegentlich, wie im Falle von *flexuntēs* (s.b.W.), hinter der scheinbaren Form eines lat. Präsenspartizips ein etr. Nomen agentis verbergen, wäre doch ein solches bei Übernahme ins Lateinische aller Wahrscheinlichkeit nach in die sich aus formalen Gründen anbietende und funktionell einigermaßen entsprechende Kategorie der lat. Präsenspartizipia eingegliedert worden.⁶⁷

⁶⁶ Die unkorrekte Schreibung *-nt* (vgl. etwa auch *arnt* ThLE, 72, gegenüber korrektem *arnθ* ThLE, 70 f.) tritt besonders in jüngeren Inschriften und in Inschriften minder Gebildeter auf. S. dazu Pfiffig, *DES* § 16.b.; ders., *Fehler*, 54; vgl. auch Vetter, *Die etruskischen Personennamen*, Sp. 81.

⁶⁷ Als maßgebliches Argument zugunsten einer Herleitung aus dem Etr. wird, was nach dem oben Dargelegten abzulehnen ist, das *nt*-Suffix von Ernout, *EE*, 108, außer bei *lucūns* (s.b.W.) auch bei *cliēns* und *rūdēns* ins Treffen geführt:

cliēns, *-tis m.(f.)* (*cluēns* nur *Plt.* Trin. 471 im Ambros.; nach *WH* s.v. nicht alt): „der sich an einen *patronus* schutzeshalber anschließende Klient, in Rom der halbfreie Hintersasse eines Geschlechtes" (*WH* l.c.); seit *XII tab*.

Nach Ernout, *l.c.*, wegen *-nt-* und als Term. techn. („fait partie des termes qui correspondent à une organisation spéciale de la cité et de la vie sociale ..."; vgl. Cortsen, *Die etruskischen Standes- und Beamtentitel*, 64, der die Ansicht vertritt, die Römer hätten die Institution der *clientēla*, aus etr. Inschriften zumindest seit dem 3.Jh. erschließbar, wohl von den Etruskern übernommen; s. dagegen Sittig, *Besprechung Cortsen, Die etruskischen Standes- und Beamtentitel*, 35 f., unter Hinweis auf das Vorkommen des Ausdrucks *cliēns* bereits im Zwölftafelgesetz) etr. Herkunft; die Deutung von *cliēns* als Part. praes. zu *cluō, cluēo* wird abgelehnt („... La forme *cluens* semble refaite secondairement sur *cluō, cluēō* par l'étymologie populaire, car le passage de *cluens* à *cliens* ne s'explique pas phonétiquement.").

Vgl. *EM* s.v.

Maresch, *Herakles*, 53 f., sieht, sowohl lautlich als auch semantisch völlig ohne Anhalt, unter Berufung auf Cortsen, *l.c.*, und unter verfehlter Deutung von *-ta* am Femininum *clienta* als etr. *-θa* (s. dazu Kap. B.1.2.1.2.6.3.; vgl. *WH* l.c. mit Lit.: *clienta* nach *līberta*) in *client-* eine Ableitung zu etr. *clan* „Sohn".

WH l.c. deutet *cliēns* unter Ablehnung der Herleitung aus *cluēō* sowie aller etruskisierender Hypothesen im Sinne von „der Anlehnung gefunden hat" als Part. Aor. zu ai. *áśrēt* „er lehnte an" zur Wurzel ⁺*k̑lei-* in *clīnō*; die intransitiv-mediale Bedeutung bereite bei einer isolierten Bildung keine Schwierigkeit. Vgl. *LG* § 431.A.2.b. [??]

rūdēns (*rūdēns* Plt.; *rūdēns* seit Lucil., Catull., Verg.), *-tis m.(f.)*: „Schiffsseil" (*WH* s.v.); seit *Plt.*

Nach Ernout, l.c., wegen *-nt-* und als Term. techn. (auch *chorda* und *fidēs* seien entlehnt; *fūnis* und *restis* seien etymologisch unklar; s. dazu *EM* s.v. *chorda* bzw. u.WW. *fidēs, fūnis, restis*) etr. Herkunft; die Deutung von *rūdēns* als Part. präs. zu *rūdō* wird abgelehnt („... on n'a pas d'autre exemple d'un objet qui ait emprunté son nom à un participe présent. Et pourquoi le ‚câble'

C.4.2. *Flexionselemente* [??]

Nach Herbig, *Falisca*, 100 (vgl. Terracini, *Su alcune congruenze*, 228, Fn. 1), ist die im älteren Latein an Konsonantenstämmen, insbesondere an Götternamen auf Konsonant, bisweilen auftretende Genetivendung -*us* (mit Ausnahme von *Tellūrus Mart. Cap.* 1,49 nur inschriftliche Belege; s. *LG* § 355.B.) möglicherweise auf den etr. Genetiv auf -*us* zurückzuführen: „Man hat ... ziemlich allgemein das -*us* von Genetiven wie *Caesarus, hominus* ... als idg. -*os* neben -*es* betrachtet und für die Erhaltung der namentlich auch in Süditalien verbreiteten Genetive die griech. -ος-Genetive verantwortlich gemacht: warum nicht die etr. -*us*-Genetive, da die Belege für jene latin. -*us*-Formen sich besonders in Gebieten finden, für deren Sprache etr. Einfluß sicher bezeugt ist (Perusia, Città Castellana, Praeneste, Kampanien)? Warum treten die lat. Genetive stets als -*us*, nie als -*o(s)*-Formen auf, wie es für die ältere Zeit die Etymologie aus dem Idg. verlangt und wie die Nominative der *o*-Stämme auf den älteren Inschriften erscheinen? Sollten am Ende gar etr. -*us*-Genetive ihre Grenze überschritten haben?"

S. dagegen *LG* l.c.: „Die nächstliegende Erklärung von lat. -*us* alt -*os* ist offenbar Gleichsetzung mit gr. ος, und zwar als idg. Erbform, d.h. als Ablautform zu -*es*, kaum als Entlehnung ... Nach Szemerényi, *Festschr. Pisani* 977 f. wäre sogar nur -*os* die bewahrte idg. Endung und lat. -*es* > -*is* eine Neuerung." Herbigs Theorie (*l.c.*) sei abzulehnen.

Aus der Sicht der etruskischen Sprachwissenschaft erscheint Herbigs Hypothese insofern wenig glaubhaft, als Genetivformen auf -*us* — *u* ist hierbei Einschubvokal, *s* das eigentliche Genetivsuffix; s. *DES* § 34; § 50 — im Etruskischen zwar relativ häufig auftreten (s. *RI*, 55 f.), daß aber etwa Genetive auf *a* + *ś* weitaus häufiger belegt sind (s. *RI*, 41 ff.; 47 ff.), ganz zu schweigen von den Genetiven auf *a* + *l* (s. *RI*, 31 ff.). Doch selbst unter Berücksichtigung dessen, daß unser Bild von der jeweiligen Häufigkeit der einzelnen Genetivausgänge im Etruskischen durch den unser Belegmaterial prägenden hohen Anteil von Personennamen mit einiger Sicherheit verzerrt ist (so etwa rekrutiert sich der Genetivausgang -*al* zu einem beachtlichen Teil

---

aurait-il été appellé le ‚brayant'? Parce qu'il grinces sur les agrès? Il n'est pas besoin d'insister sur ce que l'explication a de puéril bien qu'on la répète depuis *Nigidius Figulus*."

Deroy, *Quelques témoignages*, 18, vermutet ohne jeden Anhalt in *rŭdēns* eine etruskische Kollektivform ⁺*rutent*- zu ägäisch ⁺*rúte* „fil, filin, corde, cordage" mit der phonetischen Variante ⁺*úrte*, mit welcher Deroy eine Reihe gr. und lat. Ausdrücke zu verknüpfen sucht.

Nach *WH* l.c. unter Ablehnung der Deutung als Part. präs. zu *rŭdō* und der Herleitung aus dem Etr. wahrscheinlich als „Zieher, Werkzeug zum Ziehen" Part. eines *d*-Präs. ⁺*u̯rūdō* zu gr. ἐρύω „ziehe" etc.

Nach *EM* s.v. zweifellos entlehnt. [??]

aus femininen GN mit Nom. *-nai, -nei, -ni*), wird man sagen dürfen, daß Genetivformen auf *-us* im Etruskischen nicht häufiger als die anderen gut belegten Genetivformen Verwendung gefunden haben werden, somit kaum als besonders auffällig oder signifikant zu bezeichnen sein dürften. Warum aber sollte gerade ein derartiger etruskischer Genetivausgang an die Stelle einer ererbten lateinischen Casusendung getreten sein?

C.4.3. *Geringe Zahl an Nominalkomposita* [??]

Kretschmer, *Sprache*, 560 f., versucht, die nur geringe Fähigkeit der lateinischen Sprache, nominale Komposita zu bilden, über die lateinische Anfangsbetonung und die daraus resultierenden Vokalveränderungen und -verluste letztlich auf etr. Einfluß zurückzuführen (s. dazu Kap. C.3. und C.2.1.4.):

„,... nicht nur die Betonung der ersten Wortsilbe, sondern auch die durch sie bewirkten Vokalausstoßungen und -schwächungen der folgenden Silben im Lateinischen gehen den etruskischen Vorgängen so parallel, daß auch hier an einen geschichtlichen Zusammenhang gedacht werden darf ... Diese Vokalausfälle oder -umfärbungen, die alle Silben außer der ersten ergriffen, haben aber das ganze lautliche Gepräge der lateinischen Sprache verändert. Noch mehr, sie haben einen schweren Mangel der lateinischen Sprache verschuldet, ihre geringe Fähigkeit, nominale Zusammensetzungen zu bilden. Denn die Anfangsbetonung verursachte so entstellende Verstümmelungen aller nichtersten Wortsilben, daß lange Komposita sich nicht mit ihr vertrugen. Die noch erhaltenen Komposita sind meist ganz verdunkelt ... Auch die etruskische Sprache hat außer unter den Zahlwörtern wenige deutliche Zusammensetzungen[1]."

Doch erweisen sich die Voraussetzungen, auf denen Kretschmers Ausführungen basieren, als nicht richtig: Denn weder die lateinische Anfangsbetonung noch die durch sie bewirkten Vokalveränderungen, Synkopen und Apokopen dürften auf sprachlichen Einfluß des Etruskischen beruhen; s. Kap. C.3. und C.2.1.4.

---

[1] Das ist richtig. Spuren nominaler Komposition könnten in den Bezeichnungen weiblicher Wesen auf -θa wie *lautniθa* CIE 1170 u.ö. und in den Formen auf -θur wie *velθur* TLE 38 u.ö. vorliegen. Zu etr. -θa s. Kap. B.1.2.1.2.6.3., zu etr. -θur s. S. 88f.

C.5. SYNTAX
C.5.1. *Gebrauch der Casus*[1] [+]

Es ist festzuhalten, daß die etruskischen Casus, in ihrer Gesamtheit betrachtet, im wesentlichen dem Ausdruck der gleichen Funktionen, wie sie für das lateinische Casussystem kennzeichnend sind, also possessiver, partitiver, temporaler, lokaler, instrumentaler Art etc. dienen (s. *DES* § 207-212). Nur einige wenige Funktionen wie die des Genetivus temporis bei Monatsdaten mit Kardinalzahlen (s. *DES* § 208.c.), die des emphatischen Genetivs (s. *DES* § 208.h.) oder die des definiten Akkusativs (s. *DES* § 211) erlauben keinen Vergleich mit lateinischem Casusgebrauch.

Die Zuordnung der einzelnen Funktionen zu bestimmten Casusformen erweist sich allerdings nicht als deckungsgleich, zeigt aber gewisse, teils deutliche Parallelen: So lassen sich etwa die Funktionen des etruskischen Modalis (s. *DES* § 209) bis auf die finale Funktion mit denen des lateinischen Ablativs gleichsetzen; die Funktionen des etruskischen Genetivs (s. *DES* § 208) umfassen einige des lateinischen Genetivs (Genetivus possessivus, partitivus, genealogicus), daneben solche des lateinischen Dativs (Dativus dedicatorius, Ergativus), des lateinischen Ablativs (temporaler Ablativ, Ablativ zur eponymen Datierung) sowie andere, den lateinischen Casusfunktionen nicht entsprechende (Genetivus temporis bei Monatsdaten mit Kardinalzahlen, emphatischer Genetiv).

Es lassen jedoch derartige Übereinstimmungen allgemeinerer Art in der Regel sichere Rückschlüsse auf unmittelbare sprachliche Beeinflussung nicht zu.

Anders ist das Auftreten auffälliger, weil von der Norm abweichender Verwendung, insbesondere in stereotypen Formularen wie z.B. in Grabinschriften, zu beurteilen.

Eine derartige direkte Beeinflussung liegt mit Sicherheit in der Formel Genetiv des Metronymikons[2] + *nātus* (*gnātus, cnātus*)[3] — s.z.B. SVCIAE

---

[1] Zu den möglicherweise als Lehnformulierungen anzusprechenden und somit auch im Casusgebrauch auf etruskische Muster zurückgehenden Fügungen *vīxit annōs* und *annōrum nātus* s.bb.WW. bzw. Kap. C.1.3.2.

[2] „Das Gentile (bei unfreier Geburt den Individualnamen) der Mutter in den Gesamtnamen aufzunehmen, ist eine typisch etruskische Sitte. Auf lateinischen Inschriften findet sich dieser Gebrauch nur in Etrurien und ist damit als Nachahmung etruskischen Sprachgebrauchs charakterisiert." (Rix, *Die Personennamen*, 154. Prof. *Pfiffig* [brieflich] weist darauf hin, daß die Setzung des Metronymikons sich nach dem bisher bekannten Material auf Nordostetrurien, bes. Chiusi und Perugia, zu beschränken scheine.) Fest steht, daß diese Gepflogenheit auch nach Verleihung der *Civitas Romana* über Jahrzehnte hinweg beibehalten wurde: „Als nach dem Bundesgenossenkrieg die Etrusker die röm. Civitas erhielten, dauerte es fast bis zum Ende des Jahrhunderts, bis in den Grabinschriften das Metronymikon verschwand." (Prof. *Pfiffig* brieflich; man vergleiche

CNAT(VS) *CIE* 3451; VELTHVRIAE GNATVS *CIE* 3514, ARSNIAE GNATVS *CIE* 3622 — vor: „*Natus* (*cnatus, gnatus*) wurde — in strenger Transkription des etr. Metronymikons im Genetiv — mit -*ae* verbunden, was bis etwa 50-45 v.Chr. festzustellen ist ... Erst dann wurde — lateinischem Kasusgebrauch entsprechend — mit -*ā* verbunden[4]." (Prof. *Pfiffig* brieflich).

C.5.2. Wortstellung und Satzbau [+]

Das Etruskische kennt wie das Lateinische Nominalsätze (s. *DES* § 214), einfache Sätze mit der gewöhnlicherweise auftretenden Folge Subjekt-Prädikat oder Objekt-Prädikat (s. *DES* § 215), einfache erweiterte Sätze, wobei das Prädikat in der Regel am Satzende steht (s. *DES* § 216); hier wie dort sind Sperrungen möglich (s. *DES* § 216); in beiden Sprachen wird für gewöhnlich der Imperativ vor das Objekt gestellt (s. *DES* § 219), steht das attributive Adjektiv in der Regel nach dem zugehörigen Substantiv (s. *DES* § 226), ist die gewöhnliche Reihenfolge in Stiftungsinschriften u.ä.: Name des Dedikanten — Genetivus dedicatorius in etruskischen bzw. der diesem entsprechende Dativus dedicatorius in lateinischen Inschriften — Verb (s. *DES* § 224 f.).

Wichtig erscheint, daß, obwohl in lateinischer Prosa der Genetiv weitaus öfter hinter dem Wort, von dem er abhängt, zu stehen pflegt als vor diesem, in der Filiationsangabe der Genetiv des Vaterpränomens immer vor *f.* („*filius*"; *f.* selbst ist möglicherweise als Wiedergabe von etr. *clan* „Sohn" bzw. dessen Abkürzungen *c, cl, cln* zu verstehen; s. Kap. C.1.3.2.) gesetzt wird, was im Etruskischen — hier vor *clan* bzw. *c, cl, cln* — die nie durchbrochene Regel darstellt. Ebenso erfolgt für gewöhnlich im Lateinischen auch die Angabe des früheren Besitzers vor *lib.* („*lībertus*", „*līberta*"), was wiederum in den etruskischen *lautni*-Inschriften (ebenfalls Nennung des Patronus vor *lautni* bzw. *lautniθa*) eine überzeugende Parallele findet.

Sehr häufig werden in beiden Sprachen Participia coniuncta verwendet (s. zu den Participia coniuncta im Etruskischen *DES* § 229 f.), welche Eigenheit

---

etwa die Anmerkung zu *TLE* 605 mit der Angabe der Mutter in der Formulierung CAFATIA NATUS „*Oss. ad Augusti aetatem spectans.*")

[3] Prof. *Pfiffig* (brieflich) hebt die „feine Differenzierung zwischen *f.* (*filius*, gesetzlich) und *natus* (biologisch), die bis zum Verschwinden des Metronymikons festgehalten wurde", hervor. Interessant ist in diesem Zusammenhang die in lateinischem Alphabet geschriebene Inschrift AR.BAVCA/AR.F./ANVAL/GNA. *CIE* 1155, in welcher die etr. Formel *ar(nθ) pauca ar(nθal) anual* in der lat. Wiedergabe nach dem Patronym um lat. F., nach dem Metronym um lat. GNA(TVS) erweitert ist.

[4] S.z.B. PERRICA GNATV(S) *CIE* 3337; CAFATIA NATVS *CIE* 3763 (*TLE* 605); TETIA GNATA *CIE* 4190 (*TLE* 607).

jedoch auch z.B. das Griechische aufzuweisen hat. Insgesamt läßt sich also eine Reihe von Ähnlichkeiten anführen[1], nur wenige jedoch von der Art, daß sie mit einiger Eindeutigkeit auf direkte Beeinflussung gewisser Erscheinungen der lateinischen Syntax durch das Etruskische schließen lassen.

Bei so verschiedenen Sprachen, wie sie das Lateinische und das Etruskische darstellen, steht zu erwarten, daß Einflüsse auf Satzbau und Wortstellung wie auch auf die Verwendungsweise der Casus (s. Kap. C.5.1.) in erster Linie, wenn nicht ausschließlich, auf zwei Arten zustande kommen: durch das Bemühen, ein Formular möglichst wort- und formengetreu wiederzugeben (so z.B. in Grabinschriften, insbesondere in zweisprachigen); durch Übersetzung wichtiger, häufig gelesener Schriftwerke[2]. Während jedoch die erste Art syntaktischer Beeinflussung mit hoher Wahrscheinlichkeit durch die Antizipierung des Genetivs des Vaterpränomens bzw. des früheren Besitzers vor die Abkürzungen für *filius* bzw. *libertus/-a* (s.o.), mit Sicherheit jedenfalls durch die Setzung des Genetivs des Metronymikons statt des zu erwartenden Ablativs (s. Kap. C.5.1.) nachgewiesen ist, lassen sich konkrete Beispiele zur Frage nach etwa vorliegender syntaktischer Beeinflussung durch Übersetzungen ohne eingehende Beschäftigung mit diesem recht problematischen und vielschichtigen Komplex nicht erbringen; doch ist jedenfalls auch eine derartige Einflußnahme des Etruskischen auf das Lateinische nicht völlig auszuschließen.

[1] Vgl. Pallottino, *Die Etrusker*, 212: „Im allgemeinen zeigt die Konstruktion der einfacheren und leicht analysierbaren Sätze auffallende Ähnlichkeit mit dem Lateinischen ..."

[2] Man vergleiche etwa das Wirken der deutschen Bibelübersetzungen auch auf die Syntax des Deutschen.

Zu lateinischen Übersetzungen aus dem Etr. s. Pallottino, *Die Etrusker*, 197:

„Betrachten wir schließlich noch die Übersetzungen ins Lateinische, die vermutlich aus dem Etruskischen stammen. Wir wissen ..., daß die heiligen Bücher der Etrusker ins Lateinische übersetzt und in Auszügen gesammelt worden sind. Es gibt auch eine Menge von indirekten Berichten wie zusammengefaßte und überarbeitete etruskische Schriften, deren Widerhall gelegentlich bis in unsere Tage reicht. Unter ihnen fallen einige auf, die vor allem für die Kenntnis der etruskischen Literatur und Kultur, aber auch in bezug auf Ausdrucksformen interessant sind, die eine bestimmte Struktur der Sprache widerspiegeln: so z.B. das Fragment, das aus den *Libri Vegonici* stammt und von den Feldmessern (*gromatici*) (ed. *Lachmann* I, p. 350 ff.) überliefert ist und Belehrungen der *Lasa Vegoia* über die Aufteilung der Felder enthält."

Gewisse Aufschlüsse über etr. Syntax und Stilistik und somit über die Grundlagen einer etwaigen diesbezüglichen Beeinflussung des Lateinischen könnten möglicherweise aus der kritischen Analyse der uns erhaltenen Fragmente des Mäcenas, jenes von Augustus so hoch geschätzten etruskischen Aristokraten aus Arretium, gewonnen werden, deren stilistische Eigenart schon bei seinen Zeitgenossen Anstoß erregte, möglicherweise aber als vom Etruskischen beeinflußte, gewollt oder ungewollt von der — sehr weit gespannten — Norm lateinischer Stilkunst sich abhebende Ausdrucksform zu verstehen ist.

Zu Mäcenas als Schriftsteller s. ausführl. Heurgon, *Die Etrusker*, 372 ff.:

„Zweifellos machte er sich keine Illusionen über sein Talent. Er hat sich mit den größten

Dichtern umgeben, deren klassisches Genie, deren einfache Größe, deren Naturell und Geschmack er erkannt, unterstützt und sicherlich seinen eigenen Tendenzen vorgezogen hat. Und die Dichter, die mit Lob für den hohen Herrn, den Politiker und liebevollen, diskreten Freund nicht geizen, übergehen den Autor Maecenas mit Schweigen. Das sagt genug. Dieses Thema war tabu. Nichtsdestoweniger schrieb Maecenas in Versen und in Prosa Epigramme, Dialoge, ein Symposium, einen *Prometheus* und die Schrift *De cultu suo* ... Die Fragmente, die uns daraus erhalten sind, gleichen keiner anderen Schrift aus der Antike.

Das Erstaunliche daran sind nicht so sehr die geäußerten Gedanken. Wir kennen zu wenig, um darüber urteilen zu können ...

Am meisten schockierte die Form der Schriften. Augustus hielt sie für den Gipfel von Geziertheit und schlechtem Geschmack und machte sich einen Spaß daraus, das, was er das ‚parfümierte Zuckerwerk' seines geliebten Maecenas nannte, nachzuäffen. Seneca tadelte im Stil das genaue Abbild seiner Lebensweise: ‚Ist sein Stil nicht ebenso nachlässig, wie er selbst ‚*discinctus*' war? Sind seine Werke nicht ebenso sittenlos wie seine Kleidung, seine Umgebung, sein Haus, seine Frau?' Man hat vor einiger Zeit eine Rehabilitierung des Schriftstellers Maecenas versucht, indem man ihn barock nannte. Wir können aber bestenfalls sagen, daß einige Formen der neuzeitlichen Dichtung uns vielleicht dazu befähigen, die Schriften des Maecenas besser zu verstehen.

Seneca verdanken wir die Kenntnis einiger Stellen aus dem *Prometheus* und aus *De cultu suo*. Die Prosa des Maecenas ist poetische Prosa; die ‚Trunkenheit' der Sprache, die man ihm vorgeworfen hat, besteht darin, daß er dichterische Freiheiten auf die Spitze treibt ... Die Fragmente bestehen aus kurzen Satzgliedern, mit harter, die Regeln sprengender Syntax. Präpositionen fehlen fast ganz. Ein Bild folgt auf das andere. Die gebrauchten Ausdrücke finden sich oft nur bei Maecenas oder im Vulgärlatein ... Er liebte es auch, Metaphern hartnäckig weiterzuspinnen, ein Vorgehen, das die lateinischen Stilisten ablehnten ...

Eine solche Metaphern-Manie führt oft zu den reinsten Bilderrätseln ...

Er vereinigte in sich eine feine, fast krankhafte Sensibilität ... mit einer Freizügigkeit, die gern ernste Themen mit scherzenden Worten behandelt ... Hinzu kommt ein feines Gefühl für die Beziehungen der Dinge untereinander. Zusammen mit einer erstaunlichen Mißachtung der klassischen Syntax führt dies oft zu Dunkelheiten, die wir nur noch an einem zweiten Dichter so kennen, dem Satiriker *Persius*, dem schwierigsten lateinischen Dichter, einem Etrusker von Geburt und Erziehung. Sollte es sich da nur um eine zufällige Übereinstimmung handeln?"

Zum Stil des Maecenas äußert sich Prof. *Pfiffig* brieflich wie folgt: „Ich glaube, daß das Latein des Maecenas weder ‚nachlässig' (*Seneca*), ‚parfümiertes Zuckerwerk' (*Augustus*) noch ‚*discinctum*' (*Seneca*) ist, sondern — was beim ‚elitären' Charakter des Maecenas nicht unwahrscheinlich ist — einen bewußten und gewollten „*sapor Etruscus*' hat."

D. ZUSAMMENFASSENDE DARSTELLUNG UND INTERPRETATION DER ALS POSITIV ZU WERTENDEN ERGEBNISSE[1]

D.1. ETRUSKISCHES SPRACHGUT IM LATEINISCHEN IM ÜBERBLICK

D.1.1. *Wortschatz (s. Kap. C.1)*

D.1.1.1. *Aus dem Etruskischen übernommene Wörter griechischer Herkunft (s. Kap. C.1.1.1.) (42 Wörter)*

Etruskische Vermittlung sehr wahrscheinlich oder sicher (13 Wörter):
•*agaga* (161)[2], *amurca* (173), *ancora* (174), *catamītus* (155), *excĕtra* (200), *grōma* (207), *hercle* (158), *lanterna* (164), *orca* „Wal" (219), *orca* „Tonne" (219), *sporta* (159), *tīna* (160), *triumpus* (232).

Etruskische Vermittlung möglich, jedenfalls nicht auszuschließen (29 Wörter):

antemna (174), *aplustra* (175), *calautica* (181), *calx* (182), *cisterna* (162), *citrus* (188), *cocles* (156), *cotōneum* (189), •*creper* (194), *crepida* (168), *crēterra* (195), *crumīna* (163), *culigna* (156), *cuneus* (197), *cūpa* (197), *cupressus* (198), *flūta* (201), *forma* (202), *formīdō* (203), *frontēsia* (157), *laena* (169), •*leō*[3] (152), *lucerna* (153), *no/ō?rma* (218), *pulpitum* (221), *scaena* (223), *spēlunca* (225), *taeda* (229), *ulna* (235).

D.1.1.2. *Aus dem Etruskischen übernommene Wörter nicht griechischer Herkunft (s. Kap. C.1.1.2.) (156 Wörter)*

Etruskische Herkunft (Vermittlung) sehr wahrscheinlich oder sicher (32 Wörter):

arillātor (334), *ātrium* (284), *Bacchānālia* (500), *balteus* (428), •*bardus* (241), *camillus* (286), *capys* (288), *carisa* (415), •*fala* (292), •*favissae* (256), *histriō*

---

[1] Der besseren Übersichtlichkeit halber sind im Abschnitt D in Wortlisten die Symbole [+] und [?] durch unterschiedliche Schrifttypen bei der Wiedergabe der einzelnen Stichwörter ersetzt: Kursivschrift bedeutet [+], Normalschrift [?].
Zur Bedeutung eines Punktes vor einem Stichwort s. unter „Abkürzungen, Symbole, Hinweise".

[2] Die jeweils neben ein Wort in Klammer gesetzte Zahl gibt die Seite an, auf welcher die Besprechung des betreffenden Wortes bzw. deren Beginn zu finden ist.

[3] S. aber zu *lea* S. 152 Fn. 3.

(432), īdūs (295), •lanius (238), lārgus (356), lārŭa (260), lucumō (308), mantīsa (402), •mundus (364), napurae (265), nassiterna (421), nēnia (311), •nepeta (267), •palacurna (406), persillum (372), persōna (373), pipinna (423), sacēna (272), santerna (273), satelles (299), •spurius (385), sūbulō (300), trossulī (434).

Etruskische Herkunft (Vermittlung) möglich, jedenfalls nicht auszuschließen (124 Wörter):

acerra (409), acinus (409), agāsō (324), •agō (325), alapa „Prahler" (326), alaternus (404), amulētum (302), anculus (331), apex (333), Aprīlis (303), armi/ī?ta (106), arvīna (247), asinus (410), assisa (410), •attanus (305), autumnus (411), •bāca (336), barinula (414), buccō (339), cacula (247), caerimōnia (281), caltha (307), camurus (340), caperrō (415), carpentum (439), catēna (249), •caupō[4] (250), cavea (439), celerēs (290), cella (341), cērussa (416), cicōnia (244), cīlō (343), ci/ī?mussa (405), clipeus (291), cōciō (441), cortīna (252), •crepus (344), culīna (253), cumera (254), dossennus (255), fabulōnia (237), farferum (505), fascinum (416), fendicae (443), ferrum (444), flexuntēs (417), formīca (444), fratillī (445), frōns „Laub" (446), frōns „Stirn" (447), frutex (447), fullō (349), •fūnis (350), galena (418), gemursa (419), genista (448), gigarus (431), harēna (259), haruspex (351), helluō (354), laburnum (405), lacerna (420), laetus (355), lāmina (420), laverniōnēs (357), •lēnō[5] (262), linteō (449), littera (263), lixa (421), maccus (358), mentula (360), metellus (362), murcus (367), mūtō (309), obscaenus (422), ocles (370), ōpiliō (312), pānsa (269), pappus (370), pār (371), pincerna (422), ploxenum (269), popa (270), •populus (314), pōtus (377), pulcher (450), rabula (271), restis (379), sagīna (424), satura (407), sculna (274), scurra (275), strūma (388), sulpur (453), tabānus (388), taberna (424), talassiō (319), tālea (320), talpa (390), •tamī/i?nia (390), tellūs (392), tenitae (108), •tīfāta (395), tinea (454), tōfus (321), tolennō (400), toluberna (425), trāsenna (425), •trua (454), tuba (435), tullius (400), tunica (455), tŭrunda (456), urbs (435), urna (277), vacerra (426), vēles (437), •verna (279), vernisera (426), verpa (401), vespillō (245), vīburnum (426), vīverra (427).

D.1.1.3. *Lateinisch-etruskische Hybridenbildungen (s. Kap. C.1.2.)* (18 Wörter)

Etruskische Herkunft des Ausganges sehr wahrscheinlich oder sicher (3 Wörter):

[4] S. aber zu *cōpa* S. 250 Fn. 245.
[5] S. aber zu *lēna* S. 262 Fn. 279.

levenna (461), *lupānar*[6] (503), *sociennus* (463).

Etruskische Herkunft des Ausganges oder des zweiten Wortbestandteiles möglich, jedenfalls nicht auszuschließen (15 Wörter[7]):

   amita (106), arcera (458), basterna (459), caverna (459), centuria[8] (89), December[9] (74), •decuria[10] (89), fūsterna (461), madulsa (462), November[11] (74), Octōber[12] (74), quīnquātrūs (464), saburra (463), September[13] (74), sincērus (466).

D.1.1.4. *Übersetzungslehnwörter (-phrasen) und Bedeutungsentlehnungen (s. Kap. C.1.3.) (6 Wörter, 3 Phrasen)*

Etruskische Ausdrücke als Grundlage sehr wahrscheinlich oder sicher (4 Wörter):

   bidental[14] (503), *ostentum* (468), *portentum* (470), *postiliō* (470).

Etruskische Ausdrücke bzw. Phrasen als Grundlage möglich, jedenfalls nicht auszuschließen (2 Wörter[15], 3 Phrasen):

   annōrum nātus (473), f. „fīlius" hinter dem Gen. des Patronymikons (471), lupa „Dirne" (141), •parentēs „göttlich verehrte Ahnen" (468), vīxit annōs (473).

D.1.1.5. *Gesamtschau*[16]

Etr. Herkunft (Vermittlung) bzw. Prägung oder etr. Einfluß anderer Art sehr wahrscheinlich oder sicher (52 Wörter):

---

[6] Die Basis von *lupānar*, *lupa* „Dirne", ist möglicherweise als Lehnübersetzung oder Bedeutungsentlehnung aus dem Etruskischen aufzufassen; s.u.WW. *lupa* „Dirne" und *lupānar* und S. 467 Fn. 1.

[7] S. auch u.W. *bidental* bzw. Fn. 14.

[8] Möglicherweise zugleich Übersetzungslehnwort; s.b.W. und Kap. C.1.3.1.

[9] S. Fn. 8.

[10] S. Fn. 8.

[11] S. Fn. 8.

[12] S. Fn. 8.

[13] S. Fn. 8.

[14] Zum möglicherweise etr.-lat. Ausgang von *bidental* s. S. 503 Fn. 34.

[15] S. aber auch u.WW. *September, Octōber, November, December; centuria, decuria; lupānar;* bzw. s. Fn. 6 und Fn. 8-13.

[16] Die ausschließlich in diesem Kap. verwendeten Abkürzungen „gr.", „n. gr.", „Hybr.", „Bed." beziehen sich auf die in Kap. D.1.1.1. bis D.1.1.4. bzw. Kap. C.1.1.1., C.1.1.2., C.1.2., C.1.3. zum Ausdruck gebrachte Gliederung des untersuchten lat. Wortmaterials und bedeuten (in entspechender Reihenfolge): „aus dem Etruskischen übernommenes Wort griechischer Herkunft", „aus dem Etruskischen übernommenes Wort nicht griechischer Herkunft", „lateinisch-etruskische Hybridenbildung", „Übersetzungslehnwort (-phrase) oder Bedeutungsentlehnung".

ZUSAMMENFASSENDE DARSTELLUNG UND INTERPRETATION 529

•*agaga* (gr.), *amurca* (gr.), *ancora* (gr.), *arillātor* (n.gr.), *ātrium* (n.gr.), •*Bacchanālia* (n.gr.), *balteus* (n.gr.), •*bardus* (n.gr.), *bidental* (Bed. + Hybr.), *camillus* (n.gr.), *capys* (n.gr.), *carisa* (n.gr.), *catamītus* (gr.), *excĕtra* (gr.), •*fala* (n.gr.), •*favissae* (n.gr.), *grōma* (gr.), *hercle* (gr.), *histriō* (n.gr.), *īdūs* (n.gr.), •*lanius* (n.gr.), *lanterna* (gr.), *lārgus* (n.gr.), *lārŭa* (n.gr.), *levenna* (Hybr.), *lucumō* (n.gr.), *lupānar* (Hybr. + Bed.), *mantīsa* (n.gr.), •*mundus* (n.gr.), *napurae* (n.gr.), *nassiterna* (n.gr.), *nēnia* (n.gr.), •*nepeta* (n.gr.), *orca* „Wal" (gr.), *orca* „Tonne" (gr.), *ostentum* (Bed.), •*palacurna* (n.gr.), *persillum* (n.gr.), *persōna* (n.gr.), *pipinna* (n.gr.), *portentum* (Bed.), *postiliō* (Bed.), *sacēna* (n.gr.), *santerna* (n.gr.), *satelles* (n.gr.), *sociennus* (Hybr.), *sporta* (gr.) •*spurius* (n.gr.), *sūbulō* (n.gr.), *tīna* (gr.), *triumpus* (gr.), *trossulī* (n.gr.).

Etruskische Herkunft (Vermittlung) bzw. Prägung möglich, jedenfalls nicht auszuschließen (170 Wörter, 3 Phrasen):

acerra (n.gr.), acinus (n.gr.), agāsō (n.gr.), •agō (n.gr.), alapa „Prahler" (n.gr.), alaternus (n.gr.), amita (Hybr.), amulētum (n.gr.), anculus (n.gr.), annōrum nātus (Bed.), antemna (gr.), apex (n.gr.), aplustra (gr.), Aprīlis (n.gr.), arcera (Hybr.), armi/ī?ta (n.gr.), arvīna (n.gr.), asinus (n.gr.), assisa (n.gr.), •attanus (n.gr.), autumnus (n.gr.), •bāca (n.gr.), barinula (n.gr.), basterna (Hybr.), buccō (n.gr.), cacula (n.gr.), caerimōnia (n.gr.), calautica (gr.) caltha (n.gr.), calx (gr.), camurus (n.gr.), caperrō (n.gr.), carpentum (n.gr.), catēna (n.gr.), •caupō (n.gr.) cavea (n.gr.), caverna (Hybr.), celerēs (n.gr.), cella (n.gr.), centuria (Hybr. + Bed.), cērussa (n.gr.), cicōnia (n.gr.), cīlō (n.gr.), ci/ī?mussa (n.gr.), cisterna (gr.), citrus (gr.), clipeus (n.gr), cōciō (n.gr.), cocles (gr.), cortīna (n.gr.), cotōneum (gr.), •creper (gr.), crepida (gr.), •crepus (gr.), crēterra (gr.), crumīna (gr.), culigna (gr.), culīna (n.gr.), cumera (n.gr.), cuneus (gr.), cūpa (gr.), cupressus (gr.), December (Hybr. + Bed.), •decuria (Hybr. + Bed.), dossennus (n.gr.), f. „fīlius" hinter dem Gen. des Patronymikons (Bed.), fabulōnia (n.gr.), farferum (n.gr.), fascinum (n.gr.), fendicae (n.gr.), ferrum (n.gr.), flexuntēs (n.gr.), flūta (gr.), forma (gr.), formīca (n.gr.), formīdō (gr.), fratillī (n.gr.), frōns „Laub" (n.gr.), frōns „Stirn" (n.gr.), frontēsia (gr.), frutex (n.gr.), fullō (n.gr.), •fūnis (n.gr.), fūsterna (Hybr.), galena (n.gr.), gemursa (n.gr.), genista (n.gr.), gigarus (n.gr.), harēna (n.gr.), haruspex (n.gr.), helluō (n.gr.), laburnum (n.gr.), lacerna (n.gr.), laena (gr.), laetus (n.gr.), lāmina (n.gr.), laverniōnēs (n.gr.), •lēnō (n.gr.), •leō (gr.), linteō (n.gr.), littera (n.gr.), lixa (n.gr.), lucerna (gr.), lupa „Dirne" (Bed.), maccus (n.gr.), madulsa (Hybr.), mentula (n.gr.), metellus (n.gr.), murcus (n.gr.), •mūtō (n.gr.), no/ō?rma (gr.), November (Hybr. + Bed.), obscaenus (n.gr.), ocles (n.gr.), Octōber (Hybr. + Bed.), ōpiliō (n.gr.), pānsa (n.gr.), pappus (n.gr.), pār (n.gr.), •parentēs „göttlich verehrte Ahnen" (Bed.), pincerna (n.gr.), ploxenum (n.gr.), popa (n.gr.), •populus (n.gr.), pōtus (n.gr.), pulcher (n.gr.), pulpitum (gr.), quīnquātrūs (Hybr.), rabula (n.gr.), restis (n.gr.), saburra (Hybr.), sagīna (n.gr.), satura (n.gr.), scaena (gr.), sculna (n.gr.), scurra (n.gr.), September (Hybr. + Bed.), sincērus (Hybr.), spēlunca (gr.), strūma (n.gr.), sulpur (n.gr.), tabānus (n.gr.), taberna (n.gr.), taeda (gr.), talassiō (n.gr.), tālea (n.gr.), talpa (n.gr.), •tamī/i?nia (n.gr.), tellūs (n.gr.), tenitae (n.gr.), •tīfāta (n.gr.), tinea (n.gr.), tōfus (n.gr.), tolennō (n.gr.), toluberna (n.gr.), trāsenna (n.gr.), •trua (n.gr.), tuba (n.gr.), tullius (n.gr.), tunica (n.gr.), tŭrunda (n.gr.), ulna (gr.), urbs (n.gr.), urna (n.gr.), vacerra (n.gr.), vēles (n.gr.), •verna (n.gr.), vernisera (n.gr.), verpa (n.gr.), vespillō (n.gr.), vīburnum (n.gr.), vīverra (n.gr.), vīxit annōs (Bed.).

D.1.2. *Phonetik (s. Kap. C.2.)* [1]

D.1.2.1. *Vokalismus (s. Kap. C.2.1.)*

Etruskischer Einfluß sehr wahrscheinlich oder sicher:

—

Etruskischer Einfluß möglich, jedenfalls nicht auszuschließen:
Schwanken *e/i* in Wörtern nicht etruskischer Herkunft (s. Kap. C.2.1.1.);
besondere Häufigkeit von *a* und *a*-Diphthongen im Lateinischen (s. Kap. C.2.1.2.);
vokalharmonische Erscheinungen in Wörtern nicht etr. Herkunft (s. Kap. C.2.1.3.).

D.1.2.2. *Konsonantismus (s. Kap. C.2.2.)*

Etr. Einfluß sehr wahrscheinlich oder sicher:
Aspirierte Tenues (s. Kap. C.2.2.1.);
Fehlen von auslautend -*s* in altlateinischen Inschriften (s. Kap. C.2.2.5.).
Etr. Einfluß möglich, jedenfalls nicht auszuschließen:
Wechsel *f-/h-* im Anlaut (s. Kap. C.2.2.3.).

D.1.3. *Morphologie (s. Kap. C.4.)* [2]

Hier sind ausschließlich Suffixe anzuführen (s. Kap. C.4.1.), und zwar jene lateinischen Suffixe, auf welche, obwohl zumeist befriedigende indo-

---

[1] Zu aus dem Etruskischen erklärbaren phonetischen Erscheinungen in aus dem Etruskischen übernommenen bzw. durch das Etruskische geprägten lateinischen Wörtern s. Kap. B.1.1.

[2] Zu aus dem Etruskischen erklärbaren morphologischen Erscheinungen in aus dem Etruskischen übernommenen bzw. durch das Etruskische geprägten lateinischen Wörtern s. Kap. B.1.2.

europäische Deutungen vorliegen, die etruskische Morphologie einen gewissen, unterschiedlich zu definierenden Einfluß ausgeübt haben wird (s. Kap. B.1.2.).

Etr. Einfluß (Anteil) sehr wahrscheinlich oder sicher:
Adj. -ālis (-āris), subst. -al (-ăr[e]) (s. Kap. C.4.1.3.);
-ōna (-ōnus/-ūnus) (s. Kap. C.4.1.5.);
-ō, Gen. -ōnis (s. Kap. C.4.1.6.);
-iō, Gen. -iōnis (s. Kap. C.4.1.7.).

Etr. Einfluß (Anteil) möglich, jedenfalls nicht auszuschließen:
-āx, -ĕx, -īx, -ōx (s. Kap. C.4.1.1.);
Deminutivsuffixe auf -l- und homonyme l-Suffixe (s. Kap. C.4.1.2.);
-ānus 3 (s. Kap. C.4.1.4.);
-nt- (s. Kap. C.4.1.9.).

D.1.4. Syntax (s. Kap. C.5.)

D.1.4.1. Gebrauch der Casus (s. Kap. C.5.1.)

Etr. Einfluß sehr wahrscheinlich oder sicher:
Gen. des Metronymikons bei nātus (gnātus, cnātus).
Etr. Einfluß möglich, jedenfalls nicht auszuschließen:
—

D.1.4.2. Wortstellung und Satzbau (s. Kap. C.5.2.)

Etr. Einfluß sehr wahrscheinlich oder sicher:
Gen. des Vaterpränomens vor f. „fīlius";
Gen. des früheren Besitzers vor lib. „lībertus (-a)".
Etr. Einfluß möglich, jedenfalls nicht auszuschließen:
—

D.2. Sprach- und kulthurhistorische Auswertung

D.2.1. Erstbelege etruskischer und etruskisch geprägter Wörter im Lateinischen

In den folgenden drei Listen A bis C soll ein Überblick über die Erstbelege der sicher oder möglicherweise etruskischen oder etruskisch geprägten Wörter des Lateinischen geboten werden, geordnet nach dem zahlenmäßigen Anteil der einzelnen Autoren (Quellen) an derartigen Erstbelegen bzw. bei gleicher Anzahl von Erstbelegen bei verschiedenen Autoren (Quellen) chronologisch.

LISTE A

Etr. Herkunft (Vermittlung) bzw. Prägung sehr wahrscheinlich oder sicher (52 Wörter):

Plt.	18	ātrium, •bardus, catamītus, excĕtra, •fala, hercle, histriō, •lanius, lanterna, lārgus, lārŭa, lupānar, nassiterna, nēnia, persōna, satelles, sociennus, triumpus
Varro	5	•favissae[1], ostentum, postiliō, tīna, trossulī
(Paul.) Fest	4	arillātor, grōma, napurae, persillum
Cato	3	amurca, īdūs, sporta
Plin. maior	3	orca „Wal", •palacurna, santerna
Liv. Andr.	2	balteus, sacēna
Enn.	2	•mundus, sūbulō
Pacuv.	2	camillus, portentum
Lucil.	2	carisa, mantīsa
CIL X 104 (Sen.cons.de Bacch.)	1	•Bacchānālia
Afran.	1	ancora
Laber.	1	levenna
Pompon.	1	orca „Tonne"
Hor.	1	bidental
Liv.	1	lucumō[2]
Cels.	1	•nepeta
Petron.	1	•agaga
Mart.	1	pipinna
Gai.	1	•spurius[3]
Serv.	1	capys

LISTE B

Etr. Herkunft (Vermittlung) bzw. Prägung möglich, jedenfalls nicht auszuschließen (170 Wörter):

Plt.	47	agāsō, antemna, arvīna, asinus, buccō, cacula, calx, catēna, •caupō, cavea, cērussa, cicōnia, clipeus, cocles, cortīna, crumīna, culīna, cuneus, •decuria, farferum, formīca,

---

[1] *Fovea* bereits seit *Plt.*

[2] Als EN seit *Varro*.

[3] Als PN fand *Spurius* nach *Liv.* 2,10,6 u.ö. schon in frühester Zeit Verwendung, als GN ist es seit der ausgehenden Republik bekannt; *spurcus* ist zudem seit *Plt.* belegt.

		formīdō, frutex, fullō, lāmina, ●lēnō, linteō, lucerna, lupa „Dirne", madulsa, obscaenus, ōpiliō, pānsa, pār, quīnquātrūs, restis, sagīna, scaena, scurra, sincērus, taberna, trāsenna, tuba, tunica, urna, vēles, ●verna
Varro	17	amulētum, Aprīlis, caverna, cisterna, citrus, cumera, December[4], flūta, laena, ocles, pappus, sculna, September, spēlunca, tabānus, talpa, tellūs
Cato	10	acinus, ●bāca, cotōneum, culigna, cūpa, ●fūnis[5], November, Octōber, tinea, tŭrunda
Cic.	10	amita, aplustra, caerimōnia, crepida, lacerna, no/ō?rma, popa, strūma, tālea, urbs
Enn.	8	autumnus, cupressus, frōns „Laub", haruspex, satura, sulpur, taeda, tullius
Naev.	8	caperrō, cella, crēterra, forma, frōns „Stirn", ●leō, littera, pulcher
(Paul.) Fest.	8	anculus[6], armi/ī?ta, ●crepus, fratillī, laverniōnes, tenitae, tolennō, vernisera
Verg.	7	caltha, camurus, fascinum, genista, saburra[7], tōfus, vīburnum
Plin. maior	6	celerēs, flexuntēs[8], galena, gemursa, laburnum, vīverra
Catull.	5	mentula, ploxenum, talassiō, ulna, verpa
Liv. Andr.	3	carpentum, ferrum, vacerra
Lucil.	3	apex, ●mūtō, rabula
Pompon.	3	dossennus, maccus[9], ●trua[10]
Gl.	3	ci/ī?mussa, frontēsia, toluberna
Carm. Sal.	2	harēna, ●populus
XII tab.	2	acerra, arcera
Lex reg. ap. Fest.	1	●parentēs „göttlich verehrte Ahnen"
Pacuv.	1	●creper[11]

[4] S. auch *CIL* I² p. 43 Frg. II (Acta triumph. ad 183 a.u.c.).
[5] *Fīnis* seit *Enn.*
[6] Das Femininum *ancilla* bereits seit *Liv. Andr. ap. Non.*
[7] Das Verb *saburrō* bereits bei *Plt.*; ein EN *Saburra* bei *Caes.*
[8] Die Form *flexuntae* schon bei *Varro ap. Serv. auct.*
[9] Die Bezeichnung für diese Atellanenfigur ist zweifellos wesentlich älter.
[10] Die Formen *trulla* etc. schon seit *Cato.*
[11] *Crepusculum* bereits seit *Plt.*

Ter.	1	helluō
Acc. ap. Fest.	1	metellus
Afran.	1	calautica
Lex agr.	1	centuria
Laber.	1	cōciō
Nigid. ap. Non.	1	•attanus
Tarquit. Prisc. ap. Macr.	1	alaternus
Bell. Afr.	1	lixa
Hor.	1	pulpitum
Liv.	1	•tīfāta [12]
Vitr.	1	fūsterna
Cels.	1	•tamī/i?nia [13]
Sen.	1	alapa „Prahler"
Mart.	1	vespillō [14]
Diosk.	1	fabulōnia
Caper	1	cīlō
Paneg.	1	laetus
Serv.	1	barinula
Lampr.	1	basterna
Amm.	1	murcus [15]
Ambros.	1	pincerna
Marcell.	1	gigarus
Arnob.	1	fendicae
Ven. Fort.	1	pōtus
Isid.	1	assisa
Schol. Stat. Theb.	1	•agō

LISTE C

Beide Typen von Entlehnung bzw. Prägung, die als sicher (Liste A) und die als möglich (Liste B) qualifizierbaren, zusammengenommen, ergibt folgendes Bild (222 Wörter):

Plt.	*18* + 47 = 65
Varro	*5* + 17 = 22
Cato	*3* + 10 = 13

---

[12] *Tēba* seit *Varro*.
[13] *Tēmētum* bereits bei *Plt*.
[14] Als EN schon aus der Zeit der Gracchen belegt.
[15] Als CN bei *Cic.*, als alter Name des Aventin bei *Liv.* (Zugehörigkeit der EN zum Adj. *murcus* allerdings unsicher; s.b.W.)

(Paul.) Fest.	*4+* 8 =	12
Enn.	*2+* 8 =	10
Cic.	−+ 10 =	10
Plin.	*3+* 6 =	9
Naev.	−+ 8 =	8
Verg.	−+ 7 =	7
Liv. Andr.	*2+* 3 =	5
Lucil.	*2+* 3 =	5
Catull.	−+ 5 =	5
Pompon.	*1+* 3 =	4
Pacuv.	*2+* 1 =	3
Gl.	−+ 3 =	3
Carm. Sal.	−+ 2 =	2
XII tab.	−+ 2 =	2
Afran.	*1+* 1 =	2
Laber.	*1+* 1 =	2
Hor.	*1+* 1 =	2
Liv.	*1+* 1 =	2
Cels.	*1+* 1 =	2
Mart.	*1+* 1 =	2
Serv.	*1+* 1 =	2
Lex reg. ap. Fest.	−+ 1 =	1
CIL X 104 (Sen. cons. de Bacch.)	*1+* − =	1
Ter.	−+ 1 =	1
Acc. ap. Fest.	−+ 1 =	1
Lex agr.	−+ 1 =	1
Nigid. ap. Non.	−+ 1 =	1
Tarquit. Prisc. ap. Macr.	−+ 1 =	1
Bell. Afr.	−+ 1 =	1
Vitr.	−+ 1 =	1
Sen.	−+ 1 =	1
Petron.	*1+* − =	1
Diosk.	−+ 1 =	1
Caper	−+ 1 =	1
Gai.	*1+* − =	1
Paneg.	−+ 1 =	1
Lampr.	−+ 1 =	1
Amm.	−+ 1 =	1
Ambros.	−+ 1 =	1
Marcell.	−+ 1 =	1

Arnob.	−+ 1 = 1
Ven. Fort.	−+ 1 = 1
Isid.	−+ 1 = 1
Schol. Stat. Theb.	−+ 1 = 1

Als Hauptquelle ergibt sich somit in allen drei Listen in ganz entschiedener Weise *Plautus*; es folgt in weitem Abstand, aber mit immer noch beachtlicher Wortzahl ebenfalls in allen drei Listen *Varro*. Bezüglich der darauf folgenden Autoren differieren die Listen, doch sind in allen drei *Ennius* und *Cato* stark vertreten. Jedenfalls findet in Liste A sowohl wie in Liste B jeweils rund die Hälfte der insgesamt darin enthaltenen Ausdrücke (*28* von *52*; 82 von 170) ihren Erstbeleg bei einem der vier genannten Autoren.

Diese auffallende Übereinstimmung scheint geeignet zu sein, die Tauglichkeit der zur Feststellung etruskischer Herkunft oder Prägung herangezogenen Kriterien zu bestätigen, führt doch ihre unterschiedslose Anwendung auf das gesamte untersuchte lateinische Wortmaterial zum beinahe gleichen Resultat hinsichtlich des Verhältnisses der in Liste A wie in Liste B aufscheinenden Wortzahl zur Zahl der Erstbelege bei *Plautus, Varro, Ennius, Cato*.

Ebenso darf wohl — da frühen, d.h. dem Zeitpunkt der Übernahme aus dem Etruskischen bzw. der Prägung durch das Etruskische näher liegenden Belegen eo ipso mehr Wert beizumessen ist als späteren, d.h. von diesem Zeitpunkt weiter entfernten[16] — die Dominanz eben dieser zu den ältesten Vertretern der römischen Literatur zählenden Autoren *Plautus, Ennius* und *Cato* zusammen mit dem Antiquar *Varro* in den Listen der Erstbelege liefernden Autoren als Hinweis darauf verstanden werden, daß die angewendeten Untersuchungsmethoden nicht auf den falschen Weg geführt, sondern — und dies sei nicht zuletzt in Hinblick auf die 170 in Liste B aufgeführten, mit gewissen Unsicherheitsfaktoren belasteten Wörter gesagt — im großen und ganzen brauchbare Ergebnisse erbracht haben.

---

[16] Erstbelege ab Christi Geburt sind in Liste A bei 12 Wörtern, d.h. bei 23,07% der Gesamtzahl 52, in Liste B nur bei 32 Wörtern, d.h. bei 18,82% der Gesamtzahl 170, festzustellen. Dieser relativ hohe Anteil von Erstbelegen nach Christi Geburt in Liste A ist darauf zurückzuführen, daß *(Paul.)Fest.* mit 4 Belegen (= 7,69%), *Plin. maior* mit 3 Belegen (= 5,76%) vertreten ist, daß beide Autoren zusammen somit alleine 13,45% der Erstbelege in Liste A liefern. In Liste B hingegen scheint *(Paul.)Fest.* mit nur 8 Wörtern (= 4,70%), *Plin. maior* mit nur 6 Wörtern (= 3,52%) auf; beider Beitrag an Erstbelegen zusammen ist daher nur mit 8,22% anzusetzen.

D.2.2. *Semantische Kategorien etruskischer und etruskisch geprägter Wörter im Lateinischen*

So umfangreich die Literatur zum Thema der Entlehnung lateinischer lexikalischer Elemente aus dem Etruskischen ist, hinsichtlich der Ordnung der etruskischen Entlehnungen nach semantischen Kategorien erweist sie sich als recht unergiebig. Die im folgenden vorgeführten Streiflichter aus der Forschungsgeschichte mögen diesen Umstand illustrieren.

Meillet, *Esquisse*, 83, geht in seiner Formulierung über ein vages „... on ne peut s'attendre à trouver autre chose que des termes de civilisation ..." und "... ce sont des termes techniques, ou, du moins, qui à l'origine étaient techniques ..." nicht hinaus, wie er sich auch in der Auswahl der Beispiele auf *sūbulō*[1], *histriō*[2], *puteal*[3], *camillus*[4] und *persōna*[5] beschränkt.

Das von Ernout, *EE*, gebotene Wortmaterial ist vorwiegend nach morphologischen Kriterien geordnet; die Identifizierung bestimmter semantischer Kategorien ist nur in Ansätzen vorhanden, etwa bei der Besprechung der politisch-militärischen Termini *celerēs, trossulī, flexuntēs*[6], *procerēs*[7] (o.c., 104f.), der Architektur-Termini *grunda*[8], *suggrunda*[9], *mūtulī*[10] (o.c., 106) oder bei der Zusammenstellung volkstümlicher Ausdrücke auf *-ō, -ōnis* wie *lēnō, caupō, cōciō*[11] etc. (o.c., 110ff.).

Eingehender bezieht einzig Devoto, *Storia*, 78f., Stellung: „Dall'Etruria vengono, divisi nelle due categorie cronologiche dell'età dei *Tarquinii* e dell'età repubblicana, elementi lessicali legati in particolar modo all'organizzazione dello stato in classi da una parte, o alle rappresentazioni teatrali, al piccolo commercio e alle professioni inferiori dall'altra. Dunque da una parte elementi introdotti da una classe dominante che organizza lo Stato secondo criterii nuovi introdotti dal di fuori contro i vecchi ordinamenti, dall'altra elementi introdotti in forma anonima negli strati inferiori della popolazione hanno acquistato diritto di cittadinanza senza sovrapporsi a elementi precedenti, senza dover vincere nessuna resistenza particolare." Der ersten Gruppe

---

[1] S.b.W.
[2] S.b.W.
[3] S. aber zur (nicht etruskischen) Basis von *puteal* u.W. *puteus*. Zum morphologischen Aspekt s. aber auch S. 503 Fn. 34.
[4] S.b.W.
[5] S.b.W.
[6] S.bb.WW.
[7] S. aber b.W.
[8] S. aber b.W.
[9] S. aber u.W. *grunda*.
[10] S.u.W. *mūtō*.
[11] S.bb.WW.

seien Wörter wie *populus, pār, spurius, flexuntēs*[12] zuzuordnen, der zweiten Ausdrücke wie *sūbulō, histriō, lanius, verna, cacula*[13] etc.

Battisti, Rassegna, 458, erwähnt eine ganz spezielle Kategorie etruskischer Lehnwörter: „Insulti e voci plebee che troviamo da Petronio in poi hanno avuto alle volte lunga fortuna: *agaga, baro, bardus, bargena, bargus, barcala, caupo*[14] ..."

Einen Rückschritt bedeutet die Auffassung Palmers, The Latin Language, 48, der zwar die etruskische Herkunft von politisch-militärischen Termini wie *flexuntēs, celerēs, satelles*[15], *mīles*[16] etc. anerkennt, dann jedoch bemerkt: „Apart from this Etruscan made remarkably little contribution to the vocabulary of Latin"; es handle sich hauptsächlich um „minutiae, among which those referring to the theatre and other amusements are noteworthy".

So viel zu bisher vorgebrachten, teils unhaltbaren, teils unzulänglichen, einseitigen und jedenfalls höchst ergänzungsbedürftigen Stellungnahmen.

Nun zu jenem Bild, welches sich in Auswertung der in Kap. C.1. erzielten Resultate (s. in übersichtlicher Form Kap. D.1.1., insbesondere Kap. D.1.1.5.) ergibt:

Zu folgenden Bereichen des lateinischen Lexikons bzw. zu folgenden semantischen Kategorien[17] läßt sich jeweils eine repräsentative Anzahl von etruskischen und/oder etruskisch geprägten Wörtern anführen:

A. Politisch-sozialer Bereich

Soziale Ordnung:	anculus, celerēs, flexuntēs, laetus, *lucumō*, ●populus, *satelles*, ●*spurius*, *trossulī*, ●verna
Recht:	pār, sculna
Städtewesen:	urbs
Heerwesen:	*balteus*, cacula, centuria, clipeus, ●decuria, lixa, metellus, tuba, vēles

---

[12] S.bb.WW.
[13] S.bb.WW.
[14] S.bb.WW.
[15] S.bb.WW.
[16] S. aber b.W.

[17] Selbstverständlich könnten diese Bereiche bzw. Kategorien anders definiert und gruppiert, insbesondere in andere Teilbereiche bzw. -kategorien untergliedert werden; die Verschiedenartigkeit der Gesichtspunkte, nach denen solche semantischen Blöcke erstellt werden können, erlaubt eine große Variationsbreite.

B. Wirtschaft und Technik

Landwirtschaft (bes. Tierzucht, ferner Weinbau, Ölbaumkultur) und Jagd:
acinus, agāsō, *amurca*, arvīna, asinus, •bāca, camurus, cavea, cella, citrus, cotōneum, cumera, cūpa, fabulōnia, fendicae, *nassiterna*, ōpiliō, *orca* „Tonne", sagīna, *sporta*, tālea, *tīna*, trāsenna, vacerra

Gewerbe, Handel, Wagenkultur u. Transportmittel, Schiffahrt:

    Gewerbe (insbes. Handwerks- u. andere Berufe; unspezifische Werkzeuge u. Handwerksprodukte):
fullō, •*lanius*, linteō; auch: •*agaga*, laverniōnes, •lēnō, lupa „Dirne" (mit *lupānar*), vespillō; catēna, ci/ī?mussa, cuneus, •fūnis, lāmina, restis

    Handel:
arillātor, •caupō, cōciō, crumīna, *mantīsa*, taberna

    Wagenkultur u. Transportmittel:
arcera, basterna, carpentum, ploxenum

    Schiffahrt:
ancora, antemna, aplustra, saburra

Bergbau u. Steingewinnung; Weiterverarbeitung der gewonnenen Produkte:
calx, cērussa, ferrum, forma, galena, •*palacurna*, *santerna*, sulpur, tōfus

Vermessungstechnik u. Bauwesen:

    Vermessungstechnik:
grōma

    Bauwesen, insbes. Wasserbau (mit Wasserversorgung):
barinula, cisterna, •*fala*, no/ō?rma, tolennō, tullius

C. Kultur

Kult und Mythos:
acerra, •agō, amulētum, apex, armi/ī?ya, •attanus, •*Bacchānālia*, *bidental*, caerimōnia, *camillus*, *catamītus*, •crepus, *excĕtra*, fascinum, •*favissae*, frontēsia, haruspex, *hercle*, lārŭa, napurae, nēnia, obscaenus, *ostentum*, •parentēs „göttlich verehrte Ahnen", *persil-*

	lum, popa, *portentum*, *postiliō*, quīnquātrūs, *sacēna*, satura, sincērus, talassiō, tenitae, *triumpus*, tŭrunda, vernisera
Kalender und Jahreseinteilung:	Aprīlis, autumnus, December, *īdūs*, November, Oktōber, September
Schriftkultur:	littera; Inschriftenformulare wie: annōrum nātus, f. „filius" hinter dem Gen. des Patronymikons, vīxit annōs.
Szenische Darbietungen, Unterhaltung:	buccō, dossennus, *histriō*, maccus, *persōna*, pulpitum, scaena, scurra, *sūbulō*
Wohnkultur und Lebensstil:	*ātrium*, cortīna, crēterra, culigna, culīna, fratillī, *lanterna*, lucerna, pincerna, pōtus, taeda, ●trua, urna
Bekleidung:	calautica, crepida, lacerna, laena, tunica

D. Der Mensch und seine Umwelt

Körperteile:	frōns „Stirn", mentula, ●mūtō, *pipinna*, ulna, verpa
Physische Merkmale, äußeres Erscheinungsbild:	cīlō, cocles, ●*mundus*[18], murcus, ocles, pānsa, pulcher
Kennzeichnung charakterlich-moralischer und intellektueller Eigenheiten und Haltungen:	alapa „Prahler", ●*bardus*, carisa, helluō, *lārgus*, *levenna*, rabula, *sociennus*, toluberna
Physische und psychische Zustände und Vorgänge:	caperrō, formīdō, madulsa
Krankheiten:	gemursa, strūma
Verwandtschaftsbezeichnungen:	amita, pappus
Tierbezeichnungen:	*capys*, cicōnia, flūta, formīca, ●leō, *orca* „Wal", tabānus, talpa, tinea, vīverra

[18] Scil. das Adj. *mundus* „schmuck".

Bezeichnungen von Pflanzen und Pflanzenteilen:	alaternus, caltha, cupressus, farferum, frōns „Laub", frutex, fūsterna, genista, gigarus, laburnum, •nepeta, •tamī/i?nia, vīburnum
Unbelebte Umwelt (Gelände u. Bodenbeschaffenheit, Vorgänge in der Natur, Lichtverhältnisse):	assisa, caverna, creper, harēna, spēlunca, tellūs, •tīfāta

Entsprechend dem Umstand, daß Einflüsse Etruriens auf Rom auf politisch-sozialem, wirtschaftlich-technischem und kulturellem Gebiet durch Archäologie und Geschichtsforschung als erwiesen gelten dürfen, läßt sich innerhalb des lateinischen Lexikons zu eben diesen Bereichen eine jeweils beeindruckende Zahl aus dem Etruskischen entlehnter oder vom Etruskischen geprägter Wörter anführen.

Auf einen bisher wenig bis gar nicht beachteten, aber, wie es den Anschein hat, nicht unwesentlichen Teilbereich etruskischen Einflusses weisen die zum Bereich der Landwirtschaft gehörigen Ausdrücke hin, wobei Termini der Viehhaltung zahlenmäßig am stärksten vertreten sind. Daneben finden sich Ausdrücke des Weinbaues und der Ölbaumkultur; auf dem Gebiete des Weinbaues waren neben den Griechen wohl vor allem die Etrusker die Lehrmeister der Römer[19], auf dem Gebiet der Ölbaumkultur und der Ölherstellung vielleicht anfangs, vor dem Aufkommen des plantagenmäßigen Ölbaumanbaues, nur die Vermittler griechischer Fachausdrücke[20].

Hervorzuheben sind auch die Unterkategorien „Bergbau und Steingewinnung", „Handel" und insbesondere „Wohnkultur und Lebensstil".

Es sei ferner, was aus der oben gebotenen Kategoriengruppierung bzw. -gliederung nicht ohne weiteres ersichtlich ist, darauf hingewiesen, daß an die 10 Bezeichnungen für Gefäße verschiedener Art (attanus, cortīna, crēterra, culigna, nassiterna, orca „Tonne", pōtus, tīna, urna) und 5 Ausdrücke für Produkte des Seilerhandwerkes (ci/ī?mussa, fūnis, napurae, restis, trāsenna) sicher oder möglicherweise aus dem Etruskischen stammen.

Besonderes Augenmerk verdient der Teilbereich „Kult und Mythos", der mit nahezu 40 zugehörigen Wörtern, wovon mehr als die Hälfte den sicher aus dem Etruskischen stammenden oder etruskischer Prägung unterliegenden Ausdrücken zuzurechnen ist, den in der Wortzahl weitaus stärksten Teilbereich darstellt. Diese beachtliche Wortzahl verwundert nicht, bedenkt man, wie hochentwickelt und ausgeprägt die etruskische Religion war und welchen

---

[19] S. Heurgon, *Die Etrusker*, 155 ff.
[20] S. Heurgon, *o.c.*, 157.

Stellenwert sie im Leben der Etrusker einnahm (S. etwa die bekannte Stelle *Liv.* 5,1,6: Die Etrusker seien eine „*gens ... ante omnes alias eo magis dedita religionibus, quod excelleret arte colendi eas...*".), andererseits, wie ernst die Römer selbst ihre Pflichten gegenüber den Göttern zu nehmen pflegten, wie penibel sie alles zu tun, alle Riten vorschriftsmäßig zu erfüllen bestrebt waren, um die *pax deorum* zu bewahren oder wiederherzustellen. Weniger wohl etruskisches religiöses Gedankengut, vielmehr durch lange Tradition perfektionierte etruskische Riten und Kultgebräuche fielen offenbar bei den Römern als willkommene Erweiterung, Bereicherung, Erneuerung eigener religiöser Gepflogenheiten auf sehr fruchtbaren Boden und werden an der Ausprägung der ganz spezifischen Eigenart der römischen Religion mit beteiligt gewesen sein. Von seiten der Sprachbetrachtung sei hinzugefügt, daß natürlich die Überlieferungssituation bei Ausdrücken aus der kultisch-religiösen Sphäre, d.h. aus einem höchst konservativen Bereich, als besonders günstig zu bezeichnen ist: Derartiges Sprachgut zeigt im allgemeinen nicht nur lange Lebensdauer, sondern unterliegt auch am wenigsten Veränderungen jedweder Art, insbesondere umgangssprachlichen Entstellungen durch Nachlässigkeit, volksetymologische Fehlinterpretation etc.

Doch nicht nur in den drei oben erwähnten „klassischen" semantischen Bereichen ist etruskisches Wortgut im Lateinischen zu finden: Als vierter Bereich ist jener hier als „Der Mensch und seine Umwelt" bezeichnete anzuführen: Neben eine Reihe von Tier- und Pflanzenbezeichnungen und neben etliche Ausdrücke für Geländebeschaffenheit, alle typischen Entlehnkategorien angehörend[21], treten — und dies ist als Zeichen engsten Kontaktes zu werten — nicht wenige Substantiva und Adjektiva, die eine physische, moralisch-charakterliche oder intellektuelle Eigenschaft oder einen physischen oder psychischen Zustand bzw. Vorgang angeben, ferner Bezeichnungen von Körperteilen[22], zwei Benennungen von Krankheiten und zwei Verwandtschaftsbezeichnungen.

Überhaupt läßt sich, überblickt man alle vier oben vorgeführten umfänglichen semantischen Bereiche, innerhalb des aus dem Etruskischen entlehnten oder durch das Etruskische geprägten Wortgutes neben einigen unverfänglichen intim-familiären Bezeichnungen ein nicht unbeträchtlicher Anteil von Ausdrücken volkstümlich-umgangssprachlicher bis vulgärer Art mit of pejo-

---

[21] S. 12 Fn. 1.
[22] Entlehnung von Körperteilbezeichnungen findet im allgemeinen selten statt (vgl. u.W. *ulna*). Wenn hier verhältnismäßig viele Beispiele möglicher oder sicherer „etruskischer" Benennungen angeführt werden können, so ist zu beachten, daß es sich vor allem um Ausdrücke für das männliche Glied handelt. Derartige Bezeichnungen familiärer, wohl auch vulgärer Art scheinen hinsichtlich ihres Entlehnverhaltens eine Sonderstellung einzunehmen.

rativem Charakter, von Termini aus der Welt der kleinen Handwerker und Händler und von Bezeichnungen für Angehörige der untersten sozialen Schichten, für Hörige, Sklaven und Knechte im städtischen und ländlichen Bereich, Schausteller und Schauspieler, Zuhälter und Prostituierte, feststellen, zweifellos zu verstehen als Resultat eines tiefgehenden, alle Gesellschaftsschichten und alle Lebensbereiche umfassenden Kontaktes.

Die Sichtung etruskischen Wortgutes im Lateinischen nach semantischen Kategorien liefert somit nicht nur die überzeugende Bestätigung des von Historikern und Archäologen nachgewiesenen umfangreichen politischen, wirtschaftlichen, technischen und kulturellen Einflusses Etruriens auf Rom von seiten der Sprachbetrachtung, sondern erlaubt uns darüber hinaus, unser Bild von eben diesem Einfluß einer Revision zu unterziehen, es detailreicher auszugestalten, es um neue Facetten zu bereichern.

D.2.3. *Etruskisches Sprachgut im Lateinischen im Bewußtsein der antiken Autoren*

Angesichts der langandauernden und intensiven Kontakte der Römer mit den Etruskern und der daraus resultierenden nicht zu übersehenden Beeinflussung auch auf sprachlichem Gebiet, insbesondere auf dem Sektor des Wortschatzes (s. Kap. C.1. bzw. D.1.1., besonders D.1.1.5.), gibt die Tatsache zu denken, daß bei den antiken Autoren — wenn schon, da wesentlich diffiziler, Aussagen, insbesondere zuverlässiger Art, zur etruskischen Herkunft einer phonetischen, morphologischen oder syntaktischen Erscheinung kaum erwartet werden dürfen (s. aber Kap. C.2.2.5.) — auch zum Wortschatz selbst nur vergleichsweise wenige Angaben betreffs etruskischer Herkunft (28 lateinische Wörter — einige davon zu Unrecht — werden direkt den Etruskern zugeschrieben, s. Kap. B.2.2.) zu finden sind, daß ganz allgemein das Bewußtsein sprachlichen Einflusses seitens des Etruskischen in erstaunlichem Maße geschwunden oder verdrängt worden zu sein scheint.

Ernout, *EE*, 85, bietet dafür folgende Erklärung: „Au moment où naît la littérature latine, Rome s'est déjà rendue maîtresse de toute l'Italie. Les études de grammaire et de vocabulaire n'ont commencé à Rome qu'à une époque où la civilisation et la puissance étrusque étaient irrémédiablement déchues ... Pour un Varron, pour un Verrius Flaccus, l'étrusque était le parler barbare d'une peuplade vaincue, sans rapport visible avec le latin ou avec toute autre langue connue, aussi peu digne d'intérêt, aussi lointain que le vénète ou le ligure ... On conçoit qu'ils l'aient tenu dans une ingnorance méprisante, qu'ils n'aient jamais eu l'idée de lui attribuer un rôle quelconque dans la constitution du vocabulaire latin ..."[1]

---

[1] Vgl. Ernout, *Vocabulaire*, 7f.: „... de bonne heure l'Etrurie fut vaincue et soumise par Rome, et perdit sa langue en même temps que sa liberté; à l'époque classique, le souvenir des

Gegen diese Erklärung ist zunächst folgendes einzuwenden: Als die römische Literatur entstand, also etwa mit *Livius Andronicus, Naevius* und *Ennius*, war Rom noch keineswegs die „maîtresse de toute l'Italie", und im besonderen Etrurien war nicht „unterworfen": Man denke nur an die Schwierigkeiten, mit denen Rom während des Zweiten Punischen Krieges in Etrurien zu kämpfen hatte.[2]

Überhaupt hatte es — dies sei hier festgehalten — mit der „Besiegung" Etruriens seine eigene Bewandtnis[3]; wohl wurden wichtige etruskische Städte wie *Veji, Volsinii, Falerii* eingenommen, wohl wurden etruskische Heere wie etwa in der Schlacht bei *Sentinum* 295 v.Chr. besiegt, wohl mußte Etrurien in den italischen Bund eintreten, was eine Aufgabe der Wehrhoheit bedeutete, den Verlust der Souveränität auf anderen Gebieten als dem militärischen hatten diese Ereignisse jedoch nicht zur Folge. Es sei daran erinnert, daß etwa die Agrarreformen der Gracchen etruskischen Grund und Boden nicht berührten; daß im Jahr 91 v.Chr. Etrusker mit einem Marsch auf Rom gegen die Gesetze des Volkstribunen *M. Livius Drusus* protestierten; daß sich Etrurien Vertretern der römischen Populares, Reformern und Revolutionären gegenüber (*Marius, Sertorius, Catilina*) immer sehr aufgeschlossen zeigte[4]; ferner auch daran, daß in Mittel- und Nordetrurien lateinische Inschriften nicht vor dem 1.Jh.v.Chr. belegt sind, daß es Jahrzehnte dauerte, bis das römische Namensystem sich gegen das etruskische durchgesetzt hatte und daß nach Ausweis der Inschriften in der von Augustus auf dem Gebiet Etruriens eingerichteten *regio* VII die städtische Verwaltungsform des Quattuorvirats gegenüber der des Duumvirats (römischer Besitz vor dem Bundesgenossenkrieg) überwiegt, was beweist, „daß die etruskischen Gemeinden bis 90 v.Chr. im wesentlichen den Status von souveränen *socii* Roms hatten".[5]

Viel wesentlicher aber erscheint die Tatsache, daß der Verfall der etruski-

---

Étrusques ne subsistait plus à Rome que dans le nom ‚*vicus Tuscus*‛, qui était celui d'un mauvais lieu."

[2] Vgl. Pfiffig, *Die Haltung*.

[3] Vgl. Pfiffig, *Die Ausbreitung*.

Gegen die verbreitete Ansicht, daß Etrurien im Laufe des 3.Jh. von Rom „unterworfen" wurde, spricht mit Bestimmtheit z.B. auch die Tatsache, daß die 1965 entdeckte Inschrift von Grab IV der Villa Tarantola in Tarquinia, datierbar etwa in die Mitte des 2.Jh., verkündet, ein gewisser *felsnas larθ ... murce* (ev. „weilte") *capue* (zu [bei, für] Capua), *tleχe* (unbekannt; ev. „kämpfte, diente") *hanipaluscle* (mit den Leuten [bei den Leuten, für die Leute] des *Hannibal*). Zu dieser Inschrift s. Torelli, *REE SE* 33,472-474; Pallottino, *REE SE* 34,355f.; Pfiffig, *Eine Nennung*; ders., *Hannibal*; vgl. auch ders., *DES*, 2 ff.

[4] S. Pfiffig, *Sulla*.

[5] Pfiffig, *DES*, 6; s. dazu bes. ders., *Die Romanisierung*.

schen Macht keineswegs gleichzusetzen ist mit dem Verfall der etruskischen Kultur; diese lebte zweifellos im etruskischen Kernland fort und überdauerte — zumindest in manchen ihrer Bereiche — Jahrhunderte.

„Ende des 4. Jahrhunderts war es den großen Familien Roms zur Gewohnheit geworden, ihre Söhne nach Caere zu schicken[6], genauso wie sie sie später zur Vollendung ihrer Erziehung nach Athen sandten[7]. Der römische Senat selbst ergriff Mitte des zweiten Jahrhunderts Maßnahmen, die die Erhaltung der *Etrusca disciplina* auch dann noch garantierten, wenn der etruskische Adel das Interesse daran verlieren sollte … Es gab in Tarquinia bis zum Ende der Republik die *zilath mechl rasnal*; unter den Kaisern tauchte sogar der Titel *praetor Etruriae*[8] wieder auf. Zu Beginn des 1. Jahrhunderts[9] verkündete das François-Grab in Vulci mit mehr Pietät denn je die Taten der Helden, welche in alter Zeit die Zierde der Stadt gewesen waren. Noch unter Konstantin wurden die Bundesspiele im heiligen Hain von Volsinii[10] feierlich abgehalten."[11] „Wir müssen außerdem darauf hinweisen, daß noch zur Zeit des Augustus die etruskische Sprache gesprochen und auf den Grabsteinen geschrieben wurde."[12]

Nicht vergessen sollte man auch, daß *Cicero* seine genaue Kenntnis des Auguralwesens zu einem guten Teil wahrscheinlich seinem aus Etrurien stammenden Freund *Caecina* verdankte[13]; für sich spricht auch die Tatsache, daß des *Augustus* engster Vertrauter und Berater, der großzügige Förderer der Künste, *Maecenas*, altem etruskischem Adel entstammte.

„Was das Etruskische als Sakralsprache betrifft …, ist wohl anzunehmen,

---

[6] Man beachte, daß sich *Caere* 353 v.Chr. Rom hatte unterwerfen müssen!

[7] S. dazu S. 480.

[8] Dazu s. Liou, *Praetores Etruriae*.

[9] Die hier zitierte, von Pallottino vorgeschlagene Spätdatierung der Tomba François in den Beginn des 1. Jh.v.Chr. ist von ihm selbst bereits aufgegeben. Das Grab wird heute im allgemeinen um etwa 300 v.Chr. datiert.

[10] Diese Bundesspiele pflegten zumindest bis zum Jahr 337 n.Chr. abgehalten zu werden — in dieses Jahr wird allgemein das Reskript von Spello, *CIL* XI 5265, datiert; so bereits Mommsen, *Epigraphische Analekten;* ebenso auch Andreotti, *Contributo*.

[11] Heurgon, *Die Etrusker*, 21.

[12] Heurgon, *o.c.*, 25.

[13] *A. Caecina* — Sohn des gleichnamigen *Caecina* aus *Volaterrae* (Cic. Caec. 18), der 69 v. in einem Erbschaftsprozeß von *Cicero* vertreten wurde und wie sein Sohn mit *Cicero* befreundet war — wurde von seinem Vater in der etruskischen Disziplin unterwiesen (Cic. Fam. 6,6,3). Cicero „verdankt wahrscheinlich dem Umgang mit diesem Freunde seine Kenntnis etruskischer Weissagekunst, die er in den Büchern *de divinatione* zeigt." (Münzer, *Caecina*, Sp. 1237.) „*Caecina* ist einer der wichtigsten Schriftsteller über etruskische Disziplin (*Plin.* N.h. II ind. auct.) … Er behandelte nur die Blitzlehre; nicht unbedeutende Fragmente seines Werkes sind bei *Sen*. Nat. quaest. II, 39ff. und *Plin.* II 137ff. erhalten …" (Münzer, *o.c.*, Sp. 1238.)

daß im *collegium LX haruspicum*, das ja bis in die Zeit des Theodosius bestand, und in ähnlichen Kreisen die Sprache im Kult gebraucht wurde[14]. Wieweit sie dabei — besonders später — noch verstanden wurde, läßt sich natürlich nicht sagen. Es wird wohl so gegangen sein wie mit der Sprache des *carmen Saliare*. — Eines der spätestens indirekten Zeugnisse für die Sprache ist die bekannte Stelle bei Zosimus V 41, wo zu 408 n.Chr. berichtet wird, etruskische *fulguriatores* hätten sich erbötig gemacht καὶ τῇ πρὸς τὸ θεῖον εὐχῇ καὶ κατὰ τὰ πάτρια θεραπείᾳ βροντῶν ἐξαισίων, καὶ πρηστήρων ἐπιγενομένων τοὺς ἐπικειμένους βαρβάρους (das Heer des Alarich) ἀποδιῶξαι."[15]

Aus dem eben Dargelegten ergibt sich von selbst, daß der Grund für die relative Unergiebigkeit der antiken Autoren hinsichtlich der Identifikation etruskichen Sprachgutes im Lateinischen nicht darin zu suchen sein kann, daß die Römer das Etruskische als „parler barbare d'une peuplade vaincue" empfanden, „tenu dans une ignorance méprisante", oder, anders ausgedrückt, daß sie die Etrusker als politisch und kulturell herabgekommenes, besiegtes und unterworfenes Volk mit barbarischer Sprache betrachteten, auf die man verächtlich herabsah, wenn man sie nicht völlig ignorierte.

Devoto, *Storia*, 79, vertritt die Auffassung, die noch unter den Tarquiniern und weiterhin in früher republikanischer Zeit (zu diesen zwei Typen von Entlehnungen s. S. 537f.), somit in den ersten Jahrhunderten seiner Geschichte vom Lateinischen übernommenen etruskischen Wörter, „... nonostante la diversità delle origini, o forse appunto per questo, sono state energicamente assimilate nella forma e, quel che più conta, nello spirito; la tradizione dell'origine etrusca si perde rapidamente[16] e ... solo in pochissimi esempi ... resiste fino all'età storica." So habe sich etwa das etruskische Suffix *-ennus*[17] in einigen lateinischen Wörtern wie *dossennus, sociennus*[18] etc., d.h. im Wortschatz eher der unteren Bevölkerungsschichten gehalten, „e in queste condizioni ha perduto prestissimo il suo significato nazionale per assumere uno di carattere sociale, espressivo, volgare."[19]

---

[14] Vgl. Skutsch, *Etr. Sprache*, Sp. 780:
„... das Etruskische hat, wenn nicht als gesprochene Sprache, doch etwa in derselben Art wie das Sanskrit noch Jahrhunderte weiter existiert. Denn die Haruspices beim Heere Julians haben ihre Ritualbücher gewiß so gut etruskisch gelesen wie die Haruspices der Caesarischen Zeit (*Ammian.* 23,5,10 ff.)".

[15] Pfiffig, *DES*, 9.

[16] Vgl. Ernout, *Vocabulaire*, 7: „... il se peut qu'un certain nombre de mots étrusques aient été latinisés de telle sorte que leur origine n'est plus reconnaissable."

[17] S. Kap. B.1.2.1.2.3.2.2.

[18] S.bb.WW.

[19] Devoto, *o.c.*, 79f.

Zwei, möglicherweise drei Faktoren erweisen sich als maßgeblich beteiligt an der von Devoto angesprochenen gründlichen formalen und semantischen Assimilierung etruskischer lexikalischer und morphologischer Elemente:

Zunächst die Tatsache, daß Entlehnungen aus dem Etruskischen in der Hauptsache weit vor der Herausbildung einer lateinischen Hochsprache, einer anspruchsvollen Literatur und einer ausgeprägten Schriftkultur erfolgten; eine Assimilierung konnte daher umso leichter vor sich gehen, als jede ausschließlich oder — um vorsichtig zu sein — jede vorzugsweise mündlich tradierte, nicht durch Schrifttum ge- oder verregelte, sondern sich rasch und lebendig fortentwickelnde Sprache gesteigerte Fähigkeiten zur Anpassung, Umwandlung und Einbürgerung fremder Sprachelemente besitzt — Eigenschaften, die zu jeder Zeit auch in keineswegs als vorliterarisch zu klassifizierenden Sprachepochen die Umgangssprache, die Vulgärsprache im Sinne der Sprechweise des *vulgus* in allen ihren Abstufungen auszeichnen; gerade aber der Umgangssprache, der Alltagssprache oft niederen Niveaus gehört ein nicht unwesentlicher Teil aus dem Etruskischen entlehnten oder durch das Etruskische geprägten Sprachgutes an (s. Kap. D.2.2.).

Als zweiter eine rigorose Adaptierung fordernder Umstand ist die grundlegende Verschiedenheit der etruskischen und der lateinischen Sprache anzuführen. Denn umso stärker können sich — in diesem Sinne ist Devotos Äußerung (*l.c.*) zu verstehen, die frühen etruskischen Entlehnungen wurden „nonostante la diversità delle origini, o forse appunto per questo[20], energicamente assimilate" — assimilierende Kräfte entfalten, je mehr sich die gebende von der empfangenden Sprache unterscheidet, je fremdartiger, je exotischer ein entlehntes lexikalisches oder auch morphologisches Element klingt. Wird ein solches Wort (im Falle der Einbürgerung eines morphologischen Elementes gelten entsprechend modifizierte Bedingungen), ohne daß schriftliche Fixierung eine Rolle spielt, viel verwendet, so wird es in der Regel rasch sein ursprüngliches Aussehen weitgehend verändern, wird — unter Ausnützung auch schwächster Anklänge an geläufiges Wortgut, vielfach unter Herstellung falscher Beziehungen zu bestimmten ähnlich klingenden Wörtern, d.h. unter Einfluß falscher bzw. „Volksetymologien" — im Munde der dieses Wort Benützenden eine ihnen vertrautere lautliche und morphologische Gestalt erhalten.

Nicht ganz unerwähnt möge schließlich ein weiterer denkbarer Grund für die energische Angleichung etruskischen Sprachgutes in Rom bleiben, ein durch die politischen Umstände bedingtes, psychologisches Moment, bedeutsam vielleicht nicht nur in den Jahrzehnten unmittelbar nach der Etruskerherrschaft in Rom: Allem, was mit der etruskischen Monarchie speziell der

---

[20] Sperrung von der Verf.

Tarquinier zu tun hatte, haftete ein Odium an[21], vermutlich auch den auf die Etrusker zurückgehenden sprachlichen Neuerungen, mochten sie auch zu Zeiten der noch intakten Etruskerherrschaft insbesondere von gewissen, dem Hof und der herrschenden *gens* nahestehenden Kreisen eifrig rezipiert worden sein. Das bewußte oder unbewußte Bestreben, alles Etruskische zu tilgen, beschleunigte und förderte die ohnehin vorhandenen und voll wirksamen Assimilierungstendenzen der frühen lateinischen Sprache: Phonetisch, morphologisch, semantisch — in jeder Hinsicht wurde etruskisches Sprachgut raschest angepaßt, unkenntlich gemacht, absorbiert.

Eine auf den eben vorgeführten Gründen beruhende weitestmögliche Assimilierung etruskischen Sprachgutes im Verein mit der oben erwähnten Animosität gegen Etruskisches schlechthin mußte unweigerlich dazu führen, daß die eigentliche Herkunft des betreffenden Sprachgutes — sei es, daß es, gänzlich entstellt, nicht mehr als etruskisch erkennbar war, sei es, daß eine etwa noch vorhandene Erinnerung an etruskischen Ursprung verdrängt und ignoriert wurde — in Vergessenheit geriet. Daß die nachträgliche Identifikation etruskischen Sprachmaterials, die selbst die moderne Sprachforschung vor größte Probleme stellt, von der wenig subtilen Methodik der antiken Grammatiker und Kommentatoren nicht zu erwarten ist, liegt auf der Hand. Umso dankbarer müssen wir sein, wenn sich doch bei einigen Wörtern das Wissen um die etruskische Herkunft erhalten hat — wenn auch manche Ausdrücke fälschlich mit dem Prädikat „etruskisch" versehen wurden[22].

D.2.4. *Zum Ausmaß etruskischen Sprachgutes im Lateinischen*

Die in Kap. D.1. vorgeführten positiven Resultate der vorliegenden Untersuchung — über 50 sehr wahrscheinlich oder sicher, 170 möglicherweise aus dem Etruskischen entlehnte oder vom Etruskischen geprägte Wörter; 2 sehr wahrscheinlich, 4 möglicherweise vom Etruskischen beeinflußte phonetische

---

[21] Am deutlichsten wohl dem Titel „*rex*" selbst. Doch auch der Name der Tarquinier war davon betroffen: „Seit dem Regifugium war der Name der Tarquinier in Rom verpönt ...; es genügte aber dem römischen Formalismus die (mögliche!) Änderung eines Buchstabens, um diesen politischen Makel zu beheben." (Pfiffig, *Bespr. M. Cristofani, La tomba*, 287.) So sei aus *Tarquinius Tarquitius* geworden. Für diese Umbenennung lege unter anderem die römische Ortsbezeichnung *Tarquitiae scalae* Zeugnis ab: „*Tarquitias scalas, quas rex Tarquinius Superbus fecerit, abominandi eius nominis gratia, ita appellatas esse vulgo existimari.*" *Fest.* 550 Th. Sie muß jedenfalls, wie die Inschrift *mi larθuruṣ tarχvetenas CIE* 4922 aus dem 6.Jh. aus Orvieto beweist, sehr bald stattgefunden haben und rasch ins Etruskische eingegangen sein. Bezeichnenderweise nannten sich, wie aus den Inschriften der Tomba delle iscrizioni aus Caere hervorgeht, noch die Angehörigen der caeretanischen Gens *tarcna* latinisiert, d.h. ab dem ausgehenden 2.Jh.v.Chr., *Tarquitii* (*c. tarquiti CIE* 5909 u.ö.; s. dazu Pfiffig, *o.c.*, 285 ff.).

[22] S. S. 133.

Eigenheiten; 4 sicher, ebesoviele wahrscheinlich als indoeuropäisch-etruskische Kontaminationsprodukte anzusprechende Suffixe; 3 sehr wahrscheinlich auf das Etruskische zurückzuführende, die Syntax betreffende Eigenheiten — berechtigen uns, das Ausmaß der sprachlichen Beeinflussung des Lateinischen durch das Etruskische als beachtlich zu bezeichnen, beachtlich zumal in Hinsicht auf die grundlegende Verschiedenheit der beiden Sprachen und die somit außerordentlich erschwerten Entlehnbedingungen.

Zwar wird der Auffassung Altheims, es dürfe „geradezu von einer etruskisierenden Epoche in der Geschichte der lateinischen Sprache geredet werden"[1] mit Zurückhaltung zu begegnen sein, der von Palmer vertretenen gegenteiligen Ansicht „... the Etruscan domination left surprisingly few traces in the Latin language ... even in these spheres where their influence on Roman institutions and practices is most apparent", nämlich „... townplanning, ... political organisation, religion and higher cultural life ..."[2], ist jedoch unbedingt mit Entschiedenheit entgegenzutreten.

Fernab diesen beiden Extremen und durchaus auch heute noch gültig, ja durch die vorliegende Untersuchung in seiner Gültigkeit eindrucksvoll bestätigt, fällt das Urteil des Fachmannes Ernout aus: „Les emprunts à d'autres langues tiennent, dans le vocabulaire latin, peu de place à côté de celle qu'occupent les emprunts au grec. Les plus importants doivent être ceux qui ont été faits à l'étrusque."[3]

Unser in den Kap. D.2.2. und D.2.3. gewonnenes Bild von der Vielfältigkeit, Intensität und Dauer der etruskisch-römischen Beziehungen bzw. des etruskischen Einflusses auf Rom erfährt nun zuletzt in eindrucksvoller Weise durch das Ausmaß des im Lateinischen nachweisbaren etruskischen Sprachgutes eine Bestätigung: Eine Übernahme bzw. Beeinflussung im dargelegten Umfang ist bei der gänzlich unterschiedlichen Herkunft und Struktur der beiden Sprachen, bei im Grunde und abgesehen von sekundären Übereinstimmungen völlig andersgeartetem Laut-, Formen- und Wortbestand und ebenso differierender Syntax nur unter der Voraussetzung wirklich engster und langandauernder kultureller und sprachlicher Kontakte denkbar; andernfalls hätte die Übernahme derart fremden Sprachgutes ein Minimalmaß nicht überstiegen.

---

[1] „Geschichte", 237.
[2] „The Latin Language", 46 f.
Vgl. weniger deutlich bereits Meillet, Esquisse, 84: „Pour autant qu'on entrevoit ... une origine étrusque à quelques mots latins, ce sont des termes techniques ..." (Sperrung von der Verf.)
[3] „Aspects", 91.
Vgl. bereits Bücheler, Altes Latein, 410, der von „beträchtlicher Einwirkung" des Etruskischen auf das Lateinische (und umgekehrt) spricht; vgl. zustimmend Skutsch, Etr. Sprache, Sp. 803.

Eine Feststellung Pallottinos („*Die Etrusker*", 77) möge die Untersuchung beschließen: „Der kulturelle Einfluß der Etrusker auf Italien überschreitet ... die territorialen und historischen Grenzen National-Etruriens bei weitem ...; die römische Kultur hat er so durchdrungen, daß er am Ende das etruskische Volk als historische und sprachliche Wirklichkeit überlebte."

LITERATURVERZEICHNIS[1]

Adams D.Qu., Latin *Mas* and *Masturbari*. Glotta 63, 1985, 241-247.
Aitzetmüller R., Lat. *-ulentus* und andere *nt*-Bildungen. Sprache 3, 1957, 131-134.
Alessio G., Fitonimi mediterranei. SE 15, 1941, 177-224.
—, Lat. *sūrēna*. Ricerche linguistiche 3, 1954, 190.
—, Le origini del francese. Florenz 1946.
—, L'etrusco e due problemi etimologici latini. Aevum 15, 1941, 545-558.
—, Lexicon etymologicum. Supplemento ai dizionari etimologici latini e romanzi. Napoli 1976.
—, Raddoppiamento normale in presunte voci del sostrato mediterraneo. SE 17, 1943, 227-235.
—, Stratificazione dei nomi del „tasso (taxus baccata L.)" in Europa. SE 25, 1957, 219-264.
—, Suggerimenti e nuove indagini sul problema del sostrato mediterraneo. SE 18, 1944, 93-157.
—, Sul suffisso collettivo *-etto, -itto*. Archivum Romanicum 25, 1941, 379-383.
—, Una voce toscana di origine etrusca. SE 11, 1937, 253-262.
—, Un'oasi linguistica preindoeuropea nella regione baltica? SE 19, 1946/47, 141-176.
—, Vestigia etrusco-mediterranee nella flora toscana. SE 20, 1947/48, 109-149.
Altheim F., Epochen der römischen Geschichte. Bd. 2: Weltherrschaft und Krise. Frankfurt 1935.
—, Geschichte der lateinischen Sprache von den Anfängen bis zum Beginn der Literatur. Frankfurt 1951.
—, Griechische Götter im alten Rom. Gießen 1930.
—, *Persona*. Archiv für romanische Wortforschung 27, 1929, 35-52.
André J., Emprunts et suffixes nominaux en latin. Centre de Recherches d'Histoire et de Philologie 3; Hautes Études du Monde Gréco-Romain 4, 1971.
Andreotti R., Contributo alla discussione del rescritto Constantiniano di Hispellum. In: Problemi di storia e archeologia dell'Umbria 1, Perugia 1964, 249-290.
D'Arbela E. V., M. Tullii Ciceronis *Orator*. Mailand o.J.
Armani E., Etrusco *splatur*, latino *splatorius*. SE 45, 1977, 205-208.
Bach A., Deutsche Namenkunde. Bd. I: Die deutschen Personennamen 1. Heidelberg 1978[3].
Bahlow H., Deutsches Namenlexikon. München 1967.
Balboni M.L., Denominazioni prelatine della ginestra. SE 16, 1942, 403-408.
Battisti C., Il sostrato mediterraneo nella fitonimia greco-latina. Appunti introduttivi. SE 28, 1960, 349-384.
—, La formante etrusca *-ana* e il suffisso latino *-anus*. SE 17, 1943, 287-313.

---

[1] Die mit * gekennzeichneten Abkürzungen sind dem Abschnitt „Abkürzungen, Symbole, Hinweise" zu entnehmen.

Zu den Inschriftensammlungen *CIE, CII, CIL, TLE* u.a., zu den Thesauri *TGL, ThLE* (mit *ThLE Suppl.* und *RI*), *TLL*, zu den Sammelwerken *Gl., GLK* und zu den Reallexika *KP, RE* s. ebenfalls unter „Abkürzungen, Symbole, Hinweise".

—, Per lo studio dell'elemento etrusco nella toponomastica italiana. SE 1, 1927, 327-349.
—, Rassegna linguistica etrusca 1939-40. SE 15, 1941, 416-468.
—, Recensioni e repertorio bibliografico. B.Sez.II — Lingua, Epigrafia. Rivista linguistica etrusca 1929. IV: Rapporti etrusco-latini. SE 5, 1931, 647-662.
—, Voci mediterranee contestate (*carra, sala, bova, napa, marra, toba, mala, pala, cala* e derivati). SE 17, 1943, 243-313.
Bell A.J., Note on *Catullus*, 84. The Classical Review 29, 1915, 137-139.
Benecke G.F. — Müller W. — Zarncke F., Mittelhochdeutsches Wörterbuch I. Hildesheim 1963.
Benveniste E.: Latin *vespillō*. BSL 24, 1924, 124 f.
—, Le nom de l'esclave à Rome. REL 10, 1932, 429-440.
—, Le suffixe -*umn*-. SE 7, 1933, 252-258.
—, Notes étrusques I: La tablette d'ivoire de Carthage. SE 7, 1934, 245-249.
—, Origines de la formation des noms en indo-européen. Paris 1935.
—, *Pubes* et *publicus*. RPh 81, 1955, 7-10.
—, Trois étymologies latines. BSL 32, 1931, 68-74.
Bertoldi V., Antichi filoni nella toponomastica mediterranea incrociantisi nella Sardegna. Revue de linguistique romane 4, 1928, 222-250.
—, Discussioni etimologichi: Il pliniano *combrētum*, regionalismo gallo-ligure nel latino. Vox Romanica 3, 1938, 229-236.
—, L'Iberia prelatina. In: Italia e Spagna. Saggi sui rapporti storici, filosofici ed artistici tra le due civiltà. Florenz 1941.
—, „Nomina Tusca" in Dioscoride. SE 10, 1936, 295-320.
—, Plurale mediterraneo in residui fossili. Mèlanges van Ginneken, Paris 1937, 157-169.
—, Prerogative culturali mediterranee nel lessico greco e latino. AGI 31, 1939, 85-101.
—, Problèmes du substrat. BSL 32, 1931, 93-175.
—, Relitti etrusco-campani. Sopravvivenze di *fala* > *+falar* > *falarica* nella Toscana, nell'Emilia e nella Campania. SE 7, 1933, 279-293.
—, Storia d'una tradizione mediterranea di lingua e di cultura. Aspetti di cultura mediterranea espressi dalle voci gemelle *finis* e *funis* e da altri nomi indicanti „giunco" e „fune". MH 5, 1948, 69-82.
Bickel E., Beiträge zur römischen Religionsgeschichte. RhM N.F.71, 1916, 548-571.
Birt Th., Doppelformen im Lateinischen. Archiv für lateinische Lexikographie und Grammatik 15, 1907, 153-163.
—, Zur lateinischen Wortkunde. Glotta 15, 1927, 118-128.
Bloch R., Les origines de Rome. Paris 1959.
von Blumenthal A., Bespr.* Friedmann B., Die ionischen und attischen Wörter im Altlatein; Dissertation Helsingfors 1937. Gnomon 15, 1939, 165-167.
Boccali G., Le fonti indoeuropee del lessico religioso latino. Rendiconti del Istituto Lombardo; Accademia di Scienze e Lettere; Classe di Lettere e Scienze Morali e Storiche 105, 1971, 479-522.
Bohnenkamp K.E., Zur Lachmannschen Regel. Glotta 55, 1977, 88-91.
Boisacq E., Dictionnaire étymologique de la langue grecque. Paris 1916.
Boissier A., *Haruspex*. Mémoires de la société linguistique 11, 1902, 330.
—, *Haruspex*. Note supplémentaire. Mémoires de la société linguistique 12, 1903, 35-39.

Bonfante G., I nomi di *Assisi* e di *Capua*. Revue des études indo-européennes 2, 1939, 113-122.
—, Il suono „*F*" in Europa è di origine etrusca? SE 51, 1983 (erschienen 1985), 161-166.
—, La diphtongue *ae* dans les mots *scaena, scaeptrum, raeda, glaesum, Aera Cura*. REL 12, 1934, 157-165.
—, Les accusatifs en -*im*. REL 15, 1937, 83-87.
Bonfante-Warren L., Roman Triumphs and Etruscan Kings: The Latin Word *triumphus*. Studies J. Kerns, Mouton 1970, 108-120.
Bottiglioni G., Nota etimologica. Glotta 21, 1933, 52-56.
—, Elementi prelatini nella toponomastica corsa con particolare riguardo all'etrusco. SE 3, 1929, 321-332.
Brandenstein W., Der indogermanische Anteil im Etruskischen. Revue des études indo-européennes 1, 1938, 301-322.
Bréal M., Étymologies. Mémoires de la société linguistique 12, 1903, 239-248.
—, Étymologies grecques et latines. Mémoires de la société linguistique 15, 1908, 340-348.
—, Étymologies latines. Mémoires de la société linguistique 15, 1908, 228 f.
—, Étymologies latines et grecques. Mémoires de la société linguistique 15, 1908, 137-151.
—, Notes grecques et latines. Mémoires de la société linguistique 7, 1892, 20-32.
Brechenmacher J.K., Etymologisches Wörterbuch der deutschen Familiennamen. 1.Bd. (A-J) Limburg a.d.Lahn 1957-1960, 2.Bd. (K-Z) ebenda 1960-1963.
Brøndal V., Substrater og laan i romansk og germansk. Dissertation Kopenhagen 1917.
Brüch J., Lat. *blatea, balatro* und genues. *brata*. Glotta 8, 1917, 83-85.
—, Lat. *soccus*. Glotta 21, 1933, 70-72.
—, Sabinisches *alpus*. Glotta 10, 1919, 193-198.
Brugmann K., Grundriß der vergleichenden Grammatik der indogermanischen Sprachen. Straßburg 1887ff.[2].
—, Lateinisch *prōcērus* und *sincērus*. Berichte über die Verhandlungen der Sächsischen Gesellschaft der Wissenschaften zu Leipzig, philologisch-historisch Klasse 52, 1900, 403-411.
Brugmann K.-Delbrück B., Grundriß der vergleichenden Grammatik der indogermanischen Sprachen. Bd. 2, 1. Teil, Straßburg 1906[2].
Brugmann K.-Schwyzer E.-Debrunner A., Griechische Grammatik. 2.Bd.: Syntax und syntaktische Stilistik. München 1950. In: Handbuch der Altertumswissenschaft, begründet von Iwan von Müller, erweitert von Walter Otto, fortgeführt von Hermann Bengston. 2.Abt., 1. Teil, 2.Bd.
Bücheler F., Altes Latein. RhM 39, 1884, 408-427.
—, Zu Plautus, Seneca und Persius. Archiv für lateinische Lexikographie und Grammatik 2, 1885, 116-120.
Bugge S., Beiträge zur Erforschung der etruskischen Sprache II. Beiträge zur Kunde der indogermanischen Sprachen 11, 1886, 1-64.
—, Das Verhältnis der Etrusker zu den Indogermanen und der vorgriechischen Bevölkerung Kleinasiens und Griechenlands. Straßburg 1909.
Buonamici G., Bespr.* Schnetz J., Etruskische Raubvogelnamen in Orts- und Flußnamen; Zeitschrift für Ortsnamenforschung 2, 1926/27, 3-12. SE 1, 1927, 567-572.

—, REE* SE 15, 1941, 369-381.
Capponi F., La „trasenna" nella letteratura latina. Latomus 23, 1964, 64-74.
Carnoy A., Etrusco-latina. AGI 41, 1956, 97-112.
—, Etymologies des noms romains d'origine étrusque. AC 25, 1956, 386-407.
Chantraine P., La formation des noms en grec ancien. Paris 1933.
Charpentier J.: Zur italischen Wortkunde (1-15). Glotta 9, 1918, 33-69.
Cichorius K., Untersuchungen zu Lucilius. Berlin 1908.
Coates R., Etruscan *tular* / Latin *tellus*. IF 82, 1977, 155-162.
Cocco V., Lat. *canthērius* „cavallo castrato" e la nuova base mediterranea *kanth-* „curva, rotondità". SE 16, 1942, 387-401.
Coli U., Formula onomastica romana nelle bilingui etrusco-latine. SE 19, 1946/47, 277-283.
—, Nuovo saggio di lingua etrusca. Traduzione delle epigrafi testè scoperte a Tarquinia e a Pyrgi. Florenz 1966.
Colonna G., REE* SE 45, 1977, 294f., Nr. 25.
Colonna G. et alii., Gli Etruschi e Roma. Atti dell'incontro di studio in onore di Massimo Pallottino, 11.-13. Dez. 1979. Rom 1981.
Conrad F., Die Deminutiva im Altlatein I: Die Deminutiva bei Plautus. Glotta 19, 1931, 127-148.
—, Die Deminutiva im Altlatein I: Die Deminutiva bei Plautus (Forts. zu 19, 148). Glotta 20, 1932, 74-84.
Corssen W., Über Aussprache, Vokalismus und Betonung der lateinischen Sprache. 1. Bd. Leipzig 1868[2].
—, Über die formen und bedeutungen des namens *Mars* in den italischen dialekten. ZVS 2, 1853, 1-53.
Cortsen S.P., Der Monatsname *Aprilis*. Glotta 26, 1938, 270-275.
—, Die etruskischen Standes- und Beamtentitel, durch die Inschriften beleuchtet. Det Kgl. Danske Videnskabernes Selskab. Historisk-filologiske Meddelelser XI, 1. Kopenhagen 1925.
—, Die lemnische Inschrift — ein Deutungsversuch. Glotta 18, 1929, 101-109.
—, Ergänzungen zum Artikel: Der Monatsname *Aprilis* in der Glotta XXVI 270ff. Glotta 27, 1939, 277.
—, LB* Etruskisch 1928-1934. Glotta 23, 1935, 145-187.
Cousin J., Étymologies latines. REL 23, 1945, 66-69.
—, Les langues spéciales. Mémorial des études latines, Paris 1943, 37-54.
Cristofani M., Sul morfema etrusco *-als*. AGI 56, 1971, 38-42.
—, REE* SE 40, 1972, 463, Nr. 79.
—, REE* SE 43, 1975, 212f., Nr. 16.
Dain A., Les rapports gréco-latins. Mémorial des études latines, Paris 1943, 149-161.
Danielsson O.A., Etruskische Inschriften aus der Gegend von Comacchio. Glotta 16, 1928, 84-94.
Deecke W., Die Falisker. Straßburg 1888.
—, Etruskische Forschungen. 3. Heft: Die etruskischen Vornamen. Stuttgart 1879.
Defosse P., Chronique d'étruscologie: Travaux parus en 1971. Latomus 32, 1973, 96-129.
—, Chronique d'étruscologie II: Travaux parus en 1972. Latomus 33, 1974, 128-166.
—, Chronique d'étruscologie III: Travaux parus en 1973. Latomus 34, 1975, 465-498.

Deroy L., A propos des noms de nombres étrusques „ci" et „maχ". Latomus 13, 1954, 51-54.
—, A propos du nom étrusque de l'haruspice. Latomus 15, 1956, 206 ff.
—, De l'étrusque *macstrna* au latin *magister* et au germanique *makōn*. Annali dell'istituto Universitario Orientale di Napoli, Sezione Linguistica 2, 1960, 71-102.
—, Du latin *aerumna* au grec αἰσυμνήτης. AC 26, 1957, 404-410.
—, Du tribunal étrusque au tribunal romain. A propos de „*lautni*" et de „*laudare*". Glotta 36, 1958, 286-300.
—, Jeux de mots, causes de légendes. Annali dell'Istituto Universitario Orientale di Napoli, Sezione linguistica 1, 1959, 23-34.
—, La racine étrusque „*plau-, plu-*" et l'origine rhétique de la charrue à roues. SE 31, 1963, 99-121.
—, La valeur du suffixe préhellénique *-nth-* d'après quelques noms grecs en -νθος. Glotta 35, 1956, 171-195.
—, Les noms latins du marteau et la racine étrusque „⁺*mar-*". AC 28, 1959, 5-31.
—, „*Lettre*" et „*litre*" — deux mots d'origine étrusque. Les études classiques 43, 1975, 45-58.
—, Quelques survivances latines et grecques d'une racine préindo-européenne ⁺*lep-* „naître". Les études classiques 28, 1960, 3-22.
—, Quelques témoignages onomastiques sur la pénétration égéenne en Europe occidentale au second millénaire avant J.C. RIO 12, 1960, 1-26.
—, Un symbolisme juridique de la chaussure. AC 30, 1961, 371-380.
Devoto G., *Alacer, anas* e le influenze fonetiche etrusche. RFIC N.S. 4 (54), 1926, 518-522.
—, Aggiunte a „L'etrusco come intermediario di parole greche in latino" (St.Etr. Vol. II, 339 sg.). SE 3, 1929, 283.
—, Benvenuto A. Terracini (Nekrolog). SE 36, 1958, 521 f.
—, Bespr.* Bottiglioni G., Elementi prelatini nella toponomastica corsa; Pisa 1929. Zeitschrift für Ortsnamenforschung 8, 1932, 266f.
—, Bespr.* Ernout A., Les éléments étrusques du vocabulaire latin; BSL 30, 1929, 82-124. Gnomon 7, 1931, 412-417.
—, Bespr.* Nehring A., Griechisch τιταξ, τιτήνη und ein vorgriechisches *k*-Suffix; Glotta 14, 153-192. SE 1, 1927, 573.
—, Contatti etrusco-iguvini II. SE 12, 1938, 145-151.
—, I nomi propri in *-(e)na* e il sistema delle vocali in etrusco. Rendiconti del Reale Istituto Lombardo di Scienze e Lettere, Ser. 2, Bd. 59, 1926, 601-608.
—, La *F* iniziale etrusca e i nomi di *Felsina* e *Feltre*. SE 15, 1941, 171-176.
—, Le fasi della linguistica mediterranea. SE 23, 1954, 217-228.
—, Le fasi della linguistica mediterranea II. SE 29, 1961, 175-189.
—, L'etrusco come intermediario di parole greche in latino. SE 2, 1928, 307-341.
—, Nomi di divinità etrusche. I. *Fufluns*. SE 6, 1932, 243-260.
—, *Pala* „rotondità" (⁺*falter* „le cupole", *Palatium* „Caelius"). SE 13, 1939, 311-316.
—, Rapporti onomastici etrusco-italici. SE 3, 1929, 259-282.
—, Storia della lingua di Roma. 1. Auflage Bologna 1940; 2. (unveränderte) Auflage Bologna 1944.
—, Tendenze fonetiche etrusche attraverso gli imprestiti dal greco. SE 1, 1927, 256-287.

Diehl E., Altlateinische Inschriften, Berlin 1964[5].
Döhring A., *Pontifex. Kalendae. Idus.* — Etymologien. Archiv für lateinische Lexikographie und Grammatik 15, 1911, 221 f.
Durante M., Considerazioni intorno al problema della classificazione dell'etrusco. SMEA 7, 1968, 7-60.
—, Prosa ritmica, allitterazione e accento nelle lingue dell'Italia antica. Ricerche linguistiche 4, 1958, 61-98.
—, *Triumpe* e *triumphus*. Maia 4, 1951, 138-144.
—, Una sopravvivenza etrusca in latino. SE 41, 1973, 193-200.
Ernout A., *Adolēre, abolēre*. Symbolae Grammaticae Rozwadowski. Bd. 1 Krakau 1927, 203-226. (=Ders., Philologica I, Paris 1946, 53-58).
—, Aspects du vocabulaire latin. Paris. 1954.
—, Bespr.* Studi etruschi: I. Indici, volume I-V; II. volume VI. RPh Ser. 3, Bd. 8, 1934, 230f.
—, *Consus — Ianus — Sancus*. Collection Latomus 23, 1956, 115-121. (= Ders., Philologica II, Paris 1957, 173-178.)
—, *Farfarus* et *Marmar*. SE 24, 1955/56, 311-318. (= Ders., Philologica II, Paris 1957, 209-215.)
—, *Frutex — fruticō*. Revue Belge de Philologie et d'Histoire 1948, 85-92 (=Ders., Philologica II, Paris 1957, 216-221.)
—, Langue latine et dialectes italiques. Mémorial des études latines, Paris 1943, 32-36.
—, Latin „*Graecus, Graius, Graecia*". RPh Ser. 3, Bd. 36, 1962, 209-216.
—, Le vocabulaire latin. Leçon inaugurale faite au Collègue de France, déc. 1945. Philologica I, Paris 1946, 1-20.
—, Les éléments dialectaux du vocabulaire latin. Paris 1909.
—, Les éléments étrusques du vocabulaire latin. Atti del primo congresso internazionale etrusco, 27. April — 5. Mai 1928. Florenz-Bologna 1928, 226 f.
—, Les éléments étrusques du vocabulaire latin. BSL 30, 1929, 82-124. (= Ders., Philologica I, Paris 1946, 21-52.)
—, Les noms en *-āgō, -īgō, -ūgō* du latin. RPh Ser. 3, Bd. 15, 1941, 85-111. (=Ders., Philologica I, Paris 1946, 165-192.)
—, Les noms latins en *-tus*. Extrait des Études Romanes dédiées à Mario Roques. Paris 1946. (=Ders., Philologica I, Paris 1946, 225-232.)
—, Recueil de textes latins archaïques. Paris 1966[3].
—, Remarques sur l'étymologie latine. REL 3, 1925, 101-129.
—, Rencontres de sens. Latomus 5, 1946, 263-266. (= Ders., Philologica II, Paris 1957, 229-232.)
—, *Senex* et les formations en *-k-* du latin. BSL 41, 1940, 92-128. (=Ders., Philologica I, Paris 1946, 133-163.)
—, *Tyrrhenus* chez Virgile. RPh 1950, 5-8. (= Ders., Philologica II, Paris 1957, 233-236.)
Ernout A.-Meillet A., Dictionnaire étymologique de la langue latine. Paris 1979[4].
v. Ettmayer K., Bespr.* Walde A., Lateinisches etymologisches Wörterbuch; Heidelberg 1905. ZRPh 32, 1908, 724-727.
—, Der Ortsname Luzern. IF 43, 1926, 10-39.
Fauth W., Der Traum des Tarquinius. Latomus 35, 1976, 469-503.
Fay E.W., Dreams, the Swelling Moon, the Sun. CQ 11, 1917, 212-217.
—, Etymologies and Derivations. CQ 8, 1914, 50-60.

—, The Phonetics of *mr-* in Latin. CQ 13, 1919, 37-40.
Ferri S., Osservazioni alla „bilingue" di Pesaro. Atti dell'Accademia Nazionale dei Lincei; Rendiconti; Classe di Scienze Morali, Storiche e Filologiche; Ser. 8, 1958, Bd. 13, 323-326.
Fiesel E., Bemerkungen und Berichtigungen. 3: Etruskisch „acht" und „Oktober". SE 10, 1936, 321-325.
—, Das grammatische Geschlecht im Etruskischen. Göttingen 1922.
—, Etruskisch. In: Grundriß der indogermanischen Sprach- und Altertumskunde II. Die Erforschung der indo-germanischen Sprachen. Bd. 5, Lieferung 4, Straßburg 1931, 1-81.
—, Zu Benvenistes Deutung von *Aprilis*. SE 7, 1933, 295-297.
Fiesel E.-Groth P.M., Etruskisch *tupi* und lateinisch *tofus*. SE 6, 1932, 261-272.
Flobert P., Camille et Ganymède. Mélanges J. Heurgon, Rom 1976, 303-308.
Fohalle M., Sur le vocabulaire maritime des Romains. Mélanges P. Thomas, Bruges 1930, 271-299.
Fraenkel E., Litauisches etymologisches Wörterbuch. Bd. 1 Heidelberg 1962.
Friedländer P., *Persona*. Glotta 2, 1910, 164-168.
Friedrich J., Καρχηδών und *Carthago*. IF 39, 1921, 102-104.
Frisk H., Griechisches etymologisches Wörterbuch. 2 Bände. Heidelberg 1973².
Frothingham A.L., Circular *Templum* und *Mundus*. Was the *Templum* only Rectangular? AJA, Ser. 2, 18, 1914, 302-320.
Georgiev V., Illyrisches im Lateinischen. Glotta 25, 1936, 95-101.
—, Lat. *urbs* und *orbis*. IF 56, 1938, 198-200.
Gerhard G.A., *Satura* und *Satyroi*. Philologus 75, 1918, 247-273.
Gerola B., Substrato mediterraneo e latino. SE 16, 1942, 345-368.
Giacomelli G., Forme parallele a *sancio* e *sanctus* nei dialetti italici. SE 24, 1955/56, 337-342.
—, Gli etnici dell'Italia antica. SE 28, 1960, 403-417.
—, Iscrizioni tardo-etrusche e fonologia latina. AGI 55, 1970, 87-93.
—, La lingua falisca. Florenz 1963.
Goldmann E., Beiträge zur Lehre vom indogermanischen Charakter der etruskischen Sprache. 1. Teil Heidelberg 1929; 2. Teil Heidelberg 1930.
—, Neue Beiträge zur Lehre vom indogermanischen Charakter der etruskischen Sprache. Wien 1936.
González-Haba M., Petron. 38,9 *est tamen subalapa*. Glotta 47, 1969, 253-264.
Graff E.G., Althochdeutscher Sprachschatz. (Reprografischer Nachdruck der Ausgabe Berlin 1834.) Wissenschaftliche Buchgesellschaft Darmstadt 1963.
Grimm J.-Grimm W., Deutsches Wörterbuch. 3.Bd. Leipzig 1862.
Grošelj M., Etyma Graeca. ZAnt 7, 1957, 225-229.
Gruppe O., *Dies ater*. Hermes 15, 1880, 624.
Günther R., Etruskisch *serve* — lateinisch *servus*. Ein Deutungsversuch. AAntHung 8, 1960, 45-50.
Haas O., Italisch-Romanisches. Die Sprache 3, 1957, 150-159.
Hackens T., *Favisae*. Études Étrusco-Italiques. Louvain 1963, 71-99.
Hallett J.P., *Masturbator, Mascarpio*. Glotta 54, 1976, 292-308.
Hammarström M., Beiträge zur Geschichte des etruskischen, lateinischen und griechischen Alphabets. Helsingfors 1920.
—, Griechisch-etruskische Wortgleichungen. Glotta 11, 1921, 211-217.
Hamp E.P., Etruscan Φersu. Glotta 53, 1975, 299-301.

—, Latin *arr(h)a*. Glotta 63, 1985, 109.
—, Latin *pulc(h)er*. Glotta 62, 1984, 74 f.
—, Latin *verpa*. AJPh 92, 1971, 68-88.
Hartmann F.-Kroll W., LB* Italische Sprachen und lateinische Grammatik 1911. Glotta 5, 1913, 313-368.
—, —, LB* Italische Sprachen und lateinische Grammatik 1912. Glotta 6, 1915, 312-380.
—, —, LB* Italische Sprachen und lateinische Grammatik 1913. Glotta 7, 1916, 360-404.
—, —, LB* Italische Sprachen und lateinische Grammatik 1914. Glotta 8, 1917, 271-326.
—, —, LB* Italische Sprachen und lateinische Grammatik 1915. Glotta 9, 1918, 236-272.
—, —, LB* Italische Sprachen und lateinische Grammatik 1916. Glotta 10, 1919, 245-282.
—, —, LB* Italische Sprachen und lateinische Grammatik 1917. Glotta 11, 1921, 110-144.
—, —, LB* Italische Sprachen und lateinische Grammatik 1918. Glotta 11, 1921, 251-276.
Hartmann F.-Lambertz M., LB* Italische Sprachen und lateinische Grammatik 1910. Glotta 4, 1912, 359-430.
Havers W., Zum Bedeutungsgehalt des indogermanischen Suffixes *-tu-*. AAWW 88, 1951, 43-46.
—, Zur Entstehung eines sogenannten sakralen *u*-Elementes in den indogermanischen Sprachen. AAWW 84, 1947, 139-165.
Heine R., *Cavum* und *caverna*. Glotta 49, 1971, 266-289.
Heintze A.-Cascorbi P., Die deutschen Familiennamen geschichtlich, geographisch, sprachlich. Berlin 1933[7].
v. Helle F.H., Problem der lateinischen Silbentrennung. Glotta 11, 1921, 29-50.
Hellenbrand W., *Multa*. RE Suppl. VI, 1935, 542-555.
Heraeus W., Die Sprache des Petronius und die Glossen. Wissenschaftliche Beilage zum Programm des Gymnasiums und der Realschule zu Offenbach a.M., Leipzig 1899.
Herbig G., Addidamentum ad *CIE* 8352. *CIE* II 2,1, p. 113.
—, *Bargina*. Aufsätze zur Kultur- und Sprachgeschichte vornehmlich des Orients, E. Kuhn gewidmet, München 1916, 171-175.
—, Bespr.* Sommer F., Handbuch der lateinischen Laut- und Formenlehre, 2. und 3. Auflage, Heidelberg 1914; und ders., Kritische Erläuterungen zur lateinischen Laut- und Formenlehre, ebenda 1914 (= Indogermanische Bibliothek. Hrsg. von Hirt H. und Streitberg W. 1. Abt.: Sammlung indogermanischer Lehr- und Handbücher. 1. Reihe: Grammatiken. Bd. 3.1.2.). Anzeiger für indogermanische Sprach- und Altertumskunde; Beiblatt zu den IF 37, 1916/17, 18-40.
—, Eine etruskische Münzlegende? Glotta 3, 1911, 281-285.
—, Etruskisches Latein. IF 37, 1916/17, 163-186.
—, Falisca. Glotta 2, 1910, 83-110; 181-200.
—, Indogermanische Sprachwissenschaft und Etruskologie. IF 26, 1909, 360-381.
—, Kleinasiatisch-etruskische Namengleichungen. Sitzungsberichte der Kgl. Bayerischen Akademie der Wissenschaften, philosophisch-philologisch-historische Klasse, Jg. 1914, 2. Abhandlung, 1-39.

—, LB* Etruskisch 1894-1907. Jahresbericht über die Fortschritte der klassischen Altertumswissenschaft Jg. 36, 1908, Bd. 140, 79-145.
—, Neue etruskische Funde aus Grotte S. Stefano und Montagna. III: Die etruskischen -al-Formen. Glotta 4, 1912, 172-187.
—, Roma. Berliner Philologische Wochenschrift 36, 1916, Sp. 1472-1480.
—, Satre-Saturnus. Philologus N.F. 28, 1917, 446-459.
—, Tyro und flere. Hermes 51, 1916, 465-474.
—, Zur Vorgeschichte der römischen pontifices. ZVS 47, 1916, 211-232.
Herbig G.-Hartmann F.-Kroll W., LB* Italische Sprachen und lateinische Grammatik 1919/20. Glotta 12, 1923, 230-277.
Hermann E., Silbenbildung im Griechischen und in den anderen indogermanischen Sprachen. Ergänzungsheft zur Zeitschrift für vergleichende Sprachforschung auf dem Gebiete der indogermanischen Sprachen Nr. 2, Göttingen 1923.
Heurgon J., Die Etrusker. Titel der Originalausgabe: La Vie quotidienne chez les Étrusques. Aus dem Französischen übersetzt von Irmgard Rauthe-Welsch. Stuttgart 1977².
—, La coupe d'Aulus Vibenna. Mélanges J. Carcopino, Paris 1966, 515 f.
—, Lars, largus et Lare Aineia. Mélanges A. Piganiol II, Paris 1966, 655-664.
—, „prumts", „prumaΘś" et les arbres généalogiques étrusques. Scritti G. Bonfante, Bd. 1 Brescia 1976, 361-376.
—, Recherches sur la fibule d'or inscrite de Chiusi. MEFR 83, 1971, 9-28.
—, Voltur. REL 14, 1936, 109-118.
Hiersche R., Der Wechsel zwischen anlautendem f und h im Lateinischen. Glotta 43, 1965, 103-118.
Hiltbrunner O., Latina Graeca. Semasiologische Studien über lateinische Wörter im Hinblick auf ihr Verhältnis zu griechischen Vorbildern. Bern 1958.
Hoenigswald H., On Etruscan and Latin Month-names. AJPh 62, 1941, 199-206.
—, Problemi di lingua umbra. RFIC N.S. 16, 1938, 274-294.
Hofmann J.B., Bespr.* Muller F., Altitalisches Wörterbuch; Göttingen 1926. IF 47, 1929, 177-191.
—, Bibliographie des Jahres 1917. IX: Italisch. Indogermanisches Jahrbuch 7, 1919, 1-47.
—, Lat. tenus und die Adjektiva auf -tinus. IF 44, 1926/27, 71-75.
—, LB Altitalische Sprachdenkmäler. Bericht über das Schrifttum der Jahre 1931-1937. Jahresbericht über die Fortschritte der klassischen Altertumswissenschaft 270, 1940, 3-122.
—, Zu den Assimilations- und Dissimilationserscheinungen im Lateinischen. IF 56, 1938, 114-116.
Holthausen F., Lateinische Etymologien. ZVS 46, 1914, 178 f.
Hübner W., Saurix — ein Vogel? Glotta 47, 1969, 266-279.
—, Sorex und bubo (Nachtrag zu: Saurix — ein Vogel? Glotta 47, 1969, 266-279). Glotta 49, 1971, 147-149.
Huelsen C., Curia tifata. Hermes 46, 1911, 305-308.
Jones H. L., The Geography of Strabo with an English Translation. London 1949.
Kalinka E., Die Heimat der Atellane. Berliner Philologische Wochenschrift Jg. 42, 1922, Nr. 24, Sp. 571-576.
Kannengiesser A., Ist das Etruskische eine hettitische Sprache? I: Über das vθ-Suffix im Etruskischen und im Griechischen. Wissenschaftliche Beilage zum Jahresbericht des Gymnasiums zu Gelsenkirchen, Ostern 1908. Programm Nr. 452, Gelsenkirchen 1908.

Kaufmann H., Untersuchungen zu altdeutschen Rufnamen. München 1965.
Kerényi K., Satire und Satura. SMSR 9, 1933, 129-156.
—, Zu lat. mentula, Glotta XII 105, 283 und XVI 138. Glotta 20, 1932, 186f.
Kluge F., Etymologisches Wörterbuch der deutschen Sprache. Berlin 1967[20].
—, Nachlese zu Walde. Glotta 2, 1910, 54-56.
—, Nachlese zu Walde. Glotta 3, 1911, 279-281.
Knobloch J., Lateinisch amare und die Bronzetafel von Rapino. Die Sprache 13, 1967, 211-215.
—, Lat. helluō, -ōnis m. „Prasser". Die Sprache 19, 1973, 63.
Kornemann E., Heilige Städte — Zum Städtewesen der Sumerer und Etrusker. Die Antike 8, 1932, 105-112.
Krahe H., Bespr.* Zeitschrift für Ortsnamenforschung 1-4. IF 47, 1929, 198-205.
—, Die Indogermanisierung Griechenlands und Italiens. Heidelberg 1949.
—, Zur Bildungsweise einiger lateinischer Götternamen. Satura O. Weinreich, Baden-Baden 1952, 59-70.
Krauskopf J., Zur Datierung der etruskischen Löwenkopfmünzen. Mitteilungen des Kaiserlich Deutschen Archäologischen Instituts, römische Abt. 90, Fasc. 2, 1983, 223-232.
Kretschmer P., Das -nt-Suffix. Glotta 14, 1925, 84-106.
—, Die protoindogermanische Schicht. Glotta 14, 1925, 300-319.
—, Die vorgriechischen Sprach- und Volksschichten. Glotta 28, 1940, 231-278.
—, Einleitung in die Geschichte der griechischen Sprache. Göttingen 1896.
—, Lateinisch amo. Glotta 13, 1924, 114f.
—, Lateinisch quirites und quiritare. Glotta 10, 1919, 147-157.
—, Mythische Namen. 14: Die Nymphe Minthe und lat. mentula. Glotta 12, 1923, 105-107.
—, Pelasger und Etrusker. Glotta 11, 1921, 276-285.
—, Remus und Romulus. Glotta 1, 1909, 288-303.
—, Saturnus. Die Sprache 2, Heft 2, 1950, 65-71.
—, Sprache. In: Gercke A.-Norden E., Einleitung in die Altertumswissenschaft, Bd. 1, Heft 6, Leipzig-Berlin 1923[3], 1-121.
—, Turnus und die Mehrdeutigkeit italischer Eigennamen. Glotta 20, 1932, 196-203.
—, Weiteres zur Urgeschichte der Inder. ZVS 55, 1928, 75-103.
—, Zu den lateinischen Postverbalien. Glotta 31, 1948-51, 152-158.
—, Zu lat. mentula. Glotta 12, 1923, 283f.
Krogmann W., Frutis. Glotta 20, 1932, 175-180.
—, Lat. ferrum. ZVS 64, 1937, 267-269.
Kroll W., Mundus und Verwandtes. Festschrift P. Kretschmer, Wien 1926, 120-127.
—, Satura. RE II A/1, 1921, 192-200.
Kubitschek W., Spurius, Spurii filius, sine patre filius und spurius. Wiener Studien 47, 1929, 130-143.
Lallement J., De quelques mots étrusques à racine indo-européenne. AFLNice 2, 1967, 3-6.
—, De quelques mots étrusques à racine indo-éuropéenne II. AFL Nice 11, 1970, 15-18.
—, De quelques mots étrusques à racine indo-européenne III. Latomus 32, 1973, 130-134.
Lambertz M., Zur Etymologie von δοῦλος. Glotta 6, 1915, 1-18.

Latte C.-Fiesel E., *Laverna*. RE XII/1, 1924, 998f.
Lattes E., Ancora etr. φersu, lat. *persona*. Glotta 3, 1911, 67.
—, Etruskische Analogien zu lateinischen Afrizismen: *Saeturus*. Archiv für lateinische Lexikographie und Grammatik 8, 1893, 495-499.
—, Etruskisch-lateinische oder etruskisierende Wörter und Wortformen der lat. Inschriften I, II, III, IV. Archiv für lateinische Lexikographie und Grammatik 13, 1904, 119-127, 181-191, 373-378, 502-530.
—, Lat. *dossennus, maccus, persona*. Glotta 2, 1910, 269f.
—, Per la storica estimazione delle concordanze onomastiche latino-etrusche. Klio 12, 1912, 377-386.
—, Zu den etruskischen Monatsnamen und Zahlwörtern. RhM N.F. 57, 1902, 318-320.
Leifer F., Studien zum antiken Ämterwesen. I: Zur Vorgeschichte des römischen Führeramtes. Klio, Beiheft 23 (N.F. Heft 10), 1931.
Lejeune M., Notes de linguistique italique. XVII: La bilingue étrusco-latine de Pesaro. REL 40, 1962, 149-169.
Lemosse M., Les éléments techniques de l'ancien triomphe romain et le problème de son origine. In: Temporini H., Aufstieg (s. dort), 442-453.
Lenchantin de Gubernatis M., Metanastasi e ditonia degli elenismi latini. Archivum Romanicum 9, 1925, 424-438.
Leumann M., Die Adjektiva auf *-īcius*. Glotta 9, 1918, 129-168.
—, Die lat. Adjektiva auf *-lis*. In: Untersuchungen zur indogermanischen Sprach- und Kulturwissenschaft, hrsg. von Brugmann K. und Sommer F., Bd. 7, Straßburg 1917.
—, LB* Lateinische Grammatik 1926/27. Glotta 18, 1930, 241-274.
—, LB* Lateinische Laut- und Formenlehre 1928. Glotta 19, 1931, 232-252.
—, LB* Lateinische Laut- und Formenlehre 1928. Glotta 19, 1931, 232-252.
—, LB* Lateinische Laut- und Formenlehre 1929. Glotta 20, 1932, 267-285.
—, LB* Lateinische Laut- und Formenlehre 1930. Glotta 21, 1933, 184-199.
—, LB* Lateinische Laut- und Formenlehre 1931/32. Glotta 23, 1935, 119-144.
—, LB* Lateinische Laut- und Formenlehre 1933. Glotta 24, 1936, 145-157.
—, LB* Lateinische Laut- und Formenlehre 1934. Glotta 26, 1938, 84-94.
—, LB* Lateinische Laut- und Formenlehre 1935. Glotta 27, 1939, 63-75.
—, LB* Lateinische Laut- und Formenlehre 1936. Glotta 27, 1939, 75-92.
—, LB* Lateinische Laut- und Formenlehre 1937. Glotta 28, 1940, 1-21.
—, LB* Lateinische Laut- und Formenlehre 1938. Glotta 29, 1941/42, 162-176.
—, LB* Lateinische Laut- und Formenlehre 1939. Glotta 34, 1955, 202-231.
—, LB* Lateinische Laut- und Formenlehre 1940-55. Glotta 36, 1958, 123-151.
—, LB* Lateinische Laut- und Formenlehre 1955-62. Glotta 42, 1964, 69-120.
—, Schwer erkennbare griechische Wörter im Latein. Die Sprache 1, 1949, 204-212.
—, Zur Bedeutungsgeschichte von *fustis*. Hermes 55, 1920, 107-111.
Leumann M.-Hofmann J.B.-Szantyr A., Lateinische Grammatik. 1. Bd.: Lateinische Laut- und Formenlehre, München 1977 (Neuausgabe der 1926-1928 in 5. Auflage erschienenen „Lateinischen Laut- und Formenlehre"); 2. Bd.: Lateinische Syntax und Stilistik, München 1965. In: Handbuch der Altertumswissenschaft, begründet von Iwan von Müller, erweitert von Walter Otto, fortgeführt von Hermann Bengston, 2. Abt., 2. Teil, 1. und 2. Bd.
Lewy E., IV: Lat. *idus*. IF 56, 1938, 36.
Linde P., Etruskische Beiträge zur römischen Literatur. Gymnasium 64, 1957, 22.

Lindsay W.M., Early Latin Verse. Oxford 1922.
—, *Hercules*, 5. Dekl. Archiv für lateinische Lexikographie und Grammatik 15, 1911, 144 f.
Liou B., *Praetores Etruriae XV populorum*. Collection Latomus Bd. 106, Brüssel 1969.
Maggiani A., REE* SE 40, 1972, 468-470.
Malkiel Y., *Crumēna*, a Latin Lexical Isolate, and its Survivel in Hispano-Romance (Sp. *colmena*, dial. *cormena* „beehive"). Glotta 62, 1984, 106-123.
Marchese M. P., Nota sulla morfologia di *paricidas/parricida*. AGI 64, 1979, 106-111.
Maresch G., *Consul, praetor, iudex*: Ein sprachlicher Beitrag zur Frühgeschichte Roms. Mitteilungen des Vereins der Klassischen Philologen Wien 6, 1929, 88-94.
—, Etymologica. Mitteilungen des Vereins der Klassischen Philologen Wien 2, 1925, 77-79.
—, *Herakles*. Mitteilungen des Vereins der Klassischen Philologen Wien 7, 1930, 50-55.
—, Zur Etymologie von *Decuria*. Mitteilungen des Vereins der Klassischen Philologen Wien 3, 1926, 90 f.
Martha J., La langue étrusque. Paris 1913.
Mastrelli C.A., Etrusco-piceno *frontac* e greco κεραυνός. SE 44, 1976, 149-161.
Mathieu N., L'écriture et l'histoire du mot phonétique en latin. Revue des études indo-européennes 1, 1938, 85-88.
Maurenbrecher B., *Saeturnus*. Archiv für lateinische Lexikographie und Grammatik 8, 1893, 292 f.
Mayer A., Die lateinischen Ortsbezeichnungen auf *-ētum*. Glotta 33, 1954, 227-238.
Mayrhofer M.-Dressler W., Indogermanische Chronik 18a. Die Sprache 18, 1972, 75-116.
—, —, Indogermanische Chronik, 18b. Die Sprache 18, 1972, 205-239.
Meid W., Das Suffix *-no-* in Götternamen. BN 8, 1957, Heft 1, 72-108, 113-126.
—, Zur Dehnung präsuffixaler Vokale in sekundären Nominalableitungen. IF 62, 1956, 262-295.
—, Zur Dehnung präsuffixaler Vokale in sekundären Nominalableitungen (Fortsetzung und Schluß zu IF 62, 262-295). IF 63, 1958, 1-28.
Meillet M., De quelques emprunts probables en grec et en latin. Mémoires de la société linguistique 15, 1908/09, 161-164.
—, De quelques géminations expressives en italique. BSL 23, 1922, 79 f.
—, Esquisse d'une histoire de la langue latine. Paris 1928.
—, Études sur l'étymologie et le vocabulaire du vieux slave. Bd. 1, Paris 1902.
—, Latin *amare* et phrygien ἀδάμνα. BSL 22, 1920, 165.
Meineke A., Strabonis *Geographica*. Leipzig 1866.
Meriggi P., Osservazioni sull'etrusco. SE 11, 1937, 129-201.
Merlo C., Voci greche in veste etrusca. SE 1, 1927, 289 f.
Meyer-Lübke W., *Pilleus*. ZVS 33, 1895, 308-310.
—, Romanisches etymologisches Wörterbuch. Heidelberg 1972[5].
Mezger F. IE *se-, swe-* and Derivatives. Word 4, 1948, 98-105.
Mingazzini P., Sul fenomeno dell'aspirazione in alcune parole latine ed etrusche. SE 24, 1955/56, 343-349.
Minto A., Regione VII (Etruria). II: Populonia. Scoperte archeologische fortuite dal 1931 al 1934. NSA 59(10), 1934, 351-428.
—, Regione VII (Etruria). I: S. Quirico d'Orcia (Siena) — Scoperta di un sepolcreto etrusco sul „Poggio delle Lepri". NSA 16, 1919, 89-92.

Mommsen Th., Epigraphische Analekten 9: Inschrift aus Hispellum. Gesammelte Schriften Bd. 8: Epigraphische und numismatische Schriften. Berlin 1913, 24-45 (= Berichte der sächsischen Gesellschaft der Wissenschaften 1850, 199ff.)
Mountford V.J.F., De Mensium Nominibus. The Journal of Hellenic Studies 43, 1923, 102-116.
Müller K.O.-Deecke W., Die Etrusker. Stuttgart 1877.
Müller-Graupa E., Primitiae. Glotta 18, 1930, 132-146.
—, Zum altlateinischen *formus*. Glotta 31, 1948-51, 129-152.
Münzer Th., *Caecina* Nr. 7. RE III/1, 1897, 1237f.
Muller F., Altitalisches Wörterbuch. Göttingen 1926.
—, De vocibus etruscis *tul, spural, naper, ten-*. Mnemosyne N.S.47, 1919, 117-121.
—, De Romanorum et Graecorum foco. Mnemosyne N.S.43, 1915, 320-337.
—, Zur Geschichte der römischen Satire. Philologus 78, 1923, 230-280.
—, Zur Wortbetonung in den oskisch-umbrischen Dialekten. IF 37, 1916/17, 187-209.
Nehring A., Bericht über den 1. Internationalen Etruskologen-Kongreß in Florenz und Bologna vom 27. April bis 5. Mai 1928. Indogermanisches Jahrbuch 13, 1929, 394-412.
—, Gr. τίταξ, τιτήνη und ein vorgriechisches *k*-Suffix. Glotta 14, 1925, 153-192.
—, LB* Lateinische Grammatik 1922/23. Glotta 14, 1925, 233-275.
—, LB* Lateinische Grammatik 1924. Glotta 15, 1927, 245-279.
—, LB* Lateinische Grammatik 1925. Glotta 16, 1928, 212-252.
—, LB* Lateinische Sprache 1921. Glotta 13, 1924, 286-309.
—, LB* Lateinische Sprache 1921 (Schluß). Glotta 14, 1925, 114-153.
—, Lexikalische Beziehungen zwischen dem Etruskischen und Griechischen. In: Atti del primo congresso internazionale etrusco, Firenze-Bologna 27.4.-5.5.1928. Florenz, 1929, 222f.
—, Parerga zur lateinischen Wortforschung: I. Eine etruskische Wortsippe. Glotta 17, 1929, 117-127.
—, Zum Namen der Quitte. Glotta 13, 1924, 11-16.
Nencioni G., Innovazioni africane nel lessico latino. SIFC 16, 1, 1939, 3-50.
Neppi Modona A., Cortona etrusca e romana nella storia e nell'arte. Accademia Toscana di Scienze e Lettere „La Colombaria", Studi 45, Florenz 1977.
Nicosia F., REE* SE 34, 1966, 331-333.
Niedermann M., Bespr.* Sommer F., Handbuch der lateinischen Laut- und Formenlehre; Heidelberg 1902. Neue Jahrbücher für das klassische Altertum 9, 1902, 402f.
—, Die Namen des Storches im Litauischen. Festgabe A. Kaegi, Frauenfeld 1919, 66-92.
—, Essais d'étymologie et de critique verbale latines. Neuchâtel 1918.
—, Ghost words: Lat. *celtis* „ciseau". MH 2, 1945, 123-136.
—, Kleine Beiträge zur lateinischen Wortbildung. ZVS 45, N.F.25, 1913, 349-353.
—, Mélanges de linguistique latine. Mnemosyne 3, Serie 3, 1935, 265-278.
—, Zur indogermanischen Wortforschung. IF 37, 1916/17, 145-155.
—, Zur lateinischen und griechischen Wortgeschichte. Glotta 19, 1931, 1-15.
Nöldeke Th., Randbemerkungen II. Glotta 3, 1911, 279.
Nougayrol M.J., Les rapports des haruspicines étrusque et assyro-babylonienne, et le foie d'argile de *Falerii Veteres* (Villa Giulia 3786). Académie des Inscriptions et Belles Lettres, Comptes rendus des séances de l'année 1955, 509-519.

Oleson J. P., A Possible Physiological Basis for the Term *Urinator*, „Diver". AJPh 97, 1976, 22-29.
Olzscha K., Der Name *Italia* und etruskisch *ital*. SE 10, 1936, 263-275.
—, Die Etymologie von *ritus*. SE 24, 1955/56, 319-326.
—, Eine etruskisch-griechische Hesychglosse. Glotta 46, 1968, 263-267.
—, Etruskisch *lautn* und *etera*. Glotta 46, 1968, 212-277.
—, LB* Etruskisch 1969. Glotta 47, 279-323.
—, LB* Etruskisch 1969 II. Glotta 48, 1970, 260-294.
—, LB* Italische Sprachen 1939-1962. Glotta 41, 1963, 70-138.
Osthoff H., Etymologisches zur Steigerungsformenbildung. IV: Osk. got. *mais*, lat. *amplus, matula, manus*. In: Osthoff H.-Brugmann K., Morphologische Untersuchungen auf dem Gebiete der indogermanischen Sprachen 6, Leipzig 1910, 336-350.
Oštir K., Drei vorslavisch-etruskische Vogelnamen. Razprave znanstvenega društva v Ljubljani 8, 1930, Filološko-Lingvistični odsek 1.
Pais E., Storia dell'Italia antica. Bd. 2, Rom 1925.
Pallottino M., Die Etrusker. Titel der Originalausgabe: Etruscologia. Nach der 5., revidierten Auflage aus dem Italienischen übertragen. Wissenschaftliche Betreuung der deutschen Ausgabe durch Dr. A.J. Pfiffig. Frankfurt-Hamburg 1965[5].
—, Elementi di lingua etrusca. Florenz 1936.
—, Epigrafia e lingua etrusca. Doxa 3, 1950, 29-53.
—, Etruscologia. Mailand 1947[2]; ebenda 1955[3].
—, Il culto degli antenati in Etruria ed una probabile equivalenza lessicale etrusco-latina. SE 26, 1958, 49-83.
—, La iscrizione arcaica su vaso di bucchero rinvenuta ai piedi del Campidoglio. Bullettino della commissione archeologica del governato di Roma e Bulletino del Museo dell'Impero Romano 69, 1941, 101-107.
—, La lingua degli Etruschi. In: Popoli e civiltà dell'Italia antica VI: Lingue e dialetti, Rom 1978, 429-468.
—, Scavi nel santuario etrusco di Pyrgi — Le iscrizioni etrusche. ArchClass 16, 1964, 76-104.
—, REE* SE 21, 1950/51, 397 ff.
—, REE* SE 22, 1952/53, 309 f.
—, REE* SE 23, 1954, 403 f.
—, REE* SE 33, 1965, 505-507.
—, REE* SE 34, 1966, 355-359.
—, REE* SE 47, 1979, 319-325.
—, Saggi sul libro di Zagabria. I: La formula *cisum pute*. SE 17, 1943, 347-357.
—, Servius Tullius, à la lumière des nouvelles découvertes archéologiques et épigraphiques. Comptes rendus de l'Académie des Inscriptions et Belles Lettres 1977, 216-235. (=Saggi di antichità I: Alle origini dell'Italia antica. Rom 1979, 428-447.)
—, Spigolature etrusco-latine. Studi G. Funaioli, Rom 1955, 299-305.
—, Un gruppo di nuove iscrizioni tarquiniesi e il problema dei numerali etruschi. SE 32, 1964, 107-129.
Palmer L.R., The Latin Language. London 1954.
Pantzerhjelm Th.-Skutsch F., Zu *populus* und *populo(r)*. Glotta 3, 1911, 196-203.

Pariente A., *Aprīlis*. Emerita 16, 1948, 139-164.
—, *Littera*. Emerita 17, 1949, 158-164.
Pascal C., *Uterus venter*. Bollettino di filologia classica 16, 1910, 111 f.
Pasquali G., *Acheruns, Acheruntis*. SE 1, 1927, 291-301.
Pauli K., Die etruskischen Zahlwörter. Etruskische Forschung und Studien 3, 1882.
Perrot J., Les dérivés latins en *-men* et *-mentum*. Paris 1961.
Peruzzi E., Appunti di etimologia latina. Euphrosyne N.S.8, 1977, 173-181.
—, Etimologie latine. RFIC 103, 1975, 257-275.
—, *Haruspices Sabinorum*. PP 24, 1969, 5-33.
—, I micenei sul Palatino. PP 29, 1974, 309-349.
—, L'iscrizione di Vendia. Maia 15, 1963, 89-92.
—, Origine di Roma I. Florenz 1970.
—, Prestiti micenei in latino. StudUrb (Ser. B) 47, Suppl.ling.Bd. 1, 1973, 7-60.
—, Sabino +*crepus*. Scritti linguistici in onore di G. B. Pellegrini, Pisa 1983, 1427-1429.
—, THBENNA. Euphrosyne N.S.7, 1975/76, 137-143.
—, Un etruschismo del latino religioso. RFIC 104, 1976, 144-148.
Petersson H., Beiträge zur lateinischen Etymologie. Glotta 7, 1916, 320.
—, Beiträge zur lateinischen Etymologie (Fortsetzung). Glotta 8, 1917, 70-77.
—, Lateinische und griechische Etymologien. Glotta 4, 1912, 294-299.
—, Studien über die indogermanische Heteroklisie. Lund 1921.
Pfiffig A. J., Bespr.* Banti L., Il mondo degli etruschi; Roma, ènte per la diffusione e l'educazione storica 1969. Gnomon 43, 1971, 45-49.
—, Bespr.* Cristofani M., La tomba delle Iscrizioni a Cerveteri; Firenze 1965. Gymnasium 74, 1967, 285-287.
—, Bespr.* Georgiev V. I., La lingua e l'origine degli Etruschi; Rom 1979. Gnomon 53, 1981, 191-193.
—, Bespr.* Radke G., Die Götter Altitaliens; Münster 1965. Die Sprache 14, 1968, 50-55.
—, Bespr.* de Simone C., Die griechischen Entlehnungen im Etruskischen; Bd. 1 Wiesbaden 1968; Bd. 2 ebenda 1970. Gnomon 44, 1972, 658-666.
—, Die Ausbreitung des römischen Städtewesens in Etrurien und die Frage der Unterwerfung der Etrusker. Biblioteca di Studi Etruschi 2, Florenz 1966.
—, Die etruskische Sprache. Graz 1969.
—, Die Haltung Etruriens im 2. punischen Krieg. Historia 15, 1966, 193-210.
—, Die Namen ehemals unfreier Personen bei den Römern und in Etrurien. BN 11, 1960, 256-259.
—, Die Romanisierung der Städte Etruriens. S. ders., Die Ausbreitung.
—, Eine Nennung Hannibals in einer Inschrift des 2. Jahrhunderts v.Chr. aus Tarquinia. SE 35, 1967, 659-663.
—, Einfache Lautfrequenzkurven als Hilfsmittel zur Beurteilung schlecht gelesener oder gefälschter etruskischer Texte. Linguistics 84, 1972, 5-40.
—, Etrusker. Archiv der Geschichte der Naturwissenschaften 2, 1980/81, 107-109.
—, Etruskisch *apa* „Vater" und Name. BN N.F.6, 1971, 35-39.
—, Etruskisches I: Zu lateinisch *mundus* und etruskisch *munθ*. Die Sprache 8, 1962, 142-145.
—, Fehler und Verbesserung in etruskischen Inschriften. SAWW 314, 1977.

—, Hannibal in einer etruskischen Grabinschrift in Tarquinia. AAWW 104, 1967, 53-61.
—, Osservazioni su nomi veneti nelle iscrizioni etrusche di Spina. SE 29, 1961, 327-329.
—, Religio Etrusca. Graz 1975.
—, Spina — etruskisch oder venetisch? Die Sprache 8, 1962, 149-153.
—, Stellung und Funktion der allomorphen Suffixe -s(i) und -l(a/e) im etruskischen Kasussystem. AAWW 111, 1974, 410-438.
—, Studien zu den Angramer Mumienbinden. Denkschriften der Österreichischen Akademie der Wissenschaften, philosophisch-historische Klasse Bd. 81, Wien 1963.
—, Sulla, Etrurien und das Römische Bürgerrecht. Grazer Beiträge 8, 1979, 141-152.
—, Über eine Besonderheit des etruskischen Götterkults. Beiträge zur altitalischen Geistesgeschichte (Festschrift Radke zum 18. Februar 1984), Münster 1984, 186-192.
—, Uni-Hera-Astarte. Studien zu den Goldblechen von S. Severa/Pyrgi mit etruskischer und punischer Inschrift. Denkschriften der Österreichischen Akademie der Wissenschaften, philosophisch-historische Klasse Bd. 88, 2. Abhdlg., Wien 1965.
—, Untersuchungen zum Cippus Perusinus. SE 29, 1961, 111-154.
—, Verschreibung und Verbesserung in etruskischen Inschriften. SE 32, 1964, 183-205.
—, Zum Jahr der Frau: Ein weiterer Rückblick ins Altertum. Mitteilungen der Gesellschaft der Freunde Carnuntums 3, 1975, 13-16.
—, Zur Forderung nach moderner Sprachbetrachtung in der Etruskologie. Die Sprache 18, 1972, 163-187.
Pfiffig A.J.-Izbicki H., Die etruskischen Zahlwörter von eins bis sechs. Bericht über die Behandlung des Problems mit Hilfe einer elektronischen Datenverarbeitungsmaschine. Sonderabdruck aus dem Anzeiger der Österreichischen Akademie der Wissenschaften, philosophisch-historische Klasse, Jg. 1965, So. 5.
Pfister R., *Crumina*. IF 56, 1950, 200-205.
Pisani V., Il Suffisso femminilizzante indoeuropeo -*on* (-*ion*, -*tion*, *u̯on*) e alcune sue tracce nella declinazione. Rendiconti della Reale Accademia Nazionale dei Lincei Ser. 6, Bd. 11, 1935, 775-794.
—, Lat. *bārō* e affini, e un nuovo esempio di *si* > lat. i̯i̯. Rivista indo-greco-italica 16, 1932, 68-72.
—, Lateinisch *aprīlis*. Ricerche linguistiche 2, 1951, 207.
—, Mytho-etymologica. Revue des études indo-européennes 1, 1938, 220-256.
v. Planta R., Grammatik der oskisch-umbrischen Dialekte II. Straßburg 1897.
Pokrowsky M.M., Etymologica. Symbolae grammaticae Rozwadowski Bd. 1, Krakau 1927, 223-226.
Porzig W., Die indogermanische Sektion auf der 56. Versammlung deutscher Philologen und Schulmänner in Göttingen vom 27.-30. September 1927. Indogermanisches Jahrbuch 12, 1928, 346-359.
Prosdocimi A.L., Studi sul latino arcaico. SE 47, 1979, 173-222.
Proskauer C., Das auslautende -*s* auf den lateinischen Inschriften. Dissertation Straßburg 1910.
Puhvel J., Greek ἔχθαρ and Latin *instar*. Glotta 37, 1958, 288-292.
—, The Origins of Greek *kosmos* and Latin *mundus*. AJPh 97, 1976, 154-167.
Radke G., *Acca Larentia* und die *fratres Arvales*. Ein Stück römisch-sabinischer Frühgeschichte. In: Temporini H., Aufstieg (s. dort), 421-441.

—, *Mercurius*. KP 3, 1979, 1229f.
—, *Minerva*. KP 3, 1979, 1317-1319.
—, *Pomerium*. KP 4, 1979, 1015-1017.
Regula M., Lateinische Etymologien. Die Sprache 3, 1957, 189-192.
Reichelt H., Etymologisches. Glotta 6, 1915, 70f.
Ribezzo F., Bespr.* Ernout A. et Meillet A., Dictionnaire étymologique de la langue latine; Paris 1932. Rivista indo-greco-italica 16, 1932, 262f.
—, Bespr.* Olivieri D., Dizionario di toponomastica lombarda; Milano 1931. Rivista indo-greco-italica 16, 1932, 264-266.
—, Comunicazioni. Rivista indo-greco-italica 13, 1929, 141-150.
—, I testi etruschi *CIE* 5237 e 4538 (Piombo di Magliano e Cippo di Perugia) rianalizzati e spiegati. Rivista indo-greco-italica 13, 1929, 59-104.
—, L'epitafio etrusco di *Pulena*. Rivista indo-greco-italica 16, 1932, 175-193.
—, L'iscrizione di due patere falische. Rivista indo-greco-italica 2, 1918, 245-251.
—, Metodi e metodo per interpretare l'etrusco. Rivista indo-greco-italica 12, 1928, 76-92.
—, Note etimo-fonetiche. Rivista indo-greco-italica 3, 1919, 253-258.
—, Per la cittadinanza di alcune parole greco-italiche. Rivista indo-greco-italica 12, 1928, 93-98.
—, Per l'etimologia di *Quinquatrus*. Rivista indo-greco-italica 10, 1926, 143f.
—, *Quinquatrus*. Rivista indo-greco-italica 10, 1926, 100.
—, Roma delle origini, Sabini e Sabelli. Aree dialettali, iscrizioni, isoglossi. Rivista indo-greco-italica 14, 1930, 59-99.
Rix H., Das etruskische Cognomen. Wiesbaden 1963.
—, Die Personennamen auf den etruskisch-lateinischen Bilinguen. BN 7, 1956, 147-172.
—, Ein lokal begrenzter Lautwandel im Etruskischen. Die Sprache 8, 1962, 29-45.
—, Forschungsbericht Etruskisch (seit 1951). Kratylos 8, 1964, 113-158.
—, Rapporti onomastici fra il panteon etrusco e quello romano. In: Colonna G. et alii, Gli Etruschi (s. dort), 104-126.
—, Zum Ursprung des römisch-mittelitalischen Gentilnamenssystems. In: Temporini H., Aufstieg (s. dort), 700-758.
Rönsch H., Etymologisches: *mantissa* und *mustricula*. Zeitschrift für die österreichischen Gymnasien 34, 1883, 171-173.
Rogge C., Nochmals lateinisch *elementum*. ZVS 51, 1932, 154-158.
Roloff K.H., *Caerimonia*. Glotta 32, 1953, 101-138.
—, *Ritus*. Glotta 33, 1954, 36-65.
Runes M., De nonnullis etymologiis Latinis et Etruscis. Latomus 2, 1938, 10f.
—, Lat. *ciconia*. Latomus 5, 1940-45, 23f.
—, L'inscription étrusque *CIE* 978. Latomus 3, 1939, 155f.
Runes M.-Cortsen S. P., Der etruskische Text der Agramer Mumienbinde. Göttingen 1935.
Sachs K.-Villatte C., Enzyklopädisches französisch-deutsches und deutsch-französisches Wörterbuch. 1. Teil Berlin o.J., 17-19.
De Saint-Denis E., Des vocabulaires techniques au latin. Mémorial des études latines, Paris 1943, 55-79.
Sandys J. E., M. Tulli Ciceronis *Ad M. Brutum Orator*. Cambridge 1885.

Schachermeyr F., *Tarquinius*. RE IV A/2, 1932, 2348-2391.
Schmidt J., Assimilation benachbarter einander nicht berührender Vokale im Griechischen. ZVS 32, 1893, 321-393.
Schnetz J., Etr. *Capys*. SE 3, 1929.
—, Etruskische Raubvogelnamen in Orts- und Flußnamen (auf Grund einer Stoffsammlung im Nachlasse Gustav Herbigs). Zeitschrift für Ortsnamenforschung 2, 1926, 3-12.
—, L'interpretazione dell'etrusco „*Capys*". Atti del primo congresso internazionale etrusco, 27. April-5. Mai 1928. Florenz-Bologna 1928, 180f.
Schnorr v. Carolsfeld H., Das lateinische Suffix *ānus*. Archiv für lateinische Lexikographie und Grammatik 1, 1884, 177-194.
Schrijnen J., Italische Dialektgeographie. Neophilologus 7, 1922, 223-239.
Schulze W., Ἀρταξάρης. λίτρα. ZVS 33, 1895, 214-224.
—, Etr. *calaina*. ZVS 51, 1923, 242.
—, Griechische Lehnworte im Gotischen. Sitzungsberichte der Kgl. Preußischen Akademie der Wissenschaften, Berlin 1905, 2, 726-757.
—, Griechische Lehworte im Gotischen und im Lateinischen (Inhaltsangabe eines von Schulze am 6. Juli 1905 vor der Preußischen Akademie der Wissenschaften gehaltenen Vortrages dieses Titels). Sitzungsberichte der Kgl. Preußischen Akademie der Wissenschaften 1905, 2, 709.
—, *Posphorus*. ZVS 33, 1895, 386-393.
—, Zur Geschichte lateinischer Eigennamen. Abhandlungen der Klg. Gesellschaft der Wissenschaften zu Göttingen, philologisch-historische Klasse, N.F.Bd.5, Nr. 5, Berlin 1904.
—, Zur lateinischen Deklination. Glotta 12, 1923, 277.
Schwyzer E., Etymologisches und Grammatisches. ZVS 37, 1904, 146-150.
—, *Impomenta*. RhM 76, 1927, 440-446.
Seiler H., Neuere Strömungen in der vergleichenden Sprachwissenschaft. Glotta 32, 1953, 145-159.
Sigwart G., Zur etruskischen Sprache 1: *pute, puteus* und *tul(ar), tullius*. Glotta 8, 1917, 139-168.
De Simone C., Die griechischen Entlehnungen im Etruskischen. Bd. 1 Wiesbaden 1968; Bd. 2 ebenda 1970.
—, Gr. Αἴfας Τελαμώνιος — etruskisch *Aivas Telmunus*. Glotta 43, 1965, 167-171.
—, Gli Etruschi a Roma. Evidenza linguistica e problemi metodologici. In: Colonna G. et alii, Gli Etruschi (s. dort), 93-103.
—, I morfemi etruschi *-ce* (*-ke*) e *-χe*. SE 38, 1970, 115-139.
—, I rapporti greco-etruschi alla luce dei dati linguistici. Interferenze linguistiche, Pisa 1977, 45-54.
—, Il nome del Tevere. Contributo per la storia delle più antiche relazioni tra genti latino-italiche ed etrusche. SE 43, 1975, 119-160.
—, Lat. *grōma* (*grūma*) „Feldmeßinstrument". Folia linguistica 4, 1970, 121-124.
—, LB* Etruskisch: Neuveröffentlichte Inschriften 1970-1973. Glotta 53, 1975, 125-181.
—, Per la storia degli imprestiti greci in etrusco. In: Temporini H., Aufstieg (s. dort), 490-521.
—, REE* SE 40, 1972, 421-425.
Sittig E., *Abecedarium* und *elementum*. Satura O. Weinreich, Baden-Baden 1952, 131-138.

—, Bespr.* Cortsen S. P., Die etruskischen Standes- und Beamtentitel, durch die Inschriften beleuchtet; Kopenhagen 1925. Gnomon 7, 1931, 35-39.
Skutsch F., *Amuletum*. Glotta 2, 1910, 398.
—, *Arillator*. TLL II, 1900-1906, Sp. 575.
—, Der lateinische Accent. Glotta 4, 1913, 187-200.
—, Die lateinische Sprache. In: Die Kultur der Gegenwart 1,8, Leipzig-Berlin 1912[3], 523-565.
—, Etruskische Monatsnamen und Zahlwörter. RhM N.F. 56, 1901, 638 f.
—, Etruskische Sprache. RE VI/1, 1907, 770-806.
—, LB* Italische Sprachen und lateinische Grammatik 1907. Glotta 1, 1909, 392-416.
—, LB* Italische Sprachen und lateinische Grammatik 1909. Glotta 3, 1911, 343-383.
—, *Persona*. Archiv für lateinische Lexikographie und Grammatik 15, 1911, 145 f.
—, Quisquilien. 12: Lat. *cōlĕi* ὄρχεις. Glotta 3, 1911, 384f.
Slotty F., Etrusco *manin* (continuazione dal vol. XVIII). SE 19, 1946/47, 177-248.
—, *Manin arce*. SE 18, 1944, 159-186.
Snell B., Etrusco-Latina. SIFC 17, 1940, 215 f.
Sofer J., Das keltische Wortgut in den klassischen Sprachen. Commentationes Vindobonenses 2, 1936, 70-92.
—, Lexikalische Untersuchungen zu den Etymologien des Isidorus von Sevilla. Glotta 16, 1928, 1-47.
Solmsen F., Beiträge zur geschichte der lateinischen sprache. ZVS 34, 1897, 1-36.
—, Zur Geschichte des Namens der Quitte. Glotta 3, 1911, 243.
Sommer F., Lateinischer Vokalumlaut in haupttonigen Silben. IF 11, 1900, 325-341.
Spitzer L., Zu lat. *mentula* „Minze" — „männl. Scham" (Glotta XII, 105 und 283). Glotta 16, 1928, 138.
Stadler H., Lat. Pflanzennamen im Dioskorides. Archiv für lateinische Lexikographie und Grammatik 10, 1898, 83-115.
Staedler E., *Consul — Capitolium — Quirites*. Wochenschrift für klassische Philologie 33, 1916, Sp. 95f.
Steinbauer D., Bespr.* Colonna G. et alii, Gli Etruschi (s. dort). GGA Jg. 235, Heft 3/4, 1983, 210-231.
Stolte E., Der faliskische Dialekt. München 1926.
—, Die faliskischen Personennamen. Glotta 16, 1928, 287-303.
Stolz F., *Laverna*. IF 22, 1907, 242-250.
Stolz F.-Debrunner A.-Schmid W.P., Geschichte der lateinischen Sprache. Sammlung Göschen 492/492 a, Berlin 1966.
—, *Scarpere*. Archiv für lateinische Lexikographie und Grammatik 1, 1884, 287f.
Strnad E., Bespr.* Pfiffig A.J., Religio Etrusca; Graz 1975. EAZ 22, 1981, 323-326.
—, Die doppelte Sprachverwandtschaft des Etruskischen und erste Applikationsversuche zur Aufstellung eines ökonomischen Glossariums. EAZ 23, 1982, 475-483.
—, Einige Beweise für die doppelte Verwandtschaft des Etruskischen. Zeitschrift für Phonetik, Sprachwissenschaft und Kommunikationsforschung 33, 1980, 236-239.
—, Etruskische Geburts- und Heilgottheiten. Philologus 127, 1983, 142 f.
—, Hat die etruskische Sprache doch noch Verwandte? Das Altertum 25, 1979, 117-119.
—, Mondkreis oder agrarischer Zyklus? Klio 64, 1982, 467-470.

—, Nochmals zum Methodenproblem der etruskischen Sprachforschung. WZBerlin, Gesellschaftswissenschaftliche Reihe 32, 1983, Heft 3, 281 f.
Sütterlin L., Aus meinem etymologischen Sammelkasten II. IF 45, 1927, 307 f.
Sullivan J.B., Final -s in Early Latin. Dissertation Yale-University 1970 (Dissertation Abstracts International A 31, 1970/71, 7, 3529-A).
Svennung J., Untersuchungen zu Palladius und zur lateinischen Fach- und Volkssprache. Leipzig 1936, 142-147.
Szemerényi O., Etyma Latina I. Glotta 38, 1960, 1-6.
—, The Latin gerundiv and other -nd-formations. Transactions of the Philological Society, 1950, 169-179.
—, The Origins of Roman Drama and Greek Tragedy. Hermes 103, 1975, 300-443.
Temporini H. (Hsg.), Aufstieg und Niedergang der römischen Welt. Geschichte und Kultur Roms im Spiegel der neueren Forschung I, Bd. 2: Von den Anfängen Roms bis zum Ausgang der Republik. Berlin-New York 1972.
Terracini B., Ancora su alcune congruenze fra etrusco e italico. I: Le origini prossime del suffisso latino -arius. SE 5, 1931, 317-346.
—, Osservazioni su alcuni rapporti fonologici fra l'etrusco e le lingue italiche. Atti del primo congresso internazionale etrusco, 27. April-5. Mai 1928. Florenz-Bologna 1928, 220f.
—, Su alcune congruenze fonetiche fra etrusco e italico. SE 3, 1929, 209-248.
Thaniel G., Libitina. Études classique 41, 1973, 46-49.
Thielmann P., Mascarpio. Archiv für lateinische Lexikographie und Grammatik 3, 1886, 541.
Thierfelder A., Obscaenus. Navicula Chiloniensis (Festschrift F. Jacoby), Leiden 1956, 98-106.
Thomas F., Autour d'un passage de Plaute: Mén. 141 sqq. Collection Latomus 44, 1960, 705-714.
Thulin C.O., Die etruskische Disziplin III: Libri haruspicini. Göteborgs Högskolas Årsskrift 12, 1906, 1-54.
Thurneysen R., Elementa. ZVS 61, 1933, 255 f.
—, Etymologisches und Grammatisches. IF 21, 1907, 175-180.
—, Fenestra. TLL VI 1, 1912-1926, Sp. 478-480.
—, Lateinisches. ZVS 30, 1890, 485-503.
Torelli M., Glosse etrusche: Qualche problema di trasmissione. Mélanges J. Heurgon, Rom 1976, 1001-1008.
—, REE* SE 33, 1965, 427-500.
Torp A., Etruskische Monatsdaten, Videnskabs-Selskabets Skrifter. II.Historiskfilosofisk Klasse. 1902, Nr. 4, 3-18.
Trombetti A., La Lingua etrusca. Florenz 1928.
Ullmann B. L., The Present Status of the Satura Question. Studies in Philology 17, 1920, 379-401.
Vendryes S.J., A propos de lat. seruos. BSL 36, 1935, 124-130.
—, Gallo-latin cisium (cissum). Mémoires de la société linguistique 19, 1916, 60-62.
—, Recherches sur l'histoire et les effets de l'intensité initiale en latin. Paris 1902.
—, Sur quelques formations de mots latins. Mémoires de la société linguistique 22, 1920, 97-106.
Versnel H.S., Triumphus. An Inquiry into the Origine Development and Meaning of the Roman Triumph. Leiden 1970.

Vetter E., *Di Novensides, di Indigetes.* IF 62, 1955, 1-32.
—, Die etruskische Fluchttafel von Volterra. BN 11, 1960, 178-186.
—, Die etruskischen Personennamen *leθe, leθi, leθia* und die Namen unfreier oder halbfreier Personen bei den Etruskern. Jahreshefte des Österreichischen Archäologischen Instituts Wien Bd. 37, 1948, Sp. 57-111.
—, Etruskisch *ikam* und das Verhältnis des Etruskischen zu den indogermanischen Sprachen. Festschrift P. Kretschmer, Wien 1926, 279-288.
—, Etruskische Wortdeutungen. Glotta 13, 1924, 138-149.
—, Etruskische Wortdeutungen. 1. Heft: Die Agramer Mumienbinde. Wien 1937.
—, Etruskische und italische Familiennamen. In: Studia Onomastica Monacensia 4, München 1961 (= VI. Internationaler Kongreß für Namenforschung, Kongreßberichte Bd. 3), 769-774.
—, LB* Etruskisch 1924. Gotta 15, 1927, 223-245.
—, LB* Etruskisch 1925/26. Gotta 17, 1929, 291-305.
—, LB* Etruskisch 1927. Gotta 18, 1930, 291-311.
—, LB* Etruskisch 1935-37. Gotta 28, 1940, 117-228.
—, LB* Etruskisch 1938-53 I. Gotta 34, 1955, 47-66.
—, LB* Etruskisch 1938-53. Gotta 35, 1956, 270-289.
—, LB* Italische Sprachen 1924-29. Glotta 20, 1932, 1-45.
—, LB* Italische Sprachen 1930-33. Glotta 23, 1935, 187-207.
—, LB* Italische Sprachen 1934-38. Glotta 29, 1941/42, 205-247.
—, LB* Italische Sprachen 1934-38. Glotta 30, 1943, 15-84.
—, *Tupi.* RE VII A/2, 1948, 1362.
—, Zu den Namen einiger „Sondergötter". Die Sprache 5, 1959, 213-218.
Voigt W., *September-December.* Berliner philologische Wochenschrift 56, 1936, Sp. 590-592.
Volkmann H., *Tribus.* KP 5, 1979, 950ff.
Wackernagel J., *Dies ater.* Archiv für Religionswissenschaft 22, 1923/24, 215f.
Wagenvoort H., Ad *CIL* XI 6363. Mnemosyne Ser. 4, Bd. 27, 1974, 179f.
—, *Caerimonia.* Glotta 26, 1938, 115-131.
—, *Caerimonia.* Reallexikon für Antike und Christentum. Bd. 2, 1954, s.v.
—, *Diva Angerona.* Mnemosyne Ser. 3, Bd. 9, 1941, 215-217.
—, Wesenszüge altrömischer Religion. In: Temporini H., Aufstieg (s. dort), 348-376.
Walde A., Lateinisches etymologisches Wörterbuch. Heidelberg 1910[2].
—, Vergleichendes Wörterbuch der indogermanisches Sprachen. Herausgegeben und bearbeitet von Pokorny J. Berlin-Leipzig 1927-32. Nachdruck 1973.
Walde A.-Hofmann J.B., Lateinisches etymologisches Wörterbuch. Bd. 1 (A-L) Heidelberg 1965[4]; Bd. 2 (M-Z) ebenda 1972[5].
Wallisch E., Name und Herkunft des römischen Triumphes. Philologus 99, 1954/55, 245-258.
Warren M., On Some Ancient and Modern Etymologies. TAPhA 32, 1900, 110-120.
Weber O.R.J., Etruskisch-karthagische Beziehungen. Dissertation Wien 1983.
Weber V., *Apie mariu.* Arheološki vestnik 28, 1977, 245-250.
Weege F., Über die Herkunft des römischen Triumphes. Atti del primo congresso internazionale etrusco, 27. April-5. Mai 1928. Florenz-Bologna 1928, 90f.
Weidner E., Βάρβαρος. Glotta 4, 1913, 303f.
Weinstock S., *Tellus.* Glotta 22, 1934, 140-162.
—, *Tifatina.* RE V A/1, 1936, 933-993.

Wellmann M., Die Pflanzennamen des Dioskurides. Hermes 33, 1898, 360-422.
Wissowa G., *Ater dies*. RE II/2, Stuttgart 1896, 1926f.
Van Windekens A.J., Gr. θρίαμβος et lat. *triumphus*. Orbis 2, Fasc. 2, 1953, 489-493.
—, L'origine de lat. *satelles* „garde du corps; satellite". Orbis 5, Fasc. 1, 1956, 198-202.
—, Pelasgisch *autumnus* „Regenzeit". IF 63, 1958, 139-143.
v. Wölfflin E., Epigraphische Beiträge II. Sitzungsberichte der Kgl. Bayerischen Akademie der Wissenschaften, philosophisch-philologisch-historische Klasse, Jg. 1896, 160-187.
Wood F.A., Greek and Latin Etymologies. CPh 21, 1926, 341-345.
Wright F.A., Quaestiones Romanae. CR 35, 1921, 154-156.
Wünsch R., *Amuletum*. Glotta 2, 1910, 219-230.
Yon A., Cicéron, L'orateur. Paris 1964.
Zimmermann A., Etymologisches Wörterbuch der lateinischen Sprache. Hahn 1915.
—, Über die römischen bzw. italischen Personennamen, die bald die Stammsilbe *Pop(b)*, bald *Pūb(p)* tragen. RhM N.F. 57, 1902, 636-639.

INDICES

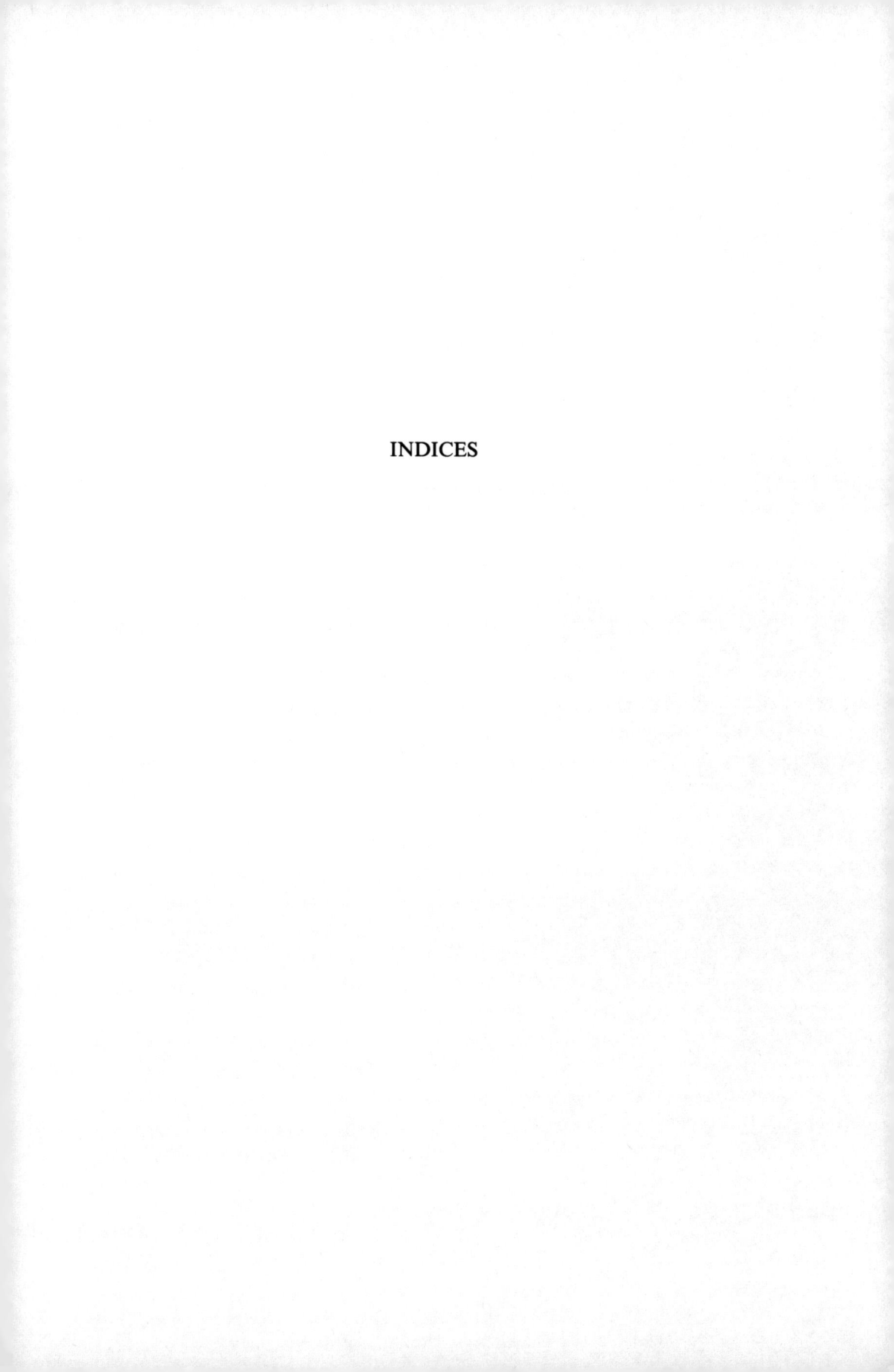

I. Wortindices[1]

I.1. Allgemeiner Teil (ausgenommen Etruskisch, Griechisch, Lateinisch)[2]

abṭun (arab.): 136
achal (georg.): 320
adanmo (ie.): 329
+agwnós (ie.): 336
+aidh- (ie.): 296
+al- (ie.): 237
ʿalāmat (arab.): 200
ʾalāyatu (sem.): 293
aluccus (rom.): 236
+am- (ie.): 328
+ama (ie.): 328
+ambhíqʷolos (ie.): 331
+amī̃ (ie.): 106
amiricatud (osk.): 92, 202
amiricum (osk.): 92
+amma (ie.): 106
+am(m)a (ie.): 106
+an(a)tempnā (ie.): 175
anchio (germ.): 332
anmo (ie.): 329
anšu (sum.): 410
+aplaustre (med.): 176
+apr- (ie.): 303
+ar- (ie.): 380
+árapa (prähell.): 177
+ár(a)pa (prähell.): 83

arbū' (arab.): 143, 436
arḍ (arab.): 137
+ark- (ie.): 458
+arōd- (ie.): 35
árpa (prähell.): 177
arsmor (umbr.): 106
+arvā (ie.): 247
arvia (umbr.): 247
+arvīno (ie.): 247
+arəd- (ie.): 35
áśrēt (ai.): 519
+au (ie.): 413
+au̯- (ie.): 411
+aud- (ie.): 411
audahafts (got.): 411
+audh- (ie.): 411
+au̯ed- (ie.): 411
+au̯ĝ (ie.): 411
ausom (vorsab.): 274

Baden (dt.): 268
bakha (hebr.): 337
Bakivalis (lyd.): 337
+bak(k)a (med.): 337
+bak(k)i (med.): 337
+bala (med.): 294, 406

+balma (lig.-sard.-iber.): 294
baltanaš (heth.): 429
+balþs (got.): 429
barjunkˈ (arm.): 293
barzel (hebr.-phön.): 444
bās (ie.): 242
+bā(u)k- (alteurop.): 337
Beerwein (dt.): 392
berëza (russ.): 58
Bergler (dt.): 396
Bergmann (dt.): 396
bergъ (vorslav.): 243
bërsi (alb.): 94
+bhā- (ie.): 416
+bhabhā (ie.): 238
+bhabo (ie.): 238
+bheidh- (ie.): 348
+bhel- (ie.): 349
+bheld- (ie.): 349
+bher- (ie.): 446, 447
+bheu̯ā- (ie.): 231
+bhidskos (ie.): 348
+bhl̥do (ie.): 349
+bhl̥no- (ie.): 349
+bhok- (ie.): 20

---

[1] Die in den Indices aufgeführten Formen sind im allgemeinen unverändert aus dem Text übernommen, d. h. auch dubioses, offensichtlich falsches oder anderes derartiges aus der Sekundärliteratur übernommenes Formenmaterial ist in den Indices kommentarlos aufgelistet; eine Korrektur bzw. Stellungnahme ist ausschließlich dem jeweils zugehörigen Textabschnitt zu entnehmen.

Einzig in folgenden Punkten weicht die Wortwiedergabe in den Indices von dem im Text vorgegebenen Bild ab:

Es wurde prinzipiell in allen Wortindices auf die Übernahme formeninterner Trennungsstriche, die Vorsilben, Beginn und Ende des Wortkernes, Beginn des Flexionselementes etc. signalisieren, verzichtet.

Im etruskischen, griechischen und lateinischen Index wurde von einer Kennzeichnung von Längen und Kürzen, im etruskischen und lateinischen Index zudem von einer gelegentlich im Text aufscheinenden Kennzeichnung der Betonung abgesehen.

[2] Dieser Wortformen verschiedenster Herkunft umfassende Index wurde primär nach dem deutschen Alphabet geordnet. Folgende Schrift- bzw. Lautzeichen mußten jedoch ergänzend ein- oder angefügt werden: χ findet sich unter ch, φ unter ph, θ und þ unter th, ξ unter x; nach z folgen ə, Ḥ, ъ, ь.

⁺bhok̂o- (ie.): 20
⁺bhok̂so- (ie.): 20
⁺bhol̥no (ie.): 349
⁺bhren (ie.): 446, 447
⁺bhrento- (ie.): 446, 447
⁺bhreu- (ie.): 448
⁺bhromdi (ie.): 446
⁺bhront- (ie.): 446, 447
⁺bhrutós (ie.): 448
⁺bhū (ie.): 231
bhūrjaḥ (sanskr.): 58
⁺bhəskṓ (ie.): 416
bkh (sem.): 337
bober- (alb.): 445
bobereše (alb.): 445
bobor- (sard.): 445
boborissina (sard.): 445
boç (arm.): 20
⁺bōk- (alteurop.): 337
bor (arm.): 27
borbor- (med.): 445
⁺borborissa (med.): 445
borot (arm.): 27
⁺bos (vorarm.): 20
bosor (arm.): 20
braine (ir.): 447
brainech (ir.): 447
⁺bratta (lig.?): 445
bratta (altitalien.): 445
brīsa (illyr.): 94
brom (schweiz.): 446
brum (an.): 446
brund (norw.): 446
brunda (messap.): 446
⁺bu- (ie.): 339
bub- (med.): 317
būsch (mhd.): 461
bust (aprov.): 461
⁺būstis (gall.): 461

⁺caidspo (ie.): 102
calcare (c. le scene) (italien.): 222
capif (umbr.): 187
carb- (med.): 439
Carbantia (gall.): 439
⁺carbanto (gall.): 439
Carbantorate (gall.): 439

caspo (tosk.): 102
catúras (ai.): 90
⁺cēlā (vorlat.): 341
cempenna (tosk.): 58
cess (air.): 441
⁺χelma- (vorgerm.): 137, 181
⁺χlainā (unbek. Spr.): 169
⁺çikařu (umbr.): 440
⁺cissio (gall.): 159
⁺cissio- (gall.): 441
⁺cisso- (gall.): 441
⁺cistio (gall.): 441
Comero (Monte C.) (italien.): 255
cōnea (prän.): 244
⁺cott- (med.): 61
⁺couos (ie.): 459
⁺crepos (sabin.): 195
culχna (osk.): 156
cyprus (sabin.): 345

dal (alb.): 320
dalar (arm.): 320
dämlich (nhd.): 391
dangùs (lit.): 293
⁺darbone (rom.): 390
darība (arab.): 231
darr (arab.): 63
⁺dāu̯ (ie.): 388
⁺dau̯āno (ie.): 388
dēi (ie.): 515
⁺del- (ie.): 398
dequriā- (umbr.): 90
⁺der- (ie.): 445
⁺dereu- (ie.): 454
⁺dhalnō (ie.): 320
⁺dhē (ie.): 136
⁺dhē- (ie.): 403
⁺dhēig- (ie.): 350
⁺dheigh- (ie.): 436
⁺dhelbh (ie.): 390
⁺dher- (ie.): 445
⁺dhleghs- (ie.): 417
⁺dhrau- (ie.): 24
⁺dhrₑt- (ie.): 445
⁺dhrēud- (ie.): 24
⁺dhreugh- (ie.): 24

⁺dhrət- (ie.): 445
⁺dhrəud- (ie.): 24
⁺dhūnis (ie.): 350
⁺dhu̯oesro- (ie.): 27
diorna (ahd.): 59
di-pa (myk.): 16
/dipas/ (myk.): 16
⁺dit- (ie.): 515
dola (ahd.): 400
⁺dreun(o)lā (ie.): 454
⁺dru̯u̯a (ie.): 454
dwiril (ahd.): 454

Eigner (dt.): 355
eincho (ahd.): 332
⁺eks- (alteurop.): 200
ekstH̥r (ie.): 506
⁺eku̯ot- (ie.): 103
⁺ēl- (ie.): 404
⁺ₑmāiō (ie.): 328
encho (ahd.): 332
(e)nebh- (ie.): 269
⁺(e)nebh- (ie.): 267
Enke (dt.): 332
enke (dän.): 332
enke (mhd.): 332
enko (ahd.): 332
⁺enstH̥r (ie.): 505
ʿērābōn (hebr.): 177, 334
Erdmann (dt.): 394
⁺ₑru- (ie.): 247, 351
ēš (arm.): 410
⁺ešk- (alteurop.): 200

Fackel (dt.): 154, 165
facteur (franz.): 335
faire (f. pipi) (franz.): 423
fäl (ungar.): 293
⁺famelo- (ital.): 498
far (f. pipi) (italien.): 423
fasēna (sab.): 259
fawestḗra (myk.): 347
feíhúss (osk.): 436
felsva (umbr.): 355
⁺felsvu (umbr.): 355
fèscera (tosk.): 417
⁺fewestḗra (myk.): 347
⁺féwestḗra (myk.): 347

+féwestĕra (myk.): 347
+féwestra (myk.): 347
+fīgsnis (ie.): 350
filea (fal.): 476
+fis- (etr.-med.): 348, 349
Fleischer (dt.): 240
föl (ungar.): 293
Frühjahr (dt.): 414
Füßen (treten mit F.) (dt.): 222
fūl (arab.): 238
fulonia (fal.): 349

Galéna (tosk.): 418
Galléna (tosk.): 418
+(g)aro (präie.): 100, 432
Gebirgler (dt.): 243
Gefäß (dt.): 290
gelebh (ie.): 291
gemære (ags.): 436
+gemořa (umbr.): 419
+gemořia (umbr.): 419
+gemulia (ie.): 419
+ĝer(ē)- (ie.): 37
+g̑erərós (ie.): 37
ghab (ie.): 250
+ghelsu̯o (ie.): 355
+gher- (ie.): 27
+ĝher- (ie.): 351
+ĝhe̯rā (ie.): 351
+ĝhe̯ro- (ie.): 351
+ĝheu̯ei̯ā (ie.): 258
+ghi- (ie.): 351
+ghĭro (ie.): 351
+ghl̥dhā (ie.): 307
+ghordhis (ie.): 436
+ghordhos (ie.): 436
+ĝhou̯ei̯ā (ie.): 258
+ghrondhā (ie.): 208
giberna (prov.): 60
gistra (sizil., calabr.): 162
gomolj (serb.-kroat.): 419
gòmolja (serb.-kroat.): 419
gomòljica (serb.-kroat.): 419
gorn (an.): 351
gromŭ (aksl.): 353
grumete (lit.): 353

gubūr (arab.): 209
gùmulas (lit.): 419
gumulỹs (lit.): 419
+gʷher- (ie.): 59

Händler (dt.): 335
Hanf (dt.): 350
ḥar (sum.): 352
haracna (etr.-fal.): 352
haracna (fal.): 352
haraçṇa (fal.): 352
harasp(ex) (fal.): 352
haraχna (fal.): 352
+haruspe (babyl.?): 352
ḥauḍ (arab.): 257
-haurvō (pasuš-h.) (av.): 383
Heilig (dt.): 284
hēr (ahd.): 282
Hĕrclo- (osk.): 158
herna (mars.-sabin.): 37
herw (gall.): 383
híraḥ (ai.): 351
Hirte (dt.): 314
homole (čech.): 419
Hügel (dt.): 396
Hügli (dt.): 396
huišvu (heth.): 433
+hūnis (vorlat.): 350
huon (ahd.): 244

ilátro (italien.): 404
+īss- (vorgr.-vorital.): 138
itu (sum.): 296

jatka (finn.): 296

kabittu (akk.): 352
kadh (ie.): 286
+kadh- (ie.): 167
+kadhti (ie.): 168
+kadhtis (ie.): 167
kailo (ie.): 282
kairo (ie.): 282
kaispatar (osk.): 102
kak (ie.): 247
ka-ke-u (myk.): 438
kalūta (arab.): 181

kamarā (av.): 341
kanth- (med.): 185
kap (ie.): 250
kap- (finn.-ugr.): 289
kap- (weltweit): 289
+kap- (ie.): 289, 345
kapiře (umbr.): 187
+kapr- (ie.): 303
+kapū̃ⁿ- (alteurop.): 289
karbasta (bask.): 439
+kaˣš (alteurop.): 168
kavēs (lyd.): 345
kavi (sanskr.): 345
+kel- (ie.): 63, 341, 342
Kélibia (tunes.): 291
+kelnā (ie.): 341
+kelya (ie.): 341
+k(e)rēi- (ie.): 467
Kette (dt.): 250
+k̂eu̯ā- (ie.): 459
+k̂eu̯āˣ (ie.): 408
+k̂eu̯(e)- (ie.): 459
kjšrj' (pun.): 283
+k̂lei- (ie.): 519
kmárati (ai.): 341
knierado (ahd.): 104
ḳod (georg.): 137
Korb (dt.): 255
+korkoriō (ie.): 513
+k̂ou̯ēr (ie.): 460
+kou̯i- (ie.): 345
+kowero (ie.): 460
Kropf (dt.): 388
+ksā- (ie.): 274
+ku- (prähell.): 144
+k̂ū- (ie.): 459
+kᵘei- (ie.): 282
+k̂ᵘei- (ie.): 422
kulkšnis (lit.): 429
kulnas (lit.): 429
kulnis (lit.): 429
kùlšė (lit.): 429
kùlšis (lit.): 429
+kusifídēs (vorlat.): 168
+kusiphídēs (vorlat.): 168
+kusipídēs (vorlat.): 168
+kʷekʷlos (ie.): 315
+kʷel- (ie.): 315, 331

⁺kʷetur (ital.): 90
⁺kʷeturia (ital.): 90
/kʷsiphehe/ (myk.): 168
⁺/kʷsiphídes/ (myk.): 168
kəthōneth (hebr.): 455
kətōnet (hebr.): 44

⁺laba (lig.): 405
⁺labr- (med.): 405
Lampe (dt.): 154
Lampenscherf (dt.): 154
Lamprecht (dt.): 154
lancìa (veron.): 211
lan(g) (finn.-ugr.): 239
Lantperaht (ahd.): 154
⁺lapa (med.): 405
lats (got.): 355
landamæri (an.): 436
latte (pìncheri da l.) (tosk.): 423
laʒ (ahd): 355
Lby (neupun.): 457
⁺leχu̯is (ie.): 462
⁺legʰhu̯i (ie.): 462
⁺legʰhús (ie.): 462
⁺legu̯is (ie.): 462
⁺lei- (ie.): 139
⁺leit- (ie.): 139
⁺leitesā (ie.): 263
⁺leitos (ie.): 263
⁺lep- (präie.): 473
⁺lēq- (ie.): 420
⁺leudh- (ie.): 316
⁺leuq- (ie.): 308
⁺leuqstrom (ie.): 81
⁺/lewəstron/ (myk.): 81
λίϝον (myk.): 449
λῖτ- (myk.): 449
λῖτα (λ. φάρϝεα) (myk.): 449
⁺līte̯sā (ie.): 263
loberna (prov.): 60
loferta (fal.): 109
loifertato (fal.): 109
loifir (fal.): 109
⁺louk- (ital.): 308, 309
⁺louqstrom (ie.): 81
⁺/lowəstron/ (myk.): 81

Lubīm (hebr.): 457
lunjь (vorslav.): 86
Lwbyn (pun.): 457
⁺ləq- (ie.): 420

⁺mā- (vorie.): 359
machen (Pipi m.) (dt.): 423
maǧosta (alpin): 101
mahana- (lyk.): 360
maint (nkymr.): 402
⁺mairja- (germ.): 436
maithunam (ai.): 310
⁺mak- (germ.): 83
⁺mak- (med.): 82, 141
⁺makana (med.): 141
makko (vorgr.): 358
Makler (dt.): 335
⁺makslā (ie.): 358
⁺(m)am(m)āi̯ō (ie.): 328
manč (vulg.-arm.): 329
manna (got.): 359
manos (ital.): 360
manr (arm.): 403
mánthati (ai.): 361
mánu- (ai.): 359
manus (ai.): 359
marino (pinco m.) (tosk.): 423
marru (assyr.): 79
mas(a)na- (heth.): 360
mascalzone (italien.): 512
maššana- (luw.): 360
massani/a (heth.-luw.): 360
masusta (bask.): 101
masustra (bask.): 101
mataũ (lit.): 363
mat[eba] (georg.): 403
matrùs (lit.): 363
matýti (lit.): 363
mažostra (alpin.): 101
meglus (italien.): 38
⁺mei- (ie.): 437
mēit (air.): 402
⁺mel- (ie.): 38
mēla- (ai.): 103
mēlaka- (ai.): 103
⁺men- (proto-ie.): 361

⁺meneru̯ā (ital.): 42
⁺menesou̯a (ital.): 42
⁺menesu̯ā (ital.): 42
⁺ment- (ie.): 403
mercu- (fal.): 93
mere (engl.): 436
mēre (mnl.): 436
⁺merk- (ie.): 92
⁺merku̯o- (ie.): 93
⁺meu- (ie.): 365
miláti (ai.): 103
Mircurios (prän.): 92
mirikui (kampan.): 93
Mirqurios (prän.): 92
⁺miwilno (vorlat.): 142
⁺ml̥ktā (ie.): 364
⁺ml̥tā (ie.): 364
⁺mnīss- (vorgr.-vorital.): 138
mære (ags.): 436
⁺moirios (ie.): 436
⁺momri- (ie.): 444
⁺momro- (ie.): 444
Monte (M. Comero) (italien.): 255
⁺montiqyom (ie.): 403
⁺mormica (proto-lat.): 445
⁺moru̯ī- (ie.): 444
moth (mir.): 310
⁺-mt- (alteurop.): 274
mucchio (italien.): 309
⁺mudnos (ie.): 365
⁺mundos (ie.): 365
mur (sum.): 437
mut- (med.): 310, 311

nabṭ (sem.): 268
⁺napa (med.): 267, 268
nauju (lett.): 369
návatē (ai.): 369
nebbi (ital.): 266
⁺nebhtus (ie.): 267
nëbo (russ.): 293
nene (türk.): 312
néni (ungar.): 312
⁺nep- (ie.): 269, 313
nep- (Substr.): 266, 268
⁺nepa (med.): 267, 268

nepa (tosk.): 266, 267, 268
nepe (tosk.): 266, 267, 268
Nepi (italien.): 266, 268, 269
nep(t) (ie.): 268
⁺neptus (ie.): 267
nsayari (regg.): 107
nūall (air.): 369

orf (an.): 401
⁺oud- (ie.): 411
⁺oug- (ie.): 411

⁺pal- (präie.): 293, 294
⁺pala (präie.): 46, 293, 294, 406
/paltaia/ (myk.): 429
⁺/palto-/ (myk.): 429
⁺pand- (ie.): 269
⁺pār (ie.): 371
⁺pa-ra-ke-te-a₂ (myk.): 438
pa-ra-ke-te-e-u (myk.): 438
pa-ra-ke-te-e-we (myk.): 438
⁺pārs (ie.): 371
parzillu (assyr.): 444
parzlâ (syr.): 444
pas (georg.): 144
pasuš- (p.-haurvō) (av.): 383
⁺pat- (ie.): 269
pa-ta-ja (myk.): 429
pa-we-a (ri-ta p.) (myk.): 449
⁺pel- (ie.): 104, 313
⁺penqᵘe (ie.): 465
pent (ie.): 347
⁺penttra (ie.): 347
per- (ie.): 243
⁺per- (ie.): 371
⁺perk- (ie.): 450
peřom (umbr.): 377
pers- (umbr.): 373
petrunia (umbr.): 73
⁺φαϝεστῆρα (myk.): 347
φάρϝεα (λῖτα φ.) (myk.): 449
phu (ie.): 316

pinca (tosk.): 423
Pincerna (Al P.) (tosk.): 423
pìncheri (tosk.): 423
pìncheri (p. da latte) (tosk.): 423
pìncio (tosk.): 423
pinco (tosk.): 423
pinco (p. marino) (tosk.): 423
pipi (faire p.) (franz.): 423
pipi (far p.) (italien.): 423
Pipi (P. machen) (dt.): 423
p'l (gemeinsem.): 143
plaŭksta (lett.): 143
plauksts (lett.): 143, 270
⁺plē- (ie.): 143
⁺plōχ (rät.): 270
⁺pləu- (ie.): 143
⁺pnestra (ie.): 347
⁺pnē(u)s- (ie.): 347
popīna (osk.-umbr.): 253
poplo- (umbr.): 316
⁺poplo (osk.-umbr.): 104
⁺pōpol- (ie.): 144
⁺porkros (ie.): 450
⁺pŏsmēriŏm (ie.): 437
⁺pos(< ⁺post)moiriom (vorlat.): 437
⁺/praktea/ (myk.): 438
⁺prkrós (ie.): 450
⁺ptōptol- (ie.): 144
pompe (umbr.): 270, 271
ponisiater (umbr.): 353
poumilionom (prän.): 514
printemps (franz.): 414
⁺prŏqo- (ie.): 290
⁺pub- (med.): 317
pūk (hebr.): 204
pu-ko-so (myk.): 180
púmperiā- (osk.): 90
pumpeřias (umbr.): 90
pumpeřies (umbr.): 90
pumpu (osk.-umbr.): 271
punicate (umbr.): 353
⁺pupl- (med.): 315, 316
⁺pupl- (vorie.-ital.): 318
pūr (sankr.): 386

pura-etár- (ai.): 378
pu-wa (myk.): 179
pu-wi-no (myk.): 179
pu-wo (myk.): 179
pwl (aram.): 238

qabv (arab.): 290
⁺qap- (ie.): 289
⁺qat- (ie.): 122, 249
⁺qāu- (ie.): 137
⁺qel- (ie.): 63
⁺qelom(e)nā (ie.): 63
⁺qem- (ie.): 254
⁺qer- (ie.): 61, 513
⁺qert- (ie.): 252
qe-to (myk.): 16
qi-si-pe-e (myk.): 168
⁺q̯olk̂- (ie.): 429
⁺q̯olq- (ie.): 429
⁺qor- (ie.): 61
⁺qr̥ (ie.): 61
qrt-hdšt (pun.): 452
qrt-hd(št?) (pun.): 452
⁺qsei- (ie.): 274
⁺qu̯āt(h)- (ie.): 430
⁺qu̯ātso- (ie.): 430
⁺qᵘel- (ie.): 270
/qᵘethoi/ (myk.): 16
⁺qᵘetur (ie.): 90
quignol (franz.): 197
quignon (franz.): 197
⁺qu̯ok- (ie.): 61
⁺qᵘoqᵘlo- (ie.): 104
⁺qəu- (ie.): 137

rad (med.): 298
raǧa (tosk.): 298
rájjuḥ (ai.): 379
rat- (med.): 298
raθ- (med.): 298
raža (tosk.): 298
rb' (aram.): 143, 436
⁺re- (ie.): 379
rehte (umbr.): 381
⁺rei- (ie.): 380
rēkstis (lit.): 379
rēzgis (lit.): 379
⁺rihte (osk.): 381

r[ihtúd] (osk.): 381
rīm (ahd.): 380
ri-ta (r. pa-we-a) (myk.): 449
rodilla (span.): 104
Römer (dt.): 253
r̥tám (ai.): 380
r̥tēna (ai.): 380
⁺rúte (äg.): 146, 520

ṣa (ṣ. tinóti) (ai.): 454
⁺sab- (prälat.): 463
sac- (ital.): 383
sacaracirix (päl.): 381
⁺sacesnā (ie.): 272
sacre (umbr.): 381
sag- (med.): 107
sakan (got.): 382
šakl- (heth.): 382
šaklāiš (heth.): 381
šakliš (heth.): 381
sakra (umbr.): 381
sakrím (osk.): 381
samīkám (ai.): 103
Sand (dt.): 259
Sander (dt.): 259
Sandherr (dt.): 259
Sandjer (dt.): 259
Sandner (dt.): 259
saplavi (georg.): 226
šārafa (arab.): 384
⁺sat- (ie.): 407
sattār (arab.): 408
sattr (an.): 382
scene (calcare le s.) (italien.): 222
Schäfer (dt.): 314
scherf (ndd.): 154
schiancia (tosk.): 211
segrenna (tosk.): 58
⁺sekua (prähell.): 144
⁺sekʷ- (ie.): 145
šelmъ (vorslav.): 137, 181
selo (aslav.): 181
⁺semc(r)airos (ie.): 467
⁺semcrēros (ie.): 467
⁺septemdhris (vorlat.): 74
⁺septemsris (vorlat.): 74

⁺sequos (ie.): 145
serbh (ir.): 383
⁺serwo- (vorkelt.): 383
⁺sikařu (umbr.): 440
⁺sikua (prähell.): 144
skar- (ie.): 467
skir- (ie.): 467
⁺(s)lĕib- (ie.): 138
⁺sm̥- (ie.): 466
⁺smĕr- (ie.): 437
⁺smēr- (ie.): 437
⁺smīli (ie.): 103
⁺smīlo- (ie.): 103
⁺snā- (ie.): 268
⁺snep- (ie.): 267, 268
⁺sneptus (ie.): 268
⁺sneup- (ie.): 267
snopŭ (aslav.): 266
snuaba (ahd.): 266
⁺som (ie.): 103
⁺somī (ie.): 103
⁺somos (ie.): 103
⁺sōmzfir (alteurop.-etr.): 75
⁺soqᵘios (ie.): 463
sor (arm.): 460
sótt (aisl.): 382
sparre (ndl.): 386
⁺sp(h)ē(i)- (ie.): 201
⁺(s)phid- (ie.): 201
⁺spid- (ie.): 201
Spitz (dt.): 334
⁺spong(h)o- (ie.): 206
⁺(s)qel- (ie.): 183, 429
⁺sqelep- (ie.): 39
⁺(s)qer- (ie.): 252
⁺(s)qerebh- (ie.): 439
stanferna (tosk.): 425
stāra (ahd.): 59
⁺steH- (ie.): 505
⁺stelā- (ie.): 420
⁺steup- (ie.): 435
stiance (tosk.): 211
⁺stlancea (nicht-ie.): 211
⁺stlancia (nicht-ie.): 211
str (reichsaram.): 408
Strick (dt.): 350
strouten (mengl.): 388

strozzen (mhd.): 388
štrt (pun.): 85
strūten (mengl.): 388
strutte (dän.): 388
⁺su̯edhāli- (ie.): 299
su̯edhō (ie.): 299
⁺su̯i (ie.): 301
svili (georg.): 343
swart (got.): 146

tabarkat (berb.): 391
taberca (berb.): 391
⁺taf- (vorlat.): 389
Tafelle (kors.): 424
⁺Tafelle (rom.): 424
⁺tāl- (ie.): 321
⁺tal- (med.): 393, 394
⁺tala (med.): 390, 393
tāla- (ai.): 320
talam (air.): 393
talam (ai.): 393
talāh (sem.): 320
talimam (sanskr.): 393
talithā (sem.): 320
talokas (altlit.): 320
⁺tam- (Substr.): 392
tàmaro (tosk.): 391
tamaro (tosk.): 391
tamarro (tosk.): 391
⁺tamne (med.): 391
tắmyati (ai.): 391
Tarasco (kors.): 84
Tarascon (franz.): 84
⁺tarra (präie.): 84
⁺tar(r)a (med.): 84, 393
tarroka (bask.): 84
⁺tarta (prähell.-etr.): 146
taruṇah (ai.): 146
Tavelle (tosk.): 424
⁺tăˣl- (alteurop.-kleinasiat.): 319
/tēba/ (myk.): 395
⁺tel- (ie.): 393
⁺tel- (med.): 393, 394
⁺telnos (ie.): 393
⁺tem- (ie.): 391
⁺tem- (Substr.): 392
Temerario (tosk.): 391

⁺temp- (ie.): 175
te-pa (myk.): 395
te-pa-i (myk.): 395
⁺ter- (ie.): 232
⁺tēres (ie.): 84
⁺terghmes (ie.): 105
⁺tₑru- (ie.): 146
⁺teu̯āˣ (ie.): 408
thal- (vorgr.): 320
⁺thal- (präie.): 320
⁺thāl- (ie.): 293
þvara (an.): 454
tīlo (aslav.): 393
tina (aksl.): 397
⁺tinei̯ā- (ie.): 454
tinóti (ṣa t.) (ai.): 454
titi- (ie.): 398
titi- (nicht-ie.): 397
tona (prov.): 160
Tonne (nhd.): 160
tonne (prov.): 160
⁺tr- (pelasg.): 232
⁺trăda (ahd.): 445
trădo (ahd.): 445
Traube (dt.): 392
treten (dt.): 222
treten (t. mit Füßen): 222
⁺tri (ie.): 231
⁺tribhu (ital.): 231
trifo (umbr.): 231
trífu (umbr.): 231
Trittbrett (dt.): 222
trōdel (spätmhd.): 445

tronar (span.): 353
⁺tru- (ie.): 454
⁺trutana (prähell.): 146
⁺tū̃ (ie.): 499
⁺tuer (ie.): 454
⁺tuĭbhā (ie.): 435
⁺tulā (ie.): 400
tupa (bask.): 322
tuparri (bask.): 322
Tupei (sard.): 322
⁺tur- (ie.): 454
⁺tu̥r- (ie.): 454
θurtt (lyk.): 88
tútolo (tosk.): 14
tutur (bask.): 498
tъlja (aksl.): 454

udáram (ai.): 458
⁺u̯eĝslos (ie.): 437
⁺u̯eib- (ie.): 427
⁺u̯ēr- (ie.): 414
⁺u̯er- (ie.): 427
⁺u̯ₑrīna (ie.): 414
⁺u̯erpā (ie.): 401
⁺u̯eru- (ie.): 247, 351
⁺u̯iu̯er- (ie.): 427
ulpicio (tosk.): 457
úlūkaḥ (ai.): 236
upiglio (alttosk.): 457
ur- (iber.): 279
⁺ur- (med.): 278
Ura (iber.): 279
ura (bask.): 279

⁺urcna (med.): 277
Urium (iber.): 279
⁺urkna (med.): 277
urna (fal.): 277
Urnia (iber.): 279
⁺u̥rpā (ie.): 401
⁺úrte (äg.): 146, 520
uru (sum.): 436
⁺u̥rūdō (ie.): 520

vel- (georg.): 148
Ve[r]sta (vorlat.): 280
vieto (italien.): 194
viš-haurvō (av.): 383
⁺vop- (Substr.): 148

⁺wak(k)a (med.): 337
⁺wak(k)i (med.): 377
wáržas (lit.): 277
warzi (lett.): 277
was (sanskr.): 280
weders (altpr.): 458
Wein (dt.): 392
widuwaírna (got.): 59
⁺wĩserāk- (vorgr.): 138

ξιφεhε (myk.): 168

zagāja (berb.): 107
zahorra (span.): 463
⁺zamᵃt(h)- (alteurop.): 274
zavorra (italien.): 463

I.2. Etruskisch[1]

ac-: 162, 325, 326, 409, 410
⁺acac-: 162
⁺acaca: 162
acazr: 145
acasa: 325
aczun: 325
acil: 335
acilu: 512
acsi: 325
acsial: 325
acsiś: 325
⁺acu: 326
ae: 173
aẹ(: 173
a/Aevas: 173, 191
aela: 173
aele: 173
aefla: 173
avei: 313
Avele: 200
avil: 165, 336, 412, 473, 474
Avile: 186, 200
⁺avilna: 336
avilś: 336
aviľś: 336
⁺aviľś: 336
avils: 473, 474, 475
avle: 147, 148, 173, 372
av(le): 173
avtle: 413
avθleθai̯um: 413
avtleś: 413
aθ: 433
aθene: 306
aθenei: 306, 307
aθ(i)r: 285

aθre: 285
aθumi: 45
aθumica: 45
aivas: 173
aiθas: 300
ailf: 396
ainpuratum: 340
ais-: 173
⁺aisak-: 326
⁺aisk-: 326
aisna: 264, 265
⁺ais(s)aˣr-: 426
⁺aisumna: 173
aitaś: 93
aitas: 93
ak-: 162
alapu: 118, 327
alapusa: 327
alθia: 404
aliunea: 41
alp-: 327
⁺alp-: 327
alpan: 327
alpiu: 327
alpiuś: 327
alpnana: 327
alpnani: 327
alpnas: 327
alpnei: 327
alpnina: 327
alpnu: 327
alpuz: 327
alpui: 327
alpuialisa: 327
am-: 302, 329, 330, 331
ama: 50
amana: 331
amanaṣ: 331

amanas: 331
ame: 119
ami-: 329
a/Aminθ: 329, 330, 331, 518
am(inθ): 329
amnal: 302
amnei: 302
amni: 302
amnu: 485
amphiles: 304
Amp(h)iles: 303
⁺ampile: 304
a/Ampiles: 304, 305
⁺amrca: 174
amu: 72
⁺am(u)l-: 303
amunai: 302
amunaia: 302
amuni: 71, 302
⁺am⁽ᵘ⁾rca: 174
amφare: 516
⁺amφie: 304
⁺amφile: 304
⁺anc-: 332
ancanas: 332
ancar: 332, 333
ancare: 516
⁺ance: 332, 333
ancnei: 332
⁺ancura: 174
anei: 313
⁺anθar: 428
⁺anθas: 428
ani: 10, 351, 352
⁺ant/θ(a?): 428
⁺antar: 428
⁺antas: 428

[1] Die Auflistung der Formen erfolgt nach dem etruskischen Alphabet.
Folgende Ergänzungen erwiesen sich als nötig: g wurde unter c, š unter ś eingereiht, ə ans Ende des Alphabets gestellt. Anzumerken ist auch, daß ch, ph, th nicht unter χ, φ, θ, sondern unter c, p, t zu finden sind.

⁺ant(θ)emna: 175
⁺antiθemna: 175
anual: 523
anχ-: 332
⁺anχar: 332
anχas: 332
anχe: 332, 333
anχes: 332
anχisnei: 332
⁺anχura: 212
apa: 281, 403, 469, 470
apaiatru[s]: 281
apan: 469, 470
apane: 470
apanes: 470
apaś: 470
apas: 469
apasi: 469, 470
aper: 305, 469, 470
aper-: 469
aperucen: 305, 469, 470
⁺ap(h)rile: 48
apice: 334
apiceś: 334
apices: 334
apicesa: 334
apicnei: 334
apir-: 469
apirase: 305, 469, 470
apire: 305, 469, 470
apires: 305, 469, 470
apirθe: 305, 469, 470
aplu: 303
apluni: 9
apniś: 469, 470
apr-: 305
aprenśaiś: 305, 469, 470
Aprθe: 305
Aprθna: 305
a/Aprie: 305
a/Apries: 304, 305, 353
⁺aprile: 304
aprinθvale: 305, 469, 470
aprinθu: 304, 305, 469, 470
⁺Apru: 305
Aprunti: 305
apruntial: 304

apu: 469, 470
Apurθe: 305
⁺aś-: 335
ar: 64, 404
ar-: 334, 335
ara: 81, 264
araz: 10
araziia: 10
arazsilqetenasspurianas: 10
aranθur: 278
araśa: 81
arvus: 247
⁺arθi: 471
ariaθa: 19, 20
aril: 334
⁺aril: 334, 335
aris: 100
aris(: 100
arisal: 100
⁺arisal: 100
arisia: 100
arisnai: 100
arista: 100, 102
⁺a/Arista: 100
⁺Ariste: 100
aristia: 100
a/Aristia: 100
Armne: 66
armunia: 71
Arnzile: 186
arnθ: 519
ar(nθ): 353, 523
ar(nθal): 523
arnt: 519
Arnth: 353
⁺arpstre: 83, 177
⁺arptre: 83, 177
⁺arpətre: 83, 177
arse: 128
arseuerse: 128
arstniia: 100
arstniia: 100, 101
⁺artil: 137
Artile: 186
Artumes: 194
Artume(s): 215
⁺aruskupus: 352

asateś: 489
asil: 335, 336
⁺astres: 85
asu: 335, 336
⁺ata: 307
atana: 307
atanei: 307
atei: 313
⁺ater-: 285
ati: 386
Atiial: 143
atnalc: 299
atr-: 285, 466
⁺atr-: 466
⁺atra: 285
⁺atrana: 285
atrane: 285, 286, 466
⁺atrane: 285
atraneś: 285
atranes: 285, 286, 466
atrania: 285
atre: 285
atrenc-: 285
atrenu: 285
atrś: 285, 342
atrśr: 285
atrśrc: 285
au: 76, 489
auθnal: 413
auθnei: 413
auil: 413
a/Aule: 9, 88, 186
aulni: 489
⁺auluite: 171
auta: 413
auta-: 413
autamene: 413
autamenes: 413
autle: 413
autleś: 413
autu: 413
autu-: 413
⁺autu/a(m)na: 412
⁺autu/a(m)ne: 412
autuś: 413
aφers: 469
aφers: 304, 305, 470
aφes: 469, 470

⁺Aφru: 305
aχe: 325
Aχele: 200
aχesi: 325
Aχile: 200
a/Aχmemrun: 175, 207, 485
aχmenrun: 207
aχsi: 325
aχuaś: 372
⁺af(e)r: 470
afrs: 304, 305, 469, 470

bacar: 338
bauca: 523
⁺bormica: 445

c: 471, 472, 523, 548
-c: 83, 285
-ca: 44, 45, 46, 47, 119, 120, 495
cabreas: 303
cacas: 249
⁺cace: 247, 249
cacei: 313
caceina: 249
caceinei: 249
⁺cac(e)le: 249
cacenei: 249
caci: 249
⁺cacla: 247
cacu: 249
cae: 332, 399
⁺caerimo: 283
caesa: 284
cazi: 98
cahatial: 76
caθ: 249, 250, 286, 308
⁺caθ-: 286
caθa: 249, 250, 308
caθ(a): 307
caθin(um): 249
⁺caθmilus: 286
⁺caθmls: 286
caθnai(m): 249
caθnal: 249
caθnis: 249
cai: 489

⁺cai: 137
⁺cai-: 282
caicnas: 57
caile: 147, 148
⁺caileb(e): 137
caiś: 284
⁺caisa: 282
caisies: 284
caisrs: 284
c/Calaina: 190, 191, 192, 193, 223, 224
calati: 308
calatual: 308
calaturnal: 308
calaturnei: 308
⁺calau(m)/nt-: 137, 181
cale: 419, 511
caliti: 308
⁺calparna: 182
calth-: 307
calu: 510
calus: 510
camθi: 288
camit-: 286
⁺camit-: 288
camitl-: 287
⁺camitl-: 288
Camitlas: 286
camitlnas: 155, 248, 286, 287, 288
camuri: 341
camuriś: 341
⁺cancr-: 184
canθu: 96
canθus: 96
canθusa: 96
cap-: 289, 290
⁺cap-: 289, 290
cape: 186, 289, 290
c/kape: 187
⁺cap(e)va: 289
⁺capevane: 289
capevanes: 289
⁺capenate: 289
capenati: 289
caper: 187, 289
caperi: 187, 274, 290
capi: 186, 289, 290

c/kapi: 187
capna: 290
capne: 289
capruntial: 304
capue: 289, 544
caś-: 168
⁺caś-: 168
c/Caśntra: 22, 168
c/Caśtra: 22, 85, 168
car-: 472
⁺carcr-: 184
care: 62
carna: 62
⁺cas: 167
⁺ca[s]c-: 248
casθi: 168
⁺casθ(i): 168
casθialθ: 168
casni: 64
⁺cat-: 248, 287, 510
catana: 250
cati: 45
catica: 45
⁺catla: 248
catm-: 287
⁺Catmilnas: 286
catmite: 155, 156, 248, 287
⁺catmitlnas: 155, 287
catneis: 249
catn(e)is: 249
catni: 250
⁺catni: 249
Catnis: 249
⁺catsla: 248, 510
⁺cau-: 24
cauθ-: 307
c/Cauθa: 307, 308, 501
cauθas: 307, 308
⁺caupa: 114, 115, 252
caupis: 251
caupnal: 115, 251
caupne: 115, 251
caupnei: 251
⁺caupu: 113, 114, 115, 252
⁺caupua: 114
⁺caupui: 114
⁺caupuna: 114, 115, 252
⁺cauś: 35

causine: 24
causlinei: 24
caustine: 24
⁺ce-: 282
cealχls: 307
cealχus: 307
Cezar(t)le: 186
cezp: 75, 76
⁺cezpr(-): 78
⁺cezpre: 75
Cezrtle: 186
⁺cei-: 282
⁺cel-: 341
cela: 341, 342
celaś: 342
celati: 341, 342
celez: 290
celes: 290
celesa: 290
celi: 78
celtalual: 28
celtualual: 28
cemunia: 71
cep-: 345
cepar: 345, 346
cepen: 345, 346
cer-: 472, 473
⁺cerinu: 283
ceriχu: 472, 473
ceriχunce: 473, 512
cesa: 282
⁺cespre: 75
cestna: 163
cęstna: 163
cesu: 113
cęsu: 342
⁺cesfre: 75
ceχa: 282
ceχam: 67
ceχaneri: 372, 396
cvera: 80
-cvil: 343
ci: 471
cialaθ: 307
⁺cialaθl: 307
cialaχl: 307
⁺cialχl: 307
cialχs: 307

cialχus: 307
c/Ciarθi: 471
⁺ciarθi: 470, 471
c/Ciarθialisa: 470, 471
ciarθi(alisa): 471
cic-: 245
cicu: 244, 245
cicui: 245
cicunia: 72, 73, 244, 245
cicusa: 245
cie: 264
ciem: 123
⁺cil-: 343
cilen: 343, 489
cilens: 343, 489
Cilen(s): 343
cilensl: 343, 489
cilθ: 97, 343
cilθl: 97
cilθś: 97
cilni: 343
cilnia: 343
cilniạ: 343
⁺cilnial: 343
cilnias: 343
⁺cilu: 343
cipen: 345
⁺cist(e)-: 163
cistna: 163
⁺cist(r)a: 162
cl: 471, 472, 523
clan: 212, 299, 343, 471, 472, 519, 523
clauce: 120
Glauce: 120
cleva: 42
clenar: 212, 294
cln: 471, 472, 523
⁺(c)lucunta: 215
⁺cluv-: 292
⁺cluv(e)-: 292
cluvenia: 291
cluvenias: 291, 292
cluvie: 292
cluviesa: 292
⁺clup-: 292
Clutumita: 191
⁺cluf-: 292

-cn: 45, 160
⁺cnae: 353
cnaive: 486
cnareś: 489
cnepni: 184
cnesa: 313
⁺cnomna: 218, 485
⁺cnomra: 218, 485
⁺cnorma: 218
⁺Crace: 191
Craci: 191
Crac(i)nei: 191
Creice: 120, 191
Creici: 191
Creicia: 191
Creicnei: 191
crep-: 344
crepni: 184, 344
crepu: 344
crepus: 344
crepus(..): 344
cr[ep]ụṣ..: 344
⁺cretera: 196
⁺creterna: 195, 196
⁺cruma: 154, 208
⁺crum(r)a: 154, 207
⁺cruqute: 196
cterθue: 456
ctzvi: 456
ctnś: 456
cuclnial: 156
cuclnies: 156
cuclu: 156, 177
⁺cuclus: 156
cul: 253
⁺cul: 253
culcna: 157
culcfnam: 157
culiχna: 157
c/χuliχna: 157
⁺culna: 253
culnai: 253
culnaial: 253
culni: 253
⁺cum(e): 255
cumere: 254, 255
cumerumia: 254
cumerunia: 254, 255

cumeruniasa: 254
cumerusa: 254
cumnia: 64
⁺cunie: 197
cupe: 61, 197
cupesta: 61, 102
cupna: 61
cuprna: 61, 209
curanei: 123
curna: 123
curnal: 123
⁺curtina: 252, 253
curtine: 252
curtines: 252
curtun: 252
⁺curtu[n]na: 252
cusperiena: 76
cuspi: 76
cuspre: 76
⁺c/χusp/fre: 76
cuspr(i)e: 76
cusul: 443
⁺cute: 199

dana: 157

⁺ec-: 326
eca: 326
ecunzaiiti: 382
Evas: 191
⁺evi-: 296
evitiur: 296
evitiuras: 296
)eṿnica: 45
evru: 177, 375
eθ: 297
Eθauśva: 42
ei: 297
eieirie: 93
Eivas: 191
eiθ: 297
(eiθi): 297
eiθ(u)-: 297
eisna: 160
eisne: 147
eisnevc: 147
eisnevic: 147
eit: 297

eit(..): 297
eita: 297
eitva: 297
eiṭvapia: 297
eitviscri: 297
eiṭma: 50, 297
eiṭna: 297
eitu-: 297
eit(u)-: 297
⁺eleiva: 200
eleivana: 200
⁺elemen: 199
enicuśi: 96
enicusi: 96
enkuśi: 96
eprθne: 147
eprθnevc: 147
eprθnevic: 147
eśic: 264
eśi( )seseramueraçụśe: 80
(..)era: 100
erce: 145
ercezilci: 174
erpθnevc: 177
esal: 97
esalṣ: 97
esari: 396
⁺esk-: 326
eslem: 123
eta: 372
eterav: 372
eterau: 288, 512
etnam: 296
etri: 285
⁺eχitna: 184, 194
⁺eχitra: 200
⁺eχtra: 200

vatl: 73
vatlui̯: 73
vatlun: 73
⁺vc: 147
-vc: 83
vea: 41
veal: 41
veiane: 506
veianes: 506
veiaral: 86

v/Vel: 61, 86, 87, 88, 89, 97, 127, 142, 143, 438, 518
⁺vel-: 142
velaral: 86
velcialu: 28
velea: 476
velznac: 495
⁺velznal: 438
velznaχ: 494, 495
velθ-: 438
velθa: 88, 394, 412, 413
velθ(a): 438
velθune: 413
v/Velθur: 61, 86, 87, 88, 89, 127, 521
vel(θur): 88
v/Velθurna: 61, 62, 87, 92
velθurna (ś/l?): 285
v(el)θ(urus): 353
velia: 476
veliθ-: 438
v/Velimna: 64, 65, 66, 76, 199, 200
Velimnei: 64
v/Velimnia: 64
velit-: 438
⁺velnaθẹ: 518
⁺velnθ: 518
velnθe: 517
velnθẹ: 518
velnθeś: 518
velnθesla: 518
velnθi: 518
velnθial: 518
velparun: 207
velsia: 114
velsnalθi: 502
velt-: 438
Velthur: 353
velts-: 438
veltune: 200, 412
veltur: 86
Veluś: 143
velusa: 97
velχ: 88
velχ( ): 88
v/Velχans: 501

velχ(ansl): 501
velχas: 113
Venz(i)le: 186
⁺ver: 280, 281
⁺ver-: 281
vera(?): 80
veratru: 281
⁺vercena: 281
vercna: 281
verna: 280, 281
⁺verna: 280
vernai: 280
vernaia: 280
vernei: 280
verpe: 402
verpeṣ: 402
verpru: 402
verse: 280
⁺versna: 280
veru: 281
⁺veru-: 281
⁺verucena: 281
⁺vesp-: 246
vespu: 246
vest(r)-: 85
vetalu: 73, 316
Vetu: 312
vetus: 312
ṿheṭuriụ: 94
vibi-: 147
⁺vic: 83, 147
⁺vice: 147
⁺viver: 427
vip-: 148
vipe: 332, 399
vipenas: 57, 196
vipi: 147, 148
vipi-: 147, 148
v/Vipina: 147, 196
vipinas: 147, 148
vipina(s): 147
vipsl: 340
visce: 47
v/Viscri: 297
visl: 340
-vit: 148
⁺-vit: 148
-vitu: 148

⁺-vitu: 148
vl: 489
vuisinei(śta): 102
⁺vup-: 148
vχ: 340
vɔc: 147
⁺vɔc: 83, 147
⁺-vət: 148

zal: 97, 264
zam(a)θ: 274
zamaθ-: 274
zamaθi: 273, 274
zam(a)θic: 274
zamaθiman: 273
⁺zam(a)θr: 274
⁺zam(a)θrna: 274
zamθic: 273, 274
zamt(h)ic: 274
zamtic: 274
⁺zat-: 300
⁺zatil: 300
zatlaθ: 299, 300
zat( )laθ: 299, 300
⁺zatlχna: 299
zatlχne: 299
zatna: 300
zea: 41
zel: 146
zelar: 145
zelar-: 145
zelarvenas: 145
zelur: 86, 87, 145
z/Zicu: 245, 353
Ziiace: 502
zil: 145, 146, 442, 443
zil-: 145, 443
zilacal: 285
zilaθ: 145, 146, 243, 346, 371, 372
zilath: 545
zilaχ: 145, 243
zilaχ-: 243
zila(χ)ce: 502
zilaχnce: 145
zilaχnu: 243, 346
zilc: 145, 323, 372
zilci: 145

z[i]lci: 145
⁺zilcrni: 145
zilcti: 346
zili: 145
zi̦li̦: 145
zilχ: 372, 396
z/Zimaite: 192, 193, 224
Zimite: 192
Ziumiθe: 192
ziχu: 512
⁺zuθe: 264
zuθeva: 42, 264
zuma: 50
⁺-zfir-: 75

halistrea: 85
hamṇia: 64
hamφisca: 46, 47
hanipaluscle: 544
hanu: 96, 98
hapre: 158
har-: 354
⁺har-: 351, 352
⁺haracn: 352
haracna: 351, 352
hare: 353
harenie: 259
harenies: 259
harina: 259
⁺haru: 354
⁺haru-: 354
hatrenc-: 285
hatrencu: 285
hafure: 158
heci: 160
heci-: 111
heizumnatial: 66
hele: 355
helei: 355
helesa: 355
helzumnatial: 66
heli: 355
helia: 355
hels: 342
helu: 355
heš: 433
heṣ̌-: 433
hercle: 158, 483

herclenia: 158
hercles: 158
herecele: 158
herkle: 158
herma: 50
Hermenas: 64
herχle: 158
heturiu: 94
hil: 260, 340
hilar: 340
hinθu: 160
Hirminaia: 64
hirumixaφersnaχs: 304, 470
huzcṇai: 113
hulu: 349
huluni: 349
hununia: 72
huśur: 61
hursnana: 506
⁺(h)urχe: 277
⁺(h)urχia?: 277
(h)usi-: 111
husiur: 61
husrnana: 61, 506

θx...: 10
⁺θa: 109
θal-: 320 394
⁺θal-: 320
θalna: 319, 320, 321
θana: 157
θanasa: 433
θapi-: 111
θapicun: 512
θaura: 80
⁺θe: 369
θez-: 403
θeivi: 257
θeiviti: 257
⁺θel-: 394
θep-: 396
⁺θep(e)za-: 396
θepza: 396
θepr-: 396
θesan: 506
θefar-: 396
θefr-: 396

θval: 41
θina: 160, 161
θiriea: 41
θrama: 50
θrie: 93
⁺θriumpe: 234
⁺θriᵘmpe: 234
Θucerna: 61
θui: 113
θunem: 123
⁺θup-: 324
⁺θupi: 324
θupites: 323, 324
θupiṭu( )la: 323
θuplθa: 323
θuplθal: 323
θuplθaś: 323
⁺θupunθ: 323
-θur: 512
Θurmana: 64
θ/Θurmna: 49, 64
θusinei: 256
θuf-: 324
θuf(..): 323
θufi: 323, 324, 372
θuflθaś: 323
θuflθas: 323
θuflθi: 323
θuflθicla: 323
θufu: 323
θuf(u)lθa: 109
θufulθaś: 323

ixxx(..): 369
(..)xianiθx(..): 10
lduli: 131
ilacve: 401
⁺imnəss-: 138
iśuma: 50
⁺is: 433
⁺istri: 433
it-: 296
⁺it-: 296
iṭa: 296
iṭal: 296
itan: 296
itanim: 296
itas: 296

ltis: 296
itna: 296
itu-: 296
it(u)-: 296
⁺itul(i): 296
itun: 296
iṭuna: 296
itunia: 296
ltus: 296

kacena: 249
kacenas: 249
kavθaś: 372
kaviśta: 102
⁺kameθ-: 288
⁺k/cameθ/t-: 288
⁺kameθle: 288
kameθlece: 287
kameθleces: 287, 288
kap-: 289
kape: 186
kapi: 187
kapne: 289
karθazie: 452
⁺karθatie: 452
kilṇa[l]: 343
kilnei: 343
Kraikaluś: 191
kuleni(i)e: 253
kuleniieśi: 253
kurtina: 252
kurtinaś: 252

la: 404, 489
⁺lavelna: 358
lavelnaś: 357, 358
⁺laverna: 358
⁺laverniu: 357
⁺lavt: 109
lavtni: 109
lavtnita: 109
⁺laθer: 127, 165
laθerna: 127, 165
laθerṇa: 165
⁺laθerna: 165
laivisca: 46, 47
⁺laina: 192
⁺lampterna: 196

INDICES 589

⁺lan: 239
lanaθe: 240
lanaθes: 240
lanθeal: 240
lanθi: 240
lani: 111, 240
⁺lani: 239
⁺lani-: 111
⁺laniu: 112, 240
⁺lanter: 165
⁺lanterna: 165
⁺lant(e)rna: 165
lanti: 240
lar: 261, 262, 356, 357
lar-: 357
lar(-): 261, 262
⁺lar-: 261, 357
laran: 262, 356, 357
laraniia: 10
larce: 262, 356, 357
⁺larcena: 281
larcna: 281
larva: 261
Larzile: 186
larθ: 113, 262, 313, 356, 357, 518, 544
larθal: 518
larθalś: 299
Larθi: 342
[l]arθi: 280
larθi(a): 313
la(rθia): 285
larθial: 342
l(arθ)risce?: 47
larθurus̩: 548
lari: 358, 406
larilezili: 145
l/Laris: 88, 100, 262, 342, 356, 357
lar[i]s̩: 342
larisal: 100
l(ar)isce?: 47
larnθ: 517, 518
larnθal: 518
l/Lartia: 312
laru: 261, 357
⁺laru: 261
laru-: 43

laru(-): 262
larua: 261
laruns: 262
⁺laruua: 261
⁺lar(u)ua: 261
⁺laruu/va: 43, 260
lasa: 44
Latva: 42
latni: 251
Lauchumna: 66
laut: 109
laut-: 138
⁺lauta: 138
lauta-: 138
lautn: 109
lautneteri: 93
lautneterie: 93
lautni: 109, 125, 138, 251, 281, 523
lautniθa: 108, 109, 521, 523
lautnita: 108, 109
lautnta: 109
lauχ-: 308, 309
lauχme: 308, 309
lauχmes: 309
⁺lauχum-: 308
⁺lauχumna: 308
lauχumneti: 66
laχ-: 308, 309
laχume: 309
laχumes: 309
le: 313
⁺lea: 153
⁺leb-: 137
leθe: 9, 355, 356
leiθrm-: 265
leiθrmeri: 139, 140, 264, 265
lein-: 518
leine: 329
leinθ: 329, 330, 518
leit: 265
⁺leit: 139, 140
leitr: 264
leitr-: 265
leitrum: 264, 265
leitr(um): 139, 140

len: 262
⁺len-: 115, 262
le̩na: 115, 127, 262
leni: 115, 262
lentis: 165
⁺lenu: 115
⁺lenui: 262
le̩nu̩i: 115, 262
le̩nu̩ial: 115, 262
Lethe: 355
letis: 165
leu: 152, 153
leχtumuza: 159
lθ: 313
⁺lib-: 138
liber-: 138
⁺liθ-: 264
limurcesta: 102
limurcešta: 102
lit-: 139
⁺lit-: 264
-lit-: 264
lita: 139
⁺lita: 138, 139, 140
⁺lit(a)-: 264
⁺litar-: 264
⁺litara: 139, 140, 264
⁺litaue: 140
⁺litera: 264
Irisce?: 47
luc-: 308, 309
luce̩r: 165
⁺lucne: 486
⁺lucnena: 486
⁺lucre: 154, 486
⁺lucrena: 486
⁺lucrna: 486
lucumu: 309
luvc-: 308, 309
luθ: 111
luθti: 111
⁺lup-: 141, 473
⁺lupa: 141
lupu: 55, 473
lupuce: 55, 473
lupu(ce): 468, 473
⁺luti-: 111
⁺lutiu: 111, 112, 170, 172

lutniθa: 251
lustreś: 85
⁺luχne: 486
⁺luχnena: 486
luχre: 154
⁺luχre: 154, 155, 486
⁺luχrena: 486
luχresa: 154
luχria: 154
luχriaś: 154
⁺luχrna: 155, 486

-m: 39
ma: 359
mac: 359
macani: 359
⁺mace: 358
maci̯: 359
macia: 359
macni: 359
macstre: 61, 82, 83, 147
⁺macstre: 82, 83, 374
macstrev: 374
macstrev(a): 83
macstrevc: 82, 83, 147
macstrev(c): 83, 85
macstrevic: 147
⁺macstreuc: 83
m/Macstrna: 61, 83, 196, 374
macstr(na): 83
⁺magisterna: 196
magstrna: 374
⁺makstre: 83
malstria: 85
mama: 50
⁺mamar: 141
⁺mamarra: 141
⁺mamra: 141
man: 359
⁺man: 403
man-: 359
mane(-): 360
manθ(-): 403
manθatnei: 403
manθeate: 403
manθvate: 403

manθvatnei: 403
mani: 359
mani(-): 360
maniim: 359
manim: 359, 360, 469
⁺manimce: 360
manimeri: 359, 360
manince: 360
mant-: 403
mant(i): 97
mantrnś: 403
mantrnśl: 403
⁺manturneś: 403
Mantus: 359
mar-: 142
⁺mar-: 38, 141
mariś: 304
maris: 61
⁺marle: 38
marmis: 202, 203
Marmis(a): 203
⁺Marpisa: 203
⁺martle: 38
⁺martəle: 38
maru: 142, 346
⁺marun: 108
marunuχ: 323, 396
marunuχva: 346
⁺mas-: 360
masan: 360
masateś: 489
masn: 360
masni: 360
mastr: 300
matam: 67
matulna: 118
matulnai̯: 118
matulnas: 118
maχ: 358
mechl: 545
meθl-: 362
meθlna: 362
meθlnal: 362
meθlne: 362
meθlnei: 362
memnun: 485
mempru: 127, 142, 485
memru: 142, 485

m/Memrun: 142, 184, 207, 391, 485
men-: 361
m/Menerva: 42
menervas: 42
meneru/va: 92
⁺menita: 361
menitla: 361
menrva: 42
Menrua: 42
⁺menta: 362
mer: 92
mera: 80, 92
mercu: 92
⁺mercura: 93
merva: 92
merpaśniia: 92
me̯rpaśn̯iia: 92
merta(: 92
merua: 92
met(e)l-: 362
meteli: 362
metelial: 362
meteliś: 362
Metvia: 42
met̯li: 362
metlis: 362
Metua: 42
metus: 363
metusa̯l: 363
metusnei: 363
meχl: 371, 502
mi: 10, 143, 145, 259, 548
m̯i: 369
mini: 278
mir: 92
mlaχ: 145, 364
mlaχta: 364
mlaχu: 364
mlaχuta: 364
⁺morma: 202, 203
⁺morpa: 202, 203
(muera): 80
muθ-: 311
muθuna: 310, 311
muθura: 311
muθuras: 311
mulaχ: 364

mulaχta: 364
⁺mulaχta: 364
mulu: 145
mun-: 367
munθ: 365, 366, 367
munθuχ: 353, 365
mur-: 368
mura: 80
murc-: 368
murce: 368, 544
murcna: 368
murcnas: 368
murcunu: 368
⁺murena: 217, 218
murzua: 42
murina: 217, 218
⁺murma: 203
⁺murmu(n): 203, 204
⁺murna: 217, 218
⁺murpha: 203
muru: 368
muruni: 368
murunial: 368
mut-: 310, 311
mutana: 311, 366
mut(a)na: 366
muteni: 310, 311
mutie: 310, 311
mutin: 311
mutince: 311
mutna: 311, 366
mutu: 310, 311
mutual: 310, 311
mutui: 311
mutuna: 310
mutus: 311
mutusa: 311

⁺nacca: 166
n/Nae: 353
nap: 266, 267
⁺nap-: 128, 269
⁺napa: 266
naper: 34, 81, 128, 266, 267, 294
naperi: 267
naplan: 159
napti: 160

⁺nasiθ: 422
⁺nasit: 422
⁺nastrna: 421
⁺nehθuns: 268
neθuns: 266, 268
neθunsl: 489
nene: 312
nep-: 268
⁺nep-: 269
⁺nepa: 266
netśvis: 148, 352, 353, 354
netsviś: 352, 353, 354
ni: 10
niaraziialaraniia: 10
Nicipur: 215, 216
numnaś: 372
nun-: 369
⁺nun-: 369
nuna: 369
nuṇa(: 369
nunai: 369
nunar: 369
nunθ: 369, 370
nunθ-: 369
⁺nunθe: 369
nunθe-: 370
nunθen: 369, 370
nunθen-: 369
nunθene: 369, 370
nunθenθ: 369, 370
nunθeri: 369, 370

⁺pacanal: 502
paci: 337, 338
pacial: 337
pacials: 337, 338
pacinei: 338
pacnies: 338
⁺paiθunai: 18
paiθunas: 18
pal-: 295
⁺palac(a)rna: 406
⁺pal(a)ce: 192, 220
palazus: 295
pali: 295
palni: 295
panza: 269

panzai: 269
panzas: 269
papa: 370, 371
papals: 337, 489, 500
papasa: 98
par: 243, 371
par-: 371
⁺par-: 243
paraχ: 243, 371
⁺parc(a)la: 243
⁺parce: 243
⁺parcna: 243
parna: 371
parnie: 371
parnies: 371
parniχ: 371
⁺part/θe: 243
partiunus: 243
partunu: 244
partunus: 243
⁺paru: 243
paruni: 243, 371
parχi: 371
parχis: 243, 244, 371, 372
patru: 358
pauca: 523
⁺paχa: 338, 501, 502
paχaθur: 338
paχaθuras: 338
paχana: 338, 501
⁺paχanal: 502
paχanati: 338, 501
paχie: 338
paχies: 338
paχnas: 338
pevθatelouriu: 94
peθnal: 353
peθnei: 18
peiθna: 18
Pele: 190
penθuna: 347
penthu: 347
⁺per-: 377
peraś: 376, 377
perzile: 373
p/Perperna: 61
⁺perpna: 57
⁺pers-: 377

perse: 376
⁺perse: 373
persie: 372, 373
persile: 373
⁺persile: 373
persu: 376, 377
perφaṭelouriu̯: 94
Pethnei: 353
petru: 358
phabulonia: 238
phersipnai: 18
phersipnei: 18
pinca: 423
⁺pinca: 423
⁺pipi: 423
⁺pipina: 423
Plavtanans: 143
⁺plau: 176
⁺plau-: 81, 104, 142, 143, 144, 270
⁺plauce: 143, 270
⁺plaustra: 81
⁺plaustre: 81, 176
p/Plaute: 143
⁺plaute: 104, 143, 144
pleura: 80
⁺plocsen(a): 270
pluti: 39
plutim: 39
pluχśalu: 270
Preale: 186
prisce: 47
p/Priumne: 65, 66, 67, 485
priumneś: 65
prosepnai: 222
⁺prsu: 375
⁺prsup: 375
⁺prusupe: 375
pruχum: 159
puanea: 41
⁺puc-: 339
puce: 339
pucliś: 339
pucna: 339
⁺pucu: 339
puθ-: 377
pu(ia): 285
⁺pulpθa: 222

⁺pulpta: 222
⁺pulpuθa: 222
⁺pulputa: 222
Puluctre: 434
pumpu: 114
pumpua: 114
pumpual: 114
pumpuna: 270
pumpuś: 271
pup: 76
p/Pupa: 270
pupa(..)ai: 270
pupae: 270
pupaias: 271
pupainei: 271
pupaini: 271
pupana: 270
pupanaśiś: 270
pupe: 270
p/Pupl-: 316, 317, 318
⁺pupla: 82
⁺puple: 316
pupli: 315, 318
p/Puplie: 315, 316
puplies: 315
puplina: 315
puplu: 315
puplu-: 316
⁺puplu-: 143, 144, 315
p/Pupluna: 12, 73, 315, 316, 318
⁺puplute: 104
pupu: 271
pupual: 271
pupui: 271
pupuna: 271
pupunaś: 271
pupuni: 271
pupunial: 271
pupuniaś: 271
pupuś: 271
pur-: 79
purat: 340
puratum: 340
pure: 340
purθ: 79, 165, 378, 502
purθne: 57, 378
⁺purmica: 445

purt(ś): 165
purtśvana: 57
pute: 171, 377, 378, 379
putere: 377
putere(s): 121, 377
putnas: 377
pufluna: 318

...ś: 502
śa: 144
-śa: 98
-s̈a: 96, 97, 99, 119, 216
s̈ac-: 273, 383
s̈acni: 383
śacnicn: 45
⁺śacnicśtra: 86
⁺śacnicśtre: 86
śacnicstreś: 85, 86
śacnicstreś: 85
śacrn(...): 382
śatlnei: 299
śatnal: 299, 300
śatnal: 299
śatnei: 299
śem-: 144
śvelśtreś: 85
śinu: 9
-s̈la: 119
⁺śpel(a): 226
śpelaneθi: 226
śpelθ(i): 226
s̈pur-: 385, 386
śpura: 119
⁺śpura: 387
śpural: 119, 340, 386
śpureśtreś: 85
śpureśtres: 85
śpurestreś: 85
śpurie: 387
s̈purie: 387
śuθi: 49
ś[uθ]il: 49
śuθina: 49
s̈up(e)l-: 301
śupelna: 301
śupelnas̈: 301
śuplini: 301
śuplnal: 301

śuplnei: 301
śuplu: 300, 301
s̈uplu: 301
śupluniaś: 301
śupl̩uṣ: 301

qurtiniie: 252
q/cute: 199
⁺qute: 199
⁺q/cut(e)rna: 199
qutum: 210
qutun: 210

⁺raθ: 298, 380
raθ-: 380
raθiu: 298, 380
raθlθ: 298
raθ/t(u)m-: 298
raθumsnal: 298
raθumsnei: 298
ramθa: 109, 113
[ra]m̩θa: 262
rap(a)le: 272
rapaleś: 272
rapali: 272
rapalial: 272
r/Raple: 186, 272
rapleś: 272
rapli: 271, 272
raplial: 272
rasnal: 371, 502, 545
rat: 298, 380
rat-: 380
ratum: 264, 298, 380
ratumṣna: 298
raufe: 251
raufi: 251
rafi: 251
rea: 41
resθu: 379
restia: 379
restiaś: 379
restumnei: 66
restusia: 96
riθ-: 380
riθnai: 380, 381
ril: 473, 474, 475
rit-: 381

rita: 381
ritn: 381
ritnas: 381
ritnei: 381
⁺roufe: 251
Ruma: 124
⁺ruma: 124
rumakh: 495
rumaχ: 494, 495
⁺rumna: 124
⁺rumnai: 124
⁺rumnei: 124
⁺rutent-: 520
Rutile: 186
rufi: 251

-sa: 98, 154, 245, 254, 295,
    311, 327, 334, 355, 388,
    389, 401
sac-: 273, 382
⁺sac-: 382, 383, 424
⁺sacna: 273
sacnisa: 382
sacr-: 382, 383
sacri: 382
sacrial: 382
salθn: 342
s/Saties: 342
satir-: 408
sat(i)r-: 408
satiria(sa--): 408
satln: 299
satlnal: 300
satlnei: 299, 300
satna: 300
satnas: 300
satr-: 408
s/Satre: 191, 408
satres: 408
satriax: 408
satrṣ: 408
sature: 408
safrie: 93
⁺scatre: 192
sceva: 275
scva: 275
scvulna: 275
⁺scur-: 276

⁺scura: 276
⁺scure: 276
sc̣urineś: 276
scurna: 276
Scur(n)a: 276
scurnal: 276
scurnas: 276
scurnei: 276
scur(r)a: 276
seatial: 165
sehtmnal: 65
seθra: 114
seθre: 114
seθume: 268
Seiante: 9
seianti: 9
seiantial: 165
sekstaluś: 29
Selenia: 100
selvan: 489
selvans: 489
selvansl: 489
sentinate: 66
sentinatial: 489
senχunia: 72
sepre: 158
⁺sequa: 144
ser-: 384
serv: 384, 385
serve: 384
servei̯: 384, 385
servi: 384, 385
(sesera--): 80
setmanal: 65
sctume: 65, 268
setumnei: 66
sefrialsc: 158
sval: 258
sval-: 258, 474
svalas: 474
svalce: 165, 258, 473, 474
svalθas: 474
svalu: 474
svea: 41, 118
sv̯ea: 118
sveaś: 41, 118
sveas: 41
sicala: 440

⁺sicala: 440
silqetenas: 10
Sinu: 9
⁺sisena: 57
sispeś: 322
sitmi: 44
sitmica: 44, 45
⁺spel-: 226
spelθ: 226
⁺spelnca: 226
spur: 386
spur-: 160, 386, 387
spurà: 160, 372, 386
⁺spura: 437
spural: 386
spurana: 386, 506
⁺spurce: 386, 387
⁺spurθa: 212
spuri: 387
spurianas: 10
spurie: 386, 387
spuries: 387
spurina: 57
spurta: 126, 159, 160
spurṭa: 160
⁺spurta: 159
spurtn: 160
spurṭṇ: 160
šqulina: 275
šqulinaš: 275
squṛia: 276
squṛias: 276
Steprna: 61
⁺stlancea: 211
strume: 388
⁺strume: 388
struṃesa: 388
suθil: 500
sulsle: 160
suplni: 301
suplu: 301
⁺suplu: 301
supluni: 300
suplus: 301
suṗlus: 301
⁺sφ(e)nθna: 205
⁺sφṇθ(n)a: 205

-ta: 45, 100, 102, 119, 120, 296, 364
tal-: 320
talape: 320, 390
talce: 320
talcesa: 320
ṭalcesa: 320
taliθa: 319, 320
talis-: 320
talmiθe: 320
talmite: 320
talniθe: 320
talpiuś: 509
ṭalṭ: 320
tama: 50, 392
tame: 392
tames: 392
⁺tam(i): 392
⁺tamina: 392
⁺tam(i)na: 392
taminai: 392
tamnia: 64, 392
⁺tamnia: 64
⁺tamnias: 64
⁺tamre: 391
tarcna: 548
tarna: 489
tarnas: 489
tarquiti: 548
⁺tarta: 146
⁺tar(u?): 489
tarχvetenas: 548
tarχnalθi: 501
tasma: 50
tata: 259
tataś: 259
tatr: 340
tatr(..): 340
⁺taφ-: 389
⁺taφa: 389
⁺taφana: 389
taφane: 388, 389, 390
taφu: 388, 389
⁺taφu: 389
taφunia: 72, 389
taφuniaś: 72, 388, 389
taφunias: 388

taφusa: 389
taφusla: 389
⁺te: 108
tecum: 67
⁺tecumnai: 66
tecumnal: 66
⁺tecumnei: 66
tez-: 472
⁺tezansa: 472
tei: 45
teis: 45
teisnica: 45
tel-: 394
telaθur: 394
telaθura: 394
telaθuras: 394
tele: 177
telei: 394
teleial: 394
teli: 394
telicla: 394
telicles: 394
tellus: 393
ten-: 108
tenθas: 108, 323
tenine: 108
tenu: 108
tep-: 396
teper-: 396
teśamsa: 472, 473
tetals: 489
tef: 396
thal-: 320
Thalna: 319
Thufltha: 323
tidi: 157
tin: 397, 489
tina: 397
⁺tine: 397
t/Tinia: 397, 501
tiniia: 397
tinś: 397, 489
tinścvil: 343
tit: 515
tita: 398
t/Tite: 88, 270, 285, 313, 332, 398, 399

titei: 313
Tit(e)le: 186
⁺titele: 398
titeleś: 398
titi: 114, 157
titlalu: 398
titlaluś: 29, 398
title: 270, 398
titleś: 398
titlia: 398
titui: 404
tiφane: 396
tiφile: 9, 396
tleχe: 544
-tn: 45, 160
trepalual: 28
trepi: 19, 433
⁺tripua: 232
⁺tripuia: 232
⁺triumpe: 234, 235
⁺tri⁽ᵘ⁾mpe: 234
⁺t/θriumφe: 235
⁺t/θriᵘmφe: 235
⁺triφua: 232
⁺triφuia: 231
⁺trifu: 231
⁺trifu-: 231
⁺trifui: 231
⁺trifuia: 231
⁺triful: 231
⁺trifuna: 231
⁺trifunal: 231
truθ: 147, 353
truials: 489
trut: 147
tr[u]ṭanaśa: 147
trutn-: 146, 147
⁺trutna: 146
trutnvt: 147, 148, 353
trutnuθ: 147, 353
⁺trutnə: 148
⁺trutnəvət: 148
tuica: 44
tul: 400, 401, 505
tul-: 401
tula: 400, 401
tulalu: 259, 260, 401
tulaluś: 28, 259, 401

tular: 294, 340, 393, 400, 401, 505
tularu: 401
tule: 400, 401
tulerase: 401
tules: 401
tulesa: 401
Tulumneś: 66
Tuntle: 186
tunur: 86, 87
tupi: 322, 323, 324
tupḷtia: 323
tupunt: 323
tuš: 256
tuś̈: 256
tuś̈(-): 256
tuśnu: 256
Tušnu: 256
tuśnui: 256
tušnut: 256
tura: 80
ture: 297
turialsc: 283
turke: 372
turmna: 49
Turmnas: 49, 64
turmś: 49, 93
turms: 49, 93
turmus: 49
tusna: 256
tusnas: 256
tusnu: 256
tusnui: 256
tusnus: 256
tusurθir: 256

ucalui: 28, 370
⁺ucle: 370
uclina: 370
uclnas: 370
uclni: 370
uclnial: 370
uerse: 128
uθur: 86, 87
uθurlanueiθi: 87
Ultimne: 66
-um: 264, 265, 340
uma: 50

Umaele: 192, 193
Umaile: 192, 193
unata: 118
uni: 352
unialastres: 85
upl-: 314
uple: 313
uples: 313
uplu: 313, 314
uplus: 313
Uśele: 186
(..)uqnuš(..): 10
⁺ur: 278
⁺ur-: 278, 279
urata: 278
⁺urca: 220
ure: 278
⁺urθ-: 278
⁺urθan: 278
urθanike: 278
urθri: 278
uri: 278
uriθnei: 278
urinate: 66, 278
urinatial: 157
⁺urna: 278
uru: 278
⁺uruna: 278
urur: 278
urχ: 277, 278
⁺urχa: 220
⁺urχe: 277
⁺urχena: 277
Usile: 186
⁺ut-: 87
utus: 382
utuse: 382
uχulnị: 370
ufl-: 314
ufleś: 313
ufli: 160, 314

φelucu: 418
φer-: 376
φerse: 373, 376
φersinei: 222
φersipnai: 222, 376
φersipnei: 376

φersu: 62, 374, 375, 376
φersu(n): 375
φersuna: 376
φersu(na): 374, 375
⁺φersuna: 375, 376
⁺φersupe: 375
φeχucu: 418
φuinis: 183

χa: 316
⁺χaire: 283
⁺χairea: 283
χaireals: 283, 284
χairi: 281, 283
⁺χaisre: 283
⁺χaisr(i)e: 283
⁺χals: 183
⁺χespre: 75
⁺χesfre: 75
⁺χlaina: 192
⁺χnumra: 184, 194, 207, 218
χosf-: 76
χosfer: 74, 75, 76, 77
χofer: 75
χoffer: 75
χuliχna: 156, 157

favi: 257
⁺favi: 258
⁺favi-: 257, 258
⁺faviza: 259
favin: 257, 258
favis: 257
faviti: 257
favitic: 257, 258
favitiç: 258
⁺fal: 293
fal: 404

fal-: 294, 295
⁺fal-: 293, 295
fala: 293
fal(a): 294
⁺fala: 406
⁺fal(a): 295
falado: 19, 130
⁺fal(a)znθ: 293
⁺fal(a)θ: 293
⁺falaθ-: 294
falaθres: 295
⁺falanθ: 293, 294
falaś: 294, 295
⁺falar: 211, 294
falasi: 295
falasial: 295, 404
⁺faler: 294
falzaθi: 293, 294, 295
fali: 45
falica: 45, 295
⁺falnθ: 293, 294
falś-: 294
falśti: 294, 295
f/Faltu: 295
faltui: 295
faltusa: 295
faltusia: 96
faltusla: 295
falu: 295
faluθras: 295
falus: 295
famel-: 498
⁺fap-: 238
fapi: 238
faplniś: 73, 238
⁺fap(u)l(u)ni: 238
faśe: 260
faśei: 260
faśena: 259, 260

faśi: 260
⁺fel: 293
felzumnati: 66
⁺felθ: 293, 294
felsnas: 544
⁺fen-: 347
fer-: 377
fercle: 483
feru: 376, 377
fiśe: 349
⁺fis-: 348, 349
flenzna: 45
fnes-: 347, 348
fnesc-: 347, 348
fnesci: 347, 348
fnescial: 347, 348
⁺fnestra: 347
fniści: 348
fniścial: 348
frentinate: 66
frθntac: 158, 353
frontac: 26, 148, 157, 158, 353, 495
frọntac: 157, 158
ful-: 349
fulni: 349
fulu: 349, 350
funei: 350
furmica: 445
⁺fuf-: 316
fufl-: 316, 317
⁺fuflans: 315
fuflun: 489
fufluna: 316, 317
f/Fufluns: 12, 27, 81, 315, 316, 317, 489
fuflunsul: 97
fufluns(u)l: 489

I.3. Griechisch[1]

ἀγ-: 324
⁺ἀγαγᾶς: 161
Ἀγαμέμνων: 175, 207, 485
Ἀγασι-: 325
ἄγκυρα: 174, 212
Ἀγχίσας: 332
Ἀγχίσης: 332
ἄγω: 161
ἀγωγᾶς: 161
ἀγωγεῖον: 161
ἀγωγός: 161, 162
ἄδαμνα: 328
ἀδαμνεῖν: 328
ἄδερος: 458
⁺αϜαρ-: 426
ἄζομαι: 382
Ἀθάνα: 306
Ἀθανασσός: 306
Ἀθήνη: 306
αἰγιαλόν: 209
αἴγιθος: 22
αἴγινθος: 22
αἰετός: 86
ΑἴϜας: 173, 191
αἴθριον: 285
αἰρομένη: 172, 173
αἴρω: 172
Αἴσυμνος: 64
αἰτία: 24
ἀκόλουθος: 425
ἄκοσμος: 366
(ἀκρο)ξιφίδες: 168
ἄκρος: 381

ἀκτήν(σύγκλυδα α.): 208, 209
ἄλα (ἄ. μαρμαρέην): 215
ἄλβα (σπίνα ἄ.): 157
Ἀλέξανθρος: 213, 220
⁺ἀλεός: 35
ἀλύται: 140
ἄμαθος: 274
ἀμόργα: 173
ἀμόργη: 174
ἄμπ(ελος): 337
ἄμυλον: 302
ἄμυνα: 302
⁺ἀμυνητός: 302
ἀμύνω: 302
Ἀμφιάραος: 303, 304, 516
Ἀμφιάρεως: 516
Ἀμφιάρηος: 516
Ἄμφιος: 304
ἀμφίπολος: 331
ἀνατεταμένη: 175
ἀνατιθημένος: 175
ἀνατίθημι: 175
ἄνδας: 428
ἄνταρ: 428
ἄπιουμ (ἄ. ρανίνουμ): 129
ἀρβάλη: 106
ἀρβίννη: 247
ἄρδις: 471
Ἄρης: 432
Ἀριάδνη: 19
ἀριθμός: 380
ἄριλλα: 334

ἄριμος: 128
ἄρις: 432
ἀρίσαρον: 432
Ἀρίστα: 100, 101
Ἀρίστη: 100
Ἀριστίας: 100
Ἄριστος: 101
⁺ʽΑρμονία: 71
ἄρον: 100, 432
ἀρραβών: 177, 334
Ἄρταμις: 194, 215
ἄρτος (⁺γλυκοῦς ἄ.): 214
ἀρύβαλλος: 106
ἄσκρα: 268
Ἄσκρα: 268
Ἀσπίς: 291
ἄστραλος: 59
Ἀτήνη: 306
Ἀτηνία: 306
ἄττανα: 305
Ἀττανασσός: 306
ἀττανίτης: 305
Ἀττικός: 306
αὐλαϜυδός: 171
αὐλωιδία: 171
αὐλωιδός: 170, 171
ἄφλαστα: 85, 176, 177, 222
ἄφλαστον: 120, 176, 222
Ἀφροδίτη: 303, 304, 305
ἀφροσκόρδον: 457
ἀφροσκόροδον: 457
Ἀφρώ: 303, 305
ἄψινθος: 268

[1] Dieser Index ist zu verstehen nicht nur als Index der in der Untersuchung zitierten originär griechischen oder zumindest traditionellerweise dem griechischen Lexikon zugeteilten Wörter, sondern in weiterem Sinn auch als Verzeichnis zitierter singulärer fremdsprachiger Ausdrücke, die über die antike griechische Literatur auf uns gekommen sind; d. h. es sind in diesen Index auch Formen wie messap. βρέντιον, sabin. τραβαίαν oder phryg. ἀδαμνεῖν aufgenommen.

Sofern es sich nicht um Hapaxlegomena oder um essentiell wichtige Formen mit ganz spezifischer Bedeutung im Kontext, um Formen aus Phrasen oder aus Zitaten, insbesondere aus Zitaten antiker Autoren, handelt, werden Verben in der 1. Stammform, Substantiva im Nom. Sg., Adjektiva in der maskulinen Form angeführt.

Άψινθος: 268

βάκανον: 337
βακαρ: 337
βάκκαρ: 337
βάκκαρις: 337, 338
βάκχαρ: 337
βάκχαρις: 337
Βακχεΐα: 502
Βακχεΐον: 502
Βάκχος: 337, 338, 339, 501
βαλάνειον: 178
βαλανεΐον: 178
βαλήν: 345
βαλόν: 293, 294, 417
βάραθρον: 510
βαρδύς: 242
βαρκάζω: 241
βαρουλκός: 414
βασκαίνω: 416
βάσκανον: 417
βάσκανος: 416, 417
⁺βάστα: 459
βάσταγμα: 429
βαστάζω: 429, 459
⁺βάστον: 459
⁺βαστώ: 459
βερρόν: 79
βήμα: 221
bíblinos (b. oinos): 317
βίρροξ: 79
βόρμαξ: 44, 444
βούκερως: 179
βραδεΐα: 242
βραδύς: 146, 242
βρένδον: 446
βρέντιον: 446, 447
βροντή: 157, 353
βροντήσιος: 157
βρύτεα: 94, 95
βρύτια: 94, 95
βύβλινος (β. οἶνος): 315
býblinos (b. oinos): 317
βυθός: 171, 378, 379
βύρμαξ: 444
βύρσα: 79

γᾶ: 36
⁺Γαδυμήδης: 7, 155, 287
γαῖα: 36
γάϊνος: 37
γάλα: 418
Γαλάνα: 191, 192, 193, 223
⁺Γαλανα: 223
γαλέη: 36
γαλήνη: 418
Γαλήνη: 190, 223, 418
⁺γαληρός: 36
γᾶν: 37
⁺γανεΐον: 37
Γανυμ-: 287
Γανυμήδης: 155, 287, 288
γεγονώς: 475
γέρρα: 511
γέρραι: 511
γέρρον: 511
γῆ: 36, 412
Γῆ: 412
γιγαλία: 418
γιγάρουμ: 130
Γλαῦκος: 120
γλυκόεις (γ. πότος): 214
⁺γλυκοῦντα: 215
⁺γλυκοῦς: 214
⁺γλυκοῦς (γ. ἄρτος/πλακοῦς): 214
γνῶμα: 154, 207, 208, 485, 486
γνώμονα: 154, 159, 184, 194, 207, 208, 218, 485
γνώμων: 154, 184, 207, 208, 218
γονή: 141
Γραικός: 120
Γραῖκος: 191
γράμματα: 263
γρυμαία: 163
γρυμέα: 164, 374
γρυμεΐα: 164
γρυμεία: 163, 164
γρυμε(ί)α: 163
γρύτη: 164
γώνιος: 197

δᾶδα: 229
δαΐδα: 159, 229
δαΐς: 229
Δαμᾶς: 50
δάμνος: 19
δάπις: 230, 425
δέα: 130
δέπας: 16, 214
δῖνος: 160, 161
Διομήδης: 192, 193, 224
Διοφάνης: 396
διφθέρα: 263
Δίφιλος: 396
διφυής: 231
διφυῖα: 231
διφύιος: 231
δραχμή: 200

ἐγγυθήκη: 210
⁺ἐλαίϜα: 200
ἐλαίτρινος: 54, 404
ἑλεῖν: 443
ἐλέφαντα: 199
ἐλέφας: 199
ἑλλά: 181
Ἐλπήνωρ: 207
ἐμβροντησία: 157
ἔμμουσος: 138
ἐνιαυτός: 413
ἐνιαύω: 413
ἐπωμίδιον: 106
ἕρμα: 50
ἕρμαιον: 50
ἑρμῆς: 50
ἐρύω: 520
ἐσσήν: 345
ἔτος: 194
Εὐρώπα: 375
Εὐρώπη: 177, 375
ἔχθαρ: 506
ἔχιδνα: 154, 184, 194, 200, 486

⁺Ϝρήτωρ: 378

ζεγερίαι: 440
ζειγαρά: 440

ἡβή: 318
ἡβηδόν: 318
ἡγεμονία: 70
ἡγεμών: 70
Ἡγήσιππος: 325
Ἡγήσων: 325
ἧκα: 144
ἥκιστος: 144
ἡλεός: 35
ἡνία: 37
Ἡρακλῆς: 120, 121, 158

θάλλω: 319, 320
θάπτω: 388, 424
θόλος: 293
θρίαμβε: 233
θρίαμβος: 176, 232, 233, 234, 235
θύμβρα: 268
Θύμβρα: 268
θύος: 235
θῶμι(γ)ξ: 350
θώραξ: 43

ἴαρον: 100, 432
⁺ἰαροσκόπος: 351, 352
ἰβίσκος: 46
ἱέραξ: 138
ἱστορέω: 433
ἱστορέων: 433
ἱστορικός: 434
ἱστορίων: 433, 434
ἱστρίωνας: 131
Ἴστρον: 131
Ἴστρος: 433
Ἴστρος: 433
ἴστωρ: 433, 434

καδ-: 248
κάδμιλοι: 129
Καδμῖλος: 130, 286, 287
καίριμος: 282
κακός: 248
κάλαθος: 159
καλάνδρα: 137
κάλανδρος: 137
καλαυδάκη: 181
καλαυδέκη: 181

⁺κάλθη: 307
κᾶλον: 248, 510
κάλπη: 182
Κάλυμνα: 64
καμάρα: 341
Κάμιλλος: 286, 287
Κάμιλοι: 129
κάναστρον: 185
καναῦστρον: 185
κάνθαρος: 37
κανθήλιος: 185
κάνιστρον: 185
κάνυστρον: 185
Καπανεύς: 289
κάπηλος: 250, 251, 441
καπηλός: 180
κάπια: 187
κάπρα: 130, 344
καρ-: 180
Καρβαντόριγον: 439
καρκίνος: 184
καρύκιον: 180
Καρχαδών: 452
Καρχηδών: 452
κάσμιλος: 254
Κασμῖλος: 248, 287
Κασσάνδρα: 22, 85, 168
κατα-: 155
⁺καττίδα: 168
⁺καττίς: 168
κατωμίς: 106
καύταμ: 128, 307
κάχληξ: 37
κέδρος: 188
Κέθηγος: 480
κεκρυμμένα: 163
⁺κήπ-: 187
⁺κήπη: 187
κήπια: 187
⁺κήπια: 187
κεράννυμι: 423
⁺κηρίζον: 416
⁺κηρόεσσα: 416
κηρύκειον: 180, 181
κιθών: 455
κικένδα: 130
κίκους: 440
κίστη: 162, 163, 176, 441

κίστ(η): 163
κιτρέα: 188
κίτριον: 188
κίτρον: 188
κλάρες: 59, 188
⁺κλάρινος: 59, 189
⁺κλάρ(ι)νος: 188
κνέφας: 194, 195, 486, 487
κνέφος: 195
κοδυμᾶλον: 189
κοίης: 345
κολεός: 36
Κόρυθος: 22
Κόρυνθος: 22
κόσμος: 365, 366, 367
κόσσαβος: 168
κότινος: 54
κότταβος: 168
κοττίς: 32, 167, 168
κραιπάλα: 192
κραιπάλη: 37, 189, 190, 191, 192
⁺κραπάλη: 192
κρηπῖδα: 168
κρηπίς: 168
κρητήρ: 79, 195, 196
κρη/ατήρ: 196
κρητῆρα: 80, 195, 196
κρη/ατῆρα: 196
⁺κρικηνία: 37
κρίκος: 37
κροκωτή: 196
κροκωτός: 196
κρύπτω: 163
κτενίζω: 512
κτενίζων: 512
κύαρ: 460
κύαρος: 460
κύατος: 460
κυβερνάω: 180, 209
Κυδωνία: 189
κυδώνιον (κ. μῆλον): 189
Κυδώνιος: 189
κύκλος: 104
Κύκλωψ: 156, 177
κυλίχνα: 157
κυλίχνη: 156
κύμαρον: 254

κυπάρισσος: 198
κύπη: 197
κύτος: 199, 210
Κυτώνιον: 189
⁺κῶθος: 199, 210
κώθων: 198, 199, 210
κωθώνιον: 198, 199
κωμῳδία (σατυρική κ.): 407
κώπα: 197

λαγχάνω: 108
⁺Λάδα: 42
Λαμία: 213
λάμια: 213
λάμιαι: 213
λαμός: 213
λαμπτήρ: 62, 79, 164, 165, 195, 374, 461
λαμπτῆερα: 80, 165
λαμυρός: 212, 213
λάππα (λ. μίνορ): 131
⁺λασνο-: 262
λατρεύς: 212
λατρεύω: 212
λάτρις: 212
λάτρον: 212
⁺λάτρων: 212
λέαινα: 112, 152
λείβω: 138
λέπας: 214
λεπαστή: 213
λέων: 115, 152, 153,
ληναί: 262
λίζει: 170
λίζουσι: 170
λίσσομαι: 139
λίτανος: 139
λιτή: 139
⁺λιτιο-: 139
λίτομαι: 139
λιτός: 139
λίτρα: 264
λόγχη: 211
λοιβή: 138
⁺Λυδίων: 170
λύκαινα: 501
λύκος: 501

λύχνος: 154, 486

μᾶζα: 94, 216
μακκοάω: 358
⁺μάκκος: 358
μακκώ: 358
παλλωτή: 216, 217
μαλλωτός: 216
Μάνες: 359
μανία: 359
Μανία: 359
μᾶνις: 359
μαρμαρέην (ἅλα μ.): 215
μάρμαρον: 215
μάρμαρος: 215
Μάρπησσα: 202, 203
μαχανά: 141
Μέδουσα: 363
Μέμνων: 127, 142, 184, 207, 391, 485
Μήδεια: 42
μῆλον (κυδώνιον μ.): 131
μηλωτή: 216, 217
Μήν: 359
μῆνις: 359
μηχανή: 141
μίνθη: 16
μίνορ (λάππα μ.): 131
μνῆμα: 360
⁺μνῖσσος (⁺ὁ μ.): 138
μόρμηξ: 203
μορμώ: 203
μορμών: 203
μορμώ(ν): 203
μορφά: 202, 203
μορφή: 202, 203
μουσικός: 138
μούτουκα: 309, 310
μύραινα: 217, 218
μυρικᾶς: 368
μύρκος: 368
μύρμαξ: 444
μύρμηξ: 43, 44, 202, 203, 444
μύρμος: 444
μῶρος: 514
μωρός: 514

νάκη: 166
⁺νάκης: 166
⁺νακοπλύτης: 166
νάκος: 166
⁺νάκταν: 115, 166
⁺νάκτας: 166
⁺νάκτην: 115, 166
νάκτης: 166
⁺νάκτης: 115, 166
νάπα: 267
νάσσω: 166
ναφρόν: 267
⁺ned.Fid: 353, 354
Νέπα: 269
νέπετα: 266, 268
Νέπετα: 266, 268, 269
Νέπετος: 269
Νεπήτα: 266, 268, 269
νέπιτα: 266
Νέπιτα: 266, 268
νήδυια: 353
⁺νηνία: 312
νηνίατον: 312
νήριτος: 380
Νικηφόρος: 215
νινήατος: 312
Νῖσος: 138

ξανθός: 274

ὄβρυζα: 94
ὄβρυζον: 96, 219
ὄβρυζον (ὄ. χρυσίον): 219
ὄβρυζος: 219
oinos (bíblinos o.): 317
οἶνος (βύβλινος ο.): 315
oinos (býblinos o.): 317
οἰοπόλος: 313
ὀλολυγών: 236
ὁμήλικες: 499
ὅμιλλος: 103
ὅμιλος: 103
⁺ὁ (⁺ὁ μνῖσσος): 138
ὁμός: 103
ὄνος: 410
ὄρνιξ: 61
ὀρύα: 247
ὄρυγα: 159, 219

ὄρυξ: 219
οὐρανός: 293

⁺παῖλαξ: 220
παλλάκη: 190, 191, 192, 220
παλλακή: 220
πάλλαξ: 220
πάλλω: 107
παλτ-: 429
παλτόν: 107, 429
πανδημεί: 318
πάξ: 178
⁺πάξεια: 178, 179
πάππος: 370, 371
πάπυρος: 80
πάσσαλος: 212, 220, 221
πατάνα: 306
-πεδον: 221
πείρινθος: 449
πείρινς: 449, 450
Πελασγοί: 46
πελέα: 144
πέλλα: 46, 294
πέλομαι: 331
Περσεύς: 373, 376
Περσεφόνα: 222
Περσεφόνη: 376
πευθῆν-: 345
Πηλεύς: 190
πηλίκος: 499
πιγκέρνης: 423
πίθοι: 16
πῖλος: 39
πίνω: 423
πίσυρας: 90
πιτυρίασις: 27
πίτυρον: 27
πλακοῦς (⁺γλυκοῦς π.): 214
πλη-: 417
πλήμων: 70
πλήξαντα: 417
πλίξαντα: 417
πλίσσομαι: 417
πλοτός: 201
πλωτή: 201
⁺πνεύστρα: 347

πόλτος: 223
Πολύκτωρ: 434
πολύποδα: 221, 222
πολύπους: 221, 222
πολύχρους: 450, 452
ποτη-: 377
ποτήριον: 121, 377
πότος (γλυκόεις π.): 214
πραγματευτής: 335
⁺Πρίαμνος: 66
Πρίαμος: 66, 67, 485
πρό: 175
προαγωγός: 161, 162
πρόσωπα: 375
πρόσωπον: 374, 375, 376
πρύμνος: 175
πρῷρα: 221
πτελέα: 144
πυγμαῖος: 515
Πυγμαλίων: 515
πύξος: 180
Πύρρα: 179
Πυρρῖνος: 179
πυρρός: 79, 179, 180
Πύρρος: 179, 340

ῥάβδος: 401
ῥαδία: 131, 297, 298
ῥανίνουμ (ἄπιουμ ῥ.): 129
ῥαπίς: 401
ῥήτωρ: 378
ῥίπτω: 107
ῥίψ: 107

Σάγαρα: 107
σάγαρις: 107
σαγήνη: 107
σαγίς: 107
σάγουρον: 107
σακορο: 433
σαλπι(γ)κτής: 107
σαλπικτής: 107
σάννας: 515
σαννίων: 515
σατυρική (σ. κωμῳδία): 407
σατυρικός: 407
Σάτυροι: 407

σάτυρος: 407
Σάτυρος: 408
Σέδαμνος: 64
σειρή: 350
σήλια: 225
σής: 454
⁺σιγαλα: 440
σιγαλ(φ)οί: 440
Σιδήνη: 54
σιλίγνιον: 145
σίλφιον: 120, 125, 225
σκανά: 37, 190, 191, 193, 223
σκᾶπτον: 223
σκᾶπτρον: 190, 191, 192, 193, 223, 224
σκαφίδ-: 187
σκαφίς: 32, 186, 187
σκηνή: 190, 193, 223
σκῆπτρον: 190, 223, 224
σούκινουμ: 131
σούσινον: 131
σπατάλη: 192, 194
σπήλυγγα: 225, 226
σπῆλυγξ: 225
σπίνα (σ. ἄλβα): 131
σπινθαρίς: 61, 227
σπόγγος: 206
σπ/φόγγος: 206
σπόριον: 385
σπυρίδα: 159, 160, 212
σπυρίς: 159
στατήρ: 505
στέγαστρα: 225
στέγαστρον: 120, 224, 225
στρόφιον: 228
στροφός: 228
στύπη: 435
στύπος: 435
σύγκλυδα: 209
σύγκλυδα (σ. ἀκτήν): 208, 209
συγκλύζω: 209
σύγκλυς: 208, 209
σφένδαμνος: 64
σφενδόνη: 204, 205
σφιγκτήρ: 226
σφίδες: 201, 205

σφόγγος: 205, 206
σχοινίον: 266
σχοῖνος: 266, 350
σωλήν: 229, 400
σωλῆνα: 229

τάβα: 395
Τάβαι: 395
Τάβαλα: 395
Ταβαρνα: 425
Ταλαμήδης: 320
τάλαντον: 234
ταλασιουργός: 319
τᾶλις: 319, 320
τάπης: 120, 230, 425
τάπετα: 230
τάπητες: 230
τάπιδα: 230
τάπις: 230, 425
Τάραντ-: 234
Ταρούσκων: 84, 393
ταφή: 388, 424
τάφρος: 388, 424
⁺τείρων: 512
τεῖχος: 436
Τέλεφος: 177
τερέβινθος: 22, 105
τέρμινθος: 22, 105
τέρχνος: 104
τέχνη: 200
Τῆβαι: 395
τήβεννα: 40, 53, 395
τήβεννος: 395
τῆβος: 395

τηλία: 393
τηλίκος: 499
τῖλος: 397
Τιτάν: 515
τιτώ: 515
Τιτώ: 515
τοιχώρυχε: 367
τόκος: 515
⁺τοκύλλια: 515
⁺τοκυλλίων: 515
τορύνη: 454
τραβαίαν: 51
τρέμιθος: 22
Τρεμιθοῦς: 22
Τρέχνος: 104
⁺τρίαμφος: 232
τρίβων: 420
⁺τριφυῖα: 231
τριφυόν: 231
τροπαῖον: 235
τρυτάνη: 146, 147, 148
τύλη: 400
Τυνδάρεος: 186
Τυνδάρεως: 186
τυροῦντα: 457
τυροῦς: 457
τύρρις: 46
τύρσις: 46

ὑάκινθος: 337, 338
ὑποστέγιον: 209
ὕρχα: 220
ὕρχη: 220, 277, 278, 279

φαβουλώνια: 73

φαβουλώνιαμ: 128, 130
φαίνω: 347
φάλα: 294
φάλαι: 294
φάλαρα: 294
φάλαρις: 294
φάλος: 294
φαλός: 293
φαυστήρ: 347
φέβερ: 27
φεβρουάριον: 27
Φερσεφόνα: 222
φιλύρα: 80
Φοῖνιξ: 183
Φρύγιος: 514
φῦκος: 204
Φῶκος: 339
φώρ: 197, 206

χάλικ-: 183
χάλικα: 183
χάλιξ: 182, 183
χειή: 258
χιτών: 44, 455
χλαῖνα: 169, 192, 456
χλαρόν: 37
χορδή: 351
χρυσίον (ὄβρυζον χ.): 219

ψάμαθος: 274

ὠλένα: 236
ὠλένη: 235, 236

I.4. Lateinisch[1]

abdo: 136
abdomen: **136**
abdumen: 136
+ablauo: 140
abluo: 140
Aburius: 305
Acca (A. Larentia): 356
accessa: 410
accuso: 442
acer „Ahorn": 409
acer „scharf": 38, 77, 381
accola: 116
acerra: 79, 80, **409**, 527, 529, 533, 539
Acerra: 409
Acerronia: 409
+acersa: 409
acina: 53, 338, 409
ac(ina): 337
acinus: 53, 338, **409**, 410, 527, 529, 533, 539
acoluthus: 425
acrimonia: **68**, 70
actor: 335
ad (a. Parilia): 303
+adparilis: 303
adtanus: 305
adulterio: **513**
advena: 116
adversum: 181
aedes: 284
aedilis: **137**
aegrimonia: **68**, 70
aequales: 499
aequor: 215
aerumna: 63, 67, **172**, 173
afrater: 404

agaga: 115, **161**, 162, 526, 529, 532, 538, 539
agagula: 115, 117, **161**, 162, 248, 496
agaso: **324**, 527, 529, 532, 539
agnus: 336
ago „der das Opfertier tötende Priester": 324, **325**, 527, 529, 534, 539
ago „treiben": 25, 325
agones: 212, 325
agricola: 115, 116
Agylla: 283
ala: 237
alacer: 29, 476, 477
alacrimonia: **68**
(al)aluccus: 237
alap-: 327
alapa: 107, 118, 324, **326**, 327, 328, 477, 527, 529, 534, 540
Alapa: 327
Alaponius: 327
alater: 404
+alater: 404
alaternus: 29, 58, 60, 132, **404**, 527, 529, 534, 541
alburnum: 29, 405
alea: **35**, 40, 41, 114, 510
alebris: 74
+alemo: 70
Alemona: 70
aleo: 114, **510**
alimon-: 70
alimones: 70
alimonia: **68**, 70

alimonium: 68, 70
alium: 187
alium (a. Calabricum): 457
alium (a. Punicum): 457
almus: 50
alo: 70
altare: 500
alter: 465
alternus: 404
+aluccus: 236
alucus: 236, 237
alumnus: 65, 67
alveum: 35
alveus: **35**, 40
amans: 329
Amelius: 302
ames: **102**, 105
Amilius: 302
amita: **106**, 109, 528, 529, 533, 540
amo: 324, **328**, 329, 330, 331, 450, 518
amoletum: 302
amolior: 302
amolitum: 302
Amor: 329, 330, 518
amphora: 174
Amuleius: 302
amuletum: **302**, 527, 529, 533, 539
Amulius: 302
amulum: 302
amurca: 20, 172, **173**, 197, 526, 529, 532, 539
amurga: 20, 173, 174
amussis: **122**, 124
amylum: 302

---

[1] Hinsichtlich des Alphabetes ist zu bemerken, daß χ unter *ch* gereiht wurde.

Sofern es sich nicht um Hapaxlegomena oder um essentiell wichtige Formen mit ganz spezifischer Bedeutung im Kontext, um Formen aus Phrasen oder aus Zitaten, insbesondere aus Zitaten antiker Autoren, handelt, werden Verben in der 1. Stammform, Substantiva im Nom. Sg., Adjektiva in der maskulinen Form angeführt.

anas: 29, 476, 477
anc-: 332
anchora: 22, 174
anc(h)ora: 212
ancilla: 324, **331**, 332, 533
ancipis: 346
anclabris: 74
ancora: 22, 172, **174**, 526, 529, 532, 539
Anculae: 331
Anculi: 331
anculo: 324, **331**
anculus: 324, **331**, 332, 333, 384, 527, 529, 533, 538
ancupis: 346
⁺ancus: 332, 333, 345
Ancus: 332, 333
anilis: 48
animus: 50
annis (a. natus): 475
annis (vixit a.): 471, **473**, 474
annona: **508**
annorum (a. gnatus): 474
annorum (a. natus): 471, **473**, 474, 475, 522, 528, 529, 540
annos (a. gnatus): 475
annos (a. natus): 468, 473, 474, 475
annos (vixit a.): **473**, 474, 522, 528, 530, 540
ansar: 477
⁺anteminae: 175
antemna: 53, 63, 66, 67, 172, **174**, 175, 526, 529, 532, 539
antenna: 53, 174
antilena: 55
⁺antimnae: 175
Anual (A. gna.): 523
Anxur: 267
aper: 48
apex: 324, **333**, 334, 527, 529, 533, 539
Aphrilis: 304
apiana: 129, 133
apic-: 334

apio: 334
apis: 389
apium: 129, 133
⁺aplilis: 303
aplustra: 81, 85, 172, **175**, 176, 222, 225, 526, 529, 533, 539
aplustre: 120, 121, 175, 176, 177, 222
aplustria: 81, 82, 120, 175
⁺apparilis: 303
⁺apprilis: 303
apricus: 48
A/aprilis: 47, 48, 49, 280, 302, **303**, 304, 305, 527, 529, 533, 540
Aprinus: 304
Aprius: 304
Apronius: 304, 305
aqua: 428
Aquae: 268
aqualis: 499
⁺aquil-: 428
aquila: 132, **428**
aquilo: **428**
aquilon-: 428
aquilus: 428
Ar.: 433, 523
Ar. (Ar. f.): 523
ar-: 432
arbina: 247
arbiter: **83**, 84, 177
Arbula: 117, 496
arca: 458
arceo: 458
arcera: 79, **458**, 528, 529, 533, 539
arcirma: 49, 458
ardea: **35**, 40
area: **35**, 40, 41
arena: 259
aresta: 100, 101, 102
aria: 35
⁺arilla: 177, 334
arillator: 177, 324, **334**, 441, 526, 529, 532, 539
arinca: 100
arispex: 351

arista: **100**, 101, 102, 348, 432, 448
arma: 380
armilla: 106
armillum: 106
armita: **106**, 109, 527, 529, 533, 539
armites: 105
armus: 106
arquites: 105
arra: 172, **177**, 334
arrabo: 177, 334
arrespex: 351
arrha: 177
arr(h)a: 177
arrhabo: 177
arr(h)abo: 177
ars: 380
Arsniae (A. gnatus): 523
Artena: 53
arv-: 247
Arvalium (magister A.): 83
Arverni: 59
arviga: 247, 351
arvina: 53, 246, **247**, 527, 529, 532, 539
arvorsum: 181
arvus: 247
arx: 182
as: **123**
Asilas: 335
asilus: 324, **335**, 336
Asilus: 335
asinus: 53, 324, 409, **410**, 527, 529, 532, 539
⁺ass: 123
assis „As": 123
assis „Diele, Brett": 123
assisa: 24, 94, 95, 96, 97, 409, **410**, 411, 527, 529, 534, 541
atalla: 302, **305**, 306, 307
⁺atana: 306
atanulum: 302, **306**
atanulus: 306
atanus: 305
atanuvium: 306

atena: 52, 53, 54, 302, **305**, 306, 307
ater „alter": 465
ater „schwarz, dunkel": 284, 465
ater (dies a.): 465
aterrium: 129
at(h)an-: 306
athanulum: 306
athanulus: 306
athanuvium: 302, **306**, 307
at(h)anuvium: 306
⁺atina: 306
(-)atr-: 465
atri (dies a.): 465
Atria: 129, 285
Atriates (A. Tusci): 129
atrii (a. regii): 285
atrium: 20, 129, **284**, 285, 466, 526, 529, 532, 540
atrium (a. principis): 285
-atrus: 465, 466
attanus: 302, **305**, 306, 307, 527, 529, 534, 539, 541
at(t)anus: 306
attena: 305
au-: 413
auctumnus: 411
audacia: 91
augeo: 411
aulus: 87
Aulus: 87, 88
aureae: 38
auriga: 116
Aurina: 278
(A)urina: 66
⁺autumna: 414
⁺Autumna: 412
autumnum: 63, 411, 414
autumnus: 51, 63, 65, 66, 67, 68, 126, 127, 409, **411**, 412, 413, 414, 527, 529, 533, 540
Autumnus: 412
avena: 55
avillus: 324, **336**
⁺av(i)tom(e)nos: 412
axis „Achse": 123

axis „Diele, Brett": 123

baca: 324, **336**, 337, 338, 392, 410, 527, 529, 533, 539
Bacanal: 502
bacane: 337
bacar: 324, **336**, 337, 338
bacario: 324, **336**, 338
bacarium: 324, **336**, 338
bacca: 336, 337, 338
baccane: 337
baccanei: 337
baccar: 324, **337**, 338
baccaris: 337
baccea: 35, 324, **336**
B/baccha: 501, 504
⁺Bacchalia: 501
⁺Bacchana: 501
Bacchanal: 7, **500**, 501, 502, 503, 504
Bacchanalia: **500**, 501, 502, 526, 529, 532, 539
bacchar: 337
baccharis: 337
bacchia: 336
Bacchus: **501**, 502, 504
Baccius: 337
bacillum: 373
bacrio: 324, **336**, 338
baculum: 180
baculus: 180
balatro: **510**
balinea: 178
balineum: 35, 172, **178**
balluca: 406
bal(l)uca: 406
balneum: 41, 178
balt-: 429
baltea: 128, 129, 429
balteum: 40, 42, 428, 429
balteus: 34, 35, 40, 41, 129, 291, **428**, 429, 449, 526, 529, 532, 538
baluca: 294, 406
balux: 404, **406**, 407
barathrum: 510
baratro: 510

barbaricum (genus b.): 241, 242
⁺barbarigena: 242
barcala: 12, 28, 29, 115, **241**, 242, 243, 244, 538
barcus: 241, 242, 243, 244
bardia (b. equa): 242
bardus: **241**, 242, 243, 526, 529, 532, 538, 540
bargena: 53, 54, 115, 116, 241, 242, 243, 244, 275, 276, 538
⁺bargenna: 242
bargina: 53, 55, 115, 116, 241, 242, 244
barginna: 53, 57, 58, 115, 117, 161, **241**, 242, 243, 244
bargin(n)a: 243, 244
Barginna: 241, 242
barginus: 53, 241
Bargo: 242
Bargonius: 242
bargus: 55, 58, **241**, 242, 243, 244, 356, 538
barinula: 115, 117, 409, **414**, 496, 527, 529, 534, 539
⁺barinulcae: 414
barisa: 95
baro „frei geborener Mann": 241
baro „Tölpel": 12, **241**, 242, 243, 244, 509, 538
barosus: 241
barridus: 241, 242
barrigena: 53, 115, 241, 242
bar(ri)gena: 244
barritus: 242
barulcus: 414
barunculus: 241
⁺barus: 242
⁺basos: 242
Bastarnae: 459
basterna: 58, 62, 63, 458, **459**, 528, 529, 534, 539
Basternae: 459

Basterni: 59
⁺basto: 459
bastum: 62, 459
Bauca: 523
baxa: 178
baxea: 35, 40, 41, 172, **178**
baxia: 40, 178
⁺baxia: 178
belua: 42, 260
bersella: 499
bidens: 503
bidental: **503**, 528, 529, 532, 539
birrus: 179
Borgius: 242
bractea: 40, 41, 438
brattea: 35, **438**
brattia: 438
brisa: **94**, 95
-bs: 143
bucar: 172, **179**
bucca: 114, 339
bucco: 324, **339**, 340, 527, 529, 532, 540
Bucco: 114
bura: 79, 122, 324, **340**
buris: 122, 124, 340
burra: **79**
burra (b. lana): 79
burrus: 79, 172, **179**, 180
buxum: 180
buxus: 172, **180**, 181

⁺caca: 248
Cac(c)a: 247
Cacelius: 247
Cacilius: 247, 248
Cacius: 248
Cac(i)us: 247
caco: 248
cacula: 28, 115, 116, 117, 239, 246, **247**, 248, 249, 287, 362, 497, 510, 527, 529, 532, 538
Cacurius: 247
cacus: 28, 247, 248, 249, 286, 497
Cacus: 248, 249
cad-: 180

Cadmilus: 287
Cadmus: 287
cado: 181
caduceum: 35, 40, 172, **180**, 181
caduceus: 40, 41, 180, 181
caducus: 180, 181
Caecina: 57, 275
caecus: 368
caedo: 25, 102
caelebs: **137**
caeli (mundus c.): 364
caeli (c. palatum): 292, 293
Caelius: 8
caenum: 422
caepa: 125, 187
caepe: 125
caer-: 283, 466, 467
Caere: 104, 129, 282, 283
caeremonia: 281
Caeretani: 129
caeri-: 467
⁺caerimo: 69
caerimonia: 68, 69, 70, 71, 129, **281**, 282, 283, 284, 466, 467, 527, 529, 533, 539
caerimonium: 68, 281
Caerites: 104
caerus: 282
⁺caerus: 467
Caesarus: 520
caespes: **102**, 105, 106
Cafatia: 76
Cafatia (C. natus): 523
⁺Caire: 283
⁺Caisre: 283
⁺Caizre: 283
cala: 510
⁺cala: 248, 510
Calabricum (alium C.): 457
calamitas: 477
calathus: 155, **159**
Calatia: 308
calautica: 43, 44, 45, 46, 137, 172, **181**, 526, 529, 534, 540
calceamentum: 38, 132

calceus: 34, 35, 38, 40, 132, 132, 428, **429**, 430
Cales: 308
caliandrium: 137
caliandr(i)um: 137, 181
caliandrum: **137**
caliendrum: 137
calo: 247, 248, 286, 287, 362, **510**
calpar: 172, 179, **182**
cals: 182
⁺cals: 183
calta: 307
caltha: 302, **307**, 527, 529, 533, 541
calt(h)a: 308
calthum: 307
caltum: 307
calumniae: 67
⁺calus: 511
calvus: 511
calx „Ferse": 182, 429, 430
calx „Kalk": 172, **182**, 183, 526, 529, 532, 539
⁺calx: 183
Camellus: 286
camena: 55
Camenae: 286, 287
cameros: 340
camerus: 340
camilla: 129, 130, 254, 255, 286, 288
Camilla: 129, 130, 287
Camillius: 286
camillus: 129, 130, 155, 248, 254, 255, 284, **286**, 287, 288, 362, 510, 526, 529, 532, 537, 539
Camillus: 129, 130, 286, 287
Camillus (C. Mercurius): 93
camiros: 340
camirus: 340, 341
cammara: 477
Campania: 130
camur: 340
Camurenus: 341

Camurius: 341
camurus: 324, **340**, 341, 527, 529, 533, 539
camyros: 340
camyrus: 340
cancer: 172, **183**, 184
cancrus: 183
canister: 81, 185
canistrum: 81, 172, **185**
canistrus: 81, 185
cano: 244
canterius: 172, **185**, 450
cantherius: 22, 185
cantilena: 55
⁺cantilo: 55
cap-: 289
Capella: 497
Capena: 53, 289, 290
caper: 344, 415
capero: 415
⁺caperra: 415
caperrata (frons c.): 415
caperro: 409, **415**, 527, 529, 533, 540
capid-: 187
capida: 32, 186
capidas: 186
capio: 130
capis: 32, 172, **186**
Capito: 117
capra: 130, 133, 212, 344, 415
⁺caprata (frons ⁺c.): 415
caprina (pellis c.): 344
Capua: 42, 87, 130, 289
capus: 130, 288
Capus: 289
caput: 130
capys: 125, 130, 284, **288**, 289, 290, 526, 529, 532, 540
Capys: 130, 289
carisa: 94, 95, 96, 97, 99, 115, 409, **415**, 416, 526, 529, 532, 540
carisia: 415
carissa: 94, 95, 96, 97, 99, 415, 416

caritas: 129
Carmentalia: 500
carpentum: 438, **439**, 527, 529, 533, 539
carpo: 344, 514
Cartaginem: 450
Carthada: 452
Carthadius: 452
Carthagin-: 452
Carthago: 438, **452**
cascus: 25, 387
caseum: 40, 132, 430
caseus: 35, 40, 41, 132, 428, **430**, 431
casila: 130, 167, 168
Casmila: 287
Casmilla: 130
casmilus: 248
Casmilus: 130, 287
⁺caspes: 102
cassida: 32, 130, 167, 168
cassidam: 130
⁺cassila: 168
cassis „Helm aus Metall": 32, 130, **167**, 168
cassis „Jägergarn": **122**, 124, 249
Cassius: 98
castimonia: **68**, 69
castimonium: 68, 69
castra: 82
castris (pro c.): 82
catamitus: 7, **155**, 287, 526, 529, 532, 539
catax: 495
catena: 53, 55, 122, 246, **249**, 250, 306, 527, 529, 532, 539
Cato: 117
caudica: 43, 44, 45, **137**, 455
⁺caudta: 24
caupo: 112, 113, 114, 117, 180, 246, **250**, 251, 252, 262, 441, 527, 529, 532, 537, 538, 539
caupona: 112, 114, 115, 246, **250**, 251, 252

⁺cauponina: 251
causa: 24, 95, 442
caussa: **24**, 95
caus(s)a: 442
cavea: 35, 438, **439**, 440, 459, 527, 529, 532, 539
caverna: 58, 60, 62, 63, 162, 424, 458, **459**, 460, 461, 528, 529, 533, 541
cavernum: 58, 459
⁺caverona: 460
cavia: 439
cavum: 459
cavus: 440, 458, **459**, 460, 461
celeber: 74
celeres: 89, 90, 128, 131, 132, 284, **290**, 418, 434, 527, 529, 533, 537, 538
Celius: 78
cella: 324, **341**, 342, 527, 529, 533, 539
cello: 63
celsus: 63
cena: 146
ceno: 335
centuria: **89**, 90, 91, 132, 528, 529, 534, 538
centurio: 90, 91
⁺centuris: 91
centussis: 123
cep-: 187
cepa: 125, 187
cepe: 120, 121, 125, 172, **187**
-cer-: 283, 466, 467
Cereris (mundus C.): 365
⁺cerinonia: 283
-ceris: 467
⁺cerissum: 416
cerrones: 409, 511
-cerus: 466, 467
cerusa: 94, 96, 99, 416
cerussa: 94, 96, 99, 409, **416**, 527, 529, 532, 539
⁺Cesfer: 75
⁺Cesper: 75
Cetegos: 450

Cethegus: 21, 452, 480
chenturiones: 481
⁺Chesfer: 75
⁺Chesper: 75
chommoda: 481
chorda: 519
choronae: 481
cicada: 12, 438, **440**
cicades: 440
cicala: 440
cicaro: 511
cicenda: 130, 133
Cicero: 9
ciconea: 244
ciconia: 72, 73, 74, 241, **244**, 245, 527, 529, 532, 540
cillo: 343
cilo: 324, **343**, 527, 529, 534, 540
Cilo: 343
cimisa: 94, 96, 405
cimussa: 94, 96, 404, **405**, 527, 529, 533, 539, 541
cimussatio: 96
cimussator: 96
cimusso: 96
cirsum: 440
cisium: 159, 438, **440**, 441
Cisra: 283
cissium: 440
cissum: 440
cista: 62, 162
cistella: 163
cisterna: 58, 62, 63, 161, **162**, 176, 460, 526, 529, 533, 539
cistula: 163
citrus: 172, **188**, 526, 529, 533, 539
⁺cituna: 455
⁺claena: 192
clarnus: 52, 59, 172, **188**, 189
classis: 122, 124
cliens: 107, **519**
client-: 110, 519

clienta: 106, **107**, 109, 110, 519
clino: 519
clip-: 291
clipea: 35
Clipearius: 17, 291
clipeum: 291
clipeus: 17, 34, 35, 36, 41, 129, 132, 284, **291**, 292, 527, 529, 532, 538
Clitumnus: 64
cluens: 519
clueo: 519
cluo: 519
clup-: 291, 292
clupea: 35, 40
Clupea: 291
Clupearius: 17, 291
clupeum: 291
clupeus: 17, 35, 40, 41, 291
clypeum: 291
clypeus: 291
cnatus (c. hinter dem Gen. des Metronymikons): 522, 523, 531
cnat(us) (Suciae c.): 523
⁺cnepas: 486
coccio: 441
cocio: 438, **441**, 527, 529, 534, 537, 539
cocles: 102, 105, 106, 155, **156**, 370, 526, 529, 532, 540
Cocles (Horatius C.): 156
coctio: 441
coctiones: 441
⁺cocturio: 61
cocturnix: 61, 227
co(c)turnix: 61
coctus: 61
⁺cohtio: 441
coleus: 35, 40, 513
colina: 253
collare: 500
collega: 116
collina: 55

collis: 55
colo: 315, 330
colonia: 437
colonus: 508
colum: 35
columa: 63
columbar: 500
columella: 63
columen: 63
columna: 63, 67
comes: 102, **103**, 106
⁺comit-: 103
condumnari: 234
congerrae: 115, 511
congerro: 511
consol: 442
Consualia: 500
consul: 438, **442**, 443
consulere (c. senatum): 443
consulo: 442, 443
contumax: 495
conviva: 116
⁺conzil: 443
copa: 112, 113, 115, 152, 153, 246, **250**, 251, 252, 262, 527
copo: 112, 113, 115, 117, 250, 252
copo (Maccus c.): 358
copona: 112, 115, 250, 251, 252
⁺copt-: 441
coquina: 253
coquo: 61, 253, 270
corbis: 108, 439
corbita: 108
corbita (navis c.): 108
corbitus: 108
corcota: 196
cornix: 61
corolla: 305
corona: 305
cortina „rundes Gefäß": 53, 55, 63, 246, **252**, 527, 529, 532, 540, 541
cortina „Vorhang": 252
cosol: 442

coss.: 442
⁺cossul: 442
cosul: 442, 443
cot(h)urnus: 61
cotio: 441
cotoneum: 35, 41, 172, 181, **189**, 526, 529, 533, 539
cotturnix: 61
coturnix: 58, 59, **61**
⁺covar: 460
⁺covarna: 460
⁺coverna: 460
⁺covus: 459
coxendix: 495
crabro: 388
Cracus: 191
crancrus: 183
crancus: 183
crapula: 37, 172, **189**, 190, 191, 192, 194, 223
crater: 195
cratera: 79, 195
crepa: 212, 324, **344**
creper: 172, **194**, 195, 486, 487, 526, 529, 533, 541
⁺crepere: 194
creperus: 194
crepida: 132, 167, **168**, 526, 529, 533, 540
crepitus: 344
crepo: 169, 344
crep(p)i: 212
crep(p)os: 344
creppus: 344
crepus: 194, 324, **344**, 527, 529, 533, 539
⁺crepus: 194
Crepusci: 194
crepusculum: 172, **194**, 195, 486, 487, 533
crepuscus: 172, **194**, 195
⁺-c(r)eros: 466
cresco: 466
cretera: 79, 195
cre/atera: 196
creterra: 79, 80, 172, **195**, 526, 529, 533, 540, 541
crocota: 172, **196**

crocota (c. vestis): 196
croma: 207, 486
crumena: 15, 163, 164, 374
crumilla: 164
crumina: 15, 52, 53, 63, 161, **163**, 164, 526, 529, 532, 539
crumi/ena: 164
⁺crumina: 163
crumino: 163
crus (ob c.): 38
Crustumerium: 436
Crustumina (C. tribus): 64
cucio: 441
cuctio: 441
cudo: 24
culigna: 52, 155, **156**, 157, 526, 529, 533, 540, 541
culina: 53, 246, **253**, 527, 529, 532, 540
culio: 35, **513**
culleum: 36
culleus: **36**, 40, 41
cullus: 36
culmen: 63
culus: 253
cum: 442
cumera: 79, 246, **254**, 255, 458, 527, 529, 533, 539
cumerum: 254
cumerus: 130, 254
cunctatio: 441
⁺cuneo: 197
cuneolus: 197
cuneus: 34, 36, 40, 41, 172, **197**, 526, 529, 532, 539
cunsul: 442
cup-: 345
cupa: 172, **197**, 250, 251, 526, 529, 533, 539
cupencus: 324, 333, **345**
cupido: 203, 204
cupio: 345
cuppa: 172, **197**
cupressus: 172, **198**, 526, 529, 533, 541
curavit (faciendum c.): 471, **472**, 473

curavit (sibi faciendum c.): 473
curculio: **513**
Curculio: 514
Cures: 123
curia: 132, 395
curia (T/tifata c.): 395
curis: **122**, 123
Curius: 395
curritae: 106, **107**, 109
curro: 107
curtina: 252
cusa: 24
Cuspedius: 76
Cusperiena: 76
cuspides: 168
Cuspidius: 76
cuspis: 122, 167, **168**
custodia: 91
cuturnium: 58, 59, 172, **198**, 199, 406
cuturnium (c. vas): 199
cyparissus: 198
cyprus: 345

daeda: 229
damnum: 63, **64**
danista: 240
⁺darbus: 390
dea: 40, 130, 133
decada: 32
decem: 74
D/december: 48, **74**, 75, 79, 528, 529, 533, 540
D/decembris: 74, 78
Decembrius: 74
Decembro: 74
⁺decemembris: 74
⁺decemmensris: 74
decemmenstris: 74
⁺decemomembris: 74
⁺Decemris: 78
decimatrus: 465
decisio: 511
⁺decucures: 90
⁺decucuria: 90
Decumus: 66
decures: 34, **89**, 90, 91

decuria: **89**, 90, 91, ↓528, 529, 532, 538
decurio: 90, 91
⁺decuris: 91
decusis: 123
decussis: 122, **123**, 124
⁺decuviria: 90
(de)populor: 317
diaberna: 424
diaconissa: 94
⁺**dicimonium**: **69**
dies (d. ater): 465
dies (d. atri): 465
dilucesco: 194
diluculum: 194
divido: 296
dominus: 52
dona (siliaria d.): 145
dorsum: 256
dossennus: 53, 58, 246, **255**, 256, 432, 527, 529, 533, 540, 546
dossum: 256
drachuma: 200
dracuma: 190
drua: 454

⁺ebor: 215
ebur: 215
⁺eχetra: 200
econes: 212, 324, **325**, 326
egones: 325, 326
eidus: 295, 296
element-: 200
elementa: 199
elementum: 172, **199**, 200
eluo: 355
emineo: 361
⁺emmusus: 138
emo: 328
emusulus: 137
-encus: 345
equa (bardia e.): 242
eques: 102, **103**, 104, 105, 106, 437
equit-: 104
equitum (magister e.): 82, 83

erilis: 48
erneum: 37
erneus: 37
Etrusci: 46
ex (e. tabernis lanienis): 55, 126
exalapo: 107
excetra: 154, 172, 184, 194, **200**, 486, 526, 529, 532, 539
extorris: 84

f. (Ar. f.): 523
(f.) (s.p.[f.]): 385
f. „filius": 523
f. „filius" (f. „filius" hinter dem Gen. des Patronymikons): **471**, 472, 523, 524, 528, 529, 531, 540
faba: 73, 238
Fabaris: 505
fabula: 73
fabuloni-: 238
fabulonia: 72, 73, 74, 130, **237**, 238, 527, 529, 534, 539
fabulus: 238
faciendum (f. curavit): 471, **472**, 473
faciendum (sibi f. curavit): 473
factor: 335
faecenia: 137, 509
faecenia (f. vitis): 137
Faecenius: 137
faeces: 135
faecinia: **137**
faenum: 17
faenus: 17
faex: 134
fagutal: 504
fala: 46, 121, 130, 284, **292**, 293, 303, 526, 529, 532, 539
falado: 19, 130, 293, 294, 295, 417
faladum: 293
falae: 130

falarica: 43, 211, 284, **292**, 293, 294, 295, 303
falco: 86
falere: 120, 121, 284, **292**, 293, 294, 295
faliscae: 46, 284, **292**, 293
Falisci: 46
falsimonia: **68**
falsimoniis: 68
falsimonium: 68, 70
falx: 182
fama: 50
famul: 498
famulus: 384, **498**
farfara: 505
farfaria: 505
farfarum: 27, 505
farfarus: 477
Farfarus: 505
farferum: **505**, 527, 529, 532, 541
farfugium: 505
farina: 27
farnus: 52, **58**, 59
fasc-: 417
fascia: 416
fascinum: 53, 409, **416**, 417, 527, 529, 533, 539
fascinus: 53, 416
fascis: 416
⁺favea: 258
favisa: 259
favisae: 94, 96, 99, 256, 257, 258, 259
favisa(e): 95
favisas: 96
favissa: 26, 95, 257
favissae: 94, 96, 99, 246, **256**, 257, 258, 259, 526, 529, 532, 539
favis(s)ae: 257
febrarius (mensis f.): 27
februarius: 26, **27**
februo: 27
februum: 27
Fecinius: 137
felo: 471
femina: 67

INDICES

femina (leo f.): 112, 115
fendicae: 438, **443**, 527, 529, 534, 539
fenero: 347
fenestella: 346, 347, 348, 497, 498
Fenestella: 347
Fenestellius: 347
fenestellum: 346
Fenestius: 347
fenestra: 23, 26, 81, 84, 216, 324, **346**, 347
⁺fen(e)stra: 347
fenestrella: 346, 497
fenestrula: 324, **346**, 348
⁺fenn(e)stra: 23
⁺fenstra: 23
fenum: 17, 347
fenus: 17
Ferentiensis: 353
Ferentinum: 66
Ferentinus: 353
Ferentum: 517
ferio: 348
ferrum: 26, 438, **444**, 527, 529, 533, 539
⁺fersom: 444
ferula: 324, **348**
fesc-: 417
⁺fescemnoe: 416
Fescennia: 417
Fescennini (F. versus): 417
⁺fesola: 348
festra: 23, 346, 347
festuca: 324, **348**, 349
festucum: 348
fides: 172, **201**, 205, 519
fidis: 201
figlina (f. taberna): 55
figo: 350
figulus: 55
filea: 476
filia: 476
filius: 471, 472
(filius) (sine patre [f.]): 385
findo: 348
finis: 17, 122, 324, **350**, 533

fiscina: 55
fiscus: 26, 46, 55, 324, **348**
⁺fisola: 348
⁺fista: 348
fistuca: 348, 349
fistula: 324, **348**
flamen: 346
flaminica: 346
flamonium: **69**, 71
flavis(s)ae: 256
flecto: 417
⁺flexo: 417
flexuntae: 115, 417, 418, 533
flexuntes: 128, 131, 132, 290, 315, 409, **417**, 418, 434, 519, 527, 529, 533, 537, 538
flocces: **134**
floccus: 135
floces: 134
flumen (retare f.): 379
fluo: 201
fluta: 172, **201**, 526, 529, 533, 540
fluto: 201
focus: **20**
fodio: 259
Folnius: 349, 350, 471
fomentum: 20
fomes: 20, 102, **103**, 106
for: 416
fordus: 242
fore: 231
⁺forfor: 27
forma: 49, 50, 172, **202**, 203, 218, 526, 529, 533, 539
forma (f. massa): 202
formi-: 444
formica: 43, 44, 45, 46, 202, 203, 438, **444**, 445, 527, 529, 532, 540
formido: 172, **203**, 526, 529, 533, 540
⁺formo: 203
formus: 58, 59, 202, 203
fornax: **58**, 59, 495

fornix: 58, **59**
fornus: 58, 59
fov-: 259
fovea: 36, 40, 41, 246, **257**, 258, 259, 440, 532
⁺fovissae: 258
fraces: 134, 135
fratellis: 445
fratilli: 438, **445**, 527, 529, 533, 540
fraus: **24**
fraxinus: 58
frestra: 346
frondis: 446
fronds: 446
frons „Laub": 26, 438, **446**, 447, 527, 529, 533, 541
frons „Stirn": 26, 438, 446, **447**, 527, 529, 533, 540
frons (f. caperrata): 415
frons (f. ⁺caprata): 415
frontesia: 26, 155, **157**, 526, 529, 533, 539
fros „Laub": 446
fros „Stirn": 447
frundes: 446
fruns „Laub": 446
fruns „Stirn": 446, 447
frus „Laub": 446
frus „Stirn": 447
frutex: 438, 446, **447**, 527, 529, 533, 541
fucus: 172, **204**
fui: 231
fulguriator: 148, 157, 158, 353
fullo: 117, 324, **349**, 350, 449, 527, 529, 533, 539
Fullonus: 349
⁺fullus: 349
fulsi: 182
funda: 107, 172, **204**, 205
fundo: 205
fungor: 206
fungus: 172, 205, **206**
funis: 17, 122, 324, **350**, 519, 527, 529, 533, 539, 541

fur: 172, 197, **206**, 207
furfur: **27**
furmica: 444, 445
furnax: 58
furnus: 52, **58**, 59, 202
furo: 388
fuscina: 55, 471
fuscus: 55, 470
⁺fuscus: 55, 471
Fuscus: 470, 471
fusterna: 58, 59, 62, 63, 458, 459, **461**, 528, 529, 534, 541
fustis: 62, 122, 458, **461**

gaberna: 424
gaius: 86, 87, 88
Gaius: 86, 87, 88
galea: **36**, 40, 41, 122, 137
galena: 53, 409, **418**, 419, 527, 529, 533, 539
galeola: 36
galerum: 36
galerus: **36**
Gal(l)enius: 418
Gallus: 511
ganea: 36, 40, 114
ganeo: 114, **511**
ganeum: **36**, 40, 511
garullus: 138
gaudimonium: **69**, 70
gemursa: 94, 96, 97, 409, **419**, 462, 527, 529, 533, 540
genescis: 448
genesta: 16, 100, 213, 448
⁺genestis: 448
genestra: 81, 100, 101, 448
genest(r)a: 102
genestum: 448
genetrix: 495
genista: 16, 100, 101, 102, 213, 348, 438, **448**, 527, 529, 533, 541
⁺genistra: 100, 448
⁺genosta: 448
genus (g. barbaricum): 241, 242

gerra: 511
gerrae: 511
gerro: **511**
gigarus: 100, 130, 428, **431**, 432, 527, 529, 534, 541
⁺glaena: 192
glaesum: 18
glarea: 36, **37**, 40
glaris: 486, 487
gloria: 486, 487
gluttio: 199
gna. (Anual g.): 523
⁺Gnaivipuer: 216
⁺Gnaivos: 486
⁺gnaris: 486
gnarus: 486
gnata (Tetia g.): 523
gnatus: 468, 486
gna(tus): 523
gnatus (annorum g.): 474
gnatus (annos g.): 475
gnatus (Arsniae g.): 523
gnatus (Velthuriae g.): 523
gnatus (g. hinter dem Gen. des Metronymikons): 522, 523, 531
gnatu(s) (Perrica g.): 523
⁺gnoria: 486
⁺gnorma: 218
gnosco: 486
Graccius: 191
Gracius: 191
⁺Gracus: 191
⁺grareia: 37
⁺graros: 37
Gravisca: 46
Graviscae: 46
gricenea: 36, **37**, 40
groma: 49, 50, 154, 172, 184, 194, 202, **207**, 218, 485, 486, 526, 529, 532, 539
⁺groria: 486
gruma: 50, 154, 207, 486
grunda: 172, **208**, 517, 537
grundae: 208
grundio: 209
gubernator: 209

guberno: 172, 180, **209**
gurges: 514
gurgulio „Getreidewurm": 513
gurgulio „Gurgel": **514**
gutta: 198, 199, 210
guttatim: 198
guttur: 198, 199
⁺gutturna: 199
gutturnium: 198, 199
guttus: 199, 209
guturnium: 61, 198
guturnum: 198
gutus: 172, **209**

habenae: 55
habeo: 55
habitus: 363
Hanossa: 98
har-: 352
hara: 148, 351
harena: 53, 55, 246, **259**, 260, 527, 529, 533, 541
hari-: 354
hariga: 351
harinulcaes: 414
harinulcae(s): 414
hariolus: 414
harispex: 351
(h)arispex: 353
hariuga: 351
haru-: 351, 352, 353, 354
haruga: 351
harundo: 211
haruspex: 148, 324, **351**, 352, 353, 354, 527, 529, 533, 539
haruspe(x): 148
harviga: 351
hasena: 259
hastas (h. velitares): 132
Hatria: 285
hebetem: 477
helluo: 324, **354**, 355, 527, 529, 534, 540
heluo: 354
helvus: 307

hercle: 7, 120, 121, 155, **158**, 526, 529, 532, 539
Hercules: 158
Herminius: 64
(h)erneum: 37
hernia: 351
Hernici: 494
(h)ernum: 37
(h)ibiscus: 46
hio: 351
hir-: 352
hira: 351, 352
hirciae: 37
hircus: 37
hirnea: 36, **37**, 40, 41
hirquinus: 37
hister: 81, 131, 170, 432, 433
(h)ister: 130, 433
Hister: 432
histricus: 433, 434
histrio: 81, 110, 111, 130, 131, 170, 192, 239, 300, 428, **432**, 433, 434, 513, 514, 515, 526, 529, 532, 537, 538, 540
⁺histrio: 376
Histrio: 432
histrion-: 433
histriones: 433
Histrius: 432
⁺hlaina: 169
hominus: 520
homo (h. levenna): 57
homo (h. levis): 57, 461
homo (h. longulus): 92
homo (muricide h.): 367
homo (servus h.): 383
honestas: 110
honestus: 110
Horatius (H. Cocles): 156
Hortalus: 28
hortor: 335
hospit-: 110
hospita: 106, **107**, 109, 110
humanus: 507

Ianus: 351

i/Iduli: 131, 296
iduo: 131, 296
i/Idus: 131, 284, **295**, 296, 297, 465, 527, 529, 532, 540
idus (i. Quintiles): 48
iecor: 215
iecur: 215
ignarus: 486
ignis: 20
iliceta: 395
iliceta (tifata i.): 395
immundus: 366
immusilus: 137
immussilus: 137, 138
immus(s)ilus: 138
immussulus: 137, 138
immus(s)ulus: 138
immusulus: 137
in: 138
incitega: 172, **210**
incola: 116
incolumis: 466
indigena: 116
indulgeo: 417
infernus: 460
inmittere (se i.): 138
inmussilus: 138
inmussulus: 138
inmusulus: **137**
⁺inmusus: 138
instar: **505**, 506
institor: 505
insto: 505
internus: 460
intertalio: 321
io (i. triumpe): 234
ircei: 37
irceus: 36, **37**, 40
irnea: 37
irnela: **37**
irrumo: 124
irus: 295
ister: 432
⁺it: 103
Italici: 494
Itis: 131
Itus: 131

iuncus: 211
Iuno: 352
Iuno (I. Moneta): 109
Iuno (I. Praestita): 109
Iuno (I. Sospita): 109
iuvenilis: 48
Iuventas: 320
Iuventii: 319

Kalendae (K. ⁺decemomembres): 74, 75
⁺kart(a)ha(d)-: 452
⁺Karthadon-: 452
kaussa: 24
⁺krumena: 163
⁺ktunica: 455

labrusca: 405
laburnum: 29, 58, 404, **405**, 509, 527, 529, 533, 541
lacer: 62, 420
lacerna: 58, 59, 62, 409, **420**, 527, 529, 533, 540
lacuna: 62
lacus: 62
laena: 52, 131, 167, **169**, 190, 192, 456, 526, 529, 533, 540
laetus: 324, **355**, 356, 527, 529, 534, 538
laevus: 25
laguna: 63
lamina: 53, 64, 67, 409, **420**, 421, 527, 529, 533, 539
lammina: 420
lam(m)ina: 420
lamna: 64, 420, 421
lampada: 167
lana: 63, 192
lana (burra l.): 79
lancea: 36, 40, 172, **210**, 211
lancterna: 164
laniena: 53, 55, 56, 110, 126, 127, 237, **238**, 239, 240, 241, 413

laniena (mensa l.): 55
laniena (taberna l.): 75
lanienis (ex tabernis l.): 55, 126
lanio „Fleischer": 110, 111, 112, 238 239, 240
lanio „zerfleischen": 131, 239, 240
lanionia (mensa l.): 55
lanista: 100, 101, 115, 116, 117, 131, 161, 237, **239**, 240, 241, 271, 272
lanistra: 81, 84, 100, 101, 115, 239
Lanita (pagus L.): 109
lanius: 55, 110, 111, 237, **238**, 239, 240, 527, 529, 532, 538, 539
lanna: 420
lanterna: 23, 52, 59, 62, 63, 79, 80, 153, 154, 161, **164**, 165, 195, 196, 374, 460, 461, 526, 529, 532, 540
la(n)terna: 165
⁺lanterra: 80, 165
lapicidinae: 56, 131, 133
Lar: 212, 260
Larentia: 260
Larentia (Acca L.): 356
Lares: 212, 260, 356
largitas: 357
largus: 260, 324, **356**, 357, 527, 529, 532, 540
Lars (L. Tolumnius): 64
larua: 42, 43, 212, 246, **260**, 356, 527, 532, 539
laruae: 212, 260, 356
Larunda: 260, 356
larva: 42, 43, 260
⁺lasoua: 260
lassus: 355
lateo: 165
laterna: 23, 127, 164, 165, 374
latro: 172, **211**, 212, 511
latus: 393, 420
laudo: **138**, 335

laus: 24, **138**
Laverna: 357, 358
lavernio: 357, 358
laverniones: 324, **357**, 527, 529, 533, 539
lea: 40, 112, 115, **152**, 153, 250, 262, 526
leaena: 112, 152
lectisternium: 146
ledo: 411
leit-: 263
leitera: 139, 140, 263
leiteras: 263, 264
⁺leito: 139
⁺leituus: 140
lemores: 212
l/Lemures: 91, 172, **212**
lemurii: 212
lena: 53, 112, 113, 115, 127, 152, 153, 246, 250, **262**, 263, 527
leno: 112, 113, 115, 246, **262**, 263, 441, 527, 529, 533, 537, 539
leo: 112, 115, **152**, 153, 526, 529, 533, 540
leo (l. femina): 112, 115
lepasta: 213
lepesta: 16, 100, 102, 213
lepista: 16, 100, 172, **213**
lepistra: 81, 100, 101, 213
lepist(r)a: 102
letus: 355
levenna: 53, 58, 115, 116, 275, 458, **461**, 528, 529, 532, 540
levenna (homo l.): 57
levir: 17
levis: 462
levis (homo l.): 57, 461
lib. „libertus"/„liberta" (l. „libertus"/„liberta" hinter dem Gen. des Patronusnamens): 523, 524, 531
liberi: 138
liberta: 106, **107**, 109, 110, 519

libertas: 109, 110
libertus: 110
libet: 17
libido: 203, 204
Libitina: 17, 55, 473
libo: 138
libra: 123
libri (l. lintei): 449
libum: 138
libus: 138
Libycus: 457
Libyi: 457
liceo: 421
limax: 495
limes: 102, **103**, 106
⁺limit-: 103
limus: 103
lino: 263, 449
lintei (libri l.): 449
linteo: 438, **449**, 527, 529, 533, 539
linteus: 449
lintio: 449
linum: 449
lis: 24
⁺lita: 139
litaras: 263
litera: 57, 139, 140, 263
⁺litera: 263
literam: 263
lito: **138**, 139, 140, 264, 469
⁺lito: 139
litos: 449
littera: 57, 79, 138, 139, 140, 246, **263**, 264, 527, 529, 533, 540
litus „beschmiert": 263
litus „Höriger": 355
⁺litus „dibujo": 263
⁺litus „Krümmung": 140
lituus: 138, **139**, 140, 180, 264
⁺lituus: 140
lixa: 115, 116, 117, 409, **421**, 527, 529, 534, 538
⁺loiba: 138
⁺loibai̯o: 138

loidios: 171
⁺loido: 170, 171
⁺loidos: 171
longulus (homo l.): 92
longurio: **91**, 92, 93
longurius: **91**, 92, 93
longus: 92, 93
loquela: 55
lorica: **43**, 44, 45, 46, 137, 455
lorum: 43, 44
Loucitta: 108
Lubentina: 55
lubet: 17
lubido: 203
Lubitina: 17, 55
luc-: 62, 154, 461
luceo: 154
Luceres: 89, 90, 105, 131, 132, 290
lucerna: 52, 59, 60, 62, 152, **153**, 154, 165, 461, 486, 526, 529, 533, 540
lucius: 87
Lucius: 87, 88, 309
lucmo: 308
lucomo: 308
luctus: 363
lucumo: 66, 69, 131, 302, **308**, 309, 394, 513, 527, 529, 532, 538
Lucumo: 131
lucumonius: 69
lucuns: 172, **214**, 215, 519
lucus: 55
lucus (l. Lubitina): 55
⁺lucus: 214
ludi: 170
ludio: 110, 111, 130, 131, 169, 170, 172, 435, 514, 515
lu/ydio: 110
ludiones: 128, 132
ludius: 110, 111, 131, 132, 133, 167, **169**, 170, 171, 172, 433
lu/ydius: 110
⁺ludius: 170

Ludius: 170
ludo: 170, 171
ludus: 110, 170, 171
lupa „Dirne": **141**, 503, 504, 528, 529, 533, 539
lupa „naissance": 141
lupa „Wölfin": 141, 503
⁺lupanal: 503, 504
lupanar: 501, **503**, 504, 528, 529, 532, 539
lupanaria: 504
lupinum: 53, **141**
lupinus: 53, 141
lupus: 53, 141, 503
luscus: 387
lustrum: **81**, 83, 84
lux: 154
Lycomedius: 309
Lydi: 132
lydius: 110, 169, 170
Lydius: 170
Lydus: 111
Lygmon: 309

maccus: 324, **358**, 359, 527, 529, 533, 540
Maccus (M. copo): 358
Maccus (M. virgo): 358
machina: 53, **141**, 190
Macstarna: 83
madeo: 462
madulsa: 94, 96, 97, 458, **462**, 528, 529, 533, 540
maereo: 25
magister: 61, **82**, 83, 84, 374
magister (m. Arvalium): 83
magister (m. equitum): 82, 83
magister (m. populi): 82, 83
magister (m. sacrorum): 82, 83
magistralisque: 83
magistratus: 83
⁺magistros: 83
Maia: 303

Maius: 303
mala: 358
malina: 411
⁺malle: 38
malleus: 34, 36, **37**, 38, 40, 41
mamma: 124
⁺mamra: 38
Mamurius: 92, 93
⁺mamurra: 38
Mamurra: 80
man-: 403
mancus: 25, 368
manes: 324, **359**, 360, 469
manis: 359
⁺ma(n)s-: 514
⁺manstupro: 514
mantica: 402
⁺manticissa: 402
⁺manticisso: 402
mantisa: 94, 95, 96, 97, 99, 131, **402**, 403, 527, 529, 532, 539
mantissa: 94, 95, 96, 97, 99, 402
Mantua: 42
manus „gut": 359
manus „Hand": 514
Marcipor: 216
marculus: 38
marcus: 38
Marcus: 9
Marisci: 46
mariscus: 46
marmor: 172, 212, **215**
marmur: 212, 215
maro: 108
marra: **79**
Mars: 303, 304
martellus: 38
martiolus: 38
Martius: 303, 304
martulus: 38
mas: 514
mascarpio: **514**
massa: 94, 172, **216**
massa (forma m.): 202
Mastarna: 83

masturbor: 514
⁺matea: 36, 38, 40
matella: 514
matellio: **514**
mateola: 36, **38**, 40
matrimonium: **69**
matula: 514
maximus: 354
Maxtarna: 83
maxumus: 354
mediuscurrens: 93
mehercle: 120, 121
(me)hercle: 158
meiles: 103
melior: 364
membra: 38
membrana: 38, 63, **141**, 142
membranum: 141
membrum: 127, **141**, 142
⁺memra: 38, 141
mencla: 360
mendicimonium: **69**, 70
mendicinium: 70
Menerua: **42**, 260
Menerva: 42
mensa: 55
mensa (m. laniena): 55
mensa (m. lanionia): 55
mens(is): 74
mensis (febrarius m.): 27
mensis (februarius m.): 27
mensis (Quinctilis m.): 47
mensis (m. Q/quintilis): 47, 48
mensis (m. quintus): 48
mensis (m. S/sextilis): 48
mensis (m. sextus): 48
mensor: 74
menta: 16, 361
mentla: 360
mentula: 324, **360**, 361, 362, 527, 529, 533, 540
mentum: 361
merces: 92
mercimonium: **69**
mercor: 93

Mercurius: **92**, 93, 129, 130
Mercurius (M. Camillus): 93
meretrix: 495
mers: 92, 182
merx: **92**, 93, 182
meta: 437
Metelius: 362
metellus: 324, **362**, 527, 529, 534, 538
Metellus: 362
meto: 362
metus: 324, **362**, 363
miles: **103**, 105, 106, 437, 438
miless: 103
milex: 103
⁺milit-: 103
milites: 105
militia: 91
mille: 103, 105
miluos: 142
miluus: 42, **142**, 260
milvus: 142
mina (vellam m.): 63
Minerua: 42, 260
Minerva: 42
mirio: **514**
miror: 93, 514
Mirqurios: 202
mirus: 514
miserimonium: **69**, 70
mitto: 103
moechimonium: **69**, 70
moene: 133, 428, **437**
moenia: 436, 437
moerus: 436
moiros: 436
moletrina: 56
mollestra: 216
mollestrae: 83
mollestras: 81, 172, **216**, 217
mollio: 302
mollis: 217
molta: 14, 364

Moneta (Iuno M.): 109
monimentum: 360
mons: 361
mons (Taburnus m.): 425
monstrum: 23, **81**, 83, 84
monumentum: 360
mora: 511
morati (plau m.): 142
moretum: 302, 392
morio: **514**
mormi-: 444
⁺mormo: 203
moror: 142, 143
mulceo: 364
Mulciber: 74
mulco: 364
mulcta: 364
mullando: 38
mulleus: 36, **38**, 40
mullus: 38
mulsa (m. potio): 462
multa: 14, 324, **364**
multus: 364
mundalis: 365
mundum: 364
mundus „schmuck": 324, **364**, 365, 366, 527, 529, 532, 540
mundus „Welt": 212, **364**, 365, 366, 367, 517
mundus (m. caeli): 364
mundus (m. Cereris): 365
munia: 437
municipium: 437
muraena: 53, 172, **217**
⁺murceo: 368
murcidus: 368
murcinarius: 367
murcus: 324, **367**, 368, 387, 527, 529, 534, 540
Murcus: 367
murena: 53, 217
Murena: 217, 218
murgiso: **511**
murgisso: 511
muricide (m. homo): 367
murmur: 27

murus: 133, 428, **436**, 437
muscinarius: 367
musso: 138
Mutellius: 310
Mutena: 310
muthonium: 309, 311
Mutinus: 309, 310
muto: 302, **309**, 310, 311, 527, 529, 533, 540
mutonium: 309, 311
mutonius: 309
Muttenus: 310
mutto: 309
mut(t)o: 311
Mutto: 309
muttonium: 309
mutuli: 208, 537
mutulus: 302, **309**, 310, 311, 315, 398, 497, 498, 499
mutunium: 309, 311
mutunus: 310
Mutunus: 309, 310, 311, 499, 507
⁺mylleus: 38

nacca: 115, 116, **165**, 166, 449
nacta: 115, 165, 166
naenia: 18, 311
Naepor: 216
napurae: 34, 79, 81, 128, 246, **265**, 266, 527, 529, 532, 539, 541
napuras: 265
nasiterna: 421
nasiturna: 58, 421
Naso: 117
nassa: 421
nassiterna: 58, 59, 60, 62, 63, 409, **421**, 422, 527, 529, 532, 539, 541
⁺nas(s)itus: 421
nassus: 421
nasus: 62
natta: 165
Natta: 165
natus: 467, **468**, 473, 475, 486, 522, 523

natus (annis n.): 475
natus (annorum n.): 471, **473**, 474, 475, 522, 528, 529, 540
natus (annos n.): 468, 473, 475
natus (Cafatia n.): 523
natus (n. hinter dem Gen. des Metronymikons): 523, 531
nauta: 116
navis (n. corbita): 108
nenia: 18, 302, **311**, 312, 527, 529, 532, 539
Nenia: 312
nepa: 267
Nepe: 266, 269
Nepet: 268, 269
nepeta: 72, 127, 246, **267**, 268, 269, 527, 529, 532, 541
Nepete: 269
nepos: 131 133
Neptunalia: 501
neptunia: 72, 73, 127, 246, 266, **267**, 268, 269
Neptunus: 266, 267, 268
Nicepor: 216
nonae (n. Sextiles): 48
nontiata: 368
nonussis: 123
⁺noria: 486
norma: 49, 50, 159, 172, 184, 194, 202, 208, **218**, 485, 526, 529, 533, 539
nountios: 368
N/november: 48, **74**, 528, 529, 533, 540
Novembris: 78
Novembrius: 74
⁺Novemris: 78
⁺noventiom: 369
⁺noventius: 368, 369
⁺noviventios: 369
novus: 369
numella: **498**
nummus: 123
nuntius: 324, **368**, 369

nutrix: 495

ob (o. crus): 38
obrussa: 94, 96, 172, **219**
⁺obscaeno: 422
obscaenus: 17, 52, 53, 409, **422**, 527, 529, 533, 539
(ob)sce-: 52
obscenus: 53, 422
Ocella: 497
ocles: 103, 324, **370**, 527, 529, 533, 540
ocrea: 36, **38**, 40, 41
⁺ocreus: 38
ocris: 38
O/october: 48, **74**, 75, 528, 529, 533, 540
octobris: 74
Octobrius: 74
⁺O/octoris: 74, 78
Oculnius: 370
oculus: 370
Ofella: 497
Ogulnius: 370
Olipor: 216
(o)loideos: 171
⁺oloidios: 171
oluccus: 236, 237
opilio: 15, 302, **312**, 313, 314, 527, 530, 533, 539
orbis: 436
orca „Tonne": 172, **219**, 220, 277, 278, 279, 526, 529, 532, 539, 541
orca „Wal": 159, 172, **219**, 526, 529, 532, 540
ordo: 146
oreae: 36, **38**, 40
os: 39
Osci: 46
ostentaria: 468
ostentum: 467, **468**, 528, 529, 532, 539
Otho: 480
⁺ovillos: 336
ovillus: 336
ovinus: 336
ovis: 313, 336

p. (s. p. [f.]): 385
Pabassa: 98
Paccius: 337
Pacurius: 93
paela: 27
paelex: 172, 190, 191, **220**, 223
paenitet: 25
pagina: 55
pagus: 55
pagus (p. Lanita): 109
palacrana: 29, 406, 407
palacurna: 29, 58, 294, 404, **406**, 407, 527, 529, 532, 539
palaga: 406, 407
palam: 143
Palatium: 303
Palatualis: 303
palatum: 284, **292**, 293, 295, 303
palatum (caeli p.): 292, 293
palatus: 292
Pales: 303
palma: 143
palmes: 102, **103**, 106
pamp(inus): 337
pando: 269
pansa: 94, 96, 97, 115, 117, 246, **269**, 527, 530, 533, 540
pansus: 269
pantex: 443
pappus: 324, **370**, 371, 527, 530, 533, 540
par: 315, 324, **371**, 527, 530, 533, 538
Parconius: 242
parens (p., vale!): 469
parentalia: 467, **468**, 469
parentalicius: 467, **468**
parentalis: 467, **468**
parentatio: 467, **468**
parentes: 467, **468**, 469, 528, 530, 533, 539
parento: 467, **468**, 469
paries: 386

Parilia (ad P.): 303
paro: 148
⁺paros: 148
parricida: 116
parsimonia: **68**
passar: 477
passus: 269
⁺patana: 306
pateo: 269
patina: 306
patre (sine p. [filius]): 385
patrimonium: **69**, 70
patronus: **508**
pauperes: 290
pavio: 378
pectunculus: 228
pedes: 103, **104**, 105, 106, 181, 437
pedit-: 104, 105
pel-: 314
pelex: 220
pelica: 220
pellex: 220
pellicio: 220
pellis: 220
pellis (p. Caprina): 344
penum: 364
perdix: 61
peres: 181
perfuga: 117
perna: 229
Perpenna: 57
Perperna: 57
Perrica (P. gnatu[s]): 523
⁺persilelom: 373
persillum: 324, **372**, 373, 527, 529, 532, 539
⁺perso: 376
persona: 62, 324, **373**, 374, 375, 376, 432, 507, 509, 527, 529, 532, 537, 540
⁺persono: 376
⁺persopna: 374
pessulum: 220
pessulus: 172, 212, **220**
pessum: 221
petorritum: 143
Petronia: 73

phrygio: 449, **514**
phyrgio: 514
Picumnus: 65, 67
pignus: 393
pilens: 449
pilentum: 438, **449**
pileus: 39
-pilio: 313
pilleum: 39, 40
pilleus: 34, 36, **39**, 40, 41
pilumnoe (p. poploe): 314
Pilumnus: 65, 67
pincerna: 58, 60, 115, 409, **422**, 423, 527, 530, 534, 540
pipinna: 52, 53, 409, **423**, 424, 527, 529, 532, 540
pirata: 116
piscina: 53, 63, 458, **462**
piscis: 462
pistrina: 56
pithecium: 227
pl-: 143
placenta: 214
plamoratum: 142
plancus: 143
planta: 143
planus: 143
plau: 142, 143
plau (p. morati): 142
plaudeo: 142
plaudio: 142
plaudo: 81, 82, **142**
⁺plaudtrom: 82
plaumorati: 81, 142
plaumoratum: **142**
plauster: 81
plaustra: 81
plaustrum: **81**, 82, 84
plautus: 25, 81, 82, **143**, 144
Plautus: 143
plebes: **143**
plebs: 143
plecto: 270
plenus: 52
pleps: 143
plodeo: 142

plodio: 142
plodo: 142
plostrum: 81
plotus: 143, 144
Plotus: 143
ploxemum: 269
ploxenum: 53, 54, 81, 82, 246, **269**, 270, 527, 530, 533, 539
ploxinum: 53, 269, 270
plumbum: 215
pluteum: 39, 40
pluteus: 36, **39**, 40, 41
pocillum: 373
pocolom (Saeturni p.): 189
poeta: 115, 116
polcer: 450
Polc(er): 450
polcher: 450
polc(h)er: 450, 453
⁺polkros: 450
Pollitta: 108
pomerium: 133, 428, 436, **437**
pomilio: 514
pomoerium: 437
popa: 115, 116, 246, **270**, 271, 527, 530, 533, 540
popina: 36
poples: 81, 82, 103, **104**, 105
poplice: 314, 318
poplico-: 318
poplicod: 314, 318
poplicus: 314, 317, 318
Poplios: 9, 316, 318
poplo: 314
poploe (pilumnoe p.): 314
poplom: 314
poplus: 314
⁺popo: 271
popol-: 319
popolum: 314
popul-: 319
populi (magister p.): 82, 83
populneus: 40, **143**, 144
populo: 314, 317

Populonia: 12, 73, 81, 82, 316
populor: 81, 82, 302, **314**, 317
populus „Pappel": 81, 82, **143**, 144
populus „Volk": 81, 82, 302, **314**, 315, 316, 317, 318, 319, 398, 497, 499, 527, 530, 533, 538
pop(u)lus: 316, 317, 318
porrum: 187
Porsena: 57, 196
Porsenna: 57, 196
Porsina: 196
⁺portentalis: 353
portentum: 467, 468, **470**, 528, 529, 532, 539
posimirium: 437
postilena: 55
postilio: 467, **470**, 528, 529, 532, 540
postmoerium: 437
⁺postmoiriom: 437
potio (mulsa p.): 462
pottus: 377
potus: 324, **377**, 527, 530, 534, 540, 541
poublicom: 314
praedo: 212
Praestita (Iuno P.): 109
praetor: 324, **378**
⁺praiitor: 378
praitor: 378
pretium: **144**
Priamos: 65
principis (atrium p.): 285
Priscus: 47
pro (p. castris): 82
proceres: 89, 90, 284, **290**, 537
procerus: 466
procestria: 81, **82**
proci: 290
proculena: **53**
⁺proculena: 53
procum: 290
⁺promoirium: 437

prora: 122, 172, **221**
proris: 122, 124, 221
prosapia: 515
Proserpina: 222
puberes: 318
⁺pub(e)ricus: 318
pubes: 317, 318, 515
⁺pubicus: 318
⁺publice: 318
publicus: 302, **314**, 315, 317, 318
Publicus: 318
Publius: 9, 316
puer: 514
pulcer: 22, 450
pulcher: 22, 438, **450**, 451, 452, 453, 527, 530, 533, 540
pulc(h)er: 453
pulchros: 451, 452
Pulcrai: 450
pulcros: 450, 451
Pulcrum: 450
pulpita: 222
pulpitum: 172, **221**, 222, 526, 530, 534, 540
pulpitus: 221
puls: 172, **223**
pultes: 223
pultis: 223
pulvinar: 500
pumilio: **514**
Punicum (alium P.): 457
Pupl-: 316
puplicis: 314
⁺pupo: 271
puppis: 221
puteal: 537
puteum: 40, 378
puteus: 34, 36, 40, 41, 171, 324, **378**, 379
puto: 378

quadr-: 90
quadraginta: 90
quadrussis: 123
qualis: 499
⁺quatrus: 465

⁺quatures: 90
⁺quaturia: 90
-que: 83
querimonia: **68**, 70
queror: 70
⁺queturia: 90
Quinctilis: 47
Quinctilis (mensis Q.): **47**
Quin(c)tilis: 47, 77, 78
quincuria: 90
⁺quincuria: 90
quinquaginta: 90
quinquatres: 464
quinquatria: 464
quinquatrus: **464**, 465, 466, 467, 528, 530, 533, 540
quinque: 465
⁺quinquequatrus: 465
Quintiles (idus Q.): 48
Q/quintilis: 47, 48, 49, 74, 305
Q/quintilis (mensis Q.): 47, 48
quintus (mensis q.): 48
Quirinalia: 501
Quirinus: 123
quiris: 122
Quirites: 123
quolina: 253

rabies: 271
rabula: 115, 117, 246, **271**, 272, 527, 530, 533, 540
⁺Rabulaios: 271
Rabuleius: 271
⁺rabulista: 100, 115, 271, 272
radia „σμῖλαξ τραχεῖα": 131, 284, **297**, 298, 299
radia „Stab": 297, 298
radius: 284, **297**, 298
raeda: 18
Ramnenses: 132
Ramnes: 105, 290
Ratinius: 298
Ratius: 298
Ratumenna: 298
ravula: 117, 271, 497

recessa: 410
recipero: 346
recupero: 346
regii (atrii r.): 285
regina: 501
repulsa: 462
restis: 122, 324, 350, **379**, 519, 527, 530, 533, 539, 541
retae: 324, **379**, 380
retare (r. flumen): 379
rex: 501
ricinus: 54
ritus: 324, **380**, 381
robor: 215
⁺robor: 215
robur: 215
Roma: 8
ropio: **515**
rota: 143
rudens: **519**, 520
rudo: 519, 520
ruma „Kehle": 122
ruma „säugende Brust": 49, **123**, 124
rumen: 124
Rumina: 124
Ruminus: 124
rumis: 122, 123, 124

s. (s.p.[f.]): 385
⁺s-: 442
sab-: 463
sabulum: 463
saburna: 79
⁺saburna: 80, 463
saburra: 79, 80, 458, **463**, 528, 530, 533, 539
Saburra: 463, 533
saburro: 463, 533
sac-: 382
sacculus: 35
sacena: 53, 55, 246, **272**, 273, 527, 529, 532, 540
sacer: 324, **381**, 382, 466
sacr-: 354, 382
sacrem: 381

sacres: 381
sacri-: 381
sacrifico: 139, 382
sacris: 466
sacro-: 381
sacrorum (magister s.): 82, 83
sacrus: 381
Saeturni (S. pocolom): 189
Saeturnus: 189, 190, 191, 223
Sagarius: 107
sagatio: 107
sagina: 53, 409, **424**, 527, 530, 533, 539
sagita: 106, 107, 109
sagitta: 106, **107**, 108, 109, 211
sakros: 381
salapitta: 106, **107**, 108, 109, 326, 327
salpicta: 107
salpinga: 32
Samternus: 274
sancio: 382
sanctimonia: **68**, 69
sanctimonium: 68, 69
sandapila: **144**
sannio: **515**
santerna: 58, 60, 246, **273**, 274, 527, 529, 532, 539
Santernus: 273
sartae: 116
satelles: 103, 105, 106, 133, 284, **299**, 300, 437, 527, 529, 532, 538
satell(es): 299
satellites: 104, 105
Sateurnus: 189, 191
satira: 407
sator: 190
satur: 407, 408
satura: 79, 404, **407**, 408, 527, 530, 533, 540
Saturio: 91, 404, **408**
Saturnalia: 500, 501
Saturnia: 66, 278
Saturnius (versus S.): 408

Saturnus: 189, 190, 191, 407, 408
satyra: 407
saurix: 146
scaena: 17, 18, 37, 53, 172, 190, 191, 192, 193, **223**, 526, 530, 533, 540
scaeptrum: 17, 18, 172, 190, 191, 193, 223, **224**
Scaevola: 117, 496
scaevus: 422
scaina: 17, 37, 190, 192, 193, 223
scalae (Tarquitiae s.): 548
scalpo: 39
Scapula: 496
⁺scatrum: 192
scena: 53, 223, 272
sceptrum: 180, 224
Schola: 275
scipio: 180
scrapta: 116
scratia: 116
scratta: **116**
scrattia: 116
scriba: 116
scruppedae: 116
sculna: 52, 115, 116, 246, **274**, 275, 276, 421, 527, 530, 533, 538
sculpo: 39
sculponeae: 36, **39**, 40
Scultenna: 275
scurra: 79, 80, 115, 116, 117, 246, **275**, 276, 402, 527, 530, 533, 540
Scurra: 276
se (s. inmittere): 138
seco: 55, 272, 273
⁺s(e)cul-: 275
⁺secula: 275
secus: 145
⁺sed-: 181
segestra: 81, 120, 224
segestre: 81, 120, 121, 172, **224**
segestria: 81, 82, 120, 224
segestrum: 81, 224

segetem: 477
segnis: **144**
⁺segnis: 144
Seguntia: 144
seine: 263
⁺sel-: 443
semel: 466
semenstris: 23, 74
semestris: 23
semiplotia: 81, **144**
Semo: 70
senatum (consulere s.): 443
senilis: 48
Sentinum: 66
sepelio: 144
⁺septebris: 74
septem: 65
⁺Septema/e/uris: 78
S/september: 48, **74**, 75, 79, 528, 530, 533, 540
septembri-: 74
S/septembris: 74, 75, 78
Septembrius: 74
⁺sept(em)ensri: 75
⁺septemme(n)sri-: 74
⁺S/septemris: 74, 78
septimatrus: 465
Septimus: 66, 268
Sequani: 144
sequester: 82, 84, **144**
sequor: 145, 275
seria: 172, **225**, 450
serra: **79**
serva: 383
Servenius: 384
servilis: 48
Servilius: 384
servio: 383
servitus: 383
Servius: 384, 385
Servius (S. Tullius): 384
servo: 383, 384
servus „dienend": 383
servus „Diener": 126, 324, **383**, 384, 385
servus (s. homo): 383
sessimonium: **69**, 70
sexatrus: 465

Sextiles (nonae S.): 48
S/sextilis: **47**, 48, 49, 74, 77, 78, 305
S/sextilis (mensis S./s.): 48
sextus (mensis s.): 48
sibi (s. faciendum curavit): 473
sibil-: 301
sibilus: 301
sil: 146
silatum: **145**, 146
sili: 145
silia: 145
siliae: **145**
siliare: 145
siliaria: 145
siliaria (s. dona): 145
silicernium: **145**, 146
siligo: **145**, 146
silphium: 125
simplex: 466
sin: 284, 466
sincer: 466
sinceris: 466, 467
sincerus: 283, 284, 464, **466**, 467, 528, 530, 533, 540
sine: 263
sine (s. patre [filius]): 385
singultus: 209
sirpe: 120, 121, 125, 172, **225**
Sisenna: 57
⁺smitslos: 103
sociennus: 53, 57, 58, 458, **463**, 528, 529, 532, 540, 546
socius: 463
sodalis: 299
solea: 36, **39**
soleae: 40, 41
solium: 181
solox: 495
solum: 39
sopio: **515**
sordeo: 146
sordes: **146**
sordidus: 146

sorix: 146
Sospita (Iuno S.): 109
Sp.: 385
spatula: 192, 194
spelunca: 172, **225**, 226, 526, 530, 533, 541
⁺spendina: 205
spex: 351
-spex: 148, 351, 352, 354
sphincter: 226
spina: 53, 131, 133
spincter: 226
spinter: 172, **226**
spinther: 226
spinturnicium: 227
spinturnix: 58, 59, 61, 172, **227**
spinus: 53
sporta: 155, **159**, 212, 266, 350, 441, 526, 529, 532, 539
spur-: 387
spurcus: 283, 324, 368, **385**, 386, 387, 467, 532
Spurennius: 386
Spurinna: 57, 386
spurium: 324, **385**, 387
spurius: 91, 283, 315, 324, **385**, 386, 387, 467, 527, 529, 532, 538
Spurius: 9, 385, 386
Ste.: 353
stipes: 103, **104**, 106
stips: 104
stircus: 202
stolidus: 242
strittabillae: 116
stroppus: 172, **227**
⁺strudma: 388
struma: 49, 50, 324, **388**, 527, 530, 533, 540
struppus: 227, 228
sturnus: 52, 58, **59**
⁺sturnus: 59
subalapa: 326, 328
(sub)alapa: 327, 328
subgluttum: 209
subgrunda: 208

subrunda: 208
subula: 300
subulo „Flötenspieler": 128, 131, 192, 239, 284, **300**, 301, 435, 509, 527, 529, 532, 537, 538, 540
subulo „Hirsch mit spitzem Geweih": 300
Subur(r)a: 8, 80
Suciae (S. cnat[us]): 522
sucinum: 53, 131, 133
sucinus: 53
suggluttum: 209
suggrunda: 172, **208**, 209, 537
suggrundium: 208
sugrunda: 208, 209
-sul: 442, 443
⁺s(u)l: 442
sulfur: 22, 453
sulphur: 22, 453
sulpur: 438, **453**, 527, 530, 533, 539
sum: 330, 442
super: 208
Superbus (Tarquinius S.): 548
sura: 228, 229
surena: 53, 172, **228**, 229, 450
surex: 146
Surrentum: 517
surruptus: 234
susinum: 131, 133
sutrina: 251

Tabae: 425
tabanus: 324, **388**, 389, 390, 527, 530, 533, 540
taberna: 36, 58, 59, 60, 62, 63, 409, **424**, 425 459, 460, 461, 527, 530, 533, 539
taberna (figlina t.): 55
taberna (t. laniena): 55
tabernis (ex t. lanienis): 55, 126
tabo: 388, 389

Taburnus (T. mons): 425
taed-: 230
taeda: 159, 172, **229**, 526, 530, 533, 540
taedet: 230
taedium: 230
taet-: 230
tafanus: 388
⁺tafanus: 388, 389
⁺taferna: 424
talabarrio: **515**
talasio: 319
talasius: 319
talassio: 302, **319**, 320, 527, 530, 533, 540
talas(s)io: 321
talassionem: 319
talassius: 319
talea: 36, 40, 302, **320**, 321, 527, 530, 533, 539
talentum: 234
talia: 320
talis: 499
talpa: 324, **390**, 527, 533, 540
talpona: **509**
talpus: 390
talutium: 393
tamariscus: 46
tamarix: 391
taminia: 324, **390**, 391, 392, 509, 527, 530, 534, 541
taminius: 392
tam(i)num: 392
⁺taminum: 392
⁺taminus: 391
⁺tamirus: 391
tamnum: 63, 390, 392
tamnus: 63, 324, **390**, 391, 392
tapes: 230
tapeta: 230
tapete: 120, 121, 172, **230**
tapetia: 230
tapetum: 230
tappete: 230
tappetum: 230
tardus: 146

Tarent-: 234
tarmes: 103, **104**, 106
tarmus: 104
Tarquinius: 548
Tarquinius (T. Superbus): 548
Tarquitiae (T. scalae): 548
Tarquitii: 548
Tarquitius: 548
⁺tarudos: 146
tasconium: **72**, 73
Tatius (Titus T.): 398
teb-: 396
teba: 324, **395**, 396, 397, 534
techina: 190, 200
teda: 229
tegestre: 224
tegestrum: 224
tego: 224, 395
Tellumo: 393, 394
Tellurus: 520
tellus: 324, 390, **392**, 393, 394, 395, 412, 527, 530, 533, 541
Tellus: 394, 412
⁺temeo: 391
temetum: 324, **390**, 391, 392, 534
tempus: 194
tempusculum: 194
⁺temum: 391
⁺temus: 391
tenebrae: 391
tenendi: 108
tenitae: 106, **108**, 109, 527, 530, 533, 540
⁺teppa: 396
tera: 84
terdeni: 49
⁺terestris: 84
terima: 49
termes „abgeschnittener Zweig": 102, 103, **104**, 105, 106
termes „Holzwurm": 104
terminus: 67
termus: 104

terni: 49
tero: 146, 456
terra: 79, **84**
terrester: 84
terrestris: 82, **84**
⁺tersa: 84
tersi: 182
⁺terunda: 456
testimonium: 68, **69**, 70
Tetia (T. gnata): 523
tetuli: 393
thalasio: 319
thalasius: 319
thalassio: 319, 320
t(h)alas(s)io: 320
thalassius: 319
t(h)alassus: 319
Thalna: 319
Thormena: 64
⁺thuos: 235
thus: 235
tibia: 435
tibicen: 132, 435
Tibur: 267
tif-: 396, 397
⁺tifa: 395, 396
tifata: 324, **395**, 396, 397, 527, 530, 534, 541
tifata (t. iliceta): 395
Tifata: 395
T/tifata (T./t. curia): 395
⁺timpa: 396
tina: 53, 155, **160**, 526, 529, 532, 539, 541
tinea: 36, 40, 438, **454**, 527, 530, 533, 540
tinia: 454
tinisio: 512
tinniso: 512
tinus: 53, 324, **397**
⁺tippa: 395, 396
tiro: 512
-tisa: 403
Titienses: 105, 132
Tities: 290
Titinus: 309, 310
titio: 515
titullus: 397

titulum: 397
titulus: 315, 324, **397**, 398, 497, 498, 499
Titunus: 399
Titurius: 92, 93
titus: 87, 324, **398**, 399, 400, 498
Titus: 87, 88, 398, 399
Titus (T. Tatius): 398
tocullio: **515**
tofa: 321
tofum: 321
tofus „aus Tuffstein": 321
tofus „Tuffstein": 302, **321**, 322, 324, 527, 530, 533, 539
toga: 40, 395
tolenno: 53, 324, **400**, 401, 527, 530, 533, 539
tollendo: 400
tollendus: 400
tol(l)eno: 400
tollo: 393, 400
toluberna: 58, 115, 409, **425**, 527, 530, 533, 540
Tolumnius (Lars T.): 64
tona: 160
tonica: 455, 456
tophus: 321, 322
torreo: 84
torunda: 456, 457
trabea: 36, **39**, 40
⁺traberna: 424
trabes: 39
trabs: 39, 62, 424
trames: 103, **105**, 106
trans: 82, 426
transenna: 425, 426
transtrum: 81, **82**, 84
trasenna: 53, 58, 409, **425**, 426, 527, 530, 533, 539, 541
trassenna: 425
Trebi: 19, 433
trepido: 169
tressis: 123
triatrus: 465
trib-: 231

tribulis: 231
tribunal: 231, 501, 502
tribunus: 231
tribus: 132, 172, **231**
tribus (Crustumina t.): 64
tributum: 231
tridens: 467, **470**, 471
⁺triembus: 234
triginta: 477
tripodo: 233
tripudium: 233
tristimonia: **68**
tristimonium: 68, 70
triumfus: 232
triumpe: 232, 233, 234, 235
triumpe (io t.): 234
triumphus: 232, 233, 234
triump(h)us: 232, 233, 234, 235
triumpos: 450
triumpus: 172, 176, **232**, 452, 526, 529, 532, 540
tropaeum: 172, **235**
trophaeum: 235
trossuli: 128, 131, 132, 290, 418, 428, **434**, 527, 529, 532, 537, 538
Trossulum: 131, 434
trua: 42, 438, **454**, 527, 530, 533, 540
truella: 454
truleum: 454
truleus: 454
trulia: 454
trulium: 454
trulla: 438, **454**, 533
trulleo: 454, 455
trulleum: 36, 454
trul(l)eum: 454, 455
trulleus: 36, 40, 438, **454**
trul(l)eus: 455
trullia: 454
trul(l)ia: 455
trullio: 438, **454**, 455
trullisso: 454
trullium: 454
trul(l)ium: 455
-trus: 465

trutina: 53, **146**, 147, 148
tuba: 133, 321, 428, **435**, 527, 530, 533, 538
tubicen: 435
tubus: 321, 428, **435**
tufus „aus Tuffstein": 321
tufus „Tuffstein": 321
tuli: 393
Tullianum: 401
tullius: 324, **400**, 401, 527, 530, 533, 539
Tullius: 9, 401
Tullius (Servius T.): 384
tumeo: 400, 499
tunica: 43, 44, 45, 46, 137, 438, **455**, 456, 527, 530, 533, 540
turbiscus: 46
turma: **49**, 50, 202
turris: 46
turtur: 398
turunda: 438, **456**, 457, 517, 527, 530, 533, 540
turundus: 456
tus: 172, **235**
Tusci: 46
Tusci (Atriates T.): 129
tussis: 122, **124**
tutulus: 14, 315, 398, 497, **498**, 499
Tutunus: 309, 310, 399, 499, 507
⁺tutus: 399, 498
⁺tuu̯os: 235
⁺tuus: 235

ulna: 52, 172, **235**, 236, 526, 530, 533, 540
ulpiculum: 457
ulpicum: 438, **457**
uluccus: 236, 237
ulucus: 172, **236**, 237
ulula: 237
ululo: 237
(ul)uluccus: 237
ulva: 211
unda: 208, 209
unedo: 509

unguis: 228
upilio: 15, 312
urb: 143
urb-: 436
urbs: 133, 143, 428, **435**, 436, 437, 527, 530, 533, 538
urceum: 276
urceus: 34, 36, 40, 41, 246, **276**, 277, 278, 279
urinor: 277
urna: 52, 59, 63, 246, **277**, 278, 279, 527, 530, 533, 540, 541
uro: 277
urus: 436
urvus: 436
uter: 457
uterum: 457
uterus: 438, **457**
uva: 392

vacca: 338
vaccinium: 324, 337, **338**
vaccinus: 338
vacerra: 79, 80, 409, **426**, 527, 530, 533, 539
vadimonium: **69**
vagina: 53, 63, 458, **464**
vale (parens, v.!): 469
valeria: 87
Valeria: 87
⁺varinula: 414
varo: 241, 244
vas (cuturnium v.): 199
vectigal: 500
vegetus: 477
veho: 437
Veientes: 517
velamina: 63
veles: 103, 105, 132, 428, **437**, 527, 530, 533, 538
Veles: 132
velitares (hastas v.): 132
velites: 132
Velius: 8
vella: 148, 476
vellam (v. mina): 63

vellera: 63
vellimen: 63
vellimina: 63
vellimna: 63, 67
vello: 63, 86, 499
vellus: 63
velox: 437
Velthuriae (V. gnatus): 523
venio: 369
verbena: 55
verna: 52, 59, 115, 116, 117, 126, 161, 166, 239, 246, **279**, 280, 383, 384, 402, 527, 530, 533, 538
vernilis: 280
vernisera: 79, 409, **426**, 527, 530, 533, 540
vernula: 115, 117, 246, 248, **279**, 280, 281, 306, 496
verpa: 116, 324, **401**, 402, 527, 530, 533, 540
versus (Fescennini v.): 417
versus (v. Saturnius): 408
vertex: 334
verto: 334
Vertumnus: 51, 52, 67, 88, 114, 412
vespa „Leichenträger für Arme": 115, 245, 246
vespa „Wespe": 245, 246
vesper: 245
vesperones: 245
vespil(l)iator: 245
vespillo: 15, 241, **245**, 246, 527, 530, 534, 539
vespula: 115, 245, 246
Vesta: 280

vestis (crocota v.): 196
veteranus: 507
Vetulonia: 73
Veturius: 92, 93
vetus: 194
vialis: 499
Vibenna: 57, 147, 196
vibia: **147**
Vibius: 147
vibro: 426, 427
viburnum: 58, 409, **426**, 527, 530, 533, 541
viburnus: 58, 426
vices: 147
vicis: 83, **147**
vicissim: 477
vicus: 148
vigilia: 91
villa: **148**, 476
virgo (Maccus v.): 358
virilis: 48
viscus: 47
Visentum: 517
vispellio: 245, 246
vispillo: 15, 245
vitio: **148**
vitiosus: **148**
vitis (faecenia v.): 137
vitium: **148**
vito: **148**
Vitumnus: 64
vitupero: **148**
viver: 427
viverna: 59, 79, 427
vivernus: 59, 80, 427
viverra: 59, 79, 80, 409, **427**, 527, 530, 533, 540

⁺viversa: 427
⁺vix: 83, 147
vixit: 473
vixit (v. annis): 471, **473**, 474
vixit (v. annos): 471, **473**, 474, 522, 528, 530, 540
Volcanal: 501
Volcanalia: 500, 501
Volcanus: 501
volitatio: 132
⁺volsa: 499
Volsci: 46, 494
volsella: **499**
volsus: 499
Voltumna: 51, 52, 87, 88, 114, 200, 412
Voltumnus: 67
voltur: **86**, 87, 89, 92, 127
Voltur: 87, 88
volturius: **86**, 92
Volturnum: 87, 88
Volturnus: 87, 88
volturus: 86
Volumnius: 64, 66, 76, 199, 200, 406
⁺Volumnus: 66
⁺volupnos: 66
vopiscus: 46, **148**
Vortumnus: 51, 52, 64, 67, 87, 88, 412
Vulcentes: 517
vulsella: 499
vultur: 86, 89, 92, 127
vulturius: 92

zaberna: 424

II. Index der zitierten antiken Autoren bzw. literarischen Belege[1]

Acc.: 104, 174, 221, 235, 364, 470, 510
- ap. Fest.: 534, 535
- ap. Fest. 132,13 L: 362
- ap. Varr. L. L. 7,64: 514
- Carm. frg. 2: 362
Ps.-Acro: 503
Act. lud. saec. Aug. 107, 132: 305
Afran.: 148, 174, 181, 532, 534, 535
Agroec. Orthogr. GLK 7, 118, 7: 487, 488
Akus.: 286
Ambros.: 422, 534, 535
Amm.: 534, 535
- 15, 12, 3: 367
- 23, 5, 10: 546
Anon. mim.: 107
- frg. 18: 415
Anth.: 142
Antist. ap. Fest. 294, 9 L: 437
App. Probi GLK 4, 197, 27: 444
- 4, 197, 19: 215
Apul.: 55, 165, 346, 364
- Met. 6, 9: 385
Ps.-Apul.: 133
- Herb. 5: 130, 237, 238
- 57: 267
- p. 41, n. 24: 129
Argum. Plt. Pseud. 1, 4: 247
- 2, 14: 247

Aristoph. Lys. 1: 502
- Ran. 360: 502
Aristot.: 375
Arnob.: 107, 137, 312, 534, 536
- 3, 32: 93
- 7, 24: 37, 145, 443
At. Cap. ap. Fest. 144 L: 365
Atell. inc. 2: 255
Athen. 1, 29 B: 317
Auct. de vir. ill. 33, 10: 395
Aug.: 107, 128, 147, 295
- Civ. 4, 11: 93
- 7, 8, p. 284, 2 Domb.: 293
- 7, 14: 93
Auson.: 260, 370
- 1, 18: 147

Bell. Afr.: 421, 534, 535

Caecil.: 134, 178, 230
Caes.: 91, 102, 463, 505, 533
Caper: 343, 534, 535
- GLK 7, 97, 17: 343
- 7, 103, 8: 241
Carm. Arv.: 232, 233, 234, 235
Carm. Sal.: 259, 314, 359, 533, 535, 546
Cato: 35, 36, 37, 38, 58, 74, 79, 81, 84, 104, 123, 128, 138, 141, 142, 143, 145, 148, 156, 159, 173, 189, 197, 198, 259, 276, 277, 295, 312, 336, 348, 350, 364, 365, 381, 383, 409, 411, 420, 421, 453, 454, 456, 457, 508, 514, 532, 533, 534, 536
- Agr. 4: 292
- 13, 1: 276
- 13, 2: 146
- 81: 37
- ap. Fest. 144, 18 L: 365, 366
Catull.: 152, 168, 235, 319, 360, 401, 435, 519, 533, 535
- 16, 1: 124
- 28, 10: 124
- 37, 10: 515
- 47, 2: 364
- 84: 481
- 97, 6: 269
- 116, 8: 487
Cels.: 27, 267, 390, 532, 534, 535
- 2, 7, 8: 447
Char.: 212, 464
- GLK 1, 63, 11: 250
- 1, 105, 9 cod. Bob.: 302
- 1, 130, 29: 446
- 1, 130, 30: 446
Chiron: 215, 226, 346, 499
- 7: 107
Cic.: 36, 47, 49, 62, 74, 82,

---

[1] Stellenangaben mit den Zusätzen „f.", „ff." u. ä. werden ohne diese zitiert.

Zitatate aus *Festus* bzw. *Paulus ex Festo* sind im Index, soweit verifizierbar, mit der Sigle des entsprechenden Herausgebers (L: *Lindsay*; M: *Mueller*; T: *Thewrewk*) versehen, auch wenn diese Kennzeichnung im Text auf Grund wörtlichen Zitierens fehlen sollte. Die auf *Mueller* und *Thewrewk* zu beziehenden Seitenverweise sind hinter die Stellenangaben aus *Lindsay* gereiht.

102, 104, 106, 141, 144, 148, 152, 155, 168, 169, 175, 180, 199, 201, 216, 218, 219, 224, 225, 239, 241, 270, 281, 292, 320, 359, 368, 388, 392, 397, 420, 435, 437, 440, 459, 468, 470, 505, 512, 515, 533, 534, 535, 545
- Att. 2, 1, 12: 515
- Caec. 18: 545
- Div. 2, 16, 17: 145
- Fam. 6, 6, 3: 545
- Leg. 2, 24, 62: 312
- Or. 160: 232, 450, 451, 479
- 161: 487
- Phil. 1, 13: 468
- 11, 12, 30: 367
Cluvius Rufus ap. Plut. Quaest. Rom. 107: 433
Colum.: 79, 94, 128, 137, 201, 346, 390, 448
- 11, 3, 20: 457
Cornelia: 468

Demosth.: 375
Dig.: 245
Diod. 23, 2, 2: 132, 291, 292
- 23, 3: 291
Dion. Hal. Ant. 1, 29: 10
- 2, 22, 2: 129, 288
- 2, 36: 436
- 3, 49: 436
Diosk.: 128, 133, 307, 346, 505, 534, 535
- 1, 10 RV: 131
- 2, 163: 166
- 2, 175 RV: 129
- 3, 3 RV: 130
- 3, 19 RV: 131
- 3, 35: 266, 268
- 3, 36 RV: 309, 310
- 3, 44: 337
- 3, 102: 131
- 3, 138 RV: 128
- 3, 143 RV: 131

- 4, 68: 73
- 4, 68 RV: 128, 130
- 4, 68 W: 237, 238
- 4, 142 RV: 131, 297, 298, 299
Ps.-Diosk.: 337, 432
- 1, 10 RV: 337
- 2, 167 RV: 130, 431, 432
- Vind. 3, 35 p. 47, 17: 267
Don.: 128
Drac. Romul. 10, 156: 329, 330
Dub. nom. GLK 5, 575, 7: 252

Eccl.: 189, 364
Edict. Diocl.: 224, 424
Edict. vetus ap. Gell. 11, 17, 4: 379
Enn.: 36, 59, 63, 81, 82, 84, 86, 103, 104, 138, 139, 141, 142, 143, 156, 172, 180, 195, 198, 209, 211, 215, 229, 231, 232, 252, 291, 292, 300, 314, 324, 346, 350, 351, 362, 364, 371, 383, 400, 407, 411, 422, 428, 435, 436, 437, 446, 453, 459, 466, 498, 501, 532, 533, 535, 536, 544
- Ann. 138: 86
- 261: 446
- 577: 446
- frg. inc. 16: 293
- frg. inc. 38: 230
- Scaen. 20: 400
Etymologicon magnum 188, 43: 241
- 668, 21: 449

Fest.: 55, 128, 169, 279
- 18, 5 L: 128
- 119 L: 402, 403
- 119, 9 L: 95, 131
- 132, 4 L: 359
- 132, 13 L: 362

- 160, 7 L: 265, 266
- 162 L: 131
- 168 L: 265, 266
- 169 L: 265, 266
- 182, 4 L: 385
- 192, 1 L: 38
- 222, 13 L: 334
- 238, 7 L: 372, 373
- 260, 1 L: 269
- 290, 21 L: 290
- 304, 33 L: 465
- 358, 21 L: 91, 132
- 382, 20 L: 511
- 403 L: 128, 131, 301
- 422, 32 L: 272, 273
- 474, 31 L: 385, 386
- 484, 32 L: 498
- 490, 3 L: 400
- 505, 17 L: 108
- 352 M: 400
- 520 Th: 145
- 550 Th: 548
Flor.: 439
Fredegar: 390
Front.: 281

Gai.: 63, 532, 535
- Inst. 1, 64: 385
- 1, 112: 255
Gavius ap. Gell. 11, 17, 4: 379
Gell.: 128, 137, 334
- 2, 10, 3: 256
- 4, 1, 3: 364
- 5, 8, 10: 139
- 11, 7, 6: 134
- 20, 1, 29: 458
Gl.: 35, 55, 75, 81, 82, 94, 104, 107, 137, 146, 147, 148, 161, 178, 179, 180, 197, 198, 209, 213, 220, 224, 236, 241, 247, 302, 306, 309, 321, 334, 336, 362, 367, 379, 390, 414, 421, 424, 425, 440, 448, 449, 456, 505, 511, 512, 533, 535
- 2, 22, 25: 305

- 2, 34, 15: 487
- 2, 36, 24: 208
- 2, 100, 40: 343
- 2, 100, 43: 405
- 2, 177, 7: 107
- 2, 177, 25: 326
- 2, 210, 26: 80, 427
- 2, 334, 43: 466
- 2, 409, 47: 297
- 2, 431, 47: 405
- 2, 461, 1: 245
- 2, 467, 51: 208
- 2, 477, 39: 297
- 2, 481, 40: 360
- 2, 496, 53: 229
- 3, 253, 1: 343
- 3, 365, 14: 208
- 3, 407, 16: 348, 349
- 3, 428, 49: 404
- 3, 431, 38: 80, 427
- 3, 432, 9: 242
- 3, 520, 13: 325
- 4, 24, 15: 337
- 4, 196, 3: 436
- 4, 600, 17: 241
- 5, 15, 6: 415
- 5, 22, 22: 157
- 5, 59, 9: 340
- 5, 69, 2: 256
- 5, 70, 17: 445
- 5, 111, 14: 239
- 5, 111, 15: 239
- 5, 441, 7: 100
- 5, 442: 337
- 5, 493, 51: 288
- 5, 572, 20: 131, 434
- 5, 597, 56: 325
- 5, 602, 65: 239
- 7, 409: 245
Gl. Plac.: 70
Gl. Ps.-Plac.: 38
Glossar von Leiden: 304
Gramm.: 302
Gran. Lic. p. 9 Fl.: 437
Greek papyri in the British Museum 5. 165. 9: 185

Greg. Tur. Vit. patr. 16, 4: 514
Grom.: 207

Hemina: 143
Hes.: 19, 37, 59, 106, 107, 128, 130, 133, 170, 178, 185, 187, 188, 209, 225, 247, 254, 262, 263, 266, 267, 268, 293, 294, 305, 312, 328, 337, 344, 345, 368, 417, 418, 428, 432, 440, 444, 446, 449, 458
Hesiod. Erga 589: 317
Hier.: 422
Hippokr.: 215
Hom.: 294
- Il. 4, 293: 248
- Il. 14, 273: 215
- Il. 24, 190: 449
- Il. 24, 267: 449
- Od. 11, 298: 186
- Od. 15, 131: 449
Hor.: 43, 102, 104, 122, 128, 137, 163, 212, 221, 260, 309, 364, 412, 416, 503, 532, 534, 535
- Epist. 1, 1, 63: 312
- Sat. 1, 2, 2: 510
Isid.: 104, 128, 240, 267, 321, 440, 515, 534, 536
- Ord. creat. 9, 4: 411
- 9, 5: 410
- 9, 7: 410
- Orig. 8, 11, 3: 93
- 8, 11, 45: 93
- 8, 11, 46: 93
- 9, 1, 84: 122
- 9, 5, 21: 148
- 9, 5, 24: 385
- 9, 5, 25: 385
- 10, 159: 131, 239, 241
- 12, 1, 15: 344
- 12, 1, 35: 340
- 12, 6, 6: 39
- 12, 7, 57: 130, 288
- 15, 1, 30: 452

- 15, 1, 49: 446
- 17, 9, 95: 348
- 17, 10, 2: 321
- 18, 4, 3: 321
- 18, 7, 5: 210
- 18, 14, 1: 130, 167, 168
- 18, 57: 132, 438
- 19, 1, 15: 510
- 19, 22, 6: 455, 456
- 19, 34, 4: 132, 430
- 19, 34, 10: 38
- 20, 5, 4: 336
- 20, 12, 5: 459
Itala: 141, 164, 348
- Joh. 18, 22: 107

Juba: 286
Juv.: 141, 142, 144, 163

Kall.: 129, 130

Laber.: 35, 177, 441, 513, 532, 534, 535
- ap. Gell. 16, 7, 1: 513
- 16, 7, 6: 515
- 16, 7, 11: 57, 461
Lact.: 515
Lampr.: 62, 459, 534, 535
Lex agr.: 89, 534, 535
Lex reg.: 122, 220
- ap. Fest.: 533, 535
- ap. Fest. 260, 9 L: 468
Lib. Gloss.: 128, 337
- 166, 13: 304
- 173, 28: 303
Liv.: 110, 128, 169, 200, 308, 395, 432, 437, 439, 463, 532, 534, 535
- 1, 4: 141
- 1, 13, 8: 91, 132
- 1, 18, 7: 139
- 1, 33, 5: 367
- 1, 34, 1: 308
- 1, 38, 4: 436
- 1, 49, 2: 133, 299, 300
- 2, 10, 6: 385, 532
- 2, 12, 8: 133, 300

- 2, 12, 18: 104
- 2, 41, 1: 385
- 4, 4, 2: 91, 132
- 4, 23, 5: 315
- 5, 1, 6: 542
- 7, 1, 2: 385
- 7, 2, 4: 128, 132, 172
- 7, 2, 6: 130, 434
- 9, 36, 3: 480
- 39, 8: 504
Liv. Andr.: 84, 138, 144, 227, 426, 428, 439, 444, 532, 533, 535, 544
- ap. Fest. 444, 11 L: 272, 273
- ap. Non.: 533
- ap. Non. 153, 27: 331
Loewe Prodr. 283: 367
Lucan.: 175
Lucil.: 148, 186, 194, 199, 214, 221, 223, 241, 271, 279, 309, 333, 348, 364, 402, 407, 470, 519, 532, 533, 535
- ap. Non. 214, 15: 364
- ap. Paul. Fest. 38, 18 L: 415
Lucr.: 104, 152, 175, 199, 224, 350, 370, 438, 459, 487, 510
- 3, 717: 466
- 4, 641: 61
- 4, 1162: 514
- 5, 617: 183
Lyd. Mens. 1, 29: 39
- 4, 20: 27
Lykophr.: 444

Macho ap. Ath. 13, 581 b: 282
Macr.: 128
- Sat. 3, 12, 8: 346
- 1, 15, 14: 296
- 1, 15, 14-17: 131, 296, 297
- 3, 8, 6: 129, 130, 288
Manil.: 175

Mar. Vict. GLK 6, 12, 18: 368
- 26, 7: 146
Marcell.: 128, 431, 534, 535
- Med.: 456
- 10, 58: 431, 432
- 22, 43: 337
Mart.: 144, 245, 532, 534, 535
- 10, 76, 4: 279
- 11, 15, 8: 361
- 11, 72, 1: 423
- 13, 8 G: 145
- 13, 30: 132, 431
Mart. Cap.: 232, 234
- 1, 49: 520
Mon. Anc. Gr.: 18, 21: 157
Mon. Anc. Lat.: 17, 81
- 35, 2: 157

Naev.: 38, 107, 146, 152, 187, 195, 196, 202, 213, 263, 314, 328, 341, 362, 378, 383, 415, 428, 442, 447, 450, 510, 511, 533, 535, 544
- ap. Fest. 128, 22 L: 437
Nigid.: 138, 520
- ap. Non.: 534, 535
- ap. Non. 40, 15: 305
- ap. Serv. auct. Georg. 3, 147: 335
Non.: 128, 440
- 8: 415
- 30, 7: 340
- 112: 256
- 135: 212
- 145: 311
Not. Tir.: 312
Novius: 358, 440

Ov.: 61, 128, 142, 412, 435
- Fast. 2, 477: 122
- 2, 548: 468
- 4, 821: 365

- 5, 689: 93
- Met. 14, 330: 505
- Trist. 4, 10, 87: 468
Ps.-Ov. Hal.: 142

Pacuv.: 130, 194, 470, 532, 533, 535
- ap. Serv. auct. Aen. 11, 543: 286
Pallad.: 390
Paneg.: 534, 535
- 5 (8), 21, 1: 355, 356
Papias: 128, 304
Paul. Diac.: 128
Paul. Fest.: 61, 90, 334, 532, 533, 535, 536
- 2, 12 L: 106
- 4, 1 L: 106
- 9, 2 L: 454, 455
- 12, 18 L: 129, 286
- 13, 14 L: 336
- 14, 21 L: 458
- 17, 3 L: 409
- 17, 6 L: 334
- 17, 9 L: 306
- 17, 16 L: 280
- 18, 15 L: 331
- 19, 1 L: 441
- 28, 1 L: 336
- 28, 3 L: 336
- 28, 6 L: 179
- 32, 20 L: 179
- 33, 13 L: 108
- 35 L: 409
- 35, 15 L: 511
- 38, 4 L: 343
- 38, 10 L: 130
- 38, 18 L: 415
- 38, 19 L: 129, 282, 284
- 41 L: 167
- 41, 27 L: 415
- 42, 7 L: 344
- 43, 1 L: 123
- 43, 13 L: 395
- 43, 25 L: 254
- 44, 12 L: 198
- 44, 15 L: 441

- 44, 17 L: 441
- 48, 2 L: 290
- 48, 12 L: 436
- 49, 18 L: 344
- 53, 5 L: 36
- 55, 22 L: 254
- 63, 8 L: 89, 90
- 66, 8 L: 90
- 78, 10 L: 96, 256, 257
- 78, 20 L: 211
- 78, 23 L: 19, 130, 293, 294, 295
- 80, 14 L: 445
- 80, 27 L: 346
- 86, 1 L: 207
- 87, 28 L: 198
- 88, 8 L: 37
- 93, 19 L: 37
- 93, 10 L: 37
- 94, 25 L: 210
- 99, 23 L: 138
- 101, 1 L: 138
- 101, 9 L: 37
- 104, 18 L: 131, 169
- 104, 28 L: 357
- 106, 21 L: 309
- 106, 27 L: 214
- 107, 2 L: 81
- 109, 5 L: 359
- 111, 10 L: 93
- 117, 1 L: 395
- 119, 15 L: 216
- 131 L: 511
- 135, 15 L: 367
- 162, 32 L: 267
- 163, 12 L: 267
- 166 L: 166
- 195, 4 L: 219
- 197, 6 L: 39
- 239, 2 L: 372
- 252, 5 L: 82
- 259, 1 L: 143
- 274, 9 L: 143, 144
- 339, 8 L: 271
- 355, 3 L: 271
- 377, 4 L: 145
- 433, 1 L: 189, 191
- 449, 1 L: 116

- 472, 6 L: 145
- 473, 1 L: 145
- 479, 13 L: 319
- 495 L: 104
- 503, 14 L: 395
- 505, 10 L: 104
- 505, 13 L: 131, 434
- 506, 16 L: 245
- 520, 8 L: 426
- 560 L: 246
- 56 M: 122
- 85 M: 27, 416
- 86 M: 416
- 113 M: 138
- 142 M: 38
- 160 M: 311, 312
- 220 M: 370
- 225 M: 122
- 521 Th: 145
- 10: 333
Petron.: 110, 238, 511, 532, 535, 538
- 38, 9: 326, 328
- 43, 5: 104
- 67,7: 241
- 69: 161
- 134, 5: 514
Phaedr.: 326
Phot. Lex. 584, 10: 53
Plat. Leg. 700 d: 171
Plin. (maior): 35, 59, 123, 128, 137, 148, 189, 219, 273, 300, 302, 337, 390, 405, 406, 416, 417, 418, 419, 427, 532, 533, 535, 536
- N. h. 2, ind. auct.: 545
- N. h. 2, 137: 545
- 7, 200: 38
- 7, 201: 132, 133, 435, 438
- 8, 223: 146
- 9, 82: 153
- 10, 20: 138
- 10, 36: 227
- 11, 21: 246
- 11, 28, 30: 388
- 11, 34, 100: 388

- 11, 150: 156
- 11, 241: 132, 431
- 14, 36: 509
- 16, 108: 132
- 18, 81: 100
- 18, 172: 142, 143
- 19, 15: 266
- 23, 75: 279
- 24, 135: 505
- 25, 168: 370
- 26, 121: 123
- 33, 3: 128
- 33, 35: 131, 132, 290, 434
- 33, 67: 393
- 33, 69: 72
- 33, 77: 406
Plin. minor Epist.: 514
Plin. Val. 3, 38: 454
Plt.: 20, 27, 35, 36, 37, 39, 43, 58, 61, 62, 63, 70, 79, 81, 84, 86, 89, 92, 103, 104, 105, 107, 108, 110, 116, 122, 124, 126, 128, 136, 137, 138, 141, 142, 144, 146, 148, 153, 155, 156, 158, 163, 164, 167, 169, 171, 174, 177, 178, 182, 183, 185, 189, 194, 196, 197, 200, 201, 203, 204, 206, 216, 217, 220, 223, 225, 226, 230, 231, 232, 235, 238, 241, 244, 247, 249, 250, 252, 253, 257, 260, 262, 269, 275, 276, 277, 279, 284, 290, 291, 292, 297, 299, 312, 314, 324, 339, 346, 348, 349, 350, 356, 364, 371, 373, 378, 379, 380, 381, 383, 385, 390, 410, 415, 416, 420, 421, 422, 424, 425, 429, 430, 432, 435, 437, 439, 444, 447, 449, 455, 457, 459, 461, 462, 463, 464, 466, 468, 475, 498, 499, 500, 503, 504, 505, 508, 511, 513,

514, 519, 532, 533, 534, 536
- Amph. prol. 1: 93
- Aul. 528: 103
- 659: 57, 463
- Bacch. 541: 68
- Capt. 526: 147
- Cas. 125: 55
- Epid. 333: 367
- Mil. 379: 347
- 989: 227
- 1060: 53
- Pers. 1, 3, 21: 408
- Poen. prol. 4: 433
- 44: 433
- Poen. 1314: 457
- Pseud. 1181: 464
- 1252: 462
- Rud. 630: 225
- Trin. 471: 519
- Truc. 691: 244
Plut. Quaest. Rom. 107: 131, 434
- Rom. 11: 365
- Numa 7, 5: 286
- Public. 13: 9
Poet. Carol. 1, 388, 21: 388
Pollux: 161
Polyain. 6, 53: 222
Pol. 3, 23: 452
Pomp. GLK 5, 283, 11: 63
Pompon.: 168, 219, 358, 454, 532, 533, 535
- frg. 109: 255
Porph.: 137
- Abst. 3, 4, 1: 132, 428
- Hor. Epist. 2, 1, 192: 449
- 2, 2, 209: 212
- Hor. Sat. 1, 2, 2: 510
Prisc.: 165, 450
- Inst. 4, 5: 164
Prob. ap. Serv. Aen. 2, 15: 505
Prop.: 270
- 4, 1, 29: 309
- 4, 2, 21: 114

- 4, 2, 49: 309
Prud. Perist. 12, 53: 340
Ptol. Geogr. 2, 10, 8: 84
- 3, 1, 50: 266, 268, 269

Quint. Inst. 1, 5: 232
- 1, 5, 8: 269
- 1, 5, 22: 286, 480
- 1, 6, 23: 215
- 1, 7, 29: 63
- 8, 2, 8: 311

Romulus App. 72: 448

Sacerd. GLK 6, 461: 515
- GLK 6, 479, 15: 167
Sall.: 103
- Cat. 51, 38: 132
- ap. Char. GLK 1, 27, 22: 92
Santra: 61
- ap. Fest. 330 M: 227
Scaev. Dig. 34, 2, 36: 454
Schol. AT Hom. ll. 22, 467: 181
- T Hom. ll. 22, 467: 181
- Pers. 1, 20: 398
- Pers. p. 24 Jahn: 188
- Stat. Theb.: 534, 536
- Stat. Theb. 4, 463: 325
- Veron. Verg. Aen. 10, 183: 283
Sen.: 279, 434, 435, 534, 535
- Contr. 2, 4, 12: 326, 327, 328
- Epist. 89, 6: 255
- Nat. quaest. 2, 39: 545
Serv.: 104, 128, 288, 532, 534, 535
- Aen. 1, 17: 279
- 1, 366: 452
- 1, 726: 129, 284, 286
- 2, 278: 131
- 4, 262: 169
- 4, 638: 93
- 5, 560: 131
- 7, 109: 138

- 8, 454: 168
- 8, 458: 132, 168, 169, 430
- 8, 475: 131
- 9, 702: 292
- 10, 145: 130, 289, 290
- 11, 558: 129, 130, 286, 288
- 12, 127: 335
- 12, 538: 345
- Ecl. 4, 46 cod. R.: 107
- 8, 55: 236
- Georg. 1, 109: 414
- 1, 194: 173
Serv. auct. Aen. 10, 145: 130
- 11, 143: 245
- 11, 543: 130, 288
- 12, 172: 315
Sidon.: 81
Sil.: 235
- 14, 149: 335
Sisenna: 143, 210
Solin.: 148
- 27, 10: 452
Stat.: 345
Statius Tullianus: 129, 160
Strab. 2, 1, 3: 84
- 5, 220: 301
- 5, 226, 9: 266, 268, 269
- 6, 282: 446
- 10, 3, 21: 286
Suet.: 144, 245, 464
- Claud. 15: 55
Symm.: 194

XII tab.: 24, 63, 83, 107, 141, 142, 148, 314, 378, 383, 409, 437, 458, 461, 508, 519, 533, 535
Tarquit. Prisc.: 404
- ap. Macr.: 534, 535
- ap. Macr. Sat. 3, 7, 2: 357
- 3, 20, 3: 132, 404
Ter.: 55, 145, 148, 178, 354, 468, 475, 511, 534, 535

Ter. Maur. 989: 173
Tert.: 514
- Pall. 4: 498
- Spect. 5: 170
- 5, 2: 132, 172
- 12: 468
Test. porc.: 253
Theokr.: 236
Timai.: 133
Tzetz. Lyc. Alex. 162: 130, 286, 288

Val. Max.: 386
- 1, 1, 10: 129, 282, 284
- 1, 6, 13: 386
- 2, 4, 4: 130, 434
- 4, Ext. 1: 386
- 8, 9, 2: 386
- Praenomin. 4: 309
- 5: 309
- 6: 385
Varro: 36, 38, 47, 55, 58, 62, 74, 91, 100, 123, 124, 128, 129, 130, 137, 141, 152, 162, 180, 182, 185, 188, 189, 199, 201, 208, 209, 212, 213, 219, 225, 250, 254, 274, 291, 293, 302, 303, 309, 319, 340, 348, 359, 370, 381, 388, 390, 392, 411, 434, 437, 456, 459, 464, 468, 470, 498, 510, 514, 515, 532, 533, 534, 536, 543
- L. L. 5, 21: 84
- 5, 46: 412
- 5, 55: 308
- 5, 77: 228
- 5, 89: 105
- 5, 91: 49
- 5, 116: 38
- 5, 118: 454
- 5, 126: 277
- 5, 129: 366
- 5, 133: 169
- 5, 143: 133, 436, 437
- 5, 159: 345
- 5, 161: 284, 286
- 5, 161, 4: 129
- 5, 161, 5: 129
- 5, 166: 224
- 5, 170: 123
- 6, 5: 194
- 6, 14: 465
- 6, 28: 131, 296, 297
- 6, 34: 27, 74
- 6, 61: 69
- 7, 16: 190
- 7, 27: 259
- 7, 34: 130, 254, 287
- 7, 35: 131, 301
- 7, 44: 498
- 7, 71: 370
- 7, 87: 337, 338
- 7, 107: 415
- R. r. 1, 2, 14: 148
- 2, 11, 9: 63
- 3, 1, 6: 395
- 3, 3, 5: 208
- 3, 5: 292
- 14: 292
- 16: 292
- Sat. 1, 128: 304, 305
- 420: 366
- 496: 474
- 562: 91
- ap. Char. GLK, 1, 77, 9: 40, 128, 129, 291, 429
- ap. Gell. 2, 10, 3: 256
- ap. Isid. Nat. 38, 5: 466
- ap. Macr. Sat. 1, 16, 18: 365
- ap. Non. 135, 16: 212
- 532, 20: 55, 126
- 544, 5: 160
- 544, 7: 195
- 851 L: 170
- ap. Plin. N. h. 35, 157: 9
- ap. Serv. Georg. 1, 186: 514
- ap. Serv. auct.: 533
- ap. Serv. auct. Aen. 9, 603: 417
- ap. Vel. GLK 7, 98, 8: 259
- GLK 7, 77, 3: 93
- GLK 7, 77, 13: 93
Veg.: 406
Vel. GLK 7, 69, 13: 343
Ven. Fort.: 377, 449, 534, 536
- Mart. 2, 349: 163
Verg.: 17, 35, 39, 103, 122, 128, 130, 159, 198, 215, 230, 235, 247, 250, 307, 321, 335, 337, 338, 340, 345, 346, 347, 397, 406, 416, 426, 447, 448, 449, 463, 470, 519, 533, 535
- Aen. 7, 715: 505
- 7, 716: 122
- 8, 458: 132, 430
- 8, 526: 133, 435
- 11, 775: 167
Verrius Flaccus: 543
Vitr.: 58, 62, 123, 208, 321, 435, 461, 534, 535
- 10, 1, 1: 414
Vopisc. Car. 21, 1: 510
Vulg.: 138, 180, 422

Zos. 5, 41: 546

III. Index der zitierten Inschriftenbelege[1]

AM: 260
2^3: 97
2^6: 400, 401
2^9: 80
2^{10}: 369
2^{11}: 369
3^{14}: 311
3^{17}: 81, 369
3^{20}: 80
3^{22}: 377, 378, 379, 400
4^2: 336
4^5: 311
4^{18}: 311
4^{22}: 160
5^6: 97
5^{19}: 506
5^{21}: 257, 258
5^{23}: 119, 386
6^2: 277, 278
6^4: 470
6^6: 187, 289
6^9: 47
6^{14}: 111, 123
6^{15}: 45, 335
7^7: 97, 343
7^{19}: 345
7^{22}: 67
8^3: 78
8^5: 364
8^9: 187
8^{10}: 273, 274, 290, 382
8^{13}: 299
8^{14}: 86
9^2: 66
$9\gamma^1$: 160
10^2: 123
10^4: 298, 380
10^8: 249
10^9: 50
10^{10}: 394
10^{13}: 249
10^{16}: 249
10^{18}: 249
10^{19}: 39
10^{20}: 42, 97, 139, 140, 264, 265
10^{22}: 115, 127, 262
10γ: 126
$10\gamma^4$: 249
$10\gamma 4$f.: 160
$10\gamma^5$: 160
11^2: 147
11^3: 147
11^6: 147
11^9: 249
11^{10}: 160, 257, 258
11^{12}: 307
11^{13}: 282
11^{17}: 123
$11\gamma^2$: 45
$11\gamma^3$: 240
$11\gamma^4$: 408
12^5: 67
12^7: 67
12^{10}: 360
12^{11}: 285
12^{12}: 274

Beazley 24, Nr. 17: 377
127: 320
Bollettino della Società Storica Maremmana 4, 1961, 30: 271
34: 320

Carm. epigr. 231, 2: 309
CIE 3: 340
48: 81, 128
52^a: 163, 308, 327, 396
53: 360
63: 249
84: 272
86: 338
88: 329
94: 271
103: 392
110: 66
117: 114
126: 327
143: 474
198: 80
202: 349
206: 251, 270
213: 270, 398
214: 249
223: 115, 251
224: 115, 251
230: 362
231: 362
233: 362
260: 357
262: 308, 309
274: 47
277: 313
294: 114
301: 87, 297
304: 359
309: 359
316: 251, 518
353: 349
369: 413
370: 272
376: 401
378: 98
381: 61
384: 413
406: 61
408: 343
409: 343
413: 158
428: 470
429: 320
437: 327

[1] Stellenangaben mit den Zusätzen „f.", „ff." u.ä. werden hier ohne diese zitiert.

440: 343	1134: 271	1607: 270
444: 96	1136: 296	1621: 360
445: 323	1154: 413	1639: 339
446: 323	1155: 523	1664: 327
466: 256	1157: 282	1666: 97
471: 252	1170: 521	1690: 173
480: 304	1175: 327	1704: 332
492: 389	1177: 18	1708: 66
493: 311	1180: 97	1709: 66
497: 373	1183: 158	1725: 120
501: 315	1190: 281	1726: 256
503: 295	1227: 57	1727: 28
551: 288	1229: 355	1745: 9
571: 61	1239: 518	1747: 71
580: 349	1241: 163	1784: 165
584: 302	1245: 65, 268	1874: 85
594: 371	1246: 363	1892: 28
619: 295	1255: 66	1902: 251
621 add.: 271	1257: 96	1923: 66
652: 271	1260: 355	1925: 66
657: 217, 218	1261: 355	1930: 308
666: 196	1276: 413	1949: 290
730: 334	1290: 238	1972: 24
731: 100	1295: 98	1973: 24
763: 102	1296: 96, 98	1974: 24
768: 511	1310: 158	1981: 290
769: 111, 240	1312: 114	1989: 71
797: 9	1327: 244, 245	2008: 334
819: 157	1328: 72, 73	2022: 253
828: 62	1347: 295	2035: 342
832: 98	1354: 298	2042: 64
836: 72, 388, 389	1362: 100	2047: 61, 209
849: 115, 251	1377: 49	2086: 349
850: 71	1378: 64	2092: 28
851: 362	1397: 165	2095: 50, 392
866: 359, 393, 400, 401, 505	1398: 114, 165	2096: 396
902: 96	1414: 310, 311, 512	2106: 154
917: 275	1416: 245	2112: 73, 238
948: 244, 245	1421: 254, 255	2133: 311
949: 245	1425: 254, 255	2134: 310, 311
953: 100	1429: 254	2146: 363
978: 245, 352	1451: 254	2165: 280
995: 327	1459: 66	2189: 308
1005: 310, 311	1473: 184, 344	2197: 270
1012: 41, 118	1476: 184	2235: 61
1034: 253	1558: 334	2239: 96
1125: 398	1563: 332	2250: 318
	1566: 281	2251: 41

2252: 275
2338: 323
2339: 49
2340: 323
2341: 323
2395: 408
2404: 9
2415: 115, 262
2421: 403
2448: 359
2459: 300
2482: 310, 311
2489: 215
2503: 337, 338
2521: 18
2534: 118, 327
2541: 309
2554: 302
2571: 370
2606: 173
2609: 339
2610: 339
2612: 271
2627: 297
2635: 271
2646: 340
2659: 154
2665: 298
2721: 299
2736: 408
2775: 66
2777: 65
2794: 72
2811: 301
2812: 301, 388
2817: 389
2818: 394
2837: 373
2850: 518
2878: 271
2886: 334
2891: 334
2913: 269
2914: 269
2923: 355
2929: 41, 118
2932: 396
2933: 9

2952: 98
2965: 19, 433
3006: 28, 370
3015: 50
3023: 118
3025: 320
3031: 278
3032: 278
3037: 165
3064: 347, 348
3083: 310, 311
3123: 320
3189: 297
3302: 278
3306: 470, 500
3324: 267
3337: 523
3360: 76
3371: 272
3392: 281
3413: 295, 404
3415: 285, 286
3426: 285
3451: 523
3471: 251
3472: 251
3514: 523
3533: 289
3542: 362
3600: 362
3622: 523
3658: 325
3659: 249
3692: 518
3714: 64
3717: 362
3754: 61
3755: 268
3763: 64, 65, 200, 523
3766: 86, 143
3791: 271
3792: 271
3799: 80
3809: 325
3810: 325
3811: 325
3834: 304
3840: 240

3842: 251
3850: 387
3860: 256
3873: 341
3921: 123
3937: 398
4011: 64, 392
4044: 325
4061: 325
4062: 243, 371
4098: 65
4116: 42, 87, 145
4135: 61, 62, 87, 92
4142: 285
4190: 523
4196: 108
4205: 413
4206: 413
4211: 368
4216: 489
4236: 71
4250: 413
4255: 489
4261: 413
4262: 489
4263: 272
4265: 271, 272
4283: 289
4307: 382
4333: 394
4335: 295
4343: 312
4365: 64
4375: 276
4399: 368
4417: 403
4429: 339
4462: 384
4463: 384
4492: 313
4502: 370
4515: 56, 41, 66
4538: 129, 186, 226, 266, 267, 289, 294, 295, 353, 355, 376, 401
4539: 379, 470
4540: 347
4541: 226

4588: 50
4591: 456
4613: 327
4614: 301
4643: 259
4668: 309
4694: 315
4695: 271
4735: 359
4746: 71, 302
4759: 518
4790: 251
4824: 100
4831: 315
4866: 350
4876: 304, 470
4883: 245
4922: 548
4950: 386, 387
4967: 249
4981: 332
4982: 331
4983: 387
4985: 64
4986: 394
5001: 57
5028: 387
5033: 158
5037: 311
5040: 368
5041: 347, 348
5076: 295
5079: 50
5082: 300 , 301
5090: 18, 297
5091: 18, 222, 376
5094: 396
5097: 301
5106: 299, 300
5131: 327
5132: 311
5167: 370
5168: 335
5179: 80, 92, 343
5189: 290
5191: 290
5192: 338
5207: 381

5211: 470, 512
5213: 304, 470
5221: 343
5237: 168, 293, 294, 295, 304, 307, 308, 359, 361, 470
5242: 285
5245: 285
5249: 22, 168
5250: 342
5251: 183
5253: 342
5266: 147, 148
5267: 61, 83, 85, 374
5269: 494
5273: 147, 148, 296
5274: 155, 286, 287
5275: 494
5281: 516
5286: 80
5302: 281
5314: 283
5315: 57, 97
5316: 346
5327: 49
5328: 62, 374, 376
5335: 62, 374, 376
5345: 173
5360: 79, 145, 243, 371, 378
5363: 156
5365: 18, 222, 376
5369: 207, 486
5373: 322, 323
5376: 258
5385: 145, 349
5388: 145, 297
5407: 45
5422: 243
5423: 108, 156, 243, 372
5424: 299, 336
5429: 359
5430: 338, 371, 470, 501
5435: 311, 366
5438: 49, 156
5439: 336, 474
5441: 108, 243, 295, 346
5447: 341, 342

5451: 113, 281
5453: 142, 276
5470: 285, 299, 365, 366, 367, 472, 473
5472: 145, 323, 338, 372, 501
5479: 307
5487: 147
5488: 304
5502: 127, 165
5507: 145
5516: 419
5523: 269
5525: 118, 297
5526: 145
5554: 113
5556: 276
5558: 57, 196
5560: 256
5617: 309, 512
5622: 271
5630: 384
5642: 256
5683: 83, 85, 145, 374
5703: 311, 366
5709: 332
5720: 338
5742: 115, 262
5755: 418
5760: 313
5778: 295
5807: 297, 346, 359
5811: 501
5816: 243, 244, 371, 372
5819: 470, 474
5836: 474
5846: 368
5874: 372, 386, 506
5887: 362
5893: 86
5896: 381
5909: 548
5920: 337
5930: 337, 338
5989: 337, 500
6021: 338
6120: 344
6159: 473, 512

INDICES

6167: 344
6212: 258
6213: 470
6309: 92, 93, 139, 140, 243, 264, 265, 278, 371
6310: 325, 369
6314: 85, 285, 286, 291, 292, 296, 401, 466
6315: 360
8079: 277
8411: 470
8413: 364
8419-8423: 506
8458: 470
10486: 344
CII 49: 64
69: 26, 147, 148, 157, 158, 352, 495
91: 62
110: 193
293: 73
296 bis: 222
296 ter a: 376
296 ter b: 301
298: 73
305: 65, 434
446: 320, 390
462: 80, 343
806: 273, 274
1067: 329, 518
1448: 85
1918 ter: 403
2054 ter: 365
2081: 93
2094: 49, 61, 262, 506
2095 ter a: 259
2096: 44
2100: 83, 147
2144: 49, 93
2145: 334
2153: 289
2154: 319, 320
2177: 157
2227 bis A: 287
2250: 97, 338
2265: 516
2277 bis A: 155, 156
2277 bis B: 207

2346 bis C: 320
2474 bis: 332
2479: 202, 203
2485: 49
2489: 158
2494 bis: 256
2500: 173
2504: 296
2513: 142, 485
2513 bis: 207
2514: 85
2514 bis: 65
2514 ter: 65
2515: 173
2530: 158
2536 bis: 22, 168
2538: 152, 153
2540 bis: 339
2579: 159
2582: 85
2583: 186
2588: 327
2603: 348
2603 bis: 323, 327
2614: 200
2642: 470
2754 a: 102, 159
2777: 61, 197
CII app. 32: 371
63: 42
72: 278
651: 192, 223, 224
773: 194
CII, 1 s., 23: 298
24: 41
374: 329, 331, 518
395: 319, 320
395: 356
434: 276
517: 102
CII, 2 s., 3: 29, 398
5: 270
83: 252
131: 375
CII, 3 s., 308: 42
356: 296
393: 376
394: 42

406: 102
412: 295
CIL I^2 p. 43 frg. II: 74, 533
I^2 1: 381
7: 137
11: 475
12: 474
13: 474
25: 314
40: 314
366: 364
402: 314
403: 314
449: 189, 191
560: 514
581: 314, 318, 502
582: 314
582: 314
583: 263, 264, 314
586: 368
614: 314
640: 450
687: 208
698: 309
1211: 450
1513: 378
1794: 190, 192, 193, 223
2127: 147, 148, 157, 158
III 2761: 191
V 6594: 93
6596: 93
VI 520: 93
1057, 4: 247
1058, 7: 247
1289: 475
1290: 474
1291: 474
9974: 55
10 022: 55
32 521: 356
33 870: 55
34 728: 24
X 104: 500, 532, 535
3699: 107
3926: 365
XI 2054: 276
5265: 545

XII 5876: 514
XIII 2031: 93
Cippus Abellanus Z. 16: 381
Cristofani M. in: L'Italie préromaine et la Rome républicaine; Mélanges offerts à J. Heurgon; Rome 1976, 210, n. 4: 318
CVA, Leiden, Rijksmuseum van Oudheden, fasc. 1, t. 25, n. 1-2: 335

DEC 31: 320
73: 384
89: 327
114: 295
134: 485
182: 29
212: 403
Dessau 6468: 468
DGE 1, 67: 192, 224
91, Nr. 2: 485
94: 42
105: 339
113: 320
Diehl 143: 223
246: 223
642, 11: 223

Feruglio A. E. in: Caratteri dell'ellenismo nelle urne etrusche, Firenze 1977, 112: 284
112, n. 1: 300
n. 2: 300
n. 8: 300
114, n. 2: 299
Frel J., Antiquities in the J.P. Getty Museum; a Checklist; Malibu 1979, 19, n. +V22: 376

Gerhard-Körte 3, 116: 320
4, 322: 256
5, 59: 92
5, 88, 2: 329, 518

Glotta 28, 193: 323

Handbook to the Nicholson Museum, Sydney 1948, 394, n. 1020: 403
Heurgon, Recherches, 14ff.: 273

IG Rom. 4, 1349: 334

KN L 594.a: 449
KN L 5927.a: 449
KN Ws 1704.β: 429
KN Ws 1705.β: 429
KN Ws 8153: 395
KN Ws 8495.β.1: 429
Körte G., Römische Mitteilungen 20, 1905, 363 u. 365: 88
Körte G. in: Strena Helbigiana, Lipsiae 1900, 164: 19

Latomus 25, 17: 94
25, 18: 102
Lattes, Corr., 85: 282
92: 332
182: 295
282: 259

Maggiani, REE SE 40, 468, Nr. 89: 273
MonAL 30, c. 648: 287
42, c. 251, n. 10: 253
Mazzolai A., Roselle e il suo territorio, Grosseto 1960, 140, n. 8: 297
MDAI(R) 1975, 186: 187
Minto, Regione VII, 396: 262
Museo Etrusco Vaticano II, Taf. XCIII, Inv.-Nr. 14426: 285
MY Oe 107: 395

NRIE 117: 299
160: 402
198: 252

218: 123
219: 357, 358
221: 57
237: 456
239: 518
246: 518
255: 388
293: 41, 193
307: 363
337: 93
380: 284
386: 301
395: 355
411: 41
424: 127, 142, 485
474: 278
553: 360
570: 318
591: 276
657: 262
713: 65, 485
714: 285
731: 392
759: 200, 298, 412
799: 262
864: 42
869: 331
1038: 157
1042: 452
1049: 19
1064: 173
1103: 42
1205: 115, 262
NSA 1894, 20ff.: 468
NSA 1937, 379, n. 3: 280
382, n. 12: 253
392, n. 39: 250
393, n. 44: 111

Objets 1, 1968, p. 56: 387

Pallottino, La iscrizione arcaica: 10
Pallottino, REE SE 21, 397: 277
22, 309f.: 10
23, 403: 277
33, 505-507: 10

34, 355: 544
47, 319-325: 10
PBSR 1, 1982, 193: 327
Pfiffig, Eine Nennung: 544
Pfiffig, Hannibal: 544
PY Jn 750. 2: 438
PY Jn 829. 3: 429
PY Jn 832. 11. b: 438
PY Ta 641: 16
PY Ta 716: 168

Richter G. M., Metropolitan Museum of Arts, Catalogue of Engraved Gems Greek, Etruscan and Roman, Roma 1956, 163, XXVII: 289

SE 1, 108, n. 9: 359
112, n. 19: 323
117, n. 31: 308
305, n. 60: 299
319, n. 66: 270
9, 328: 368
10, 399, n. 3: 334
11, 431: 307
13, 463, n. 10: 252
14, 194: 252
291, n. 22: 246
296, n. 27: 443
306, n. 42: 474
438: 94
15, 371, n. 1. b: 47
21, 394, n. 3: 381
22, 137, n. 13: 307
23, 469, n. 1: 240
26, 129, n. 24: 94
30, 139, n. 6: 379
144: 315
32, 124, B. 3.: 250
164, Taf. 32: 285
165, n. 3: 100
33, 493, n. 46: 313
34, 105: 302
106: 249
333: 100
362, n. 5: 381
316: 502
35, 477, n. 9: 158

517: 325
546: 50
36, 232, n. 1: 256
264: 94
39, 345, n. 15: 96
351, n. 24: 389
356, n. 38: 402
357, n. 39: 252
40, 398, n. 1: 253
399, n. 3: 292
406, n. 12: 187
411, n. 16: 313
426, n. 33: 271
427, n. 32: 160, 161
444, n. 55: 249
448, n. 60: 50, 297
449, n. 61: 50
450, n. 62: 323
463, n. 79: 343
468, n. 89: 273, 274
41, 289, n. 38: 92
322, n. 109: 249
324, n. 115: 92
332, n. 124: 359
348, n. 150: 381
350, n. 154: 271
356, n. 173: 50
42, 232, n. 98: 376
248, n. 166: 249
261, n. 216: 275
277, n. 233: 249
303, n. 279: 327
43, 212, n. 16: 372, 373
44, 220, n. 7: 301
242, n. 43: 243, 371
248, n. 60: 516
45, 195: 413
294, n. 25: 276
46, 317, n. 46: 373
318, n. 47: 373
346, n. 99: 256
377, n. 137: 284
48, 406, n. 114: 364
49, 252, n. 21: 332
360, n. 50: 80
Spina e l'Etruria padana, Firenze 1959, t. 31: 28, 401

Tab. Albertini 28, 9: 263

TIG 1 b 15: 353
5 a 11: 355
6 b 51: 353
TLE 2: 41, 264, 296, 400, 470
2^2: 408
2^4: 42
2^6: 296
2^8: 345, 400, 401
2^{10}: 296, 380, 381, 382
2^{11}: 50, 369, 413
2^{12}: 306, 307, 510
2^{16}: 400, 401
2^{18}: 262
2^{19}: 247
2^{21}: 401
2^{28}: 243, 371
2^{33}: 381
2^{49}: 369
3: 157
5: 102, 159
6: 102
8: 61, 102
12: 157
13: 369
14: 284, 327, 486
20: 61, 197
24: 10
26: 470
27: 364
36: 66
38: 66, 127, 521
39: 296
40: 186, 289
46: 369
49: 278
51: 473, 512
52: 337, 500
60: 325
68: 470
70: 143
74: 485
75: 92, 93, 139, 140, 243, 264, 265, 278, 371
78: 49
80: 62, 374, 376
87: 79, 145, 165, 243, 371, 378, 502
89: 322, 323

90: 145, 349
91: 145, 297
98: 118, 297
99: 145
100: 45
103: 258
105: 341, 342
108: 145
112: 359
115: 311, 366
117: 49, 156
118: 147, 353
119: 127, 165
122: 113, 281
124: 113
126: 108, 156, 243, 372
128: 299, 336
131: 338, 371, 470, 501
133: 108, 243, 295, 346
134: 142, 276
135: 285, 299, 365, 366, 367, 472
137: 145, 323, 338, 372, 501
141: 307
145: 288
149: 323
151: 470
156: 296, 372, 386, 506
169: 243, 244, 371, 372
170: 346, 359
171: 470, 474
174: 501
176: 474
179: 311, 366
190: 338
193: 313
194: 418
195: 83, 85, 145, 147, 374
203: 34, 81, 128
204: 370
205: 335
207: 80, 92, 343
221: 50
224: 300, 301
234: 396
237: 301
241: 299, 300

247: 394
256: 18
290: 50
293: 342
294: 342
297: 494
300: 494
305: 285
314: 285
316: 285
319: 281
321: 283
323: 283
324: 57, 97, 165
325: 165, 346
336: 338
341: 301
350: 343
357: 73, 315, 318
359: 168, 293, 294, 295, 296, 304 , 307, 308, 359, 361, 470
362: 301
363: 304, 470
369: 323
371: 173
378: 12
379: 316
380: 470, 512
381: 128
396: 474
398: 360
401: 163, 308, 327, 396
407: 370
415: 349
419: 80
421: 320, 390
435: 323
436: 388, 403
440: 308, 309
441: 382, 456
443: 251, 518
446: 256
447: 323
455: 88
458: 355
461: 413
465: 57

471: 238
472: 245
483: 252
488: 298, 380
489: 273 , 274
494: 470
506: 296
507: 81, 413
513: 359
515: 393, 400, 401, 505
517: 102
524: 352, 353
531: 297
533: 323
535: 396
536: 349
541: 19, 433
545: 118
554: 88
555: 470, 500
557: 323
558: 323
560: 310, 311
563: 154
566: 61
567: 268
569: 267
570: 41, 128, 186, 226, 266, 267, 289, 294, 295, 353, 355, 376, 401
572: 379, 470
575: 347
585: 86
587: 256
596: 286
605: 64, 76, 200, 523
606: 518
607: 523
608: 88
609: 66
619: 42, 87, 145
622: 372, 373
626: 226
640: 327
643: 343
644: 252
651: 108
652: 323

654: 323
656: 96
661: 88, 98
662: 470
664: 401
674: 343
675: 340
676: 260, 340
685: 297
690: 62
697: 26, 147, 148, 157, 158, 352, 495
700: 29, 398
705: 398
709: 64
712: 28, 259, 401
713: 29
717: 12, 27, 81, 102
719: 191, 249, 286, 307, 308, 315, 343, 351, 352, 397, 408, 501
724: 452
730: 359
732: 386
739: 87, 297

740: 323, 327
746: 348
752: 85
759: 145
761: 159, 394
762: 200
764: 278
774: 186
782: 152, 153
783: 65
794: 316
795: 73
805: 304
818: 303
827: 19
828: 130
831: 19
858: 74
874: 85, 285, 286 , 291, 296, 401, 466
875: 360
878: 369
880: 470
881: 96, 474
883: 45, 93, 323

887: 61, 295, 358, 359
888: 362
890: 289, 368
891: 359, 360, 469
893: 41
900: 80
905: 41
914: 121, 377
917: 272
922: 45, 295
926: 88
933: 100
942: 159
Torelli, REE SE 33, 472-474: 744

Vetter, Die etruskischen Personennamen, Sp. 60: 250
83: 300
91: 456
Vetter, Handbuch, Nr. 1: 381

ORIENTALIA LOVANIENSIA ANALECTA

1. E. LIPIŃSKI, Studies in Aramaic Inscriptions and Onomastics I.
2. J. QUAEGEBEUR, Le dieu égyptien Shaï dans la religion et l'onomastique.
3. P. H. L. EGGERMONT, Alexander's Campaigns in Sind and Baluchistan and the Siege of the Brahmin Town of Harmatelia.
4. W. M. CALLEWAERT, The Sarvāṅgī of the Dādūpanthī Rajab.
5. E. LIPIŃSKI (ed.), State and Temple Economy in the Ancient Near East I.
6. E. LIPIŃSKI (ed.), State and Temple Economy in the Ancient Near East II.
7. M.-C. DE GRAEVE, The Ships of the Ancient Near East (c. 2000-500 B.C.).
8. W. M. CALLEWAERT (ed.), Early Hindī Devotional Literature in Current Research.
9. F. L. DAMEN, Crisis and Religious Renewal in the Brahmo Samaj Movement (1860-1884).
10. R. Y. EBIED-A. VAN ROEY-L. R. WICKHAM, Peter of Callinicum, Anti-Tritheist Dossier.
11. A. RAMMANT-PEETERS, Les pyramidions égyptiens du Nouvel Empire.
12. S. SCHEERS (ed.), Studia Paulo Naster Oblata I. Numismatica Antiqua.
13. J. QUAEGEBEUR (ed.), Studia Paulo Naster Oblata II. Orientalia Antiqua.
14. E. PLATTI, Yaḥyā ibn ʿAdī, théologien chrétien et philosophe arabe.
15. E. GUBEL-E. LIPIŃSKI-B. SERVAIS-SOYEZ (ed.), Studia Phoenicia I-II.
16. W. SKALMOWSKI-A. VAN TONGERLOO (ed.), Middle Iranian Studies.
17. M. VAN MOL, Handboek Modern Arabisch.
18. C. LAGA-J. A. MUNITIZ-L. VAN ROMPAY (ed.), After Chalcedon. Studies in Theology and Church History.
19. E. LIPIŃSKI (ed.), The Land of Israel: Cross-Roads of Civilizations.
20. S. WACHSMANN, Aegeans in the Theban Tombs.
21. K. VAN LERBERGHE, Old Babylonian Legal and Administrative Texts from Philadelphia.
22. E. LIPIŃSKI (ed.), Phoenicia and the East Mediterranean in the First Millennium B.C.
23. M. HELTZER-E. LIPIŃSKI (ed.), Society and Economy in the Eastern Mediterranean (1500-1000 B.C.).
24. M. VAN DE MIEROOP, Crafts in the Early Isin Period.
25. G. POLLET (ed.), India and the Ancient World.
26. E. LIPIŃSKI (ed.), Carthago.
27. E. VERREET, Modi Ugaritici.
28. R. ZADOK, The Pre-Hellenistic Israelite Anthroponomy and Prosopography.
29. W. CALLEWAERT-M. LATH, The Hindī Songs of Nāmdev.
30. S. HALEVY, Coptic Grammatical Chrestomathy.
31. N. BAUM, Arbres et arbustes de l'Égypte ancienne.
32. J.-M. KRUCHTEN, Les Annales des prêtres de Karnak.
33. H. DEVIJVER-E. LIPIŃSKI (ed.), Punic Wars.
34. E. VASSILIKA, Ptolemaic Philae.
35. A. GHAITH, La Pensée Religieuse chez Ǧubrân Ḫalil Ǧubrân et Miḫâ'îl Nuʿayma.
36. N. BEAUX, Le Cabinet de curiosités de Thoutmosis III.
37. G. POLLET-P. EGGERMONT-G. VAN DAMME, Archaeological Sites of Ancient India.
38. S.-A. NAGUIB, Le Clergé féminin d'Amon thébain à la 21e dynastie.
39. U. VERHOEVEN-E. GRAEFE (ed.), Religion und Philosophie im Alten Ägypten.

40. A. R. George, Babylonian Topographical Texts.
41. A. Schoors, The Preacher Sought to Find Pleasing Words.
42. G. L. Reinink-H. E. J. Van Stiphout (ed.), Dispute Poems and Dialogues in the Ancient and Mediaeval Near East.
43. C. Traunecker, Coptos. Hommes et dieux sur le parvis de Geb.
44. E. Lipiński (ed.), Phoenicia and the Bible.
45. L. Isebaert (ed.), Studia Etymologica Indoeuropaea Memoriae A. J. Van Windekens dicata.
46. F. Briquel-Chatonnet, Les relations entre les cités de la côte phénicienne et les royaumes d'Israel et de Juda.
47. W.J. van Bekkum, A Hebrew Alexander Romance according to MS London, Jews' College no. 145.
48. W. Skalmowski and A. van Tongerloo (eds.), Medioiranica.
50. R.L. Vos, The Apis Embalming Ritual. P. Vindob. 3873.
51. Fr. Labrique, Stylistique et Théologie à Edfou. Le rituel de l'offrande de la campagne: étude de la composition.
52. F. De Jong (ed.), Miscellanea Arabica et Islamica.
53. G. Breyer, Etruskisches Sprachgut im Lateinischen unter Ausschluß des spezifisch onomastischen Bereiches.